Stefan Loose Travel Handbuch

Kanada
Der Westen

2., vollständig überarbeitete Auflage

Tim Jepson, Phil Lee, Tania Smith, Christian Williams

Aktuelle Reisetipps auf 520 Seiten!

Kanada   Der Westen
Stefan Loose Travel Handbücher
© **Februar 2005**
DuMont Reiseverlag, Ostfildern

2., vollständig überarbeitete Auflage

Das Buch basiert auf der englischsprachigen Originalausgabe **Canada** von Tim Jepson, Phil Lee, Tania Smith und Christian Williams; ISBN 1-84353-266-2, The Rough Guides, 80 Strand, London, WC2R ORL, UK

Gesamtredaktion und -herstellung:
Bintang Buchservice GmbH
Zossener Str. 55/2, 10961Berlin

Fotos: Bildnachweis s.S. 520

Karten: Anja Linda Dicke, Klaus Schindler

Übersetzung: Günther Feigel, Meike Höpfner, Thomas Rach

Lektorat: Jan Düker, Thomas Rach, Jessika Zollickhofer

Layout und Herstellung: Gritta Deutschmann

Farbseitengestaltung: Matthias Grimm

Umschlaggestaltung: Gritta Deutschmann, Britta Dieterle

Druck & Weiterverarbeitung: Westermann Druck Zwickau GmbH

ISBN 3-7701-6144-0

Stefan Loose Travel Handbücher

Wir möchten uns an dieser Stelle ganz herzlich bei allen bedanken, die uns bei der Arbeit an diesem Buch mit Rat und Tat zur Seite gestanden haben.

Schreiben Sie uns!
Wir freuen uns über Ergänzungen und Korrekturen, die uns helfen, dieses Buch zu verbessern und aktuell zu halten, am besten per E-Mail. Neue Adressen möglichst in einen Plan einzeichnen. Auch Anregungen, Lob und Kritik sind willkommen.
Besonders hilfreiche Leserbriefe belohnen wir mit einem Freiexemplar aus unserem Verlagsprogramm.

Zuschriften bitte an:
Stefan Loose Travel Handbücher
Zossener Str. 52/2, 10961 Berlin
✉ info@loose-verlag.de

Aktivitäten in West-Kanada

Die Calgary Stampede	112/113
Der Dinosaur Trail	121
Wandern im Waterton Lakes Park	134/135
Die Skigebiete Nakiska und Fortress Mountain	145
Wandern in der Umgebung von Banff	156/157
Reservierungsdienste und Ski-Pauschalangebote	159
Wintersport in Banff	164/165
Wanderwege im Bow Valley	171
Wanderungen in der Umgebung von Lake Louise	176/177
Wintersport in Lake Louise	178/179
Rafting in den Rocky Mountains	180/187
Wanderungen im Jasper National Park	192/193
Wintersport in Jasper	198
Wandern im Mount Robson Provincial Park	207
Wandern im Yoho National Park	212/213
Wandern im Glacier National Park	222
Wanderungen im Kootenay National Park	228
Ausflüge zur Walbeobachtung	298
Ausflüge von Tofino in den Clayoquot Sound	332/333
Wanderungen am Long Beach	336
Praktische Informationen zum West Coast Trail	342/343
Wandern in Strathcona	349
Die Inside Passage	354/355
Aktivitäten in Whistler	366/367
Wanderungen von Sandon	406
Von Skagway nach Whitehorse: zu Fuß über den Chilkoot Trail	460/461
Flussfahrten durch den Miles Canyon	462

Freundlicher Riese

Kanada ist ein unermesslich großes Land. Es erstreckt sich vom Atlantik bis zum Pazifik und vom Breitengrad, auf dem Rom liegt, bis zum Nordpol. Seine archetypischen Landschaften sind die Gipfel und Gebirgsseen der Rocky Mountains, die endlosen Wälder und die Weizenfelder der Prärie, doch überrascht Kanada auch mit Regenwald und Wüste: Sie liegen dicht beieinander im Südwesten des Landes.

Der weitaus größte Teil der Landesfläche besteht aus ursprünglicher Natur – 90% der 28,5 Millionen Einwohner leben in einem 160 km breiten Gürtel entlang der Grenze zu den USA. Wie sein Nachbar im Süden besitzt Kanada ein Spektrum der Kulturen, eine zusammengewürfelte Mischung von Einwanderergruppen, die die Urbevölkerung nach und nach verdrängt haben. Es besteht jedoch ein grundlegender Unterschied: Während die Bürger der Vereinigten Staaten darin bestärkt werden, sich in erster Linie als Amerikaner zu fühlen, hat Kanadas zutiefst multikulturelles Lebensgefühl im Gegensatz zum amerikanischen Schmelztiegel ein buntes Mosaik der Kulturen hervorgebracht. Neben den dominierenden französischen und englischen Mehrheiten führen eine große Anzahl weiterer Bevölkerungsgruppen ihre heimatlichen Traditionen fort – Chinesen, Ukrainer, Portugiesen, Inder, Niederländer, Polen, Griechen und Spanier, um nur die zahlenstärksten zu nennen.

Für Kanadareisende kann diese auf beispielhafte Toleranz gründende Mischung eine inspirierende Erfahrung sein. Allerdings führt dieses Nebeneinander auch dazu, dass die Kanadier häufig ein klares Bild von sich selbst vermissen und sich bei dem Versuch der Selbstbeschreibung darauf verlegen, die Unterschiede zu den US-Amerikanern hervorzuheben. Die Frage „Wer sind die Kanadier?" hat mit der endlos und heftig diskutierten Québec-Frage und der möglichen Abspaltung eine neue Brisanz erhalten. Letztlich lässt sich jedoch eine Gemeinschaft, die weniger ein homogenes Volk als vielmehr eine Völkervertretung kontinentalen Ausmaßes darstellt, nicht mit vereinfachenden Schlagworten charakterisieren. Pierre Berton, einer der herausragendsten Schriftsteller Kanadas, hat sich um diese Aufgabe wohlweislich herumgemogelt: Kanadier, so seine geistreiche Definition, sind „Leute, die es verstehen, in einem Kanu Liebe zu machen".

Der typische Kanadier mag sich einer Definition entziehen, doch wird man im Land eine ganz besondere Atmosphäre verspüren. Einige Städte erscheinen vielleicht gar zu aufgeräumt und unspontan, doch die wirklich ansteckende Begeisterung der Kanadier für ihre Geschichte und die Schönheit ihres Landes vermag dies wettzumachen. Kanada feiert seine eigenen Klischees mit unwiderstehlicher Hingabe und legt beim Calgary Stampede ebenso wie jedem Ahornsirup-Fest oder Holzfäller-Wettbewerb einen Feuereifer und eine einnehmende Offenheit an den Tag. Wie sagte schon John Buchanan, Schriftsteller und britischer Generalgouverneur von Kanada: „Man muss einen Kanadier schon ziemlich gut kennen, um seinen Nachnamen zu erfahren."

Reisevorbereitung

Ein- und Ausreiseformalitäten

Visa

Deutsche, Österreicher und Schweizer benötigen für die Einreise nach Kanada **kein Visum**. Lediglich ein gültiger Reisepass ist erforderlich. Im Flugzeug oder am Grenzübergang wird allen Besuchern ein **Zollerklärungsformular** ausgehändigt, auf dem u.a. das genaue Reiseziel einzutragen ist. Wer dazu keine Angaben machen kann, schreibt einfach „touring". Dann sollte man sich allerdings darauf gefasst machen, dass bei der Einreise möglicherweise Genaueres über die geplante Route erfragt wird.

Die Grenzbeamten entscheiden über die Dauer der Aufenthaltserlaubnis: In der Regel werden nicht mehr als drei Monate gewährt. Mitunter verlangen die Beamten einen Nachweis über ausreichende Geldmittel und Auskunft über den ausgeübten Beruf. Manchmal muss auch ein Ticket für den Rück- oder Weiterflug vorgelegt werden. Wer auf die Frage nach dem geplanten Aufenthaltsort Name und Adresse von Freunden in Kanada angibt, muss damit rechnen, dass diese Angaben überprüft werden.

Nähere Informationen zu Visumsangelegenheiten, Einreisebestimmungen, Studien- und Arbeitsaufenthalten sind vor der Abreise von der nächsten kanadischen Botschaft, einem Konsulat oder einer bevollmächtigten Vertretung erhältlich. In Kanada kann eine Verlängerung des Aufenthalts rechtzeitig vor Ablauf schriftlich beim nächsten *Canada Immigration Centre* beantragt werden.

Botschaften und Konsulate
Kanadische Vertretungen im Ausland
Deutschland
Friedrichstraße 95, 10117 Berlin
📞 030-203120, 📠 20312121
✉ brlin@dfait-maeci.gc.ca
🕐 Mo–Fr 8.30–12.30, 13.30–17Uhr
Konsulate:
Ballindamm 35, 20095 Hamburg
📞 040-4600270, 📠 46002720
✉ hamburg@consulates-canada.de
🕐 Mo–Fr 9–12 Uhr
Tal 29, 80331 München
📞 089-2199570, 📠 21995757
🕐 Mo–Do 9–12, 14–17, Fr 9–12 Uhr

Benrather Strasse 8, 40213 Düsseldorf
📞 0211-1721728, 📠 359165
✉ ddorf@dfait-maeci.gc.ca
🕐 Mo–Fr. 9–12 Uhr
Österreich
Laurenzerberg 2/III, 1010 Wien
📞 01-531383000, 📠 531383905
✉ vienn@dfait-maeci.gc.ca, 🖥 www.kanada.at
🕐 Mo–Fr 8–16 Uhr
Schweiz
Kirchenfeldstraße 88, 3005 Bern
📞 031-3573200, 📠 031-3573210
✉ bern@dfait-maeci.gc.ca 🕐 Mo–Fr 8–12, 13.30–17 Uhr
USA
501 Pennsylvania Avenue NW
Washington, DC 20001
📞 202-682 7726, 🖥 www.can-am.gc.ca/washington
Generalkonsulate:
Atlanta, Boston, Buffalo, Chicago, Dallas, Detroit, Los Angeles, Miami, Minneapolis, New York, San Francisco, San Jose und Seattle.

Ausländische Vertretungen in Kanada
Deutschland
1 Waverley St, PO Box 379
Station A, Ottawa, ON
📞 613-2321101, 📠 5949330
✉ GermanEmbassyOttawa@on.aibn.com
Generalkonsulat:
Suite 704, World Trade Centre
999 Canada Place, Vancouver, BC
📞 604-6848377, 📠 6848334
✉ GermanConsulateVancouver@telus.net
Honorarkonsulate:
Suite 600, 550-11 Avenue S.W., Calgary, AB
📞 403-2473357, 📠 2478662
201, 8003 - 102 Street, Edmonton
AB T6E 4A2
📞 780-4340430, 📠 4361485
203-2289 Westwood Drive, Prince George, BC
📞 250-6490202, 📠 9644673
Österreich
445 Wilbrod St, Ottawa, ON
📞 613-7891444, 📠 7893431
✉ ottawa-ob@bmaa.gv.at, 🖥 www.austro.org
🕐 Mo–Fr 9–12 Uhr

Konsulate
1200, 1015–4th Street S.W., Calgary, AB
 ✆ 403-2836526, 📠 2638529
✉ nick.demiantschuk@legalsolutions.ca
🕐 Mi 13–17 Uhr
1525 Coal Harbour Quay, Vancouver, BC
 ✆ 604)-6873338, 📠 6813578
✉ consul.van@telus.net,
🕐 Mo–Fr 15,40–18.30 Uhr

Schweiz
5 Marlborough Ave, Ottawa, ON
 ✆ 613-2351837, 📠 5631394
✉ vertretung@oft.rep.admin.ch
🕐 Mo–Fr 9–12 Uhr
Generalkonsulat:
World Trade Centre, 790-999 Canada Place
Vancouver, BC
 ✆ 604-6842231, 📠 6842806
✉ vertretung@van.rep.admin.ch
🕐 Mo–Fr 9–13 Uhr

USA
490 Sussex Drive, Ottawa,ON
 ✆ 613-238-5335
🖥 www.usembassycanada.gov
Konsulate in Halifax, Montréal, Québec City, Toronto, Winnipeg, Calgary und Vancouver.

Informationen

Fremdenverkehrsämter

Die brauchbarsten Informationsquellen vor der Abreise sind die zentralen Fremdenverkehrsämter der jeweiligen Provinz. Wer sich rechtzeitig an diese **Provincial Tourist Offices** wendet und sein Anliegen möglichst genau vorträgt, wird umfassend informiert. Die meisten kanadischen Provinzen haben eine gebührenfreie Telefonnummer eingerichtet, die vom gesamten nordamerikanischen Festland aus zu erreichen ist und unter der kompetente Hilfe zu touristischen Anfragen geboten wird.

Außerhalb Kanadas haben die Botschaften und Konsulate gewöhnlich Tourismusabteilungen, die jedoch mit der in Kanada bereit gestellten Fülle an Material nicht mithalten können.

Tourismusbüros

In Kanada liegen entlang der Hauptverkehrswege oftmals saisonal besetzte Tourismusbüros der Provinzen, insbesondere an den Provinzgrenzen und der Grenze zu den USA. Gewöhnlich sind sie im Juli und August tgl. 9–21 Uhr und im Mai, Juni, September und Oktober Mo–Fr 9–17 oder 18 Uhr geöffnet. Man kann dort allerlei Hochglanzbroschüren und, besonders hilfreich, Informationen zu Provinz- und Nationalparks der Region erhalten.

Die Parks selbst (s.S. 40) unterhalten Büros, in denen Angellizenzen und *backcountry permits* verkauft werden und die bei Fragen zu Wanderungen, Kanutouren, Tierbeobachtungen etc. weiterhelfen können. An den Flughäfen des Landes ist kaum allgemeines Informationsmaterial zu bekommen, allerdings gibt es meist zumindest einen Schalter mit Stadtinfos oder ein gebührenfreies Telefon zur Vermittlung von Unterkünften.

In jeder größeren Stadt gibt es ein Tourismusbüro, das im Sommer zusätzliche Informationsstellen, **Kioske** und Schalter betreibt. In kleineren Städten unterhält häufig die städtische Handelskammer ein saisonales *Tourist Office*, *Infocentre* oder *Visitors Centre*, wo regionale Landkarten und Informationen zu bekommen sind. Geöffnet sind diese Büros in der Regel im Sommer tgl. 9–18 Uhr. Im Winter kann man sein Glück im Rathaus oder bei der Handelskammer *(Chamber of Commerce)* versuchen (Mo–Fr 9–17 Uhr). Einige größere Städte geben eine kostenlose Zeitung mit Stadtinfos und Veranstaltungshinweisen heraus.

Provincial Tourist Offices in Kanada
Alberta
Travel Alberta, Visitor Sales and Service
3rd Floor, 10155–102nd St Edmonton, AB
 ✆ 403/427-4321, gebührenfrei ✆ 1-800/661-8888
🖥 www.discoveralberta.com.

British Columbia
Tourism BC
Box 9830, Parliament Buildings, Victoria, BC
 ✆ 250/356-6363, gebührenfrei ✆ 1-800/663-6000
🖥 www.gov.bc.ca/sbtc/

Northwest Territories
Northwest Territories Arctic Tourism
PO Box 610, Yellowknife, NT, X1A 2N5
 ✆ 867/873-7200,
gebührenfrei ✆ 1-800/661-0788
🖥 www.nwttravel.nt.ca.

Yukon
Tourism Yukon

PO Box 2703, Whitehorse, YK, Y1A 2C6
✆ 867/667-5340
💻 www.touryukon.com.

Vertretungen in Deutschland
Canadian Tourism Commission
c/o Lange Touristik-Dienst
Postfach 200247, 63469 Maintal
✆ 06181/45178, 📠 497558
✉ canada-info@t-online.de
British Columbia Tourism und **TravelAlberta**
c/o Marketing Services International
Johanna-Melber-Weg 12, 60599 Frankfurt a.M.
✆ 069/6032095 (British Columbia), ✆ 61990740
(Alberta)
📠 629264, 💻 www.HelloBC.com oder
www.travelalberta.com
Tourism Yukon
c/o Bergold Promotions
Kleine Hochstr. 9, 60313 Frankfurt a.M.
✆ 069/2193670, 📠 21936777
✉ flyyukon@hotmail.com
💻 www.touryukon.com

Internet
Nützliche Informationen findet man zuhauf im Internet. Neben der offiziellen Website der **Canadian Tourism Commission**, 💻 www.travelcanada.ca, die einen umfassenden allgemeinen Überblick bietet, gibt es unzählige offizielle und inoffizielle Quellen, die über jedes nur erdenkliche Reiseziel Auskunft geben können. Die folgende Zusammenstellung kann daher nur eine Auswahl sein.

Suchmaschinen
Canada Eh? Net Directory
💻 www.canadianeh.com
Eindrucksvolle Linksammlung, die zu Kanada-Sites jeder erdenklichen Rubrik führt.
Yahoo!:Canada
💻 wca.yahoo.ca
Die kanadische Abteilung des hilfreichen Webkataloges bietet gute Recherchemöglichkeiten
Infospace
💻 infospace.com
Umfassendes Branchenverzeichnis. Wer einen Tierarzt in Labrador oder ein Piercing-Studio in Prince Albert sucht, wird hier fündig.

Geografie
National Atlas of Canada Online
💻 www.atlas.gc.ca
Landkarten, Zahlen und jede Menge Infos zur Geografie Kanadas.
Canada Maps
💻 www.canadamaps.info
Stadtpläne, Straßenkarten und vieles mehr

Bevölkerung
National Library of Canada
💻 www.nlc-bnc.ca
Informationen über alles Kanadische, nach Themen geordnet, darunter Kunst, Literatur und Geschichte.
Assembly of First Nations
💻 www.afn.ca
Lobby der kanadischen Ureinwohner, jede Menge aktuelle Informationen.
The Native Trail
💻 www.nativetrail.com
Einblick in die Indianer- und Inuitvölker.

Regierung und Politik
Statistics Canada
💻 www.statcan.ca
Von staatlicher Seite werden hier Zahlen und Analysen zur Bevölkerungsentwicklung, Wirtschaftstrends und andere statistische Daten veröffentlicht.
Government of Canada
💻 www.canada.gc.ca
Hier sind die offiziellen Webadressen der Provinzregierungen sowie diverser kanadischer Unternehmen verzeichnet.

Kunst und Kultur
Gateway to the Arts
💻 artscanadian.com
Umfassender Überblick über die Kunst- und Kulturszene Kanadas.
Northern Stars
💻 www.northernstars.ca
Dokumentiert die Karriere kanadischer Filmstars anhand kurzer Biografien und Filmografien.

Medien
Canada.Com
💻 www.canada.com

Kanadas bester Nachrichten- und Informationsdienst im Netz mit Beiträgen aus Zeitungen und Fernsehsendungen, außerdem Städteprofile und Kleinanzeigen.

Canada Journal (d)

🖥 www.canadajournal.ca

Tipps und Infos zu allen kanadischen Provinzen, zu Reisen, Aktivitäten etc. von Experten, die in Kanada leben.

The Globe and Mail

🖥 www.theglobeandmail.com

Die kanadische Zeitung online.

MacLean's

🖥 www.macleans.ca

Aktuelle Topstorys sowie eine redaktionelle Auslese aus vergangenen Ausgaben von Kanadas wichtigstem Nachrichtenmagazin.

Tourismus

Canada Worldweb

🖥 Canada.worldweb.com

Reise- und Tourismusseite mit Informationen, Karten und der Möglichkeit, online eine Unterkunft zu buchen.

Canadian Parks

🖥 parkscanada.pch.gc.ca/parks

Gut gemachte Site von Canadian Heritage mit Auflistung der Öffnungszeiten, Einrichtungen und Anfahrtswege aller wichtigen kanadischen Parks.

Sport

Canadian Hockey Association

🖥 www.hockeycanada.ca

Hier präsentiert sich die Amateurliga der kanadischen Leidenschaft Nummer Eins.

Slam! Sport

🖥 www.canoe.ca

Eine durch und durch kanadische Seite rund um alle möglichen Sportarten.

Ticketmaster

🖥 www.ticketmaster.ca

Kartenagentur für Veranstaltungen und Sportereignisse in ganz Kanada.

Landkarten

Die **kostenlosen Landkarten** der *Provincial Tourist Offices* sind zum Autofahren und für die Routenplanung bestens geeignet, da sie zudem über Fährverbindungen informieren. Die besten Karten

sind die von Rand McNally, auch insgesamt als *Rand McNally Road Atlas of North America* erhältlich.

Alle National- und die meisten Provinzparks vergeben in ihren *Visitors' Centers* kostenlose Karten, auf denen **Wander-** und **Kanurouten** eingezeichnet sind. Viele verkaufen zusätzlich topografische Karten, die auch in Ausrüstungsläden zu bekommen sind.

Wer sicher gehen will, dass er für den geplanten Wildnis-Trip mit dem richtigen Kartenmaterial ausgestattet ist, wendet sich an das **Canada Map Office**, ✆ 1-800/465-6277, 🖥 maps.nrcan.gc.ca. Zwar können die Karten nicht mehr direkt über dieses Büro bezogen werden, aber auf der Website lässt sich die nächste Verkaufsstelle ausfindig machen. Ein nützlicher Online-Service hilft dabei, die geeignete topografische Karte für das Zielgebiet zu wählen.

Das Map Office gibt daneben die hilfreiche Broschüre *Topographic Basics* heraus sowie zwei Kartenreihen, 1:250 000 und 1:50 000.

Map Town
400 5 Ave SW #100, Calgary, AB
✆ 1-877/921-6277, 🖥 www.maptown.com
Travel Bug Bookstore
3065 W Broadway, Vancouver, BC
✆ 604/737-1122, 🖥 www.travelbugbooks.ca

Klima und Reisezeit

Bedingt durch die gewaltige Ausdehnung des Landes herrschen in Kanada unterschiedliche Klimate, die zudem eine ausgesprochen wechselhafte Witterung bescheren. Grundsätzlich sind in Küstennähe die Winter milder und die Sommer kühler als im Landesinneren. Im Juli und August kann man im ganzen Land mit hohen Temperaturen rechnen, selbst im hohen Norden. In diesen heißesten Monaten kommen allerdings auch die meisten Besucher nach Kanada. Von November bis März herrschen, abgesehen von der Westküste, fast überall Minusgrade. Immerhin sind die Wintertage meist klar und trocken, und die großen Städte bieten mit überdachten Gehwegen und großen Einkaufszentren genügend Möglichkeiten, der Kälte zu entkommen.

Alberta weist die ausgeprägtesten klimatischen Gegensätze auf. Hier sind die Winter besonders hart und lang und die Sommer besonders sonnig, abgesehen von einigen heftigen Gewittern. Im Winter ziehen die Rockies viele Skifahrer an, doch am meisten Betrieb herrscht noch immer im Sommer. Juli und August bieten mit nur wenigen Niederschlägen in den Bergen die besten Wanderbedingungen. Wenn es jedoch regnet, gießt es in Strömen. Entsprechend heftig können die Schneestürme im Winter ausfallen.

Im Südwesten British Columbias herrscht das vielleicht beste Wetter in Kanada: Der Jahreszeitenwechsel bringt weniger Extreme, und die Temperaturen sind insgesamt milder als anderswo. Große Teile der Provinz sind jedoch den vom Pazifik kommenden Tiefdruckgebieten ausgesetzt, die Niederschläge mit sich bringen. Vom späten Frühjahr bis zum frühen Herbst kann man diesen am besten entgehen.

Im Yukon und in den Northwest Territories wird es im Winter bitterkalt, und das Thermometer zeigt über Monate hinweg Minusgrade an. Die Niederschlagsrate ist dabei die niedrigste des Landes. Die Sommer sind hingegen kurz, doch überraschend warm, und im relativ spät einsetzenden Frühling wird die Tundra von einem herrlichen Wildblumenteppich überzogen.

Reiseziele

Angesichts der großen Entfernungen in Kanada und des damit verbundenen hohen Aufwands an Zeit und Kosten beschränken sich die meisten Besucher darauf, die Region um eine der großen Städte zu erkunden – meist Vancouver oder Calgary. So unterschiedlich diese Zentren sind, eines haben sie gemeinsam: Die spektakulärsten Naturschönheiten sind von hier aus leicht zu erreichen.

Westlich der Prärieprovinzen gehen die wogenden Kornfelder **Albertas** allmählich in Weideland über, je mehr man sich den kanadischen **Rockies** nähert, deren Ruf von der Realität noch übertroffen wird. Die Provinzhauptstadt **Edmonton** steht im Schatten des lauten **Calgary**, reich geworden durch die Öl- und Erdgasvorkommen der Region und der beste Ausgangspunkt für die Erkundung der Berge. **British Columbia** verkörpert in nahezu

perfekter Weise das kanadische Postkartenidyll: ein Land der schneebedeckten Berggipfel, Flüsse und Wälder, Pionierdörfer und Ghost Towns aus der Zeit des Goldrauschs, in dem sich Möglichkeiten zum Wandern, Skifahren, Angeln und Kanufahren eröffnen, die ihresgleichen suchen. Das urbane Zentrum **Vancouver**, drittgrößte Stadt des Landes, ist bekannt für seine spektakuläre Lage und einen entspannten Westküsten-Hedonismus. Vor der Küste liegt **Vancouver Island**, ein Mikrokosmos der vielfältigen Naturschätze der Provinz mit dem anglophilen kleinen Städtchen **Victoria**.

Nördlich von British Columbia erstreckt sich entlang der Grenze zu Alaska das Territorium des **Yukon**, halb grandiose Bergwelt, halb subarktische Tundra, in der die Atmosphäre des Klondike-Goldrauschs noch gut nachzuspüren ist. **Whitehorse**, die Hauptstadt, und **Dawson City**, ein Überbleibsel aus der Zeit des Goldrauschs, sind praktisch die einzigen Städte, zu erreichen über abenteuerliche Straßen, die den Pfaden der ersten Goldsucher und Siedler folgen. Die endlosen Flächen der **Northwest Territories**, die sich nördlich der Provinzen Alberta, Saskatchewan und Manitoba erstrecken, geprägt durch spärliche Wälder, Seen, Tundra und Eis, sind das Reich der Dene und Inuit, der Ureinwohner, deren traditionelle Lebensweise von der in die Arktis vordringenden Ausbeutung von Öl- und Erdgasvorkommen gefährdet ist. Straßen existieren praktisch nicht im hohen Norden, und einzig **Yellowknife**, eine bizarre Pionierstadt, sowie eine Hand voll maroder Dörfer dienen als Flugziele und Versorgungsstationen für Abenteurer, die sich bis hierher vorwagen.

Anreise

Neben Air Canada fliegen alle gängigen Fluggesellschaften von Europa nach Kanada, darunter Lufthansa, Air France, KLM, Austrian Airlines, British Airways, Swiss und die US-amerikanischen Fluglinien. Außerdem werden zusätzlich verschiedene Ziele von Charterfluggesellschaften angeflogen (Air Transat, LTU, Thomas Cook).

Wichtigster **Zielflughafen** in West-Kanada ist Vancouver. Air Canada und Lufthansa bieten täglich Nonstop-Flüge von Frankfurt nach Vancouver (10 Std.) und Calgary (9.45 Std.) an. Ein reguläres

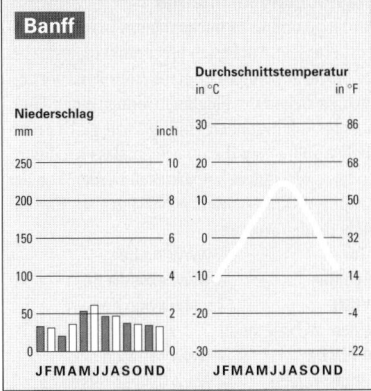

Banff

Durchschnittstemperatur
in °C — in °F

Niederschlag
mm — inch

JFMAMJJASOND — JFMAMJJASOND

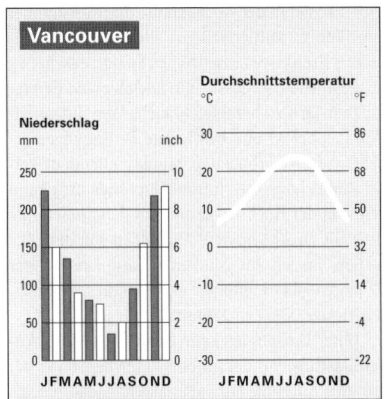

Vancouver

Durchschnittstemperatur
°C — °F

Niederschlag
mm — inch

JFMAMJJASOND — JFMAMJJASOND

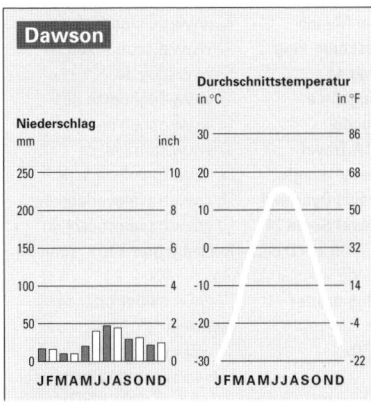

Dawson

Durchschnittstemperatur
in °C — in °F

Niederschlag
mm — inch

JFMAMJJASOND — JFMAMJJASOND

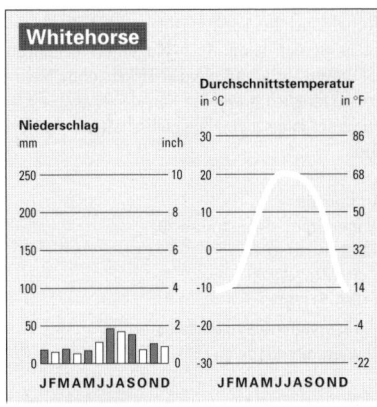

Whitehorse

Durchschnittstemperatur
in °C

Niederschlag
mm — inch

JFMAMJJASOND — JFMAMJJASOND

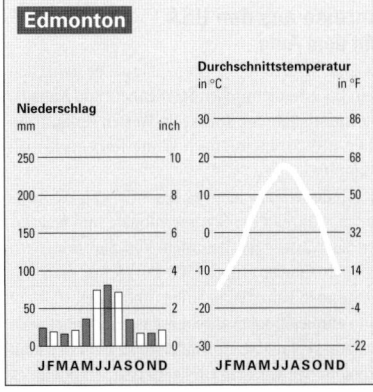

Edmonton

Durchschnittstemperatur
in °C — in °F

Niederschlag
mm — inch

JFMAMJJASOND — JFMAMJJASOND

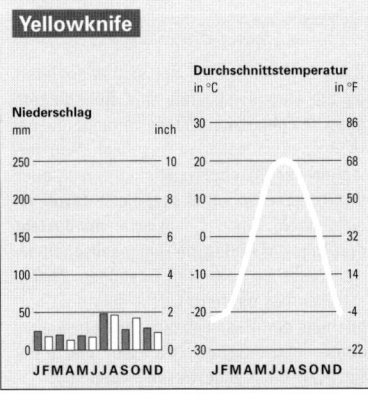

Yellowknife

Durchschnittstemperatur
in °C — in °F

Niederschlag
mm — inch

JFMAMJJASOND — JFMAMJJASOND

Ticket kostet in der Wochenmitte im Hochsommer um 1000 €. Mittlerweile ist allerdings ein regelrechter Preiskrieg zwischen den Fluggesellschaften ausgebrochen, so dass kaum noch jemand den regulären Tarif zu bezahlen braucht. Wer einigermaßen flexibel ist und bestimmte Bedingungen erfüllt, wie z.b. Vorbuchung, Mindestaufenthalt, keine Umbuchung, bestimmte Flugzeiten etc., kann selbst in der Hochsaison und mit den großen Airlines bis zu 50% sparen! Abgesehen von den offiziellen Tarifen für Studenten und Leute unter 27 Jahren gibt es mitunter sogar auf diese verbilligten Tickets 25% Ermäßigung.

Unter Umständen kann es günstiger sein, **Anschlussflüge** vor der Abreise zu buchen, da es bestimmte Angebote nur außerhalb Kanadas gibt. Eine erwägenswerte Variante ist ein **Gabelflug**, der oftmals auch bei Sondertarifen ohne Aufpreis gebucht werden kann. Auch Flugunterbrechungen (Stopovers) sind mit einigen Tickets ohne Mehrkosten möglich, sowohl in Kanada als auch – z.B. mit amerikanischen Fluggesellschaften – in New York.

Air Canada
Lyoner Stern, Hahnstrasse 70
60528 Frankfurt
☎ 018050-247226
📠 069-27115112
✉ reservation@aircanada.ca
🖥 www.aircanada.ca

Flugbuchung im Internet
Um Flüge online zu buchen, muss man kein Reiseexperte sein. Am besten beschränkt man sich bei der Suche auf einige der etablierten Reiseportale. Auch die Seiten der Fluglinien lohnen einen Blick, da es hier oft besondere Online-Tarife gibt. Grundsätzlich sollte man darauf achten, dass Kreditkartendaten verschlüsselt übertragen werden. Von der Stiftung Warentest (Heft 2/2004) geprüft und für gut befunden wurden

L´Tur	🖥 www.ltur.de
Expedia	🖥 www.expedia.de
AVIGO	🖥 www.avigo.de

Weitere Website sind:

1A-FLY.DE	🖥 www.1a-fly.de
Billiger reisen	🖥 www.billiger-reisen.de
Billigflüge	🖥 www.billigfluege.de
Del Mundo	🖥 www.delmundo.de
Discount-Flug	🖥 www.discount-flug.de
Flug.de	🖥 www.flug.de
Flugbörse	🖥 www.flugboerse.de
Opodo	🖥 www.opodo.de
STA Travel	🖥 www.statravel.de
Travel Jungle	🖥 www.traveljungle.de
Travel Overland	🖥 www.traveloverland.de
Travel Scout 24	🖥 www.travelscout24.de

Wer noch einen **Reisepartner** sucht, kann folgende Seiten anklicken:

Globetrotter	🖥 www.globetrotter.de/de/forum
DZG	🖥 www.dzg.com/schwarzesbrett/reisepartner

Anreise aus den USA
Mit dem Auto
Es gibt insgesamt 13 Grenzübergänge zwischen dem US-amerikanischen Straßennetz und Kanada. Die meistbefahrene Strecke im Westen verläuft von Blain in Washington nach White Rock in British Columbia.

An der Grenze kann es besonders an Wochenenden, während der Sommermonate und Feiertagen zu Wartezeiten kommen. Von San Francisco nach Vancouver (rund 1500 km) kann man mit 19 Stunden Fahrtzeit rechnen. Wer in den USA ein Auto anmietet, sollte angeben, dass eine Fahrt nach Kanada geplant ist. Normalerweise stellt das kein Problem dar. Vor dem Grenzübertritt empfiehlt es sich, vollzutanken, da die Benzinpreise in den USA noch niedriger sind als in Kanada.

Busse

Greyhound, ✆ 1-800/231-2222, 🖳 www.greyhound.com, fährt 6x tgl. von Seattle nach Vancouver (3 1/2–4 1/2 Std., US$23 einfach, US$41 hin und zurück). Fahrgäste sollten eine Stunde vor Abfahrt am Busbahnhof sein.

Green Tortoise, ✆ 1-800/227-4766, 🖳 www.greentortoise.com, – die Alternative zur Überlandbus-Hölle mit Schaumstoffkissen, Liegen, Kühlschränken und Rockmusik – unterhält keine Linienverbindung mehr nach Kanada, bietet aber eine 28–30-tägige Tour von San Francisco nach Alaska an. Eingeschlossen sind die Fährfahrt entlang der Inside Passage und Abstecher in die kanadischen Rockies (US$1500, plus US$250 für Verpflegung).

Züge

Im Allgemeinen ist das Reisen mit der Bahn teurer als Busfahren und oftmals sogar teurer als Fliegen. Sondertarife, vor allem in der Nebensaison, können jedoch erhebliche Preisnachlässe bringen. Ermäßigungen gibt es für Inhaber eines „Student Advantage"-Passes, für Senioren und Reisende mit Behinderungen. Kinder zwischen 2 und 15 Jahren, die in Begleitung eines Erwachsenen reisen, zahlen die Hälfte, Kinder unter 2 Jahren reisen kostenlos.

Im Nordwesten der USA bietet der zwischen Seattle und Vancouver verkehrende *Mount Baker International* Anschluss an das Netz der kanadischen VIA Rail (1x tgl., 4 Std., US$21 in der Nebensaison, US$33 in der Hauptsaison). Die Preise gelten für die einfache Fahrt in der billigsten Reiseklasse, in der den Passagieren bei Nachtfahrten ein Kissen zur Verfügung gestellt wird. Reservierungen sind zwingend und sollten so früh wie möglich vorgenommen werden. Einige Zugpässe für das US-amerikanische Netz gelten auch für Strecken, die bis nach Vancouver führen. Mehr zu diesen und Zugfahrten in Kanada s.S. 35.

Fähren

Diese Variante bringt nicht nur das Reiseerlebnis einer Fährfahrt, sondern erspart einem unter Umständen auch stundenlange Autofahrten. Eine frühzeitige Buchung ist in jedem Fall und dringend zu empfehlen.

Entlang der Westküste bringt der Katamaran *Victoria Clipper* Passagiere ohne Fahrzeug von Seattle nach Victoria auf Vancouver Island. Mitte Mai bis Mitte September 3x tgl., im Frühjahr und Herbst 1x tgl., 2 1/2 Std., US$60; Reservierungen ✆ 1-800/888-2535 oder 206/448-5000, 🖳 www.victoriaclipper.com.

Weiter nördlich verbinden *Alaska Marine Highway Ferries* Prince Rupert mit Zielorten in Alaska. Der *Juneau* z.B. verkehrt von Mai bis Ende September in jede Richtung alle zwei Tage. Fahrtdauer 24 Std., US$132 einfach, Autos US$293; Reservierungen in den USA ✆ 1-800/526-6731, im Yukon und in British Columbia ✆ 1-800/478-2268, 🖳 www.akferry.com.

Die brauchbarste Strecke entlang der Westküste wird von *Washington State Ferries* bedient und verbindet Anacortes mit Sidney auf Vancouver Island. Im Sommer gibt es zwei Verbindungen täglich, im Winter eine über das wunderschöne San Juan Archipel. Kosten für ein durchschnittlich langes Auto inkl. Fahrer $28,75 einfach, weitere Passagiere $10, Fahrtzeit 3 Std., Reservierung erforderlich, ✆ 206/464-6400, 1-800/84-FERRY innerhalb Washingtons, 🖳 www.wsdot.wa.gov. Behinderte Reisende und Senioren erhalten etwa 50% Ermäßigung, Kinder zwischen 5 und 11 Jahren reisen um 70% günstiger, unter 5 Jahren kostenlos. Es gibt keine Studentenermäßigung.

Gesundheit

Die **medizinische Versorgung** in Kanada ist ausgezeichnet, jedoch gibt es keine kostenlose Behandlung für Ausländer, und Arztkosten können horrende Summen verschlingen. Eine Reisekrankenversicherung (s.S. 20) ist daher unerlässlich. In Notfällen ist die Versorgung allerdings gewährleistet und wird im Nachhinein abgerechnet.

Ärzte und **Zahnärzte** sind in den Gelben Seiten verzeichnet, die Nummern der Notärzte sind in der Umschlaginnenseite zu finden. Die Rufnummer für **medizinische Notfälle** ist ✆ 911. Wer Medikamente einnehmen muss, sollte ein Rezept mitbringen, zum einen als Nachweis bei der Einreise, zum anderen zur Vorlage bei kanadischen Ärzten, falls Nachschub benötigt wird. Hierfür ist auch der Beipackzettel mit Angabe der Wirkstoffe hilfreich, um ein entsprechendes Medikament anderen Namens einfacher zu finden. Bei leichteren Beschwerden helfen auch die **Apotheken** weiter, die oft sehr gut ausgestattet sind. In den meisten größeren Städten gibt es eine mit Nachtdienst und viele haben lange Öffnungszeiten.

Wer in der Wildnis wandern oder zelten will, sollte bestimmte Vorkehrungen treffen. **Leitungswasser** kann in der Regel bedenkenlos getrunken werden, mit Ausnahme einiger Campingplätze – bei Zweifeln lieber nachfragen. Wer auf ausgedehnten Wildnistouren auf Wasser aus Flüssen und Bächen angewiesen ist, sollte dieses mindestens zehn Minuten lang kochen, um eventuelle Darmparasiten *(Giardia lamblia)* abzutöten. In warmem Wasser fühlen sich diese besonders wohl, daher ist bei heißen Quellen gleichermaßen Vorsicht angebracht: Wer hier eintaucht, sollte Nase, Augen und Mund möglichst über Wasser halten. Die Symptome der von den Parasiten ausgelösten **Giardasis** oder **Lambliasis** (auch „beaver fever" genannt) können erst Wochen nach der Infektion auftreten: Bauchkrämpfe, Blähungen, Müdigkeit, Gewichtsverlust und Erbrechen. Bei ausbleibender Behandlung verschlimmert sich das Krankheitsbild, daher sollte im Verdachtsfall unverzüglich ein Arzt aufgesucht werden.

Kriebelmücken und Moskitos sind bei Wanderern und Campern gefürchtet und vermehrt in der Nähe von stehenden Gewässern und im nördlichen Kanada anzutreffen. Bremsen sind eine weitere Plage. Ende April bis Juni ist Kriebelmückenzeit, während Moskitos von Juni bis Oktober ihr Unwesen treiben. Wer ausgedehnte Trips in die Wildnis plant, ist gut beraten, vor Abreise zwei Wochen lang die dreifache Menge der empfohlenen Tagesdosis an Vitamin-B-Komplex einzunehmen und während des Aufenthalts in Kanada die Einnahme mit der empfohlenen Tagesdosis fortzusetzen. Damit lässt sich das Risiko, gestochen zu werden, um bis zu 75% minimieren. Vor Ort helfen zudem DEET-haltige Mückenschutzmittel. Empfehlenswert ist die Salbe von *Deep-Woods Off*, die 95% DEET enthält. Beim Zelten oder Picknicken halten Räucherspiralen oder Kerzen mit Allethrin oder Zitronella die Plagegeister fern. Wer in einem mückenverseuchten Gebiet unterwegs ist, kann mit einem speziellen Gazeschleier Kopf und Hals schützen. Auch helle Kleidung und unparfümierte Körperpflegeprodukte schmälern das Interesse der Tierchen. Bei Stichen hilft ein **Antihistaminikum** wie z.B. Systral-Salbe. Unter allen Umständen zu meiden sind Gebiete, die als „blackfly mating ground" ausgewiesen sind. Der Stich einer Kriebelmücke im Liebesrausch kann tödlich sein. Lebensgefährlich kann auch das von Moskitos übertragene Westnil-Virus werden. Einzelne Fälle von Westnil-Fieber wurden sogar schon weit im Westen, in der Region Ontario, festgestellt. Eine Ausbreitung ist wahrscheinlich – auf Informationen vor Ort achten.

Ein großflächiger Ausschlag in Verbindung mit Erkältungs-ähnlichen Symptomen kann auf die von Zecken übertragene **Lyme-Krankheit** hinweisen. Die Behandlung ist unproblematisch. Wird allerdings nichts unternommen, kann es zu ernsthaften Komplikationen kommen. In Kanada ist die Krankheit auf dem Vormarsch, insbesondere in den südlicheren und bewaldeten Gebieten. Die örtlichen Touristeninformationen können Auskunft erteilen. Beim Wandern ist es angebracht, ein Zeckenschutzmittel aufzutragen und Arme und Beine bedeckt zu halten.

In Wildnisgebieten sollte man sich vor dem **Giftsumach** *(poison ivy)* hüten, der in allen Regionen, vor allem aber in einem Gürtel quer über das südliche Ontario und Québec vorkommt. Salbe zur Behandlung ist hier überall zu bekommen. Wer in diesen Gebieten wandern will, kann sich in den *Tourist Offices* informieren, wie der Giftsumach zu erkennen ist und welche Vorsichtsmaßnahmen zu treffen sind. Bei Hautkontakt mit dem Pflanzensaft kommt es zu juckendem Ausschlag mit Blasenbildung, der bis zu zehn Tage anhalten kann. Als Sofortmaßnahme sollte man so bald wie möglich Haut und Kleidung waschen, sich mit Galmei-Lotion einreiben und möglichst nicht kratzen. In schweren Fällen können die Notaufnahmen der Krankenhäuser ein Antihistaminikum oder Adrenalin-Injektionen verabreichen. In einigen westlichen Regionen sei auch vor **Schlangen** gewarnt. Apotheken und Ausrüstungsläden verkaufen Erste-Hilfe-Sets für Schlangenbisse und Park Ranger klären über Vorsichtsmaßnahmen auf. Wer gebissen wird und kein Gegengift zur Hand hat, sollte sich den Missetäter genau ansehen, damit der Arzt die Spezies bestimmen und das entsprechende Medikament verabreichen kann.

Vorschlag für eine Reiseapotheke

Erste Hilfe
- Verbandszeug (Heftpflaster, Hansaplast, Mullbinden, Elastische Binde, Pinzette)
- Desinfektionsmittel (Merfen-Orange N*)
- Antihistaminikum, z. B. Systralsalbe
- Wund- & Heilsalbe (Bepanthen)

Schmerzen und Fieber
- Fieberthermometer
- ASS (z.B. Aspirin oder Paracetamol)
- Buscopan (gegen Krämpfe)
- Fungizid ratio (bei Pilzinfektionen)
- Maaloxan oder Solugastril (bei bekannter Neigung zu Magenübersäuerung)
- Yxin (gegen Bindehautreizung)

Durchfall
- Imodium akut (v.a. vor längeren Fahrten)
- zur Rückführung von Mineralien: Elotrans (Kinder: Oralpädon)

Reisekrankheiten
- Superpep Kaugummis (Rodawan, Reisedragees Stada)

Sonstiges
- Insektenschutzmittel
- Kondome
- Beipackzettel

(rezeptpflichtig in Deutschland)*

Beim Wandern und Klettern ist eine anständige Ausrüstung unverzichtbar. Mit plötzlichen Wetterumschwüngen muss immer gerechnet werden. Anzeichen einer **Unterkühlung** sind Benommenheit, Erschöpfung und Wärmeverlust. Bei Schnee und in höheren Lagen ist ein guter **Sonnenschutz** mit hohem Lichtschutzfaktor dringend anzuraten.

Versicherung

Die großen Versicherungsunternehmen bieten eine verwirrende Vielfalt von Versicherungspaketen an, die Reiserücktritt-, Unfall-, Gepäck- und Auslandskrankenversicherung einschließen können. Letztlich liegt es im Ermessen des Reisenden, was er alles versichert haben möchte. Die wichtigste Urlaubsversicherung ist eine **private Auslandskrankenversicherung**, die den Krankenrücktransport einschließt.

Reiserücktrittskostenversicherung

Bei einer pauschal gebuchten Reise ist eine Rücktrittskostenversicherung meist im Preis inbegriffen (zur Sicherheit sollte man nachfragen). Wer individuell plant, muss sich um die Absicherung dieses Risikos selbst kümmern. Reisebüros bieten z.T. Versicherungen an oder vermitteln den Abschluss.

Viele Reiserücktrittskostenversicherungen müssen kurz nach der Buchung abgeschlossen werden (in der Regel bis 14 Tage danach). Bei Krankheit oder Tod eines Familienmitglieds oder Reisepartners ersetzt die Versicherung die Stornokosten der Reise. Eine Reiseunfähigkeit wegen Krankheit muss ärztlich nachgewiesen werden.

Die Kosten der Versicherung richten sich nach dem Preis der Reise und der Höhe der Stornogebühren. Sie liegen in der Regel zwischen 15 und 90 € pro Person. Zum Teil gibt es eine Selbstbeteiligung.

Reisegepäckversicherung

Viele Versicherungen bieten die Absicherung des Verlustes von Gepäck an, meist als Teil eines Paketes wie etwa beim „FernFlug-Vollschutz" von *Elvia*. Allen Versicherungen ist gemein, dass die Bedingungen, unter denen das Gepäck abhanden kommen „darf", sehr eng gefasst sind. Deshalb ist es wichtig, die Bedingungen genau zu studieren und sich entsprechend zu verhalten. Bei vielen Versicherungen ist z.B. das Gepäck in unbewacht abgestellten Kraftfahrzeugen zu keinem Zeitpunkt versichert. Foto- und videotechnische Geräte sind meist nur bis zu einer bestimmten Höhe oder bis zu einem bestimmten Prozentsatz des Neuwertes versichert, auch Schmuck unterliegt Einschränkungen, ebenso Bargeld. Wer eine wertvolle Foto- oder Kameraausrüstung mitnimmt, sollte erwägen, eine Zusatzversicherung abzuschließen.

Entscheidet man sich für eine Reisegepäckversicherung, ist darauf zu achten, dass sie Weltgeltung hat, die gesamte Dauer der Reise umfasst und in ausreichender Höhe abgeschlossen ist. Tritt ein Schadensfall ein, muss der Verlust sofort bei der

Polizei gemeldet werden. Eine zuvor angefertigte **Checkliste**, auf der alle Gegenstände und ihr Wert eingetragen sind, ist dabei hilfreich. Generell sollte alles, was nicht ausreichend versichert ist, im Handgepäck transportiert werden.

Eine Reisegepäckversicherung mit einer Deckung von rund 2000 € kostet für 24 Tage ca. 30 €, als Jahresvertrag etwa 60–70 €.

Auslandskrankenversicherung

Ohne eine Auslandskrankenversicherung mit Rücktransport abgeschlossen zu haben sollte niemand sein Heimatland verlassen. Bei Krankheiten und Unfällen kann sehr schnell eine erhebliche Summe zusammenkommen, die aus eigener Tasche bezahlt werden müsste. Versicherte können die Kosten hingegen nach Einreichen der Rechnungen bei der Versicherung geltend machen. Einschränkungen gibt es natürlich auch hier, besonders bezüglich Zahnbehandlungen (nur Notfallbehandlung) und chronischen Krankheiten (Bedingungen durchlesen!). Der feine Unterschied liegt im Detail: Die meisten Versicherer zahlen den Rücktransport nur, wenn er "medizinisch notwendig" ist. Beim *ADAC*, der *Europäische Reiseversicherung* und *Huk-Coburg* genügt es, dass der behandelnde Arzt den Transport in die Heimat für sinnvoll erachtet. Bei einer Schwangerschaft ist eine schriftliche Bestätigung des Versicherers ratsam, dass er für Kosten von Frühgeburten und die medizinische Versorgung des Neugeborenen aufkommt.

Die bei der Versicherung einzureichende **Rechnung** sollte folgende Angaben enthalten:

- ◗ Name, Vorname, Geburtsdatum, Behandlungsort und -datum
- ◗ Diagnose
- ◗ erbrachte Leistungen in detaillierter Aufstellung (Beratung, Untersuchungen, Behandlungen, Medikamente, Injektionen, Laborkosten, Krankenhausaufenthalt)
- ◗ Unterschrift des behandelnden Arztes
- ◗ Stempel

Auslandskrankenversicherungen werden von nahezu allen großen Versicherern und auch von einigen Kreditkartenorganisationen angeboten. Sie sind meistens für ein Jahr gültig, decken jedoch nur Reisen von jeweils bis zu 42 Tagen, manche bis acht Wochen ab. Es empfiehlt sich der Abschluss eines **Jahresvertrages**. Folgende Angaben sind besonders für Veränderungen anfällig und sollten daher vor Abreise überprüft werden.

Mit 4,92 € pro Jahr ist die *DBV-Winterthur* am günstigsten. Den umfassendsten Schutz bietet die *Huk-Coburg*, denn sie zahlt bei Krankheit über das Vertragsende hinaus bis zur Wiederherstellung der Transportfähigkeit und übernimmt die Kosten für den Krankenrücktransport, wenn der Arzt dies für notwendig erachtet. Einzelpersonen zahlen 8 € (19 € ab dem 70. Lebensjahr), Familien 20 € im Jahr.

Die *Universa Krankenversicherung AG* versichert Reisende für ein Jahr auf allen Auslandsreisen, die jeweils nicht länger als zwei Monate dauern, zu einem Preis von 8 € p.P. und 17,80 € ab Eintrittsalter 60. Der Auslandsschutzbrief des *ADAC* für Reisende bis 66 Jahre kostet für 45 Tage 11,70 €, Nichtmitglieder zahlen 13,50 €. Weitere führende Versicherer sind die *AXA, Debeka, Elvia, Europäische Reiseversicherung, Helvetia, Victoria* und die *Volksfürsorge*.

Wer länger als sechs Wochen verreisen möchte, sollte nach **Langzeittarifen** fragen. Am billigsten fährt man bei einem dreimonatigen Auslandsaufenthalt mit dem EVT-Tarif der *Europa*, der Reisende bis zum 64. Lebensjahr für 42 € versichert (Selbstbehalt: 50 €). Günstig ist bei einer Dreimonatstour auch *Victoria* mit ihrem AR1-Tarif für 49 € (ohne Selbstbehalt). Für den gleichen Zeitraum kommen Reisende ab dem 70. Lebensjahr mit 125 € bei der *Württembergischen* ganz gut weg. Die *AXA* bietet einen Einmal-Reise-Krankenschutz (ARE) für 365 Tage an. Dabei werden für die ersten 30 Tage 0,45 €/Tag berechnet und vom 31.–365. Tag 0,90 € – ab dem 65. Lebensjahr das Doppelte. Die *DKV* offeriert mit ihrem Tarif AS6 bis zu 99 Tage, mit dem Tarif AS 12 bis zu zwölf Monate und mit dem Tarif AVL bis zu 36 Monate Schutz. Die monatlichen Beiträge richten sich nach Alter und Geschlecht. Weitere Anbieter von Langzeittarifen sind die *Volksfürsorge* und der *ADAC*.

Geld

Währung

Die kanadische Währung ist der Dollar ($). Ein Dollar ist in 100 Cents (¢) unterteilt. Im Umlauf sind Münzen im Wert von 1¢ (Penny), 5¢ (Nickel), 10¢ (Dime), 25¢ (Quarter), $1 („Loonie", benannt nach dem darauf gezeigten *common loon*, dem Eistaucher) und $2. Für Letztere gibt es keine Bezeichnung – „Twoonie" konnte sich nicht recht durchsetzen. Scheine gibt es im Wert von $5, $10, $50, $100, $500 und $1000.

Wechselkurse

1 € = 1,55 Kan$	1 Kan$ = 0,65 €
1sFr = 1,01 Kan$	1 Kan$ = 0,99 sFr

Aktuelle Wechselkurse unter 🖳 www.oanda.com

Banken

In Kanada besitzt jeder noch so kleine Ort in der Regel eine Bank, und die große Mehrheit davon wechselt Fremdwährungen und Reiseschecks. Bei vielen auch außerdem Auszahlungen auf Kreditkarte möglich. Die Kernöffnungszeiten der Banken sind Mo–Fr von 10–15 Uhr, etliche haben außerdem mindestens einmal pro Woche bis 18 Uhr geöffnet, manche auch samstagvormittags. Die größten Banken mit Filialen landesweit sind *Toronto Dominion*, die *Royal Bank of Canada* und die *Bank of Montréal*.

Reisekasse
Reiseschecks

Obwohl altmodisch sind Reiseschecks (Travellers Cheques) noch immer am sichersten. Sie sind gegen eine geringe Provision bei jeder Bank erhältlich. $-, €- oder sFr-Reiseschecks von *AMEXCO (American Express), Visa* oder *Thomas Cook* werden in Kanada von jeder Bank eingelöst.

Bei Verlust oder Diebstahl werden sie im nächsten Vertragsbüro ersetzt. Wichtig ist, dass für den Nachweis die Kaufabrechnung an einer anderen Stelle aufbewahrt wird als die eigentlichen Schecks. Auch eine Aufstellung aller bereits eingelösten Schecks ist unerlässlich.

Geld- und Kreditkarten

Besitzt man eine Geldkarte oder **Euroscheckkarte** mit Maestro- oder Cirrus-Symbol plus Geheimzahl (PIN), kann man damit an vielen Geldautomaten mit dem entsprechenden Symbol Bargeld abheben. Der Maximalbetrag kann bei der Hausbank erfragt werden.

Eine weitere Alternative sind **Kreditkarten** wie *American Express, Visa, MasterCard* oder *Diner's Card*. Mit der Kreditkarte kann man nicht nur Flugtickets, Mietwagen, Einkäufe, Hotel- und Restaurantrechnungen bargeldlos bezahlen, sondern auch Bargeld abheben. Auszahlungs- und Akzeptanzstellen sowie **Geldautomaten** (ATM) sind in Kanada weit verbreitet. Für die Barauszahlung am Geldautomaten benötigt man die Kreditkarte und die Geheimzahl.

Es ist ratsam, eine bestimmte Summe als Guthaben auf dem Kreditkarten-Konto zu deponieren, denn sobald der vorgegebene Kreditrahmen überzogen ist, wird die Karte gesperrt. Auf vielen Kreditkarten-Konten werden sogar Zinsen gezahlt, die gar nicht unattraktiv sind. Hier lohnt es auf jeden Fall, sich vorher zu informieren. Verlust oder Diebstahl sind sofort zu melden, damit die Karte gesperrt werden kann. Bei Mietwagen oder Flügen, die mit der Karte bezahlt werden, ist in der Regel automatisch eine Unfallversicherung inklusive.

Notrufnummern und Websites:
American Express

📞 069/97971000 (auch bei Verlust für Ersatzkarten zuständig), 🖳 www.americanexpress.com/germany

Visa

Karte sperren unter +1/410/5813836 (international gebührenfrei), Standorte der Geldautomaten:
🖥 www.visa.de/service/atm_locator.htm,

MasterCard

Karte sperren unter ✆ +1/314/2756690 (international gebührenfrei), innerhalb Kanadas
✆ 1-800/3077309. Standorte der Geldautomaten:
🖥 www.mastercard.com/atmlocator,

Bankkarten mit Maestro- und Cirrus-Logo

Infos über die Hausbank, Standorte unter
🖥 www.maestrocard.com/wheretouse oder
www.mastercard.com/atmlocator

Überweisungen

Überweisungen vom Heimatland sind weder bequem noch billig und sollten nur in wirklichen Notfällen in Betracht gezogen werden. Dazu schickt die Bank in Kanada ein Fax (Fax-Nummer notieren) an die Heimatbank und fordert den entsprechenden Betrag an. Der überwiesene Betrag wird zum Devisenkurs umgerechnet und bar oder in Travellers Cheques gegen eine Gebühr von etwa 10 € ausgezahlt. Die telegrafische Anweisung kostet etwa 30–40 €.

Etwas weniger kompliziert und vor allem schneller erfolgt der Geldtransfer über **Moneygram** oder **Western Union**, da bei diesem Vorgang nicht zwei Unternehmen kooperieren müssen. Unmittelbar nach Einzahlung bei einer Zweigstelle in Europa kann der Begünstigte das Geld in Kanada in Empfang nehmen. Die Gebühren richten sich nach der überwiesenen Summe: Für 1000 € fallen etwa 40 € an. Weitere Informationen, auch über Agenturen weltweit:

Moneygram, 🖥 www.moneygram.de
Western Union, 🖥 www.westernunion.com.
Wird in Deutschland von allen Zweigstellen der Postbank angeboten.

Reisekosten

Für Westeuropäer ist Kanada ein relativ **preiswertes Reiseland**. Das Übermaß an Restaurants und Bars sorgt allgemein für niedrige Preise, nur im hohen Norden, wo die hohen Transportkosten für Lebensmittel an die Kundschaft weitergegeben werden, muss tiefer in die Tasche gegriffen werden. Die Unterkünfte, die in der Regel den größten Posten auf der Rechnung ausmachen, können sehr kostspielig sein, besonders wenn man auf Komfort Wert legt, doch es gibt genügend günstige Alternativen, nicht zuletzt auf dem wachsenden B&B-Markt.

Steuern

In Kanada werden praktisch alle Preise, ob Kaugummi oder Hotelzimmer, **ohne Steuer** angegeben, das heißt, der ausgewiesene Preis spiegelt nicht den Betrag wider, der am Ende tatsächlich zu bezahlen ist.

Sowohl der Staat als auch die Provinzen erheben Steuern. Die **Goods and Services Tax** (GST) entspricht der Mehrwertsteuer und wird mit 7% auf die meisten Waren und Dienstleistungen aufgeschlagen. Außer in Alberta, dem Yukon und den Northwest Territories wird darüber hinaus eine **Provincial Sales Tax** (PST), eine Verkaufssteuer erhoben, die mit 6–10% ebenfalls für alle Waren und Dienstleistungen fällig wird, darunter auch Hotelübernachtungen und Restaurantrechnungen. Unterm Strich zahlt man also je nach Provinz letztlich bis zu 17% mehr für Hotelzimmer und eine Reihe von Dienstleistungen als angegeben.

Als kleine Wiedergutmachung können Besucher eine **Rückerstattung der GST** für bestimmte Waren und die während des Aufenthalts bezahlten Übernachtungen (mind. $50, aber nicht mehr als $200 pro Nacht) beantragen. Entsprechende Formulare sind in vielen Hotels, Läden und Flughäfen oder bei jeder kanadischen Botschaft erhältlich und mitsamt der Originalquittungen bei der darauf angegebenen Adresse einzureichen. Die ganze Prozedur wird auch direkt an den Flughäfen abgewickelt. Dabei müssen Quittungen und Waren vorgelegt werden, und das Geld wird unter Einbehaltung einer Bearbeitungsgebühr gleich ausgezahlt. Weitere Informationen unter ✆ 902/432-5608 (außerhalb Kanadas) oder ✆ 1-800/668-4748 (in Kanada) und im Internet unter 🖥 www.ccra.gc.ca/visitors.

Einige allgemeine **Beispiele**: Wer bereit ist, sich mittags selbst zu versorgen, in Hostels zu übernachten und nur die günstigsten Restaurants und Bars aufzusuchen, kann mit ca. $60 am Tag auskommen; bei Unterkunft in einem guten B&B, Verköstigung an den meisten Abenden in einem Restaurant der mittleren Preisklasse und regelmäßigen Barbesuchen ist mit mindestens $150 pro Tag zu rechnen, wobei die Kosten für das Zimmer den Löwenanteil schlucken werden; mit $230 pro Tag und mehr können fast alle Wünsche erfüllt werden, es sei denn, man möchte in den besten Hotels wohnen und jeden Abend groß ausgehen.

Wer allein unterwegs ist, zahlt für die Unterkunft verhältnismäßig mehr als Gruppen von zwei oder mehr Personen. Die meisten Hotels verfügen zwar über Einzelzimmer, verlangen für diese aber einen festgesetzten Preis von ca. 65% des Doppelzimmertarifs.

Restaurants sind nicht immer billig, bleiben aber im Rahmen, wenn man auf Extras verzichtet und sich auf den Hauptgang beschränkt, der bei ca. $12 beginnt. **Trinkgelder** sind natürlich freiwillig, 15% werden von Kellnern und Taxifahrern jedoch erwartet. Die **Eintrittspreise** für Museen betragen in der Regel um die $7, Kinder, Senioren und Studenten kommen in der Regel in den Genuss einer Ermäßigung von mindestens 50%. Ermäßigte Preise lassen sich aber überall und für jedermann finden, angefangen bei Bootstouren und öffentlichen Transportmitteln bis zu Extrabetten in Hotelzimmern.

Reisende mit Behinderungen

Für Reisende mit Behinderungen ist Kanada, zumindest was die Städte betrifft, eines der am besten geeigneten Reiseländer. Alle öffentlichen Gebäude müssen für Rollstuhlfahrer zugänglich sein und über entsprechende Toiletten verfügen, nahezu alle Straßenecken haben abgeflachte Bordsteinkanten, und öffentliche Telefone sind auf die Träger von Hörgeräten eingerichtet. Nur im öffentlichen Nahverkehr werden Rollstuhlfahrer hin und wieder auf Schwierigkeiten stoßen, doch die Situation verbessert sich zusehends. Mit ungleich größeren Problemen ist in der Wildnis zu rechnen, obwohl fast alle Nationalparks über rollstuhlgerechte Besucher-

zentren verfügen und viele zudem spezielle Erkundungspfade eingerichtet haben.

Die meisten **Fluggesellschaften** zeigen sich sowohl auf Transatlantik- als auch auf Inlandflügen sehr bemüht, Behinderten das Reisen zu erleichtern. Die größeren **Mietwagenfirmen**, wie *Hertz* oder *Avis*, stellen per Hand zu bedienende Autos ohne Aufpreis zur Verfügung, allerdings nur in der teuersten Kategorie. Buchungen sollten so früh wie möglich erfolgen. Um einen **Behindertenparkausweis** *(parking privilege permit)* zu bekommen, muss ein spezielles Antragsformular ausgefüllt werden. Die hierfür zuständige Stelle ist in jeder Provinz eine andere, doch sind die Ausweise in ganz Kanada gültig. Auskunft können die Provincial Tourist Offices erteilen. Neben einer Vielzahl von Angaben wird von Antragstellern eine genaue Beschreibung der Behinderung sowie ein unterzeichnetes ärztliches Attest (keine Kopie) verlangt, das explizit erläutert, warum es aufgrund der Behinderung problematisch ist, mehr als 100 m zu Fuß zurückzulegen.

Alle **Züge** von VIA Rail können Rollstühle bis zu 81x182 cm und 114 kg mitnehmen, die allerdings 48 Stunden im Voraus angekündigt werden müssen. Es werden hervorragende Dienste geboten, Mahlzeiten werden serviert, Abteile für Blinde, die mit Blindenhund reisen, gibt es ohne Aufpreis, und beim Ein- und Aussteigen wird Hilfestellung gegeben. Wer auf ständige Begleitung angewiesen ist, kann dank des „**Helping Hand**"-Programms kostenlos eine zweite Person mitnehmen.

Fernbusse sind verpflichtet, behinderte Fahrgäste mitzunehmen, wenn der Rollstuhl sich im Gepäckraum unterbringen lässt, doch der Einstieg gestaltet sich oft schwierig. Fast alle Busunternehmen akzeptieren jedoch einen „Helping Hand"-Nachweis zur kostenlosen Beförderung von Begleitpersonen, und die Fahrer sind gewöhnlich ausgesprochen hilfsbereit.

Größere **Hotels** wie *Holiday Inn* verfügen oft über speziell eingerichtete Wohneinheiten für behinderte Gäste, und die großen Motelketten wie *Best Western* oder *Journey's End* sind rollstuhlgerecht ausgestattet. Dennoch lohnt es sich, vorab bei den Tourist Offices (und den einzelnen Hotels) die Gegebenheiten zu erfragen.

Weitere Informationen gibt es bei:

Access-Able

💻 www.access-able.com

Online-Informationen für Reisende mit einge-
schränkter Mobilität und Behinderungen.

Canadian Paraplegic Association

Suite 230, 1101 Prince of Wales Drive, Ottawa, ON
📞 613/723-1033, 💻 www.canparaplegic.org
Unterhält in jeder Provinz eigene Büros, Adressen sind über die Website oder telefonisch erhältlich, 📞 1-800/720-4933. Die Einrichtung bietet
umfassende regionalspezifische Informationen,
die Mehrzahl der Regionalbüros bringt außerdem eine kostenlose Broschüre über die am
leichtesten zugänglichen Sehenswürdigkeiten
heraus.

VIA Rail

📞 1-888/842-7245, 💻 www.viarail.com
VIA Rail unterhält fast das gesamte Eisenbahnnetz Kanadas und bietet auf seiner Website eine
gesonderte Inforubrik für Reisende mit Behinderungen (versteckt unter „Seniors" und „Your
special needs"), außerdem ein Servicetelefon
für Reisende mit Sprach- und/oder Hörbehinde-
rungen unter 📞 1-800/268-9503

Praktische Tipps

Übernachtung

Man muss in Kanada kein Vermögen ausgeben, um sein Haupt zu betten, wird aber dennoch einen Großteil des Reisebudgets darauf verwenden. Die billigsten Varianten sind Zeltplätze und Hostels, die schon ab $15 zu haben sind, in größeren Städten allerdings voll belegt sein können. In Hotels und Motels kostet ein Doppelzimmer ab $60, in ländlichen, untouristischen Gegenden auch weniger. Alleinreisende zahlen entsprechend mehr, wer jedoch zu zweit oder in einer Gruppe unterwegs ist, muss manchmal kaum mehr als im Hostel berappen.

Wer entlegene Landesteile ansteuert, sollte sich stets vorher über die Unterkunftssituation informieren. Orte, die auf der Karte relativ groß aussehen, verfügen oft nur über ein begrenztes Angebot, und Motels sind nicht so weit verbreitet wie etwa in den USA. Unabhängig vom Reiseziel ist eine frühzeitige **Reservierung** zu empfehlen, dringend ratsam ist sie im Sommer sowie ganzjährig in den großen Nationalparks wie Banff und größeren Städten wie Vancouver. Auch große Veranstaltungen und Feste, z.B. die Calgary Stampede, können die Unterkunftssuche schwieriger gestalten.

Reservierungen sind unter Angabe einer Kreditkartennummer telefonisch möglich. Oftmals sind hierfür **gebührenfreie Telefonnummern** eingerichtet, die jedoch gelegentlich nur innerhalb eines bestimmten Gebietes gelten, typischerweise innerhalb einer Provinz oder innerhalb Kanadas. Wer vorhat abends anzureisen, sollte dies ankündigen, da Reservierungen normalerweise nur bis 18 Uhr aufrecht erhalten werden, in touristischen Zentren manchmal nur bis 16 Uhr. Andererseits können Zimmer besonders in gut belegten Hotels mitunter erst am späten Nachmittag bezogen werden, es ist also in jedem Fall ratsam, dies abzuklären. Bei der Abreise müssen die Zimmer fast immer zwischen 11 und 13 Uhr geräumt werden. Wird ein reserviertes Zimmer nicht benötigt, sollte man unbedingt **stornieren**, da die Unterkunft sonst berechtigt ist, die Kreditkarte mit den Kosten einer Übernachtung zu belasten. Die meisten Hotels und Motels erlauben bis zu 24 Stunden vor Anreise eine kostenlose Stornierung, an sehr touristischen Orten können dies auch drei Tage sein. Nicht selten wird die erste Übernachtung im Voraus abgebucht, und man muss stets im Auge behalten, dass zu den angegebenen Zimmerpreisen insgesamt 15% **Steuern** hinzukommen.

Wird ein Zimmer mit mehr als zwei Personen belegt, lassen sich Kosten sparen: Ein **Zustellbett** ist gewöhnlich für $15 zu bekommen. Alleinreisende haben dabei das Nachsehen, denn bei **Einzelbelegung** wird der Preis eines Doppelzimmers nur geringfügig reduziert. Außerhalb der Hauptsaison, meist Mitte Mai bis Anfang September (Labour Day), werden die **Preise** deutlich gesenkt. Um Leerstand zu vermeiden, haben die Hotels ganzjährig oft spezielle Wochenend-Tarife oder Last-Minute-Angebote.

Bei Schwierigkeiten mit der Zimmersuche sind die örtlichen Fremdenverkehrsbüros behilflich.

Preiskategorien

Die im Adressenteil empfohlenen Unterkünfte wurden in folgende Preiskategorien eingeteilt, wobei die Angaben für das günstigste Doppelzimmer in der Hochsaison gelten. Abgesehen von den Billigmotels und den einfachsten Hotels passen alle Unterkünfte ihre Preise der Nachfrage an. So kann ein durchschnittliches Motel in einem Urlaubsort am Meer oder in den Bergen je nach Saison die Preise verdoppeln, während ein Businesshotel in Vancouver, das wochentags $200 verlangt, vielleicht spezielle Wochenendtarife bietet, wenn die Geschäftsleute abgereist sind. Die Termine für Hoch- und Nebensaison können recht unterschiedlich ausfallen: Grob gesagt fällt die **Hochsaison** auf Juli und August, die **Zwischensaison** auf Mai, Juni, September und Oktober, und die **Nebensaison** bezieht sich auf das übrige Jahr.
Wenn nicht anders angegeben, sind zu den Zimmerpreisen etwa 15% Steuern hinzuzurechnen.

❶	bis $40
❷	$40–60
❸	$60–80
❹	$80–100
❺	$100–125
❻	$125–175
❼	$175–240
❽	über $240

Reservierungen werden meist kostenlos getätigt, allerdings hat man hier selten die Möglichkeit, aus einem Angebot auszuwählen. In einigen touristischen Zentren gibt es privat betriebene Reservierungsbüros, die gegen eine geringe Gebühr Zimmer vermitteln. Hilfreich ist es, vor der Abreise die umfassenden Unterkunfts- und Campingverzeichnisse der Provinzen (s. „Informationen") anzufordern, die über Preise, Bettenzahl und Einrichtungen informieren.

Hotels

Ein einfaches Zimmer ist außer in sehr entlegenen Gegenden stets problemlos zu finden. Entlang der Ausfallstraßen jedes größeren Ortes stößt man unweigerlich auf eine ganze Reihe von Motels, deren Neonschilder auch Zimmerpreise und Verfügbarkeit anzeigen. Weiter in der Stadt gelegene Hotels lassen sich grob in zwei Kategorien unterteilen: luxuriöse 5-Sterne-Häuser oder ungemütliche Downtown-Hotels, oft über einer Bar gelegen. In der Mittelklasse ist das Angebot dünn gesät, diese Lücke wird von den Motels am Stadtrand geschlossen.

Luxushotels können in der Tat äußerst luxuriös sein, so etwa die Häuser von *Canadian Pacific* in Touristenzentren wie Banff und Lake Louise. In den Großstädten sind sie mehr auf Geschäftsleute als auf Touristen ausgerichtet. Hotels der obersten Kategorie verlangen $150–500 für ein Zimmer, wobei in den meisten für $250 eine wirklich feudale Unterbringung garantiert ist. Zur Wochenmitte oder in der Nebensaison kann man nach besonderen Angeboten fragen, die einem bis zu $100 sparen können. Wer sich einmal richtig etwas gönnen will, hat die Wahl zwischen dem altmodischen Charme der traditionellen Häuser und dem Hightech-Komfort der modernen Luxushotels. Die meisten Städte und einige Urlaubsorte bieten beides.

Mittelklassehotels gehören oft einer Kette an, z.B. *Holiday Inn* oder *Best Western*, und sind meist eine Spur komfortabler als Motels derselben Kategorie. Für ein Doppelzimmer in der Hochsaison sind ab $90 zu zahlen, in gefragten Urlaubsgegenden oder größeren Stadtzentren auch mehr.

Hotels der unteren Kategorie kosten zwischen $35 und $55 und stammen überwiegend aus der Zeit, als Bars praktisch nur als Teil eines Hotels oder Restaurants betrieben werden durften. Es gibt sie in den meisten kleinen und mittelgroßen Städ-

ten, wo sie den Vorteil der zentralen Lage bieten, da sie oft schon bei Stadtgründung existierten. Nachteilig ist, dass die Betreiber den umsatzträchtigeren Bars die größere Aufmerksamkeit schenken und die Zimmer etwas vernachlässigt sein können. Zu manchen gehören auch Stripläden oder Live-Musik-Bühnen, die kaum eine geruhsame Nacht garantieren, und einige kümmern sich herzlich wenig um ihre Gäste, darunter viele Dauergäste, die genauso abgerissen sind wie das Etablissement selbst. Die Zimmer sind meist ziemlich abgewohnt, aber sauber, und haben außer Waschbecken und Fernseher kaum etwas an Ausstattung zu bieten. Einfache Mahlzeiten gibt es in der Bar, besser isst man aber sicherlich im Café oder Restaurant um die Ecke.

Motels

Motels können in ihrem Namen die Bezeichnungen Inn, Lodge, Resort oder Motor Hotel tragen, letztlich läuft aber alles auf dasselbe hinaus: auf Autofahrer ausgerichtete, preisgünstige und zuverlässige Unterkünfte, fast immer entlang der Hauptverkehrsstraßen am Stadtrand gelegen. Die einfachsten Zimmer kosten ab $45, der Durchschnitt liegt bei $60, während in touristischen oder abgelegenen Gegenden auch $100 für eines der eher zweckmäßigen Zimmer verlangt werden kann. Grundsätzlich gilt: Je weiter man aus der Stadt herausfährt, desto niedriger sind die Zimmerpreise. Oft gibt es **Nebensaison-Tarife**, gewöhnlich von Oktober bis April, manchmal sind Drei- oder Vierbettzimmer zu haben, und fast in allen Motels ist ohne hohe Zusatzkosten ein Zustellbett im Doppelzimmer zu bekommen. In Häusern mit **Family Plan** zahlen Kinder, die im Zimmer der Eltern schlafen, gar nichts. Bei mehr als einer Übernachtung kann vielleicht ein Preisnachlass ausgehandelt werden, Wochenpreise sind recht verbreitet.

Abgesehen von den einfachsten Motels wird ein bemerkenswert guter Standard geboten: ein ausreichend großes Doppelbett, eigenes Bad, Fernseher und Telefon, in gehobeneren Unterkünften zusätzlich kostenloser Kaffee, Saunabenutzung, Whirlpool, Solarium und Schwimmbad. Oft reicht es nicht, für die Übernachtung in Motels mehr Geld zu investieren: Für $75 statt $50 bekommt man nicht unbedingt viel mehr Extras oder Komfort. Einige Motels bieten jedoch auch Zimmer mit **Kü-**

chenzeile oder einfachen Kochgelegenheiten, die entweder im Zimmerpreis enthalten oder gegen ein paar Dollar extra zu haben sind. In schickeren Herbergen kann ein kleines Restaurant angeschlossen sein, aber normalerweise findet man höchstens einen Getränkeautomaten und im Zimmer eine Kaffeemaschine. Erwarten kann man durchweg gute Parkmöglichkeiten, oft unmittelbar vor der Zimmertür.

Bed & Breakfast

In den vergangenen Jahren ist die Zahl der B&Bs sowohl in den Metropolen als auch in den beliebten Urlaubsorten deutlich gestiegen. B&Bs oder Guesthouses bieten durchgehend einen sehr hohen Standard, und die Zimmerpreise beginnen bei etwa $50 einschließlich Frühstück. Mit etwas Glück wird man in einem liebevoll – vielleicht sogar zu heimelig – eingerichteten Zimmer in einem Stilbau in großartiger Lage untergebracht und lernt dabei auch noch Kanadier kennen.

Auf einige Punkte ist jedoch bei der Auswahl zu achten: Manche B&Bs servieren morgens ein herzhaftes englisches Frühstück, während andere mehr und mehr zu einem bescheideneren Angebot übergehen. Wer gern abends noch ausgeht oder einfach Wert auf etwas mehr Privatsphäre legt, sollte auf einen separaten Eingang achten. Kleinere Hotels nennen sich zunehmend „Bed and Breakfast Inn" oder ähnlich, um anzuzeigen, dass sie privat betrieben werden und keiner Kette angehören. Es handelt sich dabei um kleine, jedoch recht teure Unterkünfte mit persönlicher Atmosphäre und nicht um B&Bs im klassischen Sinn. B&Bs kommen und gehen, über das aktuelle Angebot informieren die *Tourist Offices* vor Ort, bei denen oft umfangreiche Kataloge mit Fotos einsehbar sind. In größeren Städten kann man sich an private Vermittlungsagenturen wenden. Auf die Lage ist besonders zu achten: In Großstädten sind B&Bs häufig in den Vororten zu finden, abseits der öffentlichen Transportmittel und Sehenswürdigkeiten. Einige Häuser holen jedoch ihre Gäste vom Flughafen oder Busbahnhof ab.

Hostels

Etwa 80 kanadische Hostels gehören dem Herbergswerk **Hostelling International** (HI) an, früher als International Youth Hostels Federation

(IYHF) bekannt. Daneben gibt es zahlreiche „Mini-Hostels", unabhängige Herbergen, die auch Homes oder Backpackers' Hostels heißen können und teilweise in HI-Verzeichnissen mit aufgeführt sind. Berichten zufolge lässt der Standard in einigen unabhängigen Hostels mehr und mehr zu wünschen übrig, da die billigen Betten von Dauergästen belegt werden und nicht von Budget-Touristen. Manche sind schlicht unsicher. Oft werden diese Häuser nur mit wenig Geld betrieben und eröffnen und schließen recht kurzfristig. Örtliche *Tourist Offices* können Auskunft über den Ruf der Hostels erteilen, oder man hört sich bei anderen Reisenden um.

HI-Hostels sind in vier Kategorien unterteilt *(basic, simple, standard* und *superior).* In den meisten gibt es Gemeinschaftsbereiche und alle bieten Kochgelegenheiten. Kissen und Decken werden gestellt, jedoch keine Wäsche. Handtücher und Jugendherbergsschlafsack müssen mitgebracht oder gemietet werden, normale Schlafsäcke sind nicht erlaubt.

Die Übernachtung in den nach Geschlechtern getrennten Schlafsälen kostet $15–25 für Mitglieder, je nach Kategorie und Lage, wobei zunehmend Familien- und Doppelzimmer angeboten werden. Theoretisch ist die Nutzung der Herbergen den HI-Mitgliedern vorbehalten, in der Praxis kann man jedoch entweder unmittelbar Mitglied werden oder zahlt als Nicht-Mitglied einen etwas erhöhten Preis ($17–28). Die meisten Herbergen werden allerdings bevorzugt HI-Mitglieder aufnehmen – ein nicht unwichtiger Gesichtspunkt in den betriebsameren Gegenden.

In vielen Hostels hat sich in den letzten Jahren einiges getan: Die Gebäude wurden renoviert, die Öffnungszeiten verlängert, Cafeterias wurden eröffnet und das Reservierungssystem teilweise auf Computer umgestellt. Auf diese Weise kann man in größeren Hostels andere Hostels bis zu sechs Monate im Voraus reservieren, so z.B. in Banff und Calgary, deren Hostels als zentrale Buchungsagenturen für die kleineren Herbergen der Region dienen. Die meisten großen Hostels nehmen auch **Reservierungen** per Kreditkarte telefonisch oder online entgegen. Vor allem im Sommer ist für Stadthostels und die meisten Herbergen in den Rockies eine Reservierung dringend zu empfehlen.

Mini-Hostels sind Privathäuser oder winzige Hotels, die Übernachtung mit Frühstück bieten. Die

Preise liegen bei $10–20, für Nicht-Mitglieder etwas höher, und auch hier ist ein Jugendherbergsschlafsack mitzubringen.

Viele der größeren Hostels in Kanada führen das *Hostelling North America*-Handbuch. Im Deutschen Jugendherbergswerk ist das *Internationale Jugendherbergsverzeichnis* für Übersee ist erhältlich. Es enthält die Adressen von mehr als 4200 Jugendherbergen in über 60 außereuropäischen Ländern. Man kann es für 8,70 € in allen Jugendherbergen kaufen oder im Internet unter 🖳 www.djh-shop.de bestellen. Informationen über die nächstliegende Ausgabestelle erteilt der jeweilige Landesverband. Hier kann man auch die Mitgliedschaft beantragen, die bis zum 27. Geburtstag 12 € und für Familien und Partner 20 € pro Jahr kostet. Eine Mitgliedschaft im Schweizer Jugendherbergsverband kostet bis zum Alter von 18 Jahren 22 sFr pro Jahr; Interessenten ab 18 Jahren zahlen 33 sFr, Familien 44 sFr. In Österreich ist die Mitgliedschaft im Jugendherbergsverband bis 18 Jahre kostenlos. Wer älter ist, zahlt 15 €. Kontaktadressen:

DJH Service GmbH, Bismarckstr. 8, 32756 Detmold, ☎ 05231-74010, 📠 740149, ✉ service@djh.de, 🖳 www.jugendherberge.de
Österreichisches Jugendherbergswerk, Helfersdorferstr. 4, 1010 Wien, ☎ 01-5331833, 📠 01-533183385, ✉ oejhw@oejhw.or.at, 🖳 www.oejhw.or.at
Schweizer Jugendherbergen, Schaffhauser Str. 14, 8042 Zürich, ☎ 01-3601414, 📠 3601460, ✉ marketing@youthhostel.ch, 🖳 www.youthhostel.ch
Hostelling International (HI), Room 400, 205 Catherine St, Ottawa, Ontario K2P 1C3, ☎ 613/237-7884 oder 1-800/444-6111 (in Kanada), 🖳 www.hihostels.ca

Adressen von Jugendherbergen in Kanada findet man unter 🖳 www.hihostels.ca. Dort gibt es auch eine Übersicht über **Rabatte**, die Besitzern eines Jugendherbergsausweises gewährt werden (z.B. Ermäßigungen auf Leihwagen, Shopping-Touren, Reisemedikamente u.Ä.).

Ys und Studentenwohnheime

In den meisten kanadischen Großstädten gibt es **YMCA** und **YWCA** – beide oft einfach nur „the Y" genannt. Der Standard ist in vielen Fällen hervorragend und entspricht eher dem eines preiswerten Hotels als dem eines Hostels. Zur Einrichtung gehört oft eine günstige, öffentliche **Cafeteria** sowie Sporteinrichtungen, Fitnessraum und Pool für die Gäste.

All das schlägt sich natürlich im **Preis** nieder, und obwohl auch Schlafsaalbetten ab $15 zu finden sind, geht der Trend eher zu Einzel-, Doppel- und Familienzimmern mit oder ohne Bad für $30–100. Das Preis-Leistungs-Verhältnis ist dabei unschlagbar, vor allem in den Metropolen, wo die Ys zudem zentral liegen. Auch hinsichtlich der **Reservierung** sind Ys wie ein Hotel zu betrachten, so ist im Hochsommer für die Einzel- und Doppelzimmer eine Buchung per Kreditkarte unabdingbar. Die meisten Häuser reservieren täglich einige Zimmer und Schlafsaalbetten für unangemeldete Gäste, doch an Orten wie Banff kann es vorkommen, dass sich morgens eine Warteschlange bildet. Die frühere Trennung nach Geschlechtern verliert an Bedeutung, auch wenn viele YWCAs Männer nur in Begleitung einer Frau dulden. Einige YWCAs nehmen Frauen mit Kindern auf, andere nur im Notfall.

In Kanadas Universitätsstädten gibt es die Möglichkeit, während der Semesterferien in **Studentenwohnheimen** untergebracht zu werden. Dieses Angebot steht jedem offen, Studenten werden jedoch bevorzugt. Die Unterkünfte sind ordentlich und zweckmäßig, wenn auch etwas gesichtslos, und Gäste können die Sporteinrichtungen der Universität nutzen. Nachteilig ist hingegen die meist dezentrale Lage. Die Preise für Einzel- und Doppelzimmer fangen bei etwa $35 an. Eine frühzeitige Anfrage bei der Zimmervermittlung der Universität ist zu empfehlen.

Ferien auf dem Bauernhof

Als zahlender Gast auf einem bewirtschafteten Bauernhof hat man die Aussicht auf gutes Essen, preiswerte Unterbringung – wer will, kann sogar arbeiten – und auf Kontakt mit den Gastgebern. Bedingt durch die abgeschiedene Lage der Unterkünfte beinhalten die Preise, die bei ca. $170 pro Tag beginnen, in der Regel sämtliche Mahlzeiten, außerdem Ausritte. Weitere Informationen gibt es bei den *Tourist Offices* und in den Unterkunftsverzeichnissen der Provinzen.

Camping

Nur wenige Länder bieten so mannigfache Möglichkeiten zum Camping wie Kanada. In vielen Städten ist ein Campingplatz zu finden, alle Nationalparks und die Mehrzahl der Provinzparks verfügen über hervorragende staatlich betriebene Plätze, und in den meisten Wildnisgebieten sowie in den ausgedehnten Crown Lands (unerschlossenes, regierungseigenes Land) ist wild zu zelten erlaubt. Dennoch sollte, wo möglich, eine Erlaubnis eingeholt werden, und zur eigenen Sicherheit und aus Rücksicht auf die Natur sollten die allgemeinen Regeln für das Zelten im Hinterland beachtet werden (s.u.). Wer zelten will, sollte bei der Auswahl des Platzes auf die Zahl der *unserviced sites* achten, da viele Plätze überwiegend auf Wohnmobile (RVs) ausgerichtet sind. Für diese wiederum sind *serviced sites* mit Voll- oder Teilanschlüssen für Wasser und Strom vonnöten. Ausdrücklich als „RV Park" deklarierte Anlagen sollte man mit Zelt gänzlich meiden.

Im Juli und August sind Campingplätze genauso betriebsam wie alle anderen Übernachtungsmöglichkeiten, vor allem in Urlaubsregionen im Gebirge, an Seen oder Flüssen. Es empfiehlt sich, frühmorgens anzureisen oder zu reservieren. Telefonnummern sind, falls vorhanden, im Regionalteil dieses Buches angegeben. Grundsätzlich können nur private Campingplätze reserviert werden, nicht hingegen die Plätze in Provinz- oder Nationalparks. Dies ändert sich jedoch zunehmend, und mittlerweile sind auch in einigen Parks Stellplätze telefonisch zu buchen. Nicht zuletzt sollte man sich vergewissern, dass der anvisierte Campingplatz auch geöffnet ist – viele Plätze werden nur während einiger Monate betrieben, normalerweise von Mai bis Oktober.

Campingplätze

Am unteren Ende der Skala stehen die **städtischen Campingplätze**, gewöhnlich sehr einfache Anlagen mit spartanischen Einrichtungen, die entweder kostenlos sind oder nur wenige Dollar verlangen, typischerweise $5 pro Zelt und $10 pro Wohnwagen, wobei viele davon reine Zeltplätze sind. **Private Campingplätze** gibt es in allen Kategorien: Einige kommen eher den städtischen gleich, andere wirken wie riesige Freizeitparks mit Läden, Restaurants, Wäschereien, Pools, Tennisplätzen und sogar Saunas und Whirlpools. Berechnet wird entweder pro Fahrzeug oder pro Gästepaar, seltener pro Zelt oder pro Person. Zwei Leute, die sich ein Zelt teilen, können jeweils von $2,50 bis $25 zahlen, im Durchschnitt ist mit $15 zu rechnen. Private Campingplätze können reserviert werden, was jedoch abgesehen von besonders beliebten Orten nicht notwendig ist, da stets einige Stellplätze für unangemeldete Gäste frei bleiben.

Die Campingplätze der **National-** und **Provinzparks** werden von Parks Canada bzw. der jeweiligen Provinz betrieben. Sie sind durchweg sehr gepflegt und zumindest theoretisch von Mai bis September geöffnet. Tatsächlich werden die meisten ganzjährig betrieben, doch sind einige Einrichtungen nur im Sommer zugänglich. Außerhalb der Saison werden die Gebühren nicht persönlich kassiert, zu diesem Zweck ist dann eine *honesty box* aufgestellt.

In den größeren Nationalparks, vor allem in den Rockies, steht mindestens ein Platz für **Camping im Winter** offen. Die Preise liegen zwischen $8,50 und $25 pro Zelt je nach Lage, den gebotenen Einrichtungen und der Jahreszeit – von Juli bis August kann etwas mehr verlangt werden. Mehr dazu s.S. 41, „Aktivitäten".

Die Plätze in den **großen Nationalparks**, besonders die in Stadtnähe, sind sowohl auf Zelte als auch auf Wohnmobile ausgerichtet und dafür nicht selten nochmals unterteilt. Im Allgemeinen sind jedoch die Plätze der Provinzparks und die abgeschiedeneren in den Nationalparks eher für Zelte gedacht und nur mit Wasser, Feuerholz und Plumpsklos ausgestattet. Warmwasser-Duschen sind ausgesprochen selten. Doch eines haben alle Plätze in Provinz- und Nationalparks gemeinsam: ihre großartige Lage. Für die meisten Stellplätze sind keine **Reservierungen** möglich, doch die Tendenz geht dahin, dass immer mehr Parks einen Reservierungsservice einrichten.

Zelten im Hinterland

Beim Zelten im Hinterland (*primitive camping* oder *backcountry camping*) gilt es, einige Regeln zu beachten. Feuer sind in weiten Teilen Kanadas im Sommer wegen der **Waldbrandgefahr** verboten. Wenn sie ausdrücklich erlaubt sind, sollte eine Feuergrube genutzt werden (falls vorhanden) oder ein Brenner, um die Ressourcen des Waldes zu schonen. In Wildnisgebieten kann man versuchen, auf einem bereits benutzten Platz zu zelten.

In Gegenden mit Bären (s.S. 50) ist besondere Vorsicht geboten. Gibt es keine Toiletten, sollten Fäkalien mindestens 10 cm tief und 30 m von der nächsten Trinkwasserstelle und dem nächsten Zeltplatz entfernt vergraben werden. In den Canadian Parks muss jeglicher Abfall wieder mitgenommen werden, ansonsten kann Müll auch verbrannt werden.

Das Wasser aus Flüssen und Bächen ist kein **Trinkwasser**, auch wenn es noch so verlockend klar sprudelt. Ist man darauf angewiesen, muss es mindestens zehn Minuten abgekocht oder mit jodhaltigen Reinigungstabletten (z.B. *Potable Aqua*) oder einem speziellen Giardia-Filter, erhältlich in Ausrüstungsläden und Sportgeschäften, entkeimt werden.

Essen und Trinken

Kanadas enorme Vielzahl an Restaurants, Bars, Cafés und Fastfood-Läden ist beeindruckend, doch auf den ersten Blick unterscheidet sich das Standardangebot in den Großstädten kaum von dem in den USA: Die Shoppping Malls, Hauptstraßen und Highways sind gesäumt von panamerikanischen Restaurantketten, die sich mit Super-Sonderangeboten gegen die Konkurrenz zu behaupten versuchen.

Es ist jedoch nicht schwierig, der Einheitsküche zu entkommen: In den Metropolen gibt es unzählige internationale und Spezialitätenrestaurants, an der Küste bereichern Fisch und Meeresfrüchte die Speisekarte, und selbst auf dem Land – einst die Domäne gammeliger Diners – steht eine gute Auswahl an hervorragenden familienbetriebenen Lokalen zur Verfügung. Nichtraucher werden erfreut zur Kenntnis nehmen, dass es immer mehr Nichtraucher-Lokale und beinahe in jedem Lokal einen Nichtraucherbereich gibt. Durch örtliche Zusatzverordnungen ist das Rauchen in Restaurants, Bars und Cafés z.T. ganz verboten.

Frühstück

Das Frühstück wird in ganz Kanada sehr ernst genommen und ist mit Preisen von $5–13 oft die günstigste und dabei sättigendste Mahlzeit des Tages. Serviert wird es bis etwa 11 Uhr, und ob man

sich in ein Café, einen Coffeeshop oder die Snack Bar des Hotels begibt, die Frühstückskarte sieht überall ähnlich aus: Eier in allen Variationen mit Schinken, knusprig gebratenem Bacon oder Würstchen. Bratkartoffeln (*hash browns* oder *home fries*) gehören immer dazu. Beliebt sind auch Muffins oder, in der vornehmeren Variante, *bran muffins*, eine Art klebriger, süßer Früchtekuchen mit Kleie, sowie **Waffeln** und **Pancakes** mit reichlich Butter und Ahornsirup. Und da die Übergänge zum Mittagessen fließend sind, wird man häufig auch herzhafte **Sandwiches** im Angebot finden.

Kaffee wird bis zum Abwinken nachgeschenkt. Ob mit Koffein (*regular*) oder entkoffeiniert (*decaf*), fast immer wird er frisch gemahlen, wenn auch einige Lokale ihn so dünn aufbrühen, dass er wie Spülwasser schmeckt. Dazu gibt es Kaffeesahne oder *half-and-half* (halb Sahne, halb Milch). In den Coffeeshops der Metropolen wird eine ganze Bandbreite an Kaffeespezialitäten serviert. **Tee** mit Milch oder Zitrone wird ebenfalls zum Frühstück getrunken, wobei die besseren Restaurants ihren Tee gern aus England kommen lassen oder zumindest Marken servieren, die danach klingen.

Mittagessen und Snacks

In den Großstädten haben viele Restaurants zwischen 11.30 Uhr und 14.30 Uhr sehr preiswerte **Mittagsmenüs** im Angebot. So gibt es in chinesischen und vietnamesischen Lokalen häufig Reisund Nudelgerichte oder Dim Sum für $8–12, und viele **Japaner** bieten die Möglichkeit, für weniger als $18 Sushi zu essen. **Pizza** ist ebenfalls weit verbreitet, das Angebot reicht von Ketten wie *Pizza Hut* über Familienbetriebe bis zu Imbiss-Ständen. Bei Büroangestellten zur Mittagspause besonders beliebt sind **Café-Restaurants** mit Vollwert- und Vegetarier-Kost, wobei die meisten eher undogmatisch auch Fleischgerichte und Sandwiches servieren und eine hervorragende Auswahl an Mittagsangeboten um $12 bieten.

Für einen schnellen **Snack** zwischendurch empfiehlt sich das Angebot der **Delis**, darunter eine beeindruckende Vielfalt an Sandwiches oder belegten Bagels. Daneben gibt es in den Shopping Malls **internationale Imbisse**, eine (vielleicht) gesündere Alternative zu den unvermeidlichen Burger-Restaurants, deren Einheitsware jede Hauptstraße des Landes erobert hat.

Wo auch immer man zum Essen oder Trinken einkehrt, der Service wird stets flink und freundlich sein – dank der Tradition des Trinkgeldes. Kellner und Barpersonal beziehen einen Großteil ihres Einkommens über das Trinkgeld, und man sollte zum Rechnungsbetrag grundsätzlich mindestens 15% addieren, es sei denn, der Service war wirklich inakzeptabel. Wer gar kein Trinkgeld gibt, steht gleichermaßen als Rüpel und Geizkragen da. Bei Bezahlung mit Kreditkarte kann der Betrag auf dem Zahlungsbeleg eingetragen werden.

Einige Großstadt-**Bars** werden nicht nur zum Trinken, sondern auch zum Essen frequentiert. Von Montag bis Freitag locken zwischen 17 und 19 Uhr die kostenlosen **hors d'oeuvres** scharenweise Gäste an, die sich dann zum Preis eines Drinks an Pasta und Chili gütlich tun. Einige haben am Wochenende von 11–14 Uhr auch **Brunch** im Angebot. Zu einem festen Preis (ab $10) bekommt man eine leichte Mahlzeit und eine Auswahl an Cocktails oder Weinen.

Regionale und internationale Küche

Die kanadische Küche basiert überwiegend auf regionalem Wild und Fisch. Gemüse und Salate spielen eher eine Nebenrolle. Allerdings hat die kanadische Küche angesichts der beliebteren europäischen und internationalen Restaurants zunehmend an Bedeutung verloren. Preislich liegt ein Essen für zwei Personen ohne Wein im Durchschnitt zwischen $25 und $50.

In den **arktischen Regionen** wird Karibusteak gegessen, in **Alberta** Rindersteak. Zu den Spezialitäten in **British Columbia** zählen Seefische und Meeresfrüchte, von Kabeljau, Schellfisch und Lachs bis zu großen Alaskakrebsen, Austern und Garnelen. Gelegentlich findet sich auch ein indianisches Restaurant, wo Reh, Büffel und schwarzer Wildreis serviert werden.

Abgesehen von einigen Ausnahmen ist die **internationale Küche** in Kanada auf Großstädte beschränkt. Japanische Restaurants sind im Trend und recht teuer, italienische Küche ist verbreitet und allgemein preiswert, vorausgesetzt man hält sich an Pizza und Pasta. Gelegentlich findet sich auch ein indisches Lokal, das preislich am unteren Ende der Skala anzusiedeln ist. Osteuropäische Küche ist schmackhaft und sättigend, vor allem im zentralen Kanada, und preiswerte Chinarestaurants sind überall im Land verbreitet. Französische Lokale sind ebenfalls vielerorts vorhanden, aber zumeist kostspielig.

Trinken

Kanadische Bars bestehen ähnlich wie in den USA hauptsächlich aus einem lang gestreckten, spärlich beleuchteten Tresen mit ein paar Gästen, die auf Barhockern klebend den Barkeeper anstarren, während die übrige Kundschaft an die Tische und Sitznischen verteilt ist. Ungeachtet dieser immer gleichen Aufteilung gibt es große Unterschiede, von den männerdominierten, raubeinigen Bierkaschemmen in den städtischen Arbeitervierteln und den Bergbau- und Erdölregionen im Norden bis zu den gestylten Cocktailbars der Metropolen, die auch Essen und Live-Unterhaltung bieten. Tatsächlich verschwimmen häufig die Grenzen zwischen Bars und Restaurants – Essen und Trinken sind nicht mehr so streng voneinander getrennt, wie sie es in den 60ern noch waren.

Laut Gesetz liegt das Mindestalter für Alkoholkonsum in British Columbia bei 19 Jahren, in den übrigen Provinzen bei 18 Jahren. Dass man tatsächlich einen Ausweis vorzeigen muss, kommt jedoch höchst selten vor, außer in den staatlichen *liquor stores* (So geschlossen), die praktisch ein Monopol auf den Verkauf von alkoholischen Getränken besitzen.

Bier

Das kanadische Bier ist nicht gerade berauschend und dient eher zum Durstlöschen denn als Gaumenfreude. Getrunken wird es stets eiskalt, wobei überwiegend leichte, kohlensäurehaltige Sorten angeboten werden. Die beiden größten kanadischen Brauereien, **Molson** und **Labatts**, stellen unter verschiedenen Namen bemerkenswert ähnliche Biere her – *Molson Canadian, Molson Export, Labatts Ice, Labatts Blue* –, zu denen viele Kanadier aus Gründen, die dem Besucher verschlossen bleiben, erstaunliche Markentreue beweisen. Das wohlschmeckendere **Great Western Beer** wird von der drittgrößten Brauerei des Landes in Saskatoon,

Saskatchewan, hergestellt, während das intensiv vermarktete **Moosehead** trotz seines arktischen Images in Saint John, New Brunswick, gebraut wird.

Auch einige Importbiere sind zu bekommen, wobei **Heineken**, die beliebteste Marke, unter kanadischer Lizenz im Land gebraut wird. Verbreitet sind auch die US-amerikanischen Biere **Budweiser** und **Coors**. Ein erfreulicher Trend ist die Zunahme an kleineren, so genannten *microbreweries,* deren Erzeugnisse in einem angeschlossenen Pub ausgeschenkt werden. Sie sind jedoch überwiegend auf die größeren Städte beschränkt. Flaschenbier ist um einiges teurer als gezapftes Bier, das normalerweise in 170-ml-Gläsern ausgeschenkt wird. Noch preiswerter ist ein *pitcher,* der etwa sechs oder sieben Gläsern entspricht.

Wein und Hochprozentiges

Waren sie früher kaum der Rede wert, so erlangen **kanadische Weine** inzwischen einen zunehmend guten Ruf, besonders einige Sorten aus der Region um Niagara-on-the-Lake in Ontario, die den strengen Qualitätskontrollen der VQA (Vintners Quality Alliance) unterliegen. Wer sich jedoch nicht auf Experimente einlassen möchte, kann sich an **importierte Weine** aus einer ganzen Reihe von Ländern halten, die überall zu bekommen und nicht zu teuer sind.

Ganz wie sein großer Nachbar glänzt Kanada im Bereich des **Hochprozentigen**. In jeder beliebigen Bar wird eine erstaunlich große Auswahl an Gin und Wodka ausgeschenkt sowie diverse Rumsorten. **Whiskey** ist der beliebteste Drink in den traditionelleren Bars, entweder schottische oder irische Importe oder der kanadische *Canadian Club* oder *VO Ryewhiskey*. In schickeren Läden kann man mit einer ganzen Reihe von **Cocktails** experimentieren, die zwischen $4 und $13 kosten.

Verkehrsmittel

Angesichts der inzwischen auf ein Minimum reduzierten Verbindungen von *VIA Rail* wird man für die Hauptstrecken zwischen größeren Städten auf die provinzweit verkehrenden Busunternehmen zurückgreifen. In abgelegeneren Gegenden ist man gelegentlich auf die weniger häufigen Verbindungen der Lokalbusse angewiesen. Fliegen ist natürlich teurer, doch der Preiskampf zwischen den Fluggesellschaften kann die eine oder andere Strecke durchaus erschwinglich werden lassen.

Die meisten öffentlichen Verkehrsmittel gewähren **Ermäßigungen** für Kinder bis 12 Jahre, für Jugendliche zwischen 13 und 21 und für Fahrgäste über 60 Jahre. Wesentlich unabhängiger reist es sich natürlich mit einem Mietwagen: Selbst die Busse können Fahrgäste am Provinzpark nur absetzen, während der Park selbst womöglich ohne eigenes Fahrzeug überhaupt nicht zu erkunden ist.

Sofern nicht ausdrücklich vermerkt, sind alle im Folgenden angegebenen Preise exkl. Steuer.

Busse

Für Alleinreisende ist der Bus das mit Abstand günstigste Transportmittel. *Greyhound Canada* betreibt die meisten der Fernbusse westlich von Toronto, darunter eine Strecke entlang dem Trans-Canada Highway von Toronto nach Vancouver. **Überlandbusse** sind fast immer Nichtraucherbusse, ausgestattet mit Toiletten und Kaffeemaschinen und komfortabler, als man vielleicht erwarten würde. Es ist durchaus denkbar, bei knapper Kasse einmal Übernachtungskosten zu sparen, indem man im Bus schläft.

Jede Stadt hat einen zentralen Busbahnhof. In kleineren Ortschaften kann auch eine am Ortsrand gelegene Tankstelle oder ein Restaurant als Bushaltestelle und Fahrkartenschalter dienen. Platzreservierungen sind möglich, jedoch selten erforderlich: Einzig die Busse zwischen zwei nahe gelegenen großen Zentren können voll belegt sein, und selbst dann wird etwa im Stundenabstand der nächste Bus verkehren. In ländlichen Gegenden bestehen nur sehr sporadische Busverbindungen, mitunter nur ein- oder zweimal pro Woche, so dass man hier besonders sorgfältig planen muss. Für *Greyhound Canada* sind grundsätzlich keine Reservierungen notwendig; ist ein Bus voll besetzt, wird ein zweiter eingesetzt. Zunehmend besteht jedoch die Möglichkeit, sich gegen einen geringen Aufpreis einen bestimmten Platz zu sichern, etwa am Fenster.

Die **Fahrpreise** errechnen sich aus den zurückzulegenden Kilometern. Während bei Standardtarifen die tatsächliche Entfernung als Grundlage dient, hat diese bei verbilligten Sondertarifen für Fernverbindungen häufig nur relativen Einfluss auf den Fahrpreis: Für die Strecke von Vancouver nach Montréal zahlt man so unwesentlich mehr als für die Fahrt von Winnipeg nach Montréal, obwohl sie etwas länger ist.

Fahrpläne sind an Busbahnhöfen und bei den örtlichen *Tourist Offices* erhältlich. Verbindungen und Fahrzeiten sollte man sicherheitshalber durch einen Anruf beim entsprechenden Busbahnhof (Telefonnummern sind im regionalen Teil dieses Buches angegeben) oder bei der Busgesellschaft bestätigen lassen.

Wichtige **Busgesellschaften** sind:

Alaska Direct Busline, ☎ 1-800/770-6652, 🖳 www.tokalaska.com/dirctbus.shtml. Fährt von Whitehorse im Yukon nach Alaska.

Canadian Trailways, ☎ 403/265-9111. Von Vancouver nach Seattle.

Dewdney Coach Lines, ☎ 250/368-8117. Kleine Gesellschaft im Binnenland British Columbias.

Frontier Coachlines, ☎ 867/874-2566. Verbindet Hay River mit Yellowknife.

Greyhound Canada, ☎ 403/260-0877 oder 1-800/661-8747 in Kanada, 🖳 www.greyhound.ca. Überlandbusse im gesamten Westen Kanadas.

Laidlaw, ☎ 250/388-5248 oder 1-800/318-0818, 🖳 www.victoriatours.com. Verkehrt auf Vancouver Island.

Laidlaw Canadian Rockies, ☎ 1-800/661-4946, 🖳 www.laidlaw.ca. Von Lake Louise nach Banff.

Northland Bus Lines, ☎ 604/388-5248. Von Fort St James nach Prince George in British Columbia.

Quick Shuttle, ☎ 604/244-3744, 🖳 www.quickcoach.com. Verkehrt zwischen Vancouver und Seattle.

Red Arrow, ☎ 403/531-0350, 🖳 www.redarrow.pwt.ca. Von Edmonton nach Fort McMurray und Calgary in Alberta.

Western Trailways of Canada, ☎ 604/940-5561, 🖳 www.cantrail.com. Von Vancouver nach Seattle.

Pässe

Wer Kanada im Bus bereisen möchte, sich aber nicht für ein Angebot von Moose Travel Network entscheidet (siehe Kasten), kann mit dem Kauf eines Passes vor Abreise eine Menge Geld sparen. Eine Liste aller Pässe und die Möglichkeit, online zu

bestellen, findet sich auf der Greyhound-Website 🖳 www.greyhound.ca. Dort gibt es auch ein Verzeichnis weltweiter Verkaufsstellen mit Telefonnummern.

In der Regel gilt für Reisende aus dem Ausland eine Vorkaufsfrist von mindestens 21 Tagen. Die hier angegebenen Preise sind Standardpreise für Erwachsene exkl. Steuern; Studenten und Senioren zahlen weniger.

Moose Travel Network

Das *Moose Travel Network*, ☎ 604/944-3007 oder 1-888/388-4881, 🖳 www.moosenetwork. com, wendet sich speziell an Rucksackreisende und bietet von Mai bis Mitte Oktober **Rundstrecken in Westkanada** mit Minibussen (14–24 Passagiere) an. Im Winter werden außerdem einige Pauschaltouren angeboten, und es gibt Zusatzangebote in Verbindung mit VIA Rail.

Die Busse bedienen die verschiedenen Routen dreimal pro Woche und halten in größeren Städten und attraktiven kleineren Orten, wo Reisende nach Wunsch zu- oder aussteigen können. Eine Unterkunftssuche erübrigt sich, da das Unternehmen an jedem größeren Zwischenstopp für jeden Passagier vorab ein Hostelbett organisiert. Wer woanders übernachten möchte, muss sich selbst darum kümmern. Haltestellen und Abfahrtspunkte sind die Hostels entlang der jeweiligen Route, für die man sich beliebig lange Zeit lassen kann. Es gibt keine Altersbeschränkung, allerdings sind die meisten Teilnehmer zwischen 19 und 34 Jahre alt. Zu den zusätzlichen Aktivitäten, die man buchen kann, gehören Rafting, Bungee-Jumping und Seekajaktouren.

Es stehen eine Reihe von **Buspässen** zur Auswahl, darunter der West Pass ($399), für den ein Zeitrahmen von zwei Wochen sinnvoll ist. Als **Bahnpass** ist der Prairie Rail Link ($440) erhältlich, gültig für die 3-tägige Fahrt von Toronto nach Vancouver. Die Preise gelten für Teilnehmer mit internationalem Studenten- oder Jugendherbergsausweis, alle anderen zahlen etwas mehr.

Der **Canada Pass** erlaubt Fahrten in ganz Kanada, zusätzlich die Nutzung der Busse von Seattle nach Vancouver. Er ist mit einer Gültigkeit von 7, 10, 15, 21, 30, 45 oder 60 Tagen erhältlich; 7 Tage kosten $255, 15 Tage $375, 60 Tage $575.

Eine regional begrenztere, aber auf ein Teilgebiet der USA ausgedehnte und daher relativ kostspielige Variante ist der **Interational Westcoast CanAm Pass** mit einer Gültigkeit von 10 Tagen (US$265) oder 21 Tagen (US$345). Er deckt BC und Alberta und als Nordgrenze Whitehorse im Yukon ab und gilt auch in Washington State und im Westen der USA bis hinunter nach Tijuana. Wer weder kanadischer noch US-Staatsbürger ist, kann diesen Pass auch erst in Vancouver, Calgary, Edmonton, Ottawa oder Toronto kaufen.

Eisenbahn

Die Eisenbahn mag eine entscheidende Rolle bei der Entstehung des modernen Kanada gespielt haben, nach radikalen Einschnitten in den 90er Jahren sind Personenzüge inzwischen Mangelware. Die nationalen Gesellschaft *VIA Rail*, ℡ 1-888/842-7245, 🖳 www.viarail.ca, ist bekannt für ihre langsamen Züge und Verspätungen, da der Frachtverkehr Vorrang vor dem Personenverkehr hat. Nichtsdestotrotz kann Zugfahren ein lohnendes Erlebnis sein, vor allem in Zügen mit speziellen Panoramawagen, die einen schönen Blick auf die Landschaft bieten. Einige besonders attraktive Strecken haben die Kürzungen überlebt, manchmal allerdings in abgeänderter Form. Im Allgemeinen sind für diese Züge Fahrkarten in vier Kategorien erhältlich. Die einfachste Ausstattung bietet die **Comfort Class** mit verstellbaren Sitzen und Zugang zu einer Cafeteria sowie einem Aussichtswagen. Ihr folgen drei unterschiedliche Liege-/Schlafwagenklassen, genannt **Silver & Blue Class** mit Speisewagen (Mahlzeiten inkl.), komfortablen Aufenthaltsbereichen, einem exklusiveren Aussichtswagen und Duschen am Ende des Gangs. Zur Auswahl stehen so genannte *section sleepers,* Doppelabteile mit einer oberen und einer breiteren unteren Liege mit Vorhängen, daneben *roomettes* genannte Schlafabteile für eine Person und *bedrooms* für zwei Personen.

Strecken, Preise und Pässe

Den *VIA-Rail*-Kürzungen zum Opfer fiel leider auch der legendäre *Canadian,* der täglich entlang der alten Canadian-Pacific-Strecken von Montréal nach Vancouver verkehrte. Heute fährt der Zug nur noch 3x wöchentlich ab Toronto entlang der nördlicheren alten Canadian-National-Strecke durch die eintönigen Sumpfgebiete des nördlichen Ontario mit Halt in Winnipeg, Saskatoon, Edmonton und Jasper. Die Landschaft zwischen hier und Kamloops, der letzten Station vor Vancouver, zählt hingegen mit zu den schönsten der Rockies. Planmäßig ist der Zug drei Nächte unterwegs. In der Hochsaison kostet die Fahrt in der Comfort Class $617, in einem Liegewagenabteil $1197 für die obere und $1317 für die untere Liege und in einem Schlafabteil $2534.

Großer Beliebtheit erfreuen sich auch Bahnreisen im *Skeena,* der der „Totem Route" von Jasper nach Prince Rupert folgt (2 Tage) und dort die Möglichkeit bietet, mit dem Schiff entlang der Inside Passage weiterzufahren. Es werden noch etliche weitere reizvolle Routen befahren, allerdings lassen sich diese außerhalb Kanadas nur umständlich buchen. Dazu gehört beispielsweise die Strecke von Victoria nach Courtenay. Reisende sollten unbedingt auf verbilligte Angebote und Sonderpreise außerhalb der Hochsaison achten und/oder großzügig im Voraus buchen.

VIA Rail

in Deutschland
Canada Reise Dienst, CRD International GmbH, Fleethof, Stadthausbrücke 1–3, 20355 Hamburg, ℡ 040/300-61670, 🖷 300-61655, ✉ info@crd.de, 🖳 www.viarail.de
in Kanada (gebührenfrei) ℡ 1-888/842-7245

Neben *VIA Rail* betreibt eine Hand voll privater Anbieter reizvolle Bahnstrecken, die häufig in ansonsten unzugängliche Wildnis führen. Auf der spektakulärsten verkehrt der **Rocky Mountaineer**, ℡ 1-877/460-3200 oder 604/606-7245, 🖳 www.rkymtnrail.com, von Vancouver nach Jasper oder nach Banff und Calgary. Geboten wird eine 2-tägige Fahrt mit Hotelübernachtung in Kamloops. Die Züge, die schnell ausgebucht sind, verkehren von Mitte April bis Mitte Oktober und umfassen zwei Reiseklassen, die GoldLeaf Class und die RedLeaf Class. In der Hauptsaison kostet die Fahrt nach Banff oder Jasper in der GoldLeaf Class $1459, nach Calgary $1579, in der RedLeaf Class $779/$849.

Die **White Pass & Yukon Railway**, ✆ 1-800/343-7373 oder 907/983-2217, 🖳 www.whitepass railroad.com, unterhält von Mitte Mai bis Mitte September in Verbindung mit Alaska Railroad eine kombinierte Bus-/Bahnverbindung von Whitehorse via Fraser nach Skagway.

Besucher, die nicht aus Nordamerika kommen, können mit dem **Canrailpass** eine Menge Geld sparen. Er gestattet 12 Tage Bahnfahren innerhalb eines Zeitraums von 30 Tagen in der Comfort Class und kostet von Juni–Mitte Oktober $719, sonst $448. Eine Verlängerung von bis zu drei Tagen ist möglich und kostet pro Tag $61/$39.

Mit dem **North America Rail Pass** kann man 30 Tage unbegrenzte Fahrten mit VIA Rail in Kanada und Amtrak-Zügen in den USA unternehmen; Juni–Mitte Oktober $975, sonst $690. Auf beliebten Strecken können auch die Bahnpässe von *Moose Travel Network* von Nutzen sein (siehe Kasten S. 34).

Flüge

An innerkanadischen Flugverbindungen herrscht kein Mangel, und im Regionalteil dieses Buches sind die nützlichsten Strecken angegeben. *Air Canada* bietet Verbindungen zu mehr als 125 Zielen. In Kooperation mit zahlreichen kleineren Gesellschaften werden selbst die entlegensten Ecken angesteuert. Verschiedene Billigfluglinien unterhalten daneben lohnende Verbindungen zwischen den großen kanadischen Städten.

Kanada fliegend zu bereisen ist natürlich grundsätzlich eine eher kostspielige Angelegenheit. Billige Flüge werden vor allem sonntags im Reiseteil der Lokalzeitungen angeboten. Auch mit den in zahlreichen Varianten erhältlichen Pässen lässt sich einiges an Kosten sparen. Für die Erkundung des hohen Nordens besteht zum Flugzeug keine Alternative, da diese Regionen, abgesehen von einigen wenigen Ausnahmen, nicht durch Straßen oder Zugstrecken angebunden sind.

Wichtige **Fluggesellschaften** sind:

Air Canada, ✆ 1-888/247-2262, 🖳 www. aircanada.ca. Auch regional unter den Firmierungen *Air Canada Jazz* und *Tango*, ✆ 1-800/315-1390, 🖳 www.flytango.com, tätig.
Air North, ✆ 1-800/661-0407, w 🖳 www. flyairnorth.com. Fliegt in Nordkanada und Alaska.

Air Transat, ✆ 1-800/587-2672, 🖳 www.airtransat.com. Chartergesellschaft.
Canadian North, ✆ 1-800/661-1505, 🖳 www.airnorterra.ca
Canadian Western, ✆ 1-866/835-9292, 🖳 www.cwair.com
Central Mountain Air, ✆ 1-888/865-8585, 🖳 www.flycma.com. Bedient British Columbia und Alberta.
Jetsgo, ✆ 1-866/440-0441, 🖳 www.jetsgo.net. Verbindungen zwischen großen kanadischen Metropolen und Flüge in die USA.
WestJet, ✆ 1-888/WEST-JET, 🖳 www.westjet. com. Zuverlässige, preiswerte Städteverbindungen.
Zip, ✆ 1-866/4321-ZIP, 🖳 www.4321zip.com. Billiganbieter im Besitz von Air Canada, aber unabhängig geleitet.

Pässe

Ein breites Angebot an Flugpässen ermöglicht es, auf Inlandstrecken ermäßigt zu fliegen. Die Pässe müssen vor Abflug in einem Reisebüro in Europa erworben werden. Bei allen Varianten müssen mindestens drei Coupons für rund 450 € gekauft werden (maximal gibt es acht), jeder weitere kostet je nach Anbieter zwischen 50 € und 100 €. Jeder Coupon gilt für eine beliebige Flugstrecke auf dem nordamerikanischen Kontinent.

Auto

Mit dem eigenen Fahrzeug hat man sicherlich am meisten von einer Reise durch Kanada, selbst wenn das Autofahren in den größeren Städten eher lästig ist. Europäische **Führerscheine** werden in Kanada anerkannt, die kanadische Botschaft empfiehlt jedoch, einen Internationalen Führerschein mitzunehmen. Einige Mietwagenfirmen legen außerdem Wert darauf, dass die Fahrerlaubnis mindestens ein Jahr alt ist. Fahrer unter 25 müssen wahrscheinlich eine höhere Versicherungsprämie zahlen. Als Sicherheit wird die Vorlage einer Kreditkarte erwartet, ansonsten kann sich der Vermieter weigern, überhaupt zu vermieten.

Die meisten Fahrzeuge in Kanada – und so gut wie alle Mietwagen – tanken bleifreies **Benzin**. Die nächste Tankstelle ist selten weit entfernt, nur in entlegenen Gebieten sollte man sich stets vergewissern, wie weit es bis zur nächsten Zapfsäule ist, und jede Möglichkeit zu Tanken wahrnehmen.

Mitfahrzentralen

Mitfahrgelegenheiten stellen in den dichter bevölkerten Landesteilen eine verbreitete Form des Reisens dar. Mitfahrzentralen sind jedoch oftmals keine sehr langlebigen Einrichtungen – die örtlichen *Tourist Offices* können hierzu Auskunft erteilen.

Straßen und Verkehrsregeln

Um längere Strecken möglichst zügig zurückzulegen, eignen sich am besten die geraden, in der Regel vierspurigen Highways, die von Ballungszentren sternförmig ausgehen.

Der **Trans-Canada Highway** (TCH) führt quer durch den Kontinent und ist mit Ahornblatt-Schildern markiert. Seine unterschiedlichen Abschnitte tragen jedoch verschiedene Highway-Nummern, und mitunter gabelt sich der Verlauf in Alternativrouten.

Die **Ausfahrten** *(exits)* mehrspuriger Highways sind danach nummeriert, wie weit sie vom Beginn des Highways entfernt liegen. So sind es von Exit 45 noch 10 km bis zu Exit 55. Ein ganz praktisches System, das nur dann etwas verwirrend wird, wenn Highway-Kreuze und damit gleichnamige Ausfahrten nah beieinander liegen und durch den Zusatz „A", „B" etc. gekennzeichnet sind.

In weniger dicht besiedelten Gebieten verengen sich die Highways bis auf zwei Spuren. Hier gilt es, sich vom Schotter am Fahrbahnrand fern zu halten – bei hoher Geschwindigkeit ein tückischer Untergrund, auf dem man gefährlich ins Schleudern geraten kann. Im hohen Norden und in entlegenen Gebieten gibt es viele Schotterstraßen, beschädigte Windschutzscheiben sind zum Beispiel auf einigen Abschnitten des Alaska Highway keine Seltenheit. Schotterstraßen und andere unbefestigte Straßen können besonders nach Regenfällen schwierig zu befahren sein, und wer über längere Strecken damit konfrontiert ist, sollte die Anmietung eines Geländewagens erwägen.

Kleinere Straßen können unterschiedliche Bezeichnungen tragen: *county roads, provincial routes, rural roads* oder *forest roads.*

Zu den **Gefahren** auf Landstraßen zählen Bären, Elche und andere große Tiere, die sich auf die Fahrbahn verirren, vor allem im Sommer und in der Dämmerung, wenn sie auf der Flucht vor Insekten durch das Unterholz brechen, und im Frühling, wenn sie vom Salz auf den Straßen angelockt werden. In besonders gefährdeten Gegenden mahnen Schilder zur Vorsicht. Scheinwerferlicht kann wilde Tiere blenden und für einen Moment lang erstarren lassen.

In den Städten sind **Parkuhren** weit verbreitet, wobei die Gebühren bei 25¢–$1 oder mehr pro Stunde liegen. Parkhäuser verlangen bis zu $30 pro Tag. Falschparker (z.B. wer seinen Wagen weniger als 5 m von einem Hydranten entfernt abstellt) müssen damit rechnen, dass das Fahrzeug abgeschleppt wird. Die Polizei wird in diesem Fall Auskunft erteilen, wohin das Auto gebracht wurde und mindestens $150 kassieren. Kleinere Parksünden schlagen mit $30 zu Buche. In großen Städten werden auch gern Parkkrallen am Wagen angebracht, dann werden $100–150 fällig. Man sollte stets darauf achten, nicht entgegen der Verkehrsrichtung zu parken.

In Kanada herrscht **Rechtsverkehr**. In den meisten Städten sind die Straßen in Form eines Gitters angelegt. An den Kreuzungen wird der Verkehr fast immer durch Ampeln geregelt, andernfalls durch gelbe, dreieckige „Vorfahrt gewähren"-Schilder oder rote, achteckige Stoppschilder aus allen vier Richtungen. **Vorfahrt** hat in diesem Fall das Fahrzeug, das als Erstes an die Kreuzung kommt, bei gleichzeitiger Ankunft zweier oder mehrerer Wagen gilt Rechts vor Links. Sofern es die Situation erlaubt, ist Rechtsabbiegen an einer roten Ampel erlaubt. Fahrzeuge in beiden Richtungen müssen anhalten, wenn ein gelber Schulbus mit eingeschalteter Warnblinkanlage hält, da dann Kinder ein- und aussteigen. Verkehrskreisel gibt es so gut wie keine.

Verkehrsregeln werden auf Provinzebene festgelegt, doch die einheitliche **Höchstgeschwindigkeit** liegt bei 100 km/h auf den größeren Highways, 80 km/h auf den kleineren, landstraßenartigen Highways und 50 km/h oder weniger innerhalb geschlossener Ortschaften. Beim Tempolimit auf den Highways gab es jedoch in einigen Provinzen versuchsweise Abweichungen. Kanadier sind – völlig zu Recht – etwas paranoid, was Geschwindigkeitskontrollen und zu diesem Zweck angeforderte Flugzeuge angeht. Geldstrafen für Tempoüberschreitungen werden auf der Stelle kassiert, zahlen muss man auch, wenn man den **Führerschein** nicht mit sich führt oder wenn einer der Insassen die **Gurtpflicht** ignoriert. Der Besitz von Radarwarngeräten ist, selbst wenn sie nicht eingesetzt werden, fast überall in Kanada verboten. Wer erwischt wird, ist sein Gerät in der Regel los und zahlt obendrein ein saftiges Bußgeld.

Alkohol darf nur ungeöffnet im Kofferraum transportiert werden, und es kann nicht nachdrücklich genug betont werden, dass **Alkohol am Steuer** als schweres Vergehen betrachtet wird. In einigen Provinzen gibt es in den Bars so genannte *designated driver schemes:* Der Fahrer oder die Fahrerin einer Gruppe händigt dem Barkeeper den Wagenschlüssel aus und kann den ganzen Abend kostenlos alkoholfreie Getränke konsumieren. Bei dem kleinsten Schluck Alkohol müssen jedoch alle Getränke bezahlt und der Schlüssel bis zum nächsten Morgen in der Bar gelassen werden. Alkoholkontrollen sind keine Seltenheit, besonders an den Ausfallstraßen der Städte, und die Polizei kann jeden Wagen ohne besonderen Grund anhalten. Wer über der zulässigen Promillegrenze liegt, muss Schlüssel und Führerschein aushändigen, und im schlimmsten Fall droht sogar Gefängnis.

Mietwagen

Es kann günstiger sein, den Mietwagen bereits vor Abreise zu buchen, entweder als Fly&Drive-Pauschalangebot oder über eine der großen Mietwagenfirmen wie *Avis, Budget, Hertz, Thrifty* oder *Tilden* (kanadischer Anbieter). Der Wettbewerb unter den Anbietern führt vor allem außerhalb der Hochsaison zu mitunter sehr günstigen Angeboten. Außerdem kann man sich noch informieren, ob die Fluggesellschaft, mit der man den Atlantik überquert, Mietwagen-Sondertarife für ihre Fluggäste anbietet.

Bei der Anmietung in Kanada zahlt man von $275 pro Woche für einen Zweitürer in der Economy-Klasse in der Nebensaison bis zu $450 für einen viertürigen Mittelklassewagen in der Hauptsaison. Die großen Firmen haben jedoch ganzjährig spezielle Angebote, wobei die Kosten bis auf $200 pro Woche sinken können. **Steuern** sind in diesen Preisen nicht enthalten – weder PST noch GST (s.s. 22) –, doch am saftigsten ist der Aufschlag für eine **Einwegmiete,** der normalerweise eine ganze Wochenmiete beträgt und bis zu $500 betragen kann. Angesichts der großen Entfernungen zwischen den Orten sind Angebote mit **unbegrenzten Freikilometern** vorzuziehen. Standard sind 150–200 Freikilometer, die bei ausgedehnten Fahrten schnell aufgebraucht sind, sowie etwa 20¢ für jeden weiteren gefahrenen Kilometer.

Auch die Versicherungspolice für den Schadensfall sollte man sich genau ansehen und auf eine ausreichend hohe Versicherungssumme achten. Unbedingt zu empfehlen ist der Abschluss eines **Loss Damage Waiver** (LDW), einer zusätzlichen Versicherung zum Ausschluss der Eigenbeteiligung bei Unfallschäden. Sie schlägt zwar mit etwa $15 pro Tag zu Buche, doch haftet man sonst für jeden kleinen Kratzer, auch wenn man ihn nicht selbst verschuldet hat.

Für den Fall einer **Panne** sollte am Armaturenbrett oder im Handschuhfach eine Notrufnummer zu finden sein. Wer auf einer der Hauptverkehrsstraßen liegen bleibt, kann ebenso gut auf die **RCMP** (die Polizei) warten, die in regelmäßigen Abständen vorbeikommt. Eine gewisse Sicherheit bietet ein **Mobiltelefon**, das mit dem Wagen gemietet werden kann und für das oft nur dann gezahlt werden muss, wenn es tatsächlich genutzt wird. Vor allem bei Fahrten in die Wildnisgebiete im Norden kann das Telefon ein Retter in der Not sein und auf jeden Fall ein Gefühl der Sicherheit vermitteln. Um mit dem Mietwagen die Grenze zu den **USA** zu überqueren, muss der Mietvertrag mitgeführt werden und darin der Grenzübertritt mit dem Fahrzeug ausdrücklich erlaubt sein.

Mietwagenfirmen

In Deutschland
Avis, ☎ 01805/217702, 🖥 www.avis.de
Budget, ☎ 01805/244388,
🖥 www.budgetrentacar.de
Europcar, ☎ 0180/58000,
🖥 www.europcar.com
Hertz, ☎ 0180/5333535, 🖥 www.hertz.de

In Kanada
Avis, ☎ 1-800/272-5871, 🖥 www.avis.com
Budget, ☎ 1-800/527-0700,
🖥 www.budget.ca
Hertz, ☎ 1-800/263-0600, 🖥 www.hertz.com
Thrifty, ☎ 1-800/367-2277, 🖥 www.thrifty.com

Mitglieder eines deutschen Automobilclubs können gegen Vorlage ihres Mitgliedsausweises Dienstleistungen der **CAA** *(Canadian Automobile Association)* in Anspruch nehmen, die Vertretungen in zahlreichen Städten besitzt: *Canadian Automobile Association,* Suite 200, 1145 Hunt Club Rd, Ottawa, Ontario K1V 0Y3, ☏ 613/247-0117, 🖳 www.caa.ca.

Wohnmobile

Wohnmobile *(recreational vehicles* oder kurz RV) können bei Kanada-Reiseveranstaltern oder über ein Reisebüro schon vor Abreise gebucht werden. In Kanada sind entsprechende Verleihstationen nicht unbedingt weit verbreitet, und zudem kann ein kombiniertes Fly&Drive-Angebot einiges an Geld sparen. Zur Auswahl steht eine ganze Bandbreite von Modellen bis hin zu *mobile homes,* ganzen Häusern auf Rädern mit zwei Zimmern, Dusche und Küche. Die durchschnittlichen Wochenpreise liegen bei $1400 in der Nebensaison und $2200 in der Hochsaison für ein Fahrzeug mit fünf Schlafgelegenheiten. Hinzu kommen Benzinkosten, Gebühren für Einwegmieten und die Stellplatzgebühren der *trailer parks,* auf die man sich zum Übernachten begeben sollte.

Driveaways

Eine Alternative zum Mietwagen stellt das System des Driveaway dar, wobei man ein Fahrzeug für den Eigentümer von einem Ort an einen anderen überführt. Grundsätzlich gelten dieselben Regeln wie bei der Automiete, doch sollte man sich den Wagen vor Abfahrt genau ansehen, da eventuell anfallende Reparaturkosten und auch Spritkosten zu tragen sind – was bei einem Fahrzeug mit hohem Verbrauch ganz schön ins Geld gehen kann.

Die meisten Driveaway-Vermittler verlangen eine Referenz sowie eine Kaution in Höhe von bis zu $500. Gängige Routen sind Abschnitte des Trans-Canada Highway, doch hat man durchaus Chancen, für ein persönliches Reiseziel ein Angebot zu finden. Es ist nicht erforderlich, dass man sich schnurstracks zum Zielort begibt, wenn die Zeit auch nicht gerade reichlich bemessen ist – für die Strecke Toronto–Vancouver sind etwa acht Tage vorgesehen. Adressen von Driveaway-Firmen sind im Regionalteil einiger Orte zu finden oder im Telefonbuch unter „Automobile driveaways".

Entfernungen in Kilometern

	Calgary	Chicago	Edmonton	Halifax	Montréal	New York	Ottawa	Regina	St John's	Seattle	Toronto	Vancouver	Whitehorse	Winnipeg
Calgary														
Chicago	2760													
Edmonton	299	2750												
Halifax	4973	2603	5013											
Montréal	3743	1362	3764	1249										
New York	4294	1280	4315	1270	610									
Ottawa	3553	1220	3574	1439	190	772								
Regina	764	2000	785	4225	2979	3534	2789							
St John's	6334	3950	6767	1503	2602	2619	2792	5581						
Seattle	1204	3200	1352	5828	4585	4478	4334	1963	7323					
Toronto	3434	825	3455	1788	539	880	399	2670	3141	4050				
Vancouver	977	3808	1164	5970	4921	5382	4531	1742	7200	230	4412			
Whitehorse	2385	4854	2086	7099	5850	6427	5660	2871	8452	2796	5528	2697		
Winnipeg	1336	1432	1357	3456	2408	2966	2218	571	5010	2099	2548	2152	3524	
Yellowknife	1828	4240	1524	6537	5268	5800	5098	2309	7891	2500	4979	2620	1927	2681

Fahrrad

Für Radfahrer wird in Kanada bestens gesorgt: Die meisten Städte haben Radwege und geben Radwanderkarten heraus, und in Überlandbussen und Zügen kann man Räder problemlos mitnehmen, eventuell wird eine geringe Gebühr verlangt. Ein interessantes, noch im Entstehen begriffenes Projekt ist der **Trans Canada Trail**, 🖳 www.tctrail.ca, ein Radwanderweg, der einmal von Küste zu Küste führen soll und z.T. schon genutzt werden kann. Die *Canadian Cycling Association* (CCA), ✆ 613/748-5629, 🖳 www.canadiancycling.com, informiert über Radfahren in allen Regionen des Landes und gibt mehrere Bücher heraus, darunter den unschätzbaren *Complete Guide to Cycling in Canada*. Ein Fahrrad zu mieten, kostet um $15 pro Tag. Ohne Kreditkarte muss zusätzlich eine größere Summe als Kaution hinterlegt werden. Verleiher sind im Regionalteil dieses Buches angegeben.

Aktivitäten

Kanadas Berge, Seen, Flüsse und Wälder bieten schier unerschöpfliche Möglichkeiten, in der Natur aktiv zu werden. Das folgende Kapitel beschränkt sich auf Wandern, Skilaufen und Kanufahren – drei der beliebtesten Aktivitäten – und gibt allgemeine Informationen zu den Nationalparks, die eingerichtet wurden, um die schönsten Naturlandschaften Kanadas zu bewahren und gleichzeitig zugänglich zu machen.

Auf weitere beliebte Aktivitäten wie Walbeobachtungen, Reiten, Angeln und Raften wird in den Regionalkapiteln eingegangen, zudem können sich speziell Interessierte vor Abreise an die *Tourist Offices* der Provinzen wenden – auch über deren jeweilige Website. Vor Ort gibt es in den meisten Regionen Ausrüstungsläden und Tourveranstalter, die weiterhelfen können; daneben verfügen die örtlichen *Tourist Offices* über detaillierte Informationen. Eine gute Anlaufstelle sind auch Buchläden, die meist eine eigene Outdoor-Abteilung mit einer großen Bandbreite von spezialisierten Titeln eingerichtet haben.

Nationalparks

Kanadas 27 Nationalparks werden durch *Parks Canada*, 🖳 www.pc.gc.ca, staatlich verwaltet. Infor-

mationen sind direkt von den **Park Information Centres** (die auch anders heißen können) des jeweiligen Parks erhältlich. Hier gibt es die **Permits**, die zum Angeln oder Zelten im Hinterland erforderlich sind, sowie Informationen und Anschauungsmaterial zu Flora, Fauna und möglichen Aktivitäten. Häufig werden Vorträge oder von Naturkundlern geführte Wanderungen angeboten, zudem können Schneebericht, Wettervorhersage und eventuelle Sichtungen von Bären erfragt werden. In allen Parks geltende **Regeln** untersagen die Mitnahme jeglicher Feuerwaffen, die Jagd, Schneemobile oder Geländefahrzeuge, das Füttern der Tiere sowie jegliche schädigenden Eingriffe in die Natur.

Die meisten der Nationalpark-Vorschriften, die die Umwelt und das richtige Verhalten beim Campen betreffen, gelten auch für **Provinzparks**. Der Eintritt zu diesen Parks ist frei, für Angel- und Jagdlizenzen ist jedoch in der Regel eine Gebühr zu entrichten. Gibt es besondere Einrichtungen oder Sehenswürdigkeiten, kann auch eine geringe Eintrittsgebühr verlangt werden, und die Nutzung der Campingplätze kostet natürlich auch ein paar Dollar.

Permits

In den Nationalparks ist zur Einfahrt für alle motorisierten Fahrzeuge, also auch Motorräder, ein **Park Permit** erforderlich, das gewöhnlich an den Übergängen zum Park direkt an der Straße verkauft wird. In der Vergangenheit waren davon Fußgänger, Radfahrer, Reiter oder Besucher mit Boot ausgenommen, ebenso Fahrzeuge, die den Park nur durchfahren, ohne eine Übernachtung einzulegen. Dies hat sich allerdings geändert, und inzwischen sind Permits pro Person zu bezahlen. Die Kosten liegen bei etwa $5–15 pro Tag, wobei für Kinder und Senioren Ermäßigungen gewährt werden.

Stehen mehrere Nationalparks auf dem Programm, lohnt sich der Kauf eines regionalen oder landesweit gültigen Passes, Informationen hierüber sind bei jedem *Park Information Centre* erhältlich. Ein Jahrespass für die 27 landesweiten Nationalparks kostet zum Beispiel $45. Ausführliche Informationen zu den Pässen für die Rockies und Umgebung gibt es auf S. 140. Zusätzliche Permits sind zum **Angeln** in den Nationalparks vonnöten (wofür außerdem ein Provinzpermit erforderlich ist, s.u. Angeln). Diese können in den *Park Centres*, bei den Wardens oder bei der Parkverwaltung erworben werden und kosten etwa $20 pro Jahr, $11 pro Woche oder $7 pro Tag. Auf eventuelle Beschränkungen hinsichtlich der Arten und der Anzahl der Fische, die gefangen werden dürfen, wird man beim Kauf der Permits hingewiesen. Der Lachsfang kostet in allen Parks extra.

Camping in den Parks
In der Mehrzahl der Parks stehen in der Nähe des Hauptortes weitläufige, gepflegte **Campingplätze** zur Verfügung. Einige sind reine Zeltplätze oder nur auf Wohnwagen ausgerichtet, andere bieten beides. Die Gebühren hängen von den Einrichtungen ab und liegen derzeit zwischen $7 pro Zelt oder pro Fahrzeug auf „halb wilden" Plätzen (mit Feuerholz, Wasser und Plumpsklos) und $30 für Plätze mit Strom- und Wasseranschlüssen, Abwasserentsorgung und Duschen. Diese Kosten sind in den Park Permits nicht enthalten. In einigen Parks wurde eine zusätzliche Gebühr (um $3) für die Nutzung von Feuerholz eingeführt.

In den meisten Parks gibt es einfache **Zeltplätze** ohne Einrichtungen, so genannte *primitive campgrounds,* die mehr oder weniger nur eine Feuergrube und Feuerholz bereitstellen. Die Regeln hierfür fallen sehr unterschiedlich aus. Einige Parks, wie Jasper in den Rockies, erlauben dies ausschließlich an dafür ausgewiesenen Stellen, andere, z.B. Banff, haben spezielle Zonen eingerichtet, *primitive wildland,* wo Zelte in einer vorgegebenen Entfernung von Straßen oder Wegen aufgeschlagen werden können. Über die Möglichkeiten informieren die *Park Centres* oder *Tourist Offices.* Unabhängig davon, welche man wählt, ist stets ein **Overnight Permit** vom Park Centre einzuholen (entweder kostenlos oder für wenige Dollar), das der Verwaltung eine gewisse Kontrolle über die Besucherzahlen ermöglicht.

Wandern
Kanada bietet Wanderern großartige Möglichkeiten, und je nach Kondition und Ehrgeiz ist in nahezu jedem Landesteil für jeden Geschmack eine Route zu finden. Alle National- und viele Provinzparks haben gut markierte und gepflegte Wanderwege, und die *Park Centres* oder örtlichen *Tourist Offices* versorgen Interessierte mit regionalen **Wanderkarten.** Kurze Wanderungen und Tagestouren

entlang der markierten Wege, sprich alle in diesem Führer beschriebenen Routen, können ohne Kartenmaterial in Angriff genommen werden. Für Ausflüge ins Hinterland empfiehlt sich das entsprechende Blatt im Maßstab 1:50 000 der *Canadian Topographical Series.*

Für die wichtigsten Wandergebiete wird im entsprechenden Kapitel dieses Buches ein kurzer Überblick über die besten Routen gegeben. Angesichts der mehr als 1500 km an Wanderpfaden allein im Banff National Park lassen diese Empfehlungen nur erahnen, welche Möglichkeiten offen stehen. Die Parkmitarbeiter können weitere Tipps geben, und in den meisten der ausgesprochenen Wanderregionen können **Führer** engagiert werden.

Für Exkursionen ins Gebirge oder unwegsames Gelände ist eine vernünftige **Ausrüstung** unabdingbar: gute Wanderstiefel, Regenschutz und warme Ersatzkleidung. Auf plötzliche Wetterumschwünge sowie auf etwaige Gesundheitsprobleme, die bei Aufenthalten in der Wildnis auftreten können (s. S. 18), sollte man vorbereitet sein. Outdoor-Kleidung gibt es in den meisten Städten zu kaufen, und in Wandergebieten wird wahrscheinlich auch die Möglichkeit bestehen, Zelte, spezielle Kälteschutzausrüstung sowie diverse weitere Outdoor-Artikel zu mieten.

Wanderregionen
Bei der Auswahl der herausragendsten Wandergebiete Westkanadas wurden in diesem Buch vorzugsweise Parks berücksichtigt, die über Zufahrtsstraßen erreichbar sind, für die Kartenmaterial erhältlich ist, die über ein Netz an ausgewiesenen Wanderwegen verfügen und die auch ohne allzu viel Planung oder Wildnis-Erfahrung besucht werden können.

Am bekanntesten und am besten erschlossen sind die Nationalparks der Rockies in Alberta und British Columbia. Tausende von Kilometern gut gepflegter und ebenso gut besuchter Pfade durchziehen die „großen Vier" – Banff, Jasper, Yoho und Kootenay – sowie die kleineren Enklaven der Glacier, Mount Revelstoke und Waterton Lakes Nationalparks. Die Zahl der Möglichkeiten ist schier unbegrenzt.

Auch in kleineren Parks in ganz British Columbia eröffnen sich erstaunlich abwechslungsreiche Wandermöglichkeiten. Wenn diesen im Regionalteil auch weniger Aufmerksamkeit geschenkt wird, so zählen sie doch zweifellos zu den lohnendsten Wandergebieten Nordamerikas. Jeder der folgenden Provinzparks bietet viele Gelegenheiten zu Tagestouren, kurzen Spaziergängen und längeren Wanderungen, die problemlos eine Woche füllen könnten: **Wells Gray**, nördlich von Kamloops; **Kokanee Glacier**, nahe Nelson; **Manning**, östlich von Vancouver; **Garibaldi**, nördlich von Vancouver; und **Strathcona** auf Vancouver Island. Wanderführer sind für all diese Regionen in den örtlichen Buchläden zu bekommen, und wie immer erteilen auch die *Tourist Offices* Rat.

Fernwanderwege

In Regionen mit einem gut ausgebauten Wegenetz können sich erfahrene Wandervögel ihre eigenen Langstrecken erarbeiten, indem sie mehrere längere Pfade kombinieren. Offizielle Fernwanderwege sind eher selten, doch kommen jährlich neue hinzu. Zu den besten zählt der **Chilkoot Trail** von Dyea in Alaska nach Bennett in British Columbia, eine 53 km lange Strecke, die im Wesentlichen der Route des Goldsucher folgt, die sich während des Goldrauschs von 1898 auf den Weg in den Yukon machten. Der beliebteste ist wohl der anspruchsvolle **West Coast Trail**, der über 80 km am Rande des Pacific Rim National Park verläuft (s.S. 343).

Bevor man eine Langstreckenwanderung in Angriff nimmt, ist es in jedem Fall wichtig, beim nächsten *Tourist Office* oder Parkbüro oder von einem örtlichen Tourveranstalter Ratschläge einzuholen.

Skifahren

Auch bei Skifahrern erfreuen sich die Wintersportorte der Rockies und in British Columbia zunehmender Beliebtheit. In diesem Buch gilt den größten Wintersportzentren besonderes Augenmerk: Whistler, Banff, Lake Louise und Jasper. Vancouver liegt 90 Minuten Autofahrt von Whistler entfernt, einem der drei weltbesten Skigebiete, von Calgary ist es ebenso weit zu den sechs großen Zentren der Rockies.

Pauschalangebote für Skiurlaub in Kanada sind über die meisten Reisebüros schon zu Hause buchbar, doch lässt sich ein solches Vorhaben auch problemlos selbst organisieren. Wichtig ist eine frühzeitige Reservierung, wenn man einen der bekannteren Orte ansteuert. Die **Kosten** für Verpflegung, Unterkunft und **Liftpässe** sind im Vergleich zu den USA und Europa relativ niedrig: Ein Tagespass für ein Skigebiet der Rockies kostet um $53. Die Tourist Offices der Skizentren sind auch im Winter geöffnet, und in zahlreichen Ortschaften der Umgebung bestehen Möglichkeiten, Skiausrüstung zu kaufen oder zu mieten. Pauschalangebote für Ski-Kurztrips in die Umgebung werden auch von Veranstaltern und Hotels in einigen Großstädten arrangiert. Bei den Provincial Tourist Offices der Ski-Provinzen sind regionale Ski- und Wintersportverzeichnisse erhältlich.

Angeln

Kanada ist ein wahres Anglerparadies. Die meisten der überreichlich vorhandenen Seen, Flüsse und Küstengewässer bieten traumhafte Bedingungen, wobei jede Region ihre Besonderheiten hat, vom *Arctic char* (Seesaibling) in den Northwest Territories bis zum *Pacific salmon* (Lachs) in British Columbia. In fast allen Städten findet sich ein Laden für Anglerbedarf, und in den meisten Anglerzielen bestehen Möglichkeiten, Boote zu mieten oder zu chartern. Wie für alle Outdoor-Aktivitäten geben die meisten Provinzen Broschüren heraus, die Aufschluss darüber geben, was sich so alles in den Gewässern der Region tummelt.

Beim Angeln gilt es eine Reihe von provinzeigenen **Regeln** zu beachten. Auf den ersten Blick mögen diese verwirrend erscheinen, reduzieren sich aber letztlich auf die Erfordernis eines **Angelscheins** für Besucher (Nonresident Permit) für Süßwasser oder Salzwasser. Erhältlich sind diese in Anglerläden oder Sportgeschäften vor Ort und kosten etwa $32 für ein Jahr. In einigen Provinzen gibt es auch Scheine für kürzere Zeiträume, z.B. einen oder sechs Tage. Wer auf bestimmte Fische gehen will, muss in einigen Gegenden eine zusätzliche Gebühr entrichten. Für Nationalparks ist eine Sondererlaubnis vonnöten. Auch gelten für einige Arten Fangquoten oder zu bestimmten Zeiten ein Fangverbot. Auskünfte über den Stand der Dinge erteilen die entsprechenden Läden und die Tourist Offices.

Kanufahren

Die Möglichkeiten zum Kanufahren werden einzig durch etwaige Zugangsschwierigkeiten und die

Grenzen des eigenen Könnens eingeschränkt – einige Schnellen und Portagen der schwierigeren Routen sind nur etwas für versierte Kanuten.

Auf den Flüssen **British Columbias** sind Kanufahrten meist anspruchsvolle Wildwassertouren, während die Seen – z.B. im Wells Gray Provincial Park – mit die malerischsten Kulissen des Landes bieten. Zu den Klassikern zählt der 120 km lange Trip bei Barkerville auf dem Cariboo River und den Seen des Bowron Lakes Provincial Park. Noch mehr Erfahrung erfordern die Gewässer in der Wildnis der Northwest Territories: das ausgedehnte System des **Mackenzie River** und eine der ultimativen Paddler-Herausforderungen des Kontinents – der 300 km lange Abschnitt des **South Nahanni River** bei Fort Simpson. Mit verbesserter Straßenanbindung erfreuen sich auch Trips im System des **Yukon River** zunehmender Beliebtheit, vor allem auf dem South Macmillan River östlich von Pelly Crossing.

Die Provincial Tourist Offices verschicken Verzeichnisse von Ausrüstern und Verleihen, deren Broschüren einen guten Eindruck davon vermitteln, was Kanuten in der jeweiligen Region erwartet. Vor Ort sind fast überall **Ausrüster** zu finden, die neben dem Verleih von Ausrüstung auch Zubringerdienste per Boot oder Flugzeug organisieren und alles Notwendige für längere Trips arrangieren. Die Kosten liegen um $80 für eine Woche Kanumiete und $25 pro Tag für einen Neoprenanzug. Die meisten verkaufen auch **Karten**. Spezielle, teilweise sehr detaillierte **Kanuführer** sind in einer Vielzahl von Buchläden in Kanada erhältlich.

Zuschauersport

Die Kanadier sind ein sportbesessenes Volk – Eishockey und Canadian Football erfreuen sich größter Beliebtheit. Mindestens ebenso viel Begeisterung wie die Profi-Ligen rufen die Matches zwischen den Hochschulen hervor. Zwar wurde Lacrosse zum offiziellen Nationalsport ernannt, doch die wahre Leidenschaft des Landes gilt dem Eishockey.

Eishockey

Die Sportart, an der sich landesweit die Gemüter erhitzen, ist Eishockey. Als sei der Adrenalinpegel

nicht schon hoch genug – bei Geschwindigkeiten von bis zu 50 km/h, mit denen die Spieler über das Eis jagen, und über 160 km/h, mit denen der Puck hin und her schießt –, kommt auch noch eine relativ unbekümmerte Haltung gegenüber Tätlichkeiten auf dem Eis hinzu. Wie besagt ein alter kanadischer Spruch: „Ich wollte einen Kampf sehen und ein Eishockey-Spiel brach aus." Die Spieler werden, vor allem in den unteren Ligen, auch wegen ihrer Schlägerqualitäten aufgestellt, und vor einigen Jahren kam es bei einem legendären Match der Nationalmannschaft gegen ein Team der Sowjetunion zu einem derartigen Handgemenge, dass sich die Situation erst beruhigte, als alle Lichter im Stadion ausgeschaltet wurden.

Eine **Mannschaft** besteht aus sechs Spielern und während der Begegnung sind ständige Auswechslungen erlaubt – die wenigsten Spieler bleiben länger als ein paar Minuten auf dem Eis. Die reine Spielzeit beträgt dreimal 20 Minuten, wird jedoch aus einer Vielzahl von Gründen häufig unterbrochen, so dass ein Spiel normalerweise ca. drei Stunden dauert. Im Laufe der von Mai bis Oktober andauernden **Spielsaison** tritt jedes Team zu über 80 Spielen an.

Die nordamerikanische **National Hockey League (NHL)**, 🖳 www.nhl.com, setzt sich aus 30 Mannschaften zusammen, darunter sechs kanadische: die *Montréal Canadiens, Ottawa Senators, Toronto Maple Leafs, Vancouver Canucks, Calgary Flames* und die *Edmonton Oilers*. Die Mannschaften spielen in der **Western** bzw. **Eastern Conference**, die wiederum in jeweils zwei regionale Gruppen *(divisions)* unterteilt sind. Die *Canadiens, Maple Leafs* und die *Senators* spielen gegen Teams aus Buffalo und Boston in der Northeast Division der Eastern Conference, und die *Flames, Oilers* und *Canucks* treten in der Northwest Division der Western Conference gegen Colorado und Minnesota an.

Am Ende der Saison treffen die vier Topteams in den Ausscheidungsspielen zum **Stanley Cup** aufeinander, dem begehrtesten Eishockey-Pokal. Die beiden erfolgreichsten Teams sind die *Montréal Canadiens*, die den Stanley Cup 23-mal für sich verbuchen konnten, und die *Toronto Maple Leafs*, die den Pokalsieg elfmal erringen konnten.

Eintrittskarten kosten zwischen $20 für reguläre Spiele bis zu mehreren hundert Dollar für ein Stanley Cup-Finale – tatsächlich sind die Chancen gleich Null, für dieses hochkarätige nationale Ereignis ein Ticket zu ergattern. Für fast alle Spiele sollten Karten im Voraus gekauft werden.

Außerhalb der NHL spielen in den **Regionalligen** zahlreiche Clubs mit ihren **Farmteams**, so genannt, weil hier die Nachwuchstalente für die Topteams herangezogen werden. Ontario und Québec haben jeweils ihre eigene Regionalliga, der Rest des Landes spielt in der Western League und kämpft dabei um eine ganze Reihe von Pokalen. Auf der Ebene des **College-Hockey** sind die Universitäten von Toronto und York in Toronto, Concordia in Montréal, St. Mary's in Halifax die Universität von Alberta in Edmonton mit guten Teams vertreten.

National Hockey League

Teams und Spielorte der Western Conference (Northwest Division)

Calgary Flames, Saddledome, Calgary, ☎ 403/777-0000, 🖥 www.calgaryflames.com

Edmonton Oilers, Skyreach Centre, 7424 118th Ave, Edmonton, ☎ 403/471-4000, 🖥 www.edmontonoilers.com

Vancouver Canucks, General Motors Place, 800 Griffiths Way, Vancouver, ☎ 604/280-4400 oder 604/899-GOAL, 🖥 www.canucks.com

Canadian Football

Die Profiliga des kanadischen Football, die **Canadian Football League (CFL)**, 🖥 www.cfl.ca, steht weitgehend im Schatten der US-amerikanischen National Football League. Dies liegt vor allem daran, dass junge kanadische Talente in Richtung Süden abwandern, wo mehr Geld zu verdienen ist, während ausgediente Spieler der NFL nach Norden gehen, um die Lücken zu schließen. Die feinen Unterschiede zwischen dem Canadian und American Football machen die kanadische Variante etwas spannender. Das Spielfeld ist größer und die **Teams** bestehen aus zwölf statt aus elf Spielern. Es gibt nur drei statt vier **Downs** – das bedeutet, nach dem *kickoff*, bei dem die angreifende Mannschaft den Ball zugetreten bekommt, hat diese nur drei Chancen, jeweils um zehn Yards voranzukommen und damit einen *first down* auf dem Weg zum **Touchdown** zu erzielen. Unterschiedliche Regeln in Bezug auf die Bewegungen der Spieler sowie die beschränkte Zeit zwischen den Spielzügen machen das Spiel temporeicher und punkteträchtiger. Häu-

fig werden Matches in der Verlängerung oder durch eine dramatische Aktion in letzter Minute entschieden.

Trotz der Attraktivität des Sports hatte die CFL in der Vergangenheit unter wachsendem Desinteresse von Seiten der Medien und der Fans zu leiden, was zu immensen finanziellen Schwierigkeiten geführt hat. Nach einigen Investitionen in namhafte Spielerpersönlichkeiten scheint sich die Lage jedoch wieder zu entspannen. Die Spielsaison dauert von Juni bis November, wobei Teams in zwei regionalen Gruppen jede Woche zu einem Spiel antreten. Am Ende der Saison finden die Ausscheidungsspiele zum heiß umkämpften Grey Cup statt, den die *Toronto Argonauts* 21-mal gewannen, zuletzt 1997. Eintrittskarten sind außer für wichtige Spiele problemlos zu bekommen und kosten $20–150 für ein Grey Cup-Endspiel.

Canadian Football League

Teams und Spielorte der West Division

BC Lions, BC Place Stadium, 777 Pacific Blvd S, Vancouver, ☎ 604/589-ROAR, 🖥 www.bclions.com

Calgary Stampeders, McMahon Stadium, 1817 Crowchild Trail NW, Calgary, ☎ 403/289-0258, 🖥 www.stampeders.com

Edmonton Eskimos, Commonwealth Stadium, 11000 Stadium Rd, Edmonton, ☎ 403/448-ESKS, 🖥 www.esks.com

Saskatchewan Roughriders, Taylor Field, 2940 10th Ave, Regina, ☎ 1-888/4-RIDERS oder 306/525-2181, 🖥 www.riders.com

Winnipeg Blue Bombers, Winnipeg Stadium, 1465 Maroons Rd, Winnipeg, ☎ 204/784-2583, 🖥 www.bluebombers.com

Baseball

Der Sport mit dem sommerlich gemächlichen Tempo und den kryptischen Regeln gilt gemeinhin als uramerikanisch – tatsächlich jedoch fand das erste dokumentierte Spiel in Beachville, Ontario statt.

Die **Montréal Expos** und die **Toronto Blue Jays** spielen in den beiden wichtigsten US-Ligen, der National und der American League. Die *Toronto Blue Jays* errangen den Status von Nationalhelden, als sie 1992 und 1993 zweimal in Folge die World Series gewannen und die USA auf diesem national besetzten Terrain schlagen konnten.

Ein Spiel live mitzuverfolgen ist ein Erlebnis selbst für diejenigen, die die Regeln nicht durchschauen. Bei Burgern und Popcorn kommt unter freiem Himmel ein fröhliches Publikum aller Altersklassen zusammen. Die Spiele finden nachmittags oder abends statt, können zwei bis drei Stunden dauern und enden niemals unentschieden: Herrscht nach neun Innings (Durchgängen) Punktegleichstand, werden zusätzliche Innings gespielt, bis eine Seite gewinnt.

In den Minor Leagues spielen neben anderen die **Farmteams** der *Edmonton Trappers*, und der *Calgary Cannons*, doch können diese kaum den Glamour der beiden großen Teams bieten.

Minor League

Teams und Spielorte
Calgary Cannons, Burns Stadium, 1817 Crowchild Trail NW, Calgary, ℰ 403/284-1111, ▯ www.calgarycannons.com
Edmonton Trappers, John Ducey Park, 10233 96th Ave, Edmonton, ℰ 780/414-4450, ▯ www.trappersbaseball.com

Feste und Feiertage

Feste und Veranstaltungen

Im Folgenden sind die wichtigsten Feste und Veranstaltungen West-Kanadas aufgelistet. Informationen zu den einzelnen Anlässen, etwa die genauen Termine, sind im Regionalteil dieses Reiseführers angegeben oder direkt bei den örtlichen Informationsstellen zu erfragen. Die *Tourist Offices* der Provinzen (s.S. 11/12) vergeben kostenlose Veranstaltungskalender für die Region.

Januar
Polar Bear Swim, Vancouver, BC. Das Neujahrs-Schwimmen in den eisigen Gewässern des English Bay Beach soll Glück für das kommende Jahr bringen.
Banff / Lake Louise Winter Festival, Banff und Lake Louise, AB. Skirennen, Eislauffeste und die unglaubliche International Ice Sculpture Competition am Ufer des Lake Louise.

März
Pacific Rim Whale Festival, Vancouver Island, BC.

Zur Feier der alljährlichen Wanderung der Grauwale im Frühjahr mit vielen Walbeobachtungstouren sowie Musik- und Tanzveranstaltungen.

April
TerrifVic Jazz Party, Victoria, BC. Dixieland- und andere Jazzbands aus aller Welt.

Juni
Jazz City International Festival, Edmonton, AB. Zehn Tage voller Jazzkonzerte, kostenloser Open-air-Veranstaltungen und Workshops.
Banff Festival of the Arts, Banff, AB. Junge Künstler präsentieren sich in den Bereichen Musik, Oper, Tanz, Theater und Comedy sowie bildender Kunst.

Juli
Pow-wows. Traditionelle Feste der kanadischen Ureinwohner in den Reservaten des Landes im Juli und August.
Calgary Stampede, Calgary, AB. Eines der größten Rodeos der Welt: Am Rande der üblichen Cowboy-Vergnügungen gibt es Heißluftballon-Wettflüge, Kunsthandwerks-Ausstellungen, Indianertänze und eine Reihe weiterer Programmpunkte. Wird als die „Greatest Outdoor Show on Earth" beworben.
Klondike Days, Edmonton, AB. Mit Goldwaschen, Wildwasser-Wettfahrten, Pancake-Frühstück und Glücksspiel wird die Pionierära wieder lebendig.

August
Fringe Theatre Festival, Edmonton, AB. Zählt zu Nordamerikas renommiertesten Alternativtheater-Festivals.
Squamish Days Loggers Sports Festival, Squamish, BC. Der größte Holzfäller-Treff des Landes, bei dessen Wettbewerben beeindruckende Leistungen zu bestaunen sind.

Oktober
Vancouver International Film Festival, Vancouver, BC. Ein weiteres von Kanadas hoch bewerteten Filmfesten.
Okanagan Wine Festival, Okanagan, BC. Eines der zahlreichen Weinfeste in dieser Winzergegend.

November
Canadian Finals Rodeo, Edmonton, AB. Rodeo pur.

Dezember

Coral Ships, Vancouver, BC. Weihnachtsgesänge auf funkelnden Schiffen im Hafen von Vancouver.
New Year Eve, in ganz Kanada.

Feiertage

Banken, Schulen und öffentliche Einrichtungen im ganzen Land sind an den nationalen und regionalen Feiertagen geschlossen. Zahlreiche Läden, Restaurants, Museen und Sehenswürdigkeiten bleiben jedoch geöffnet. Für Campingplätze, kleinere Informationszentren, B&Bs und viele Urlaubshotels sind häufig Victoria Day im Frühling und Labour Day oder Thanksgiving im Herbst die Termine, welche Beginn und Ende der saisonalen Öffnungszeiten markieren. Die Semesterferien der Universitäten dauern von Mai bis Anfang September (sowie ein oder zwei Wochen im März), während Schulferien von Ende Juni bis zum Labour Day dauern.

Nationale und regionale Feiertage
Nationale Feiertage
Neujahr (1. Januar)
Karfreitag
Ostersonntag
Ostermontag
Victoria Day/Fête des Patriotes (Montag vor dem 25. Mai)
Canada Day (1. Juli)
Labour Day (erster Montag im September)
Thanksgiving (zweiter Montag im Oktober)
Remembrance Day (11. November) (nur zum Teil ein Feiertag; Behörden und Banken sind geschlossen, die meisten Geschäfte haben jedoch geöffnet)
Christmas Day (25. Dezember)
Boxing Day (26. Dezember)
Regionale Feiertage
Alberta Alberta Family Day (dritter Montag im Februar); Heritage Day (erster Montag im August).
British Columbia British Columbia Day (erster Montag im August).
Northwest Territories Civic Holiday (erster Montag im August).
Yukon Discovery Day (dritter Montag im August).

Kommunikation

Post

Die Öffnungszeiten der **Postämter** sind Mo–Fr 8.30–17.30 Uhr, einige haben auch Sa 9–12 Uhr geöffnet. Postschalter befinden sich manchmal innerhalb größerer Ladenkomplexe, Apotheken und ähnlichen Einrichtungen, wo man am besten nach dem „Canada Post/Postes Canada"-Schild Ausschau hält. Informationen über die nächstgelegene Postfiliale gibt es auch unter ✆ 1-800/267-1177 oder 🖥 www.canadapost.ca.

Kioske, Apotheken, Hotels und Souvenirläden verkaufen in der Regel auch **Briefmarken**, die einzeln oder als Briefchen zu sechs Stück erhältlich sind. Briefe und Postkarten bis zu 30g kosten innerhalb Kanadas 48¢, in die USA 65¢ und in andere Länder $1,25. Bei Empfängeranschriften in Kanada sollte unbedingt der Postcode angegeben werden, da der Brief sonst wahrscheinlich niemals ankommt. Dieser Postcode ist sechsstellig und hat das Format „Buchstabe Ziffer Leerschritt Ziffer Buchstabe Ziffer".

Briefe können postlagernd an jedes kanadische Hauptpostamt geschickt werden, indem man sie mit „c/o Poste Restante" adressiert. Falls bekannt, sollte ein Abholdatum dazugesetzt werden, andernfalls kann man „Hold for 15 days" angeben, die Höchstdauer der Lagerung. Danach geht die Post zurück an den Absender, der aus diesem Grunde ebenfalls angegeben sein sollte. Zur Abholung ist ein Ausweis vorzulegen. Persönliche Post wird auch von Hotels entgegengenommen, sie sollte z.B. mit dem Vermerk „Guest Mail, Hold for Arrival" versehen sein. Wer eine Kreditkarte oder Travellers Cheques von *American Express* besitzt, kann sich Briefe mit dem Vermerk „Client Mail Service" an jedes Amex-Büro in Kanada schicken lassen. Wer kein Amex-Kunde ist, kann diesen Service gegen eine geringe Gebühr in Anspruch nehmen.

Telefon

In Kanada muss vor der eigentlichen Telefonnummer immer die dreistellige Regionalvorwahl gewählt werden, egal ob es sich um ein Orts- oder ein Ferngespräch handelt.

Von öffentlichen Telefonen, die man überall in Geschäftsstraßen Einkaufszentren, Hotels, Restaurants und Bars findet, kosten **Ortsgespräche** 25¢.

Von Privatanschlüssen (nicht aber Hotels) sind Ortsgespräche kostenlos. Daher haben manche Läden nichts dagegen, wenn man ihr Telefon dafür benutzt. Will man einen Anschluss außerhalb der Vorwahlregion erreichen, in der man sich befindet, ist der zehnstelligen Rufnummer stets eine „1" vorzuwählen. Bei öffentlichen Telefonen wird man dadurch zunächst mit der Vermittlung verbunden und erfährt, wie viel Geld für die Herstellung der Verbindung vonnöten ist. Anschließend müssen in regelmäßigen Abständen Münzen nachgeworfen werden: Am besten, man hält einen ganzen Beutel von Quarters (25¢) bereit. Um die Sache ein wenig zu verkomplizieren, werden einige Verbindungen innerhalb derselben Vorwahlregion zum Ferntarif abgerechnet und erfordern daher ebenfalls eine vorgewählte „1". Eine Bandansage informiert über diese Notwendigkeit, sobald man die Nummer wählt.

Ferngespräche sind am billigsten täglich von 23–8 Uhr und am teuersten Mo–Fr 8–18 Uhr. Ein kanadisches Mobiltelefon anzurufen, kostet nicht mehr als ein Anruf in das Festnetz des Teilnehmers.

Geschäfte und Unternehmen sind häufig über **gebührenfreie Rufnummern** zu erreichen, die mit 1-800, 1-866, 1-877 oder 1-888 beginnen. Einige dieser Nummern können nur von Telefonen in derselben Provinz angewählt werden, andere gelten landesweit oder in ganz Nordamerika. In der Regel gilt: Je größer das Unternehmen, desto weiter reicht das gebührenfreie Netz.

Wer häufiger telefonieren möchte, sollte sich eine **Telefonkarte** *(prepaid phone cards)* zulegen, die in Zeitungsläden und kleinen Supermärkten erhältlich ist. Es gibt sie von verschiedenen Unternehmen im Wert von $5–50. Die Verwendung folgt meist derselben Prozedur: Man wählt eine örtliche oder gebührenfreie Zugangsnummer, gibt dann die angegebene PIN-Nummer ein und kann anschließend telefonieren. Zu achten ist auf den auf der Karte vermerkten Abrechnungsmodus, denn ein billiger Minutentarif kann mitunter durch einen hohen Verbindungspreis zunichte gemacht werden. Vom Hotelzimmer aus zu telefonieren ist nicht ratsam, da selbst für Ortsgespräche und gebührenfreie Nummern meist ein Serviceaufschlag erhoben wird.

Inzwischen kann von vielen öffentlichen Telefonen auch mit Kreditkarte telefoniert werden, allerdings wird dabei zu einem höheren Tarif abgerechnet. Bei **internationalen Gesprächen** lässt man sich idealerweise von zu Hause zurückrufen – Webseiten wie 🖥 www.billiger-telefonieren.de oder 🖥 www.teltarif.de listen die aktuell günstigsten Netzanbieter. Mit Billigvorwahl kann man nach Kanada schon ab etwa 1 ¢/Min. telefonieren. Allerdings schwankt die Qualität der Verbindung je nach Anbieter.

T-Card und Deutschland Direkt

Die deutsche Telekom bietet die in über 80 Ländern benutzbare **T-Card Private** an, die entweder über die Kreditkarte oder eine Bankverbindung abgerechnet wird. Sie ist in allen Telekom-Läden, per Online- oder Telefon-Bestellung erhältlich. Die Bereitstellungsgebühr beträgt 8 €, die jedoch innerhalb von drei Monaten abtelefoniert werden können.

Gespräche werden über eine kostenfreie, landesspezifische Zugangsnummer vermittelt; Kartennummer und die gewünschte Rufnummer werden von einer automatischen „deutschsprachigen" Sprachbox abgefragt. Um Missbrauch vorzubeugen, sollte man den PIN-Code unbedingt geheim halten und nicht in Hörweite eines Fremden durchgeben. Man kann die Karte auch zu Hause lassen und sich nur den Code notieren.

Zudem bietet die Zugangsnummer die Möglichkeit, mit **Deutschland Direkt** R-Gespräche zu führen, sofern sich der Angerufene bereit erklärt, die Kosten zu übernehmen – ideal für Notfälle.

In der Form einer Guthabenkarte oder *prepaid phone card* gibt es auch die **T-Card-Holiday** im Wert von 10 € oder 20 €. Beide Varianten der T-Card sind auch in Deutschland benutzbar.

Infos
T-Card 📞 01805/330 0223
Deutschland Direkt 📞 01805/330226
🖥 www.detecardservice.de

Preise
Verbindungen von Kanada nach Deutschland
T-Card 0,50 € pro Minute
Deutschland Direkt 3,99 € Vermittlungsgebühr plus 0,50 €/Min.

Zugangsnummer für Kanada: 📞 1800-465-0049

Mobiltelefone

Das kanadische Mobilfunknetz ist noch recht lückenhaft und in der Wildnis hat man oft keinen Empfang. Der Netzstandard ist GSM 1900.

D1, D2, E-Plus und O_2 unterhalten **Roaming**-Verträge mit den kanadischen Firmen Microcell (Fido), 🖥 www.canadagsm.com, und Rogers Wireless, 🖥 www.rogers.com. Die Preise für Verbindungen mit dem eigenen Handy nach Deutschland rangieren zwischen 1,20 € und 2 € pro Minute. Manche Anbieter verlangen zudem eine Vermittlungsgebühr. Bei eingehenden Anrufen aus Deutschland zahlt der Anrufer nur den heimischen Tarif, während die Kosten für die Weiterleitung ins fremde Netz zu Lasten der eigenen Rechnung gehen. Detaillierte Infos zu den Tarifen, SMS-Kosten und Handys mit Prepaid-Karten gibt es unter

---

Telefonnummern und Vorwahlen

Wichtige Telefonnummern

Notruf	✆ 911
Vermittlung	✆ 0
Auskunft (kostenlos von Privatanschlüssen):	
örtliche Auskunft	✆ 411
Fernsprechauskunft	✆ 1 + Regionalvorwahl + 555-1212
gebührenfreie Nummern	✆ 1-800/555-1212

Vorwahlen der Provinzen

Verzeichnis aller Vorwahlen im Internet unter 🖥 www.fonefinder.net

Südliches Alberta einschließlich Banff und Calgary	✆ 403
Nördliches Alberta einschl. Edmonton	✆ 780
British Columbia	✆ 250
Vancouver	✆ 604 und ✆ 778
Northwest Territories	✆ 867
Yukon	✆ 867

Internationale Vorwahlen

Deutschland	✆ 01149
Österreich	✆ 01143
Schweiz	✆ 01131
Die „0" der Ortsnetzkennzahl fällt weg.	
Kanada	✆ 001, aus den USA keine Vorwahl.

D1, ✆ 2202 (Handy) oder 01803-302202, 🖥 www.t-mobile.de

Vodafone/D2, ✆ 1212 (Handy) oder 0800-1721212, 🖥 www.vodafone.de

E-Plus, ✆ 1111 (Handy) oder 01803-177177, 🖥 www.eplus.de

O_2, 🖥 www.o2online.de

Und noch ein Tipp: Nicht immer bucht sich das Handy automatisch ins günstigste Netz ein. Wer die Tarife der Anbieter kennt, kann notfalls manuell unter dem Menüpunkt „Netze" oder „Netz(aus) wahl" ins preiswertere Netz wechseln.

Internet und E-Mail

Zweifellos am einfachsten und billigsten ist die Kommunikation per E-Mail. Einrichtungen mit **Internet-Zugang** gibt es in Kanada fast überall – Cafés, Bibliotheken, Hotels, Postämter. Auf Flughäfen, Bahnhöfen und in Shopping Malls finden sich zudem Bell Internet Kioske, doch bei $2 pro zehn Minuten surft es sich in Internet-Cafés um die Hälfte billiger. Unter 🖥 www.worldofinternetcafes.de findet sich eine Auflistung von Internet-Cafés in aller Welt.

Viele Provider ermöglichen inzwischen, die **eigene E-Mail-Adresse** über das Web abzurufen. Man sollte das vor der Abreise ausprobieren und sich die erforderlichen Angaben notieren (Kennwort).

Wer diese Möglichkeit nicht hat, kann auf **Webmail** zurückgreifen: Auf zahlreichen Internet-Seiten, darunter Yahoo, 🖥 www.yahoo.com, Web.de, 🖥 www.web.de, oder Hotmail, 🖥 www.hotmail.com, kann man sich eine kostenlose Webmail-Adresse einrichten, auf die ebenfalls unterwegs von jedem Internet-Café zugegriffen werden kann. Es empfiehlt sich, vor der Reise einmal die Homepage des Anbieters anzuklicken. Viele Grafiken und Werbebanner wirken sich erheblich auf die Übertragungszeit aus. Auch muss man sein Account bei einigen Anbietern mit einem Code aktivieren, der erst ein bis zwei Wochen nach der Anmeldung versandt wird.

Wer mit **Laptop** reist, braucht theoretisch nur einen Telefonanschluss und ein Modem, um Online zu gehen. Auf der Webseite 🖥 www.kropla.com findet man nützliche Infos zu Providern (lokal, global und roaming), außerdem eine Auflistung aller Landesvorwahlen und Angaben über die jeweiligen

elektrische Systeme. Wer **HotSpots** für Laptops mit WLAN sucht, wird sicher auf 🖳 www.hotspot-locations.com oder 🖳 www.wifinder.com fündig.

Medien

Zeitungen

Kanadas einzige wirklich nationale Tageszeitung ist die *National Post,* die bei der kanadischen Leserschaft allerdings nur auf begrenztes Interesse stößt. Ähnliches gilt für die in Toronto erscheinende *Globe and Mail,* von der auch eine Ausgabe für West-Kanada existiert und die mehr oder weniger landesweit erhältlich ist.

Mehr Anklang finden die anspruchsvollen Zeitungen größerer Städte wie *Toronto Star, Calgary Herald, Ottawa Citizen* oder *Vancouver Sun,* die auch das Geschehen in ihrer jeweiligen Provinz abdecken. In Québec ist die französische *La Presse* das meistgelesene Blatt, daneben erscheint die intellektuell ambitionierte (und separatistische) *Le Devoir.* In den meisten größeren Städten Kanadas gibt es zudem wöchentlich erscheinende, kostenlose Veranstaltungskalender, die häufig mit Nachrichten angereichert sind und einen alternativeren Ton pflegen. Das konservative *Maclean's* und *Time Canada* sind die größten wöchentlich erscheinenden Nachrichtenmagazine. Das Monatsheft *Canadian Geographic* widmet sich mit Artikeln und hochwertigen Fotos der kanadischen Natur.

Fernsehen und Radio

Die *Canadian Broadcasting Corporation* (CBC) hat mit landesweiten und regionalen Ausstrahlungen die meisten kanadischen Sendungen im Programm. Der größte Privatsender ist die *Canadian Television Corporation* (CTV) mit einer Mischung aus regionalen, kanadischen und US-amerikanischen Sendungen. Insgesamt unterscheidet sich das Programm der zahlreichen öffentlichen und privaten Sender kaum vom US-amerikanischen Fernsehen, das zumeist ebenfalls zu empfangen ist.

Auch die überwiegende Zahl der kanadischen **Radiosender** hält sich an ein kommerzielles Standardformat. Die meisten sind über Mittelwelle (AM) zu empfangen und beweisen nur wenig Originalität, können aber gute Informationsquellen

für Veranstaltungen, Verkehr und das Wetter sein. Über UKW (FM) sind die staatlich finanzierten CBC-Kanäle mit verschiedenen hörbaren und informativen Sendungen zu empfangen, darunter *This Morning* (Mo–Fr 9–12 Uhr), eine Sendung mit Hörerbeteiligung, die einen guten Eindruck von der Stimmung und dem Geschehen im Lande vermittelt. Wenn auch in den Metropolen gute Musiksender für verschiedene Stilrichtungen ausgestrahlt werden, so wird man doch die meiste Zeit darauf angewiesen sein, die Frequenzen zu durchsuchen. Eine Fahrt durch ländliches Gebiet kann in dieser Hinsicht frustrierend sein, da oft über Hunderte von Kilometern nur ein oder zwei wenig aufregende Sender zu empfangen sind.

Deutsche Sender

Mit einem guten Weltempfänger ist die **Deutsche Welle** über Kurzwelle auf verschiedenen Frequenzen zu empfangen. Die aktuellen Frequenzen sind unter 🖳 www.dw-world.de oder bei Abt. Technische Beratung, ✆ 0228-4293208, 📠 4293220, ✉ tb@dw-world.de, erhältlich.

Die Deutsche Welle strahlt ihr 24-stündiges Fernsehprogramm **DW TV** in Deutsch und Englisch, in Nordamerika auch in Spanisch, sowie verschiedene Hörfunkprogramme über den Satelliten AMC-1 aus. Einige Hotels speisen das Programm in das hoteleigene Netz ein. Zu jeder vollen Stunde wird ein Nachrichtenjournal ausgestrahlt – im Wechsel auf Deutsch und Englisch (in Nordamerika um 21 und 2 Uhr auf Spanisch). Es folgen Features mit deutschlandbezogenen Themen in der jeweiligen Sprache.

Nach inzwischen erteilter Sendelizenz wird demnächst auch in Kanda der Pay-TV-Sender **German TV** über Satellit oder Kabel zu empfangen sein. Das 24-stündige Programm setzt sich aus Beiträgen von ARD, ZDF und Deutscher Welle zusammen, wobei der Schwerpunkt mehr im Unterhaltungsbereich liegt. Infos zu Programm und Gebühren unter 🖳 german.tv.

Sicherheit

Es ist unwahrscheinlich, dass man es jemals mit der **Royal Canadian Mounted Police** (RCMP) oder mit einer ihrer Schwesterorganisationen (wie dem Toronto Police Service) zu tun bekommt. Kanada zählt zu den sichersten Ländern der Welt, wenngleich es auch hier ein paar Brennpunkte der Kriminalität gibt, die sich aber auf die Peripherie der größten Stadt der Region, Vancouver, beschränken. Nur wenige Kanadier besitzen Waffen, Überfälle sind selten, und selbst in den Städten gibt es kaum Straßenkriminalität – was nicht heißt, dass auf die üblichen Vorsichtsmaßnahmen verzichtet werden darf.

Die kanadischen Behörden sind dafür bekannt, dass sie beim Thema **Drogen** hart durchgreifen, besonders gegenüber Ausländern. Wer auch nur mit geringen Mengen erwischt wird, muss mit empfindlichen Strafen rechnen. Ebenso unerbittlich werden Verkehrsverstöße geahndet.

Wenn überhaupt, werden Touristen in Kanada Opfer von **Taschendieben** oder anderen Langfingern. Diebe arbeiten oftmals als Duo, und auch wenn Diebstähle nicht an der Tagesordnung sind, sollte man doch über einige Tricks Bescheid wissen: Beliebt ist z.b. der Hinweis eines „hilfreichen" Passanten auf Vogelkot (tatsächlich Rasierschaum oder Ähnliches) auf der Kleidung, während ein Komplize das Opfer um die Brieftasche erleichtert; gleichermaßen suspekt ist es, wenn man auf der Straße dazu eingeladen wird, eine Karte oder eine Zeitung mitzulesen, was letztlich nur der Ablenkung dienen soll, oder wenn sich jemand in einem Café anschickt, mit der einen Hand nach dem Getränk des Opfers zu greifen, während die andere in die Handtasche wandert. In einer Gruppe von Touristen schließlich sind Zeitgenossen, die allzu große Nähe suchen, nicht unbedingt auf rein zwischenmenschlichen Kontakt aus.

Mit ein paar vorbeugenden Maßnahmen lässt sich das Risiko jedoch verringern: Handtaschen um den Hals tragen und nicht einfach über die Schulter hängen lassen; nichts in Kleidertaschen verstauen, auf die leicht zugegriffen werden kann; Fotokopien des Passes, Flugtickets und Führerscheins anstelle der Originale mit sich führen – Letztere sollten im Hotel bleiben. Bei der Suche nach einem Hotelzimmer das Gepäck nie aus den Augen lassen. Wer sein Auto parkt, tut gut daran, alles unsichtbar zu verstauen. Das Stehlen ganzer Fahrzeuge ist zwar noch die Ausnahme, doch offen herumliegende Wertsachen und Gepäckstücke bieten die Gelegenheit, die Diebe macht.

Im Falle eines Übergriffs oder Diebstahls ist der Gang zur **Polizei** unumgänglich, allein schon wegen des Polizeiberichts, den die eigene Versicherung fordern wird. Hier empfiehlt es sich, die Nummer des Berichts zu notieren, oder noch besser um eine Aushändigung in Kopie zu bitten. **Notruf** ✆ 911 (Polizei, Feuerwehr, Krankenwagen).

Sonstiges

Adressen

Im Allgemeinen sind in Kanada die Straßen bebauter Gebiete gitterförmig angelegt, wodurch die Gebäude in „Blocks" unterteilt werden. Die ersten ein oder zwei Ziffern einer Hausnummer beziehen sich auf den Block, wobei die Nummerierung von einem zentralen, meist in Downtown gelegenen Punkt ausgeht. So liegt etwa 620 S Cedar Ave sechs Blocks südlich von Downtown. Von entscheidender Bedeutung sind die Zusätze „NW" oder „SE", denn 3620 King St SW findet sich in einer gänzlich anderen Ecke als 3620 King St NE. Steht vor dieser Straßen-/Hausnummer eine weitere Zahl, wird damit ein Apartment oder eine Suite näher bezeichnet.

Ausweise

Ausweise sollten stets zur Hand sein. Mitunter muss man sich doppelt ausweisen, davon einmal mit Foto: Pass und Kreditkarte sind in jedem Fall ausreichend.

Bären

Die von Bären ausgehenden Gefahren sollten nicht unterschätzt werden. Viele Wanderer machen sich in Bärengegenden mit einer Trillerpfeife bemerkbar, um Bären fern zu halten. Steht man doch einmal einem dieser Gesellen gegenüber, sollte man keinesfalls wegrennen, laute Geräusche von sich geben oder plötzliche Bewegungen machen, da das Tier sonst wahrscheinlich zum Angriff übergehen wird. Richtig ist es, dem Bären einen Fluchtweg freizumachen und sich langsam zu entfernen. Ein stehen gelassener Rucksack kann dabei als Ablenkung dienen. Im Falle einer Attacke auf einen Baum zu klettern oder sich tot zu stellen, mag bei Grizzlybären Erfolg haben, ist aber bei Schwarzbären wirkungslos. Wer sich zur Wehr setzt, wird nur umso heftiger attackiert. Weiteres zum Thema Bären s. S. 152/153.

Elektrizität

In Kanada sind wie in den USA und im Unterschied zu europäischen Ländern 110 V Wechselstrom (60 Hz) gebräuchlich. Rasierapparate oder Haartrockner sollten daher umschaltbar sein. Für die zweipoligen kanadischen Steckdosen ist zudem ein Adapter erforderlich. Weitere Informationen unter ⌨ www.kropla.com.

Maße und Gewichte

In Kanada gilt offiziell das metrische System, auch wenn viele Kanadier noch immer das britische System verwenden. Entfernungen werden in Kilometern, Temperaturen in Grad Celsius angegeben und Lebensmittel, Benzin und Getränke werden in Gramm, Kilogramm oder Litern verkauft.

Öffnungszeiten

Die meisten Geschäfte und Supermärkte sind Mo–Sa von 9–17.30 Uhr geöffnet, wobei die Supermärkte und Malls in größeren Städten schon um 7.30 Uhr öffnen und erst um 21 Uhr schließen. In weiten Teilen des Landes sind sonntags Läden, Bars und Restaurants geschlossen, doch besonders die westlichen Provinzen haben auch am Sonntag begrenzte Öffnungszeiten eingeführt, gewöhnlich 10–17 Uhr, vor allem in touristischen Gegenden. Viele Geschäfte haben Donnerstag- und Freitagabend geöffnet. In den Städten ist normalerweise eine Apotheke rund um die Uhr geöffnet, und oft findet sich auch ein Laden für das Nötigste, z.B. *Mac's* oder *7-11,* der durchgehend geöffnet hat. Die Öffnungszeiten der Information Centres, Museen und anderer Sehenswürdigkeiten hängen stark von der Jahreszeit ab. Die meisten, vor allem in abgelegenen Gegenden, haben im Winter kürzere Öffnungszeiten oder sind von Ende September bis Mitte Mai geschlossen. In den Städten sind die besseren Restaurants gewöhnlich von 12–23 Uhr geöffnet, am Wochenende auch länger. Viele Diner-ähnliche Lokale schließen hingegen schon um 20 Uhr und auch die Restaurants in kleineren Städten schließen früher. Die Regelungen für **Bars**, oft Teil eines Hotels oder Restaurants, können je nach Provinz sehr unterschiedlich ausfallen. Die meisten sind täglich von 10–1 Uhr geöffnet, wobei in einigen Regionen alle Bars mit Ausnahme einiger Hotellounges sonntags geschlossen sind.

Senioren

Für viele Menschen bringt das Rentenalter endlich genügend Zeit für ausgedehnte Reisen. Zudem kommen Reisende ab 65, oft auch schon ab 60, in den Genuss einer Reihe von Ermäßigungen. *VIA Rail* und *Greyhound* etwa gewähren (relativ geringe) Preisnachlässe für Senioren, während die Mehrzahl der Museen und ähnlicher Sehenswürdigkeiten mindestens 50% Ermäßigung bieten.

Stockwerke

Das Erdgeschoss wird in Kanada wie in den USA als erstes Stockwerk gezählt: Wer sich in Deutschland im ersten Stock befindet, ist in Kanada bereits im zweiten.

Toiletten

Öffentliche Toiletten gibt es selbst in größeren Städten kaum, aber auf die Einrichtungen in Bars, Fastfood-Lokalen, Museen und anderen öffentlichen Gebäuden kann man sich immer verlassen.

Videos

Gekaufte Videos müssen nach dem PAL-System bespielt sein, sonst wird man sie später zu Hause mit den meisten Rekordern nicht abspielen können. Leere Videokassetten können problemlos auf beiden Kontinenten benutzt werden.

Zeitzonen

Kanada erstreckt sich über sechs Zeitzonen, doch trennen Newfoundland von British Columbia nur 4 1/2 Stunden. In Newfoundland herrscht Newfoundland Standard Time (MEZ minus 4 1/2 Std); in den Atlantikprovinzen und Labrador gilt Atlantic Standard Time (MEZ minus 5 Std.); Québec und der größte Teil Ontarios richten sich nach der Eastern Standard Time (MEZ minus 6 Std.); in Manitoba, der nordwestlichen Ecke Ontarios und im östlichen Saskatchewan herrscht Central Standard Time (MEZ minus 7 Std.); während sich die Zone der Mountain Standard Time (MEZ minus 8 Std.) über das westliche Saskatchewan, Alberta, die Northwest Territories und einen Streifen des nordöstlichen British Columbia erstreckt und die der Pacific Standard Time (MEZ minus 9 Std.) über den Yukon und den restlichen Teil British Columbias. Nunavut reicht von der Zone der Mountain Standard Time bis zur Atlantic Standard Time.

Sommerzeit bedeutet auch in Kanada, dass die Uhren eine Stunde vorgestellt werden, und gilt in allen Regionen mit Ausnahme von Saskatchewan und dem Nordosten British Columbias vom ersten Sonntag im April bis zum letzten Sonntag im Oktober. Die Fahrpläne von Zügen und Bussen sowie Flugpläne geben immer Ortszeit an. Bei längeren Strecken über mehrere Zeitzonen ist dies stets im Auge zu behalten. Die Uhrzeiten sind dabei ohne den Zusatz „am" bzw. „pm" angegeben – entweder wird bis 24 durchgezählt, und, wie etwa bei den *Greyhound*-Fahrplänen, Uhrzeiten nach 12 Uhr mittags sind fett gedruckt.

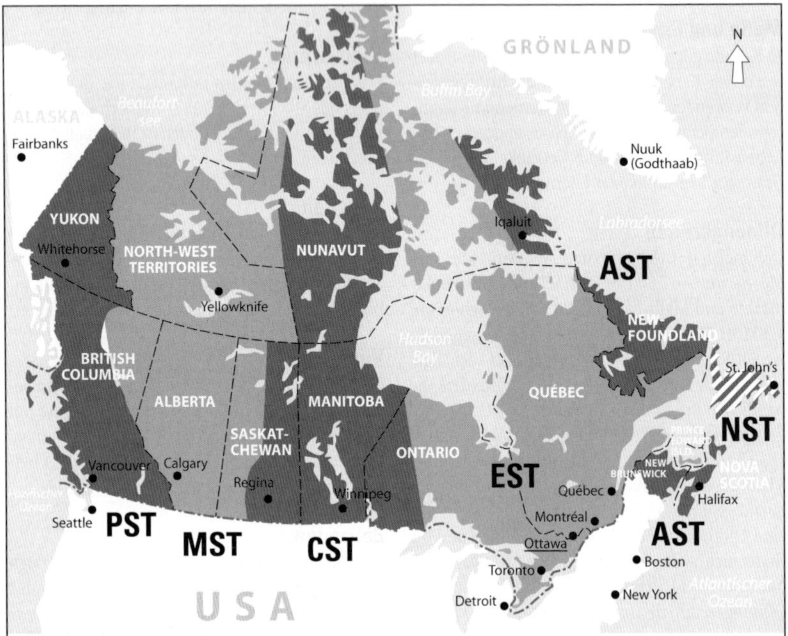

Zeitzonen

PST	Pacific Standard Time	MEZ -9 Std.
MST	Mountain Standard Time	MEZ -8 Std.
CST	Central Standard Time	MEZ -7 Std.
EST	Eastern Standard Time	MEZ -6 Std.
AST	Atlantic Standard Time	MEZ -5 Std.
NST	Newfoundland Standard Time	MEZ -4 ½ Std.

MEZ = Mitteleuropäische Zeit

Beginn der Sommerzeit am letzten Sonntag im April
Ende der Sommerzeit am letzten Sonntag im Oktober

Kanada und seine Bewohner

Flora und Fauna

Kanadas vielfältige Naturräume reichen von eisbedeckten Polarinseln im hohen Norden bis zu sonnenversengten Wüstenenklaven entlang der Grenze zu den USA. Zwischen diesen beiden Extremen liegen die Berge, Wälder und Prärien des Landes, die einem schier unglaublichen Reichtum an Tieren und Pflanzen einen Lebensraum bieten. Als guter Ausgangspunkt für deren Entdeckung empfehlen sich die National- und Provinzparks (s. Kasten). Was Bären und Wölfe angeht, sollte man allerdings keine allzu großen Erwartungen hegen, denn auch wenn Führer und Touristeninformationen gern damit werben, begegnet man ihnen nur selten.

Wälder im Osten

Kanadas östliche Wälder unterteilen sich in zwei große Gruppen: den Karolinischen Wald *(Carolinian Forest)* im Südwesten Ontarios und die Waldgebiete an den Großen Seen und am St. Lorenz, die sich von der Grenze zum Karolinischen Wald bis zum Lake Superior und dem Golf des St.-Lorenz-Stroms erstrecken.

Der **Karolinische Wald** umfasst einen schmalen Gürtel aus gemischtem Hartholzwald, der den in den östlichen USA verbreiteten Wäldern ähnelt. Die Baumarten sind häufig typische Vertreter für mildere Klimazonen – Geweihbaum, Tulpenbaum, Sassafras, Gelbeiche, Hickory-Nuss und gewöhnlichere wie Buche, Zuckerahorn, Linde und Sumpfeiche. Keine dieser Arten ist in den USA selten, in Kanada jedoch wachsen sie dank der fruchtbaren Böden und des relativ warmen, geschützten Klimas nur in dieser Region.

In weiten Teilen ist die Flora und Fauna durch die ausufernden Städte und die Ausweitung der Landwirtschaft im Süden Ontarios zusehends bedroht. Das Gros des ursprünglichen Waldes ist heute zu einem zersplitterten Mosaik kleinerer Flächen zusammengeschrumpft, die in National- und Provinzparks geschützt werden. Die meisten Besucher werden vom prächtigen Farbenspiel im Oktober angelockt, obgleich auch die **Tierwelt** einiges zu bieten hat, darunter Kanadas einzige Beuteltierart, das **Opossum**, sowie andere im Süden beheimatete Spezies wie das **Fuchshörnchen** (auf Pelee Island im Lake Erie angesiedelt), den **Ostamerikanischen Maulwurf**, dessen Vorkommen sich auf das

Essex County am Nordufer des Lake Erie beschränkt, und die **Kiefernwühlmaus**, die in einem schmalen Streifen um den Lake Erie lebt.

Naturbegeisterte schätzen das Gebiet zudem wegen seiner vielen **Vögel**, von denen man zahlreiche Arten wiederum nur in diesem Gebiet Kanadas sehen kann, vor allem während der Wanderungsphasen, wenn sich bis zu 100 verschiedene Spezies an einem Tag mühelos sichten lassen. Zu den bemerkenswertesten der ungewöhnlichen Arten zählt der **Zitronenwaldsänger** mit einem fast unnatürlich farbenprächtigen Federschmuck. Weniger auffälligere gefiederte Gäste sind Kapuzenwaldsänger und Kentucky-Waldsänger, Blauflügel- und Goldflügelwaldsänger, Mückenfänger und praktisch alle im nordamerikanischen Osten vorkommenden Habichtartige. Eckschwanzsperber sind kein seltener Anblick, und während der Wanderungen im Herbst kann man Ansammlungen von bis zu 70 000 Breitflügelbussarde nahe Port Stanley am Nordufer des Lake Erie sehen.

In den an die Wälder angrenzenden Feuchtgebieten – insbesondere bei Long Point am Lake Erie – tummeln sich **Reptilien**, die es sonst nirgendwo im Land gibt. Am eindrucksvollsten darunter ist die einer Vorliebe für Wasser frönende Fuchsnatter, eine harmlose Schlange, die aufgrund ihrer Ähnlichkeit mit der Klapperschlange und der ebenfalls giftigen Kupferkopfotter – von denen keine in der Region vorkommt – häufig getötet wird. Ebenfalls anzutreffen, wenngleich mit rückläufigem Bestand, sind verschiedene **Schildkrötenarten**, insbesondere die Amerikanische Sumpfschildkröte, Waldbachschildkröte, Tropfenschildkröte und Dornrand-Weichschildkröte.

Die gemischten Nadelwälder in einem der am dichtesten besiedelten Gebiete Kanadas um die **Großen Seen und am St. Lorenz** sind von Kahlschlag gezeichnet und durch die Urbanisierung stark in Mitleidenschaft gezogen. Den Großteil der Bäume stellen südliche Arten – Buche, Zuckerahorn, Harzkiefer und Weymouthskiefer –, dazu gesellen sich typische Vertreter weiter nördlich gelegener Wälder wie Kanadische Hemlocktanne, Bankskiefer, Papierbirke und Balsamtanne.

Skurrilerweise hat der weiträumige Eingriff des Menschen zu einer größeren Vielfalt unterschiedlicher Waldtypen geführt und die Region zu einem Vogelparadies werden lassen, dessen Artenvielfalt nur noch von der des südlichen British Columbia übertroffen wird. Auch eine enorme Population von **Weißwedelhirschen** findet hier einen idealen Lebensraum und ist einer der wenigen Nutznießer der Abholzung, da sich die Tiere bevorzugt am Rand von Lichtungen aufhalten. Die immergrünen Baumbestände am Nordufer des St. Lorenz beherbergen in großer Zahl Kanadas kleinstes Säugetier, die **Zwergspitzmaus**. Dieser Winzling muss tagtäglich sein Körpergewicht in Form von Nahrung aufnehmen und kann nicht länger als eine Stunde ruhen – wollten die Tiere eine Nacht durchschlafen, würden sie verhungern.

Grasland

Entgegen der landläufigen Vorstellung, das kanadische Binnenland sei eine einzige weite Prärielandschaft mit sich im Wind wiegendem Weizen, umfasst die tatsächliche Prärie nur zehn Prozent des Landes. Der Großteil davon konzentriert sich im äußersten Süden Albertas und Saskatchewans, winzige Ausläufer finden sich auch in Manitoba und British Columbia. Letztere sind Gegenden, die im Regenschatten der Rocky Mountains liegen und zu trocken sind, als dass in ihnen Wald gedeihen könnte.

Einst durchzogen zwei üppige Graslandgürtel – Langgras-Prärie im Norden und Kurzgras im Süden – die Region. Mit der Landwirtschaft wurden nicht nur weite Teile von beiden dem Feldbau unterworfen, auch die meisten großen Säugetierarten wie Gabelbock, Schwarz- und Weißwedelhirsch sowie Wapiti, ganz zu schweigen von deren Räubern wie Wolf, Grizzly, Kojote, Fuchs, Rotluchs und Puma, wurden dadurch dezimiert.

Den dramatischsten Verlust für dieses Gebiet stellte jedoch das nahezu gänzliche Verschwinden des **Bisons** (oder Büffel) dar, des größten Landsäugers auf dem Kontinent. Der einstige Bestand von geschätzten 45 Millionen Tieren ist heute auf ein paar wenige, frei umherziehende Bisonherden in Kanada zusammengeschrumpft. Es sind sehr imposante Tiere – die durchschnittliche Schulterhöhe eines Bullen beträgt 1,80 m bei einem Körpergewicht von mehr als einer Tonne –, und die frühen Präriesiedler waren von ihrer Größe so beeindruckt, dass sie glaubten, der Bison und nicht das Klima sei für den Schwund des Graslands verantwortlich.

Naturbeobachtungen

Die folgende Liste soll als Orientierungshilfe dienen, wo und wann welche Tier- und Pflanzenarten am wahrscheinlichsten anzutreffen sind.

Adler und Eulen: Boundary Bay, südlich von Vancouver, BC; Winter.

Bären: Schwarzbären im Glacier National Park, BC, im Banff und Jasper National Park sowie im Kananaskis Country, AB. Grizzlies im Glacier National Park und im Khutzeymateen Estuary, nördlich von Prince Rupert, BC; August.

Bisons: Wood Buffalo National Park, AB; ganzjährig.

Dallschafe: Sheep Mountain, Kluane National Park, YT; Sommer.

Karibu: Dempster Highway, YT; Herbst.

Lachse: Blaurückenlachse im Adams River nahe Salmon Arm, BC; Oktober.

Prärietiere: Habichte, Kojoten und Klapperschlangen am Milk River und Umgebung, AB; Mai und Juni.

Robben: Queen Charlotte Islands, BC; Sommer.

Seeotter und Seelöwen: vor der Küste des Pacific Rim National Park, Vancouver Island, BC; Frühjahr und Sommer.

Seevögel: Queen Charlotte Islands, BC; Juni und Juli.

Wale: Orcas (Schwertwale) in der Robson Bight in der Johnstone Strait, Vancouver Island, BC; Sommer. Grauwale im Pacific Rim National Park, Vancouver Island, BC; Frühjahr und Sommer.

Wapitis: Banff, Jasper und Kananaskis Country, AB; Sommer.

Wildblumen: Zahlreiche Waldlandspezies auf Vancouver Island, auf den Gulf Islands sowie im Mount Revelstoke National Park, BC; spätes Frühjahr bis Sommer.

Wüstentiere und -pflanzen: Kakteen, Beifuß, Klapperschlangen, Kängururatten in der Umgebung von Osoyoos, BC; Sommer.

Vormals in fast ebenso großer Zahl vertreten und inzwischen beinahe ebenso selten ist der **Gabelbock**, eine goldbraune Antilopenart. Seine Fähigkeit, Geschwindigkeiten von mehr als 100 km/h zu erreichen, macht den Gabelbock zum schnellsten Landsäugetier des Kontinents. In der Regel bekommt man denn auch höchstens das charakteristische Weiß der Bauchseite zu sehen, während er davonprescht. Ebenso schnell wie ausdauernd, verfügt der Gabelbock über lange Beine, ein im Vergleich mit ähnlich gebauten Tieren doppelt so großes Herz und eine erstaunlich weite Luftröhre. Um seinem Atmungsapparat die größtmögliche Menge an Luft zuzuführen, hält er beim Rennen außerdem das Maul offen. Obgleich er einen größeren Hund nicht überragt, hat der Gabelbock größere Augen als ein Pferd und kann damit Raubtiere bereits erspähen, wenn sie noch kilometerweit entfernt sind. Zur bevorzugten Beute der Wölfe und Kojoten sind inzwischen jedoch andere Tiere, die neuen Herrscher der Prärie, geworden – unzählige kleinere Nagetiere wie Taschenratten, Ziesel und Hasen.

Vögel haben sich nicht nur an die Trockenheit der Prärie, sondern auch an den Mangel an schützenden Bäumen anpassen müssen, so dass die meisten Arten zu ebener Erde nisten. Viele können darüber hinaus mit einem Minimum an Wasser überleben und ernähren sich vorwiegend von Samen. Andere beschränken ihren Lebensraum auf die vereinzelten Teiche, Seen und Sümpfe, die wichtige Brutplätze für Enten, Lappentaucher, Reiher, Pelikane, Rallen und viele andere sind. Weitere typische Vögel des natürlich gewachsenen Graslands sind die Marmorschnepfe, der Brachvogel sowie Raubvögel wie beispielsweise der **Präriefalke**, ein naher Verwandter des Wanderfalken und im Sturzflug zu Geschwindigkeiten von bis zu 290 km/h in der Lage.

Borealer Nadelwald

Das größte Ökosystem Kanadas – größer als alle anderen zusammen – bildet der boreale Nadelwald, der sich in einem breiten Gürtel zwischen den Wäldern im Osten, dem Grasland und der Tundra im Norden von Newfoundland bis zum Yukon erstreckt und mit Ausnahme von British Columbia weite Gebiete in jeder Provinz einnimmt. Nur bestimmte **Bäume** gedeihen in dieser Zone langer, kalter Winter, kurzer Sommer und saurer Böden. In

regional unterschiedlicher Zusammensetzung überziehen Abermilliarden von Weiß- und Schwarzfichten (dazu Rotfichten im Osten), Balsamtannen, Gebirgslärchen und Bankskiefern das Gebiet, hinzu kommen sommergrüne Arten wie Birken, Pappeln und Espen – allesamt ideal zur Holzschliffgewinnung, so dass die borealen Wälder die wichtigsten Lieferanten für die einheimische **Holzindustrie** sind.

Im Hinterland dehnen sich *muskeg* genannte, weite **Sumpfflächen** aus. Diese schlammigen Feuchtgebiete, die weder festes Land noch echte Gewässer bilden, sind ideale Brutstätten für Plagen wie Moskitos und Kriebelmücken – und Kanadas Sumpfflächen erstrecken sich über insgesamt 1,3 Millionen Quadratkilometer. Daneben gedeihen hier Moose, Krautweiden, Trompetenblatt, Lederblatt, Sonnentau, Preiselbeere, vereinzelt sogar Orchideen.

Der boreale Nadelwald bietet nahezu sämtlichen als typisch kanadisch geltenden Tierarten einen Lebensraum, darunter Elch, Biber, Schwarzbär, Wolf und Luchs, außerdem einer Vielzahl kleinerer Säuger und Tiere wie Hirsch, Karibu und Kojote aus den Übergangszonen zur Wald-Tundra im Norden und der Espen-Parklandschaft im Süden.

In Kanada noch zahlreich vertreten ist der **Wolf**, allerdings ist er durch die Jagd und Eingriffe in seinen Lebensraum in den äußersten Norden des borealen Nadelwalds abgedrängt worden. Die ihm zugeschriebene Grausamkeit gründet mehr auf einem Mythos denn auf Tatsachen. Die intelligenten wie scheuen Tiere verletzen höchst selten Menschen, zudem ist es unwahrscheinlich, dass man überhaupt einen Wolf zu Gesicht bekommt. Lediglich ihr nächtliches Heulen wird in entlegenen Gegenden häufiger zu hören sein.

Noch seltener sieht man den **Luchs**, der zu den elegantesten Tieren in den Wäldern des Nordens zählt, einer der wenigen Regionen der Welt, die einer größeren Zahl von Luchsen das Überleben sichern kann: Die große Wildkatze beansprucht ein 150–200 km^2 großes Revier für sich. Als nachtaktive Jäger stellen Luchse Hirschen und Elchen nach, ihre bevorzugte Beute sind jedoch die im borealen Nadelwald verbreiteten Hasen, die für die Raubtiere des Waldes einen vergleichbaren Stellenwert wie die Lemminge für die Fleischfresser der Tundra besitzen.

Der **Biber** hingegen ist in ganz Kanada häufig anzutreffen. Mit seinem Kopf aus dem Wasser ragend, kann man ihn in der Morgen- oder Abenddämmerung über Seen und Flüsse gleiten sehen. Zu den Beweisen seiner legendären Emsigkeit zählen die zu Staudämmen aufgehäuften Holzstämme an Flussläufen und Teichen, abgenagte Stümpfe junger Bäume, die wie angespitzte Bleistifte aussehen, und seine zu Kuppeln aus Schlamm und Stöcken aufgetürmten Höhlenbauten.

Der in ganz Kanada verbreitete **Elch** hält sich gern an Seen, Flüssen und Sümpfen auf, bevorzugt aber vor allem die Nähe sumpfiger Flächen, wo er Moose und Flechten grast. Die recht plumpen, dafür aber mit einem prächtigen Geweih ausgestatteten Tiere sind die größten Vertreter der Hirschfamilie und begehrtes Jagdwild. Kaum eine Bar im Norden, die sich nicht mit einem Elchkopf schmückt. Dort sind die Chancen, eines dieser ansonsten einzeln und zurückgezogen lebenden Tiere zu sichten, wohl auch am größten.

In den Feuchtgebieten der Wälder und dem sie umgebenden Unterwuchs finden neben **Enten und Gänsen** auch eine Vielzahl anderer Vögel Schutz, darunter Seetaucher, Lappentaucher und Singvögel. Verbreitet sind darüber hinaus die drei kanadischen Schneehuhnarten – Moor-, Alpen- und Weißschwanz-Schneehuhn –, sowie zahlreiche große **Raubvögel**, darunter der Bartkauz, die größte Eule Kanadas. Viele Vögel des Nordens sind Zugvögel, aber selbst diejenigen, die ihr angestammtes Gebiet nicht verlassen, wie Habichte, Häher, Raben und Wildhühner, wandern meist ein wenig nach Süden und fallen gelegentlich in Scharen in südkanadische Gegenden ein. Kleinere Vögel wie Meisen, Seidenschwänze und Finken beteiligen sich besonders gern an diesen sporadischen „Überfällen".

Bergwälder

Einen großen Teil Westkanadas bedecken Bergwälder, die je nach Standort und Höhenlage in vier Arten unterteilt werden: Westküstenwald, inneralpiner Regenwald, montaner Wald und subalpiner Wald.

Ergiebige Regenfälle, mildes maritimes Klima, tiefe Böden und eine lange Vegetationsperiode lassen an der **Westküste** die beeindruckendsten Wälder und höchsten Bäume Kanadas gedeihen. Ein Großteil von Vancouver Island sowie der Pazifik-

küste ist von üppigem, feucht-gemäßigtem **Regenwald** bedeckt. Die dominierenden Baumarten sind Sitkafichte, Lebensbaum, Purpurtanne, Westamerikanische Hemlocktanne, Pazifische Eibe und **Douglasie**. Letztere ist der größte der genannten Bäume und erreicht eine Höhe von mitunter 90 Meter und ein Alter von bis zu 1200 Jahren. All diese Nadelbäume sind jedoch auch wertvolles Nutzholz, und weite Teile dieses Waldes sind vom Kahlschlag bedroht. Die eindrucksvollsten Bestände – nur ein Bruchteil ihrer ursprünglichen Ausdehnung – werden auf den Queen Charlotte Islands und im Pacific Rim National Park auf Vancouver Island geschützt.

Unterhalb des dichten Baldachins der großen Bäume erstreckt sich ein nicht minder prächtiger **Unterwuchs** voller Leben. Sträucher und Büsche wie Salal, Buckelbeere, Kanadischer Hartriegel, Prächtige Himbeere und Heckenkirsche finden sich dort ebenso wie Moose, Farne, Flechten, Stinkkohl und Orchideengewächse. Aus der vielfältigen Tierwelt sind allen voran der **Puma** und seine Hauptbeute, der hier heimische, als *Columbian blacktail deer* bekannte **Schwarzwedelhirsch**, eine Unterart des Maultierhirsches, zu nennen.

Zuhauf lassen sich **Vögel** beobachten, darunter Mönchs-, Orangefleck- und Townsendwaldsänger, Junko, Zwergdrossel und Satrap, seltener auch Kolibris, die aus ihren Winterquartieren in Mexiko in die Gegend kommen, um sich an den zahlreichen nektarreichen Blumen des Waldes gütlich zu tun.

Inneralpiner Regenwald oder *Columbia forest* nimmt die unteren Lagen (400–1400 m) der inneralpinen Täler und weite Teile der Rocky Mountains in British Columbia ein. Der Baumwuchs ist ähnlich dem in den wärmeren und feuchteren Regenwäldern der Westküste und setzt sich aus Lebensbaum, Westamerikanischer Hemlocktanne und Douglasie zusammen, einzige Besonderheit ist die Sitkafichte, die ansonsten nur selten abseits der Küste gedeiht. Auch der Unterwuchs ist vergleichbar und besteht aus Igelkraftwurz (ein mit besonders heimtückischen Dornen bewehrter Strauch), Azaleen, Schwarzer und Roter Heckenkirsche, Prächtiger Himbeere und Traubenholunder. Zu häufigen Blumen zählen Roter Türkenbund, Akelei, Kanada-Hartriegel und Arnika.

Nur wenige Säugetiere leben ausschließlich in den Wäldern. Eine Ausnahme ist das **Rothörn-**

chen, das sich überwiegend von den Samen der Nadelbäume ernährt und seinerseits eine beliebte Beute von Habichten, Eulen, Kojoten und Wieseln ist. Aber auch größere Räuber durchstreifen die Wälder, allen voran der **Braunbär**, eine im Westen ansässige Unterart des im ganzen Land verbreiteten **Schwärzbären**. Neben dem Kojoten zählt der zähe wie agile, häufig in der Umgebung von Campingplätzen und Mülldeponien anzutreffende Schwarzbär zu den erfolgreichsten Raubtieren des Kontinents. Er hat sich an vielfältige Lebensräume und ein unterschiedliches Nahrungsangebot angepasst, und abgesehen vom Wolf, der gelegentlich Bärenjunge angreift, sind seine einzigen natürlichen Feinde die Jäger, die alljährlich ca. 30 000 Tiere in Nordamerika erlegen.

Seltener, aber noch immer der Jagd preisgegeben, ist der berühmt-berüchtigte **Grizzlybär**, ein weitaus größerer und unter Umständen gefährlicherer Geselle mit einem braunen Pelz und einem charakteristischen Buckel. Das Vorkommen des in vielen seiner ursprünglichen Lebensräume ausgerotteten Grizzlybären beschränkt sich weitgehend auf abgelegene Berggegenden der Rockies und der Westküstengebirge, wo er sich in erster Linie von Beeren und Lachs ernährt. Wie alle Bären sind Grizzlys unberechenbar und fühlen sich schnell provoziert – Tipps zur Vermeidung unliebsamer Begegnungen s. S. 152/153.

Die südlicheren und geschützteren Hänge der Rocky Mountains sowie die trockenen Plateaus im Landesinnern British Columbias bedeckt **montaner Wald**. Hohe Douglasien, Gebirgslärchen, Gelbkiefern und Drehkiefern dominieren den Baumwuchs. Wie ihre östliche Schwester, die Bankskiefer, benötigt die **Drehkiefer** große Hitze, bevor sich ihre Zapfen öffnen und die Samen frei gelassen werden. Infolge der Waldbrände, die den Bau und Betrieb der Eisenbahn begleiteten, haben sich diese Bäume in großer Zahl verbreiten können.

Zahllose Wühlmäuse und kleinere Säugetiere locken **Kojoten** an, deren Jaulen – eine Bekundung territorialer Ansprüche – häufig nachts in Nähe kleinerer Orte zu hören ist. Die Verbreitung der Kojoten reicht trotz massiver Versuche, sie angesichts ihrer Vorliebe für Vieh auszurotten, im Norden bis in den Yukon und in die Northwest Territories, im Osten bis nach Ontario und Québec.

Nur wenige Raubtiere besitzen die Schnelligkeit, es mit Kojoten aufzunehmen. Lediglich dem sich geschmeidig anschleichenden **Puma** oder im Rudel jagenden Wölfen gelingt es, ihn zu erlegen. Die Zahl der Pumas in Kanada ist heute stark dezimiert, die einzigen Regionen, in denen es noch größere Bestände gibt, sind das Landesinnere British Columbias und Vancouver Island. Pumas zählen zu den größten und schönsten Raubtieren und wecken in Jägern offenbar das stärkste Verlangen nach einer blutigen Trophäe.

Den Schutz von Gelbkiefern und Drehkiefern nutzen **Vögel** wie Habichte und Präriebussarde sowie kleinere Arten wie Rubingoldhähnchen, Helmspechte, Kleiber und Meisen. In den bodennahen Bereichen der Wälder entsprechen Vegetation und Vogelwelt denen der südlichen Prärien – semiariden Regionen mit Beifuß, Feigenkakteen und Horstgräsern, dazwischen unzählige Seen, in denen sich einheimische **Enten** wie Stockente, Löffelente und Pfeifente tummeln. Mitunter lässt sich auch eine Krickente, eine rot gefärbte Variante der häufigeren Krickente, erspähen, deren begrenzte Ausdehnung Vogelliebhaber nach British Columbia lockt.

Subalpiner Wald überzieht die Berghänge der Rocky Mountains in Höhen zwischen 1300 und 2200 m und weite Teile Britsh Columbias. Neben Drehkiefer, Weißborkenkiefer, Biegsamer Kiefer, Felsengebirgstanne und Engelmannsfichte, die den Baumwuchs bestimmen, tritt hier auch die **Rocky-Mountains-Lärche**, ein sommergrüner Nadelbaum, der im herbstlichen Farbenspiel für leuchtend gelbe Farbtupfer sorgt, gehäuft in Erscheinung.

Zu den häufigen Tieren dieser Zone zählt der **Wapiti**, ein kräftiges, den Sommer oftmals in großen Herden oberhalb der Baumgrenze verbringendes Mitglied der Hirschfamilie. In den Herbst fällt die Zeit seiner Werbung und Paarung, wobei er dünne nasale Laute ausstößt. Während dieser Zeit sollte man Abstand halten, da brünftige Wapitis zu unberechenbaren Temperamentsausbrüchen neigen.

Zwischen den Wäldern und Bergwiesen wandern kleinere Herden von **Maultierhirschen**. Durch eine kleine Drüse zwischen ihren Hufen hinterlassen sie Duftspuren, mittels derer andere Herdenmitglieder den Anschluss halten. Ihr Name rührt von den charakteristischen Ohren her, einem gut ausgebildeten Organ, das sie frühzeitig vor herannahenden Raubtieren warnt.

Wapiti

Zu anderen kleineren Tieren, die vom subalpinen Wald angelockt werden, zählen der Goldmantel-Ziesel und Vögel wie der Kiefernhäher, beide zutrauliche wie neugierige Arten, die häufig in der Umgebung von Campingplätzen nach Speiseresten suchen.

Alpine Zone

Die alpine Zone umfasst Bergregionen oberhalb der Baumgrenze, wozu in Kanada ein Teil der Rocky Mountains, weite Teile British Columbias und große Gebiete des Yukons zählen. Die Pflanzen- und Tierwelt zeigt sich je nach Jahreszeit, Gelände und klimatischen Einflüssen höchst unterschiedlich und ähnelt mitunter jener in Tundra-Gegenden oder Waldgebieten niedrigerer Lagen.

Im Frühjahr überzieht ein unvergleichlicher Teppich aus **Wildblumen** die Gebirgswiesen, darunter Herzblattgewächse, Lilien, Windröschen, *Indian paintbrush* und Lupinen und besonders eine Vielzahl gelb blühender Blumen wie Arnika, Fingerkraut, Hundszahnlilie und Läusekraut. Als ausgezeichnete Weideflächen locken die saftigen Wiesen im Sommer Wapitis und Maultierhirsche an, zu ganzjährigen Nutzern zählen u.a. das **Dallschaf**, das ihm verwandte **Dickhornschaf** sowie die bemerkenswerte **Schneeziege**, die wohl zu den robustesten größeren Säugetieren Kanadas gehört. Schneeziegen bewegen sich in denkbar unwegsamem Gelände: Mit ihren kurzen, kräftige Beinen und spreizbaren, gegen Abrutschen zusätzlich mit einem Polster ausgestatteten Hufen überwinden sie nahezu senkrechte Hänge, um in sicherer Entfernung vor weniger wendigen Raubtieren zu grasen.

Die wie maßlos überfütterte Erdhörnchen wirkenden **Murmeltiere** verbringen bis zu acht Monate im Winterschlaf. Als einzigen Feind haben sie den Grizzlybär zu fürchten, der stark genug ist und mit seinen Krallen die geeigneten Werkzeuge besitzt, um sich in ihre Höhlen vorzugraben. Während ihrer aktiven Phase zeigen sie sich mitunter zahm und freundlich und sind dann häufig zufrieden an einem etwas knabbernd in sonnigen Ecken von Campingplätzen zu sehen. Fühlen sie sich bedroht, stoßen sie einen schrillen, unheimlichen Pfeifton aus. Auch kehren sie bisweilen eine etwas destruktive Seite heraus: Einige Murmeltiere sind Spezialisten im Anknabbern von Kühlerschläuchen geparkter Autos.

Den drolligen kleinen **Pika**, einen Verwandten des Hasen, bekommt man seltener zu Gesicht, obgleich seine Betriebsamkeit das ganze Jahr über währt und er sich im Sommer damit beschäftigt, Futter zu horten, das er dann im Winter verzehren kann.

Im Sommer bevölkern zahlreiche **Vögel** die alpine Zone, darunter Schneegimpel, Pieper und Felsengebirgshuhn, aber die wenigsten bleiben auch im Winter. Eine Ausnahme ist das **Weißschwanz-Schneehuhn**, ein plumper, rebhuhnartiger Vogel, der sich dank seiner üppig gefiederten Füße und Beine auch in tieferem Schnee noch mühelos fortbewegen kann. Das weiße Winterkleid dient gleichzeitig als Tarnung. Bedauerlicherweise sind Schneehühner mitunter so träge und arglos, dass sie eine leichte Beute für Jäger und Raubtiere abgeben.

Küstenzonen

Kanada besitzt drei Küstenzonen – eine atlantische, eine pazifische und eine arktische (Näheres zu Letzterer s. Abschnitt „Tundra"). Jede davon ist zu Wasser, zu Lande sowie in der Gezeitenzone von vielgestaltigem Leben bevölkert. Die größte Artenvielfalt eines gemäßigten Gewässers überhaupt bietet die von der aus Japan kommenden Meeresströmung gewärmte Pazifikküste. In der Regel sind es jedoch nicht die „kleinen Fische", die das Interesse auf sich ziehen. Die meisten Besucher kommen wegen der großen Säuger, insbesondere der Wale.

In den pazifischen Gewässern sind **Grauwale** am häufigsten, und oftmals kann man sie vom Festland sichten, wenn sie von Februar bis Mai zum Nordpolarmeer und im September und Oktober zu ihren vor der Küste Mexikos gelegenen Paarungsgewässern ziehen. Der Bestand der einst bis an die Grenze zur Ausrottung gejagten Tiere ist wieder auf eine stattliche Zahl angewachsen, und von den meisten Hafenorten an der Westküste werden Bootstouren zu Walbeobachtungen angeboten.

Ein weiteres Objekt touristischer Begierde sind **Buckelwale**, wohl auch weil diese neugierig sind und den Ausflugsbooten gern folgen, insbesondere aber wegen ihrer akrobatischen Einlagen an der Wasseroberfläche und ihrer langen, eindringlichen „Gesänge". Auch sie waren durch Jäger fast vom Aussterben bedroht und haben trotz der 1996 getroffenen internationalen Vereinbarungen zu ihrem

Schutz erst weniger als zehn Prozent ihrer ursprünglichen Populationsstärke erreicht.

Die Gewässer vor der Ostküste von Vancouver Island sind der Lebensraum einer der weltweit größten Populationen von **Orkas** oder **Killerwalen**. Häufig sieht man sie nahe der Küste im Familienverband bzw. in Schulen vorbeiziehen, und meist befinden sie sich dann auf der Jagd nach großen Fischen, was an der Westküste **Lachs** bedeutet. Als einzige Walart ernähren sich Orkas auch von warmblütigen Tieren – daher die Bezeichnung „Killer" – und haben Walrosse, Robben und sogar Mink-, Grau- und Belugawale auf ihrem Speiseplan stehen.

Zu den Bewohnern der Westküste zählt daneben der **Seeotter**, der sich von den meisten anderen Meeressäugetieren dadurch unterscheidet, dass er sich mit einem dicken, weichen Pelz anstelle eines Fettpolsters warm hält. Angesichts dieser Eigenart wurden frühe russische und britische Pelzhändler auf ihn aufmerksam, so dass er zu Beginn des 20. Jahrhunderts praktisch ausgerottet war. Nach seiner Wiederansiedlung an der Nordwestküste von Vancouver Island 1969 konnte sich der Seeotter in seiner ursprünglichen Heimat wieder beträchtlich vermehren. Mit einem Fernglas lassen sich diese possierlichen Tiere erspähen, wie sie sich auf dem Wasser treibend auf den Rücken werfen und auf ihrem Bauch Seeigel oder Muscheln mit einem Stein knacken, oder wie sie zwischen Seetang, der ihnen als Halt vor dem Davontreiben dient, eine Weile dösen.

Bärenrobben paaren sich auf Alaskas Pribilof Islands, können während ihrer Wanderungen aber häufig vor der Küste Britsh Columbias gesehen werden.

Wie ihre Verwandten, die ganzjährig zu beobachtenden **Seelöwen**, gehören sie zu den Ohrenrobben, die sich an Land mit Hilfe ihrer kurzen hinteren Extremitäten durch halb ruderndes, halb schiebendes Watscheln fortbewegen. Beim Schwimmen schlagen sie mit ihren Vorderflossen im Gegensatz zu den fischgleich dahingleitenden Hundsrobben.

Der kältere **Atlantik** besitzt im Vergleich zur Pazifikküste eine nicht ganz so große Artenvielfalt, zahlreiche Vögel und größere Säugetiere – insbesondere **Wale** – sind aber beiden gemein. Walbeobachtungstouren sind vor allem nahe Tadoussac,

nördlich von Québec, beliebt, hier lassen sich Beluga, Finnwal, Buckelwal und Zwergwale sichten. Zu den typischen Vertretern am Atlantik zählt die **Sattelrobbe** (auch Grönlandrobbe genannt), eine Hundsrobbenart, die im späten Winter zu ihren Paarungsplätzen vor Newfoundland, im Weißen Meer und in der Grönlandsee zieht. Die meisten der Jungen werden auf dem Packeis geboren und behalten für zwei Wochen einen flauschigen, weißen Pelz, der seit Jahrhunderten bei Jägern größte Begehrlichkeiten weckt. Bis in die 60er Jahre des 20. Jahrhunderts starben alljährlich zehntausende Jungrobben auf völlig unkontrollierte Weise und unter grausamsten Methoden, die international für Empörung sorgten.

Tundra

Die Tundra erstreckt sich in einem Gürtel zwischen dem borealen Nadelwald und den arktischen Gewässern über weite Teile des Yukons, der Northwest Territories und Nunavut. Die teils Grassteppe, teils Ödnis umfassende Region ist von starken Winden, bitterer Kälte und tiefer gelegenen Schichten von **Dauerfrostboden** gekennzeichnet, der mehr als 30% Kanadas einnimmt. Die Tundra ist aber nicht nur die Region des Eises und der Einsamkeit: Die lange Sonnenscheindauer im Sommer und das Auftauen der obersten Bodenschicht verleihen zahllosen Wildblumen die Kraft, sich in einem prachtvollen Blütenteppich zu entfalten, und viele Vogelarten sowie Säugetiere haben sich den Launen des Klimas und der Landschaft angepasst.

Dem Vegetationswuchs hinderlich sind dagegen Staunässe, saure Böden und Dauerfrostboden, der die Ausbildung tiefer Wurzeln verhindert und die Nährstoffe im Eis eingeschlossen hält. **Bäume** wie Birken und Weiden können zwar wachsen, werden aber selten höher als einen Meter. Mehr als 99% der übrigen Vegetation bestehen aus winterharten Pflanzen wie **Gräsern** und Seggen, kleinen einjährigen Blumen, Moosen, Flechten und Sträuchern. Die meisten haben erfindungsreich Wege entwickelt, wie sie sich gegen die Naturkräfte schützen können: Das hiesige Wollgras beispielsweise wächst in großen isolierten Inselverbänden, innerhalb derer die Temperatur höher ist als der der Umgebung; andere Pflanzen besitzen große wächserne Blätter, um die Feuchtigkeit zu speichern oder möglichst viel Sonnenlicht zu erhalten. **Wildblumen** können den scheinbar unfruchtbaren Boden während des kurzen, intensiven Frühlings in ein regelrechtes Blütenmeer aus rotem Steinbrech, gelbem Arktischen Mohn, blauem, in Gruppen wachsendem Himmelsherold und rosafarbenem Leinkraut verwandeln.

Die tundrischen Gräser stehen mit am Beginn der Nahrungskette und ernähren Säugetiere wie beispielsweise den weißen **Parry-Ziesel** – wegen seines Fells, aus dem die Inuit Jacken herstellen, auch Parka genannt. Auch **Lemmingen**, die zu den bemerkenswertesten Vertretern der arktischen Fauna zählen, bietet die Vegetation der Tundra Nahrung. Anstatt während des Winters zu schlummern, bleiben sie unter der Schneedecke aktiv und nagen geschäftig an Pflanzentrieben, um täglich das Doppelte ihres Körpergewichts zu vertilgen – eine Menge, die für ihr bloßes Überleben unabdingbar ist. Nicht minder emsig zeigen sie sich in ihrem Paarungsverhalten, wohl auch vor dem Hintergrund, dass ihnen von einer langen Liste von Raubtieren nachgestellt wird. Angeführt wird diese von **Polarfuchs**, Hermelin und Wiesel, aber auch Vögel, Bären und die hier vorkommenden **Wölfe** geben ihnen häufig den Vorzug vor größerer Beute. Infolgedessen hängt von der Populationsstärke der Lemminge das Überleben zahlreicher Tiere ab.

Eine Ausnahme davon bildet das **Karibu**, das zur Familie der Rentiere gehört und von den größeren Säugetieren der Tundra am zahlreichsten vertreten ist. Karibus sind vor allem für ihre Wanderungen bekannt, an denen nicht selten mehrere tausend Tiere beteiligt sind und die im März beginnend von ihren Winterquartieren am Rand des borealen Nadelwalds gen Norden führen, wo die Weibchen ihre Jungen zur Welt bringen. Der genaue Grund dieser Wanderungen ist bis heute unklar. Mit Sicherheit verhindern sie jedoch das übermäßige Abweiden der empfindlichen Moose und Flechten der Tundra. Wahrscheinlich schütteln die Karibus dadurch aber auch einige der Wölfe ab, die die Herde ansonsten im Visier hätten (Wölfe müssen zur selben Zeit im Süden Höhlen finden, wo sie ihre Jungen werfen können). Der Zeitplan der Karibus ist zudem so abgestimmt, dass die Jungtiere vor Ankunft der Mückenschwärme geboren werden, denen ebenso viele Kälber zum Opfer fallen können wie den Raubtieren – ein ausgewachsenes Karibu kann in einer Woche bis zu einem Liter Blut an die saugenden Insekten verlieren.

Als zweites größeres Säugetier der Tundra ist der **Moschusochse** zu nennen, ein bulliger, zottliger Pflanzenfresser und enger Verwandter des Bisons. Bei drohender Gefahr formieren sich die Tiere zu einer Reihe oder zu einem Kreis – als Verteidigung gegenüber Wölfen ideal, nicht aber im Falle mit Gewehren bewaffneter Jäger, die bis zur Verhängung entsprechender Schutzmaßnahmen den Moschusochsen auszulöschen drohten. Heute zählen die in Kanada in freier Wildbahn lebenden Herden zu den größten weltweit, allerdings werden Moschusochsen wie auch Karibus von den Inuit nach wie vor zum Zwecke der Nahrungsbeschaffung und ihrer Felle wegen gejagt.

Von den ca. 100 **Vogelarten** der Tundra sind die meisten Zugvögel. Drei Viertel davon sind Schwimmvögel, und diese Gruppe trifft als erste ein, um die Ströme, Marschen und kleinen Seen, die das Schmelzwasser der auftauenden Oberfläche bildet, zu nutzen. Die arktischen Feuchtgebiete dienen zahlreichen Schwänen, Gänsen und Enten wie auch dem auf kanadischen Ein-Dollar-Münzen verewigten **Eistaucher** als Brutplätze. Besonders spezialisiert unter den zeitweiligen Gästen ist der **Halsbandwassertreter**, der sich von Wasserinsekten und Plankton ernähren kann. Auf eine beeindruckendere Leistung kann jedoch die **Küstenseeschwalbe** verweisen, deren 32 000 km weiter Weg aus der Antarktis und zurück die längste alljährlich unternommene Wanderstrecke irgendeines irdischen Lebewesens ist. Die meisten der restlichen Vogelarten sind Aasfresser, wie z.B. der Rabe, oder Raubvögel wie der **Gerfalke**, der der größte existierende Falke ist und Polarhasen sowie Schneehühner jagt. Raubmöwen sowie andere Möwenarten und Eulen sind beim Nahrungsangebot überwiegend auf die Lemminge angewiesen – die Schnee-Eule richtet ihre Rückkehr ins südliche Kanada beispielsweise nach der im Vierjahreszyklus sinkenden Population der Lemminge.

Ausgehend von Plankton und Algen führt die tierische Nahrungskette an der arktischen Küste über kleine Krustentiere, Muscheln, Seegurken und Seeigel, Kabeljau, Ringelrobben, Bartrobben und Belugawale und endet bei den **Eisbären** – den vielleicht imposantesten Lebewesen der Tundra, die trotz seit fast 30 Jahren geltender Jagdbeschränkungen als „Sport" noch immer zu hunderten abgeschlachtet werden. **Zugvögel** besuchen diese Region besonders häufig, vor allem nahe Nunaluk Spit an der Yukon-Küste, einem Korridor und Rastplatz für Millionen von Seetauchern, Schwänen, Gänsen, Regenpfeifern, Strandläufern, Schlammläufern, Adlern, Bussarden, Lummen und Singvögeln.

Geschichte

Das erst seit 1949 in seiner gegenwärtigen Form geeinte Kanada ist kein Land, das aus einer einheitlichen nationalen Entwicklung hervorgegangen ist. Um die Entstehung der heutigen Nation nachzuzeichnen, gilt es vielmehr verschiedene miteinander verflochtene Geschichtsstränge zurückzuverfolgen. So verfügt nicht nur jede einzelne Provinz über einen hohen Grad an Eigenständigkeit, auch die verschiedenen Gruppen der Ureinwohner besitzen ein Erbe, das nicht vollständig in die Geschichte des „weißen" Kanada integriert werden kann. Ein solch komplexes Mosaik verbietet jegliche Verallgemeinerung – zudem sind sich die Kanadier selbst über das Wesen ihrer Identität nach wie vor nicht ganz im Klaren. Im Folgenden soll jedoch ein Überblick über die wichtigsten Ereignisse und Zusammenhänge gegeben werden.

Frühgeschichte

Die Vorfahren der nordamerikanischen **Ureinwohner** kamen vor rund 25 000 Jahren zu einer Zeit auf den Kontinent, als riesige Gletscher einen Großteil Nordamerikas bedeckten und der Meeresspiegel weit unter seinem heutigen Niveau lag. Es ist durchaus denkbar, dass die ersten Ankömmlinge, wahrscheinlich waren es sibirische Nomaden, die Landbrücke zwischen Asien und dem heutigen Alaska überquerten, um ihre eiszeitlichen Nahrungslieferanten – Mammuts, Wollnashörner, Bisons, Wildpferde und Faultiere – zu jagen. Abgesehen von einigen schlichten Gräbern und gefurchten, steinernen Speerspitzen, nach deren Form sie den Namen *Fluted Point People* erhielten, gibt es kaum Spuren dieser frühen Bewohner. In mehreren Wanderungswellen zogen sie durch Nordamerika Richtung Süden, überquerten die Landenge von Panama und erreichten schließlich die Südspitze Südamerikas. Im Zuge ihrer Sesshaftigkeit brachten sie allmählich eigene Kulturen und Sprachen

hervor, deren Entwicklungsgrad von den Gegebenheiten ihrer Umgebung abhing.

Ungefähr 3000 v.Chr. erreichte eine weitere Wanderungswelle aus Asien den nordamerikanischen Kontinent. Es waren die ersten **Inuit**, die mit Fellbooten oder zu Fuß den Weg über das winterliche Eis der heutigen Beringstraße zurücklegten: Die einstige Landbrücke lag durch den gestiegenen Meeresspiegel unter Wasser. Innerhalb der folgenden tausend Jahre verbreiteten sich die Inuit über den gesamten Norden des Kontinents, stießen im Osten bis nach Grönland vor und verdrängten die früheren Bewohner. Diese ersten Inuit – genannt **Dorset-Eskimos** in Anlehnung an Cape Dorset auf Baffin Island in den Northwest Territories, wo Archäologen in den 20er Jahren des vergangenen Jahrhunderts erstmals Zeugnisse ihrer Besiedlung fanden – wurden von der nächsten Welle nachziehender Inuit absorbiert oder ausgelöscht. Diese durchquerten vor 3000 Jahren den Kontinent und schufen die **Thule-Kultur**, so benannt nach dem griechischen Wort für den äußersten Norden der Welt, und sind die direkten Vorfahren der heutigen Inuit.

Urbevölkerung

Vor Ankunft der Europäer waren die Ureinwohner – ca. 300 000 an der Zahl – in drei große Sprachfamilien unterteilt: Algonkisch, Athapaskisch (vorwiegend im Norden und Westen) sowie Inuktitut (Inuit). Innerhalb dieser Gruppen gab es eine Vielzahl verschiedener Kulturen. Keines der Völker besaß eine Schriftsprache, das Rad war ihnen unbekannt und ihr größtes Zugtier war bis zur Domestizierung des Pferdes der Hund. Dessen ungeachtet entwickelten die einzelnen Stämme im Lauf der Jahrhunderte jedoch Techniken, die ihnen das Überleben in ihrer jeweiligen Umgebung sicherten.

Kurz vor dem Eintreffen der Europäer ließen sich in Kanada eine Vielzahl verschiedener Kulturareale unterscheiden. Im äußersten Norden lebten die nomadischen **Inuit** (s.S. 74), deren bestimmende soziale Einheit die Familie darstellte – gerade groß genug, um in der schwierigen Umgebung zu überleben. Das damit eng umschränkte Lebensumfeld der Inuit verhinderte die Entstehung politischer Strukturen, und sie kamen nur dann in größeren Gruppen zusammen, wenn die Beschaffung von Nahrung dies erforderte, beispielsweise wenn die Seesaiblinge zum Laichen vom Meer stromaufwärts schwammen oder die Karibus durch die Region zogen.

Unmittelbar südlich des Gebiets der Inuit lebten in einem Streifen, der von der Küste Labradors über den Kanadischen Schild bis in den Norden British Columbias reichte, die Stämme der nördlichen Wälder. Auch ihr Lebensraum war höchst unwirtlich, so dass diese Völker ebenfalls zumeist in kleinen nomadischen Gruppen dem Weg der Tiere, die ihnen Nahrung lieferten, folgten. Tatsächlich waren die Unterschiede zwischen den einzelnen Stämmen zum großen Teil durch die verschiedenen Tierarten bedingt, die sie jagten: Die **Naskapi** fischten und gingen an der Küste Labradors auf Robbenjagd, die **Chipewyan**, die im Grenzland zwischen Tundra und Wald westlich der Hudson Bay lebten, jagten überwiegend Karibus, die südlich der Chipewyan, entlang dem Churchill River jagenden **Wood Cree** stellten Rotwild und Elchen nach, und die **Tahltan** in British Columbia wechselten je nach Jahreszeit zwischen der Jagd und dem Fischen. Wie auch bei den Inuit waren politische Strukturen bei diesen Gruppen kaum ausgebildet, und obwohl ältere Männer einen gewissen Respekt genossen, gab es keine europäischen Vorstellungen entsprechenden „Häuptlinge". Entscheidungen wurden meist kollektiv gefällt, wobei die Meinung erfolgreicher Jäger – den Garanten des Überlebens – ebenso großes Gewicht besaß wie die der Schamanen, deren Hauptfunktion es war, die Geister, die ihrem Glauben nach jedem Lebewesen und jedem leblosen Objekt in ihrer Umgebung innewohnten, zufrieden zu stellen.

Im weitaus milderen Klima des kanadischen Südens, vom St.-Lorenz-Strom über die Nordufer der Großen Seen bis in den Süden British Columbias, bildeten die Urvölker Kanadas ihre am weitesten entwickelten Kulturen aus. An den Ufern des St.-Lorenz-Stroms und der Großen Seen lebten die Irokesisch sprechenden Völker, die sich in drei Stammeskonföderationen unterteilten: die **Fünf Nationen**, die **Huronen** und die **Neutrals**. Alle drei Gruppen bauten Mais, Bohnen und Kürbisse in einem landwirtschaftlichen System an, das ihnen ein sesshaftes Leben ermöglichte – oftmals in Gemeinschaften von mehreren hundert Mitgliedern. Die Gesellschaft der Irokesen war in matriarchalische Clans untergliedert, deren Angelegenheiten von einer Ältesten geregelt wurden. Der Clan teilte sich ein Langhaus, und wenn ein Mann heiratete (stets außerhalb seines eigenen Clans), zog er in das Langhaus seiner Frau um. Die Stammesoberhäupter *(sachem)* waren zwar Männer, wurden aber von den weiblichen Ältesten des Stammes ausgewählt, und sie mussten einem bestimmten Geschlecht angehören, das traditionell den Rang eines *sachem* weitervererbte. Ein auserwählter *sachem* musste sich seine Position durch den föderalen Rat der stammesübergreifenden Liga bestätigen lassen: Im Fall der Fünf Nationen bestand dieser aus den *sachems* der Seneca, Cayuga, Onondaga, Oneida und Mohawk. Die irokesische Gesellschaft besaß auch eine nicht geringe Kampfeslust: Mit einer sicheren Nahrungsreserve für den Winter im Rücken konnten die Irokesen problemlos lange, zermürbende Stammeskriege führen. Die liebsten Feinde der Fünf Nationen waren die Huronen, die sie fast ständig bekriegten.

Westlich der Irokesen lebten in dem Gebiet zwischen dem Lake Superior und dem Lake Winnipeg die **Ojibwa**, Waldjäger, die von den Irokesen den Anbau von Mais lernten und daneben Wildreis ernteten, der an den Seeufern in der Region wuchs. Weiter westlich waren die Völker der **Blackfoot-Konföderation** ansässig: die Stämme der **Piegan**, **Blackfoot** und **Blood**. Der Lebensunterhalt dieser letztgenannten Gruppierung stützte sich auf den Büffel (oder Bison). Sein Fleisch wurde verzehrt, seine Haut lieferte Kleidung und ein Dach über dem Kopf, die Knochen wurden zu Werkzeugen verarbeitet, die Sehnen eigneten sich ideal als Bogensehnen und die Hufe wurden eingeschmolzen, um als Klebstoff zu dienen. Im späten 17. Jahrhundert wandelten sich die Jagdtechniken dieser Prärievölker mit dem Auftauchen des Pferdes, das entweder wild oder durch Handel aus Mexiko, wo es von den spanischen Konquistadoren eingeführt worden war, in die Region gelangte. Mit dem Pferd wurde der Bison zur leichten Beute und wie bei den Irokesen setzte die Entwicklung einer militärischen Kultur ein, in deren Zentrum der Mut junger Stammeshelden stand.

An der Pazifikküste beheimatete Stämme wie die **Tlingit** und **Salish** wurden vom Meer mit einem reichen Nahrungsangebot versorgt. Innerhalb der Stämme gab es allerdings kaum einen Zusammenhalt, und selbst zwischen verschiedenen Dörfern

In Calgary; AL

Athabasca Falls, Rocky Mountains; AL

Großes Land – viele Wege

Die Kultur der Ureinwohner ist nach wie vor im kanadischen Leben gegenwärtig.

Banff NP, Moraine Lake; Rocky Mountains

desselben Stammes kam es mitunter zu kämpferischen Auseinandersetzungen. Die rituelle und kulturelle Vielfalt dieser Stämme spiegelte sich beispielsweise in ihrer herausragenden Holzschnitzkunst wider, welche in den **Totempfählen** (oder Hauspfählen), die im 19. Jahrhundert kolossale Größe erreichten, ihren augenfälligsten Ausdruck fand.

Ankunft der Europäer

Der erste belegte Kontakt zwischen Europäern und den Ureinwohnern Nordamerikas geht ungefähr auf das Jahr 1000 n.Chr. zurück, als **Wikinger** mit Schiffen von Grönland aus die atlantischen Gestade, wahrscheinlich im Gebiet Newfoundlands erreichten. Der Aufenthalt sollte von recht kurzer Dauer sein. In isländischen Sagen heißt es, dass sich die Wikinger aus dem Gebiet, dem sie den Namen Vinland gaben, aufgrund der Feindseligkeit, die ihnen die Einheimischen entgegenbrachten, wieder zurückziehen mussten.

Später, man schrieb inzwischen das Jahr 1492, konnte **Christoph Kolumbus** das spanische Königspaar Ferdinand von Aragonien und Isabella von Kastilien überzeugen, ihn mit einer Expedition einen Seeweg gen Westen nach Asien suchen zu lassen. Stattdessen gelangte er zu den Westindischen Inseln, aber seine „Entdeckung" der Inseln, die, wie man glaubte, vor der Küste Indiens lagen, spornten andere europäische Monarchen dazu an, eigene Entdeckungsreisen zu finanzieren. 1497 stach **John Cabot** im Auftrag des englischen Königs Heinrich VII. Richtung Westen in See und erreichte Newfoundland und Cape Breton Island. Bei seiner Rückkehr berichtete er von den mit Kabeljau gesegneten Gewässern vor der Küste Newfoundlands und seine weit verbreitete Kunde setzte in Folge die neufundländische Kabeljaufischerei in großem Stil in Gang. Keine 60 Jahre später unternahmen alljährlich bis zu 400 britische, französische und spanische Fischereischiffe die Reise zur Insel ins fischreiche Gebiet der Grand Banks. Schon bald richteten einige der Fischer Landposten ein, um ihren Fang in der Sonne trocknen zu lassen, bis sie auch begannen dort zu überwintern und damit den Grundstein für die Besiedlung der Insel legten.

Gegen Ende des 16. Jahrhunderts hatten die Briten und Franzosen den Handel mit Kabeljau weitgehend unter sich aufgeteilt, und Newfoundland wurde zu einem frühen Zankapfel britisch-französischer Rivalitäten, bis sich England schließlich 1713 im **Frieden zu Utrecht** die Kontrolle über die Insel sicherte.

Neufrankreich

In der Zwischenzeit unternahm **Jacques Cartier** 1535 in der Hoffnung, nach Asien zu gelangen, für die französische Krone eine Reise den St.-Lorenz-Strom entlang. Stattdessen aber traf er auf die Irokesen: zunächst in Stadacona, heute Québec, und später in Hochelaga, heute Montréal. Beide Male wurden die Franzosen freundlich aufgenommen, das Wohlwollen der Irokesen schlug jedoch um, als Cartier einen ihrer *sachems* nach Frankreich verschleppte. Eine Zeit lang verhinderten die Irokesen die weitere Erkundung des St. Lorenz, später jedoch gaben sie ihre Dörfer am Flussufer auf (wahrscheinlich infolge einer Epidemie von Krankheiten, die die Europäer eingeschleppt hatten), so dass der Weg für die französischen Händler flussaufwärts zu den Pelzen, die Saisonfischer dort als Zweiteinkommen verkauften, frei war.

Der einsetzende **Pelzhandel** weckte das Interesse des französischen Königs, der 1603 **Samuel de Champlain** mit der kartografischen Erfassung des St. Lorenz beauftragte. Zwei Jahre später gründete Champlain im heutigen Nova Scotia **Port Royal**, das die Hauptstadt von **Akadien** (Acadie) wurde, einer Kolonie, die mit ihrer landwirtschaftlichen Prägung schon bald fernab des Hauptinteresses französischer Kolonialbestrebungen entlang dem St. Lorenz liegen sollte. Dort, im Herzen Neufrankreichs, gründete Champlain auf einer späteren Expeditionsfahrt im Jahr 1608 die Siedlung **Québec** und verbündete die Franzosen zum Zwecke der Ankurbelung des Pelzhandels mit jenen indianischen Stämmen, die er für die wahrscheinlichen Hauptlieferanten hielt. In der Praxis bedeutete dies, sich auf die Seite der Huronen gegen die Fünf Nationen zu stellen – eine Entscheidung, die deren traditionelle Feindschaft verstärkte. Der Pelzhandel zerstörte darüber hinaus das Gleichgewicht zwischen den Stämmen: Einer nach dem anderen erhielt als Gegenleistung für die Felle die neuesten Musketen, Eisenäxte und Messer, wodurch deren Feinde zur Wiederherstellung des Kräfteverhältnisses ihrerseits in den Pelzhandel getrieben wurden. Eine schreckliche Folge solch europäischer Intervention war die **Ausrottung der Huronen** im Jahr

1648 durch die Fünf Nationen, die von holländischen Kaufleuten am Hudson River mit Waffen ausgerüstet worden waren.

Während unter den indianischen Völkern das völlige Chaos regierte, nahm das gesellschaftliche Gefüge Neufrankreichs Formen an. Auf dem Farmland am St. Lorenz wurde ein für die Neue Welt adaptiertes Feudalsystem aus Land besitzenden Seigneurs und *habitants* genannten Siedlern praktiziert, und von Montréal aus unternahm man die Erweiterung der Pelzgründe bis tief ins Landesinnere. Viele Pelzhändler begannen indianische Kleidung zu tragen, erlernten die Sprachen der Ureinwohner und nahmen sich aus den Stämmen, deren Gebiete sie durchquerten, Ehefrauen. Aus diesen Verbindungen ging das gemischtrassige Volk hervor, das als **Métis** bekannt ist. Die Pelze, die sie zurück nach Montréal brachten, wurden zunächst flussabwärts nach Québec verschifft, bevor sie ihre Weiterreise nach Frankreich antraten. Der weiße Bevölkerungsanteil in der französischen Kolonie blieb jedoch relativ klein, 1713 gab es nur ungefähr 18 000 Neufranzosen. Im Hinblick auf die zunehmende britische Präsenz stellte dies eine gefährliche Schwäche dar.

Britische Herrschaft

1670 hatte der englische König Karl II. die **Hudson's Bay Company** begründet und ihr die Kontrolle über ein fast vier Millionen Quadratkilometer umfassendes, an die gleichnamige Bucht angrenzendes Gebiet gegeben, welches nach seinem Onkel den Namen **Rupert's Land** erhielt. Vier Jahre später nahmen die Briten die holländischen Besitzungen im Hudson River Valley ein und hatten Neufrankreich damit in die Zange genommen. Langsam zogen die Briten ihr Netz immer weiter zu: 1713 übernahmen sie Akadien und benannten es in **Nova Scotia** (Neuschottland) um, 1755 folgte die Deportierung der französischsprachigen Farmer aus dem Gebiet. Als 1756 der Siebenjährige Krieg ausbrach, versuchten die Franzosen die Briten zu überlisten und auf dem Weg über die Großen Seen das Gebiet westlich der britischen Kolonien einzunehmen, um ihre Widersacher dann mit Hilfe der indianischen Verbündeten an die Küste zurückzudrängen. Durch den Einsatz ihrer überlegenen Seestreitkräfte konnten die Briten den Krieg jedoch für sich entscheiden. Es war eine große Flotte unter dem Kommando von **General James Wolfe**, die 1759 den St. Lorenz stromaufwärts segelte und völlig überraschend die Plaines d'Abraham überrannte und Québec besetzte. Nur wenige Monate später fiel Montréal. Damit war das Ende der französischen Kolonialherrschaft in Nordamerika besiegelt, wenngleich Louisiana bis zum Verkauf durch Napoleon 1803 in französischer Hand blieb.

Für die indianischen Völker war das Ende des Konflikts eine zweifelhafte Angelegenheit. Im gleichen Maße wie der Krieg die Stämme zu begehrten Verbündeten gemacht hatte, hatte er auch deren traditionelles Kräftegleichgewicht untereinander zerstört und europäische vor indianische Interessen gestellt. Der sich am Ende des Krieges abzeichnende Wandel löste 1763 einen **Aufstand der Ottawa** aus, bei dem deren Oberhaupt **Pontiac** einen erfolglosen Angriff auf Detroit anstrengte, in der Hoffnung, die Franzosen wieder in ihre alte Position zu bringen und den Vormarsch der britischen Siedler aufzuhalten.

Vom Verlangen nach einer stabilen Wirtschaft geleitet, reagierte die britische Krone mit einer Proklamation, die die Rechte der Ureinwohner auf ihr Land bekräftigte und das Gebiet westlich der Appalachen und der Großen Seen als „indianisches Territorium" auswies. Obgleich Kolonialgouverneure angewiesen wurden, unrechtmäßiges Eindringen in „indianisches Land" zu unterbinden, zeigte die Proklamation in der Realität kaum Wirkung und gewann erst im 20. Jahrhundert wirklich an Bedeutung, als sie zur Grundlage der indianischen Forderung wurde, für das unrechtmäßig konfiszierte Land entschädigt zu werden.

Ein weiteres großes Problem der Briten in den 60er Jahren des 18. Jahrhunderts war die Frage, wie man den französischsprachigen **Canadiens** des einstigen Neufrankreichs begegnen sollte. Der Begriff Canadiens wurde zur Unterscheidung von einheimischen und in Frankreich geborenen Siedlern verwendet. Letztere kehrten der Kolonie nach der britischen Übernahme in der Mehrzahl den Rücken. Ursprünglich hoffte die britische Regierung die Provinz zu anglisieren und die französischsprachige Bevölkerung durch den massiven Zustrom englischsprachiger Protestanten zu vertreiben. Die gewünschte Abwanderung fand jedoch nicht statt, und während die Unzufriedenheit darüber in den amerikanischen Kolonien wuchs, erkannte der zweite englische Gouverneur Québecs, **Sir Guy Carleton**, dass die Loyalität der Canadiens von grundlegender Bedeutung war. Um sich diese zu sichern, machte Carleton der französischsprachigen Bevölkerung der Region im **Québec Act** von 1774 eine Reihe von Zugeständnissen: Katholiken war es gestattet, öffentliche Ämter zu bekleiden, das System der Seigneurs hatte weiter Bestand und die römisch-katholische Kirche durfte den Zehnten erheben. Bemerkenswerterweise wurde all dies zu einer Zeit eingeräumt, als sich die Katholiken in Großbritannien noch fern jeder politischen Emanzipation befanden.

Zeit der Wanderungen

Der Erfolg dieser Politik zeigte sich während des **amerikanischen Unabhängigkeitskrieges** (1775–83) und des 2. Unabhängigkeitskrieges von 1812. Die Canadiens verweigerten sich zwar einer freiwilligen Beteiligung an den Truppen der Krone, gleichzeitig verschlossen sie aber auch die Ohren vor dem Aufruf der Amerikaner. Zweifellos spielte dabei das Kalkül, als eigenständige kulturelle Gruppe wohl eher unter den Briten als im Verbund der englischsprachigen Vereinigten Staaten überleben zu können, eine Rolle.

Unmittelbar nach dem amerikanischen Unabhängigkeitskrieg breitete sich die Bevölkerung aus den noch verbliebenen Gebieten Britisch-Nordamerikas rasch sowohl nach „Kanada" – das die jetzigen Provinzen Québec und Ontario umfasste – als auch in die separaten Kolonien New Brunswick, Nova Scotia, Prince Edward Island und Newfoundland aus. Die erste größere Wanderungswelle schwappte aus den Vereinigten Staaten mit 40 000 Loyalisten, den **United Empire Loyalists** Richtung Norden, um dort weiter unter britischer Zuständigkeit zu bleiben. Von diesen machten sich nur 8000 auf den Weg nach Nova Scotia und New Brunswick, der Rest ging in den Westen Québecs, wo der Grundstein für die spätere Provinz Ontario gelegt wurde. Zwischen 1783 und 1812 verdreifachte sich die Zahl der Bevölkerung im damaligen Kanada auf 330 000 Einwohner, wobei ein großer Teil des Zuwachses das Ergebnis der *revanche du berceau* („Rache der Wiege") war – ein vom katholischen Klerus bestärkter Versuch, die englischsprachige Bevölkerung durch erhöhte Geburtenziffern zu überflügeln.

Spannungen zwischen Großbritannien und den Vereinigten Staaten schreckten aber potenzielle Kolonisten noch immer ab; ein Problem, das mit dem **Krieg von 1812** gelöst wurde. Keiner der beiden Kontrahenten war stark genug, um zu siegen, mit dem Frieden von Gent im Jahr 1814 erkannten die Amerikaner jedoch die Legitimation Britisch-Nordamerikas an, dessen Grenze auf den **49. Breitengrad** westlich des Lake of the Woods bis zu den Rocky Mountains festgelegt wurde. In Folge stieg die Zahl der Einwanderer steil an, vor allem in den 40er Jahren des 19. Jahrhunderts, in denen Wirtschaftskrisen und Versorgungsnöte in Großbritannien sowie die Hungersnot in Irland so viele Menschen ins Land brachten, dass selbst die Anstrengungen der fruchtbaren *Canadiens* vergebens waren. Zwischen 1815 und 1850 strömten mehr als 800 000 Einwanderer nach Britisch-Nordamerika. Das Ziel der meisten war „Oberkanada", das später Ontario heißen sollte und allein 1832 66 000 Neuankömmlinge aufnahm.

Angesichts dieser Zuwanderungswelle wurden fieberhaft neue Siedlungen gebaut, doch der Bedarf an Land ließ sich nicht schnell genug decken. So wurden in der Folge viele indianische Gruppen in offenem Widerspruch zur Proklamation von 1763 enteignet. Bis 1806 hatten sie ein Gebiet von nahezu 20 000 km² verloren.

Teilung und Union Kanadas

Das wirtschaftliche Wachstum dieser Zeit ging in erster Linie von den Englisch sprechenden Händlern aus, die den inzwischen hauptsächlich über Montréal abgewickelten Pelzhandel in Form der **North West Company** kontrollierten. Im Streben nach politischen Veränderungen, die ihre wirtschaftliche Stellung stärken würden, wollten sie eine eigene gesetzgebende Versammlung und die universelle Anwendung englischen Rechts, was für die französischsprachige Bevölkerung natürlich inakzeptabel war.

Mit dem **Canada Act** teilte die britische Regierung 1791 das Gebiet in **Ober- und Unterkanada** (Upper und Lower Canada) und zog entlang dem Lauf des Ottawa River die Grenze zwischen den beiden Volksgruppen. In Unterkanada wurde das französische Rechtssystem beibehalten, und auch am Anrecht der katholischen Kirche auf die Kirchensteuer, den Zehnten, wurde nicht gerüttelt, während in Oberkanada das englische Common Law eingeführt wurde. Beide neuen Provinzen besaßen eine gewählte Volksvertretung, allerdings musste diese sich ihre begrenzte Macht jeweils mit einer vom Gouverneur der Provinzen ernannten Versammlung und einem Exekutivrat teilen. Diese Regelung gestattete es den gewählten Vertretern zwar, zum zentralen Sprachrohr der Opposition zu werden, verdammte sie jedoch letztlich zu hilfloser Ohnmacht. Gleichzeitig spann die Elite der Kaufleute ein Netz der Macht und des Einflusses um die ernannten Provinzregierungen. In Oberkanada wurde dieses oligarchische Bündnis „**Family Compact**", in Unterkanada „**Château Clique**" genannt.

Bis Ende der 30er Jahre des 19. Jahrhunderts hatte sich eine starke Opposition gegen diese Cliquen formiert. In Oberkanada forderte die von **William Lyon Mackenzie** angeführte **Reformbewegung** eine Regierung, die einer breiten Wählerschaft verantwortlich sein sollte, sowie die Ausweitung finanzieller Hilfen für Kleinfarmer. 1837 war sowohl bei Mackenzie als auch beim Reformführer Unterkanadas, **Louis-Joseph Papineau**, der Unmut derart gewachsen, dass sie den Weg der offenen Revolte suchten. Zwar blieben beide erfolglos und wurden ins Exil in die Vereinigten Staaten gezwungen, doch erkannte die britische Regierung die Notwendigkeit effektiver Reformen und verabschiedete 1840 den **Act of Union**. Mit diesem wurden Unter- und Oberkanada vereinigt und mit einer einzigen gewählten Volksvertretung ausgestattet.

Grundlage dieses Arrangements war die Auffassung, dass die Frankokanadier ohne angelsächsische Führung nicht zur Demokratie fähig wären. Immerhin bestand die Volksvertretung aus der gleichen Zahl von Repräsentanten für Canada East und Canada West – dem alten Unter- und Oberkanada. Einige Jahre später verwirklichte diese neue Volksvertretung eher zufällig den Grundsatz der parlamentarischen Kontrolle der Regierung: 1849 verabschiedete die Reformpartei, die die Mehrheit der Sitze innehatte, ein Gesetz über Entschädigungen für die im Zuge der Rebellionen von 1837 verursachten Schäden. Der Generalgouverneur Lord Elgin war dagegen, legte aber sein Veto nicht ein – so dass eine kanadische Regierung erstmals kraft der Abstimmung einer gewählten Volksvertretung und nicht auf Weisung der britischen Krone handelte.

Die Reformpartei, die ihr Entschädigungsgesetz durchsetzte, zählte sowohl französisch- wie englischsprachige Mitglieder und repräsentierte in erster Linie kleine Farmer und Geschäftsleute, die gegen die Macht der Cliquen opponierten. In den 50er Jahren des 19. Jahrhunderts ging aus dieser Gruppierung die kanadische **Liberal Party** hervor. Dieses Bündnis brach jedoch auseinander, als in den 60er Jahren desselben Jahrhunderts in Canada West die „Clear Grits" auftauchten, die „wahrhaftig gesinnten" Liberalen. Die Grits machten sich für ein Parlament stark, das die jeweilige Bevölkerungsstärke widerspiegeln sollte, das heißt anstatt der gleichen Zahl Volksvertreter für beide Hälften Kanadas verlangten sie auf Einwohnerzahlen beruhende Wahlkreise. Angesichts der Überzahl der englischsprachigen Einwohner wurde diese Forderung als eine direkte Bedrohung vieler Institutionen Französisch-Kanadas gesehen, so dass zahlreiche Frankokanadier dazu übergingen, die **Conservative Party** zu unterstützen, und die radikale Kraft in Canada East, die **Parti Rouge**, nationalistischere Züge annahm.

Die Konservative Partei versammelte unterschiedliche Kräfte und Strömungen, darunter auch den Rumpf der Kaufmannselite, die über den Verlust ihres Einflusses so erbost gewesen war, dass sie das Parlamentsgebäude von Montréal 1849 bis auf die Grundmauern niedergebrannt hatte. Ein Teil dieser Gruppe machte sich für die Loslösung vom britischen Reich und den Anschluss an die Vereinigten Staaten stark. Als die Partei 1854 jedoch in den Bereich der Macht vorstieß, war der Einfluss der alten konservativen Kräfte bereits zugunsten einer jungen, gemäßigteren Generation erheblich geschrumpft. Schlüsselfigur dieser jungen Gruppe war **John A. Macdonald**, der 1868 die erste Bundesregierung bilden sollte. Ihr Bestreben war es, die demokratischen Exzesse der „Grits" und den Nationalismus der „Rouges" zu überwinden, um einen wirtschaftlichen und politischen Staat zusammenzuschweißen, der nicht von den zusehends an Macht gewinnenden Vereinigten Staaten geschluckt werden würde.

Konföderation

In der Mitte der 60er Jahre des 19. Jahrhunderts hatte sich in „Kanada" zwar ein parlamentarisches Regierungssystem etabliert, aber noch immer war

Britisch-Nordamerika ein Konglomerat von **Kolonien in Selbstverwaltung**. Newfoundland im Osten war nahezu gänzlich von seiner Kabeljaufischerei abhängig, Prince Edward Island besaß eine gedeihliche Landwirtschaft, und Nova Scotia wie auch New Brunswick ebneten sich mit dem Schiffbau eine rasante wirtschaftliche Entwicklung. Im äußersten Westen des Kontinents, am Pazifik, lag British Columbia, das Pelzhandel betrieb und gerade erst amerikanische Versuche abgewehrt hatte, die Region während der Oregonkrise zu annektieren. Die Krise wurde 1846 endlich beigelegt, als die internationale Grenze entlang des 49. Breitengrads gezogen wurde. Es gab jedoch noch weitere Probleme für British Columbia: Am Fraser River entdeckte man 1858 Gold, und als Reaktion auf den Zustrom amerikanischer Goldsucher wurde British Columbia eiligst in eine Kronkolonie umgewandelt – ein Vorgang, der sich 1895 wiederholte, als an Yukons Klondike ebenfalls Gold gefunden wurde. Zwischen Canada West und British Columbia erstreckten sich tausende Meilen Prärieland und Wälder, ein Gebiet, das als ehemaliges Rupert's Land noch immer mehr oder weniger von der Hudson's Bay Company kontrolliert wurde.

Der amerikanische Bürgerkrieg schürte die Angst vor einer Invasion der Vereinigten Staaten in das unzusammenhängende Gebiet Britisch-Nordamerikas. Zur selben Zeit geriet der Status der französischsprachigen Minderheit durch die Forderung einer bevölkerungsabhängigen Volksvertretung unter Druck. Beides führte zu einer Reihe von Konferenzen, die das Thema einer **Föderation** erörterten, und nach drei Jahren der Debatten verabschiedete das britische Parlament 1867 schließlich das Gesetz des Zusammenschlusses der Kolonien, den British North America Act. Tatsächlich war damit dem neu entstandenen Gebiet, jetzt **Dominion of Canada** genannt, eine Verfassung gegeben, die als Sitz des föderalen Parlaments Ottawa bestimmte, Canada East zur Provinz Québec, Canada West zu Ontario machte und für jede Provinz eine eigene regionale Regierung und Volksvertretung vorsah.

Jede der bestehenden Kolonien trat der Föderation bei, nur British Columbia ließ sich damit bis 1871 Zeit, Prince Edward Island bis 1873, und Newfoundland blieb bis 1949 unabhängig.

Konsolidierung des Westens

Nachdem die Frage der Verfassung geklärt war, wandte das Dominion seine Aufmerksamkeit dem Westen zu. 1869 kaufte man die Ländereien der Hudson's Bay Company für £300 000, und die **Northwest Territories**, wie das Gebiet fortan heißen sollte, fielen bis zu ihrer Verwaltung durch Kanada an die Krone zurück. Wie vorherzusehen war, schenkte man den Wünschen der einheimischen Bevölkerung – überwiegend Plains-Indianer und 5000 **Métis** – keine Beachtung. Waren die Métis, deren größte Siedlung nahe dem heutigen Winnipeg lag, bereits über die Ankunft von Siedlern aus Ontario beunruhigt, so schlug diese Beunruhigung in Bestürzung um, als Landvermesser der Regierung auftauchten, um das bestehende Métis-Besitz völlig ignorierten. Die um ihr Land fürchtenden Métis bildeten daraufhin angeführt von **Louis Riel** eine provisorische Regierung und bereiteten sich auf den Widerstand gegen den Bund vor.

Im Verlauf der Rebellion ließ Riel einen unliebsamen Protestanten aus Ontario namens Thomas Scott standrechtlich hinrichten, was in Ontario größte Empörung auslöste. Die Bundesregierung verhandelte dennoch mit einer Delegation der Métis weiter und sich schien gewillt, all ihre Forderungen zu erfüllen, wenngleich Riel gezwungen wurde, Exil in den Vereinigten Staaten zu suchen. Als Ergebnis der Verhandlungen schuf Ottawa 1870 westlich von Ontario die neue Provinz **Manitoba** und gewährte den Métis rund 55 ha Land pro Person – Spekulanten und Anwälte sorgten jedoch dafür, dass weniger als 20% der Anspruchberechtigten tatsächlich ihr Land bekamen.

Das Schicksal der Enteignung traf auch die **Plains-Indianer**. In den Jahren nach 1871 wurde eine Reihe von Verträgen verhandelt, in denen man einheimischen Familien 65 ha große Parzellen sowie verschiedene Leistungen anbot, wenn sie unterschrieben. Bis 1877 waren sieben Verträge abgeschlossen (insgesamt gab es elf), mit denen das gesamte südliche Prärieland an die Regierung fiel. Die versprochenen Hilfen blieben jedoch aus, und die indianischen Bewohner fanden sich in kleinen, unfruchtbaren Reservaten wieder.

Das gesteigerte Interesse der Bundesregierung an dem Gebiet, das durch das **Cypress Hills-Massaker** an einer Gruppe von Assiniboine 1873 noch an Bedeutung gewann, wurde durch die Entsendung der ersten von 275 Mitgliedern der neu gebildeten Northwest Mounted Police, den **Mounties** unterstrichen. Eine ihrer ersten Aktionen war die Verbannung der amerikanischen Whiskyhändler, die der Region den Spitznamen Whoop-up Country (etwa „Land des zügellosen Feierns") einbrachten.

Nachdem die Polizeitruppe die Kontrolle übernommen hatte, erließ Ottawa 1880 den **Second Indian Act**, ein Gesetz, mit dem das Amt eines Ministers für indianische Angelegenheiten geschaffen wurde. Der Minister und seine Beamten übten eine nahezu diktatorische Herrschaft aus, die fast jedes Ansinnen der indianischen Bewohner, sei es nun die Errichtung eines Hauses oder ein Besuch außerhalb des Reservats, von ihrer Zustimmung, und oftmals sogar vom Ministerium in Ottawa, abhängig machte. Das Gesetz legte fest, dass jeder indianische Bewerber um die „Bürgerrechte" zunächst eine dreijährige Probezeit absolvieren musste, in deren Anschluss geprüft wurde, ob er oder sie ein genügendes Maß an „Zivilisiertheit" erlangt hatte. Sofern man auf Zuerkennung dieser „Rechte" befand, wurden diese Menschen zu so genanten *non-status Indians,* gegenüber den *status Indians* in den Reservaten.

Inzwischen war während der 70er Jahre des 19. Jahrhunderts ein Großteil der **Métis** nach Westen in das Gebiet gezogen, das 1905 zur Provinz **Saskatchewan** werden sollte. Sie siedelten entlang dem Saskatchewan River in der Umgebung der Ortschaft Batoche, aber auch hier sollten sich schon bald Landvermesser der Regierung einfinden, um in den 80er Jahren mit der Unterteilung des Gebiets in das bekannte Rastermuster zu beginnen. 1885 erhoben sich die Métis in einer neuerlichen **Revolte** und bildeten nach der Rückkehr Riels wiederum eine provisorische Regierung. Im März schlugen sie einen Trupp der Mounties erfolgreich in die Flucht, was die benachbarten Cree dazu ermunterte, einen Außenposten der Hudson's Bay Company zu überfallen. Die Vorfälle drohten sich zu einem allgemeinen Aufstand der Indianer auszuweiten, Ausdruck der Hoffnungslosigkeit, die sich infolge der Enteignungen, der Hungersnot nach Verschwinden des Bisons und der verheerenden Auswirkungen der Pocken unter ihnen breit gemacht hatte. Die Regierung entsandte deshalb eine

7000 Mann starke, mit Gatling-Maschinengewehren ausgestattete Armee sowie ein bewaffnetes Dampfschiff, und nach zwei vorausgehenden Scharmützeln wurden die Métis und die Cree vernichtend geschlagen. Riel wurde trotz offenkundiger Geistesgestörtheit des Landesverrats für schuldig befunden und im November 1885 gehängt.

Die Niederlage der Métis leitete eine neue Phase in der Erschließung des Westens ein. 1886 fuhr die erste **Eisenbahn** auf der Strecke von **Montréal nach Vancouver**. Siedler strömten zuhauf in die Prärien und sorgten für einen Bevölkerungsanstieg von 250 000 im Jahr 1890 auf 1,3 Millionen im Jahr 1911. Der Innenminister Clifford Sifton förderte den starken Zuwandererstrom der, wie er sie nannte, „kernigen Bauern in Schafspelzmänteln" aus Osteuropa. Diese Ukrainer, Polen, Tschechen und Ungarn pflügten das Grasland um und machten aus Zentralkanada jene riesige Kornkammer, von der das Dominion zu Beginn des 20. Jahrhunderts im „Weizenboom" profitierte.

Ureinwohner heute

Für die **indianischen Völker** läutete der Beginn des 20. Jahrhunderts eine alles andere als Glück verheißende Zeit ein. In kleinen Reservaten eingepfercht und von autoritärer staatlicher Bevormundung gegängelt, wurden sie einer systematischen Europäisierung unterzogen: Zeremonien wie der Sonnentanz und das Potlatch wurden verboten, und die Kinder mussten zehn Monate im Jahr Internatsschulen besuchen. Ihrer Traditionen und Unabhängigkeit beraubt, glitten sie in Armut, Alkoholismus und Apathie ab. Gegen Ende der 40er Jahre schätzte der Wissenschaftler Frederick Tisdall, dass 65 000 Reservatsindianer infolge von Hunger „chronisch krank" seien. Die Inuit gerieten zudem in immer größere Abhängigkeit von der Hudson's Bay Company, die ihnen zuriet, sich auf die Pelzjagd anstatt auf die Beschaffung von Nahrung zu konzentrieren, während das Doppel aus christlichen Missionen und Royal Canadian Mounted Police daran arbeitete, die Inuit in die Kultur der Weißen zu integrieren.

Als gravierende Folge der Zerstörung des traditionellen Lebensstils verbreiteten sich in ganz Kanada Krankheiten, insbesondere Tuberkulose, die unter der Urbevölkerung 15- bis 20-mal häufiger auftrat als unter den Weißen.

Mit dem **Indian Act** von 1951 wurde zwar ein neues Gesetz erlassen, das den Stammesgruppen mehr Selbstbestimmung zusprach, jedoch konnten weder dieses noch die verstärkt aufgewendeten Bundesmittel etwas daran ändern, dass der Lebensstandard der Ureinwohner weit unter dem der restlichen Bewohner Kanadas lag. 1969 betrug das durchschnittliche Einkommen einer kanadischen Familie $8874, während 88% der indianischen Familien $3000 oder weniger zur Verfügung standen, und 50% weniger als $1000 Einkommen hatten. In jüngerer Vergangenheit haben die Ureinwohner jedoch begonnen, ihre Identität stärker zu behaupten. Inzwischen werden die Interessen der *status Indians* durch die **Assembly of First Nations (AFN)** vertreten, die seit ihrer Gründung in den frühen 80er Jahren eine Reihe von Klagen in Zusammenhang mit Zusagen aus früheren Verträgen angestrengt hat. Viele dieser Fälle gründen auf Missachtung der Proklamation von 1763, laut derer indianische Landrechte nur mittels direkter Verhandlungen mit der Krone übertragen werden konnten. **Ovide Mercredi**, bis vor kurzem als Grand Chief Oberhaupt der AFN sowie Anwalt und Kommissar für Menschenrechte, erklärte, das Ziel der AFN sei, einen gleichgestellten Status gegenüber den Provinzregierungen zu erlangen, einen Status, der trotz der fortschreitenden Verarmung in den Reservaten dem wachsenden indianischen Selbstbewusstsein Rechnung tragen solle. Das politische Gewicht der AFN wurde in den Verhandlungen über die Errichtung eines **Inuit-Territoriums** in den Northwest Territories deutlich, an deren Ende 1999 die Vereinbarung über die Schaffung zweier selbstverwalteter Gebiete stand (s.S. 425). Aber nicht alle Ureinwohner sehen in solchen Gesprächen und Verhandlungen ihre Rettung: Die Aktion bewaffneter Mohawk zur Verhinderung des Baus eines Golfplatzes auf einer indianischen Begräbnisstätte in **Oka** in Québec legte die geradezu unzähmbare Wut gegen die weiße Vorherrschaft offen und spaltete die Sympathien im Land in zwei Lager. Am Ende ebneten die militanten Oka den Weg für versöhnlichere Töne in der AFN, doch das Kräftegleichgewicht zwischen jenen Gruppierungen der Urbevölkerung, die Verhandlungen favorisieren, und den Befürwortern direkter Aktionen ist äußerst empfindlich. Und während die AFN weiter Lösungen in Gesprächen sucht, die nur selten größere Erwähnung in den Nachrichten finden, kommt es von Zeit zu Zeit (häufig in Zusammenhang mit Fischereirechten) zu ungezügelten Wutausbrüchen der Urbevölkerung.

Québec und die Zukunft Kanadas

Ebenso wie die Ureinwohner Kanadas fanden auch die **Québécois** durch die weltweiten nationalen Befreiungsbewegungen in den 50er und 60er Jahren des 20. Jahrhunderts zu neuem Selbstbewusstsein. Seit der Eroberung 1760 machte sich die frankophone Bevölkerung Sorgen über *la survivance*, den Fortbestand ihrer Sprache und Kultur. Phasenweise steigerte sich diese Angst, insbesondere während der beiden Weltkriege, als die Québécois eine Zwangseinberufung ablehnten, da dies ihrer Meinung nach der Unterwerfung ihrer Interessen unter die Großbritanniens gleichkam. Trotz ihrer Differenzen trat die im Wesentlichen konservative, politisch-religiöse Führungsschicht fast immer für die Verständigung mit den Briten und später mit den Bundesbehörden ein. Dieselben Kreise stützten aber auch die traditionellen Werte des katholisch-bäuerlichen Neufrankreichs, was u.a. dazu führte, dass sich Québecs Industrie und Handel unter englischsprachiger Kontrolle entwickelten.

Als logische Folge arbeitete im Montréal des frühen 20. Jahrhunderts ein frankophones Proletariat in den Fabriken englischsprachiger Besitzer. Zu dieser anglophonen Dominanz mischte sich zudem noch die Gleichgültigkeit der anderen kanadischen Provinzen gegenüber den Interessen der Frankokanadier, eine Kombination, die eine neue Generation von Québecer **Separatisten** heranwachsen ließ.

Mit der Montréaler **Weltausstellung von 1967** wollte Kanada belegen, dass es in der ersten Liga der Industrienationen angelangt war. Als jedoch Frankreichs Präsident de Gaulle den Anlass als Plattform nutzte, um sich für ein „freies Québec" auszusprechen, entzündete er damit einen Streit, der seither die politische Tagesordnung beherrscht. Im selben Jahr gründete **René Lévesque** mit dem Ziel der vollständigen Unabhängigkeit und dem Slogan *Maîtres chez nous* („Herren im eigenen Haus") die **Parti Québécois (PQ)**. 1968 wurde diesen Bestrebungen jedoch durch die Wahl des Frankokanadiers und bekennenden Föderalisten **Pierre Trudeau** zum Premierminister eine Absage erteilt – und damit die Szenerie für die entscheidende Kraftprobe geschaffen.

Die PQ repräsentierte den parlamentarischen Flügel einer sozialen Bewegung, an deren militantem Rand die kurzlebige **Front de la Libération du Québec (FLQ)** stand. 1970 entführte und ermordete die FLQ den Arbeitsminister der Provinz, Pierre Laporte, wodurch Trudeau sich veranlasst sah, Truppen auf die Straßen Montréals zu schicken. Nutznießerin dieser rigorosen Reaktion sollte allerdings die PQ sein, eine Partei der Modernisierung und der sozialdemokratischen Linken, die 1976 an die Macht kam und mit Staatsgeldern die wirtschaftliche Entwicklung mit solchen Projekten wie dem Bau des Wasserkraftwerks an der James Bay vorantrieb. Unter ihrer Federführung wurde auch das Bildungssystem reformiert – wozu auch die umstrittene Regelung der Einsprachigkeit Québecs zählte –, und man forcierte die Pläne für ein Referendum über die Abspaltung der Provinz. Als es 1980 so weit war, stimmten jedoch 60% der wahlberechtigten Québecer gegen eine Abspaltung, was zum Teil darin begründet lag, dass in den 70er Jahren der Lückenschluss zwischen den unterschiedlichen wirtschaftlichen Chancen der frankophonen und der anglophonen Bevölkerung gelungen war. Das Thema war damit jedoch nicht vom Tisch.

1985 unterlag die in Québec regierende PQ den von **Robert Bourassa** angeführten Liberalen, was weniger eine veränderte Haltung der französischsprachigen Bevölkerung widerspiegelte als vielmehr Bourassas Geschick, sämtliche nationalen Themen für sich zu vereinnahmen, sowie die von vielen als negativ ausgelegten Konjunkturdaten der PQ. Die Regierung der Liberalen in Québec sollte bis 1994 währen, dann wurde sie mit dem Versprechen einer erneuten Volksabstimmung über die Unabhängigkeit wieder von der PQ abgelöst. Man schien diesmal besser gerüstet zu sein. Umfragen sahen die Befürworter regelmäßig bei ca. 60%, aber 1995 scheiterte die PQ auch im **zweiten Referendum**, in dem die Unabhängigkeit mit nur 50 000 Stimmen Unterschied abgelehnt wurde. Trotz allem nachfolgenden Getöse bedeutete dies ein politisches Desaster für die PQ, und neuere Umfragen deuten an, dass der Traum der Separatisten gänzlich geplatzt sein dürfte. Wenn dem tatsächlich so ist, liegt wohl einer der Hauptgründe dafür in der Unfähigkeit der PQ, die genaue Natur quebecischer Souveränität zu definieren und eine Aussage über die Gestalt zukünftiger Beziehungen zum restlichen Kanada zu treffen.

Auf dem Weg ins 21. Jahrhundert

Es wäre eine Untertreibung zu behaupten, das übrige Kanada habe die endlose Debatte über die Zukunft Québecs inzwischen satt. Als besonders markantes Beispiel hierfür sei auf die **Meech-Lake-Konferenz** 1990 verwiesen, bei der man sich über eine neue dezentralisierte Struktur bemerkenswert uneinig war. Die Konferenz wurde vom konservativen **Brian Mulroney** zusammengerufen, der seit 1984 kanadischer Premier war. Neben der spaltenden Frage um Québec hatte er aber noch mit weiteren dringlichen, wenngleich weniger explosiven Problemen zu kämpfen. Eines davon war das **nordamerikanische Freihandelsabkommen (NAFTA)** zwischen den USA und Kanada, das Mulroney durch das Parlament geboxt hatte und das 1989 in Kraft trat. Mit ihm wurden die Schutzzölle abgeschafft, die einheimischen Industrien unterminiert und in Folge tausende Arbeitsplätze vernichtet. Zur gleichen Zeit kollabierte die Kabeljaufischerei im Nordatlantik, was Nova Scotia und Newfoundland an den Rand des wirtschaftlichen Ruins brachte, und sank der Preis für Weizen, was die Prärieprovinzen hart traf. Zwar wurden Anstrengungen unternommen, diese Probleme in den Griff zu bekommen, aber nur wenige konnten während Mulroneys zweiter Amtszeit (1988–93) zufrieden stellend gelöst werden. Der Premier sah sich dem Vorwurf der Inkompetenz ausgesetzt, und seine Partei wurde allgemein der weit verzweigten Korruption bezichtigt. Bei den **Parlamentswahlen 1993** wurden die Konservativen nahezu komplett aus dem Parlament gefegt und die Liberalen unter dem früheren Finanzminister Trudeaus, **Jean Chrétien**, mit überwältigender Mehrheit in die Regierung gewählt. Chrétiens besonnene wie pragmatische Politik sicherte ihm die ausreichende Gunst der Wähler, die ihn 1997 in eine zweite und 2000 in eine dritte Amtsperiode, wenngleich mit schwindender Mehrheit, beriefen. Zum Großteil war Chrétiens Wahlerfolg jedoch in der Balkanisierung der politischen Szenerie Kanadas zu suchen. Die Liberalen stellten die einzige Partei, die auf nationaler Ebene präsent war. Demgegenüber dominierte die rechts gerichtete Canadian Alliance (früher Reform Party) beispielsweise einen Großteil des Westens, spielte im Osten jedoch überhaupt keine Rolle. Vom Phänomen einer allgemeinen Politikverdrossenheit blieb aber auch Kanada nicht verschont: Bei den Parlamentswahlen im Jahr 2000 gingen gerade einmal 60% an die Wahlurnen.

2003 gab Chrétien seinen Rücktritt aus der Politik bekannt, und die Liberalen ernannten einen neuen Führer: den politisch versierten und sehr kompetenten **Paul Martin**. Angesichts einer weiteren möglichen Niederlage bei den Parlamentswahlen 2004 überwanden die beiden konservativen Parteien – die Canadian Alliance und die Progressive Conservatives – ihre Differenzen und schlossen sich, wenn auch reichlich spät, im Dezember 2003 zur **Conservative Party** zusammen. Genützt hat es ihnen nichts, denn ebenso wie die Liberalen, die zumindest stärkste Kraft geblieben sind, mussten sie Stimmenverluste hinnehmen.

Die Ureinwohner Kanadas

Bei der letzten Volkszählung im Jahr 2001 gaben rund 976 000 der insgesamt über 29,6 Millionen Einwohner Kanadas an, zumindest teilweise von der Urbevölkerung (definiert als nordamerikanische Indianer, Métis und Inuit) abzustammen. Ihr weiterhin wachsender Bevölkerungsanteil lässt auch das Interesse an ihrem kulturellen Erbe innerhalb wie außerhalb ihrer Gemeinden steigen.

Der Begriff „Ureinwohner" bedeutet jedoch nicht zwangsläufig eine gemeinsame Kultur, sondern weist lediglich auf die Abstammung von Gruppen hin, die lange vor den Europäern auf dem Kontinent eintrafen. Der Begriff „**Indianer**" gilt heute als Unwort, doch konnten sich Ansätze einer genaueren Wortwahl wie „Amerindians", „First Peoples" oder „Native Canadians" nicht durchsetzen, so dass man in Kanada verschiedene Benennungen hören wird. In Mode sind derzeit die Bezeichnungen „First Nation" und „Aboriginals", in Zukunft dürften aber noch weitere Wortschöpfungen hinzukommen. Der lange Zeit als Mündel behandelten indianischen Bevölkerung wurde durch die „Indianergesetze" des 19. Jahrhunderts ein rechtlicher Status zugewiesen, der sich von dem aller anderen Kanadier unterschied. Moderne rechtliche Differenzierungen unterteilen diese Gruppe weiter in so genannte *status Indians* – ein Prädikat, das die Regierung 608 850 Kanadiern zuteil werden ließ (alle hier genannten Zahlen stammen aus dem Jahr 2001) – und nicht anerkannte bzw. *non-status Indians*.

Urbevölkerung in Zahlen

Bewohner Kanadas, die sich zur Urbevölkerung rechnen (Volkszählung 2001):

Provinz/Territorium	Ureinwohner	Nordamerik. Indianer	Métis	Inuit
Alberta	156 225	84 995	66 060	1090
British Columbia	170 025	118 295	44 265	800
Manitoba	150 045	90 340	56 800	340
New Brunswick	16 990	11 495	4290	155
NF und Labrador	18 775	7040	5480	4560
Northwest Territories	18 730	10 615	3580	3910
Nova Scotia	17 010	12 920	3135	350
Nunavut	22 720	95	55	22 560
Ontario	188 315	131 560	48 340	1375
Prince Edward Island	1345	1035	220	20
Québec	79 400	51 125	15 855	9530
Saskatchewan	130 185	83 745	43 695	235
Yukon Territory	6540	5600	535	140
Gesamt	976 305	608 850	292 305	45 070

Unter den *status Indians* sind 633 indianische Gruppen, genannt *bands* (die Bezeichnung „Stamm" oder engl. *tribe* wird heute ebenfalls als unzeitgemäß betrachtet), zusammengefasst, die sich über ganz Kanada verteilen. Einige dieser indianischen Gemeinden zählen weniger als 100 Mitglieder, andere mehr als 5000. Mit der Anerkennung ist das Recht verbunden, in einem Reservat zu fischen, zu jagen und zu leben. *Non-status Indians* hingegen besitzen diese Rechte nicht, dürfen aber wählen, Eigentum erwerben und Alkohol kaufen. Der anerkannte Status kann durch Heirat, einen parlamentarischen Entscheid oder sogar durch Abstimmung innerhalb einer *band* zuerkannt oder abgesprochen werden.

Als in späteren Jahren das kanadische Interesse an den riesigen Regionen im Norden erwachte, holte man die **Inuit** ebenfalls unter bundesstaatliche Jurisdiktion. Die Inuit sind nicht mit den „Indianern" verwandt und kamen viel später nach Nordamerika, wo sie sich in den unwirtlichen Gegenden des arktischen Kanadas niederließen. Der Begriff Inuit hat in den 70er Jahren die abwertende Bezeichnung „Eskimo" gänzlich abgelöst. Das Wort Eskimo stammt aus der algonkischen Sprache und bedeutet „Rohfleischesser". Die Inuit sprechen eine gemeinsame Sprache, ihre Zahl beläuft sich derzeit auf rund 45 000.

Die heute ca. 292 000 **Métis** sind aus Verbindungen von überwiegend frankokanadischen Pelzhändlern und indianischen Frauen, insbesondere Cree, hervorgegangen. Jahrhundertelang waren sie weder als Kanadier noch als Ureinwohner anerkannt und viele zogen als Rechtlose durch das Land ohne Möglichkeit, sesshaft zu werden. Nach einer gescheiterten Rebellion 1885 verschwanden sie fast gänzlich von der sozialen und politischen Bühne und wurden zum „vergessenen Volk", das zum großen Teil in Armut auf Kronland dahinsiechte. 1982 schließlich gestand man ihnen in der Verfassung die Zugehörigkeit zu den First Nations zu.

Bedingt durch die geografischen Entfernungen besitzt jede dieser Bevölkerungsgruppen und jede Gemeinschaft ihre Besonderheiten. Ihr Wesen und ihre Kulturen sind von der Geschichte, der Landschaft und den Nachbarn geprägt. Ein großer Teil der Urbevölkerung lebt in relativ engem Kontakt zu Menschen anderer Abstammung und trifft im All-tag auf Kulturen, die für ihr Leben von entscheidendem Einfluss sind.

Sofern es eine verbindende Gemeinsamkeit zwischen diesen Gruppen gibt, ist es die während der letzten vier Jahrzehnte vorangetriebene Wiederentdeckung der eigenen Kultur. Unter dem Banner nationaler politischer Bewegungen haben sie sich alle mit neuem Elan für die Gestaltung ihrer sozialen Welt, die Erneuerung rechtlicher Ansprüche auf das Land und für den Erhalt und die Wiederbelebung ihrer Kulturen und Sprachen eingesetzt.

Kolonisierung

Als die ersten Europäer das nördliche Nordamerika erreichten, betrachteten sie es als *terra nullius* – Niemandsland –, tatsächlich aber war es ein komplex strukturiertes Gebiet, das viele Kulturen und Gemeinschaften beheimatete. An der Westküste waren durch den Reichtum des Meeres und der Wälder wohlhabende, hoch entwickelte Gesellschaften entstanden; in den Prärien und der nördlichen Tundra lebten die Ureinwohner von den enormen Büffel- und Karibuherden; die Völker in den Wäldern Zentralkanadas ernteten in den Feuchtgebieten Wildreis, bauten an den Flussufern Mais, Kürbisse sowie Bohnen an und ergänzten ihre Erträge mit der Beute, die sie beim Jagen und Angeln machten; an der Ostküste und im hohen Norden deckten das Meer und das Land die Bedürfnisse der Bewohner, die mit unglaublichem Einfallsreichtum unter den harten Bedingungen zu überleben wussten.

Im 16. Jahrhundert wurde der Kontakt zwischen Ureinwohnern und Nicht-Einheimischen enger und vielfältiger. Der Warenaustausch wuchs, Handelsverträge wurden geschlossen, und es gab vermehrt Freundschaften und Eheschließungen, aber auch militärische sowie wirtschaftliche Allianzen zwischen den beiden Gruppen. Mindestens 200 Jahre lang waren die Neuankömmlinge nur mit Hilfe der Ureinwohner in der Lage, in den widrigen klimatischen Verhältnissen zu überleben, ihren Geschäften (Fischerei, Walfang, Pelzhandel) erfolgreich nachzugehen oder sich in kriegerischen Auseinandersetzungen gegen die Gegenseite zu behaupten.

Gleichzeitig rafften jedoch **Krankheiten** (Typhus, Grippe, Diphtherie, Pest, Masern, Scharlach,

Tuberkulose und Geschlechtskrankheiten) Zehntausende dahin – Schätzungen zufolge wurde die Urbevölkerung in einem Zeitraum von 200 Jahren um 95% dezimiert.

Mit der Intensivierung des Pelzhandels wurden in bestimmten Gebieten ganze Tierpopulationen ausgelöscht. Als Folge verschwanden nicht nur die traditionellen Jagdtechniken, sondern wurden auch **Stammeskriege** ausgelöst, die sich durch neuerdings eingesetzte Schusswaffen umso blutiger gestalteten.

Während dieser Zeit waren erst wenige Franzosen und Briten im Land. Zu ungastlich schien es ihnen und zu groß war ihre Angst vor Angriffen der Ureinwohnerschaft. Auch sie führten Kriege um die wirtschaftliche wie politische Vormachtstellung, aber sie waren auf Allianzen mit den indianischen Völkern angewiesen, die sie sich in Folge durch eine Vielzahl von **Verträgen** zu sichern suchten. Die Verträge schienen die Souveränität und Gleichstellung der Ureinwohner anzuerkennen, verlangten aber auch deren Unterordnung unter die Autorität des Monarchen und in zunehmendem Maße die Überlassung großer Gebiete (insbesondere an die Briten zur Besiedlung und zum Schutz vor der Vereinnahmung durch die Franzosen und Amerikaner). In der Regel wich mündlich Vereinbartes von dem ab, was dann im Vertrag schriftlich niedergelegt wurde. Und die Ureinwohner erkannten zwar tatsächlich den Monarchen an, aber nur als eine Art Verwandten, einen fernen „Beschützer", den sie zur Wahrung ihrer Interessen und Durchsetzung der Vertragsbestimmungen anrufen konnten. Dass sie damit ihr Land abtraten, kam ihnen nicht in den Sinn, denn eine solche Begrifflichkeit war ihren Kulturen fremd. Chief François Paulette sagte: „In meiner Sprache gibt es kein Wort für ‚Abtretung'. Es gibt keines. Ich kann ‚Abtretung' in meiner Sprache nicht beschreiben, wie also hätte mein Volk sein X unter ‚Abtretung' setzen können?".

Die **Königliche Proklamation** von 1763 legte die Beziehung zwischen Ureinwohnern und Neuankömmlingen in urkundlicher Form fest. Im Namen des Königs ausgestellt, fasste sie die Regeln und Vorschriften zusammen, die fortan das Verhältnis zwischen Briten und Ureinwohnern bestimmen sollten – vor allem was die Frage des Landrechts anging. Es hieß darin, dass die Ureinwohner in ihren Gebieten nicht „belästigt oder ge-

stört" werden sollten. Übereignungen, die Land von Ureinwohnern betrafen, mussten ordnungsgemäß zwischen der Krone und „Abgesandten der Indianer" ausgehandelt werden. Indianisches Land durfte nur durch fairen Handel erworben werden, d.h. durch einen Vertrag oder den Kauf durch die Krone. Die einheimischen Völker wurden als autonome politische Einheiten mit einer ihnen eigenen politischen Autorität betrachtet. Trotz britischer Besiedlung blieben die Rechte der Ureinwohner unangetastet.

Die Entwicklung im 19. Jahrhundert beeinträchtigte die Grundlagen der Gleichheit zwischen Ureinwohnern und Nicht-Einheimischen und das Verhältnis begann zu kippen. Einwanderer ließen die Zahl der Siedler anschwellen, während die einheimische Bevölkerung unvermindert durch Krankheiten und Armut dezimiert wurde. 1812 lebten in Oberkanada bereits zehnmal mehr Weiße als Ureinwohner. Der Pelzhandel, der auf einer soliden wirtschaftlichen Partnerschaft zwischen Händlern und Trappern gründete, war im Rückgang begriffen. Die neuen Wirtschaftszweige stützten sich auf Holz, Erze und landwirtschaftliche Produkte, und dafür benötigte man das Land der Ureinwohner, die inzwischen als „Verhinderer des Fortschritts" angesehen wurden. Die Kolonialherren in Ober- und Unterkanada waren nicht mehr auf militärische Verbündete angewiesen. Die Briten waren die Sieger in Kanada, und die USA hatte ihre Unabhängigkeit gewonnen. Hinzu kam eine neue europäische Haltung der Überlegenheit gegenüber den anderen Völkern, so dass eine Politik der Dominanz und Assimilierung allmählich der Gleichberechtigung ersetzte.

Es mag ironisch erscheinen, dass der Übergang von respektvoller Koexistenz zur **Fremdbestimmung** durch die Gesetze und Institutionen der Weißen gerade auf den Fundamenten der Gleichberechtigung gründete, nämlich auf den Verträgen und der Königlichen Proklamation von 1763. Diese Dokumente boten den Ureinwohnern nicht nur Frieden und Freundschaft, Respekt und annähernde Gleichstellung, sondern auch „Schutz". Aber eben diese Protektion ebnete den Weg zur Vorherrschaft der Fremden. Anfänglich war damit der Schutz des Lands der Einheimischen und der Erhalt der kulturellen Einheit vor Eingriffen der Siedler verbunden. Später verstand man darunter „Unterstützung", womit eine Ermunterung zur Abkehr vom Leben in der Gesellschaft der Ureinwohner und die Eingliederung in die der Siedler gemeint war. Schließlich umfasste die Protektion u.a. die Schulpflicht, wirtschaftliche Anpassungsprogramme sowie die soziale und politische Kontrolle durch Bundeseinrichtungen. In Verbindung mit missionarischen Anstrengungen zur Zivilisierung und Bekehrung höhlte diese Politik die Kulturen, die Autonomie und die Identität der Ureinwohner aus.

Reservate

Mit einer Siedlung von Jesuiten in Sillery in Neufrankreich im Jahr 1637 begann die Einrichtung von (in der Regel zu kleinen und unzulänglichen) „Reservaten" für die Urbevölkerung. Zu deren „Schutz" konzipiert, führten sie stattdessen in Isolation und Verarmung. 1857 erließ die Provinz Kanada ein Gesetz zur „schrittweisen Zivilisierung der indianischen Stämme" – Indianer „guten Charakters" konnten von einem Gremium aus Weißen zu „Nicht-Indianern" erklärt werden. Nur von einem Mohawk ist bekannt, dieses Angebot angenommen zu haben.

Die 1867 beschlossene **Konföderation** wurde ohne Berücksichtigung der einheimischen Völker verhandelt. Der frisch gewählte Premierminister John A. Macdonald verkündete sogar, es sei das Ziel seiner Regierung, „das Stammessystem zu beseitigen und die Indianer in jeder Hinsicht an die Bewohner des Dominion anzupassen".

Durch den **British North America Act**, die neue Verfassung des noch jungen Kanada, fielen „Indianer und Indianern vorbehaltene Ländereien" unter die Zuständigkeit der Regierung – wie Bergwerke oder Straßen. Indianer wurden zu Mündeln der Bundesregierung, und das Parlament war eifrig dabei, Gesetze zu erlassen, um traditionelle Herrschaftsformen der Ureinwohner durch Stammesräte mit minimalen Machtbefugnissen zu ersetzen, sich wertvolle Ressourcen auf Reservatsgebiet zu sichern, die Kontrolle über die Reservatsfinanzen zu übernehmen, ein fremdes System des Landbesitzes einzuführen und den Ureinwohnern ebenso ungebräuchliche Vorstellungen über Ehe und Familie aufzuzwingen.

Diese und andere Gesetze wurden mit den **Indian Acts** von 1876, 1880 und 1884 festgeschrieben. Das Innenministerium (später Ministerium für indianische Angelegenheiten) entsandte Inspektoren in jede Region, um über die Einhaltung der Gesetze zu wachen. 1884 erging ein **Verbot der Potlatch-Zeremonie**, die in den Kulturen der Ureinwohner an der Westküste eine zentrale Stellung einnahm. Ein Jahr später wurde der für die Prärievölker nicht minder bedeutende **Sonnentanz** untersagt. Wer daran teilnahm, machte sich strafbar.

1885 verfügte das Ministerium für indianische Angelegenheiten ein **Pass-System**. Kein Außenstehender durfte ohne Genehmigung des ministerialen Inspektors (eine Art Regierungsbeamter mit Vollstreckungsbefugnissen) ein Reservat betreten, um dort Geschäfte mit einem indianischen Bewohner zu tätigen. Mitunter war es der gesamten Bewohnerschaft sogar verwehrt, ohne Erlaubnis das Reservat zu verlassen. Allmählich nahmen die Reservate den Charakter von Gefängnissen an.

In Alderville, Ontario, öffnete 1849 die erste von später flächendeckend eingerichteten **Internatsschulen** für Kinder von Ureinwohnern. Die Kirche und die Regierung waren zu dem Schluss gekommen, dass das Problem (wie sie es sahen) der Unabhängigkeit und „Wildheit" der Ureinwohner gelöst werden könne, wenn man die Kinder bereits in jungen Jahren aus ihren Familien nehmen und ihnen während eines acht- oder neunjährigen Aufenthalts in einem Internat fernab ihres Zuhauses das Wesen der herrschenden Gesellschaft beibringen würde. Der Besuch war Pflicht. Sprachen, Bräuche und traditionelle Fertigkeiten der Ureinwohner wurden unterdrückt. Die Bande zwischen vielen hundert Kindern, ihren Familien und ganzen Völkern wurden so zerstört.

Während dieser Zeit siedelten kanadische Regierungen indianische Gemeinden nach Belieben um. War man der Ansicht, das Nahrungsangebot für die Ureinwohner reiche nicht aus, siedelte man sie in einem Gebiet an, wo es mehr Jagdwild oder Arbeitsplätze gab. Bei Krankheit wurden sie in andere Gemeinden geschickt, die über medizinische wie sanitäre Einrichtungen und dauerhafte Behausungen verfügten. Besaßen sie Land, das für die expandierende Landwirtschaft oder für neue Siedlungen geeignet schien, konnten sie „zu ihrem eigenen Schutz" ausquartiert werden. Gab es auf ihrem Land Erze, deren Abbau sich lohnte, Wälder, die man abholzen konnte, oder Flüsse, die sich stauen ließen, war es möglich, sie „in nationalem Interesse" aus ihrem Gebiet zu evakuieren.

Das Ergebnis jahrhundertelanger Unterdrückung ist die in fast allen Bereichen durchschlagende **Benachteiligung** der Ureinwohner gegenüber allen anderen Kanadiern. Probleme wie Alkoholismus, Drogenkonsum und sexueller Missbrauch sind in den Reservaten nach wie vor groß. Unter der Urbevölkerung ist die Säuglingssterblichkeit doppelt so hoch wie unter den restlichen Landesbewohnern, die Selbstmordrate unter Jugendlichen fünfmal so hoch, die Lebenserwartung sieben Jahre niedriger, und in den Gefängnissen des Landes sind Ureinwohner überproportional stark vertreten.

Neubeginn

Die 40er Jahre des 20. Jahrhunderts markierten den Beginn einer neuen Ära. Ungefähr 3000 Soldaten indianischer Abstammung sowie ungezählte Métis und Vertreter anderer, als *non-status Indians* geführter Gruppen hatten in beiden **Weltkriegen** für ihr Land gekämpft. Auf dem Schlachtfeld wurden sie akzeptiert, zu Hause behandelte man sie jedoch nach wie vor schlecht. Inzwischen aber hatte die Urbevölkerung Führer hervorgebracht, die mit Nachdruck dem Wunsch ihrer Völker nach der rechtmäßigen Gleichstellung mit allen anderen Kanadiern Ausdruck verliehen und den Erhalt ihres kulturellen Erbes forderten. In British Columbia, Alberta, Saskatchewan und Ontario gründeten Ureinwohner zur Wahrung und Forcierung ihrer Interessen regionale Organisationen. Die kanadische Öffentlichkeit erfuhr nun mehr über die schockierende Art und Weise, in der die Urbevölkerung behandelt wurde, und über den weit hinter allen anderen Gruppen zurückgebliebenen Lebensstandard. Mit dem **Indian Act** von 1951 wurde das Verbot des Potlatch sowie anderer Zeremonien aufgehoben und Ureinwohner erhielten das Recht, öffentliche Bars zu besuchen und dort Alkohol zu trinken. Insgesamt aber behielt die Regierung dieselbe unterdrückerische Macht wie vorher. Das **Stimmrecht** bei Wahlen zum Bundesparlament wurde den Ureinwohnern erst 1960 zugestanden.

Die eigentliche Wiedergeburt der kanadischen Ureinwohner kann auf das Jahr 1969 datiert werden, als in einem Informationsbericht der Regierung die Abschaffung des Indianerstatus empfohlen wurde. Die folgende heftige Gegenreaktion

zwang die Regierung Trudeau zur Aufgabe solcher Pläne und führte zur Bildung der **National Indian Brotherhood**, der Vorläuferin der heutigen **Assembly of First Nations**.

Ebenfalls 1969 wurden alle für die indianischen Angelegenheiten abgestellten Inspektoren aus den Reservaten zurückberufen, und die Regierung begann die politischen Organisationen der Ureinwohner finanziell zu unterstützen. In zunehmendem Maße konzentrierten sich diese Organisationen auf die unumschränkte Anerkennung der Rechte der Ureinwohner und die Notwendigkeit, die alten Verträge neu auszuhandeln. Sie glaubten, dass sie nur auf diesem Weg ihre benachteiligte Position in der kanadischen Gesellschaft überwinden könnten. Bis 1973 hatten die Ureinwohner örtliche Kontrolle über ihre Schulen erlangt, und heute besuchen mehr als die Hälfte der Schüler, die in Reservaten leben, eigene Gemeindeschulen.

Einforderung alter Ansprüche

Das den Ureinwohnern ursprünglich zugeteilte Land wurde Zug um Zug wieder beschnitten. Seit Gründung der Konföderation waren noch bis vor kurzem fast zwei Drittel davon auf unterschiedliche Weise einfach „verschwunden". In einigen Fällen stellte die Regierung weniger Land als vertraglich zugesichert bereit, in anderen Fällen enteignete oder verkaufte sie Reservatsland. Die Ureinwohner waren hierbei selten willige Verkäufer. Gelegentlich war auch unverhohlene Bestechung im Spiel. Doch selbst wenn es den Ureinwohnern gelang, das ihnen zustehende Land zu behalten, veräußerte die Regierung manchmal die darauf vorhandenen Bodenschätze an Dritte. Einige indianische Völker gingen vor Gericht, um die Regierung zur Anerkennung ihrer Rechte auf das Land und die Bodenschätze zu zwingen, und manche hatten damit auch Erfolg. In den 70er Jahren wurde mit einer Reihe von Gerichtsurteilen bestätigt, dass die Urbevölkerung mehr als nur ein moralisches Anrecht auf **Entschädigung** in Fragen des Landes und der Ressourcen hat – sie besitzt einen Rechtsanspruch darauf.

In jüngerer Vergangenheit hat Kanada einige neue, vertragsähnliche **Abkommen** geschlossen. 1973 zogen die Innu und Cree gegen Québec vor Gericht, um den Bau eines riesigen Wasserkraftwerks zu stoppen, das ihre traditionellen Jagdgründe zu zerstören drohte. Das daraus resultierende, 1975 unterzeichnete **James Bay and Northern Québec Agreement** gestand den Innu und Cree (und später den Naskapi) die auf 20 Jahre verteilte Summe von 225 Millionen Dollar als Gegenleistung für das 980 000 km^2 große Gebiet zu. Sie erhielten außerdem Land mit dem exklusiven Recht zu jagen und Tierfallen aufzustellen. Mit dem Geld haben die Cree so erfolgreiche Unternehmen wie Air Creebec und die Cree Construction Company auf die Beine gestellt. Der 1984 verabschiedete **Cree-Naskapi Act** ermöglichte es den Cree und Naskapi, ihre eigenen Formen der Selbstbestimmung umzusetzen – ein bis dahin einmaliges Ereignis in der kanadischen Gesetzgebung.

Ein 1973 vom Obersten Gerichtshof Kanadas gefälltes Urteil zugunsten der Haida veranlasste die Regierung, ein Verfahren zur Klärung von Landansprüchen zu schaffen und dabei nach zwei Hauptkategorien zu unterscheiden – nach generellen und spezifischen Ansprüchen. Grundlage der generellen Ansprüche ist die Anerkennung des fortbestehenden Rechtsanspruchs der Ureinwohner auf Land und darauf befindliche Ressourcen. Neben Besitzansprüchen müssen dabei auch eine Reihe anderer weit reichender Fragen geklärt werden, u.a. Fischerei- und Jagdrechte, finanzielle Entschädigung sowie Hilfestellung in anderen sozialen und wirtschaftlichen Angelegenheiten. Die spezifischen Ansprüche befassen sich mit der Erfüllung konkreter Verträge.

Die **Anerkennung der Landansprüche** durch die Regierung wurde 1982 durch eine Verfassungsänderung erneuert und zog weitere positive Gerichtsurteile nach sich, die wiederum zu neuen Verträgen mit den Inuit in den Northwest Territories (1984 und 1993), den First Nations im Yukon (1993) und den Nisga'a in British Columbia (1996) führten.

Zwischen Anfang der 70er Jahre und 1996 stellte die Regierung verschiedenen Gruppen der Ureinwohner ca. 380 Millionen Dollar für die Vorbereitung ihrer Klagen zur Verfügung. Mit dem Geld war es möglich, **Verträge und Rechtsgrundlagen** zu studieren sowie die Ansprüche zu fundieren, zu formulieren und zu verhandeln. Die Verhandlungen haben sich in der Regel jedoch als langwierig und schwierig erwiesen, und bis 1990 wurden maximal sechs Verfahren in genereller Sache zur gleichen Zeit zugelassen.

Unternehmerschaft

Landbesitz und Verfügungsgewalt über Gelder haben den Ureinwohnern Möglichkeiten zu wirtschaftlicher Unabhängigkeit und Entwicklung eröffnet, die ihnen bis in die jüngere Vergangenheit verstellt waren. In den letzten zehn Jahren hat das freie Unternehmertum unter der kanadischen Urbevölkerung eine rasante Entwicklung vollzogen, insbesondere in den Städten. 1995 gab es Schätzungen zufolge in Kanada 18 000 Unternehmen im Besitz von Ureinwohnern. Ungefähr 66% davon waren im **Dienstleistungssektor** angesiedelt, 13% in der Bauwirtschaft und in damit verbundenen Branchen, 12% in der Rohstoffindustrie wie Bergbau und Holzwirtschaft und 9% in den Bereichen Nahrungsmittel, Bekleidung, Möbel, Verlagswesen oder anderen verarbeitenden Gewerbezweigen. Ein rasch wachsender Bereich ist der **Tourismus**, der Besuchern die Kultur und die Lebenswelt der Ureinwohner näher bringt. Arbeitslosigkeit und daraus resultierende soziale Probleme sind jedoch nach wie vor (insbesondere unter der jungen Bevölkerung) verbreitet.

Alljährlich streichen die an **Erdöl** reichen Ureinwohner 32 Millionen Dollar aus dem Geschäft mit dem schwarzen Gold ein. Aber obwohl man meinen sollte, dieser sprunghafte Anstieg der Einnahmen dürfte nur Gutes versprechen, nimmt die Abwanderung (die vor 30 Jahren begann) aus den noch immer verarmten Reservaten in die Städte zu. Infolgedessen lebt eine ungelernte, verarmte Unterschicht von Ureinwohnern in den kanadischen Städten, was wiederum eine zunehmende soziale Spaltung, größere Unzufriedenheit und wachsende Kriminalität zur Konsequenz hat. Der Großteil der in die Städte strömenden Ureinwohner ist jung und zunehmend unzufrieden mit der Bundesregierung und ihren eigenen Führern. Inzwischen leben 60% der Urbevölkerung in Städten, wo angesichts ihrer Lebensumstände die Bildung von **Jugendbanden** nicht ausgeblieben ist. Besonders ausgeprägt ist das Bandentum beispielsweise in Winnipeg, der Stadt mit dem landesweit höchsten Anteil an Ureinwohnern.

Die **Unzufriedenheit**, die durch die Straßenbanden zum Ausdruck kommt, ist überall in den Gemeinden der Ureinwohner zu finden. Die Mitglieder der Banden prangern die finanzielle und politische Bestechlichkeit der Führer an. Junge

Menschen, die mehr als die Hälfte der Urbevölkerung ausmachen, beklagen die Gleichgültigkeit sowohl der Regierung als auch ihrer älteren Generation. „Die meisten von uns haben nichts zu verlieren", so erklärte vor kurzem ein Aktivist, „also werden wir tun, was getan werden muss, um uns Gehör zu verschaffen". Den traurigen Höhepunkt der unausweichlich aufflammenden **Gewalt** bildete die bewaffnete Konfrontation zwischen militanten Mohawk und dem kanadischen Militär in Oka 1990 (s. S. 71). Zu erneuten Auseinandersetzungen kam es fünf Jahre später am Gustafsne Lake in British Columbia und im Ipperwash Provincial Park am Lake Huron. Inzwischen ist die Haltung der Weißen gegenüber militanten Aktionen der Ureinwohner schärfer geworden. Gesetzesübertretungen aus ihren Reihen werden mit harten Gefängnisstrafen belegt, während Verstöße der Polizei kaum geahndet werden. So wurde ein Polizeibeamter aus Ontario, der einen Demonstranten im Ipperwash Provincial Park erschossen hatte, 1997 lediglich der groben Fahrlässigkeit für schuldig befunden und zu zwei Jahren sozialer Gemeindearbeit verurteilt.

Wandel

Die Auseinandersetzungen fanden große Beachtung durch die Medien, und nach den Ereignissen von Oka stellte die Regierung 60 Millionen Dollar für die Arbeit der **Royal Commission on Aboriginal Peoples** bereit. Sechs Jahre später, 1996, forderte die Kommission in ihrem Abschlussbericht einen grundlegenden Wandel sowie die Zuerkennung der Selbstbestimmung für die Ureinwohner. Das Papier legte ein deprimierendes Zeugnis über den Existenzkampf der Urbevölkerung im Alltag ab, darunter auch ethische Schilderungen über Benachteiligungen, Schikanen und Gleichgültigkeit gegenüber den Kindern der Ureinwohner in Internaten. Die Kommission empfahl die Bildung eines Parlaments der Ureinwohner, um über Landansprüche zu befinden, die Einrichtung einer eigenen Universität und die Ankurbelung eines mehrere Millionen Dollar umfassenden Wirtschaftsprogramms, das angelegt auf 20 Jahre die Arbeitslosigkeit sowie die Missstände im Wohnungs- und Gesundheitswesen bekämpfen sollte. Die regierenden Liberalen haben den Großteil der Empfehlungen anscheinend komplett ignoriert und stattdessen klar gemacht, dass ein breiter struktureller Wandel, insbesondere wenn damit Fragen der Verfassung verknüpft sind, nicht ihr Anliegen ist.

Immerhin hat sich die Regierung 1998 zu einer förmlichen **Entschuldigung** bei den Ureinwohnern für die an ihnen begangenen Vergehen durchringen können und für die in schulischer Umgebung erlittenen Misshandlungen Entschädigung angeboten.

Nach jahrzehntelangen Verhandlungen und Planungen wurden mit der Ausrufung des neuen Territoriums **Nunavut** am 1. April 1999 die Provinzgrenzen neu gezogen und ein Fünftel des Landes ging an die kleinste Gruppe der Ureinwohner Kanadas, die Inuit. Nunavut bedeutet in Inuktitut, der Sprache der Inuit, „unser Land". Die Inuit stellen 85% der 27 000 Einwohner, die in dem zwei Millionen Quadratkilometer großen Gebiet in Selbstverwaltung leben.

Erst vor ein paar Jahren, im Juli 2000, hat der Oberste Gerichtshof von British Columbia die Verfassungsmäßigkeit des Gebietsvertrags der **Nisga'a** bestätigt. Dieser Entscheid erging, nachdem die Liberalen in British Columbia versucht hatten, den 487 Millionen Dollar schweren Handel zu annullieren, der den Nisga'a neben 2000 km[2] Land auch Fischerei- und Abholzungsrechte im Wert von 170 Millionen Dollar sowie umfassende Selbstverwaltung zusichert.

Die vormals gespaltene **Assembly of First Nations**, die die *status Indians* repräsentiert, durfte derweil unter ihrem Landesvorsitzenden Phil Fontaine drei Jahre relativer Ruhe verbringen. Fontaine konnte die AFN von dem belastenden Erbe befreien, das ihm sein Vorgänger Ovide Mercredi, ein Fürsprecher einer weitaus härteren Linie auf dem Weg zu indianischer Souveränität, hinterlassen hatte. Fontaine war es auch, der im Juli 1999 ein Kooperationsabkommen mit dem National Congress of American Indians unterzeichnete, der größten indianischen Organisation Amerikas mit Sitz in Washington, um den Handel und den kulturellen Austausch auszubauen.

Ungeachtet seiner Erfolge galt Fontaine als jemand, der die Regierung in Ottawa zu sehr hofierte, weshalb im Jahr 2000 wohl als Signal für eine konfrontationsfreudigere Politik Mathew Coon Come, ein wortoffensiver Anführer der Cree aus dem nördlichen Québec, zum neuen Landeschef gewählt wurde. Die von einigen erhofften Resultate blieben jedoch aus, so dass Fontaine 2003 mit fast 61% der Stimmen wieder in das Amt des National Chief der First Nations zurückberufen wurde.

Kulturelle Wiedergeburt

Jenseits dieses wechselhaften Szenarios konnten seit dem 2. Weltkrieg entscheidende Verbesserungen erzielt werden, die bei vielen Ureinwohnern ein neues Interesse an der eigenen Kultur geweckt haben. Zeremonien wie das Powwow im Sommer und fast schon vergessen geglaubte Kunstfertigkeiten werden wiederbelebt. Inzwischen gibt es Theatergruppen, die die Legenden der Urbevölkerung einem modernen Publikum zugänglich machen, Schriftsteller und Dichter, die in ihren Werken Sichtweisen und Standpunkte der Ureinwohner darstellen, und Maler sowie Bildhauer, die in einer Verschmelzung von traditionellen und modernen Techniken lebendige wie faszinierende Kunstwerke schaffen. Seit 1999 sendet ein öffentlicher Fernsehkanal – das **Aboriginal Peoples Television Network** (APTN) – ein eigenes Programm für die Ureinwohner. Der mit der Schaffung Nunavuts geweckte Optimismus hält sich jedoch in Grenzen, und die Gefahr gewalttätiger Auseinandersetzungen zwischen Ureinwohnern, die eine Wiedergutmachung erlittenen Unrechts fordern, und der Bundesregierung bzw. deren Vertretern ist allgegenwärtig. Die Beschäftigungszahlen verdeutlichen das Problem: Unter den von der Ureinwohnerschaft abstammenden Kanadiern war 2001 nur gut ein Viertel vollzeitbeschäftigt, und deren Jahreseinkommen betrug pro Kopf $33 416 gegenüber $43 298 bei Erwerbstätigen anderer Abstammung. „Sich wie brave kleine Indianer zu benehmen, hat uns noch nie etwas genützt", erklärte Coon Come vor seinem Sturz und sagte weiter: „Die soziale Zeitbombe in den vielen indianischen Gemeinden Kanadas tickt bereits."

Sprache

Kanada besitzt zwei offizielle Landessprachen, **Englisch** und **Französisch**, daneben existieren zahlreiche Sprachen der Ureinwohner. Offiziell sind beide Sprachen gleichberechtigt, in der Praxis spielt das Französische im Westen eine eher untergeordnete Rolle, während man in Québec mitunter mit Englisch kaum weiterkommt.

Die Spannungen zwischen den beiden großen Sprachgruppen spielen eine nicht unerhebliche Rolle in der Politik Kanadas, weitgehend ignoriert bleiben hingegen die Sprachen der Ureinwohner, ausgenommen in den entlegenen Landesteilen, insbesondere in den Northwest Territories und Nunavut, wo **Inuktitut**, die Sprache der Inuit, verbreitet ist. Die Inuit sind die einzige Gruppe der Urbevölkerung mit einem Fernsehkanal in eigener Sprache. Vergleichbare Aufmerksamkeit wird nur noch den Montagnais zuteil – in Nord-Québec und Labrador erscheinen amtliche Veröffentlichungen in Montagnais-Naskapi-Übersetzungen. Die meisten Ureinwohner (auch die Québecs) sind des Englischen mächtig, insbesondere dort, wo Touristen zu erwarten sind.

Alberta und die Rocky Mountains

Calgary Liebenswerte Präriestadt und Schauplatz der alljährlichen Stampede, bei der sich echte und weniger echte Cowboys und Cowgirls feiern

Waterton Lakes National Park Kleinerer Park an der Grenze zu den USA mit guten Wandermöglichkeiten

Kananaskis Country Naturgenuss abseits der nach Banff strömenden Massen

Banff Grandiose Natur und unzählige Sportmöglichkeiten: der Besuchermagnet im Herzen der Rockies

Lake Louise Einzigartige Landschaft nahe Banff

Rafting Vom Wasser aus Tuchfühlung mit den Bergen aufnehmen

Jasper National Park Nach einer Fahrt auf dem legendären Icefields Parkway lädt der Park zu unvergesslichen Wanderungen in die Wildnis ein

Mount Robson Atemberaubende Aussicht auf den höchsten Gipfel der Rockies westlich von Jasper

Yoho National Park Erhabene Pracht und lohnende Wanderungen

Glacier und Revelstoke Imposante Berglandschaften und großartige Wanderrouten westlich von Yoho

Alberta ist Kanada vom Feinsten. Für viele sind die kanadischen Rocky Mountains einer der Hauptgründe, das Land zu bereisen. Entsprechend hoch sind die Erwartungen. Und sie werden nicht enttäuscht: Selbst die größten Übertreibungen werden der Schönheit der Wälder, Seen, Flüsse und Gipfel nicht gerecht.

Von der Grenze zu den USA erstrecken sich die kanadischen Rocky Mountains über eine Länge von fast 1500 km nach Norden, bevor sie sich mit den Gebirgsketten im Yukon und in Alaska vereinen. Die Rockies formen die riesige kontinentale Wasserscheide, die bestimmt, ob sich ein Fluss seinen Weg in den Pazifik, ins Arktische Meer oder in den Atlantik bahnt. Das Interesse der meisten Besucher konzentriert sich jedoch auf das halbe Dutzend National- und Provinzparks im Herzen der Bergregion. Sie alle werden mit bemerkenswerter Effizienz geleitet und sind von den nahen Städten aus leicht zu erreichen.

Wer die Rockies von Osten oder aus den USA kommend ansteuert, wird kaum umhin kommen, auch in Edmonton oder Calgary, den Verkehrsknotenpunkten für das nördliche und südliche Alberta, einige Zeit zu verbringen. Welten scheinen die Atmosphäre und das Erscheinungsbild der beiden Städte zu trennen, die sich im Übrigen in einer angestrengten Rivalität befehden. **Calgary** hat dabei allerdings in fast jeder Hinsicht die Nase vorn. Durch die Lage am **Trans-Canada Highway**, weniger als 90 Minuten vom Banff National Park entfernt, bietet die Stadt günstigere Voraussetzungen als Edmonton für Fahrten in die Yoho, Kootenay, Glacier und Revelstoke Parks oder für die Weiterreise ins südliche British Columbia und an die Westküste. Aber noch andere Vorzüge sprechen für Calgary: Das Wetter ist freundlicher, die Calgary Stampede lockt als eines der ausgelassensten Feste des Landes und der reiche Geldsegen aus Öl und Erdgas hat nicht zuletzt zur Verbesserung der städtischen Infrastruktur beigetragen.

Vergleichsweise reizlos präsentiert sich hingegen **Edmonton**, eine Stadt am Rand eines immensen Gebietes borealen Nadelwalds und niedriger Hügel, die sich bis über die Grenze in die Northwest Territories erstrecken. Beim Bau der Canadian Pacific Railway, die Calgary zu früher Blüte verhalf, blieb Edmonton unberücksichtigt. Reisenden empfiehlt sich die Stadt in erster Linie als Tor zum Alaska Highway sowie zum Norden British Columbias. Der **Yellowhead Highway** und Kanadas letzte noch existierende transkontinentale **Eisenbahn** verbinden Edmonton mit Jasper und den gleichnamigen Nationalpark in ca. vier Stunden.

Westlich der beiden Städte erstreckt sich in Nord-Süd-Richtung eine nahezu ununterbrochene Folge von National- und Provinzparks: Das südliche Ende des Gebirgszugs nimmt der kleine, aber beeindruckende **Waterton Lakes National Park** ein, der mit dem in den USA liegenden Glacier National Park eine Einheit bildet. Nördlich davon liegt **Kananaskis Country**, ein Gebiet mit weniger restriktiv verwalteten Provinzparks, die z.T. eingerichtet wurden, um den bekanntesten Park der Region, den **Banff National Park**, zu entlasten. Weit weniger Besucher sieht der mit Abstand größte und noch weiter im Norden angesiedelte Park des Gebiets, der **Jasper National Park**. Die westliche Grenze sowohl des Banff als auch des Jasper Nationalparks bildet gleichzeitig die Provinzgrenze, und British Columbia verwaltet das angrenzende Land in separaten Parks. Dazu zählen wenig westlich von Jasper der **Mount Robson Provincial Park** mit den höchsten und spektakulärsten Gipfeln der kanadischen Rockies und westlich von Banff die Nationalparks **Yoho** und **Kootenay**.

Zwei weitere, kleinere Parks, der **Glacier National Park** und der **Mount Revelstoke National Park**, liegen etwas abseits der eigentlichen Rocky Mountains und klar abgegrenzt in British Columbia.

Informationen und Hotelreservierungen

Travel Alberta, ☎ 1-800/661-8888,
🖳 www.travelalberta.com
Alberta Accommodation,
🖳 www.alberta-accommodation.com

Skigebiete in Alberta und den Rockies

Angesichts einer garantierten Schneedecke, niedriger Preise und in der Regel wenig überlaufenen Pisten sind die Rockies ein höchst verlockendes Ziel für einen **Ski**- oder **Snowboard**-Urlaub. Ideale Bedingungen herrschen auch für Langlauf, Schneeschuhwandern, Fahrten in Hundeschlitten oder auf Schneemobilen (Letzteres ist allerdings in den Nationalparks verboten). Wer Eisklettern, Schlittschuhlaufen, Canyoning oder Eisfischen möchte, findet ebenfalls reichlich Möglichkeiten.

In den meisten Wintersportzentren dauert die **Saison** von Mitte Dezember bis Ende Mai, die besten Bedingungen bieten sich normalerweise im März, wenn die Tage wärmer und länger werden, der Schnee am tiefsten ist und die Unterkunftssuche – während der Weihnachtswoche, in den Schulferien Mitte Februar sowie an Ostern ein heilloses Unterfangen – keine Probleme bereitet.

Die bekanntesten und unweigerlich begehrtesten und teuersten Wintersportgebiete liegen im Banff National Park und sind bequem von Banff zu erreichen: **Mount Norquay** ist klein, steil und anspruchsvoll, **Sunshine Village** hat für jedes Talent geeignete Pisten, lohnt sich aber vor allem für Fortgeschrittene. Eine Herausforderung für jeden ambitionierten Skifahrer ist das ausgedehnte Gelände am **Lake Louise**. Für die drei Gebiete gibt es ein gemeinsames Liftkarten-System. Hochbetrieb herrscht an Wochenenden, unter der Woche geht es ungleich ruhiger zu.

Kleinere und ebenfalls leicht von Banff zu erreichende Alternativen finden sich in Kananaskis Country. Das dortige Wintersportdomizil **Nakiska** zählt zu den einladendsten des Kontinents und verfügt über modernste Einrichtungen sowie zahlreiche Langlaufmöglichkeiten. Um einiges kleiner ist **Fortress Mountain**, 15 km südlich, auf dessen Hängen man sich häufig inmitten von Schulgruppen und Familien wiederfindet.

Nördlich von Banff liegt im **Jasper National Park**, drei Stunden Autofahrt auf dem grandiosen Icefields Parkway entfernt, das vergleichsweise bescheidene, aber dafür auch ruhigere und preiswertere Skigebiet **Marmot Basin**. Der im Zentrum dieses Gebiets gelegene Ort Jasper ist weniger touristisch als Banff, und die Umgebung kann mit nahezu grenzenlosen Möglichkeiten für Langlauf aufwarten.

Neben diesen großen Namen gibt es in den Rocky Mountains British Columbias noch zahlreiche ebenso lohnende, aber schwieriger zugängliche Skigebiete mit ähnlich hervorragenden Schneeverhältnissen bei milderen Temperaturen. Zusätzlichen Reiz und größere Freiheit versprechen die Gebiete außerhalb der streng geschützten Nationalparks. Als Folge findet man dort nicht nur die weltweit größte Konzentration von Anbietern für Heli-

skiing, sondern sowohl große Wirtschaftsansiedlungen als auch kontinuierlich wachsende Resorts.

Das neueste und Banff am nächsten gelegene ist **Kicking Horse**, das zwar noch in den Kinderschuhen steckt, aber in Anbetracht des exzellenten, anspruchsvollen Geländes von manchen als *der* zukünftige Hauptkonkurrent Banffs angesehen wird. Südlich davon erhebt sich am westlichen Rand der Rockies der **Panaroma**, ein Berg für Carver und gemächlichere Abfahrer und grandiose Kulisse für das dazugehörige beschauliche Feriendorf. Wiederum einige Stunden Autofahrt südlich erreicht man die betriebsamen, familienorientierten Hänge von **Kimberley**, ideales Terrain für Anfänger und Fortgeschrittene, in dem es aber auch einige phänomenale Buckelpisten gibt. Die mehrtägigen Skipässe von Kimberley gelten auch in **Fernie** (und umgekehrt), das mit seinen vielen Bergkesseln und Pisten der größte Rivale Banffs im internationalen Skigeschäft ist.

Edmonton

Albertas Provinzhauptstadt Edmonton zählt zu den nördlichsten Städten Kanadas, und scheint manchmal – vor allem während des klirrend kalten Winters – etwas zu weit im Norden zu liegen, um noch gemütlich zu sein. Am North Saskatchewan River gelegen, der sich von Uferparks gesäumt unterhalb der Hochhäuser Downtowns dahinwindet, ist die Stadt eifrig bemüht, mit ihren Festivals, Parks, Restaurants und Stadterneuerungsprojekten Besucher anzulocken. Angesichts eines Zentrums, das bis heute mehr den unfertigen Charakter einer Pionierstadt vermittelt, nehmen die meisten Besucher einen Einkaufskomplex, die unglaubliche **West Edmonton Mall**, als vorrangige Attraktion ins Visier. Obgleich nicht ohne einen gewissen Reiz des Kuriosen, scheint es doch etwas übertrieben, eigens deswegen nach Edmonton zu kommen.

Das Zentrum kann mit einer Hand voll bescheidener Sehenswürdigkeiten aufwarten, lohnender ist jedoch **Old Strathcona**, ein verjüngtes „historisches" Viertel südlich des North Saskatchewan River, das geschichtsträchtige Gebäude, kleine Museen und jede Menge Restaurants und Bars versammelt. Große Standardmuseen wie in Calgary und Vancouver besitzt Edmonton zwar nicht, dafür aber das erstklassige **Space and Science Centre**.

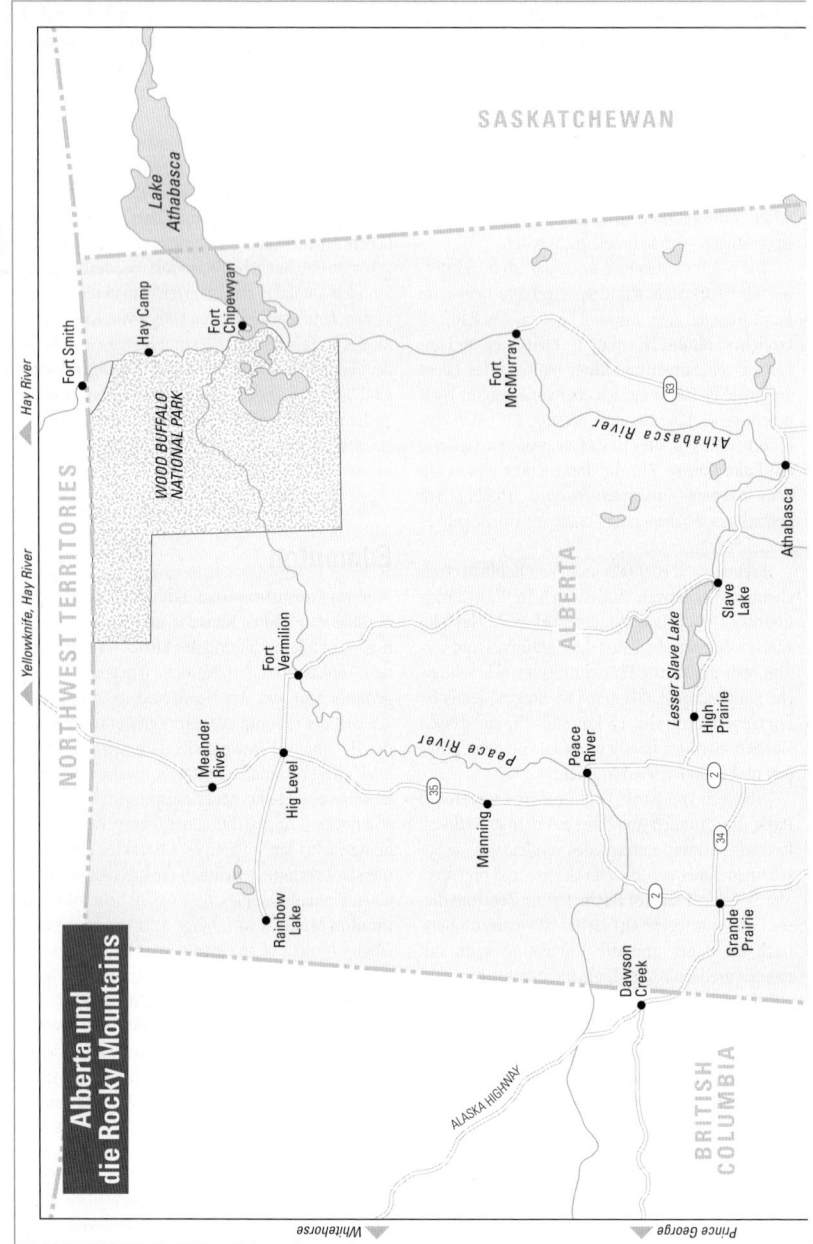

Alberta und
die Rocky Mountains

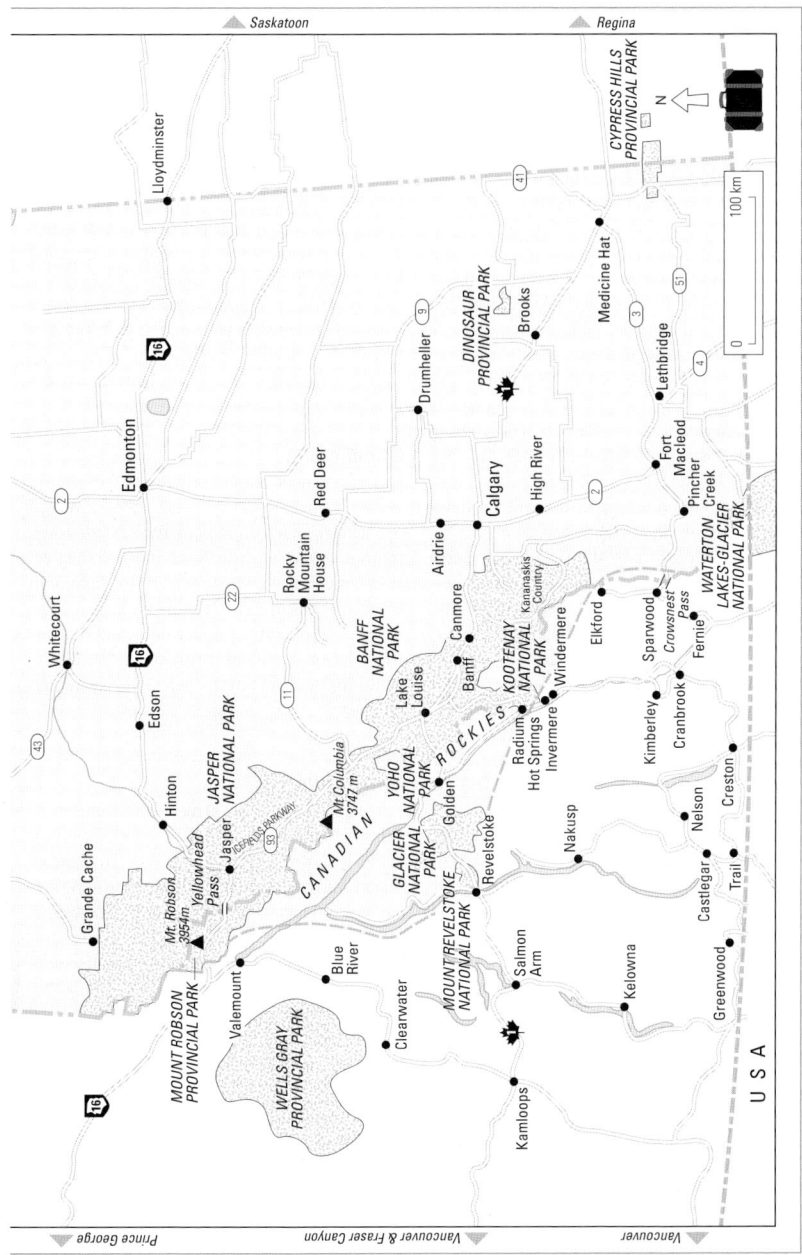

Geschichte

Schon tausende Jahre vor Ankunft weißer Siedler lockte der Reichtum an **Quarzit**, aus dem sich scharfkantige Waffen und Werkzeuge fertigen ließen, indianische Völker in die Gegend des heutigen Edmonton. Im 18. Jh. kamen **Pelzhändler**, die vom Fluss und den Waldgebieten mit ihrem immensen Reichtum an Pelztieren angezogen wurden. Von noch größerem Vorzug war die Lage am Zusammentreffen der von den Blackfoot im Süden und den Cree, Dene sowie Assiniboine im Norden beherrschten Gebiete. Unter normalen Umständen wären diese indianischen Völker unversöhnliche Feinde gewesen, in der Umgebung des späteren Edmonton gelang es ihnen jedoch durch den Handel über Vermittler wie der North West Company, die 1795 Fort Augustus am Standort der heutigen Stadt errichtete, friedlich zu koexistieren. Noch im selben Jahr kam das Respekt einflößende, palisadenbewehrte **Fort Edmonton** hinzu, das William Tomison für die Hudson's Bay Company baute.

Bald entwickelte sich die Gegend zu einem wichtigen Handelsplatz, doch der große Siedlerstrom setzte erst nach 1870 ein, nachdem die HBC ihr Hoheitsrecht an das Dominion of Canada verkauft hatte. Der Rückgang des Pelzhandels um 1880 wirkte sich kaum negativ auf die Siedlung aus, die nach wie vor als Ausgangspunkt für Reisende in den Norden diente. Der weltweite Bedarf an Getreide tat ein Übriges, um weitere Siedler in die Region zu holen, in der trotz widrigen Klimas und dank der Mechanisierung der Landwirtschaft inzwischen stattliche Ernten eingefahren werden konnten.

Von entscheidendem Nachteil war jedoch, dass die erste transkanadische Eisenbahnlinie durch Calgary und nicht durch Edmonton gebaut wurde, und die 1891 von dort gelegte Strecke der Edmonton Railway Company südlich der Stadt in Strathcona endete, wo eine neue Ansiedlung wuchs. So recht etablierte sich die Stadt erst im Zuge des Goldrauschs am Yukon 1897, zudem auch nur mit Hilfe eines Betrugs. Von den Ausrüstern der Stadt angestachelt, lockten die Zeitungen die Goldsucher mit dem Versprechen einer „rein kanadischen Route" zu den Goldfeldern unter Umgehung Alaskas und des gefürchteten Chilkoot Trail (s. S. 460) an. Wie sich herausstellte, handelte es sich dabei um eine größtenteils fiktive Route, die 3000 Kilometer durch unwirtlichste Wildnis führte. Hunderte kamen auf dem Weg nach Norden, und die, die überlebten oder sich erst gar nicht auf den Weg gemacht hatten, ließen sich in Edmonton nieder. Während des 2. Weltkriegs gewann die Stadt angesichts ihrer strategischen Lage zu Alaska an Bedeutung, in den Nachkriegsjahren sicherten die 1947 entdeckten **Öllagerstätten von Leduc** das wirtschaftliche Wachstum. Bis 1956 gab es im Umkreis von 100 Kilometern ca. 3000 Bohrlöcher, aus denen Öl gefördert wurde. Seither hat sich Edmonton einzig vielleicht noch im **Sport**, als Geburtsort von Wayne Gretzky, des größten Eishockeyspielers aller Zeiten, einen Namen machen können. Das Geld aus dem Ölgeschäft dient einer kontinuierlichen Verschönerung der Stadt, ihre eher rauen Wurzeln aus der Pionierzeit bleiben jedoch bis heute sichtbar.

Orientierung

Die Adressen in Edmonton können verwirrend wirken. Avenues verlaufen von Osten nach Westen mit aufsteigenden Nummern nach Norden hin, während Streets sich in Nord-Süd-Richtung erstrecken und nach Westen hin höhere Nummern erhalten. Die Hausnummern sind meist an das Ende der Straßennummer gefügt, d.h. dass beispielsweise die Adresse 10021-104th Avenue das 21. Gebäude in der 100th Street, Ecke 104th Avenue, bezeichnet.

Sehenswertes

Edmontons Stadtbild wirkt merkwürdig uneinheitlich, ein Eindruck, der selbst die sechs Blocks umfassende **Downtown** um den Sir Winston Churchill Square und entlang der in Ost-West-Richtung verlaufenden Hauptverkehrsader, der **Jasper Avenue** (101st Avenue), bestimmt. Innerhalb dieses Straßenrasters, das im Süden durch den North Saskatchewan River begrenzt wird, sind zwar einige Sehenswürdigkeiten angesiedelt, das jüngere und kosmopolitischere Edmonton findet man jedoch südlich des Flusses in **Old Strathcona** (siehe auch „Essen" und „Unterhaltung"). Westlich von Downtown und nicht mehr in Fußnähe liegen die **West Edmonton Mall**, das **Space and Science Centre** und das **Provincial Museum**. Für einen erholsamen Spaziergang bieten sich die lang gestreckten Parkanlagen entlang des Flussufers an, reizvoll ist zudem der Gang über die Low Level Bridge zum

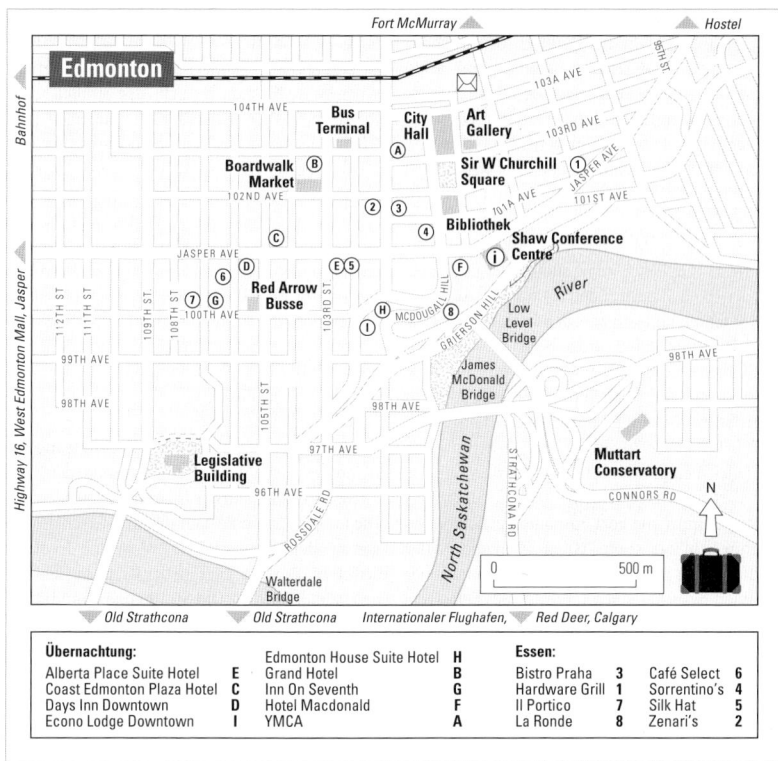

Map labels (Edmonton):
Fort McMurray — Hostel
Edmonton
Bahnhof
104TH AVE
103A AVE
Bus Terminal
City Hall (A)
Art Gallery
103RD AVE
Boardwalk Market (B)
Sir W Churchill Square (1)
JASPER AVE
102ND AVE
101A AVE
101ST AVE
(2) (3)
(C)
(4)
Bibliothek (i)
Shaw Conference Centre
JASPER AVE
(6) (D) (E)(5) (F)
Red Arrow Busse
(7) (G)
100TH AVE
(H) MCDOUGALL HILL
(I)
River
Low Level Bridge
99TH AVE
98TH AVE
98TH AVE
98TH AVE
James McDonald Bridge
Highway 16, West Edmonton Mall, Jasper
112TH ST / 111TH ST / 109TH ST / 108TH ST / 100TH ST / 103RD ST / 105TH ST
97TH AVE
Legislative Building
96TH AVE
ROSSDALE RD
GRIERSON HILL
STRATHCONA RD
North Saskatchewan
Muttart Conservatory
CONNORS RD
N
0   500 m
Walterdale Bridge
Old Strathcona — Old Strathcona — Internationaler Flughafen, — Red Deer, Calgary

Übernachtung:		Essen:			
Alberta Place Suite Hotel	Edmonton House Suite Hotel **H**	Bistro Praha	**3**	Café Select	**6**
Coast Edmonton Plaza Hotel **C**	Grand Hotel **E**	Hardware Grill	**1**	Sorrentino's	**4**
Days Inn Downtown **D**	Inn On Seventh **G**	Il Portico	**7**	Silk Hat	**5**
Econo Lodge Downtown **I**	Hotel Macdonald **F**	La Ronde	**8**	Zenari's	**2**
	YMCA **A**				

lohnenden **Muttart Conservatory**, einem botanischen Garten, der unter seinen vier futuristischen Glaspyramiden eine üppige Pflanzenwelt sowie naturgeschichtliche Exponate birgt.

Downtown

Richtig zum Leben erwacht Downtown Edmonton nur, wenn an sonnigen Tagen die Büroangestellten zur Mittagspause aus den Gebäuden strömen oder wenn eines der vielen Festivals veranstaltet wird. Wer etwas Zeit hat, kann eine Hand voll mäßig interessanter Sehenswürdigkeiten erkunden, darunter die zum Civic Centre gehörende und am Nordrand des Sir Winston Churchill Square gelegene **Edmonton Art Gallery**, 99th St, Ecke 102nd Ave. Sie zeigt in erster Linie moderne kanadische Kunst, präsentiert aber auch häufig Wanderausstellungen. ☉ Mo–Mi 10.30–17, Do und Fr 10.30–20,

Sa und So sowie feiertags 11–17 Uhr, $4, Do 16–20 Uhr Eintritt frei. Anfahrt (sofern überhaupt erforderlich) mit dem Bus Nr. 2 oder mit der LRT bis zur Station Churchill.

Ausgefallener und daher vielleicht interessanter ist das **Edmonton Police Museum and Archives** in der dritten Etage der Polizeihauptwache, 9620-103A Ave, das die Geschichte der Gesetzeshüter Albertas von ihren Anfängen über die Bildung der RCMP (Royal Canadian Mounted Police) im Jahr 1873 bis hin zur modernen Truppe von heute nachzeichnet. Zu bestaunen gilt es u.a. Handschellen, ehemalige Gefängniszellen sowie eine ausgestopfte Ratte, die zu Lebzeiten ihren Dienst als Maskottchen der RCMP tat. ☉ Mo–Sa 9–15 Uhr, feiertags geschlossen, Eintritt frei.

Jenseits der Low Level Bridge erreicht man wenig südlich von Downtown und des Flusses die markanten Glaspyramiden des **Muttart Conserva-tory**, 9626-96A St. In drei Hightech-Gewächshäusern werden tropische, gemäßigte und aride Klimazonen mit den dazugehörigen Pflanzen präsentiert (und mitunter durch exotische Vögel bereichert). Die vierte Pyramide stellt verschiedene botanische Experimente vor und zeigt wechselnde Ausstellungen. ⊙ Mo–Fr 9–18, Sa und So 11–18 Uhr, $4,75.

Wer nicht zu Fuß gehen möchte, kann mit dem Bus Nr. 51 (Capilano) wenig südlich der Jasper Ave von der 100th St nach Süden bis zur 98th Ave, Ecke 97A St fahren und von dort den kurzen Weg einen Block Richtung Süden zurücklegen.

Südlich der Jasper Ave steht das von einer Kuppel bekrönte und aus Sandstein erbaute **Alberta Legislature Building**, Informationen, Führungen ✆ 780/427-7362, 97th Ave, Ecke 107th St. Es wurde 1912 gleich einer mittelalterlichen Kathedrale, die sich über einen alten Schrein erhebt, am ursprünglichen Standort von Fort Edmonton errichtet. Die weithin sichtbare Kuppel ist ein Wahrzeichen der Stadt, und im prächtig ausgestatteten Innern bekommen Besucher einen Eindruck des Selbstverständnisses einstiger Provinzherrscher. Das verwendete Holz stammt beispielsweise zum Teil aus Belize, der Marmor aus Québec, Pennsylvania und Italien und der Granit aus der rivalisierenden Nachbarprovinz British Columbia. ⊙ Kostenlose Führungen März–Ende Mai sowie Anfang Sep–Feb Mo–Fr 8.30–17, Sa und So 9–17 Uhr. Die nächstgelegene LRT-Station ist Grandin.

Wenig nördlich liegt inmitten der flankierenden Parkanlage das **Alberta Legislative Assembly Interpretive Centre**, das erschöpfende Auskunft über die politische Vergangenheit Albertas und das Gebäude, in dem darüber entschieden wurde, gibt. ⊙ wie das Legislature Building.

Old Strathcona

Südlich des North Saskatchewan River erstreckt sich das Ende des 19. Jhs. entstandene Viertel Strathcona. Es verdankt seine Existenz einer Entscheidung der Calgary and Edmonton Railway Company (C&E), die von Calgary nach Norden verlaufende Eisenbahnlinie hier und nicht im eigentlichen Edmonton enden zu lassen, weil ihr die Baukosten für eine Brücke über den Fluss zu teuer waren. Als die Bevölkerung 1912 auf ca. 7500 Einwohner angewachsen war, wurde der Ort Edmonton eingemeindet.

In einer für Stadterneuerungsprojekte typischen Weise hat man versucht, den Straßen sowie zahlreichen alten Gebäuden ihr einstiges Flair wiederzugeben – das heißt man findet hier jede Menge neu gepflasterte Wege und reproduziertes Straßeninventar. Trotzdem ist Strathcona das am schönsten erhaltene alte Viertel der Stadt und wie kein anderes für einen hübschen Spaziergang an einem sonnigen Tag geeignet. Von Downtown verkehren zahlreiche Busse in die Gegend, zu Fuß lässt es sich über die Walterdale Bridge oder die High Level Bridge erreichen. Am günstigsten ist die Anfahrt mit der LRT bis zur Station University, von dort weiter mit einem Bus Nr. 8, 43 oder 46 zur 104th St und 82nd Ave.

Das Viertel erstreckt sich um die **Whyte Avenue** (82nd Ave) Richtung Süden und wird von der 109th Street im Westen und der 103rd im Osten begrenzt. Die meisten Cafés, Restaurants und Geschäfte liegen an oder nahe der Whyte Avenue und der 103rd Street. In günstiger Lage an der Kreuzung der beiden befindet sich die **Old Strathcona Foundation**, 401-10324 Whyte Ave, die eine Reihe von Broschüren für Rundgänge zu den historischen Gebäuden der Gegend bereit hält. ⊙ im Sommer Mo–Fr 8.30–16.30, sonst Di und Mi 8.30–16.30 Uhr.

Nur wenig nördlich liegt an der 83rd Ave der **Old Strathcona Farmers' Market**, ein idealer Ort, um sich mit Proviant für ein Picknick einzudecke oder zwischen Kunsthandwerk zu stöbern; ⊙ Juli und Aug Sa 8–15, Di und Do 12–16, sonst nur Sa 8–15 Uhr.

Für Abwechslung nach ausgiebigen Rundgängen und Café-Besuchen sorgen zwei kleine Museen im Viertel. Eisenbahnfans sollten sich das **C&E Railway Museum**, 10447-86th Ave, nicht entgehen lassen, das im nachgebauten Bahnhof von Strathcona aus dem Jahr 1891 untergebracht ist und eine Sammlung von Gegenständen, Kleidungsstücken und Fotos zum Thema Eisenbahn beherbergt. ⊙ Juni–Aug Di–Sa 10–16 Uhr, im Winter nach Vereinbarung, ✆ 780/ 433-9739, $2. Ebenfalls Nostalgisches präsentiert das **Telephone Historical Information Centre**, 10437-83rd Ave, in Strathconas einstigem, 1912 erbautem Telegrafenamt mit einer Ausstellung über die Entwicklung der Telekommunikation in Edmonton. ⊙ Di–Fr 10–16, Sa 12–16 Uhr, $3.

Provincial Museum of Alberta

Abgelegen in den westlichen Vororten bietet das 10 Minuten Fahrt vom Zentrum entfernte Provincial Museum of Alberta, 12845-102nd Ave, einen guten ersten Einblick in Geschichte, Kultur sowie Flora und Fauna Westkanadas.

Die mit Abstand beste Abteilung ist den Bisonherden der Region und ihrer praktisch gänzlichen Ausrottung gewidmet. Sehenswert ist auch die Ausstellung über die Urvölker der Region mit verschiedenen aufwendigen Multimedia-Exponaten, die die Geschichte und Kultur der Blackfoot sowie anderer indianischer Völker in ansprechendem Rahmen und anhand von Kunstobjekten, Artefakten und weiteren Gegenständen würdigt. Ebenfalls große Sorgfalt hat man auf die Insektenabteilung verwendet, die mit lebendigen und oftmals exotischen Vertretern bestückt ist, sowie auf die „Earth's Changing Face" betitelte, geologische Ausstellung, die sich mit Edelsteinen, Erzen, Felsgestein und Dinosauriern befasst. Über aktuelle Sonderausstellungen informiert das Visitor Centre. ⊙ tgl. 9–17 Uhr, $6,50; Anfahrt mit den Bussen 1, 14, 100, 111, 113, 114 und 120 nach Westen entlang der Jasper Avenue Richtung „Jasper Place".

Fort Edmonton Park und Space Centre

Entlang einer weiten Flussschleife des North Saskatchewan River erstreckt sich im Südwesten der Stadt, südwestlich der Quesnell Bridge und des Fox Drive, der knapp 65 ha große Ford Edmonton Park, der die Besiedlungsgeschichte der Weißen im Edmonton des 19. Jhs. nachstellt. Sämtliche historischen Bauten sind neu errichtet worden, und obwohl mit sehr viel Liebe zum Detail und den 1846 üblichen Handwerkstechniken daran gearbeitet wurde, möchte sich kaum ein Gefühl von Authentizität einstellen.

Herzstück des Komplexes ist das nachgebaute **Fort Edmonton**, ein Pelzhandelsposten, in dessen Zentrum sich das Big House befindet. Zwischen 1828 und 1854 logierte in ihm der Verwalter und Regent des (damals) vage umrissenen Saskatchewan District, John Rowland. Um das Gebäude sind die Quartiere von einst ungefähr 130 Bewohnern gruppiert. An ihrer statt erwarten heute stilgetreu kostümierte Parkmitarbeiter die Besucher, um in die Rollen als Schmiede, Ladenbesitzer und Schullehrer aus jener Zeit zu schlüpfen. Das Straßenbild

Edmontons aus den Jahren bevor die Eisenbahn Einzug hielt, wird mit einer Version der Jasper Avenue anno 1885 widergespiegelt, zwei weitere Straßen lassen die Jahre 1905 und 1920 samt voll funktionierenden Dampfmaschinen und Straßenbahnwagen noch einmal lebendig werden.

⊙ Ende Mai–Ende Juni Mo–Fr 10–16, Sa und So 10–18 Uhr, Ende Juni–Anfang September tgl. 10–18 Uhr, sonst im September Mo–Sa 11–15, So und feiertags 11–18 Uhr, Eintritt Ende Juni– Anfang September $7,25, sonst 5,50. Anfahrt mit der LRT bis zur Station University, weiter mit dem Bus Nr. 4, 30, 32 oder 106 bis Fox Drive, Whitemud Drive und Keillor Rd, von dort noch ca. 10 Min. Fußmarsch bis zum Park, der abseits des Whitemud Freeway nahe der Quesnell Bridge liegt.

Das im Coronation Park gelegene, prachtvolle **Edmonton Space and Science Centre**, 11211-142nd St, ⌨ www.edmontonscience.com, zählt zu den Besuchermagneten der Stadt. Die beiden Hauptattraktionen des Komplexes sind das **Margaret Zeidler Star Theatre** (⊙ tgl. 11–19 Uhr), das in Kanadas größter Planetariumskuppel stündlich Lasershows und Himmelspräsentationen bietet, und das **IMAX Theatre**, das zusammen mit einem Café und einem Laden in der so genannten Lower Gallery untergebracht ist (Preise und Zeiten ja nach Vorstellung unterschiedlich). Der Bereich der Middle Gallery ist einer Reihe von wechselnden Ausstellungen zu Themen aus Wissenschaft und Technik vorbehalten, die Upper Gallery beherbergt das **Challenger Centre**, in dem man eine simulierte Fahrt ins All unternehmen kann. Zu sehen gibt es außerdem Exponate über neuere Entwicklungen in der Kommunikationstechnologie, und über den Tag verteilt werden im Centre verschiedene wissenschaftliche Demonstrationen vorgeführt. Ganz dem Computer ist das Dow Computer Lab gewidmet, angehende Astronomen können sich vom **Observatorium** des Centre beeindrucken lassen (⊙ sofern das Wetter mitspielt Fr 20–24, Sa und So 13–17 und 20–24 Uhr).

⊙ tgl. So–So 10–20.30, $6,95, Kombikarte inkl. Zeidler Star Theatre, Ausstellungen und wissenschaftliche Demonstrationen oder ein IMAX-Film $11,95. Anfahrt mit Bus 5 (Westmount) Richtung Westen entlang der 102nd Ave und nach Norden auf der 124th St – Busfahrer um Ansage der entsprechenden Haltestelle bitten.

West Edmonton Mall

Als „Erlebnis-Mall" wird die West Edmonton Mall, 🖥 www.westedmall.com, in ihrer Werbebroschüre angepriesen: Mit nicht weniger als elf Einträgen ist sie im *Guinness Buch der Rekorde* verzeichnet, der wohl zugkräftigste darunter ist der des „größten Einkaufskomplexes der Welt". Der insgesamt $1,1 Milliarden teure Komplex dehnt sich über eine Fläche von umgerechnet 115 Football-Feldern (oder 48 Häuserblocks) aus und umfasst mehr als 800 Geschäfte und Restaurants, hinzu kommen 19 Kinos und 11 Kaufhäuser; die vereinigten Parkplätze sind der Welt größte Einrichtung ihrer Art und bieten 20 000 Fahrzeugen Platz, auch der hier angesiedelte Aquapark behauptet sich mit seinen 50 Millionen Liter Wasser unangefochten an der Weltspitze, und der Stromverbrauch würde ausreichen um eine 50 000 Einwohner zählende Stadt zu versorgen. Segen und Fluch des Konsumgiganten für Edmonton liegen nahe beieinander: Einerseits bietet er 15 000 Menschen Arbeit und zieht zur allgemeinen Überraschung 20 Millionen Besucher pro Jahr (oder 55 000 pro Tag) an, andererseits hat er dem Einzelhandel der Stadt 30% Umsatzrückgang beschert und in Folge die Geschäfte Downtowns praktisch lahm gelegt.

Die Auswahl der Läden ist nicht übermäßig anspruchsvoll, jedoch reicht die schiere Größe des Komplexes aus, um mühelos einen ganzen Tag darin zu verbringen; ◷ der Geschäfte Mo–Fr 10–21, Sa 10–18, So 12–18 Uhr. Vor allem aber sind es die verschiedenen Attraktionen, die der Mall ihre Einzigartigkeit verleihen. Dazu gehören die weltweit einzige Möglichkeit zum Bungee Jumping in einer Halle (ab $60) und der mit 122 m Länge größten See im Innern eines Gebäudes. Letzterer ist Teil einer ganzen Anhäufung von Attraktionen unter dem Namen **Deep Sea Adventure**, die u.a. eine Nachbildung von Columbus' *Santa Maria* in Originalgröße sowie vier funktionstüchtige U-Boote – mehr als die kanadische Marine besitzt – umfassen, mit denen man eine Fahrt vorbei an ca. 200 verschiedenen Arten von Meeresbewohnern unternehmen kann. Für Kurzweil sorgen außerdem Delphin-Shows ($2), Kanus, die gemietet werden können, Möglichkeiten zum Tauchen und ein mit den obligaten Haien ausgestattetes Unterwasseraquarium ($3). ◷ Mo–Do 11–16.30, Fr und Sa 11–19.30, So 11–17.30 Uhr, $13.

Doch damit nicht genug: Der größte überdachte **Vergnügungspark** der Welt, *Galaxyland,* lockt mit Fahrgeschäften wie dem *Drop of Doom,* einem freien Fall aus schwindelerregender Höhe, und dem nicht minder halsbrecherischen *Mindbender,* einer Achterbahn mit Dreifachlooping. Es versteht sich von selbst, dass Letztere die weltgrößte in einer Halle betriebene Achterbahn ist. ◷ Mo–Do 12–20, Fr und Sa 10–22, So 11–19 Uhr, Tageskarte $24,95. Der ansprechende **World Waterpark** wiederum setzt sich aus einer Reihe riesiger Schwimmbecken, endloser Wasserrutschen und Wellenbäder zusammen. ◷ Mo–Do 12–19, Fr und Sa 10–20, So 11–18 Uhr, Tageskarte $29,95, nach 17 Uhr weniger. Ist die Energie dann immer noch nicht erschöpft, kann man auf einer Eisfläche von der Größe eines Eishockey-Spielfelds ein paar Runden drehen (Eintritt $4,50, Schlittschuhverleih $3). Als Ausklang des Besuchs könnte der Besuch in einem der vielen **Kinos** (darunter ein IMAX-Kino) oder Clubs stehen.

Wer sich gar nicht losreißen möchte, findet im **Fantasyland Hotel**, ✆ 780/444-3000 oder 1-800/661-6454, ❼, ein Quartier für die Nacht. Um allen Fantasien gerecht zu werden, sind 118 der 354 Hotelzimmer thematisch eingerichtet, so z.B. altrömisch, arabisch, afrikanisch, im Stil einer viktorianischen Kutsche, eines Iglus oder eines Eisenbahnwaggons, am ausgefallensten ist sicherlich die einem Laster nachempfundene Unterbringung. Die preiswerteren Zimmer sind ohne Jacuzzi und verspiegelter Decke ausgestattet. Zahlreiche der mehr als 100 **Lokale** in der Mall – die besten s.u. unter „Essen" – sind in zwei „Themenstraßen" angesiedelt, dem Europa Boulevard und der New Orleans entlehnten Bourbon Street.

Von Downtown bestehen u.a. Anfahrtmöglichkeiten mit den Bussen 100, 109, 111 und 113 in westlicher Richtung. Der Standort des Monstrums, sofern man bei fünf verschiedenen Postleitzahlen und 58 Eingängen überhaupt von einer Adresse sprechen kann, befindet sich an der 170th St, Ecke 87th Ave.

Orientierungskarten sowie allerlei Zahlen und Fakten sind an den Informationsschaltern des Hauptgebäudes erhältlich. Bei Ermüdungserscheinungen können ab ca. $6 pro Stunde Elektroroller gemietet werden.

Übernachtung

Aufgrund seiner Bedeutung für Geschäftsleute besitzt Edmonton reichlich **Hotels**, und da die Stadt weniger Touristen anlockt als Calgary, lassen sich **preiswerte Unterkünfte** vergleichsweise leichter finden, allerdings ist der hiesige Standard dafür auch niedriger. In den Mittelklassehotels dürfte es insbesondere außerhalb der Saison kein Problem sein, ein günstiges Zimmer zu bekommen. Die **Motels** sind in den wenig ansprechenden Randbezirken der Stadt angesiedelt, die meisten davon entlang der Stony Plain Road (nordwestlich von Downtown) sowie am Calgary Trail (südlich). Kostenlose Reservierung übernimmt *Alberta Express Reservations,* ✆ 780/464-3515 oder 1-800/884-8803, 🖥 www.hotelforyou.com. Auskunft über **B&Bs** sind über das Visitor Centre und die *Alberta Central Bed & Breakfast Association,* ✆ 780/437-2568, 🖥 www.bbcanada.com/albertacentral, erhältlich, die Hotelpreise sind jedoch kaum höher als die für ein B&B.

HOTELS UND MOTELS – *Alberta Place Suite Hotel*, 10049-103rd St, ✆ 780/423-1565 oder 1-800/661-3982, 🖥 www.albertaplace.com, große, gut ausgestattet Suiten mit Küche und Extras, auch Wochenmieten. ❹

Coast Edmonton Plaza Hotel, 10155-105th St, ✆ 780/423-4811 oder 1-800/663-1144, wwww.coasthotels.com, Edmontons bestes Haus am Platz, 299 Zimmer, modern eingerichtet. ❻

Days Inn Downtown, 10041-106th St, ✆ 780/423-1925 oder 1-800/267-2191, 🖥 www.daysinn.com, mittelgroßes, renoviertes Motel in zentraler Lage, unweit der Jasper Ave, Parkplätze sind vorhanden. ❹

Econo Lodge Downtown, 10209-100th Ave, ✆ 780/428-6442 oder 1-800/613-7043, zuverlässiges Motel in Downtown, überdachte Parkplätze, standardmäßig u.a. TV, Telefon. ❹

Edmonton House Suite Hotel, 10205-100th Ave, ✆ 780/420-4000 oder 1-800/661-6562, 🖥 www.edmontonhouse.com, größer (300 Suiten) und teurer als das Alberta Place, dafür Zimmer mit Balkon und Aussicht, außerdem Swimming Pool und kostenloser Shuttle zur West Edmonton Mall. ❺

Grand Hotel, 10266-103rd St, ✆ 780/422-6365 oder 1-888/422-6365, in günstiger Lage nahe dem Busbahnhof, der Name täuscht allerdings. 65 Zimmer, nur z.T. mit Bad und überwiegend von Dauergästen bewohnt. ❷

Inn on Seventh, 10001-107th, St, ✆ 780/429-2861 oder 1-800/661-7327, 📠 426-7225, 🖥 www.innon7th.com, modernes, ruhiges und gepflegtes Hochhaus und wahrscheinlich das beste Mittelklassehotel der Stadt, nahe zwei guten Restaurants – dem *Portico* und dem *Café Select*. ❹

Hotel Macdonald, 10065-100th St, ✆ 780/424-5181 oder 1-800/441-1414, 🖥 www.fairmont.com, eines der großen, historischen „Eisenbahn-Hotels" von Canadian Pacific, zweifellos *die* Adresse für traditionsreiches Wohnen in der Stadt. Einige Zimmer sind für den Preis etwas klein geraten, dafür bietet das Hotel zahlreiche Einrichtungen, u.a. Pool und Fitnesscenter. ❼

HOSTELS – *Hosteling International Edmonton*, 10647-81st Ave, ✆ 780/988-6836 oder 1-877/467-8336, wwww.hihostels.ca, in einem ehemaligen Konvent in Old Strathcona untergebrachtes HI-Hostel mit 104 Betten, für Downtown-Besuche ungünstig gelegen, aber der Airport-Shuttle kann Fahrgäste in der Nähe absetzen. Zahlreiche Serviceeinrichtungen, u.a. Waschsalon, Bücherei, Fahrradverleih und geräumige Küche. Check-in nach 11 Uhr, 24 Std. geöffnet, keine Sperrstunde. Dorm-Bett $18–20, auch einige private Zimmer. ❶

St Joseph's College, 114th St, Ecke 89th Ave, ✆ 780/492-7681, kleine, preiswerte und bei Studenten beliebte Zimmer, im Sommer Reservierung erforderlich. Abseits des Zentrums gelegen, aber mit Bussen gut zu erreichen, u.a. mit der Linie 43. ❷

YMCA, 10030-102A Ave, ✆ 780/421-9622, sauberes und modernisiertes Gebäude, in dem Männer wie Frauen gleichermaßen willkommen sind. Einfache 3-Bett-Zimmer ($20, min. 2 Nächte), auch kleine EZ und DZ (ab $55) sowie Wochen- und Monatsmieten. ❷

CAMPING – *Androssan Campground,* am Hwy 16, 18 km östlich von Downtown. 24 kostenlose Stellplätze, kein Wasser und keinerlei Einrichtungen außer Feuerstellen.

Half Moon Lake Resort, 21524 Township Rd 520, Sherwood Park, ℡ 780/922-3045, 🖳 www. halfmoonlakeresort.com, großer privater Campingplatz 29 km östlich der Stadt, Anfahrt über die 23rd Ave/Hwy 520 und dann 4 km entlang einer ausgeschilderten Nebenstraße. 229 Stellplätze, Mai bis Okt, $19.

Rainbow Valley Campground, 13204-45th Ave, ℡ 780/434-5531, einziger Campingplatz innerhalb der Stadtgrenzen im Whitemud Park, ab Whitemud Freeway an der 119th St und 45th Ave. 85 Stellplätze, im Sommer schnell belegt, frühzeitiges Erscheinen unerlässlich. Mitte April bis Mitte Okt, $15.

Shakers Acres Tent and Trailer Park, 21530-103rd Ave, ℡ 780/447-3564, ℡ 447-3924, recht ungeschützte, 170 Stellplätze umfassende Anlage nordwestlich der Stadt bzw. nördlich der Stony Plain Rd, Abfahrt vom Hwy 16 an der Winterburn Rd. April bis Okt, $14.

Essen

Edmonton besitzt rund 2000 Restaurants, darunter einige sehr gute. Eine große Auswahl findet man in oder nahe Downtown, wer jedoch vor allem abends auch etwas lebendigere Atmosphäre sucht, hält sich besser an die Lokale in **Old Strathcona**, einem pulsierenden Viertel mit einer ausgeprägten Café-Kultur, jeder Menge Nachtleben und alternativer Kunst vornehmlich entlang der 82nd (Whyte) Ave zwischen 102nd und 105th St – Anfahrt mit allen Bussen mit Ziel „University Transit Centre" von der 100th St. Neben Standard-Italienern und Restaurants mit Steak- und Lachsgerichten stehen eine Reihe internationaler Lokale zur Auswahl, insbesondere solche, die Edmontons ukrainische und osteuropäische Einwohnerschaft mit der jeweiligen Landesküche verköstigen. Zur Mittagszeit herrscht an den Imbissen in den Passagen und den Straßen Downtowns reger Betrieb, darüber hinaus findet man die üblichen Fastfood- und Snacklokale sowie reichlich Frühstücksmöglichkeiten. **Biertrinker** sollten sich das hiesige Helle namens Big Rock nicht entgehen lassen.

Bistro Praha, 10168-100A St, ℡ 780/424-4218, ältestes Restaurant mit europäischer Küche, gute Speisen aus Osteuropa. Etwas hochgestochen

und teuer – besser zur Mittagszeit oder spät abends kommen.

Café Select, 10018-106th St, ℡ 780/423-0419, ausgezeichnetes, kleines Bistro, sehr angesagt und dennoch einladend, eines der besten Lokale in Downtown für Hunger am späten Abend. Mittlere Preise, Reservierung ratsam.

Earl's, 11830 Jasper Ave, ℡ 780/448-6582, als *Tin Palace* bekannte und am zentralsten gelegene Filiale der insgesamt acht Ableger dieser gleich bleibend hervorragenden wie beliebten Restaurantkette in Edmonton, moderne nordamerikanische Küche zu mittleren Preisen.

Grabbajabba, 82nd Ave, Ecke 104th St, beliebtes Nichtraucher-Café im Herzen von Old Strathcona mit mehreren Filialen in der Stadt.

Hardware Grill, 9698 Jasper Ave, ℡ 780/423-0969, bestes Restaurant der Stadt. Schickes, modernes Ambiente, der Saison entsprechende kanadische Gerichte. Reservierung unerlässlich.

Il Portico, 10012-107 St, ℡ 780/424-0707, geschmackvolles wie innovatives italienisches Restaurant gegenüber dem Inn on 7th Hotel, bei gutem Wetter lädt eine hübsche Terrasse zum Essen im Freien ein. Moderate Preise.

Jack's Grill, 5842-111 St, ℡ 780/434-1113, südlich des Zentrums, ohne Auto ungünstig zu erreichen, dafür aber eines der besten Lokale Edmontons für moderne und fantasievolle Speisen aus dem pazifischen Raum zu vernünftigen Preisen.

The King and I, 8208-107th St, ℡ 780/433-2222, exquisites und nicht teures Thai-Restaurant, das eine willkommene Abwechslung zu den vielen Steak-, Lachs- und italienischen Restaurants der Stadt bietet.

La Ronde, 10111 Bellamy Hill, ℡ 780/428-6611. Beeindruckende Ausblicke über die Stadt in Edmontons einzigem Drehrestaurant (auf dem *Crowne Plaza Château Lacombe*), dazu gute regionale Küche – Steaks, Bison, Beeren – und allabendlich Gelegenheit zum Tanzen, Fr–So Live-Unterhaltung. Teuer.

Mandarin, 11044-82nd Ave, ℡ 780/433-8494, bestes chinesisches Restaurant der Stadt im Westen von Old Strathcona. Preiswert.

Packrat Louie, 10335-83rd Ave, ℡ 780/433-0123, freundliches, junges Bistro in Old Strathcona, großzügig bemessene Portionen, u.a. Steaks,

Salate und Hühnchen, aber auch anspruchsvolle internationale Gerichte zu günstigen bis mittleren Preisen. So und Mo geschlossen.

Silk Hat, 10251 Jasper Ave, ✆ 780/425-1920, eine Institution, seit 40 Jahren unverändert schummriges und angenehmes Ambiente mit Jukeboxen in jeder Sitznische, preiswerte und einfache Gerichte.

Sorrentino's, 10162-100th St, ✆ 780/424-7500, eines von sechs italienischen Restaurants, die im Familienbetrieb geführt werden, Atmosphäre und Service sind vom Feinsten, die guten Speisen erschwinglich.

Zenari's Kitchen, 10180 101 St NW, ✆ 780/423-5409, ausgezeichnetes italienisches Deli und Haushaltswarengeschäft in Downtown, das an einer Theke mittags Suppen, Salate, Sandwiches, Nudeln, Pizza und andere italienische Gerichte reicht.

Unterhaltung und Kultur

Eifrig ist Edmonton bemüht, für sich die Werbetrommel als „Stadt der Festivals" zu rühren, was vielleicht auch damit zu tun hat, dass die Stadt auf ein nur relativ mäßiges **Nachtleben** verweisen kann. Zwar gibt es eine Reihe kleinerer Clubs, in denen Live-Musik geboten wird, insbesondere in Old Strathcona, große Veranstaltungsorte, die auch große Namen anlocken, sind jedoch dünn gesät.

Die besten **Veranstaltungshinweise** findet man im donnerstags erscheinenden *Vue,* das in Geschäften, Hotels und an Straßenkiosken kostenlos ausliegt, sowie in den Veranstaltungskalendern der großen Tageszeitungen der Stadt, *Edmonton Journal* und *Sun.* **Karten** für die meisten Theater- und Konzertveranstaltungen und auch für die Eishockey-Spiele sind von den über die Stadt verteilten Filialen von *Ticketmaster,* ✆ 780/451-8000, erhältlich.

CLUBS UND LIVE-MUSIK – *Blues on Whyte,* im Commercial Hotel, 10329-82nd Ave, ✆ 780/439-3981, einer der besseren Clubs für Live-Musik, fast jeden Abend eine Band, Sa Jamsessions.
Cook County Saloon, 8010-103rd St, ✆ 780/432-2665, zu Recht beliebter und von einheimischen Experten ausgezeichneter Country & Western

Club in Old Strathcona. Do 19.30–21 Uhr kostenloser Tanzunterricht.

O'Byrne's Irish Pub, 10616-82nd Ave, ✆ 780/414-6766, ebenfalls in Old Strathcona angesiedelter, gut besuchter Irish Pub mit gutem Essen und Live-Musik.

Yardbird Suite, 10203-86th Ave, ✆ 780/432-0428, erste Adresse für Jazz, allabendlich Live-Bands (22–2 Uhr), Di geringerer Eintritt für die Jamsessions, Fr absolutes Rauchverbot.

Yuk Yuk's, Bourbon St, Entrance 6, West Edmonton Mall, ✆ 780/481-9857, jeden Abend Comedy, z.T. mit bekannten US-amerikanischen und kanadischen Künstlern, der Mittwoch gehört den Amateuren, der Dienstag den Hypnotiseuren.

THEATER UND KLASSIK – *Jubilee Auditorium,* University of Alberta, 87th Avenue, Ecke 114th Street, 🖥 www.jubileeauditorium.com, und *Citadel Theatre*, 9828-101A Ave, 🖥 www.citadeltheatre.com. Veranstaltungsorte des *Alberta Ballet,* der *Edmonton Opera* sowie für gastierende Theatertruppen und namhafte Popkünstler.

Francis Winspear Centre for Music, 4 Sir Winston Churchill Square, 🖥 www.winspearcentre.com, hervorragender Veranstaltungsort für die Konzerte des Edmonton Symphony Orchestra, 🖥 www.edmontonsymphony.com, und andere Darbietungen.

KINO – *Princess Theatre,* 10337-82nd Ave, ✆ 780/433-0728, Kinoklassiker und Filmkunst.

ZUSCHAUERSPORT – Eishockey-Spiele der *Edmonton Oilers* im Skyreach Centre (früher Edmonton Coliseum), 118th Ave, Ecke 74th St.

Feste

Kaum eine Gelegenheit, die Edmonton ungenutzt lassen würde, um daraus ein Festival zu machen – schließlich gilt es dem Ruf als „Stadt der Festivals" gerecht zu werden.

Edmonton Folk Music Festival, ✆ 780/429-1899, am Ende der ersten Augustwoche im Gallagher Park nahe Muttart Conservatory, eines der besten Festivals der Stadt und eines der wenigen, die einen Besuch eigens dafür lohnen. Von *Rolling Stone* als das beste Festival Nordamerikas bezeichnet.

International Street Performers Festival, ℘ 780/425-5162, genießt ebenfalls einen guten Ruf und lockt Anfang Juli mehr als 1000 Straßenkünstler an.

International Jazz City Festival, ℘ 780/432-7166, Ende Juni.

Fringe Festival, auch als Fringe Theatre Event bekannt, ℘ 780/448-9000, im August, 10-tägiges Theatertreffen, das sich wachsender Beliebtheit erfreut und inzwischen eines der größten seiner Art in Nordamerika ist.

Klondike Days, ℘ 780/471-7210 oder 423-2822, künstlicheres, kommerzielleres und deshalb weniger reizvolles, 10-tägiges Treiben im Juli, das für sich in Anspruch nimmt, die größte Unterhaltungsveranstaltung des Kontinents unter freiem Himmel zu sein, wohl aber zusammengeschustert wurde, um Calgarys Stampede ein wenig das Wasser abzugraben. Dem großen Zulauf tut dies jedoch keinen Abbruch. Mit zahllosen Darbietungen und Veranstaltungen wird versucht, die Zeit des Goldrauschs vom Ende des 19. Jhs. noch einmal zum Leben zu erwecken, zu den besten Angeboten darunter zählt „A Taste of Edmonton", wobei hiesige Restaurants an ca. 40 Ständen kleine Leckereien reichen.

Sonstiges

AUSRÜSTUNG – *Mountain Equipment Co-op,* 12328-102nd Ave, ℘ 780/488-6614.
Totem, 7430-99th St, ℘ 780/432-1223.

AUTOVERMIETUNG – *Avis,* ℘ 780/890-7596 oder 423-2847;
Budget, ℘ 780/448-2000, 448-2060 oder 1-800/661-7027;
Discount, ℘ 780/448-3888 oder 1-800/263-2355;
Hertz, ℘ 780/450-9610 oder 1-800/263-0600;
National, ℘ 1-800/227-7368;
Rent-a-Wreck, ℘ 780/986-3335 oder 1-800/223-3033;
Thrifty, ℘ 780/428-8555;
Tilden, ℘ 1-800/227-7368.

BIBLIOTHEK – *Centennial Library,* 7 Sir Winston Churchill Square, ◷ Mo–Fr 9–21, Sa 9–18, So 13–17 Uhr.

BÜCHER UND LANDKARTEN – Old Strathcona ist bekannt für seine vielen Buchhandlungen mit neuen und Secondhand-Büchern.
Greenwood's, 82nd Ave, zwischen 103rd und 104th St, ℘ 780/439-2005, zählt zu den besten der Stadt.
Athabasca Books, 105th St, nördlich der 82nd Ave, ℘ 780/431-1776, gute Secondhand-Bücher.
Chapters, 9952-170th St , ℘ 780/487-6500, eine der großen modernen Buchhandlungen.
Map Town, 10344-105th St, ℘ 780/429-2600, Landkarten und Führer, ◷ Mo–Fr 9–18, Sa 10–14 Uhr.

FAHRRÄDER – *River Valley Cycle & Snowboards,* 9124-82nd St, ℘ 780/465-3863.

GELD – *Thomas Cook,* ManuLife Place, 10165-102nd St, ℘ 780/448-3660, Geldwechsel, ◷ Mo–Fr 9.30–17.30, Sa 11–16 Uhr.

KONSULATE – **Deutschland**, 201, 8003-102 Street, Edmonton, AB, T6E 4A2, ℘ 780/434-0430, ℡ 780/436-1485.
Schweiz, P.O.Box 4085, Edmonton, AB, T6E 4S8, ℘ 780/462-9221, ℡ 780/463-6319.

MEDIZINISCHE HILFE – Krankenhäuser: *Royal Alexandra Hospital,* 10240 Kingsway, ℘ 780/477-4111;
Misericordia Community Hospital & Health Centre, 16940-87 Ave, ℘ 780/930-5611;
University of Alberta Hospital, 8440-112 St, ℘ 780/407-8822, alle mit Notdienst.
Edmonton General, 1111 Jasper Ave, ℘ 780/482-8111, kein Notdienst.
Zahnarzt: *Alberta Dental Association,* ℘ 780/432-1012.

INFORMATIONEN – Informationsschalter u.a. im Ankunftsbereich am Flughafen und an verschiedenen Standorten über die Stadt verteilt. Am zentralsten, wenn auch ziemlich versteckt gelegen ist das **Tourist Information Centre** im Shaw Conference Centre, im Untergeschoss (Pedway

Level – den Schildern Richtung „Economic Development Edmonton" folgen), 9797 Jasper Ave NW, ☎ 780/496-8400 oder 1-800/463-4667, 🖥 www.tourism.ede.org. Alle Einrichtungen verfügen über gleichermaßen reichhaltiges Karten- und Broschürenmaterial und können bei der Unterkunftssuche behilflich sein.

Ein weiteres großes Information Centre südlich der Stadt, 2404 Calgary Trail Northbound SW, im Imperial Leduc 1 Oil Derrick and Interpretive Centre, ☉ Juni–Anfang September tgl. 8–21, sonst Mo–Fr 8.30–16.30 Uhr, Sa und So 9–17 Uhr.

POLIZEI – ☎ 780/423-4567, 421-3333 oder 945-5330.

POST – 9808-103A Ave, ☎ 780/944-3271 oder 1-800/565-3271.

STRASSENZUSTANDSBERICHT – ☎ 780/471-6056.

TAXI – *Alberta Co-op*, ☎ 780/425-2525; *Barrel*, ☎ 780/489-7777; *Checker Cabs*, ☎ 780/484-8888; *Skyline*, ☎ 780/468-4646; *Yellow Cabs*, ☎ 780/462-3456.

TOUREN – *Edmonton Discovery*, ☎ 780/482-5991, Touren mit Schwerpunkt Natur.
Nite Tours, ☎ 780/453-2134, nächtliche Stadtrundfahrten in Doppeldeckerbussen.
Out an' About Travel, ☎ 780/909-8687, Touren durch Edmonton und in die Umgebung.

WASCHSALON – *Jasper Place Coin Laundry*, 11122-153rd St, ☉ tgl. 7.30–20 Uhr.

WETTERBERICHT – ☎ 780/468-4940.

Nahverkehrsmittel

Das Zentrum Edmontons lässt sich mühelos zu Fuß erkunden. Für weiterführende Exkursionen kann man die Busse und Bahnen (LRT) von *Edmonton Transit* nutzen. Informationen über Strecken und Fahrpläne unter ☎ 780/496-1611 oder am Informationsschalter in der Church LRT Station, 99th St, ☉ Mo–Fr 8.30–16.30 Uhr. Fahr-

scheine für Bus oder LRT kosten $1,65, Tageskarten $5. Die Fahrscheine sind in den Bussen sowie an den Automaten der zehn LRT-Bahnhöfe erhältlich. Wer umsteigen möchte, benötigt ein zusätzliches Umsteigeticket (vom Fahrer erhältlich), das 90 Min. gültig ist. Zwischen den Bahnhöfen Grandin und Churchill ist die Nutzung der LRT-Züge Mo–Fr 9–15 sowie Sa 9–18 Uhr kostenlos.

Transport

BUSSE – *Greyhound*, ☎ 780/413-8747 oder 1-800/661-8747, 🖥 www.greyhound.ca, Busbahnhof mit Schließfächern ($2) in zentraler Lage, 10324-103rd St, wenig südlich von Downtown und gut zu Fuß zu erreichen; ☉ tgl. 5.30–24 Uhr.
Red Arrow, ☎ 780/424-3339 oder 1-800/232-1958, 🖥 www.redarrow.pwt.ca. Von und in Richtung CALGARY (4x tgl.) halten die Busse am Howard Johnson Plaza Hotel, 10010-104th St.
Busse nach:
CALGARY 14x tgl., 3 1/2 Std.;
DRUMHELLER 1x tgl., 4 3/4 Std.;
GRANDE PRAIRIE 4x tgl., 6 Std.;
HAY RIVER via Peace River 1x tgl., 17 Std.;
JASPER 6x tgl. 4 1/2 Std.;
PEACE RIVER 3x tgl., 6 1/2 Std.;
SASKATOON 4x tgl., 5 Std.;
VANCOUVER 6x tgl., 14 Std.;
WHITEHORSE Mitte Mai bis Mitte Okt 1x tgl., sonst 3x wöchentl., 28 Std.;
WINNIPEG 2x tgl., 21 Std.

EISENBAHN – *VIA Rail*, ☎ 780/422-6032 oder 1-800/561-8630, 🖥 www.viarail.ca, Bahnhof ca. 3 km nordwestlich von Downtown, 12360-121st St, Fahrkartenschalter ☉ tgl. 8–15.30 Uhr, länger wenn noch Züge verkehren.
Züge nach:
PRINCE RUPERT über JASPER und PRINCE GEORGE 3x wöchentl., 30 Std.;
VANCOUVER 3x wöchentl., 24 Std.;
WINNIPEG via Saskatoon 3x wöchentl., 24 Std.

FLÜGE – Der **internationale Flughafen** (YEG), 🖥 www.edmontonairports.com, 29 km südlich des Zentrums, zu erreichen über den Hwy 2 (Calgary Trail), wird von vielen Fluglinien angeflogen. In der Ankunftshalle gibt es einen kleinen Informationsschalter, ☎ 780/890-8382 oder 1-800/268-7134, ⏰ Mo–Fr 7.30–23.30, Sa und So 10–23.30 Uhr. In der oberen Etage ist im Abflugbereich eine Wechselstube untergebracht; ⏰ tgl. 5–23 Uhr. Der kleine innerstädtische Flughafen nördlich von Downtown hat den kommerziellen Flugverkehr 1996 weitgehend eingestellt.

Flughafentransport: *Sky Shuttle*, ☎ 780/465-8515 oder 1-888/438-2342, verkehrt entlang dreier unterschiedlicher Routen zwischen den Hotels in Downtown und dem Flughafen – zwei davon führen durch das Universitätsviertel, eine durch die westlichen Stadtgebiete. Abfahrten tgl. von 4.30–0.15 Uhr alle 20–30 Min. außerhalb der Ankunftshalle; einfache Fahrt $11, die Fahrkarten gibt es vom Fahrer. Die als „West End" ausgewiesene Route bringt die Fahrgäste auf direktem Weg zur West Edmonton Mall, werktags alle 45 Min., an Wochenenden stündlich.

Der *Jasper Express*, ☎ 1-800/661-4946, bietet eine direkte Busverbindung vom Flughafen nach Jasper.

Eine Taxifahrt vom Flughafen ins Zentrum kostet ca. $35.

Flüge nach: CALGARY, alle 30 Min., 50 Min.;
MONTRÉAL 9x tgl., 5 Std.;
TORONTO 10x tgl., 4 1/4 Std.;
VANCOUVER, alle halbe Std., 1 1/2 Std.

Fluggesellschaften:
Air Canada und *Air BC*, ☎ 780/423-1222 oder 1-888/247-2262;
American Airlines, ☎ 1-800/433-7300;
Canada 3000, ☎ 780/890-4592;
Delta Airlines, ☎ 780/426-5990, 890-4410 oder 1-800/221-1212;
Northwest Airlines, ☎ 1-800/225-2525;
NWT Air, ☎ 1-800/267-1247.

Der Norden Albertas

Nördlich von Edmonton erstreckt sich eine nahezu unbewohnte Landschaft aus sanften Hügeln, Flüssen, Seen, einsamen Farmen, offener Prärie und schier endlosen Wäldern. Verglichen mit der imposanten Bergwelt weiter westlich gleicht das nördliche Alberta mehr den monotonen Ebenen Saskatchewans und Manitobas. Für diejenigen, die nicht unbedingt angeln oder Boot fahren wollen und

auch nicht die grenzenlose, einsame Wildnis suchen, gibt es kaum einen Grund, die Fahrt in die Region zu unternehmen – einzige Ausnahme ist der riesige **Wood Buffalo National Park** an der Grenze zu den Northwest Territories.

Die beiden großen, nach Norden fließenden Ströme – der **Peace River** und der **Athabasca River** – waren einst die traditionellen Transportwege durch die Region, inzwischen sind sie in dieser Funktion von drei großen Straßen abgelöst worden. Die meistgenutzte davon ist der **Hwy 16** (der Yellowhead Highway), der von Edmonton auf geradem Wege in westlicher Richtung nach Jasper und jenseits davon durch die Rockies nach Prince George und Prince Rupert (beide in British Columbia) verläuft. **Hwy 43**–**Hwy 2** führt nach Grande Prairie und Dawson Creek (British Columbia) – dem südlichen Ausgangspunkt des Alaska Highway. **Hwy 43**–**Hwy 35** (der Mackenzie Highway) durchquert das nördliche Alberta gen Norden und bietet die einzige Straßenverbindung in die Northwest Territories.

Greyhound unterhält von Edmonton aus Direktverbindungen entlang dieser Routen, zusätzlich verkehrt VIA Rail von Edmonton nach Jasper (mit Anschluss nach Vancouver und Prince Rupert). Nur wenige Straßen lohnen eine Fahrt für sich, insbesondere wenn Ausflüge in den Wood Buffalo National Park oder nach Hay River (NWT) geplant sind. Zeitsparender sind Flugzeuge, allerdings kann dies zu einer teuren Angelegenheit werden, sofern man die innerkanadischen Flüge nicht bereits vor Ankunft in Kanada gebucht hat.

Highway 16 nach Jasper

Der Highway 16 oder Yellowhead Highway ist, wie ihn die Edmonton Chamber of Commerce gerne betitelt, „der zweite Trans-Canada Highway", die weniger befahrene, im Vergleich zur Strecke Calgary-Banff aber auch längere transkontinentale Route, die in die Nationalparks in den Rocky Mountains führt. Eine Fahrt entlang der Route nimmt sich die ersten drei Stunden nicht sonderlich spektakulär aus, ungleich imposanter werden die landschaftlichen Eindrücke jedoch während der letzten Stunde auf dem Weg durch die östlichen Ausläufer des Jasper National Park.

Der Ort Jasper liegt 357 km westlich von Edmonton und ist leicht per Auto, **Bus** (4–5x tgl., $50)

Am Athabasca River

oder **Zug** zu erreichen, dessen Trasse größtenteils parallel zum Highway verläuft (Mo, Do und Sa, $125).

Übernachtung und Essen

Zahlreiche **Campingplätze** und **Motels** verteilen sich in regelmäßigen Abständen entlang des Highways, am dichtesten folgen sie in der Umgebung von **Edson** auf halbem Weg nach Jasper und bei **Hinton**. Die Motels um Edson – ein knappes Dutzend an der Zahl – sind mehr oder weniger identisch.

Summit Motel, 4818-4th Ave, ✆ 780/723-6199, preiswertestes der Motels. ❷

In der Nähe gibt es zwei Campingplätze: **Lions Club Campground** im Osten, ✆ 780/723-3169, $15, ◷ Mai–Sep.

Willmore Recreation Park, 6 km südlich an der 63rd St, ✆ 780/723-4401, $10, ◷ Mai–Okt.

Ernie O's, 4320 2nd Ave, gutes Frühstück.

Mountain Pizza & Steakhouse, 5102 4th Ave, schicker.

Informationen

Tourist Office im RCMP Centennial Park, 5433 3rd Ave, ✆ 780/723-3339, ◷ im Sommer tgl. 8–18, sonst Mo–Fr 9–17 Uhr.

Highway 43 Richtung Dawson Creek (BC)

Von Edmonton bahnen sich der **Highway 43** nach Grande Prairie und jenseits davon der **Hwy 2** ihren Weg durch unscheinbare Orte, über Hügel und vorbei an Prärielandschaften nach Dawson Creek (s. S. 451) im Westen. Die eintönige Fahrt nimmt einen ganzen Tag im Auto oder im **Bus** (2x tgl.) in Anspruch. Im 463 km von Edmonton entfernten **Grande Prairie** (2–4 Busse tgl.) muss evtl. auf einen Anschlussbus gewartet werden. Ihrem Namen wird die ausgedehnte, gesichtslose Stadt lediglich insofern gerecht, als bei ihrem Bau uneingeschränkt viel Platz zum Bauen zur Verfügung stand (wenngleich das Zentrum etwas hübscher ist).

Dem ultimativen kanadischen Cowboy-Flair lässt sich in **Clairmont**, ummittelbar nördlich von Grande Prairie, in *Kelly's Bar* im Sutherland Inn

nachspüren. Die Gäste der Cowboy-Bar dürfen auf Satteln als Barhocker Platz nehmen und Alkoholisches aus Auffangbehältnissen für Stiersamen genießen.

Übernachtung und Essen

Die Mehrzahl der generell großen und günstigen Motels in Grande Prairie ist entlang der Richmond Ave (100th Ave) angesiedelt, die vom südlichen Abschnitt des Highways um die Stadt ins Zentrum führt.

Golden Inn Hotel, 11201-100th Ave, ✆ 780/539-6000 oder 1-800/661-7954, ist das edelste; ❺

Lodge Motor Inn, 10909-100th Ave, ✆ 780/539-4700 oder 1-800/661-7874, gehört zu den preiswertesten. ❸

Trax Dining Room, 11001-100th Ave, ◷ tgl. zum Frühstück, Mittag- und Abendessen.

Informationen

Infocentre, ✆ 780/539-7688, ▭ www.city. grand-prairie.ab.ca, abseits des westlich um die Stadt führenden Highways am Bear Creek Reservoir gelegen; ◷ tgl. Juni–Anfang Sep 8.30–20.30 Uhr (Abweichungen der Öffnungszeiten möglich).

Transport

Der Busbahnhof von Grande Prairie liegt an der 9918-121st St, ✆ 780/539-1111.

Highway 35 durch das Peace River Country

Albertas nördlichste Regionen sind nur über den Hwy 35 zu erreichen, einer Route, die etwas Abenteuermut erfordert und die laut einheimischer Meinung das wahre Gesicht der Provinz zeigt – eine Welt entlegener Farmen, Buffalo-Burger und urtümlicher Country & Western-Bars, in denen Fremde erst stillen Blickes gemustert werden, um schließlich doch in den Genuss der raubeinigen Herzlichkeit zu kommen. Überall entlang der Strecke wird man auf solche Lokale stoßen, nicht jedoch auf Motels, Campingplätze oder Tankstellen. Der Highway selbst ist gut in Stand gehalten und verläuft in einer geraden Linie, was ein schnelleres Vorankommen als auf dem kurvenreicheren Alaska Highway im Westen ermöglicht. *Greyhound* verkehrt von Edmonton 2x tgl. nach Peace River, ein Bus fährt weiter bis nach Hay River (NWT), wo Anschlüsse nach Yellowknife und Fort Smith bestehen.

Wer mit dem eigenen Auto unterwegs ist, wird wahrscheinlich nicht umhin kommen, in **Peace River**, 486 km von Edmonton entfernt und Ausgangspunkt des Hwy 35, zu übernachten.

Übernachtung

Als größte Stadt der Region kann Peace River eine Hand voll durchschnittlicher Motels vorweisen.

Peace Valley Inn, 9609-101st St, ✆ 780/624-2020 oder 1-800/661-5897. ❹

Best Canadian Motor Inn, 9810-98th St, ✆ 780/624-2586 oder 1-800/461-9782, zentral, neben einem 24 Std. geöffneten *Smitty's Restaurant* gelegen. ❷

Traveller's Motor Hotel, am nördlichen Rand des Zentrums, 9510-100th St, ✆ 780/624-3621 oder 1-888/700-2264, das wohl beste Quartier vor Ort. ❸

Zelten kann man auf dem Campingplatz des ***Peace River Lion's Club*** im Lion's Club Park am Westufer des Flusses, ✆ 780/624-2120; 84 Stellplätze, Duschen, $13, ☉ Mai–Okt.

Informationen

Das **Tourist Office** ist im alten Bahnhof, 9309-100th St, ✆ 780/624-2044, am nördlichen Zentrumsrand nahe den anderen Motels untergebracht; ☉ im Sommer tgl. 10–18 Uhr.

Transport

Im Zentrum befindet sich der *Greyhound*-Busbahnhof, 9801-97th Ave, ✆ 780/624-1777.

Manning

Nördlich von Peace River erreicht man nach 50 km im modernen Manning die letzte Ortschaft nennenswerter Größe und die für die nächsten 200 km vorerst letzten Versorgungsmöglichkeiten.

Übernachtung

Die beiden hiesigen Motels sind gefragte Übernachtungsmöglichkeiten.

Garden Court, ✆ 780/836-3399, 16 Units mit Küchenzeilen. ❹

Manning Motor Inn, ✆ 780/836-2801, etwas größer und preiswerter, bietet 42 Units. ❸

Am Notikewin River liegt der winzige, lediglich 9 Stellplätze umfassende städtische **Campingplatz**, ✆ 780/836-3606, $10, ☉ Mai–Sep. Anfahrt vom *Infocentre*, ✆ 780/836-3875, ☉ im Sommer tgl. 9–17 Uhr, am Highway Richtung Osten. Mitunter besteht auch die Möglichkeit auf dem nördlich der Stadt am Hwy 35 gelegenen Golfplatz Condy Meadows (den Schildern folgen) zu **zelten**, ✆ 780/836-2176, 25 Stellplätze, $10.

Die friedliche Idylle nördlich von Manning wird lediglich von einigen wenigen einfachen **Campingplätzen** und vom Wind gebeutelten Ladenbehausungen unterbrochen. Zudem müssen Camper dort in der Nacht mit dem unerwünschten Besuch von Bären rechnen. Offiziell ausgewiesene Zeltplätze sind die 30 km östlich des Hwy 35 am Hwy 692 gelegene (37 km nördlich von Manning auf die Abzweigung achten) ***Notikewin Provincial***, ✆ 780/554-1348, und die 65 km nördlich von Manning am Hwy 35 angesiedelte ***Twin Lakes Provincial Recreation Area***, ✆ 780/554-1348, 49 Stellplätze, beide $9 und ☉ Mai–Sep.

High Level und Umgebung

Wie alle größeren Ansiedlungen der Region ist High Level, 199 km nördlich von Manning, lediglich als Quartier für die Nacht von Interesse. Zwischen High Level, der Grenze zu den Northwest Territories (191 km) und Hay River (NWT) gibt es als einzige Unterkunftsmöglichkeit nur eine Kette von Campingplätzen und nur drei indianische Dörfer – Meander River, Steen River und Indian Cabins –, um etwas zu essen und das Auto aufzutanken.

Übernachtung

Mit zunehmendem Vordringen in den Norden steigen auch die Unterkunftspreise, und im hiesigen halben Dutzend **Motels** sind in der Regel um $60 für die Nacht zu berappen. Eine Reservierung vorab empfiehlt sich, da die Zimmer oftmals von Arbeitern in Beschlag genommen sind, die fern ihrer Heimatorte ihr Geld verdienen. Am ansprechendsten sind das *Four Winds Hotel*, ✆ 780/926-3736, 🖳 www.4windshotel.com, ❷, mit 75 Units und das *Our Place Apartment Hotel*, ✆ 780/926-2556, ❸, das über 20 zweizimmrige Suiten mit Küchenzeilen verfügt. Dahinter rangiert das *Stardust Motor Inn*, ✆ 780/926-4222. ❷

Als beste Möglichkeit zum Campen empfiehlt sich der private *Aspen Ridge Campground*, ✆ 780/926-4540, 3 km südlich des Zentrums am Hwy 35 mit 45 Stellplätzen; $15, ◷ April–Okt.

Informationen

Das *Tourist Office*, ✆ 780/926-4811, teilt sich am südlichen Stadtrand ein Gebäude mit dem kleinen Stadtmuseum; ◷ im Sommer tgl. 9–17, sonst Mo–Fr 9–17 Uhr.

Wood Buffalo National Park

An der Grenze zwischen Alberta und den Northwest Territories erstreckt sich der Wood Buffalo National Park über ein Gebiet, das größer als die der Schweiz ist. Er ist der größte Nationalpark Kanadas und das zweitgrößte Naturschutzgebiet der Welt (das größte liegt in Grönland). Obgleich ursprünglich und von immensem Ausmaß beschränkt sich die Landschaft des Parks auf niedrige Hügel, Seen, Grasflächen, borealen Nadelwald, Salzebenen und Marschen, deren Wasser in den Peace River und Athabasca River fließt, bevor es den Lake Claire und eines der weltweit größten Süßwasserdeltas erreicht. Auf den gewöhnlichen Besucher mag die Landschaft etwas enttäuschend wirken – wirkliche Sehenswürdigkeiten oder spektakuläre Landschaftsformen wie in den Rockies gibt es nicht –, wahre Naturliebhaber oder diejenigen, die Zeit (und auch Geld) mitbringen, um den Park ausgiebig auf sich wirken zu lassen, werden viel Interessantes entdecken können, darunter Nordamerikas schönste Karstlandschaft, klassische Wälder und seltene Lebensräume in den Salzebenen des Gebiets.

Neben 46 Säugetierarten, die im Park leben, darunter Schwarzbären, Grizzlybären und Luchse, bietet das Delta des Peace und Athabasca River 227 Vogelarten einen Lebensraum. Nicht weniger als vier große Zugrouten führen über das Gebiet. Hier befinden sich die einzigen flussseitigen Paarungsplätze der seltenen Nashornpelikane der Welt sowie die letzte Zufluchtsstätte der stark bedrohten **Schreikraniche**, die erstmals Ende 1954 in einem entlegenen Teil des Parks entdeckt wurden. Damals waren es nur 21 Exemplare dieser majestätischen Vögel, inzwischen ist ihre Zahl auf über 130 angestiegen, was ungefähr die Hälfte ihrer gesamten Weltpopulation ausmacht (die Mehrzahl der anderen lebt in Gefangenschaft). Die Vögel bringen es auf eine Flügelspannweite von 2,40 m und reisten weit ab jeglicher Verunreinigung durch den Menschen in den nördlichen Randgebieten des Parks.

Ursprünglich wurde der Park 1922 zum Schutz einer gänzlich anderen Tierart eingerichtet, nämlich der geschätzten Population von 1500 **Waldbisons**, dem langbeinigeren, dunkleren und widerstandsfähigeren Verwandten des Präriebisons. Zu jener Zeit drohten sie, wie vor ihnen der Präriebison im 19. Jh., durch die Jagd ausgerottet zu werden. Sechs Jahre später siedelte die Regierung 6000 Waldbisons aus dem inzwischen nicht mehr existierenden Buffalo National Park nahe Wainright in Alberta in das Gebiet um, damit die dortigen Weideflächen in einen Übungsplatz des Militärs verwandelt werden konnten. Der Großteil der heutigen, nurmehr ca. 2500 starken Herde ist vermutlich gemischtrassiger Abstammung, was zum Thema kontroverser Diskussionen geworden ist (s. Kasten). Derzeit lassen sich vom Straßenrand aus noch zahlreiche, sich im Staub wälzenden Tiere erspähen, die auf diese Weise Linderung von den quälenden Moskitos suchen. In Anbetracht der Bisons, ganz zu schweigen von den Kranichen sowie verschiedenen natürlichen und unberührten Lebensräumen, wurde der Park 1983 von der UNESCO zum Weltnaturerbe erklärt.

Im Park unterwegs

Neben der landschaftlich reizvollen Route auf dem Hwy 5 von Hay River nach Fort Smith gibt es eine 298 km lange, nur im Sommer befahrbare Rundstrecke, die 8 km südlich von Fort Smith vom Hwy 5 abzweigt und durch den Südwesten des Parks führt. Nach heftigem Regen ist diese aber unpassierbar, so dass man sich vor Fahrtantritt bei der Parkverwaltung in Fort Smith über die aktuellen Bedingungen erkundigen sollte.

Tod den Bisons

Das umweltbewusste Kanada gibt internationalen Naturschützern nur selten Anlass zur Empörung, seit 1990 jedoch ist zwischen der Bundesregierung und Umweltschützern ein lange schwelender Streit offen ausgebrochen. Die **Waldbisons** (eine Unterart des Präriebüffels) im Wood Buffalo National Park sind teilweise von Tuberkulose und Brucellose befallen und nach Meinung von Regierungswissenschaftlern der staatlichen Umweltbehörde lässt sich eine Übertragung der (angeblich höchst infektiösen) Krankheiten auf die für Alberta so wichtigen Rinderherden nur durch Tötung der Bisons verhindern. Wissenschaftler aus dem gegnerischen Lager wenden wiederum ein, dass die Herde seit Jahren infiziert ist (tatsächlich seitdem sie vor 75 Jahren hier angesiedelt wurde), die Krankheit auf die Herde beschränkt geblieben ist und sich durch herdeninterne Regulierung und das natürliche Gleichgewicht ihr Überleben gesichert hat (die Tiere zeigen äußerlich keine Anzeichen von Krankheiten oder Leiden). Darüber hinaus ist kein Fall einer Übertragung auf den Menschen bekannt. Die Mehrzahl der Einheimischen, die im Übrigen gegen eine derartige Aussonderungsaktion sind, geben zu bedenken, dass die Tötung oder Impfung eines jeden Tieres angesichts der Reviergröße und des Risikos einer neuerlichen Infektion auf breiter Basis, wenn selbst nur wenige Tiere nicht aufgespürt werden, praktisch unlösbar sei. Die letzte teilweise Aussortierung fand 1967 statt und folgte einer groß angelegten Schlachtaktion in den 50er Jahren.

Die von der Regierung geplante Neuzucht hat für weiteren Unmut gesorgt. Nach der letzten Zählung gab es lediglich 18 reinrassige, krankheitsfreie und zudem in Gefangenschaft gehaltene Waldbisons, mit denen die Regierung eine neue Herde heranzüchten will. Das Gros der Experten glaubt, dass hieraus nur eine von Inzucht geschwächte Gruppe entstehen kann, die dem über lange Zeit gewachsenen Genpool der gegenwärtigen Herde nicht vergleichbar wäre. Andere Wissenschaftler nehmen einen völlig anderen Standpunkt ein und vertreten die Ansicht, dass sich der Waldbison genetisch nicht von seinem Verwandten der Prärie unterscheide und es daher keine Rolle spiele, wenn er ausgelöscht würde.

Es hat nicht lange gedauert, bis der Streit zu einer regelrechten Schlammschlacht ausartete und die grundlegende Kluft zwischen den rivalisierenden Interessen der Geschäftswelt auf der einen und denen der Umweltschützer auf der anderen Seite widerspiegelte. Einige wähnen das Handeln der Regierung von der mächtigen Rindfleischlobby diktiert, andere sehen darin den Ansatz, den umfassenden Schutz für die kanadischen Nationalparks aufzuweichen, um den Weg für wirtschaftliches Wachstum in einer ökonomisch schwachen und von hoher Arbeitslosigkeit gekennzeichneten Region frei zu machen. Tatsächlich hat die Regierung Albertas bereits damit begonnen indem sie den Präriebison von der Liste der geschützten Tierarten gestrichen und ihn durch die Förderung von Bisonfarmen zur Ankurbelung der Wirtschaft im Norden auf Speisekarten von Restaurants gebracht hat.

Eine höchst zynische Entwicklung hat die Geschichte angenommen, nachdem Tuberkulose und Brucellose bei Wildtieren entdeckt wurde, die auf Farmen gehalten werden (vor allem bei Wapitis), und nachdem durch Massentierhaltung eine explosionsartige Ausbreitung genau jener Krankheiten zu verzeichnen ist, deren Ausrottung man mit der Tötung der Herde erreichen will. Tiere, die in Gefangenschaft gezüchtet werden, sind anfälliger für diese Krankheiten, und ausbüchsende Wapitis tragen sie in Gebiete, die weit jenseits der Tummelplätze der mutmaßlichen Übeltäter aus dem Wood Buffalo National Park liegen. Die kanadische Bundesregierung hat einen Ausschuss zur Prüfung der Angelegenheit eingesetzt. Bislang sind keine weiteren Schritte unternommen worden, lediglich ein auf fünf Jahre angelegtes Forschungsprogramm wurde ins Leben gerufen, um eine langfristige Lösung zu erarbeiten. Während man bis dato noch die Ergebnisse auswertet, können die Bisons des Parks – insgesamt inzwischen ca. 2500 – unbehelligt weiteräsen.

Entlang des westlichen Abschnitts der Route liegen Ausgangspunkte dreier ausgebauter **Wanderwege** – zum Salt River (nach 15 km), zu den Rainbow Lakes (nach 20 km) und zum Pine Lake (nach 65 km), Letzterer verfügt über einen **Campingplatz** in der Nähe. Wildes Zelten ist erlaubt, solange man sein Lager mindestens 1500 m abseits des Pine Lake und der Straßen oder Wanderwege aufschlägt. Schier unerschöpfliche Möglichkeiten bietet eine Erkundung im **Kanu**. Das Fluss-System des Athabasca und des Peace River diente einst den Händlern aus dem Süden als Hauptverkehrsroute und lässt das kaum einen Paddelwunsch offen.

Die meistbesuchte Naturattraktion des Parks ist die Wiesen- und Deltalandschaft an der **Sweetgrass Station**, 12 km südlich des Peace River.

Die 1954 eingerichtete Station zur Aussonderung und Impfung erkrankter Bisons (siehe Kasten) ist ein idealer Beobachtungsposten, um Bisons zu sichten und einen Eindruck der Tierwelt um den Lake Claire zu erhalten. Für die Übernachtung steht eine Hütte mit Schlafplätzen kostenlos zur Verfügung, wer sie nutzen möchte, muss sich allerdings vorher im Park Visitor Centre in Fort Smith anmelden. Trinkwasser gibt es aus dem Fluss, es muss aber vor dem Genuss abgekocht und entkeimt werden. Zur Sweetgrass Station gelangt man entweder im Kanu oder per Flugzeug, wofür man tief in die Tasche greifen muss. Wer sich dies nicht leisten will, kann mit *Northwestern Air* einfach nur einen Rundflug über die Gegend für ca. $70 pro Person unternehmen.

Fort Smith

Der ca. 2500 Einwohner zählende Ort Fort Smith liegt kurz hinter der nördlichen Grenze Albertas in den Northwest Territories und ist die einzig sinnvolle Ausgangsbasis für eine Erkundung des Wood Buffalo National Park. Die auf Hunderten von Kilometern in östlicher und nördlicher Richtung einzige Ansiedlung entstand an einer der wichtigen Wasserstraßen in den Norden. Ihre Entstehung hat sie in erster Linie einigen gefährlichen Stromschnellen zu verdanken, die den durchgängigen Transport zu Wasser unterbrachen und eine 25 km lange Portage erforderten (d.h. man musste das Kanu über Land tragen, bis es wieder zu Wasser gelassen werden konnte). Die einheimischen Dene nannten das Gebiet *Thebacha*, was übersetzt „ent-

lang der Stromschnellen" bedeutet. 1872 errichtete die Hudson's Bay Company am südlichen Ende der Stromschnellen den Handelsposten Fort Fitzgerald. Zwei Jahre später wurde Fort Smith am nördlichen Ende gegründet. Im Lauf der Jahre entwickelte sich der Ort (trotz der wenigen Kilometer zur Grenze nach Alberta) zur verwaltungstechnischen Hauptstadt der Northwest Territories – eine Funktion, die er bis zur Veräußerung dieser Rolle durch die Bundesregierung an Yellowknife im Jahr 1967 beibehalten sollte.

Das Verschwinden der Regierungsjobs hat ebenso seine Spuren in der Stadt hinterlassen wie die Eröffnung der ganzjährig befahrbaren Straße zwischen Hay River und Yellowknife, wodurch sich ein Großteil des Frachtverkehrs durch die Region vom Wasser auf die Straße verlagert hat. Fort Smith ist dennoch ein zweckdienlicher Ort, der eine Hand voll Sehenswürdigkeiten bieten kann, bevor es in den Park oder weiter nach Yellowknife geht. Einen kurzen Besuch lohnt das **Northern Life Museum**, 110 King St, das neben einer ausgezeichneten Sammlung an traditionellem Kunsthandwerk und Artefakten auch eine Ausstellung zur Geschichte des Pelzhandels und alte Fotografien zeigt; ⊙ Mitte Juni–Anfang Sep tgl. 13–17 Uhr. Nicht uninteressant ist außerdem der alte **Fort Smith Mission Historic Park**, Mercredi Ave, Ecke Breynat St. Einst residierte hier der Bischof der Region, der über Jahre für einen Großteil der Verwaltung von Fort Smith verantwortlich war. Um einen Blick auf die berühmten Nashornpelikane der Gegend zu werfen, empfiehlt sich die Fahrt zum **Slave River Lookout** am Marine Drive, wo ein Teleskop auf ihre Nistplätze gerichtet ist.

Übernachtung

Im Sommer ist die vorherige Buchung der Unterkunft unerlässlich.

Pinecrest Hotel, 163 McDougal Rd, ✆ 867/872-2320, preiswertestes der drei Hotels mit 24 Zimmern. ❹

Pelican Rapids Inn, gegenüber, 152 McDougal Rd, ✆ 867/872-2789, 1997 erbaut, etwas teurer, aber die Ausgabe lohnt, 31 Zimmer. ❺

Portage Inn, 72 Portage Rd, ✆ 867/872-2276, ✉ portageinn@auroranet.nt.ca, verfügt über 2 DZ, 5 EZ und eine Suite. ❺

Eine Hand voll **B&Bs** bietet Unterkunft zu günstigeren Preisen, zwei davon sind:
Whispering Pines Cottage Tourist Home, ☎ 867/872-2628, 3 Zimmer. ❹
Thebacha B&B River Trails North, ☎ 867/872-2060, 2 DZ und 2 EZ (Nichtraucher, kein Alkohol). ❹
Campingplatz am Slave River am nördlichen Ortsrand, ein weiterer, *Queen Elizabeth,* 4 km östlich Richtung Flughafen; $12.

Essen

Die Mehrzahl der Geschäfte und die wenigen **Restaurants** sind in einem kleinen, zwei Häuserblocks umfassenden Bereich im Zentrum von Fort Smith angesiedelt.
Old Skillet Restaurant, im Pinecrest Hotel; bei Einheimischen beliebt.
J-Bell Bakery, praktisch gegenüber dem Park Infocentre, McDougal Rd, Ecke Portage Ave, empfiehlt sich für einen Snack oder eine kleine Mahlzeit.

Touren

Für die meisten Besucher ist eine Tour die beste Möglichkeit den Park und die darin lebenden Tiere kennen zu lernen. Zahlreiche Anbieter in Fort Smith veranstalten entsprechende Ausflüge.
Subarctic Wildlife Adventures, ☎ 867/872-2467 oder 872-2126, 🖥 www.subarcticwildlife.nt.ca, seit langem im Geschäft, u.a. 9-tägige „Wildlife-Explorer"-Touren in den Park und das Peace-Athabasca-Delta sowie 12- und 14-tägige Exkursionen in den Wood Buffalo Park und in die Gegend der Slave River Rapids, danach weiter zur *Bathurst Inlet Lodge* und Ausflüge in die Tundra mit Erkundung der dortigen Tierwelt (u.a. Moschusochsen und Karibus) und Einblicken in die Kultur der Inuit. Im Programm sind auch 6-stündige Rafting-Trips auf dem Slave River und Tagesausflüge mit dem Bus in den Park.
River Trails North, ☎ 867/872-2060, und *Res Delta Tours,* ☎ 867/394-3141, beide in Fort Resolution, östlich von Hay River, sind auf Angeltouren sowie 2- bis 7-tägige Flusstouren im Delta des Slave River spezialisiert und bieten daneben auch 3-tägige Touren von Fort Resolution nach Fort Smith an.

Sonstiges

AUTOVERMIETUNG – *J & M Enterprises,* Portage Avenue, ☎ 867/872-2221, ⏰ Mo–Sa 8–18 Uhr.

BÜCHER UND LANDKARTEN – *North of 60 Books,* gegenüber dem Infocentre, ☎ 867/872-2606, 📠 872-4802, ausgezeichnetes Kartenmaterial und Naturführer.

INFORMATIONEN – *Infocentre,* Portage Rd, nahe McDougal Rd, ☎ 867/872-2512, informiert über Fort Smith und den Wood Buffalo National Park. ⏰ Juni–Sep tgl. 10–22 Uhr.
Park Visitor Centre und Parkverwaltung, ein Stück weiter im Federal Building, 126 McDougal Rd, ☎ 867/872-7900 oder 872-2349, ⏰ im Sommer Mo–Fr 8.30–17, Sa und So 10–17, sonst nur Mo–Fr 8.30–17 Uhr.

TAXI – *Portage Cabs,* ☎ 867/872-3333.

Transport

SELBSTFAHRER – Mit dem Auto kann sich die Anfahrt nach Fort Smith recht langwierig gestalten, zudem steht hierfür als einzige verlässliche und witterungsunabhängig befahrbare Verbindung nur eine 280 km lange Route auf dem Hwy 5 von Hay River (NWT) zur Verfügung, die auf den letzten 150 km durch den Park führt.

BUSSE – *Frontier Coachlines,* Hay River, 16-102 Street, ☎ 867/874-2566, fährt 3x wöchentl. am Di, Do und Sa von HAY RIVER nach Fort Smith; einfache Fahrt $49. Die Fahrpläne sind den tgl. Greyhound-Bus von Edmonton abgestimmt. Von YELLOWKNIFE besteht ebenfalls eine Busverbindung nach Fort Smith.

FLÜGE – Müheloser, wenn auch recht kostspielig gestaltet sich die Anreise nach Fort Smith per Linienflug von EDMONTON, HAY RIVER, YELLOWKNIFE und VANCOUVER oder mit einem der zahlreich angebotenen Charterflüge. Der Flughafen liegt 5 km westlich der Stadt an der McDougal Road.

Calgary

Eine bequeme Stunde Autofahrt vom Übergang der flachen Prärien zu den ansteigenden Rockies entfernt liegt Calgary, das unumstrittene Zentrum im südlichen Alberta und der beste Ausgangspunkt für eine Fahrt nach Westen in die Berge. Vor der Haustür wartet eine der prachtvollsten Landschaften des Kontinents, und es erfordert schon etwas Selbstbeherrschung, der Stadt die gebührende Aufmerksamkeit zu widmen.

Praktisch über Nacht wuchsen durch plötzlichen Ölreichtum in den 70er Jahren Wolkenkratzer im kompakten Zentrum dieser liebenswerten wie geschäftigen Stadt in den Himmel. In den weitläufigen Randbezirken bestimmen wiederum Holzhäuser das Bild und erinnern an die Ursprünge Calgarys als Pionierstadt – welche während des alljährlichen Cowboy-Festivals der Calgary Stampede ausgiebig gewürdigt und gefeiert werden. Die ganze Stadt, aber auch Horden von Touristen, geben sich dann mit dem allergrößten Vergnügen der Cowboystiefel-und-Stetson-Atmosphäre hin, die im Übrigen in der umliegenden Viehzuchtregion zum Alltag gehört. Neben dem renommierten Glenbow Museum laden weitere kleinere Museen und historische Stätten sowie verschiedene hübsche Parks das ganze Jahr über zu einem Besuch ein.

Geschichte

Die moderne Stadt zählt zu den größten und jüngsten Metropolen im Westen. In ihrer knapp 125-jährigen Geschichte stieg ihre Einwohnerzahl von praktisch null auf nunmehr fast 850 000 Menschen an. Lange bevor die Siedler kamen, beherrschten die **Blackfoot** über mehrere tausend Jahre das Gebiet, in dem auch das heutige Calgary liegt. Vor ungefähr 300 Jahren gesellten sich zu ihnen **Sarcree**, die infolge von Krieg aus ihrem angestammten Gebiet im Norden nach Süden abgedrängt wurden, und **Stoney**, die mit Sitting Bull in das südliche Saskatchewan und dann weiter nach Alberta zogen. Sie alle haben Spuren einstiger Lager, Bisonfallen und Piktogramme in der Region hinterlassen, ihr Lebensraum ist heute jedoch auf einige wenige Reservate beschränkt.

Die ersten Weißen ließen sich am Ende des 18. Jhs. am Zusammenfluss des Bow und Elbow River nieder. Der Entdecker **David Thompson** über-

winterte dort während seiner Reisen und ganz in der Nähe verbrachte die Palliser-Expedition einige Zeit auf ihrem Weg in die Rocky Mountains. Die großen Siedlerströme setzten ca. 1860 ein, als Jäger aus den Vereinigten Staaten in das Gebiet kamen, wo sie ihrer Beute, dem Bison, bis an den Rand der Ausrottung nachstellten. Früher streiften noch ganze Bisonherden über die Weiden Albertas. Aber nicht nur Jäger zog es in die Region, auch **Whiskyhändler**, die ihre fragwürdigen Waren unter Weiße wie Ureinwohner zu bringen suchten, wurden angelockt. Es dauerte nicht lange, bis die unausweichlichen Konflikte folgten, die wiederum zur Errichtung des ersten Gefängnisses der North West Mounted Police im Westen in Fort Macleod (s. S. 125) führte. Nicht lange danach entstand 1875 weiter im Norden ein zweites Fort, um den Umtrieben der Whiskyhändler einen Riegel vorzuschieben. Ein Jahr später erhielt das Fort nach dem schottischen Geburtsort seines stellvertretenden Verwalters den Namen **Fort Calgary**. Das Wort stammt aus dem Gälischen und bedeutet „klares, fließendes Wasser", eine Bedeutung, die man im glasklaren Wasser des Bow River und des Elbow River widergespiegelt fand und durch das man sich an die „alte Heimat" erinnert fühlte.

Unweit des Forts war bis 1883 ein Bahnhof an der neu gebauten Strecke der **Trans-Canadian Railway** entstanden. Die im Zuge der Arbeiten in der Nähe errichtete Siedlung entwickelte sich rasch zu einem Magneten für Rancher und britische Gutsherren, die in der flachen, leicht hügeligen Felslandschaft – die tatsächlich den Mooren und dem Tiefland Schottlands stark ähnelt – den Grundstein für eine dauerhafte, angelsächsisch geprägte Kultur legten. Ein zusätzlicher Anreiz für Rancher aus den USA, wo starke Überweidung Probleme bereitete, war eine Politik der „offenen Weiden" für die Grasflächen Albertas. Trotz Calgarys heute gepflegter Cowboy-Kultur – die sich vor allem während der alljährlich stattfindenden Stampede manifestiert – gilt das Viehzuchtland Albertas mehr als eine Art „milder" denn Wilder Westen. In der Geschichtsschreibung sind lediglich drei Feuergefechte verzeichnet, und die waren zudem von Dilettantismus gekennzeichnet.

Feuersbrünste hatten bis 1886 den Großteil der aus Holz und Planen errichteten Gebäude in der Stadt vernichtet. Ein folgendes Edikt legte fest, dass

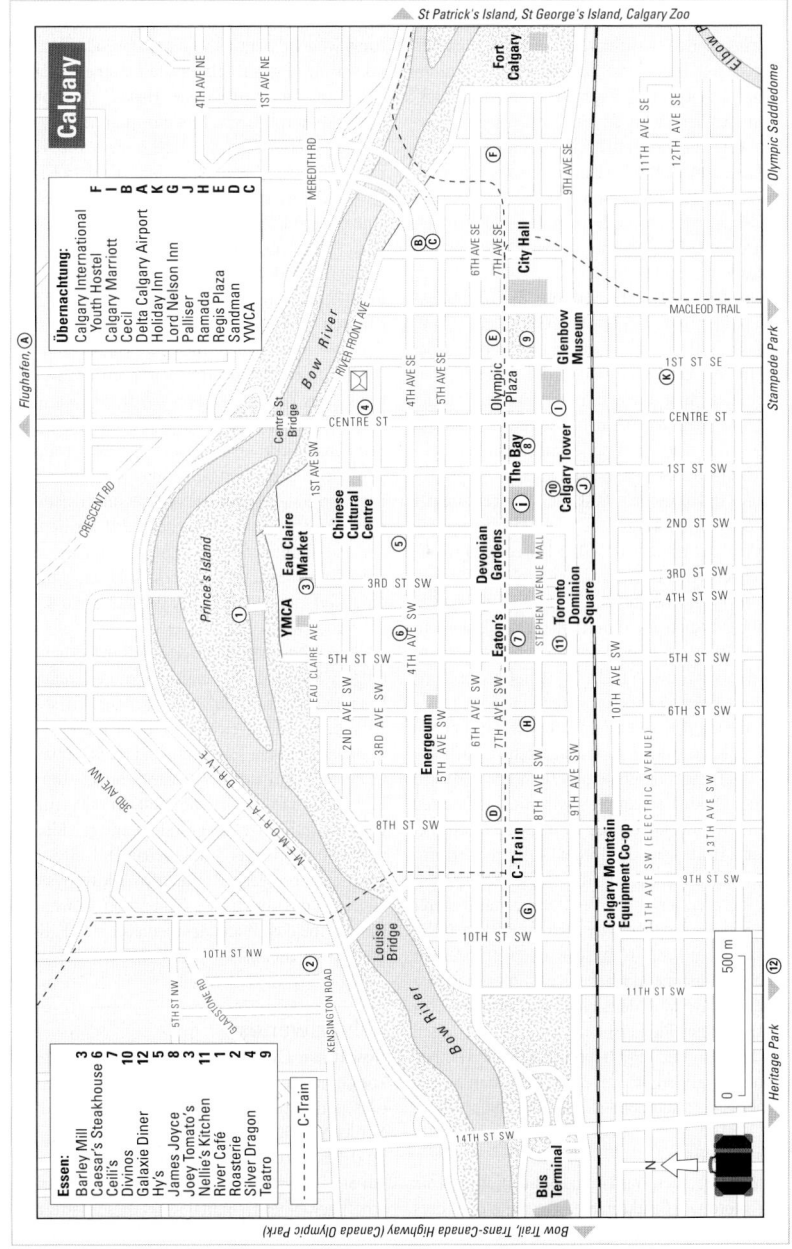

St Patrick's Island, St George's Island, Calgary Zoo

Calgary

4TH AVE NE
1ST AVE NE
MEREDITH RD
CRESCENT RD
5TH ST NW
GLADSTONE RD
10TH ST NW
KENSINGTON ROAD
3RD AVE NW
MEMORIAL DRIVE

Bow River

Prince's Island

Centre St Bridge
CENTRE ST
RIVER FRONT AVE
1ST AVE SW
4TH AVE SE
5TH AVE SE
6TH AVE SE
7TH AVE SE
9TH AVE SE

Fort Calgary

Elbow River

MACLEOD TRAIL

Flughafen Ⓐ

EAU CLAIRE AVE
YMCA
Eau Claire Market ③
Chinese Cultural Centre
2ND AVE SW
3RD AVE SW ⑤
4TH AVE SW ⑥
Energeum
5TH AVE SW
6TH AVE SW
7TH AVE SW Ⓗ
8TH AVE SW Ⓓ
C-Train
9TH AVE SW
STEPHEN AVENUE MALL
Eaton's
Devonian Gardens
Toronto Dominion Square ⑪
10TH AVE SW

Olympic Plaza
Glenbow Museum ⑨
City Hall Ⓕ
Ⓔ
The Bay ⑧ Ⓘ
Calgary Tower ⑩ Ⓙ
1ST ST SE
CENTRE ST
1ST ST SW
2ND ST SW
3RD ST SW
4TH ST SW
5TH ST SW
6TH ST SW
Ⓚ

2ND AVE SW
3RD AVE SW
5TH ST SW ①
6TH ST SW
7TH ST SW
8TH ST SW
8TH AVE SW
9TH AVE SW
Lord Nelson Inn Ⓖ
Louise Bridge
10TH ST SW
11TH ST SW
Bow River

Calgary Mountain Equipment Co-op
11TH AVE SW (ELECTRIC AVENUE)
13TH AVE SW
14TH ST SW

11TH AVE SE
12TH AVE SE

Olympic Saddledome

Stampede Park

Bus Terminal

C-Train

N

0 — 500 m

⑫

Bow Trail, Trans-Canada Highway (Canada Olympic Park)
Heritage Park

St Patrick's Island, St George's Island, Calgary Zoo

ALBERTA UND DIE ROCKY MOUNTAINS

sämtliche neu errichtete Bauten aus Sandstein zu bestehen hatten – was Calgary zeitweilig den Beinamen „Sandstein-Stadt" einbrachte. Die Brände stellten sich jedoch als kaum mehr als ein Schluckauf in der Geschichte der Stadt heraus, die innerhalb von neun Jahren nach Anbindung an das Schienennetz den offiziellen Stadtstatus verliehen bekam. Die Rivalin Edmonton hatte hierfür mehr als 100 Jahre gebraucht. Genugtuung sollte Edmonton jedoch 1910 erfahren, als es zur Hauptstadt Albertas bestimmt wurde.

Die Viehwirtschaft und die Eisenbahn beschleunigten wohl die Entwicklung Calgarys, aber all das war nichts im Vergleich zum Wohlstand, der sich mit der Entdeckung von **Erdöl** einstellte. Erstmals stieß man am berühmten Bohrloch Dingman's No. 1 im nahen Turner Valley 1914 auf Öl. 1923 wurde eine Ölraffinerie eingeweiht, und seither ist der Blick Calgarys stets nach vorne gerichtet gewesen. Zwischen 1950 und 1975 verdoppelte sich die Einwohnerzahl der Stadt. Als die Ölpreise während der Krise in den 70er Jahren in die Höhe schnellten, erlebte Calgary einen explosionsartigen Entwicklungsschub und etablierte sich als Sitz von ca. 400 Ölfirmen und davon abhängigen Unternehmen als eines der großen Energie- und Finanzzentren der Welt, in dem mehr US-Amerikaner leben als in irgendeiner anderen kanadischen Stadt.

Fallende Preise auf dem Rohstoffmarkt haben die Erfolgsgeschichte zwar ausgebremst, doch war das Stadtzentrum bereits praktisch komplett neu aus dem Boden gestampft sowie mit verbesserten städtischen und kulturellen Einrichtungen gesegnet worden. Heute kann nur Toronto auf eine noch größere Zahl von Firmensitzen wichtiger kanadischer Unternehmen verweisen. Der Optimismus früherer Tage leidet jedoch hier, wie auch im restlichen Kanada, unter einem Gefühl schwindender föderaler Einheit. Zunehmend macht sich Unmut in weiten Teilen des Westens, der sich in gewisser Weise bis heute in einer Pionierrolle sieht, über den „alten Osten" breit, und eine Interpretation der Wahlergebnisse legt den Schluss nahe, dass man nur zu gerne größere Autonomie für die Zukunft anstrebt.

Orientierung

Trotz des rasanten Wachstums besitzt Calgary eine sehr geordnete Struktur, die, wie sollte es anders sein, einem **Rastermuster** folgt. Streets verlaufen in Nord-Süd-Richtung, Avenues in Ost-West-Richtung, wobei die Straßen mit wachsender Entfernung vom Zentrum aufsteigend nummeriert sind. Der Trans-Canada-Highway (Hwy-1) durchquert die Stadt nördlich von Downtown, innerhalb der Stadtgrenzen wird er zur 16th Avenue. Die wichtigste Nord-Süd-Verbindung durch Calgary ist der Hwy 2 (Deerfoot Trail), der außerhalb der Stadt zum Macleod Trail wird und weiter Richtung Waterton Lakes und USA führt. Über weite Strecken säumen ihn öde Einkaufszentren, Motels und Fastfood-Restaurants. Das Stadtgebiet ist in vier **Quadranten** – NW, NE, SE und SW – unterteilt, wobei der Bow River den Norden und Süden und die Centre St/der Macleod Trail den Osten und Westen trennt. Das Zentrum und praktisch alles, was dort für Besucher von Interesse ist, liegt in einem kleinen Gebiet direkt im oder nahe dem SW-Quadranten. Wie in Edmonton bezeichnen die letzten Ziffern der ersten Nummerngruppe die Hausnummer: 237-8th Ave SE würde demnach das Haus in der 2nd St mit der Nr. 37 nahe der Kreuzung mit der 8th Ave bezeichnen. Zu achten ist dabei unbedingt auf den Quadranten, der nur allzu leicht übersehen wird.

Abgesehen von den Veranstaltungsorten der Calgary Stampede und einigen wenigen kleineren Sehenswürdigkeiten außerhalb der Stadt, lässt sich alles gut zu Fuß erreichen – nur nicht im Winter, wenn die frostigen Temperaturen jeden Fußmarsch zu einer Strafexpedition machen können. Um der Eiseskälte zu trotzen hat die Stadt ein viel gerühmtes, labyrinthartiges Wegesystem aus geschlossenen, 4,50 m über der Straße gebauten Fußgängerüberführungen, genannt **Plus 15 Walking System**, angelegt, das durch das Gebiet von Downtown führt, ohne dass man dabei jemals einen Fuß ins Freie setzen müsste.

Sehenswertes

Downtown Calgary liegt in einer augenfälligen Zusammenballung von Fassaden aus verspiegeltem Glas und poliertem Granit. Das Gebiet wird im Norden vom Bow River, im Süden von der 9th Ave, im Osten von der Centre St und im Westen von der 8th St begrenzt. Wie ein dem Geld aus dem Ölgeschäft geweihtes Denkmal wirkt diese glatte, makellose Gegend, in der praktisch alles nagelneu und von einer klaren, augenschonenden Architektur geprägt ist. Das Zentrum, sofern man ein solches überhaupt definieren kann, nimmt traditionell die 8th Ave zwischen 1st St SE und 3rd St SW als weitgehend Fußgängern vorbehaltener und als **Stephen Avenue Mall** bekannter Abschnitt ein.

Am Beginn einer Erkundung des Zentrums empfiehlt sich ein Besuch im **Glenbow Museum**, gefolgt von einer Fahrt den benachbarten **Calgary Tower** hinauf, von dem man die Stadt und das Hinterland überblicken kann. Zu Fuß lassen sich anschließend die umliegenden Straßen mit ihren zahllosen Einkaufspassagen entdecken, mühelos gelangt man auch nach **Prince's Island**, den nächstgelegenen der vielen Parks, und in das schicke, lebendige Einkaufs- und Caféviertel **Kensington**. Etwas weiter weg, aber problemlos mit Bus oder C-Train zu erreichen, liegen **Fort Calgary**, der **Heritage Park** sowie der **Calgary Zoo** – Sehenswürdigkeiten, die je nach historischem und naturgeschichtlichem Interesse mehr oder weniger lohnend sind.

Glenbow Museum

Die ausgezeichnete wie vielseitige Sammlung im Glenbow Museum, 130-9th Ave SE, 🖳 www.glenbow.org, ist abgesehen von der Stampede die wohl einzige Attraktion, die eigens eine Fahrt nach Calgary rechtfertigen kann. Der Haupteingang liegt versteckt am Skyline Plaza-Komplex etwas östlich, ein Nebeneingang führt von der Stephen Avenue Mall in das Gebäude, bei dessen Errichtung 1966 dank ersprießlicher Einnahmen aus dem Ölgeschäft keine Kosten gescheut werden mussten. Auf drei Etagen wird hier eine exquisite Einführung in das Erbe des kanadischen Westens geboten.

Die ständige Ausstellung spannt einen weiten Bogen, der zunächst rituelle und **sakrale Kunst** aus der ganzen Welt sowie die Entwicklung **indianischer Kunst** im Westen Kanadas präsentiert. Sehr interessant sind daneben die europäischen Darstellungen indianischer Kultur. Vorherrschend sind dabei die romantisierende Vorstellung des 19. Jhs. vom Indianer als dem „edlen Wilden" sowie der aus der gleichen Zeit stammende, vorausschauende Ansatz von Malern wie Paul Kane, dessen Anliegen in der akkuraten Darstellung indianischer Kultur vor deren Assimilierung durch die Expansion der Weißen bestand.

Die zweite Etage ist ganz der Geschichte und dem Erbe Westkanadas gewidmet und zeigt u.a. eine bemerkenswerte Ausstellung über die First Nations, also über die **Ureinwohner**. Versteckt in einer Ecke sind Vertragswerke untergebracht und das begangene Unrecht findet lediglich in knappen Museumstexten Erwähnung. Gezeigt werden die Originaldokumente, die bewusst so unklar abgefasst waren, dass zahlreiche Häuptlinge sie im Glauben unterzeichneten, es handle sich um Friedensverträge, sie aber in Wahrheit die Abtretung sämtlicher Landrechte an die Gegenseite besiegelten. Ferner werden auf dieser Etage alle Facetten **indianischen Kunsthandwerks** beleuchtet und anhand von Schnitzarbeiten, Schmuck und Kleidungsstücken vorgestellt. Der Schwerpunkt liegt auf den Ureinwohnern Albertas – eine neue Ausstellung richtet besonderes Augenmerk auf die Blackfoot –, doch wird auch den Inuit und Métis Raum gegeben. Letztere sind die Abkömmlinge aus Verbindungen indianischer Frauen und weißen Pelzhändlern und sind die am stärksten marginalisierte Gruppe in der Gesellschaft.

Die chronologisch geordnete Struktur der Ausstellung führt dann zu Exponaten, die sich mit dem Pelzhandel, der Northwest Rebellion, der Canadian Pacific Railway, dem Pionierleben, der Viehzucht sowie mit Cowboys, Öl und Weizen befasst. Jeder Zeitabschnitt ist mit interessanten wie aussagekräftigen Gegenständen angereichert, darunter Furcht erregendes Anschauungsmaterial über die Zahnheilkunde der Pionierzeit, eine aberwitzig große Zusammenstellung von Waschmaschinen und ein einzelner BH aus dem Jahr 1938.

Im skurrilen Obergeschoss werden Museumsbesucher zunächst mit einer nichts sagenden Präsentation von Calgary Stampede-Artikeln konfrontiert, dahinter folgen eine riesige **Militariasammlung** und eine beeindruckende Ausstellung mit **Edelsteinen und Mineralien**. In erster Linie lohnen diese Abteilungen sich wohl nur für eingefleischte Liebhaber, ein Blick auf die außergewöhnlichen und wunderschönen Gebilde, die aus den dunklen Minen zu Tage gefördert werden und die Wirtschaft Westkanadas nicht unwesentlich unterstützen, ist dennoch auch für Laien nicht uninteressant. ☉ tgl. 9–17, Do bis 21 Uhr; $12.

Weitere Sehenswürdigkeiten im Zentrum

Die meistgeliebte Eskapade, die sich die Stadt geleistet hat, ist der **Calgary Tower**, 🖳 www.calgarytower.com, der allerdings ein ganzes Stück kürzer und weit weniger imposant ist, als die Touristenbroschüre glauben machen möchte. Das obligate Besucherziel ragt in einer relativ freudlosen Gegend an der Centre St, Ecke 9th Ave SW, 190 Meter in die Höhe (762 Stufen, falls man auf die Fahrt mit dem Aufzug verzichten möchte) und wirkt neben den neueren Gebäuden Downtowns fast schon unscheinbar. Als zweckdienlicher Ausgangspunkt für die Erkundung der Stadt taugt das altehrwürdige Wahrzeichen aber allemal. Die Aussichtsplattform, die man nach einer Minute Fahrt im Aufzug erreicht, bietet eine fantastische Aussicht, insbesondere an klaren Tagen, wenn die schneebedeckten Gipfel der Rocky Mountains den westlichen Horizont ausfüllen und man auf halber Strecke die Skischanzen im Canada Olympic Park von 1988 erkennen kann. Neben einer Snackbar (gut und preiswert) sind in luftiger Höhe auch noch eine Cocktailbar und ein Drehrestaurant (teuer) untergebracht. ⊙ Mai–Sep tgl. 7.30–24, sonst 8–23 Uhr, $9,95.

Hinter den Hochhausfassaden erwarten unzählige Läden und Geschäfte konsumwillige Kundschaft. Zentraler Tummelplatz ist der Toronto Dominion Square, 8th Avenue SW, zwischen 2nd und 3rd Street, wo auch die Gartenanlagen der **Devonian Gardens**, in unvermuteter Lage untergebracht sind. Die gut ein Hektar große, überdachte Naturidylle umfasst ca. 20 000 Pflanzen mit knapp 140 einheimischen und tropischen Arten, daneben Bäche, Wasserfälle und auch Bäume von natürlicher Größe, was angesichts der Tatsache, dass man sich in der vierten Etage eines Gebäudepalastes aus Glas und Beton befindet, eine Sensation ist. Auf Bänken am Wegesrand lässt sich die Zwischenmahlzeit verzehren, die man im unteren Geschoss gekauft hat, abgerundet wird das Ganze von Konzerten, die auf verschiedenen kleinen Bühnen der Anlage gegeben werden. ⊙ tgl. 9–21 Uhr, Eintritt frei.

Im kleinen, aber interessanten **Energeum** in der Main Lobby des Energy Resources Building, 640-5th Ave SW, zwischen 5th und 6th St, erweist Calgary der Ölindustrie seine Reverenz. Eine Multimediapräsentation zeigt dort die Entstehung, Entdeckung und Erschließung von Kohle und Öl.

Chinooks

Mitunter wird der Winter in Calgary von Chinooks gemildert, jenen unvermittelt die östlichen Flanken der Rocky Mountains abfallenden, warmen Winden. Häufig kündet ein stahlgraues, sich von den Bergen über die Stadt legendes Wolkenband den Chinook an, der die Temperatur innerhalb von wenigen Stunden um bis zu 30 °C steigen und an einem Tag eine 30 cm dicke Schneedecke vollständig verdunsten lässt. Chinooks sind das Ergebnis eines Phänomens, das zwar auf der ganzen Welt an den vom Wind abgewandten Berghängen auftritt, aber nirgendwo sonst so ausgeprägt ist wie in den Ebenen im Südwesten Albertas. Grund hierfür ist das Verhalten der vorherrschenden Westwinde, wenn sie über die Rocky Mountains gedrückt werden und sich beim Aufsteigen ausdehnen und abkühlen und beim Abfallen zusammenziehen und erwärmen. Die mit Feuchtigkeit vom Pazifik beladene und sich abkühlende Luft erreicht irgendwann ihren Sättigungsgrad, d.h. es bilden sich Wolken, aus denen an der Westseite der Berge Regen oder Schnee niedergeht. Durch den Kondensationsvorgang wird gebundene Wärme frei, wodurch sich die aufsteigende Luft langsamer als gewöhnlich abkühlt. Auf dem Weg nach unten jenseits der Berge wiederum erwärmt sich die von ihrer Feuchtigkeit weitgehend befreite Luft in normaler Geschwindigkeit und ist, wenn sie Calgary erreicht, sowohl trockener als auch wärmer als ursprünglich.

Die Bezeichnung Chinook geht auf das Volk zurück, das traditionell im Einzugsgebiet des Columbia River in Washington und Oregon lebte, wo der Ursprung der Winde vermutet wird. Die Chinook gaben auch der größten pazifischen Lachsart, die neben Chinook auch als Quinnat bekannt ist, ihren Namen.

Statue in Calgary

Ebenfalls erläutert werden Problematik (hart wie Granit im Winter, schlammig weich im Sommer) und einzigartige Bedeutung des Ölsands für Alberta, von dem es auch einige Klumpen zum Anfassen gibt. ☉ Juni–Aug Mo–Fr und So 10.30–16.30 Uhr, sonst nur Mo–Fr, Eintritt frei.

Das **Calgary Science Centre**, 701 11th St, Ecke 7th Ave SW, 🖳 www.calgaryscience.ca, beherbergt u.a. ein kleines Observatorium, durch dessen Teleskope man zur Nacht einen Blick auf den Mond, die Planeten und die Sterne werfen kann (sofern das Wetter dies erlaubt). Zu den Aktivitäten, die sich hier tagsüber unternehmen lassen, zählen die wechselnden interaktiven Spielereien in der Discovery Hall und ein Besuch des **Discovery Dome**, eines Multimedia-Theaterkomplexes mit Kino, computergenerierter Präsentation und Dia-Shows sowie einer beeindruckenden Lautsprecheranlage. Das hiesige **Pleiades Theatre** zeigt auf seiner Bühne das ganze Jahr über verschiedene Kriminalstücke. Informationen über aktuelle Vorstellungen und Ausstellungen sind telefonisch erhältlich. ☉ Mitte Mai–Juni Di–Do 10–16, Fr–So 10–17 Uhr, Zeiten für die Wintermonate bitte erfragen, $11. Anfahrt mit dem C-Train die 7th Ave SW entlang bis zur Haltestelle an der 10th St SW und von dort noch einen Häuserblock laufen.

Prince's Island, Bow River und Kensington

Einen kurzen Fußmarsch von Downtown nach Norden erstreckt sich jenseits einer Fußgängerbrücke **Prince's Island**, eine beliebte und doch friedliche Naturidylle mit vielen Bäumen, Blumen, einem herausragenden Restaurant, dem *River Café* (s.S. 116), einem Spielplatz für Kinder sowie reichlich Platz, um dem nicht abreißen wollenden Strom von Joggern auf den Gehwegen zu entfliehen.

Zwischen der Insel und Downtown liegt am nördlichen Ende der 3rd St SW (sechs Häuserblocks nördlich des kostenlosen C-Train) der herrliche **Eau Claire Market**, 🖳 www.eauclairemarket. com, eine lebendige und bunte Mischung aus Läden und Unterhaltung in Lagerhausatmosphäre, die für etwas Wärme am Rand der Glas- und Betontürme Downtowns sorgt. Neben einem Lebensmittelmarkt findet man hier von Stegen und Terrassen aufgelockert eine Reihe von Geschäften, Restaurants und Imbissen, Kinos (darunter ein

300 Zuschauer fassendes IMAX-Kino) und Kleinkünstler. ☉ Mo–Mi und Sa 10–18, Do und Fr 10–20, So und an Feiertagen 12–17 Uhr, Restaurants und manche Läden auch länger. Das dem Komplex gegenüber liegende, riesige **YMCA**, 101-3rd St SW, bietet zwar keine Unterkunft, dafür aber einen guten Swimming Pool, Whirlpool, Fitnessraum, eine Sauna, Squash-Plätze und eine Laufbahn. Sämtliche Einrichtungen stehen jedermann offen, ☉ Mo–Fr 5.30–22.30, Sa und So 7–19.30 Uhr, $8, mehr während der Spitzenzeiten Mo–Fr 11–13.30 sowie tgl. 16–18.30 Uhr.

Auch wenn es für so manchen verlockend erscheint: Ein Bad im nahen, breiten und schnell fließenden **Bow River** ist nicht zu empfehlen. Nur zwei Stunden (würde man mit dem Auto fahren) liegt seine eiskalte Quelle in den Rocky Mountains entfernt, und die in ihm lauernden Gefahren werden durch schauerliche Hinweistafeln an den Ufern verdeutlicht. Die gepflasterten Pfade (auch für Radler geeignet) von Calgarys gepflegtem und ausgezeichnetem Spazierwegenetz, das insgesamt 210 km umfasst, folgen zum großen Teil den Flussläufen. Entsprechendes Kartenmaterial ist im Visitor Centre erhältlich.

Wenig östlich des Eau Claire Market und fünf Häuserblocks nördlich des C-Train steht das **Calgary Chinese Cultural Centre**, 197-1st St SW, dessen großes geschwungenes Runddach dem des Pekinger Himmelstempels nachempfunden ist. Das chinesische Kulturzentrum nimmt für sich in Anspruch, eines der größten Kanadas zu sein, und bildet den Mittelpunkt der kleinen, dicht bevölkerten Chinatown Calgarys. Deren Einwohner sind zumeist Nachkommen chinesischer Einwanderer, die im späten 19. Jh. am Bau der Eisenbahn mitarbeiteten. Das Centre beherbergt ein kleines Museum, eine Galerie sowie einen Souvenirladen und ein Restaurant. ☉ Centre tgl. 9–21 Uhr, Museum tgl. 11–17 Uhr, $2.

Nach einem 20-minütigen Fußmarsch auf den Spazierwegen erreicht man in entgegengesetzter Richtung vom Eau Claire Market das schicke Café-Viertel **Kensington** an der 10th St NW und der Kensington Rd. Die hiesigen Geschäfte verkaufen Heilkristalle und bewerben Yoga sowie persönlichkeitsfördernde Seminare, die alten Cafés, Buchhandlungen und Bioläden werden jedoch allmählich von Ramschgeschäften verdrängt. Und auch was die Restaurants angeht, hat Kensington gegenüber der zunehmend angesagten Gegend um die 4th St SW, jenseits der 17th Ave, inzwischen das Nachsehen.

Fort Calgary

Der historische Kern der Stadt, Fort Calgary, 750-9th Ave SE, 🖥 www.fortcalgary.ab.ca, befindet sich acht Häuserblocks östlich von Downtown. In weniger als sechs Wochen errichtete die North West Mounted Police hier 1875 ein Fort, das die Keimzelle der heutigen Stadt war und bis zu seinem Verkauf an die Canadian Pacific Railway 1914 als Polizeiposten in Betrieb war. Vor gar nicht so langer Zeit lag das gesamte Gelände noch unter Eisenbahnschienen und verfallenen Lagerhallen vergraben.

Im angegliederten Interpretive Centre werden Fotos gezeigt, die einen Eindruck davon vermitteln, wie rau es im Calgary des Jahres 1876 noch zuging. Beeindruckend ist das Gebiet, das die hier stationierten Männer zu kontrollieren hatten, denn das Fort war Einsatzbasis für die Gegend, die sich zwischen dem 160 km südlichen gelegenen Fort Macleod und einer ähnlichen Anlage in Edmonton in fast 400 km Entfernung erstreckte. Und zu tun gab es einiges. Crowfoot, der bekannteste der großen Blackfoot-Häuptlinge aus jener Zeit, sagte: „Wo wären wir jetzt alle, wenn die Polizei nicht in das Land gekommen wäre? Böse Männer und der Whisky hätten uns so schnell umgebracht, dass wohl nur sehr wenige von uns heute noch übrig wären. Die Polizei hat uns beschützt wie die Federn einen Vogel vor dem Winter schützen."

Vom einstigen Fort sind nur noch ein paar einsame Reste übrig, der Großteil wurde von späteren Bauherren abgerissen. Auf dem einstigen Standort erstreckt sich heute ein hübscher, 16 ha großer Park in einem Dreieck zwischen Bow und Elbow River. Nach jüngeren Planungen soll schon bald mit der Errichtung einer genauen Nachbildung der Anlage begonnen werden. Das Interpretive Centre zeichnet die Entwicklung Calgarys anhand von Gegenständen und audiovisuellen Präsentationen nach, auf Spazierwegen am Fluss gibt es weitere Erläuterungen. Zu den trivialeren Aktivitäten im Angebot zählt u.a. die Möglichkeit, sich als Mountie zu verkleiden.

🕐 Mai–Okt tgl. 9–17 Uhr, $6,50. Anfahrt für diejenigen, die den bequemen Weg zu Fuß scheuen, mit Bus 1 nach Forest Lawn sowie Bus 14 (East Calgary) von der 7th Ave oder mit dem kostenlosen C-Train bis zur Haltestelle City Hall, von dort sind es noch fünf Häuserblocks.

Am gegenüberliegenden östlichen Flussufer steht das 1876 für einen Bediensteten der Hudson's Bay errichtete **Hunt House**. Nicht weit davon erreicht man das renovierte Gebäude des **Deane House Historic Site and Restaurant**, 750-9th Ave SE, ✆ 403/269-7747, das 1906 vom Oberkommandeur der Mounties, Richard Deane, errichtet wurde. In Folgejahren diente es als Domizil einer Künstlerkooperative, als Pension und als Quartier eines Stationsvorstehers. Heute beherbergt es eine Teestube und ein Restaurant. Kostenlose Führungen tgl. 11–14 Uhr.

St George's Island

Auf St George's Island ist Calgarys meistbesuchte Attraktion angesiedelt: der **Calgary Zoo** mit den **Botanical Gardens** und dem **Prehistoric Park**, alle 1300 Zoo Rd, 🖥 www.calgaryzoo.ab.ca. Der 1920 gegründete Zoo ist heute der größte Kanadas und einer der besten des Kontinents. Jährlich kommen 850 000 Besucher, um die ca. 1200 Tiere aus 400 Arten zu sehen, deren moderne und aufregende Gehege so weit wie möglich ihrem jeweiligen natürlichen Lebensraum nachempfunden sind. Eisbären und Meeresbewohner können unter Wasser betrachtet werden, nachtaktive Tiere werden in speziell abgedunkelten Räumen präsentiert, australische Tiere sind in einer eigens eingerichteten Abteilung untergebracht, zahllose tropische Vögel tummeln sich in Gewächshäusern, und natürlich fehlen auch Publikumsmagneten wie Gorillas, Tiger, Giraffen und afrikanische Warzenschweine nicht. Sehenswert sind daneben die vorgestellten Naturräume, die einen Einblick in die vielfältige Fauna der nordamerikanischen und kanadischen Wildnis, des Espen-Waldlands sowie der Rocky Mountains bieten, und auch das Gewächshaus mit einem tropischen, einem ariden und einem von Schmetterlingen bevölkerten Garten lohnt die Erkundung. Für Verpflegung sorgt ein Fastfood-Restaurant, oder aber man lässt sich mitgebrachtes Essen auf einem der Picknickplätze schmecken.

Zehn Tage lang dreht sich alles nur um Cowboys und Cowgirls: Ungefähr eine Viertel Million Besucher und Teilnehmer lockt die jährlich Mitte Juli stattfindende Calgary Stampede in die Stadt, die „größte Show der Welt unter freiem Himmel". Das ausschweifende Spektakel, gemeinhin auch als „The Week" bezeichnet, ist jedoch weit mehr als eine bloße Erfindung für Touristen, die der Stadt jede Menge Einnahmen bescheren, und präsentiert u.a. eines der weltweit größten Rodeos. Für die Dauer der Stampede scheint der kollektive Verstand der Stadt auszusetzen: Praktisch ohne Ausnahme werden weiße Stetsons aufgesetzt, Westernkrawatten umgebunden, Bluejeans und handgearbeitete Stiefel angezogen und ein merkwürdig gewandelter Sprachgebrauch angenommen, der nur noch Unterhaltungen in breitem Cowboy-Slang gestattet.

Trotz des vielen schmückenden Beiwerks für die Besucher werden die Wettkämpfe durchaus ernst genommen. Die meisten Cowboys sind echt, ebenso real sind die Verletzungen – das Rodeo gilt als das härteste in Nordamerika – und die stattlichen Preisgelder von insgesamt $500 000. Schon bei der ersten Stampede 1912, die im Übrigen der Unternehmer Guy Weadick ersann, lag die von vier hiesigen Geschäftsleuten zur Verfügung gestellte Gesamtsumme bei $100 000 und kamen 60 000 Zuschauer zur Eröffnungsparade, an der u.a. 2000 indianische Mitwirkende in vollem Festtagsstaat teilnahmen. Damals kamen täglich ungefähr 40 000 Zuschauer zu den Rodeos (heute sind es 100 000) – nicht schlecht, wenn man bedenkt, dass Calgary zu jener Zeit gerade einmal 65 000 Einwohner zählte.

Veranstaltungen

Den Auftakt bildet in heutiger Zeit eine Show am Donnerstagabend im Stampede Park, bei der die Veranstaltungen der kommenden zehn Tage präsentiert werden. Am Tag darauf folgt der traditionelle **Umzug**, dessen Beginn zwar auf 9 Uhr angesetzt ist, die Mehrzahl der Zuschauer jedoch bereits schon um 6 Uhr in günstiger Position an der Strecke (entlang der 6th Avenue von der 2nd Street SE nach Westen, dann die 10th Street SW nach Süden und schließlich die 9th Avenue nach Osten) des Spektakels harren lässt. Nach zwei Stunden sind die ca. 150 Gruppen mit ungefähr 4000 Teilnehmern und 700 Pferden vorbeigezogen. Die restliche Stampede über gibt es an der **Olympic Plaza** in Downtown (für die Dauer der Stampede in Rope Square umbenannt) tgl. von 8.30 bis 11.30 Uhr ein kostenloses Pancake-Frühstück und ein morgendliches Unterhaltungsprogramm. Musik, Schaukämpfe, Square Dance, indianische Tanzdarbietungen und Country-Bands sind dabei typische Bestandteile. Square Dance wird darüber hinaus auch tgl. um 10 Uhr in der Stephen Avenue Mall zum Besten gegeben.

Eine Welt für sich nimmt das **Nachtleben** während der Stampede ein, deren Veranstaltungsorte zu Bühnen für zahlreiche Musik-, Tanz- und Bühnendarbietungen mit tausenden Mitwirkenden werden. Das von jeder Menge Trinken, Glücksspielen und Feuerwerk begleitete Treiben und Feiern währt bis in die frühen Morgenstunden. An jeder Ecke steht irgendein Grill, auf dem etwas brutzelt, und selbst das Frühstück wird zu einem kollektiven wie obligaten Schinken- und Pancake-Gelage unter freiem Himmel.

Das eigentliche Geschehen der Stampede – das Rodeo und verwandte Veranstaltungen – finden im **Stampede Park** von Downtown statt. Am besten ist dieser mit dem alle 10 Minuten verkehrenden C-Train zur Victoria Park–Stampede Station zu erreichen. Das riesige offene

Über den Zoo verteilt liegen die Abteilungen des Botanischen Gartens, der separate **Prehistoric Park** – eine angeblich dem Mesozoikum nachgebildete Landschaft – hingegen erstreckt sich jenseits einer Hängebrücke über den Bow River. Den 19 lebensgroßen Dinosauriermodellen, von denen keines vor dieser merkwürdigen Kulisse überzeugen kann, ist das ausgezeichnete Museum in

Gelände umschließt einen Vergnügungspark, Konzert- und Showbühnen, Bars, Restaurants sowie unzählige Stände, die einige Zeit erfordern, um abgeklappert zu werden. Der **Eintritt** beträgt $8 und berechtigt zur Nutzung des gesamten Unterhaltungsangebots, ausgenommen das Rodeo und die Planwagenrennen. Lohnend sind u.a. das indianische Dorf am Rand des Parks, in dem Vertreter der Five Nations (Blackfoot, Blood, Sarcee, Stoney und Piegan) eine Tipi-Siedlung aufbauen (Führungen werden angeboten), der John Deere Show Ring, wo sich die weltbesten Schmiede messen, die Centennial Fair, deren Angebot sich speziell an Kinder richtet, das Agricultural Building mit einer Ausstellung über Rinder und andere Nutztiere, die Coca-Cola-Freilichtbühne, die am Abend für Country-Shows genutzt wird, und Nashville North mit einer Country-Bühne, einer Bar und Gelegenheit bis 2 Uhr morgens zu tanzen.

Wer einen der täglichen **Rodeo**-Wettkämpfe sehen möchte – also das Reiten auf Wildpferden, Stieren und Büffeln, Markieren von Vieh mit Brenneisen, Fangen von Kälbern mit dem Lasso, Bändigen von Stieren und Kühen, Melken von Wildkühen usw. – benötigt eine zusätzliche Eintrittskarte ($8 pro Tag). Wer sich diese jedoch nicht bereits im Voraus besorgt hat (s.u.), wird höchstwahrscheinlich nur schlechte Plätze weitab des Geschehens bekommen und so gut wie nichts sehen. Die ersten acht Tage finden jeden Nachmittag ab 13.30 Uhr Vorkämpfe für das große Rodeo am Samstag und Sonntag statt, dessen Gewinner $50 000 Preisgeld einstreicht.

Für das andere große Ereignis, die wahnwitzig gefährlichen, aber auch ungemein aufregenden **Planwagenrennen** (die als „Weltmeisterschaft" gelten) ist ebenfalls zusätzlich Eintritt in Höhe von $8 zu entrichten. Auch hier gilt, dass nur mit vorab besorgten Karten die Chance auf einen einigermaßen guten Platz besteht. Gefahren werden neun Rennen – eines an jedem Abend jeweils um 20 Uhr –, wobei die jeweils ersten vier Fahrer an der Finalrunde am letzten Abend teilnehmen dürfen. Wie beim Rodeo warten auf den Sieger ebenfalls $50 000.

Praktische Tipps

Wer während der Stampede nach Calgary kommt, sollte den Besuch vorab planen. Die Unterkünfte sind mehr als knapp, so dass eine vorherige Reservierung unerlässlich ist, und die Preise ziehen vorübergehend stark an. **Eintrittskarten** für die Rodeo-Wettkämpfe und die Planwagen-Rennen sind bis zu einem Jahr im Voraus erhältlich. Verkauft werden die Tribünenplätze für den Stampede Park, wobei es verschiedene Sektionen gibt. Am besten und schnellsten vergriffen ist Sektion A, danach B und C. Es folgt das schickere Clubhouse Level (D–E sind Sitzplätze, F–G sind Plätze im Clubhouse Restaurant, wofür nur paarweise Karten abgegeben werden). Zwar sitzt man dort in einem abgeschlossenen, klimatisierten Raum, die Sicht ist aber noch gut und es bietet sich der Vorzug von Bars, Restaurants und einer Lounge. Von den oberen, ungeschützten Tribünenplätzen, genannt Balcony (J–K), lassen sich die Planwagen-Rennen gut verfolgen. Für die Rodeos werden Eintrittspreise von ca. $17–35, für die Planwagenrennen $17–40 verlangt, die beiden Finalkämpfe schlagen mit ein paar Dollar mehr auf allen Plätzen zu Buche.

Allgemeine Informationen und Auskünfte über Zuschauerkarten und Bestellformulare sind im Internet unter 🖳 www.calgarystampede.com abrufbar und vor Ort im Stampede Headquarters, 1410 Olympic Way SE, oder über das Visitor Centre erhältlich; Eintrittskarten bekommt man auch über die Verkaufsstellen von Ticketmaster, ✆ 403/270-6700.

Drumheller (s.S. 121) auf alle Fälle vorzuziehen. Lediglich die in zwei angrenzenden Gebäuden gezeigten Fossilien sind genaueres Hinsehen wert. ⏰ Zoo tgl. 9–17, $15; ⏰ Prehistoric Park nur Juni–Sep, mit Zoobesuch Eintritt inkl. Zu erreichen von Downtown und vom Fort Calgary entlang der uferseitigen Spazierwege, alternativ mit dem C-Train nach Nordosten Richtung Whitehorn oder mit dem

Auto über den Memorial Drive East bis nahe dem Deerfoot Trail.

Wer sich für Naturgeschichte interessiert, wird einen Besuch des **Inglewood Bird Sanctuary**, 9th Ave, Ecke 20A St SE, schätzen, das sich 3 km flussabwärts vom Zoo und östlich von Downtown in den bewaldeten Flussniederungen des Bow River erstreckt. Um die 230 Vogelarten leben ganzjährig in dem Gebiet, während der Wanderungen der Zugvögel kommen zeitweilig noch weitere hinzu. Beobachten lassen sich u.a. Weißkopfseeadler, Präriebussarde, Fasane, Waldsänger, Rebhühner und Amerikanische Uhus. Daneben gibt es zahllose Enten, Gänse und andere Wasservögel. Mitunter erspäht man auch Bisamratten, Biber, Weißwedel- und Maultierhirsche, Füchse und Langschwanzwiesel. ◷ Sonnenauf- bis Sonnenuntergang, Eintritt frei.

Ein *Visitor Centre,* ◷ Mai–Sep tgl. 9–17 Uhr, informiert über die ganzjährig geöffneten Spazierwege und bietet gelegentlich Naturwanderungen an. Anfahrt über die 9th Avenue SE zur Sanctuary Road, von dort den Schildern zum Parkplatz am südlichen Flussufer folgen. Wochentags kann man mit Bus 14 (East) die 9th Ave bis zur Ecke 17th St SE fahren, von wo es nicht mehr weit zum Sanctuary ist.

Heritage Park Historical Village

Der 25 ha große Heritage Park, 🖳 www. heritagepark.ab.ca, ist ein 16 km südwestlich von Downtown angelegter Themenpark, in dessen Mittelpunkt ein rekonstruiertes Pionierdorf steht, das einen Einblick in das Leben im kanadischen Westen vor 1914 vermitteln möchte. Herausgekommen ist ein von familienorientierter Unterhaltung bestimmter, allzu sehr den Mythos des „Wilden Westens" strapazierender Unterhaltungsapparat, der die Lust auf einen Besuch weiterer solcher Einrichtungen gründlich verdirbt.

Die voll funktionstüchtige Museumssiedlung, in der es von historisch gewandeten Bewohnern wimmelt, umfasst mehr als 150 restaurierte Gebäude, die allesamt aus anderen kleinen Orten hierher verfrachtet wurden.

Jedes davon ist einem bestimmten Gemeindetypus zugeordnet – Pelzhandelsposten, indianisches Dorf, Farm usw. – und erfüllt in der Regel seine ursprüngliche Funktion. Man kann einem Schmied bei der Arbeit zusehen, ofenfrisches Brot oder eine Lokalzeitung kaufen, in die Kirche gehen und sogar heiraten. Der damaligen Zeit entsprechen auch die Transportmittel, darunter dampfbetriebene Züge, Straßenbahnen, von Pferden gezogene Busse und Pferdekutschen. Wer den Tag über bleibt, kann sich mit Kuchen und Snacks aus der traditionellen Alberta Bakery versorgen oder eine Mahlzeit im *Wainwright Hotel* einnehmen. ◷ Mitte Mai–Anfang Sep tgl. 9–17, danach bis Mitte Okt nur an Wochenenden 9–17 Uhr, $15/29 exkl./inkl. Eintritt für die Fahrgeschäfte, zwischen 9 und 10 Uhr außerdem kostenloses Pancake-Frühstück. Anfahrt mit dem Auto über den Elbow Drive oder Macleod Trail Richtung Süden und am Heritage Drive nach rechts abbiegen (die Abzweigung ist durch eine große, braune Dampflok gekennzeichnet), ansonsten mit dem Bus Nr. 53 von Downtown oder mit dem C-Train bis zur Heritage Station und anschließend weiter mit dem Bus Nr. 20 Richtung Northmount.

Preiswerte Unterkünfte sind in Calgary Mangelware, aber die wenigen existierenden sind außer zur Stampede (Mitte Juli), wenn die Quartiere im Zentrum über Monate im Voraus reserviert und bezahlt werden müssen, in der Regel problemlos zu bekommen. Billig kommt man auch an Freitagabenden sowie übers Wochenende selbst in eleganten Hotels unter, die dann mangels Geschäftskunden kräftige Ermäßigungen einräumen. Neben den unten aufgeführten Empfehlungen gibt es jede Menge Motels, die zumeist weitab des Zentrums am Macleod Trail in südlicher und am Trans-Canada Highway in westlicher Richtung liegen. Das so genannte „Motel Village" ist eine Ansammlung von ca. einem Dutzend Motels in der Preisspanne $60–70 an der Kreuzung der 16th Ave NW und dem Crowchild Trail. Die Taxifahrt dorthin kostet ungefähr $10.

Wer auf Schwierigkeiten bei der Unterkunftssuche stößt, kann den überall erhältlichen *Accomodation Guide* der Alberta Hotel Association konsultieren. Zu empfehlenswerten **B&B-Agenturen** zählen die *Bed & Breakfast Agency of Alberta,* ✆ 403/543-3901 oder 1-800/425-8160,

ALBERTA UND DIE ROCKY MOUNTAINS

altabba@home.com, *Canada-West,* ✆ 604/ 990-6730, 🖥 www.b-b.com, *Bed and Breakfast Association of Calgary,* ✆ 403/277-0023, 🖥 www. bbcalgary.com, und die *Alberta Bed & Breakfast Association,* ✆ 403/282-2728, 🖥 www.bbalberta. com.

HOTELS UND MOTELS – *Calgary Marriott,* 110-9th Ave SE, ✆ 403/266-7331 oder 1-800/228-9290, 🖥 www.marriott.com. Nicht das teuerste der eleganten Hotels der Stadt, aber nach dem Palliser wohl das zweitbeste, wenn man stilvoll wohnen möchte. ❼

Cecil, 4th Ave, Ecke 3rd St SE, ✆ 403/266-2982. Sauber und preiswert, aber alles andere als idyllisch an einer lauten Kreuzung gelegen (an der Straße zum Flughafen) und nur als Notlösung zu empfehlen. Der Bar eilt ein rauer Ruf voraus. Zimmer ohne Telefon, TV oder Bad. ❷

Delta Calgary Airport Hotel, 2001 Airport Rd, ✆ 403/291-2600 oder 1-800/441-1414, 🖥 www. deltahotels.com, schallisolierte Zimmer am Flughafen für diejenigen, die spät ankommen oder früh abfliegen, nicht billig. ❻

Holiday Inn Calgary Downtown, 119-12th Ave SW, ✆ 403/266-4611 oder 1-800/661-9378, 🖥 www.holidayinn-calgary.com, alle erdenklichen Annehmlichkeiten, allerdings etwas abseits des Zentrums. ❼

Lord Nelson Inn, 1020-8th Ave SW, ✆ 403/269-8262 oder 1-800/661-6017, ✉ wilklord@shaw.ca, 10-stöckiges, modernes, wenngleich etwas altersschwaches Gebäude mit 56 Zimmern nahe dem teureren, aber auch besseren Sandman und unweit der kostenlosen Strecke des C-Train. ❹

Palliser, 133-9th Ave SW, ✆ 403/262-1234 oder 1-800/441-1414, 🖥 www.fairmont.com. 1914 erbautes Hotel, in dem sich Majestäten bei einem Besuch Calgarys einquartieren und dessen Stil und Service dementsprechend nobel und traditionell ist (von den Zimmern mit Blick auf die Bahngleise sei allerdings abgeraten). ❻

Ramada Hotel Downtown, 708-8th Ave SW, ✆ 403/263-7600 oder 1-800/661-8684, 🖥 www. ramadacalgary.com. Groß und komfortabel, 200 ansprechende Zimmer, Pool und mitten im Zentrum gelegen. ❺

Regis Plaza Hotel, 124-7th Ave SE, ✆ 403/262-4641, 🖥 www.regisplazahotel.com, zwei Häuser-blocks vom Calgary Tower entfernt. Betagtes und unansehnliches Hotel, das nur als Notlösung oder bei denkbar knappem Budget in Frage kommt. 40 Zimmer, 10 davon mit Gemeinschaftsbädern, die anderen sind lediglich mit einem Waschbecken ausgestattet. Gewarnt sei vor der derben Bar. ❸

Sandman Hotel Downtown Calgary, 888-7th Ave SW, ✆ 403/237-8626 oder 1-800/726-3626, 🖥 www.sandmanhotels.com, exzellentes und wärmstens zu empfehlendes Mittelklasse-Hotel in einem Hochhaus mit modernen, stets sauberen Zimmern mit Bad, sehr günstig an der kostenlosen C-Train-Strecke gelegen. ❺

Travelodge, 2750 Sunridge Blvd NE, ✆ 403/291-1260 oder 1-800/578-7878, nahe dem Flughafen. Andere außerhalb angesiedelte Ableger der preiswerten Kette: 2304-16th Ave, nördlich der Stadt am Trans-Canada Highway, ✆ 403/289-0211 oder 1-888/294-6444, und im Süden, 7012 Macleod Trail, ✆ 403/253-7070 oder 1-888/314-1444. ❸

HOSTELS UND STUDENTENUNTERKÜNFTE – *Calgary International Youth Hostel (HI),* 520-7th Ave SE, ✆ 403/269-8239, 🖥 www.hihostels.ca. Freundliches Hostel in wenig schmucker Gegend nahe Downtown, zwei Häuserblocks östlich der City Hall und des kostenlosen Streckenabschnitts des C-Train. 6- und 8-Bett-Dorms (insgesamt 120 Betten), 4 DZ/Familienzimmer, Kochgelegenheit, Wäscherei, Fahrradstellplätze, Snackbar, abends organisiert das Hostel vielfältige Aktivitäten. Mitglieder $16–18, sonst $20–22, DZ/Familienzimmer $5 p.P. extra. ❶

Calgary YWCA, 320-5th Ave SE, ✆ 403/263-1550, Hotelkomfort für Frauen und Kinder in ruhiger, sicherer Gegend. EZ ab ca. $40 (DZ $50) ohne, $60 mit Bad. Lebensmittel, Swimmingpool, Fitnesscenter, Squash-Plätze. Im Sommer vorab reservieren. ❷

University of Calgary, 3330-24th Ave NW, ✆ 403/220-3202, weitab am Stadtrand, dafür aber billig und mit zahllosen Dorm-Betten ($20), separaten Zimmern ab ca. $30 sowie Anfang Mai-Ende Aug Apartments für $50–100. Anfahrt mit dem C-Train oder Bus Nr. 9. Das Vermietungsbüro (vorher anrufen) ist im Kananaskis Building auf dem Campus untergebracht. Studenten erhalten 33% Ermäßigung. ❷

CAMPING – **Calaway Park**, 245033 Range Rd 33, ☎ 403/249-7372, ▭ www.calawaypark.com, ca. 10 km westlich der Stadt am Trans-Canada-Hwy Richtung Banff und Rocky Mountains, , sämtlicher Komfort inkl. Duschen, zu Fuß lässt sich der gleichnamige Vergnügungspark – der größte Kanadas – erreichen. ◷ Mitte Mai–Anfang Okt, $15.

KOA Calgary West, 221-101 St SW, ☎ 403/288-0411 oder 1-800/KOA-0842, ▭ www.koa.com, südlich des Hwy 1 am westlichen Stadtrand, nahe dem Canada Olympic Park, 400 Stellplätze, Münzwäscherei, Laden und Swimming Pool. Shuttle-Service nach Downtown. ◷ Mitte April–Mitte Okt, $24.

Mountain View Farm Campground, ☎ 403/293-6640, ▭ www.calgarycamping.com, auf einer Farm, 3 km östlich der Stadt am Trans-Canada-Hwy (Hwy 1). 200 Stellplätze, sämtlicher Komfort inkl. Duschen, ◷ April–Okt, $18.

Essen

Zu Recht nimmt Alberta für sich in Anspruch, mit die besten **Steaks** der Welt zu servieren. Die regionale Küche kann bisweilen sehr fleischlastig sein. Aufgrund der besonderen Einwanderungsgeschichte fehlt der Stadt allerdings jener ukrainische Einfluss, der die kulinarische Finesse im Norden bereichert. Stattdessen folgen hiesige Köche bevorzugt den verschiedene Küchen verschmelzenden und aus dem pazifischen Raum stammenden Trends, die in den meisten anspruchsvolleren Restaurants im Westen Kanadas Einzug gehalten haben.

Die Mehrzahl der Bars und selbst die Veranstaltungsbühnen für Live-Musik sind gleichzeitig auch Restaurants mit ausnahmslos gutem Essen. Zahllose internationale Imbisse und caféähnliche Restaurants gibt es am Toronto Dominion Square und in der Stephen Avenue Mall (8th Ave) zwischen der 1st und 3rd St – sehr beliebt und ideal zum Mittagessen oder für einen Snack unterwegs. Sehr empfehlenswert sind der ausgezeichnete **Eau Claire Market** mit seinen vielen Essensständen und Restaurants sowie die Devonian Gardens, wo man sich umgeben von üppigem Grün stärken kann. Die Stadt kann ansonsten mit einer beeindruckenden Anzahl von guten

und gehobenen Restaurants aufwarten, die bezahlbar sind.

Bistro Jo Jo, 917-17th Ave SW, ☎ 403/245-2382, gute französische Küche zu moderaten bis gehobenen Preisen in marmorgefliestem Ambiente mit roten Sitzbänken.

Caesar's Steakhouse, 512 4th Ave SW, ☎ 403/264-1222, und 10816 Macleod Trail S, ☎ 403/278-3930, beste Adresse für ein riesiges, perfektes Steak in herrlich kitschiger, „römischer" und schummrig beleuchteter Umgebung.

Chianti Café and Restaurant, 1438-17th Ave SW, ☎ 403/229-1600, seit Jahren ein Renner. Dunkel, laut, preiswert und außerordentlich beliebt. Nudelgerichte ohne Firlefanz sowie das eine oder andere ausgefallenere Gericht. Terrasse im Sommer geöffnet. Empfehlenswert.

Divino's, 1st Street, Ecke 9th Ave SW. Café und Weinbar gegenüber dem Palliser Hotel mit unechtem Mahagoni-Tiffany-Dekor, aber gutem italienischen Essen und insbesondere leckeren Desserts.

Earl's, 2401-4th St SW, ☎ 403/228-4141, eine von sechs Filialen in Calgary, verlässlich gute nordamerikanische Speisen zu angemessenen Preisen.

Galaxie Diner, 1413-11 St SW, ☎ 403/228-0001, sehr beliebt, authentisch eingerichtet, ausgezeichnetes Frühstück, offener Grill, moderate Preise. ◷ tgl. 8–16 Uhr.

Hy's, 316 4th Ave SW, ☎ 403/263-2222, lokale Institution, serviert seit 1955 bestes Rindfleisch aus der Region in üppigen Portionen. Moderat bis teuer.

Joey Tomato's, Eau Claire Market, ☎ 403/263-6336, preiswertes Grillrestaurant, das zu einer kleinen Kette gehört und mediterrane Gerichte in lebendiger, ungezwungener Atmosphäre serviert.

Nellie's Kitchen, 17th Ave, Ecke 7th St SW, ungezwungenes Café, entspannt und sehr beliebt, ausgezeichnetes Frühstück, das entsprechend begehrt ist. ◷ nur morgens und mittags.

River Café, Prince's Island Park, jenseits der Brücke vom Eau Claire Market, ☎ 403/261-7670, ▭ www.river-cafe.com, neben dem *Teatro* (s.u.) das beste Restaurant der Stadt. Gereicht wird innovative kanadische Küche in ungezwungenem

Ambiente, Hauptgerichte ca. $17. Unbedingt reservieren.

Silver Dragon, 106-3rd Ave SE, ✆ 403/264-5326, erste Wahl für ein chinesisches Mahl, auf der Speisekarte des seit 30 Jahren existierenden Restaurants stehen ca. 200 Gerichte zur Auswahl, die 15 in Hong Kong ausgebildete Köche zubereiten.

Teatro, 200-8th Ave SE, ✆ 403/290-1012, 🖥 www.teatro-rest.com, wer sich schick anziehen und etwas Geld locker machen möchte, ist hier richtig. Die exquisite italienisch beeinflusste Küche ist mit der des ungezwungeneren River Café vergleichbar. Reservierung unabdingbar.

The Roasterie, 314-10th St NW, nahe Kensington Rd, angenehmes Café, keine Mahlzeiten, dafür aber Zeitungen, ein Schwarzes Brett und 20 Sorten Kaffee sowie Snacks.

Unterhaltung und Kultur

Abgesehen von der Stampede und einer kurzen Periode im Sommer, wenn das Wetter Grillabende und nächtliches Straßenleben zulässt, ist Calgary kaum ein Dorado für Partywütige. Die Bars, Cafés und Clubs geben jedoch für eine Stadt dieser Größe keinen Anlass zu meckern und verteilen sich mehrheitlich auf fünf Viertel mit jeweils eigenem Charakter: **Kensington** mit vielen Cafés; „**Electric Avenue**" bzw. die 11th Ave SW zwischen der 5th und 6th St, eine Gegend, aus der sich die Mehrzahl der lauten und überwiegend szenig-schlampigen Bars allerdings in die **17th Avenue SW** verabschiedet hat und die dortige abwechslungsreiche Ansammlung von Kneipen, Bars, hervorragenden Restaurants, ausländischen Speisen und kleinen Läden bereichert. Eine ähnliche Vielfalt findet man entlang der **4th Street SW**, wo auch einige gediegene Restaurants angesiedelt sind. Die Cafés und Kneipen von **Downtown** sind am Tag nicht schlecht, bieten abends jedoch ein trostloses Bild.

In den Live-Clubs wird gute Musik nach Sparten geboten, vor allem Jazz, Blues und jene Gattung, die dem Naturell der Stadt am nächsten liegt – Country. Die Country Music Association, ✆ 403/233-8809, informiert über aktuelle Veranstaltungen. Zu den größeren **Festivals** zählen das jährlich in der dritten Juniwoche stattfindende Jazz Festival und ein Folk-Festival Ende Juli auf Prince's Island.

Karten für nahezu sämtliche Veranstaltungen können telefonisch unter ✆ 403/270-6700 bestellt oder direkt in einem der Marlin Travel-Büros in der Stadt gekauft werden. Veranstaltungskalender findet man in den kostenlos in Geschäften, Hotels, Cafés, Bars usw. erhältlichen Zeitungen ffwd, 🖥 www.ffwdweekly.com, und Calgary Straight sowie in den großen Tageszeitungen Herald und Sun.

BARS – **Barley Mill Eatery & Pub**, 201 Barclay Parade, Eau Claire Market, lebendige Kneipe mit viel Stammpublikum, Terrasse im Freien, drinnen eine 100 Jahre alte Bar aus Schottland, 24 Biersorten vom Fass, 40 Flaschenbiere und jede Menge Whiskys.

Ceili's, 513 8th Ave SW, großer und meist recht lebendiger Irish Pub.

James Joyce, 114-8th Ave SW, für ein Irish Pub typisches Inventar, gern besucht und etwas ruhiger und intimer als die oben genannte Konkurrenz.

Ship and Anchor, 17th Ave SW, Ecke 5th St. Etablierter Kneipentreff, freundlich und entspannt, Darts, gute Musik und ausgezeichnetes Kneipenessen. Empfehlenswert.

CLUBS UND LIVE-MUSIK – **Cowboys Dance Hall**, 826 5th St SW. Auf 2 Ebenen finden mehr als 1000 Gäste Platz, jeden Abend Live-Programm.

Crazy Horse, 1311-1st St SW, kleine Tanzfläche, Do Live-Musik, beliebt.

Desperados, 1088 Olympic Way, riesige Sport- und „Cowboy"-Bar und inzwischen eine lokale Institution, die 3500 Gästen Platz bietet.

Kaos Jazz and Blues Bistro, 718-17th Ave, beste Adresse für Jazz, daneben auch Blues und Soul.

The King Edward Hotel, 438-9th Ave SE, beliebte, etwas betagte Bühne für guten Country & Western sowie Rhythm & Blues. Die samstägliche Jamsession, das Blues-Ereignis der Stadt, ist stets voll.

Piq Niq Café, 811-1st St SW, als Café nicht schlecht, am besten aber Do und Sa bei gutem Live-Jazz.

Ranchman's Steak House, 9615 Macleod Trail S, Restaurant und klassischer, in ganz Kanada bekannte Konzertbühne für Country & Western. Während der Stampede beliebter Cowboy-Treff. Mo–Do 19.30 Uhr kostenlose Tanzstunden, Do bis 20 Uhr freier Eintritt, So geschlossen.

THEATER UND KLASSIK – Die vermeintliche Stadt kulturloser Viehzüchter schmückt sich mit ca. 10 Theatertruppen, einer Ballettkompanie, einem Opernensemble und einem großen Symphonieorchester.
Calgary Centre for the Performing Arts, 205-8th Ave SE, ✆ 403/294-7455, moderner Komplex in Downtown nahe dem Glenbow Museum, der über fünf Veranstaltungsbühnen verfügt und einen Großteil der hiesigen Hochkultur präsentiert. Gelegentlich Konzerte des renommierten *Calgary Philharmonic Orchestra* (Sep–Juni), 🖥 www.cpo-live.com, und Aufführungen des *Theatre Calgary*, ✆ 403/294-7440, sowie des bekannten, pro Jahr mit ca. 5 mehr oder weniger avantgardistischen Stücken vertretenen *Alberta Theatre Projects*, ✆ 403/294-7475.
Klassische Konzerte in kleinerem, bescheidenerem Rahmen in der *Central Library* bei „Music at Noon" (Sep–April) sowie auf den kleinen Bühnen der Devonian Gardens.
Lunchbox Theatre, 2nd Floor, Bow Valley Square, 205-5th Ave SW, ✆ 403/265-4292, etablierte Bühne mit eher leichter Kost, die vor allem die Käuferschar Downtowns und zufällig vorbeikommende Passanten anziehen soll. Aufführungen Sep–Mai, keine festen Spielzeiten, Beginn meist um die Mittagszeit (außer So).
Alberta Ballet Company, ✆ 403/245-4222, ausgezeichnetes Ensemble, verschiedene Aufführungsorte in der Stadt.
Calgary Opera, ✆ 403/262-7286, Aufführungen im Jubilee Auditorium, 1415-14th Ave NW, Spielzeit Okt–April.

KINO – *Uptown Stage & Screen*, 612-8th Ave, ✆ 403/265-0120, renoviertes Kino, zeigt künstlerisch wertvolle Filme, Klassiker und ausländische Produktionen.
Plaza Theatre, 1113 Kensington Rd NW, ähnliches Programm.
National Film Board Theatre, 222-1st St SE, kostenlose Mittagsvorstellungen.

Museum of Movie Art, University of Calgary, 9-3600-21st St NE, beherbergt ca. 4000 Kinoplakate, darunter einige aus den 20er Jahren. ☉ Di–Sa 9.30–17.30 Uhr.

APOTHEKE – ✆ 403/253-2605, 24 Std.

AUSRÜSTUNG – *Mountain Equipment Co-op*, 830-10th Ave SW, ✆ 403/269-2420, Calgarys größtes Geschäft für Campingbedarf und Ausrüstung.

AUTOVERMIETUNG – *Avis*, 211-6th Ave SW, ✆ 403/269-6166 oder 1-800/879-2847;
Budget, 140-6th Ave SE, ✆ 403/226-1550 oder 1-800/267-0505;
Hertz, ✆ 403/221-1681 oder 1-800/263-0600;
Thrifty, 123-5th Ave SE, ✆ 403/262-4400; Flughafenbüro, ✆ 403/221-1806, auch 1-800/367-2277.

BEHINDERTE – Transportmöglichkeiten für Rollstuhlfahrer, ✆ 403/262-1000.
Calgary Handi-Bus, ✆ 403/276-8028.

BIBLIOTHEK – *Central Library*, 616-Macleod Trail SE, ☉ Mo–Do 10–21, Fr und Sa 10–17 Uhr.

BÜCHER UND LANDKARTEN – *Canterbury's Bookshop*, 513-8th Ave SW, beste Sortimentsbuchhandlung.
Mountain Equipment Co-op, 830-10th Ave SW, ✆ 403/269-2420, Landkarten und Reiseführer.
Map Town, 640-6th Ave SW, ✆ 403/266-2241, ebenfalls Kartenmaterial und Reiseführer.

DIPLOMATISCHE VERTRETUNGEN – **Deutschland**, Suite 600, 550-11th Ave SW, Calgary, AB, T2R 1M7, ✆ 403/247-3357, ✉ 247-8662.
Österreich, 1015-4th St SW, Calgary, AB, T2R 1J4, ✆ 403/252-9937, ✉ 263-8529.

FUNDBÜRO – ✆ 403/268-1600.

GELD – *American Express*, 421-7th Ave SW, ✆ 403/261-5982 oder 1-800/221-7282.
Currencies International, Calgary Tower, 304-8th Ave SW, ✆ 403/290-0330, Wechselstube.

INFORMATIONEN – *Visitor Information Services*, im Riley & McComick Western Store, 220 8th Ave SW, ✆ 403/263-8510 oder 1-800/661-1678, 🖳 www.tourismcalgary.com, macht einen recht armseligen Eindruck. ☉ Juni–Aug tgl. 8–20, sonst 8–17 Uhr.
Die informative, monatliche erscheinende Broschüre *Where Calgary* ist kostenlos in Geschäften, Hotels und im Visitors Bureau erhältlich.

MEDIZINISCHE HILFE – *Foothills Hospital*, 1403-29th Ave, ✆ 403/670-1110.

POLIZEI – 316-7th Ave SE, ✆ 403/266-1234; *RCMP*, ✆ 403/230-6483.

POST – 220-4th Ave SE, ✆ 403/292-5434.

TAXI – *Associated Cabs*, ✆ 403/299-1111; *Calgary Cab Co*, ✆ 403/777-2222; *Checker*, ✆ 403/299-9999; *Yellow Cab*, ✆ 403/974-1111.

WETTERBERICHT – ✆ 403/263-3333.

Nahverkehrsmittel

Calgary Transit unterhält ein preiswertes, sauberes und effizientes Nahverkehrssystem, das neben den Stadtbussen auch das Bahnnetz des **C-Train**, eine Kreuzung zwischen Bus und Bahn, umfasst. Der C-Train verkehrt alle 15–30 Min. (kein Nachtbetrieb), der Streckenabschnitt entlang der 7th Avenue SW zwischen 10th Street und City Hall an der 3rd St SE kann kostenlos genutzt werden. Lautsprecheransagen weisen auf das Ende des kostenfreien Abschnitts hin; Streckeninformationen unter ✆ 403/276-7801.
Für Bus und C-Train gleichermaßen gültige **Fahrscheine** gibt es an Automaten der C-Train-Haltestellen, in Geschäften mit einem Calgary-Transit-Aufkleber sowie im zentralen *Information and Downtown Sales Centre*, auch bekannt als *Calgary Transit Customer Service Centre*, 240-7th Ave SW, ☉ Mo–Fr 8.30–17 Uhr, sehr hilfreiches Infotelefon ✆ 403/262-1000, Mo–Fr 6–23, Sa und So 8–21.30 Uhr. Dort gibt es auch kostenlose Fahr- und Streckenpläne erhältlich. Einfache Fahrt $1,60, Tageskarte $5, bei genau abgezähltem

Geld kann auch im Bus bezahlt werden. Beim Umsteigen in einen anderen Bus muss man sich vom Fahrer einen Umsteigefahrschein geben lassen, der 90 Min. gültig ist.

Transport

BUSSE – *Greyhound*, Busbahnhof 850-16th St, Ecke 8th Ave SW, ✆ 403/265-9111 oder 1-800/661-8747, 🖳 www.greyhound.ca, westlich von Downtown gelegen (zu Fuß 30 Min.), kostenlose Shuttlebusse zur und von der C-Train-Haltestelle an der 7th Ave SW, Ecke 10th St. Abfahrt vom Busbahnhof von Gate 4 spätestens 20 Min. nach Ankunft eines Fernbusses – Lautsprecheransagen beachten; Ankunft aus der anderen Richtung ca. stündlich zur halben Stunde. Als Alternative stehen jede Menge Taxis vor dem Busbahnhof für die kurze Strecke nach Downtown zur Verfügung. $6. Schließfächer im Busbahnhof $2 für 24 Std.
Busse nach:
BANFF 6x tgl., 1 Std. 40 Min.;
COUTTS (USA, mit Anschluss an Verbindungen nach Las Vegas und Los Angeles) via FORT MACLEOD und LETHBRIDGE 1x tgl., 4 1/2 Std.;
CRESTON via BANFF, RADIUM HOT SPRINGS und CRANBROOK 1x tgl., 7 1/2 Std.;
DAWSON CREEK 2x tgl., 7 1/4 Std.;
DRUMHELLER 2x tgl., 1 3/4 Std.;
EDMONTON 14x tgl., 3 1/2 Std.;
FORT ST JOHN 2x tgl., 9 1/4 Std.;
LAKE LOUISE 6x tgl., 2 1/2 Std.;
PRINCE GEORGE 2x tgl., 14 Std.;
SASKATOON 2x tgl., 9 Std.;
VANCOUVER via FORT MACLEOD, CRANBROOK, NELSON, OSOYOOS und HOPE 2x tgl., 24 Std.;
VANCOUVER via KAMLOOPS 7x tgl., 13 Std.;
VANCOUVER via VERNON, KELOWNA und PENTICTON 3x tgl., 16 Std.;
WINNIPEG via LETHBRIDGE, MEDICINE HAT und REGINA 2x tgl., 24 Std.
Busse vom Flughafen nach Banff und Lake Louise:
Laidlaw, ✆ 403/762-9102 oder 1-800/661-4946, 🖳 www.laidlawbanff.com, Mai bis Nov 1x tgl., Dez bis April 2x tgl. nach BANFF ($30)und LAKE LOUISE ($38).
Banff Airporter, ✆ 403/762-3330 oder 1-888/449-2901, 🖳 www.banffairporter.com, 8x tgl. nach BANFF ($36).

Brewster Transportation, ☎ 403/221-8242 in Calgary, 403/762-6767 in Banff, 780/852-3332 in Jasper, oder 1-800/661-1152, 3x tgl. nach BANFF ($36) und LAKE LOUISE ($41), im Sommer 1x tgl. nach JASPER ($71).

Fahrscheine werden an separaten Schaltern neben dem *Airporter*-Schalter im Ankunftsbereich des Flughafens verkauft. Abfahrt der Busse von Bay 4 oder (nicht weit davon) außerhalb der Ankunftshalle.

EISENBAHN – *Rocky Mountaineer Railtours,* privat betriebene Strecke von Calgary nach Vancouver (mehr dazu im allgemeinen Transportkapitel S. 35).

FLÜGE – Der moderne, nicht selten halb leere **Calgary International Airport** (YYC), ☎ 403/292-8400 oder 735-1372, 🖥 www.calgaryairport.com, liegt innerhalb der Stadtgrenzen, ca. 10 km nordöstlich von Downtown. Im Ankunftsbereich können nen Hotels (meist ab vom Zentrum) und Mietwagenagenturen kostenlos angerufen werden und es gibt einen kleinen (als Postkutsche getarnten) Informationsstand, ⏰ tgl. 10–22 Uhr, einen weiteren in der Abflughalle, ⏰ 6–24 Uhr. Vom Flughafen bestehen zahlreiche direkte Busverbindungen in den Banff National Park nach Banff und Lake Louise (siehe unter Busse).

Flughafentransport: Die kräftig beworbenen, kostenlosen Hotelzubringer sind nicht unbedingt zuverlässig.

Airporter Bus, ☎ 403/531-3909, verlässlicher Shuttlebus in die Stadt, Abfahrt 6.30–23.30 Uhr alle 30 Min., $8,50, hin und zurück $15, Fahrscheine gibt es an Schaltern im Ankunftsbereich (Level 1) nahe den Ausgängen, Abfahrt von Bay 3, gleich vor der Tür. Die Busse halten an neun Hotels in Downtown – am Delta Bow, International, Westin, Sheraton Suites, Prince Royal, Ramada, Sandman, Palliser und Marriott.

Der nächstgelegene Halt für den Busbahnhof ist am Sandman. Von dort läuft man einen Häuserblock nach Süden zur 9th Avenue, biegt nach rechts (Westen) ab, dann noch 15 Min. geradeaus. Mit dem Taxi kostet die Fahrt nach Downtown ca. $30.

Flüge nach:
EDMONTON alle 30 Min., 50 Min.;
MONTRÉAL 12x tgl., 5 Std.;
TORONTO 14x tgl., 4 Std.;
VANCOUVER alle halbe Std., 1 1/4 Std.

Fluggesellschaften:
Air BC, ☎ 403/265-9555;
Air Canada, ☎ 403/265-9555 oder 1-800/372-9500;
Alaska Airlines, ☎ 1-800/426-0333;
American Airlines, ☎ 403/254-6331 oder 1-800/433-7300;
British Airways, ☎ 1-800/247-9297;
Canada 3000, ☎ 403/266-8095;
Cathay Pacific, ☎ 1-800/268-6868;
Delta, ☎ 1-800/221-1212;
Northwest, ☎ 1-800/225-2525;
United Airlines, ☎ 1-800/241-6522;
West Jet, ☎ 403/250-5839 oder 1-800/538-5696.

Der Süden Albertas

Von Calgary aus lassen sich Tagesausflüge zu zwei ungewöhnlichen wie imposanten Sehenswürdigkeiten unternehmen: nach Osten zu den Dinosaurierfunden des **Royal Tyrrell Museum** nahe Drumheller in der bizarren Landschaft der Badlands und nach Süden zum **Head-Smashed-In Buffalo Jump,** einer indianischen Stätte im Herzen der Cowboy-Region Albertas, die bequem auf der Fahrt entlang dem Hwy 3 nach Süden zum **Waterton Lakes National Park** erkundet werden kann.

Die Alberta Badlands

Das vom Schmelzwasser der letzten Eiszeit geschaffene Tal des Red Deer River gräbt sich ca. 140 km östlich von Calgary tief in die Prärielandschaft und bildet dort eine surreale Kulisse aus kahlen, von der Sonne verbrannten Hügeln und gespenstisch wirkenden, von Beifußpflanzen und buschigem Gras übersäten Plateaus. Die merkwürdige Anomalie der sich inmitten saftigen Graslands ausdehnenden **Alberta Badlands** ist für sich alleine schon einen Besuch wert, zudem ist hier eines der bedeutendsten naturgeschichtlichen Museen Nordamerikas, das **Royal Tyrrell Museum of Palaeontology,** ansässig. Es liegt 8 km außerhalb von **Drumheller,** einer ehemals vom Kohlebergbau dominierten und nicht sonderlich ansehnlichen Stadt, die sich aber gut als Ausgangsbasis für die Erkundung der Umgebung eignet, sofern man das Museum nicht im Rahmen eines Tagesausflugs von Calgary aus besuchen möchte. In Drumheller beginnt auch der Dinosaur Trail, eine Rundstrecke durch das Red Deer Valley und die umliegenden Badlands, hierfür sowie für einen Ausflug in den **Dinosaur Provincial Park** mit der Tyrell Museum Field Station und zahlreichen Fossilien ist allerdings ein eigenes Transportmittel erforderlich.

Drumheller

Drumheller, eine schmucklose Stadt in spektakulärer Umgebung, liegt ca. 90 Minuten Autofahrt nordöstlich von Calgary. Von Westen kommend ist von der Stadt nichts zu ahnen, bis man an einen knallroten Wasserturm gelangt und die Straße jäh in einen dunklen, versteckten Canyon abfällt. Die Unwirklichkeit der düsteren, kargen Landschaft erscheint durch den Kontrast zu den lebhaften Farben der zuvor durchquerten Weizenfelder und Grasflächen noch gespenstischer.

Unten im Tal liegt Drumheller umgeben von den Schutt- und Geröllhaufen, die von seiner Vergangenheit als Bergbaustadt zeugen. Der Red Deer River hat nicht nur Dinosaurierfossilien zu Tage gefördert, sondern auch (heute erschöpfte) Kohleschichten. Sie waren es, die den frühen Bergbaupionier und Namensgeber der Stadt, Samuel Drumheller, und seinesgleichen anzogen. Die erste Mine nahm 1911 ihre Arbeit auf, und als zwei Jahre später eine Eisenbahnverbindung nach Calgary eingeweiht wurde, erlebte der hiesige Kohlebergbau seine Blütezeit. Angesichts der schwindenden Bedeutung der Kohle gegenüber Gas und Erdöl dauerte es nicht einmal 50 Jahre, bis die Tage der Minen gezählt waren. Heute lebt Drumheller von der Landwirtschaft, dem Erdöl – ca. 3000 Bohrlöcher liegen über das umliegende Farmland verstreut – und dem Tourismus, wobei dem **Tyrrell Museum of Palaeontology** als einer der zugkräftigsten Attraktionen Albertas die größte Bedeutung zukommt.

Von Calgary kommend führt die bequemste Anfahrt nach Drumheller auf dem Hwy 2 nach Norden Richtung Edmonton, von diesem dann über den Hwy 72 und Hwy 9 nach Osten. Mit dem Auto lässt sich die Fahrt mühelos als Tagesausflug bewältigen. Die meisten Besucher steuern direkt das Tyrell Museum an, das von Drumheller über den ausgeschilderten Hwy 838 zu erreichen ist.

Der Dinosaur Trail

In Drumheller beginnt der 51 km lange Dinosaur Trail, eine Rundstrecke zu den Aussichtspunkten und kleineren historischen Sehenswürdigkeiten der Badlands und des Red Deer Valley. Die umfassende Broschüre *Drumheller Valley Visitor's Choice* (vom Infocentre in Drumheller kostenlos erhältlich) listet 30 verschiedene Haltepunkte auf, die meisten davon auf der Ebene oberhalb des Tals. Die interessantesten sind: **Little Church**, 6 km westlich von Drumheller, die „größte kleine Kirche der Welt" (Fassungsvermögen sechs Personen); der **Horsethief Canyon**, 17,6 km westlich vom Museum, und der **Horseshoe Canyon**, 19 km südwestlich vom Museum auf dem Hwy 9, zwei spektakuläre Aussichtspunkte auf das bizarr ausgebildete Tal, Letzterer mit lohnenden Pfaden hinunter ins Tal; die **Hoodoos**, schlanke, vom Wind geformte Sandsteinsäulen mit pilzartigen Hauben, 17 km südöstlich von Drumheller auf dem Hwy 10; der weitgehend unerschlossene, von Wanderpfaden durchzogene **Midland Provincial Park**, der einst die ersten Minen der Region beherbergte und heute Standort eines Interpretive Centre ist (☉ tgl. 9–18 Uhr, Eintritt frei); und die von einer morschen Holzkonstruktion zum Aussortieren des Erzes dominierte **Atlas Coal Mine**, ☎ 403/822-2220, die heute ein reizvolles Industriedenkmal darstellt (Führungen Mitte Mai bis Mitte Okt tgl. 9–18 Uhr, Eintritt $4, mit Führung $6).

Übernachtung

Trotz ca. einer halben Million Besucher besitzt Drumheller nur etwa 350 Betten, und um ehrlich zu sein, möchte man auch gar nicht in Drumheller übernachten. Wenn es sich doch nicht vermeiden lässt, muss lange vorab gebucht werden.

Lodge at Drumheller, gegenüber dem Hostel, 48 Centre St, Ecke Railway Avenue, ☎ 403/823-3322, bestes, aber übertureuertes Hotel im Zentrum. ❸

Rockhound Motor Inn, South Railway Drive, ☎ 403/823-5302, zentral gelegen. ❹

Drumheller Inn, 100 S Railway Ave (Hwy 9), ✆ 403/823-8400, modernes Motel an einem Felsvorsprung abseits des Hwy 56 von Westen. ⑤

Badlands Motel, Hwy 838, 1 km außerhalb, ✆ 403/823-5155, hübsche, geschmackvolle Blockhütten. ⑤

Von den **Campingplätzen** empfiehlt sich der am anderen Flussufer angesiedelte **Dinosaur Trailer Park**, Hwy 56, Ecke Hwy 838, ✆ 403/823-3291; ⓘ April–Okt, $15.

Über die vielen anderen privat und von der Provinz betriebenen Campingplätze im Tal (der beste davon im Little Fish Provincial Park, 50 km südöstlich von Drumheller auf dem Hwy 573) gibt das Infocentre Auskunft.

Essen

Diana, Main St, halb Diner, halb chinesisches Restaurant, preiswert.

Bridge Greek Restaurant, 71 Bridge St N, ebenfalls günstig, entspannte Atmosphäre, gutes Essen.

Die anspruchsvolleren Restaurants scheinen gewohnheitsmäßig nach Abreise der Touristen sofort pleite zu gehen. Die beiden besten sind derzeit: **Jack's Bistro**, 70 Railway Ave, ✆ 403/823-8422, herzhafte kanadische Küche.

Sizzling House, 160 Centre St, ✆ 403/823-8098, wenig bekannt und günstig, gilt aber als eines der besten chinesischen Restaurants Albertas. Erwägenswert ist schließlich noch die Cafeteria im Museum.

Sonstiges

AUTOVERMIETUNG – **National**, ✆ 823-3371 oder 1-800/387-4747, einziger Anbieter der Stadt.

INFORMATIONEN – **Infocentre**, Riverside Drive, Ecke 2nd St West, ✆ 403/823-1331, gibt sich alle Mühe, die nicht vorhandenen Sehenswürdigkeiten Drumhellers anzupreisen. ⓘ Juni–Aug tgl. 9–21, sonst Mo–Fr 8.30–16.30 Uhr.

Transport

Greyhound, ✆ 403/823-7566, verkehrt 2x tgl. von CALGARY nach Drumheller, einfache Fahrt ca. $20. Der Busbahnhof liegt etwas außerhalb an der Suncity Mall am Hwy 9 – definitiv zu weit entfernt, um von dort ins Zentrum oder zum Museum zu laufen. Für ca. $10 stehen für den Transport vom Busbahnhof aber **Badlands Taxis**, ✆ 403/823-6552 oder **Jack's Taxi**, ✆ 403/823-2220, zur Verfügung.

Royal Tyrrell Museum of Palaeontology

Als Musterbeispiel beeindruckender musealer Architektur fügt sich das an Hightech-Exponaten reiche **Royal Tyrrell Museum of Palaeontology**, 🖥 www.tyrrellmuseum.com, geschmeidig in seine karge Umgebung 6 km außerhalb von Drumheller ein. Seine umfassende Sammlung, die selbst bei schwach ausgeprägter wissenschaftlicher und naturgeschichtlicher Wissbegierde zu begeistern versteht, lockt jedes Jahr mehr als eine halbe Million Besucher an. Obgleich man sich damit schmückt, die weltweit größte Sammlung an vollständigen Dinosaurierskeletten zu besitzen (50 lebensgroße Exemplare und 80 000 verschiedene Fragmente), hält das Museum weit mehr als nur eine Anhäufung alter Knochen bereit und zeichnet beispielsweise die Geschichte der Erde von ihren Anfängen bis heute nach. Daneben ist das Museum auch eine führende Forschungseinrichtung. Der Name stammt von Jospeh Tyrrell, der 1884 den Albertosaurus entdeckte bzw. den ersten Dinosaurierfund in den Badlands machte.

Höhepunkt des auf mehreren, geologische Erdzeitalter repräsentierenden Ebenen angelegten Museums ist eine riesige, zentrale Halle mit mehr als 200 Dinosaurierexponaten. Einziges Manko ist, dass die Halle bei einem Rundgang bereits sehr früh zu erspähen ist und Besucher dazu verleitet, die unteren Ebenen zu überspringen. Dort werden reichlich Hintergründe vermittelt, indem die Region unter den Gesichtspunkten Geologie, Fossilien, Plattentektonik und Evolution beleuchtet wird. Zudem bietet sich die Gelegenheit, einen Blick in eine Präparationswerkstatt zu werfen und Wissenschaftler in einer der bestausgestattetsten paläontologischen Einrichtungen der Welt bei der Arbeit an Fossilien über die Schulter zu sehen.

Die mit Abstand größte Attraktion sind natürlich die **Dinosaurier**. Vor perfekt in Szene gesetztem, dreidimensionalem Hintergrund bauen sich vor dem Besucher vollständige Skelette auf und vermitteln einen Eindruck der Sumpflandschaft vor 60 Millionen Jahren. Einigen sind lebensgroße, gegenüber den Skeletten weniger unheimlich wirkende Dinosaurier aus Plastik an die Seite gestellt. Größe allein ist jedoch nicht das einzig Faszinierende: Der Xiphactinus beispielsweise, ein vier Meter großes Exemplar, beeindruckt mehr durch das zarte und kunstvolle Gefüge seiner Knochen. An anderer Stelle werden die Artenvielfalt vorgestellt und Erläuterungen zu den erstaunlich kleinen Gehirnen der Dinosaurier – mitunter nicht größer als ihre Augen – gegeben.

Ein Themenkomplex widmet sich auch dem Aussterben der Dinosaurier. Besucher erfahren hier, dass ca. 90% aller jemals auf der Erde existierenden Pflanzen- und Tierarten inzwischen von unserem Planeten verschwunden sind. Einen Abstecher lohnt abseits der Dinosaurierhalle das herrliche Gewächshaus – **Palaeoconservatory** – mit seiner Sammlung lebender prähistorischer Pflanzen, die eine Vorstellung der Vegetation Albertas im Zeitalter der Dinosaurier vermitteln und z.T. seit 180 Millionen Jahren unverändert geblieben sind. ⏰ Mitte Mai–Aug tgl. 9–21, Sep–Mitte Okt tgl. 10–17, übrige Zeit Di–So 10–17 Uhr; $10.

Dinosaur Provincial Park

Wer mit dem Auto unterwegs ist, kann den Besuch im Tyrrell Museum mühelos mit einer Fahrt in den 174 km von Drumheller gelegenen **Dinosaur Provincial Park** am selben Tag verbinden und dann über den südlich des Parks verlaufenden Trans-Canada Highway nach Calgary zurückfahren. Die nächstgelegene Stadt ist Brooks, 48 km westlich der zentralen Anlaufstelle des Parks, der **Royal Tyrrell Museum Field Station**, ✆ 403/378-4344, ⏰ Ende Mai–Anfang Okt tgl. 8.30–21, sonst Mo–Fr 9–16 Uhr, $2. Der Park verfügt am Little Sandhill Creek über einen hervorragenden Campingplatz, ✆ 403/378-3700; ⏰ ganzjährig, wird aber nur Mai–Sep gewartet, Stellplatz $13.

In kaum einer anderen Gegend wirken die Badlands ausgeprägter und verleihen der Landschaft einen fremdartigen Charakter. Inmitten dieser wüstenartigen Einöde liegt jedoch auch eine der fossilienreichsten Fundstätten der Welt und erstreckt sich ein vielgestaltiges Nebeneinander unterschiedlicher Lebensräume und Ökosysteme der Prärie. Nicht umsonst wurde der Park daher von der UNESCO zum Weltnaturerbe erklärt. Mehr als 300 vollständige Skelette und 35 (oder 10%) aller bekannten Dinosaurierarten hat man hier gefunden und auf Museen in der ganzen Welt verteilt. Auf fünf Naturlehrpfaden kann das Gebiet erkundet werden, die lohnendsten Einblicke in diese außergewöhnliche Landschaft bieten der Badlands Trail und der Cottonwood Flats Trail. Auch ein kleines Museum, sozusagen die kleine Schwester des Museums bei Drumheller gibt es hier. Der eigentliche Reiz eines Besuchs besteht jedoch in der ausgezeichneten, 90-minütigen **Badlands Bus Tour**, die zu den ansonsten unerreichbar liegenden Ausgrabungsfeldern im Zentrum des Parks führt und Mai–Sep Mo–Fr ca. 3x tgl., Sa und So 7x tgl. zum Preis von $4,50 angeboten wird. Zu sehen gibt es dort noch einige an ihrem ursprünglichen Fundort verbliebene Skelette, erläuternde Tafeln geben Hintergrundinformationen. Von der Field Station werden außerdem zweistündige geführte Wanderungen organisiert, besonders interessant ist der Centrosaurus Bone Bed Hike (Di, Do, Sa und So 9.15 Uhr, $4,50) in ein gesperrtes Gebiet, in dem um die 300 Centrosaurus-Skelette freigelegt werden konnten. Das Tour- und Wanderangebot ist sehr begehrt, eine vorherige Reservierung ist daher nur ratsam.

Highway 3 von Medicine Hat zum Crowsnest Pass

Die meistbefahrene Route durch den Süden Albertas ist der Trans-Canada Highway direkt nach Calgary. Der in **Medicine Hat** abzweigende Hwy 3 führt weiter südlich durch die Prärien, bevor er am Crowsnest Pass in die Rocky Mountains ansteigt. Diese ruhigere und nicht ganz so spektakuläre Strecke in die Berge besitzt zwei lohnende Attraktionen – das neue **Carriage Centre** nahe Cardston und den historisch bedeutenden **Head-Smashed-In Buffalo Jump**.

Medicine Hat

Obgleich kaum 100 Jahre alt, ranken sich um den Ursprung des Stadtnamens viele Legenden. Die wahrscheinlichste Geschichte erzählt von einem Medizinmann der Cree, der auf seiner Flucht während einer Schlacht mit den Blackfoot seinen Kopfschmuck verlor, was seine Gefolgsleute als schlechtes Omen deuteten, den Mut verloren, sich ergaben und prompt massakriert wurden. Gern zitiert man heute Rudyard Kipling, der Medicine Hat angesichts der riesigen unter ihr schlummernden Erdgasreserven als „die Stadt mit der Hölle als Fundament" bezeichnet hat. Die Gasvorkommen, auf die Eisenbahningenieure 1883 bei Wasserbohrungen stießen, bilden heute den Grundstock für eine florierende petrochemische Industrie, die das ansonsten von Grünanlagen geprägte Ufer des South Saskatchewan River ein wenig verunstaltet.

Medicine Hat mag mit seinen angeblichen 1440 Stunden Sonnenschein zwar die sonnenreichste Stadt Kanadas sein, seine Hauptfunktion erfüllt es jedoch als wichtige Zwischenstation auf dem Trans-Canada Highway. Die nennenswerten Attraktionen beschränken sich auf das am Hwy 1 nahe dem Visitor Centre aufragende, **größte Tipi der Welt** sowie den Alptraum der **Riverside Waterslide** am Hwy 1, Ecke Powerhouse Rd, ✆ 403/529-6218, ◷ Mitte Mai–Anfang Sep tgl. 10–20 Uhr, $12,50.

Übernachtung und Essen

Bel-Aire, 633 14th St, ✆ 403/527-4421, das preiswerteste der zahlreichen Motels, das zudem den Vorzug der günstigen Lage an der Kreuzung des Trans-Canada mit dem Hwy 3 besitzt. ❶

Best Western Inn, am Trans-Canada Hwy, 722 Redcliff Drive, ✆ 403/527-3700 oder 1-800/527-6633, 🖳 www.bestwestern.com, angenehmer, aber auch dreimal so teuer. ❺

Medicine Hat Lodge, 1051 Ross Glen Drive, ✆ 403/529-2222 oder 1-800/661-8095, 🖳 www.medhatlodge.com, das bestes Haus der Stadt bietet edle wie komfortable Unterkunft. ❺

Medicine Hat Inn Downtown, 530 4th St SE, ✆ 403/526-1313 oder 1-800/730-3887, liegt am zentralsten. ❸

Für eine stärkende Rast bei einer Tasse Kaffee und einem Snack empfiehlt sich das **Café Mundo**, 579 3rd St SE, für ein Mittagsmahl **Caroline's**, 101 4th Ave SE, ✆ 403/529-5300, und bei Appetit auf „Wildwest"-Ambiente das rustikale **Rustler's**, 901 8th St SW, ✆ 403/526-8004, eines der ältesten Restaurants der Stadt.

Lethbridge

Albertas drittgrößte Stadt Lethbridge profitiert vom Geschäft mit Erdöl und Erdgas, zählt aber auch zu den produktivsten Agrarzentren der Provinz. Durch die Stadt kommende Besucher versucht man in die im Südwesten von Lethbridge gelegenen **Nikka Yuko Centennial Gardens** im Henderson Lake Park, 7th Ave, Ecke Mayor Macgrath Drive, zu dirigieren. Sie wurden 1967 als Symbol der japanisch-kanadischen Freundschaft angelegt und sollten wohl als eine Art verspätete Entschuldigung für die Behandlung japanischstämmiger Kanadier während des 2. Weltkriegs verstanden werden. Damals wurden 22 000 Menschen interniert, 6000 davon in Lethbridge. Der Park setzt sich aus vier friedlichen japanischen Gartenanlagen zusammen, dazu gehört auch ein in Japan gefertigter und der Teezeremonie dienender Pavillon aus Zypressenholz. ◷ Mitte Mai–Juni sowie Sep tgl. 9–17, Juli und Aug tgl. 9–21 Uhr, $4.

Weit entfernt vom feinen Stil der Gartenanlagen präsentiert **Fort Whoop-Up** im Indian Battle Park, Scenic Drive, Ecke 3rd Ave, eine Rekonstruktion des raubeinigen Handelsplatzes für Whisky, den amerikanische Desperados aus Fort Brenton, Montana, 1869 als ersten von mehreren in der Region hier errichteten. Das Fort entwickelte sich zur größten und einträglichsten der zahlreichen ähnlichen Anlagen, die überall in den kanadischen Prärien illegal errichtet wurden und letztlich zum Anrücken der North West Mounted Police im Jahr 1874 führten. Die indianischen Ureinwohner der Umgebung kamen meilenweit, um buchstäblich alles, selbst ihre Kleidung, gegen den tödlichen, schwarz gebrannten Schnaps – ein mit Äthylalkohol versetztes und mit solch Zutaten wie Rotem Pfeffer, Farbstoffen und Kautabak angereichertes Gebräu – einzutauschen. Das Fort war zudem Schauplatz des letzten Gefechts in Nordamerika zwischen indianischen Völkern (1870 zwischen Cree und Blackfoot). ◷ Juni–Aug Mo–Sa 10–18, So 12–17, sonst Di–Fr 10–16, So 13–16 Uhr, $2,50.

Als dritte erwähnenswerte Sehenswürdigkeit lädt das **Sir Alexander Galt Museum** am westlichen Ende der 5th Ave South, nahe Scenic Drive, zu einem Besuch ein. Es rangiert unter den besseren Kleinstadtmuseen Kanadas und wurde nach einem kanadischen Hochkommissar benannt, der 1882 Gelder für eine Mine bereitstellte, welche die Gründung von Lethbridge nach sich zog. Das 1985 aufwendig renovierte Museum dokumentiert die Stadtgeschichte an Hand von Exponaten über den

Kohlebergbau, Bewässerungsmethoden, die Einwanderung sowie das dunkle Kapitel der Internierungen in den 40er Jahren des 20. Jhs. In weiteren Räumen sind Kunstgalerien untergebracht und werden wechselnde Ausstellungen gezeigt. ☉ tgl. 10–16.30 Uhr, Spende erwünscht.

Übernachtung und Essen

Die Mehrzahl der Motels ist am Mayor Macgrath Drive angesiedelt.

Sandman Hotel Lethbridge, Nr. 421, ✆ 403/328-1111 oder 1-800/726-3626, ist das beste der Motels. ❹

Days Inn, 100 3rd Ave S, ✆ 403/327-6000 oder 1-800/661-8085, günstigste Unterkunft im Zentrum. ❸

Henderson Lake Campgrounds, nahe dem Henderson Lake an der 7th Ave S, neben den Nikka Yuko Gardens, ✆ 403/328-5452, ☉ Mai–Okt, Stellplatz $14.

Das beste Restaurant der Stadt, *Anton's*, serviert moderne amerikanische Küche und ist im *Lethbridge Lodge Hotel*, 320 Scenic Drive, ✆ 403/328-1123 oder 1-800/661-1232, untergebracht, ebenso das preiswertere, aber hübsche und beliebte *Garden Café*.

The Penny Coffee House, 331 5th St S, Kaffee und Snacks im Zentrum.

Informationen

Tourist Office, 2805 Scenic Drive, Ecke Hwy 4 und Hwy 5, ✆ 403/320-1222 oder 1-800/661-1222, ☉ im Sommer tgl. 9–20, im Winter Mo–Sa 9–17 Uhr.

Transport

Greyhound, Busbahnhof 411-5th St S, ✆ 403/327-1551. 4x tgl. von CALGARY, 2x tgl. nach FORT MACLEOD, 2x tgl. nach MEDICINE HAT sowie zur US-Grenze mit Anschluss nach GREAT FALLS und HELENA in Montana.

Fort Macleod und Umgebung

Am Hwy 2 von Calgary nach Süden in Richtung USA liegt Fort Macleod. Der Highway umfährt das Stadtzentrum entlang der größtenteils wieder aufgebauten Holzpalisaden des **Fort Museum**, 219

25th St, ☉ Mai, Juni und Sep–Mitte Okt tgl. 9–17, Juli und Aug 9–20, Mitte Okt–Dez sowie März und April Mo–Fr 9–17 Uhr, $5. Die Fortanlage war die erste, die von der North West Mounted Police im kanadischen Wilden Westen errichtet wurde. Sie entstand, nachdem die Truppe, die ursprünglich zur Stürmung von Fort Whoop-Up in Lethbridge ausgesandt worden war, sich verirrte, so dass die Whiskyhändler vor ihrem Eintreffen das Weite suchen konnten; angesichts des verlassenen Forts zogen sie unter Colonel James Macleod weiter nach Westen, um hier auf Oldman Island 1874 einen dauerhaften Posten zu beziehen.

Alljährlich im Juli und August bieten stilgerecht kostümierte Studenten viermal täglich im Rahmen des „Musical Ride" ihre Künste im Dressurreiten dar.

Übernachtung

An Unterkünften stehen neun Motels mit ähnlichen Preisen zur Auswahl. Im Sommer sind alle schnell belegt.

Fort Motel, Main St, ✆ 403/553-3606, liegt am zentralsten. ❷

Sunset Motel, Hwy 3 am westlichen Stadtrand, ✆ 403/553-4448 oder 1-888/554-2784, das erste Haus am Platz. ❹

Informationen

Tourist Office, 24th St am östlichen Stadtrand, ✆ 403/553-4955, ☉ Mitte Mai–Aug tgl. 9–20 Uhr.

Transport

Der **Busbahnhof**, ✆ 403/553-3383, befindet sich in der 2302 2nd Ave. Busse nach Fort Macleod verkehren 2x tgl. von LETHBRIDGE und 3–4x tgl. von CALGARY, Letztere fahren weiter nach VANCOUVER über CRANBROOK und NELSON.

Head-Smashed-In Buffalo Jump

Das Bild von Indianern, die einem einsamen Büffel mit Pfeil und Bogen nachstellen, mag vielleicht die Vorstellung Hollywoods von der einstigen Nahrungsbeschaffung sein. Die Realität sah weniger romantisch aus und war außerdem effektiver und spektakulärer: Über einen Zeitraum von mehr als 10 000 Jahren perfektionierten die Blackfoot eine

Jagdtechnik, bei der sie Bisonherden in ein flaches Becken lockten, um sie dann über eine breite Klippe in den Tod stürzen zu lassen. Anschließend zerteilten sie die Tiere und verwendeten das Fleisch für die Herstellung von Pemmikan (einem Kuchen aus geklopftem Fleisch, Beeren und Fett), die Knochen für Werkzeuge und die Haut für Kleidung und ein schützendes Obdach. Solche „Todesklippen" existierten überall in Nordamerika, die am besten erhaltene ist jedoch der Head-Smashed-In Buffalo Jump in den Porcupine Hills, 18 km nordwestlich von Macleod auf dem Hwy 785. Der Name entspricht exakt dem Schicksal, das einen Blackfoot im 19. Jh. ereilte, nachdem sich dieser als besten Beobachtungsposten für das Spektakel den Fuß der Klippe ausspähte, anscheinend ohne zu berücksichtigen, dass alsbald an die 500 Bisons herabstürzen würden.

Das moderne **Interpretive Centre**, ein siebenstöckiges architektonisches Meisterwerk, ist nahe der ursprünglichen Klippe in den 10 m hohen und 305 m breiten Fels gebaut. Darunter breitet sich ein über die Jahrtausende gewachsenes, 10 m tiefes Bett aus Asche und Knochen aus – etwaige Souvenirjäger werden mit einer drohenden Geldbuße von $50 000 abgeschreckt. Inmitten der angehäuften Überreste hat man alle möglichen Werkzeuge und Gegenstände gefunden, darunter Messer, Schaber und geschliffene Steine, die zum Häuten der Bisons verwendet wurden. Die in der obersten Schicht geborgenen, im Handel mit den Weißen erworbenen Pfeilspitzen aus Metall legen den Schluss nahe, dass die Klippe noch bis vor relativ kurzer Zeit genutzt wurde. Das mehrgeschossige Centre taucht tief in die Geschichte der Klippe und indianischer Kultur im Allgemeinen ein.

Den Höhepunkt bildet der Film *In Search of the Buffalo* (alle halbe Stunde auf Level Four), der das erderschütternde Hinabstürzen der Bisons veranschaulicht. Einige Kilometer an Pfaden erkunden die Umgebung der Klippe, von Blackfoot geleitete Führungen werden angeboten. Öffentliche Verkehrsmittel verkehren nicht hierher, eine Taxifahrt von Fort Macleod kostet ca. $20. ◷ Mitte Mai–Anfang Sep 9–18, sonst 10–17 Uhr.

Remington-Alberta Carriage Centre

Ungefähr 50 km südlich von Fort Macleod und unmittelbar südlich von **Cardston** (vom Zentrum am gegenüberliegenden Flussufer) befindet sich nur wenig abseits des Hwy 2 das **Remington-Alberta Carriage Centre**, 623 Main St, ⌨ www.remington-centre.com. Obgleich hervorragend umgesetzt, bleibt der Reiz dieses Museums jedoch beschränkt, da sich das Augenmerk weitgehend auf pferdegezogene Fuhrwerke und deren Blütezeit im 19. Jh. richtet. In der Haupthalle sind ca. 60 funktionstüchtige Kutschen zu bewundern – sie sind der Kern einer privaten Sammlung, die Don Remington in den 50er Jahren des 20. Jh.s begann –, daneben ca. 140 weitere, die auf 25 intelligent arrangierte „Geschichten" verteilt in ihren jeweiligen sozialen und kulturellen Kontext gestellt werden. Zusätzlich erhalten Besucher die Gelegenheit, eine Kutschfahrt zu unternehmen (meist kostenlos, Juni bis Aug $3), Kutschstallungen zu besichtigen und einen ehrfurchtsvollen Blick auf die Quarters und Clydesdales zu werfen, die den Pferdebestand des Centre darstellen. Mitarbeiter können beim Bau oder Renovieren verschiedener Kutschen beobachtet werden, und regelmäßig werden kostenlose Führungen angebotenen. ◷ Mitte Mai–Anfang Sep tgl. 9–20, sonst 10–17 Uhr, $6,50.

Die Route zum Crowsnest Pass

Der 1382 m hohe Crowsnest Pass ist die südlichste der drei wichtigsten Routen von Alberta in die Rocky Mountains und nach British Columbia, bietet aber weit weniger imposante Eindrücke als die Anfahrtsstrecken von Calgary und Edmonton.

Von Fort Macleod Richtung Westen führt der **Hwy 3** zunächst durch grandiose, sich im Wind wiegende Prärielandschaft und beginnt viel versprechend: Die Siedlungen wirken bescheiden und der weit reichende Blick auf die am Horizont aufragenden Berge ist wohl derselbe, der sich auch den ersten Pionieren bot. Je mehr die Straße jedoch in Richtung Pass ansteigt, umso deutlicher treten die Hinterlassenschaften des einstigen Bergbaus in der Region zutage. Vor 100 Jahren waren die Hoffnungen groß, dass die riesigen Kohlevorkommen Crowsnest zu einem kanadischen Pittsburgh machen könnten. Doch Katastrophen, minderwertige Kohle, schwer zugängliche Schichten, billigere Kohle aus British Columbia sowie der rasche Preisverfall bereiteten diesem Traum ein jähes Ende. Weite Teile der Gegend sind heute als Historic District ausgewiesen und im verzweifelten Versuch, Leben und Touristen in die wirtschaftlich angeschlagenen Gemeinden zurückzubringen (deren Bewohnerschaft zum großen Teil entweder in den Minen jenseits des Passes in British Columbia arbeitet oder aber ihren Dörfern den Rücken gekehrt hat), zu Albertas einzigem „Ökomuseum" erklärt worden. Der Erfolg hat sich sogar teilweise eingestellt. Wer für Minen und Katastrophenschauplätze nichts übrig hat, sollte die Route lediglich als schnelle, direkte Verbindung nach Vancouver betrachten oder als zweckdienliche Strecke für die Erkundung der Kootenay-Region im Süden British Columbias nutzen. Jenseits des Passes fällt der Hwy 3 in das Gebiet British Columbias ab, um durch Fernie (s. S. 415) zu führen und dem über lange Strecken beeindruckenden Elk River Valley zu folgen, bevor er sich bei Cranbrook (s. S. 414) mit dem Hwy 95 vereint.

Bellevue und Frank Slide

Erstes nennenswerte Dorf westlich von Fort Macleod ist das verschlafene **Bellevue**, ein sonderbarer, enger Ort, dem eine für die Gegend ungewöhnliche „Alte Welt"-Atmosphäre zu eigen ist. An Besonderheiten kann er eine Kirche von der Größe einer Hundehütte, ein gelb angestrichenes Tipi aus Holz sowie die Behauptung vorweisen, das beste Trinkwasser in Alberta zu besitzen – anscheinend ausreichend, um im Sommer nahe dem Campingplatz ein Infocentre zu unterhalten und Besuchern mit Helm und Grubenlampe ausgerüstet Gelegenheit zu geben, ca. 100 m tief in den dunklen Stollen der alten **Bellevue Mine** zu dringen. 30-minütige Touren finden Mitte Mai bis Anfang September zwischen 10 und 17.30 Uhr alle halbe Stunde statt; $6. Die einzige für die Öffentlichkeit zugängliche Mine in der Umgebung wurde 1962 stillgelegt, ist aber bis heute für eine Explosion im Jahr 1910 bekannt, die das Belüftungssystem zerstörte. 30 Bergleute kamen bei der Katastrophe ums Leben, allerdings nicht durch die Explosion sondern infolge des so genannten Nachschwadens, einer tödlichen Mischung aus Kohlendioxid und Kohlenmonoxid, die übrig blieb, nachdem das Feuer den Sauerstoff aus der Luft aufgebraucht hatte. Kanadas schlimmstes Minenunglück ereignete sich jedoch fünf Jahre später in **Hillcrest**, einem unmittelbar südlich von Bellevue gelegenen Dorf (vom Hwy 3 ausgeschildert), wo ebenfalls infolge einer Explosion und des Nachschwadens 189 Männer starben. Sie alle wurde in Massengräbern auf dem Gelände des heutigen Hillcrest Cemetery an der 8th Ave beerdigt.

Bellevue besitzt nahe dem Highway am östlichen Ortsrand einen hübschen Campingplatz, den *Bellecrest Community Association Campground*, ☏ 403/564-4696, mit 22 Stellplätzen, Toiletten, fließend Wasser und einer Kirche mit zehn Sitzplätzen und Predigten vom Band. ⏲ Mai–Okt, Spende für die Nutzung erbeten. Kurz vor dem Campingplatz befindet sich abseits der Hauptstraße nach Norden der **Leitch Collieries Provincial Historic Site**, einst der Ort mit der größten Bergbauaktivität – dessen Mine aber auch als erste geschlossen wurde (1915). Viel zu sehen gibt es nicht mehr, aber Exponate, Lehrpfade über das Gelände und engagierte Mitarbeiter geben erschöpfend Auskunft über frühere Arbeitsmethoden. ⏲ Mitte Mai–Mitte Sep tgl. 10–16 Uhr, $2.

Der Spur der Verwüstung und des Todes setzt sich auch jenseits von Bellevue auf dem Crowsnest Pass fort. Zur beherrschenden Silhouette türmen sich hinter dem Dorf die herabgestürzten, sich zu einem schroffen Gebilde angehäuften Gesteinsmassen den **Frank Slide** auf, eines gewaltigen Bergrutsches, der die Konturen des einst von Stollen durchlöcherten Turtle Mountain für immer veränderte. Am 29. April 1903 polterten geschätzte 100 Millionen Tonnen Gestein entlang einer mehr als einen Kilometer breiten Front 700 m in die Tiefe und begruben in weniger als zwei Minuten 68 Menschen und deren Häuser unter sich. Von den Bergleuten kam erstaunlicherweise niemand zu Tode – sie konnten sich nach 14 Stunden mühseligen Grabens befreien. Das dem makabren Ereignis zugeordnete **Frank Slide Interpretive Centre**, ca. einen Kilometer nördlich von Dorf und 1,5 km abseits des Highway gelegen, 🖥 www.frankslide.com, dokumentiert die Besiedlung der Gegend durch die Europäer sowie den Bau der Canadian Pacific Railway in Alberta und stellt die Arbeits- und Lebensumstände der hiesigen Bergleute vor. ⏲ Mitte Mai–Mitte Sep 9–18, sonst 10–17 Uhr, $6,50. Ein durchaus lohnender, 1,5 km langer Pfad führt durch die Umgebung und zum Ort des Geschehens. Vom Parkplatz lässt sich der Kamm erklimmen und ein guter Eindruck der immensen Gesteinsmassen gewinnen, die sich in Bewegung gesetzt haben. Bis heute versteht niemand so recht, wie manche Felsbrocken so weit vom eigentlichen Bergrutsch entfernt landen konnten (häufig sind es mehrere Kilometer). „Geschmierte Luft" scheint noch die beste Theorie zu sein: Herabstürzende Felsen würden dabei die vor ihnen liegende Luft komprimieren und als eine Art Luftkissen für ihren „Ritt" über die Oberfläche genutzt haben.

Blairmore, Coleman und der Pass

Zwei Kilometer hinter Frank liegt **Blairmore**, ein farbloser Ort, dessen einziger Reiz für den verirrten Besucher in den Spazierwegen sowie in den vier Skipisten des dahinter aufragenden Pass Powder Keg Ski Hill besteht; Informationen unter ✆ 403/562-8334. Die größte der am Crowsnest Highway gelegenen Ortschaften (ca. 1800 Einwohner) besitzt eine Hand voll „historische" Gebäude. Bemerkenswertestes darunter ist das 1912 erbaute *Cosmopolitan Hotel*, 13001-20th Ave, ✆ 403/562-7321, ❷, allerdings können weder der Ort noch das Hotel zum Verweilen ermuntern. Wenn sich eine Übernachtung partout nicht vermeiden lässt, sollte man hierfür **Coleman** wählen. Viel hat aber auch dieser durch Minenschließungen gebeutelte Ort nicht zu bieten. Im alten Schulgebäude zeigt das kleine Crowsnest Museum, 7701-18th Ave, eine interessante Ausstellung über den Bergbau; ⊙ Mitte Mai–Okt tgl. 9–18 Uhr, sonst Mo–Fr 10–12 und 13–16 Uhr, $2. Ansonsten gibt es an der einzigen Straße, einer Aneinanderreihung baufällig wirkender Gebäude, nur noch drei Tankstellen sowie das lädierte, über 24 Units verfügende *Stop Inn*, ✆ 403/562-7381, ❷. Ansprechender ist, trotz fragwürdiger Namensgebung, das hübscher gelegene *Kozy Knest Kabins Triple K Motel*, ✆ 403/563-5155, ❷, 12 km westlich von Coleman am Hwy 3 am Crowsnest Lake, ⊙ Mai–Okt

Jenseits von Coleman steigt die Straße zum **Crowsnest Pass** an und hinter einer Serie von Sägemühlen wird mit einer bewährten Mischung aus Seen, Bergen und den im **Crowsnest Provincial Park** geschützten Bäumen wieder die Natur zum Hauptdarsteller. Am Crowsnest Creek kann man ca. 15 km westlich von Coleman für $5 an einem See zelten.

Waterton Lakes National Park

Der isoliert gelegene Waterton Lakes National Park mag auf den ersten Blick nur als ein Anhängsel des wesentlich größeren Glacier National Park auf US-Seite erscheinen. Aber trotz seiner bescheidenen Größe umfasst er genauso atemberaube Landschaften (und Wanderpfade) wie die übrigen großen Parks in den kanadischen Rocky Mountains. Besonders lohnend sind hier die Tageswanderungen, die im Gegensatz zu ähnlichen Exkursionen in Banff und Jasper ohne großen Aufwand vom zentralen Ort des Parks, **Waterton Townsite** (oder einfach nur Waterton), unternommen werden können.

Zu neuen Ehren kam der 1895 eröffnete Park als er 1932 zum Zeichen der Freundschaft Kanadas mit seinem Nachbarn zusammen mit dem Glacier Park als „International Peace Park" noch einmal eingeweiht wurde. Trotz aller Freundschaft unterstehen die beiden Parks eigenständigen nationalen Verwaltungen. Kanadische und US-amerikanische Wanderer können die Grenze zwar ohne Formalitäten überqueren, Besucher aus anderen Ländern müssen jedoch mit den Pfaden im jeweiligen Park vorlieb nehmen, außer sie führen die erforderlichen Einreisedokumente bei sich. Wer mit dem Auto von einem Park in den anderen fahren möchte, muss die reguläre Einreiseprozedur in jedem Fall über sich ergehen lassen. Zwischen April und Ende September ein **Park Permit** für alle Besucher vorgeschrieben – die Tageskarte kostet $4 (Jahreskarte $28), die Gruppenkarte (2–10 Personen) $12 pro Tag (mehr zu Eintrittsgebühren im Kastentext, s.S. 140).

Mehr als für andere Parks in den Rocky Mountains ist hier ein eigenes Transportmittel gefragt. Die **Anfahrt** in den Park von Fort Macleod erfolgt entweder über den Hwy 3 nach Westen und dann über den Hwy 6 nach Süden via Pincher Creek oder auf dem Hwy 2 nach Süden bis Cardston und dann nach Westen via Hwy 5. Calgary liegt 264 km bzw. 3 Std. Fahrt entfernt, Lethbridge (mit dem nächstgelegenen Flughafen) 130 km oder 75 Min. und St Mary, Montana, 60 km oder 45 Min.

Geologie

Die einzigartige geologische Geschichte der Gegend wird deutlich, wenn man die Landschaft der völlig andersartigen Szenerie der Nationalparks Banff und Jasper gegenüberstellt. Während der Entstehung der Rocky Mountains (s.S. 140) wurden die Felsen und die Berge Watertons nach Osten gedrückt, im Gegensatz zu den zerrissenen Gesteinsschichten andernorts traten sie jedoch als riesige zusammenhängende Gesteinsmasse, genannt „Le-

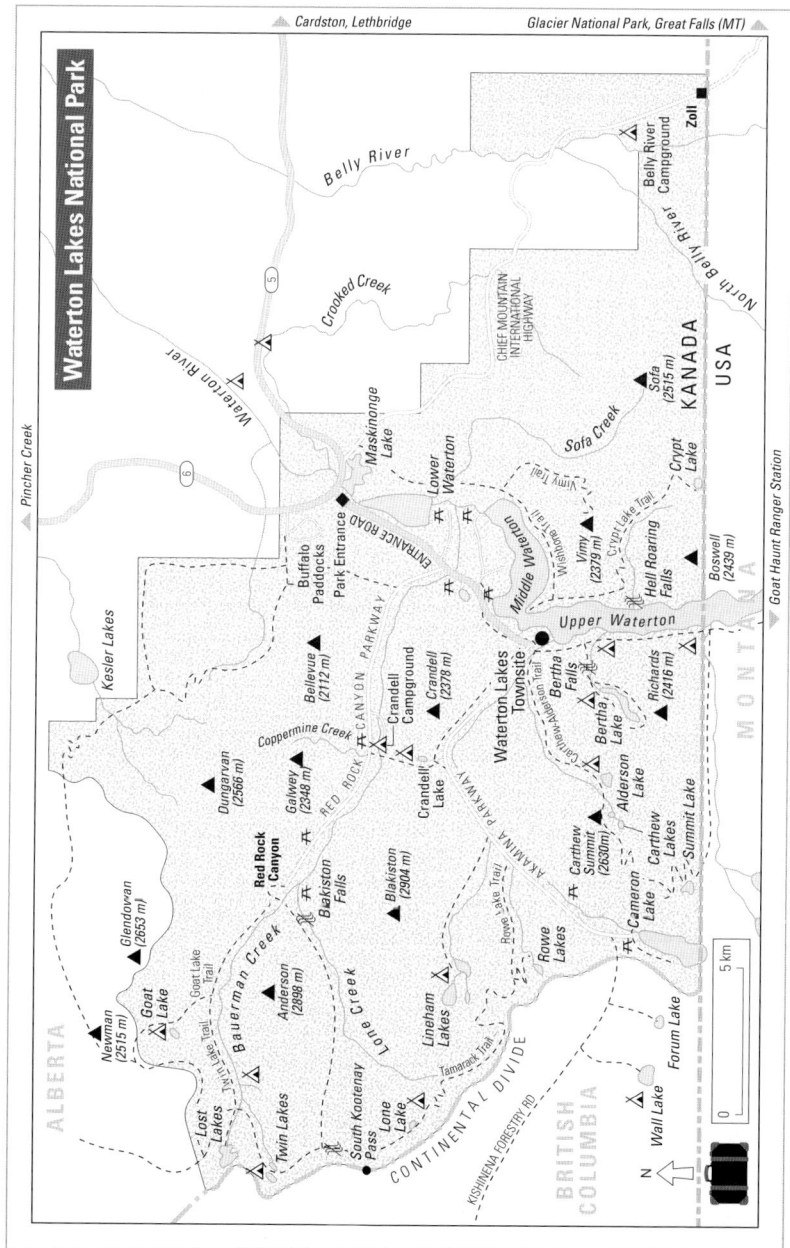

Waterton Lakes National Park

Belly River

Crooked Creek

Zoll

Belly River Campground

CHIEF MOUNTAIN INTERNATIONAL HIGHWAY

KANADA

USA

North Belly River

Pincher Creek

Waterton River

Sofa (2515 m)

Sofa Creek

Maskinonge Lake

Lower Waterton

Crypt Lake

Vimy Trail

Whistler Trail

Crypt Lake Trail

Kesler Lakes

Park Entrance

Buffalo Paddocks

ENTRANCE ROAD

Middle Waterton

Vimy (2379 m)

Hell Roaring Falls

Boswell (2439 m)

MONTANA

Goat Haunt Ranger Station

Bellevue (2112 m)

Crandell (2378 m)

Upper Waterton

Richards (2416 m)

RED ROCK CANYON PARKWAY

Crandell Campground

Waterton Lakes Townsite

Bertha Falls

Bertha Lake

Coppermine Creek

Dungarvan (2566 m)

Galwey (2348 m)

Crandell Lake

Alderson Lake

Carthew-Alderson Trail

Red Rock Canyon

AKAMINA PARKWAY

Carthew Summit (2630m)

Blakiston Falls

Blakiston (2904 m)

Carthew Lakes

Summit Lake

Glendovan (2653 m)

Bauerman Creek

Anderson (2698 m)

Cameron Lake

Rowe Lake Trail

Rowe Lakes

Lineham Lakes

Goat Lake

Goat Lake Trail

Twin Lake Trail

Newman (2515 m)

Lone Creek

Lost Lakes

Twin Lakes

South Kootenay Pass

Lone Lake

Tamarack Trail

Forum Lake

CONTINENTAL DIVIDE

KISHINENA FORESTRY RD.

ALBERTA

BRITISH COLUMBIA

Wall Lake

N

0   5 km

ALBERTA UND DIE ROCKY MOUNTAINS

wis Thrust", ihre Reise an. Dieser gewaltige, ca. 6 km dicke Block legte entlang einer ca. 300 km langen Front eine Strecke von mehr als 70 km zurück und führte dazu, dass sich mehr als 1,5 Milliarden Jahre altes Gestein aus dem „sedimentären Keller" der Rocky Mountains – heute das älteste Oberflächengestein in diesem Gebiet – über das wesentlich jüngere Schiefergestein der Prärie schob. Zwischen den beiden Zonen gibt es praktisch keinen Übergang, weshalb der Park auch häufig als Ort beschrieben wird, wo die „Berge auf die Prärien treffen", und man die Landschaft als eine „auf den Kopf gestellte Bergwelt" bezeichnet. Das Ergebnis dieser Besonderheit sind nicht nur etwas niedrigere Berge als im Norden, sondern auch unregelmäßig geformte Gipfel und horizontal verlaufende Sedimentschichten, deren Gestalt sich erheblich von den extrem geneigten Schichten und den charakteristischen, ausgezackten Bergkämmen im Banff National Park unterscheiden.

Die Ausbildung des u-förmigen Waterton Valley sowie des **Upper Waterton Lake**, der mit 150 m Tiefe der tiefste See der Rocky Mountains ist, geht auf eiszeitliche **Gletscher** zurück, die sich vor 1,9 Millionen Jahren nordwärts durch das heutige Tal drückten, bevor sie in den Prärien zum Stillstand kamen. Der Upper Waterton Lake sowie die beiden anderen Seen blieben als Vertiefungen zurück, als sich das Eis vor 11 000 Jahren zurückzog. Der **Cameron Lake** wiederum entstand als eine Gletschermoräne (d.h. durch einen Gletscher verursachte Geröllablagerungen) den Cameron Creek aufstaute. Die flache Umgebung von Waterton Townsite schließlich hat verschiedene Ursprünge und besteht aus Schlamm- und Kiesablagerungen, die über Jahrtausende aus den Bergen ausgewaschen wurden und sich als Schwemmland wie ein Fächer um den Upper Waterton Lake ausbreiteten.

Flora und Fauna

Die unterschiedlichen Höhenlagen, vielfältigen Lebensräume und Klimata innerhalb des Parks – eine Mischung aus Prärie, montanen und alpinen Zonen – bedingen ein Nebeneinander von Pflanzen und Tieren aus den Prärien und ausschließlich in montanen, subalpinen und alpinen Regionen beheimateten Arten. Als Resultat findet man hier den größten **Artenreichtum** aller Nationalparks im Westen: 1200 Pflanzenarten, d.h. weit mehr über

die Hälfte aller in Alberta überhaupt vorkommenden, und 250 Vogelspezies. Es braucht nicht lange, um sich dieser Vielfalt gewahr zu werden. Die Anfahrt zum Park von Norden auf dem Hwy 5, einer Route, die nicht minder reizvoll ist als der Park selbst, führt durch trockenes **Grasland** der Prärie. Dort wachsen Gama- und Schwingelgräser, einheimische Arten, die über die Jahre durch Ackerbau zurückgedrängt worden sind und heute zusehends von der Bildfläche verschwinden. Auch die Provinzblume Albertas, die Wildrose *Rosa acicularis*, kann man hier sehen, daneben Beifuß, Strauchfingerkraut und Warzenkakteen. Im Park selbst folgt linker Hand das **Feuchtgebiet** am Maskinonge Lake; das Blakiston Valley sowie die Umgebung des *Belly River Campground* wiederum prägt **Espen-Parkland**, eine Übergangszone zwischen der Prärie und den Waldgebieten, die von Espen, Weiden, Weißfichten, Balsampappeln und Blumen wie Präriekrokus, Schneebeere und Maiglöckchen dominiert wird. In höheren Lagen schließen sich **Montanwald** und subalpine Zonen an. Es sind fruchtbare Gegenden, deren vielfältige Pflanzen- und Tierwelt sich leicht auf Wanderungen wie z.B. auf dem Bertha Lake Trail und dem Carthew Lakes Trail (s. S. 134/135) erschließt. Die östlichen Hänge oberhalb des Cameron Lake sind von 400 Jahre alten subalpinen Baumarten (Drehkiefer, Lärche, Fichte, Weißborkenkiefer und Engelmannsfichte) bedeckt und stellen den ältesten Baumbestand des Parks. Dazwischen liegen ausgedehnte Flächen mit Bärengras, einer von leuchtenden Blüten bekrönten Grasart, die bis zu einen Meter hoch wachsen kann. Deutlich weniger Bäume besitzt die von Heidekraut, widerstandsfähigen Flechten, blumenübersäten Wiesen und selteneren hochalpinen Pflanzen bestimmte **alpine Zone**, die man in ihrer typischen Ausformung im Gebiet um den Crypt Lake erkunden kann. Mehr zu den verschiedenen Habitaten im allgemeinen Kapitel über die Flora und Fauna, s. S. 54ff.

Über die aussichtsreichsten Gegenden und Zeiten für **Tierbeobachtungen** informiert das Visitor Centre des Parks – die besten Chancen bieten sich im Allgemeinen im Herbst während der morgendlichen und abendlichen Dämmerung. Die lohnendsten Standorte für Vogelbeobachtungen bieten sich am Maskinonge Lake, Lower Waterton Lake, Linnet Lake, Cameron Lake sowie entlang des leicht zu bewältigenden Wishbone Trail (45 Min.) vom Chief Mountain Highway. Ideal hierfür ist die Zeit der Zugbewegungen zwischen September und November, da der Park an zwei großen Zugrouten liegt. In der Nähe von Waterton Townsite nisten außerdem Fischadler. Am Maskinonge Lake besteht überdies auch die Chance, Nerze und Bisamratten zu sichten. Biber tummeln sich am Belly River, und Goldmantel-Ziesel um den Cameron Lake sowie am Bear's Hump oberhalb von Waterton. Allgegenwärtig sind Columbia-Ziesel. Im Park ca. 50 Schwarzbären, man braucht aber schon etwas Glück, um einen davon zu Gesicht zu bekommen: Am vielversprechendsten sind die Hänge im Blakiston Valley im Juli und August, wenn sie in Vorbereitung auf den Winterschlaf nach Beeren suchen. Auch Grizzlys, Elche und Pumas streifen durch das Gebiet, zeigen sich aber ebenso selten. Weißwedelhirsche knabbern sich den Red Rock Canyon Parkway entlang, Wapitis und Maultierhirsche statten häufig dem Ort Waterton und der Umgebung einen Besuch ab. Scheuer geben sich Bergziegen, mit etwas Glück wird man aber vielleicht die eine oder andere in den felsigen Hochlagen oberhalb der Bertha Lake, Crypt Lake oder Goat Lake sehen. Dickhornschafe versammeln sich oberhalb des Visitor Centre und der nördlichen Flanken des Blakiston Valley.

Geschichte

Die Region des heutigen Parks war früher ein beliebter Jagdgrund der **Ktunaxa** (Kootenay) First Peoples, deren Heimatgebiet sich jenseits der Kontinentalscheide in der Kootenay-Region im heutigen British Columbia erstreckte. Innerhalb des Parks zeugen ca. 200 archäologische Fundstätten von ihrer einstigen Präsenz. Bis zu 9000 Jahre ist es her, dass Ureinwohner die Berge überquerten, um in der Prärie die in ihrer Heimat mangelnde Nahrung zu beschaffen, d.h. zu fischen und Bisons zu jagen. Um ca. 1700 ermöglichte die Verbreitung des von den Spaniern in Nordamerika eingeführten Pferdes rivalisierenden Völkern, in diesem Fall den Blackfoot, ihren Einflussbereich von Zentral-Alberta bis in die Gegend um Waterton auszudehnen. Für die Ktunaxa gestaltete es sich zunehmend schwieriger, ihre gewohnten Jagdexkursionen zu unternehmen. Die Vorherrschaft der Blackfoot wiederum sollte durch die Ankunft der Weißen

auch nicht von langer Dauer sein. Zur Mitte des 19. Jhs. hatten sich die Blackfoot nach Osten zurückgezogen und die Gegend um Waterton praktisch unbewohnt hinter sich gelassen. Ihren Namen erhielt die Region von Lieutenant Thomas Blakiston, einem Teilnehmer der berühmten Palliser-Expedition, der sie nach dem britischen Naturforscher Charles Waterton benannte.

Der erste Weiße, der sich dauerhaft hier niederließ, war der scheinbar einer Wildwest-Fantasie entsprungene **John George Brown**, genannt „Kootenai Brown". Der in England geborene Brown diente nach seinem Studium in Oxford der britischen Armee in Indien, bevor es ihn nach San Francisco verschlug, er sein Glück auf den Goldfeldern British Columbias suchte und sich eine Zeit lang als Ponyexpress-Reiter für die US-Armee verdingte. Als er in die Gegend Watertons kam, wurde er von Blackfoot attackiert und soll sich einen in seinen Rücken gebohrten Pfeil eigenhändig herausgezogen haben. Danach wurde er von Häuptling Sitting Bull gefangen genommen und nackt an einen Pfahl gebunden, jedoch gelang ihm des Nachts die Flucht, um sich den gegnerischen Ktunaxa anzuschließen und einige Jahre bis zu deren vollständigem Rückzug aus den Prärien als Jäger und Trapper bei ihnen zu verbringen. Seine Heirat im Jahr 1869 ließ etwas Ruhe in sein Leben einkehren und veranlasste ihn, am Ufer des Waterton Lake ein Blockhaus zu errichten. Es war das erste in der Region. Im Lauf der Zeit gesellten sich andere Siedler zu ihm, einer davon war Frederick Godsal, ein Rancher und enger Freund, der Browns Engagement für die Umwandlung der Gegend in ein staatliches Naturschutzgebiet unterstützte. 1895 war es soweit, und im Jahr sollte folgte die Einweihung als vierter **Nationalpark** im wachsenden kanadischen Parksystem. Der zu jenem Zeitpunkt 71-jährige Brown wurde oberster Parkverwalter und setzte sich bis zu seinem Tod vier Jahre später unermüdlich für die Ausdehnung der Parkgrenzen ein. Sein Grab liegt an der Hauptstraße nach Waterton Townsite.

Es war wohl eine ironische Laune des Schicksals, dass es ausgerechnet der hartnäckig für die Umwelt streitende Brown war, der als erster Öltröpfchen im Cameron Creek, einem Fluss durch das Gebiet, bemerkte. Die Entdeckung sollte nicht ohne Folgen bleiben und brachte Ölfirmen und andere an der Erschließung der Ressourcen interessierte Unternehmen in die Gegend. Brown selbst schöpfte Öl aus dem Fluss ab, um es in Flaschen abgefüllt in nahegelegenen Siedlungen zu verkaufen. 1901 wurde eine Straße durch den Wald in das Cameron Creek Valley getrieben. Im September desselben Jahres stieß die Rocky Mountain Development Company auf Öl. Es entstand die erste Ölförderquelle im kanadischen Westen (und die zweite im Land überhaupt). Schon bald versiegte die Quelle jedoch; heute zeugt nur ein Denkmal am Akamina Parkway (s.u.) vom einstigen Bohrloch. Die Touristenströme machten bis dahin einen großen Bogen um den Park, was wohl hauptsächlich daran lag, dass es keine Eisenbahnverbindung (wie nach Banff und Jasper) gab.

Als die Great Northern Railway eine Busanbindung zu ihrer Eisenbahnstrecke zwischen Montana und Jasper einrichtete, änderte sich diese Situation. Vermehrt kamen nun Besucher, das Prince of Wales Hotel wurde gebaut, und die Zukunft des Parks war gesichert.

1995 erklärte die UNESCO den Waterton Lakes National Park einige Zeit nach den anderen großen Parks zum Weltnaturerbe. Heute erfreut sich der Park zunehmender Beliebtheit und die Waterton Ave, die Hauptstraße von Waterton Townsite, quillt ebenso vor Souvenirläden über wie Banff.

Waterton Townsite

Vor herrlicher Kulisse am Upper Waterton Lake liegt der einzige Ort des Parks, Waterton Townsite. Er ist die einzige Basis für Unternehmungen sowie für die Organisierung von Unterkünften und besitzt eine Hand voll Einrichtungen, bietet aber kaum Gelegenheit für kulturelle Zerstreuung. Die meisten Besucher kommen zum Wandern, Windsurfen, Reiten oder Bootsfahren hierher. Neben ein paar Spazierwegen im Ort führen drei in Waterton beginnende, erstklassige Routen (s.S. 134/135, Kasten) – der Bertha Lake, Crypt Lake und Upper Waterton Lakeshore Trail – in die Umgebung. Lange Zeit stand Waterton im Schatten der „vier großen" Nationalparks in den Rocky Mountains, inzwischen ist der Besucherstrom jedoch so groß, dass im Juli und August unbedingt zu einer vorherigen Reservierung der Unterkunft zu raten ist. Von Waterton dringen zwei landschaftlich sehr reizvolle Straßen

in die westlichen Parkgebiete vor. An der Strecke liegen Picknickplätze, Aussichtspunkte und Ausgangspunkte für die Mehrzahl der Trails. Der **Akamina Parkway** folgt dem Cameron Creek Valley 20 km bis zum Cameron Lake, einem großen subalpinen See, wo es Kanus, Ruder- sowie Paddelboote zu mieten gibt und man entlang leichter Pfade die Umgebung erkunden kann. Der **Red Rock Canyon Parkway** schlängelt sich neben dem Blakiston Creek ca. 15 km bis zur Öffnung zum Red Rock Canyon, einer vom Wasser gegrabenen Schlucht, deren rostrote Färbung durch die Oxidation des hiesigen, eisenhaltigen Argillitgesteins entstanden ist. Entlang der Straße mit ihren idyllischen Rastplätzen, Wanderwegen und informativen Hinweistafeln lassen sich ohne großen Aufwand sehr gut Tiere erspähen. Wer nicht über ein eigenes Fahrzeug verfügt, kann als Alternative einen Shuttle-Zubringer in Anspruch nehmen oder sich ein Auto oder Fahrrad mieten.

Als dritte Straße führt der **Chief Mountain International Highway** (25 km) von der Parkzufahrt am Maskinonge Lake am östlichen Parkrand entlang. Nach 7 km erreicht sie einen schönen Aussichtspunkt, der den Blick über das Waterton Valley und die dahinter aufragenden Berge freigibt. Jenseits davon bahnt sie sich ihren Weg vorbei am *Belly River Campground* zur kanadisch-amerikanischen Grenze (🕐 Juni–Ende Sep 7–22 Uhr). Ist der Grenzübergang geschlossen und möchte man in die USA weiterreisen, steht alternativ der Kontrollpunkt am Hwy 2 südlich von Cardston zur Verfügung.

Übernachtung

HOTELS UND MOTELS – *Aspen Village Inn*, Windflower Ave, 📞 403/859-2255 oder 1-888/859-8669. Ruhige Unterkunft gegenüber dem örtlichen Schwimmbad. 35 Motelzimmer und 16 „Cottage"-Zimmer mit Küchenzeile. 🕐 April–Mitte Okt. **❻**

***Bayshore Inn*,** 111 Waterton Ave, 📞 403/859-2211 oder 1-888/527-9555, 🖥 www.bayshoreinn.com. Wenig südlich der Anlegestelle der Boote, sehr komfortables Hotel, 70 Units, 49 davon zum Seeufer gelegen, auch größere Suiten. 🕐 Mitte April–Mitte Okt. **❻**

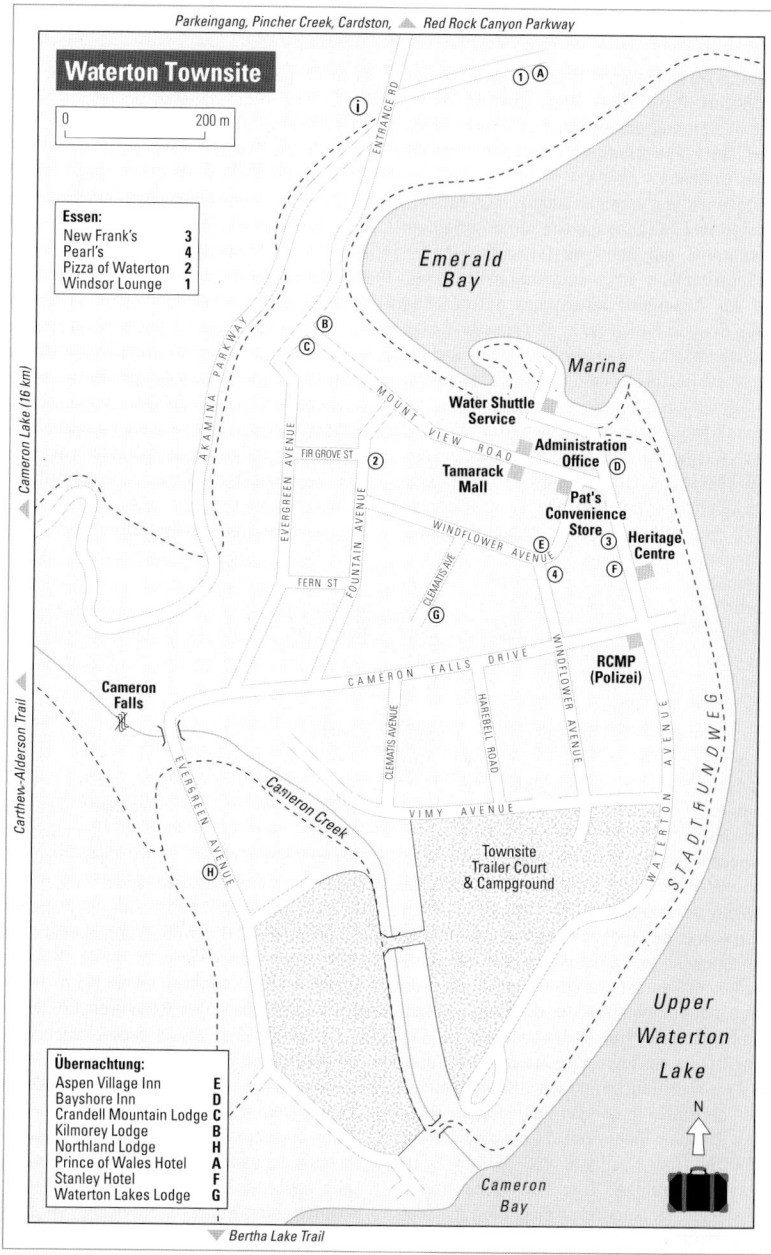

Waterton Townsite

0 _____ 200 m

Essen:

New Frank's	**3**
Pearl's	**4**
Pizza of Waterton	**2**
Windsor Lounge	**1**

Emerald Bay

Marina

Water Shuttle Service

Administration Office

Tamarack Mall

Pat's Convenience Store

Heritage Centre

ENTRANCE RD

AKAMINA PARKWAY

MOUNT VIEW ROAD

EVERGREEN AVENUE

FIR GROVE ST

FOUNTAIN AVENUE

FERN ST

WINDFLOWER AVENUE

CLEMATIS AVE

CAMERON FALLS DRIVE

CLEMATIS AVENUE

HAREBELL ROAD

WINDFLOWER AVENUE

WATERON AVENUE

STADT RUND WEG

VIMY AVENUE

Cameron Falls

Cameron Creek

EVERGREEN AVENUE

RCMP (Polizei)

Townsite Trailer Court & Campground

Upper Waterton Lake

Cameron Bay

Cameron Lake (16 km) ▲

Carthew-Alderson Trail ◄

N

Übernachtung:

Aspen Village Inn	**E**
Bayshore Inn	**D**
Crandell Mountain Lodge	**C**
Kilmorey Lodge	**B**
Northland Lodge	**H**
Prince of Wales Hotel	**A**
Stanley Hotel	**F**
Waterton Lakes Lodge	**G**

Das 255 km umfassende Netz an Wanderwegen im Waterton Lakes Park zählt zu den schönsten, leichtesten und am besten markierten. Einige herrliche Pfade lassen sich auch ohne eigenes Auto erreichen.

Abgesehen von wenigen Ausnahmen sind die Routen und Ausgangspunkte auf drei Gebiete beschränkt: auf **Waterton Townsite** mit zwei außerordentlich schönen kürzeren Optionen, auf den **Akamina Parkway** und auf den **Red Rock Canyon Parkway**. In den meisten Fällen handelt es sich um Tageswanderungen. Bedingt durch die Parkgröße sind die Möglichkeiten für Rucksacktouren begrenzt, der 36 km lange **Tamarack Trail**, der zwischen dem Akamina Parkway (Ausgangspunkt für die Strecke zu den Row Lakes) und dem Red Rock Canyon entlang des Kamms der kontinentalen Wasserscheide führt, zählt jedoch zu den schönsten Routen in höheren Lagen (bis max. 2560 m). Der beliebte, 20 km lange Carthew–Alderson Trail vom Cameron Lake nach Waterton (max. 2311 m), wird meist als Tageswanderung zurückgelegt, kann aber auch mit einer Unterbrechung am Campingplatz am Alderson Lake zu einer zweitägigen Exkursion ausgedehnt werden. Wer die Strecke an einem Tag zurücklegen möchte, sollte den angebotenen Shuttle-Dienst von *Park Transport,* in der Tamarack Mall an der Mount View Rd, ✆ 403/859-2378, nutzen (siehe unter „Touren").

Insgesamt bietet sich der Park für ein paar herrliche Wandertage an, ausführliche Beschreibungen verschiedener Routen folgen unten. Wer keines der Highlights verpassen will, für den empfiehlt sich am Anfang der **Bear's Hump** mit Ausblicken auf Waterton Townsite und die Seen, danach ein Teil oder die ganze Strecke des **Bertha Lake Trail** (halber oder ganzer Tag) vom Ort aus. Am folgenden Tag dann ein Bootsausflug zum Goat Haunt mit anschließendem Marsch zurück in den Ort und/oder der **Rowe Lake–Lineham Ridge Trail**, die beide zu den lohnendsten Tageswanderungen in den Rocky Mountains zählen. Den Abschluss könnte schließlich der längere, an einem Tag zu schaffende **Carthew–Alderson Trail** bilden.

In der Umgebung von Waterton Townsite

Im Ort und in der näheren Umgebung gibt es verschiedene kürzere Rundwanderwege: Man kann zu den Cameron Falls laufen, vom Visitor Centre zum Prince of Wales Hotel (2 km, 45 Min.) oder aber, ebenfalls vom Ortszentrum, den etwas anstrengenderen Aufstieg auf den **Bear's Hump** in Angriff nehmen (1,2 km, 200 m Höhenunterschied, einfache Strecke 40 Min.). Letztere Route führt an den Hängen im Zickzack auf eine felsige Kuppe und belohnt mit großartiger Aussicht auf das Waterton Valley. Überraschend schöne Ausblicke gewährt auch der Aussichtspunkt nahe dem Bison Paddock. Sehr praktisch vom Ort zu erreichen und leicht zu bewältigen ist außerdem der Waterton Lakeshore Trail (einfache Strecke 13 km, Anstieg 100 m, 4 Std.), der am Westufer des Upper Waterton Lake über die Grenze in die USA zum Goat Haunt führt. Regelmäßig verkehren von dort Fähren zurück nach Waterton Townsite, Informationen am Bootsanleger oder unter ✆ 403/859-2362. Alternativ lässt sich für die schöne Route auch zunächst das Boot nehmen und der Rückweg von der amerikanischen Seite antreten.

Unangefochtener Favorit für eine halb- oder ganztägige Wanderung vom Ort ist der **Bertha Lake Trail** (einfache Strecke 5,8 km, Höhenunterschied 460 m, hin und zurück 3–4 Std.), ein kurzer, steiler Pfad, der ausgehend vom Evergreen Drive einen von Bergen umgebenen See erreicht. Um den See, der trotz des Besucherzustroms eine bemerkenswert angenehme Atmosphäre bewahrt hat, führt ein bequemer, ca. 5 km langer Uferweg. Wer nicht die ganze Strecke zurücklegen möchte, kann sich auf den ersten Teil beschränken und nur bis zu den Lower Bertha Falls laufen (2,9 km vom Ort, Höhenunterschied 150 m, 1 Std.). Dieser Teilabschnitt entspricht der Route, die in der vom Visitor Centre erhältlichen Broschüre *Bertha Falls Self-Guiding Nature Trail* beschrieben wird.

Ebenfalls sehr lohnend, aber auch anspruchsvoller ist der weiter vom Ort wegführende **Crypt Lake Trail**, der häufig als eine der schönsten Wanderrouten Kanadas bezeichnet wird. Der Ausgangspunkt der 8,7 km lange Wanderung (einfache Strecke, Höhenunterschied 675 m) liegt am Ostufer des Upper Waterton Lake, was eine Bootsfahrt über den See (hin und zurück $9) erforderlich macht. Des Weiteren sind ein (absolut sicherer) Aufstieg über eine Leiter und die Durchquerung eines Tunnels gefordert, außerdem der Gang entlang einer mit Stahlseilen gesicherten Felsbank. Als Belohnung warten Wasserfälle und der von Gletschern umrahmte Crypt Lake in 1955 m Höhe. Die Felswände ragen an drei Seiten 600 m auf und werfen ihre Schatten auf den See, auf dessen Oberfläche selbst im Sommer kleine Eisberge schwimmen. Man sollte sich genügend Zeit nehmen und das letzte Boot zurück nach Waterton nehmen (Informationen unter ☎ 403/859-2362), im Sommer ist es ratsam zu reservieren. Wer campen will, sollte wissen, dass der Crypt Lake eine der begehrtesten Zeltmöglichkeiten im Hinterland des Parks ist.

Vom Akamina Parkway

Die meisten der vom Akamina Parkway abgehenden Wanderstrecken beginnen am Ende der Straße nahe dem Cameron Lake. Um sich nach der Autofahrt nur ein wenig die Beine zu vertreten oder einen Spaziergang zu unternehmen, bieten sich der Akamina Lake Trail (0,5 km, 15 Min.) oder der Cameron Lakeshore Trail (1,6 km, 30 Min.) an. Die lohnendste der längeren Routen führt zum Carthew Summit (einfache Strecke 7,9 km, Höhenunterschied 660 m) und folgt einem reizvollen Pfad zum Summit Lake (4 km), der für sich schon ein faszinierendes Ziel ist, um dann über subalpine Wiesen und den anschließenden Anstieg den schroffen Gipfel (2310 m) zu erreichen und imposante Ausblicke zu eröffnen. Die Wanderung kann zurück bis nach Waterton Townsite (weitere 12 km) fortgesetzt werden – die Strecke heißt dann **Carthew–Alderson Trail**, das schwerste Stück hat man jedoch mit dem Aufstieg auf den Carthew Summit bereits schon geleistet. Vom Gipfel geht es überwiegend nur noch steil bergab, vorbei am Carthew Lake und am Alderson Lake (1875 m) zu den Cameron Falls und zurück in den Ort (1295 m).
Eine weitere hoch geschätzte und gleichermaßen beeindruckende Wanderung vom Akamina Parkway ist der Rowe Lakes Trail (einfache Strecke 5,2 km, Höhenunterschied 555 m), der abseits des Parkway 5 km vor dem Cameron Lake beginnt und den ersten Abschnitt des Tamarack Trail bildet. Die meisten Wanderer schlagen den Weg zum Rowe Basin ein (wo man Zelten kann) und kehren dann, ohne weiter zu den Upper Rowe Lakes (1,2 km weiter) zu gehen, wieder um oder begeben sich auf den schwereren, abzweigenden Pfad zur Lineham Ridge (weitere 3,4 km, Höhenunterschied 540 m). Diese **Rowe Lake-Lineham Ridge Trail** genannte Kombination wird von Kennern als eine der fünf schönsten Tageswanderungen in den Rocky Mountains bezeichnet. Der strapaziöse Marsch wird mit Ausblicken auf den saphirblauen Lineham Lake tief unten im Tal und einem herrlichen Bergpanorama am Horizont belohnt. Die Route empfiehlt sich nur bei gutem Wetter, da sie bei schlechten Sichtverhältnissen und starkem Wind nicht ungefährlich ist.

Vom Red Rock Canyon Parkway

Die Mehrzahl der Pfade beginnt am Ende der Straße am Red Rock Canyon, darunter der kurze Red Rock Canyon Trail (700 m Rundstrecke) und der Blakiston Falls Trail (1 km, 30 Min.). Die erhebendsten Eindrücke bietet jedoch der **Goat Lake Trail** (6,7 km, Höhenunterschied 550 m), der zunächst entlang einer alten Feuerwehrstraße (flach und leicht, aber etwas eintönig) dem Lauf des Bauerman Creek folgt, um dann an der 4,3-km-Marke nach rechts den von zunehmend imposanteren Ausblicken begleiteten Aufstieg zum ruhigen Goat Lake anzugehen. Am See gibt es Zeltmöglichkeiten. Wer die Abzweigung nicht nimmt und weitere 4 km auf der Feuerwehrstraße läuft, gelangt an eine Weggabelung, an der ein Pfad nach Norden zum Lost Lake (2 km), der andere nach Süden in die herrliche Umgebung der Twin Lakes (3,2 km) führt. Letzterer stößt im weiteren Verlauf auf den Tamarack Trail (siehe oben).
Südlich der Twin Lakes bietet sich nach 3,1 km auch die Möglichkeit, auf dem Blakiston Creek Trail zurück zum Ende des Red Rock Canyon Parkway zu laufen.

Crandell Mountain Lodge, 102 Mount View Rd, Ecke Evergreen Ave, ✆ 403/859-2288, 🖥 www.crandellmountainlodge.com. 17 hübsch eingerichtete Nichtraucherzimmer (zwei davon mit Rollstuhlzugang) in einer hübschen Lodge, auch Units mit Küchenzeile und Kamin, intimer als andere Hotels im Ort. ◷ Ostern–Oktober. ❻

Kilmorey Lodge, 117 Evergreen Ave, ✆ 403/859-2334 oder 1-888/859-8669, ✉ kilmorey@teluspla-net.net. Am nördlichen Ortsrand an der Emerald Bay am See gelegen, 23 antik eingerichtete Zimmer in historischer Atmosphäre. Einige Zimmer für den Preis etwas zu klein, andere (Reservierung ratsam) dafür mit überwältigender Aussicht. Im Haus gibt es ein ausgezeichnetes Restaurant, das *Lamp Post,* sowie das hübsche *Gazebo Café on the Bay* mit einer Seeterrasse, Snacks und kleinen Mahlzeiten. ❺

The Lodge At Waterton Lakes, Cameron Falls Drive, Ecke Windflower Ave, ✆ 403/859-2151 oder 1-888/985-6343, 🖥 www.watertonresort.com. Elegantes Ferienhotel mit 80 Zimmern, Wellnessbereich, 18 m Swimmingpool und vielen Extras, u.a. Küchenzeilen in einigen der besseren Zimmer. ❼

Northland Lodge, Evergreen Ave, ✆ 403/859-2353, 🖥 www.northlandlodgecanada.com. Östlich des Orts im Windschutz der Berge, etwas südlich der Cameron Falls. 9 gemütliche Zimmer für Nichtraucher, 7 davon mit Bad, einige mit Küchenzeile. ◷ Mitte Mai–Mitte Okt. ❸

Prince of Wales Hotel, Waterton Lake, ✆ 403/859-2231. Berühmtes und beliebtes altes Hotel – das beste im Ort –, dessen gotisch inspirierte, 1927 errichtete Fassade nahezu jedes Bild des Orts ziert. Zimmer mit Seeblick sind teurer, einige zudem recht klein, so dass sich eine vorherige Besichtigung empfiehlt. ◷ Mitte Mai–Mitte Sep. ❼

Stanley Hotel, 112b Waterton Ave, ✆ 403/859-2345. Altmodisches und häufig ausgebuchtes Hotel mit 9 Zimmern. ◷ Mitte Mai–Sep. ❸

CAMPING – Zusätzlich zu den privaten sowie den drei von Canadian Parks Service betriebenen, nicht reservierbaren Campingplätzen (s.u.), die im Sommer schnell belegt sind, stehen im Hinterland 13 ausgewiesene Zeltmöglichkeiten mit Trockentoiletten und Wasser zur Verfügung,

z.T. gibt es dort auch Schutzhütten und Kochgelegenheiten. Um diese Plätze zu nutzen ist ein **Backcountry Camping Permit** erforderlich, das in der Reihenfolge des Erscheinens vom Visitor Centre oder Adminstration Office ausgestellt wird. Um eine zu starke Belastung zu vermeiden, findet ein Quotierungsverfahren Anwendung. Informationen über diese sowie die anderen Campingmöglichkeiten unter ✆ 403/859-2224. Unbeschränktes Campen ist in der Regel nur an den Lineham Lakes möglich, zu erreichen über einen 4,2 km langen Pfad vom nördlichen Abschnitt des Akamina Parkway, 9,5 km von Waterton entfernt. Für das Feuerholz an den Campingplätzen können freiwillig $3 entrichtet werden.

Belly River Campground, 29 km von Waterton und 1 km abseits des Chief Mountain Parkway am Hwy 6 gelegen, ✆ 403/859-2224. Kleinster und einfachster der vom Park betriebenen Plätze, Anmeldung in Eigenregie, Wasserpumpe, Koch- und Feuerstellen, chemische Toiletten und Plumpsklos, 24 Stellplätze, ◷ Mitte Mai–Sep, $10.

Crandell Mountain Campground, 8 km westlich von Waterton am Red Rock Canyon Parkway, ab Hwy 5, ✆ 403/859-2224, Wasserpumpe, Feuerstellen, keine Duschen, z.T. Anschlüsse, ◷ Mitte Mai–Ende Sep, $13.

Crooked Creek, 6 km östlich vom Waterton Park Gateway am Hwy 5, ✆ 403/653-1100, 46 Stellplätze, 7 davon mit Anschlüssen für Wohnmobile, ◷ Mitte Mai–Anfang Sep, $11.

Homestead Campground, 3 km nördlich vom Waterton Park Gateway am Hwy 6, ✆ 403/859-2247, großer, privat betriebener Campingplatz mit Wasser- und Stromanschlüssen, Duschen, Laden, Videospielen, Waschsalon, beheiztem Swimmingpool, Disco und vielen anderen Annehmlichkeiten, 276 Stellplätze, ◷ Mai–Mitte Sep, $16.

Riverside Campground, 5 km östlich vom Waterton Park Gateway, ✆ 403/653-2888, ebenfalls unter privater Leitung, Duschen, alle Anschlüsse, Frühstück, Live-Unterhaltung sowie Grillen samstagabends, 70 Stellplätze, ◷ Mitte Mai–Mitte Sep, $12.

Waterton Townsite Campground, abseits der Vimy Ave, ✆ 403/859-2224, vom Park betriebener Campingplatz in Waterton, der im Sommer am frühen Nachmittag belegt ist. Duschen, kein offenes Feuer, rollstuhlgerechter Zugang, 238 Stellplätze, ⊙ Mai–Thanksgiving (2. Montag im Okt), nach dem Labour Day Anfang Sep Anmeldung in eigener Regie, $16.

Essen

Lakeside Kootenai Brown Dining Room, Waterton Ave, im Bayshore Inn, ✆ 403/859-2211. Eines der besseren und eleganteren Restaurants im Ort. Speisesaal mit Seeblick, ganzjährig durchgehend geöffnet. Moderate Preise.

Lamp Post Dining Room, 117 Evergreen Ave, in der Kilmorey Lodge, ✆ 403/859-2334. Europäisches Flair und schmackhaftes, gutes Essen; weniger angestaubt und zudem preiswerter als die *Windsor Lounge*; ⊙ 7.30–22 Uhr. Für einen Snack mit Blick auf den See empfiehlt sich außerdem das im Hotel untergebrachte Café *Gazebo,* ⊙ 10–22 Uhr.

New Frank's Restaurant, 106 Waterton Ave, ✆ 403/859-2240, preiswerte und ungewöhnliche Kombinationen zum Frühstück, außerdem Burger, mittags chinesisches Buffet sowie weitere Buffet-Angebote.

Pearl's, 305 Windflower Ave, ✆ 403/859-2284. Ofenfrische Backwaren, preiswertes Frühstück, Mittagessen und Proviantpakete für unterwegs. Sitzplätze auch im Freien.

Pizza of Waterton, 103 Fountain Ave, ✆ 403/859-2660. Täglich hausgemachte, gute und günstige Pizza, auch zum Mitnehmen, ⊙ tgl. 16.30–22 Uhr.

Windsor Lounge, im Prince of Wales Hotel, ✆ 403/859-2231. Eine von diversen Lokalitäten in dem Nobelhotel, die auch Besuchern für eine Tasse Tee am Nachmittag, zum Frühstücken oder für einen Drink mit Blick auf den See offen stehen. Angesichts des edlen Ambientes empfiehlt sich entsprechende Garderobe. Das eleganteste Restaurant im Hotel ist das *Garden Court* (Reservierung obligatorisch).

Aktivitäten

ANGELN – Die Seen bieten lohnende Angelreviere, ein erforderliches Park Permit ($6 pro Woche, $13 für ein Jahr) ist vom Visitor Centre oder vom Park Administration Office erhältlich.

GOLF – *Waterton Lakes Golf Course*, 4 km nördlich vom Ort am Highway, ✆ 403/859-2383 oder 859-2114, hübscher, 18-Loch-Platz, Nutzungsgebühr ca. $30, Schlägermiete ab ca. $8.

SCHWIMMEN – Freibad am Cameron Falls Drive, beheiztes Becken, preiswert.

REITEN – *Alpine Stables*, ca. 1 km nördlich des Visitor Centre, wenig östlich des Highways, ✆ 403/859-2462; jeweils zur vollen Stunde einstündige Ausritte ab $17, 3x tgl. zweistündige Ausritte für $31, außerdem Tagesausflüge und Touren mit Übernachtung.

WANDERN – *Canadian Wilderness Adventures*, ✆ 403/859-2334, verschiedene geführte Wanderungen und Touren.

WINDSURFEN – ist dank kräftiger, oftmals mit bis zu 70 km über den See brausender Winde (Waterton ist feuchter, windiger und schneereicher als ein Großteil Albertas) auch unter Einheimischen überraschend beliebt. Meist bläst der Wind in Süd-Nord-Richtung, was den Strand der Cameron Bay am Upper Waterton Lake zu einem bevorzugten Ziel der Surfer macht. Angesichts des kalten, tiefen Wassers ist ein Neoprenanzug unerlässlich.

Touren

Waterton Shoreline Cruises, am Bootsanleger, ✆ 403/859-2362, veranstaltet im Sommer äußerst beliebte, reizvolle Bootsausflüge auf den Seen; Juni–Aug 5x tgl., weniger im Mai und Sep, $21, einfache Fahrt $13. Die Fahrten führen über die US-Grenzlinie bis zur Anlegestelle und Rangerstation Goat Haunt in Montana, von wo es nach einer 30-minütigen Pause wieder zurück nach Waterton geht. Nach der Schließung der Rangerstation Mitte September legen dort allerdings keine Boote mehr an. Einreiseformalitäten entfallen, wer jedoch über Nacht zelten möchte, muss sich an der Rangerstation anmelden. Auf dem leichten **Waterton Lakeshore Trail** lässt sich der Weg zurück nach Waterton auch zu Fuß zurücklegen (einfache Strecke 13 km, 4 Std.). Angeboten werden auch Fahrten zu den Ausgangspunkten verschiedener Wanderwege, besondere Erwähnung verdient hier der gerühmte Crypt Lake Trail (s. Kasten), Bootsfahrt $11.

Sonstiges

FAHRRÄDER – *Pat's Rentals & Convenience Store*, Mount View Rd, Ecke Waterton Ave, ℘ 403/859-2266, Tankstelle und Campingausrüster, verleiht Fahrräder und Roller stunden- oder tageweise, daneben Verkauf von Fahrrädern und Ersatzteilen.

GELD – Geldautomat bei *Pat's Rentals & Convenience Store*.
Geldwechsel in der *Royal Bank*, Tamarack Mall, Waterton Ave, und in der *Alberta Treasury Branch Agency* im Obergeschoss von Caribou Clothing, Waterton Ave, ℘ 403/859-2604.

INFORMATIONEN – *Visitor Centre*, Entrance Rd, an der Ortszufahrt, ℘ 403/859-2445 oder 859-2224, 🖳 www.watertoninfo.ab.ca, Informationen über den Park. ◷ Mai–Anfang Sep tgl. 9–17, Juni–Aug 8–21 Uhr.
Park Administration Office, 215 Mount View Rd, ℘ 403/859-2477, hilft in den übrigen Monaten weiter, wenn das Visitor Centre geschlossen hat. ◷ Mo–Fr 8–16 Uhr.
Chamber of Commerce, ℘ 403/859-2303, hält weitere Informationen bereit.
Für Besucher recht nützlich ist außerdem die kostenlos erhältliche Wochenzeitung *Waterton-Glacier Views*.

KARTEN UND AUSRÜSTUNG – Wer wandern möchte, sollte sich unbedingt die von Canadian Parks Service herausgegebene Karte *Waterton Lakes National Park* im Maßstab 1:50 000 besorgen ($9,50). Man bekommt sie in der Regel im Visitor Centre und im Waterton Heritage Centre in der alten Feuerwache, 117 Waterton Ave, ℘ 403/859-2267, ◷ Mai–Okt 13–17 Uhr, länger im Juli und Aug, freiwillige Spende für den Besuch des Museums, das eine Kombination aus Kunstgalerie, kleinem Naturkundemuseum und Buchladen ist.
Waterton Sports and Leisure, Tamarack Mall, Kartenmaterial, Angellizenzen sowie ein breites Angebot an Ausrüstungen und Zubehör.

MEDIZINISCHE HILFE – Die nächstgelegenen **Krankenhäuser** befinden sich in Cardston, ℘ 403/653-4411, und Pincher Creek, ℘ 403/627-3333.

NOTRUF – ℘ 403/859-2636, 24-Stunden-Notruf.

POLIZEI – ℘ 403/859-2244

POST – Postamt an der Feuerwache, Fountain Ave.

WASCHSALON – *Itussististukiopi Coin-Op*, 301 Windflower Ave, ◷ Mitte Juni–Mitte Sep tgl. 8–22 Uhr.

Nahverkehrsmittel

Park Transport, in der Tamarack Mall, Mount View Rd, ℘ 403/859-2378, neben zweistündigen Parktouren für $25 auch ein Zubringerdienst per Taxi (ab $7,50) zu den Pfaden, die vom Akamina und Red Rock Canyon Parkway beginnen. Gefragtestes Ziel ist der Ausgangspunkt des Carthew-Alderson Trail (s.S. 134/135).

Transport

Shuttleton Services, ℘ 403/627-2157, kleines Taxibusunternehmen, verkehrt in der Regel 3x tgl. zwischen Waterton und dem nächstgelegenen Greyhound-Busbahnhof im 50 km entfernten Pincher Creek; einfache Fahrt $15, hin und zurück $25.
Crystal Taxi, ℘ 403/627-4262, verlangt für dieselbe Strecke ca. $60.

Die kanadischen Rocky Mountains

An kaum eine andere Landschaft Nordamerikas sind so viele Erwartungen geknüpft wie an die kanadischen Rocky Mountains, doch übertrifft der immense Reichtum der Region an Wäldern, Seen, Flüssen und schneebedeckten Bergen selbst die kühnsten Vorstellungen. Die meisten Besucher beschränken ihren Erkundungsradius auf eine Hand voll **Nationalparks**, die Gebirgsketten erstrecken sich jedoch über eine Länge von fast 1500 km und reichen bis an die Grenze zum Yukon. Die Rocky Mountains bilden zudem die kontinentale Wasserscheide, an der sich entscheidet, ob ein Fluss in den Pazifik, in arktische Gewässer oder in den Atlantik fließt. Landschaften solchen Ausmaßes lassen künstliche Provinzgrenzen töricht erscheinen, und die großen Parks erstrecken sich als Nationalparks sowohl im Gebiet Albertas als auch British Columbias. Vier der Parks – Banff, Jasper, Yoho und Kootenay – grenzen aneinander und ziehen das Gros der Millionen von Besuchern, die jährlich in die Rocky Mountains reisen, an.

Was die landschaftlichen Reize angeht, nehmen sich die Parks nichts – alle sind auf ihre Art atemberaubend. Der Versuch eine Routenplanung anzugehen, die allen in einem angemessenen Zeitrahmen gerecht würde, ist schlichtweg zum Scheitern verurteilt. Aber das ist auch nicht wirklich notwendig. Um die Rockies kennen zu lernen, ist es allemal ausreichend, die Erkundung auf einen oder zwei Parks zu beschränken. Die meisten Besucher stellen den **Banff National Park** an den Anfang ihrer Reise, um dann auf dem überwältigenden **Icefields Parkway** nach Norden in den größeren und weniger überlaufenen **Jasper National Park** zu gelangen. Von dort bietet es sich an, den Weg weiter nach Westen in den **Mount Robson Provincial Park** fortzusetzen, der den höchsten und imposantesten Berg der kanadischen Rockies besitzt. Jenseits davon verlässt man die Berge, es sei denn, man fährt von Jasper zurück Richtung Banff – was angesichts der Landschaft keine große Härte bedeutet –, um auf dem Trans-Canada Highway auch den kleineren Nationalparks **Yoho**, **Glacier** und **Mount Revelstoke** einen Besuch abzustatten. Der **Kootenay National Park** schließlich lässt sich im Vergleich zu seinen Nachbarparks leichter erkunden, allerdings muss man entweder wieder zurück Richtung Banff fahren oder einen weiten Umweg vom Yoho National Park in Kauf nehmen, um die einzige Zufahrtsstraße in den Park zu erreichen. Etwas abseits liegt der nicht minder beeindruckende Waterton Lakes National Park, der an die USA grenzt.

Zwar verkehren **Busse** in alle Parks, mit dem **Auto** oder **Fahrrad** ist die Erkundung der Region jedoch ungleich lohnender. Einmal vor Ort, wäre es

unverzeihlich, nicht auch einige Routen des insgesamt 3000 km umfassenden Wanderwegnetzes zu nutzen, das die Berge mit meist gut markierten und gut ausgetretenen Pfaden durchzieht. Eine Zusammenstellung der schönsten kurzen Strecken und Tageswanderungen folgt weiter unten in den Kastentexten, weitergehende Informationen erteilen die ausgezeichneten **Park Visitor Centres**, wo neben topografischen Karten im Maßstab 1:50 000 in der Regel auch eine kleine Auswahl an Wanderführern erhältlich ist. Von unschätzbarem Wert für ambitionierte Wanderer ist beispielsweise The Canadian Rockies Trail Guide von Brian Patton und Bart Robinson. Über weitere Aktivitäten wie Angeln, Skifahren, Kanufahren, Rafting, Radfahren, Reiten, Klettern usw. können die Visitor Centres ebenfalls erschöpfend Auskunft geben. In den größeren Orten ist ohne Probleme die entsprechende Ausrüstung zu bekommen und werden auch Touren für jeden Geschmack angeboten.

Die Region bietet mehrere große **Wintersportgebiete** – in Kananaskis Country sowie in der Umgebung von Banff, Lake Louise und Jasper. Neben Whistler in British Columbia zählen sie zu den besten, beliebtesten und am schnellsten wachsenden Gegenden Kanadas, und zwar nicht nur für Alpinski und Langlauf, sondern auch für andere Aktivitäten wie Fahrten mit Hundeschlitten, Schneeschuhwandern, Eisklettern, Eisfischen oder Canyon Crawling (Schneemobile sind in den Parks hingegen nicht gestattet). Die Saison erstreckt sich in den meisten Gebieten von Mitte Dezember bis Ende Mai, wobei der März mit allmählich wärmeren und längeren Tagen sowie dem tiefsten Schnee in der Regel die besten Bedingungen bietet. Am schwierigsten gestaltet sich die Unterkunftssuche in der Weihnachtswoche, während der Schulferien Mitte Februar und zu Ostern.

Ein abschließender warnender Hinweis: Die Rocky Mountains sollten nicht unterschätzt werden. Trotz des Eindrucks, der angesichts der sommerlichen Besucherströme in Banff oder Lake Louise, der ausgezeichneten Straßen und der gepflegten Einrichtungen entstehen mag, ist der bei weitem größte Teil der Parkgebiets von unberührter Wildnis bestimmt, die als solche zu respektieren und zu behandeln ist. Mehr hierzu im Kapitel „Aktivitäten", s.S. 40–42.

Die Entstehung der kanadischen Rocky Mountains

Vor ca. 600 Millionen Jahren bedeckten die gewaltigen Granitberge des Kanadischen Schilds ein Gebiet, das von Grönland über Nordamerika bis nach Guatemala reichte (die heutigen Überreste des Schilds beschränken sich größtenteils auf den kanadischen Nordosten). Während der folgenden 400 Millionen Jahre wurde erodiertes Material – Schlamm, Sand und Schotter – ausgewaschen und bedingt durch eine leichte Neigung des Schilds von Strömen und Flüssen nach Westen getragen, um sich am Kontinentalhang vor der Küste abzulagern. Schwereres Material wie Kies sammelte sich in Küstennähe, leichtere Ablagerungen wie Sand und Schlamm wurden weiter hinaus ins Meer gespült oder blieben in Lagunen zurück. Das enorme Gewicht und der gewaltige Druck der Sedimentablagerungen, die bis zu 20 km tief reichten, pressten Schlamm zu Schiefer, Sand zu Sandstein und den natürlichen, an Kalk produzierenden Algen reichen Gesteinsschutt der Riffe und des Meeresbodens zu Kalkstein. Bevor sich diese Ablagerungen – heute jene Schichten, die so charakteristisch für die Rocky Mountains sind – mehrere tausend Meter aus dem Meer erheben und sich zu den heutigen Gebirgen auftürmen konnten, waren aber noch zwei weitere Schritte notwendig.

Die Entstehung der Rockies nahm nur 100 Millionen Jahre in Anspruch und war durch das Aufeinandertreffen der Amerikanischen und der Pazifischen Kontinentalplatten (gigantischen, 50 km dicken, auf dem Erdmantel schwimmenden Gesteinspaketen) bedingt. Vor ungefähr 200 Millionen Jahren begannen zwei voneinander unabhängige Ketten vulkanischer Pazifikinseln auf der Pazifischen Platte nach Osten in Richtung der nordamerikanische Küste zu wandern. Beide waren jeweils etwa halb so groß wie das Gebiet des heutigen British Columbia. Als die erste Kette die Küste erreichte, schob sich die schwerere Pazifische Platte unter den Rand der Amerikanischen Platte bis hunter in das geschmolzene Erdinnere. Das leichtere, schwimmfähigere Inselgestein verblieb an der

---

Gebühren in den Nationalparks

Jeder, der die Nationalparks in den kanadischen Rockies besucht – ob Banff, Jasper, Yoho oder Kootenay –, muss dafür Eintritt bezahlen. Ein **Tagespass**, der in jedem der vier gültig ist, kostet $5 p.P. Angeboten wird außerdem der **Great Western Annual Pass**, der zum Preis von $35 für ein ganzes Jahr die unbegrenzte Nutzung aller elf Nationalparks im westlichen Kanada gestattet. Gruppentageskarten sind für 2–10 Besucher erhältlich und kosten pauschal $10 pro Tag oder $70 pro Jahr. Wer also beispielsweise zu viert per Auto in den Park fährt, zahlt nur $10. Bei Anreise im Bus wird der Eintrittspreis an der Parkzufahrt nicht verlangt, so dass es dann jedem selbst überlassen bleibt, so ehrlich zu sein und eine Eintrittskarte zu kaufen. Eintrittskarten gibt es an den Zufahrtsstraßen in die Parks, in Park Information Centres, auf einigen Campingplätzen (im Sommer) sowie an verschiedenen Automaten innerhalb der Parks. Auch einige *Husky*-Tankstellen sowie die Filialen von *Mountain Equipment Co-op* in Calgary und Vancouver verkaufen sie. Wer mehrere Tageskarten gekauft hat, kann sich die Kosten beim Kauf einer Jahreskarte gegen Vorlage der Belege in den Park Centres anrechnen lassen. In Provinzparks werden keine Eintrittsgebühren erhoben.

Wer im Hinterland übernachten will, muss sich einen separaten **Wilderness Pass** besorgen. Dieser ist für alle vier Nationalparks gültig und ist in jedem Park Visitor Centre oder Infocentre zum Preis von $6 p.P. (oder für $42 als Jahreskarte) erhältlich. Zu beachten gilt, dass sämtliche Gegenden im Hinterland einer Quotenregelung unterliegen und man daher für die beliebteren Wanderrouten, die eine Übernachtung erfordern, so früh wie möglich buchen sollte (bis zu drei Monate im Voraus). Die begehrtesten Strecken sind unten in den einzelnen Kapiteln noch einmal besonders hervorgehoben. Für einige der entlegeneren Zeltplätze ist gegen eine Gebühr von $10 (nicht rückzahlbar) eine Reservierung per Telefon oder persönlich möglich, die großen vom Park verwalteten Campingplätze sind hingegen nicht reservierbar.

Oberfläche und löste sich von der Platte, bevor es auf den Kontinent prallte. Dabei wurden die dicken, geordnet aufgeschichteten Ablagerungen am Kontinentalhang zusammengedrückt und angehoben, anschließend brachen ihre Schichten auf und schoben sich übereinander, um das heutige Hinterland der Küste und die Columbia Mountains zu bilden. Während der folgenden 75 Millionen Jahre setzten sich die Nachwirkungen der Kollision weiter landeinwärts fort und schoben die alten Sedimentschichten zu Gebirgszügen zusammen. Zunächst entstanden auf diese Weise die Western Main Ranges (ungefähr am Rand der heutigen Yoho und Kootenay Nationalparks), danach wurden weiter östlich die Eastern Main Ranges (etwa auf einer Linie mit Lake Louise) vier Kilometer aufgetürmt. Zum Schluss verbanden sich die noch beweglichen Inseln mit dem neuen Festlandsgebirge (durch die geologischen Wirren kam ihr „exotisches" Gestein bis in so weit östliche Gegenden wie Salmon Arm in British Columbia).

Inzwischen war auch die zweite Inselgruppe auf den Kontinent und den von der ersten Kollision verursachten Schutt geprallt. Die Folgen waren weitere Faltenbildung, Risse und die erneute Anhebung der zuvor gebildeten Gebirge. Vor ca. 60 Millionen Jahren ließen die Nachwehen dieses Zusammenstoßes im Osten die Front Ranges – jenen markanten aus der Prärie aufragenden Gebirgszug – und die Vorgebirge in der Umgebung von Kananaskis und Waterton Lakes entstehen. Die dritte Entstehungsphase der Rockies, die Erosion und Vergletscherung, dauerte nur relativ kurz. Mindestens drei Eiszeiten verwandelten während der vergangenen 240 000 Jahre die Berge in eine Region, die der gegenwärtigen Antarktis geähnelt haben dürfte. Während nur die Gipfel aus dem kilometerdicken Eis ragten, gaben Gletscher den Bergen den letzten Schliff, frästen scharfe Kanten in das Gestein und trugen weiteres Geröll ab.

Kananaskis Country

Wer die Region zum ersten Mal besucht, begibt sich meist auf direktem Wege von Calgary nach Banff, ohne dem reizvollen Vorgebirge, das sich entlang der östlichen Grenze des Banff National Park erstreckt, Aufmerksamkeit zu schenken. Um Banff zu entlasten wurden hier bestehende Provinzparks zum geschützten Kananaskis Country zusammengefasst. Dabei handelt es sich mehr oder weniger um das exklusive Domizil von Einheimischen, die im Winter zum Skifahren und im Sommer zum Wandern, Radfahren und Campen hierher kommen. Neben der herrlichen Berglandschaft locken nicht zuletzt liberalere Schutzbestimmungen, die im Unterschied zu den Parks mehr Freiheiten bei Freizeitaktivitäten gestatten.

Zentrum der Region ist **Canmore**. Zwar sind die Serviceangebote und Einrichtungen nicht ganz so zahlreich wie in Banff, dafür halten sich Besucheransturm und touristischer Kommerz in Grenzen. Außerdem sind die Unterkünfte billiger und einfacher zu bekommen. Vom Ort aus lassen sich zahllose Spaziergänge unternehmen. Um jedoch in die nahen **Provinzparks** wirklich vorzudringen, ist ein eigenes Transportmittel vonnöten.

Canmore

Lange galt Canmore lediglich als Tor zu den Parks. Inzwischen macht der betont jugendliche Ort dem 28 km entfernten Banff als bescheidenere und weniger touristische Alternative ernsthafte Konkurrenz.

Ursprünglich 1883 als Versorgungsposten für die Eisenbahngesellschaft CPR gegründet, erlebte Canmore seine Blüte als Bergbaustadt, nachdem in den umliegenden Hügeln Kohle gefunden wurde. Der Boom hielt fast ein Jahrhundert lang an, bis 1979 die letzte Mine geschlossen wurde und die Zukunft zunächst düster schien. Dann jedoch fiel die Entscheidung, Canmore zum Austragungsort für die nordischen Wettbewerbe der Winterolympiade von Calgary 1988 zu machen. Dank dieser glücklichen Wendung und der herrlichen Lage zwischen aufragenden Bergketten bei weit geringeren Einschränkungen als in den Nationalparks setzte ein neuer Aufschwung ein. In den letzten 20 Jahren hat sich die Bevölkerung Canmores auf 11 000 Einwohner verdreifacht, und für die nächsten 20 Jahre wird noch einmal eine Verdopplung prognostiziert. Der gelegentlich verwendete Beiname „Aspen Albertas" mag zwar übertrieben sein; unleugbar ist jedoch die Tatsache, dass sich viele stadtmüde Künstler und junge Abenteuerlustige vermehrt hier niederlassen. Neben den Qualitäten als Wohnort sind für Besucher vor allem die nahen und guten Möglichkeiten zum Wandern, Klettern, Radfahren, Skifahren, Angeln, Caving und Rafting von Interesse.

Canmores Zentrum konzentriert sich südlich des Trans-Canada Highway rund um die Main St (8th St). An einem verregneten Tag ist das **Canmore Centennial Museum and Geoscience Centre**, 907 7th Ave, einen Besuch wert. Es zeichnet die Geschichte des Ortes von den Anfängen bis zur Olympiade nach. ☉ Mo–Fr 9–17, Sa und So 12–16 Uhr, Eintritt frei.

Am anderen Ende der Main St ist eine Route des ausgedehnten Netzes an **Radwegen** zu erreichen. Sie folgt dem Ufer des Bow River nach Süden. An einigen Stellen des Flusses finden Angler gute Bedingungen, um Regenbogen- und Bachforellen sowie Felchen an den Haken zu bekommen. Entsprechende Ausrüstung und Tipps bietet der *Green Drake Fly Shop*, 102-512 Bow Valley Trail, ✆ 403/678-9522.

Westlich des Zentrums und des Flusses führt die Spray Lakes Rd hinauf zum **Canmore Nordic Centre**, ✆ 403/678-2400, einem modernen und ehemals für die nordischen Olympia-Wettkämpfe genutzten Areal mit einem 300 km umspannenden Netz von Langlaufloipen. Im Sommer können 70 km der Loipen als Mountainbike-Strecken genutzt werden. Geländekarten sind kostenlos erhältlich, Fahrräder können für $30 pro Tag gemietet werden.

Nicht weit hinter dem Nordic Centre wird die Spray Lakes Rd zu einer jäh ansteigenden Schotterstrecke. Kurz davor führt eine unscheinbare Abzweigung zu einem Parkplatz an einem kleinen Stausee. Er markiert den Ausgangspunkt eines 2 km langen Pfads zu den Grassi Lakes hoch über der Stadt. Der Weg dorthin ist holprig und steil, für den Rückweg bietet sich als weit bequemere Alternative eine unbefestigte Zufahrtsstraße an. Am oberen See angelangt, lohnt der leichte Aufstieg den Hang hinauf, wo man auf dem ersten Gesteinsblock vier **Felszeichnungen** menschlicher Figuren entdecken kann. Auf den umgebenden Felsen testen Kletterer ihr Geschick; hier sowie am Heart Creek, Cougar Creek und im Grotto Canyon liegen die besten Gegenden für diesen Sport. Die *Yamnuska Mountain School,* ✆ 403/678-4164, 💻 www.yamnuska.com, bietet Guides für Klettertouren an und veranstaltet für $220 auch Einsteigerkurse.

Jenseits der Grassi Lakes erreicht die Spray Lakes Rd im **Spray Valley Provincial Park** den zugänglichsten Teil der Hochgebirgsregion im Kananaskis Country. Hauptattraktion des Parks ist das 16 km lange, von bizarr geformten, imposanten Bergen umgebene Spray Lakes Reservoir, ein Stausee zur Stromgewinnung, der trotz seiner industriellen Nutzung eine beschauliche Idylle bietet. Am westlichen Ufer liegt ein hübscher Campingplatz, allerdings muss sämtlicher Proviant mitgebracht werden, nur Feuerholz kann für $6 vor Ort gekauft werden; ☉ Ende Mai–Anfang Sep, Stellplatz $14. Reizvoll ist der vom Campingplatz ausgehende Wanderpfad zum kleinen, hoch im Goat Range gelegenen **Jakeroy Glacier**. Der 4 km lange, gut gekennzeichnete Pfad (4 Std. hin und zurück) beginnt gegenüber dem Stellplatz Nr. 17 und steigt steil durch einen Wald bis zu einem schmalen hängenden Tal an. An der einzigen Flussüberquerung entlang der Route ist darauf zu achten, geradeaus weiter den Hang hinaufzulaufen und nicht den Weg zum Wasserfall einzuschlagen.

Auch im Osten Canmores lassen sich schöne kürzere Wanderungen unternehmen, darunter eine von reizvollen Ausblicken begleitete Route entlang dem **Cougar Creek**. Wer möchte, kann der Strecke sogar bis zur Grenze zum Banff National Park folgen. Ein noch schönerer Weg beginnt am Grotto Pond, 12 km östlich von Canmore auf dem Hwy 1. Von dem eher faden Auftakt entlang einer Schneise durch Strommasten sollte man sich nicht abschrecken lassen, denn schon bald führt der nicht markierte, aber deutlich erkennbare Pfad durch bewaldetes Gelände in den **Grotto Canyon**. In der Schlucht erreicht man nach ca. 300 m Felszeichnungen, nach 2 km einen kleinen, beeindruckenden Wasserfall. Dahinter öffnet sich das Tal, und es lassen sich noch eine Höhle sowie einige Hoodoos entdecken. Wer mehr solcher bizarrer Felsformationen sehen möchte, sollte sich einer Tour durch die **Canmore Caverns**, ✆ 403/678-8819, 💻 www.canadianrockies.net/wildcavetours, im Grotto Mountain anschließen; halber Tag inkl. Transport von Canmore $85 p.P., aufregender ist die Tagestour für $110, bei der das ausgedehnte Höhlenlabyrinth zum Teil per Abseilen erkundet wird (warm anziehen, mit schmutziger Kleidung ist zu rechnen).

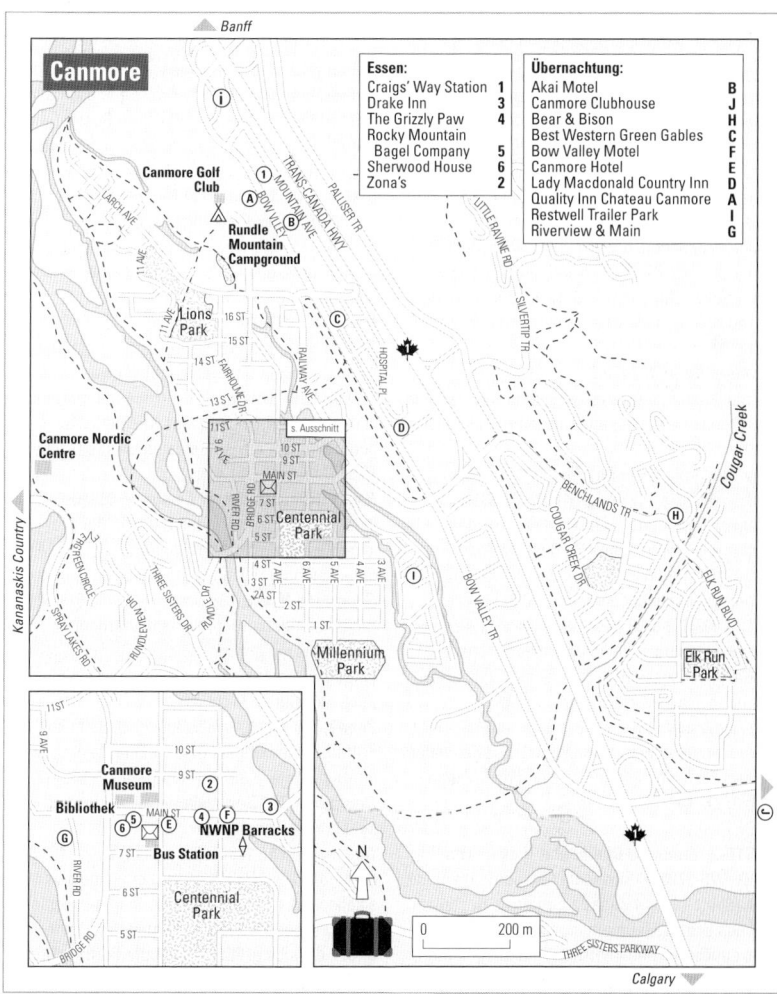

Canmore

Essen:

Craigs' Way Station	1
Drake Inn	3
The Grizzly Paw	4
Rocky Mountain Bagel Company	5
Sherwood House	6
Zona's	2

Übernachtung:

Akai Motel	B
Canmore Clubhouse	J
Bear & Bison	H
Best Western Green Gables	C
Bow Valley Motel	F
Canmore Hotel	E
Lady Macdonald Country Inn	D
Quality Inn Chateau Canmore	A
Restwell Trailer Park	I
Riverview & Main	G

Übernachtung

Die Mehrzahl der Unterkünfte sind neue Hotels und Motels entlang dem Trans-Canada Highway und dem parallel verlaufenden Bow Valley Trail. Im Sommer werden etwas überzogene, aber deutlich niedrigere Preise als in Banff verlangt; im Winter zahlt man in der Regel mindestens ein Drittel weniger. Über die rund 50 B&Bs in Can-more und Umgebung informiert die *Canmore Valley Bed and Breakfast Association*, ℡ 403/609-7224, 🖳 www.bbcanmore.com.

HOTELS, MOTELS UND B&Bs – *Akai Motel*, 1717 Mountain Ave, ℡ 403/678-4664 oder 1-877/900-2524. Kleines und einfaches Motel am nördlichen Ortsrand mit einigen der preiswertesten Zimmer Canmores. ❹

Bear and Bison, 705 Benchlands Trail, ✆ 403/678-2058, 🖥 www.bearandbisoninn.com. Geschmackvolles, idyllisches B&B in einem Gebäude aus Holz und Stein. Üppiges Frühstück, hübscher Garten, Bibliothek und Jacuzzi. ❽

Best Western Green Gables Inn, 1602 2nd Ave, ✆ 403/678-5488 oder 1-800/661-2133, 🖥 www.bestwestern.com. Verlässlicher Ableger der Hotelkette, viele Zimmer mit Whirlpool. ❻

Bow Valley Motel, 610 8th St, ✆ 403/678-5085 oder 1-800/665-8189, 🖥 www.bowvalleymotel.com. Durchschnittliches Motel mit dem Vorzug, zentral zu liegen, Restaurants und Bars in der Nähe. ❸

Canmore Hotel, 738 8th St, ✆ 403/678-5181. Schmuckloses, zentrales Hotel über der Bar gleichen Namens. Billige, aber heruntergekommene Zimmer. ❷

Lady Macdonald Country Inn, 1201 Bow Valley Trail, ✆ 403/678-3665 oder 1-800/567-3919, 🖥 www.ladymacdonald.com. Freundliches und wärmstens empfohlenes B&B mit 12 Zimmern, ausgezeichnetem Frühstück und Jacuzzi. ❻

Quality Inn Chateau Canmore, 1720 Bow Valley Trail, ✆ 403/678-6699 oder 1-800/424-5151, 🖥 www.chateaucanmore.com. Ableger einer Hotelkette. Große, gut ausgestattete Zimmer mit Küchenzeile, außerdem Fitnessbereich und Pool. ❼

Riverview and Main, 918 8th St, ✆ 403/678-9777, 🖥 www.riverviewandmain.com. Eines der vielen kleinen B&Bs mit gutem Preis und anständigem Frühstück. ❹

HOSTEL – *Canmore Clubhouse*, Indian Flats Rd, ✆ 403/678-3200, 🖥 www.alpineclubofcanada.ca. Vom Alpine Club of Canada geführtes Hostel am Fuß des Grotto Mountain in reizvoller Berglage 5 km südöstlich des Zentrums, gut ausgestattet, mit Bibliothek und Sauna. Mitglieder $17, sonst $21.

CAMPING – *Bow River Campground*, ✆ 403/673-2163, 🖥 www.bowvalleycampgrounds.com. Gute Wahl am Three Sisters Overpass, 3 km östlich von Canmore. Stellplatz $17.

Restwell Trailer Park, ✆ 403/678-5111, 🖥 www.restwelltrailerpark.com. Reglementiert und wenig attraktiv, aber nur einen kurzen Fußmarsch östlich des Zentrums gelegen. Stellplatz $24–37.

Neben einer Reihe alteingesessener Kneipen mit verlässlicher wie typischer Kost gibt es in Canmore neuerdings einige schickere Restaurants, in denen fantasievoll zubereitete regionale Küche serviert wird.

Craigs' Way Station, 1727 Mountain Ave, ✆ 403/678-2656. Freundliches, familienorientiertes Lokal inmitten der Motels im Norden der Stadt. Gutes, üppiges Frühstück und preiswerte Zwischenmahlzeiten.

Drake Inn, 909 Railway Ave. Von Einheimischen frequentierte Kneipe mit Terrasse, Nichtraucher-Bereich, Billard und gelegentlich Live-Musik.

Grizzly Paw, 622 Main St. Einzige Mikrobrauerei in den Rockies, anständiges Kneipenessen und gutes Bier, am erfrischendsten ist das *Grumpy Bear Honey Wheat Ale*.

Rocky Mountain Bagel Company, 830 Main St. Eines von mehreren guten Cafés in der Main St, ideal für ein einfaches Frühstück, leichtes Mittagessen oder um sich eine Pause zu gönnen.

Sherwood House, 838 Main St, ✆ 403/678-5211. Beliebtes Restaurant in einem charmanten Blockhaus mit großer, sonniger Terrasse. Neben einer großen Auswahl an Wildgerichten gibt es auch akzeptable Pizza.

Zona's, 710 9th St, ✆ 403/609-2000. Schickes, in Erdfarben gehaltenes Bistro mit fantasievoller internationaler Küche. Hauptgerichte $12–18.

Hooligan's, 103 Bow Valley Trail, sehr durchschnittlicher Nachtclub.

Oh Canada Eh!, 125 Kananaskis Way, ✆ 403/609-0004 oder 1-800/773-0004, ist der Name einer musikalischen, unterhaltsam-kitschigen und von einheimischen Gerichten begleiteten Dinner-Show, die sich größter Beliebtheit erfreut und allabendlich aufgeführt wird.

AUTOVERMIETUNG – *Hertz*, im Radisson Hotel, 511 Bow Valley Trail, ✆ 403/678-1630, einzige Verleihstation im Ort.

FAHRRÄDER – *Gear Up*, 1302 Bow Valley Trail, ✆ 403/678-1636, einer von mehreren Fahrradverleihern.

Den großen Namen Sunshine Village und Lake Louise wird zwar meist der Vorzug vor den Skigebieten Nakiska und Fortress Mountain im Kananaskis Country Provincial Park gegeben, doch bei guten Bedingungen lohnt sogar die Anfahrt von Banff zum Skifahren. Informationen über Schneehöhen unter ✆ 403/244-6665, Liftkarten sind für beide gültig.

Eigens für die Winterolympiade 1988 entstand 25 km südlich des Trans-Canada Highway bei Kananaskis Village das Skigebiet **Nakiska**, ✆ 403/591-7777, 🖳 www.skinakiska.com. Das ca. 1 Std. Autofahrt von Calgary oder Banff gelegene Areal zählt mit seinen Einrichtungen wie Verleihstationen, Kinderbetreuung und Kursveranstaltern zu den nutzerfreundlichsten des Kontinents. Was einst für wagemutige Abfahrtsrennläufer angelegt wurde, präsentiert sich heute als überwiegend gerades und steiles Gelände, das sich bestens für etwas fortgeschrittene Skiläufer – 70% sind blaue Pisten – und zum Snowboarden für Anfänger eignet. Der spärliche Schneefall von nur 250 cm im Jahr ist selten ein Problem, da 85% des Bergs mit Schneekanonen bedient werden können. Die mitunter krustigen Pistenverhältnisse verbessert man durch gute Präparierung. Snowboarder finden hier außerdem zwei Halfpipes, die Wettkampfstandards genügen, und einen Terrain-Park.

Ganz anders das Bild am **Fortress Mountain**, ✆ 403/591-7108, 🖳 www.skifortress.com, 15 km südlich von Nakiska auf dem Hwy 40. Anstelle planvoll angelegter Pisten umfasst das Gebiet weitgehend naturbelassenes Gelände, das sich unterhalb einiger gewaltiger, schroffer Felskolosse erstreckt. Bekannt ist Fortress Mountain vor allem für seine Waldpisten, Schluchten und vielen natürlichen Hindernisse, daneben auch für seine gut in Schuss gehaltene Half Pipe. Das Areal dehnt sich über eine Fläche von gut 130 ha aus und bietet 47 Pisten, die Mehrzahl davon für Fortgeschrittene. Im Gegensatz zu Nakiska sind mit einer jährlichen Schneefallmenge von 630 cm und der zusätzlichen Möglichkeit, 60% des Geländes mit Schneekanonen zu versorgen, beste Bedingungen praktisch garantiert.

INFORMATIONEN – *Information Centre*, 2801 Bow Valley Trail, nahe dem Trans-Canada, ✆ 403/678-5277 oder 1-800/661-8888, 🖳 www.discoveralberta.com, Teil des Travel Alberta Visitor Information Centre und ausgezeichnete Anlaufstelle für Informationen über das gesamte Gebiet der Rocky Mountains sowie Canmore. ☉ Juni–Aug 8–20, Sep–Mai 9–18 Uhr.

TAXI – *Apex*, ✆ 403/609-0030.

Die meisten Shuttledienste, die zwischen dem Flughafen Calgary und Banff verkehren, halten auch in Canmore; einfache Strecke ca. $45. *Greyhound* bietet weitere Verbindungen von CALGARY und BANFF. Ankunft am Busbahnhof, 801 8th St, ✆ 403/678-4465).

Kananaskis Valley

Das Kananaskis Valley ist das Rückgrat des Kananaskis Country. Der **Hwy 40**, der den Trans-Canada Highway 30 km östlich von Canmore kreuzt, führt von hohen Bergen flankiert aus Süden durch das Tal und verbindet alle bedeutenden Provinzparks. Entlang der Strecke gehen zahlreiche Wanderrouten ab, liegen die meisten Campingplätze und anderen spärlich gesäten Einrichtungen der Gegend. Das *Barrier Lake Information Centre*, 3 km südlich des Trans-Canada, ✆ 403/673-3985, kann erschöpfende Auskunft über alle möglichen Aktivitäten geben; ☉ tgl. Juni–Mitte Sep 9–18, sonst 9–16 Uhr.

Kananaskis Village

Einzige nennenswerte Siedlung im Tal ist Kananaskis Village, ein Ferienort in Nachbarschaft eines Skigebiets (s. Kasten) und guter Ausgangspunkt für die Wander- und Radrouten in die Umgebung. *Peregrine Sports*, ✆ 403/591-7453, vermietet Mountainbikes, Angelausrüstung sowie Kanus und gibt hilfreiche Informationen über die lokalen Bedingungen. Eine beliebte Wanderung ist die 9 km lange Route zu den **Ribbon Falls** und zum gleichnamigen Campingplatz. Das Zelten kostet hier wie auf allen Campingplätzen im Hinterland der Region $3 p.P.; entsprechende Permits gibt es im *Barrier Lake Information Centre* oder telefonisch unter ✆ 403/678-3136. Wer möchte und Grundkenntnisse im Klettern besitzt, kann den Weg entlang des **Galatea Creek Trail** fortsetzen, der einer Rundstrecke unterhalb des massiven Mt Kidd folgt. Für Wanderer mit guter Kondition und dem Ehrgeiz, einen Berg zu erklimmen, bietet sich nur wenig nördlich des Orts der 2990 m hohe **Mount Allen** an. Die Route ist eine der wenigen in den Rockies, die tatsächlich noch bis auf einen Gipfel führt. Bei Lust auf Abwechslung kann man an Rafting-Touren von *Mirage Adventure Tours*, ✆ 403/678-4919, 🖳 www.miragetours.com, teilnehmen.

Übernachtung

Delta Lodge, ✆ 403/591-771 oder 1-800/268-1133, 🖳 www.deltahotels.com. ❼
Kananaskis Mountain Lodge, ✆ 403/591-7500 oder 1-888/591-7501, 🖳 www.kananaskismountainlodge.com. ❼
Kananaskis Wilderness Hostel, am Ribbon Creek, gleich abseits der Zufahrtsstraße in den Ort, ✆ 403/521-8421 oder 1-866/762-4122, 🖳 www.hihostels.ca. Dorm-Bett $18. ❷
Es gibt zwei gute **Campingplätze**: ***Sundance Lodges***, ✆ 403/591-7122, 🖳 www.sundancelodges.com, bietet neben herkömmlichen, zwischen Bäumen versteckt gelegenen Stellplätzen für $19 auch Unterkunft in farbenfroh angemalten und einfach eingerichteten Tipis, ⊙ Mitte Mai–Sep. ❷
Mount Kidd RV Park, ✆ 403/591-7700, 🖳 www.mountkiddrv.com. Beeindruckende Anlage mit Jacuzzis, Saunen und Tennisplätzen. Stellplatz $20–32.

Peter Loughead Provincial Park

Ungefähr 40 km südlich von Kananaskis Village führt eine kurze Stichstraße vom Hwy 40 zum Upper Kananaskis Lake im Peter Loughead Provincial Park am Ende des Tals. Nirgendwo sonst bietet die Region wohl mehr Möglichkeiten zum Bootfahren,

Angeln, Zelten und Wandern. Auf dem Weg zum See erreicht man ca. 4 km vom Hwy 40 entfernt das ausgezeichnete *Peter Loughead Park Information Centre*, ✆ 403/591-6322, dessen freundliche Mitarbeiter über das breite Angebot informieren. Zu den schönsten Wanderungen zählen die an einem halben Tag zu bewältigende Route zum **Rawson Lake** und die sehr lohnende, mehrtägige Exkursion über den **Burstall Pass** nach Banff. Eine detaillierte Beschreibung dieser sowie vieler anderer Routen der Region enthält der empfehlenswerte und verbreitet erhältliche Wanderführer *Where Locals Hike in the Canadian Rockies* von Kathy und Craig Copeland.

Banff National Park

Der berühmteste Park der kanadischen Rocky Mountains und *der* große Touristenmagnet Kanadas ist der Banff National Park. Auf entsprechenden Andrang in den wichtigen Zentren **Banff** und **Lake Louise** sowie entlang eines Großteils der 1500 km an Wanderwegen, die im Sommer von einer nicht enden wollenden Karawane von Wanderern heimgesucht werden, sollte man gefasst sein. Aber dennoch: Die einzigartige Landschaft ist es wert, den Kommerzzirkus zu ertragen, und wer zeltet oder bereit ist, längere Wanderungen zu unternehmen, wird die schlimmsten Exzesse des Parks schnell hinter sich lassen können.

Als erstes Ziel im Park bietet sich von Calgary aus Banff an, 30 Minuten Fahrt auf dem Trans-Canada Highway (Hwy 1). Der betriebsame Ort mit seiner Hand voll Sehenswürdigkeiten empfiehlt sich für ein paar Tage Aufenthalt; zudem können die Geschäfte als praktische Einkaufsgelegenheit auf der Durchfahrt in ruhigere Gegenden genutzt werden. Als nächste Station wartet das nahe Lake Louise, ein viel kleinerer, aber fast ebenso geschäftiger Ort, umgeben von fantastischer Landschaft mit Gelegenheit zu kürzeren Wanderungen aber auch Tagesausflügen.

Zwei gern genutzte Highways durch den Park eröffnen atemberaubende Landschaftseindrücke: der **Bow Valley Parkway** von Banff nach Lake Louise – dem parallel dazu verlaufenden **Hwy 1** (Trans-Canada) in jedem Fall vorzuziehen – und der wesentlich längere **Icefields Parkway** von Lake

Louise nach Jasper. Entlang beider gibt es unzählige Möglichkeiten für Wanderungen unterschiedlicher Länge, Wasserfälle, Seen, Canyons, Aussichtspunkte, Rastplätze und eine scheinbar nicht endende wollende majestätische Kulisse aus Bergen, Flüssen, Gletschern und Wäldern.

Geschichte

Das moderne Straßennetz im Park hat heute die Eisenbahn ersetzt, die als erste Transportverbindung den Park überhaupt erst entstehen ließ. Das Vordringen der **Canadian Pacific Railway** Ende des 19. Jhs. beendete ungefähr 10 000 Jahre alleiniger indianischer Präsenz in der Region, nur gestört von Trappern und großen Entdeckern wie Mackenzie, Thompson und Fraser, die mit Hilfe indianischer Führer in früheren Jahren die Rockies zu überqueren gesucht hatten. Der Ort Banff verdankt seine Existenz der Entdeckung der Thermalquellen, den heutigen Cave and Basin Hot Springs, auf die drei Eisenbahnarbeiter 1883 zufällig stießen und den Ort zu Ehren von Banffshire, dem Geburtsort von zwei frühen Financiers und Direktoren der Eisenbahngesellschaft, so benannten.

Innerhalb von zwei Jahren stellte die Regierung die Umgebung der Quellen unter Naturschutz und vergrößerte 1887 das Gebiet zum **Rocky Mountains Park**, den ersten Nationalpark Kanadas. Es waren jedoch nicht allein hehre Motive, die diesen Schritt herbeiführten, denn die neue, von der Regierung finanzierte Eisenbahn benötigte dringend Passagiere und Umsatz, und die spektakuläre, um Luxushotels ergänzte Landschaft schien – zu Recht, wie sich herausstellen sollte – die besten Vorraussetzungen für neue Kunden zu bieten. Bis 1916 war der Park für Autos gar gänzlich gesperrt.

Der Park steckt heute zwar nicht in der Krise, aber einige gewichtige Entscheidungen werden unumgänglich sein. Banff lockt alljährlich ungefähr vier Millionen Besucher an, hinzu kommen weitere vier Millionen auf der Durchfahrt. Zusammen tragen sie mit der gewaltigen Summe von $750 Millionen oder noch mehr pro Jahr zur hiesigen Wirtschaft bei. Trotz Bemühungen und den besten Absichten seitens der Parkbehörden können solche Zahlen nicht ohne Auswirkungen auf die Umwelt bleiben. Wissenschaftler sind beispielsweise der Meinung, dass die Schwarzbär- und Grizzlypopulationen aussterben werden (insgesamt wird der

Bestand beider Bärenarten in der Gegend auf nur 100–130 Tiere beziffert), und die Abnahme der Wölfe (hier 35–40) ist im Vergleich zu Gebieten, wo die Tiere keinerlei Schutzstatus genießen, nur unwesentlich niedriger. Wapitis wiederum haben sich in Anbetracht des Nahrungsangebots im Ort (saftiges gepflegtes Gras) und des vollständigen Schutzes vor ihren natürlichen Feinden weit über die Zahl vermehrt, die der Park alleine ernähren könnte. Pro Jahr kommt es in Banff zu ca. 60 (meist provozierten) Vorfällen, bei denen Wapitis Menschen angreifen. Schon bald jedoch dürfte der Anblick der im Zentrum von Banff am Straßenrand äsenden Tiere der Vergangenheit angehören, da bereits ca. 120 Wapitis aus dem Ort und der Umgebung umgesiedelt wurden und es für die verbliebenen Tiere bereits ähnliche Pläne gibt. Aber dies sind nur wenige Symptome einer größeren ökologischen Malaise. Um Schlimmeres zu verhindern, ist die Einwohnerzahl Banffs auf 10 000 begrenzt (derzeit sind es ca. 7600), unterliegen Bauvorhaben strengen Regeln und werden manche Gegenden für die Öffentlichkeit gesperrt (selbst der berühmte Bow Valley Parkway ist einen Teil des Jahres für den Verkehr nicht freigegeben). Auch der Flughafen ist inzwischen fast gänzlich stillgelegt, da er – wie auch ein Großteil des Ortes Banff und des Bow River Valley – direkt an wichtigen Wanderroute von Wildtieren liegt. Viele der großen Säugetiere benötigen zum Überleben größere Gebiete, als sie der Park bieten kann. Experten wähnen das Ökosystem Banffs bereits auf Messers Schneide. Es kann gerettet und bereits entstandener Schaden kann behoben werden, nur muss hierfür etwas geschehen. Erste Schritte sind schon unternommen worden, aber weit größere müssen noch folgen.

Banff

Unbestrittenes Zentrum der kanadischen Rockies ist Banff, ein im Sommer pulsierender, angenehmer Ausgangspunkt für die Erkundung der Umgebung. Wer mehr die Natur sucht, wird dem dortigen Treiben jedoch schon bald wieder den Rücken kehren wollen. Für den kleinen Ort ist das Aufkommen an touristischem Verkehr immens, einen Großteil davon stellen Wohnmobile und Reisebusse. Während der Hochsaison kommen bis zu 50 000 Besucher am Tag hierher, was Banff zum größten und betriebsamsten urbanen Zentrum aller Nationalparks der Welt macht. Neben zahlreichen Rucksacktouristen im Sommer ist auch die stark vertretene Besucherschar aus Ostasien nicht zu übersehen, an die entsprechend viele japanische Schilder und ausgehängte Speisekarten gerichtet sind. Ungefähr ein Drittel der hiesigen Unterkünfte befindet sich gar in japanischem Besitz, darunter zwei der drei größten Hotels, was unter manchen Einheimischen für Missmut sorgt. Ein wenig verwundert es bei so vielen Besuchern, dass es abgesehen von ein paar kleineren Museen, einer Seilbahnfahrt und der **Banff Avenue**, der von Touristen bevölkerten Hauptstraße durch den Ort mit wahrscheinlich mehr Souvenirläden und schicken Sportbekleidungs- und Ausrüstungsgeschäften als irgendwo sonst in Nordamerika, kaum etwas zu sehen oder zu tun gibt. So sehr man die Massen vielleicht wird meiden wollen, lässt sich der Ort doch nicht ganz ignorieren, da er elementare Läden und Einrichtungen besitzt, die es ansonsten im Park nicht gibt. Viele der lohnenderen Wanderrouten der Umgebung verlaufen ein ganzes Stück außerhalb und sind ohne Auto oder Leihfahrrad kaum zu erreichen, einige überraschend reizvolle Spazierwege beginnen jedoch nur wenige Minuten von Banffs Hauptstraße entfernt.

Die Stadt

Angesichts der spektakulären Berge vor der Haustür mag es absurd erscheinen, einen Besuch der örtlichen Sehenswürdigkeiten in Betracht zu ziehen, an einem verregneten Tag jedoch kann dies zumindest eine Alternative sein. Das zentral gelegene **Banff Park Museum**, 93 Banff Ave, nahe der Brücke über den Bow River, zeigt auf zwei Etagen eine Fülle von ausgestopften Tieren, von denen ein Großteil im Park beheimatet ist. In abwechslungsreicher Weise zeichnet das Museum die sich im Lauf der Jahre gewandelte Einstellung der Menschen gegenüber den Tieren im Park nach. Viele Zeitgenossen des 19. Jhs. wollten zwar die Tiere sehen, verspürten aber wenig Lust, sich dafür auch noch in die Wildnis begeben zu müssen. Die Tiere wurden daher unter kurzerhand erlegt und ausgestopft, um sie in einer Dauerausstellung zu zeigen.

Die Jagd auf Wildtiere im Park wurde zwar 1890 verboten, aber auch erst nachdem die Bestände an Elchen, Wapitis, Ziegen und Grizzlys einen kritischen Tiefstand erreicht hatten. Wildhüter zur Überwachung dieser Verordnung kamen erst 1913, aber selbst ihnen lag nichts am Schutz der „bösen" Tiere – Wölfe, Kojoten, Füchse, Luchse, Pumas, Adler, Eulen und Falken –, die im Rahmen eines Parkprogramms zur „Begrenzung der Raubtierpopulationen" noch bis in die 30er Jahre gejagt werden konnten. Viele der gezeigten Tiere stammen aus dieser Zeit. Im Park hinter dem Museum gab es vor 60 Jahren sogar noch einen glücklosen Eisbär zu sehen, eine von 60 Tierarten, die man zwischen 1904 und 1937 im Zoo von Banff in Gefangenschaft hielt. Bis in die 70er Jahre organisierten Hotels noch Ausflüge zu den Müllkippen der Stadt, wo Bären in Abfällen herumstöberten.

In den 50er Jahren hätte das Museum, ein hübsches Gebäude, fast dasselbe Schicksal wie das der Tiere ereilt. Die Ausstellung galt als altmodisch, und es wurden Pläne für den Abriss des Museums diskutiert. Schließlich überlebte es aber doch als ansehnliches Zeugnis edwardianischer Pionierarchitektur, die sich insbesondere durch die zur damaligen Zeit, als Banff noch keine Elektrizität besaß, notwendigen und zahlreich vorhandenen Oberlichter auszeichnet.

Als idealer Ort, um einen verregneten Nachmittag in stilvoller Atmosphäre zu verbringen, lädt der holzgetäfelte, mit Naturmagazinen und -büchern reich bestückte **Lesesaal** ein. Im Sommer wiederum empfiehlt sich der herrliche **Park am Flussufer** für eine erholsame Rast oder ein Picknick. ☉ Juni–Sep tgl. 10–18, sonst Mo–Fr 13–17, Sa und So 10–18 Uhr, $2,50 oder $7 mit dem Banff Heritage Passport inkl. Eintritt für das Whyte Museum und den Cave & Basin National Historic Site (s.u.).

In der Nähe beleuchtet das ausgezeichnete, neben der Bibliothek gelegene **Whyte Museum of the Canadian Rockies**, 111 Bear St, 🖥 www. whyte.org, anhand von Gemälden und Fotografien die Entwicklung der Rocky Mountains zum Touristenziel und dokumentiert die frühen Expeditionen zu den Gipfeln der Region. Bilder von Bären, die in Mülleimern der Stadt nach Essbarem suchen, und von Parkhütern, die grinsend neben einem prachtvollen, gerade erlegten Luchs posieren, vermitteln einen Eindruck davon, wie sich die Zeiten gewandelt haben. Das 1968 eröffnete Museum gehört zur Whyte Foundation, die in den 50er Jahren von den Künstlern Peter und Catherine Whyte ins Leben gerufen wurde, um so viel Material wie möglich

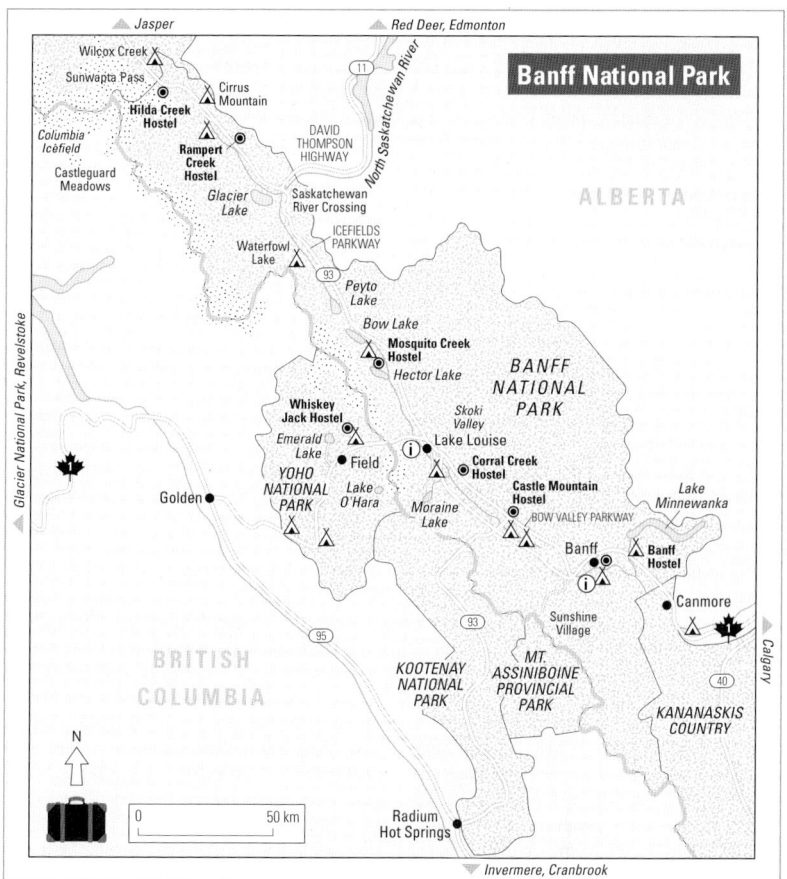

Banff National Park

über die Rockies zu sammeln und zu archivieren. Ebenfalls hier untergebracht ist der 2075 Bände umfassende Bestand der Bibliothek des Alpine Club of Canada, daneben die 4000 Bände der Archives of the Canadian Rockies – die größte Sammlung an Kunst- und Geschichtswerken über die Berge. Gelegentlich gastieren Wanderausstellungen von einheimischen, kanadischen und internationalen Künstlern. Darüber hinaus werden Lesungen veranstaltet sowie Wanderungen, Ausflüge und Museumstouren angeboten. ☉ Mitte Mai–Mitte Okt tgl. 10–18, sonst Di–So 13–17, Do bis 21 Uhr, $6 oder $7 mit dem Banff Heritage Passport,

der auch den Eintritt für das Banff Park Museum und den Cave & Basin National Historic Site umfasst.

Das **Natural History Museum**, im Obergeschoss der Clock Tower Mall, 112 Banff Ave, ist vorrangig mit der geologischen Geschichte der Rockies befasst und stellt außerdem die Wälder, Blumen und Minerale in einem knappen Abriss vor. ☉ tgl. 12–17 Uhr, Eintritt frei.

Am gegenüberliegenden Flussufer befindet sich die enorme, palisadenähnliche Holzkonstruktion des **Luxton Museum**, 1 Birch Ave, das in einer etwas altmodisch wirkenden Ausstellung indianische

Geschichte sowie Vögel und Tiere präsentiert. Der Name des unter indianischer Leitung stehenden Museums geht auf Norman Luxton zurück, einen Einheimischen, der hier einen Handelsposten betrieb und über eine Zeitraum von 60 Jahren eine enge Freundschaft zur hiesigen Ureinwohnerschaft der Stoney aufbaute. Die Exponate sind nicht sonderlich aufregend, aber der Museumsladen bietet gutes Kunsthandwerk und andere Artikel an. ⏰ Mitte Mai–Mitte Okt tgl. 9–19, sonst Mi–So 13–17 Uhr, $6.

Banff Springs Hotel

Mit Preisen von ca. $900 die Nacht für einige Suiten – ab $1600 für die präsidialen Gemächer mit gläsernem Fahrstuhl – zzgl. $20 für etwaige Haustiere mag das Banff Springs Hotel so manchen Geldbeutel mehr als überfordern, aber dennoch wird nicht viel Zeit vergehen, bis man in Banff über den Namen des kaum zu übersehenden, gotisch inspirierten Mammutbauwerks stolpert. Das 1888 begonnene Hotel stand zunächst jedoch unter keinem guten Stern, denn als der Architekt die Durchführung seiner Pläne begutachtete, musste er feststellen, dass man den Bau um 180° gedreht hatte: Während der Küche die herrlichste Aussicht auf den Fluss hatte angedeihen lassen, lagen die Gästezimmer vor dichtem, dunklem Wald. Bei seiner Eröffnung schließlich war das Hotel mit 250 Zimmern und einer Rotunde für die bessere Sicht das größte Hotel der Welt. Die Idee hinter dem Projekt fasste der mächtige Vizepräsident der Canadian Pacific Railway, William Cornelius Van Horne, mit folgendem Ausspruch über die Rocky Mountains zusammen: „Wenn wir die Landschaft nicht exportieren können, importieren wir eben die Touristen." Seiner Meinung nach würde sich die Eisenbahn rentieren, wenn man den Menschen die herrliche Landschaft schmackhaft machen könnte und ihnen gleich noch die Riesenhotels dazu anböte, von denen sich diese in idealer Weise genießen ließe. Das Ergebnis dieser Überlegung war das Banff Springs Hotel, dem schon bald ähnliche Unterkünfte am Lake Louise und an Yohos Emerald Lake folgen sollten. Horne war es auch, der, als der Fehler im Bau entdeckt wurde, ein Stück Papier zur Hand nahm und mit schnellen Strichen eine Art Veranda skizzierte, die nach seinem Dafürhalten die ganze Sache wieder ins Lot bringen würde. Er war zwar kein Architekt, aber sein hochfahrender Führungsstil ließ

erst gar keine Diskussion über diese spontane und dann auch umgesetzte Variante aufkommen.

Allein die Betriebskosten des heute 828 Zimmer umfassenden Luxuskolosses, der zwischen 1911 und 1928 weitgehend umgebaut wurde, belaufen sich pro Tag auf ca. $90 000. Seine Auslastung liegt die Hälfte des Jahres bei traumhaften 100% oder 1700 Gästen pro Nacht. Der immense Zulauf hat neuerliches Bauen unumgänglich gemacht und u.a. ein Wellnesscenter, das als eines der besten Nordamerikas gilt, und einen Ballsaal für 1600 Gäste entstehen lassen. Die angebotenen Hotelführungen kann man getrost auslassen: Eine kleine Erkundungstour der ersten drei Hoteletagen lässt sich auch ohne Führung unternehmen (an der Rezeption ist hierfür ein Hotelplan erhältlich), oder aber man genießt einen Kaffee, ein Bier oder den Nachmittagstee im Café in der zweiten Etage oder im Sunroom gleich neben der Empfangshalle. Alles andere in den 16 verschiedenen Speiselokalen ist mit geradezu absurden Preisen versehen.

Lohnend ist auch der einzigartige Ausblick von der Terrasse jenseits des Sunroom. Wer ausreichend Zeit und Geld mitbringt, kann sich im *The Solace*, ☎ 403/762-2211, dem hoteleigenen Thermalbad, verwöhnen lassen. Der große Komplex umfasst ein zentrales, rundes Thermalbecken unter einer hohen Glasdecke, heiße, mit Salzwasser gefüllte Becken im Freien, Dampfsaunen, Lounge-Bereiche, Kamine und bietet neben kostenlosen Getränken und Snacks auch ein umfangreiches Angebot an therapeutischen Anwendungen. Die reine Nutzungsgebühr ist mit $50 pro Tag recht happig, entfällt jedoch bei Buchung einer Zusatzleistung, beispielsweise einer halbstündigen Massage für $80.

Das Hotel lässt sich entweder zu Fuß entlang dem südlichen Ufer des Bow River (vorbei an den Bow Falls) erreichen, alternativ per Banff Transit-Bus vom Zentrum ($1). Der Fußmarsch entlang der Spray Ave ist recht langweilig.

Sulphur Mountain Gondola

Banff ist zu Recht stolz auf seine Sulphur Mountain Gondola, 🖥 www.banffgondola.com, eine Seilbahn, die von der ca. 5 km südlich des Orts gelegenen Talstation an der Mountain Ave im Schwindel erregenden Winkel von 51° aufwärts strebt, um nach 700 m zwei Aussichtsplattformen mit atemberaubendem Rundumblick zu erreichen.

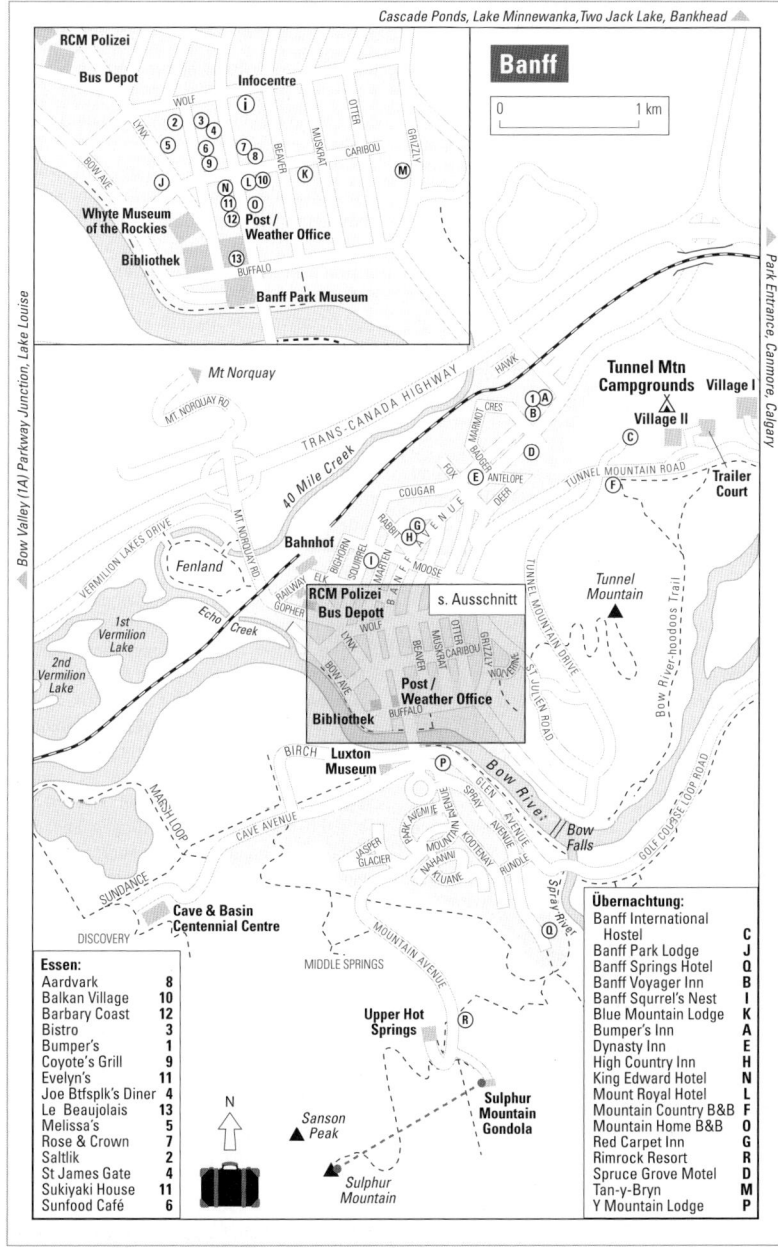

Banff

Essen:

Aardvark	8
Balkan Village	10
Barbary Coast	12
Bistro	3
Bumper's	1
Coyote's Grill	9
Evelyn's	11
Joe Btfsplk's Diner	4
Le Beaujolais	13
Melissa's	5
Rose & Crown	7
Saltlik	2
St James Gate	4
Sukiyaki House	11
Sunfood Café	6

Übernachtung:

Banff International Hostel	C
Banff Park Lodge	J
Banff Springs Hotel	Q
Banff Voyager Inn	B
Banff Squrrel's Nest	I
Blue Mountain Lodge	K
Bumper's Inn	A
Dynasty Inn	E
High Country Inn	H
King Edward Hotel	N
Mount Royal Hotel	L
Mountain Country B&B	F
Mountain Home B&B	O
Red Carpet Inn	G
Rimrock Resort	R
Spruce Grove Motel	D
Tan-y-Bryn	M
Y Mountain Lodge	P

Zwei Bärenarten durchstreifen die Rocky Mountains – Schwarzbären und Grizzlys. Begegnen möchte man keiner davon. Allzu häufig sind sie nicht, und entlang der stark frequentierten Pfade ist das Risiko gering (sämtliche Begegnungen werden festgehalten und hängen in den Visitor Centres aus). Zelter und Wanderer sollten jedoch wachsam bleiben, die **Grundregeln** befolgen, den Unterschied zwischen einem Schwarzbär und einem Grizzly kennen (Letzterer ist größer und hat einen Buckel im Nackenbereich), wissen wie sich gefährliche Situationen vermeiden lassen und im Falle einer Konfrontation oder eines Angriffs richtig reagieren können. Zahllose Irrtümer kursieren über Bären, beispielsweise dass sie nicht klettern können: Sie können klettern, und zwar recht schnell. Damit solche Fehleinschätzungen nicht zum Verhängnis werden, empfiehlt sich die von der Parkverwaltung herausgegebene **Broschüre** *You are in Bear Country*, die neben allgemeinen Informationen auch Tipps und Hinweise enthält. In jedem Fall sollte man vorbereitet sein und folgende elementaren Regeln beachten: Lebensmittel und Abfälle „bärengerecht" lagern, die eigene Anwesenheit zu erkennen geben, Bären nicht füttern und sich ihnen auch nicht nähern, im Falle eines Angriffs nicht schreien und nicht rennen.

Wanderungen sollten in einer Gruppe unternommen werden – Bären greifen selten eine Gruppe mit mehr als vier Wanderern an – und von Lärm, viel Lärm, begleitet werden. Bären fühlen sich am stärksten bedroht, wenn sie überrascht werden, so dass der Krach herannahender Wanderer ihnen genügend Zeit lässt, um das Weite zu suchen. Viele Wanderer rufen, schütteln Dosen mit einem Stein darin oder bedienen sich einer Trillerpfeife. Von den verbreitet angepriesenen Bärenschellen für Hand- oder Fußgelenke ist allerdings abzuraten, da diese zu leise sind. Besondere Vorsicht und eine besonders lautstarke Ankündigung des eigenen Herannahens ist in der Nähe von Flüssen und Bächen, in der Umgebung hoher Vegetation, beim Überqueren von Lawinenhängen oder beim Laufen entgegen der Windrichtung geboten (wenn Bären den Geruch sich nähernder Menschen nicht als Warnung aufnehmen können). Von Tierkadavern und Beerensträuchern, die wichtige Nahrungsquellen darstellen, sollte man sich schleunigst entfernen. Zu achten ist außerdem auf Bärenspuren – bei frischen Tatzenabdrücken, Anzeichen für Grabungsaktivitäten oder fäkalen Hinterlassenschaften ist der umgehende Rückzug angezeigt –, außerdem ist soweit wie möglich offenes Gelände als Wanderumgebung vorzuziehen.

Zelte sollten weit abseits von fließenden Gewässern, Wegen und der von Tieren genutzten Pfade aufgeschlagen werden. Der gewählte Standplatz ist peinlichst sauber zu halten, das heißt auch, dass keinerlei Gegenstände offen herumliegen dürfen. **Lebensmittel und Abfälle** verstaut man am besten im Wagen oder man hängt sie fernab vom Zelt zwischen zwei Bäumen mindestens 4 m über dem Boden auf (auf vielen Campingplätzen gibt es zu diesem Zweck entsprechende Pfähle und Lebensmittelcontainer aus Stahl). Sämtlicher Abfall ist wieder mitzunehmen; vergraben bringt nichts (die Bären graben ihn einfach wieder aus) und auf keinen Fall darf er im Zelt oder in der Nähe gelagert werden. Auf stark riechende Lebensmittel ist zu verzichten, ebenso auf Fleisch oder Fisch, egal ob frisch, getrocknet oder in Dosen. Lebensmittel sollten niemals im Zelt oder in dessen unmittelbarer Nähe gelagert, zubereitet oder verzehrt werden – der Geruch bleibt und kann unerwünschten nächtlichen Besuch anlocken. Der ideale Kochplatz sollte mindestens 50 m vom Zelt entfernt liegen und der Windrichtung abgewandt sein. Gefriergetrocknete Lebensmittel und in Plastik eingeschweißte Gerichte eignen sich am besten. Die Speisen sollten nicht mit Kleidung oder Schlafsäcken in Berührung kommen, zum Schlafen zieht man sich besser frische Sachen an. Bären verfügen über einen sehr feinen Geruchssinn, auf die Verwendung irgendwelcher mit Duftstoffen versetzten Artikel wie Kosmetika, Deodorant, Shampoo, Gel, Lippenbalsam, Insektenschutzmittel, Zahnpasta oder Sonnenschutzcreme ist daher zu verzichten. Mitunter werden Bären auch von menstruierenden Frauen angelockt, zu entsorgende Tampons sollten deshalb in luftdichte Behältnisse wandern. Und auch den Geruch von Sex finden Bären anziehend, so dass man aufpassen sollte, was man im Zelt treibt, will man keinen rigorosen Coitus interruptus erleben.

Bären sind unberechenbar, und selbst Experten sind sich über die beste Strategie für den Fall der Fälle uneins. Eine lebensrettende Patentlösung im **Umgang mit einem aggressiven Bär** gibt es also nicht. Ruhe zu bewahren hat sich jedoch als aussichtsreichste Taktik zur Vermeidung eines Angriffs nach einer Begegnung erwiesen. Tatsächlich wollen Bären eigentlich gar nicht angreifen, sie wollen sich lediglich vergewissern, dass ihr Gegenüber keine Bedrohung darstellt. Besonders gefährlich und argwöhnisch sind Bärenmütter mit Jungen. Wenn ein Bär sich auf sein Gegenüber zubewegt, kann man davon ausgehen, dass er angreifen wird. Andere Anzeichen hierfür sind tiefe schnaubende Geräusche, das Schnappen der Kiefer oder ein nach unten gesenkter Kopf mit nach hinten gerichteten Ohren. Ein Bär, der sich auf seine Hinterbeine aufrichtet und schnüffelt, will sein Gegenüber identifizieren. Tut er dies wiederholt, deutet dies auf Erregung hin. Wer einem Bären begegnet, bleibt im Idealfall stocksteif stehen, vermeidet direkten Augenkontakt (was der Bär als aggressives Verhalten auslegt) und, so absurd dies auch klingen mag, redet mit sanfter Stimme auf den Bär ein. Keinesfalls sollte man anfangen zu rennen, da sich der Bär sonst nahezu unweigerlich in einer Jäger-Beute-Situation wähnt – und ein Bär kann gut 60 km/h schnell laufen, schneller als ein Rennpferd oder der schnellste Sprinter. Stattdessen wird geraten, sich ruhig und allmählich zurückzuziehen und dabei leise weiterzureden. Scheint der Rückzug ohne Komplikationen zu gelingen, ist ein weiter Bogen um die Stelle zu machen, das Gebiet zu verlassen oder darauf zu warten, dass sich der Bär entfernt. Stets sollte man dem Bären eine Rückzugsmöglichkeit offen lassen. Wenn die Situation weiter angespannt scheint, kann man zur Ablenkung des Bären seinen Rucksack sachte auf die Erde stellen, während man sich weiter entfernt.

Übel wird es im **Falle eines Angriffs**, denn die landläufig empfohlenen Verhaltensweisen haben kaum Wirkung. Als Rettung vor einem Grizzly kann es helfen, wenn man sich tot stellt, d.h. sich zu einer Kugel zusammenrollt und das Gesicht, den Nacken und den Bauch schützt. Wer versucht gegen einen Grizzly zu kämpfen, wird umso heftiger attackiert und führt eine aussichtslose Schlacht. Die Ellbogen hält man angewinkelt, um ein Umrollen durch den Bär zu verhindern. Eventuell wird man längere Zeit in dieser Position ausharren müssen, bis der Bär das Interesse verliert. Möglich ist außerdem, dass der Bär auch ein, zwei Klapse austeilt, was zu nicht unerheblichen, aber in der Regel nicht lebensgefährlichen Verletzungen führen kann. Bei Schwarzbären nützt es nichts, sich tot zu stellen, allerdings sind Schwarzbären auch nicht so aggressiv wie Grizzlys und ein kräftiger Hieb auf die Nase oder wildes Gestikulieren reicht mitunter aus, um den Bär in die Flucht zu schlagen. Einen Versuch ist es allemal wert. Wer im Schlaf von einem Bären, egal ob Schwarzbär oder Grizzly, überrascht oder angegriffen wird, stellt sich besser nicht tot: Es ist gefährlicher, da die Bären es oftmals auf Lebensmittel abgesehen haben. Besser unternimmt man den Versuch, sich zurückzuziehen oder den Bär einzuschüchtern. Überlebende solcher Angriffe hatten nicht selten einen tapferen Weggefährten an ihrer Seite, der den Bär mit etwas Großem und Schwerem attackiert hat.

Chemische Abwehrmittel sind zwar erhältlich, ihre Wirkung ist jedoch nicht belegt und bei Gegenwind passiert es leicht, dass man den Bär verfehlt und das Spray selber abbekommt. Nach all dem wird dem einen oder anderen die Lust am Wandern oder Campen vielleicht vergangen sein, es sei jedoch nochmals darauf hingewiesen, dass solche Angriffe höchst selten vorkommen.

Die Fahrten sind teuer und garantieren Besucherscharen, herrliche Ausblicke und kommerzialisierten Gipfel-Klimbim in 2255 m Höhe, bieten aber auch die Möglichkeit, Wanderungen in Hochlagen ohne mühsamen Aufstieg am frühen Morgen zu unternehmen. Auch wer wenig Zeit mitbringt oder die Pfade nicht wandern kann, erhält so einen Eindruck entlegener Hochgebirgslandschaft. Die besten Zeiten für eine Seilbahnfahrt sind der frühe Vormittag oder der späte Nachmittag, wenn sich Tiere noch am wahrscheinlichsten erspähen lassen und das Spiel des Lichts die Aussicht durch zusätzlichen Reiz verschönt.

Nur acht Minuten dauert die Fahrt in den verglasten, vier Personen fassenden Gondeln bis zur Bergstation, wo es ein unansehnliches, aber überraschend gutes Gipfelrestaurant gibt. Obgleich verboten und mit saftigen Geldbußen geahndet, landet leider viel zu viel von dem Restaurantessen in den Mäulern der Dickhornschafe, die hier um Futter betteln. Man sollte dies nicht noch zusätzlich fördern.

Vom Restaurant führt ein 1 km langer Pfad, der **Summit Ridge Trail**, noch etwas höher, während der kurze **Vista Trail** die restaurierte Wetterstation und den Aussichtspunkt auf dem Sanson Peak zum Ziel hat. Norman Betheune „N.B." Sanson, der erste Kurator des Banff Park Museum, unternahm zwischen 1903 und 1931 tausend Gipfelbesteigungen – wohl gemerkt vor dem Bau der Seilbahn –, um die Wetterdaten abzulesen. Wer es ihm gleichtun und den 5,5 km langen Fußweg vom Parkplatz auf den Gipfel wählen möchte, kann die Seilbahn für die Fahrt ins Tal kostenlos nutzen. ☉ Mitte Mai–Ende Juni sowie Mitte Aug–Anfang Sep tgl. 8.30–20, Ende Juni–Mitte Aug 7–21, Anfang Sep–Anfang Okt 8–18.30, Anfang Okt–Mitte Dez 8–16.30 Uhr; Fahrpreis $21,50.

Ohne eigenes Transportmittel gilt es einen wenig aufregenden und ermüdenden Fußmarsch zur Talstation zurückzulegen oder vom Zentrum ein Taxi zu nehmen. Im Sommer verkehrt *Brewster Transportation,* ✆ 403/762-6700, mit einem Tourshuttle vom Ortszentrum zur Talstation; Mitte Mai–Mitte Aug tgl. 9–16 Uhr zur vollen Stunde, Mitte Aug–Anfang Okt bis 18 Uhr; $25 inkl. Seilbahnticket und Rückfahrt (jeweils zur halben Stunde von der Talstation).

Cave and Basin Hot Springs

Banff besitzt acht **heiße Quellen,** und nach einer Seilbahnfahrt gehört ein Bad in der einzigen derzeit kommerziell betriebenen dieser Quellen, den Upper Hot Springs, s.u., zum Standardprogramm. Was heute dem reinen Vergnügen dient, besaß einst unter der kränkelnden viktorianischen Oberschicht Kanadas einen hervorragenden therapeutischen Ruf und war überhaupt erst der Auslöser für Banffs Entwicklung und Popularität.

Dr. R.G. Brett, Chefarzt für die Canadian Pacific Railway, benutzte seine Position, um sich ein ungeheuer lukratives Monopol auf die besten Quellen zu sichern. 1886 ließ er die Grandview Villa erbauen, ein einträgliches Sanatorium, das Wunderheilung versprach und diverse Zaubermittel für verschiedene Beschwerden anpries. Zum Beweis verstärkten schon bald Krücken „geheilter" Patienten die Geländer, allerdings soll der gute Doktor jedem Neuankömmling Krücken verordnet haben, egal ob diese nun gebraucht wurden oder nicht.

Es gibt sicherlich ruhigere Orte in Westkanada, um sich an Thermalquellen zu laben, aber trotz des großen Zulaufs hier bieten die Quellen eine vielleicht willkommene und zudem nicht teure Abwechslung. Auf den ersten Blick scheint der vor kurzem renovierte und südwestlich des Zentrums am Ende der Cave Ave gelegene **Cave & Basin National Historic Site** hierfür die beste Adresse zu sein. Die am 8. November 1883 von drei Streckenarbeitern der Eisenbahn auf ihrer vermeintlichen Suche nach Gold entdeckte Höhle und Quelle waren der Auslöser für die Einrichtung des Nationalparks. Nachdem sie an ihrem freien Tag den Bow River auf einem Floss überquert hatten, stießen sie auf einen warmen Wasserlauf und folgten diesem bis zu einem kleinen, durch Gestrüpp aufgestauten Tümpel mit schwefelhaltigem Wasser. Nicht weit davon befand sich eine schmale Öffnung, die augenscheinlich der Ursprung des Wassers war und sich bei näherer Untersuchung als Eingang zu einer unterirdischen Höhle mit einer Thermalquelle erwies.

Rasch zahlte die Regierung die drei Arbeiter aus und machte sich daran, Reisen in das Gebiet zu propagieren, um damit den Bau der Eisenbahn zu finanzieren. 1885 wurde ein kleines Areal ausgewiesen, aus dem sich schließlich der heutige Park entwickelte.

Icefields Parkway

Kurze Wanderungen

Banff ist neben Lake Louise einer der beiden nahe liegenden Ausgangspunkte für Wanderungen im Park, und der Ort hält in seiner Umgebung zahlreiche Möglichkeiten jeglichen Schwierigkeitsgrades bereit. Der beste kurze Spazierweg vom Zentrum – zumindest was Flora und Fauna angeht – ist der **Fenland Trail**, ein 1,5 km langer Rundweg im Westen durch die montanane Feuchtgebiete nahe dem First Vermilion Lake. Der See ist einer der drei Vermilion Lakes und ein Teil eines einst wesentlich größeren Sees, der vermutlich an dieser Stelle das ganze Bow Valley bedeckte. Alle drei Seen sind über den Vermilion Lakes Drive erreichbar. Das hiesige Marschland verwandelt sich allmählich in ein waldiges, von Röhricht und Gräsern durchsetztes Areal und lässt neue, von Tieren und insbesondere von Vögeln bevorzugte Lebensräume entstehen. Zahlreiche Vögel nisten in der Umgebung des Sees, darunter Fischadler und Weißkopfseeadler, mitunter lassen sich auch Biber, Bisamratten und sogar Kojoten, Wapitis und andere Hirscharten erspähen. Wer möchte, kann diese sowie andere leichte Wanderungen in Ortsnähe in Begleitung der „Friends of Banff" unternehmen – mehr dazu s.S. 168.

Etwas kürzer und von Ausblicken auf einen spektakulären Schwall herabstürzender Gischt begleitet ist der flache und sehr leichte **Bow Falls Trail** (1 km), der an der Brücke am südlichen Flussufer beginnt und nach Osten zu einer Serie tosender Wasserfälle und Stromschnellen unterhalb des Banff Springs Hotel führt. Weniger Wanderer nutzen den **Hoodos Trail**, der ausgehend vom östlichen Ende der Buffalo St auf der anderen Seite des Flusses verläuft und ähnliche Eindrücke bietet. Legt man die ganze Strecke zurück, gelangt man zur Tunnel Mountain Rd, was die Route zu einer guten Verbindung zwischen dem Hostel, den Campingplätzen und dem Ort macht.

Auf dem **Marsh Loop Trail** (2 km) von der Cave Ave lässt sich entlang eines Plankenwegs ein sumpfiges Gebiet erkunden, das für seine Flora und Avifauna bekannt ist Warmes Wasser, das von den direkt oberhalb gelegenen Quellen der Cave and Basin Hot Springs stammt, hat hier ein kleines Areal überaus üppiger Vegetation geschaffen. Vom Pfad ist im Winter das in der Umgebung von Banff beheimatete Wolfsrudel schon bei der Jagd gesehen worden. Bequem und zu Recht beliebt (auch bei Radlern und Bladern) ist der gepflasterte, nahe den Thermalquellen beginnende **Sundance Canyon Trail** (3,7 km) zu den Picknickplätzen am vorderen Ende des Canyons. Die Route kann um den 2,1 km langen Rundwanderweg erweitert werden, der zunächst ansteigt und vorbei an Wasserfällen durch den Canyon führt, bevor er bergab auf einem idyllischen Waldpfad wieder den Ausgangspunkt erreicht. Die anspruchsvollste Strecke in Ortsnähe erklimmt vom Tunnel Mountain Drive auf einem windumtosten gewundenen Pfad (300 m Aufstieg) den Gipfel des Tunnel Mountain von Südwesten. Belohnt wird die Anstrengung mit herrlichen Ausblicken über den Ort, den Bow River und die benachbarten Berge.

Tages- und mehrtägige Wanderungen

Die Möglichkeiten für Tageswanderungen direkt vom Ortszentrum aus sind begrenzt und erfordern ein Transportmittel – in der Regel erreicht man die Ausgangspunkte der Routen, die aus dem flachen Talbett in die Berge führen, nur nach einigen Kilometern Fahrt auf dem Trans-Canada Highway.

Ohne Anfahrt stehen lediglich zwei längere Routen zur Auswahl: der **Spray River Circuit**, eine flache, 13 km lange Rundstrecke, die vorbei am Banff Springs Hotel dem Lauf des Spray River folgt, und der 5,5 km lange **Sulphur Mountain Trail**, der im Zickzack 665 m hinauf zur Bergstation der Seilbahn in 2255 m Höhe führt (besser nimmt man gleich eine Gondel hinauf).

Die schönste Tageswanderung in der Nähe Banffs ist nach einhelligem Bekunden der

Parkhüter im Infocentre die Verbindung des **Cory Pass Trail** (5,8 km, 915 m Aufstieg) und des **Edith Pass Trail** zu einer Rundstrecke. Der ausgeschilderte Ausgangspunkt liegt 6 km westlich von Banff abseits des Bow Valley Parkway, 500 m nach der Abfahrt vom Trans-Canada Highway. Angesichts des steilen Aufstiegs und einiger geröllreicher Passagen sollten unerfahrene oder ängstliche Wanderer jedoch Abstand davon nehmen. Alle anderen erwartet ein fantastisches Wandererlebnis durch abwechslungsreiches Terrain sowie eine Hochgebirgslandschaft mit einzigartigen Ausblicken. Vom 2350 m hohen Pass selbst kann man auf dem Edith Pass Trail zurückkehren (dessen Ausgangspunkt man nach einem Kilometer auf dem Cory Pass Trail bereits schon passiert hat) und die insgesamt 13 km lange, kräftezehrende Rundwanderung abschließen.

Eine ebenfalls beliebte Strecke für eine Tageswanderung ist der Pfad zum **Cascade Amphitheatre** (2195 m), der an der Mount Norquay Ski Area, 6 km nördlich des Trans-Canada Highway am Ende der Mount Norquay Rd beginnt. Auch er führt durch verschiedene Landschaften, die von alpinen Bergwiesen bis hin zu tiefen, vom Eis blank geschliffenen Tälern reichen und imposante Blicke aus der Nähe auf die scharfkantigen, bedrohlich über den Ort aufragenden Berge eröffnen. Für die 7,7 km lange Strecke (610 m Höhenunterschied) sollten drei Stunden eingeplant werden. Vom Skigebiet steht außerdem die Route zum **Elk Lake** (2165 m) zur Auswahl, bei 13,5 km einfacher Wegstrecke ist allerdings ein nicht geringes Pensum zu absolvieren. Manche Wanderer lassen sich zwei Tage Zeit und übernachten auf dem Campingplatz 2,5 km vor dem Elk Lake. Nur 4 km lang, dafür aber auch beschwerlicher, ist die dritte gern gewanderte Strecke in der Umgebung von Banff, der **C Level Cirque** (1920 m), beginnend der Upper Bankhead Picknick Area östlich von Banff an der Straße zum Lake Minnewan-

ka. Ansonsten bleibt noch das Gebiet der Sunshine Meadows mit fünf 8–20 km langen Hochgebirgsrouten, die sich alle im Rahmen einer Tageswanderung bewältigen lassen. Zu erreichen sind diese von der Sunshine Gondola (sofern in Betrieb) oder vom Parkplatz aus, 18 km südwestlich von Banff. Einige lohnende kurze Pfade gibt es auch vom Bow Valley Parkway, besonders erwähnenswert ist hierunter der Weg zum **Johnston Canyon** (s.S. 171, Kasten).

Rucksackwanderer finden die schönsten Strecken westlich von Banff im Gebiet um den Egypt Lake, von dessen Campingplatz längere Routen in alle Himmelsrichtungen führen. Ist man jedoch erst einmal im Hinterland abseits von Banff, sind die Möglichkeiten ohnehin schier grenzenlos. Wirklich ambitionierte Wanderer wählen häufig Routen, die von Banff nach Lake Louise verlaufen – via Sawback Trail und Bow Valley Highline – oder Strecken durch das Upper Spray und Bryant Creek Valley südlich von Banff.

Wer längere Wanderungen oder Ausflüge mit Übernachtung plant, benötigt ein **Wilderness Permit**, das für $6 pro Nacht in den Visitor Centres und Infocentres erhältlich ist. Möglichst frühzeitig sollten Campingplätze und Wanderrouten gebucht werden, da der Zugang für sämtliche Gebiete im Hinterland durch Quoten beschränkt wird. Buchungen bei Parks Canada in Lake Louise oder den Visitor Centres in Banff, ℡ 403/762-1556, Buchungsgebühr $10 (keine Rückerstattung).

Die beliebtesten der ca. 50 Campingplätze sind: Marvel Lake, Egypt Lake, Luellen Lake, Aylmer Pass, Mystic Meadow, Fish Lakes, Paradise Valley, Hidden Lake, Baker Lake, Merlin Meadows, Red Deer Lakes und Mount Rundle.

In jedem Fall besorgen oder schicken lassen sollte man sich die von Parks Canada herausgegebene Broschüre *Backcountry Visitors' Guide* mit weiteren Informationen und Routenempfehlungen.

ALBERTA UND DIE ROCKY MOUNTAINS

Das erste Badehaus entstand 1887, litt aber im Lauf der Jahre unter der zerstörerischen Wirkung von Chlor und der natürlichen Minerale der Quelle. 1975 wurden die Quellen geschlossen, um nach einer $12 Millionen teuren Renovierung 1985 wieder zu eröffnen, 1993 jedoch aufgrund von Zersetzung und ausbleibenden Besuchern erneut zu schließen. Bis heute ist ein Bad nicht möglich, aber ein gern besuchtes, vom Ort in wenigen Minuten zu Fuß zu erreichendes **Interpretive Center** klärt ausführlich über Geschichte und Geologie auf. Vom Foyer, durch das eine leichte unverkennbare Schwefelbrise weht, führt ein kurzer Tunnel zur ursprünglichen Höhle, wo Besuchern die geballte Kraft des Schwefels in die Nase steigt. Vom Geruch einmal abgesehen, umgibt diesen, durch eine kleine Öffnung in der Decke mit Tageslicht beschienenen Ort mit seinem hellen, verlockenden, aber leider verbotenen Wasser noch immer etwas sehr Magisches. Zurück durch den Tunnel und die Stufen hinauf erreicht man Ausstellungsräume, wo es u.a. einen Film und alte Fotografien zu sehen sowie diverse Zitate zu lesen gibt. Darunter befindet sich ein scharfzüngiger Kommentar von Douglas Sladen, einem Reisebuchautor vergangener Tage, der 1895 über Banff bemerkte, dass der Ort „obwohl aus nicht mehr als einer einzigen Straße bestehend, fürchterlich überzivilisiert ist". Hinter den Ausstellungsräumlichkeiten führt eine Treppe im hinteren Bereich hinunter zum „Basin", einer kleinen, vom Höhlensystem getrennten, aber nicht minder einladenden Thermalquelle im Freien.

⏱ Mitte Juni–Aug tgl. 10–18, sonst Mo–Do 11–16, Fr–So 9.30–17 Uhr; $2,50 oder $7 mit dem Banff Heritage Passport, der den Eintritt für das Banff Park Museum und Whyte Museum mit einschließt; Führungen im Sommer um 11 Uhr im Eintrittspreis enthalten.

Vom Centre erklimmt der kurze Discovery Trail (15 Min.) den Hügel und bietet einen Überblick über das Gelände. Ganz in der Nähe beginnt auch der lohnende, befestigte **Sundance Canyon Trail** (s.S. 156, Kasten). Wenig unterhalb des Centre verläuft der **Marsh Loop Trail** (2 km, 25 Min.), ein sehr reizvoller Pfad, insbesondere für Vogelinteressierte. Während der Vogelzüge im Winter und Frühjahr wimmelt es in den tiefer liegenden Feuchtgebieten der Umgebung von Wasservögeln. Das warme Mikroklima, das mit dem von den

Quellen aufgeheizten Wasser entsteht, lässt Stockenten den Winter überstehen und lockt mitunter auch seltenere Arten wie Keilschwanzregenpfeifer, Bekassine und Roststärling an. Die jenseits des Flusses nicht weit von hier liegenden Vermilion Lakes stellen das bedeutendste zusammenhängende Areal für Vogelbeobachtungen im Park dar und können über Wanderpfade oder die Vermilion Lakes Road erreicht werden. Sowohl Fisch- als auch Weißkopfseeadler nisten dort, weitere „Stars" sind Zwergschwan, Kappensänger und Löffelente.

Upper Hot Springs

Im Unterschied zu den Cave and Basin Hot Springs ist es in den 4,5 km vom Zentrum entfernten Upper Hot Springs, Mountain Ave, ✆ 403/762-1515 oder 762-2500 für Buchung bestimmter Anwendungen, kein Problem ein Bad zu nehmen.

Die 1901 erschlossenen Quellen wurden mehrfach renoviert und locken heute mit einem großen, auf 38°C geheizten Becken im Freien, einem Dampfbad, einem Tauchbecken sowie therapeutischen Massagen ($45) und Aromatherapien ($32). Das gute Restaurant mit Terrasse am Beckenrand bietet eine Saftbar sowie heiße und kalte Snacks. ⏱ Mitte Mai–Mitte Sep tgl. 9–23, sonst Mo–Do und So 10–22, Fr und Sa 10–23 Uhr; Mitte Mai–Mitte Okt $7, sonst $5,50, Schließfächer, leihweise Handtuch und Badekleidung (auch im Stil der 20er Jahre) kostet extra.

Lake Minnewanka

Wenige Kilometer nördlich des Zentrums liegt der leicht per Fahrrad oder Auto vom Trans-Canada Highway und dem nördlichen Ende der Banff Ave über die Lake Minnewanka Road zu erreichende Lake Minnewanka. Der größte See im Park, dessen Name in der wörtlichen Übersetzung „See des Wassergeists" bedeutet, bietet vor dem Hintergrund der aufragenden Gipfel der Fairholme Range den idyllischen Gegenpol zum geschäftigen Treiben im Ort. Mehrere Dämme, die man zur Versorgung Banffs mit Strom aus Wasserkraftwerken errichtete, vergrößerten den See, was die malerische Erscheinung jedoch nicht beeinträchtigte. Die besten Eindrücke erhält man im Rahmen der **Bootsausflüge**, die im Sommer regelmäßig von *Lake Minnewanka Boat Tours*, ✆ 762-3473, 🖥 www.minnewankaboattours. com, vom Kai aus angeboten werden (der See ist der einzige im Park, auf dem private Motorboote gestattet sind). Fahrten Mitte Mai–Aug 8.30–21, Sep–Anfang Okt bis 19 Uhr; $26. Es empfiehlt sich, die Karten gut 30 Min. vor Abfahrt zu holen. Dasselbe Unternehmen veranstaltet auch Angelausflüge. Eine kombinierte Bustour inkl. Bootsfahrt für ca. $41 bietet *Brewster Transportation* Mitte Mai–Anfang Okt 4–5-mal tgl. von Banff ausgehend an.

Übernachtung

Im Juli und August ist in Banff ab Mittag praktisch keine bezahlbare Unterkunft mehr zu bekommen – frühzeitiges Planen ist absolut unerlässlich. Alles Buchbare ist in der Regel bereits vergeben, und obgleich Banff mehr als 3500 Betten pro Nacht anbieten kann, sind viele Besucher nicht selten gezwungen, entweder tief in die Tasche zu greifen ($150 und mehr) oder zum Übernachten bis nach Canmore oder sogar Calgary zurückzufahren. Das Information Centre verfügt über ein ständig aktualisiertes Anschlagbrett mit freien Unterkünften (Empfehlungen dürfen die Mitarbeiter allerdings nicht aussprechen) und ein kostenloses Telefon. Daneben gibt es mehrere gebührenpflichtige **Reservierungsdienste** (siehe Kasten).

Das Centre hat außerdem eine Liste mit mehr als 40 **B&Bs** und **Privatzimmern**, allzu viel erhoffen darf man sich davon jedoch nicht – gemessen am hiesigen Standard sind sie in der Regel billig (meist ca. $90–125) und als erste belegt. Das Frühstück beschränkt sich im Allgemeinen auf Toast, Kaffee und Müsli, die Mehrzahl ist Nichtrauchern vorbehalten.

Die meisten **Motels** liegen an der verkehrsreichen Straße, die vom Trans-Canada Hwy in den Ort führt, und verlangen ungewöhnlich deftige Preise für einfache Unterkünfte – $150 und mehr für ein DZ. In der Nebensaison (Okt bis Mai) sind die Preise in der Regel erheblich günstiger. Eine überlegenswerte Alternative sind **Campingplätze** (in Banff stehen mehr als 1000 Stellplätze zur Verfügung), aber selbst diese sind im Sommer bis 14 oder 15 Uhr voll – dies gilt insbesondere für die ausgezeichneten staatlichen Campingplätze, die nur Gruppen eine Reservierung anbieten. Außer den unten angeführten Optionen unterhält der Park weitere schöne, aber schlichtere Campingplätze am Bow Parkway und am Icefields Parkway weiter nördlich.

HOTELS UND MOTELS – *Banff Park Lodge Resort*, 222 Lynx St, ☎ 403/762-4433 oder 1-800/661-9266, 🖥 www.banffparklodge.com. Beste Wahl im Zentrum; vornehmes Ambiente in einem niedrig gehaltenen Gebäude aus Zeder und Eiche. Jacuzzi, Dampfsauna, Pool, Wäscherei- und Reinigungsdienst. Schlichte, in nordischem Stil eingerichtete, helle Zimmer, einige davon mit Whirlpool und Kamin. ❽

***Banff Springs Hotel*,** Spray Avenue, ☎ 403/762-2211 oder 1-800/441-1414, 🖥 www.fairmont.com. Eines der größten und berühmtesten Hotels in Nordamerika. 9-stöckiges Luxushotel in schottisch-viktorianischem Stil mit Türmchen und Erkern, mehreren Geschäften und Restaurants, erstklassigem Fitness- und Wellnessbereich sowie stolzen Zimmerpreisen, die im Winter auf die Hälfte sinken. ❽

Reservierungsdienste und Ski-Pauschalangebote

Banff Accommodation (Zimmer und Ski-Pauschalpakete), ☎ 403/762-0260 oder 1-877/226-3348, 🖥 www.banffaccommodations.com

Banff Central Reservation (Zimmer und Ski-Pauschalpakete), ☎ 403/705-4020 oder 1-877/542-2366, 🖥 www.banffreservations.com

***Banff Accommmodation Reservations*,** ☎ 403/762-0260 oder 1-8777/226-3348, 🖥 www.banffinfo.com

Canadian Rocky Reservation Centre (Zimmer), ☎ 403/609-3665 oder 1-877/609-3665

Good Earth Travel (Ski-Pauschalpakete) ☎ 403/678-9358 oder 1-888/979-9797

Resorts of the Canadian Rockies (Ski-Pauschalpakete), ☎ 403/256-8476 oder 1-800/256-7669

Ski Banff–Lake Louise (Ski-Pauschalpakete), ☎ 403/762-4561 oder 1-800/754-7080, 🖥 www.skibig3.com

Banff Voyager Inn, 555 Banff Ave, ☎ 403/762-3301 oder 1-800/879-1991. Komfortables Motel an der Zufahrt ins Zentrum mit Pool im Freien, Jacuzzi, Sauna und der billigsten Bar des Ortes. ❺

Bumper's Inn, Banff Ave, Ecke Marmot Crescent, ☎ 403/762-3386 oder 1-800/661-3518. Kleines, preiswertes 70er-Jahre-Motel am nordöstlichen Ortsrand, aber nur 50 m von der nächsten Haltestelle der Skibusse. Schlicht eingerichet, z.T. mit Küchenzeile. ❻

Douglas Fir Resort, Tunnel Mountain Rd, ☎ 403/762-5591 oder 1-800/661-9267, 🖥 www.douglasfir.com. Bestehend aus einer Ansammlung von niedrigen Holzgebäuden in ruhiger, bewaldeter Gegend am Tunnel Mountain, 15 Min. Fußmarsch vom Zentrum. Ideal für Familien oder Gruppen. Units mit Küche, Kamin im Aufenthaltsbereich; Squashplätze und ein Pool mit Wasserrutschen, außerdem eine Münzwäscherei und einen kleinen Laden. ❹

Dynasty Inn, 501 Banff Ave, ☎ 403/762-8844 oder 1-800/667-1464. Ausgefallenes Motel mit Holzgiebeln und Loftfenstern über Steinmauern, nur 5 Min. Fußmarsch vom Zentrum entfernt. Die 99 geräumigen Zimmer sind weniger extravagant, aber z.T. mit Kamin und Jacuzzi ausgestattet. Außerdem Dampfsauna, Whirlpool und unterirdische Parkgarage. ❻

High Country Inn, 419 Banff Ave, ☎ 403/762-2236 oder 1-800/661-1244, 🖥 www.banffhighcountryinn.com. Mittelklasse-Motel aus den 80er Jahren mit einigen Luxussuiten in zentraler Lage, ausgestattet u.a. mit einem Pool im Haus und Jacuzzis. ❻

King Edward Hotel, 137 Banff Ave, Ecke Caribou St, ☎ 403/762-2202 oder 1-800/344-4232, 🖥 www.banffkingedwardhotel.com. 21 einfache, aber renovierte und preiswerte Zimmer in einem 100 Jahre alten Gebäude im Zentrum, die meisten davon zur Banff Avenue gelegen. ❻

Mount Royal Hotel, 138 Banff Ave, ☎ 403/762-3331 oder 1-800/267-3035, 🖥 www.mountroyalhotel.com. 3-stöckiges, wenig Atmosphäre ausstrahlendes Gebäude inmitten der Läden im Zentrum. Die Mehrzahl der renovierten Zimmer bietet Aussicht auf die Berge. Großer Fitnessbereich mit Whirlpool und Trainingsgeräten. ❼

Red Carpet Inn, 425 Banff Ave, ☎ 403/762-4184 oder 1-800/563-4609. Schlichtes, in Pastelltönen gehaltenes Motel aus den 70er Jahren, sauber und zentral gelegen. Gut für alle, die auf überflüssigen Komfort verzichten können und nicht mehr als eine weiche Matratze verlangen. ❻

Rimrock Resort, Mountain Ave, ☎ 403/762-3356 oder 1-800/661-1587, 🖥 www.rimrockresort.com. Elegantes, feudal ausgestattetes Hotel in einem 10-geschossigem Gebäude an den unteren Hängen des Sulphur Mountain, 3 km südlich von Banff. Schicke, moderne Zimmer mit Blick auf das Bow Valley, ausgezeichnete Fitnesseinrichtungen, kostenloser Shuttle in den Ort. ❽

Spruce Grove Motel, 545 Banff Ave, ☎ 403/762-2112. Preiswertestes Motel vor Ort, etwas angejahrt und eines der letzten, bei denen die Gäste direkt bis vor die Tür ihrer Unterkunft fahren können. Units für bis zu 4 P. und z.T. mit Küchenzeile eingerichtet. ❸

B&Bs – Banff Squirrel's Nest, 332 Squirrel St, ☎ 403/762-4432. Hübsche Zimmer mit Bad in ruhiger Wohnstraße, nicht weit vom Zentrum. Frühstück vom Buffet. ❹

Blue Mountain Lodge, 137 Muskrat St, ☎ 403/762-5134, 🖥 www.bluemtnlodge.com. Freundlich und preiswert, zentral gelegen, 10 Zimmer, alle mit Bad und Aussicht auf die Berge, außerdem Gästeküche, Aufenthaltsraum, Waschküche. ❹

Eleanor's House, 125 Kootenay Ave, ☎ 403/760-2457, 🖥 www.bbeleanor.com. Eines der besseren aber auch teureren B&Bs. Die Lage jenseits des Flusses in einer ruhigen Seitenstraße ist allerdings nicht die günstigste. 2 Zimmer mit Bad, für verregnete Tage steht eine Bibliothek zur Verfügung. ☉ Feb–Mitte Okt. ❻

Mountain Country Bed & Breakfast, 427 Marten St, ☎ 403/762-3288, 🖥 www.banffmountaincountry.com. Großes, an eine Scheune erinnerndes Gebäude nahe dem Zentrum und der Route der Skibusse. Geräumige Zimmer in dunklem Holz mit Jacuzzi. Kleines Frühstück. ❸

Mountain Home Bed & Breakfast, 129 Muskrat St, ☎ 403/762-3889, 🖥 www.mountainhomebb.com. Geräumige, hübsch eingerichtete Zimmer in zentrumsnahem Gebäude aus den 40er Jahren. Köstliches Frühstück. ❺

Tan-y-Bryn, 118 Otter St, ☎ 403/762-3696. In ruhiger Wohngegend, drei Straßen vom Zentrum entfernt. 8 schlichte und sehr preiswerte B&B-Zimmer mit privatem oder gemeinschaftlich genutztem Bad sowie kleines Frühstück auf dem Zimmer. Keine Kreditkarten. ❷

HOSTELS – *Banff International Youth Hostel (HI)*, Tunnel Mountain Rd, ✆ 403/762-4122, ⌨ www.hihostels.ca. Freundliches, modernes und in herrlicher Umgebung gelegenes Hostel mit 216 Betten, allerdings 3 km vom Zentrum bzw. $6 mit dem Taxi vom Busbahnhof entfernt. Ausgezeichnet ausgestattet, u.a. große Küche, Münzwäscherei, Gemeinschaftsraum mit Kamin, Skiwerkstatt und angeschlossenes, preiswertes Restaurant, das den Gang in den Ort überflüssig macht. Dorm-Bett $21, auch private DZ und Skipauschalangebote für $192 p.P. für 3 Nächte. Keine Sperrstunde. Reservierungen anderer Hostels im Park – *Castle Mountain, Hilda Creek, Mosquito Creek, Rampart Creek, Ribbon Creek* und *Whiskey Jack* – sind von hier möglich. ❷

Global Village Backpackers, 449 Banff Ave, ✆ 403/762-5521 oder 1-888/844-7875, ⌨ www.globalbackpackers.com. Nicht weit nördlich von Banff, mit 100 Betten, Jacuzzi, Sauna und der hostelüblichen Ausstattung. Dorm-Bett $25, auch DZ. ❹

Y Mountain Lodge, 102 Spray Ave, ✆ 403/762-3560 oder 1-800/813-4138, ⌨ www.ywca-banff.ab.ca. Penibel sauberes, aber entspanntes Hostel einen kurzen Fußmarsch vom Zentrum entfernt. Mit eigenem Schlafsack Dorm-Bett $21, sonst $5 extra für Bettwäsche, auch große, wenngleich spartanisch eingerichtete EZ und DZ, einige davon mit Bad. Riesiger Gemeinschaftsraum mit entsprechend gigantischem Kamin, außerdem ein Café mit akzeptablen Speisen, Gemeinschaftsküche, Waschküche und Duschen ($2,50 für Nicht-Gäste). ❸

CAMPING – **Bow Valley Parkway**: Drei vom Park betriebene Campingplätze direkt am oder nicht weit vom Bow Valley Parkway, alle in günstiger Lage zu Banff (max. 30 Min. Fahrt): *Johnston Canyon, Castle Mountain* und *Protection Mountain;* ausführlichere Beschreibung s.S. 172.

Tunnel Mountain Village I, Banff am nächsten gelegen, 4,3 km vom Ort und 1 km hinter dem Hostel an der Tunnel Mountain Rd. Riesiger, staatlich betriebener Campingplatz mit 622 Stellplätzen à $17 plus, sofern gewünscht, $4 für Feuerholz und Feuergenehmigung, Strom und Duschen. Liegt an der Strecke des Banff Transit-Busses von der Banff Ave. Frühzeitiges Erscheinen ratsam, da Plätze nicht reservierbar. Der nahe *Tunnel Mountain Trailer Court* (322 Stellplätze) ist ausschließlich Wohnmobilen vorbehalten und kostet $24. ☉ Anfang Mai–Ende Sep.

Tunnel Mountain Village II, 2,4 km vom Ort, nicht weit von Village I-Campingplatz. Stromanschlüsse, Heißwasser-Duschen. Im Sommer nur Gruppen und Zeltlager, nach Schließung von *Tunnel I* Ende September sind die 189 Stellplätze jedoch jedermann zugänglich; Stellplatz $21, zusätzlich $4 für eine Feuergenehmigung. Beide Campingplätze von Bäumen umgeben in reizvoller Lage mit viel Platz und kürzeren Wanderwegen in unmittelbarer Nähe. Dickhornschafe, Wapitis und sogar der eine oder andere Bär lassen sich gelegentlich blicken. Ganzjährig geöffnet.

Two Jack Lakeside, 12 km nordöstlich von Banff an der Lake Minnewanka Rd, vom Park geleitet, 80 Stellplätze, sämtliche Anschlüsse, Duschen; $17, *fire permit* für offenes Feuer zusätzlich $4. ☉ Mitte Mai–Mitte Sep.

Two Jack Main, 13 km nordöstlich von Banff an der Lake Minnewanka Rd, ebenfalls vom Park geleitet, 381 Stellplätze, Anschlüsse nur zum Teil, keine Duschen; $13, *fire permit* $4. ☉ Mitte Juni–Mitte Sep.

Essen

Banff besitzt über 100 Restaurants – mehr pro Kopf als irgendein anderer Ort in Kanada. Die angebotene Palette reicht von japanischen Speisen und anderen Länderküchen bis hin zu innovativer amerikanischer Küche. Wer billig essen möchte, hält sich am besten an die Hostel-Cafés. Entlang der Banff Avenue gibt es eine Vielzahl kleinerer Lokale, die guten Kaffee und Snacks servieren und nicht selten über Sitzplätze im Freien verfügen. Auch einige der Bars bieten Akzeptables.

Selbstversorgern empfiehlt sich der große *Safeway*-Supermarkt, 318 Marten St, Ecke Elk St, ☉ tgl. 9–22 Uhr, oder *Kellers*, 122 Bear St, ☉ tgl. 7–24 Uhr.

Aardvark Pizza and Sub, 304a Caribou St. Winziges Lokal mit leckeren Speisen zum Mitnehmen – Sandwiches, Chicken Wings, Tacos, Nachos, Pommes mit Käse und fantastische Pizzas. ⏱ bis 4 Uhr.

Baker Creek Bistro, in den Baker Creek Chalets, Bow Valley Parkway, zwischen Banff und Lake Louise, ☎ 403/522-2182. Romantisches Lokal, in dem bei gedämpftem Licht und unter Hirschgeweih-Leuchtern Steaks, Nudeln und gute Wildgerichte serviert werden. Die Spezialität des Hauses ist Apfelkuchen.

Balkan Village, 120 Banff Ave, ☎ 403/762-3454. Helles, in Blau-Weiß gehaltenes griechisches Restaurant, bekannt für den dienstags gebotenen Bauchtanz, aber auch für die riesigen Portionen akzeptablen Essens; neben traditionellen Gerichten auch interessante Neuschöpfungen.

Banff Springs Hotel, 405 Spray Ave, ☎ 403/762-6860. Mit rund 15 Lokalen unter einem Dach, alle auch für Nicht-Gäste geöffnet, ist für reichlich Auswahl gesorgt. Größtes Restaurant im Haus ist der *Bow Valley Grill* mit guten Fisch- und Grillgerichten; legendär ist die Vielfalt des sonntäglichen Brunchs ($25); andere Buffetmahlzeiten werden inkl. Hotelführung angeboten. Die weiteren Optionen reichen von Pizza aus dem 24 Std. geöffneten Deli über exquisite italienische Speisen im *Castello Ristorante* und leckere Sushi im *Samurai* bis zum ultra-luxuriösen *Banffshire Club*, wo formelle Kleidung unabdingbar ist. Für einen Snack empfiehlt sich die *Grapes Wine Bar* mit guten Salaten, verschiedenen Pâtés und einem hoch gelobten Fondue.

Barbary Coast, 119 Banff Ave, Obergeschoss, ☎ 403/762-4616. Exzellentes Essen ohne Schnickschnack – Pizza, Steaks, Burger und Salate – zu guten Preisen. Sportives Ambiente, dem Restaurant ist im vorderen Bereich eine beliebte Bar angegliedert (⏱ bis 2 Uhr), die ebenfalls Speisen und gelegentlich Live-Musik bietet.

Bistro, Wolf St, Ecke Bear St, neben dem Lux Cinema, ☎ 403/762-8900. Preiswertere Schwester des *Le Beaujolais*, erstklassige Speisen in intimer, ruhiger Umgebung.

Bumpers, 603 Banff Ave, ☎ 403/762-2622. Preiswertes und gut besuchtes Steakrestaurant mit angeschlossener, entspannter Bar etwas abseits des Zentrums. Hauptgerichte ab ca. $18, gute Salatbar.

Cilantro Mountain Café, in der Buffalo Mountain Lodge, Tunnel Mountain Rd, ☎ 403/762-2400. Gutes Café und Restaurant mit hübscher Sommerterrasse, nordamerikanische Standardküche, ideal für Hostelgäste oder Zelter, die preiswert essen wollen.

Coyotes Grill, 206 Caribou St. Schlichtes Café in zentraler Lage, ausgezeichnetes, üppiges Frühstück, abends gibt es nicht minder leckere Pizza, Pasta und Tex-Mex-Gerichte.

Evelyn's, 201 Banff Ave, Ecke Caribou St, ☎ 403/762-0352. Beliebtes Café mit hervorragender Kaffeeauswahl, Gebäck und Muffins, außerdem leckeren, für ein Picknick bestens geeigneten Sandwiches. Eine zweite Filiale, *Evelyn's Too*, 229 Bear Ave. Beide ⏱ 7–23 Uhr.

Joe Btfspk's [sic] **Diner**, 221 Banff Ave, ☎ 403/762-5529. Diner im Stil der 50er-Jahre mit roten Plastikpolstern sowie schwarzen und weißen Bodenfliesen, klassischen wie guten und üppig portionierten Gerichten, allerdings zu etwas überhöhten Preisen.

Le Beaujolais, 212 Banff Ave, Ecke Buffalo St, ☎ 403/762-2712. Alteingesessenes, renommiertes Restaurant, dessen exquisite regionale Küche mit französischem Einschlag in ganz Westkanada bekannt ist. 2–6-gängige Menüs gibt es für $55–90, Getränke von der umfangreichen Weinkarte sind allerdings nur beim 6-Gänge-Mahl inklusive.

Melissa's, 218 Lynx St, ☎ 403/762-5511. In einem alten Blockhaus. Tagsüber das wohl beliebteste Lokal Banffs. Große Frühstücksportionen, ansonsten hervorragende Steaks, Salate und Burger zu moderaten Preisen. Im Obergeschoss eine gute Bar, *Mel's*, für einen Drink in entspannter Atmosphäre, außerdem eine Sommerterrasse. Insbesondere mittags nur zu empfehlen.

Saltlik, 221 Bear St, im Obergeschoss, ☎ 403/762-2467. Steakhouse mit skurrilen Kunstwerken in ansonsten zurückhaltendem Ambiente. Neben exzellenten Steaks umfasst die Karte auch Huhn und Fisch. Hauptgerichte ca. $20, allerdings ohne Beilagen. In der Etage darunter gibt es eine trendige Bar, die sich für einen Drink vor oder nach dem Essen empfiehlt und sehr gute kleinere Gerichte serviert.

Sukiyaki House, 211 Banff Ave, ✆ 403/762-2002. Schickes japanisches Restaurant, niedrige Tische, umfangreiche und durchweg gute Auswahl.

Sunfood Café, 215 Banff Ave, ✆ 403/760-3933. Liegt versteckt in einer Ladenpassage und bietet gute wie preiswerte vegetarische Gerichte, Salate und Sandwiches.

Unterhaltung

Die Vielzahl der Sommergäste und jungen Saisonarbeiter sorgt für reges Nachtleben, dem etliche Bars und einige Clubs Rechnung tragen. Wer weniger alkoholastige Zerstreuung sucht, kann im Obergeschoss des King Edward Hotel, 137 Banff Ave, für $12 pro Std. **Billard** spielen oder zum **Bowling** ins Banff Springs Hotel gehen; $3,75 für ein Spiel, $1,10 für Leihschuhe. Das **Lux Cinema**, 229 Bear St, ✆ 403/762-8595, zeigt aktuelle Filme.

Aurora, 110 Banff Ave. Beliebte Bar und Nachtclub in der Clock Tower Village Mall, überwiegend junges Publikum. Laut und teuer, füllt sich ab Mitternacht, Discobetrieb tgl. bis 2 Uhr, Fr und Sa auch Live-Musik.

Banff Springs Hotel, 403/762-6892. Das riesige Hotel bietet eine Reihe von Bars: den gemütlichen *Waldhaus Pub*, für Zigarrenraucher die *Ramsay Lounge*, ruhige Pianoklänge im *Rundle Balcony* und die Weinbar *Grapes*.

Barbary Coast, 119 Banff Ave. Beliebt und chaotisch, mitunter geht es auch etwas rauer zu. Billardtische, sportives Ambiente, gutes und billiges Kneipenessen, lange Happy Hour von 16.30–19.30 Uhr. ☉ bis 2 Uhr.

Outa Bounds, 137 Banff Ave. Größter Konkurrent des *Aurora* in Sachen Nachtleben. Etwas seelenlose, aber dennoch gut besuchte Kellerbar, die Speisen, Billard, Disco und gelegentlich Live-Musik bietet.

Rose and Crown, 202 Banff Ave. Viktorianisch aufgemachter Pub mit einem Restaurant für die ganze Familie. Das Essen entspricht Kneipenstandard. Zerstreuung findet man beim Billardspiel, gelegentlich gibt es auch Live-Musik, vor allem Blues und Funk.

St Jame's Gate, 205 Wolf St. Pub in dunklem Holz, stammt ursprünglich aus Irland und wurde hier wieder zusammengebaut. Bei Einheimischen und Touristen außerordentlich beliebt. 30 Sorten Bier vom Fass, darunter gutes Guinness, außerdem deftiges Kneipenessen und manchmal keltische Live-Musik.

Voyager Inn, 555 Banff Ave, am Ortsrand. Dem gleichnamigen Motel angeschlossene Feierabendbar, von Einheimischen wegen der billigsten Drinks weit und breit geschätzt und entsprechend gut besucht.

Wild Bill's Legendary Saloon, 203 Banff Ave. Lebendige Country & Western-Bar mit Live-Bands (Mi–Sa Country, So–Do Rock und Blues) sowie wöchentlichen Kursen im Line-Dancing (Mi 20.30 Uhr), außerdem Billard und andere Spiele sowie, vor 20 Uhr, gute Tex-Mex-Küche und vegetarische Gerichte in familienorientierter Atmosphäre.

Aktivitäten

Über mögliche Aktivitäten sowie eine Vielzahl von Veranstaltern und Ausrüstern kann das Information Center erschöpfend Auskunft geben. Einige der schönsten **Wanderrouten** in der Umgebung von Banff sind im Kasten, s.S. 156, beschrieben, **Wintersportmöglichkeiten** s.S. 164.

BOOTFAHREN UND ANGELN – Bootsfahrten sind auf dem Lake Minnewanka (s.o.) möglich, ebenso Angeltrips, die über **Lake Minnewanka Boat Tours**, ✆ 403/762-3473, arrangiert werden können.

Monod Sports, 129 Banff Ave, ✆ 403/762-4571, ganztägige Angelausflüge in Ruderbooten auf dem Bow River und Nakoda Lake mit Gelegenheit zum Fischen von Purpurforelle und Lachsforelle sowie Seesaibling und Bachsaibling (die Fische müssen nach dem Fang allerdings wieder ins Wasser entlassen werden) für $375 für 2 Personen, außerdem „Walk and Wade"-Exkursionen (Wandern und Waten in hohen Wasserstiefeln) für $110 p.P. Für angehende Fliegenfischer gibt es im Rahmen einer Tour Einführungskurse.

Banff Fishing Unlimited, ✆ 403/762-4936, Fahrten auf dem Bow River, „Walk and Wade"-Angelausflüge ab $100 p.P. sowie halbtägige Angeltrips auf dem Lake Minnewanka für $80 p.P. bei 6 Teilnehmern.

Der Banff National Park ist im Winter ebenso faszinierend wie im Sommer. Für Skifahrer oder Snowboarder bieten sich angesichts des exzellenten und abwechslungsreichen Terrains traumhafte Bedingungen, die zu den besten Nordamerikas zählen. Drei **Weltklasse-Skigebiete** liegen innerhalb der Parkgrenzen: zwei nahe Banff – Mount Norquay und Sunshine Village – und eines in Lake Louise (s.S. 178). Neben bestem Schnee und erstklassigen Pisten dürfen sich Besucher auf kristallklare Luft, imposante Berge, Wälder und jede Menge Platz freuen – und auf Preise, die Europas übersteuerte und überlaufene Winterskiorte ad absurdum führen. Der Schnee ist praktisch garantiert, ebenso fantastische Ausblicke, reichlich Abwechslung am Abend und komfortable Hotels.

Mount Norquay

Banff am nächsten liegt das Skigebiet am Mount Norquay, 6 km bzw. 10 Min. Fahrzeit vom Zentrum entfernt, ☎ 403/762-4421, 🖥 www.banffnorquay.com. Die steilen Osthänge des Berges werden seit den 20er Jahren als Skirevier genutzt. 1948 wurde hier der erste Skilift Kanadas eingerichtet, was dem Gebiet – überwiegend dank Schreckensgeschichten über die berühmte Lone Pine-Piste – schnell den Ruf einhandelte, ausschließlich für absolute Skiasse geeignet zu sein. Erst in jüngerer Vergangenheit hat sich dies geändert, nachdem im Zuge einer kompletten Umgestaltung neue Lifte an der Mystic Ridge eröffnet wurden und den Zugang zu mittelschwerem Gelände sowie 31 Pisten für Skifahrer und Snowboarder aller Stufen ermöglichte. Heute ist Norquay gleichermaßen für seine reichlich Platz bietenden Anfängerhügel wie für seine anspruchsvollen Pisten bekannt und umfasst ein in vier Kategorien unterteiltes Terrain: Anfänger (20%), Fortgeschrittene (36%) und Könner (44%). Der durchschnittliche Schneefall beträgt 300 cm, auf 90% der Pisten kommen zudem Schnee-

maschinen zum Einsatz. Die Saison dauert von Dezember bis Mitte April. Maximal kann eine Höhe von 2133 m erreicht werden, wodurch sich ein Höhenunterschied von 497 m zu der Skibasis in 1636 m Höhe ergibt. Zu den Einrichtungen hier zählen Visitor Centre, Skischule, Verleihstation, Kindergarten u.a. Liftkarten kosten ca. $47 pro Tag.

Sunshine Village

Das imposante Skigebiet Sunshine Village, ☎ 403/762-6500, 🖥 www.skibanff.com, liegt 18 km südwestlich von Banff hoch in den Bergen auf 2160 m. Neben einer beeindruckenderen Kulisse als Mount Norquay (man ist höher) bietet es als einziges Skigebiet im Park Unterkünfte direkt am Berg. Stattlich ist auch die jede Schneemaschine überflüssig machende Schneefallmenge von jährlich 10 m pulverigem, leichtem Schnee, der von der Zeitschrift *Snow Country* wiederholt als „bester Schnee Kanadas" ausgezeichnet wurde. Als Skigebiet wurde das Areal 1929 entdeckt, als sich zwei Einheimische auf dem Citadel Pass verirrten und bei ihrer Rückkehr von fantastischen offenen Mulden und traumhaften, für Skifahrer idealen Hängen berichteten. 1938 fanden hier die kanadischen Skimeisterschaften statt, 1942 richtete man einen mobilen Lift ein. Die größte Veränderung folgte 1980 mit dem Bau einer Seilbahn für den Transport der Skifahrer (und im Sommer Wanderer) vom 6 km entfernten Parkplatz am Healy Creek in das Skiparadies.

Heute bietet die Seilbahn Zugang zu ca. 103 alles andere als überfüllten Pisten mit einem Dutzend Sessel- und Schleppliften. Könner finden hier ebenso viele Möglichkeiten wie am Mount Norquay, aber auch Anfänger und Fortgeschrittene kommen auf ihre Kosten. Der Anteil der Pisten für Anfänger beträgt 22%, für Fortgeschrittene 31% und für Könner 47%. Der höchste zu erreichende Punkt liegt in atemberaubenden 2730 m Höhe auf dem Lookout Mountain, und das Gelände umfasst rund

ALBERTA UND DIE ROCKY MOUNTAINS

1300 ha. Liftkarten kosten ca. $63 pro Tag. An Einrichtungen gibt es u.a. eine Tageslodge, einen Kindergarten, ein Jacuzzi im Freien, eine Skischule, eine Verleihstation sowie die einzige in unmittelbarer Pistennähe gelegene Unterkunft in den Rocky Mountains, das *Sunshine Inn*, 403/762-6555, ❽, mit 85 Gästezimmern. Skifahrern werden 3-tägige Pauschalpakete für ca. $270 angeboten. Wer in Banff absteigt, kann für ca. $18 hin und zurück mit einem der Shuttlebusse fahren, die die Skifahrer von den Hotels abholen.

Andere Aktivitäten

Wer den Park richtig kennen lernen möchte, sollte auf **Langlaufskiern** oder **Schneeschuhen** die zahllosen Wanderwege erkunden, die im Winter eigens hierfür hergerichtet werden. Ausführliche Informationen enthält die im Visitor Centre erhältliche Broschüre *Nordic Trails in Banff National Park* ($1). Beliebte Routen führen zum Johnson Lake, entlang der Golf Course Rd, zum Spray River, in den Sundance Canyon, weitere gibt es in der Umgebung von Lake Louise (s.S. 179). Langlaufloipen, die ein 300 km umfassendes Netz bilden, durchziehen die Kananaskis-Region, viele davon entstanden für die olympischen Wettkämpfe und beginnen am Canmore Nordic Centre (s.S. 142). Wem das noch nicht reicht, kann in Begleitung erfahrener Guides an geführten Skitouren tief in das Hinterland teilnehmen. Ein verlässlicher Anbieter ist *Banff Alpine Guides*, ✎ 403/678-6091. Gute Adressen für Ausrüstung (auch Schneeschuhe), Zubehör, Reparaturen und Tipps sind *Trail Sports*, ✎ 403/678-6764, und *Mountain Magic*, ✎ 403/762-2591.

Eine der schönsten **Winterwanderungen** ist die auf Stegen verlaufende Route in die märchenhafte Eislandschaft des Johnston Canyon. Obgleich durch die Witterung rutschig, lässt sich der Weg mit entsprechendem Rüstzeug und Können problemlos und begehen. Empfehlenswert sind hier die 3 1/2-stündigen

Exkursionen in den Canyon von *White Mountain Adventures*, ✎ 403/678-4099, ▢ www.canadiannatureguides.com. Ähnliche Ausflüge von 1 Std. Dauer veranstaltet *Discover Banff Tours*, ✎ t403/760-1299 oder 1-877/565-9372, in den weniger spektakulären Grotto Canyon, ein bei Eiskletterern beliebtes Gebiet, um die Geschicklichkeit zu trainieren. Andere bevorzugte Ziele für diesen Sport sind das relativ leichte Areal am Goat Mountain, hinter Yamnuska, und der schwierigere Cougar Canyon. Anfängern empfehlen sich die Canmore Junkyards, hinter der Abzweigung zum Nordic Center in Canmore, während unerschrockene Experten eine wahre Herausforderung am international berühmten Terminator, gleich hinter der Grenze des Banff National Park, finden. Detaillierte Informationen über **Eisklettern** erteilt die Parkverwaltung im Information Centre in Banff, ✎ 403/762-1550, wo sich Kletterer auch registrieren lassen sollten.

Eine aufregende, wenngleich mit ca. $100 recht happig bemessene Ausflugsvariante ist eine **Fahrt im Hundeschlitten**. Anbieter sind *Howling Dog Tours*, ✎ 403/678-9588, und *Snowy Owl Sled Dog Tours*, ✎ 403/678-4369, kürzere Fahrten auf dem Golfplatz unternimmt *Mountain Mushers*, ✎ 403/762-3647. Gemächlichere **Schlittenfahrten** auf dem gefrorenen Bow River veranstaltet *Holiday on Horseback*, ✎ 403/762-4551. Wer noch besinnlichere Ruhe beim **Eisfischen** auf einem der Seen sucht, wendet sich an *Banff Fishing Unlimited*, ✎ 403/762-4936).

Eine gute Adresse für das **Schlittschuhlaufen** und **Rodeln** ist das *Banff Springs Hotel* mit seiner schönen, von einem Feuer beschienenen Eisbahn unter freiem Himmel und einer benachbarten, inoffiziellen Rodelbahn. Der *Ski Shop* im Hotel, ✎ 403/762-5333, verleiht Schlittschuhe für $5 und Schlitten für $4/Std. Häufig stehen auch in den Hotels Schlitten zur Verfügung, weitere Eisbahnen gibt es an der Banff High School und auf dem Bow River (Nähe Bow Ave).

Adventures Unlimited, ☎ 403/762-4554, ähnliche Angebotspalette.

Performance Ski and Sports, 208 Bear St, ☎ 403/762-8222, vermietet Ausrüstung.

Es sei darauf hingewiesen, dass zum Angeln eine entsprechende **Lizenz** erforderlich ist, die $6 pro Woche oder $13 pro Jahr kostet und in Ausrüstungsläden sowie von den meisten der genannten Touranbieter und im Information Centre erhältlich ist.

Wer auf den Vermilion Lakes oder entlang der ruhigeren Abschnitte des Bow River paddeln möchte, kann direkt am Fluss von *Bow River Canoe Docks*, Wolf St, ☎ 403/762-3632, ein **Kanu** für $16 pro Std. oder $40 pro Tag mieten.

Kajakkurse werden von *Alpine Adventures*, ☎ 403/678-8357, angeboten; 6 Std. $99.

FAHRRADFAHREN UND INLINESKATEN – Großer Beliebtheit erfreuen sich **Mountainbikes**, und es gibt entsprechend viele Verleihstationen in Banff.

Bactrax Bike Rentals, 225 Bear St, ☎ 403/762-8177, zählt zu den preiswertesten Verleihern von Mountainbikes und Inlineskates. Angeboten werden außerdem leichte Radtouren von 1–4 Std. Dauer entlang asphaltierter Straßen im Gebiet des Sundance Canyon und der Vermilion Lakes für $15 pro Std. inkl. Fahrrad.

Banff Adventures Unlimited, 211 Bear St, ☎ 403/762-4554.

Inns of Banff, 600 Banff Ave, ☎ 403/762-4581.

Mountain Magic, 224 Bear St, ☎ 403/762-2591.

Performance Ski and Sport, 1. Etage, 208 Bear St, ☎ 403/762-8222.

Ski Stop, 203a Bear St, und im Banff Springs Hotel, ☎ 403/760-1650 oder 762-5333.

Ambitioniertere **Radausflüge** auf dem Icefields Parkway und dem Bow Valley Parkway sowie in die Umgebung des Moraine Lake können in Lake Louise über *Cycling the Rockies*, im Chateau Lake Louise (s.S. 180), ☎ 403/522-2211, arrangiert werden. Die Fahrten finden in Gruppen ab 6 Personen statt und kosten für einen halben Tag $69, für einen ganzen Tag $109 p.P.

Wer lieber in eigener Regie eine Tour unternehmen möchte, sollte sich im Infocentre den *Trail Bicycling Guide* besorgen, der einige der anspruchsvolleren Routen beschreibt.

Die bekanntesten sind der Sundance (3,7 km einfache Strecke), Rundle Riverside (8 km einfache Strecke) und Cascade Trail (9 km einfache Strecke) sowie der Spray River Loop (4,3 km).

Eine beliebte Strecke der Inlineskater ist der asphaltierte Sundance Canyon Trail nahe dem Cave and Basin Interpretive Centre.

RAFTING – Für den wohl größten Adrenalinschub sorgen Wildwasserfahrten *(white-water rafting)* auf dem Kicking Horse River, der zwar einige Kilometer entfernt im Yoho Park dahinrauscht, zu dem aber mehr als ein halbes Dutzend Veranstalter von Banff und Lake Louise aus Touren inkl. Ausrüstung anbieten. Dieselben Veranstalter unternehmen außerdem gemächlichere Fahrten auf dem Kananaskis, Kootenay und Bow River.

Hydra River Guides, 209 Bear St, ☎ 403/762-4554 oder 1-800/644-8888,🖳 www.raftbanff.com, etablierter Anbieter mit tgl. zwei 6- und 7-stündigen Fahrten auf Paddel- oder Ruderflößen auf dem Kicking Horse River; $85.

Wet 'n' Wild Adventures, ☎ 403/344-6546 oder 1-800/668-9119, neben halbtägigen/ganztägigen Ausflügen für $55/78 in den Kicking Horse Canyon auch halbtägige Trips für $55 in den wilderen unteren Teil des Canyons für erfahrenere Rafter, zweitägige Exkursionen sowie kombinierte Touren mit Rafting und Reiten.

Wild Water Adventures, ☎ 403/522-2211 oder 1-888/647-6444, unternimmt von Lake Louise aus halbtägige Ausflüge in den Canyon für $69 und Rafting durch den Canyon mit einem weniger verwackelten Blick auf den Kicking Horse für $59.

Rocky Mountain Raft Tours, ☎ 403/762-3632, vom Kanuanleger an der Bow Ave, Ecke Wolf St, 3x tgl. ruhigere, 1–3-stündigen Fahrten auf dem Bow River für $24.

Kootenay River Runner, ☎ 403/762-5385 oder 1-800/664-4399, bietet einen halbtägigen Ausflug auf dem Kootenay River ($54) sowie 3-tägige Exkursionen und ist einer von nur drei Veranstaltern, die Ausflüge in den wilderen unteren Teil des Kicking Horse Canyon durchführen – Tagesausflug auf dem Kicking Horse River $79, in den unteren Canyon $105.

Canadian Rockies Rafting, ☎ 403/678-6535 oder 1-877/226-7625, beschauliche Fahrten auf dem Bow River für $39 oder Kananaskis River für $45.

REITEN – Das Angebot reicht hier von einstündigen Ausritten bis hin zu zweiwöchigen Expeditionen in die Wildnis. Führender Anbieter in Banff ist **Holiday on Horseback**, 132 Banff Ave, ☎ 403/762-4551. Ein-, zwei- und dreistündige Ausritte beginnen bei ca. $25, eine sechsstündige Exkursion in das Spray River Valley kostet ca. $115. Auch Ausflüge mit Übernachtung zur Sundance Lodge ab ca. $300 inkl. aller Mahlzeiten stehen zur Auswahl.
Am jenseitigen Flussufer von Downtown lassen sich mit **Martin Stables**, abseits der Cave Ave, einstündige bis ganztägige Ausritte für $25–115 unternehmen, man kann dort auch Pferde ab $25 pro Std. mieten.
The Corral, am Banff Springs Hotel, ☎ 403/762-4551, vermietet sie für $29 und bietet dreistündige Ausritte vom Hotel zum Spray River, Sulphur Mountain und Mount Rundle für $64 an.

SCHWIMMEN UND FITNESS – Die besten Fitnesseinrichtungen findet man im **Banff Recreation Centre**, St Julien Rd, ☉ tgl. 6.30–23 Uhr, Eintritt $10, nur Schwimmbad $4, und im preiswerteren Community Fitness Centre, ☉ 15–22 Uhr, wo es auch eine 6 m hohe **Kletterwand** gibt. **Mountain Magic**, 224 Bear St, bietet weitere Kletterwände, verleiht entsprechende Ausrüstung und veranstaltet Kletterkurse.
Ein weiteres großes Hallenbad mit zwei enormen Wasserrutschen besitzt das **Douglas Fir Resort**, Tunnel Mountain Rd, ☉ Mo–Fr 16–21.30, Sa und So 10–21.30 Uhr; $8.
Der einzige See im Park, der ein Bad zulässt, ist der **Johnson Lake** nordöstlich von Banff, abseits der Lake Minnewanka Rd. Die anderen Seen sind in der Regel gletschergespeist und somit eiskalt.

Touren

Brewster Transportation, ☎ 403/762-8400, etablierter Veranstalter verschiedener Bustouren.
Halfway to Heaven Birdwatching, ☎ 403/673-2542, Touren zu Vogelbeobachtungen, halber Tag $30, ganzer Tag inkl. Snack oder Lunch $65.

Sonstiges

APOTHEKE – **Cascade Plaza Drug**, Lower Level, Cascade Plaza, 317 Banff Ave.
Gourlay's, 229 Bear St (Wolf and Bear Mall).

AUSRÜSTUNG – **Performance Ski and Sport**, 208 Bear St, ☎ 403/762-8222, Camping-, Sportsowie Skiausrüstungen zur Miete.

AUTOVERMIETUNG – **Avis**, Cascade Plaza, Wolf St, ☎ 403/762-3222 oder 1-800/879-2847.
Banff Rent-a-Car, 230 Lynx St, ☎ 403/762-3352, preiswerte Gebrauchtwagen zur Miete.
Budget, 208 Caribou St, ☎ 403/762-4546 oder 1-800/268-8900.
Hertz, im Banff Springs Hotel, ☎ 403/762-2027 oder 1-800/263-0600.
National, Caribou St, Ecke Lynx St, ☎ 403/762-2688 oder 1-800/387-4747.

BÜCHER – **Banff Book & Art Den**, Clock Tower Mall, 94 Banff Ave, ☎ 403/762-3919, gutes allgemeines Sortiment und Naturführer für die Umgebung. ☉ im Sommer tgl. 10–21, sonst bis 19 Uhr.

GELD – **American Express**, 130 Banff Ave, ☎ 403/762-3207.
CIBC, 98 Banff Ave, ☎ 403/762-4417, Auszahlung auf Visa-Karte.
Bank of Montréal, 107 Banff Ave, Auszahlung auf Mastercard.
Wechselstuben: **CTM Currency Exchange**, 108 Banff Ave, Clock Tower Mall, ☎ 403/762-4698 oder 762-9353, 317 Banff Ave (Cascade Plaza) und im Banff Springs Hotel.

FUNDBÜRO – ☎ 403/762-1218

INFORMATIONEN – **Banff Information Centre**, 224 Banff Ave, ☎ 403/762-8421, 🖳 www.banfflakelouise.com, beispielhafte Gemeinschaftseinrichtung der Parkverwaltung, des Orts und von Lake Louise Tourism; Informationen über den Park und die Begehbarkeit der Wanderrouten ☎ 403/762-1550 oder 760-1305, 🖳 www.pc.gc.ca/banff
Im Centre ist auch das **Park Permit** erhältlich, sofern man noch keines hat (s.S. 157, Kasten). Es

gibt reichlich kostenfreies Informationsmaterial. Nachfragen sollte man nach: *Banff and Vicinity Drives and Walks* und *The Icefields Parkway* mit Karten und verzeichneten Parkeinrichtungen, *Backcountry Visitors' Guide* mit einer sehr nützlichen Übersicht für **Rucksackwanderer** über Routen und Campingmöglichkeiten im Hinterland sowie *Trail Bicycling in the National Parks* mit einer kompletten Auflistung und Beschreibung der **Mountainbike-Routen**. Das Centre bietet außerdem eine Auswahl an Karten und Literatur über das Gebiet zur kostenlosen Einsicht. Ausgezeichnete **topografische Karten** gibt es linker Hand im Laden des *Friends of Banff National Park*, ✆ 403/762-8918, allerdings sind viele der kürzeren und beliebteren Routen gut markiert, so dass sich die Anschaffung eigentlich nur bei Wanderungen ins Hinterland lohnt. Die „Friends" bieten zudem verschiedene Unternehmungen, in der Vergangenheit waren dies u.a. kostenlose geführte Wanderungen zu den Vermilion Lakes (10 Uhr, 2 1/2 Std.), eine Discovery Tour zu den Cave and Basin Hot Springs (45 Min.) und eine Park Museum Wildlife Tour (45 Min.).
🕐 tgl. Mitte Mai–Mitte Juni sowie im Sep 8–18, Mitte Juni–Anfang Sep 8–20, Okt–Mitte Mai 9–17 Uhr.

INTERNET – Internetzugang in der Bücherei, 101 Bear St, ✆ 403/762-2661, 🕐 Mo–Sa 11–18, Di und Do bis 21, So 13–17 Uhr. Nutzung kostenlos, allerdings nur nach vorheriger Anmeldung.

MEDIZINISCHE HILFE – Krankenhaus: *Mineral Springs Hospital*, 301 Lynx St, ✆ 403/762-2222. **Allgemeinärzte:** Dr Ian MacDonald, 216 Banff Ave, ✆ 403/762-3155, und Dr Elizabeth J Hall-Findlay, 317 Banff Ave, ✆ 403/762-2055. **Zahnarzt:** 210 Bear St, ✆ 403/762-3144.

POLIZEI – ✆ 403/762-2226.

POST – 204 Buffalo St, Ecke Bear St; 🕐 Mo–Fr 9–17.30 Uhr.
Briefmarken und andere Standarddienste auch bei *Cascade Plaza Drug*, Lower Level, Cascade Plaza, 317 Banff Ave, *Mailboxes Etc*, 226 Bear St, und *Goro Canyon Gifts*, Banff Park Lodge.

STRASSENZUSTANDSBERICHT – ✆ 403/762-1450.

TAXI – Grundtarif $2,60, danach ca. $1,35 pro km. Eine Fahrt vom Busbahnhof zum Hostel oder zum Banff Springs Hotel kostet ca. $7.
Alpine, ✆ 403/762-3727;
Banff Limousine, ✆ 403/762-5466;
Banff Taxi, ✆ 403/762-4444;
Legion, ✆ 403/762-3353;
Mountain, ✆ 403/762-3351;

WASCHSALONS – *Cascade Plaza Coin Laundry*, Lower Level, Cascade Plaza, 317 Banff Ave, ✆ 403/762-2245.
Johnny O's Emporium, 223 Bear St; 🕐 Mo–Sa 8–24, So 9–24 Uhr, letzte Maschine nicht später als 22.30 Uhr.

WETTERBERICHT – ✆ 403/762-4707 oder 762-2088 (24 Std. Ansage vom Band).

Nahverkehrsmittel

Im Ort ist man bequem zu Fuß unterwegs, der lokale Busdienst von *Banff Transit*, ✆ 403/760-8294, verkehrt häufig und bedient etwas außerhalb gelegene Ziele, darunter die Campingplätze an der Tunnel Mountain Rd und das *Banff Springs Hotel;* $1.

Transport

BUSSE – Busbahnhof, 100 Gopher St, ✆ 403/762-6767 oder 1-800/661-1152, 🕐 7.30–22.45 Uhr.
Greyhound, ✆ 403/762-1092 oder 1-800/661-8747, 🖃 www.greyhound.ca, 5x tgl. von CALGARY, 1 Std. 40 Min., einfache Strecke $20, 4x tgl. von VANCOUVER, 13 Std., $100.
Verbindungen vom Flughafen Calgary:
Laidlaw, ✆ 403/762-9102 oder 1-800/661-4946, 🖃 www.laidlawbanff.com.
Banff Airporter, ✆ 403/762-3330 oder 1-888/449-2901, 🖃 www.banffairporter.com.
Brewster Transportation, ✆ 403/762-6767.
Sky Shuttle, Reservierung tgl. 8–23 Uhr unter ✆ 403/762-1010 oder 1-888/220-7433, 🖃 www.banffskyshuttle.com. Die verschiedenen Schalter befinden sich im Ankunftsbereich, alle verlangen für die einfache Strecke nach Banff ca. $36.

Highway 1 und der Bow Valley Parkway

Zwei parallel zueinander durch das Bow Valley verlaufende Straßen verbinden Banff und das 58 km entfernte Lake Louise: der schnelle **Hwy 1** (der Trans-Canada Highway) und, am nördlichen Ufer des Bow River, der ruhigere **Bow Valley Parkway**, der 1989 als landschaftlich besonders reizvolle Route eingeweiht wurde. Hinter Banff gibt es nur eine Verbindung zwischen den beiden Straßen bei Castle Junction, 30 km vor Lake Louise. Beide Routen bieten einzigartige Eindrücke, während die Berge immer näher an die Straße heranrücken. Entlang der gesamten Strecke bahnt sich der mächtige und breite Strom des smaragdgrünen **Bow River** seinen Weg. Trotz des Asphalts und des regen Verkehrs im Sommer verliert die Umgebung nichts von ihrem Reiz und lässt die dahinter liegende, weite Wildnis ahnen. Häufig kann man Wapitis erspähen, insbesondere in der Morgen- oder Abenddämmerung, gelegentlich auch Elche. Von beiden Straßen führen verschiedene lohnende **Wanderpfade** in die Natur. Zu einer der schönsten Routen für eine Tageswanderung im Banff National Park zählt der Bourgeau Lake Trail vom Hwy 1, vom Parkway bietet sich der kürzere Marsch zum Johnston Canyon an.

Highway 1

Wer den schnellen Trans-Canada Highway nutzt, fährt entweder im Wissen um die noch spektakulärere Straße nördlich von Lake Louise ohne Unterbrechung durch oder legt fasziniert von der Erhabenheit der Landschaft an jedem Pfad und an jedem Aussichtspunkt einen Zwischenstopp ein.

Hinweis

Der Bow Valley Parkway ist auf dem 17 km langen Abschnitt zwischen Johnston Canyon und der östlichen Zufahrt vom Trans-Canada Highway (also der Banff am nächsten gelegenen Abfahrt) vom 1. März bis 25. Juni tgl. von 18 bis 9 Uhr für den Verkehr gesperrt. Tiere, die durch späten Schneefall in niedrige Lagen gezwungen wurden, sollen ungestört nach Nahrung suchen können. Die Zufahrt zu den Pfaden am Johnston Canyon und zum Campingplatz ist während dieser Zeit nur über den Hwy 1 möglich.

Passagiere der *Greyhound*- oder *Brewster*-Busse hetzen in ca. 40 Min. bis Lake Louise, Autofahrer sollten aber um der Tiere willen nicht schneller als die erlaubten 90 km/h fahren. Die riesigen, kilometerlangen Zäune in diesem Abschnitt sind zur Sicherheit der Tiere gezogen worden, und zwar nicht nur um sie vor Autos, sondern auch vor hirnlosen Besuchern zu schützen, die aus ihren Fahrzeugen steigen um einen der gelegentlich am Straßenrand auftauchenden Bären aus der Nähe zu betrachten. Im Sommer wird es in den Rocky Mountains nicht allzu lange dauern, bis man selbst einen „Bärstau" erlebt und Menschen sieht, die entgegen aller Parkvorschriften und in Ermangelung jeglichen gesunden Menschenverstands Hals über Kopf aus ihren Wagen stürzen, um ein armes Geschöpf mit Kameras und Camcordern zu jagen.

Sunshine Meadows

Sunshine Meadows, eine reizvolle und ungewöhnlich ausgedehnte Fläche alpiner Graslandschaft, erstreckt sich abseits des Hwy 1 beiderseits der kontinentalen Wasserscheide um das Skiresort Sunshine Village. Das Gebiet, 18 km südwestlich von Banff, ist zwar vorrangig als Wintersportziel bekannt. Während des kurzen Sommers jedoch, wenn im Tal zahllose Wildblumen ihre Pracht entfalten, lassen sich hier herrliche Wanderungen unternehmen. Das Tal ist ausgehend vom Parkplatz über einen recht anstrengenden 6 km langen Pfad zu erreichen, besser nimmt man daher einen der Shuttlebusse. Von Banff wie auch vom Sunshine Village-Parkplatz bietet *White Mountain Adventures*, ✆ 403/678-4099 oder 1-800/408-005, 🖥 www.canadiannatureguides.com, den Transport an.

Oben auf dem Berg angekommen, lässt sich die Landschaft entlang zweier miteinander verbundener Pfade erkunden. Der als Rundwanderweg angelegte **Rock Isle Trail** beginnt am Sunshine Meadows Nature Centre. Biegt man nach einem Kilometer nach rechts ab, liegt linker Hand der Rock Isle Lake (am Ziel der anderen Route liegt Lake Assiniboine). 600 m nach der Abzweigung gabelt sich der Weg erneut, um linker Hand als Garden Path Trail (3,8 km) in einer Schleife im Uhrzeigersinn zunächst am Larix Lake vorbeizuführen, dahinter am Simpson Viewpoint und am Grizzly Lake, bevor man wieder an der Gabelung steht. Von dort sind es auf der rechten Strecke 500 m bis zu einem 1,2 km langen Pfad, der rechter Hand zum Standish Viewpoint abzweigt. Läuft man stattdessen geradeaus weiter, folgen nach 2,8 km eine Wegkreuzung und der Monarch Viewpoint, von wo ein 1,6 km langer Weg zurück zum Nature Centre führt. Alles in allem umfasst diese Wanderung 11,5 km inkl. aller Schleifen und Abstecher. Im Information Centre gibt es eine skizzierte Karte des Gebiets.

Bow Valley Parkway

Die Fahrt auf dem Bow Valley Parkway wird von größeren landschaftlichen Eindrücken als die auf dem Hwy 1 begleitet – und das will einiges heißen. Wer etwas Zeit mitbringt, kann zudem verschiedene Wanderpfade, Campingplätze und zahlreiche andere Unterkünfte sowie ein exquisites Restaurant nutzen.

Die größte Konzentration an staunenden Touristen wird man wahrscheinlich an der Morant's Curve vorfinden, von wo sich fantastische Ausblicke auf das Bow Valley und die sich durch die Berge windende Bahnstrecke eröffnen.

Ist keine Eile angezeigt, ist der Parkway die vorzuziehende Route und sollte auch die eine oder andere Wanderung wert sein, insbesondere lohnt der leichte, aber beeindruckende **Johnston Canyon Trail** (siehe Kasten). Manche Aussichtspunkte und ausgeschilderten Halteplätze entlang der Strecke verdienen mehr Aufmerksamkeit als andere. Ein Zwischenstopp gebührt beispielsweise nach ungefähr acht Kilometern auf dem Highway dem **Backswamp Viewpoint**, der zur einen Seite hin den Ausblick auf die Berge und zur anderen Seite über ein versumpftes Flussgebiet bietet. Neben Bibern, Bisamratten, Fischadlern und anderen Vögeln gibt es dort das Gemeine Fettkraut zu sehen, eine lilafarbene, Fleisch fressende Pflanze, die sich in erster Linie von den Insekten des Sumpfgebiets ernährt. Im Winter ist der Backswamp Viewpoint unter Einheimischen als einer der Orte der Region bekannt, von dem sich am wahrscheinlichsten Wölfe erspähen lassen, während des übrigen Jahres tummeln sich mitunter auch Dickhornschafe und Bergziegen auf den darüber liegenden Hängen.

Nach ca. weiteren 3 km erreicht man die **Muleshoe Picnic Area**, die ebenfalls als lohnende Stelle für Vogel- und Tierbeobachtungen gilt. Die Umgebung scheint zum Teil Waldbränden zum Opfer

gefallen zu sein, die Parkverwaltung hat diese Flächen jedoch bewusst abgebrannt, um frischen Unterwuchs nachwachsen zu lassen und die aus den älteren Wäldern vertriebenen Tiere wieder in das Gebiet zu locken. Rund 11 km weiter führt ein 400 m kurzer Pfad zu einem idyllischen kleinen See, der wegen der langzehigen Salamander, die sich hier tummelten, einst als Lizard Lake bekannt war. Nachdem man den See mit Forellen besetzt hatte und diese die Salamander gefressen hatten, benannte man den See in Pilot Lake um.

Dahinter folgt nach ca. 3 km der Ausgangspunkt des **Johnston Canyon Trail**, der verdienterweise der beliebteste der Gegend ist. Nochmals 3 km weiter liegen die **Moose Meadows**, deren Name nicht die Wirklichkeit widerspiegelt, denn die Elche sind aufgrund veränderter Bedingungen aus diesem Lebensraum verdrängt worden, und man muss schon unverschämtes Glück haben, um hier ein Exemplar zu sichten.

Auch was die **Vogelwelt** betrifft, ist der Parkway nicht ohne Reiz. Der Johnston Canyon ist einer von nur zwei bekannten Brutplätzen des Schwarzseglers in Alberta – mitunter kann man diese Vögel in der Abenddämmerung zu ihren Nestern zurückkehren sehen –, außerdem nistet hier die Grauwasseramsel, ein behänder grauer Vogel, der unter Wasser laufen kann und sein Nest häufig unterhalb von Wasserfällen baut. Die diversen Aussichtspunkte entlang des Parkway bieten weitere Gelegenheit, in Montanwäldern und Wiesenzonen beheimatete Vögel zu beobachten, besonders lohnend ist hierfür noch die Muleshoe Picnic Area, 21 km südöstlich der Castle Junction, mit Kieferntangaren, Helmspechten und Orangefleck-Waldsängern.

An verschiedenen Stellen am Bow River versammeln sich manchmal Kragenenten auf den Flussinseln und Kiesbänken, mitunter gesellen sich Drosseluferläufer und Gänsesänger dazu.

Übernachtung

Die Unterkünfte an der Strecke stellen eine ländlichere Alternative zu den Quartieren in Banff und Lake Louise dar und liegen nahe genug an beiden Orten, um mit eigenem Transportmittel als brauchbare Ausgangsbasis zu dienen. Auch hier gilt es allerdings die Zimmer frühzeitig zu buchen. In mehr oder weniger gleichem Abstand voneinander stehen vier Hotelunterkünfte zur Auswahl, die zwar happige Preise verlangen, aber vielleicht noch Platz haben, wenn die Hotels in Lake Louise bereits belegt sind.

Johnston Canyon Resort, ℡ 403/762-2971, 🖳 www.johnstoncanyon.com, ⏱ Mitte Mai–Ende Sep. Banff am nächsten (26 km westlich) und nicht weit vom Wanderweg zum Canyon gelegen. Rustikale Hüttenunterkünfte, einige davon mit Kamin und/oder Küchenzeilen. Laden, Tankstelle, Tennisplatz und ein begrenztes Lebensmittelangebot. ❺

Castle Mountain Chalets, ℡ 403/762-3868, 🖳 www.castlemountain.com, 32 km westlich von Banff und nahe der Castle Junction, ganz-jährig geöffnet, mit Holzchalets und sehr schönen Deluxe-Cabins für 4, 5 und 6 Personen (mit Küche, Geschirrspüler und Jacuzzi), Münzwäscherei und Lebensmittelladen. ❼

Storm Mountain Lodge, ℡ 403/762-4155, ⏱ Ende Mai–Ende Sep. Ungefähr 5 km südlich des Highway 1 am Hwy 93 Richtung Radium (27 km von Banff entfernt); schmucke Blockhütten. ❻

Baker Creek Guest Lodge & Bistro, 12 km östlich von Lake Louise, ℡ 6522-3761, 🖳 www.bakercreek.com, ganzjährig geöffnet, 25 Block-hütten für 1–2 Personen und Zimmer in der Lodge für bis zu 6 Personen. Außerdem gibt es ein hervorragendes, von Einheimischen empfohlenes Restaurant und einen Gästekomplex mit 8 motelähnlichen Unterkünften. ❻

Wanderwege im Bow Valley

Vom Bow Valley Parkway führen fünf lohnende Wanderrouten in die Umgebung. Der schönste kürzere Wanderweg, der **Johnston Canyon Trail** (einfache Strecke 2,7 km), dringt 25 km von Banff zu einer Serie beeindruckender, in Dunstschleier gehüllte Wasserfälle vor. Die Lower Falls liegen 1,1 km, die Upper Falls 2,7 km vom Ausgangspunkt am Parkway entfernt. Von den Upper Falls lässt sich der Weg zu den sieben Quellen der Ink Pots fortsetzen, die auf einer hübschen offenen Wiese an die Oberfläche sprudeln, und die Wanderung auf eine Gesamtlänge von 5,8 km und einen zu bewältigenden Anstieg von 215 m Höhe ausdehnen. Eine weitere Möglichkeit für eine kürzere Tour bietet der **Castle Crags Trail** (einfache Strecke 3,7 km, Anstieg 520 m), der 5 km nördlich der Castle Junction beginnt und ausgeschildert ist. Für die kurze, aber steile und oberhalb der Baumgrenze verlaufenden Strecke, die faszinierende Ausblicke über das Bow Valley und die dahinter aufragenden Berge eröffnet, sollten insgesamt 3 Std. eingeplant werden.

Als beste Tageswanderung empfiehlt sich der Marsch zum **Rockbound Lake** (einfache Strecke 8,4 km) entlang einer steilen, bis auf 2210 m Höhe ansteigenden Route, an deren Ende eine unberührte Seenlandschaft wartet. Angesichts des zu überwindenden Höhenunterschieds von 760 m ist mindestens mit 2 bis 2 1/2 Std. pro Strecke zu rechnen. Wer noch fit genug für weitere 15 Min. Fußmarsch ist, erreicht jenseits des Rockbound Lake und des Tower Lake den hübschen Silverton-Wasserfall. Die anderen Routen vom Parkway – der **Baker Creek Trail** (20,3 km) und der **Pulsatilla Pass Trail** (17,1 km) – sind für Rucksackwanderer als Verbindung zu dem dichten Netzwerk an Pfaden in der Slate Range nordöstlich von Lake Louise gedacht.

Die beiden herausragenden Routen vom Hwy 1 sind der **Bourgeau Lake Trail** (einfache Strecke 7,5 km, 2 1/2 bis 3 Std., Höhenunterschied 725 m), der von vielen als eine der besten Tageswanderungen im Park angesehen wird und an einem Parkplatz 10 km westlich von Banff beginnt, und der längere **Shadow Lake Trail** (einfache Strecke 14,3 km, 4 Std., Höhenunterschied 440 m), der sich ausgehend vom **Redearth Creek**-Parkplatz, 20 km westlich von Banff, seinen Weg bahnt. Der in einem beeindruckenden subalpinen Becken angesiedelte Campingplatz am Shadow Lake (in 1840 m Höhe) bietet Zugang zu weiterführenden Pfaden.

Castle Mountain Hostel, 1,5 km östlich der Castle Junction, ☎ 403/762-2367 oder 762-4122, 🖥 www.hihostels.ca. HI-Hostel, mit Abstand preiswerteste Übernachtungsmöglichkeit am Parkway, ganzjährig geöffnet (aber Mi geschlossen), Dorm-Bett $13. ❶

Der Nationalpark unterhält drei ausgezeichnete **Campingplätze** am Bow Valley Parkway. Nach zunehmender Entfernung von Banff geordnet sind dies: *Johnston Canyon*, 25 km von Banff, sehr beliebt und am besten ausgestattet, u.a. Duschen und Rollstuhlzugang, ☉ Mitte Mai–Mitte Sep, 140 Stellplätze à $17.

Castle Mountain, 32 km von Banff nahe der Castle Junction, außer Wasser und WC keine weiteren Einrichtungen, ☉ Ende Juni–Anfang Sep, 40 Stellplätze à $13.

Protection Mountain, 5 km nördlich der Castle Junction, ähnlich spartanisch, gleiche Öffnungszeit und Preise, 89 Stellplätze. Für Feuerholz wird auf allen drei eine Gebühr von $4 erhoben.

Lake Louise

In krassem Kontrast zu Banff steht Lake Louise, das zweite größere Zentrum im Park, das sich weniger als Ort denn als zwei separate und künstliche geschaffene Urlaubskomplexe präsentiert. Der eine, **Lake Louise Village** genannt, besteht aus einer kleinen Ansammlung von Geschäften und Hotels unweit des Trans-Canada Highway. Der andere, 200 m höher und 4,5 km entfernt gelegen und über den kurvenreichen Lake Louise Drive zu erreichen, umfasst den **See**, das selbst ernannte Juwel der Rocky Mountains, und ist ungeachtet der Besuchermassen und des monströsen Hotels ein absolutes Muss. Zu Fuß ist er auch über den 2,7 km langen Louise Creek Trail oder den 4,5 km langen Tramline Trail zu erreichen. Besser spart man jedoch die Kräfte für Wanderungen um den See und nimmt sich vom Ort ein Taxi für ca. $10 (wenn überhaupt, dann empfiehlt sich der Marsch höchstens für den Rückweg hinunter). Kaum minder beeindruckend ist die Umgebung des **Moraine Lake**, 13 km südlich des Dorfs, mit verschiedenen ausgezeichneten und leicht zugänglichen Wanderrouten. Alle drei Gebiete sind im Sommer hoffnungslos überlaufen, nur wenig ruhiger geht es im Winter zu, wenn der exzellente Pulverschnee (er zählt zu

den besten Kanadas) zuhauf Skifahrer ins nahe Wintersportgebiet anlockt (s.S. 178/179, Kasten).

Die umgebenden Berge bieten einzigartige Möglichkeiten zum Wandern und sind das beliebteste Ziel für Tagesausflüge im Park. Als Preis für die atemberaubende Landschaft ist auf manchen Pfaden einiges Gedränge zu ertragen – 50 000 und mehr Besucher sind es im Sommer –, das entlang längerer Routen für Rucksackwanderer aber auch schnell wieder abnimmt. Wer sich nicht abschrecken lässt und wandern möchte (die Routen sind durchweg besser zu erreichen und leichter zu bewältigen als die in Banff), sollte idealerweise zwei oder drei Tage hierfür reservieren: einen für eine Rundwanderung um den Lake Louise (Lake Agnes–Big Beehive–Plain of the Six Glaciers–Lake Louise Seeufer) oder für den anspruchsvolleren Saddleback Trail (bei entsprechend guter Konstitution und mit dem nötigen Ehrgeiz lassen sich beide Wanderungen auch an einem Tag bewältigen); am nächsten Tag kann man dann per Fahrrad, Taxi oder Auto zum Moraine Lake fahren (sofern man dort nicht ohnehin nächtigt), um an einem Tag bequem die Strecke zum Consolation Lake zu laufen, zum Moraine Lake zurückzukehren und anschließend den Marsch vom See ins Larch Valley bis zum Sentinel Pass oder bis zum Eiffel Lake in Angriff zu nehmen.

Der dritte Tag schließlich könnte dem Paradise Valley zwischen Lake Louise und Moraine Lake vorbehalten sein. Wer die landschaftlichen Eindrücke auf gemächlichere Weise genießen und lediglich zu überschaubaren Spaziergängen aufgelegt ist, kann eine Bootsfahrt auf dem Lake Louise unternehmen und den Wegen am Seeufer folgen, um anschließend in 20 Minuten zum Lake Moraine zu fahren und dort dasselbe zu tun.

Lake Louise Village

Der Ort Lake Louise Village ist im Wesentlichen ein teurer, aber nicht unwichtiger Versorgungsposten, der Gelegenheit zum Provianteinkauf und Obdach bietet. Die Einrichtungen beschränken sich auf die Samson Mall, ein kleiner Ladenkomplex mit verschiedenen Serviceeinrichtungen, die immerhin u.a. auch öffentliche Duschen, einen Waschsalon, eine Gepäckaufbewahrung und Buchungsbüro für Touren umfassen, einen Parkplatz, ein beachtliches Information Centre, ein ansehnliches Hostel und

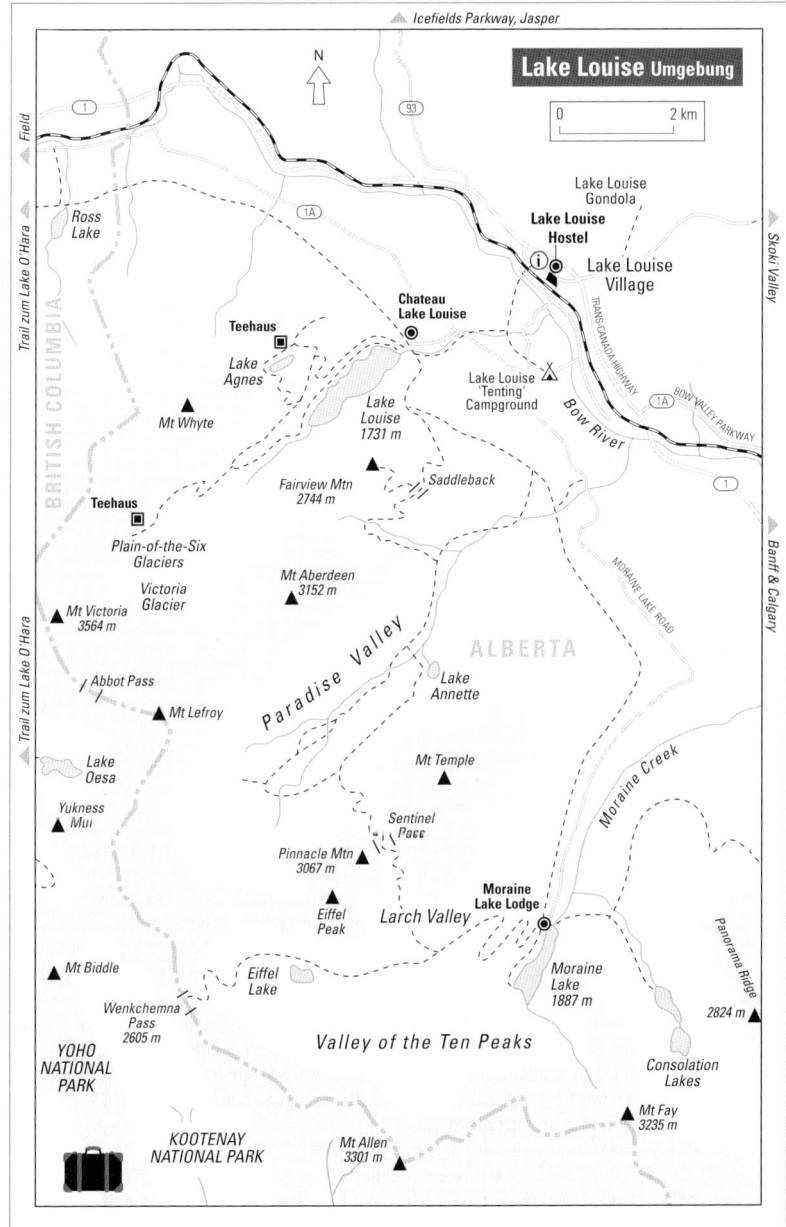

Icefields Parkway, Jasper

N

Lake Louise Umgebung

0   2 km

1

93

Field

1A

Lake Louise
Gondola

**Lake Louise
Hostel**

Lake Louise
Village

Ross
Lake

Trail zum Lake O'Hara

**Chateau
Lake Louise**

BRITISH COLUMBIA

Teehaus

Lake
Agnes

Lake Louise
'Tenting'
Campground

TRANS-CANADA HIGHWAY

Skoki Valley

Mt Whyte

Lake
Louise
1731 m

Bow River

1A

BOW VALLEY PARKWAY

Teehaus

Fairview Mtn
2744 m

Saddleback

Banff & Calgary

1

Plain-of-the-Six
Glaciers

Victoria
Glacier

Mt Aberdeen
3152 m

MORAINE LAKE ROAD

Mt Victoria
3564 m

Paradise Valley

ALBERTA

Lake
Annette

ALBERTA UND DIE ROCKY MOUNTAINS

Trail zum Lake O'Hara

Abbot Pass

Mt Lefroy

Mt Temple

Moraine Creek

Lake
Oesa

Yukness
Mtn

Sentinel
Pass

Pinnacle Mtn
3067 m

Eiffel
Peak

Larch Valley

**Moraine
Lake Lodge**

Mt Biddle

Eiffel
Lake

Moraine
Lake
1887 m

Panorama Ridge

2824 m

Wenkchemna
Pass
2605 m

Valley of the Ten Peaks

Consolation
Lakes

YOHO
NATIONAL
PARK

KOOTENAY
NATIONAL
PARK

Mt Allen
3301 m

Mt Fay
3235 m

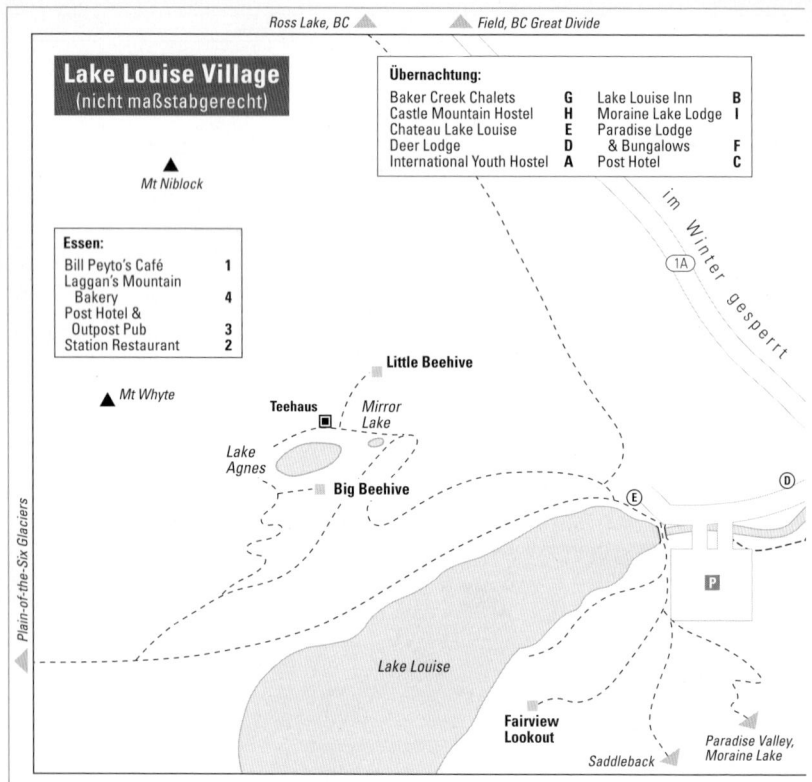

Lake Louise Village
(nicht maßstabgerecht)

Übernachtung:

Baker Creek Chalets	**G**	Lake Louise Inn	**B**
Castle Mountain Hostel	**H**	Moraine Lake Lodge	**I**
Chateau Lake Louise	**E**	Paradise Lodge	
Deer Lodge	**D**	& Bungalows	**F**
International Youth Hostel	**A**	Post Hotel	**C**

▲ *Mt Niblock*

im Winter gesperrt

(1A)

Essen:

Bill Peyto's Café	**1**
Laggan's Mountain Bakery	**4**
Post Hotel & Outpost Pub	**3**
Station Restaurant	**2**

▲ *Mt Whyte*

Little Beehive

Teehaus ■

Mirror Lake

Lake Agnes

Big Beehive

(E)

(D)

Ⓟ

Lake Louise

Fairview Lookout

Saddleback

Paradise Valley, Moraine Lake

Plain-of-the-Six Glaciers

einige an der nach Norden verlaufenden Nebenstraße gelegene Motels. Unternehmen lässt sich im Ort praktisch nichts, und wer kein Auto (oder Leihfahrrad) hat, um zum See zu fahren, wird sich sehr schnell langweilen.

Nahe dem Ort schweben die Kabinen der **Lake Louise Gondola** in 13 Minuten auf eine Höhe von 2042 m und legen einen guten Teil der Wegstrecke zum Mount Whitehorn (2669 m) zurück. Die Talstation ist per kostenlosem Shuttle zu erreichen, der von einigen Hotels im Ort verkehrt, oder man fährt mit dem eigenen Transportmittel zurück zum Trans-Canada Highway, überquert diesen und folgt der Straße zum Skigebiet. Die Seilbahn ist nach ca. 1 km linker Hand ausgeschildert. Je nach Schwindelanfälligkeit kann zwischen geschlosse-

nen Gondeln, offenen Sesselgondeln oder Gondeln mit einer schützenden Kuppel aus Plexiglas gewählt werden. Am Ende der Fahrt eröffnet sich das gewohnt grandiose Panorama. Hungrige können sich in einem Selbstbedienungsrestaurant stärken, außerdem gibt es Sonnenterrassen, Picknickplätze, Souvenirläden, und es führen verschiedene Wanderpfade durch die Wälder und über die Wiesen der Umgebung, einer davon zum Gipfel des Mount Whitehorn. Seilbahnbetrieb tgl. im Juni und Sep 8.30–18, Juli und Aug 8–18 Uhr, $13,95.

Der See

Bevor man den Lake Louise auch nur eines Blickes würdigen kann, sticht das Hotel ins Auge: Château Lake Louise, ein pompöses Monstrum, das heute

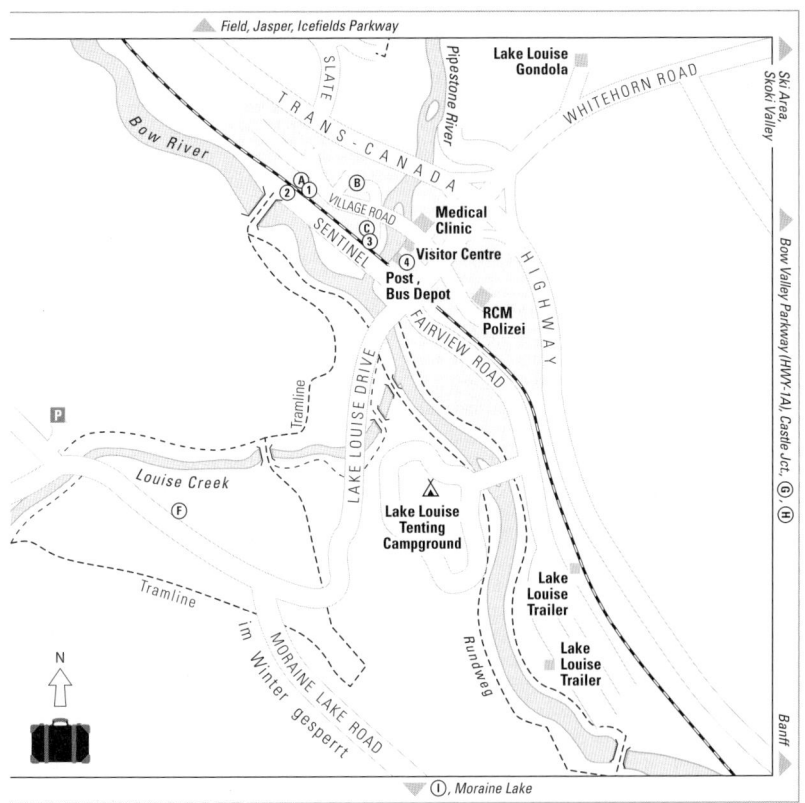

Lake Louise
Gondola

WHITEHORN ROAD

SLATE

TRANS-CANADA

Pipestone River

Bow River

VILLAGE ROAD

SENTINEL

Medical
Clinic

Visitor Centre

Post,
Bus Depot

RCM
Polizei

FAIRVIEW ROAD

HIGHWAY

Ski Area,
Skoki Valley

Bow Valley Parkway (HWY: 1A), Castle Jct., (G), (H)

ALBERTA UND DIE ROCKY MOUNTAINS

LAKE LOUISE DRIVE

Tramline

Louise Creek

Lake Louise
Tenting
Campground

Lake
Louise
Trailer

Lake
Louise
Trailer

Tramline

MORAINE LAKE ROAD

im Winter gesperrt

Rundweg

N

Banff

mit Sicherheit keine Baugenehmigung mehr erhalten würde. So schmerzlich der Anblick auch sein mag, so schnell wiegt die sich dahinter eröffnende, pure Schönheit der Natur allen Groll wieder auf – eine perfekte Landschaftsinszenierung mit einem türkis leuchtenden See, jäh aufragenden Bergen und gewaltigen Gletschern. Tom Wilson, der 1882 als erster weißer Kanadier den See zu Gesicht bekam schrieb: „Nie während all meiner Erkundungen dieser fünf Gebirgsketten habe ich etwas so Unvergleichliches gesehen... Armselig fühlte ich mich in meinem Körper, erhöht jedoch in Geist und Seele."

Nur zu gern wäre man Tom Wilson gewesen und hätte den See ohne Hotel, Touristenscharen und begleitenden Lärm erlebt. In der Hochsaison fallen täglich ca. 10 000 Besucher ein, um staunend

davor zu stehen (der Parkplatz ist mittags meist restlos belegt) und sich an Tafeln am Seeufer die überaus langweilige Erläuterung seiner Namensgebung zu Gemüte zu führen. Um es kurz zu machen: Der See erhielt seinen Namen zu Ehren der vierten Tochter von Queen Victoria. Die Ureinwohner nannten ihn ursprünglich „See der kleinen Fische". Wilson bewies nicht sonderlich viel Fantasie, als er ihn aus nahe liegenden Gründen zuerst Emerald Lake („Smaragdsee") taufte. Bemerkenswert ist noch das in den 20er Jahren geweckte Interesse Hollywoods an dem See, der damals als Kulisse für „exotische" europäische Schauplätze diente. Nach Wilsons „Entdeckung" boten zunächst die Eisenbahn und die Fußwege die einzige Zugangsmöglichkeit.

Im Sommer herrscht auf den Wanderstrecken um Lake Louise großer Andrang. Dennoch bieten sie einen guten ersten Eindruck der Landschaft. Die Pfade sind hinreichend ausgetreten und bestens beschildert, so dass man kein erfahrener Wanderer sein muss. Die beiden beliebtesten Routen enden an einem „teahouse" – Berghütten, die willkommene, aber kostspielige Snacks reichen.

Der 3,4 km lange **Lake Agnes Trail** gilt als die meistgewanderte Strecke in den Rocky Mountains und beginnt am nördlichen Seeufer, unmittelbar hinter dem Hotel. Der ansteigende Pfad überwindet eine Höhe von 400 m und wird von großartiger Aussicht begleitet, bis man am Ende das idyllisch gelegene Teehaus am Lake Agnes (2135 m) erreicht. Mit 1–2 Std. Marsch ist zu rechnen. Die Wege jenseits des Teehauses sind wesentlich einsamer. Zur Auswahl steht ein Pfad, der entgegen dem Uhrzeigersinn den See halb umrundet, bevor er zu einem bequem zu erklimmenden Pass ansteigt. Von dort sind es linker Hand noch 200 m zum Big Beehive (2255 m), einer 1 km vom Teehaus entfernten, spektakuläreren Felskuppe. Fast ebenso beeindruckend ist der Weg zum ebenfalls 1 km vom Teehaus gelegenen, etwas niedrigeren Little Beehive, von wo das weite Bow Valley überblickt werden kann.

Passionierteren Wanderern bietet sich an, vom Big Beehive zum Pass zurückzukehren, um dann nach links abzubiegen und entlang einer steilen Verbindungsstrecke zum Highline Trail zu gelangen. Biegt man an dieser nach rechts, führt der Pfad nach Westen durch raue und zunehmend kargere Landschaft zum zweiten Teehaus an der Plain of the Six Glaciers (2100 m). Dasselbe Ziel hat der eintönigere **Six Glaciers Trail** (unter Umgehung von Lake Agnes und dem Big Beehive), der ausgehend vom Hotel am Seeufer verläuft (bis zum Teehaus 5,3 km, Anstieg 365 m). Besser ist es, die Route über den Lake Agnes und den Big Beehive zu nehmen und den Six Glaciers Trail für den Rückweg bergab zum Château Lake Louise zu wählen.

Der zu einer der besten kurzen Wanderstrecke im Park zählende **Saddleback Trail** (einfache Strecke 3,7 km) lockt mit atemberaubender Aussicht vom Fairview Mountain. Für den Weg zum Saddleback (2330 m, Anstieg 595 m) selbst sollte man 1–2 Stunden einplanen, von dort führt der Pfad zum Gipfel des Fairview Mountain (2745 m). Auch wer sich das letzte Stück spart, wird mit einzigartiger Aussicht hinüber auf die 1200 m hoch aufragende Wand des Mount Temple (3544 m) belohnt.

Skoki Valley

Tageswanderungen im Gebiet des Skoki Valley östlich von Lake Louise lohnen nur, wenn man ein Zelt dabei hat, um auf einem der sechs Campingplätze zu übernachten. Zugang bietet ein Pfad, der auf dem ersten Stück einer Schotterstraße folgt, die rechts von der abseits des Hwy 1 gelegenen Lake Louise Ski Area abzweigt. Die meisten nehmen die vom Parkplatz 8,6 km lange Route bis zum Boulder Pass (2345 m, Anstieg 640 m) als Tagestour in Angriff und kehren dann wieder um, anstatt die 8 km bis zur Lodge weiterzulaufen. Verschiedene gute markierte Pfade von der Lodge sowie von den Campingplätzen sind im *Canadian Rockies Trail Guide* beschrieben.

Moraine Lake

Jede der folgenden Wanderungen in die Umgebung des **Moraine Lake** lässt sich leicht an einem Tag oder weniger bewältigen. Wem das nicht genügt, der kann zwei davon um anstrengendere Routen ausdehnen. Alle Wege beginnen am See, der am Ende der 13 km langen, etwas außerhalb von Lake Louise Village hierher führenden Moraine Lake Rd liegt. Vor einer Wanderung sollte man sich im Visitor Centre in Lake Louise über aktuelle Beschränkungen erkundigen, die zum Schutz der Bären getroffen wurden. Zur Zeit der Recherche unterlagen die Routen im Larch Valley und Umgebung solchen Einschränkungen. Gestattet sind nur Gruppen von mind. sechs Wanderern (häufig warten Leute schon darauf, sich einer Gruppe anschließen zu können, so dass das Erreichen der Mindestzahl keine Probleme bereiten dürfte).

Die leichteste Strecke führt 1 km am Seeufer entlang. Anschließend bietet sich der 3 km lange Marsch durch flaches Gelände bis zum Consolation Lake an; Dauer 1 Std. Der Name des kleinen Sees stammt von einem frühen Entdecker, der den See als Belohnung und „Trost" für die Strecke durch das Tal betrachtete. Wer mit Zelt unterwegs ist, kann den abzweigenden Panorama Ridge Trail (2255 m) einschlagen (ausgeschildert zum „Taylor Lake") und durch die Hochlagen 22 km bis zum Banff-Radium Highway, 7 km westlich von Castle Junction, weiterwandern.

Eine der schönsten Routen in den Rockies ist der vom nördlichen Seeufer, 100 m hinter der Lodge ausgehende **Moraine Lake–Larch Valley–Sentinel Pass Trail**, zu dem man so früh wie möglich am Tag aufbrechen sollte. In steilen Serpentinen steigt der breite Pfad durch bewaldetes Terrain und bietet durch die Bäume atemberaubende Ausblicke auf den See. Nach 2,4 km und überwundenen 300 m Höhenunterschied gelangt man an eine Weggabelung. Die meisten Wanderer zweigen nach rechts ab und folgen der flacher werdenden Strecke ins Larch Valley, weitem alpinen Hochland mit Lärchenwäldchen (besonders schön im Spätsommer und Herbst) und majestätischer Aussicht auf die umliegenden Gipfel. Reicht die Kraft, sollte man weiter bis zum 720 m oberhalb des Moraine Lake gelegenen Sentinel Pass laufen, was insgesamt ca. 2 Std. in Anspruch nehmen sollte. Mit 2605 m ist dies neben dem Wenkchemna Pass der höchste Punkt, der entlang einer ausgewiesenen Wanderroute in den Rocky Mountains liegt. Der Weg kann vom Pass sogar als Rundwanderung hinunter in das darunter liegende Paradise Valley und bis zur Moraine Lake Rd fortgesetzt werden, allerdings ist der Abstieg bedingt durch reichlich Geröll beschwerlich. Ansonsten sollte man zur Weggabelung zurückkehren und sofern die Beine noch willig sind vielleicht die dritte zur Auswahl stehende Strecke am Moraine Lake wandern.

Es handelt sich dabei um den **Moraine Lake–Eiffel Lake–Wenkchemna Pass Trail**, der zunächst der Route ins Larch Valley folgt, um nach 2,4 km an der Weggabelung nach links abzuzweigen. Er ist ebenso bequem wie flach und bietet mit der vergletscherten Pracht am oberen Ende des Valley of the Ten Peaks sogar den größeren landschaftlichen Reiz. Jenseits der Weggabelung geht es zudem wesentlich ruhiger zu. Vom Moraine Lake sind es 5,6 km und zu überwindende 370 m Höhenunterschied bis zum 2255 m hoch gelegenen Eiffel Lake (2–3 Std.). Viel weiter als bis zu dem Geröllhaufen und den Bäumen hinter dem See muss man nicht gehen, um das Beste aus der Wanderung herausgeholt zu haben. Ein etwas rauerer Pfad steigt von dort durch karges Terrain zum Wenkchemna Pass (2605 m) an, der sich deutlich sichtbar in 4 km Entfernung erhebt. Sind die Lungen für einen erneuten Aufstieg von 350 m noch fit und spielt das Wetter mit, eröffnet sich von dieser Strecke ein noch weiteres Panorama über das darunter liegende Valley of the Ten Peaks. Die Aussicht hinter dem Pass selbst, über die Wasserscheide und hinüber in den Yoho und Kootenay Park, ist allerdings relativ enttäuschend.

Paradise Valley

Der Bergsteiger Walter Wilcox befand 1894 den Namen **Paradise Valley** nur recht und billig für „ein Tal von überragender Schönheit, weit und anmutig, in dem sich offene Wiesen und üppige Wälder abwechseln". Wanderer können es nördlich des Moraine Lake von der Moraine Lake Road, 3 km von der Abzweigung vom Lake Louise Drive erreichen. Der Weg, eine 18 km lange Rundwanderung, führt auf der einen Seite des Tals stetig bergauf, auf der anderen Seite kontinuierlich bergab. Der zu bewältigende Höhenunterschied von 385 m ist moderat.

Die meisten Wanderer schlagen zusätzlich den Weg zum Lake Annette ein, von wo sich ein fantastischer Ausblick auf die 1200 m aufragende Nordwand des Mount Temple (bis 1966 unbezwungen) bietet. Viele übernachten außerdem auf dem Zeltplatz am unteren Ende des Tals (9 km vom Parkplatz entfernt). Andere erweitern die Route um den beschwerlichen Aufstieg zum Sentinel Pass auf dem Bergkamm südlich des Tals. Wer weiterläuft, gelangt jenseits davon zu den Wegen in der Umgebung des Moraine Lake.

Der Bahnhof, zu jener Zeit unter dem Namen Laggan bekannt, lag 6 km entfernt. Das erste Hotel wurde 1890 an Stelle einer baufälligen Hütte am Seeufer errichtet und war eine schlichte Angelegenheit mit zwei Gästezimmern. Zahllose Brände, missglückte Neuanfänge und Anbauten sollten folgen, bis der heutige Komplex seine unansehnliche Gestalt annahm; die neuesten Flügel kamen erst 1988 hinzu. Die erste Straße wurde 1926 angelegt. Trotz der überlaufenen Pfade sollte man sich eine Wanderung am See nicht entgehen lassen. Um sich den Massen zu, bieten sich die nostalgisch anmutenden Kanus an, die es am linken Ufer (wenn man vor dem See steht) von Juni–Sep tgl. von 10–20 Uhr für $30 pro Std. und max. drei Personen pro Boot zu mieten gibt. An Schwimmen ist hier nicht zu denken – das Wasser ist tief und eiskalt, im Sommer beträgt die maximale Temperatur 4°C.

Moraine Lake

Nicht ganz so viele Besucher wie am Lake Louise legen den 13 km langen Weg zum Moraine Lake zurück, der zwar der kleinere, dafür aber in vielerlei Hinsicht der landschaftlich beeindruckendere der beiden ist. Ohne eigenes Transportmittel bleibt für die Anfahrt nur das Fahrrad, ein Taxi ($35) oder der vom Park betriebene Vista-Shuttlebus, der alle halbe Stunde vom Hotel und dem Lake Louise Campground hierher verkehrt und bei Vorlage der Eintrittskarte in den Park kostenlos genutzt werden kann. Die Busverbindung wurde eingerichtet, um dem Ansturm der Autos und Wohnmobile ent-

Wintersport in Lake Louise

In der Region, die für ihre exzellenten Bedingungen für Skifahrer ohnehin bekannt ist, nimmt Lake Louise eine herausragende Position ein und wird von vielen als eines der besten Wintersportgebiete Nordamerikas gepriesen. Abgesehen von den Pisten für Skifahrer und Snowboarder stehen hunderte Kilometer an Langlaufloipen sowie zahlreiche andere Wintersportmöglichkeiten inmitten herrlicher Landschaft zur Auswahl. Mit einer Ausdehnung von mehr als 40 km^2 ist es Kanadas größtes Skigebiet, das mit seinem exzellentem Pulverschnee keine Wünsche offen lässt.

Die Hänge wurden in den 20er Jahren für das Skifahren entdeckt. 1930 errichtete man die erste Unterkunft, 1954 den ersten Lift. Den eigentlichen Startschuss für das Wintersportparadies gab ein reicher Engländer namens Norman Watson – allgemein als „Barmy Baronet", oder zu Deutsch „bekloppter Baronet", bekannt –, der 1958 einen Großteil seines Erbes in den Bau einer Seilbahn auf den Mount Whitehorn investierte. Weitere Lifte und Anlagen sollten folgen. Es wäre wohl noch mehr gebaut worden, wären da nicht die Umweltschützer gewesen. Ihre Proteste vereitelten sowohl eine Bewerbung für die olympischen Winterspiele 1968 als auch die 1972 gefassten Pläne, einen Mammutkomplex mit 6500-Betten entstehen zu lassen. Nichtsdestoweniger ist das Skigebiet weiter gewachsen und inzwischen regelmäßiger Austragungsort von Skiweltcup-Rennen. Einziger wirklicher Nachteil sind die unglaublich eisigen Temperaturen im Januar und Februar.

Skigebiete

Durch die natürlichen Gegebenheiten lassen sich drei klar voneinander abgegrenzte Zonen unterscheiden. Herzstück des Gebiets ist die **Front Side** (manchmal auch „South Face" genannt). In seinen unteren Lagen bietet es mit bestens präparierten Pisten vor allem Anfängern und Fortgeschrittenen ideale Bedingungen. Ganz anders die versteckt hinter der Front Side gelegene Zone der **Back Bowls** oberhalb der Baumgrenze mit ungleich schwierigeren schwarzen Pisten. Von den Back Bowls führt ein langer, relativ flacher Ausläufer zur Basis des **Ptarmigan/Larch**-Gebiets, das einige der schönsten Abfahrten durch bewaldetes Gelände vor Ort bietet. Die Hänge erstrecken sich in mehrere Himmelsrichtungen, so dass man der Sonne folgen kann, und die Bäume bieten Schutz vor Windböen – eine Kombination, die noch bei widrigen Bedingungen für optimales Fahrvergnügen sorgt. Das insgesamt 1700 ha große Areal unterteilt sich wie folgt: Anfänger (25%), Fortgeschrittene (45%) und Könner (30%). Die durchschnittliche Schneefallmenge

gegenzuwirken, die sich auf dem kleinen Parkplatz drängen und die Zufahrtsstraße verstopfen. Aber kein Wunder, dass sie zuhauf kommen, denn die Landschaft ist überwältigend und wartet mit fantastischen Wandermöglichkeiten auf (s. S. 176/177, Kasten). Mit der *Moraine Lake Lodge* (s. S. 180) befindet sich hier zudem eines der bezauberndsten und besten Hotels der Rocky Mountains. Abgesehen von der Lodge, die im Übrigen auch ein gutes kleines Café und ein erstklassiges Restaurant beherbergt, stören keinerlei Gebäude die einzigartige Umgebung des Sees. Bis vor noch gar nicht langer Zeit zierte der See die Rückseite der kanadischen 20-Dollar-Note, allerdings konnte die Abbildung dem schimmernden Wasser und den gezackten, schneebedeckten Gipfeln, die am östlichen Seeufer aufragen und der Gegend den Beinamen „Valley of the Ten Peaks" einbrachten, kaum gerecht werden. Offiziell heißen diese Berge heute Wenkchemna nach dem Wort der Stoney für „zehn".

Der See selbst ist halb so groß wie der Lake Louise, strahlt aber in einem kaum vorstellbaren **Türkis**. Wie beim Lake Louise und anderen größeren Seen in den Rocky Mountains (insbesondere beim Peyto Lake am Icefields Parkway) sorgt so genanntes Bergmehl, feinster Gletscherschlamm oder Moränenschutt, für diese blaugrüne Farbgebung. Schmelzwasser schwemmt im Juni und Juli diesen Gesteinsstaub in den See, und die winzigen, gleichgroßen Partikel absorbieren sämtliches einfallende Licht, nur nicht jenes im grünen und blauen Farbspektrum.

während der von Anfang November bis Mitte Mai dauernden Saison beträgt 360 cm. Von der höchsten Erhebung (2637 m) sind fast 1000 m Höhenunterschied zur Basisstation auf 1645 m Höhe. Eine Liftkarte schlägt mit ca. $61 pro Tag zu Buche, eventuell lohnt jedoch der **Tri-Area Pass**, den es ab drei Tagen für $175 gibt und der für die Skigebiete in Lake Louise sowie in Banff am Mount Norquay und in Sunshine Village (s. S. 164) gültig ist. Die **Einrichtungen** im Skigebiet umfassen drei Tageslodges mit Restaurant und Bar, eine Skischule, ein Skigeschäft, eine Verleihstation, einen Kindergarten sowie Schließfächer. Von Lake Louise verkehren kostenlose Shuttlebusse in das Gebiet, von Banff muss man für den Transport ca. $15 hin und zurück bezahlen, für Inhaber des Tri-Area Pass entfallen die Transportkosten. Kostenlose Touren zum Berg werden 3x tgl. angeboten. Weitere **Informationen** sowie **Reservierungen** über *Skiing Louise*, ☎ 403/522-3555, oder 1-800/258-7669, 🖥 www.skilouise.com.

Auch für den **Langlauf** bieten sich traumhafte Bedingungen, darunter zahlreiche Routen um den See, entlang der Moraine Lake Rd sowie ins Skoki Valley nördlich des Orts. Bei Lust auf **Heli-Skiing** steht *RK Heli-Ski*, ☎ 403/342-3889, mit einem Schalter im Château Lake Louise (🕐 im Winter tgl. 16–21 Uhr) und einem täglichen Shuttlebus vom Hotel in die 2 Std. Fahr-

zeit entfernten Purcell Mountains (dem nächstgelegenen Gebiet für diesen Sport) in British Columbia zur Verfügung.

Andere Aktivitäten

Das Château ist auch die Adresse für andere Aktivitäten, insbesondere **Schlittschuhlaufen** und **Schlittenfahren**. Daneben bieten verschiedene Tourveranstalter die Abholung vom Hotel zu Ausflügen mit **Hundeschlitten** und **Schneemobilen** an. Einstündige Kutschschlittenfahrten unternimmt *Brewster Lake Louise Sleighrides*, ☎ 403/762-5454 oder 522-3511, 🖥 www.brewsteradventures.com; Abfahrten vor dem Château Mo–Sa stündlich von 13–16 sowie 19 und 20 Uhr, Sa und So zusätzlich um 10 und 11 Uhr, $22, Reservierung erforderlich. Für Eislaufvergnügen vor grandioser Kulisse auf dem See (abends im Flutlicht) kann man sich ebenfalls im Hotel bei *Monod Sports*, ☎ 403/522-3837, für $10 p. Tag Schlittschuhe leihen.

Aufregendere Exkursionen lassen sich nur in der weiteren Umgebung finden, z. B. **Hundeschlitten-Touren** mit *Kingmik Expeditions*, ☎ 250/344-5298 oder 1-877/919-7779, deren Angebot von 35-minütigen Trips für $90 bis zu mehrtägigen Abenteuerausflügen für ca. $250 p. Tag reicht; oder ganztägige **Schneemobil-Ausflüge** mit *Wet 'n' Wild Adventures* aus Golden, ☎ 250/344-6546 oder 1-800/668-9119, für $180 p.P.

Wenn die Seen im Mai und Juni gerade vom Eis befreit und noch bar jeglicher Einschwemmungen sind, präsentieren sie sich in normalerem Himmelblau. Schöne Ausblicke über den See bieten sich, wenn man dem östlichen Seeufer folgt und über die große Gletschermoräne unweit der Lodge klettert (allerdings war es wahrscheinlich kein Gletscher, der den See entstehen ließ, sondern ein Bergsturz). Um die Landschaft vom Wasser aus genießen zu können, stehen gleich hinter der Lodge **Kanus** zur Miete bereit. Das beeindruckendste Panorama eröffnet sich entlang des Pfads durch den Wald am Ostufer, allerdings sollte man sich vor Abmarsch im Visitor Centre in Lake Louise über die etwaige Anwesenheit von Bären informieren – ein junger Grizzly ist inzwischen in der Umgebung des Moraine Lake heimisch und bestimmte Bereiche werden zeitweilig gesperrt, damit der Bär nicht in Kontakt mit Menschen kommt.

Übernachtung

Hotelunterkünfte in oder nahe Lake Louise Village sind das ganze Jahr über teuer und im Sommer mit an Sicherheit grenzender Wahrscheinlichkeit ausgebucht. Eine Reservierung, entweder direkt oder über einen der Reservierungsdienste (s. S. 159, Kasten), ist praktisch unumgänglich. Im exzellenten Hostel sind Vorausbuchungen von 6 Monaten nicht ungewöhnlich. Die im voranstehenden Kapitel genannten Übernachtungsmöglichkeiten am Bow Valley Parkway liegen für Auto- oder Fahrradfahrer in bequemer Entfernung.

HOTELS – *Château Lake Louise*, ☏ 403/522-3511 oder 1-800/441-1414, ▢ www.fairmont.com, Imposantes Wahrzeichen in bevorzugter Lage direkt am Lake Louise, mit dem Auto 5 Min. vom Ort entfernt. Ein Blick lohnt allein schon die bizarre Verschmelzung alpiner und neokolonialer Elemente. Die 511 Zimmer und Suiten kosten bis zu $579, sind in der Nebensaison (Okt–Dez) aber zum Teil schon für ca. $100 zu haben. In dieser Zeit gibt es auch günstige Pauschalangebote für Skifahrer. Zur Einrichtung der 5-Sterne-Unterkunft zählen u.a. ein Fitnessraum, ein Pool sowie mehrere Bars und Restaurants. ❽

Deer Lodge, Lake Louise Drive, ☏ 403/522-3747 oder 1-800/661-1595, ▢ www.crmr.com. In den 20er Jahren ursprünglich als Teehaus im Blockhüttenstil errichtet, heute ein verschachteltes Hotel, dessen elegante Zurückhaltung in Ausstattung und Ambiente sich angenehm vom Pomp des nahen Château unterscheidet. Auf dem Dach gibt es ein Jacuzzi mit herrlicher Aussicht und eine Sauna. ❻

Lake Louise Inn, 210 Village Rd, ☏ 403/522-3791 oder 1-800/661-9237, ▢ www.lakelouiseinn.com. Preiswertestes der Hotels im Dorf, einige Zimmer auch für Selbstversorger. ❼

Moraine Lake Lodge, Moraine Lake, ☏ 403/522-3733, ▢ www.morainelake.com. Eines der bezauberndsten und romantischsten Hotels in den Rockies. Unterkunft in exzellent eingerichteten Cabins mit Kamin und Lodge-Zimmern. Freundliche Mitarbeiter und ein Höchstmaß an Intimsphäre. ⏱ Mai–Okt. ❽

Paradise Lodge and Bungalows, Lake Louise Drive, ☏ 403/522-3595, ▢ www.paradiselodge.com. Einen kurzen Fußmarsch vom See entfernt, etwas teurere der seenahen Alternativen, in der Nebensaison aber durchaus erschwinglich. 21 Blockhütten für Selbstversorger sowie 24 ein- und zweizimmrige Unterkünfte, z.T. mit Küche. ⏱ Mitte Mai–Mitte Oktober. ❻

Post Hotel, Village Rd, ☏ 403/522-3989 oder 1-800/661-1586, ▢ www.posthotel.com. Nobles Chalet mit viel Holz und Topadresse im Ort mit renommiertem Restaurant und Bar. ❽

HOSTELS UND CAMPING – *Castle Mountain Youth Hostel (HI)*, 1,5 km östlich der Castle Junction am Hwy 93 S, ☏ 403/762-4122, ▢ www.hihostels.ca. In günstiger Lage zum Bow Valley Parkway und den dortigen Wanderwegen. 36 Plätze, buchbar über das Banff Hostel. Dorm-Bett $13. ❷

Lake Louise International Hostel (HI), Village Rd, etwas nördlich der Mall, ☏ 403/522-2200, ▢ www.hihostels.ca. Vor gewohnt beeindruckender Kulisse angesiedeltes Hostel im Stil eines Bergchalets mit 150 Betten. Sauber, bestens ausgestattet, u.a. mit Gemeinschaftsküche, Waschküche, Internet-Zugang, Bibliothek mit reichlich Bergliteratur, Restaurant. Dorm-Bett $23, auch Privatzimmer. Ohne Reservierung (bis zu 6 Monate im Voraus) ist hier im Sommer und während der Wochenenden im Winter kaum ein Bett zu bekommen. ❸

Lake Louise Campground, nahe dem Ort, den Schildern von der Fairview Rd folgen. 220 Stellplätze à $17, teilweise mit Anschlüssen, Duschen; im Sommer begehrt, durch die nahe Eisenbahnstrecke mitunter laut, zudem etwas beengt, die Bäume sorgen aber für ein akzeptables Maß an Intimsphäre, kein Feuer gestattet. ☉ Mitte Mai–Anfang Okt.

Lake Louise Trailer, in der Nähe, nur für Wohnmobile, ganzjährig geöffnet, $23.

Essen

Laggan's Mountain Bakery, Samson Mall, einfache, aber ausgezeichnete Snacks und Kaffee, stets voll, ☉ tgl. 6–19 Uhr.

Bill Peyto's Café, im Hostel, aber für jedermann offen, ✆ 403/522-2200, preiswerte, sättigende und abwechslungsreiche Gerichte, hübsche Sommerterrasse, entspannte Atmosphäre, gut um Leute kennen zu lernen. ☉ tgl. 7–21 Uhr.

Lake Louise Station Restaurant, im restaurierten Bahnhofsgebäude von 1909, ✆ 403/522-2600, herzhafte kanadische Küche in legerem Ambiente im Gebäude (im Sommer auch draußen), formeller und teurer ist der zum Restaurant umfunktionierte Eisenbahnwaggon.

Post Hotel, ✆ 403/522-3989, serviert mit die besten (und teuersten) Speisen. Reservierung abends unerlässlich. ☉ tgl. 7–14 und 17–21.30 Uhr.

Outpost Pub, im Post Hotel, ✆ 403/522-3989, gemütliche Bar und beliebter Treffpunkt der Einheimischen, ab dem späten Nachmittag werden auch kleine Gerichte serviert.

Für einen Drink empfehlen sich außerdem:

Lake Louise Bar and Grill, Samson Mall, obere Etage, ✆ 403/522-3879, und die lebendige *Explorers Lounge* im Lake Louise Inn, 210 Village Rd, ✆ 403/522-3791.

Aktivitäten

Die meisten Veranstalter – insbesondere die für Rafting-Ausflüge – sind in Banff oder andernorts angesiedelt, häufig und in der Regel gegen einen Aufpreis von $10 wird jedoch die Abholung von Lake Louise angeboten. Eine Hand voll Anbieter betreiben ihr Geschäft aber direkt von Lake Louise aus, darunter *Wild Water Adventures,* ✆ 403/678-5058, 522-2211 oder 1-888/771-9453, mit halb- sowie ganztägigen Rafting-Trips auf dem Kicking Horse River im nahen Yoho National Park. Die halbtägigen Touren starten um 8.30 und 13.30 Uhr und kosten ab $69.

Wer gerne in Gesellschaft wandern oder während des Marschs mehr über die Umgebung erfahren möchte, kann an einer **geführten Wanderung** teilnehmen, die im Juli und August 3–4x pro Woche von Mitarbeitern des Nationalparks und von den Friends of Banff angeboten werden. Die Strecken folgen dem Lake Louise Lakeshore Stroll (Mo und Fr 10 Uhr, 2 Std.) und dem Plain of the Six Glaciers Trail (Di, Do und So 9 Uhr, 6 Std., $12). Interessenten sollten sich bei den Friends of Banff im Visitor Centre über die aktuellen Zeiten informieren und einen Platz reservieren – und zwar rechtzeitig, da die Wanderung recht gefragt sind, ✆ 403/522-3833.

Wilson Mountain Sports in der Mall vermietet Fahrräder, organisiert **Radtouren** (halber Tag ab $55, ganzer Tag $85) und Transport zum Bow Summit am Icefields Parkway, von wo man den leichten Rückweg nach Lake Louise bergab radeln kann. Ebenfalls von Wilson sind **Kanus** für Trips auf dem Bow River erhältlich, für gemächlicheres Paddeln gibt es am *Château Lake Louise,* ✆ 403/522-3511, im Sommer von 10–19 Uhr für $30 pro Stunde Kanus und Kajaks für Fahrten auf dem See.

Der Bow River lockt zwischen Lake Louise und Banff als forellenreiches **Angelrevier**. Informationen und Tipps hierzu sind in den Castle Mountain Chalets am Bow Valley Parkway erhältlich (s.S. 171), Ausrüstung wiederum bei *Wilson Mountain Sports* und die erforderliche Angelerlaubnis für $6 für eine Woche im Visitor Center. Wer lieber **reiten** möchte, wendet sich an die *Brewster Lake Louise Stables* im *Château Lake Louise,* ✆ 403/522-3511, App. 1210, oder 762-5454. Zur Auswahl stehen Ausritte am Seeufer (90 Min., $45), halbtägige Touren zum Lake Agnes ($60) oder zur Plain of the Six Glaciers (s.S. 176) sowie ganztägige Treks ins Paradise Valley und zum Horseshoe Glacier ($120 inkl. Mittagessen).

Timberline Tours, ✆ 403/522-3743, vom Lake Louise Corral hinter der Deer Lodge bietet Ähnliches aber zu billigeren Preisen: ganztägige Ausritte ins Skoki Valley östlich von Lake Louise sowie ein- und dreistündige Ausflüge zum Bow Lake am Icefields Parkway von der Num-Ti-Jah Lodge (s.S. 184).

Sonstiges

AUSRÜSTUNG – Wilson Mountain Sports, Samson Mall, ✆ 403/522-3636, verleiht **Fahrräder** für $8–12 pro Std. oder $29–45 pro Tag, Inlineskates $5–8 pro Std., außerdem Verkauf und Verleih von Anglerbedarf (Angeln $7–11, Wasserstiefel $10), Ausrüstung für Ausflüge in die Wildnis (Rucksack $9, Zelt $19, Brenner $7) und, sofern verfügbar, **Kanuverleih** für Exkursionen auf dem Bow River nach Banff.

AUTOVERMIETUNG – National, bei The Depot an der Samson Mall, ✆ 403/522-3870, einziger Anbieter vor Ort, besser mietet man in Banff oder von einem anderen Ort, da die Wagen rasch vergeben sind.

BÜCHER UND LANDKARTEN – Woodruff and Blum, Samson Mall, ✆ 403/522-3842, ausgezeichnetes Sortiment an Karten, Naturführern und Hintergrundliteratur.

GELD – Geldwechsel im Lebensmittelgeschäft in der Samson Mall und im Château Lake Louise.

INFORMATIONEN – Lake Louise Information Centre, wenige Schritte vom Parkplatz im Dorf entfernt, ✆ 403/522-3833, beeindruckende Einrichtung, in der nicht nur Informationen erhältlich sind, sondern auch naturgeschichtliche Exponate bestaunt werden können. ◷ Mitte Juni–Anfang Sep tgl. 8–20, Mitte bis Ende Sep sowie Anfang bis Mitte Juni 8–18, Okt–Mai 9–16 Uhr.

MEDIZINISCHE HILFE – Krankenhaus in Banff.

POLIZEI – ✆ 403/522-3811.

POST – in der Samson Mall, ◷ tgl. 6.30–19 Uhr.

WASCHSALON – in der Samson Mall.

Transport

Greyhound, Haltestelle am Parkplatz an der Samson Mall, am kleinen Büro von The Depot, ✆ 403/522-2080. 4x tgl. nach BANFF, 50 Min., $8, und CALGARY, drei der Busse aus Banff fahren weiter Richtung VANCOUVER und in westliche Landesteile.

Laidlaw, ✆ 403/762-9102 oder 1-800/661-4946, 1x tgl. nach BANFF, $8.

Brewster Transportation, ✆ 403/762-6700, 3x tgl. von BANFF, $11, mit Weiterfahrt bis zum Château Lake Louise. 1x tgl. nach JASPER vom See und vom Ort, ab Samson Mall um 16.15 Uhr, $44. Auch Touren auf dem Icefields Parkway, einfache Strecke 8 Std. und $82, hin und zurück exkl. Übernachtung in Jasper $112.

Brewster und andere Unternehmen unterhalten auch Direktverbindungen zwischen Lake Louise und dem Flughafen Calgary (s.S. 119/120, Transportkapitel Calgary).

TAXI – Lake Louise Taxi & Tours, ✆ 403/522-2020, für Fahrten zu den Seen.

Icefields Parkway

Selbst noch so übertrieben klingende Schilderungen können der fesselnden Pracht des Icefields Parkway (Hwy 93) kaum gerecht werden, der auf seiner 230 km langen Strecke von Lake Louise nach Jasper durch das Herz der Rocky Mountains führt und als eine der atemberaubendsten Straßen der Welt gilt. Die unendliche wollende Aneinanderreihung steil aufragender Gipfel, gewaltiger Gletscher, schillernder Seen, blumenübersäter Wiesen, Wälder, dazu noch die Tiere und als Höhepunkt des Ganzen das gigantische Columbia Icefield sind absolut überwältigend. Pelzhändler und indianische Ureinwohner, die die Route bereits um 1800 nutzten, nannten die Strecke „Weg der Wunder", wobei allerdings nicht unerwähnt bleiben sollte, dass sie in der Praxis meist das Pipestone River Valley im Osten vorzogen, um die Sümpfe und andere Unbill des Bow Valley zu umgehen. Jim Brewster bewältigte 1904 als erster die gesamte Strecke, entlang derer später die Straße verlaufen sollte. Der heutige Highway wurde im Rahmen eines Arbeitsbeschaffungsprogramms während der Zeit wirtschaftlicher Krisen erst 1939 fertig gestellt und 1940 eingeweiht. Obgleich alljährlich ca. eine Million das erleben wollen, was vom Park als „Fenster zur Wildnis" beworben wird, kann die Idylle über weite Strecken relativ unbehelligt genossen werden.

Nach 122 km und ca. zwei Stunden Fahrt überquert der Icefields Parkway nach der Hälfte des Weges die Grenze vom Banff in den Jasper National Park. Die im Folgenden angegebenen Entfernungen beziehen sich auf den Weg von Lake Louise, jedoch sind alle beschriebenen Attraktionen am Highway durch braun-grüne Nationalpark-Schilder gekennzeichnet. Die lohnende, von Parks Canada herausgegebene und in den Visitor Centres erhältliche Broschüre *In the Shadow of the Great Divide* umfasst detaillierte Karten sowie Beschreibungen al-

ler Wanderpfade und Sehenswürdigkeiten. Die gesamte Strecke lässt sich in ca. 4 Std. zurücklegen, allerdings müsste man dann auf die herrlichen Wanderwege, Aussichtspunkte und einen nachhaltigeren Eindruck der grandiosen Landschaft verzichten.

Touristenbroschüren vermitteln oftmals den falschen Eindruck, dass der Icefields Parkway höchsten Reiseansprüchen genügt, tatsächlich aber führt er durch unerschlossene Wildnis, Schnee macht ihn ab Oktober häufig unpassierbar und nur an zwei Stellen stehen Serviceeinrichtungen zur Verfügung: an der Saskatchewan Crossing, wo der David Thompson Highway (Hwy 11) Richtung Red Deer abzweigt (einzige Möglichkeit, wo sich Zelter mit Proviant versorgen können; 77 km von Lake Louise), und am Columbia Icefield (127 km).

Hostels am Icefields Parkway

In regelmäßigem Abstand verteilen sich fünf Hostels (vier davon ganzjährig geöffnet) und zwölf ausgezeichnete Campingplätze entlang dem Icefields Parkway. Für die Hostels ist es unerlässlich, diese entweder direkt (sofern eine Kontaktadresse vorhanden), über das Hostel in Banff oder online unter 🖳 www.hihostels.ca zu buchen. Die großen Campingplätze der Parks, die nicht im Hinterland liegen, können wie üblich nicht reserviert werden. Wer Wert auf Komfort legt, wird in Banff, Lake Louise oder Jasper nächtigen müssen, da die Hotels am Bow Lake, an der Saskatchewan Crossing, am Columbia Icefield und an den Sunwapta Falls durchweg und restlos ausgebucht sind.

Der sehr zweckdienliche **Summer Hostel Shuttle** verbindet von Anfang Juni bis September zwölf Hostels zwischen Calgary, Banff und Jasper und klappert auch die Hostels am Icefields Parkway und jenseits davon ab. Abfahrten derzeit tgl. entlang der Route Calgary–Lake Louise–Calgary ab Calgary 8.30, ab Lake Louise via Banff, Calgary bis Flughafen 13 Uhr; samstags nur Jasper–Lake Louise–Jasper ab Jasper 8.30, ab Lake Louise 13.30 Uhr; Mo, Mi

und Fr Lake Louise–Jasper ab Lake Louise 13 Uhr; und So, Di und Do Jasper–Lake Louise ab Jasper 8.30 Uhr.

Der Fahrpreis für die längste mögliche Strecke von Calgary zum Maligne Canyon Hostel (Jasper) beträgt $90, für die Fahrt von Lake Louise zum Hilda Creek Hostel nahe dem Columbia Icefield zahlt man $25, von Banff nach Lake Louise $12, von Banff zum Jasper International Hostel $57 und von Lake Louise nach Jasper $45. Ein Aufschlag wird für den Transport von Fahrrädern (von Calgary nach Banff $10), Kanus und anderem Sperrgut erhoben.

Hostels sollten nicht später als 18 Uhr vor dem anvisierten Abfahrtstag unter Angabe der geplanten Reiseroute reserviert werden, nach Buchungsbestätigung des Hostels bleibt dann noch der Kauf des Fahrscheins von einem der sich beteiligenden Hostels, wobei man sich bei Kauf die Abfahrtszeit bestätigen lassen sollte.

Stand-by-Tickets sind bei Abfahrt nach Verfügbarkeit vom Fahrer des Shuttle erhältlich, Fahrgäste müssen jedoch für das von ihnen angesteuerte Hostel eine Reservierung besitzen.

Brewster Transportation, ✆ 403/762-6767, bietet zwischen Ende Mai bis Mitte Oktober zwischen Banff oder Lake Louise und Jasper verschiedene Touren an und verkehrt mit einem regulären Bus täglich in beide Richtungen ($51/44 einfache Strecke ab Banff/Lake Louise), allerdings werden Fahrten besonders zu Beginn und gegen Ende der Saison nicht selten aufgrund der Wetterverhältnisse gestrichen. In der Regel kann man sich nach Anfrage beim Fahrer an den Hostels oder Ausgangspunkten der Wanderwege entlang der Strecke absetzen lassen. **Radler** sollten in Erwägung ziehen, die bequemere Variante von Jasper nach Banff zu wählen (Jasper liegt 500 m höher als Banff).

Von Lake Louise nach Norden

Eines der größten Probleme für Besucher der Rocky Mountains ist, eine Auswahl aus den Sehenswürdigkeiten und zahllosen Wanderwegen zu treffen – und der Icefields Parkway bildet hiervon keine Ausnahme. Die folgende, stichpunktartige Aufzählung ist eine Zusammenfassung der obligaten Aussichtspunkte sowie Spazier- und Wanderwege entlang der 122 km langen Strecke des Parkway von Lake Louise nach Columbia Icefield: schönste Aussicht – Peyto Lake; schönste Wanderung an einem See – Bow Lake; schönster Wasserfall – Panther-Bridal Falls; schönster kurzer Spazierweg – Mistaya Canyon; schönste kurze Wanderung – Parker Ridge; schönste Wanderung, wenn man alle anderen auslässt – Wilcox Pass.

Das erste Hostel nördlich von Lake Louise (28 km) ist das *Mosquito Creek Hostel,* kein Telefon, Reservierungen unter ✆ 403/762-4122, mit vier Blockhütten und insgesamt 38 Schlafplätzen à $13, einem begrenzten Lebensmittelangebot, einer Küche, einem großen Gemeinschaftsraum und einer mit Holz geheizten Sauna; ganzjährig geöffnet, zeitweilige Schließung jedoch möglich; Check-in 17–23 Uhr. Ein kurzer Stück dahinter folgt der *Mosquito Creek Campground,* einer von zwei im Winter nutzbaren Campingplätzen am Icefields Parkway; 32 Stellplätze, Mitte Juni bis Mitte September $10, danach kostenlos, Wasser und Trockentoiletten sind die einzigen Einrichtungen.

In der Umgebung erstrecken sich die Niederungen des Bow River, und die Moskitos können zu einer wahren Plage werden. Nicht weit vom Campingplatz beginnen zwei Wanderrouten, der leicht

an einem Tag zu bewältigende und von reizvoller Aussicht begleitete **Molar Pass Trail** (9,8 km, 535 m Anstieg, 3 Std.) und der **Upper Fish Lake Trail** (14,8 km, 760 m Anstieg, 5 Std.), der dem Molar Pass Trail zunächst auf einer Länge von 7 km folgt, um dann abzuzweigen und über die herrliche Bergwiese des North Molar Pass (2590 m) zu überqueren.

Nur wenig weiter (37 km) führt von der Zufahrtsstraße zur Num-Ti-Jah Lodge ein sehr schöner Pfad zum **Bow Lake** und zu den **Bow Glacier Falls** (4,3 km, 155 m Anstieg, 1–2 Std.). Er passiert die Uferniederungen des Bow Lake, die zu den schönsten in den Rocky Mountains zählen, und steigt dann zu imposanten Klippen und den dahinter liegenden Wasserfällen an.

Zwar endet der eigentliche Pfad am Rand der Moräne nach 3,4 km, aber der Weg kann über das Geröll zum Fuß der 900 m entfernten Wasserfälle fortgesetzt werden. Wem der Sinn nicht nach einer Wanderung steht, kann am Picknickplatz am südöstlichen Seeufer auch einfach nur eine Rast einlegen. Die *Num-Ti-Jah Lodge,* ✆ 403/522-2167, ❻, befindet sich unweit der Straße und ist eine der bekanntesten Lodges der Rockies im alten Stil. Sie wurde 1920 vom legendären Bergführer Jimmy Simpson (der hier bis 1972 lebte) erbaut und ist der einzige Besitz im Park in privater Hand; sämtliche Ländereien und Besitzungen gehören ansonsten dem Land Kanada und werden als solche verpachtet. Wer in der von Mai bis September geöffneten Lodge übernachten will, muss lange im Voraus buchen. Ein Coffeeshop bietet hier Stärkung an, außerdem können Besucher einen Blick auf die bemerkenswerte achteckige Form der Lodge werfen, die Jimmy zwangsläufig wählte, weil er ein großes Anwesen errichten wollte, für den Bau aber nur kurze Baumstämme aus der Umgebung zur Verfügung hatte. Die Lodge ist nur für Gäste zugänglich, das Restaurant steht jedoch jedermann offen, ebenso die von *Timberline Tours,* ✆ 403/522-3743, angebotenen Ausritten. Die Ausflüge reichen von einstündigen Ausritten zum Bow Lake über dreistündige Trips zum Peyto Lake (siehe unten) bis hin zu eintägigen Exkursionen zum Helen Lake.

Peyto Lake

Nach weiteren 3 km auf dem Icefields Parkway erreicht man den Bow Summit, Quellgebiet des Bow

Peyto Lake

River, jenes Stroms, der durch Lake Louise, Banff und Calgary fließt. Mit 2069 m Höhe ist dies der höchste Punkt, über den ein kanadischer Highway führt. Unmittelbar dahinter (von der Straße ausge-schildert) verläuft der Pfad zum **Peyto Lake Look-out** (1,4 km, Abstieg 100 m, 20 Min.), einem der großartigsten Aussichtspunkte in den Rocky Mountains. Das herrliche Panorama eröffnet sich

Rafting in den Rocky Mountains

Wer schon genug Wanderwege gesehen hat, kann die Rocky Mountains bei einer Wildwas-serfahrt, dem White-Water Rafting, von einer ganz neuen Seite erleben. In den National-parks, vor allem im Jasper National Park, zählt dies derzeit zu den angesagtesten Aktivitäten. Viele Anbieter, insbesondere in Jasper, Gol-den (nahe dem Yoho National Park) und Banff, befriedigen die stetig wachsende Nachfrage. Nicht alle Ausflüge sind halsbrecherische Unternehmen. Je nach Wahl des Gewässers und der Tour können solche Ausflüge auch einfach nur gemächliche Flussfahrten sein. Bei anderen wiederum müssen die Teilneh-mer körperlich fit und gute Schwimmer sein. Die Dauer der Touren reicht von einigen Stun-den bis zu mehreren Tagen.

Für die Mehrzahl der Touren sind keine Vor-kenntnisse erforderlich, auf ein, zwei Dinge sei jedoch hingewiesen. Wildwasser ist in **sechs Klassen** eingeteilt, wobei Klasse 1 sanf-tes Gewässer bezeichnet und Klasse 6 prak-tisch einem Wasserfall gleichkommt. Die **Sai-son** dauert in der Regel von Mai bis Mitte September, am wasserreichsten sind die Flüs-se im Juni und Juli, wenn sie durch das Schmelzwasser der Gletscher anschwellen. Die Anbieter sind durch die einzelnen Park-verwaltungen zugelassen und statten ihre Tourteilnehmer mit allem Nötigen aus, ange-fangen bei solch grundlegenden Utensilien wie Helm und Rettungsweste bis hin zu Aus-rüstungsgegenständen wie Neoprenanzügen, wasserabweisenden Schutzjacken oder Woll-pullovern, je nachdem wie turbulent der Aus-flug eingeschätzt wird. Auch der Transport von größeren Zentren zu den Flüssen wird an-geboten, bei vielen längeren Touren ist zudem ein Mittagessen, Snack oder Grillessen im Preis enthalten. Sind während einer Fahrt reichlich nasse Güsse zu erwarten, stellen

größere Anbieter mitunter Duschen und Um-kleidegelegenheiten vor Ort zur Verfügung. Für jeden Ausflug empfiehlt es sich, Sport-schuhe oder Sachen zu tragen, die nass wer-den können, Kleidung zum Wechseln mitzu-nehmen und auch ein Handtuch sowie eine Tasche für Wertsachen dabei zu haben. Nicht wenige ziehen sich unter die normale Klei-dung Badesachen an. Oftmals kann bei sanf-ten wie raueren Ausflügen gewählt werden, ob man sich zurücklehnt und anderen die Paddelarbeit überlässt oder ob man mit an-packt.

Der **Bow River** bei Banff weist keine größeren Stromschnellen auf. Verschiedene Anbieter veranstalten hier einstündige Fahrten durch die reizvolle Umgebung. Die meisten Tour-unternehmen in Banff und Lake Louise bieten Ausflüge auf einem oder zwei Flüssen west-lich des Parks an. Der zwei Stunden von Banff entfernte **Kootenay River** ist ein Fluss der Klasse 2–3, der nur eine Stunde entfernte und daher häufig angesteuerte **Kicking Horse Ri-ver** ist weit ungebändigter. Auf ihm gilt es in seinem oberen Bereich im Yoho National Park und wenig außerhalb davon streckenweise Abschnitte der Klasse 4 zu bewältigen (Cable Car, Man Eater Hole, Goat Rapid, Twin Towers und Roller Coaster), dasselbe gilt für Teilstü-cke im Lower Kicking Horse Canyon, wo selbst erfahrene Rafter mitunter den Atem an-halten.

Jasper verfügt über die wohl zahlreichsten Möglichkeiten vor seiner Haustür. Auf dem als Klasse 2 eingestuften **Athabasca River** (von den Athabasca Falls, 35 km südlich des Orts) ist zwischen Mai und Oktober ruhiges Rafting möglich, es gibt jedoch auch ein oder zwei wildere, aber harmlose Abschnitte. Der nahe **Sunwapta River**, 55 km südlich von Jasper, gehört zur Klasse 3 und bietet zum Teil aufre-

ALBERTA UND DIE ROCKY MOUNTAINS

dabei erst auf dem letzten kurzen Wegstück und gibt den atemberaubenden Blick auf den darunter liegenden, so weit das Auge reicht von Bergen und Wäldern umrahmten, smaragdgrünen See frei.

Nochmals 3 km weiter liegt ein Aussichtspunkt, von dem sich der Peyto Glacier, Teil des wesentlich größeren Wapta Icefield, in Augenschein nehmen lässt.

gende Streckenabschnitte, dazu herrliche Landschaft und mit etwas Glück auch Gelegenheit zu Tierbeobachtungen. Jede Menge Abwechslung, darunter ein 1,6 km langer Abschnitt mit Stromschnellen, kennzeichnet wiederum den 45 km von Jasper entfernten **Maligne River**, einen Fluss der Klasse 2–3+, der zwischen Juli und September von zahlreichen Tourunternehmen genutzt wird. Das wildeste Gewässer der Gegend ist jedoch der **Fraser River**, der eine Stunde von Jasper entfernt im Mount Robson Provincial Park zum Teil als Klasse 4 dahinrauscht, aber auch ruhigere Teilstrecken besitzt. Von Mitte August bis September sind dort mitunter laichende Lachse zu sehen.

Zu den **Tourveranstaltern in Jasper** zählt u.a. *Maligne River Adventures,* 627 Patricia St, ✆ 780/852-3370, mit einigen der wildesten Ausflüge im Park, so zum Beispiel die 4-stündige „Sunwapta Challenge" an Bord von 6-er-Booten, die mit Paddeln auf Teilen des Sunwapta River („turbulenter Fluss" in der Sprache der Stoney) manövriert werden. Sämtliche Ausrüstung wird gestellt, daneben stehen Umkleideräume und heiße Duschen zur Verfügung. Zur Auswahl stehen außerdem der 2-stündige „Mile 5 Run" für $30, der 3x tgl. auf dem Athabasca River stattfindet und über kleine, aber kraftvolle Stromschnellen führt, der 3-stündige „Heritage Run" für $40–55, der ebenfalls 3x tgl. mit kleinen Paddelbooten und größeren, mit Rudern ausgestatteten Schlauchbooten auf demselben Fluss unternommen wird und sich für Familien und Kinder eignet, sowie ein 3-tägiger Ausflug in die Wildnis am Kakwa River und Smoky River. Besonders für Anfänger empfehlen sich die im Sommer angebotenen, 2–3-stündigen Ausflüge in bequemen Schlauchbooten auf dem Athabasca River von *Jasper Raft Tours,* Jas-

per Adventure Centre, 604 Connaught Drive, ✆ 780/852-2665 oder 1-888/553-5628; Tickets inkl. Transport zum Fluss und zurück (nach Anmeldung Abholung vom Hotel möglich) und auch vom *Brewster*-Schalter im Bahnhof erhältlich. Ein etabliertes Unternehmen, das ähnliche Touren zu vergleichbaren Preisen für alle Altersgruppen und jeglichen individuellen Wagemut durchführt, ist *White Water Rafting (Jasper) Ltd,* ✆ 780/852-7238 oder 1-800/557-7328, ⌨ www.whitewaterjasper.com; Reservierungen sind über *Freewheel Cycles,* 618 Patricia St, und *Alpine Petro Canada,* 711 Connaught Drive, möglich. Die Eigenwerbung verspricht, Ausflüge unabhängig von den Wetterbedingungen zu unternehmen und für behinderte Teilnehmer spezielle Vorkehrungen zu treffen.

Für ein echtes Abenteuer auf dem Fraser River empfiehlt sich *Sekani Mountain Tours,* Work World Store, 618 Patricia St, ✆ 780/852-5211, mit dem 14 km langen „Rearguard Run", der über 20 Stromschnellen der Klasse 3 und 4 führt, 6 1/2 Std. Wer genügend Erfahrung mitbringt, kann auf weiteren 16 km Stromschnellen der Klasse 4 und 4+ auf dem „Canoe River" passieren, 8 Std., oder die beiden Strecken zu einem 2-tägigen Campingausflug kombinieren. Als Kontrastprogramm veranstaltet das Unternehmen daneben beschauliche, stechkahnartige Flussfahrten zum beeindruckenden Mount Robson und zu den Laichgründen der Lachse im Fraser River, 10 km, 5 1/2 Std. Gleiches bietet *Mount Robson Adventure Holidays,* ✆ 1-800/882-9921, 2x tgl., 2 Std., im August außerdem eine Tour am Abend, ansonsten noch einen 3-stündigen Kanutrip zum Moose Marsh mit Gelegenheit zum Beobachten von Vögeln und anderen Tieren. Vorkenntnisse sind hierfür sowie für die Rafting-Ausflüge nicht erforderlich.

Nach 57 km gelangt man zum *Waterfowl Lakes Campground* (116 Stellplätze à $13, ☉ Mitte Mai–Mitte Sep) und zum **Chephren Lake Trail** (3,5 km, 80 m Anstieg, 1 Std.), einem leicht zu bewältigenden Wanderpfad, der in spektakuläre Landschaft führt. Der nächste, 14 km entfernte Zwischenstopp sollte dem **Mistaya Canyon Trail** gebühren, einem beeindruckenden, 300 m kurzen, aber anstrengenden Gang entlang einer engen, vom Fluss gegrabenen Schlucht. *Mistaya* ist übrigens ein Wort aus der Sprache der Cree und bedeutet Grizzlybär.

Saskatchewan Crossing

Den niedrigsten Punkt vor den Eisfeldern erreicht die Straße an der **Saskatchewan Crossing** (77 km). Von der hohen subalpinen Naturzone am Bow Summit sind es 700 m Höhenunterschied bis in diese montane Umgebung mit ihrer eigenen Pflanzen- und Tierwelt. Die überwiegend schneefreie Gegend ist im Winter ein beliebter Tummelplatz von Bergziegen, Dickhornschafen und Vertretern der Hirschfamilie. Die hiesige triste Ansiedlung bietet teures Essen (in einem Restaurant und einer Cafeteria), Benzin, einen kitschigen Souvenirladen sowie das überraschend komfortable Hotel und Restaurant *Crossing,* ☎ 403/761-7000, ❺, ☉ Anfang März–Mitte Nov, mit 66 Zimmern.

Ungefähr 12 km nördlich liegt das *Rampart Creek Hostel,* ☎ 403/439-3139, mit 30 Betten, zwei Cabins, einem einfachen Lebensmittelladen und „der besten Sauna in den Rockies"; $13, ☉ Juni–Okt durchgehend, Check-in 17–23 Uhr, Nov–Mai nur Sa und So und mit Reservierung. Angegliedert ist ein Campingplatz mit 50 Stellplätzen à $10, ☉ Ende Juni–Anfang Sep. In dieser Gegend lassen sich wie in nur wenigen anderen im Park Bären auch in Straßennähe blicken. Letzter Campingplatz im Banff National Park ist der kleine, aber aufgrund der unsicheren Lage mitunter geschlossene (vorher anrufen) *Cirrus Mountain Campground* am Kilometerstein 103, ☎ 403/762-1550, mit nur 16 Stellplätzen à $10, ☉ Ende Juni–Anfang Sep.

Kurz vor den spektakulären **Panther Falls** (113,5 km) steigt die Straße in einer mächtigen Serpentine (dem so genannten „Big Hill") erneut an, um ein grandioses Panorama auf die zurückliegenden, sich Richtung Lake Louise erstreckenden Bergrücken zu eröffnen. Der unmarkierte und häufig rutschige Pfad zu den Wasserfällen beginnt am unteren Ende des zweiten von zwei Parkplätzen auf der rechten Seite. Dahinter (117 km) folgt der Ausgangspunkt zum **Parker Ridge Trail** (einfache Strecke 2,4 km, Anstieg 210 m, hin und zurück unter 2 Std.), der bis auf 2130 m hinaufführt und fantastische Ausblicke vom Gipfelgrat des Saskatchewan Glacier (mit 9 km der längste der Rocky Mountains) bietet. Wer nach der Wanderung zum Peyto Lake Lookout nur noch die Kraft oder Lust für eine weitere hat, sollte diese Route wählen, allerdings ist es dort oben recht kalt und windig, so dass zusätzliche Kleidung mit auf die Strecke genommen werden sollte. Unterkunft bietet einen Kilometer entfernt, auch günstig für das Columbia Icefield 9 km weiter nördlich, das von prächtiger Landschaft umgebene *Hilda Creek Hostel,* ☎ 403/439-3139 oder 780/762-4122, in gemütlichen Blockhütten für insgesamt 21 Personen; $12, Check-in 17–23 Uhr. Der nahe **Sunwapta Pass** (2023 m) markiert die Grenze zwischen dem Banff und dem Jasper National Park und bildet die Wasserscheide des North Saskatchewan River und des Sunwapta River. Erstgenannter fließt in den Atlantik, der andere in das Nordpolarmeer. Von der Grenze der beiden Nationalparks sind es noch 108 km bis Jasper.

Das Columbia Icefield

Kurz dahinter liegt das Columbia Icefield, das mit einer Ausdehnung von 325 m^2 die größte Ansammlung von Eis und Schnee in den Rocky Mountains und das größte Gletschergebiet in der nördlichen Hemisphäre außerhalb des nördlichen Polarkreises bietet. Es ist außerdem das am leichtesten zugängliche der ca. 17 Gletscherareale am Icefields Parkway. Sein Schmelzwasser fließt sowohl in das Nordpolarmeer als auch in den Atlantik und in den Pazifik, was den Gletscher zu einer besonderen Form einer Wasserscheide, einem so genannten „hydrological apex", macht – nur in Sibirien gibt es noch einen weiteren Gletscher mit dieser Eigenschaft.

Gespeist wird das Columbia Icefield von sechs gewaltigen Gletschern, drei davon – der Athabasca, Dome und Stutfield Glacier – sind teilweise vom Highway aus sichtbar. Das hässliche und höchst rummelige **Icefield Centre**, bietet einen imposanten Ausblick auf den markantesten darunter, den

Athabasca Glacier, zeigt eine Ausstellung in der Parks Canada Exhibit Hall und versorgt seine Besucher mit Informationen und Diashows über die Gletscher sowie Kanadas ausgedehntestes Höhlensystem, die Castleguard Caves, die das Eis durchziehen, der Öffentlichkeit aber nicht zugänglich sind. Angesichts Dutzender Tourbusse und erdrückender Besuchermassen ist das Centre beileibe kein Ort, der zum Verweilen einlädt. ☉ tgl. Mai–Anfang Juni sowie Sep–Mitte Okt 9–17, Anfang Juni–Aug 9–18 Uhr.

Vom Parkplatz am Sunwapta Lake kann man bis zum Rand der Gletscherzunge des **Athabasca Glacier** laufen. Beachtung verdienen hierbei die Datumsmarkierungen am Wegesrand, die den Rückzug des Gletschers in der Vergangenheit verdeutlichen (1,5 km in den letzten 100 Jahren). Auch der Gletscher selbst lässt sich zu Fuß erreichen, in Anbetracht der zahllosen gefährlichen Gletscherspalten ist dies jedoch nicht ratsam. Jedes Jahr wird solche Unvernunft mit Verletzungen oder sogar mit dem Tod bezahlt. Selbst der kleinste Ausrutscher kann bereits zu größeren Hautabschürfungen führen. Derartige Expeditionen sollten Experten vorbehalten bleiben, als Ersatz für gewöhnliche Besucher veranstaltet *Brewster* 90-minütige Bustouren auf den Gletscher. An Bord eines „Snocoach" fährt man 5 km über die eisigen Flächen und hat anschließend Gelegenheit auszusteigen und sicheren Fußes einen Spaziergang auf dem Eis zu unternehmen. Die Touren sind heiß begehrt, am größten ist der Ansturm während der Mittagszeit, so dass es sich empfiehlt, eine Tour vor 10.30 oder nach 15 Uhr zu wählen. Fahrten tgl. alle 15 Min. Anfang Mai–Sep 9–17, Okt je nach Wetterbedingungen 10–16 Uhr, $25,95, Karten gibt es im Icefield Centre, telefonische Reservierung unter 1-877/ICE-RIDE. Unerschrockene können außerdem an einem der *Athabasca Glacier Ice Walks* teilnehmen, die zwischen Mitte Juni und Anfang Sep von geprüften Bergführern geleitet werden; tgl. um 11.30 Uhr 3 Std., Do und So um 11.30 Uhr 5 Std., $37. Anmeldung am Schalter im Icefield Centre. Warme Kleidung, Stiefel sowie Proviant nicht vergessen.

Zwischen Mai und Mitte Oktober steht das *Columbia Icefield Chalet,* ✆ 780/852-6550, ❺ – ❼, mit 32 ausgezeichneten, aber wiederum sehr begehrten Zimmern als Unterkunft im Icefield Centre zur Verfügung. Brewster-Busse halten hier auf der Fahrt zwischen Jasper und Banff, wodurch die Möglichkeit gegeben ist, gegen Mittag einen Bus von Jasper Richtung Banff zu nehmen (Ankunft am Icefield um 15 Uhr), das Columbia Icefield zu sehen und am späten Nachmittag (Abfahrt 18.30 Uhr) wieder zurück nach Jasper zu fahren.

Zwei einfache, aber sehr beliebte Campingplätze liegen 2 und 3 km südlich vom Icefield Centre: der ausschließlich Zelten vorbehaltene *Columbia Icefield Campground* mit 33 Stellplätzen à $10, ☉ Mitte Mai–Mitte Okt bzw. bis zum ersten Schnee, und der auch für Wohnmobile geöffnete *Wilcox Creek Campground* mit 46 Stellplätzen à $10, ☉ Anfang Juni–Mitte Sep. Von Letzterem beginnt einer der schönsten Wanderrouten im Nationalpark, der von allen Visitor Centres und praktisch jedem Wanderführer wärmstens empfohlene **Wilcox Pass Trail** (einfache Strecke 4 km, Höhenunterschied 335 m, hin und zurück 2 Std.), der durch dichten Wald aus Kiefern und Felsengebirgstannen steil nach oben steigt, um dann abrupt einen Bergkamm zu erreichen, von dem sich ein weites Panorama über den Parkway und die hohen Gipfel des Eisfelds (inkl. Mount Athabasca) eröffnet. Im weiteren Verlauf führt der Weg durch eine herrliche Landschaft mit Wiesen, Bergseen und Bächen, die häufig für einen Zwischenstopp genutzt wird und die viele Wanderer für den Rest des Tages erkunden, anstatt weiter zum Pass zu marschieren. Wer will, kann die Route um 11 km verlängern und vom Pass hinunter zum Tangle Creek am Parkway laufen.

Vom Columbia Icefield nach Jasper

Jenseits des Columbia Icefield verliert die Landschaft auf den verbleibenden 108 km bis Jasper nur unwesentlich von ihrer verschwenderischen Schönheit. Während die Straße allmählich bergab führt, rücken die Berge ein wenig vom Highway zurück und lassen die Umgebung ein zunehmend alpineres und weniger dramatisches Profil annehmen. Die Szenerie ist jedoch nach wie vor grandios, und wer so weit gefahren ist, wird wahrscheinlich ohnehin schon landschaftlich übersättigt sein. Zwei kurze Wanderwege an den Sunwapta Falls und den Athabasca Falls sollten jedoch einen Zwischenstopp wert sein. Nördlich des Eisfelds befindet sich nach ca. 17 km das *Beauty Creek Hostel,* das in seinen zwei Cabins über 24 Schlafplätze verfügt; Reservierung ✆ 780/852-3215, $10, ☉ Mai–Sep,

Okt–April zeitweilig geschlossen, Hostel durchgehend geöffnet, Check-in 17–23 Uhr. Neun Kilometer weiter liegt der *Jonas Creek Campground* mit 25 Stellplätzen à $10; ☾ Mitte Mai bis zum ersten Schnee, keine Anschlüsse.

Vom Icefields Parkway führt eine schotterige, 1 km lange Stichstraße zu den **Sunwapta Falls** (175 km von Banff, 55 km von Jasper entfernt), von der Straße sind es 15 Minuten Fußmarsch durch den Wald. Die Wasserfälle selbst sind nicht übermäßig spektakulär, außer bei Hochwasser, interessant ist jedoch die tiefe Schlucht, die sie in das umgebende Tal gegraben haben. Folgt man dem kurzen Pfad am Flussufer entlang, gelangt man zu weiteren kleineren Wasserfällen und Stromschnellen. Der nahe *Honeymoon Lake Campground,* 4 km weiter auf dem Parkway, bietet 35 Stellplätze à $10, eine Kochgelegenheit, Bademöglichkeiten und Trockentoiletten; ☾ Mitte Juni bis zum ersten Schnee.

Der letzte Halt nicht weit vor Jasper gebührt den **Athabasca Falls** (30 km von Jasper entfernt), die einen gewissen Reiz besitzen, deren Aussichtsplattformen und Pfade jedoch deutliche Spuren von abertausenden Besucherfüßen aufweisen und kaum das Gefühl aufkommen lassen, sich in der Wildnis zu befinden. Einen Kilometer weiter ist das ausgezeichnete *Athabasca Falls Hostel,* ☎ 780/852-5959, mit seinen auf drei Cabins verteilten 40 Betten angesiedelt; $11, durchgehend geöffnet, Check-in aber nur 17–23 Uhr. Drei Kilometer südlich erstreckt sich der *Mount Kerkeslin Campground* in idyllischer Lage am Fluss. Neben 42 Stellplätzen à $10 bietet er eine Kochgelegenheit, Bademöglichkeiten und Trockentoiletten; ☾ Mitte Juni–Anfang Sep.

Bei den Athabasca Falls zweigt der Highway 93A, der alte Parkway, vom Icefields Parkway ab und verläuft 30 km parallel zu diesem. Entlang dieser Strecke sind die landschaftlichen Eindrücke aufgrund von dichtem Baumwuchs am Straßenrand weniger spektakulär als auf dem Icefields Parkway, dafür aber sind die Chancen größer, hier Tiere zu sehen.

Jasper National Park

Zwar liegt der Jasper National Park von den vier großen Parks in den Rocky Mountains in der Besuchergunst auf dem zweiten Platz hinter dem Banff National Park, seine Fläche ist jedoch größer als die von Banff, Yoho und Kootenay zusammen. Außerdem präsentiert er sich ungleich ursprünglicher und weniger kommerzialisiert als die Parks weiter südlich. Sein Hinterland ist weiträumiger und kaum bereist, und Jasper (oder Jasper Townsite), der einzige Ort, gibt sich viel entspannter und vermittelt im Vergleich zu Banff, das doppelt so viele Einwohner besitzt, weit weniger den Eindruck eines Touristenzentrums. Die Mehrzahl der Aktivitäten konzentriert sich auf Jasper und das Gebiet des **Maligne Lake**, ca. 50 km südlich des Ortes. Andere gern besuchte Gegenden sind der **Maligne Canyon** auf dem Weg zum See, der Icefields Parkway (siehe vorstehenden Abschnitt) und die wegen ihrer Quellen und Wanderwege geschätzte Umgebung der **Miette Hot Springs**, ein ganzes Stück nordöstlich von Jasper.

Das schier endlose Hinterland des Parks bietet unzählige Campingmöglichkeiten und ein tausende Kilometer umfassendes Netz an Wanderwegen, die zu den besten der Welt für Rucksackwanderer zählen. Die Auswahl an Routen für halb- oder ganztägige Wanderungen ist begrenzter und liegt weiter verstreut als in anderen Parks. Die Mehrzahl der kürzeren Strecken vom Ort aus beschränkt sich auf flache Spaziergänge zu Waldseen, die schönsten der lohnenderen Tageswanderrouten beginnen an abgelegeneren Ausgangspunkten an der Maligne Lake Road, am Icefields Parkway (Hwy 93) und am Yellowhead Highway (Hwy 16).

Geschichte

Die erste dauerhafte Siedlung im Gebiet von Jasper entstand im Winter 1810/11. Der große Forschungsreisende und Händler David Thomson setzte sich am Old Fire Point (wenig außerhalb der heutigen Ortsgrenzen) von **William Henry** ab, um gemeinsam mit seinen Weggefährten das Tal zu durchqueren und einen Pfad über den Athabasca Pass anzulegen, der danach mehr als 50 Jahre von Händlern als Route durch die Rocky Mountains genutzt wurde. Henry baute inzwischen **Henry House**, die erste permanente Behausung eines Europäers in den Rocky Mountains, allerdings lässt

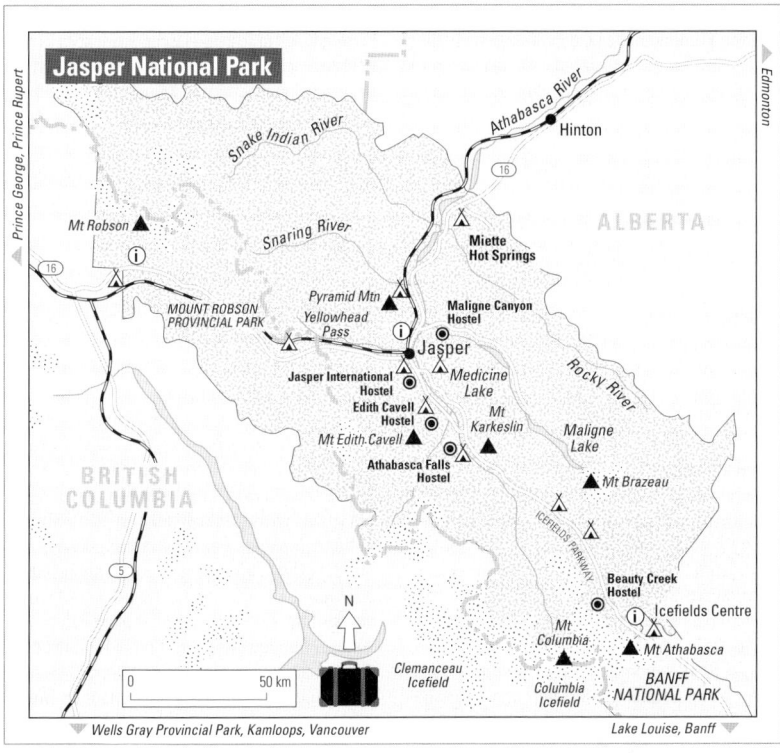

Jasper National Park

Prince George, Prince Rupert

Edmonton

Mt Robson ▲

MOUNT ROBSON
PROVINCIAL PARK

Yellowhead
Pass

Snake Indian River

Snaring River

Athabasca River

Hinton

ALBERTA

Miette
Hot Springs

Pyramid Mtn

Maligne Canyon
Hostel

Jasper

Rocky River

Jasper International
Hostel

Medicine
Lake

Edith Cavell
Hostel

Mt
Karkeslin

Maligne
Lake

Mt Edith Cavell

Athabasca Falls
Hostel

▲ Mt Brazeau

BRITISH
COLUMBIA

ICEFIELDS PARKWAY

N

Beauty Creek
Hostel

Icefields Centre

0   50 km

Mt
Columbia

Mt Athabasca

Clemanceau
Icefield

Columbia
Icefield

BANFF
NATIONAL PARK

Wells Gray Provincial Park, Kamloops, Vancouver

Lake Louise, Banff

sich der genaue Standort heute nicht mehr bestimmen. Zwei Jahre später errichtete die North West Company am Ostrand der jetzigen Parkgrenze Jasper House, das seinen Namen nach Jasper Hawes, einem langjährigen Mitarbeiter erhielt. Als die North West Company und die Hudson's Bay Company 1829 verschmolzen, wurde es näher an den Jasper Lake verlegt. Mit dem Niedergang des Pelzhandels bis 1880 schloss auch der Handelsposten. Zum Ende des 19. Jhs. gab es gerade einmal 17 Anwesen in der gesamten Region.

Wie andere Parks und ihre Ortschaften verdankt auch Jasper seinen Ursprung dem Bau der Eisenbahn im späten 19. Jh. Die Canadian Pacific Railway hatte Banff und Yoho zur Blüte verholfen, als sie 1885 den Bau einer Strecke durch die Region um Jasper zugunsten einer südlichen Route verwarf. Die **Grand Trunk Pacific Railway** hoffte

ähnlich viele Besucher anzulocken, als sie 1902 mit dem Bau einer eigenen Strecke gen Westen begann und der Jasper Forest Park 1908 gegründet wurde. Die Regierung kaufte alles Land mit Ausnahme des Anwesens von Lewis Swift, das bis 1962 in Privatbesitz blieb, so dass der Ort nun durch Parks Canada verwaltet wurde. Bis 1911 war im heutigen Ortsgebiet eine Zeltstadt entstanden, die nach dem Vizepräsidenten der Eisenbahngesellschaft **Fitzhugh** benannt war, diesen Namen jedoch im Zuge der offiziellen Übereignung an Parks Canada schon bald gegen „Jasper" eintauschen musste. Absurderweise richtete eine zweite Eisenbahngesellschaft, die **Canadian Northern Railway** (CNR), 1913 eine weitere Bahnstrecke ein, deren Gleise fast parallel zur Grand Trunk-Route und an manchen Stellen nur wenige Meter von dieser entfernt verliefen. Innerhalb von nur drei Jahren wurde deutlich, wie überflüssig eine zweite Strecke war, so dass man westlich von Edmonton die beiden Stränge dem günstigsten Streckenverlauf folgend zusammenlegte. Die überzähligen Gleise wurden anschließend nach Europa verschifft, wo sie während des 1. Weltkriegs Verwendung fanden, und Jasper entwickelte sich bis 1924 zur wichtigen Eisenbahnstation an der Strecke. Die ersten Touristenunterkünfte beschränkten sich

Wanderungen im Jasper National Park

Die Möglichkeiten in der Umgebung von Jasper sind schier grenzenlos, hier **die lohnendsten Wanderungen** im Überblick:

Spaziergang:	Maligne Canyon
Kurzwanderung:	Wilcox Pass
Tageswanderung (leicht):	Cavell Meadows
Tageswanderung (mittel):	Opal Hills
Tageswanderung (schwer):	Sulphur Skyline
mehrtägige Wanderung:	Skyline Trail

Tageswanderungen

Für diejenigen, die nicht auf dem Icefields Parkway nach Jasper gekommen sind, sei noch einmal erwähnt, dass mehrere der lohnendsten Wanderrouten des Nationalparks von dieser Straße zu erreichen sind. Zu nennen ist darunter insbesondere der **Wilcox Pass Trail**, der als einer der schönsten halbtägigen Strecken in den Rocky Mountains gilt. Wer einen bequemen Spaziergang in Ortsnähe ins Auge fasst, sei auf den Old Fort Point Loop (s. S. 196), den Maligne Canyon (s. S. 199) und den leichten Pfad am Ostufer des 48 km östlich von Jasper entfernten Maligne Lake (s. S. 199) verwiesen. Für eine längere Wanderung bietet sich am Maligne Lake außerdem der **Opal Hills Circuit** (hin und zurück 8,2 km, 460 m Höhenunterschied) an, der am Picknickplatz am obersten Parkplatz beginnt und wiederum als eine der schönsten Tagesrouten gerühmt wird. Nach einem steilen ersten Stück bergauf führt dieser Pfad begleitet von herrlicher Aussicht auf den See über Bergwiesen, bevor er auf 2160 m ansteigt. Der Ausflug dauert ca. 4 Std., es lässt sich aber mühelos ein ganzer Tag auf den Wiesen daraus machen. Am Anfang des vom selben Parkplatz ausgehenden **Bald Hills Trail** (einfache Strecke 5,2 km, 480 m Höhenunterschied) steht ein wenig aufregender Marsch entlang eines Löschwegs für die Feuerwehr, am Ende belohnt er jedoch mit dem, was Mary Schaffer, eine der ersten Weißen, die diese Gegend erkundeten, als „schönste Aussicht, die irgendeiner von uns je in den Rockies gesehen hat" bezeichnete. Für die gesamte Wanderung, die bis auf 2170 m Höhe hinaufführt, sollte man 4 Std. einplanen.

Um den Ausgangspunkt einer weiteren herausragenden Tageswanderung, den **Cavell Meadows Trail** (einfache Strecke 3,8 km, Höhenunterschied 370 m), zu erreichen, muss man per Auto, Fahrrad oder Taxi 7,5 km nach Süden auf dem Icefields Parkway fahren, dann 5 km auf dem Hwy 93A und schließlich noch 14 km die Mount Edith Cavell Rd hinauf. Von Jasper verkehrt tgl. ein Shuttlebus, der auch Fahrräder transportiert, so dass man für die Hinfahrt den Bus nutzen und zurück radeln kann. Für Autofahrer gilt zu beachten, dass zwischen Mitte Juni und Mitte Oktober tgl. von 10–21.30 Uhr eine wechselnde Einbahnstraßenregelung gilt, um den Verkehr auf der Mount Edith Cavell Rd zu begrenzen. Aktuelle Informationen hierüber sind vom Park Information Centre erhältlich. Benannt wurde die Route nach einer britischen Krankenschwester, die im 1. Weltkrieg für die Hilfe, die sie alliierten Soldaten in Belgien zukommen ließ, von Deutschen hingerichtet wurde. Das Terrain ist ebenso abwechslungsreich wie beeindruckend und umfasst Bergwiesen sowie Ausblicke auf den Angel Glacier und die Schwindel erregend hoch aufragende Nordwand des Mount Edith Cavell, allerdings ist die Strecke beliebt und daher nicht gerade einsam. Für den Weg ist mit 2 Std. hin und zurück zu rechnen, die maximal erreichte Höhe beträgt 2135 m.

Weiter entfernt und ohne Transportmittel nicht zu erreichen beginnt an den Miette Hot

auf zehn Zelte am Ufer des Lac Beauvert, 1921 mussten sie der Vorläuferin der heutigen Jasper Lake Park Lodge weichen. Die erste Straßenverbindung von Edmonton wurde 1928 fertig gestellt, 1930 folg-

te die offizielle Ernennung zum Nationalpark. Bis heute ist Jasper eine von der Eisenbahn geprägte Stadt, deren Einwohner zu rund einem Drittel von der CNR beschäftigt werden.

ALBERTA UND DIE ROCKY MOUNTAINS

Springs, 58 nordöstlich von Jasper, ein weiterer kürzerer, aber harter Wanderweg der Superlative, der **Sulphur Skyline Trail** (einfache Strecke 4 km, Höhenunterschied 700 m) mit einzigartigen Eindrücken messerscharfer Bergrücken, tiefer Schluchten und Spalten sowie einsamer Täler. Für die einfache Strecke, die bis auf 2070 m Höhe ansteigt, ist mit 2 Std. Marschzeit zu rechnen – Trinkwasser nicht vergessen. Der Pfad ist vom Komplex der Miette Hot Springs ausgeschildert, die Anfahrt von Jasper führt auf dem Hwy 16 zunächst 41 km nach Osten, dann 17 km nach Süden. In der Vergangenheit haben während der Sommermonate auch Shuttlebusse dorthin verkehrt. Für Entspannung nach der anstrengenden Wanderung bieten sich die **Thermalquellen** an, ✆ 780/866-3939 oder 1-800/767-1611, 🖥 www.pc.gc.ca. Sie sind die heißesten in den Rocky Mountains – so heiß, dass sie zum Zwecke eines Bades gekühlt werden müssen. Zur Auswahl stehen ein Tauch- und ein Schwimmbecken, Massagen werden nach Vereinbarung verabreicht und müssen extra bezahlt werden. ◷ Mitte Juni–Anfang Sep tgl. 8.30–22.30 Uhr, Eintritt $5,50, Tageskarte $7,75; Mitte Mai–Mitte Juni sowie Anfang Sep–Mitte Okt tgl. 10.30–21 Uhr, Eintritt $4,50, Tageskarte $7; Badesachen, Handtuch und Schließfach $3–5 extra.

Weitere Pfade von den Quellen führen zum **Fiddle River** (einfache Strecke 4,3 km, Höhenunterschied 275 m) und zum **Mystery Lake** (einfache Strecke 10,5 km, Höhenunterschied 475 m).

Mehrtägige Wanderungen

Jaspers Wegenetz für Rucksackwanderer und die im Hinterland zur Verfügung stehenden 111 Zeltplätze machen die Region zu einer ausgesprochen lohnenden Gegend für Wanderungen in die Wildnis. Wer im Hinterland übernachten möchte, muss sich vom Park Information Centre in Jasper oder am Columbia Icefield ein Wilderness Permit ($6) besorgen. Sämtliche Routen und Zeltplätze unterliegen Quotierungsregelungen und sollten frühestmöglich gebucht werden. Die Buchungsgebühr beträgt $10 und ist nicht erstattbar; genaue Auskünfte erteilt das Information Centre. Bis in den September hinein sind die Strecken begehrt, besonders große Nachfrage herrscht für den Skyline, Maligne Pass, Brazeau und Tonquin Valley Trail.

Die Mitarbeiter im Information Centre geben sehr hilfreiche Tipps und haben für einige Strecken ausgezeichnete schematische Karten, die nicht viel kosten. Hier alle Möglichkeiten für mehrtägige Wanderungen aufzählen zu wollen, würde den Rahmen des Buches sprengen – am besten fragt man in den Information Centres oder besorgt sich ein Exemplar des *Canadian Rockies Trail Guide* –, allgemein gelten jedoch der **Skyline Trail** (44 km, Höhenunterschied 820 m) und der **Jonas Pass Trail** (19 km, Höhenunterschied 555 m) als die schönsten. Letztgenannter wird häufig mit einer Wanderung zum Nigel Pass und Poboktan Pass (insgesamt 36 km, Höhenunterschied 750 m) zu einem unvergesslichen Erlebnis in der Wildnis kombiniert. Kaum weniger geschätzt werden zwei Routen im Tonquin Valley, der **Astoria River Trail** (19 km, Höhenunterschied 445 m) und der **Maccarib Pass Trail** (21 km, Höhenunterschied 730 m) sowie der **Fryat Valley Trail** (3–4 Tage). Erwägenswert sind außerdem der **Maligne Pass Trail** und die Fernwanderrouten des **North Boundary Trail** und **South Boundary Trail**, die beide jeweils mehr als 160 km lang sind.

Jasper Townsite und Umgebung

Jaspers Kleinstadtatmosphäre ist nach dem Rummel in Banff eine wahre Erholung. Bis heute verliehen die Straßen dem Ort das Flair einer Pionierstadt, und obwohl die Berge ringsum nicht ganz so majestätisch wie in Banff aufragen, fügt sich Jasper harmonischer in seine natürliche Umgebung ein. Obgleich Jasper weniger gefragt ist als Banff, sieht der Ort dennoch drei Millionen Besucher jedes Jahr. Vor allem im Sommer kann sich die Unterkunftssuche zu einem sehr schwierigen Unterfangen auswachsen, für eine gewisse Entschärfung der Situation sorgen jedoch zahlreiche B&Bs. Ohne eigenes Fahrzeug sitzt man in Jasper mehr oder weniger fest; die Ausgangspunkte der Wanderrouten und die schönsten Gegenden liegen weit außerhalb des Orts. Andererseits gibt es von verschiedenen Verleihern Fahrräder zur Miete und es besteht die Möglichkeit, mit einem der zeitweilig verkehrenden Shuttlebusse oder im Rahmen einer Tour zum **Maligne Lake**, zu verschiedenen Wanderwegen sowie diversen Sehenswürdigkeiten zu gelangen. Was für Banff der Vorzug des kurzen Weges von Calgary bedeutet, ist für Jasper die Nähe zu Edmonton, von wo zahlreiche Transportverbindungen nach Jasper und zu einer Vielzahl anderer Ziele bestehen. Mit dem Auto beträgt die Fahrzeit von Edmonton (362 km) oder Banff (287 km) ca. vier Stunden, von Kamloops (443 km) und Calgary (414 km) ungefähr 5–6 Stunden. Vancouver liegt 863 km oder 9–10 Stunden Fahrt entfernt. Das Zentrum des am Zusammenfluss des Miette River und Athabasca River angesiedelten Orts bilden im Wesentlichen zwei Straßen: der Connaught Drive mit dem Park Information Centre, dem Bahnhof der Busse und der Eisenbahn, Restaurants sowie Motels und die parallel dazu verlaufende Patricia Street mit weiteren Geschäften, Restaurants und einer Hand voll Hotels.

Operation Habbakuk

Jedem erfolgreichen militärischen Schachzug im 2. Weltkrieg gingen wahrscheinlich dutzende spektakuläre wie wohlweislich vertuschte Fehlschläge voraus. Nur wenige aber waren so skurril wie jenes missliche Unternehmen, das sich an Jaspers Patricia Lake zutrug. Die Verluste an alliierten Schiffen im Nordatlantik hatten bis 1942 so dramatische Ausmaße angenommen, dass man jeder Idee offen stand, die dem ein Ende bereiten würde. Einem gewissen Geoffrey Pike, der zu jener Zeit in einer Anstalt für Geisteskranke in London eingesperrt war, gelang es, einen Vorschlag zum Bau eines riesigen Flugzeugträgers aus Eis zu unterbreiten, eines Schiffs, das aufgrund seiner natürlichen Beschaffenheit bei Torpedobeschuss nicht in Flammen aufgehen, in den eiskalten Gewässern des Nordatlantiks aber auch nicht schmelzen würde.

Die Zeiten waren so hart, dass der Gedanke trotz seines fragwürdigen Ursprungs ernsthaft in Erwägung gezogen wurde. Louis Mountbatten, einer der Stabschefs der Alliierten, ging sogar so weit, Winston Churchill an Hand von Eiswürfeln in einer Badewanne die Idee zu demonstrieren. Es folgte der Entschluss, irgendwo wo es sehr kalt war ein 1000-Tonnen-Schiff zu bauen, und Kanada schien der ideale Ort hierfür zu sein. Die Operation Habbakuk war geboren. Pike wurde per Sondergenehmigung aus dem Krankenhaus entlassen und ans eisige Wasser des Patricia Lake nahe Jasper entsandt. Dort wurde aus einer Mischung aus Eis und Holzspänen (wobei sich herausstellte, dass Fichtenspäne bessere Schwimmeigenschaften lieferten als Kiefernspäne) ein neues Material erfunden, das so genannte „pikewood". Es zeichnete sich jedoch schon bald ab, dass das 650 m lange Schiffskoloss kaum jemals seetüchtig sein würde – schon gar nicht, wenn er noch 2000 Matrosen und 26 Flugzeuge befördern sollte. Pike schlug daraufhin vor, das Eis mit Luft zu füllen. Weitere Komplikationen ergaben sich, als die Arbeiter, überwiegend pazifistische Duchoborzen (s.S. 398), den wahren Zweck des Projekts durchschauten und die Weiterarbeit verweigerten. Im Frühjahr einsetzendes Tauwetter brachte das Vorhaben zum Stillstand. Im folgenden Winter verlegte man das mit 75 Millionen Dollar budgetierte Projekt samt und sonders nach Newfoundland, wo es in aller Stille schließlich zu Grabe getragen wurde.

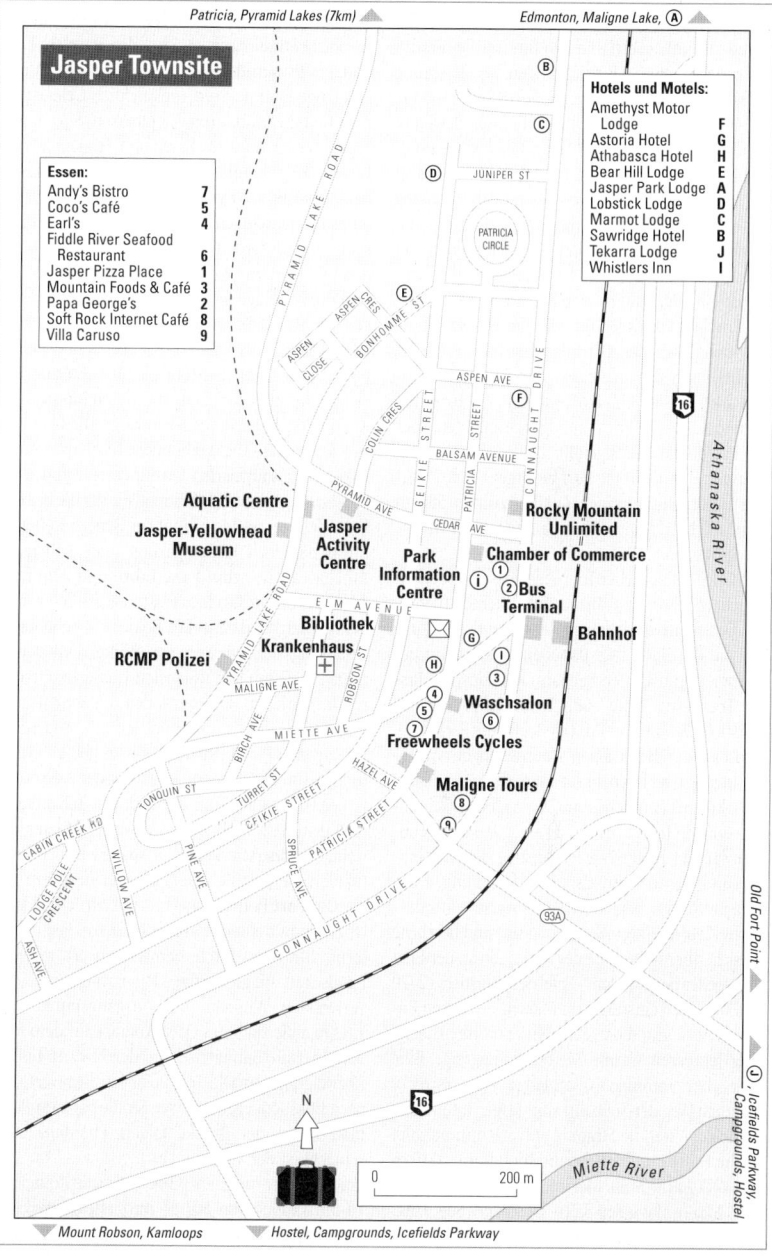

Jasper Townsite

Patricia, Pyramid Lakes (7km)

Edmonton, Maligne Lake, (A)

Essen:

Andy's Bistro	7
Coco's Café	5
Earl's	4
Fiddle River Seafood Restaurant	6
Jasper Pizza Place	1
Mountain Foods & Café	3
Papa George's	2
Soft Rock Internet Café	8
Villa Caruso	9

Hotels und Motels:

Amethyst Motor Lodge	F
Astoria Hotel	G
Athabasca Hotel	H
Bear Hill Lodge	E
Jasper Park Lodge	A
Lobstick Lodge	D
Marmot Lodge	C
Sawridge Hotel	B
Tekarra Lodge	J
Whistlers Inn	I

JUNIPER ST

PATRICIA CIRCLE

ASPEN CRES

ASPEN CLOSE

BONHOMME ST

ASPEN AVE

PYRAMID LAKE ROAD

COLIN CRES

GEIKIE STREET

PATRICIA STREET

CONNAUGHT DRIVE

BALSAM AVENUE

PYRAMID AVE

CEDAR AVE

Aquatic Centre

Jasper-Yellowhead Museum

Jasper Activity Centre

Park Information Centre

Rocky Mountain Unlimited

Chamber of Commerce

ELM AVENUE

Bibliothek

Krankenhaus

RCMP Polizei

Bus Terminal

Bahnhof

Waschsalon

Freewheels Cycles

Maligne Tours

MALIGNE AVE

BIRCH AVE

MIETTE AVE

ROBSON ST

TONQUIN ST

TURRET ST

CFIKIE STREET

HAZEL AVE

PATRICIA STREET

SPRUCE AVE

PINE AVE

WILLOW AVE

CABIN CREEK RD

LODGE POLE CRESCENT

ASH AVE

CONNAUGHT DRIVE

93A

N

0   200 m

Athabaska River

ALBERTA UND DIE ROCKY MOUNTAINS

Old Fort Point

(J) Icefields Parkway, Campgrounds, Hostel

Mount Robson, Kamloops

Hostel, Campgrounds, Icefields Parkway

Miette River

Jasper Townsite und Umgebung 195

Der restliche Ort begnügt sich mit heimeligen kleinen Wohnhäusern und den für das Kleinstadtleben notwendigen Einrichtungen wie Postamt, Bücherei, Schule und öffentliches Schwimmbad. Mit Ausnahme der Ausstellung über den Pelzhandel und die Eisenbahn im Yellowhead Museum & Archives, 400 Pyramid Rd (☉ Mitte Mai–Anfang Sep tgl. 10–21, Anfang Sep–Okt tgl. 10–17, Nov–Mitte Mai Do–So 10–17 Uhr, Eintritt $3 oder eine Spende) und einer Seilbahn gibt sich hier nichts auch nur den Schein einer Touristenattraktion. Jasper ist ein Ort, in dem man schläft, isst und sich mit Proviant versorgt. Wer von Einheimischen etwas mehr über den Ort oder den Park erfahren möchte, kann sich an die „Friends of Jasper National Park", ✆ 780/852-4767, wenden, die zwischen Juli und August geführte Rundgänge anbieten, oder sich in einem der hiesigen Buchläden die Broschüre *Jasper: A Walk in the Past* besorgen. Viele Besucher unternehmen einen Ausflug zu den 58 km nordöstlich gelegenen Thermalquellen der Miette Hot Springs (s.S. 193).

Mangels klassischer Touristenziele im Ort selbst braucht es schon ein Fahrrad, Auto oder Shuttlebus, um die Sehenswürdigkeiten der Gegend zu erkunden. Auf der Hand liegt dabei ein Ausflug mit der längsten und höchsten Seilbahn Kanadas, der **Jasper Tramway**, 7 km südlich von Jasper an der Whistlers Mountain Rd (ab Icefields Parkway). Während der Hochsaison ist mit langen Warteschlangen zu rechnen, bevor man die 2,5 km lange Seilbahnfahrt antreten kann. Die beiden verkehrenden Gondeln fassen bis zu 30 Passagiere und benötigen für den 1000 m steilen Anstieg sieben Minuten (und werden oftmals von Erläuterungen des Seilbahnführers begleitet). Oben wartet ein Interpretive Centre, ein großes Restaurant und herrliche Aussicht über weite Teile des Parks. Ein steiler Pfad führt weiter bergauf zum Gipfel des Whistlers (2470 m). Für diesen einstündigen Marsch, an dessen Ende sich noch grandiosere Ausblicke eröffnen, ist zu jeder Jahreszeit warme Kleidung angezeigt. Eine harte, aber eintönige, 10 km lange Wanderstrecke folgt dem Weg der Seilbahn vom Jasper International Hostel – wer die Strapaze auf sich nimmt, zahlt für die Fahrt mit der Seilbahn hinunter praktisch nichts. ☉ April–Mitte Mai und Okt tgl. 9.30–16.30, Mitte Mai–Anfang Sep 8.30–22, übriger Sep 9.30–21 Uhr, hin und zurück $18.

Nur wenig nördlich von Jasper erreicht eine gewundene Straße nach ca. 5 km den **Patricia Lake** und den **Pyramid Lake**, zwei hübsche, von Moränen eingedämmte Seen, die reichlich Gelegenheit zum Reiten, Bootfahren, Kanufahren, Surfen und Segeln bieten. Auch für Essen und Trinken ist dort gesorgt, wer allerdings eine der beiden Lodges an den Seen (die am Pyramid Lake ist ganzjährig geöffnet) als lauschigere Unterkunftsalternative zu Jasper ins Auge fasst, muss sich frühzeitig bemühen, denn sie sind im Sommer sehr gefragt. Die Mehrzahl der verschiedenen kürzeren Wanderrouten ist von der Straße aus zu erreichen, darunter der Patricia Lake Circle, ein 4,8 km langer Rundwanderpfad vorbei am Feuchtareal des Cottonwood Slough, wo man vor allem am frühen Morgen und Abend Vögel und Biber sehen kann. Die über eine Brücke mit dem Ufer verbundene Insel im Pyramid Lake wird als idyllischer Ort für einen ruhigen Tag besonders geschätzt. Fährt man die Straße bis zum Ende des Sees weiter, nimmt der Betrieb weiter ab. Etwas näher an Jasper gelangt man östlich des Athabasca River zum **Lake Edith** und dem **Lake Annette**, Überreste eines einstmals größeren Sees, der den Talgrund bedeckte. Beide sind beliebte Tagesausflugsziele. Die Seen verwöhnen dank der geringen Tiefe mit den wärmsten Wassertemperaturen im Park. Im Sommer laden die Sandstrände und Grasflächen zum Faulenzen ein. Abgesehen von ein paar Picknickplätzen gibt es keine Einrichtungen. Um den Lake Annette führt der 2,4 km lange Lee Foundation Trail, der auch von Rollstuhlfahrern genutzt werden kann. Ansonsten bieten nur wenige Wanderstrecken in Ortsnähe wirklich Spektakuläres, empfehlenswert ist aber in jedem Fall der **Old Fort Point Loop** (hin und zurück 6,5 km). Obgleich nur einen Katzensprung von Jasper entfernt, führt er durch bemerkenswert reizvolle Landschaft mit großartigen Panoramen und vielen versteckten Winkeln. Der Ausgangspunkt liegt 1,6 km außerhalb des Orts; Anfahrt auf dem Hwy 93A über die Bahngleise und den Hwy 16 bis zur Abzweigung zum Old Fort Point-Lac Beauvert, dort nach links abbiegen und der Straße zum Parkplatz hinter der Brücke folgen. Ebenfalls nicht schlecht ist der Valley of the Five Lakes Trail (4,6 km), aber der Ausgangspunkt für diese Route liegt 10 km südlich von Jasper am Icefields Parkway. Ausführliche Informationen über alle Wandermög-

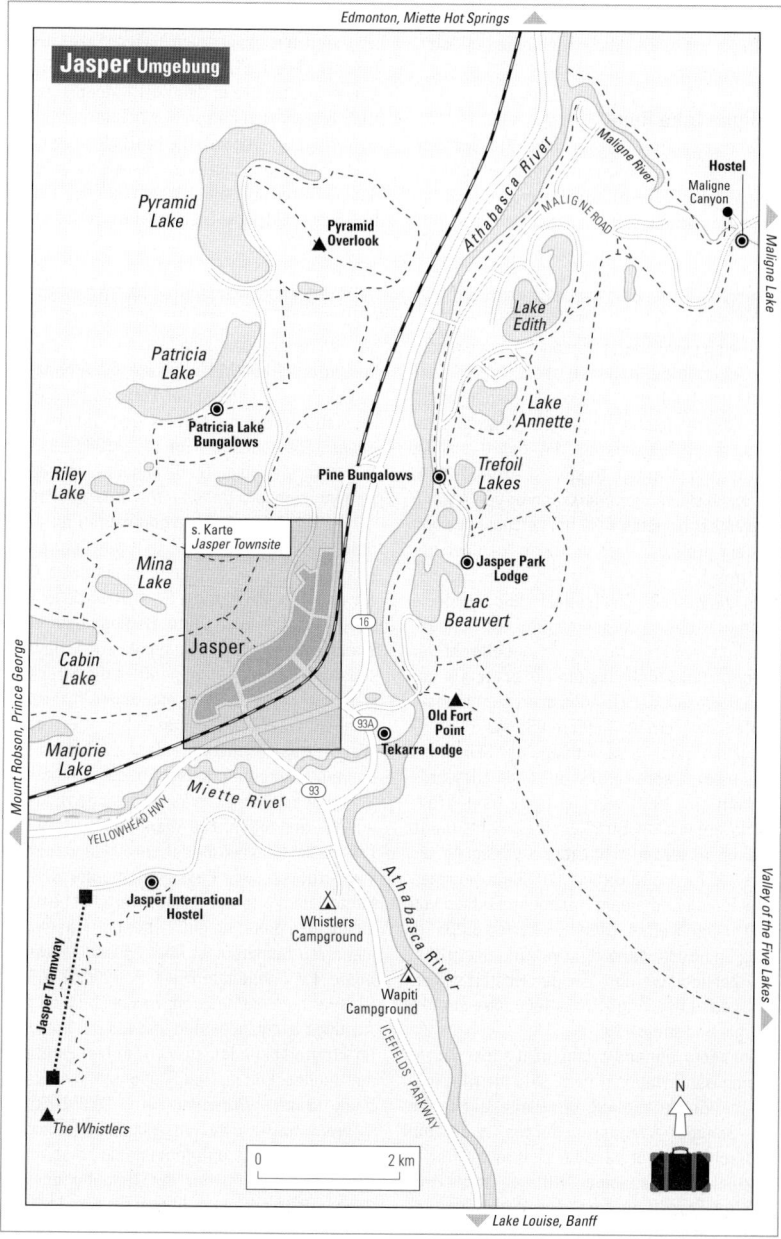

Jasper Umgebung

Edmonton, Miette Hot Springs

Pyramid Lake

Pyramid Overlook

Athabasca River

Maligne River

MALIGNE ROAD

Hostel
Maligne Canyon

Maligne Lake

Patricia Lake

Patricia Lake Bungalows

Lake Edith

Lake Annette

Riley Lake

Pine Bungalows

Trefoil Lakes

Mina Lake

s. Karte Jasper Townsite

Jasper Park Lodge

Cabin Lake

Jasper

Lac Beauvert

Mount Robson, Prince George

Marjorie Lake

Old Fort Point

Tekarra Lodge

Miette River

YELLOWHEAD HWY

Athabasca River

Valley of the Five Lakes

Jasper International Hostel

Whistlers Campground

Jasper Tramway

Wapiti Campground

ICEFIELDS PARKWAY

The Whistlers

N

0   2 km

Lake Louise, Banff

lichkeiten im Park enthält die im Park Information Centre kostenlos erhältliche Broschüre *Day-hiker's Guide to Jasper.*

Maligne Lake Road

Stoßstange an Stoßstange schieben sich im Sommer Autos, Wohnmobile und Tourbusse die 48 km lange Maligne Lake Road von Jasper gen Osten vorbei an zwar schönen, aber überlaufenen und hoffnungslos kommerzialisierten Sehenswürdigkeiten, bevor sie den majestätischen Maligne Lake (ausgesprochen „Ma-lien") erreichen, den größten gletschergespeisten See in den Rocky Mountains. Ist keine Eile geboten und steht ein Transportmittel zur Verfügung, lässt sich die Fahrt als schöne Tagesexkursion mit einer Wildwasserfahrt auf dem Maligne River oder einer Wanderung auf einem der Pfade am Maligne Lake gestalten.

Wintersport in Jasper

Obgleich die Wintersportmöglichkeiten etwas im Schatten der nahen, erstklassigen Skigebiete von Banff und Lake Louise stehen, bietet der Park reichlich Gelegenheit für winterliche Aktivitäten. Mit dem 20 Min. Fahrt vom Ort entfernten **Marmot Basin**, ✆ 780/852-3816, 🖳 www.skimarmot.com, kann er von Anfang Dezember bis Ende April ein vorzügliches und zudem preiswerteres und weit weniger genutztes Skiterrain als die Konkurrenz im Süden vorweisen. Die landschaftlichen Reize sind hier ebenso grandios, und die Schneequalität ist hervorragend. In Anbetracht der begrenzten Möglichkeiten für echte Könner empfiehlt sich das Gelände allerdings in erster Linie Skifahrern der mittleren Stufe.

Auch hier reichen die Anfänge des Skifahrens in die 20er Jahre zurück, der erste Lift wurde jedoch erst 1961, wenige Jahre nach Eröffnung der ersten Straße, eingeweiht. Heute stehen insgesamt acht Lifte zur Verfügung, die das 600 ha große Gebiet mit 75 ausgewiesenen Pisten und einem Höhenunterschied von 700 m erschließen. Liftkarten kosten ca. $52 p. Tag, und Ausrüstung kann vor Ort oder in Jasper gemietet werden. Von den Hostels in Jasper verkehren 3x tgl. Busse (einfache Strecke $5, hin und zurück $9).

Besonders lohnend, wenn nicht sogar besser als im Banff National Park, sind die Möglichkeiten für **Skilanglauf**. Die Pfade, auf denen im Sommer Wanderer durchs Hinterland marschieren, verwandeln sich im Winter in herrliche Langlaufloipen. Nützlich ist die Broschüre *Cross-Country Skiing,* die im Park Information Centre erhältlich ist. Die besten Gegenden erstrecken sich um den Whistlers Campground, den Maligne Lake, die Athabasca Falls sowie entlang der Pyramid Lake Rd. Langlaufausrüstung gibt es von *Totem Ski Rentals,* 408 Connaught Drive, ✆ 780/852-3078, zu mieten, wer einen Guide anheuern möchte, wendet sich an *Beyond the Beaten Path,* ✆ 780/852-5650). **Schlittschuhlaufen** ist auf Teilen des Pyramid Lake und auf dem Lac Beauvert möglich. Schlittschuhe verleiht der *Sports Shop,* 406 Patricia St, ✆ 780/852-3654. Jasper bietet auch gute Bedingungen für **Wanderungen** oder Exkursionen auf Schneeschuhen. Besonders lohnend ist die Strecke in den Maligne Canyon mit seinen bizarren Eisgebilden. Ab Ende Dezember friert das Wasser des ansonsten reißenden Flusses zu dünnen Eiszapfen und lässt in der schmalen Schlucht schillernde Wasserfälle und Höhlen aus Eis entstehen. Die Wanderung ist zwar keine 2 km lang, wird aber durch die vereiste Wegstrecke sowie Passagen, die ein wenig Klettertalent erfordern, erschwert. Am besten nimmt man daher an einer Tour teil. Einer von mehreren Anbietern ist *Rocky Mountain Unlimited,* 414 Connaught Drive, ✆ 780/852-4056, 🖳 www.sundogtours.com, dessen 3-stündige Ausflüge 3x tgl. beginnen und $35 p.P. kosten. Im Programm finden sich außerdem Fahrten mit Hundeschlitten, Heli-Skiing und Skitouren nach Banff. *Brewster,* ✆ 780/852-3332, 🖳 www.brewster.ca, unternimmt im Rahmen der im Winter tgl. unternommenen, 3-stündigen Besichtigungstour der Umgebung von Jasper ebenfalls einen Abstecher zum Maligne Canyon; $35.

Nur 11 km außerhalb von Jasper liegt der häufig von Besuchern überrannte und mit einem überdimensionierten Parkplatz sowie einem kitschigen Café und Souvenirladen geschlagene **Maligne Canyon**, der als eine der spektakulärsten Schluchten der Rocky Mountains angepriesen wird. Zugegeben, tief ist die Schlucht (50 m), andererseits so schmal, dass man fast darüberspringen könnte – was viele denn auch schon versucht haben und dabei fast zu Tode kamen. Letztlich ist es die Geologie, die hier interessanter ist als die Landschaft. Welche gewaltigen Erosionskräfte die Schlucht geschaffen haben, kann entlang des Hauptpfades, eines leichten, 20-minütigen Spaziergangs, nachgelesen werden. Der Spaziergang lässt sich auf 45 Minuten strecken (was nur wenige tun, so dass der letzte Abschnitt sehr ruhig ist) oder sogar zu einer Wanderung zurück nach Jasper ausdehnen. Im Winter leiten geprüfte Führer Touren (mehr ein Kriechen) durch die vereiste Schlucht.

Nächster Halt ist der bildwirksame, 32 km von Jasper entfernte **Medicine Lake**, dessen Pegelstand bemerkenswerten Schwankungen unterliegt. Der See besitzt keinen Wasserabfluss an der Oberfläche, sondern füllt und leert sich über große Öffnungen auf dem Seegrund, unter dem sich der Welt größtes Karsthöhlensystem erstreckt. Die Höhlen stoßen ungefähr 17 km in Richtung Jasper entfernt an die Oberfläche und speisen vermutlich auch einige der Seen in der Umgebung des Orts. Wenn die Quellen im Winter zufrieren, fließt kein neues Wasser nach und der See verschwindet mitunter gänzlich, um sich im Frühjahr wieder aufzufüllen. Das merkwürdige Verhalten des Sees faszinierte bereits die Ureinwohner, die Geister hinter den Schwankungen vermuteten – daher auch der Name. Das Gros der Besucher verweilt nur kurz und zieht es vor, schnell zum Maligne Lake zu gelangen, was den Medicine Lake zu einem ruhigen Ort abseits der rummeligen Straße macht.

Am Ende der Straße erreicht man den imposanten, 22 km langen, 92 m tiefen und von schneebedeckten Bergen umgebenen **Maligne Lake**. Der Name dieses größten Sees in den Rocky Mountains geht auf das französische Wort für „bösartig" zurück und wurde 1846 von Pater de Smet, einem Missionar der Jesuiten, angesichts seiner Schwierigkeiten bei der Überquerung des **Maligne River** geprägt. Wo die Straße endet, befinden sich eine

Parkhüterstation, drei Parkplätze, ein von Picknickplätzen umsäumtes Restaurant und der Ausgangspunkt des kurzen Lake Trail, der am östlichen Seeufer zum Schäffer Viewpoint führt (3,2 km Rundweg, Beginn am Parkplatz 2). Von der kleinen Kaianlage am Ufer legen verglaste Ausflugsboote zu 90-minütigen, von fantastischen Ausblicken begleiteten Ausflügen nach Spirit Island ab (s. *Maligne Tours* unter „Aktivitäten"). Angeboten werden auch Reitausflüge sowie Angel- und Wandertouren, leihweise erhältlich sind Angelausrüstungen sowie Ruderboote, Kanus und Seekajaks ($10, 45 und 60 pro Tag). Unterkünfte oder Campingplätze fehlen, im Hinterland gibt es jedoch zwei Zeltplätze, die per Kanu erreicht werden können; Auskunft hierüber vom Information Centre in Jasper.

Übernachtung

Die Unterkünfte in Jasper sind zwar nicht so teuer oder schwer zu ergattern wie in Banff, aber ab Ende Juli und den ganzen August hindurch ist auch hier kaum ein Hotelzimmer zu bekommen. Die Chamber of Commerce ist bei der Suche behilflich, übernimmt aber keine Buchungen. Bei drohender Verzweiflung stehen folgende **Reservierungsagenturen** zur Verfügung:
Jasper Adventure Centre, ✆ 780/852-5595 oder 1-800/565-7547, 🖳 www.jasperadventurecentre.com;
Jasper Travel Agency, 623 Patricia St, ✆ 780/852-4400 oder 1-800/672-1127, ✉ jtravel@telusplanet.net; und
Rocky Mountain Unlimited, 414 Connaught Drive, ✆ 780/852-4056, 🖳 www.sundogtours.com.
In der Chamber of Commerce gibt es außerdem eine Liste der ca. 60 **Privatunterkünfte** in Jasper, die *Private Home Accommodation List* der Jasper Home Accommodation Association, 🖳 www.stayinjasper.com. Die Preise für diese liegen meist zwischen $55 und 70 für ein DZ (das teuerste kostet $100), mitunter ist dabei ein kleines Frühstück inklusive. Praktisch alle sind Nichtrauchern vorbehalten.
Die Mehrzahl der **Motels** liegt am Connaught Drive am östlichen Ortsrand, in zentraler Lage gibt es kaum eines. In der Nebensaison sinken die Motelpreise erheblich. Eine oftmals preiswertere und auch ansprechendere Variante bie-

ten die Motels, die in der Regel nur wenige Kilometer außerhalb liegen und eine Ansammlung von Cabins umfassen. Die vier vom Park verwalteten Campingplätze in Ortsnähe sowie die drei hiesigen Hostels sind im Sommer schnell belegt. Als Alternative sollte man die Hostels und Campingplätze am Icefields Parkway in Erwägung ziehen.

HOTELS, MOTELS UND CHALETS – *Alpine Village*, 2,5 km südlich von Jasper am Hwy 93A, ✆ 780/852-3285, 🖳 www.alpinevillagejasper. com. Insgesamt 41 idyllische Cabins mit ein oder zwei Zimmern, darunter 12 Luxus-Cabins und Lodge-Suites, die Mehrzahl davon mit herrlicher Aussicht auf die Berge. Großer Whirlpool im Freien. ☉ Mitte Mai–Mitte Okt. ❻

Amethyst Motor Lodge, 200 Connaught Drive, ✆ 780/852-3394 oder 1-888/852-7737, 🖳 www. mtn-park-lodges.com. Schmuckloses Motel ohne Alpen-Schnickschnack mit 100 Zimmern nahe dem Ortskern mit Jacuzzi im Freien. ❼

Astoria Hotel, 404 Connaught Drive, ✆ 780/852-3351 oder 1-800/661-7343, 🖳 www.astoriahotel. com. Zentral gelegene Unterkunft im Stil eines Berghotels, seit den 20er Jahren in Familienbesitz, mit recht schlichten, aber ausnahmslos mit Kühlschrank ausgestatteten Zimmern. ❻

Athabasca Hotel, 510 Patricia St, ✆ 780/852-3386 oder 1-800/563-9859, 🖳 www.athabascahotel. com. Was die prunkvolle, mit Wildtrophäen geschmückte Lobby verspricht, können die einfachen und beengten Zimmer (z.T. sogar ohne Bad) nicht halten. Von Vorteil ist die sehr zentrale Lage. ❻

Bear Hill Lodge, 100 Bonhomme St, ✆ 780/852-3209 oder 852-3099, 🖳 www.bearhilllodge.com. 37 schlicht wirkende, aber gemütliche Blockhütten in hübscher, baumbestandener Umgebung im Ort. ☉ Mitte April–Ende Okt. ❺

Becker's Chalets, 5 km südlich von Jasper, am Hwy 93 und Athabasca River gelegen, ✆ 780/852-3779, 🖳 www.beckerschalets.com 852-3779. Die 96 Blockhütten zählen wohl zu den schönsten (und z.T. neuesten) der Gegend, fast alle mit Kamin und Küchenzeile. ☉ Mai–Mitte Okt. ❹

Jasper Park Lodge, am Lac Beauvert, 6 km nordöstlich von Jasper, ✆ 780/852-3301 oder 1-800/441-1414, 🖳 www.jasperparklodge.com. An-

sammlung von luxuriösen Blockhäusern, die sich harmonisch in ihre idyllische Umgebung einfügen. Die große Hauptlodge hat mehrere Lounges und Restaurants sowie eine unterirdische Einkaufspassage. ❽

Lobstick Lodge, 94 Geikie St, ✆ 780/852-4431 oder 1-888/852-7737, 🖳 www.mtn-park-lodges. com. Bestes Motel im östlichen Jasper mit schlicht eingerichteten, sauberen Zimmern (abzuraten ist allerdings von denen im unteren Geschoss), einige davon mit Küche. Pool im Haus, Jacuzzi im Freien. ❻

Marmot Lodge, 92 Connaught Drive, ✆ 780/852-4471 oder 1-888/852-7737, 🖳 www. mtn-park-lodges.com. Billigstes Motel Jaspers und auch eines der größten, umfasst drei separate Gebäude. Die Zimmer variieren erheblich in ihrer Größe, einige verfügen über Küche und Kamin und bieten schöne Ausblicke auf die Berge. Außerdem Jacuzzi und Sauna. ❻

Patricia Lake Bungalows, Pyramid Lake Rd, 5 km nordwestlich vom Ort, ✆ 780/852-3560 oder 1-888/499-6848, 🖳 www.patricialakebungalows. com. Ruhige Motelunterkunft mit 35 Blockhütten, z.T. mit hübscher Aussicht auf den Patricia Lake. Angelmöglichkeit, Verleih von Ruder- und Paddelbooten sowie Kanus. ☉ Mai–Mitte Okt. ❸

Pine Bungalows, 2 km östlich von Jasper am Athabasca River, ✆ 780/852-3491, 🖳 www. jasperadventures.com. Rund 80 recht ansehnliche Blockhütten in bewaldeter Umgebung, die meisten davon mit Küchenzeile, die Hälfte mit Kamin. Kleiner Lebensmittelladen. Zwischen Mitte Juni bis Mitte Sep Mindestaufenthalt 3 Nächte. ☉ Mai–Mitte Okt. ❸

Sawridge Hotel Jasper, 82 Connaught Drive, ✆ 780/852-5111 oder 1-800/661-6427, 🖳 www. sawridge.com/Jasper. Nobles und teures Hotel mit 154 Zimmern am östlichen Ortsrand. ❽

Tekarra Lodge, 1 km südlich von Jasper am Athabasca River, abseits Hwy 93A, ✆ 780/852-3058 oder 1-888/404-4540, 🖳 www.tekarralodge. com. 42 ruhige, angenehm verkitschte Blockhütten mit Kamin. ☉ Mai–Okt. ❻

Whistlers Inn, 105 Miette Ave, ✆ 780/852-3361 oder 1-800/282-9919, 🖳 www.whistlersinn.com. Zentrales, aber wenig begeisterndes Motels mit 41 Zimmern gegenüber dem Bahnhof. ❼

B&Bs – *A-1 Tourist Rooms*, 804 Connaught Drive, ☎ 780/852-3325, ✉ lwhitema@telusplanet.net. 2 Zimmer an der Durchgangsstraße, nahe den Bussen und der Bahn, Gemeinschaftsbad, bei Vorabreservierung Mindestaufenthalt 2 Nächte. ❷

Aspen Lodge, 8 Aspen Crescent, ☎ 780/852-5908, ✉ aspnlodg@telusplanet.net. 2 saubere und komfortable Zimmer mit eigenem Bad in einer ruhigen Straße, 10 Min. Fußmarsch vom Zentrum. ❸

B&G Accommodation, 204 Colin Crescent, ☎ 780/852-4345, ✉ wgunrau@telusplanet.net. 3 günstige Zimmer mit Gemeinschaftsbad, drei Straßen vom Zentrum entfernt. ❷

Creekside Accommodation, 1232 Patricia Crescent, ☎ 780/852-3530, ✉ rushacom@telusplanet. net. 2 hübsche, saubere Zimmer mit Gemeinschaftsbad nahe dem Cabin Creek und Wanderpfaden. ❷

Kennedy's Mountain Holiday Rooms, 1115 Patricia Crescent, ☎ 780/852-3438. 2 Zimmer, gemeinsame Nutzung von Bad, Terrasse und Wohnzimmer, herrliche Aussicht. ❷

Rooney's Accommodation, 1114 Patricia St, ☎ 780/852-4101, ✉ mismaeil@telusplanet.com. 2 hübsche, zentrumsnahe Zimmer mit oder ohne eigenem Bad. ❷

TassonInn, 706 Patricia St, ☎ 780/852-3427, ✉ tassinn@incentre.net. 2 hübsche, frisch renovierte Zimmer mit Gemeinschaftsbad, nicht weit vom Zentrum. ❷

HOSTELS – *Jasper International Hostel (HI)*, Whistlers Mountain Road, 7 km südlich vom Ort und über den Icefields Parkway (Hwy 93) zu erreichen, ☎ 780/852-3215, 🖳 www.hihostels.ca. Das größte der drei Hostels in der Umgebung von Jasper; steril und höchst funktional geführt. 80 Betten, Mitglieder $18, im Sommer schnell belegt, frühzeitiges Erscheinen oder Reservierung ratsam, durchgehend geöffnet, Check-in aber nur 12–24 Uhr. Die 4 km bergauf vom Hwy 93 sind mörderisch, aber vom Ortszentrum verkehren Shuttlebusse, alternativ Taxis (ca. $15).

Maligne Canyon Hostel (HI), 11 km östlich von Jasper, nahe dem Maligne Canyon, ☎ 780/852-3215, 🖳 www.hihostels.ca. Zwei Cabins in reizvoller Umgebung, 24 Betten in 6-Bett-Dorms, $11, ganzjährig durchgehend geöffnet, Check-in jedoch nur 17–23 Uhr, im Winter evtl. sporadisch

geschlossen. Der Maligne Lake Shuttle vom Ortszentrum sowie der Alberta Hostel Shuttle halten hier tgl.

Mount Edith Cavell Hostel (HI), Edith Cavell Rd, 13 km vom Hwy 93A und 26 km südlich von Jasper, ☎ 780/852-3215, 🖳 www.hihostels.ca. Gemütlicher als das Jasper International Hostel, Wanderwege in der Nähe, herrliche Aussicht auf den Angel Glacier, zwei Cabins mit insgesamt 32 Betten, $11. Check-in 17–23 Uhr. Draußen eine holzbeheizte Sauna. ☉ Mitte Juni–Okt, mitunter auch für Skifahrer im Winter.

CAMPING – *Pocahontas Campground*, Miette Rd, 45 km nordöstlich von Jasper und 1 km vom Hwy 16 entfernt. 130 Stellplätze à $13, Feuerholz $4 extra, Warmwasser und WCs, aber keine Duschen. ☉ Mitte Mai–Mitte Okt.

Snaring River Campground, 16 km nordöstlich von Jasper am Hwy 16. Schlichte, vom Park verwaltete Anlage, 66 Stellplätze à $10, Feuerholz $4 extra, Wasser, Kochgelegenheit, Trockentoiletten, keine Duschen. ☉ Mitte Mai–Anfang Sep.

Wabasso Campground, 16 km südlich von Jasper am Hwy 93A. Am Flussufer gelegener Campingplatz unter Parkverwaltung, 228 Stellplätze à $13, Feuerholz $4 extra, WCs, Warmwasser, keine Duschen. ☉ Mitte Juni–Anfang Sep.

Wapiti Campground, 4 km südlich von Jasper und 1 km südlich des Whistlers Campground (siehe unten) am Hwy 93. Großer, rollstuhlgerechter Campingplatz unter Parkverwaltung, 362 Stellplätze, ca. 40 davon für Wohnmobile, im Sommer $15–18, Feuerholz $4 extra, WCs, Münzduschen. Ab Oktober bleiben noch ca. 90 Stellplätze geöffnet – die einzigen im Park, die auch im Winter mit minimalem Komfort zur Verfügung stehen –, dann nur Wasser und WCs, $13–15, Feuerholz plus $4.

Whistlers, 3 km südlich von Jasper und wenig westlich des Hwy 93. Mit 781 Stellplätzen der größte Campingplatz in den Rocky Mountains, rollstuhlgerecht, vom Park verwaltet, in drei Abschnitte unterteilt, Preise je nach Komfort unterschiedlich zwischen $15–24, Feuerholz $4 extra. Von Banff kommend auf die Ausschilderung achten. Auf Anfrage halten die *Brewster*-Busse hier, von Jasper verkehren zudem Taxis und Shuttlebusse. ☉ Anfang Mai–Anfang Okt.

Essen

Obwohl die Auswahl geringer ist als in Banff, besitzt Jasper genügend Restaurants. Dominiert werden die Speisekarten von der schweren nordamerikanischen Küche.

Andy's Bistro, 606 Patricia St, ℰ 780/852-4559. Etwas spießiges, aber beliebtes und unprätentiös anspruchsvolles Lokal, gute schweizerische Küche und ein paar Wildgerichte, Hauptspeisen $18–30. Mi und Fr gibt es ein 3-Gänge-Menü für $25, früh da zu sein ist dann ratsam.

Coco's Café, 608 Patricia St, ℰ 780/852-4550. Winziges, lockeres Café, das schmackhaftes, hausgemachtes Frühstück und viele andere Leckereien serviert, darunter Sandwiches und Kuchen. Das meiste gibt es auch zum Mitnehmen – ideal als Proviant für ein Picknick am Mittag.

Earl's, 600 Patricia St, ℰ 780/852-2393. Ableger einer landesweiten Kette, freundlicher Service, überwiegend nordamerikanische Speisen wie Burger oder Lachssteak zu mittleren Preisen, dazwischen auch Exotischeres wie Sushi oder thailändische Pfannengerichte. Zum Lokal gehört auch eine Cocktailbar.

Fiddle River Seafood Restaurant, 620 Connaught Drive, ℰ 780/852-3032. Elegantes Ambiente, Aussicht auf die Berge und exzellenter, frischer Fisch zu Preisen, die der Entfernung zum Meer entsprechen – mit $35–40 p.P. für 3 Gänge ist zu rechnen.

Jasper Park Lodge, Lac Beauvert, ℰ 780/852-3301, ⌨ www.jasperparklodge.com. Die Nobelherberge vereint mehrere Restaurants unter ihrem Dach: *Oka Sushi*, klein und schlicht, bietet Sushi; in der *Tent City Sports Lounge* kann aus einem umfangreichen Angebot gewählt werden; der *Beauvert Dining Room* empfiehlt sich vor allem mit seinem Frühstücksbuffet und dem sonntäglichen Brunch ($20); etwas teurer sind die regionalen Spezialitäten im *Moose's Nook* mit Hauptgerichten für ca. $27; das beste Restaurant der Lodge ist der elegante *Edith Cavell Room*, wo hervorragende, überwiegend französische Küche mit kanadischem Einschlag gereicht wird und für ein 5-gängiges Mahl ca. $70 zu rechnen ist.

Jasper Pizza Place, 402 Connaught Drive, ℰ 780/852-3225. Offene Küche und alltäglich eingerichtet, aber exzellente, variantenreiche Pizza aus dem Holzofen ab $10,50; außerdem akzeptable Salate, Lasagne, Burger und andere Snacks, im Untergeschoss Billardtische.

Mountain Foods and Café, 606 Connaught Drive, gegenüber vom Bahnhof, ℰ 780/852-4050, abwechslungsreiche Speisekarte mit preiswerten, annehmbaren Gerichten, darunter auch vegetarische, in nüchterner, aber gesellige und freundlicher Atmosphäre.

Papa George's, 406 Connaught Drive, ℰ 780/852-3351, eines der ältesten Restaurants im Ort (1924 eröffnet) und bei Einheimischen sehr beliebt. Unscheinbares Äußeres, aber das ausgezeichnete Essen ist ebenso abwechslungsreich wie die Portionen groß sind.

Soft Rock Internet Café, 622 Connaught Drive, ℰ 780/852-5850. Riesige Kaffeeauswahl, leckere Waffeln mit hoch aufgetürmtem frischem Obst und Sahne, sättigendes Frühstück den ganzen Tag über. Beste Adresse im Ort, um im Web zu surfen und fantastisch schmeckende Zimtbrötchen zu kaufen.

Villa Caruso, 640 Connaught Drive, ℰ 780/852-3920. Anspruchsvolles Steakhouse in stilvollem Holz-Ambiente mit gedämpftem Licht, das neben Fleisch auch Fisch, Nudeln und Pizza serviert. Hauptgerichte ca. $23. In angenehmer Atmosphäre lässt sich in der benachbarten Lounge mit Kamin ein Drink vor oder nach dem Essen genießen.

Unterhaltung

Was den wenigen Bars Jaspers an Stil fehlen mag, wird meist durch ungezwungene Ausgelassenheit wettgemacht. Die Mehrzahl der Campingplätze und Hostels liegt allerdings zu weit außerhalb, als dass die Gäste bequem in den Ort (und wieder zurück) gelangen könnten. Gesellige Abende finden dort in der Regel in Eigenregie statt. Alternativen wie Theater, Musik, Tanz und Kino sind in der im Sommer und Winter jeweils neu erscheinenden und im Visitor Centre erhältlichen Informationsbroschüre über den Ort zusammengestellt und können auch über *Arts Jasper*, ℰ 780/852-3964, in Erfahrung gebracht werden.

Atha-B, im Athabasca Hotel, 510 Patricia St. Etwas einfallsloser, größer und mitunter derber, aber stets gut gefüllter Veranstaltungsort, jeden Abend Discobetrieb, überwiegend zu Mainstream-Klängen, außerdem regelmäßig Live-Musik. Geringer Eintritt.

Bonhomme Lounge, im Château Jasper, 96 Geikie St, fast allabendlich live dargebotenes Harfenspiel sorgt für romantische Atmosphäre.

Pete's Bar, 614 Patricia St. Große, lebendige Bar mit jungem Publikum, Snowboarding-Videos, Pool, Darts, an Wochenenden Live-Musik von Blues bis Irish, Do Jamsessions.

Downstream Grill, 620 Connaught Drive, unter dem *Fiddle River Seafood Restaurant*. Geräumige und extravagante Nichtraucher-Bar mit gemütlichen Sofas und gutem, billigem Kneipenessen.

Villa Caruso, 640 Connaught Drive. Elegant-entspannte, dem gleichnamigen Restaurant angeschlossene Cocktailbar mit Kamin und stimmungsvollem Blues und Jazz.

Chaba Movie Theatre, 604 Connaught Dr, ☏ 780/852-4749, größtes Kino im Ort.

In Jahren mit gerader Zahl findet das **Jasper Heritage Folk Festival** statt, das Künstler aus Nordamerika zu Konzerten im Centennial Park versammelt.

Aktivitäten

Für Touren und Aktivitäten kann man verschiedene Veranstalter im Ort in Anspruch nehmen.

Rocky Mountain Unlimited, 414 Connaught Drive, ☏ 780/852-4056, ⌨ www.sundogtours.com., hat das umfassendste Programm. Das Unternehmen veranstaltet eigene Touren, fungiert aber auch als Buchungsagentur für eine große Palette anderer Exkursionen, darunter Helikopterflüge über den Park ($149), 5-tägige Bus- und Wandertouren ins Maligne Valley ($169) und Wildwasserfahrten (ab $79).

Maligne Tours, 627 Patricia St (von außen allerdings kein Hinweis auf die Existenz der Firma), ☏ 780/852-3370, ⌨ www.malignelake.com, der zweite große Veranstalter in Jasper bietet 90-minütige Bootsausflüge auf dem Maligne Lake an. Da die Boote nicht groß sind, ist zu Spitzenzeiten eine Reservierung unabdingbar, insbesondere da Tourunternehmen oftmals ganze Boote belegen. Fahrten tgl. zur vollen Stunde Mitte Mai–Ende Juni tgl. 10–16 Ende Juni–Anfang Sep 10–17,

übriger Sep 10–15 Uhr, $32. Daneben werden geführte Wanderungen und Angeltouren sowie Kanus zur Miete und Rafting-Exkursionen angeboten.

ANGELN – Für Angeltouren, Ausrüstung zur Miete oder einfach nur Tipps ist *On-Line Sport & Tackle* (siehe Ausrüstung) die richtige Adresse. Neben Ausflügen zum Forellenfischen am Maligne Lake und am Talbot Lake umfasst das Tourprogramm eine Vielzahl weiterer Seen und Flüsse. Eine ganztägige Exkursion (8 Std.) kostet $289, zu zweit $189 pro Person, ein halber Tag $249 bzw. 149. Die nötige Ausrüstung kann gemietet werden – Stiefel und Wathose ab $30 pro Tag, Spinnruten für $15, Fliegenruten für $25, Netze für $5. Das Unternehmen organisiert darüber hinaus Rafting-Touren und Ausritte, verleiht Ruderboote und Kanus (beide $40 pro Tag, $25 für den halben Tag nach 15 Uhr) und verkauft und vermietet Campingausrüstung.

Currie's Guiding, 414 Connaught Drive, ☏ 780/852-5650, ⌨ www.curriesguiding.com, bietet ähnliche Touren zu den Flüssen und mehr als 20 Seen sowie Kurse im Fliegenfischen.

INLINE-SKATEN – *Source for Sports*, 406 Patricia St, ☏ 780/852-3654, Verleih ab $4 pro Std. oder $12 pro Tag.

RAFTING – Der Athabasca River und andere Flüsse in der Umgebung machen Jasper zu einem Zentrum für Wildwasserfahrten und andere Rafting-Abenteuer (s.S. 186/187).

REITEN – *Pyramid Stables*, 4 km von Jasper an der Pyramid Lake Rd, ☏ 780/852-3562, ganztägige Treks ($125) sowie ein-, zwei- und dreistündige Ausritte (ab $25/43/65) um den Patricia Lake und den Pyramid Lake.

Mit *Ridgeline Riders* bei Maligne Tours, 627 Patricia St, ☏ 780/852-3370, ⌨ www.malignelake.com, kann man einen Ausflug oberhalb der Baumgrenze am Maligne Lake zum Bald Hills Fire Lookout in 2134 m Höhe unternehmen und herrliche Ausblicke auf den See genießen; 3 1/2 Std., $55.

Die Angebotspalette von *Skyline Trail Rides*, in der Jasper Park Lodge, ☏ 780/852-4215, ist größer und umfasst u.a. einen einstündigen Ausritt zum Lake Annette ($25), 1 1/2-stündige Ausflüge den Athabasca River entlang ($33), zweistündige „Valley View"-Treks ($35) und vierstündige Exkursionen in den Maligne Canyon ($70). Darüber hinaus können Touren mit Übernachtung und Expeditionen von bis zu 21 Tagen Dauer unter Nutzung verschiedener Lodges im Hinterland organisiert werden.

SCHWIMMEN UND HALLENSPORT – *Aquatic Centre*, 401 Pyramid Lake Rd, ✆ 780/852-3663, mit Whirlpool, Dampfsauna und Duschen. Badezeug und Handtücher stehen leihweise zur Verfügung.

Activity Centre, 303 Pyramid Ave, ✆ 780/852-3381, mit Racquetball- und Sqash-Plätzen, Fitnessraum, Kletterwand, Curling-Bahnen und Eissportanlage (zum Schlittschuhlaufen und für die regelmäßig stattfindende Eishockey-Spiele der Regionalliga.

WANDERUNGEN – Groß ist die Auswahl an geführten und in der Regel preiswerten Wanderungen und Ausflügen in die Wildnis; Auskünfte über die entsprechenden Veranstalter sind in der Chamber of Commerce erhältlich. Im Sommer kann man an den kostenlosen Rundgängen der *Friends of Jasper National Park* teilnehmen; Anmeldung im Park Visitor Centre.

Sonstiges

APOTHEKEN – *Cavell Drugs*, 602 Patricia St, ✆ 780-852-4441.

AUSRÜSTUNG – Wer ein Fahrrad, Angelausrüstung oder anderes Gerät mieten möchte, wendet sich am besten an *On-Line Sport & Tackle*, 600 Patricia St, ✆ 780/852-3630, oder an den *Totem Ski Shop*, 406 Patricia St, ✆ 780/852-3078.

AUTOVERMIETUNG – *Hertz*, ✆ 780/852-3886, und *National*, ✆ 780/852-1117, beide im Bahnhofsgebäude. Wer hier ein Fahrzeug übernehmen möchte, sollte rechtzeitig reserviert haben – die Wagen sind schnell vergeben, insbesondere an Tagen, an denen Züge von Vancouver und Edmonton ankommen.

Avis, Petro-Canada Service, 300 Connaught Drive, ✆ 780/852-3970.
Budget, Jasper Shell Service, 638 Connaught Drive, ✆ 780/852-3222.

BIBLIOTHEK – Leihbibliothek in der Elm Ave, hat jede Menge Bücher über den Park; ☉ Mo–Do 14–17 und 19–21, Fr 14–17, Sa 10–15 Uhr.

FAHRRÄDER – *On-Line Sport & Tackle* (s. Ausrüstung) vermietet Fahrräder für $6 pro Std. oder $18 pro Tag. Angeboten wird auch eine Einwegmiete inkl. aller nötiger Ausrüstung für eine Fahrt von Jasper nach Banff auf dem Icefields Parkway.

Freewheel Cycles, 618 Patricia St, ✆ 780/852-3898, ⌨ www.freewheeljasper.com, nimmt dieselben Preise. Der *Mountain Biking Trail Guide* gibt eine Übersicht über Routen jeglicher Schwierigkeitsstufe. Eine gute Adresse für alles, was nur irgendwie mit Fahrrädern zu tun hat, inkl. Reparatur und Ersatzreifen.

Adressen außerhalb des Orts:
Jasper International Hostel (s.S. 201);
Beauvert Boat & Cycles in der Jasper Park Lodge am Ufer des Lac Beauvert, ✆ 780/852-5708, $8 pro Std., $20 für 4 Std. oder $30 pro Tag;
Patricia Lake Bungalows, 4,8 km nordwestlich von Jasper an der Pyramid Lake Rd, ab $6 pro Std., $18 für den halben Tag oder $24 pro Tag.

INFORMATIONEN – *Jasper Information Centre*, 500 Connaught Dr, ✆ 780/852-6176, ⌨ www.pc.gc.ca, zurückgesetzt von der Straße auf einer großen Rasenfläche, 50 m östlich des Bahnhofs. Das Besucherzentrum des Nationalparks ist eine ausgezeichnete Anlaufstelle für Informationen über den Park und Campingplätze. Wer noch nicht im Besitz der vorgeschriebenen **National Park Permits** ist (s.S. 192/193, Kasten), kann diese hier für $5 pro Tag oder $35 pro Jahr bekommen. Außerdem kann man sich bei Bedarf ein **Wilderness Permit** ($6) für Wanderungen im Hinterland besorgen und sich für eine entsprechende Routen anmelden.

Im Centre befindet sich außerdem einen Laden mit gutem **Kartenmaterial**; Betreiber sind die *Friends of Jasper,* ✆ 780/852-4767, die auch Rundgänge anbieten, für die man sich im Laden anmelden sollte, Preis in Form einer Spende. Weitere beliebte Aktivitäten der Friends sind Aufführungen auf dem Whistler's Campground Theatre (tgl. Juli–Sep) und Naturvorträge auf dem Wabasso Campground (Juli–Sep). Centre ⊙ Mitte Mai–Mitte Juni tgl. 8–17, Mitte Juni–Anfang Sep tgl. 8–19, Anfang Sep–Mitte Mai Mo–Fr 9–17, Sa und So 8–17 Uhr.

Jasper Chamber of Commerce, 409 Patricia St, ca. 100 m östlich des Visitor Centre, ✆ 780/852-3858, 🖳 www.jaspercanadianrockies.com. Informationen über den Ort, insbesondere über Unterkünfte. ⊙ Juni–Anfang Sep tgl. 9–19, sonst Mo–Fr 9–17 Uhr.

INTERNET – *Soft Rock Internet Café*, 633 Connaught Drive, ✆ 780/852-5850.

MEDIZINISCHE HILFE – Krankenhaus in der 518 Robson St, ✆ 780/852-3344.

POLIZEI – ✆ 780/852-4848.

POST – Postamt, 502 Patricia St, ✆ 780/852-3041.

TAXIS – *Heritage Cab*, ✆ 780/852-5558; *Michael Angelo*, ✆ 780/852-7277; *Jasper Taxi*, ✆ 780/852-3600.

WASCHSALON – *Coin Clean*, 607 Patricia St.

WETTER – Wetterbericht von *Environment Canada*, ✆ 780/852-3185.

Nahverkehrsmittel

Ohne eigenes Transportmittel wird man in Jasper Probleme haben, zu den etwas entfernteren Sehenswürdigkeiten sowie Spazier- und Wandermöglichkeiten zu gelangen. Ein Leihfahrrad kann hier Abhilfe schaffen, eine weitere Möglichkeit sind die kleinen **Shuttlebusse**, die verschiedene Ziele ansteuern. Die Betreiberfirmen wechseln von Jahr zu Jahr, fast immer aber steht bei Einstellung des Betriebs eines Unternehmens schon ein neuer Anbieter in den Startlöchern bereit. Zu den derzeitigen Unternehmen zählen *Tramway Shuttle*, ✆ 780/852-4056 oder 852-8255, 9x tgl. vom Vorplatz des Bahnhofgebäudes zur

Jasper Tramway ($24 inkl. Seilbahnticket) mit Halt am Jasper International Hostel ($4). *Trailhead Shuttle*, ✆ 780/852-3898 oder 852-8389, ausgehend von Freewheel Cycles, 618 Patricia St, 1–2x tgl. zu den Ausgangspunkten verschiedener Wanderwege, darunter Valley of the Five Lakes Trail, Maligne Canyon und Overlander Trail (alle $10) sowie die Marmot Basin Rd ($15). Der alteingesessene *Maligne Lake Shuttle* von Maligne Tours, 627 Patricia St, ✆ 780/852-3370, fährt von Ende Juli–Ende Sep 6x tgl., von Mitte Mai bis Ende Juni sowie in der letzten Septemberwoche 3x tgl. zum Maligne Lake (einfach $12, hin und zurück $24) via Maligne Canyon ($8), Maligne Jasper Hostel ($8) und anderen Haltepunkten an der Maligne Lake Rd, u.a. am Skyline Trail (nördlicher Ausgangspunkt $8, südlicher Ausgangspunkt $12).

Transport

BUSSE – Busbahnhof für beide folgenden Gesellschaften ist der VIA Rail-Bahnhof, 314 Connaught Dr, ⊙ tgl. 6–20 Uhr, Öffnung der Schalter kurz vor Abfahrten der Busse. Im Gebäude sind auch Schließfächer und Mietwagenfirmen untergebracht.
Greyhound, ✆ 780/852-3926 oder 1-800/661-8747, 🖳 www.greyhound.ca, 4x tgl. von EDMONTON auf dem Yellowhead Highway (Hwy 16), 4 3/4 Std., einfach $50,
VANCOUVER 4x tgl., 11 1/2 Std., $99, via KAMLOOPS, 5 Std., $57.
PRINCE GEORGE 2x tgl., $49.
Brewster Transportation, ✆ 780/852-3332 oder 1-800/661-1152, 🖳 www.brewster.ca, 1x tgl. nach BANFF, 4 1/2 Std., $62, via LAKE LOUISE, 3 Std., $53, und weiter nach CALGARY und FLUGHAFEN CALGARY, jeweils $71. Außerdem Tagestouren nach Banff mit Halt an Sehenswürdigkeiten am Icefields Parkway. Bedingt durch Schnee kann der Fahrplan im Oktober und April durcheinander geraten.

EISENBAHN – *VIA Rail*, 780/852-4102 oder 1-888/VIA-RAIL, 🖳 www.viarail.ca, Fahrkartenschalter nur an Tagen mit Zugverkehr geöffnet. Züge verkehren von Edmonton und Winnipeg mit Weiterfahrt nach Vancouver oder Prince Rupert.

Die Fahrpreise und Fahrzeiten liegen deutlich über denen vergleichbarer Busverbindungen. Verbindungen von Jasper nach EDMONTON 3x wöchentlich, 5 1/2 Std.; PRINCE RUPERT via PRINCE GEORGE 3x pro Woche, 20 Std.; VANCOUVER 3x wöchentlich.

Mount Robson Provincial Park

Zeitunterschied

Der Yellowhead Pass markiert die Grenze zwischen dem in Alberta gelegenen Jasper National Park, in dem **Mountain Time** gilt, und dem Mount Robson Provincial Park in British Columbia, wo **Pacific Time** gilt und es eine Stunde früher ist.

Direkt an den Jasper National Park grenzt im Westen der ausgedehnte Mount Robson Provincial Park, in dem sich der höchste Berg der kanadischen Rocky Mountains, der 3954 m hohe Mount Robson erhebt. An landschaftlichen Eindrücken kann es die Gegend mit jeder anderen in den Rocky Mountains aufnehmen, und **Mount Robson** selbst ist einer der wohl imposantesten Berge, die man zu Gesicht bekommen wird. Einrichtungen im Park sind dünn gesät, es ist daher ratsam, vor Ankunft Proviant einzukaufen und zu tanken. Ungefähr 16 km hinter der Grenze des Jasper National Park erreicht der Hwy 16 Tête Jaune Cache, von wo zwei überaus reizvolle Straßen für die Weiterfahrt zur Auswahl stehen: der fortgesetzte Hwy 16 in nördlicher Richtung nach Prince George (für den Weg nach Prince Rupert, ins nördliche British Columbia und in den Yukon) oder der Hwy 5, der nach Süden am Wells Gray Provincial Park vorbei nach Kamloops und zu einer ganzen Reihe weiter entfernterer Ziel führt. Beschreibung der letzteren Route auf S. 379.

Sowohl die Straße als auch die Eisenbahnstrecke von Jasper überqueren auf ihrem Weg in den Park 20 km westlich von Jasper den **Yellowhead Pass** (1131 m), lange für Ureinwohner wie Pelzhändler eine der wichtigsten Routen über die Rockies.

Die Autostrecke vorbei an Mischwäldern aus Birken und Tannen und dahinter liegenden Bergen ist weniger spektakulär als der Icefields Parkway (aber welche Straße ist das nicht). Auf den weitgehend parallel zur Straße verlaufenden Eisenbahnschienen rattern mitunter endlose Güterzüge mit hunderten Waggons entlang – befremdliche Eindringlinge in der gewohnt idyllischen Wildnis aus Felsen, Flüssen und Wäldern. Zu einem ersten Zwischenstopp im Park lädt direkt unterhalb des Passes der **Yellowhead Lake** ein. Am 20 km weiter westlich gelegenen **Moose Lake** können in der Morgen- und Abenddämmerung mitunter Elche beobachtet werden.

Das zunächst relativ zahme Erscheinungsbild des Parks steigert sich mit dem ersten Anblick des Mount Robson zu atemberaubender Schönheit. Bis zum letzten Moment versperren die vorgelagerten ansteigenden Bergkämme die Sicht auf das gewaltige Massiv. Der britische Entdecker W.B. Cheadle beschrieb den Berg 1863 mit den Worten: „An allen Seiten von mächtigen schneebedeckten Bergen umgeben, und unmittelbar dahinter ein Riese unter Riesen, in unfassbarer Erhabenheit aufragend, der Gipfel des Mount Robson ... Nach oben hin in schemenhaftes Licht getaucht, von Wolkenfetzen umgeben, und darüber die in der Morgensonne schillernde Spitze aus Eis, die weit in den blauen Himmel aufstrebt."

Verstärkt wird der Eindruck der immensen Ausmaße vor allem durch die kolossale Südwand, die nahezu senkrecht 3100 m in die Höhe ragt, und den Blick von der Straße, von wo sich der Berg als eine von den anderen Gipfeln isolierte Masse präsentiert. Das an der Nordseite des Berges versteckt gelegene, eindrucksvolle Gletschersystem kann man sehen, wenn man die beliebte Route zum Berg Lake wandert (siehe unten, Kasten). Bis heute ist es strittig, woher der Berg seinen Namen hat. Eventuell ist es eine Abwandlung von Robertson, dem Namen eines Angestellten der Hudson's Bay Company, der in den 20er Jahren des 19. Jhs. als Trapper die Region durchquerte. Einheimische Ureinwohner nannten den Berg *Yuh-hai-has-hun*, den „Berg des gewundenen Weges", was eine Anspielung auf die Felsschichten ist, die sich deutlich erkennbar wie eine Straße zum Gipfel hinaufwinden. Es überrascht nicht, dass dieser Gigant erst als einer der letzten großen Gipfel in den Rocky Mountains bezwungen wurde. Die erste Besteigung fand 1913 statt, und bis heute gilt ein solches Unternehmen als gefährliche Herausforderung.

Zwei Kilometer nördlich des Infocentre beginnt der **Berg Lake Trail** (einfache Strecke 22 km, Anstieg 795 m), der als kürzere Strecke für Rucksackwanderungen in den Rockies überaus beliebt ist und als einziger Wanderpfad nahe an den Mount Robson heranführt. Das erste Drittel lässt sich als bequemer und höchst lohnender Tagesspaziergang bewältigen und durchdringt bewaldetes Gelände, bevor es den bezaubernden, gletschergespeisten Kinney Lake erreicht (6,7 km, am nordöstlichen Seeufer gibt es einen Campingplatz). Wer die ganze Strecke wandert, kommt zusätzlich in den Genuss des herrlichen **Valley of a Thousand Waterfalls**, dessen beeindruckendster Wasserfall die 60 m hohen Emperor Falls sind (14,3 km, Campingmöglichkeiten sind 500 m nördlich sowie 2 km südlich angesiedelt) und gelangt schließlich in die faszinierende Umgebung des Berg Lake (14,7 km bis zum nächstgelegenen, d.h. westlichen Seeufer). Darüber ragt nahezu waagerecht die 2400 m hohe Felswand des Mount Robson empor, an dessen gewaltigen Flanken sich krachend und knirschend zwei Eisströme entlangziehen, der Mist Glacier und der Berg Glacier. Letzterer ist einer der wenigen „aktiven" oder vorrückenden Gletscher in den Rocky Mountains und misst 1800 m Länge bei einer Breite von 800 m. Er sorgt für jene großen Eisberge auf dem Wasser, von denen der See seinen Namen hat. Jenseits des Sees lässt sich der Weg 2 km weiter zum **Robson Pass** fortsetzen (21,9 km, 1695 m Aufstieg, Zeltmöglichkeit), von dort noch 1 km bis zum Adolphus Lake im Jasper National Park. Am häufigsten werden die Zeltmöglichkeiten am Berg Lake (19,6 km) und der Rearguard Campground (20,1 km, ebenfalls am Berg Lake) genutzt, wer ein Backcountry Permit für den Jasper National Park besitzt, findet am Adolphus Lake eine ruhigere Möglichkeit. Ein beliebter Tagesausflug von einer Übernachtung am Berg Lake verläuft vom südlichen Zeltplatz am See zu den **Toboggan Falls**. Der Weg führt an der nordöstlichen (linken) Seite des Toboggan Creek vorbei an Wasserfällen und Bergwiesen hinauf, um schließlich den Blick über das gesamte Hinterland des Sees freizugeben. Zwar endet der Pfad nach 2 km, die Wanderung lässt sich aber problemlos noch weiter bergauf über offene Wiesen zu noch besseren Aussichtspunkten fortsetzen. Ein weiterer Weg in unmittelbarer Nachbarschaft hat den **Robson Glacier** zum Ziel (2 km). Die Strecke ist flach und zweigt 1 km westlich des Robson Pass nahe der Parkaufseher-Hütte von der Hauptroute nach Süden ab.

Jenseits einer Gletscherschuttfläche erreicht der Weg einen kleinen See am Fuß des Gletschers und folgt dahinter raukem Terrain entlang der Seitenmoräne am östlichen Gletscherrand. Nach 3 km schwenkt er nach Osten ab, um an einem schmalen Bach bis zum Gipfel des Snowbird Pass zu führen (insgesamt 9 km von der Parkaufseher-Hütte).

Am Yellowhead Lake am östlichen Parkrand beginnen zwei weitere Routen. Zum Ausgangspunkt des **Yellowhead Mountain Trail** (einfache Strecke 4,5 km, Anstieg 715 m), einer herrlichen Tageswanderung, sind es vom Pass 9 km auf dem Hwy 16, dann noch 1 km entlang einer abzweigenden Schotterstraße über den See. Nach einem steilen, 2-stündigen Aufstieg durch den Wald erreicht der Pfad in 1830 m Höhe offenes Gelände mit weiter Sicht über den Yellowhead Pass.

Der vor allem in der zweiten Hälfte anspruchsvollere **Mount Fitzwilliam Trail** (einfache Strecke 13 km, Anstieg 945 m) beginnt 1 km westlich des Yellowhead Mountain Trail auf der anderen Seite des Hwy 16 und endet in einem wahrhaft imposanten Becken mit mehreren Seen und aufragenden Gipfeln. Wer nicht die ganze Strecke wandern möchte, kann auch nur die bequeme Route durch den Wald bis zum Campingplatz am Rockingham Creek (6 km) laufen.

ALBERTA UND DIE ROCKY MOUNTAINS

Übernachtung

Mountain River Lodge, ✆ 250/566-9899 oder 1-888/566-9899, 🖳 www.mtrobson.com. B&B mit 5 unterschiedlich eingerichteten Zimmern. ❹

Mount Robson Lodge, am Hwy 16 nahe dem Infocentre, 5 km westlich der Parkgrenze, ✆ 250/566-4821 oder 1-888/566-4821, 🖳 www.mountrobsonlodge.com. 18 Blockhütten am Fraser River, einige mit Küchenzeile ($5 extra), ⏰ Mai–Okt. Organisiert auch verschiedene Touren, unter anderem Rafting-, Helikopter- und Reitausflüge. ❹

Einzige andere Bettenunterkunft im oder nahe dem Park sind die **Blockhütten** von **Mount Robson Adventure Holidays**, 16 km östlich des Infocentre, ✆ 250/566-4351, allerdings sind diese oftmals für die Teilnehmer der veranstalteten **Kanu- und Wandertouren** reserviert. ⏰ Juni–Sep. ❸

Campingplätze in den Provinzparks

Stellplätze für Zelte und Wohnmobile können inzwischen für viele öffentliche Campingplätze der Provinzparks in British Columbia über *Discover Camping*, ✆ 1-800/689-9025 oder ✆ 604/689-9025, von Mai bis Mitte Sep Mo–Fr 7–19, Sa und So 9–17 Uhr Pacific Standard Time, außerdem unter 🖳 www.discovercamping.ca, bis zu drei Monate im Voraus, aber höchstens 48 Stunden vor Ankunft reserviert werden. Stornierungen sind nach 19 Uhr unter Beachtung der Bandansage möglich. Pro Nacht, aber maximal für drei Nächte, wird eine nicht erstattbare Buchungsgebühr von $6,42 erhoben. Der Aufenthalt in jedem der Provinzparks in British Columbia kann bis zu 14 Tage betragen. Für die Begleichung der Reservierungsgebühr werden nur Visa-Karte oder Mastercard akzeptiert, Übernachtungsgebühren für eventuelle Verlängerungstage sind vor Ort ausschließlich bar zu bezahlen. Allgemeine Informationen über die Parks sind telefonisch unter ✆ 250/387-4550 oder 1-800/663-7867 sowie im Internet unter 🖳 www.elp.gov.bc.ca/bcparks erhältlich.

Emperor Ridge Campground, ebenfalls nahe dem Infocentre, 300 m nördlich des Hwy 16 an der Kinney Lake Rd, ✆ 250/566-8438, Stellplatz $18, ⏰ Mitte Mai–Anfang Okt.

Robson Shadows Campground, Hwy 16, auf der Seite des Fraser River, 5 km westlich der Parkgrenze, ✆ 250/566-9190 oder 1-888/566-4821, 25 hübsche Stellplätze à $14,50, ⏰ Mitte Mai–Anfang Okt.

Mount Robson Provincial Park Campground, etwas weiter entfernt, 22 km nördlich von Valemount am Hwy 16, ✆ 250/566-4325, umfasst zwei benachbarte Campingplätze, *Robson River* und *Robson Meadows*, mit insgesamt 144 Stellplätzen à $17,50. Duschen mit Warmwasser, WCs, Reservierung möglich (s. Kasten), ⏰ Mitte Mai–Anfang Okt.

Lucerne Campground, Hwy 16, am Yellowhead Lake, 10 km westlich der Grenze zu Alberta, Trockentoiletten, keine Duschen, Stellplatz $12, ⏰ Mai–Sep.

Zelten in der Wildnis ist nur auf sieben dafür ausgewiesenen Plätzen entlang dem Berg Lake Trail (s. Kasten) gestattet. Anmeldung hierfür im Infocentre, wo auch die Übernachtungsgebühr gezahlt werden muss.

Informationen

Das **Mount Robson Travel Infocentre**, ✆ 250/566-4325 oder 1-800/689-9025, liegt nicht weit von der westlichen Parkzufahrt am Aussichtspunkt auf den Mount Robson, ⏰ tgl. Juni–Anfang Sep 9–19 Uhr. In der Nähe findet man auch die Mehrzahl der wenigen Einrichtungen, darunter eine Tankstelle mit einem Café, ⏰ Mai–Sep.

Transport

Züge halten nicht im Park, aber wer mit dem Bus unterwegs ist, kann sich am Yellowhead Pass oder am Mount Robson Travel Infocentre absetzen lassen.

Yoho National Park

Der Name des westlich der kontinentalen Wasserscheide und vollständig in British Columbia gelegenen Yoho National Park stammt aus der Sprache der Cree und bedeutet „Wunder" oder „Staunen" – eine durchaus zutreffende Umschreibung der Ehrfurcht gebietenden Schönheit der Berge, Seen und Wasserfälle der Region.

Der Park ist nicht groß, aber gerade die fast schon intime Atmosphäre macht ihn vielleicht zum schönsten und von Kennern am meisten geschätzten der vier wichtigsten Parks. Von Lake Louise über den **Kicking Horse Pass** kommend teilt der Trans-Canada Highway den Park in zwei gleichgroße Hälften und durchquert gemeinsam mit der alten Schienen der Canadian Pacific Railway das breite, von Gletschern geformte Tal des Kicking Horse River. Einzige Ortschaft ist das Dorf **Field**, das neben dem Besucherzentrum des Parks eine begrenztes Auswahl an Unterkünften und Serviceeinrichtungen besitzt (die nächstgelegenen Orte mit einem umfassenden Angebot sind Lake Louise, 28 km östlich, und **Golden**, 54 km westlich). Weitere, nicht gerade billige Unterkünfte stehen an den Brennpunkten des touristischen Interesses am **Lake O'Hara**, im **Yoho Valley** und am **Emerald Lake** zur Verfügung, von wo die Mehrzahl der herrlichen wie gut instand gehaltenen Wanderrouten in die Umgebung führt, außerdem ein paar Lodges unweit des Trans-Canada Highway. Diese drei genannten Gegenden sind es, nicht Field, die in erster Linie die Beachtung der Besucher auf sich ziehen und um Sommer entsprechend überlaufen sind. Nebenstraßen führen zum Emerald Lake und ins Yoho Valley, und eine Fahrt dorthin sollte auch eine Wanderung umfassen.

Weitaus schwieriger ist es, zum Lake O'Hara zu gelangen, denn der Zugang bleibt denjenigen vorbehalten, die zu Fuß unterwegs sind und/oder eine Reservierung für die Lodge oder den Zeltplatz besitzen. Als Transportmittel verkehrt nur ein spezieller Bus dorthin, der gebucht werden muss (Ausführliche Informationen s.S. 214). Ohne Probleme sind hingegen die restlichen fünf Campingplätze des Parks zu erreichen, ebenso das Hostel an der Yoho Valley Road. Der Park unterhält für Wanderer außerdem sechs Zeltplätze im Hinterland (s.S. 218).

Zeitunterschied

Ungeachtet seiner Lage in British Columbia, gilt im Yoho National Park **Mountain Time**.

Vom Trans-Canada Highway sind verschiedene kurze, durchaus reizvolle Pfade zugänglich, die sich jeweils in rund einer Stunde bewältigen lassen und sich denjenigen empfehlen, die auf Durchfahrt sind und nur einen schnellen Eindruck von der Natur des Parks gewinnen wollen. Wer Zeit für eine Tageswanderung hat, sollte den **Iceline–Whaleback–Twin Falls Trail** in Angriff nehmen, der zu den schönsten für eine solche Wanderung in den Rocky Mountains zählt (s.S. 213/214). Sehr beliebt sind Ausflüge mit dem **Mountainbike**, allerdings sind diese nur entlang einiger ausgewiesener Strecken möglich: Kicking Horse (19,5 km), Amiskwi Trail bis Amiskwi River Crossing (24 km), Otterhead Trail zur Toche Ridge (8 km), Ice River zur Parkaufseher-Hütte an der Lower Ice Ridge (17,5 km), Talley-Ho Trail (3 km) und Ottertail Trail bis zur Parkaufseher-Hütte (14,7 km).

Field

Der Ort, der nicht viel mehr als ein paar Holzgebäude umfasst und von steilen Bergen eingerahmt wird, verströmt noch heute das Flair einer Pioniersiedlung aus alten Tagen und scheint sich seit seinen Anfängen als Camp der Eisenbahnarbeiter 1884 kaum verändert zu haben. Benannt wurde er nach Cyrus Field, der die Legung des ersten transatlantischen Telegrafenkabels finanzierte und in jenem Jahr Yoho besuchte. Es war wie in anderen Nationalparks die Eisenbahn, die den Tourismus in die Gegend ankurbelte. Das erste Hotel in Field wurde von Canadian Pacific 1886 errichtet und innerhalb weniger Monate waren 16 km^2 am Fuß des Mount Stephen (östlich von Field) als Schutzgebiet ausgewiesen. Den Status eines Nationalparks erhielt Yoho 1911 als zweiter Nationalpark Kanadas.

Abgesehen von privaten Touren kommen keine Passagierzüge mehr durch Field, die **Eisenbahn** zählt aber dennoch zu den „Sehenswürdigkeiten" im Park und gehört zu den, die auf der Fahrt in den Park von Osten wie Westen auffallenden Ansichten. Dass die Gleise überhaupt hier gelegt wurden, war das Ergebnis eines politischen und wirtschaftlichen Kuhhandels. Sanford Fleming, Chefin-

ALBERTA UND DIE ROCKY MOUNTAINS

genieur bei Canadian Pacific, fasste seine Reise entlang der geplanten Route über den Kicking Horse Pass 1883 mit den folgenden Worten zusammen: „Ich denke, ich werde diesen schrecklichen Marsch nie vergessen; es war die schlimmste Qual, die ich je erleiden musste." Er machte sich wie viele andere in der Eisenbahngesellschaft dafür stark, einen ungleich flacheren und bequemeren Streckenverlauf weiter nördlich über den Yellowhead Pass zu wählen. Aber die Eisenbahn war ein ebenso politisches wie wirtschaftliches Werkzeug. Durch sie sollte das Land geeint und die Besiedlung der Prärien vorangetrieben werden. Eine nördlichere Route hätte ausgedehnte Gebiete wertvollen Prärielands nahe der Grenze zu den USA (nahe Calgary) unberücksichtigt gelassen sowie einen Großteil der Region und deren Bodenschätze (darunter Öl und Gas, wie später entdeckt werden sollte) aus den Händen des Dominion den USA zugespielt. So kam es, dass die Eisenbahngesellschaft so lange beschwatzt wurde, bis sie entgegen aller Bedenken der Ingenieure die Route über den Kicking Horse Pass einschlug und sich dem Problem 4-prozentiger Steigungen, den größten zur damaligen Zeit von Zügen zu überwindenden, gegenübersah.

Gelöst wurde dieses durch die berühmten **Spiral Tunnels**, zwei enorme in den Fels hineinführende Schleifen. Von einem gut besuchten Aussichtspunkt 7 km östlich von Field am Hwy 1 kann man manchmal die endlosen Güterzüge sehen, die vorne bereits wieder aus dem Berg herauskommen, während die hinteren Waggons noch nicht einmal die Tunneleinfahrt passiert haben. Auf noch größere Schwierigkeiten stießen die Eisenbahnbauer am **Big Hill**, wo es galt, ein Gefälle von 330 m auf einem nur 6 km langen Abschnitt vom Wapta Lake hinunter in die Ebenen östlich von Field zu meistern. Mit 4,5 % war es das steilste Gefälle einer Eisenbahnstrecke in Nordamerika. Die erste mit einem Bauzug unternommene Fahrt hinunter endete denn auch mit dem Absturz desselben in die Schlucht, wobei drei Eisenbahnarbeiter zu Tode kamen. Züge gerieten auf der abschüssigen Strecke so häufig außer Kontrolle, dass das viermalige Betätigen der Signalpfeife die Standardwarnung vor einem nicht mehr zu beherrschenden Zuges wurde (das verrostete Wrack einer Lokomotive ist bis heute nahe dem Kicking Horse Park Campground zu sehen). Lady Agnes MacDonald, die Ehefrau des kanadischen Premierministers, fuhr den Big Hill 1886 auf dem „cowcatcher" (dem Metallgitter vorne an der Lokomotive zur Freiräumung des Schienenwegs) hinunter und betrachtete ihr Abenteuer als eine „vortreffliche Gelegenheit für eine neue Erfahrung".

Zu diesem Zeitpunkt hatte sie bereits ungefähr 1000 km in dieser ungewöhnlichen Manier zurückgelegt. Ihr vergleichsweise hasenfüßiger Gatte, mit dem sie die symbolträchtige Fahrt über den Kontinent anlässlich der Eröffnung der Eisenbahnstrecke gemeinsam unternehmen sollte, brachte es hingegen nur auf 40 km auf dem Schienenräumer. Um nur 15 Waggons den Berg hinaufzuziehen, waren vier Lokomotiven erforderlich, die dafür mehr als eine Stunde benötigten. Explodierende Kessel (mit einhergehenden tödlichen Folgen) waren dabei keine Seltenheit.

Burgess Shale

Durch die weltberühmte und als Burgess Shale bekannte geologische Formation nahe Field ist der Yoho National Park heute Geologen ebenso ein Begriff wie Wanderern und Eisenbahnfans. In dem aus aufgeschichtetem Sedimentgestein gebildeten Schiefer an den oberen Hängen des Mount Field lagern Fossilien von ca. 120 Arten mariner Weichtiere aus dem mittleren Kambrium (vor 515–530 Millionen Jahren). Weltweit gibt es nur drei Fundstätten solch ungewöhnlicher Kreaturen. Normalerweise sind Weichtiere als Versteinerungsobjekte höchst ungeeignet, im Burgess Shale sind die Fossilien jedoch so gut und detailliert erhalten, dass Wissenschaftler bei einigen Objekten sogar die Nahrung identifizieren können, die vor dem Tod noch verzehrt wurde. Neueren Plänen zufolge soll in Field ein großes neues Museum eigens für die Fossilien entstehen, bis dahin bleibt der Zugang zu den Fundstätten weiterhin beschränkt und ist nur im Rahmen zweier geführter, nicht gerade leichter Wanderungen zum Walcott's Quarry (hin und zurück 20 km, Höhenunterschied 760 m, Fr–Mo 8 Uhr, $59) und zu den Trilobite Beds am Mount Stephen (hin und zurück 6 km, Höhenunterschied 780 m, Sa und So 10 Uhr, $26,75) möglich. Die Teilnehmerzahl ist auf maximal 15 Wanderer beschränkt, angeboten werden die Ausflüge zwischen Ende Juni und Oktober. Selbstredend ist es streng verboten, Versteinerungen von den Fundstätten zu entfernen.

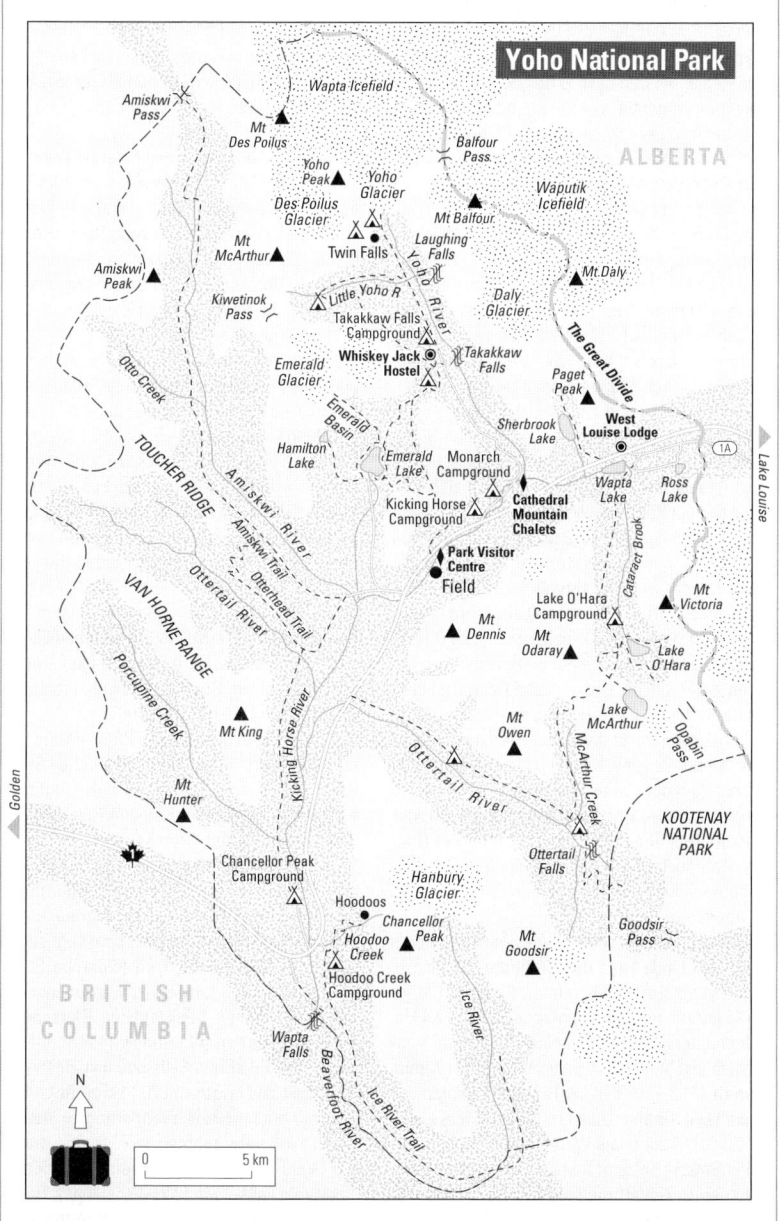

Yoho National Park

ALBERTA

Amiskwi Pass

Mt Des Poilus

Wapta Icefield

Balfour Pass

Yoho Peak

Yoho Glacier

Des Poilus Glacier

Mt Balfour

Wáputik Icefield

Mt McArthur

Twin Falls

Laughing Falls

Mt Daly

Amiskwi Peak

Kiwetinok Pass

Little Yoho R

Yoho River

Daly Glacier

Otto Creek

Takakkaw Falls Campground

Whiskey Jack Hostel

Takakkaw Falls

Paget Peak

The Great Divide

Emerald Glacier

Emerald Basin

Sherbrook Lake

West Louise Lodge

Hamilton Lake

Emerald Lake

Monarch Campground

Wapta Lake

Ross Lake

TOUCHER RIDGE

Amiskwi River

Amiskwi Trail

Otterhead Trail

Kicking Horse Campground

Cathedral Mountain Chalets

Cataract Brook

Mt Victoria

Otterhead River

Otterhead Trail

Park Visitor Centre
Field

Lake O'Hara Campground

VAN HORNE RANGE

Otterhead River

Mt Dennis

Mt Odaray

Lake O'Hara

Porcupine Creek

Kicking Horse River

Mt King

Mt Owen

Lake McArthur

Lake McArthur

Opabin Pass

Golden

Mt Hunter

Ottertail River

McArthur Creek

KOOTENAY NATIONAL PARK

Chancellor Peak Campground

Hoodoos

Hanbury Glacier

Ottertail Falls

BRITISH COLUMBIA

Hoodoo Creek

Chancellor Peak

Mt Goodsir

Goodsir Pass

Hoodoo Creek Campground

Ice River

Wapta Falls

Beaverfoot River

Ice River Trail

N

0   5 km

ALBERTA UND DIE ROCKY MOUNTAINS

Lake Louise

(1A)

ALBERTA UND DIE ROCKY MOUNTAINS

Umgebung des Lake O'Hara

Das Gebiet um den Lake O'Hara ist in fünf Wanderzonen eingeteilt, von denen jeder ein ganzer Tag gebührt: Lake Oesa, Opabin Plateau (häufig zum Schutz der Grizzlys gesperrt), Lake McArthur, Odaray Plateau und Duchesnay Basin.

Bei Zeit für nur eine Wanderung sollte die Wahl auf einen der beiden Klassiker fallen – **Wiwaxy Gap / Huber Ledges** zum Lake Oesa (einfache Strecke 5 km, Höhenunterschied 495 m) oder den **Opabin Plateau Trail** (einfache Strecke 3,2 km, Höhenunterschied 250 m) von der Lake O'Hara Lodge zum Opabin Lake. Der Weg zum Opabin Lake kann auf Stunden ausgedehnt werden, wenn man über die Seitenwege die winzigen Seen und Bergwiesen erkundet. Für den Rückweg zum Lake O'Hara wählen die meisten den East Opabin Trail, als Alternative bietet sich vom East Opabin Trail der Weg über die grandiose **Yukeness Ledge Alpine Route** an, ein Teilstück des Alpine Circuit, das nur 400 m vom Opabin Lake von der Strecke abzweigt. Diese Hochgebirgsroute führt am hübschen Lake Oesa vorbei, von wo es nur noch 3,2 km bis zum Lake O'Hara sind. Lake Oesa ist nur einer von vielen reizvollen Seen in der Region, und der **Lake Oesa Trail** (einfache Strecke 3,2 km, Höhenunterschied 240 m) vom Lake O'Hara ist die am meisten gewanderte Strecke der Gegend. Kaum minder beliebt ist der Marsch auf dem **Lake McArthur Trail** (einfache Strecke 3,5 km, Höhenunterschied 310 m), der zum größten See der Umgebung führt. Der Odaray Plateau Trail (einfache Strecke 2,6 km, Höhenunterschied 280 m) gilt ebenfalls als lohnend, ist aber überrannt.

Die längste und am seltensten gewanderte Route führt zum **Linda Lake und Cathedral Basin**. Sie passiert mehrere Seen und erreicht am Cathedral Platform Prospect (einfache Strecke 7,4 km, Höhenunterschied 305 m) einen herrlichen Aussichtspunkt. Am anspruchsvollsten ist der **Alpine Circuit** (11,8 km), der als Hochgebirgspfad am Oesa Lake, Opabin Lake und Schaffer Lake vorbeiführt. Bei schönem Wetter sowie bei schneefreier Strecke sollte er trainierten und erfahrenen Wanderern keine Probleme bereiten, allerdings sind die Temperaturen eisig und stellenweise

muss geklettert werden. Sind die Bedingungen ungünstig, muss man schon Bergsteiger sein oder auf die Wanderung verzichten.

Im Yoho Valley und um den Emerald Lake

Die Mehrzahl der Wanderwege im Yoho Valley beginnt am Zeltplatz an den Takakkaw Falls und am Parkplatz am Ende der Yoho Valley Rd. Viele dieser Routen sind verbunden, einige führen über den Bergkamm in die Umgebung des Emerald Lake, so dass reichlich Kombinationsmöglichkeiten gegeben sind.

Als bequemer Einstieg bietet sich vom Campingplatz der Weg zu den **Point Lace Falls** (einfache Strecke 1,9 km, minimaler Anstieg) oder zu den **Laughing Falls** (einfache Strecke 3,8 km, Anstieg 60 m) an. Eine weitere nicht allzu lange Wanderstrecke ist der am selben Ausgangspunkt beginnende **Yoho Pass Trail** (10,9 km, Anstieg 310 m, Höhenverlust 510 m), der zum Emerald Lake und der gleichnamigen Lodge führt (den Rücktransport vom See muss man vorab arrangieren). Von dieser Route zweigt als weitere, an einem Tag zu bewältigende Strecke ein von prachtvoller Aussicht über das gesamte Gebiet begleiteter Weg nach Süden zum **Burgess Pass** ab, um dahinter bis nach Field hinunterzuführen.

Der am meisten gewanderte Pfad im Yoho Valley ist der **Twin Falls Trail** (einfache Strecke 8,5 km, Höhenunterschied 290 m, hin und zurück 6 1/2 Std.) vom Parkplatz an den Takakkaw Falls. Ziel der leichten Strecke, die neben den Laughing Falls eine Reihe kleinerer Wasserfälle passiert und herrliche Landschaft durchquert, sind die herabstürzenden Wassermassen der Twin Falls. Der Weg kann auf dem sehr zu empfehlenden **Whaleback Trail** (einfache Strecke 4,5 km, 1 1/2 Std.) fortgesetzt werden, um einen unvergleichlichen Blick auf die Gletscher am Talkopf zu werfen. Als Rundwanderung zurück bis zu den Takakkaw Falls und inkl. des Whaleback Trail sind insgesamt 20,1 km zurückzulegen. Wer nur eine größere Wanderung im Yoho National Park unternehmen möchte, hat die Qual der Wahl zwischen dem eben beschriebenen Takakkaw Falls–Twin Falls–Whaleback Trail und der Kombination aus Iceline–Little Yoho Valley–

(Whaleback)–Twin Falls Trail. Letzterem wird oftmals der Vorzug gewährt, in Teilen sind die beiden Routen jedoch identisch. Der 1987 eigens angelegte **Iceline Trail** (Höhenunterschied 695 m) beginnt nahe dem Parkplatz an den Takakkaw Falls beim Whiskey Jack Hostel und steigt gen Westen über breites Lawinenterrain hinauf zu einer Bergterrasse, von wo sich Ausblicke auf den darüber liegenden Emerald Glacier und den Daly Glacier auf der anderen Seite des Tals eröffnen. Jenseits davon folgt er einer Route oberhalb des Lake Celeste (ein Pfad führt zu dem See hinunter und bietet die Möglichkeit, die Wanderung auf insgesamt 17 km bis zum Ausgangspunkt zu verkürzen) und fällt dann in das **Little Yoho Valley** ab, um wieder zurück zu den Takakkaw Falls zu gelangen und die 19,8 km lange Rundwanderung abzuschließen. Bei bester Konstitution (oder einer Übernachtung im Zelt entlang der Strecke) lässt sich die Strecke mit dem Whaleback Trail kombinieren und zu einer einzigartigen Wanderung von insgesamt 27 km Länge mit einem zu bewältigenden Höhenunterschied von 1000 m ausdehnen.

Die meisten Wanderer werden diese Variante als mehrtägigen Ausflug mit Übernachtung im Zelt unternehmen (vier Zeltmöglichkeiten stehen zur Auswahl). Sehr beliebt sind als solche auch der Iceline/Little Yoho Valley Trail in Kombination mit dem Marsch zum **Kiwetinok Pass** (30 km, Höhenunterschied 1070 m) oder die genannten plus Whaleback Trail (35,5 km, Höhenunterschied 1375 m). Letztgenannte Route ist dem Rockwall Trail im Kootenay National Park, dem Skyline Trail im Jasper National Park oder dem Berg Lake Trail im Mount Robson Provincial Park durchaus ebenbürtig.

Für einen gemächlichen Spaziergang am **Emerald Lake** empfiehlt sich der Naturlehrpfad um den See (4,6 km, minimaler Anstieg), der am Parkplatz am See beginnt und auch für Rollstuhlfahrer geeignet ist. Noch kürzer ist der Pfad von der Parkplatzzufahrt zu den **Hamilton Falls** (hin und zurück 1,6 km, minimaler Anstieg). Die lohnendste Tageswanderung folgt dem relativ gering beachteten, aber interessanten **Hamilton Lake Trail** (einfache Strecke 5,5 km,

Höhenunterschied 850 m, 2–3 Std.), der ebenfalls am Parkplatz am Ende der Emerald Lake Rd beginnt. Die Route ist anspruchsvoll, streckenweise steil und bleibt während der ersten Stunde auf waldiges Terrain beschränkt. Dahinter jedoch entfaltet sie ihre ganze Pracht, bis sie mit dem Bergsee an ihrem Ende ihren Höhepunkt erreicht. Der demgegenüber bequemere und ebenfalls idyllische Aufstieg zum **Emerald Basin** beansprucht kaum mehr als einen halben Tag (einfache Strecke 4,3 km, Höhenunterschied 300 m, 1–2 Std.). Er folgt zunächst dem Ufer, um dann durch einen Wald aus Eiben und Hemlocktannen in einem Halbrund von Gletschern und Lawinenabgangsstrecken zu enden.

Vom Trans-Canada Highway

Der Trans-Canada Highway bietet auf seinem Weg durch den Yoho National Park Zugang zu fünf kurzen Wanderpfaden. Von Ost nach West folgend sind dies: **Ross Lake Trail** (1,3 km), Ausgangspunkt 1 km südlich des Picknickplatzes an der Great Divide, ein leichter Spazierweg zum gleichnamigen See; **Sherbrooke Lake Trail** (3,1 km), Ausgangspunkt vom Picknickplatz am Wapta Lake, 5 km westlich der kontinentalen Wasserscheide, an dessen Ende ein subalpiner See wartet und der bei guter Konstitution nach 1,4 km die Möglichkeit bietet, zum Paget Lookout (3,5 km, Höhenunterschied 520 m) abzuzweigen, wo sich ein Panorama über das Kicking Horse Valley eröffnet; **Mount Stephen Fossil Beds Trail** (2,7 km), Ausgangspunkt von der 1st St East in Field, ein kurzer, aber sehr steiler Pfad und nur etwas für Fossilieninteressierte; **Hoodoo Creek Trail** (3,1 km) am westlichen Rand des Parks (22 km westlich von Field), Ausgangspunkt von der 600 m langen Schotterstraße beim Hoodoo Creek Campground, ein steiler Pfad, der zu bizarr geformten Säulen aus Gletscherschutt, den so genannten Hoodoos führt; **Wapta Falls Trail** (2,4 km), Ausgangspunkt von einer 1,6 km langen Schotterstraße, 25 km westliche von Field, sehr schöner und nahezu flacher Weg zu den größten Wasserfällen im Yoho National Park (was die herabstürzenden Wassermassen angeht).

Weitere Auskünfte und Reservierungen über die Yoho Burgess Shale Foundation, ☎ 1-800/ 343-3006, 🖳 www.burgess-shale.bc.ca, Mo–Fr 10–15.30 Uhr.

Lake O'Hara

Faszinierende Landschaft mit zahlreichen Seen und vielgestaltigem alpinem wie subalpinem Gelände zeichnet die Umgebung des unterhalb der kontinentalen Wasserscheide gelegenen Lake O'Hara am östlichen Parkrand aus. Wanderer finden herrliche Möglichkeiten, die mühelos für zwei Wochen ausgiebiger Erkundungen entlang der Pfade ausreichen, die von der Lodge und dem Campingplatz am See in das Gebiet führen. Der See wird von zwei Bergen eingerahmt, die auch am Lake Louise jenseits des Bergrückens zu sehen sind: Mount Lefroy (3423 m) und Mount Victoria (3464 m). Einziges Problem dabei ist der Zugang, der zum Schutz der Bergflora und -fauna streng reglementiert ist.

Die Anfahrt führt vom Trans-Canada Highway auf den 3,2 km westlich der kontinentalen Wasserscheide abzweigenden Hwy 1A, dahinter über die Bahngleise und dann entlang der nach rechts abzweigenden Schotterstrecke zum 1 km entfernten Parkplatz. In ihrer Verlängerung führt diese Straße 13 km weiter bis zum See, ist aber für den allgemeinen Verkehr gesperrt – auch Fahrräder sind weder hier noch in der Umgebung des Lake O'Hara gestattet. Der Weg zum See erfordert einigen Aufwand, der sich jedoch lohnt, will man die unvergleichliche Landschaft entlang der Pfade erwandern. Wer will, kann die 13 km lange Strecke zu Fuß zurücklegen oder auf dem reizvolleren, mehr oder weniger parallel zur Straße verlaufenden **Cataract Brook Trail** (12,9 km) zum See marschieren, man muss jedoch schon sehr fit sein, um anschließend noch eine lohnende Wanderung in Angriff nehmen zu können. Vorzuziehen ist daher die Fahrt mit dem vom Parkplatz zum See verkehrenden Bus, allerdings gilt für diesen wie auch für den Zeltplatz am Ende der Strecke ein Quotensystem, das denjenigen mit einer Reservierung oder einer Buchung für die Lodge, den Zeltplatz oder eine der Hütten des Alpine Club Vorrang einräumt. Reservierungen für Bus und Zeltplatz sind bis zu drei Monate im Voraus, aber nur telefonisch und während der folgenden Zeiten möglich: ☎ 250/ 343-6433, 18. März–30. April Mo–Do 8–12 und 13–16, Mai Mo–Fr 8–12 und 13–16, Mitte Juni–Aug tgl. 8–16 Uhr, im Sep kürzer. Die für einen Tagesausflug einzig sinnvollen Busse fahren um 8.30 und 10.30 Uhr vom Parkplatz; weitere Abfahrten Mitte Juni–Anfang Okt 15.30 und 17.30, zurück 9.30, 11.30, 14.30, 16.30 und 18.30 Uhr, den restlichen Oktober hin 10 und 15, in die andere Richtung 11 und 16 Uhr. Die maximale Gruppengröße ist auf sechs Personen begrenzt. Wer auf dem Zeltplatz nächtigen möchte (maximal vier Nächte), muss die Anzahl der Personen angeben, die gewünschte Anzahl der Stellplätze (maximal zwei pro Gruppe und ein Zelt pro Stellplatz) sowie die bevorzugte und eine alternative Abfahrtszeit des Busses (8.30, 10.30, 16.30 oder 19.30 Uhr). Die Reservierungsgebühr für den Bus beträgt $12, die Fahrt hin und zurück kostet $15, zahlbar per Kreditkarte. Stornierungen sind unter ☎ 250/343-6344 einem Anrufbeantworter mitzuteilen. Hierbei wird die Reservierungsgebühr einbehalten, und es ist auch nicht möglich, den ersten von mehreren Aufenthaltstagen für den Zeltplatz zu stornieren und einfach später einzutreffen. Bei Stornierung weniger als drei Tage vor geplanter Ankunft wird neben der Buchungsgebühr der halbe Preis für die Busfahrt und im Falle eines gebuchten Zeltplatzes die Gebühr für die erste Nacht einbehalten ($8 p.P.); storniert man nach 16 Uhr am Vortag der geplanten Ankunft, ist keinerlei Rückerstattung möglich.

Trotz all dieser zu überwindenden Hürden lohnt die Mühe letztlich, zudem steht Kurzentschlossenen, die sich vorab partout nicht festlegen können, ein letztes Hintertürchen offen: Jeden Tag werden sechs Plätze für den Bus und drei bis fünf Stellplätze für ein Zelt freigehalten. Ein solcher Platz für den Bus und/oder für den Zeltplatz muss einen Tag vor Abfahrt persönlich im Park Information Centre in Field reserviert werden. Ein Zimmer in der Lodge muss lange im Voraus reserviert werden.

Yoho Valley und Emerald Lake

Das im Vergleich zur Gegend um den Lake O'Hara weniger kompakte Gebiet des Yoho Valley und des nahen Emerald Lake lässt sich ungleich leichter erreichen und bietet neben einigen sehr reizvollen Eindrücken (insbesondere an den Takakkaw Falls) eine Reihe erstklassiger Wandermöglichkeiten. Beide Gegenden wurden einst von den Cree dafür genutzt, ihre Frauen und Kinder zu verstecken, wäh-

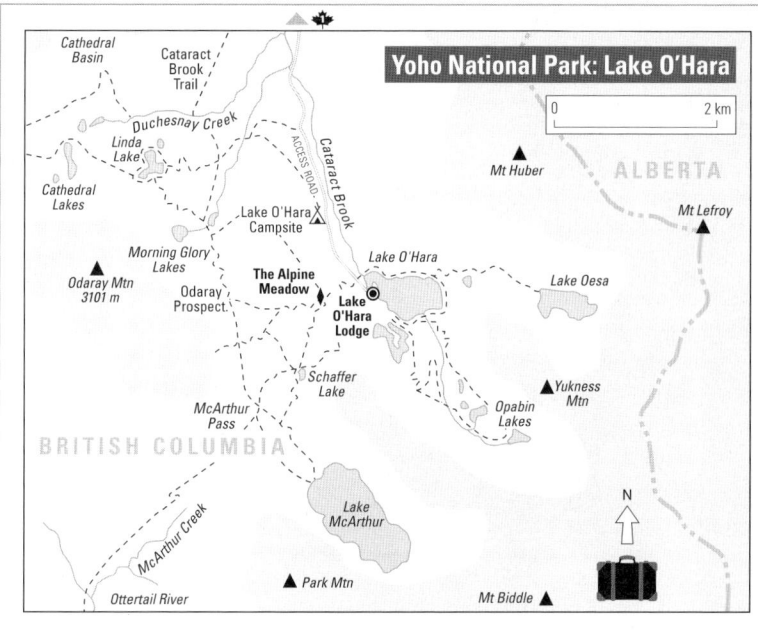

Yoho National Park: Lake O'Hara

rend die Männer die Berge überquerten, um in Alberta Handel zu treiben und Bisons zu jagen. Die Ausrottung der Bisonherden und die Ankunft der Eisenbahn 1884 bereiteten dieser Gewohnheit ein Ende. „Entdeckt" wurde der See von Tom Wilson, jenem Arbeiter der Canadian Pacific Railway, der auch Lake Louise als erster Weißer zu Gesicht bekam. Die smaragdgrüne Färbung des Wassers ließ ihn den Namen Emerald Lake wählen. Heute bilden der See und das Tal eine der bedeutendsten Wanderareale in den Rocky Mountains. Aber obgleich gut besucht und über Zufahrtsstraßen vom Trans-Canada Highway leicht zugänglich, ist die Region weniger überlaufen als ihr Pendant im Süden. Die Landschaft ist kaum minder einnehmend, und auch wenn es weniger ausgewiesene Routen für Tageswanderungen gibt, so bieten diese durch Kombinationsmöglichkeiten reichlich Auswahl für jeden Geschmack (s. Kasten).

Die Mehrzahl der Pfade beginnt am Ende der Yoho Valley Rd am Parkplatz der **Takakkaw Falls**. Die Straße dorthin zweigt ungefähr 5 km östlich von Field vom Trans-Canada Highway ab und ist vom Kicking Horse Campground ausgeschildert. Sie ist nur im Sommer geöffnet, zudem auf ihrem 14 km langen Weg eng und kurvenreich, so dass sie sich für eine Fahrt mit Wohnwagen und Wohnmobil nicht empfiehlt. Die Takakkaw Falls selbst stürzen 254 m in die Tiefe und zählen zu den wohl spektakularsten auf dem Straßenweg erreichbaren Wasserfällen in den Bergen. Das Wort *takakkaw* stammt aus der Sprache der Cree und bedeutet soviel wie „es ist wundervoll". In idealer Lage befinden sich nicht weit davon ein Hostel und ein Zeltplatz. Weiter nördlich gelangt man auf Pfaden zu vier weiteren Zeltmöglichkeiten in der Wildnis. Der Alpine Club of Canada besitzt 8,5 km nördlich der Takakkaw Falls eine Hütte ($15), die aber nur nach Reservierung und ausschließlich von Mitgliedern genutzt werden kann; ✆ 250/762-4481.

Der Weg zum Emerald Lake führt über die ca. 2 km westlich von Field vom Trans-Canada Highway abzweigende, 8 km lange Emerald Lake Rd. Eine teure Lodge sorgt hier für Unterkunft, ansonsten bietet die Straße ähnlich wie die Yoho Valley Rd Zugang zu verschiedenen Wanderpfaden (s. Kasten).

Takakkaw Falls

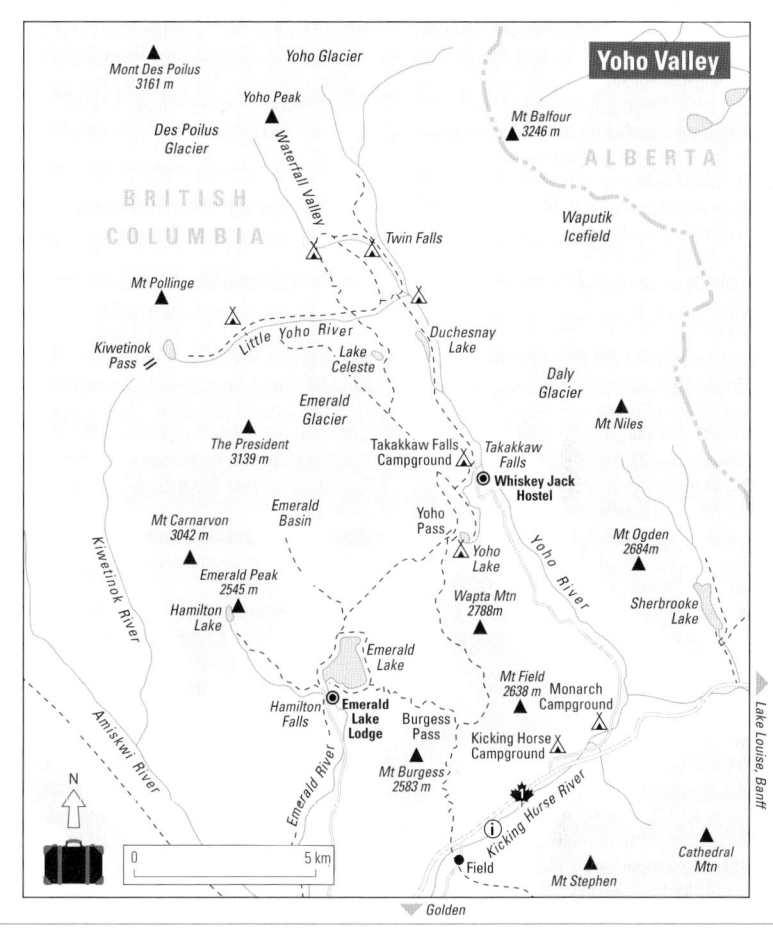

Übernachtung und Essen

Ende Juli und im August werden die Unterkunfts-möglichkeiten rar. Im Notfall kann man auf eines der Motels in Golden (s.S. 219) ausweichen.

Whisky Jack Hostel (HI), am Ende der **Yoho Valley Rd**, 500 m südlich der Takakkaw Falls, 250/670-7580 oder 1-888/762-4122, ☐ www.hihostels. ca. , in idealer Lage, bietet insgesamt 27 Schlaf-plätze auf 3 Dorms verteilt für $19, ⏱ Mitte Juni–Mitte Okt. ❶

Kicking Horse Lodge, in **Field**, 100 Centre St, ✆ 250/343-6303 oder 1-800/659-4944, ☐ ww.kickinghorselodge.net. Sehr gute Unterkunft mit den einzigen offiziellen Gästezimmern im Ort, einer guten Ausgangsbasis für Erkundungen, sofern ein Fahrzeug zur Verfügung steht. ❺ Alternativ bieten sich in Field seit einiger Zeit auch komplett eingerichtete Unterkünfte in Privathäusern an. Sie sind leicht zu finden, die meisten liegen zentral an der 1st Ave oder der parallelen Kicking Horse Ave, und präsentieren sich mehr oder weniger identisch (privater Eingang, in der Regel ein oder zwei Zimmer, Nichtraucher, Kochgelegenheit). Die Preise sind ebenfalls ähnlich und liegen bei $95 oder $125 für ein DZ. Nach letztem Stand gab es zwölf an der Zahl:

Alpenglow Guesthouse, 306 Kickinghorse Ave, ✆ 250/343-6356, ✉ alpenglow@redshift.bc.ca, ❹;

Bear's Den Guesthouse, 414 1st St W, ✆ 250/343-6439, ✉ zirke@rockies.net, ❻;

Canadian Rockies Guesthouse, 308 Stephen Ave, ✆ 250/343-6046, ❺;

Coyote's Den Guesthouse, 213 2nd Ave, ✆ 250/343-6034, ❹;

Lynx Lair, 412 1st Ave, ✆ 250/343-6421, ❹;

Mount Burgess Inn, 314 Kickinghorse Ave, ✆ 250/343-6480, ✉ mtburgess@telus.net, ❹;

Mount Stephen Guesthouse, 343 Kickinghorse Ave, ✆ 250/343-6441, ✉ suncity@rockies.net, ❹;

Old Church Inn, 308 Kickinghorse Ave, ✆ 250/343-6345, ✉ nikki@rockies.net, ❹;

Spiral Tunnels Guesthouse, 306 1st Ave, ✆ 250/343-6067 oder 1-877/FIELD-BC, ✉ spirals@rockies.net, ❺;

Sunset Guesthouse, 416 1st Ave, ✆ 250/343-6333, ✉ sunsetgh@rockies.net, ❹;

Wildflower Guesthouse, 303 Kickinghorse Ave, ✆ 250/343-6707, ❹;

Yoho Accommodation, 310A 1st Ave, ✆ 250/343-6444 oder 343-6445, ❹.

Cathedral Mountain Chalets, nahe Hwy 1, 4 km östlich von Field bzw. 15 Min. Fahrt von Lake Louise, Abzweigung Richtung Takakkaw Falls nehmen, ✆ 250/343-6442, 🖥 www.cathedral mountain.com, 21 Units, ⏲ Juni–Mitte Okt. ❼

West Louise Lodge, Hwy 1, kurz hinter der Parkgrenze, 11 km westlich von Lake Louise, ✆ 250/343-6311, 1-888/682-2212 oder 1-800/258-7669, ✉ westlouiselodge@skilouise.com. Größer und preiswerter, 50 Zimmer, Café, Restaurant, Swimming Pool. ❺

Emerald Lake Lodge, am Ende der 8 km langen **Emerald Lake Rd**, die ca. 2 km westlich von Field vom Trans-Canada Highway abzweigt, ✆ 250/343-6321 oder 1-800/663-6336, 🖥 www.crmr.com. Im Sommer ist eine Reservierung unumgänglich. Die Lodge beherbergt ein Restaurant, in dem Wanderstiefel definitiv nicht zum guten Ton gehören, außerdem eine legerere Bar, die Drinks und Snacks reicht. ❽

Lake O'Hara Lodge, am **Lake O'Hara**, ✆ 250/343-6418, 🖥 www.lakeoharalodge.com, 23 sündhaft teure Zimmer, die Wochen im Voraus reserviert werden müssen, ⏲ Mitte Juni–Ende Sep und Feb–Mitte April. Reservierungsanfragen außerhalb der Saison telefonisch unter ✆ 250/403/678-4110. ❽

CAMPING – Es gibt 5 Campingplätze unter Parkverwaltung, keiner davon kann reserviert werden:

Kicking Horse Campground, am zentralsten, 3 km östlich von Field, nahe dem Hwy 1 und der Abzweigung des Yoho Valley Rd zu den Takakkaw Falls. Hübsch im Wald gelegen, vom Lärm durchfahrender Züge allerdings manchmal gestört, Duschen. 92 Stellplätze à $22, ⏲ Ende Juni–Sep. Im Sommer öffnet ein zusätzlicher Platz (keine Duschen), aber selbst dieser füllt sich rasch, so dass frühzeitiges Erscheinen anzuraten ist.

Monarch Campground, an derselben Straße, nicht weit davon, 46 Stellplätze à $14, ⏲ Mitte Mai–Anfang Sep.

Takakkaw Falls Campground, am Ende der Yoho Valley Rd, 17 km von Field und nahe den Wasserfällen, ideale Ausgangsbasis für Wanderungen in der Gegend, 35 Stellplätze à $14, viele davon mit herrlicher Aussicht. ⏲ Ende Juni bis zum ersten Schnee.

Hoodoo Creek Campground, Hwy 1, nahe der westlichen Parkgrenze, keine Duschen, 106 Stellplätze à $14, ⏲ Ende Juni–Anfang Sep. Für Feuerholz wird auf allen eine zusätzliche Gebühr von $5 erhoben.

Desweiteren gibt es **sechs Zeltplätze im Hinterland**. Sie sind begehrt, können aber bis zu 21 Tage im Voraus über das Park Centre in Field reserviert werden (maximal 3 Stellplätze pro Zeltplatz, Reservierungsgebühr $12): McArthur Creek (10 Stellplätze), Float Creek (4), Yoho Lake (8), Laughing Falls (8), Twin Falls (8) und Little Yoho (10). Einzige Ausstattung sind Plumpsklos (außer Float Creek) und bärensichere Pfähle zur Aufbewahrung von Lebensmitteln. **Wildes Zelten** erfordert ein Backcountry Permit ($8) und ist in folgenden Gebieten gestattet: Amiskwi, Otterhead, Lower Ice River und Porcupine Valley, mitunter sind jedoch Sperrungen zu beachten.

Zudem sind folgende Entfernungen einzuhalten: 3 km von der nächsten Straße, 100 m vom Wasser und 50 m vom nächsten Pfad.

Informationen

Park Information Centre, ca. 1 km östlich von Field, zu erkennen an einem markanten blauen Dach, ℡ 250/343-6783, 🖥 www.pc.gc.ca, verkauft die erforderlichen Eintrittskarten für den Park ($7) und Backcountry Permits, nimmt Anmeldungen für Ausflüge ins Hinterland entgegen, übernimmt die vorgeschriebenen Reservierungen für den Lake O'Hara, beherbergt eine Ausstellung, veranstaltet Lesungen und Diavorträge (insbesondere über den berühmten Burgess Shale), hält Informationen über sämtliche Wanderwege und Kletterrouten bereit, gibt außerdem den zweckdienlichen *Backcountry Guide* heraus und verkauft Geländekarten im Maßstab 1:50 000. Auskünfte gibt es auch über die Aktivitäten der „Friends of Yoho", ℡ 250/343-6393, und deren beiden kostenlos veranstalteten Spaziergänge „Emerald Lakeshore Stroll" (Juli bis Ende Aug, Sa 10 Uhr, 5 km, 2 1/2 Std., Treffpunkt am Emerald Lake Trailhead) und „Walk in the Past" (Juli und Aug, Mo und Do 19 Uhr, 1 1/2 Std., Treffpunkt Old Bake Oven am Kicking Horse Campground). Zu weitere Veranstaltungen unter Parkägide zählen das Kicking Horse Campground Theatre (Juli und Aug, Sa, So und Di 21, die letzten 10 Augusttage 20 Uhr) sowie die Naturvorträge des Hoodoo Creek Campfire Circle (Juli und Aug, Mo und Fr 21, die letzten 10 Augusttage 20 Uhr). Centre ⊙ tgl. Mitte Mai–Ende Juni sowie im Sep 9–17, Ende Juni–Aug 9–19, Okt–Mitte Mai 9–16 Uhr.

Park Administration Office, in Field, ℡ 250/343-6100, bietet ganzjährig ähnliche Hilfe und Dienste an, ⊙ Mo–Fr 8–16.30 Uhr.

Transport

Greyhound verkehrt 5x tgl. auf dem Trans-Canada Highway in beide Richtungen, die Busse halten auf Handzeichen an der Petro-Canada-Tankstelle, wenig östlich der Abzweigung in den Ort. Entgegen anderslautender Behauptungen halten keine VIA-Passagierzüge in Field.

Golden

54 km westlich von Field, auf halber Strecke zwischen dem Yoho und dem Glacier National Park, liegt die kleine Stadt Golden. Ungeachtet des Namens und der umgebenden Bergkulisse werden die meisten Reisenden kaum mehr wahrnehmen als eine unansehliche Aneinanderreihung von Motels und Tankstellen an der Kreuzung des Hwy 1 mit dem Hwy 95. Der eigentliche Ort erstreckt sich weit unterhalb des Highway auf einem nicht unansehnlichen Fleckchen am Ufer des Columbia River. Wer nicht auf dem örtlichen Campingplatz oder in einem der zahlreichen Motels übernachtet oder eine der vielen Rafting- und anderen hier angebotenen **Touren** bucht, hat keine Veranlassung, den Weg nach unten anzutreten.

Nach der Genehmigung zum Ausbau des neuen Skigebiets **Kicking Horse**, ℡ 1-888/706-1117, 🖥 www.kickinghorseresort.com, des größten Projekts dieser Art seit etlichen Jahren, wird sich hier in den nächsten Jahren jedoch einiges verändern. Noch dauert die Erschließung an, doch die inzwischen vorhandenen Anlagen deuten schon heute darauf hin, dass das Gebiet eines Tages einen ähnlichen Rang wie Lake Louise oder Whistler haben wird. Das Skigebiet liegt 13 km von Golden entfernt. Eine moderne Gondel bringt Besucher hinauf, Unterkünfte auf dem Berg sind geplant.

Bei den Angaben der Adressen bezeichnet der Zusatz „South" die Lage auf der einen Seite des Flusses, alle Straßen mit dem Zusatz „North" liegen auf der anderen Seite.

Übernachtung und Essen

Keines der Motels am Hwy 1 bietet auch nur annähernd eine Aussicht auf die Berge, der Blick beschränkt sich auf die Straße und die Tankstellen. Das große **Sportsman Motel**, 1200-12th St N, ℡ 250/344-2915 oder 1-888/477-6783, 🖥 www.sportsmanmotel.net, liegt immerhin abseits der Straße. ❸

Selkirk Inn, ℡ 250/344-6315 oder 344-5153, 🖥 www.selkirkinn.com, am Hwy 1, ebenfalls annehmbar. ❸

Ungleich schöner ist die ungefähr 16 km nordwestlich von Golden gelegene **Blaeberry Mountain Lodge**, Moberly School Rd, ℡ 250/344-5296, 🖥 www.blaeberrymountainlodge.bc.ca,

ALBERTA UND DIE ROCKY MOUNTAINS

die in herrlicher Umgebung erstklassige Unterbringung in einfachen, aber komfortablen Blockhütten und in einer Lodge sowie reichlich Gelegenheit für sportliche Aktivitäten bietet. Ist kein eigenes Transportmittel vorhanden, kann in der Regel die Abholung von Golden vereinbart werden. ❹

Die **Campingplätze** liegen meist reizvoll, insbesondere der *Whispering Spruce Campground*, 1430 Golden View Rd, 2 km östlich der Kreuzung mit dem Hwy 95 auf dem Hwy 1, ☎ 250/344-6680, 🖵 www.whisperingspruce.net, Stellplatz $14–17, ⏲ Mitte April–Mitte Okt.

Golden Municipal Campground, 1407 9th St, ☎ 250/344-5412, ✉ esutter@redshift.bc.ca. Der städtische Campingplatz befindet sich drei Häuserblocks östlich der Hauptstraße am Flussufer. Er verfügt über WCs, Duschen, Waschräume sowie Feuerholz und hat in seiner Nachbarschaft einen Pool sowie Tennisplätze. Stellplatz $14–17, ⏲ Mitte Mai–Mitte Okt.

Turning Point Restaurant, 902 11th Ave S, gute Adresse für traditionelle kanadische Küche.

Golden Palace Restaurant, neben dem Busbahnhof, serviert chinesisch-kanadische Küche und hat wie einige der Lokale Goldens 24 Std. geöffnet.

Informationen

Golden besitzt zwei **Besucherzentren**. Das größere davon in der 500-10th Ave N, ☎ 250/344-7125 oder 1-800/622-4635, 🖵 www.goldenchamber.bc.ca, ist ganzjährig geöffnet, das kleinere am südlichen Ende der Motelansammlung von Juni–Sep. 200 m nördlich befindet sich der **Busbahnhof**.

Glacier National Park

Genau genommen gehört der Glacier National Park nicht mehr zu den Rocky Mountains, sondern liegt in den Selkirk und Columbia Mountains, er ist jedoch kaum weniger spektakulär als die anderen Nationalparks und wird daher offiziell in die Region einbezogen und seinen größeren Nachbarn gleichgestellt. Im Unterschied zu den anderen Parks wird dieser in weiten Teilen von Eis, Schnee und Regen beherrscht. Das Wetter ist außerordentlich unwirtlich – an drei von fünf Tagen kann man damit rechnen, klatschnass zu werden. Wie der Name bereits vermuten lässt, sind **Gletscher**, 422 an der Zahl, das dominierende Charakteristikum. 14% des Parks liegen permanent unter Eis oder Schnee. Wissenschaftler haben die Entstehung 68 neuer Gletscher an vormals geschmolzenen Eisfeldern entdeckt – ein höchst ungewöhnliches Phänomen. Das größte, noch immer wachsende Schnee- und Eisfeld **Illecillewaet Neve** fällt vom Trans-Canada Highway und vom Rogers Pass Visitor Centre unübersehbar ins Auge.

Die Berge der Columbia Mountains sind ebenso imposant wie die Gipfel der Rocky Mountains – die höchste Erhebung im Glacier National Park, der **Mount Dawson**, ragt 3390 m auf – und stellten wie die Nachbargebirge lange eine natürliche Grenze dar. Über Jahrhunderte scheuten Ureinwohner und später Eisenbahnarbeiter die Eisfelder und das unwegsame Gelände, bis Major A.B. Rogers, Chefingenieur der Canadian Pacific Railway, 1881 den **Rogers Pass** (1321 m) entdeckte. Unter ungeheuer Mühsal ebneten Bauarbeiter der Eisenbahn 1885 den Weg über den Pass, über den bis 1916 die Züge rollen und Siedler wie Touristen in die Region bringen sollten. Trotz größter Anstrengungen der Eisenbahnbauer zwangen wiederholte Lawinenabgänge die Gesellschaft schließlich dazu, einen Tunnel unterhalb des Passes durch den Fels zu treiben, was das Passagieraufkommen in Folge dramatisch einbrechen ließ.

In den 50er Jahren des 20. Jhs. wählte man im Pass als Route für den Trans-Canada Highway aus, dessen Fertigstellung im Jahr 1962 das Gebiet erneut zugänglich machte. Zur Sicherung wurden diesmal riesige Schneeschilde und das umfassendste **Lawinenkontrollsystem** der Welt eingerichtet. Fachleute haben das ganze Jahr über ein wachsames Auge auf die Hänge und rufen bei akuter Lawinengefahr die Armee zu Hilfe, die Haubitzen abfeuert, um mögliche Abgänge zu entschärfen.

Zeitunterschied

Im Glacier National Park und im Revelstoke National Park gilt wie im Großteil British Columbias **Pacific Time**. Es ist dort eine Stunde früher als im Yoho National Park und in Alberta.

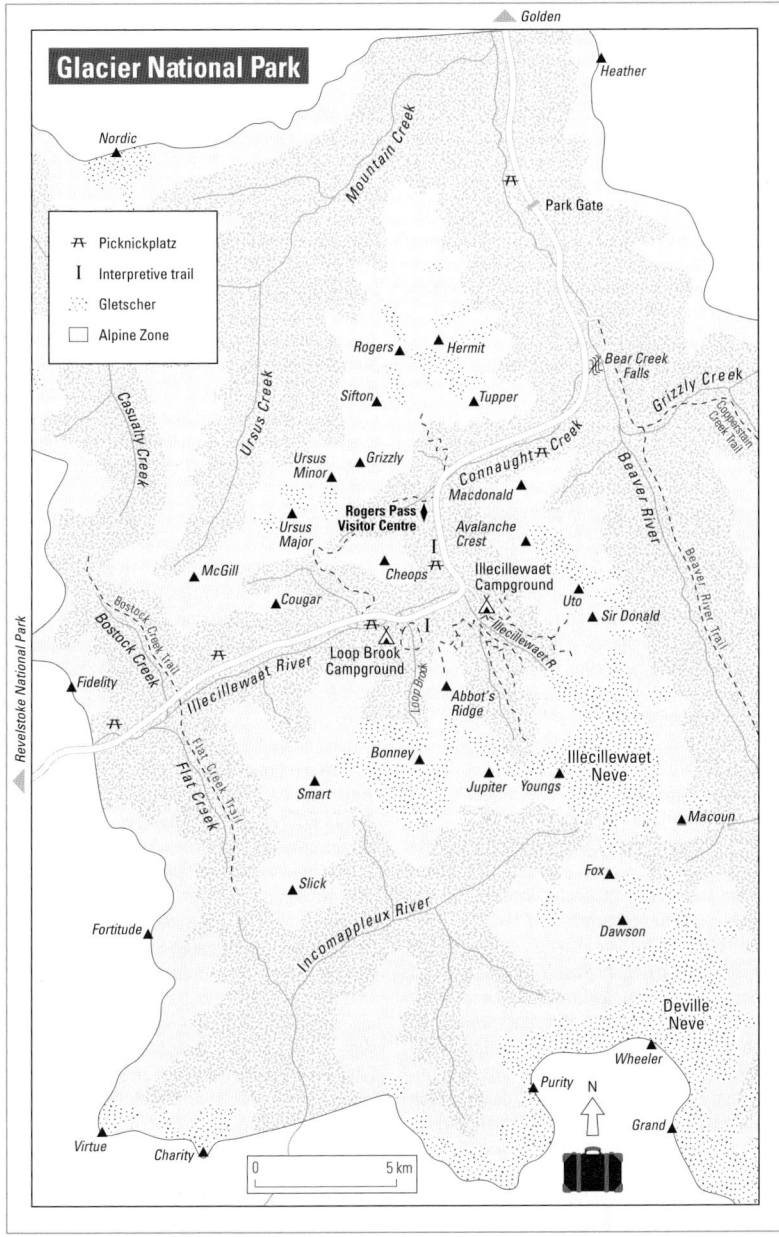

Glacier National Park

Picknickplatz 禾

Interpretive trail I

Gletscher ⋰⋱

Alpine Zone ☐

Golden

Heather

Mountain Creek

Park Gate

禾

Nordic

Casualty Creek

Ursus Creek

Rogers ▲ Hermit ▲

Sifton ▲ Tupper ▲

Ursus Minor ▲ Grizzly ▲

Connaught Creek 禾

Macdonald ▲

Ursus Major ▲

Rogers Pass Visitor Centre ⚑

Avalanche Crest ▲

Illecillewaet Campground ⛺

Uto ▲

Sir Donald ▲

McGill ▲

Cougar ▲

Cheops ▲ I

禾 I

禾 ⛺

Loop Brook Campground

Loop Brook

Illecillewaet R.

Bear Creek Falls 禾

Grizzly Creek

Copperstain Creek Trail

Beaver River

Beaver River Trail

Revelstoke National Park

Bostock Creek Trail

Bostock Creek

Illecillewaet River

Fidelity ▲

禾

Flat Creek Trail

Flat Creek

Abbot's Ridge ▲

Bonney ▲

Smart ▲

Jupiter ▲ Youngs ▲

Illecillewaet Neve

Macoun ▲

Slick ▲

Fox ▲

Fortitude ▲

Incomappleux River

Dawson ▲

Deville Neve

Wheeler ▲

Purity ▲ N

Virtue ▲ Charity ▲

Grand ▲

0   5 km

Zwar ist der Glacier National Park leicht zu erreichen, als Teil einer Rundreise durch die Parks lässt er sich jedoch nur schwer sinnvoll einbinden. Viele Besucher durchqueren ihn, weil die Hauptroute nach Westen durch ihn führt, nur relativ wenige jedoch machen hier Halt und gewähren ihm mehr als nur einen Blick von der Straße. Einzige Möglichkeit auf dem Trans-Canada Highway zwischen den jeweils eine Stunde Fahrt entfernten Orten Golden und Revelstoke zu tanken und Proviant einzukaufen, bietet die Tankstelle und der Laden in Nachbarschaft des Besucherzentrums. Dieses dient bei Bedarf (per Handzeichen anzuzeigen) auch als Haltestelle der *Greyhound*-Busse, die bis zu sieben Mal am Tag in beide Richtungen verkehren.

Übernachtung

Am günstigsten sucht man sich eine Unterkunft in Golden (s. S. 219).

Best Western Glacier Park Lodge, etwas östlich des Visitor Centre, ☎ 250/837-2126 oder 1-800/528-1234, einzige Hotelunterkunft im Park mit 50 ausgezeichneten Zimmern, während der Saison jedoch oftmals ausgebucht. ❻

Heather Mountain Lodge, 20 km östlich des Rogers Pass, ☎ 250/344-7490, verfügt über 24 Units, Durchreisende können die Cafeteria nutzen, im Nov geschlossen. ❻

Purcell Lodge, wenig außerhalb des Parks, ☎ 250/344-2639, abgelegene Lodge mit 10 Gästezimmern in 2180 m Höhe unweit der östlichen Parkgrenze, kann nur zu Fuß oder auf Skiern oder per Helikoptershuttle von Golden erreicht werden. ◷ Mitte Juni–Mitte Okt und Mitte Dez–Mitte April. ❻

Wandern im Glacier National Park

Zwar ist der Glacier National Park vorrangig als anspruchsvolles Revier für Kletterer bekannt, aber auch Wanderern bieten sich zahlreiche Möglichkeiten. Die insgesamt 140 Kilometer an Pfaden verteilen sich auf 21 Routen. Einige davon führen nahe an Gletscher heran und gestatten Ausblicke auf das Eis, am Fuß des Illecillewaet gibt es jedoch nur zwei Aussichtspunkte, die als gefahrlos gelten. Im Vergleich zu den vier großen Parks weiter östlich ist das Hinterland ungleich einsamer.

Zu den leichteren, kurzen und von der Straße ausgehenden Wanderungen zählen der **Abandoned Rails Trail** (einfache Strecke 1,2 km, 30 Min., rollstuhlgerecht), der alten Gleisanlagen folgt und zu verlassenen Schutzhütten zwischen dem Rogers Pass Visitor Centre und dem Summit Monument führt, der **Loop Brook Trail** (1,6 km) vom Aussichtspunkt wenig östlich des Loop Brook Campground, der zahllose Aussichtspunkte und Relikte aus den Zeiten des Eisenbahnbaus passiert, der **Hemlock Grove Boardwalk** (400 m, rollstuhlgerecht) mit Ausgangspunkt auf halber Strecke zwischen dem Loop Brook Campground und der westlichen Parkgrenze, ein Spazierweg durch alte Bestände Westamerikanischer Hemlocktan-

nen, die z.T. mehr als 350 Jahre alt sind, und der **Meeting of the Water Trail** (30 Min.) vom Illecillewaet Campground, dem zentralen Ausgangspunkt für viele andere Wandermöglichkeiten. Sechs nicht zu schwere Tagesrouten vom Campingplatz bieten in ihrem Verlauf fantastische Ausblicke auf die Gletscher, dies gilt insbesondere für den **Great Glacier Trail**, den **Avalanche Crest Trail** und den **Abbott's Ridge Trail**. Andere, nicht am Campingplatz beginnende Routen sind der **Bostock Creek Trail** (9 km) und der **Flat Creek Trail** (9 km), zwei Pfade am westlichen Parkrand, die vom selben Ausgangspunkt am Trans-Canada Highway nach Norden und Süden führen.

Die weiteste der längeren Strecken folgt dem **Beaver River Trail** (über 30 km, auch als Mountainbike-Route beliebt), Ausgangspunkt am östlichen Parkrand vom Trans-Canada Highway am Picknickplatz des Mount Shaughnessy, am lohnendsten von diesen ist jedoch der **Copperstain Creek Trail** (16 km), der vom Beaver River Trail nach 3 km abzweigt, um auf Wiesen und in ein Gebiet karger alpiner Tundra anzusteigen, wo sich zahllose Möglichkeiten zum Zelten und für die Erkundung weiterer Ziele bieten.

Canyon Hot Springs Resort Campground, 35 km östlich von Revelstoke, ✆ 250/837-2420, 12 Blockhütten ❼, auch **Zeltstellplätze** für $19–25, z.T. idyllisch abgelegen, Feuerholz ist erhältlich. Auf dem Gelände gibt es außerdem mehrere Thermalquellen und Pools und ein Café.

Hillside Lodge, 1740 Seward Front Rd, 13 km westlich von Golden am Blaeberry River, ✆ 250/344-7281, hat 9 gemütliche Blockhütten auf 24 ha großem Gelände, inkl. Frühstück. ❹

Big Lake Resort, Kinbasket Lake, 25 km westlich von Golden, ab Hwy 1 an der Donald Station, kein Telefon, auch **Zeltstellplätze** für $12. ◷ Mai–Okt. ❷

Es gibt zwei **Campingplätze** unter Parkverwaltung:

Illecillewaet Campground, 3,4 km westlich des Visitor Centre, nahe am Trans-Canada Highway und den Ausgangspunkten von acht Wanderrouten, 57 Stellplätze à $14, ◷ Mitte Juni–Anfang Okt, auch Wintercamping.

Loop Brook Campground, 2 km weiter westlich, mit Wasser, WCs und Feuerholz ($6), 20 Stellplätze à $14, keine Reservierung möglich, ◷ Mitte Juni–Mitte Okt.

Sind diese voll oder möchte man auf Komfort nicht verzichten, stehen drei weitere, **private Campingplätze** westlich des Parks am Trans-Canada Highway Richtung Revelstoke zur Verfügung.

Zelten in der Wildnis ist überall erlaubt, einzige Bedingungen sind die Anmeldung im Visitor Centre, ein Backcountry Permit für $8 pro Nacht sowie die Auflage, das Nachtlager mehr als 5 km von der Straße entfernt aufzuschlagen.

Informationen

Rogers Pass Visitor Centre, 1 km westlich des Rogers Pass, ✆ 250/837-6274, 🖳 www.pc.gc.ca. Eine Attraktion für sich, die alljährlich ca. 160 000 Besucher anlockt und mit allerlei audiovisuellen Hightechspielereien fasziniert, darunter ein kurzweiliges Video über Lawinen mit dem Titel *Snow Wars*. Verkauf der erforderlichen Eintrittskarten für den Park ($7), im Juli und August können hier außerdem geführte, z.T. recht anstrengende Wanderungen gebucht werden, die ausgehend vom Illecillewaet Campground in die Wildnis und

zu den Gletschern führen. Erkundigen sollte man sich auch nach den Ausflügen zu den **Nakimu Caves**, die zu den größten Höhlen Kanadas gehören und seit 1995 in Begleitung erfahrener Führer auch für die Öffentlichkeit zugänglich sind. Wer Ausflüge ins Hinterland plant, findet hier den nützlichen Wanderführer *Footloose in the Columbias* für Exkursionen im Glacier und Revelstoke National Park und kann auch gute **Wanderkarten** kaufen. ◷ tgl. April–Mitte Juni sowie Anfang Sep–Okt 9–17, Mitte Juni–Anfang Sep 8–19, Nov Do–Mo 9–17, Dez–März 7–17 Uhr.

Mount Revelstoke National Park

Dieser kleinste Nationalpark der Region ist eine etwas willkürliche Schöpfung, die 1914 auf Drängen Einheimischer zum Schutz der Clachnacudainn Range in den Columbia Mountains zustande kam. Die Grenzziehung besitzt kaum Aussagekraft, da die fesselnde Landschaft in dem 16 km breiten Niemandsland zwischen dem Glacier und Revelstoke National Park weitgehend der in den Parks entspricht. Die Berge sind in dieser Gegend besonders steil und die Hänge oftmals infolge von Lawinenabgängen bar jeglichen Baumwuchses. Sofern der Trans-Canada Highway nicht gerade in einem der zahllosen Tunnel verschwindet, gibt er den Blick auf Wälder, zahlreiche schneebedeckte Gipfel und weit unterhalb auf die Eisenbahn und den Illecillewaet River frei, der durch eine verschlungene, schroff abfallende Schlucht tost.

Hauptzufahrtsweg in das Parkinnere ist die verkehrsreiche **Summit Road**, auch **Summit Parkway** genannt, die in der Regel von Juni oder Mitte Juli bis Oktober geöffnet bleibt und bei Revelstoke vom Trans-Canada Highway nach Norden abzweigt, um sich 26 km durch Wald und vorbei an Bergwiesen mit herrlichen Wildblumen (am prachtvollsten im Juli und August) bis fast ganz hinauf zum Gipfel des Mount Revelstoke (1938 m) zu winden. Die Strecke lässt sich auch zu Fuß auf dem Summit Trail (einfache Strecke 10 km, 4 Std.) zurücklegen, der am Parkplatz am unteren Ende der Summit Rd beginnt. Weil es dem empfindlichen Ökosystem schaden kann, sperrt die Parkverwaltung oftmals die letzten 2 km für den Autoverkehr. Vom Parkplatz am Balsam Lake bleibt dann nur die Wahl zwischen Fußmarsch oder

Shuttlebus zum Gipfel hinauf. Am Beginn der Straße finden Besucher den **Welcome Station Kiosk** mit Informationen über den Park; ☉ tgl. Mitte Juni–Anfang Aug 9–22, Anfang Aug–Okt 9–18/19 Uhr. Außerhalb dieser Zeiten steht das kleine Informationsbüro im Postamt von Revelstoke in der 300-3rd St West zur Verfügung; ☉ Mo–Fr 8.30–12 und 13–16.30 Uhr. Der Summit Parkway ist während der Dauer seiner Öffnung nur zu folgenden Zeiten befahrbar: Mitte Juni–Anfang Aug 9–22, restlicher Aug 7–20, Anfang Juni, Sep und Anfang Okt 9–17 Uhr.

Die Mehrzahl der zehn ausgewiesenen längeren **Wanderstrecken** im Park beginnen am oberen Ende der Summit Rd. Ambitionierte Wanderer ziehen häufig den Pfad zum **Eagle Lake**, abseits der Summit Rd, dem beliebteren **Miller Lake Trail** (einfache Strecke 6 km) vor. Der prämierte, 1 km lange und mit Informationstafeln besetzte **Giant Cedars Trail** führt ausgehend vom Giant Cedars-Picknickplatz auf Holzstegen durch einen ursprünglichen Wald, in dem dicht gedrängt 800 Jahre alte Lebensbäume und knorrige Westamerikanische Hemlocktannen stehen. Lohnend ist außerdem der **Skunk Cabbage Boardwalk** (1,2 km), ein bequemer Marsch durch gemäßigten Regenwald und ein Sumpfgebiet, in dem Bisamratten, Biber, zahlreiche Vögel und der nicht zu Unrecht so benannte Stinkkohl vorkommen. Der 1 km lange **Meadows in the Sky Trail** wiederum führt als leicht zu bewältigender Rundwanderweg vom oberen Ende der Summit Rd über Bergwiesen. Ausschau halten sollte man nach der so genannten **Icebox**, einer dunklen Felsspalte, die den angeblich kleinsten Gletscher der Welt beherbergt. Weitere Informationen für Wanderer enthält die vom Rogers Pass Visitor Centre im Glacier National Park erhältliche Broschüre *Footloose in the Columbias*.

Das **Zelten im Hinterland** ist auf ausgewiesen Plätzen kostenlos, entsprechende Möglichkeiten (mit Plumpsklos und bärensicheren Pfählen zur Lebensmittelaufbewahrung) bestehen am Eva Lake und an den Jade Lakes, nicht jedoch in der Umgebung des Miller Lake. Zelten in einer Entfernung von weniger als 5 km zum Trans-Canada Highway und zur Summit Rd ist generell nicht gestattet. Eine Anmeldung im Park Administration Office ist obligatorisch. Der Park ist allerdings so klein, dass es vielleicht besser ist, das Zelt auf einem der komfortableren privaten Campingplätze in der Umgebung aufzuschlagen (s.u., Übernachtung Revelstoke).

Revelstoke

In unmittelbarer Nachbarschaft des Parks befindet sich nahe dessen westlicher Grenze der Ort Revelstoke. Ungeachtet der bevorzugten Lage vor landschaftlich großartiger Kulisse wirbt Revelstoke jedoch lieber mit dem vergleichsweise banalen Umstand, die größten Grizzlybär-Skulpturen der Welt zu besitzen (sie stehen an der Mackenzie Ave am Ortseingang). Ebenso wie viele andere Orte in den Bergen teilt sich das kleine Städtchen in einen von Motels und Tankstellen gesäumten Abschnitt am Highway und einer versprengten, an die Zeit der Pioniere erinnernden Ansammlung von Holzhäusern jenseits davon. Der Fluss und die umgebende raue Landschaft unterstreichen diesen ursprünglichen Charakter, und auch das Zentrum, das nach dem Missgeschick am Staudamm (siehe unten) mehr als plakative Maßnahme herausgeputzt wurde, ist nicht ohne Reiz. Zu Fuß läuft man vom Highway gut 20 Min. dorthin. Einen Blick im Zentrum lohnt das kleine, adrette **Revelstoke Railway Museum**, das eine Dampflokomotive, Schneepflüge und verschiedene Exponate über den Bau des Streckenabschnitts der Canadian Pacific Railway zwischen Field und Kamloops beherbergt; ☉ Mai, Juni und Sep tgl. 9–17, Juli und Aug tgl. 9–20, April und Okt Mo–Sa 13–17, Nov Mo–Fr 9–17, Dez–März Mo–Fr 13–17 Uhr, $6. Wer in Ortsnähe nach Entspannung sucht, findet diese am warmen, von Einheimischen gerne zum Baden genutzten **Williamson Lake**, 4 km südlich von Revelstoke, östlich des Airport Way, wo es auch eine Minigolfanlage und einen Campingplatz gibt.

Revelstoke Dam

Ein Besuch des größten Staudamms Kanadas, des Revelstoke Dam, mag zunächst nicht sonderlich verlockend klingen, ist aber tatsächlich nicht uninteressant. Vier Kilometer nördlich von Revelstoke auf dem Hwy 23 ragt sein 175 hohes Wehr auf und staut den Columbia River ca. 500 km von dessen Quelle entfernt auf. Das schick-futuristische Besucherzentrum lädt zu einem zweistündigen Rundgang in eigener Regie ein, allerdings erfährt man

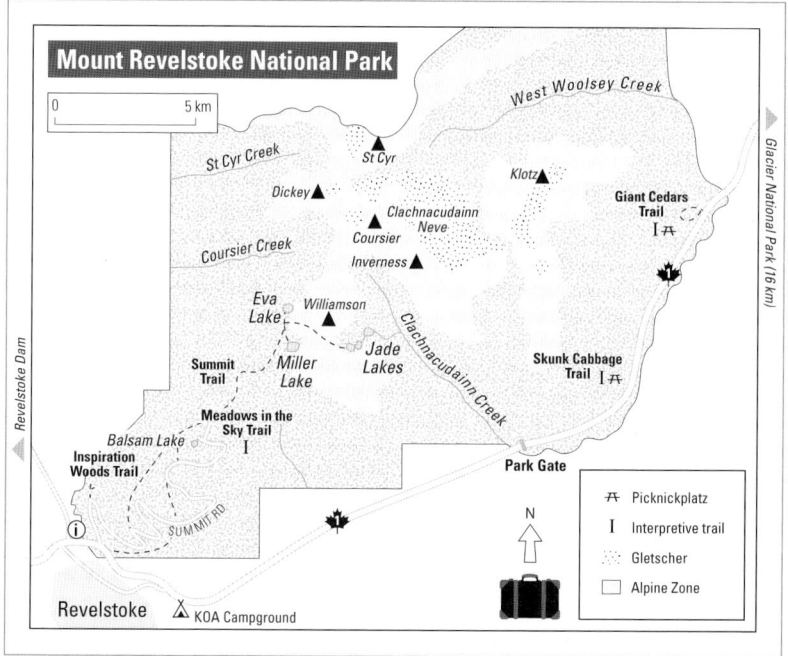

Mount Revelstoke National Park

West Woolsey Creek

St Cyr Creek
St Cyr
Dickey
Klotz
Clachnacudainn Neve
Coursier Creek
Coursier
Giant Cedars Trail
Inverness
Eva Lake
Williamson
Jade Lakes
Clachnacudainn Creek
Summit Trail
Miller Lake
Skunk Cabbage Trail
Meadows in the Sky Trail
Balsam Lake
Inspiration Woods Trail
Park Gate
SUMMIT RD
Revelstoke Dam
Glacier National Park (16 km)
Revelstoke
KOA Campground

N

🎋 Picknickplatz
I Interpretive trail
⋰ Gletscher
☐ Alpine Zone

---

dabei nichts von jenem Konstruktionsfehler, der einen Erdrutsch nach sich zog und Revelstoke unter sich zu begraben drohte. Millionen mussten aufgewendet werden, um die Stadt vor dem Untergang zu retten. Die langweiligeren Stationen des Rundgangs können getrost zugunsten der Fahrt mit dem Lift und den sich von oben eröffnenden Ausblicke auf den Staudamm und über das Tal ignoriert werden. ⏱ tgl. Mitte März–Mitte Juni sowie Anfang Sep–Ende Okt 9–17, Mitte Juni–Anfang Sep 8–20 Uhr, kostenlos.

Übernachtung

Revelstoke ist weit angenehmer als Golden und verfügt über reichlich Unterkünfte – mehr als 15 Motels und ein halbes Dutzend Campingplätze.

HOTELS UND MOTELS – *Best Western Wayside Inn*, 1901 Laforme Blvd, ✆ 250/837-6161 oder 1-800/528-1234, 🖥 www.bestwestern.com. Bestes und kostspieligstes Hotel der Stadt. ➎

Columbia Motel, 301 Wright St, Ecke 2nd St W. ✆ 250/837-2191 oder 1-800/663-5303, 🖥 www.columbiamotel.revelstoke.com. Mit 54 Zimmern eine der größeren Unterkünfte, im Sommer sorgen Klimaanlage und beheizter Swimmingpool für zusätzlichen Komfort. ➋

Daniel's Hostel Guesthouse, 313 1st St, ✆ 250/837-5530. EZ und DZ in einem dreigeschossigen, 100 Jahre alten Haus, auch Dorm-Betten für $15, Gemeinschaftsbad und -küche, Rauchen nur draußen gestattet. ➊

Frontier Motel and Restaurant, 122 N Nakusp Hwy, ✆ 250/837-5119 oder 1-800/382-7763, ✉ welcome@revelstoke.net. Gutes Motel abseits des Zentrums, nahe der Kreuzung mit dem Hwy 23, ausgezeichnetes Essen. ➋

Nelles Ranch Bed and Breakfast, Hwy 23 S, ✆ 250/837-3800 oder 1-888/567-4177, ✉ nellesranch@revelstoke.net. Sechs Units auf einer Pferde- und Viehfarm 2 km abseits des Trans-Canada Hwy. ➌

Peaks Lodge, 5 km westlich von Revelstoke, abseits des Hwy 1, ☏ 250/837-2176 oder 1-800/668-0330, ✉ peaks@revelstoke.net. Hübsch und nicht groß, rustikales Ambiente, 15 Units, günstig gelegen für Wanderungen und andere Aktivitäten. ☉ Mitte Mai–Mitte Okt sowie Mitte Nov–Mitte April. ❸

'R' Motel, 1500 1st St, ☏ 250/837-2164, ✉ rmotel @revelstoke.net. Eines der preiswertesten Motels in Revelstoke, einige der Zimmer mit Küchenzeile und Klimaanlage. ❷

Samesun Budget Lodge, 400 2nd St W, ☏ 250/837-4050, ⌨ www.samesun.com. Gut geführte Einrichtung mit sehr preiswerten Zimmern und Dorm-Unterkünften, nicht weit von Restaurants und Supermärkten gelegen. Kochgelegenheit, Fahrradverleih, Internetzugang. ❶

Sandman Inn, 1821 Fraser St, ☏ 250/837-5271 oder 1-800/726-3626, ⌨ www.sandmanhotels.ca. Ableger einer zuverlässigen Kette von Mittelklassehotels. 83 komfortable, moderne Zimmer. ❹

CAMPING – *KOA Revelstoke*, 5 km östlich von Revelstoke, ☏ 250/837-2085 oder 1-800/562-3905, ⌨ www.revelstokekoa.com. Bester Campingplatz der Umgebung. Stellplätze $18,50–28. Duschen kostenlos, Laden, Swimmingpool. ☉ Mai–Okt.

Lamplighter Campground, vor der Brücke über den Columbia River vom Hwy 1 abbiegen, dann dem Hwy 23 nach Süden Richtung Nakusp folgen und an der ersten Möglichkeit an der Nixon Rd nach links abbiegen, ☏ 250/837-3385. Idyllischer Platz für Zelte und Wohnmobile, das Zentrum ist zu Fuß zu erreiche. 50 Stellplätze mit allen Anschlüssen für $17–24. ☉ Mitte April–Mitte Okt.

Williamson Lake Campground, 4 km südlich des Zentrums, 1818 Williamson Lake Rd, ☏ 250/837-5512 oder 1-888/676-2267, ⌨ www. williamsonlakecampground.com. Hübscher Platz am Fluss mit Strand, 41 Stellplätze, $15. Kostenlose Duschen, Kanu- und Ruderbootverleih, WCs. ☉ Mitte April–Okt.

Essen

Frontier Restaurant, im gleichnamigen Motel am Trans-Canada Highway (siehe oben). Ausgezeichnete Steaks zu vernünftigen Preisen,

freundlicher Service, authentische Cowboy-Atmosphäre.

One-Twelve Restaurant, im Regent Inn, 112 Victoria Rd, ☏ 250/837-2107, gutes Essen, lebendige Kneipe und Tanzfläche, beliebter Treffpunkt.

Informationen

Infocentre, 204 Campbell Ave, ☏ 250/837-5345, 📠 837-4223, Informationen über den Park. ☉ tgl. Mai–Juni 10–18, Juli–Aug 8–20 Uhr. Von Mai–Sep eine kleine Zweigstelle am Trans-Canada Highway, Ecke Hwy 23 N, ☏ 250/837-3522, gleiche Öffnungszeiten.

Park Administration Office, 3rd St, im selben Gebäude wie das Postamt, ☏ 250/837-7500, ☉ Mo–Fr 8.30–12 und 13–16.30 Uhr.

Friends of Mount Revelstoke National Park, im selben Gebäude, ☏ 250/837-2010, bietet zweckdienliche Karten und Naturführer.

Informationen über den Park sind außerdem im Rogers Pass Visitor Centre im Glacier National Park erhältlich.

Transport

Greyhound, Haltestelle unmittelbar hinter der Brücke über den Columbia River, am westlichen Ende des motelgesäumten Highway-Abschnitts, ☏ 250/837-5874. 7x tgl. verkehren Busse zwischen KAMLOOPS und CALGARY mit Halt in Revelstoke.

Kootenay National Park

Westlich von Banff erstreckt sich jenseits der kontinentalen Wasserscheide der Kootenay National Park in British Columbia. Er ist der am wenigsten bekannte und am häufigsten ignorierte der vier aneinander grenzenden Nationalparks. Viele Touristen ziehen auf ihrem Weg nach Westen eine Fahrt auf dem Trans-Canada Highway durch den Yoho National Park vor, anstatt sich auf den weniger reizvollen Hwy 3 zu begeben, was für den Besuch des Kootenay National Park erforderlich ist. Der Park selbst ist allerdings ebenso beeindruckend wie seine Nachbarn und lockt jedes Jahr drei Millionen Besucher an.

Wer flexibel genug ist, kann als Rundstrecke von Banff aus auf dem Hwy 93 den Kootenay Na-

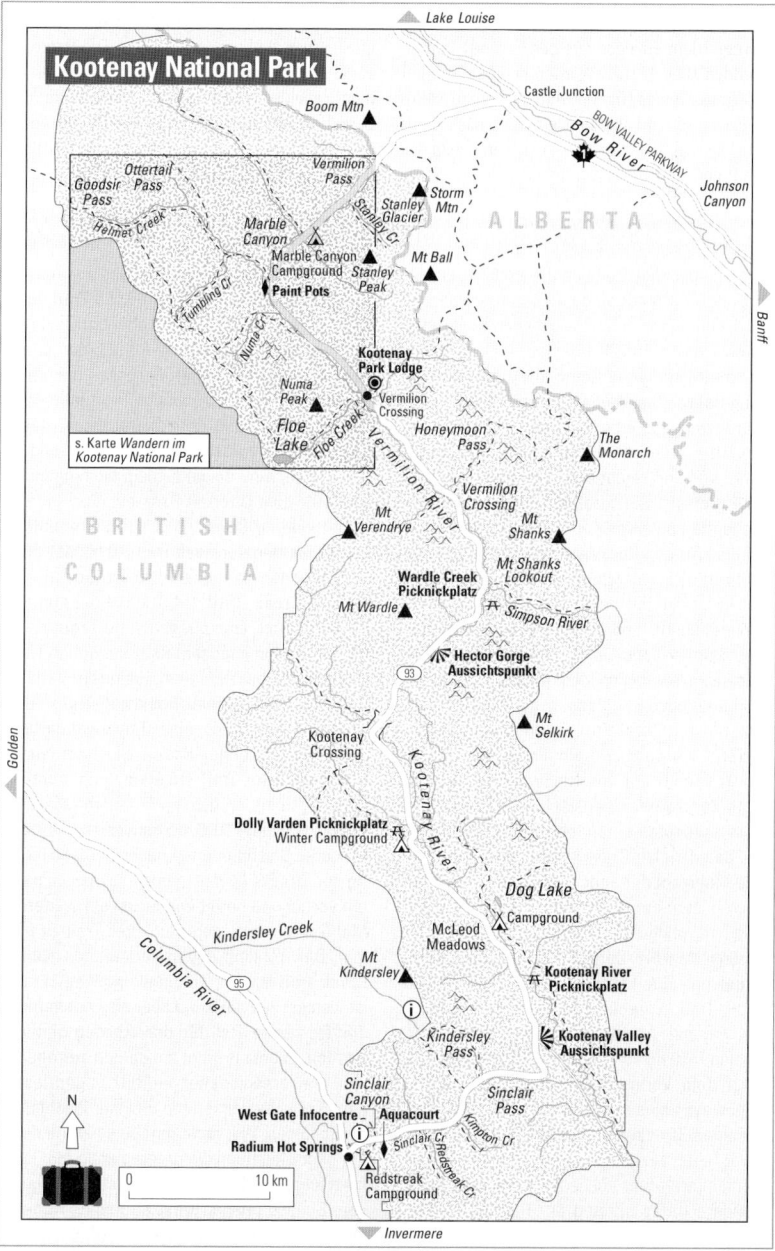

Kootenay National Park

Lake Louise

Castle Junction

Bow Valley Parkway

Bow River

Johnson Canyon

Boom Mtn

Vermilion Pass

Goodsir Pass

Ottertail Pass

Helmet Creek

Stanley Cr.

Stanley Glacier

Storm Mtn

ALBERTA

Marble Canyon

Marble Canyon Campground

Stanley Peak

Mt Ball

Banff

Paint Pots

Tumbling Cr.

Numa Cr.

Kootenay Park Lodge

Numa Peak

Vermilion Crossing

Floe Lake

Floe Creek

Honeymoon Pass

The Monarch

s. Karte Wandern im Kootenay National Park

Vermilion River

Vermilion Crossing

BRITISH

Mt Verendrye

Mt Shanks

COLUMBIA

Mt Shanks Lookout

Wardle Creek Picknickplatz

Mt Wardle

Simpson River

Hector Gorge Aussichtspunkt

93

Mt Selkirk

Kootenay Crossing

Golden

Kootenay River

Dolly Varden Picknickplatz
Winter Campground

Dog Lake

Campground

McLeod Meadows

Kootenay River Picknickplatz

Kindersley Creek

Columbia River

95

Mt Kindersley

Kootenay Valley Aussichtspunkt

Kindersley Pass

Sinclair Pass

Kington Cr.

N

Sinclair Canyon

West Gate Infocentre — Aquacourt

Sinclair Cr.

Radium Hot Springs

Redstreak Campground

Redstreak Cr.

0   10 km

Invermere

tional Park durchqueren und bis **Radium Hot Springs** (dem einzigen Ort der Gegend) fahren, dann den Hwy 95 nach Norden nehmen und auf dem Trans-Canada Highway durch den Yoho National Park und via Lake Louise wieder nach Banff zurückkehren. Die Strecke lässt sich an einem Tag bewältigen und bietet genügend Zeit für einige kurze Spaziergänge und ein Bad in den Thermalquellen von Radium Hot Springs. Die Berge des Parks erscheinen näher und spektakulärer als auf dem Icefields Parkway, was zum Teil daran liegt, dass die Straße höher ansteigt und ihr Bau in enger Verknüpfung mit der Einrichtung des Parks praktisch zeitgleich erfolgte.

Wanderungen im Kootenay National Park

Wer lediglich die Zeit und die Kraft für nur eine längere Wanderung im Kootenay National Park aufbringen möchte, sollte den **Kindersley Pass Trail** in Angriff nehmen, eine anstrengende 9,8 km lange Route, die zunächst zum Kindersley Pass ansteigt und dann nach Nordosten auf einem weiteren steilen Abschnitt auf den Kindersley Summit (2210 m) führt. Von dort reicht der Blick über eine endlose, sich bis zum nordöstlichen Horizont hinziehende Folge von Gipfeln. Viele Wanderer wählen für den Rückweg nicht dieselbe Strecke zurück durch offene Tundra, sondern setzen ihren Marsch weitere 2 km fort (Pfad nicht sehr deutlich) und umwandern den Talkopf des Sinclair Creek Valley, bevor sie den Abstieg vom Bergkamm (dem Kindersley-Sinclair Col) auf dem 6,4 km langen, gut zu erkennenden Sinclair Creek Trail unternehmen. Dieser stößt 1 km vom ursprünglichen Ausgangspunkt wieder auf den Highway. Die Wanderung dort zu beginnen, ist wenig sinnvoll, da man ansonsten einen langen, öden Aufstieg auf dem Sinclair Creek Trail vor sich hat.

Die Mehrzahl der anderen längeren Wanderrouten ist in der nördlichen Parkhälfte zu finden und westlich des Highways von den Parkplätzen Marble Canyon, Paint Pots, Numa Creek und Floe Lake zu erreichen. Der **Rockwall Trail**, eine einzigartige, 30 km lange (54 km mit Anmarschwegen, Höhenunterschied 1450 m) mehrtägige Hochgebirgsroute, folgt dem Verlauf der Berge westlich des Highways und ist mit vier der sechs unten erwähnten Strecken verbunden. Er lässt sich in zwei Tagen bewältigen, kann aber auch zu einer längeren Tour ausgedehnt werden, insbesondere da es entlang der Route fünf Zeltmöglichkeiten gibt.

Erster Pfad der von Nord nach Süd angegebenen Routen ist der **Kaufmann Lake Trail** (einfache Strecke 15 km, Höhenunterschied 570 m, einfache Strecke 4–6 Std.), der zu einem der bezauberndsten Bergseen (mit Zeltmöglichkeit) im Park ansteigt. Folgt man dem Weg von den Paint Pots, bietet dieser nach 2 km die Wahl zwischen drei weiterführenden Pfaden: der eine davon schlägt die langweilige Route zum Ottertail Pass ein, der andere zum **Tumbling Creek** (10,3 km, Höhenunterschied bis zum Rockwell Trail 440 m), der dritte und schönste unter ihnen ist jedoch der **Helmet Creek Trail** (14,3 km, Höhenunterschied 310 m), eine ausgedehnte Tageswanderung zu den imposanten 365 m hohen Helmet Falls (und zu einem weiteren Verbindungspunkt mit dem Rockwall Trail). Die schönste Route für eine Tageswanderung nach dem Kindersley Pass Trail ist der leichtere **Floe Lake Trail** (10,5 km, Höhenunterschied 715 m), an dessen Ende ein faszinierender, von einer 1000 m Steilwand und einem kleineren Gletscher umgebener Bergsee liegt. An der Strecke kommt man an Zeltmöglichkeiten vorbei und findet wiederum ein weiteres Mal Gelegenheit, dem Rockwall Trail zu folgen. Der nördlich davon verlaufende **Numa Creek Trail** (6,4 km, Höhenunterschied 115 m) ist weniger reizvoll, kann aber als Erweiterung des Floe Lake Trail für den Abstieg genutzt werden. Ebenfalls nicht sonderlich aufregend sind die verschiedenen im Park angepriesenen Pfade, die den Routen für Feuerlöschfahrzeuge folgen. Wer nicht gerade einen Ausflug auf dem Mountainbike unternehmen möchte, kann folgende Strecken daher getrost vergessen: Simpson River, West Kootenay, Honeymoon Pass und East Kootenay Trail.

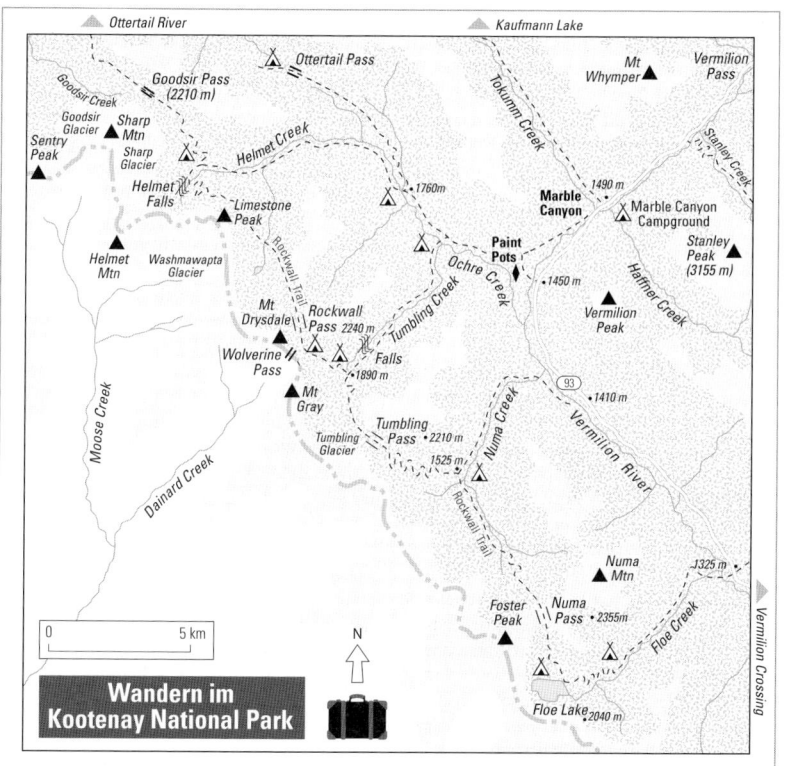

Wandern im Kootenay National Park

Randolph Bruce, ein einheimischer Geschäftsmann, bewog 1910 die kanadische Regierung und die Canadian Pacific Railway zum Bau einer Straße von Banff durch die Rocky Mountains, um die Prärien mit den Seehäfen im Westen zu verbinden (und damit auch den angestrebten Obstanbau im Columbia Valley anzukurbeln). Das Gebiet war zuvor Lebensraum der Kootenai oder Ktunaxa gewesen (das indianische Wort *Kootenay* bedeutet „Volk jenseits der Berge") und von David Thompson erkundet worden, ansonsten aber eine noch unberührte Berglandschaft. Das Projekt wurde 1911 in Angriff genommen und umfasste 22 km fertige Straße, bevor das Geld ausging. Um weitere Mittel aufzutreiben, war British Columbia gezwungen, einen jeweils 8 km breiten Streifen zu beiden Seiten

der Straße an die Regierung abzutreten. Im Jahr 1920 schließlich wurde das 1406 km² große Gebiet zum Nationalpark erklärt.

Von diesem schmalen, selten mehr als 16 km breiten, aber 100 km langen Band, das sich beiderseits des Hwy 93 (hier **Kootenay** oder **Banff–Windermere Parkway** genannt) erstreckt, lassen sich bereits vom Auto, Bus oder Fahrrad aus herrliche Landschaftseindrücke gewinnen.

Sämtliche der zahlreichen kürzeren Wanderwege beginnen unmittelbar an der Straße. Die Auswahl an ausgedehnteren Wanderungen ist begrenzt, aber ebenso lohnend wie in anderen Gebieten der Rocky Mountains. Manche können zu faszinierenden zweitägigen (oder längeren) Touren mit Zelt ausgedehnt werden. Für kurze Spaziergänge empfehlen sich die Pfade zum **Marble Canyon** und zu den **Paint Pots**, etwas länger, aber immer noch bequem ist der Weg zum **Stanley Glacier**. Die schönste Strecke für eine Tageswanderung ist der **Kindersley Pass Trail**, kaum minder reizvoll ist allerdings der **Floe Lake Trail** zum Floe Lake in Kombination mit der weiterführenden Route nach Nordwesten über den Numa Pass und den Numa Creek hinunter zurück zum Highway. Wer es nicht eilig hat, sollte beide in Erwägung ziehen. Steht noch mehr Zeit zur Verfügung, bietet sich der mehrtägige **Rockwall Trail** (Floe Lake–Numa Pass–Rockwell Pass–Helmet Falls) an, s.S. 228, Kasten, und die entsprechenden Karten.

Die einzige Zufahrt in den Park bietet der Hwy 93, eine gute Straße, die an der Castle Junction im Banff National Park vom Trans-Canada Highway abzweigt, um den Kootenay National Park von Nord nach Süd zu durchqueren und bei Radium Hot Springs auf den Hwy 95 zu treffen. Abgesehen von drei Campingplätzen unter Parkverwaltung und einer Hand voll Zimmer in Vermilion Crossing, einer ausschließlich im Sommer zu Leben erwachenden Gruppe von Läden, Blockhütten und einer Tankstelle auf halber Strecke durch den Park, bietet Radium Hot Springs die einzig brauchbaren Unterkünfte.

Besucher des Parks benötigen, sofern nicht bereits für den Banff, Jasper oder Yoho Nationalpark vorhanden, ein **Park Permit**, das pro Person und Tag $7, als Jahreskarte für elf Parks in Westkanada $45 und als Gruppenkarte für zwei bis zehn Personen $14 kostet (mehr dazu s.S. 140, Kasten).

Vermilion Pass

Der Vermilion Pass (1637 m) an der nördlichen Parkzufahrt markiert die kontinentale Wasserscheide und die Grenze zwischen Alberta und British Columbia. Der Willkommensgruß am Übergang fällt jedoch nicht sehr herzlich aus und beschränkt sich auf das kahle Erbe eines riesigen, von einem Blitzschlag ausgelösten Waldbrandes, der 1968 vier Tage lang wütete und eine 24 km^2 große Fläche nackter, verkohlter Baumstämme hinterließ.

Der kurze **Fireweed Trail** (1 km) führt vom Parkplatz am Pass in dieses Gebiet und zeigt, wie die Natur mit solchen Katastrophen umzugehen weiß, ja wie sie solche Feuersbrünste geradezu braucht, um sich phönixartig wieder zu regenerie-

ren. Insbesondere die weit verbreitete Drehkiefer benötigt die große Hitze eines Waldbrandes, um ihre harzversiegelten Zapfen öffnen und die Samen freilassen zu können. In den montanen Zonen wiederholt sich der natürliche „Brandzyklus" alle 42–46 Jahre, in niedrigen subalpinen Gegenden alle 77–130 Jahre und in höher liegenden subalpinen Regionen alle 180 Jahre. Älteren Wäldern mangelt es an Artenvielfalt und sie beherbergen aufgrund der ungünstigen Lebensbedingungen nur wenige Tierarten.

Am Vermilion Pass sprießen inmitten der verwüsteten Überreste des einstigen Waldes auf einem breiten Teppich wieder Drehkiefern, während sich auf den neuen Lichtungen ein Dickicht aus niedrigeren Pflanzen und Büschen ausbreitet. Von den neuen Nahrungsquellen angelockt, kommen wieder Vögel, kleine Säugetiere, Hirsche, Wapitis und Elche in das Gebiet, noch bedeutender ist jedoch die Rückkehr der Schwarzbären und Grizzlys in die Gegend.

Infolge des erfolgreichen Brandschutzes der Nationalparks während der vergangenen 50 Jahre sind heute viele Wälder tatsächlich überaltert, so dass mitunter kontrollierte Brände gelegt werden müssen. Einige Wanderpfade können aus diesem Grund gesperrt sein. Aktuelle Informationen hängen im Park Centre aus und können auch über die Website von Parks Canada abgefragt werden.

Stanley Glacier und Marble Canyon

Ungefähr 3 km südlich des Vermilion Pass beginnt der gut markierte **Stanley Glacier Trail** (4,2 km, Höhenunterschied 365m, 1 1/2 Std.), und steigt von einem Parkplatz an östlichen Straßenrand dem Stanley Creek folgend an. Auf den ersten 2 km führt er durch das vom Waldbrand gezeichnete Gebiet am Vermilion Pass, um dahinter das schöne, terrassenförmige Tal unterhalb von Stanley Peak zu erreichen. Von dort lässt sich der Stanley Glacier und seine gletschergeformte Umgebung aus nächster Nähe in Augenschein nehmen. Die Gegend ist für ihre Fossilienfunde bekannt und bietet die Gelegenheit, Murmeltiere, Pikas und Weißschwanz-Schneehühner zu beobachten.

Am 8 km südlich des Passes gelegenen **Marble Canyon** gibt es einen vom Park verwalteten Campingplatz und einen leichten Spazierweg (800 m), der wohl der verkehrsreichste der kurzen Wanderwege im Park. Er überquert eine Reihe von Holzbrücken über den Tokumm Creek, der sich während der letzten 8000 Jahre seinen Weg durch einen Spalt im Kalkgestein gegraben und eine 600 m lange und 37 m tiefe Schlucht hineingefräst hat. Bei kalter Witterung fügen sich dort Eis und Schnee zu einer fantastischen Kulisse zusammen, den Höhepunkt im Sommer bildet hingegen der tosende Wasserfall, der an der engsten Stelle der Schlucht in die Tiefe stürzt und von einem Aussichtspunkt zu sehen ist. Irrtümlich hielt man das weiße Gestein früher für Marmor (daher auch der Name), tatsächlich handelt es sich jedoch um Dolomitkalkstein.

Eine der lohnenderen längeren Wanderstrecke hat ihren Ausgangspunkt ebenfalls am Parkplatz am Marble Canyon: der **Kaufmann Lake Trail** (einfache Strecke 15 km, Höhenunterschied 570 m, 4–6 Std.), der dem Tokumm Creek zum Talkopf am Kaufmann Lake folgt (s. Kasten „Wandern im Kootenay National Park"). Die ersten Wegkilometer, ein bequemer Marsch durch das Tal und über Wiesen, können auch für einen einstündigen Spaziergang in idyllischer Umgebung genutzt werden.

Die Paint Pots

Der Weg im Marble Canyon kann mit dem südlich verlaufenden Paint Pots Trail um 2,7 km verlängert werden, oder aber man fährt 2 km auf dem Highway nach Süden und beginnt dort die 1 km lange Route zum selben Ziel. In jedem Fall gelangt man zunächst zu den Ochre Beds (nach 800 m), dahinter dann (1,5 km) zu den **Paint Pots**, einem der magischsten Orte in den Rocky Mountains: Rote, orange- und senffarbene Tümpel, umrahmt von feuchten, moosigen Wäldern und schneebedeckten Gipfeln, die sich jenseits des rauschenden Vermilion River erheben. Die Färbung der Tümpel rührt von eisenhaltigem Wasser her, dass aus drei Quellen an die Oberfläche sprudelt und auf dem Weg an die Oberfläche Tonschichten durchquert, die einst auf dem Boden eines alten Gletschersees abgelagert wurden.

Aus ganz Nordamerika kamen Indianer hierher, um den farbigen Ton zu sammeln, zu kleinen Klumpen zu formen und zu backen. Der gebrannte Ton wurde anschließend zu Puder – **Ocker** – zerstampft, Tierfett oder Fischöl zugemengt und als Farbe für die Bemalung von Felsen und Tipis oder als Körperbemalung verwendet. Ocker besitzt seit jeher eine große spirituelle Bedeutung unter den indianischen Völkern Nordamerikas. Hier waren es die Stoney und Ktunaxa, die diese oxidierten, gelb umrandeten Tümpel als einen Ort betrachteten, der von Tier- und Donnergeistern bewohnt war. Wer sich einen Moment der Ruhe auf dieser stillen und besonders an wolkigen Tagen fast schon unheimlich wirkenden Lichtung nimmt, wird dies leicht nachvollziehen können. Anders europäische Spekulanten, die sich ungeachtet der Atmosphäre und der heiligen Bedeutung dieser Stätte in den 20er Jahren des 20. Jhs. nicht davon abhalten ließen, den Ocker zwecks industrieller Farbherstellung in Calgary abzubauen. Der Parkplatz ist Ausgangspunkt für drei längere Wanderrouten, die alle zunächst dem Ochre Cree Valley folgen: Tumbling Creek Trail, Ottertail Pass Trail und Helmet Creek–Helmet Waterfalls Trail (s. S. 228, Kasten).

Vermilion Crossing und Kootenay Crossing

An **Vermilion Crossing**, 20 km südlich des Paint Pots Trail, ist man schnell vorbeigefahren, außer vielleicht im Sommer, wenn hier die einzige Möglichkeit im Park geboten wird, in einem Bett zu schlafen, zu tanken oder Lebensmittel einzukaufen. Auch befindet sich hier ein neues Besucherzentrum, das am Standort eines ehemaligen Bahnarbeiterlagers aus den 20er Jahren errichtet worden ist. Westlich der Straße verläuft der **Verendrye Creek Trail** (2,1 km), ein leichter, aber durch dichten Wald führender Pfad, der nur eine eingeschränkte Sicht auf den Mount Verendrye gestattet. Eine der anspruchsvolleren Routen in den Rocky Mountains führt von Vermilion Crossing nach Osten über den Honeymoon Pass und den Redearth Pass bis zum Egypt Lake und dem Trans-Canada Highway im Banff National Park, weiter südlich verlaufen nicht minder kräftezehrende Pfade, die die einzige Zugangsmöglichkeit von Westen in den ursprünglichen **Mount Assiniboine Provincial Park** bieten. Dieser zwischen dem Kootenay und dem Banff National Park eingepferchte Park erstreckt sich um den Mount Assiniboine (3618 m), dessen spitz in einer Pyramide zulaufender Gipfel einen wahrhaft imposanten Anblick bietet. In der Sprache der Stoney bedeutet der Name „jene, die kochen, indem sie heiße Steine ins Wasser legen". Der **Simpson Road Trail** (8,2 km) erreicht die Parkgrenze, um sich dann in zwei Routen à 20 km und 32 km zu teilen, die zum Lake Magog im Herzen des Assiniboine Parks führen. Ungefähr 8,5 km hinter Vermilion Crossing sollte man Ausschau nach der **Animal Lick** genannten Salzlecke halten. Sie ist eine natürliche Mineralienquelle, die Tiere zur Nährstoffaufnahme anlockt, und mit etwas Glück lassen sich dort Wapitis, Maultierhirsche und manchmal sogar Elche beobachten. Schneeziegen tummeln sich mitunter aus demselben Grund entlang mehrerer folgender Kilometer am Straßenrand. **Kootenay Crossing** ist nicht mehr als ein symbolischer Ort – 1923 wurde hier anlässlich der Eröffnung des Hwy 23 das Band zerschnitten –, am hiesigen Parkhüterhäuschen beginnen jedoch einige kürzere Wanderpfade, und der nahe Dolly Varden Campground ist der einzige im Winter geöffnete Campingplatz im Park. Nicht weit davon lädt der **Wardle Creek** diejenigen zu einem Picknick ein, die in Straßennähe bleiben möchten. Ungefähr 11 km südlich von Kootenay Crossing erreicht man den McLeod Meadows Campground, unmittelbar östlich dahinter der leichten **Dog Lake Trail** (2,7 km), den die Zeltplatzgäste gerne als Verdauungsspaziergang absolvieren und der auch über den Highway vom Picknickplatz 500 m weiter südlich zugänglich ist. Er gewährt durch die Bäume hindurch Ausblicke auf das Kootenay Valley und endet an einem von sumpfigen Ufern umgebenen See, der ideale Bedingungen für Naturbeobachtungen bietet. Sehen kann man Hirsche, Wapitits und Kojoten, mit viel Glück sogar Bären und Elche. Im Frühsommer, d.h. im Juni und Juli, blühen hier auch mehrere Vertreter der Orchideenfamilie, darunter Sumpfhyazinthe, Rundblättriges Knabenkraut, Norne und Frauenschuh. Nochmals 11 km weiter lässt sich am Highway vom **Kootenay Valley Viewpoint** ein herrliches Panorama der Mitchell und Vermilion Range genießen.

Sinclair Pass

Auf seinem letzten Teilstück durch den Park, schwenkt der Highway nach Westen ab und führt zum **Sinclair Pass** und Sinclair Canyon, einer rötlich gefärbten Felsschlucht, durch die sich das Wasser des Sinclair Creek seinen Weg bergab bahnt. Hier beginnt auch die vielleicht schönste Tageswanderroute im Park, der **Kindersley Pass Trail** (s.S. 228, Kasten). Wer nicht ganz so lange unterwegs sein möchte, kann am Sinclair Pass unter drei weitaus bequemeren und kürzeren Pfaden westlich des Highways wählen. Der lohnendste von diesen ist der **Juniper Trail** (3,2 km), dessen Ausgangspunkt nur 300 m von der westlichen Parkzufahrt entfernt liegt. Nach dem Abstieg hinunter zum Sinclair Creek dringt er in eine trockene Schlucht vor, führt vorbei an spärlich mit Amerikanischen Lärchen und Douglasien bewachsenen Hängen und durchquert einen dichten Wald aus Lebensbäumen, bevor er an den Thermalquellen bzw. am Aquacourt (siehe unten) 1,4 km vom Ausgangspunkt entfernt endet. Der **Redstreak Creek Trail** (2,7 km) beginnt 4,5 km östlich der westlichen Parkzufahrt als viel versprechender Waldpfad, verliert jedoch im weiteren Verlauf an Reiz, ebenso der **Kimpton Creek Trail** (4,8 km), der ebenfalls von südlich der Straße und des Canyons verläuft und 7,5 km östlich der westlichen Parkzufahrt beginnt.

Radium Hot Springs

Weit weniger strahlend als der Name glauben machen könnte, präsentiert sich der Ort Radium Hot Springs. Durch seine Funktion als Servicezentrum für den Kootenay National Park profitieren die Motels und Tankstellen jedoch von dem Besucherstrom. Der Ort liegt in den Ebenen des Columbia Valley, 3 km von der südlichen/westlichen Parkzufahrt entfernt, an der Kreuzung des Hwy 93 und Hwy 95.

Die **Thermalquellen** (oder Aquacourt), ✆ 250/347-9485, liegen ebenso wie das Park Visitor Centre erfreulich weit vom Ort entfernt, d.h. 2 km nördlich davon, abseits des Banff-Windmere Parkway (Hwy 93), und unterstehen der Parkverwaltung. Über Jahrhunderte nutzten indianische Ureinwohner die Quellen, die Erschließung durch Weiße begann 1890, als Roland Stuart das Gebiet für $160 kaufte. Im Wasser gefundene Spuren von angeblich therapeutisch wertvollem Radium verwandelten Stuarts Investition in eine Goldmine. Als die Regierung die Quellen per Verfügung in den Nationalpark eingliederte, zahlte sie Stuart $40 000 – ein kleines Vermögen, aber weit weniger als ihr tatsächlicher Wert, der damals bereits auf $500 000 geschätzt wurde. In das geruchlose, 45 °C heiße Wasser der Thermalbecken unter freiem Himmel tauchen jeden Tag 4000 Gäste ein, was ein entspanntes Badevergnügen von vornherein ausschließt. Später am Abend oder außerhalb der Saison (wenn vom Becken einladender Dampf aufsteigt) lässt sich der Rummel jedoch umgehen. Der Radiumgehalt mag zwar etwas beunruhigen, aber 300 000 jährliche Besucher scheint dies wenig zu stören. Die Anlage umfasst ein Becken mit heißem und eines mit kaltem Wasser. Der Eintritt berechtigt zur Nutzung von beiden, allerdings sind die Öffnungszeiten unterschiedlich.

Heißwasserbecken ⊙ tgl. Mitte Mai–Mitte Okt 9–23, Mitte Okt–Mitte Mai So–Do 12–21, Fr und Sa 12–22 Uhr; Kaltwasserbecken ⊙ tgl. Mitte Mai–Ende Juni und Anfang Sep–Mitte Okt 12–21, Ende Juni–Anfang Sep 9–23, Mitte Okt–Mitte Mai Fr 6–21, Sa und So 12–21 Uhr. Eintritt $6,50, Tageskarte $9,75.

Übernachtung

Kootenay Park Lodge, Vermilion Crossing ✆ 250/762-9196, 🖳 www.kootenayparklodge.com. Im Herzen des Parks gelegen und einzige Unterkunft mit festem Dach über dem Kopf. Bietet zehn rustikale Hütten, die lange im Voraus gebucht werden müssen. ⊙ Mitte Mai–Sep. ❹

McLeod Meadows Campground, 25 km nördlich von Radium Hot Springs, 98 Stellplätze, $17, keine Duschen. ⊙ Mitte Mai–Mitte Sep.

Marble Canyon Campground, nahe dem Informationskiosk, 61 Stellplätze, $17, keine Duschen. ⊙ Mitte Juni–Anfang Sep.

Redstreak Campground, 3 km nördlich von Radium Hot Springs, Anfahrt über die Redstreak Rd, ✆ 250/347-9567. Komfortabler und größter Campingplatz für Zelte und Wohnmobile im Park, 242 Stellplätze, $22–30, Feuerholz $6 extra, u.a. Warmwasser-Duschen. Von der nordöstlichen Ecke des Campingplatzes führt der Redstreak Campground Trail (2,2 km) zu den Radium Hot Springs Pools, vom Eingang des Campingplatzes der Valleyview Trail (1,4 km) unter Umgehung der Redstreak Rd in den Ort. ⊙ Mai–Sep.

Nicht weit vom Highway gibt es etwa ein Dutzend einfache **Zeltmöglichkeiten** mit Plumpsklos und Feuerholz. Für diese muss man sich ein entsprechendes Permit für $8 in einem der Besucherzentren besorgen. Der kleine **Dolly Varden Campground**, etwas nördlich der McLeod Mea-

dows, bietet sieben einfache, aber kostenlose Stellplätze für Wintercamping. ⊙ Sep–Mai.

In Radium Hot Springs: Vorzugsweise sollte man versuchen in Invermere (s.S. 421) oder in einem der neueren Hotels im Sinclair Valley, nahe den Thermalquellen und abseits des Zentrums, unterzukommen. Sie sind zwar teurer, aber ungleich reizvoller gelegen als die ca. 30 farblosen Motels im Ort.

Radium Resort, 8100 Golf Course Rd, 1 km südlich der Quellen, ✆ 250/347-9311 oder 1-800-667-6444, 🖳 www.radiumresort.com. Groß und luxuriös, 120 Zimmer, u.a. Swimmingpool und Massagen. ❻

Addison's Bungalows, nicht weit davon, 4920 Dorney Rd, ✆ 250/347-9545 oder 1-800/794-5024, 🖳 www.addisonsbugalows.com. Verschieden große Motel-/Blockhüttenunterkünfte mit Küchenzeilen und bis zu 5 Schlafzimmern. ⊙ April–Okt. ❹

Alpen Motel, an der Parkzufahrt, ✆ 250/347-9823 oder 1-888/788-3891, 🖳 www.alpenmotel.com, bietet 14 Zimmer. ❸

Kootenay Motel, gleiche Lage, ✆ 250/347-9490 oder 1-877/908-2020, 16 Zimmer. ❸

Crescent Motel, gleiche Lage, ✆ 250/347-9570, 9 Zimmer. ❸

Radium International Hostel, in der Misty River Lodge am Parkrand, ✆ 250/347-9912, mit Küche, Gemeinschaftsraum, Fahrradverleih und -abstellraum, 2 Dorms mit 5 und 6 Betten für $15–20 p.P., daneben ein Privatzimmer. ❶–❷

Informationen

Wer von Osten kommt, erreicht ca. 15 km östlich der Castle Junction am Marble Canyon Campground einen kleinen, im Sommer zeitweilig geöffneten **Informationskiosk**. ⊙ Mitte Juni–Anfang Sep Mo und Fr–So 8.30–20, Di–Do 8.30–16.30 Uhr.

Park Visitor Centre, in Radium Hot Springs, 7556 Main St East, Ecke Redstreak Rd, ✆ 250/347-9505, 🖳 www.pc.gc.ca. Die Main St East zweigt vom Hwy 93 kurz vor dem Hwy 95 nach Süden ab, die Parkzufahrt liegt jedoch auf dem Hwy 93 weiter östlich, nahe den Radium Hot Springs Pools. Im Centre ist kostenlos der *Backcountry Guide to Kootenay National Park* erhältlich, der normal ambitionierten Wanderern erschöpfend Auskunft bietet. ⊙ tgl. Mitte Mai–Mitte Okt 9–17 Uhr.

Parkmitarbeiter stehen in der Regel auch an den beiden straßennahen Campingplätzen, McLeod Meadows und Marble Canyon (siehe unter „Übernachtung"), zur Verfügung.

Saisonal geöffnetes **Visitor Centre** in der Kootenay Park Lodge (siehe unter Übernachtung), 68 km nördlich von Radium auf dem Hwy 93, ⊙ Mitte April–Mitte Mai Fr–So 11–18, Mitte Mai–Sep tgl. 11–19 Uhr.

Friends of Kootenay National Park, ✆ 250/347-6525, veranstaltet geführte Wanderungen und andere Aktivitäten, zu buchen im Visitor Centre. Im Kootenay National Park werden drei lohnende Ausflüge angeboten: Stanley Glacier, Juli und Aug, 10 km, 5 Std., Treffpunkt am Ausgangspunkt des Stanley Glacier Trail am Hwy 93, sowie zwei Wanderungen in den Sinclair Canyon: „Walk of the Two Lions", Juli, 2 Std., und „Into the Secret Canyon", Aug Fr 10 Uhr, 1 1/2 Std., Treffpunkt für beide am Vordereingang der Radium Hot Springs Pools. Aktuelle Termine bitte telefonisch erfragen.

Chamber of Commerce, im Park Visitor Centre, ✆ 250/347-9331 oder 1-800/347-9704, 💻 www. radiumhotsprings.com, Informationen über Radium Hot Springs. ⊙ Di–Sa 10–16 Uhr.

Transport

Greyhound verkehrt 2x tgl. durch den Süden British Columbias von CRANBROOK via Banff nach CALGARY mit Halt in Vermilion Crossing und in Radium Hot Springs.

Der Süden
British Columbias

Vancouver Glitzornde Skyline vor einzigartiger Kulisse zwischen Pazifik und Bergen

Royal British Columbia Museum Das kulturelle Highlight von Victoria rangiert regelmäßig unter den zehn besten Museen Nordamerikas

Pacific Rim National Park Der landschaftliche schönste Teil der wundervollen Insel Vancouver Island

Inside Passage Die eintägige Fährpassage erschließt die schönsten Abschnitte der großartigen Küste British Columbias

Whistler Der Urlaubsort in den Bergen lockt im Sommer wie im Winter mit Outdoor-Aktivitäten der Superlative

Wells Gray Provincial Park Riesiges Wildnisgebiet, das sich landschaftlich nicht hinter den kanadische Rockies zu verstecken braucht

Die Kootenays Unberührte Region aus Seen, Bergen, Wäldern, heißen Quellen und reizvollen alten Dörfern und Städten

Nelson Nicht zuletzt dank seiner 350 herrlichen historischen Gebäude ist Nelson die bezauberndste Stadt in British Columbia

Der Süden British Columbias

Die unberührte Landschaft von British Columbia, kurz BC genannt, entspricht zweifellos dem gängigen Bild von der Wildnis Kanadas. Überrascht zeigen sich hingegen viele angesichts der Vielfalt der Natur. Zwischen den erwartungsgemäß spektakulären Gebirgszügen und Wäldern im Landesinnern und der durch Fjorde zerklüfteten Bergwelt nahe der Küste präsentiert sich ein Puzzle aus verschiedenartigen Landschaftsformen. Endlose Felder grenzen an Weiden und riesige Seen. Dazwischen erstreckt sich sogar eine kleine Wüste. BC umfasst die feuchtesten und trockensten Regionen Kanadas, was eine vielfältigere Tier- und Pflanzenwelt als in allen anderen Landesteilen hervorgebracht hat. Ebenso eindrucksvoll ist das Angebot an Freizeitaktivitäten: Neben den größten Skigebieten und wärmsten Seen des Landes finden sich hier einige der schönsten Strände, ganz zu schweigen von heißen Quellen, unzähligen Wanderwegen, Möglichkeiten zum Segeln und Kanufahren sowie den weltberühmten Lachsfanggebieten. Auch wenn die Städte im Landesinneren – mit Ausnahme von **Nelson** – weniger interessant sind, braucht man in der Region nie lange zu suchen, um das nächste abgeschiedene, ruhige Paradies zu finden, in dessen näherem Umkreis sich stets zahlreiche Gelegenheiten für Aktivitäten bieten.

In kultureller und logistischer Hinsicht hebt sich der Süden BCs deutlich vom nördlichen Teil der Provinz ab. Hier gibt es die meisten Straßen, Städte und leicht zugänglichen Attraktionen. 95% der Bevölkerung leben im Süden, hauptsächlich in **Vancouver**, der drittgrößten Stadt Kanadas. Mit ihrem kosmopolitischen, außerordentlich kultivierten und hedonistischen Charakter widerspricht Vancouver der stereotypen Vorstellung vom kanadischen Westen, der gemeinhin als introvertierte, kulturelle Einöde gilt.

Stattdessen präsentiert sie sich als Kombination aus glitzernder Skyline und großzügigen offenen Räumen, ein beispielhaftes Vorbild der Städteplanung.

Erheblich kleiner ist die bescheidene Provinzhauptstadt **Victoria** an der Südspitze von Vancouver Island, die dank ihres britischen Flairs überraschend viele Touristen anzieht.

Ob man sich auf einer Rundfahrt durch das Landesinnere oder lediglich auf der Durchreise befindet, in jedem Fall lohnt ein Abstecher zu den von Bergen umrahmten Seen und gepflegten Städtchen der **Kootenays** oder – sollte man sich für Wein und betriebsame Urlaubsorte am See begeistern – der **Okanagan**. Eine schöne Wildnis und prächtige Wasserfälle erwarten den Besucher im **Wells Gray Provincial Park**, aber gute Möglichkeiten zum Wandern und Campen bieten auch zahlreiche andere Parks. **Whistler** zählt zu den weltbesten Ski- und Snowboardgebieten. **Vancouver Island**, die mit Abstand größte Insel des Archipels vor der Küste, zeichnet sich ebenfalls durch ihre Vielfalt aus. Dicht beieinander liegen hier unberührte Seenlandschaften, Regenwälder und steile, vergletscherte Gipfel. Außerdem startet von Vancouver Island aus die Fähre durch die berühmte **Inside Passage** nach Prince Rupert und durch die neue **Discovery Coast Passage** nach Bella Coola. Im Landesinneren vereinen sich die Straßen und Bahnlinien und führen auf gleicher Strecke Richtung Norden durch die endlosen Weiten der Cariboo Region des Interior Plateau.

Geschichte

Schon lange vor Ankunft der Europäer war die Küstenregion British Columbias von fünf bedeutenden **Urvölkern**, den Kwakiutl, Bella Coola, Nuuchah-nulth, Haida und Tlingit besiedelt. Das Meer bot ihnen Nahrung und sie entwickelten eine Kultur, die in vielerlei Hinsicht weiter fortgeschritten war als die der nomadisierenden Jäger im Landesinneren.

Während man im Landesinneren kaum noch Angehörigen der indianischen Urbevölkerung begegnet, gibt es in einigen Regionen von Vancouver Island noch indianische Dörfer. Wunderschöne Ausstellungen indianischer Kunst sind in Victoria und Vancouver zu bewundern.

Der britische Entdecker **Francis Drake** war aller Wahrscheinlichkeit nach der erste Europäer, der

---

auf seiner Weltumsegelung im Jahre 1579 das Festland sichtete. Fast zwei Jahrhunderte später kamen Spanier aus Kalifornien und Russen aus Alaska, um die Küste zu erforschen.

Die erste Aufzeichnung einer Landung stammt aus dem Jahre 1778 von einem weiteren Briten, **Captain Cook**. Im Anschluss an die Nuu-chah-nulth-Convention von 1790 kartografierte **Captain George Vancouver** zum ersten Mal zwischen 1792 und 1794 das Gebiet. Im Rahmen dieses Abkommens hatten die Briten ihren Machtbereich ausgedehnt und den Spaniern sämtliche Rechte auf das Festland bis nach Alaska hin entrissen.

Etwa zur gleichen Zeit machten sich Forschungsreisende im Landesinneren auf die Suche nach einem Weg, Pelze in Richtung Westen zum Pazifik zu transportieren (statt des mühsamen Weges Richtung Osten). **Alexander Mackenzie** von der North West Company durchquerte im Jahre 1793 als Erster nördlich von Mexiko den Kontinent. Ihm folgten zwei weitere Abenteurer, **Simon Fraser** und **David Thompson**, nach denen Flüsse, Geschäfte, Motels und Straßen der Region benannt sind. Während der ersten Hälfte des 19. Jhs. lag ein Großteil des kanadischen Westens im sogenannten Machtbereich der **Hudson's Bay Company**. Diese Monopolstellung verärgerte die Amerikaner, die aus Angst vor weiterer Expansion die Briten dazu überredeten, ihre Ansprüche auf die Region formal festzulegen. Obwohl man sich auf den 49. Breitengrad als Grenze einigte, blieb Vancouver Island, die teils südlich der Linie liegt, gänzlich in britischer Hand und wurde 1849 offiziell zur Kronkolonie ernannt. Tatsächlich beherrschte auch weiterhin die „Bay" das Gebiet, die kein Interesse an Einwanderern hatte. Noch im Jahre 1855 zählte die weiße Bevölkerung der Insel nur 774 Menschen, und auf das Festland verirrten sich höchstens Trapper und Goldsucher.

All das änderte sich, als 1858 am Fraser River und drei Jahre danach in der Cariboo Region **Gold** gefunden wurde. Etwa 25 000 Menschen machten sich auf zu den Goldfeldern und legten auf dem Festland den ersten Grundstein für das heutige Vancouver. Dies führte zum Bau der **Cariboo Road** (heute Hwy 97) und des **Dewdney Trail** (Hwy 3), die eine Erschließung des Hinterlandes ermöglichten. Im Zuge dieser Ereignisse strömten sogenannte **Overlander**, eine große Schar von Pionieren, im Sommer 1862 von Ontario und Québec in Richtung Westen. Im Jahre 1858 erklärte Großbritannien das Festland British Columbias zur Kronkolonie und festigten zudem damit ihren Anspruch auf die immensen Bodenschätze, die zu Recht in dieser Gegend vermutet wurden. Als die östlichen Kolonien Kanadas 1867 ein Dominion bildeten, zeigte sich British Columbia zunächst unentschlossen. Erst 1871, nach Zusicherung einer Eisenbahnanbindung an den Osten, entschloss man sich für den Beitritt. Allerdings sollten noch weitere 15 Jahre vergehen, bis die **Canadian Pacific Railway** die Region tatsächlich erreichte.

Auch wenn British Columbia nicht mehr an seiner Zugehörigkeit zweifelt, so orientiert es sich dennoch eher auf sich selbst, den Nordwesten und die Wirtschaftsregion des Pacific Rim als auf den Rest Kanadas. Die frankophonen Belange des Ostens sind hier kaum von Bedeutung. Seit Jahren gibt es in der Region lediglich eine französische Schule.

Reservierung von Campingplätzen

Zelt- und Caravanstellplätze können auf bestimmten Campingplätzen in den Provinzparks von British Columbia (🖳 www.bcparks.ca) im Voraus reserviert werden. Allerdings nehmen nicht alle Parks Reservierungen entgegen, und einige verfügen über mehrere Campingplätze. Für **Reservierungen** ist *Discover Camping* zuständig, zu erreichen unter ✆ 1-800/689-9025 oder 604/689-9025 im Großraum Vancouver, ◷ März–Mitte Sept Mo–Fr 7–19, Sa und So 9–17 Uhr. Unter 🖳 www.discovercamping.ca können Reservierungen online vorgenommen werden. Reservierungen können bis zu 3 Monate im Voraus, müssen aber spätestens 48 Stunden vor Ankunft erfolgen. Es wird eine nicht erstattbare Gebühr von $6,42 pro Nacht bzw. maximal $19,26 für drei oder mehr Nächte (inklusive Steuern) erhoben. Vorauszahlungen sind ausschließlich mit Visa oder MasterCard möglich (Zahlungen zusätzlicher Nächte vor Ort ist nur bar möglich). Die Aufenthaltsdauer ist auf maximal 14 Tage pro BC-Provinzpark begrenzt.

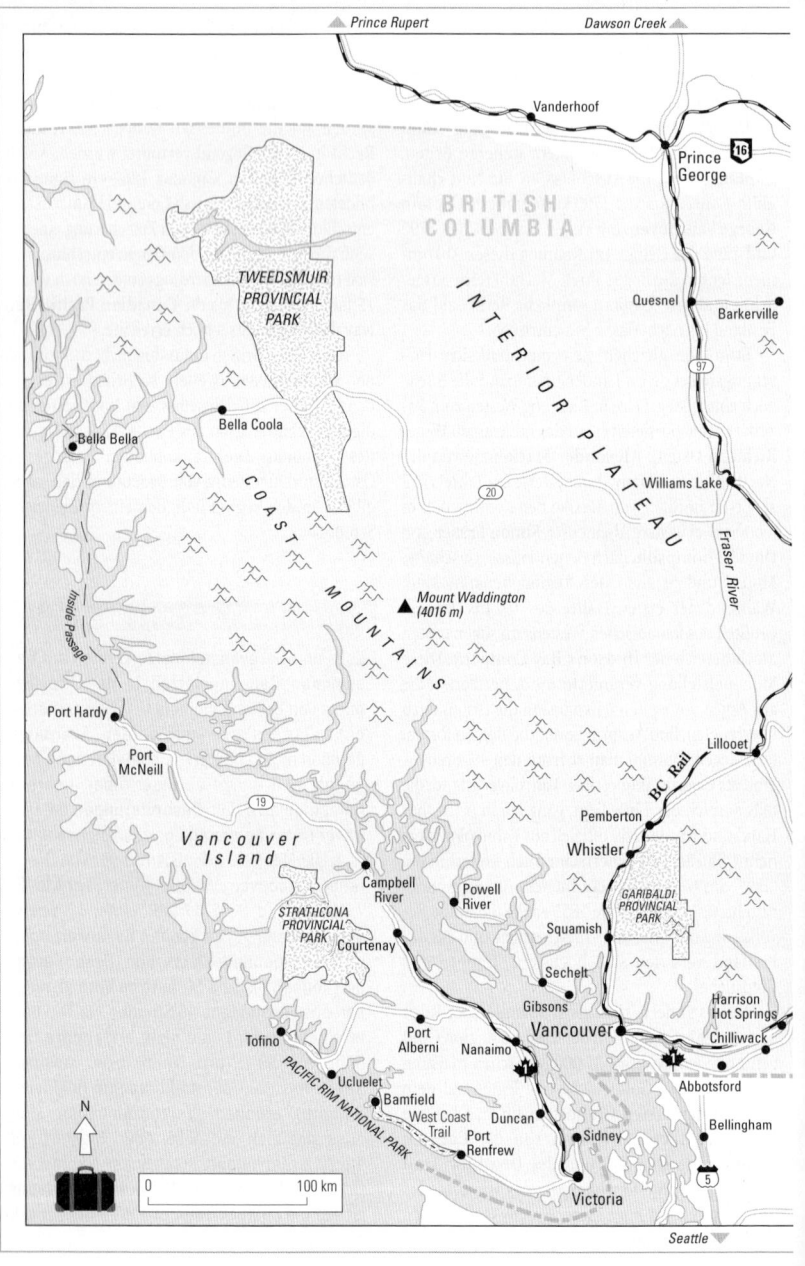

Prince Rupert   Dawson Creek

Vanderhoof

BRITISH
COLUMBIA

Prince
George   16

TWEEDSMUIR
PROVINCIAL
PARK

Quesnel   Barkerville

97

I N T E R I O R   P L A T E A U

Bella Bella

Bella Coola

20

Williams Lake

C O A S T

Fraser River

Mount Waddington
(4016 m)

M O U N T A I N S

Inside Passage

Port Hardy

Lillooet

Port
McNeill

BC Rail

19

Pemberton

Whistler

Vancouver
Island

GARIBALDI
PROVINCIAL
PARK

STRATHCONA
PROVINCIAL
PARK

Campbell
River

Powell
River

Courtenay   Squamish

Sechelt

Harrison
Hot Springs

Gibsons

Tofino

Port
Alberni   Nanaimo   Vancouver   Chilliwack

PACIFIC RIM NATIONAL PARK

Ucluelet

Abbotsford

Bamfield

West Coast
Trail   Duncan

Bellingham

Port
Renfrew   Sidney

N

5

0   100 km

Victoria

Seattle

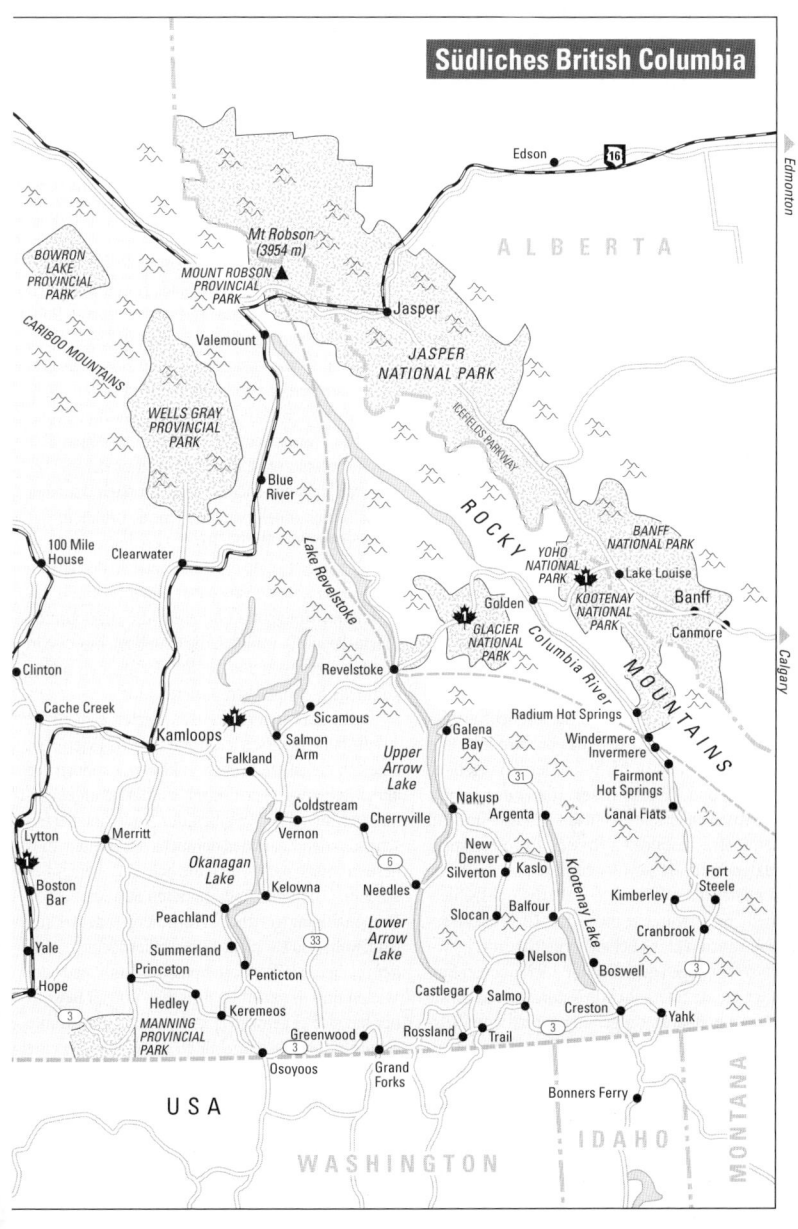

Südliches British Columbia

Edson 16

Edmonton

ALBERTA

Mt Robson
(3954 m)

MOUNT ROBSON
PROVINCIAL
PARK

BOWRON
LAKE
PROVINCIAL
PARK

CARIBOO MOUNTAINS

Jasper

JASPER
NATIONAL PARK

Valemount

WELLS GRAY
PROVINCIAL
PARK

ICEFIELDS PARKWAY

Blue
River

ROCKY

100 Mile
House

Clearwater

Lake Revelstoke

BANFF
NATIONAL PARK

YOHO
NATIONAL PARK

Lake Louise

Clinton

Golden

GLACIER
NATIONAL
PARK

KOOTENAY
NATIONAL
PARK

Banff

Canmore

Columbia River

Revelstoke

MOUNTAINS

Calgary

Cache Creek

Kamloops

Sicamous

Falkland Salmon
Arm

Upper
Arrow
Lake

Galena
Bay

Radium Hot Springs

Windermere
Invermere

Lytton

Merritt

Coldstream

Vernon Cherryville

Nakusp

Argenta

Fairmont
Hot Springs

Canal Flats

Boston
Bar

Okanagan
Lake

Kelowna

6

New
Denver
Silverton Kaslo

Kootenay Lake

Fort
Steele

Yale

Peachland

Needles

Lower
Arrow
Lake

Slocan Balfour

Kimberley

Hope

Summerland

Princeton Penticton

33

Nelson

Boswell

Cranbrook

3

Hedley

MANNING
PROVINCIAL
PARK

Keremeos

Castlegar Salmo

Creston

Yahk

3

Greenwood

3

Rossland Trail

3

Osoyoos

Grand
Forks

Bonners Ferry

USA

WASHINGTON

IDAHO

MONTANA

Ein Großteil der Bevölkerung der Provinz ist sowohl finanziell als auch bezüglich ihre Lebensqualität gut gestellt, zudem hat sie eines der niedrigsten Durchschnittsalter. Einziger Grund zur Sorge sind die Umweltprobleme, denn die Wirtschaft basiert in erster Linie auf der Verarbeitung von Rohstoffen. British Columbia liefert 25% des nordamerikanischen Holzes und exportiert in erheblichem Umfang Strom aus Wasserkraftwerken, Fisch, Zink, Silber, Öl, Kohle und Gips. Nur wenige Produkte lassen sich verwerten ohne der wunderschönen Natur Schaden zuzufügen. Auch wenn sich die Bevölkerung eines gewissen Wohlstands erfreut, wird sie sich doch immer mehr des hohen Preises bewusst, den die Umwelt dafür zu zahlen hat.

Vancouver

Eingebettet zwischen dem Ozean und schneebedeckten Bergen liegt Vancouver mit seiner schillernden Downtown. Sie erstreckt sich über eine schmale Halbinsel, die im Norden vom Burrard Inlet, im Westen von der English Bay und im Süden vom False Creek eingerahmt wird. Der Großraum Vancouver reicht bis zum Fraser River im Süden. Entlang des idyllischen Küstensaums erstrecken sich wunderschöne Strände, ein quirliger Hafen sowie herrliche Parks, dahinter erheben sich verspiegelte Wolkenkratzer, die über das Burrard Inlet und geschäftigen Hafen in Richtung der Wohngebiete im Norden und Westen blicken. Hinter den gemütlichen Vororten erhebt sich das Küstengebirge mit seinen steilen, bewaldeten Hängen, das einen spektakulären Kontrast zur City-Skyline und das faszinierendste der zahlreichen Naherholungsgebiete darstellt. Es verwundert nicht, dass Greenpeace gerade in Vancouver ins Leben gerufen wurde.

In vollen Zügen genießen die 1,9 Millionen Einwohner die atemberaubende Natur, und sollten sie ihrer unmittelbaren Umgebung einmal überdrüssig werden, eröffnen sich nicht weit entfernt die unglaublichen Weiten des wilden Hinterlandes von BC. Praktisch vor der Haustür bieten sich vielfältige Möglichkeiten zur aktiven **Freizeitgestaltung**, wie Segeln, Schwimmen, Angeln, Wandern, Skifahren, Golfen oder Tennis. Sommer wie im Winter verströmt die Stadt eine Atmosphäre von Genuss und Lebensfreude – typische Vorlieben des Westens, wo in der Nähe der Stadtstrände auch die **Kunst und Kultur** beheimatet ist. Vancouver bietet ein erstklassiges Museum und Symphonieorchester sowie Oper, Theater und Dance Companies, die in der modernen Kunstwelt führende Stellungen einnehmen. Während der milden, teils regnerischen Sommermonate beleben sich während unzähliger Festivals die Straßen der Stadt, und viele Musikclubs bieten eine Plattform für aufstrebende Rockbands und die erwachende Jazzszene.

Ihr kontinuierliches Wirtschaftswachstum verdankt Kanadas drittgrößte Stadt zum großen Teil dem **Hafen**, der mit seinen riesigen Mengen an Rohstoffen aus dem kanadischen Hinterland – Holz, Weizen und Erze – zu den größten Nordamerikas zählt. Hier werden größere Mengen verladen als in den Westküsten-Häfen von Seattle, Tacoma, Portland, San Francisco und San Diego zusammen. Der Hafen verdankt seine führende Position der viel gerühmten Stellung Vancouvers als **Tor nach Ostasien** sowie seiner zunehmenden zentralen Rolle in der Handelszone des Pacific Rim. Diese lukrative Neuorientierung ist keine Einbahnstraße: In den letzten zehn Jahren erlebte Vancouver einen enormen Zustrom von Hongkong-Chinesen (die sogenannten „Yacht-People"), wodurch die Grundstückspreise in die Höhe getrieben und der Ruf der Stadt als multikulturelle Metropole strapaziert wurde.

Frühe Zuwanderer konzentrierten sich meist auf die bemerkenswerte **Chinatown**. Das Viertel ist eine von vielen ethnischen Enklaven, zu denen vor allem italienische, griechische, indische und japanische zählen. Sie verleihen der Stadt einen erfrischend rauen Charakter, der nicht zum glatten, modernen Image passt. Auch die halb verfallenen Bezirke im Osten der Stadt, in deren Straßen Bettler, Drogenabhängige und Prostituierte anzutreffen sind, wollen so gar nicht zum schillernden Lifestyle der reicheren Wohnviertel passen. Dank niedriger Mieten und der kosmopolitischen jungen Bewohner hat sich gegenwärtig zudem eine interessante **Gegenkultur** herausgebildet, die sich durch eine große Bandbreite an Restaurants, Secondhand-Läden, Avantgarde-Galerien, Clubs und Bars auszeichnet – wo man sich wahrscheinlich besser vergnügt als in vielen anderen kanadischen Städten. Die Qualität und Vielfalt der Restaurants kann sich mit der Konkurrenz in Nordamerika durchaus messen.

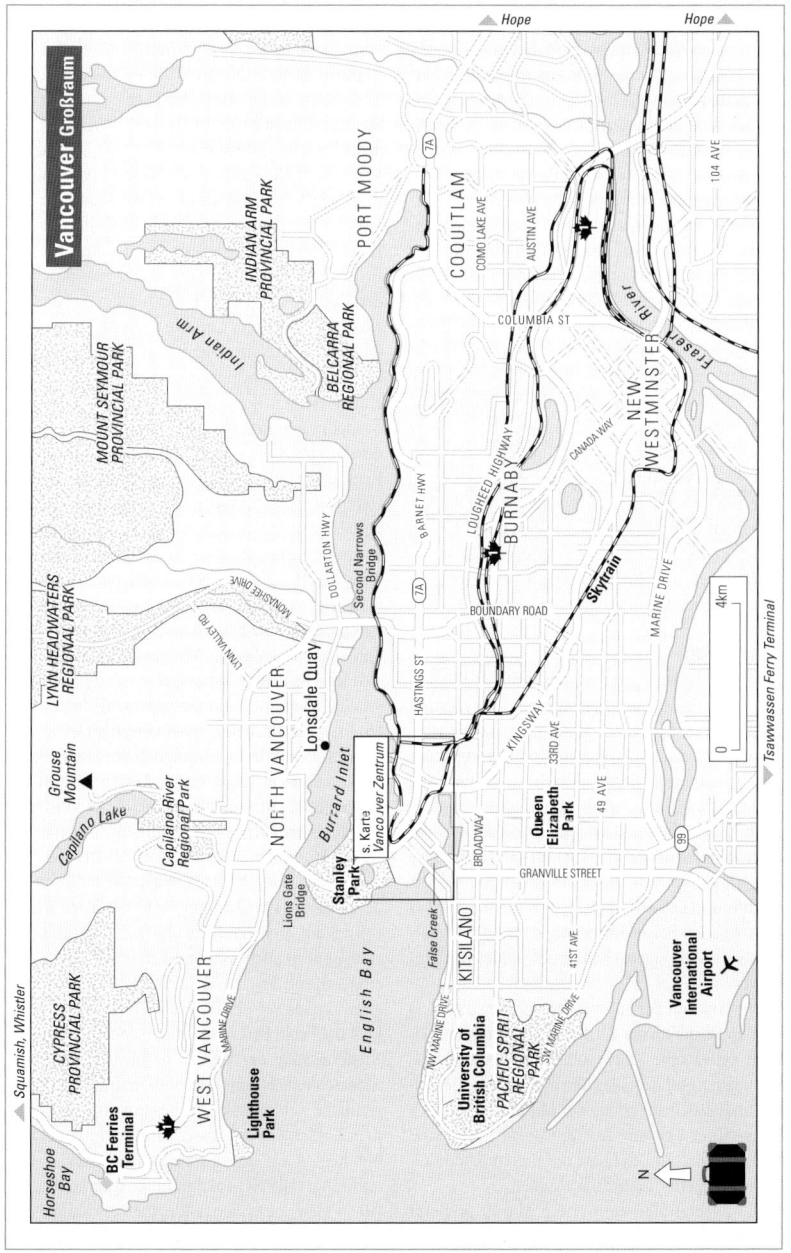

Vancouver Großraum

Derzeit präsentiert sich die Stadt dynamischer denn je; das Wachstum und ihre Energie scheinen in den Straßen förmlich greifbar zu sein. Vancouvers Zentrum ist gegenwärtig mit über einer halben Million Einwohnern die am schnellsten wachsende Downtown auf dem Kontinent. Entsprechend dehnt sich das Zentrum zunehmend in Richtung der älteren, vernachlässigten Bezirke südöstlich des Stadtkerns aus. Die Entwicklung während der letzten Jahre manifestiert sich in einer ausgezeichneten Bibliothek und Wirkungsstätte für darstellende Künstler – die größte Investition, die jemals in der Stadt verwirklicht wurde. Immobilien sind hier inzwischen teurer als in Toronto. In den 90er Jahren des vergangenen Jhs. avancierte die Stadt zum drittgrößten Zentrum für Film- und Fernsehproduktionen nach Los Angeles und New York. *Akte X* ist nur eine vieler Serien und Filme, die hier gedreht werden (weitere Informationen zu *Akte X*-Touren s.S. 283). Die eigene Art, mit der Kanadier auf diese Veränderungen reagieren, scheint die betörende Mischung aus Vergnügen, Kultur, Geschäftsleben und Naturschönheit keineswegs zu beeinträchtigen, sondern eher zu verstärken.

Geschichte

Das moderne Vancouver existiert seit fast 120 Jahren. Im Laufe der vorangegangenen neun Jahrtausende waren im Fraser Valley die Tsawwassen, Musqueam sowie ca. 20 weitere Bevölkerungsgruppen beheimatet. Diese bildeten zusammen die Stó:lo Nation (auch „People of the River"), die von Fisch, insbesondere Lachs, lebte. Während der Jahrtausende drangen sie kaum in das bergige Hinterland vor, was bis heute zu spüren ist. Die Wildnis und Einsamkeit British Columbias jenseits des schmalen Fraser-Korridors ist eine der bemerkenswertesten Eigenschaften des modernen Vancouver.

Vor Ankunft der Europäer bewohnten die Stó:lo etwa 10 Dörfer an der Küste des Burrard Inlet. Das hoch entwickelte Kulturvolk hatte Zimmerleute, Kanubauer und Künstler hervorgebracht, aber leider finden sich außerhalb der Museen kaum noch Belege ihrer Existenz. Auf Vancouver Island sind noch am ehesten Zeugnisse der indianischen Kultur aus jüngeren Tagen zu bestaunen.

Europäer traten zum ersten Mal in größerer Anzahl in Erscheinung, als **spanische Entdecker**

im 18. Jh. die Wasserwege im heutigen Südwesten British Columbias kartografierten. 1778 erreichte **Captain James Cook** auf der Suche nach der Nordwest-Passage das nahe gelegene Nootka Sound, wodurch das Interesse der Briten an der Gegend erwachte. José Maria Narvaez, ein spanischer Lotse und Landvermesser, erblickte 1791 von seinem Schiff *Santa Saturnia* aus die Mündung des Fraser River. Das anschließende Gerangel zwischen Briten und Spaniern wurde rasch zugunsten der Briten entschieden, da die Spanier zu Hause mit den Nachwirkungen der Französischen Revolution zu kämpfen hatten. **Captain George Vancouver** erhob 1792 im Namen der Briten offiziell Anspruch auf das Land. Er begutachtete den Fraser River von einem kleinen Boot aus und befand ihn für zu flach, um von praktischem Nutzen zu sein. Stattdessen umsegelte er die Landzunge in nördlicher Richtung und landete in einem tiefen natürlichen Hafen, dem Geburtsort von Vancouver. Diesen nannte er nach einem seiner Gefährten „Burrard". Er verhandelte kurz mit den Squamish in X'ay'xi, einem Dorf auf der bewaldeten Landzunge, dem zukünftigen Stanley Park. Die Squamish bezeichneten diese Stelle danach als Whul-whul-Lay-ton, den „Platz des Weißen Mannes". Vancouver hielt sich lediglich einen Tag auf, bevor er weitersegelte – keine allzu große Huldigung an die Region, die ein Jh. später nach ihm benannt werden sollte.

Vancouvers Irrtum bezüglich des Fraser River klärte sich 1808 auf, als Simon Fraser, ein gebürtiger Schotte, auf dem Fluss eine 1368 km lange abenteuerliche Reise unternahm, die ihn von den Rocky Mountains bis zum Meer führte. 1827 errichtete die Hudson's Bay Company einen Pelzhandelsposten in **Fort Langley**, 48 km östlich der heutigen Stadt. Dort handelte man nicht nur mit Pelzen sondern auch mit dem Lachs der Stó:lo. Der eingesalzene Fisch wurde an Handelsposten in ganz Kanada verschickt. „Homesteaders" (Siedler) hielt man vom Fort fern, denn in der ersten großen Niederlassung der Weißen betrachtete man ihre Anwesenheit als dem Pelzhandel abträglich. Die eigentliche Kolonialisierung begann erst 1858 nach dem Goldrausch am Fraser River und in der Cariboo Region, als sich in **New Westminster**: 25 000 hoffnungsvolle Neuankömmlinge tummelten, darunter viele ehemalige Goldsucher aus Kalifornien auf der Suche nach lukrativeren Gefilden. Die Zu-

In Vancouver

wanderer aus den USA unterstrichen die Labilität der Landesgrenze und den prekären Charakter der britischen Ansprüche auf die Region. Diese Ansprüche wurden durch die Ernennung von British Columbia zur Kronkolonie und New Westminster zu seiner Hauptstadt untermauert. Beide wurden 1868 von Fort Victoria abgelöst, als der Goldrausch schon nahezu abgeklungen war. 1862 hatten drei erfolglose britische Goldsucher an der Südküste des Burrard Inlet Land erworben und eine Ziegelei errichtet – angesichts des reichen Holzvorkommens eine eher kurzsichtige Maßnahme. Schon bald musste diese einer Sägemühle, der Hastings Sawmill, weichen, um die eine Siedlung entstand. Diese erhielt zu Ehren des ersten Saloonbesitzers, des geschwätzigen („gassy") Jack Leighton, 1867 den Namen Gastown. Zwei Jahre später wurde Gastown in **Granville** umbenannt und gedieh dank der großen Holz- und (eher geringen) Kohlevorkommen. Die heutige Stadt geht auf die Entscheidung der **Canadian Pacific Railway** (CPR) zurück, die 1884 beschloss, hier die Endstation der transkontinentalen Eisenbahnverbindung zu errichten. Es ist einer Laune des CPR-Präsidenten zu verdanken, dass Granville 1886 in Vancouver umgetauft wurde. Am 13. Juni desselben Jahres legte ein Feuer zahlreiche Gebäude in Schutt und Asche. Der Rückschlag war jedoch nur von kurzer Dauer, und seit der Ankunft des ersten Zuges von Montréal 1887 gab es kein Zurück.

Die City

In Vancouver braucht man kein ausgedehntes Besichtigungsprogramm einzuplanen und kann angesichts der atemberaubenden Szenerie leicht darauf verzichten. Es genügt, herumzulaufen und das Leben zu genießen. Laut der bekannten britischen Reiseschriftstellerin Jan Morris ist Vancouver eine Stadt, in der fast jeder gerne leben möchte. Im Sommer empfiehlt es sich, den Einheimischen nachzueifern, und wer nicht segelt, wandert oder angelt kann es sich am Strand, im Park oder in einem der zahlreichen Ufercafés gemütlich machen. Neben zahllosen Freizeitaktivitäten lohnt auf alle Fälle der Besuch einer Hand voll Sehenswürdigkeiten. Unweigerlich wird man einen Großteil der Zeit im **Zentrum** und dessen Entsprechung aus Viktorianischer Zeit, **Gastown**, zubringen. Letztere präsentiert sich nach der Restaurierung als wenig überzeugende Nachahmung des Originals. Auch **Chinatown**, die problemlos in einem Vormittag erkundet werden kann, bietet neben interessanten Geschäften, Restaurants und lebendigen Straßen noch einiges mehr. Ein wahrer Genuss für die Sinne ist der **Stanley Park** an der nördlichen Spitze der City-Halbinsel, eine riesige Fläche mit einer halbwilden Parklandschaft und Stränden. Nach einem Spaziergang oder einer Radtour kann man am **Strand** entlang schlendern. Ein lohnendes Erlebnis ist ein morgendlicher Ausflug nach **Granville Island**, dem richtigen Ort zum Bummeln und Leute beobachten. Kulturinteressierte sollten das **Museum of Anthropology** und die Museen im Vanier Park, die von Granville Island aus leicht zu erreichen sind, nicht versäumen.

Mit etwas Mühe sind die wichtigsten Attraktionen der Stadt innerhalb einiger weniger Tage zu erkunden. Wer einen längeren Aufenthalt plant, sollte sich aus dem Zentrum herauswagen. Ausflüge über das Burrard Inlet nach **North Vancouver** lohnen sich schon alleine wegen der wunderbaren Aussicht von der SeaBus-Fähre und präsentieren das Panorama der Stadt aus einer neuen Perspektive. Zudem nähert man sich auf diesem Weg der herausragenden Naturkulisse der Berge und Wälder. Beliebt sind ein Ausflug zur Capilano Suspension Bridge, die hochgesteckten Erwartungen nicht entspricht, und die empfehlenswerte Seilbahnfahrt auf den **Grouse Mountain**, von dessen Gipfel man einen herrlichen Blick auf die Stadt genießt.

Das Zentrum

Die belebten Straßen und Einkaufszentren der überschaubaren **Downtown** konzentrieren sich um die **Robson Street**. An lauen Sommerabenden gleicht dieser dynamische Treffpunkt voller Bars, Restaurants und Spätverkäufe einer modernen Vision des Dolce Vita. Braun gebrannte junge Leute posieren in Bars und Restaurants oder fahren in Cabriolets durch die Straßen. Auch zu anderen Zeiten trifft sich eine ruhigere Schar auf den Treppen vor der Vancouver Art Gallery oder strömt durch die beiden großen Kaufhäuser Sears und The Bay. Zwei Durchgangsstraßen sind die **Burrard Street** mit ihren Boutiquen, Hotels und Bürogebäuden und die **Granville Street**, zum Teil eine Fußgängerzone mit zahlreichen Geschäften und Kinos.

Allerdings wirkt sie insbesondere am südlichen Ende in der Nähe der Granville Street Bridge überraschend heruntergekommen. Dank neuer städtebaulicher Entwicklungen dehnt sich Downtown immer weiter in Richtung Osten aus. Ein absolutes Muss ist ein Besuch der öffentlichen **Bibliothek**, 350 W Georgia, die 1995 ihre Pforten öffnete. Das faszinierende Resultat moderner Architektur gilt als markantes Symbol des Fortschritts.

Die beste Einführung nach der Ankunft in Vancouver bietet der **Canada Place** genannte und für die Expo 86 errichtete kanadische Pavillon am Wasser, Informationen ✆ 604/775-7200, ▭ www.canadaplace.ca. Diese weitere architektonische *Tour de Force* beherbergt ein Luxushotel, eine Anlegestelle für Kreuzfahrtschiffe sowie zwei glitzernde Convention Centres. Das Bauwerk ermöglicht eine hervorragende Aussicht mit atemberaubendem Blick auf den Hafen, die Berge, das Meer, brummende Boote, Hubschrauber und Gleitflugzeuge. ◷ für Fußgänger tgl. 24 Std.

Faszinierend ist insbesondere der Betrieb am **Hafen**, der zu den geschäftigsten Nordamerikas zählt. Begonnen hat alles im Jahre 1864, als man erstmals Holz für Zaunpfähle nach Australien exportierte. Heute werden hier jährlich siebzig Millionen Tonnen Fracht umgeschlagen, $40 Milliarden umgesetzt und 3000 Schiffe aus fast 100 Ländern abgefertigt. Die Art und Weise, wie die Konstruktion des Canada Place in den Hafen ragt, erinnern an ein Schiff, so dass die Besichtigung einem Spaziergang „an Deck" gleicht. Schautafeln informieren über die Szenerie und entsprechende historische Begebenheiten. Im Inneren konzentrieren sich teure Geschäfte, ein exzellentes Restaurant und ein IMAX-Kino, ✆ 604/682-IMAX oder 1-800/582-4629, ▭ www.imax.com/vancouver, Eintritt $9–16.

Als Alternative zum Aussichtspunkt des Canada Place bietet sich das nahegelegene **Harbour Centre Building**, 555 W Hastings, eines der höchsten Bauwerke der Stadt, an. Unter den Einheimischen ist es aufgrund seiner hervortretenden oberen Stockwerke als „Urinal" bzw. – etwas liebevoller – als „Hamburger" bekannt. An schönen Tagen lohnt sich eine Fahrt mit dem Schwindel erregenden, verglasten SkyLift den Turm hinauf. Bei 167 m/Min. erreicht man schnell die Aussichtsplattform *The Lookout!* im 40. Stock, die einen wunderschönen Rundblick ermöglicht. Die Eintrittskarte bleibt den ganzen Tag über gültig, so dass man später am Abend zurückkehren kann, um einen Blick auf die strahlenden Lichter Vancouvers bei Nacht zu genießen. ◷ tgl. Mai–Sept 8.30–22.30, Okt–April 9–21 Uhr, ✆ 604/299-900, ▭ www.vancouverlookout.com, $10.

Ein Großteil des **Expo-Geländes** wurde hier wie auch an anderen Stellen im Süden und Osten eingeebnet oder rigoros umgestaltet. Die erhaltenen Gebäude liegen ziemlich weit außerhalb des Zentrums. Es empfiehlt sich, den SkyTrain oder die Fähren von Granville Island zu nehmen. Die **geodätische Kuppel** ist das wichtigste Überbleibsel und hat sich zu einem herausragenden Wahrzeichen der Stadt entwickelt. Allerdings wird das darin untergebrachte Museum **Science World** den Erwartungen nicht ganz gerecht. Wahrscheinlich erfreuen sich hauptsächlich Kinder, für die das Museum gedacht ist, an den Hi-Tech-Exponaten zum Anfassen, darunter elektronische Instrumente und Schlaginstrumente, die ohrenbetäubenden Lärm verursachen. Alle möglichen wissenschaftlichen Themen werden hier behandelt. Für Erwachsene sind eher das Gebäude sowie die riesige Leinwand des Omnimax-Kinos in der Kuppel sehenswert. Auch hier lässt die Qualität der meisten Filme – ähnlich wie im Canada Place – zu wünschen übrig. Adresse: Québec St, nahe Terminal Ave, in der Nähe der SkyTrain Station Science World–Main St, ◷ Mo–Fr 10–17, Sa, So 10–18 Uhr, Eintritt Science World $12,75, Einzelvorstellung Omnimax $11,25, Kombiticket $17,75, ✆ 604/443-7440 oder 24 Std. Bandansage unter 604/443-7443, ▭ www.scienceworld.bc.ca.

An dieso Expo erinnert auch das 60 000 Plätze umfassende **BC Place Stadium** in der 1 Robson St, ✆ 604/661-7362, ▭ www.bcplacestadium.com. Überspannt wird es von einer der größten luftgestützten Kuppelkonstruktionen der Welt. Wer sich nicht für sportliche Ereignisse interessiert, beispielsweise ein Football-Match der **BC Lions**, kann sich einen Besuch des gemeinhin als „Mushroom" (Pilz) oder „Marshmallow in bonds" (Marshmallow in Fesseln) bezeichneten Stadions sparen. Einzig die *Hall of Fame*, in der die einheimischen Sportstars geehrt werden, ist von leidlichem Interesse. Zugang über Gate A, Führungen Mitte Juni–Anfang Sept 1x wöchentlich, $6. Anfahrt mit dem SkyTrain bis Stadium Station oder mit Bus Nr. 15 von der

Robson St in Richtung Osten bzw. mit Bus Nr. 17 von der Burrard St.

In zentraler Lage an der Howe St, Ecke Robson St, befindet sich die gewaltige **Vancouver Art Gallery**, die im imposanten alten Gerichtsgebäude der Stadt untergebracht ist, ℡ 604/662-4700, 🖳 www.vanartgallery.bc.ca. Die Sammlung umfasst mehr als 8000 Werke und hat einen Wert von über $100 Millionen – doch es gibt einen Haken: Die ständige Ausstellung ist auf die Emily Carr gewidmete Abteilung im obersten Stockwerk beschränkt. Die übrigen drei Etagen sind für (zugegebenermaßen ausgezeichnete) Wanderausstellungen und eine rotierende Schau der übrigen Sammlungsbestände reserviert, sodass keine Gewissheit besteht, was man als Besucher letztlich vorfindet.

Die gesammelte Kunst bietet ein eher spärliches internationales Angebot aus zweitrangigen Arbeiten von Warhol und Lichtenstein sowie italienischen, flämischen und britischen Gemälden des 16. bis 20. Jhs. In den letzten Jahren hat die Galerie ihr Interesse jedoch verstärkt auf zeitgenössische Kunstwerke konzentriert, darunter Videos, Skulpturen, Installationen und insbesondere konzeptionelle fotografische Kunst; auf letztgenanntem Gebiet besitzt sie die größte Sammlung ihrer Art in Nordamerika und kann wunderbare Arbeiten von Cindy Sherman (allen voran ihre „Selbst-"Port-

Emily Carr

Emily Carr wurde 1871 als Tochter wohlhabender Eltern in Victoria geboren und zählt heute zu den am meisten verehrten Künstlern Kanadas. Ihre Biografie liest sich wie das klassische Klischee eines Künstlerlebens und war abwechselnd von exzentrischen, verhinderten, verspotteten und verarmten Phasen geprägt, an deren Ende aber schließlich doch der große Erfolg stand. Der Start war alles andere als leicht. Nachdem Emily in jungen Jahren ihre Eltern verloren hatte, versuchten die übrigen Familienmitglieder ihr eine künstlerische Karriere auszureden, da ein solcher Lebensplan als unziemlich für eine Frau galt. Emily ignorierte den Rat und ging 1890 im Alter von 19 Jahren nach San Francisco, um an der California School of Art zu studieren. Da sie jedoch von der Kunst allein nicht leben konnte, gab sie zusätzlich Unterricht, eine Tätigkeit, die sie auch nach ihrer Rückkehr nach Victoria 1893 beibehielt.

Zu einem Schlüsselerlebnis, das ihrer Schaffenskraft neues Leben einhauchen sollte, kam es 1899 während einer Reise nach Ucluelet an der Westküste von Vancouver Island, wo sie mit der indianischen Kunst und Kultur der einheimischen Nuu-chah-nulth in Kontakt kam. Diese Erfahrung sollte Carrs Arbeit für den Rest ihres Lebens nachhaltig beeinflussen. Rasch begriff sie, dass sie eine gründliche Ausbildung in Landschaftsmalerei benötigte

und finanzierte mit ihrer Lehrtätigkeit eine Reise nach London, wo sie ihr Studium an Kunstschulen in Westminster und Cornwall fortsetzte. Der Aufenthalt in England wurde jedoch von Krankheit getrübt und erwies sich insgesamt als unglückliche Lebensphase. 1904 kehrte Emily Carr nach Victoria zurück.

Inzwischen hatte ihr Lebensstil Züge angenommen, die in späteren Jahrzehnten unter dem Attribut „künstlerisch" zusammengefasst, in der provinziellen und vielfach engstirnigen Welt British Columbias im frühen 20. Jahrhundert jedoch zumindest als hochgradig exzentrisch wahrgenommen wurden. Carr reiste häufig in Begleitung eines Hundes oder eines Papageis und legte sich mit der Zeit einen kleinen Privatzoo zu, dem auch Katzen, Kakadus, eine weiße Ratte namens Susie und der Kapuzineraffe Woo angehörten. Carr nähte Schürzen für ihre Schützlinge und zog sie ihnen bei Spaziergängen durch den Park an. Nach weiteren Reisen durch Europa und Kanada bezog sie 1906 ein Atelier in der 570 Granville St in Vancouver. Ein Jahr darauf reiste sie mit ihrer Schwester nach Alaska und traf erstmals auf die indianischen Kulturen und Landschaften des Nordens, unter deren Eindruck sich der Schwerpunkt ihrer künstlerischen Arbeit verschob. Vier Jahre später und immer noch mit dem Gefühl, ihren Werken mangele es an Ausstrahlung und

räts), Jeff Wall, Rachel Whitread, Jenny Holzer und die großartigen Monumentalfotografien von Andreas Gursky präsentieren. Doch wie gesagt gibt es keine Garantie, dass man diese Werke auch zu sehen bekommt – wenngleich bei drei bis vier gleichzeitig laufenden temporären Ausstellungen für jeden etwas Interessantes dabei sein dürfte. Den Hauptgrund für einen Besuch stellen aber ohnehin die ausdrucksstarken, fast surrealen Werke der 1871 auf Vancouver Island geborenen Künstlerin **Emily Carr** dar (s. Kasten). Ihre durch tiefe Grün- und Blautöne gekennzeichneten Bilder vermitteln einen Eindruck vom Ausmaß und der Intensität der Westküste und ihrer Urbevölkerung. Zum Aus-

spannen unter freiem Himmel eignet sich das exzellente **Gallery Café** mit seiner sonnigen Terrasse. ⊙ Mitte April–Mitte Okt tgl. 10–17.30, Do bis 21 Uhr, sonst Di–So gleiche Uhrzeiten, $12,50.

Gastown

Der neu belebte, touristisch orientierte Stadtteil Gastown erstreckt sich rings um die Water Street östlich des Zentrums. Vom Canada Place ist er gemütlich innerhalb von 5 Min. zu Fuß zu erreichen. Typische für Gastown sind das neue Kopfsteinpflaster, nachgebildete Gaslampen, Cafés im Stil der alten englischen *Tea Rooms* und ein auf Hochglanz poliertes Antlitz.

Technik, unternahm sie eine Reise nach Paris, um die Einflüsse der neuen Kunstbewegungen aufzusaugen, die in der Stadt ihre Blüte erlebten. Führend war damals eine Gruppe junger Maler, genannt *Les Fauves* („Die wilden Tiere"), deren Name auf die wilden, verzerrten Malstil und die in grell leuchtenden Farben gehaltenen Arbeiten anspielte. Es war eine der fruchtbarsten Kunstperioden des Jahrhunderts, noch dazu in einer der pulsierendsten Städte Europas, doch Carr, die kein Französisch sprach und eine Abneigung gegen Großstädte hegte, scheint nicht mit Künstlern wie Picasso oder anderen wegweisenden Malern jener Zeit zusammengetroffen zu sein. 1911 kehrte Carr nach Vancouver zurück und zeigte eine Ausstellung ihrer in Frankreich entstandenen Arbeiten. Sie wurde von den maßgeblichen Kritikern British Columbias verrissen. Ähnliches widerfuhr ihr bei einer weiteren Ausstellung 1913, als ihre Arbeit als unzugänglich und empörend gegeißelt wurde. Verspottet und ausgestoßen, zog sich Carr im Alter von 42 Jahren auf ein Stück Land zurück, das sie von ihrer Familie geerbt hatte. Dort baute sie ein Haus, züchtete Schäferhunde, vermietete Wohnraum, um ihre Rechnungen bezahlen zu können, und begann außerdem mit der Töpferei.
So sollten noch fast 20 Jahre vergehen, bis Carrs Werk Ende der 20er Jahre endlich die Anerkennung bekam, die es verdiente. Jene schicksalhafte Wendung war eine Folge ihres

Zusammentreffens mit der *Group of Seven*, einer gefeierten Vereinigung ostkanadischer Künstler, die wie Carr einen Großteil ihrer Inspiration aus der kanadischen Landschaft zogen. Fortan arbeitete sie mit neuem Selbstvertrauen und konnte sich sogar einer gewissen internationalen Anerkennung erfreuen, auch wenn diese sich finanziell kaum niederschlug. Sie besuchte wiederholt indianische Dörfer und Schauplätze und schuf im Verlauf der folgenden zehn Jahre einige ihrer überzeugendsten Werke. Dabei arbeitete sie häufig in der Wildnis, wo sie in einem altersschwachen Wohnwagen mit provisorischen Quartieren für ihre Haustiere wohnte. Nicht zuletzt auf Grund zunehmender gesundheitlicher Probleme (sie hatte insgesamt vier Herzanfälle zu verkraften) begann sie während einer Genesungsphase zu schreiben. Ihr erstes Buch *Klee Wyck* veröffentlichte Carr im Alter von 70 Jahren. Der Titel („Die Lachende") geht auf den Namen zurück, mit dem sie einst von den Kwakiutl, einem Indianervolk der Pazifikküste, bedacht worden war. Das Buch, das von ihren Reisen und ihrem Leben mit den indianischen Ureinwohnern erzählt, gewann den Preis des kanadischen Generalgouverneurs für Literatur. Es folgten drei weitere Bücher: *The Book of Small* (eine Chronik ihrer Kindheit in Victoria), *The House of All Sorts* (über ihre Zeit als Vermieterin) und die Autobiographie *Growing Pains*. Emily Carr starb 1945 als die unumstritten bedeutendste Künstlerin Kanadas.

Seinen Namen verdankt das Viertel dem geschwätzigen „Gassy" Jack Leighton, einem ehemaligen Seemann, der zusammen mit seiner indianischen Frau und einem verwahrlosten Hund 1867 an diesen Ort gelangte. Der selbst ernannte „Bürgermeister" wurde Gastwirt und eröffnete eine Bar, die sich bei den Arbeitern der nahe gelegenen Sägemühlen großer Beliebtheit erfreute. Deren Boss hatte nämlich das Trinken auf dem Werksgelände und in dessen Nähe untersagt. Leightons Statue erhebt sich am ehemaligen Standort der ersten Schenke am **Maple Tree Square**, dem Zentrum von Gastown. Das Geschäft lief gut, und eine weitere Bar wurde eröffnet. Schon bald entstand eine Siedlung – „Gassy's Town" –, die trotz ihrer weitreichenden Zerstörung durch ein Feuer 1886 als eigentlicher Geburtsort des modernen Vancouvers gilt. Im Laufe der Jahre verlagerte sich das Zentrum immer weiter nach Westen. In Gastown selbst ließ sich der Geist des trinkfreudigen Beginns nicht so leicht vertreiben. Billige Hotels und Kaufhäuser verwandelten sich im Laufe der Zeit in heruntergekommene Zufluchtsstätten für Junkies und Alkoholiker. In den 70er Jahren des 20. Jhs. wurde das Gebiet zur historischen Stätte erklärt, denn die Gebäude sind die ältesten der Stadt, und ein enthusiastischer Sanierungsplan in Angriff genommen.

Das Resultat entwickelte sich nie zu dem, was sich die Planer erhofft hatten: ein dynamischer, in das Stadtbild integrierter Anziehungspunkt. Jahrelang betrachteten Einheimische das Viertel abfällig als Touristenfalle. In letzter Zeit scheint sich die Stimmung etwas zu wandeln. Interessante Cafés, Clubs und Restaurants breiten sich allmählich aus. Ein Bummel lohnt sich alleine schon wegen der Sonntagsspaziergänger, Straßenmusiker und vereinzelten Attraktionen. Damit ist keinesfalls die viel umjubelte, zwei Tonnen schwere **Dampfuhr** – die erste und hoffentlich letzte ihrer Art weltweit – am westlichen Ende der Water Street gemeint. Stets ist dieser Big Ben in Miniaturformat von Touristen umlagert, die mit Kameras bewaffnet darauf warten, dass die Uhr im Viertelstundentakt hupt und pfeift und zur vollen Stunde gar ein brüllendes, explosionsartiges Getöse veranstaltet. Der Dampf kommt aus unterirdischen Pipelines, die auch die umliegenden Gebäude beheizen.

Die gepflegten Pflastersteine stehen in starkem Kontrast zu den schäbigen Straßen, die sich direkt im Süden und Osten anschließen. Das Gebiet zwischen Gastown und Chinatown ist ein unattraktives und heruntergekommenes Viertel, nahe Gastown aber auch eine wahre Fundgrube mit zahlreichen interessanten Secondhand-Klamotten-Läden, Buchhandlungen, Galerien, neuen Designern und Ramschläden. An manchen unangenehm zwielichtigen Ecken erinnern schmuddelige Kneipen und Billighotels mit einer entsprechenden Klientel noch stark an die schlechten alten Tage von Gastown.

Eine echte Sehenswürdigkeit zwischen Gastown und Chinatown ist das ebenso bizarre wie faszinierende **Police Centennial Museum**, 240 E Cordova Street, zwei Straßen nördlich des Herzens von Chinatown, ✆ 604/665-3346, 🖵 www.city.vancouver. bc.ca/police/museum. Es ist im alten städtischen Untersuchungsgericht für ungeklärte Todesursachen, dem Coroner's Court Building, untergebracht und wurde 1986 anlässlich der Hundertjahrfeier der Polizei von Vancouver eingeweiht. Das Gebäude hat seinen festen Platz in der Stadtgeschichte, nicht zuletzt weil der Leichnam des Schauspielers Errol Flynn hier nach seinem Tod in Vancouver 1959 eingeliefert wurde. Zu besichtigen ist der Obduktionsraum, ebenso eine makabre Ausstellung übel zugerichteter und konservierter Leichenteile, das gerichtsmedizinische Labor sowie der Kühlraum im Leichenschauhaus, der über die Jahre unzähligen Verstorbenen als vorletzte Ruhestätte diente. Die vielfältigen Exponaten erinnern an berüchtigte Kriminelle und zeigen sichergestellte (und teilweise recht ungewöhnliche) Waffen, rekonstruierte Tatorte, illegale Glücksspielutensilien, Uniformen, Falschgeld und eine umfangreiche Schusswaffensammlung. Im dazugehörigen *Cop Shoppe* können Besucher Souvenirs aus der Welt der Verbrechensbekämpfung erstehen. Anfahrt mit Bus Nr. 10, 16, 20, 23, 35 oder 150 über Hastings St bis Main St, dann einen Block zu Fuß Richtung Norden bis East Cordova St. ⏲ Mai–Aug Mo–Sa 10–15, sonst Mo–Fr 9–15 Uhr, $6.

Chinatown

Vancouvers pulsierende Chinatown, eine Stadt für sich, erstreckt sich entlang der Pender St, etwa zwischen Carrall und Gore St, und entlang der Keefer St, zwischen Main und Gore St. Die über 100 000 in Vancouver lebenden Chinesen bilden nach der englischstämmigen Mehrheit die älteste und zahlenmäßig stärkste ethnische Gruppe der Stadt, und ihre Chinatown ist eine der größten in Nordamerika. Viele überquerten 1858 den Pazifik, um am Goldrausch im Fraser Valley teilzuhaben. Weitere folgten und hatten sich teilweise vertraglich als Bauarbeiter für die Canadian Pacific Railway verpflichtet. Die meisten blieben, obwohl sie eine menschenunwürdige Behandlung zu ertragen hatten. Bis 1947 wurden Chinesen die Staatsbürgerschaft und Rechte des *Common Law,* des anglo-amerikanischen Rechtssystems, verweigert. Infolgedessen suchten sie Sicherheit und Vertrautheit in ihrem Ghetto, wo sich Sippenverbände (Clans) um Neuankömmlinge und Arme kümmerten. Diese unterstützten auch den Bau der charakteristischen Häuser mit ihren eingelassenen Balkonen und ornamentalen Dächern, dank derer die Gegend unter Denkmalschutz gestellt wurde.

Anders als das künstlich wirkende Gastown überzeugt Chinatown durch seine Authentizität. Inmitten eines nie enden wollenden Gedränges auf den überfüllten Gehwegen und der allerorts hörenden chinesischen Laute wetteifern zahlreiche Geschäfte, Hotels, Märkte, charmante Restaurants und schummrige Gassen um Aufmerksamkeit. Im Grunde orientiert sich jedes Gebäude an fernöstlichen Vorbildern, und die chinesische Schrift hat die englische fast überall abgelöst. Im Vergleich zu den glitzernden Wolkenkratzern im Zentrum repräsentiert der Bezirk auf beeindruckende und unerwartete Weise den multikulturellen Charakter der Stadt und verdeutlicht, warum sich viele Immigranten aus Hong Kong von ihr angezogen fühlen. Allerdings wirken manche Ecken nicht gerade sicher, und Besucher sind gut beraten, die schmuddeligeren Straßen bei Nacht und die Gegend von East Hastings nahe der Main Street zu jeder Tageszeit zu meiden.

Neben den offensichtlichen kulinarischen Versuchungen (s.S. 271) gelten die **Geschäfte** als Hauptattraktion von Chinatown. In den besten werden gewöhnungsbedürftige Fleischmassen und vieles mehr angepriesen, darunter lebende Aale, platt gedrückte Enten, hundertjährige Eier und weitere Köstlichkeiten, die man nicht so genau identifizieren möchte. Lohnenswert ist ein Bummel über den **Nachtmarkt** unter freiem Himmel an der Main und Keefer St, der ein wunderbar sinnlich er-

fahrbares Sammelsurium vereint. ☉ im Sommer 18–24 Uhr.

In der Keefer Street konzentrieren sich **Bäckereien,** die in ihren Schaufenstern mit klebrigen Süßigkeiten, Mondkuchen und *Bao* (gedämpfte Brötchen mit einer Füllung aus Fleisch und süßer Bohnenpaste) locken. An der Keefer St, Ecke Main St, befindet sich die *Ten Ren Tea and Ginseng Company,* die eine unglaublich große Auswahl an Teesorten auch kostenlos zum Probieren bereit hält, darunter viele mit heilender Wirkung für leichte Gebrechen. Zudem empfiehlt es sich, bei einer der ortsansässigen **chinesischen Apotheken** vorbeizuschauen, um die dort angebotenen Heilmittel zu durchforsten: Schlangenhaut, Rentiergeweihe, Büffelzungen, getrocknete Seepferdchen und Bärenhoden sind hier allesamt erhältlich, um schwächliche Besucher wieder in Schwung zu bringen. *Ming Wo,* 23 East Pender St, ist ein hervorragendes Geschäft für Küchengeräte. Hier kann man wahrscheinlich alle jemals entworfenen Utensilien finden. *China West,* 41 E Pender St, dagegen ist vollgestopft mit Hausschuhen, Jacken, Schreibpinseln und Tusche, preiswertem Spielzeug und Ähnlichem. Die meisten Leute besuchen pflichtbewusst das **Sam Kee Building** aus dem Jahre 1913, Carrall St, Ecke Pender St, das mit nur 1,80 m Breite das offiziell schmalste Gebäude der Welt sein soll.

Chinatowns herausragende kulturelle Attraktion sind die kleinen **Dr Sun Yat-Sen Gardens**, 578 Carrall St, nahe Pender St, ✆ 689-7133, 🖥 www. vancouverchinesegarden.com. Der etwa einen Hektar große Park gilt als der erste authentische klassische chinesische Garten, der außerhalb von China angelegt wurde. Benannt wurde der für die Expo 86 errichtete Park nach dem Gründer der ersten chinesischen Republik, der Vancouver häufig besuchte. Zu Grunde liegen dem Ganzen die klassischen Gärten, die während der Ming-Dynastie (1368–1644) in der Stadt Suzhou entwickelt wurden, um ein geschicktes Gleichgewicht von Yin und Yang zu erzielen: klein und groß, weich und hart, fließend und starr, hell und dunkel. Sämtliche Steine, Kiefern und Blumen wurden sorgfältig platziert und haben eine symbolische Bedeutung. Stündlich zur halben Stunde beginnen kostenlose Touren, während der die taoistische Philosophie hinter den sorgfältig platzierten Elementen erläutert wird. Nach einer gewissen Zeit beginnt der Garten einen spürbar ruhigen und friedlichen Zauber zu entfalten. ☉ Mai–Mitte Juni und Sept tgl. 10–18, Mitte Juni–Aug tgl. 9.30–19, Okt tgl. 10–16.30, Nov–April Di–So 10–16.30 Uhr, $8,25.

Neben dem Eingang zu den Gärten befindet sich das **Chinese Cultural Centre Museum & Archives**, das Zentrum der chinesischen Gemeinde und Veranstaltungsort der Neujahrsfestivitäten. Hier werden Kurse angeboten und wechselnde Ausstellungen gezeigt. Außerdem beherbergt das Centre ein Museum – das erste seiner Art, das der chinesisch-kanadischen Geschichte gewidmet ist. In der Hauptsache befasst es sich mit den frühen chinesischen Pionieren und den chinesischen Veteranen, die für Kanada in die beiden Weltkriege zogen. ☉ Di–So 11–17 Uhr, $3.

Neben den Gärten und dem Centre liegt der kleine, etwas schäbige **Dr Sun Yat-Sen Park**, der zwar nicht ganz so raffiniert ausgearbeitet ist wie der Hauptgarten, aber dennoch eine angenehme Möglichkeit bietet, dem Trubel zu entkommen. Eingang an der Columbia St, Ecke Keefer St. Gleiche Öffnungszeiten wie der Garten, Eintritt frei.

Anfahrt zur Chinatown mit Bus Nr. 22 oder 19 aus Richtung Osten zur Pender St oder Nr. 22 aus Richtung Norden zur Burrard St.

Stanley Park und Aquarium

Vancouvers grünes Herz ist der Stanley Park, einer der weltweit größten städtischen Freiflächen. Ihm verdankt unter anderem die Stadt ihren ganz besonderen Charakter. Der mit über 400 ha größte Stadtpark Nordamerikas präsentiert sich als Wildnis mit Regenwald, Sumpfland und Stränden. Auf drei Seiten wird der Park vom Ozean umgeben. Eine Straße sowie die parallel verlaufende Seawall Promenade für Radfahrer und Fußgänger führen über eine Länge von 10,5 km immer am Ufer entlang um die ganze Halbinsel. Von hier genießt man einen herausragenden Blick auf die Stadt und das Meer. Hinter den Küstenpfaden und der Hauptattraktion, dem Aquarium, erstreckt sich ein nahezu undurchdringliches Dickicht aus Buschwerk und Bäumen mit wenigen fast menschenleeren Pfaden. Andererseits laden zahlreiche überschattete Lichtungen und mit Blumen verschönerte Plätze zum Picknicken, Dösen und Abhängen ein.

In den 60er Jahren des 19. Jhs. wurde ein Teil des Waldes auf der Halbinsel abgeholzt. Im Jahre 1886 bewies der damals neu gebildete Stadtrat jedoch kanadischen Weitblick und einen bewundernswerten Sinn für Prioritäten und erklärte ein Militärreservat zu einem permanenten Park. So wurden der ursprüngliche Wald aus Zedern, Hemlocktannen und Douglasien sowie der heute als Lost Lagoon bekannte Sumpf für die Nachwelt erhalten – im Namen von Lord Stanley, der von 1888–93 Generalgouverneur von Kanada war.

Ein Aufenthalt im Park, insbesondere an geschäftigen Sonntagen, vermittelt einen guten Eindruck vom Leben in Vancouver. Als erstes fällt die **Lost Lagoon** ins Auge, ein ausgedehnter See. Seine Entstehung ist auf einen Gezeitenpool zurückzuführen, dessen Wasser einst bei Ebbe fast völlig verschwand – daher der Name. Sein Ufer wird von unzähligen Wasservögeln belebt. Unmittelbar östlich grenzt an den See der Rose Garden und Vancouver Rowing Club, vor dem eine Statue des schottischen Dichters Robbie Burns steht. Von hier aus kann man die Seawall Promenade entlang laufen oder eine bescheidenere Schleife an den **Totempfählen** vorbei um den Brockton Point wählen. In zügigem Tempo benötigt man für den Weg entlang der Uferpromenade rund zwei Stunden.

Folgt man der Seawall Promenade gegen den Uhrzeigersinn, fallen Schilder mit Erläuterungen zu einigen Kuriositäten ins Auge. Die berühmteste ist die Statue *Girl in a Wetsuit*, eine eher laszive moderne Version der *Kleinen Meerjungfrau* von Kopenhagen. Der **Cathedral Trail**, ein thematisch orientierter Fußweg nordwestlich der Lost Lagoon, wird von riesigen, uralten Zedern gesäumt. Die Ufer des **Beaver Lake**, den ein grüner Teppich aus Wasserrosen bedeckt, eignen sich hervorragend zum Schlendern oder Schlummern. **Lumberman's Arch** in der Nähe des Aquariums, wurde 1952 zu Ehren der Vertreter der Holzindustrie errichtet – ein seltsames Denkmal angesichts der Tatsache, dass die betreffende Industrie wahrscheinlich alles dafür geben würde, die Bäume im Stanley Park zu fällen. Die umliegenden Wiesen sind beliebte Ziele für Familienausflüge oder ein kleines Nickerchen. **Prospect Point** an der nördlichen Spitze des Parks ist zwar überlaufen, aber dennoch lohnend: Von hier aus bietet sich ein wunderschöner Blick auf die Stadt und die Berge, die hinter West Vancouver über dem Wasser in die Höhe ragen. Hier erwartet die Parkbesucher ein schönes, für seine gute Aussicht bekanntes Café-Restaurant mit Außenterrassen. Westlich davon trifft man auf den **Siwash Rock**, ein Gestein, das Witterungseinflüssen über Jahrhunderte hinweg standgehalten hat und den Stoff für zahlreiche einheimische Legenden lieferte. Sein auffälligstes Merkmal ist ein einzelner Baum (von der Straße aus nicht zu sehen, auf dem Weg aber schnell erreichbar). Weiter am Uferweg entlang bieten sich verschiedene Gelegenheiten zum Einkehren an, die beste ist das *Teahouse Restaurant* am Ferguson Point, etwa einen Kilometer vom Siwash Rock entfernt.

Obwohl einige Leute an den westlichen Stränden des Parks im Meer baden, bevorzugen die meisten doch das **Freibad** am Second Beach (s. S. 252/253). Am Rande des Stadtzentrums lässt ein breites Freizeitangebot keine Langeweile aufkommen. Hier gibt es Cafés, Sportplätze, Golfplätze oder Tanzveranstaltungen im Freien. **Naturwanderungen** mit Führung werden gelegentlich im Park angeboten. Nähere Informationen sind im Touristinfo Centre erhältlich.

Publikumsmagnet des Parks ist das **Vancouver Aquarium Marine Science Centre**, 🖳 www.vanaqua.org. Am Eingang 845 Avison Way wird der Besucher von einem riesigen Orka aus Bronze empfangen, einer Arbeit des gefeierten Haida-Künstlers Bill Reid, dessen berühmte Skulptur *Der Rabe und die ersten Menschen* als Hauptattraktion des Museum of Anthropology gilt (s. S. 256). Das Aquarium zählt zu den besten in ganz Nordamerika und beansprucht mit über einer Million Besucher pro Jahr den Status der meistbesuchten kanadischen Sehenswürdigkeit westlich von Torontos CN Tower. In den Becken tummeln sich über 8000 Meeresbewohner, die 600 verschiedenen Arten angehören – angesichts der Tatsache, dass 80% aller Lebewesen der Erde im Wasser beheimatet sind, eine relativ bescheidene Sammlung. Wie zuvor der Zoo, steht auch dieser Komplex seitens der Tierschützer unter Beschuss. Diese kritisieren insbesondere die Behandlung der bei Shows eingesetzten Belugawale und Orkas, ganz zu schweigen von den eingepferchten Seehunden und Ottern. In Anbetracht der Beliebtheit des Aquariums als Touristenattraktion sowie seiner Verdienste als Forschungszentrum steht den Aktivisten allerdings ein langer und harter Kampf bevor. In erster Linie ziehen die Wale die Besucher an, aber man kann sich des Gefühls nicht erwehren, dass diese trotz des Jubels über den $14 Millionen teuren Bereich für Meeressäugetiere, eigentlich ins offene Meer gehören.

Das Aquarium umfasst mehrere interessante Bereiche. Die Abteilung *Arctic Canada* widmet sich der erstaunlich zarten Welt des kanadischen Nordens. Mit etwas Glück blicken einem die Wale durch eine Glasscheibe hindurch direkt ins Auge. Außerdem kann man ihre Laute sowie die der Walrosse, Seehunde und anderer Lebewesen dieser eisigen Domäne hören. In einer klimatisch kontrollierten Umgebung vermittelt die *Amazon Gallery* einen Eindruck von der Vegetation, den Fischen, Leguanen, Faultieren und sonstigen Kreaturen des Regenwaldes. Das *Pacific Northwest Habitat* gewährt einen vergleichbaren Einblick in die Welt der Ottern, Biber und anderen Bewohner aus den Gewässern von BC. Die Ausstellungen der *BC Waters Gallery* und *Ducks Unlimited Wetlands* bedürfen keiner weiteren Erläuterung. ⏱ Juli–Anfang Sept tgl. 9.30–19, sonst 10–17.30 Uhr, $15,95.

Relativ einfach aber langweilig ist ein Fußmarsch vom Zentrum zum Park. Am besten läuft man entlang der Beach Avenue im Süden oder der Georgia Street im Norden zu einem der beiden Enden der Uferpromenade Seawall. Eine Alternative bieten vom Zentrum aus die Stanley Park-Busse Nr. 23, 35 und 135 ab Burrard St, Ecke Pender St. Mit diesen gelangt man fast bis zum Stanley Park Loop bei der Lost Lagoon im zentralen Bereich des Parks. Im Sommer fahren die Busse sogar noch weiter in den Park hinein. Auch Bus Nr. 1 (Beach) bis Davie St, Ecke Beach Avenue, und Nr. 3 (Robson) bis Denman St halten in der Nähe des Parks.

Eine schöne Tour wäre ein Spaziergang oder eine Radtour entlang der Seawall Promenade und wieder zurück zur Denman Street, wo man sich in einem der zahlreichen Cafés ausruhen kann. Empfehlenswert ist der *Bread Garden,* 1040 Denman, Ecke Comox St. Danach kann man am Ende der Straße auf dem Rasen bzw. am Strand des English Bay Beach ausspannen.

Mehrere **Fahrradverleihe** reihen sich an der Denman St, Ecke Georgia St, aneinander. Hier werden auch **Rollerblades** verliehen. Mit dem Fahrrad braucht man von der Denman St zum Park lediglich eine Minute, allerdings ist der Verkehr nicht zu unterschätzen.

Vancouver überrascht sogar mit Stränden – auch wenn ein Großteil des Sandes mit Containerschiffen aus Japan importiert werden musste. Alle Strände sind sauber und gepflegt, und das Wasser ist angesichts des großen städtischen Hafens erstaunlich klar. Während der Sommermonate sorgen fast überall Rettungsschwimmer für Sicherheit beim Baden.

Die besten Strände liegen am False Creek und an der English Bay. An erster Stelle stehen die drei Strände von Stanley Park: **English Bay Beach** entlang der Beach Avenue ist am leichtesten erreichbar, insbesondere nach einem Besuch im Stanley Park. Weiter nördlich liegt **Second Beach** mit einem seichten Meeresschwimmbecken, ⏱ Mitte Mai–Mitte Juni Mo–Fr 12–20.45, Sa und So 10–20.45, Mitte Juni–Mitte Sept tgl. 10–20.45 Uhr, $4. Noch weiter nördlich folgt schließlich **Third Beach**, der am wenigsten überlaufene von den dreien, mit dem schönsten Blick auf West Vancouver und die Berge.

Jenseits des Wassers erstreckt sich südlich und westlich der Burrard Bridge **Kitsilano Beach** („Kits"), der beliebteste städtische Strand. Er wurde ebenso wie der Bezirk nach dem Squamish-Häuptling Khahtsahlano benannt, dessen Volk früher hier siedelte. Der Strand ist vom Vanier Park und den Museen zu Fuß über den Küstenpfad in 30 Min. zu erreichen oder mit Bus Nr. 22 vom Zentrum, Burrard Street, in Richtung Süden. Besonderer Beliebtheit erfreut sich der Vorzeigestrand bei Studenten, Volleyballspielern und Bodybuildern. Auch Familien sind hier anzutreffen, die im warmen, sicheren Wasser schwimmen. Für Sonnenanbeter eignet sich die Grünfläche im hinteren Bereich. Das größte und beliebteste beheizte Schwimmbad ist **Lido**, Yew St, Ecke Cornwall St, ⏱ Mitte Mai–Mitte Juni Mo–Fr 12–20.45, Sa und So 10–20.45, Mitte Juni–Mitte Sept Mo–Fr 7–20.45, Sa und So 10–20.45 Uhr, $4. Für Abendspaziergänge, Radtouren oder zum Ausruhen bietet sich der **Shoreline Path** an. Von seinen Bänken aus lässt sich das Treiben auf der Straße hervorragend beobachten. Der Pfad führt in Richtung Osten durch den Vanier Park und an den Museen vorbei geradewegs nach Granville Island. Kits, der ehemalige Treffpunkt der Hippies und Alternativszene zeigt noch heute Spuren seiner Vergangenheit. Die nahe gelegenen Bars und Restaurants sorgen für Partystimmung. Hier ist garantiert immer etwas los.

Jericho Beach, westlich von Kits, ist vom Hostel aus gut erreichbar. Er präsentiert sich

Ein gesonderter Bus von *TransLink*, der „Stanley Park Shuttle", ✆ 604/257-8400, fährt Juni–Aug/Anfang Sept tgl. 9/10–18.30 Uhr 14 Haltestellen im Park an. Es bestehen Umsteigemöglichkeiten von den Bussen Nr. 1 und 3 an der Denman St oder von den Bussen Nr. 23, 35 und 135 am Stanley Park Loop. Die Haltestellen liegen in der Nähe der Haltestellen des Shuttle-Busses am Eingang des Stanley Parks, in der Pipeline Road und am Rowing Club. Bislang ist dieser Service kostenlos, doch das könnte sich in Zukunft ändern. Man sollte es unbedingt vermeiden, mit dem Auto hierher zu kommen, insbesondere an Wochenenden, wenn sich die Parkplatzsuche als hoffnungslos erweist.

Granville Island

Granville Island südlich des Zentrums jenseits der Granville Street Bridge sieht sich gern selbst als der attraktivste *People's Place* der Stadt und erfüllt größtenteils alle Erwartungen an das „Herz Vancouvers". Zahlreiche Geschäfte, Märkte, Galerien, Jachthäfen und Plätze versprühen eine freundlich lockere und lebendige Atmosphäre. Daneben liegt über der Insel, einem Standort der Leichtindustrie, ein Hauch aus schmuddeligen Lagerhallen, und diese weniger ästhetische Seite bewahrt die Gegend davor, allzu protzig zu wirken. Die Insel wurde 1917 dem Sumpfland als Standort für eine Eisenhütte und Werft abgewonnen, aber diese Entwicklung war nicht von Dauer. In den 60er Jahren war das Werksgelände heruntergekommen und verlassen und hatte sich in eine von Ratten bevölkerte städtische Müllkippe verwandelt. 1972 bewilligte die kanadische Bundesregierung Gelder für die Sanierung der Fabrikgelände, Lagerhallen und Docks. Erhalten blieben die alten Wellblechbauten, der Deich und die Rangierglei-

etwas ruhiger und ist ein bevorzugtes Ziel der Windsurfer. Noch ein Stück weiter westlich geht Jericho Beach in die weniger belebten Strände **Locarno Beach** und **Spanish Banks** über. Nun beginnt ein Streifen aus Sand und Parklandschaft, der sich bis zur University of British Columbia (UBC) erstreckt. Unter den Einheimischen gilt Spanish Banks als der erholsamste Stadtstrand, während Locarno Beach seine ganz eigene Faszination bei Ebbe ausübt – dann gibt es nur noch Sand soweit das Auge reicht. Radfahrer und Spaziergänger nutzen den unbefestigten Weg oberhalb von Locarno, den ein breiter Grünstreifen mit Picknicktischen und Bänken von der Straße trennt. Es gibt auch einen Kanuverleih: *Ecomarine Ocean Kayak,* 1668 Duranleau St, ✆ 604/689-7575 oder 1-888/425-2925, 🖥 www. ecomarine.com. Eine Filiale befindet sich im *Jericho Sailing Centre,* 1300 Discovery St, am Jericho Beach.

Wer gut in Form ist, kann bei Ebbe bis zur UBC laufen. Besucher mit weniger Ausdauer nehmen den gleichen Bus wie zum Museum of Anthropology (s.S. 255). Nahe dem Campus befindet sich unterhalb des NW Marine Drive der Nacktbadestrand **Wreck Beach**. Die versteckten Zugangswege sind bei den Studenten bekannt. In der Vergangenheit hatte man mit prüden Mitbürgern zu kämpfen, inzwischen scheint sich die Haltung allerdings etwas gelockert zu haben. Die Atmosphäre ist weitgehend entspannt, abgesehen davon dass sich Frauen manchmal über Voyeure beklagen, und (der Kleiderordnung folgende) Händler sind stets zur Stelle, um Allerlei anzupreisen, von Pizza über illegale Rauchwaren bis hin zu wohltuender Massage und Haarpflege. In erster Linie ist der Wreck Beach aber ein sehr schöner, breiter Strand, der an drei Seiten von hohen Bäumen eingerahmt wird und an seiner Wasserseite zahlreiche seichte und oft auch warme Becken besitzt. Außerdem achtet die *Wreck Beach Preservation Society,* 🖥 www.wreckbeach.org, auf ein gepflegtes Erscheinungsbild. Der beste Sandabschnitt des Wreck Beach befindet sich unterhalb des Trail #6, eines Wanderwegs, der unmittelbar hinter dem Nitobe Garden beginnt und vom Museum of Anthropology wegführt.

Schließlich gibt es noch **Ambleside**, westlich der Park Royal Mall am Marine Drive (an der 13th St W Richtung Süden abbiegen), das von North bzw. West Vancouver am leichtesten zu erreichen ist.

se der Bahn. Der wichtigste Teil des Vorhabens war 1979 abgeschlossen und wurde unmittelbar zur Erfolgsgeschichte. Aber noch heute gehen die Arbeiten unauffällig weiter, und die verschiedenen Bauprojekte unterstreichen eine Atmosphäre von Dynamik und Wandel. Die meisten Leute kommen tagsüber hierher, aber auch nach Einbruch der Dunkelheit wird einiges geboten: Gute Restaurants, Bars und das Arts Club Theatre sorgen für ein lebendiges Nachtleben. Schon das erste Gebäude auf der Insel hinter der Bushaltestelle macht einen viel versprechenden Eindruck: Die kleine aber interessante **Granville Island Brewery**, 1441 Cartwright St, ✆ 604/687-2739, bietet Führungen inklusive Kostproben des nach dem Reinheitsgebot gebrauten Biers an. Führungen nur Juni–Sept Mo–Fr stündlich 12–17 Uhr, Sa und So stündlich 11.30–17 Uhr, $7, aktuelle Öffnungszeiten bitte telefonisch erfragen.

Im Labyrinth der Geschäfte, Galerien und Betriebe präsentiert sich der **Granville Island Public Market** als unbestrittenes Highlight des Gebiets. An Sommerwochenenden pilgern die Menschen hierher – frei nach dem Motto „sehen und gesehen werden" und lassen sich von einer Schar von Kleinkünstlern, Kunsthandwerkern und Straßenmusikanten unterhalten.

Die Qualität und Vielfalt des **Essens** überrascht: Dutzende Stände und Cafés bieten fertige Häppchen und Picknickzutaten an. In den nahe gelegenen belebten Parks, auf den Terrassen und Fußwegen kann man die Köstlichkeiten genießen, ohne etwas zu verpassen. ⊙ tgl. 9–18 Uhr, im Winter Mo geschlossen.

Zu den anderen lohnenswerten Zielen gehören Blackberry Books, der Water Park und der Kids Only Market (ein Spielplatz nur für Kinder – Ein-

dringlinge werden mit Schläuchen in die Flucht geschlagen) und das strahlend gelbe *Bridges,* eine Mischung aus Pub, Restaurant und Weinbar mit schönem Außenbereich. Wer sich für einfaches Paddeln
auf dem False Creek oder in der English Bay begeistert, kann auf der Insel **Kanus** ausleihen: *Ecomarine Ocean Kayak,* 1688 Duranleau St, ✆ 604/
689-7575.

Schräg gegenüber der Brauerei befinden sich
drei kleine miteinander verbundene **Museen**,
1502 Duranleau St, ✆ 604/683-1939, 🖥 www.
modeltrainsmuseum.bc.ca, das Granville Island
Model Trains Museum, das Model Ships Museum
und das Sport Fishing Museum – allesamt nur mäßig interessant. Das Model Trains Museum beherbergt nach eigenen Angaben die weltweit größte öffentliche Ausstellung von Spielzeugeisenbahnen.
🕓 tgl. 10–17.30 Uhr, Eintritt $6,50 für alle drei.

Als direkte Verbindung nach Granville Island
empfiehlt sich Bus Nr. 50 von Gastown oder der
Granville St. Der Fußweg über die Granville Street
und die Brücke ist lang, nicht gerade entspannend
und nur an schönen Tagen zu empfehlen, wenn
man sich in freier Luft bewegen möchte. Als weitaus unterhaltsamere Alternative bieten sich die privaten Fähren an ($2, an Bord zu zahlen), die häu-
fig zwischen der Insel und den kleinen Kais am Ende der Hornby Street oder am Aquatic Centre am
Ende der Thurlow St pendeln. Außerdem verkehren
sie zwischen Granville Island und Science World
(stündlich) und, was noch wichtiger ist, Vanier
Park (halbstündlich). Eine äußerst interessante
Tour führt vom Zentrum aus nach Granville Island,
danach zu den Museen und mit der Fähre wieder
zurück. Man kann von der Insel auch zu Fuß gehen
– nach Osten an der False Creek-Seawall entlang
oder nach Westen zum Vanier Park und Kitsilano
Beach.

Ein gutes *Infocentre,* ✆ 604/666-5784, 🖥 www.
granvilleisland.bc.ca, befindet sich in zentraler Lager auf der Insel. Zudem gibt es hier eine Wechselstube und Geldautomaten. Im *LottoCentre* im Public Market Building werden Briefmarken verkauft.
Viele Geschäfte und Einrichtungen auf der Insel
sind montags geschlossen. Wer mit dem Bus zurück zum Zentrum möchte, darf nicht gegenüber
vom *Infocentre* in die Nr. 51 einsteigen, denn dieser
fährt in die entgegengesetzte Richtung: Stattdessen
nimmt man vom Komplex den Ausgang zur Straße

hin, wo sich an der Kreuzung gleich rechts die Haltestelle des Busses Nr. 50 befindet.

Der Museumskomplex im Vanier Park

Etwas westlich von Granville Island konzentrieren
sich im Vanier Park die wichtigen Museen der
Stadt: das Vancouver Museum, das Maritime Museum und das H.R. MacMillan Space Centre (Letzteres umfasst das alte Planetarium und die Sternwarte). Der Komplex liegt am Ufer westlich der
Burrard Bridge in der Nähe des Kitsilano Beach. Im
Vanier Park selbst kann man herrliche Sommer-
nachmittage verbringen.

Das **Vancouver Museum**, 1100 Chestnut St,
✆ 604/736-4431, 🖥 www.vanmuseum.bc.ca, dokumentiert die Geschichte der Stadt und des Tief-
lands von British Columbia. Schon die äußere Erscheinung erinnert an die Vergangenheit der Region: Die einer fliegenden Untertasse ähnliche
Form des Gebäudes spielt auf die kegelförmigen
Hüte aus Zedernrinde an, die die Indianer der
Nordwestküste, die früheren Bewohner der Gegend, trugen. Der Springbrunnen davor, der wie eine Krabbe auf dem Bidet wirkt, erinnert an das
Tier aus einer Legende, das die Hafeneinfahrt be-
wachen soll.

Obwohl das Museum die größte Attraktion des
Vanier Parks darstellt, ist es weniger fesselnd, als
man erwarten könnte. Es soll 300 000 Exponate
umfassen, die aber ziemlich unübersichtlich ange-
ordnet sind, so dass der Museumsbesuch kaum
mehr als eine Stunde in Anspruch nimmt. Eine
lückenhafte Sammlung von Körben, Werkzeugen,
Kleidern und verschiedenen Artefakten der Urbevölkerung, darunter ein riesiges Walfangkanu – das
einzige Exemplar im Besitz eines Museums –, verrät etwas über die 8000 Jahre vor der Ankunft der
weißen Siedler. Die Hauptausstellung, die durch die
Geschichte Vancouvers führt, endet beim Ersten
Weltkrieg. Sie zeichnet sich durch ungewöhnliche,
teilweise beeindruckende Einblicke aus – sofern
man die Geduld aufbringt, das Informationsmaterial durchzulesen. Besonders bemerkenswert sind
die Berichte über außergewöhnliche Heldentaten
der frühen Entdecker, die Abteilung zur Einwanderung, die nachvollzieht, was eine Schiffsreise
damals bedeutete, und die Ausstellungen zur Forstwirtschaft. Die Abteilung des 20. Jhs. ist eine Enttäuschung und gleicht eher einem Antiquitätenge-

schäft als einem Museum. ◷ tgl. 10–17, Do 10–21 Uhr, $10.

Das bisweilen auch als *Pacific Space Centre* bezeichnete **H.R. MacMillan Space Centre**, ℡ 604/738-7827, 🖳 www.hrmacmillanspacecentre.com, umfasst das MacMillan Planetarium sowie Ausstellungen und Veranstaltungen zum Thema Weltraum. Es befindet sich mit dem nahe gelegenen Vancouver Museum im Vanier Park, der Zugang erfolgt über 1100 Crescent St oder über den kleinen Fähranleger im Park. Hauptattraktionen sind die 40-minütigen Sternenshows (das übliche Planetariumsprogramm) und die extrem lauten und aufdringlichen Laser- und Musikshows, die abends stattfinden und sehr beliebt sind; frühzeitiges Erscheinen oder eine Reservierung ist ratsam.

Das Space Centre bietet viele interaktive Hightech-Exponate, vor allem im *Cosmic Courtyard*, wo die Besucher mit einem Außerirdischen kämpfen, ein Raumschiff entwerfen, einen Mondroboter steuern oder eine Reise zum Mars planen. Zahlreiche Ausstellungsstücke sind darüber hinaus mit beeindruckenden Computer- und anderen audiovisuellen Effekten verknüpft, allen voran der *Virtual Voyages Simulator*, ein Flugsimulator, in dem sich in 5 Min. das „Bewegungsgefühl" auf Reisen durch den Weltraum und andere Sphären nachempfinden lässt. In der Bodenstation *Canada Theatre* werden ab vormittags etwa stündlich 20-minütige Filme zu verschiedenen Weltraumthemen gezeigt. ◷ tgl. 10–17 Uhr, Sept–Juni Mo geschlossen, Do–So abends Lasershows, Space Centre $13,50 inkl. 1 Fahrt im Virtual Voyages Simulator, jede weitere $6 extra, Lasershow $9,35.

Die Sternwarte **Gordon Southam Observatory**, das kleine Kuppelgebäude unweit des Space Centre, verfügt über ein Teleskop, das gewöhnliche Sternegucker normalerweise an klaren Wochenenden benutzen können (meistens Fr und Sa 7–23 Uhr, genaue Öffnungszeiten beim Space Centre telefonisch erfragen). Astronomen weihen die Besucher ein und helfen ihnen beim Aufstellen von Fotoapparaten für himmlische Fotosessions. Eintritt $10.

Das **Maritime Museum**, 1905 Ogden Ave, 🖳 www.vmm.bc.ca, liegt nur 150 m vom Vancouver Museum entfernt und vermittelt mit seinen schönen alten Fotografien einen Eindruck von Vancouver zu Beginn des 20. Jhs. Der Rest der Ausstel-

lung wird dem Status der Stadt als einem der führenden Häfen der Welt kaum gerecht. Der restaurierte Zweimaster *St Roch,* das erste Schiff, das die berühmte Nordwest-Passage innerhalb eines einzigen Jahres durchsegelte, entschädigt für die wenig fesselnden Exponate. Heute ist diesem Schoner ein eigener Flügel gewidmet, den man nur im Rahmen einer Führung betreten darf. Sommershows peppen das Ganze ein wenig auf, genauso wie die neue Pirates' Cove und das neue Children's Maritime Discovery Centre, die beide dazu gedacht sind, das Interesse der Kinder an dem Museum zu wecken. ◷ Mai–Sept tgl. 10–17, Okt–April Di–Sa 10–17, So 12–17 Uhr, $8.

Unterhalb des Museums am **Heritage Harbour**, der Anlegestelle für Fähren von und nach Granville Island, kann man kostenlos weitere restaurierte alte Schiffe bewundern.

Ein Besuch der Museen lässt sich bequem mit einem Ausflug mit der **Fähre** nach Granville Island (s.o.) verbinden. Vom Zentrum empfiehlt sich die Anfahrt mit Bus Nr. 22 (Macdonald) von der Burrard oder West Pender St. Von der ersten Haltestelle hinter der Brücke ist der Park über die Chester St problemlos zu Fuß zu erreichen. Der Park hat an seinen Ufern einige schöne Strandabschnitte, allerdings gibt es nur wenige Schatten spendende Bäume.

Museum of Anthropology und Umgebung

Recht weit außerhalb des Zentrums befindet sich auf dem Campus der University of British Columbia das mit Abstand wichtigste Museum Vancouvers, das Museum of Anthropology, 6393 NW Marine Drive, 🖳 www.moa.ubc.ca. Seine Sammlung umfasst Schnitzereien, Totempfähle und Artefakte der Kunst und Kultur der hiesigen Urbevölkerung, insbesondere der Haida, und ist in ganz Nordamerika unerreicht.

Im Foyer sollte man sich einen kostenlosen Mini-Guide oder eine preiswerte, etwas umfassendere Broschüre zulegen. Da die meisten Exponate unbeschriftet sind, stellen sie trotz ihrer etwas knapp geratenen Erläuterungen eine lohnenswerte Investition dar.

Größte Bewunderung genießt die preisgekrönte Anlage des Museums. Die kühle, großzügige Ansammlung von Hallen ist das Werk des bedeutenden Architekten Arthur Erickson, der auch für den

Umbau der Vancouver Art Gallery zuständig war. Besonders herausragend ist die enorme **Great Hall**. Inspiriert von indianischen Zedernhäusern stellt sie die beste nur vorstellbare künstliche Kulisse für die über 30 hier ausgestellten **Totempfähle** dar. Riesige Fenster ermöglichen einen Blick auf weitere Pfähle und Haida-Behausungen im Freien, zwischen denen man auch hindurchlaufen kann – alles vor der beeindruckenden Kulisse des Burrard Inlet und der Berge. Die meisten Pfähle und monumentalen Schnitzereien stammen von den Haida-, Salish-, Tsimshian- und Kwakiutl-Stämmen, die viele kulturelle Elemente verbinden. Es besteht der Verdacht – wenn dieses auch bisher nie eingestanden wird –, dass die Wissenschaftler nicht allzu viel über die geheimnisvolle Mythologie wissen, die in den Schnitzereien zum Ausdruck kommt. Einer einleuchtenden Erklärung nach entsprechen die verschiedenen Tiere den Klans bzw. Lebewesen, nach denen die Klans benannt wurden. Um tiefer in die Komplexitäten der Bedeutung vorzudringen, lohnt es sich an einer der einstündigen **Führungen** teilzunehmen, die das ganze Jahr über stattfinden.

Einer der Vorzüge des Museums liegt darin, dass keine Exponate in Kellerräumen oder Hinterzimmern versteckt sind. Stattdessen präsentieren sie sich in rauen Mengen in Schaukästen in den Galerien rechts der Great Hall. Ein Großteil der ständigen Sammlung befasst sich mit den Kulturen der **Völker der kanadischen Pazifikküste**. Auch die Abteilungen über die **Inuit** und den **hohen Norden** sind hervorragend, genauso wie die Schmuckstücke, Masken und Körbe der Indianerstämme des Nordwestens. Diese machen im Vergleich zu den relativ plump wirkenden Schnitzereien in der Great Hall allesamt einen geradezu zarten Eindruck. Besondere Aufmerksamkeit verdienen die Sulpturen aus schwarzem Tonschiefer, der in BC ausschließlich auf den Haida Gwaii und Queen Charlotte Islands vorkommt. Auch die **afrikanische** und **asiatische** Sammlungen sind sehr umfassend, wenn auch kleiner. Abgerundet werden die kleineren Galerien von einer kleinen fachspezifischen archäologischen Abteilung. Daneben gibt es einen neuen Flügel mit drei Galerien für die Koerner Collection, eine Sammlung von 600 europäischen Keramikwaren ab dem 15. Jh.

Das Beste hebt sich das Museum bis zum Schluss auf: Die in einer separaten Rotunde untergebrachte moderne Skulptur des Haida-Künstlers Bill Reid **Der Rabe und die ersten Menschen** ist der ganze Stolz des Museums und hat in der Stadt inzwischen einen ikonengleichen Status erlangt. Geschnitzt wurde sie aus einem 4,5 Tonnen schweren Zedernklotz. Insgesamt fünf Leute waren über einen Zeitraum von drei Jahren an ihrer Entstehung beteiligt. Mit erstaunlicher Virtuosität wird hier die Haida-Legende von der Evolution des Menschen beschrieben. Dargestellt sind verängstigte Figuren, die sich aus einer halboffenen Klaffmuschel winden und dabei von einem enormen Raben mit strengem Blick überwacht werden. Trotz seiner vollendeten Schönheit wirkt das Werk in der Rotunde seltsam fehl am Platz – fast wie kommerzielle Auftragskunst. ☉ Mitte Mai–Anfang Sept tgl. 10–17, Di 10–21, sonst Di 11–21, Mi–So 11–17 Uhr, $9, Di 17–21 Uhr Eintritt frei.

Die beste Verkehrsanbindung zum Museum bieten die Busse Nr. 4 und 9 von der Granville St in Richtung Süden bis zur UBC. Der riesige Universitätscampus, auf dem man sich leicht verirren kann, liegt in der Nähe der Endstation dieser Buslinien. Zum Museun biegt man an der Haltestelle rechts ab und folgt der von Bäumen gesäumten East Mall bis zum Ende (10 Min.), biegt am NW Marine Drive links ab und läuft weiter, bis das Museum auf der rechten Seite erscheint (weitere 5 Min.).

Um das Museum herum finden sich eine Reihe zweitrangiger Ziele. Eine Ausnahme bildet der 5 Min. Fußmarsch in westlicher Richtung gelegene **Nitobe Memorial Garden**, 🖥 www.nitobe.org. Der kleine ruhige und friedliche japanische Garten gilt weltweit als einer der wenigen authentischen japanischen Gärten außerhalb Japans (trotz Präsentation vieler nicht japanischer Spezies). Durchzogen ist er von unzähligen sanft gewundenen Pfaden und plätschernden Bächen mit Wasserfällen. Die zahlreichen Felsen, Bäume und Sträucher wurden mit orientalischer Präzision platziert. ☉ Mitte März–Mitte Mai und Sept–Mitte Okt 10–17, Mitte Mai–Aug 10–18, Mitte Okt–Mitte März Mo–Fr 10–14.30 Uhr, $3 bzw. $6 inkl. Eintritt zum Botanic Garden, Mitte Okt–Mitte März Eintritt frei.

Hinter dem japanischen Garten erstreckt sich der ca. 28 ha große **Botanische Garten** der Universität, 16th Avenue und SW Marine Drive, 🖥 www.ubcbotanicalgarden.org, der seit 1916 existiert und somit der älteste Garten seiner Art in Kanada ist.

Bei Jasper; AL

Columbia Icefield, Jasper NP; AL

Im Pacific Rim NP, Vancouver Island; BC

In Tofino, Vancouver Island; BC

Bonanza-Goldmine; YUK

Yukon – Spielplätze für harte Männer; YUK

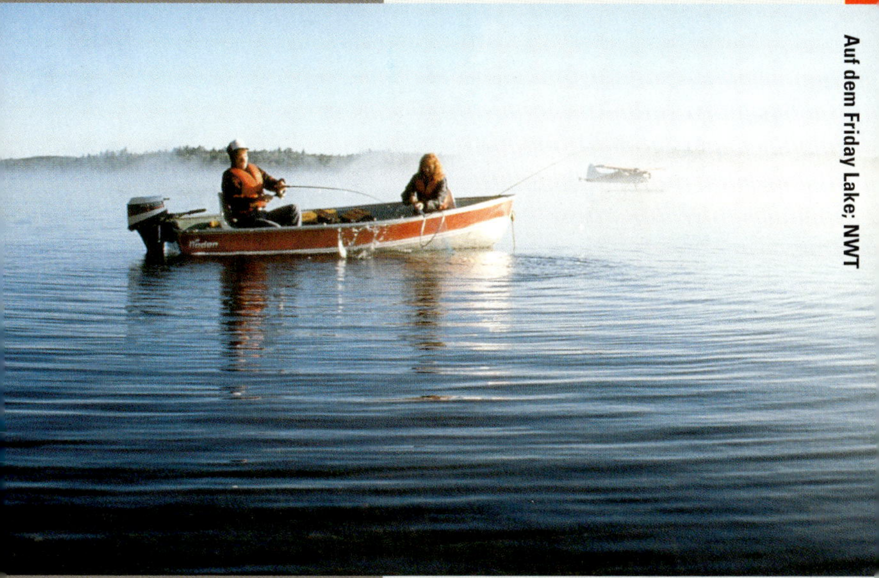

Auf dem Friday Lake; NWT

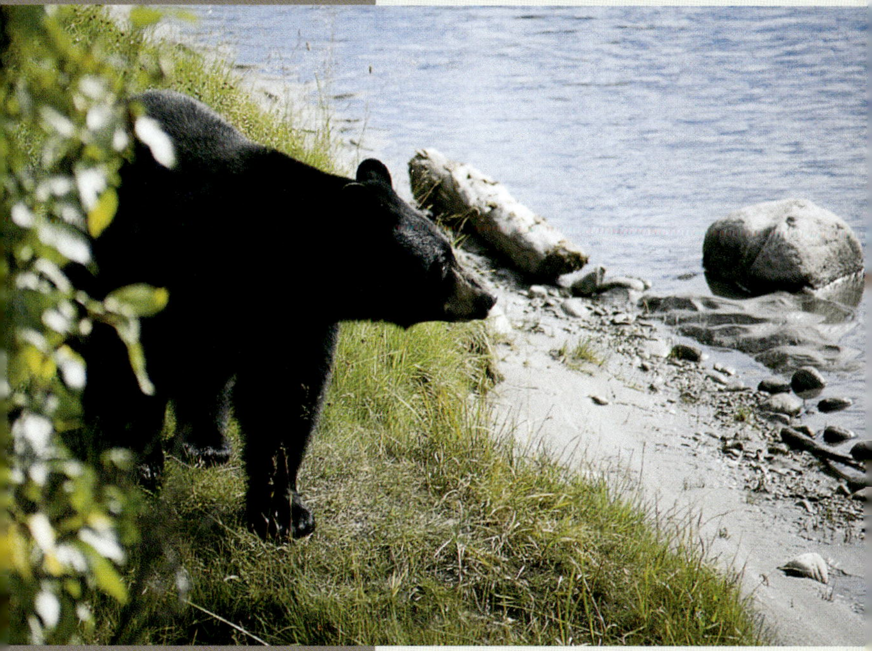

Vancouver, Public Library; BC

Laien werden sich wahrscheinlich in erster Linie für die Sträucher und riesigen Bäume im *Asian Garden* und natürlich für die makabren Giftpflanzen des *Physick Garden* sowie die Heilpflanzen eines rekonstruierten Klostergartens aus dem 16. Jh. interessieren. Die meisten Pflanzen sind eher für medizinische Zwecke gedacht als dazu, ihre tödliche Wirkung zu entfalten. Sehenswert sind auch die Abschnitte *BC Native Garden, Alpine Garden* und *Food Garden*. ◷ tgl. 10–18, Mitte Okt–Mitte März 10–15 Uhr, $4,50 bzw. $6 inkl. Eintritt zum Nitobe Memorial Garden.

Wer schon mal hier ist, kann auch noch die **University Endowment Lands** auf der gegenüberliegenden westlichen Seite des Museums bestaunen. Durch diesen riesigen wilden Park, der ebenso so groß aber weit weniger beliebt ist wie der Stanley Park, ziehen sich Wege von 48 km Gesamtlänge. Zudem hat der Park eine überaus reiche Tierwelt (u.a. Schwarzwild, Fischotter, Füchse und Weißkopfseeadler) zu bieten. Sein größter Vorzug liegt darin, dass der menschliche Einfluss kaum zu spüren ist – weder Bänke noch Snackbars, nur hier und da ein Wegweiser.

North Vancouver

Ein zwingender Grund für einen Ausflug nach North Vancouver (im Volksmund North Van) ist die Fahrt an sich – vorzugsweise mit dem SeaBus – die einen Blick auf die Skyline des Zentrums und das geschäftige Treiben im Hafenviertel bietet. Letzteres wird bei Stadtrundgängen leicht übersehen. Genau wie das angrenzende West Vancouver ist North Van zum Großteil ein Wohngebiet, dessen Einwohner das höchste Pro-Kopf-Einkommen in ganz Kanada aufzuweisen haben. Besucher steuern die Nordküste nicht wegen der grünen Vororte an, sondern um herausragenden Naturschönheiten zu bewundern: **Lynn Canyon**, **Grouse Mountain**, **Capilano Gorge** (der beliebteste Ausflug), **Mount Seymour** und **Lighthouse Park**. Die Attraktionen liegen allesamt in den Bergen, die als beeindruckende Kulisse nahe der Küste emporragen. Ein bemerkenswertes Charakteristikum der Stadt ist die Nähe der Wohngebiete zur Wildnis. Mount Seymour ist das beste Ziel für **Wanderer**, die in der Nähe des Zentrums nach ursprünglicher Natur suchen.

Ob man nun beabsichtigt, weiter ins Hinterland vorzudringen oder nicht, die Überfahrt lohnt schon allein wegen des rechts der Bushaltestelle gelegenen **Lonsdale Quay Market**, 123 Carrie Cates Court. Der Markt ist vielleicht nicht ganz so lebendig wie der Granville Island Market, aber wegen des ausgezeichneten Angebots an Imbissständen durchaus lohnend. Zudem bietet sich von den Spazierwegen aus ein schöner Blick auf den Hafen, die Schlepper und Fischerboote. ◷ tgl. 9.30–18.30, Fr bis 21, Nov–März Fr nur bis 20 Uhr, Restaurants länger, 🖳 www.lonsdalequay.com.

Der größte Teil von North Vancouver ist mit dem Bus vom Lonsdale Quay, dem SeaBus-Terminal an der Nordküste, ohne umsteigen zu erreichen. **Busse** in alle Richtungen fahren von zwei Haltestellen unmittelbar vor dem Terminal ab. In den blauen, privaten West Van-Bussen werden *TransLink*-Fahrkarten akzeptiert. Das SeaBus-Ticket, das 90 Min. gültig ist, berechtigt zum Umsteigen und lässt ausreichend Zeit, um zu den meisten der nachstehend genannten Zielorte zu gelangen.

Grouse Mountain

Ein beliebtes Ausflugsziel ist der Grouse Mountain, der 1894 von Wanderern auf diesen Namen getauft wurde – sie waren hier über ein Waldhuhn (*blue grouse*) gestolpert. Seine Popularität verdankt der Berg in erster Linie der in der Schweiz gefertigten **Drahtseilbahn**, der größten Nordamerikas, die von der 290 m hohe Talstation, 6400 Nancy Greene Way, zum 1250 m hohen Gipfel führt, ◷ tgl. 9–22 Uhr, $24,95, 🖳 www.grousemountain.com. An Winterabenden zählen die vom Flutlicht erleuchteten Hänge und Loipen, auf denen Berufstätige nach Feierabend ihre **Ski**- und **Snowboardkünste** verbessern, zu den Wahrzeichen von North Vancouver. Ein Tagespass kostet $39. Nähere Informationen unter ✆ 604/984-0661 oder auf der Website.

Im Sommer kann man den Gipfel von der Talstation aus auch zu Fuß ansteuern. Den Namen *Grouse Grind Trail* trägt der beschwerliche Weg jedoch zu Recht, so dass die unvermeidliche Warteschlange am Fahrkartenschalter vielleicht doch vorzuziehen ist (so früh wie möglich kommen!). Nach dem Schwindel erregenden Ruckeln über die Zwillingstürme der Drahtseilbahn erreicht man den Gipfel, der mit seinen Restaurants und touristischen Einrichtungen einen alles andere als wilden

Eindruck macht. Die Aussicht jedoch ist atemberaubend und reicht an klaren Tagen bis zu den 160 km entfernt liegenden San Juan Islands im US-Bundesstaat Washington. Interessante Erläuterungen erhält man im Besucherzentrum rechts hinter der Seilbahn. Im Vorführraum unten wird ein 3D-Film gezeigt (Eintritt in der Fahrkarte für die Seilbahn enthalten). Von den zwei Cafés bietet *Altitudes Bistro* einen Panoramablick, füllt sich allerdings sehr schnell. Im exklusiveren Restaurant *The Observatory*, ℡ 604/998-4403, kann man abends speisen und dabei den Sonnenuntergang und die Lichter der Stadt im Tal genießen. Bei einer Reservierung im Restaurant ist die Fahrt mit der Seilbahn mit eingeschlossen.

Informationen über gemütliche **geführte Wanderungen** sind im Besucherzentrum bzw. an dem kleinen Informationsstand dahinter erhältlich, ☉ im Sommer tgl. 11–17 Uhr. Die 30-minütige Führung *Tribute to the Forest* beginnt zur vollen Stunde, der 35-minütige *Walk in the Woods* zu jeder halben Stunde.

Vom Besucherzentrum aus sind es auf einem befestigten Pfad 5 Min. zu einem kleinen Büro in einer Hütte, das begleitete **Radtouren** vom Gipfel „von der Erdanziehung begünstigt" anbietet, Mai bis Okt 3x tgl., Touren von 20 km Länge ab $85, 30 km $95 einschließlich Seilbahn. Hinter dem Büro kann man teure Hubschrauberflüge buchen. Ein Stück weiter finden links vom Pfad 2x tgl. kostenlose *„Logging Sports"*-Shows, publikumswirksame Säge- und Holzfällerwettbewerbe, statt. Unmittelbar dahinter rattert der im Ticket enthaltene **Peak Chairlift** innerhalb von 8 Min. zum Gipfel hinauf. Der Blick auf die Stadt und das Fraser-Delta ist von hier aus noch besser. Über längere **Wanderungen**, die überwiegend in den unteren Lagen und weniger in der Nähe des Gipfels möglich sind, informiert das Büro an der Talstation der Seilbahn. Der schönste unbeschwerliche Spaziergang führt in 15 Min. zum **Blue Grouse Lake**. Der Goat Ridge Trail hingegen eignet sich eher für erfahrene Wanderer. Unwegsamere Pfade, die nur mit einer guten Karte begangen werden sollen, führen in die Berge der West Coast Range.

Die neueste Attraktionen auf dem Berg sind vier, in einem großzügigen Gehege untergebrachte **Grizzlybären**, die als Junge verwaist aufgefunden wurden, nachdem ihre Mutter wahrscheinlich von Jägern erschossen worden war. In einer normal funktionierenden Umwelt hätte man die Bären nicht aufnehmen müssen, doch unter den Umständen hätten sie in der Wildnis nicht überlebt, und sobald sich die Tiere einmal an Menschen gewöhnt haben, ist eine Rückkehr in die Wildnis ohnehin so gut wie ausgeschlossen. Heute ist die Mehrzahl der Einheimischen froh darüber, dass es die Bären gibt, selbst wenn viele anfangs mit Skepsis reagiert hatten.

Die Talstation der Seilbahn ist mit dem Grouse Mountain-**Bus** Nr. 236 vom Lonsdale Quay zu erreichen. Er fährt von Bay 8 links neben dem Sea-Bus-Terminal ab. Als Alternative bietet sich der Highland-Bus Nr. 246 von Bay 7 an, von dem man in Edgemount Village in den Grouse Mountain-Bus Nr. 232 umsteigen muss.

Lynn Canyon Park

Zur Erkundung des unerschlossenen Hinterlands von Vancouver eignet sich der Lynn Canyon Park, ein ruhiger, leicht erreichbarer Wald mit einer bescheidenen Schlucht und einer Hängebrücke. Letztere kann man – anders als die Capilano Suspension Bridge – kostenlos überqueren. Verschiedene Fußwege von maximal 90 Min. Dauer führen durch eine schöne Landschaft mit Kliffs, Stromschnellen, Wasserfällen und der 83 m hohen Brücke über den Lynn Creek – und all das nur 20 Min. vom Lonsdale Quay entfernt. ☉ ganzjährig von Sonnenauf- bis Sonnenuntergang. Vom vorletzten Halt (Peters St) des Busses Nr. 228, der vom Kai abfährt, ist die Schlucht innerhalb von 10 Min. zu Fuß zu erreichen. Man kann auch den weniger häufig verkehrenden Westlynn-Bus Nr. 229 vom Lonsdale Quay nehmen, damit spart man noch mal 5 Min. Fußweg.

Im informativen, freundlichen *Ecology Centre*, 3663 Park Rd, Ecke Peters Rd, 🖥 www.dnv.org, sind Karten und Broschüren zu den Wegen sowie der Tier- und Pflanzenwelt im Park erhältlich. ☉ Juni–Aug tgl. 10–17 Uhr, Okt–Feb Mo–Fr 10–17, Sa und So 12–16 Uhr, Eintritt in Form einer Spende.

Capilano River Regional Park

Direkt hinter der Zufahrtsstraße zum Grouse Mountain erstreckt sich die hochgejubelte Attraktion des Capilano River Park: die unerklärlich beliebte 70 m hohe und 137 m lange **Hängebrücke** über der schwindelerregenden Capilano Gorge – die weltweit längste Hängebrücke für Fußgänger, 🖳 www.capbridge.com. Die erste Brücke an dieser Stelle stammte aus dem Jahre 1889 und somit gilt die heutige – obwohl erst 1956 errichtet – als älteste „Attraktion" von Vancouver. Die Hängebrücke ist zwar Teil des Parks, wird aber als private Geldquelle genutzt. Wer Ausweichpfade benutzt, kann die Gebühr für Fußgänger umgehen. Diese beinhaltet verschiedene Touren, Ausstellungen zur Forstwirtschaft und über Wanderwege sowie einen Besuch des Zentrums für indianische Schnitzereien. Die Ausgabe lohnt sich aber kaum. ☉ Juni–Aug tgl. 8.30–20, Mai und Sept 9–19.30, Okt 9–18, Nov–Apr 9–17 Uhr, Eintritt $21,95.

Interessanter ist die **Lachszuchtstation** etwas weiter flussaufwärts, ein 1977 gegründeter Betrieb der Provinz, der die Vermehrung von Lachsen fördern und der Abnahme der Bestände entgegenwirken soll, 🖳 www.heb.pac.dfo-mpo.gc.ca. Das Gebäude überzeugt durch ein schönes Design und interessante Informationstafeln. Allerdings ist dieses eine wichtige Zwischenstation bei Busrundfahrten und oftmals sehr überlaufen. ☉ Juni–Aug tgl. 8–20, Mai und Sept 8–19, April und Okt sowie Nov–März 8–18 Uhr, Eintritt frei.

Die Besichtigung von Capilano lässt sich gut an einen Ausflug zum Grouse Mountain anschließen. Von der Seilbahnstation gelangt man nach nur 1 km bergabwärts zum nördlichen Ende des Parks unterhalb des Cleveland Reservoir, das Vancouver oft mit Besorgnis erregend braunem Trinkwasser versorgt. Von hier aus führen markierte Wege, insbesondere der **Capilano Pacific Trail**, am östlichen Teil der Schlucht entlang nach 2 km zur Zuchtstation. Besonders lohnenswert sind Wanderungen in der Gegend unterhalb der Zuchtstation, vor allem des Dog's Leg Pool, 1 km, der sich entlang des wirbelnden Capilano River erstreckt. Wer sich mal richtig die Beine vertreten will, kann dem Lauf des Flusses 7 km lang bis zur Mündung am Burrard Inlet folgen. Als alternative Anreisemöglichkeit bietet sich der Grouse Mountain-Bus Nr. 236 bis zum Cleveland Dam oder bis zum Haupteingang des Parks an. Die Zuchtstation ist vom ausgeschilderten Haupteingang links vom Nancy Greene Way innerhalb kurzer Zeit über eine Seitenstraße (oder den Pipeline Trail) zu erreichen. Der Haupteingang befindet sich in der Nähe vom geschäftigen Straßeneingang zur Capilano Suspension Bridge (an der Bushaltestelle nach der Brücke aussteigen).

Mount Seymour Provincial Park

Der Mount Seymour Provincial Park ist mit ca. 3500 ha von allen Parks in North Vancouver der größte, der östlichste und derjenige mit der eindrucksvollsten Hochgebirgslandschaft. Benannt wurde der 16 km nördlich von Vancouver gelegene Park nach dem nur kurzzeitig im Amt verbliebenen Provinzgouverneur Frederick Seymour (1864–69).

An einem Tag kann man vier längere **Wege** erwandern, allerdings können sich die Bedingungen rasch ändern, denn der Schnee bleibt bis Juni liegen. Die einfachsten Wanderungen vom Parkplatz sind der halbstündige Spaziergang zum Goldie Lake und der einfache einstündige Weg zum Dog Mountain, von dem sich wunderschöne Ausblicke auf Vancouver eröffnen. Eine noch bessere Aussicht, die allerdings etwas Mühe macht, erwartet den Besucher auf den Wegen zur First und Second Pump. Diese wilde, anspruchsvolle Wanderung führt auf einem markierten Weg über den Gipfel des Mount Seymour zum Elsay Lake, der von Wäldern und Bergen umrahmt wird.

Am besten zu erreichen ist der Park mit Bus Nr. 239 vom Lonsdale Quay zur Phibbs Exchange und anschließend mit der Nr. 215 zum Mountain Seymour Parkway, 1 Std. Von hier aus muss man die 13 km lange Straße ins Zentrum des Parks entweder zu Fuß oder mit dem Fahrrad bewältigen.

Die nordwestliche Parkgrenze bildet das **Lower Seymour Conservation Reserve** (ehemals Seymour Demonstration Forest), 🖳 www.gvrd.bc.ca/lscr, ein 5700 ha großes Schutzgebiet mit überwiegend gemäßigtem Regenwald. Dieser Wald liegt eingebettet in der Talsohle eines Gletschers am nördlichen Ende der Lillooet Road. Besuchern soll hier vor allem die heimische Flora und Fauna näher gebracht werden. Auf verschiedenen 60–90-minütigen Wanderwegen kann man sein Allgemeinwissen über einheimische Bäume, Böden, Fische und die sonstige Tierwelt erweitern. Anfahrt mit dem Lynn Valley-Bus Nr. 229 bis zur Dempsey Road und Lynn Valley Road. Von da ist das Gebiet zu Fuß innerhalb von 10 Min. über die Brücke an der Rice Lake Road über den Lynn Creek zu erreichen. Es ist ratsam, ein Fahrrad mitzunehmen, da die insgesamt 40 km langen Wege in Stadtnähe eine ausgezeichnete Möglichkeit für **Mountainbiker** bieten.

Informationen über den Park unter ☎ 604/924-2200 oder 🖥 www.bcparks.ca, zudem ist im städtischen Touristinfo Centre eine blaue *BC Parks*-Broschüre erhältlich. Die Zufahrtsstraße klettert auf über 1000 m an und endet an einem Parkplatz mit Übersichtstafeln für Wanderer und Bergsteiger. An schönen Tagen ist die Aussicht hervorragend, insbesondere vom beliebten **Vancouver Lookout** an der Zufahrtsstraße aus. Hier werden auf einer Karte die herausragenden Gebäude der darunter liegenden Stadt erläutert. Außerdem gibt es ein Café, Toiletten und ein kleines *Infocentre* (☉ nur im Sommer). Im Winter ist die Gegend ein bevorzugtes **Skigebiet** für Familien und Anfänger aus Vancouver, Informationen unter ☎ 604/986-2261, 🖥 www.mountseymour.com, Tageskarte $33.

Cypress Provincial Park

Der Cypress Provincial Park ist der westlichste der großen Parks, die mit ihren Bergen und Wäldern die spektakuläre Kulisse für das Stadtzentrum bilden. Von allen Parks in BC lockt dieses beliebte Naturschutzgebiet an der Nordküste wohl die meisten Besucher am Tag an. Den Namen verdankt der Provinzpark seinen riesigen alten rot-gelben Zedern. Größter Beliebtheit erfreut er sich bei Einheimischen, die Wildnis in gezähmter Form mögen. Seine Pfade sind unter Umständen unwegsam und matschig, aber durchweg gut beschildert. Nur einige Minuten vom Parkplatz entfernt hat man bereits das Gefühl, ganz tief in die großartige Natur eingedrungen zu sein. Es gibt mehrere gute Wege, darunter den 3 km langen, rollstuhlgerechten **Yew Lake Trail** und den Hauptweg des Parks, der sich durch Wald und Gestrüpp schlängelt und gelegentliche Lichtungen schöne Ausblicke gewähren. Ein Teil des Wegs folgt dem Cypress Creek, ein Sturzbach, der einen tiefen, schmalen Canyon ausgewaschen hat. Weitere **Informationen** erhält man durch die *BC Parks*-Broschüre im Touristinfo Centre, telefonisch unter ☎ 604/926-6007 oder im Internet unter 🖥 www.bcparks.ca. Zu erreichen ist der Park mit dem Caulfield/Park Royal-**Bus** Nr. 253.

Innerhalb des Parks gibt es auch zwei nahe **Ski- und Snowboardgebiete**: das alpine Revier *Cypress Bowl*, ☎ 604/926-5612, 🖥 www.cypressmountain.

com, und etwas südlich davon bei Hollyburn die *Nordic Ski Area* für den nordischen Skisport, ☎ 604/922-0825, Tagespass $42.

Lighthouse Park

Der Lighthouse Park unmittelbar westlich vom Cypress Provincial Park präsentiert 8 km von der Lions Gate Bridge entfernt an der äußersten Westspitze der Nordküste eine halbwilde Uferlandschaft. Sanfte Granitfelsen und niedrige Klippen prägen diesen Abschnitt. Dahinter erheben sich riesige, bis zu 1500 Jahre alte Douglasien und bilden einen der schönsten jungfräulichen Wälder im südlichen BC. Die Felsen eignen sich hervorragend zum Sonnenbaden, obwohl das Wasser hier ein paar Grad kälter ist als an den Stränden im Zentrum. Auf der Karte am Parkplatz sind die beiden Wege zum Point Atkinson-**Leuchtturm** von 1912 eingezeichnet. Benutzt man den einen als Hin- und den anderen als Rückweg, beschreiben sie einen Rundweg von 5 km, für den zu Fuß etwa 2 Std. einzuplanen sind. Im Park gibt es zwar einige abgeschiedene Ecken (Campen verboten), aber trotzdem ist es an Sommerwochenenden aufgrund des großen Andrangs schwierig, ein ruhiges Plätzchen zu finden. **Informationen** erhält man im Touristinfo Centre oder telefonisch unter ☎ 604/925-7200 oder 925-7000. Der West Van-**Bus** Nr. 250 legt die gesamte Strecke von der Georgia St im Zentrum bis hierher zurück.

Übernachtung

In Vancouver gibt es eine überraschend große Anzahl von **preiswerten Hotels**, allerdings passen einige davon – insbesondere die östlich des Zentrums gelegenen – in keiner Weise zu dem glitzernden Image der Stadt. Wer sein Geld zusammenhalten muss, ist in einem der **Hostels** oder in dem ausgezeichneten YWCA besser aufgehoben. Die Hotels der mittleren Preisklasse drohen das Budget nicht zu sprengen, doch Vancouver ist eine Touristenstadt und im Sommer entsprechend gut besucht, was eine **Reservierung** erforderlich macht. Viele nette Unterkünfte (darunter auch das *Sylvia*) befinden sich im West End, einer ruhigen Wohngegend, die an Vancouvers wunderbaren Stanley Park grenzt und nur zehn Gehminuten vom Zentrum entfernt liegt. Wer sich für die Parks am Stadtrand interessiert, findet auch im Bezirk North Shore mehrere Hotels und **B&Bs**.

Vancouver ist keine Stadt für Camper. Die Mehrzahl der innerstädtischen **Campingplätze** ist auf Wohnmobile ausgerichtet und weist Gäste mit Zelten ab.

B&Bs können über Agenturen reserviert werden, allerdings sind die meisten davon nur telefonisch erreichbar und müssen zwei Tage im Voraus kontaktiert werden. Es empfiehlt sich, zunächst den Unterkunftsservice des Touristinfo Centre zu nutzen (s.S. 284). Obwohl die B&Bs zum Großteil weder billig (DZ ab $80) noch zentral gelegen sind, bieten sie immerhin eine entspannte, freundliche Atmosphäre und bei sorgfältiger Auswahl sogar Strandnähe, einen Garten, Barbecues und beliebig viel oder wenig Privatsphäre.

Folgende B&B-Agenturen vermitteln Unterkünfte in der Stadt, in Victoria, auf den Gulf Islands und in weiteren Gegenden:

Best Canadian Bed & Breakfast Network, ☎ 604/738-7207, 🖳 www.bestcanadianbb.com.
Emerald Park, ☎ 604/878-1328, 🖳 www.travelsuites.com.
Western Canada Bed and Breakfast Innkeepers' Association, ☎ 604/952-0982, 🖳 www.wcbbia.com.

HOTELS – In Gastown, Chinatown und dem Gebiet dazwischen konzentrieren sich Vancouvers preiswertere Hotels in zentraler Lage. Oftmals befinden sie sich über Bars, wo Live-Bands und trinkfreudige Nachtschwärmer die Gäste bis in die frühen Morgenstunden wach halten. Frauen sollten diese Gegenden bei Nacht meiden, vor allem in den kleinen Seitenstraßen kann sich niemand sicher fühlen. Wer auf preisgünstige Unterkünfte angewiesen ist und keine Lust auf Hostels oder das YWCA verspürt, hat als letzten Ausweg noch die Möglichkeit, in einem der ausnahmslos dubiosen Hotels im schäbigen, aber harmlosen Amüsierviertel nördlich der Granville Street Bridge abzusteigen. Weiter oben auf der Qualitätsskala sollten die besten und beliebtesten Unterkünfte, wie beispielsweise das *Sylvia* und das *Kingston,* unbedingt im Voraus gebucht werden.

Die so genannte **North Shore** umfasst North Vancouver (das Gebiet gegenüber der Downtown-Halbinsel auf der anderen Seite des Burrard Inlet) und West Vancouver, einer Mischung aus Wohngegenden und Freiflächen am Marine Drive und Trans-Canada Highway (Hwy 1) Richtung Lighthouse Park und Horseshoe Bay. Die Hauptgründe, sich auf jener Seite eine Unterkunft zu suchen, sind zum einen der einfache Zugang zum Anleger der BC Ferries in Horseshoe Bay (s.S. 357), zum anderen die günstige Lage für Wanderungen und andere Outdoor-Aktivitäten in der Umgebung von Grouse Mountain, Capilano River, Mount Seymour Park und Lyon Canyon Park. In der Nähe dieser Parks gibt es auch einige reizende **B&Bs**. Wer sich im Zentrum amüsieren möchte, sollte sich, auch mit eigenem Fahrzeug, keine Unterkunft in North Shore suchen, denn die einzige Zufahrt über die Lions Gate Bridge ist oft hoffnungslos verstopft. Dessen ungeachtet gibt es in North Shore mehrere preiswerte **Motels**, die meisten unmittelbar jenseits der Brücke an der Kreuzung von Capilano Rd und Marine Dr bzw. in der näheren Umgebung. Wer auf öffentliche Verkehrsmittel angewiesen ist, hat die Wahl zwischen Bus oder Fähre. Die Reservierungsagenturen der Stadt (s.o.) und das Infocentre in North Vancouver (s.S. 284) bieten Unterstützung bei der Zimmersuche.

In der Nebensaison bieten Hotels aller Klassen Ermäßigungen an. Zu rechnen ist mit 30% Nachlass auf Hochsaisonpreise. Selbst in den Luxushotels erklärt man sich In der Regel gern bereit, gegen einen geringen Aufpreis ein zusätzliches Bett aufzustellen, wenn drei Personen in einem Zimmer übernachten möchten.

Central Vancouver: *Barclay Hotel*, 1348 Robson St, zwischen Jervis und Broughton St, ☎ 604/688-8850, 🖳 www.barclayhotel.com. Eines der besseren Angebote der Stadt, gilt als eines der schöneren unter zahlreichen Hotels am nördlichen Ende der Robson St. 90 Zimmer und buntes, rustikales französisches Ambiente. ❺
Buchan Hotel, 1906 Haro St, zwischen Chilco und Gilford St, ☎ 604/685-5354 oder 1-800/668-6654, 🖳 www.buchanhotel.com. Einige kleinere Zimmer, die ihre besten Tage bereits hinter sich haben, trotzdem noch ein wirklich guter Tipp:

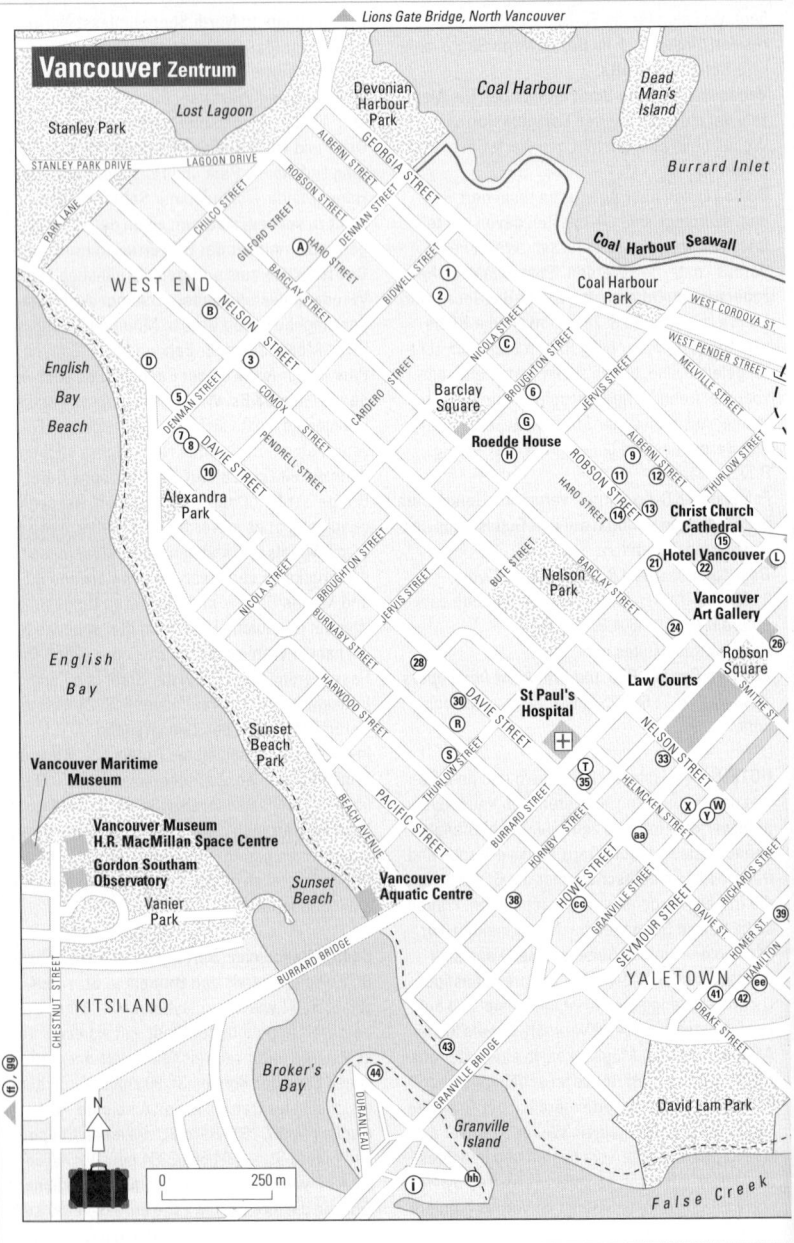

Vancouver Zentrum

▲ Lions Gate Bridge, North Vancouver

Devonian Harbour Park

Coal Harbour

Dead Man's Island

Stanley Park

Lost Lagoon

STANLEY PARK DRIVE   LAGOON DRIVE

PARK LANE

Burrard Inlet

Coal Harbour Seawall

WEST END

English Bay Beach

Coal Harbour Park

WEST CORDOVA ST

WEST PENDER STREET

MELVILLE STREET

Barclay Square

Roedde House

Christ Church Cathedral

Hotel Vancouver

Alexandra Park

Vancouver Art Gallery

Nelson Park

English Bay

Robson Square

Law Courts

Sunset Beach Park

St Paul's Hospital

Vancouver Maritime Museum

Vancouver Museum
H.R. MacMillan Space Centre

Gordon Southam Observatory

Vanier Park

Sunset Beach

Vancouver Aquatic Centre

KITSILANO

YALETOWN

David Lam Park

CHESTNUT STREET

BURRARD BRIDGE

Broker's Bay

Granville Island

GRANVILLE BRIDGE

DURANLEAU

N

0   250 m

False Creek

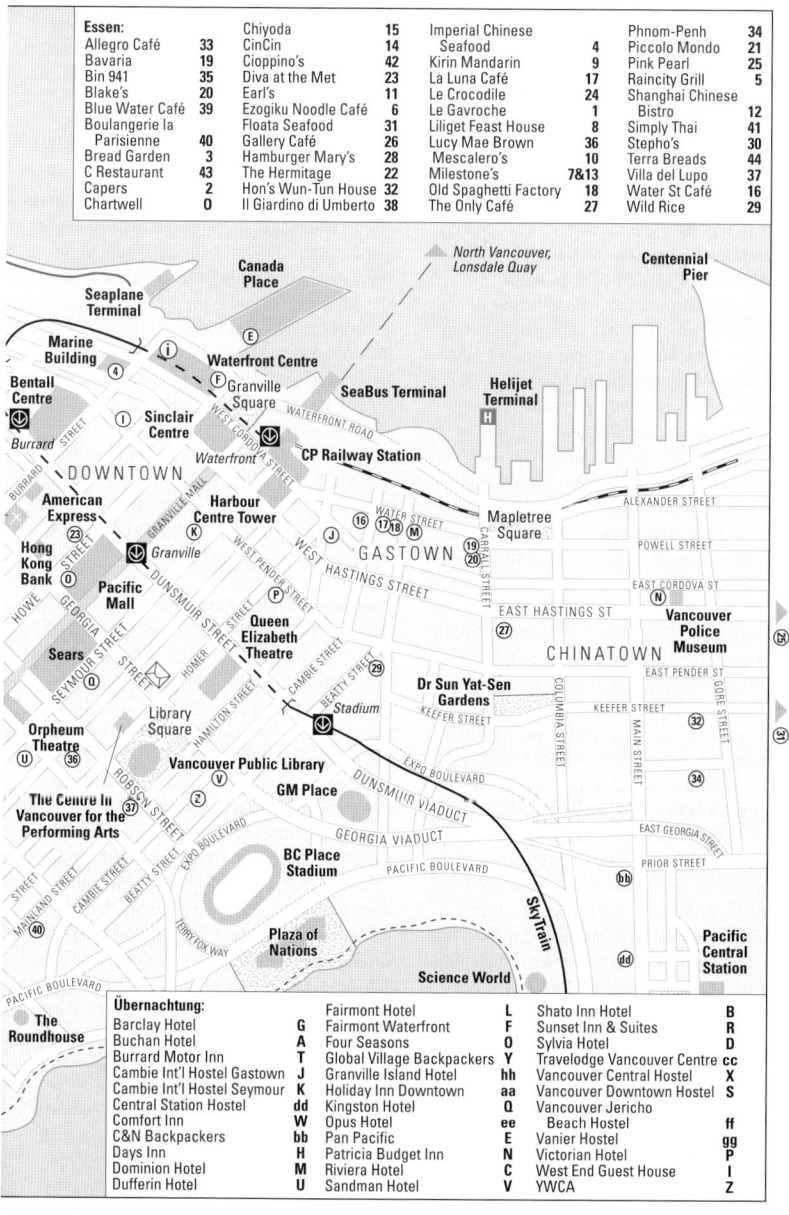

ruhige Lage in einer Wohngegend nur einen Block vom Stanley Park und English Bay Beach entfernt. ➌ – ➏

Burrard Motor Inn, 1100 Burrard St, nahe Helmcken St, ✆ 604/681-2331 oder 1-800/663-0366, 🖳 www.vancouver-bc.com/burrardmotorinn. Relativ zentral gelegenes und schön auf alt getrimmtes Motel mit Standardausstattung: Zimmer z.T. mit Küche und Blick auf einen hübschen begrünten Hof. ➎

Comfort Inn Downtown, 654 Nelson St, ✆ 604/605-4333 oder 1-888/605-5333, 🖳 www.comfortinndowntown.com. Historisches Gebäude (ehemals Hotel Dakota), vor kurzem trendig im Retrostil der 50er Jahre renoviert, mit vielen Schwarzweißfotografien und Neonkunst. 82 Zimmer, alle klimatisiert und mit Internet-Zugang, Anrufbeantworter und Dataport. Die Lage ist nicht optimal, aber günstig hinsichtlich der Restaurants und Clubs in Yaletown und am unteren Ende der Granville St. ➎

Days Inn Vancouver Downtown, 921 W Pender St, Ecke Burrard St, ✆ 604/681-4335 oder 1-877/681-4335, 🖳 www.daysinnvancouver.com. Eine Institution in der Stadt, 70 Zimmer in einem alten 7-stöckigen Block im zentralen Financial District. Das Hotel hat mehr Charakter als die meisten anderen und überzeugt durch seinen originellen Art-déco-Stil. Von außen ein eher schäbiger Anblick, die Zimmer dagegen sind sauber und gemütlich, Renovierung der Innenräume 1999. Die Zimmer mit Fenster zur Straße sind oft sehr laut. ➐

Dominion Hotel, 210 Abbott St, Ecke Water St, ✆ 604/681-6666 oder 1-877/681-1666, 🖳 www.dominionhotel.bc.ca. Schönes, restauriertes Hotel am Rande von Gastown. Aufgrund der dröhnenden Live-Musik in der Kneipe darunter herrscht selten Ruhe: In fast allen Zimmern wird man wach gehalten, am ehesten zu empfehlen sind die neueren Zimmer mit Bad soweit wie möglich von der Live-Musik entfernt. ➌

Dufferin Hotel, 900 Seymour St, ✆ 604/683-4251 oder 1-877/683-5522, 🖳 www.dufferinhotel.com. Das 72-Zimmer-Hotel liegt nicht weit vom empfehlenswerteren *Kingston* (s.u.) und kommt in der Regel zum Zuge, wenn Letzteres ausgebucht ist. Lauter, teurer und unattraktiver als der Konkurrent, dafür aber kostenlose Parkplätze, Speisesaal, Familienzimmer und Zimmer mit und oh-

ne Bad. Lärm und nächtliche Ruhestörung sind hier nicht auszuschließen, denn zum Komplex gehört eine überwiegend auf schwules Publikum ausgerichtete, aber durchaus heterofreundliche Kneipe. ➍

Fairmont Hotel Vancouver, 900 W Georgia St, Ecke Burrard St, ✆ 604/684-3131 oder 1-800/441-1414, 🖳 www.fairmont.com. Altes, traditionelles Hotel, das 1996 mit mehreren Millionen Dollar renoviert wurde, gilt als berühmtestes und angesehenstes Hotel der Stadt. Die geeignete Unterkunft, wenn Geld keine Rolle spielt, dafür aber im altmodischen Stil und in zentrale Lage. Für Hotelgäste und andere Besucher empfiehlt sich das *900 West*-Restaurant bzw. die dazugehörige Bar sowie verschiedene andere Restaurants, z.B. *Griffins*, im Erdgeschoss. In der Nebensaison günstigere Preise. ➑

Fairmont Waterfront, 900 Canada Place Way, ✆ 604/691-1991 oder 1-800/441-1414, 🖳 www.fairmont.com. Weiteres sehr angesehenes Hotel, in diesem Fall ein wunderschönes mehrstöckiges Gebäude am überwältigenden Ufer im Zentrum. ➑

Four Seasons Hotel Vancouver, 791 Georgia St, Ecke Howe St, ✆ 604/689-9333 oder 1-800/332-3442, 🖳 www.fourseasons.com. Renommiertes Luxushotel in zentraler Lage, einen Block von der Robson St und der Vancouver Art Gallery entfernt, 385 Zimmer in einem 28-stöckigen Hochhaus über der Mall *Pacific Ocean Centre*. Tadelloser Service, riesige Zimmer und beeindruckende Gemeinschaftseinrichtungen. Ob man hier übernachtet oder nicht – das auf der Gartenterrasse servierte Frühstücksbüffet (ab $13) sollte man auf jeden Fall in Erwägung ziehen, denn es zählt zu den besten der Stadt. Ähnlich verhält es sich mit dem *Chartwell*, dem Hauptrestaurant des Hotels und eine der kulinarischen Top-Adressen Vancouvers, wo auch Nicht-Gäste willkommen sind. DZ ab $400 bis $570 für eine Executive Suite. ➑

Granville Island Hotel, 1253 Johnson St, ✆ 604/683-7373 oder 1-800/663-1840, 🖳 www.granvilleislandhotel.com. Abseits des Zentrums, dafür inmitten einer angesagten und unterhaltsamen Enklaven der Stadt gelegen. Dies und die Toplage am Wasser müssen teuer bezahlt werden. ➐

Holiday Inn Hotel & Suites Downtown,
1110 Howe St, zwischen Helmcken und Davie St,
☎ 604/684-2151, 1-800/663-9151 oder 1-800/HOLI-
DAY), 🖥 www.hivancouverdowntown.com. Großes Hotel in einigermaßen zentraler Lage, anders als bei den schmuddeligeren Hotels in dieser Gegend erwarten einen keine unliebsamen
Überraschungen. Für diesen Preis gibt es allerdings viele Alternativen in der Stadt. Bestens
ausgestattetes Hotel mit Sauna, Pool und Kin-
derparadies, zudem Zimmer mit Kochnische zur
Selbstverpflegung. ❼

Kingston Hotel, 757 Richards St, Ecke Robson St,
☎ 604/684-9024 oder 1-888/713-3304, 🖥 www.
kingstonhotelvancouver.com. Beliebte Unterkunft in zentraler Lage. Vermittelt mit seinen sauberen und schön dekorierten Innenräumen die
Atmosphäre eines Hotels im europäischen Stil.
Zimmer z.T. mit Bad, kleines kostenloses Frühstück inklusive. Neben *Sylvia* das beste Hotel
der Stadt in dieser Preiskategorie, Reservierung
weit im Voraus erforderlich. Längere Aufenthalte
möglich. ❸

Opus Hotel, 322 Davie St, ☎ 604/642-6787 oder
1-866/642-6787, 🖥 www.opushotel.com. Ultramodernes, 2002 in einem ehemaligen Lagerhaus
eröffnetes Hotel, das dem Trendsetter-Image des
Viertels gerecht wird. Das Innenleben besticht
durch ein beeindruckend arrangiertes Ensemble
dekorativer Farben und Materialien. Die 97 Zimmer sind nicht weniger einnehmend: exklusive
Bettwäsche, große Fenster und tolle Bäder. Die
coole *Opus Bar* und die französische Brasserie
Elixir sorgen dafür, dass die Gäste gar nicht aus
dem Haus gehen müssen, wenn es ihnen nach
Essen, Trinken oder abendlicher Unterhaltung
gelüstet. Zimmer ab $290, Suiten ab $479, in der
Nebensaison wesentlich günstigere Preise. ❽

Pan Pacific, 300–999 Canada Place, ☎ 604/662-
8111 oder 1-800/663-1515, 🖥 www.panpacific.
com. Teuerstes und am spektakulärsten gelegenes der modernen Luxushotels der Stadt. Lobby
mit achtstöckigem Atrium, dazu 12 m hohe Pano-
ramafenster mit Blick auf den Hafen. Jedes der
504 Zimmer bietet einen grandiosen Ausblick
(die untersten Zimmer liegen im 8. Stock), und
wer es schafft, Zimmer 10 oder 20 in einer Etage
zu ergattern, kann selbst vom Badezimmer aus
ein fabelhaftes Panorama genießen. Service und

Einrichtungen sind über jede Kritik erhaben, das
beheizte Freibad und das Wellness-Zentrum setzen Maßstäbe. Zimmer ab ca. $490. ❽

Patricia Budget Inn Hotel, 403 E Hastings St,
nahe Gore St, ☎ 604/255-4301, 🖥 www.
budgetpathotel.bc.ca, bekannte und häufig an-
gepriesene günstige Unterkunft mit 92 Zimmern,
abseits des Zentrums im Herzen von Chinatown
(zu weit für einen gemütlichen Fußweg). Je nach
Sichtweise aufregende oder trostlose Lage,
Frauen beschweren sich teilweise über deutlich
fehlende Sicherheit in der Gegend. Alles in allem
sauber und ordentlich renoviert, besser als die
meisten anderen Hotels in diesem Viertel. ❸

Riviera Hotel, 1431 Robson St, zwischen Nicola
und Broughton St, ☎ 604/685-1301 oder 1-888/
699-5222, 🖥 www.rivieraonrobson.com. Eines
der seltenen erschwinglichen zentral gelegenen
Motels, etwa auf halbem Weg zwischen Stanley
Park und Vancouver Art Gallery. Suiten mit
1 oder 2 Zimmern und Kochnische. ❻

Sandman Hotel Downtown, 180 W Georgia St,
Ecke Beatty St, ☎ 604/681-2211 oder 1-800/726-
3626, 🖥 www.sandmanhotels.com. Vorzeige-
exemplar einer Kette von Mittelklasse-Hotels,
gute Lage am östlichen Rand des Zentrums.
Farblose, aber ordentliche und, soweit Ketten-
hotels dies erlauben, geräumige Zimmer, die beste Wahl in der Kategorie über dem *Kingston.* ❹

Shato Inn Hotel at Stanley Park, 1825 Comox St,
zwischen Gilford und Denman St, ☎ 604/681-
8920, kleiner, ruhiger Familienbetrieb, zwei
Blocks vom Park und Strand entfernt. Zimmer
z.T. mit Balkon und/oder Küche. ❺

Sunset Inn & Suites, 1111 Burnaby St, zwischen
Davie und Thurlow St, ☎ 604/688-2474 oder
1-800/786-1997, 🖥 www.sunsetinn.com. Eines
der besten „Apartment"-Hotels im West End, guter Tipp für längere Aufenthalte: großes Studio,
2- oder 3-Bett-Zimmer mit Küche und Balkon,
Waschküche, viele Geschäfte in der Nähe. Vom
Zentrum 10 Min. zu Fuß. ❺

Sylvia Hotel, 1154 Gilford St, ☎ 604/681-9321,
🖥 www.sylviahotel.com. Eines der Wahrzeichen
der Stadt, untergebracht in einem zum Kulturer-
be ernannten Gebäude zwei Blocks vom Stanley
Park entfernt am Strand. Es ist sehr beliebt und
hat einen sehr guten Ruf. Reservierung notwendig. Gemütliche Bar, Ruhe, altmodischer Charme

und Meerblick – eine der besten Unterkünfte in Vancouver. Unterschiedliche Preiskategorien je nach Größe, Aussicht und Ausstattung der Zimmer. ❹–❼

Travelodge Vancouver Centre, 1304 Howe St, ✆ 604/682-2767 oder 1-800/578-7878, 🖳 www.travelodge.com. Das Kettenhotel mit 66 Zimmern hat schon bessere Zeiten erlebt, doch wie viele andere Hotels in der Gegend (einen Block von der Granville St und der Granville Street Bridge entfernt) erhielt auch dieses durch eine umfangreiche Renovierung neuen Glanz und ein besseres Preis-Leistungs-Verhältnis. Die renovierten Zimmer sind sauber und komfortabel und bieten Klimaanlage, TV sowie Ortsgespräche zum Nulltarif, außerdem gibt es kostenlose Parkplätze, ein Restaurant und einen beheizten Pool. Keine optimale Lage, aber nicht weit vom Anleger der Fähre nach Granville Island. ❻

Victorian Hotel, 514 Homer St, Ecke Pender St, ✆ 604/681-6369 oder 1-877/681-6369, 🖳 www.victorianhotel.com. Das als Familienbetrieb geführte Hotel liegt nicht mitten im Zentrum, ist aber von Gastown und der Innenstadt immer noch bequem zu Fuß zu erreichen. Es entstand 1898 als eines der ersten Gästehäuser der Stadt und wurde mit spürbarer Liebe zum Detail restauriert, sodass viele der 26 Zimmer ein historisches Flair aufweisen, mit hohen Decken, Holzfußböden, eleganten Bädern und nostalgischen Elementen wie Kamin und Stuck. Die Zimmerpreise können ausstattungsabhängig (Bad, Küchenzeile) um bis zu $60 variieren, alle Zimmer aber mit Telefon und kleinem Fernseher. Kleines Frühstück inklusive. ❹

West End Guest House, 1362 Haro St, Ecke Jervis St, ✆ 604/681-2889, 🖳 www.westendguesthouse.com. Wunderschönes, kleines Gästehaus mit traditionellem Salon und hellen Zimmern mit Bad. Reservierung weit im Voraus zu empfehlen. Großes Frühstück inklusive. Nur Nichtraucher. ❻

North Shore: **A Cottage Garden B&B**, 2810 Wembley Drive, ✆ 604/980-9255 oder 1-877/787-3813, 🖳 www.bedandbreakfasts.bc.ca. Zwei Zimmer mit Waldblick im Lynn Canyon Park. Anfahrt über Hwy 1, Exit 19 oder 21. Eigener Eingang, aber Bad und Wohnzimmer/Küche werden gemeinsam genutzt. ❸

Best Western Capilano Inn & Suites, 1634 Capilano Rd, ✆ 604/987-8185 oder 1-800/644-4227, 🖳 www.bestwesterncapilano.com. Eines von mehreren Kettenmotels unmittelbar östlich der Lions Gate Bridge. 74 Zimmer, für $20 extra mit Küchenzeile, außerdem Wäscheservice, Restaurant und Pool unter freiem Himmel. ❹

The Grouse Inn, 1633 Capilano Drive, ✆ 604/988-7101 oder 1-800/779-7888, 🖳 www.grouseinn.com. Einen Block östlich der Lions Gate Bridge und einen Block südlich von Hwy 1 am Exit 14. Zur Auswahl stehen 80 Zimmer und verschiedene teurere Suiten mit Küchenzeile. ❺

Holiday Inn Express, 1800 Capilano Rd, ✆ 604/987-4461, 1-800/663-4055 oder 1-800/HOLIDAY, 🖳 www.hiexpressnv.com. Einen Block nördlich der Kreuzung Capilano Rd und Marine Drive. Einige Zimmer mit Küche und/oder Mikrowelle und Kühlschrank, kleines Frühstück inklusive. ❺

Lonsdale Quay Hotel, 123 Carrie Cates Court, ✆ 604/986-6111 oder 1-800/836-6111, 🖳 www.lonsdalequayhotel.com. Geschmackvoll eingerichtete Zimmer in einem Hotel am Lonsdale Quay direkt über dem gleichnamigen Markt mit fabelhaftem Blick auf den Hafen. Die Fahrstühle führen vom Markt direkt zur Rezeption im 2. Stock. Laut Aushang beginnen die Zimmerpreise in der Nebensaison bei $80, doch zahlt man wahrscheinlich eher bis $225. ❼

Lynn Canyon B&B, 3333 Robinson Rd, ✆ 604/986-4741, 🖳 www.vancouverinn.com. Haus im Tudor-Stil mit zwei Gästezimmern, 13 km vom Zentrum entfernt in reizvoller Garten- und Waldumgebung nicht weit vom 250 Hektar großen Lynn Canyon Park mit ausgedehnten Wanderwegen. ❹

Mountainside Manor, 5909 Nancy Greene Way, ✆ 604/990-9772 oder 1-800/967-1319, 🖳 www.mtnsideaccom.com. Etwas abseits der Straße zum Grouse Mountain; Hwy 1 an der Ausfahrt Capilano Rd North verlassen und ca. 2,5 km der Beschilderung zum Grouse Mountain folgen. Ultramodernes Haus mit vier hellen und luftigen B&B-Zimmern. Die besten sind der *Panorama Room* mit Jacuzzi und Blick auf Stadt, Berge und Pazifik bis Vancouver Island und der *City Room* mit Himmelbett und Blick auf die Skyline von Vancouver. ❺

Park Royal Hotel, 540 Clyde Ave, nahe der Kreuzung Marine Dr und Taylor Way, ✆ 604/926-5511 oder 1-800/877-926-5511, 🖳 www.parkroyalhotel.com. Gebäude im Tudor-Stil, liegt durch Gärten von der Außenwelt abgeschirmt schräg gegenüber dem riesigen Park Royal Shopping Centre direkt am Fluss (Gäste können sogar auf dem Gelände Lachse angeln). Angesichts von nur 30 Zimmern ist die Atmosphäre intimer als in den nahe gelegenen Motels, außerdem sorgen ein sympathischer English Pub und das Restaurant *Tudor Room* für das leibliche Wohl. ❼

Thistledown House B&B, 3910 Capilano Rd, 📞 604/986-7173 oder 1-888/633-7173, 🖳 www.thistle-down.com. Altes Gebäude von 1920 östlich des Capilano River Park und nahe dem Edgemont Blvd. Hübscher Garten, gute Möglichkeiten zum Wandern in der Nähe, geschmackvoll renovierte und mit Antiquitäten ausgestattete Zimmer mit Bad. Komplettes Frühstück und Nachmittagstee inklusive. ❻

Travelodge Vancouver Lions Gate, 2060 Marine Drive, 📞 604/985-5311 oder 1-800/578-7878, 🖳 www.lionsgatetravelodge.com. Aufgrund der exponierten (aber auch günstigen) Lage zwischen der Lions Gate Bridge und Capilano Rd kann es in diesem Kettenmotel mit 61 Zimmern etwas lauter werden. Vor kurzem renoviert, klimatisierte Zimmer, Pool im Freien freiem Himmel und vernünftige Preise. ❸

HOSTELS – In Vancouver gibt es drei gute Hostelling International (HI) **Hostels** und ein paar weitere vernünftige private Hostels. Auf jeden Fall ist davon abzuraten, in den schmutzigen, schlecht geführten und teilweise sogar gefährlichen „Hotels", „Hostels" oder „Pensionen" – insbesondere in der Hastings St, ein paar Blocks beiderseits der Main St – abzusteigen. Neben den HI-Unterkünften bietet auch das *Vanier Hostel* der **University of British Columbia** im Sommer relativ preiswerte Unterkünfte an. Allerdings liegt die Universität weit vom Zentrum entfernt.

Cambie International Hostel Gastown, 300 Cambie St, Ecke Cordova St, 📞 604/684-6466 oder 1-888/395-5335, 🖳 www.cambiehostels.com. Privates Hostel in Vancouvers ältestem Hotel und Pub von 1897 direkt hinter den Hauptstraßen von Gastown, somit viel bessere und zentralere Lage als viele andere Hostels. Betten in 2-, 4- und 6-

Bett-Zimmern, Gepäckaufbewahrung, Unterstellplätze für Fahrräder, Waschküche, aber keine Kochgelegenheit. Im Erdgeschoss befindet sich das zu Recht beliebte und preiswerte Grillrestaurant *Cambie Saloon & Grill* mit netter Terrasse, ist aber ein potenzieller Störfaktor für die Nachtruhe. Ebenfalls zu empfehlen ist der zum Hostel gehörende *General Store & Bakery*, ein nahe gelegener Laden mit günstigen Preisen in der 312 Cambie St. Dorm-Bett $20 p.P. (Okt–April $17,50), privates 2- oder 4-Bett-Zimmer $22,50 p.P. (Nebensaison $20). Wochentarife möglich, keine Sperrstunde.

Cambie International Hostel Seymour, 515 Seymour, Ecke W Pender St, 📞 604/684-7757 oder 1-888/395-5335, 🖳 www.cambiehostels.com. Das zweite, neuere, ruhigere und zentralere der Cambie-Häuser (ein drittes befindet sich auf Vancouver Island). Ähnlich wie im Gastown-Hostel (s.o.) achtet das Management sehr darauf, dass die Räume in diesem historischen Gebäude angenehm, sicher und gut gepflegt sind. Waschküche, Gepäckaufbewahrung, Internet-Zugang, Essen und Trinken im *Big Dog Deli/Café* und in der *Malone's Bar & Grill* nebenan. 4-Bett-Dorm $20 p.P. (Nebensaison $18,50), 2-Bett-Dorm $22,50 p.P. ($20). Keine Sperrstunde.

Central Station Hostel, 1038 Main St, 📞 604/681-9118 oder 682-2441 oder 1-800/434-6060, 🖳 www.centralstationhostel.com. Das Hostel in recht zwielichtiger Lage unweit des Hauptbahnhofs eröffnete 2001 im ehemaligen *Ivanhoe Hotel*. Alle 104 Zimmer haben Waschbecken, Kühlschrank und TV, außerdem gibt es Internet-Zugang und ein preiswertes Restaurant mit Bar (Pool-Billard und Darts). 6-Bett-Dorm $16 ($90 pro Woche), DZ ab $32, EZ $40.

C&N Backpackers Hostel, 927 Main St, 📞 604/682-2441 oder 1-888/434-6060, 🖳 www.cnnbackpackers.com. Der bekannte Anlaufpunkt für Backpacker wurde renoviert, umbenannt (hieß früher *Vincent's*) und unter neuer Leitung erheblich verbessert. Ein Schmuckstück ist es aber nach wie vor nicht, und auch die Lage abseits allen Geschehens am östlichen Rand des Zentrums ist nicht gerade verlockend; lediglich die Pacific Central Station und der 150 m entfernte Busbahnhof sind leicht zu erreichen. Gute Anbindung besteht jedoch an die SkyTrain Station und die ins Zentrum fahrenden Busse Nr. 3 oder 8. Es empfiehlt sich, früh zu buchen bzw. anzukommen. 3- oder 4-Bett-Dorm $16, EZ und DZ $40, Wochentarife möglich. Keine Sperrstunde, ☉ Büro 8–24 Uhr.

Global Village Backpackers, 1018 Granville St, Ecke Nelson St, ✆ 604/682-8226 oder 1-888/8447875, ☐ www.globalbackpackers.com. Ebenso erfolgreich wie das Global Village Hostel in Toronto. Frisches, helles Hostel in zentraler Lage in der Granville St, etwas abseits der zwielichtigeren Abschnitte der Straße, aber keine ruhige Gegend. 250 Betten in 2- oder 4-Bett-Zimmern. Angeboten werden ein kostenloser Shuttle-Bus vom Bahnhof und Busbahnhof, sichere Schließfächer, moderne Küche und Gemeinschaftsbereich, Spielraum und Internet-Zugang. Ab $21 pro Person, DZ ab $59. Keine Sperrstunde.

Vancouver Central Hostel (HI), 1025 Granville St, ✆ 604/685-5335 oder 1-888/203-8333, ☐ www.hihostels.ca. Vancouvers neustes und elegantestes HI-Hostel in der belebten Granville St hat nichts mehr mit den bescheidenen Zuständen in den Jugendherbergen vergangener Zeiten gemein. Es gibt 226 Betten in privaten DZ mit TV und Bad, 4-Bett-Dorms und Klimaanlage in den meisten Zimmern. Familienzimmer sind ebenfalls erhältlich. Küche, Pub, Leseraum und Shuttle-Transport zu den anderen HI-Hostels der Stadt und zur Pacific Central Station. Check-in 12 Uhr, Check-out 11 Uhr, Dorm-Bett ab $20 für Mitglieder, sonst $24, private DZ ab $57.

Vancouver Downtown Hostel (HI), 1114 Burnaby St, Ecke Thurlow St, ✆ 604/684-4565 oder 1-888/203-4302, ☐ www.hihostels.ca. In einem ehemaligen Nonnenkloster und Krankenhaus im West End. 223 Betten in Privatzimmern und Dorms mit maximal vier Betten. Fahrradverleih und Aufbewahrungsraum, Waschküche, Küche, Internet-Zugang und Schließfächer. 24 Std. geöffnet, keine Sperrstunde. Kostenlose Shuttle-Verbindung (zu erkennen an blauem HI-Logo) zwischen dem Hostel, dem Jericho Beach Hostel (s.u.) und dem Pacific Central Zug- und Busbahnhof. Das Hostel gibt telefonische Auskunft über Ankunft des nächsten Busses. Check-in 24 Std., Check-out bis 11 Uhr, Reservierung unumgänglich. Dorm-Bett $20 für Mitglieder, sonst $24, DZ ab $55 für Mitglieder, sonst $64. Keine Sperrstunde.

Vancouver Jericho Beach Hostel (HI), 1515 Discovery St, Nähe NW Marine Dr, ✆ 604/224-3208 oder 1-888/203-4852, ☐ www.hihostels.ca. Kanadas größtes HI-Hostel in hervorragender, sicherer Lage, umgeben von Grünflächen am Jericho Beach südlich des Zentrums. Weil die 286 Betten in einer ehemaligen Kaserne häufig schnell ausgebucht sind, wird der Aufenthalt im Sommer manchmal auf 3 Tage begrenzt. Dorm-Betten und 10 sehr begehrte Privatzimmer (bis 6 Pers.), auch Familienzimmer erhältlich. Ausgestattet mit Küche, Café mit Schanklizenz (☉ April–Okt) Fahrradverleih, Gepäckaufbewahrung, Schließfächer, Internet-Zugang und ausgezeichneter Cafeteria. Check-in 24 Std., Dorm-Bett $18 für Mitglieder, sonst $22, DZ $51 für Mitglieder, sonst $61, z.T. kostenlose Schlafgelegenheit gegen Mitarbeit. Keine Sperrstunde, zwischen 23 und 7 Uhr ist allerdings Ruhe erwünscht.

YMCA Hotel-Residence, 733 Beatty St, zwischen Georgia und Robson St, ✆ 604/895-5830 oder 1-800/633-1424, ☐ www.ywcahotel.com. Vancouvers größtes „Y" steht Frauen, Männern, Paaren und Familien offen und ist die beste preiswerte Unterkunft der Stadt. Das hervorragende Haus wurde 1995 in günstiger Lage im östlichen Zentrum nahe der faszinierenden Zentralbibliothek errichtet, nur 5 Min. zu Fuß von der SkyTrain Station Stadium entfernt. Sehr komfortable, auf 11 Etagen verteilte Zimmer, insbesondere für kleinere Gruppen geeignet. Bad im Zimmer oder auf dem Flur oder Gemeinschaftsbad. Keine Dorm-Betten, die meisten Zimmer haben TV, einige auch Küchenzeile, außerdem gibt es Sporteinrichtungen, Kochgelegenheit, Internet-Zugang, Aufenthaltsräume, Klimaanlage, Wäscheservice, eine preiswerte Cafeteria und Zimmer mit Miniküche. Check-in ab 15 Uhr, Check-out bis 11 Uhr. Es gelten drei Preiskategorien für die verschiedenen Zimmertypen: A (Mitte Okt–April), B (Mai) und C (Juni–Mitte Okt). EZ $49/51/57, DZ $56/64/69 mit Gemeinschaftsbad oder $75/98/113 mit eigenem Bad, 3-Bett-Zimmer mit Gemeinschaftsbad $73/92/99, 4-Bett-Zimmer (zwei Doppelbetten) ab $84/113/132 plus $5 für jeden zusätzlichen Erwachsenen.

CAMPING – Die Kommunalverwaltung einer Stadt wie Vancouver, die für die Schönheit ihrer

Umgebung und für ihre zahlreichen Outdoor-Aktivitäten berühmt ist, stellt sich kein gutes Zeugnis aus, wenn sie nicht in der Lage ist, für Campingmöglichkeiten in der Nähe des Stadtzentrums zu sorgen. Die wenigen Plätze, die es nahe Vancouver gibt, lohnen kaum die Erwähnung. Wer ein Zelt oder sein Wohnmobil aufstellen möchte, muss nach North Vancouver oder in die Vororte Richmond und Burnaby ausweichen – allesamt Orte, an denen man sonst kaum campen würde.

Burnaby Cariboo RV Park, 8765 Cariboo Place, Burnaby, ☎ 604/420-1722, 🖳 www.bcrvpark. com. Das mit 237 Stellplätzen ausgestattete Gelände gut 15 km östlich des Stadtzentrums ist luxuriös ausgestattet: überdachter Pool, Whirlpool, Waschküche, kostenlose Duschen und kleiner Laden. Eigener Bereich zum Zelten abseits der Caravanstellplätze. Anfahrt über Hwy 1, Abfahrt Nr. 37 auf Gaglardi Way, an der Ampel rechts, danach gleich wieder links abbiegen. Die nächste rechts ist Cariboo Place. ◷ ganzjährig, $25–39,50.

Capilano RV Park, 295 Tomahawk Ave, North Vancouver, ☎ 987-4722, 🖳 www.capilanorvpark. com. Recht unattraktiver Platz, der eher nach Parkplatz aussieht denn nach grüner Wiese, dafür aber Vancouvers zentralster Platz für Caravans und Zelte am nördlichen Ende der Lions Gate Bridge und nur wenige Gehminuten vom Park Royal Shopping Centre entfernt. Abfahrt auf die Capilano Rd S oder Hwy 99 hinter der Lions Gate Bridge. Kompletter Service für Wohnmobile, dazu Pool, kostenlose Duschen, Waschräume, Waschküche, Eis und Wasser. Reservierungen mit Kaution Juni–Aug erforderlich. $29,68–40,28.

Park Canada Recreational Vehicles Inn, 4799 Hwy 17, Delta, ☎ 604/943-5811 oder 1-877/943-0685, 🖳 www.parkcanada.com. Günstige Lage zum südwestlich gelegenen Anleger für die Tsawwassen-Fähre. Gelände mit 145 Stellplätzen, Teil- oder Vollservice für Caravans und einige separate Stellplätze für Zelte. Kostenlose Duschen, Waschräume, Wäscheservice, beheizter Pool und Lebensmittelladen. Nebenan gibt es eine Wasserrutsche und einen Golfplatz. Zelt $18,50, Caravan $21–27,50.

Peace Arch RV Park, 14601-40 Ave, Surrey, ☎ 604/594-7009, 🖳 www.peacearchrvpark.com.

Der Platz ist Vancouver kaum noch zuzurechnen, liegt er doch rund 30 km südöstlich des Zentrums nahe der Kreuzung von Hwy 99 und King George Highway. Er eignet sich allerdings gut für eine letzte Ruhepause vor Vancouver, wenn man aus den USA angereist kommt. 250 Zelt- und Caravanstellplätze für $18,50–27,50 mit komplettem Service, außerdem Spieleraum und Pool.

Richmond RV Park and Campground, 6200 River Rd, Höhe Hollybridge und River Road, Richmond, ☎ 604/270-7878, 🖳 www.richmondrvpark.com. Von der Lage her (14 km außerhalb des Zentrums) der beste Platz für Wohnmobile. Bietet die üblichen Einrichtungen einschließlich kostenloser Duschen, aber keine Stellplätze für Zelte. Anfahrt über Hwy 99 N bis Ausfahrt Westminster Hwy (Exit #36), dann der Beschilderung folgen. Stellplätze $17–27, ◷ April–Okt.

Essen

Die Restaurants von Vancouver zählen zu den besten in ganz Kanada. Ob gut oder weniger gut betucht, hier kommt jeder auf seine Kosten. An unzähligen Orten wird vorzügliches Essen zu angemessenen Preisen serviert. Erwartungsgemäß herrscht in der Stadt auch kulinarisch eine große ethnische Vielfalt.

Die **chinesische** und **japanische** Küche sind am stärksten präsent – letztere ist unter Umständen jedoch sehr teuer – gefolgt von **italienischen**, **griechischen** und anderen europäischen Varianten. Die erst später hinzugekommenen **vietnamesischen** und **thailändischen** Restaurants eignen sich am besten für hungrige Besucher, die den Gürtel etwas enger schnallen müssen. Überraschenderweise sind **Seafood**-Restaurants eher rar gesät. Allerdings sind die wenigen, die es gibt, hervorragend und oft erschwinglich. In jedem Fall tauchen Fischspezialitäten, insbesondere Lachs, auf den meisten Speisekarten auf. Auch **Vegetarier** kommen in der Stadt keineswegs zu kurz.

In der Nähe der Strände, in den Parks, im Zentrum sowie insbesondere auf Granville Island wimmelt es von **Cafés**. In vielen davon werden neben Kaffee und Snacks auch kleine Mahlzeiten angeboten. Außerdem gibt es in der Stadt eine enorm vielfältige Auswahl an **Kneipen**, viele davon etwas empfehlenswerter als die einfachen Spelunken und imitierten Pubs in den übrigen Teilen von BC. Dabei sind die Definitionen von Kneipe, Café, Restaurant und Nachtclub oftmals nicht klar abgrenzbar. Essen in der ein oder anderen Form – in der Regel kräftige Kost – wird in den meisten Häusern angeboten, und Cafés und Restaurants mit Tagesbetrieb verwandeln sich nachts oft in lebendige Kneipen.

CAFÉS UND SNACKS – Das Straßenbild von **Little Italy**, der Gegend um den Commercial Drive, zwischen Venables und Broadway, ist gekennzeichnet von preiswerten, lebendigen und angesagten Cafés. Im Zuge neuer Einwanderungswellen verwandelt sich Little Italy allerdings zunehmend in „Little Vietnam" und „Little Nicaragua". Auch das größtenteils als Wohngebiet genutzte **West End**, insbesondere die Gegend um die Denman und Davie St – Vancouvers „Gay Village" – erlebt einen Boom und bietet eine immer interessantere Auswahl an Geschäften und Restaurants.

Bavaria, 203 Carrall St, einfaches Café in Gastown ohne besondere Ausstattung, einige Tische im Freien am Maple Tree Square, fast unmittelbar vor der Statue von Gassy Jack. Besonders empfehlenswert ist das preiswerte ganztägige Frühstück. Etwas exklusiver präsentiert sich das schöne *Pistol Burnes-Café* an der Ecke rechts mit weitaus mehr Plätzen draußen sowie das *Blake's* (s.u.) und *The Irish Heather* – beide ganz in der Nähe gelegen.

Blake's, 221 Carrall St, nahe Water St, eines von mehreren gemütlichen, entspannten Cafés in diesem Teil der Carrall St in Gastown, serviert Kaffee, Sandwiches und Snacks. Gut geeignet zum Ausruhen, Postkartenschreiben oder Zeitunglesen.

Boulangerie la Parisienne, 1076 Mainland St, nahe Helmcken St, Café und Bäckerei in Yaletown mit auffällig hübschem Innenraum ganz in Blau, macht seinem Namen alle Ehre und verströmt im Sommer einen Duft von Frankreich.

Bread Garden, 1040 Denman St, Ecke Comox St, ✆ 604/685-2996, in Kitsilano, 1880 W 1st, Ecke Cypress, und 812 Bute St, Zentrum, von Robson St um die Ecke. Einheimische beschweren sich

gerne über die langsame Bedienung. Das Essen in diesen überaus angesagten Deli-Cafés zählt allerdings zum geschmackvollsten und ästhetischsten, was die Stadt zu bieten hat. Es eignet sich hervorragend zum Leutebeobachten. 12 Filialen in Vancouver und der Umgebung. Empfehlenswert.

Capers, 1675 Robson St, zwei weitere Filialen in West Vancouver und 2285 West 4th Ave. Tadelloser Supermarkt mit zahlreichen Bioprodukten, die auch als Sandwiches und Snacks im dazugehörigen Café bestellt werden können.

Flying Wedge, 3499 Cambie St, ✆ 604/874-8284, bester Pizzaimbiss: preiswerte Pizzastücke mit dünnem Teig, kein Alkohol, fünf Verkaufsstellen, darunter Library Square (nur Mittagessen), Cornwall Ave (nahe Kits Beach) und unmittelbar südlich von der Burrard Street Bridge.

Gallery Café, Vancouver Art Gallery, 750 Hornby St, entspanntes, stilvolles und angenehm künstlerisch angehauchtes Café im Herzen des Zentrums. Angeboten werden Kaffee, gutes Mittagessen sowie gesundes, qualitätsvolles Essen, insbesondere Desserts. Beliebte Sommerterrasse. Empfehlenswert.

Hamburger Mary's, 1202 Davie St, zwischen Bute und Jervis St, ✆ 604/687-1293, serviert die wohl besten Burger der Stadt und vieles mehr. Geeigneter Diner im West End, um den Abend mit einem Snack ausklingen zu lassen. Bei schönem Wetter Sitzplätze im Freien. Geöffnet bis ca. 3 Uhr. Empfehlenswert.

La Luna Café, 117 Water St, zwischen Cambie und Abbot St, im Zentrum von Gastown, hebt sich aber von den gewöhnlichen touristischen Cafés in diesem Teil der Stadt ab.

The Only Café, 20 E Hastings, Ecke Carrall St. Diese berühmte Institution von Vancouver serviert seit 1912 Fischgerichte – wahrscheinlich die besten der Stadt – mit Kartoffeln. Ein Ausflug in den zwielichtigen Teil der Stadt lohnt sich, um neben dem Essen die Atmosphäre einer früheren Zeit zu genießen. Ausgestattet mit Barhockern, keine Toiletten, keine Kreditkarten, keine Konzession und keine Diskussionen mit der Bedienung. ◷ Mo–Sa 11–20 Uhr.

Sophie's Cosmic Café, 2095 W 4th Ave, Ecke Arbutus St, ✆ 604/732-6810, exzellenter Diner im Stil der 50er Jahre, Institution in Kits, besonders beliebt ist das Frühstück an Wochenenden und das Mittagessen unter der Woche. Riesige, gut gewürzte Burger, Milchshakes und enorme Frühstücksportionen.

Terra Breads, im *Granville Island Public Market* und weitere Filialen. Spezialität sind die hervorragenden Bauern- und Vollkornbrote mit schwarzen Oliven, Rosmarin, Focaccia, Käse, Zwiebeln, Roggen, Rosinen, Trauben, Pinienkernen und weiteren Variationen.

RESTAURANTS – Speiselokale sind über die ganze Stadt verteilt, in North und West Vancouver jedoch zahlenmäßig nicht ganz so stark vertreten. Wer in der Nähe des Zentrums bleiben möchte, sollte sorgfältige Erkundigungen über die Lokale einholen. Die Restaurants in Gastown sind von ein paar Ausnahmen abgesehen auf Touristen ausgerichtet und stehen so im deutlichen Gegensatz zu der verwirrenden Vielzahl von authentischen und erschwinglichen Optionen in Chinatown. Im Zentrum gibt es viele Ketten und eine riesige Auswahl – insbesondere an feudalem Essen und Fast Food.

Die im Jahre 1928 gegründete einheimische *White Spot*-Kette zählt etwa 30 Lokale in Vancouver und serviert annehmbares Fast Food für wenig Geld. Zentral liegt die Filiale zwischen Seymour und Granville St, 1616 W Georgia St. Bessere Ketten, wie z.B. *Earl's* und *Milestones,* sind sehr zu empfehlen und ermöglichen einen zuverlässigen Gaumenschmaus unmittelbar an der Robson St (s.S. 273 „West Coast"-Küche). Das alte Lagerhallenviertel um **Yaletown,** Teil der neuen südöstlichen Ausdehnung des Zentrums, ist auch eine bekannte, ständig sich weiterentwickelnde Gegend für Restaurants und das Nachtleben. Ähnliche Angebote säumen die 4th Ave in Kitsilano und den angrenzenden West Broadway. Allerdings liegen diese ein ganzes Stück vom Zentrum entfernt. Am besten eignen sie sich zum Mittagessen nach einem Besuch am Strand oder in den nahe gelegenen Museen im Vanier Park.

Chinesisch: **Floata Seafood Restaurant**, 400-180 Keefer St, ✆ 604/602-0368, 🖥 www.floata.com. Kanadas größtes China-Restaurant und eine der beliebtesten Adressen der Stadt für Dim Sum.

Trotz der Größe (der Hauptspeisesaal nimmt fast einen Straßenblock ein) nicht leicht zu finden, denn es liegt im 3. Stock einer Mall nahe dem Dr Sun Yat-Sen Garden. Zum Mittagessen locken vor allem die Dim Sums, die auf Speisewagen von unzähligen Kellnerinnen den Gästen zur Auswahl angeboten werden, zum Abendessen werden die Speisen ausgefallener und entsprechend teurer.

Hon's Wun-Tun House, 108-268 Keefer St, Ecke Gore St, ✆ 604/688-0871, begann als billiges, einfaches und beliebtes Gasthaus, bekannt für seine Spezialitäten des Hauses: „Potstickers" – gebratene Klöße mit Fleischfüllung – und mehr als neunzig Suppen, z.B. mit Fischbällchen und Schweinefüßen. Mit dem Erfolg kamen weitere Filialen und etwas mehr Eleganz, aber die ermunternden Warteschlangen, das gute Essen und die niedrigen Preise sind glücklicherweise unverändert geblieben. Kein Alkohol, keine Kreditkarten.

Imperial Chinese Seafood Restaurant, 355 Burrard St, nahe Pender St, ✆ 604/688-8191, 🖥 www.imperialrest.com. Eindrucksvolles und feudales Restaurant im alten Marine Building mit schöner Aussicht, stark frequentiert, serviert gute, aber teure Speisen.

Kirin Mandarin, 1166 Alberni, nahe Bute St, ✆ 604/682-8833, 🖥 www.kirinrestaurant.com. Gehobene und elegante Ausstattung, eine völlig andere Welt als die traditionelle Chinatown. Exzellentes Essen für viel Geld, als Gegenleistung großartiger Blick auf die Berge.

Pink Pearl, 1132 E Hastings, nahe Glen St, ✆ 604/253-4316, 🖥 www.pinkpearl.com. Groß, geschäftig und traditionsbewusst, vermittelt sehr authentische Atmosphäre, allerdings in einem schäbigen Stadtteil gelegen. Erschwingliches Essen mit kantonesischem Touch, leckere Fischgerichte und Dim Sum. Geht aus Umfragen häufig als bestes chinesisches Restaurant der Stadt hervor. Empfehlenswert.

Shanghai Chinese Bistro, 1128 Alberni St, Ecke Thurlow St, ✆ 604/683-8222, moderne, weniger protzige und erschwingliche Alternative zum *Imperial,* wenn man im Zentrum chinesisch essen will. Ein Muss sind die hausgemachten Nudeln. ⏰ bis 2–3 Uhr.

Wild Rice, 117 West Pender St, ✆ 604/642-2882, 🖥 www.wildricevancouver.com. Westliche Annäherung an die chinesische Küche durch den ehemaligen Chefkoch des *Bin 941* (s.S. 275). Gerichte und Zutaten aus ganz China werden hier verfeinert und auf den kanadischen Gaumen zugeschnitten. Von kleinen Appetithäppchen bis zu großen Platten für mehrere Personen – alles in guter Qualität zu vernünftigen Preisen. Kleine, aber feine Weinkarte und gute Auswahl an Tees.

Italienisch: *Allegro Café*, 1G-888 Nelson St, 604/683-8485. Wenig verheißungsvolle Lage im Erdgeschoss eines Bürogebäudes gegenüber dem Gerichtskomplex, aber im Innern nach kürzlicher Renovierung warm und romantisch. Ausgezeichnete italienische und mediterrane Küche bei gutem Preis-Leistungs-Verhältnis für Downtown. Ein Drink an der Bar bietet gute Gelegenheiten zum Beobachten von Leuten, denn das Lokal ist ein beliebter Treff von Anwälten und smarten Yuppies. Großartige Suppen, exotische Pasta und ambitionierte Hauptgerichte, z.B. gebratene Heilbuttmedaillons in Apfel-Fenchel-Buttersauce mit Selleriechips.
CinCin, 1154 Robson St, Ecke Bute St, 604/688-7338, www.cincin.net. Exzellente Wahl im Zentrum, stilvolles und lebendiges Ambiente, im Sommer möglichst einen Tisch im Freien reservieren, gutes Essen entsprechend den etwas höheren Preisen, exzellente hausgemachte Pasta und Desserts. Eine der besten Weinkarten der Stadt.
Da Pasta Bar, 1232 Robson St, zwischen Jervis und Bute St, 688-1288, verdientermaßen sehr beliebter Anlaufpunkt mit moderaten Preisen und gemischter Kundschaft, sehr auffällige Unterbringung im Zentrum. 6 Pasta-Sorten und 14 fantasievolle Saucen und Kombinationen. Zum Mittagessen geeignet.
Il Giardino di Umberto, 1382 Hornby St, Ecke Pacific St 604/699-2422, www.umberto.com. Serviert überragendes und entsprechend teures Essen, vornehmlich Pasta und Wild. Smartes Publikum in den Dreißigern. An Wochenenden unbedingt reservieren, insbesondere auf der schönen von Weinreben gesäumten Terrasse im Freien.
The Old Spaghetti Factory, 55 Water St, Ecke Abbot St, 604/684-1288, gehört zu einer preiswerten Kette, keine *haute cuisine*, aber günstig

in Gastown gelegen und nicht so touristisch wie es von außen aussieht, großzügiger 20er Jahre-Innenraum im Tiffany-Stil.
Piccolo Mondo, 850 Thurlow St, Ecke Smithe St, 604/688-1633, www.piccolomondoristorante.com. Teures, aber exzellentes Essen und preisgekrönte Auswahl an italienischen Weinen. Schöner, unaufdringlicher Essraum, direkt um die Ecke von der Robson St, nicht so formell wie es im ersten Augenblick den Anschein hat. Geschäftsleute zur Mittagszeit und verliebte Paare am Abend. Empfehlenswert.
Villa del Lupo, 869 Hamilton St, nahe Smithe St, 604/688-7436, www.villadellupo.com. Authentisches und teures qualitativ hochwertiges Essen in einem renovierten Landhaus – einfach und elegant – am östlichen Rand des Zentrums auf halbem Wege zwischen Bibliothek und Yaletown: Bestes *Osso Bucco* in ganz Vancouver.

Französisch: *Cioppino's Mediterranean Grill*, 1133 Hamilton St, 604/688-7466, www.cioppinosyaletown.com. Einladendes Restaurant mit gemütlicher Kirschholzeinrichtung in günstiger Yaletown-Lage. Französisch-italienisch beeinflusste, nicht gerade billige Gerichte. Wer das Essen zu teuer findet, kann sich auf einen Drink in der gleichnamigen Weinbar nebenan beschränken.
The Hermitage, 115-1025 Robson St, nahe Thurlow St, 604/689-3237, www.thehermitagevancouver.com. Warme Backsteinwände, ein großer Kamin, adrette Tischdecken, französisch sprechende Kellner und Hinterhofambiente verleihen diesem zentral gelegenen, äußerst renommierten Restaurant eine gemütliche, fast europäische Atmosphäre. Der Koch stand einst im Dienste von König Leopold von Belgien und ist dementsprechend ein absoluter Fachmann – die Zwiebelsuppe ist unschlagbar.
Le Crocodile, 100-909 Burrard St, Eingang an der Smithe St, 604/669-4298, www.lecrocodilerestaurant.com. Exklusives plüschiges, französisch-elsässisches Bistro macht *Bishop's* (siehe unten) seinen Titel als bestes Restaurant der Stadt streitig, anders als der Rivale zentrale Lage. Gleichermaßen traditionelle und abenteuerliche Speisen. Essen, das man nicht so

schnell vergisst – allerdings nichts für Leute mit niedrigem Kreditlimit.

Le Gavroche, 1616 Alberni St, Ecke Cardero St, ℡ 604/685-3924. Das preislich vergleichbare *Le Crocodile* heimst vielleicht den kulinarischen Beifall ein, doch dieses andere französische Top-Restaurant mit Westküsten-Touch folgt ihm auf dem Fuße. Förmliche, aber sympathische Atmosphäre, eines der romantischsten Restaurants der Stadt.

Lucy Mae Brown, 862 Richards St, ℡ 604/899-9199. Das intime Restaurant zählt nicht zuletzt wegen seiner moderaten Preise zu den beliebtesten der Stadt. Der Name geht auf die Besitzerin eines ehemaligen Bordells auf dem Gelände zurück. Attraktiv in Blautönen eingerichtet, hohe Decken, die Speisekarte wechselt mit den Jahreszeiten, ist aber stets französisch-herzhaft mit Westküsten-Einschlag. Im Keller gibt es eine versteckte, clubartige kleine Bar, die erst spät öffnet und eine einfachere Speisekarte bietet. Mo–Sa nur Abendessen.

Lumière, 2551 W Broadway, nahe Trafalgar St, Kitsilano, ℡ 604/739-8185, 🖥 www.lumiererestaurant.ca. Von einheimischen Restaurantkritikern in den letzten Jahren zweimal zu Vancouvers bestem Restaurant gekürt. Moderne französische Küche, etwas leichter als im *Le Crocodile*, aber ähnlich teuer. Vom Zentrum mit dem Taxi zu erreichen, lediglich 50 Plätze im einfachen, aber geschmackvoll eingerichteten Essraum – Reservierung notwendig.

„West Coast"-Küche: **Bishop's**, 2183 W 4th, nahe Yew St, Kitsilano, ℡ 604/738-2025, gilt beständig als eines der besten Restaurants von Vancouver, es liegt allerdings weit vom Zentrum entfernt. Viele Filmstars und VIPs, trotzdem ist jeder willkommen. Leichtes, raffiniertes und modernes hausgemachtes Essen – Zutaten aus Italien sowie vom Pacific Rim – durchaus gerechtfertigte hohe Preise. Einmaliger Trubel, Reservierung unerlässlich.

Blue Water Café, 1095 Hamilton St, ℡ 604/688-8078, 🖥 www.bluewatercafe.net. Großes Restaurant und inzwischen eine der beliebtesten Adressen in Yaletown. Der Grund dafür sind nicht nur Sushi, Fisch- und Seafood-Gerichte, sondern auch die attraktive Terrasse, der lang

gezogene Speisesaal mit Holzbalken und Wänden aus Backsteinen. In der offenen Küche werden großartige Fischgerichte zubereitet, außerdem gibt es eine *Eastern Bar* und eine *Western Bar*, wo Sushi, Ceviche, Kaviar und andere Köstlichkeiten kredenzt werden, während die *Ice Bar* mit eisgekühltem Wodka und frisch gepressten Fruchtsäften lockt. Freundliches Personal, ausgezeichnete Qualität.

Bridges, 1696 Duranleau St, Granville Island, ℡ 604/687-4400, oben nicht zu übersehendes großes gelbes Restaurant, unten Pub und legeres Bistro (beste Wahl), große Sonnenterrasse. Zuverlässiges und sehr beliebtes Lokal auf Granville Island.

C Restaurant, 2-1600 Howe St, nahe Pacific Blvd, ℡ 604/681-1164, neben dem *Fish House* im *Stanley Park* bestes Restaurant für Fischspezialitäten. Umfangreiche Karte mit südostasiatischem Touch. Schöner Ausblick vom Essraum.

Chartwell, im *Four Seasons Hotel*, 791 W Georgia St, ℡ 604/844-6715. Man sollte sich nicht von der Tatsache, dass es sich um ein Hotelrestaurant handelt, abschrecken lassen: edles Ambiente, erinnert fast an einen Gentlemen-Club, geeignet für schicke Garderobe und ausgiebiges Speisen. Guter Service, hervorragende Weine, Essen im angesagten Pacific Rim-Stil, zählt zu den Top 10 Restaurants von Vancouver.

Dive at the Met, im *Metropolitan Hotel*, 645 Howe St, ℡ 604/602-7788, 🖥 www.metropolitan.com. Genau wie das *Chartwell* (s.o.) hebt sich das Restaurant deutlich vom Hotelambiente ab. Eines der führenden Restaurants von Vancouver mit fantasievollen Speisen und modernem, klar gestylten Speisesaal. Ausgezeichneter, wenn auch teurer Tipp für Leckerbissen und Brunch.

Earl's On Top, 1185 Robson St, nahe Bute St, ℡ 604/669-0020. Erste Wahl im Zentrum, mittlere Preise, meist kreativ gestaltetes und qualitativ hochwertiges Essen. Großer, offener und legerer Essraum mit Sonnenterrasse. Empfehlenswert.

Ferguson Point Teahouse, Ferguson Point, Stanley Park, ℡ 604/669-3281, sehr schönes und romantisches Plätzchen mit Blick auf das Meer und den Außenbereich. Beste Möglichkeit zum Mittagessen oder Brunchen im Stanley Park. Reservierung notwendig.

The Fish House at Stanley Park, 2099 Beach Ave, Stanley Park Drive, am nördlichen Ende der Beach Ave, ☎ 604/681-7275. Inmitten von Bäumen in der südwestlichen Ecke des Stanley Parks gleicht das Restaurant einem Landgut. Es serviert wahrscheinlich die besten Fischgerichte der Stadt. Im Angebot Austern und alle nur erdenklichen Fischsorten gebacken, gekocht, gedünstet und gegrillt. Zu empfehlen außerdem die Tagesgerichte. Hervorragende Weine. Teuer, aber lohnenswert.

Isadora's, 1540 Old Bridge St, Granville Island, ☎ 604/681-8816, beliebtes Lokal auf Granville Island, serviert Bier und Essen, allerdings nicht ganz so gut wie *Bridge's*. Leckeres Frühstück, Brunch an Wochenenden und leichte Speisen mit viel Gemüse und Vollwertkost. Zahlreiche Sitzmöglichkeiten draußen, an Wochenenden Warteschlangen und langsamer Service, besonders So beim Brunch. Mittlere Preisklasse.

Liliget Feast House, 1724 Davie St, Ecke Bidwill St, ☎ 604/681-7044. Dieses einheimische Restaurant im West End ist das einzige seiner Art und serviert Essen, das man nirgendwo sonst in der Stadt bekommt, darunter Seetang, gedünsteten Farn, gebratenes Karibu und gegrillte Ente mit Wacholder. Tische und Bänke aus Zedernholz, die an die Salish-Langhäuser an der Küste erinnern, lassen den Essraum ein wenig karg wirken. Mittlere Preisklasse.

Milestone's, 1145 Robson St, zwischen Bute und Thurlow St, ☎ 604/682-4477, und 1210 Denman St, ☎ 604/662-3431. Beliebte Restaurantkette der mittleren Preisklasse, preiswerte Getränke und Speisen, Frühstück besonders zu empfehlen, großzügige Portionen. Filialen im Zentrum (hektisch und laut), nahe dem English Bay Beach am Ende der Denman St (entspannter) und in Yaletown, 1109 Hamilton, Ecke Helmcken St, ☎ 604/684-9112 (beliebt, mit Terrasse im Freien).

Raincity Grill, 1193 Denman St, ☎ 604/685-7337, 🖥 www.raincitygrill.com. Kerzenschein und die Lage im West End nahe der Davie St mit Blick auf die English Bay sorgen hier für romantische Atmosphäre, für den wahren Genuss sorgen jedoch das Essen und der Wein, die beweisen, was BC und der Pazifische Nordwesten kulinarisch zu bieten haben. Die Speisekarte wechselt regelmäßig und und bietet neben Lachs und an-

deren Gerichten mit lokalen Zutaten (viele davon aus biologischem Anbau) auch mindestens vier vegetarische Optionen, alle zu moderaten Preisen. Zu jedem Gericht gibt es eine Weinempfehlung. ◷ tgl. abends, Sa und So auch zum Brunch.

Water Street Café, 300 Water St, Ecke Cambie St, ☎ 604/689-2832, bestes Café-Restaurant in Gastown, nahe der berühmten Dampfuhr. Unbeschwerte, lockere Atmosphäre. Kleine, aber gute Auswahl an Essen. Um die Mittagszeit Reservierung für Tische im Freien empfehlenswert.

Griechisch: Orestes, 3116 W Broadway, zwischen Trutch und Balaclava St, Kitsilano, ☎ 604/738-1941, gutes, einfaches Essen in einem der ältesten griechischen Restaurants der Stadt. Do–Sa Bauchtanz, So Live-Musik.

Ouzeri, 3189 W Broadway, Ecke Trutch St, Kitsilano, ☎ 604/739-9995, freundliches, erschwingliches Restaurant, erste Anlaufstelle vom Hostel bzw. vom Strand in Kitsilano.

Stepho's, 1124 Davie St, zwischen Thurlow und Bute St, ☎ 604/683-2555, West End-Restaurant mit einfachem Innenraum, gutem Essen, effizientem Service. Sehr beliebt. Empfehlenswert.

Indisch: *Vij's*, 1480 W 11th Ave, nahe Granville St, Fairview, ☎ 604/736-6664, in Vancouver unzählige Male als *Best Ethnic Cuisine* ausgezeichnete indianische Küche. Günstige Preise, abwechslungsreiche Karte, auch exzellente vegetarische Mahlzeiten.

Japanisch: Chiyoda, 1050 Alberni St, Ecke Burrard St, ☎ 604/688-5050. Alles hier, sogar die Biergläser, präsentiert sich in japanischem Design. Der schicke, gut besuchte Ort serviert eher gegrillte Leckerbissen *(robata)* als Sushi und lockt zum Mittagessen vor allem japanische Touristen und Geschäftsleute an, zum erschwinglichen Abendessen dann die schickere Gesellschaft.

Ezogiku Noodle Café, 1329 Robson St, Ecke Jervis St, ☎ 604/685-8608, kleines japanisches Nudelhaus, schneller Imbiss im Zentrum. Unglaubliche Warteschlangen, aber rascher Service.

Tojo's, 777 W Broadway, Ecke Willow St, Fairview, ☎ 604/872-8050, serviert schlichtweg das beste japanische Essen – Sushi und mehr – der

Stadt. Besonders zu empfehlen: Thunfisch- und Garnelenklöße mit heißer Senfsauce. Sehr teuer.

Mexikanisch: *Mescalero's*, 1215 Bidwell, zwischen Burnaby und Davie St, ℰ 604/669-2399, sehr beliebtes mexikanisches Latin-Restaurant im West End in passend rustikalem Ambiente mit gewieften jungen Kunden. Mittlere Preisklasse.
Topanga Café, 2904 W 4th Ave, nahe Macdonald St, Kitsilano, ℰ 604/733-3713, kleines, äußerst beliebtes und preislich angemessenes mexikanisches Restaurant, eine Institution in Vancouver.

Südostasiatisch: *Phnom-Penh*, 244 E Georgia St, nahe Gore St, ℰ 604/682-5777, und 955 W Broadway, nahe Oak St, ℰ 604/734-8988, exzellentes, günstiges vietnamesisches und kambodschanisches Essen, insbesondere Fischgerichte. Nette, familienfreundliche Atmosphäre. Empfehlenswert.
Pho Hoang, 3610 Main St, Ecke 20th, ℰ 604/874-0810, und 238 E Georgia St, nahe Gore St, ℰ 604/682-5666, erstes und vielleicht freundlichstes der vielen vietnamesischen Pho-(Rindfleischsuppen)-Restaurants, die zurzeit in der Stadt wie Pilze aus dem Boden sprießen. Unglaubliche Vielfalt an Suppen, gewürzt mit Kräutern, Chili und Limonen. Geöffnet zum Frühstück, Mittag- und Abendessen. Neue Filiale in Chinatown direkt neben dem *Phnom-Penh* (s.o.).
Simply Thai, 1211 Hamilton St, Ecke Davie St, ℰ 604/642 0123, schlicht modernes, einladendes Restaurant in Yaletown, zwischen 11.30–15 Uhr und abends überfüllt, annehmbare Preise und gutes, authentisches Essen – die Köche stammen allesamt aus Bangkok. Das *Thai Urban Bistro* in der gleichen Straße, 1119 Hamilton St, ℰ 604/408-7788, ist fast ebenso empfehlenswert.

Sonstige Küchen: *Bin 941*, 941 Davie St, West End, ℰ 604/683-1246 und 1521 W Broadway, ℰ 604/734-9421, ⌨ www.bin941.com. Klein, ein bisschen verrückt und immer bis in die Nacht rappelvoll mit Gästen, die von diesen szenigen Bars (der Ableger am West Broadway ist etwas ruhiger) und den besten und preiswertesten Appetithäppchen begeistert sind. Zu den *„Tapatisers"* auf der Speisekarte zählen fantasievoll zubereitete Fisch- und Fleischleckereien mit asiati-

schem oder westlichem Einschlag. ⊙ tgl. 17–2 Uhr.

VEGETARISCH – *The Naam*, 2724 W 4th Ave, nahe Stephens St, Kitsilano, ℰ 604/738-7151, ältestes und beliebtestes vegetarisches Vollwertkost-Restaurant der Stadt. Gemütliches, freundliches Ambiente mit Live-Musik (Folk und mehr), an manchen Abenden wird draußen serviert.
⊙ rund um die Uhr. Günstig und empfehlenswert.

Unterhaltung und Kultur

Nach Sonnenuntergang gibt es in Vancouver viel zu erleben. Die Stadt bietet eine vielfältige, kosmopolitische **Live-Musik-Szene**. Die Clubs sind aufregender als in vielen anderen kanadischen Städten, insbesondere die zwielichtigen alternativen Spelunken der Main Street und Umgebung, am Commercial Drive sowie in den kleinen Seitenstraßen direkt hinter Gastown und Chinatown. Außerdem gibt es eine Auswahl an eleganteren und traditionelleren Clubs, einige Discos sowie eine **Schwulen-** und **Lesbenszene**. Das Nachtleben spielt sich im Sommer ganz im Stil der Westküste meist draußen ab: Straßen und Strände verwandeln sich wie von selbst in Veranstaltungsorte. Dank des warmen Wetters finden in der Stadt eine Reihe von **Festen** statt, bei denen alles vom Jazz bis hin zum Theater geboten wird. Die **darstellenden Künste** sind im kulturbewussten Vancouver erwartungsgemäß stark vertreten.
Ein umfassender Kulturführer ist das donnerstags erscheinende kostenlose Wochenmagazin *Georgia Straight*, ⌨ www.straight.com. das in größeren Geschäften und in den über der ganzen Stadt verteilten Straßenautomaten ausliegt. Es gibt zudem viele andere – allerdings nicht sehr langlebige – kostenlose Zeitschriften, die sich verschiedenen Musikgenres verschrieben haben. Veranstaltungshinweise für ausgewählte Clubs finden im Internet unter ⌨ www.clubvibes.com. Die Website ⌨ www.vancouverjazz.com/directory liefert eine Liste von Jazzclubs ohne Bewertung.
Tickets für größere Veranstaltungen werden über *TicketMaster*, 1304 Hornby St, ⌨ www.

DER SÜDEN BRITISH COLUMBIAS

ticketmaster.ca, ✆ 604/280-4444 für Konzerte, ✆ 280-4400 für Sportveranstaltungen und ✆ 280-3311 für Theateraufführungen, mit 40 Verkaufsstellen in der ganzen Stadt vertrieben. Manchmal werden ermäßigte Tickets wochentags und für Matinees angeboten. Karten zum halben Preis und Last-Minute-Tickets für am selben Tag stattfindende Veranstaltungen gibt es unter 🖥 www.ticketstonight.ca, bei teilnehmenden Veranstaltungsorten und am Schalter im *Tourist-info Centre* in der 200 Burrard St (s.S. 284).

PUBS UND KNEIPEN – *Alibi Room*, 157 Alexander St, zwischen Columbia St und Main St, ✆ 604/623-3383, 🖥 www.alibiroom.com. Diverse Größen aus dem Filmgeschäft haben in diese gnadenlos trendige Bar mit Restaurant investiert. Angelockt wird ein Szenepublikum, das aber nicht zu übertrieben cool ist, um die Atmosphäre dieser guten Bar zu trüben. Im Obergeschoss wird ebenso exzellentes wie gemischtes Essen zu vernünftigen Preisen serviert, unten kann etwas trinken und dann die Tanzfläche unsicher machen.

Arts Club, 1585 Johnston St, Granville Island, ✆ 604/687-1354. Beliebte *Backstage Lounge* – Teil des Theaterkomplexes – mit Blick auf das Wasser, lockere Atmosphäre, gutes Essen und Fr und Sa abends Live-Musik (Blues, Jazz und mehr).

Bar None, 1222 Hamilton St, ✆ 604/689-7000, lebendige, ziemlich elegante und angesagte Yaletown-Kneipe und -Club im New Yorker Stil. Geboten werden Essen, Getränke, TV, Zigarren (begehbarer Klimaschrank), Backgammon, Billard und Live-Musik.

Blarney Stone, 216 Carrall, nahe Water St, ✆ 604/687-4322, lebendiges Irish Pub und Restaurant in Gastown, irische Live-Musik, Tanzfläche. So geschlossen.

Bridges, 1696 Duranleau St, Granville Island, ✆ 604/687-4400. Große Terrasse, konkurriert bei Sonnenschein mit der *Dockside Brewing Company* (s.u.) um den schönsten Ort für einen Drink am Wasser auf Granville Island.

Cloud Nine, im *Empire Landmark Hotel*, 1400 Robson St, Ecke Nicola St, ✆ 604/687-0511. Nicht zu toppender Ausblick vom 42. Stock. Durch die Rotation der der Bar verschiebt sich der Blick-

winkel alle 60 Sekunden um etwa sechs Grad. Fr und Sa muss ein kleiner Obolus entrichtet werden, der sich bei diesem Panorama aber allemal lohnt.

The Cambie, 300 Cambie St, ✆ 604/684-6466. Eine nahe liegende Wahl, wenn man im angegliederten Hostel (s.S. 267) übernachtet, aber die geräumige Bar unter freiem Himmel sorgt mit ihrem billigen Bier dafür, dass auch immer reichlich andere Durchreisende und viele Einheimische einkehren. Im Innern gibt es Pool-Billard.

Cardero's Marine Pub, 1583 Coal Harbour Quay, Cardero St, ✆ 604/669-7666. Kneipe mit Restaurant ungefähr auf halbem Weg zwischen Stanley Park und Burrard St, am Wasser gelegen mit Terrasse, die an kühleren Abenden beheizt wird und tolle Ausblicke auf den Park, die festgemachten Schiffe, den Burrard Inlet und die North Shore bietet.

Darby D. Dawes, 2001 Macdonald St, 4th Ave, ✆ 604/731-0617, in der Nähe von Kits Beach und dem Hostel gelegen. Beliebter Treffpunkt zum Auftakt des Abends, Mahlzeiten von 11.30–19 Uhr, Snacks bis 22 Uhr. Danach bietet sich ein Besuch im *Fairfew* mit Live-Blues (s.S. 278) an. Fr und Sa abends Live-Musik, Sa Nachmittag Jamsession.

Dockside Brewing Company, 1253 Johnston St, Granville Island, ✆ 604/685-7070. Bierfreunde interessieren sich wegen der selbstgebrauten Ales für diese stilvolle Lounge im *Granville Island Hotel*. Die Atmosphäre ist entspannt, das Publikum in den Dreißigern und im Allgemeinen recht betucht. Am frühen Abend geht es hier in der Regel etwas lebendiger zu, im Sommer lockt eine schöne Terrasse im Freien.

Gerard's, 845 Burrard St, Ecke Robson St, ✆ 604/682-5511, gemütliche, holzgetäfelte Lounge und Piano-Bar mit Lederstühlen und Bildteppichen, sehr elegante Bar im Zentrum. Unter den Gästen auch Filmstars.

The Irish Heather, 217 Carrall St, nahe Water St, ✆ 604/688-9779, definitv besser als die gewöhnlichen imitierten Irish Pubs, intime Bar, an manchen Abenden irische Live-Musik, vorzügliches Essen, gutes Guinness (zweitbester Verkäufer des Gebräus in ganz Kanada), hinten überraschend schöner Außenbereich.

La Bodega, 1277 Howe St, nahe Davie St, ℡ 604/684-8815, einer der besten und beliebtesten Läden der Stadt, serviert Tapas und hervorragende Hauptgerichte. Später am Abend überfüllt, vor 20 Uhr da sein. Empfehlenswert. So geschlossen.

Shark Bar & Grill, im *Sandman Hotel*, 180 W Georgia St, ℡ 604/687-4275, beste und meist besuchte „Sportbar" der Stadt mit 30 Bildschirmen, 180 Hockern an der Bar aus Eichenholz, 22 verschiedenen Fassbieren, italienischem Essen und starkem Männerüberschuss.

Sylvia Hotel, 1154 Gilford und Beach Ave, ℡ 604/688-8865, unscheinbare, aber lockere und sehr beliebte Hotelbar mit atemberaubendem Blick auf das Meer, geeignet für ruhige Drinks nach einem Strandspaziergang am English Bay Beach.

Yaletown Brewing Company, 1111 Mainland St, ℡ 604/681-2739, extrem große Kneipe mit Restaurant, nicht zu verfehlen, sechs eigene vor Ort gebraute Biersorten. Zurzeit sehr beliebt, wegweisend für die neu belebte Yaletown.

LIVE-MUSIK – In Vancouvers Live-Clubs sind viele verschiedene Musikstile zu hören, am weitesten verbreitet ist jedoch der Mainstream-**Rock**. Außerdem erweist sich die Stadt als fruchtbarer Nährboden für **Punkbands**, die besonders lautstarke Fans anziehen. **Jazz** ist der heißeste Newcomer in Vancouver, und mehrere Veranstaltungsorte haben sich bereits auf diese Richtung spezialisiert. Näheres über aktuelle und kommende Events erfährt man über die Jazz-Hotline, ℡ 604/682-0706. Obwohl der Wilde Westen in Vancouver nicht so präsent ist wie beispielsweise in Calgary, gibt es doch einige Clubs mit **Country-Music**, viele davon liegen allerdings weit abseits des Zentrums. Viele Veranstaltungsorte sind sowohl Club als auch Disco. Ähnlich wie in anderen Städten mit einer alternativen Szene tauchen hier zahlreiche witzige und einmalige Clubs plötzlich aus dem Nichts auf, um danach genauso überraschend schnell wieder zu verschwinden. Die Eintrittspreise sind meist niedrig, Tickets erhält man z.T. kostenlos in Plattenläden. Im 60 000 Plätze umfassenden Pacific Coliseum am anderen Ende des Spektrums treten internationale Künstler auf.

Rock: **Commodore Ballroom**, 870 Granville St, Ecke Smithe St, ℡ 604/681-7838, 🖳 www.commodoreballroom.com. Die berühmte Tanzfläche von 1929 wurde mit $1 Million frisch renoviert. Bester mittelgroßer Club der Stadt. Abenteuerliche Musikpolitik, sowohl einheimische als auch auswärtige DJs.

The Cave, Plaza of Nations, 750 Pacific Blvd, Höhe Cambie St, ℡ 604/685-5585. Lauter, junger, progressiver Tanzclub mit Live-Musik (hieß vorher lange *The Rage*), der mit seinem Fassungsvermögen von mehr als 1000 Gästen an ein Lagerhaus oder einen Flugzeughangar erinnert. Fünf Theken, unglaublich laute Anlage und eine riesige, stets gut gefüllte Tanzfläche.

Piccadilly Pub, 620 W Pender St, nahe Granville St, ℡ 604/682-3221. Alteingesessener Pub mit garantiert harter Musik (Garage, Rock, Punk, Rockabilly usw.) meistens Do–Sa. Der lockere und unprätentiöse Schuppen richtet sich an diejenigen, die es auf Bier, Musik und ein bisschen Spaß abgesehen haben.

Railway Club, 579 Dunsmuir St, Ecke Seymour St, ℡ 604/681-1625, beliebter alteingesessener Club mit hervorragenden Darbietungen, große Vielfalt an Musikstilen – Folk, Blues, Jazz – und lockere Atmosphäre. Separater ruhigerer Bereich, somit auch zum Trinken und an Wochentagen zum Mittagessen geeignet. An Wochenenden sollte man vor 22 Uhr kommen – der Club ist klein.

Roxy, 932 Granville St, Ecke Nelson St, ℡ 604/684-7699, 🖳 www.roxyvan.com. Nachts Live-Bands mit Schwerpunkt auf Oldies (50er–70er Jahre), lockerer und amüsanter Club für College-Studenten und Publikum aus den Außenbezirken.

Sonar, 66 Water St, Ecke Abbott St, ℡ 604/683-6695, 🖳 www.sonar.bc.ca. Bekanntester Musikclub mit nächtlichen Live-Bands. Günstige Lage im Zentrum von Gastown, gemischtes Publikum, zahlreiche Singles auf der Suche. Kneipenessen und Klavier-Lounge bis 21 Uhr, danach Auftritt der Band.

Jazz und Blues: **Arts Club Theatre Backstage Lounge**, 1585 Johnston St, Granville Island, ℡ 604/687-1354, nette Lounge mit R&B, Jazz und Blues und Blick auf die Boote und den Sonnenuntergang am False Creek.

Capone's, 1141 Hamilton St, ☎ 604/684-7900, in Yaletown gelegen, in erster Linie Restaurant, allerdings mit Bühne für Live-Jazz zum Essen.

Cellar Restaurant & Jazz Club, 3611 W Broadway, ☎ 604/738-1959, 🖳 www.cellarjazz.com. Kitsilano hat erst vor kurzem so etwas wie eine Clubszene entwickelt, und diese kleine Kellerkneipe mit 70 Sitzplätzen und roten Wänden, schwarzen Sitzecken und niedrigen Tischen zählt zu den beliebtesten Läden. 4–6x in der Woche, meist Mi–Sa, wird hier hervorragender Live-Jazz geboten. Das begeisterte Publikum erfreut sich an den besten lokalen Jazzkünstlern und großen internationalen Namen.

Fairview, 898 West Broadway, Ecke *Ramada Inn,* ☎ 604/872-1262, guter einheimischer Blues und Rock aus den 50er Jahren in einer Pub-Atmosphäre, nur kleine Tanzfläche. Serviert tagsüber Snacks und abends qualitativ hochwertiges Essen. ◷ Mo–Sa.

Purple Onion, 15 Water St, nahe Abbot St, ☎ 604/602-9442, 🖳 www.purpleonion.com. Legerer Club im Zentrum von Gastown: Jazz der Spitzenklasse und oben Latin-Live, Tanzfläche, Zigarren, Austern und Cabaret unten. Zurzeit sehr angesagt, Fr und Sa meist Warteschlange.

Yale, 1300 Granville St, Ecke Drake St, ☎ 604/681-9253. Vancouvers Top-Adresse für unverfälschten Blues und R&B. Lässige Atmosphäre, große Tanzfläche und z.T. herausragende internationale Künstler. Häufige Jamsessions mit bis zu 50 Musikern gleichzeitig auf der Bühne (Sa 15–20, So 15–24 Uhr). Mo und Di geschlossen.

Country: **Boone County Cabaret,** 801 Brunette Ave, Coquitlam St, ☎ 604/523-3144, nahe Trans-Canada (Bus Nr. 151), beliebtester Country-Musikclub in den Außenbezirken, was nicht zu übersehen ist. Normalerweise wild und überfüllt. Mo–Do kein Eintritt, kostenlose Tanzstunden Mo, Di und Do um 20 Uhr. So geschlossen.

Comedy: **Yuk Yuk's,** Plaza of Nations, 750 Pacific Blvd, Ecke Cambie St, ☎ 604/687-LAFF, bietet erstklassige Stand-Up-Comedy aus den USA und Kanada, Mi gewöhnlich gruselige Amateurnacht. Shows ab 21 Uhr, Sa und So auch um 23.30 Uhr. Mo, Di geschlossen.

CLUBS UND DISCOS – **Big Bam Boo,** 1236 W Broadway, nahe Oak St, ☎ 604/733-2220, Sport im TV, oben Billard und Sushi, unten Tanz zu etablierten Top-40-Hits und Oldies aus den 80ern. Elegante Disco mit strenger Kleiderordnung, Do–Sa Warteschlange. Mi und Sa zwei der besten *Ladies-Nights* in der Stadt.

Plaza Club, 881 Granville St, ☎ 604/646-0064, 🖳 www.plazaclub.net. Beliebter nüchterner Danceclub mit toller Sound- und Lichtanlage, zentral gelegen in einem ehemaligen Kino. Die Musik hat einen spürbar britischen Einschlag, aber es gibt auch Themenabende. Sa führt der große Andrang oftmals zu Warteschlangen am Eingang.

Shine, 363 Water St, ☎ 604/408-4321. Angesagter, günstig gelegener Gastown-Club, in dem einige der besten DJs der Stadt auflegen. Understatement im Dekor, bequeme Sofas im Stil der 60er Jahre und das weiß gehaltene Ambiente bilden den Rahmen für House, Reggae, Soul, R&B, Hip-Hop und andere Musikrichtungen. Hier kann es nicht schaden, sich ein wenig in Schale zu werfen.

Urban Well, 888 Nelson St, Ecke Hornby St, ☎ 604/638-6070, 🖳 www.urbanwell.com. Die Kombination aus Club, Kneipe und Restaurant mit Musik von DJs, Comedy-Programmen und anderen Veranstaltungen ist so erfolgreich, dass es bereits zwei Urban Wells in Vancouver gibt – in Downtown nur zwei Blocks von der Robson St entfernt und in der 1516 Yew St, Kitsilano, ☎ 604/737-7770. Zu Spitzenzeiten muss man vor beiden Eingängen Schlange stehen.

Voda, im *Westin Grand Hotel,* 783 Homer St, ☎ 604/684-3003, 🖳 www.voda.ca. Große Hotel-Lounge, die am späteren Abend zum angesagten und lebendigen Club wird. Elegantes Ambiente, das ein entsprechend modebewusstes Publikum anlockt – Jeans besser im Schrank lassen. Die Musik über der kleinen Tanzfläche reicht von R&B, Funk, Electro bis zu Old-School House. So und Mo geschlossen.

THEATER UND KLASSIK – Vancouver bietet ausreichend hochgeistige Kultur, um das gesamte Spektrum der kosmopolitischen Bevölkerung abzudecken. Die zahlreichen außergewöhnlichen und avantgardistischen Vorführungen peppen das von einer nordamerikanischen Großstadt zu erwartende Mainstream-Angebot etwas auf. Karten gibt es an den Theaterkassen oder über *TicketMaster* (s.S. 275).

Queen Elizabeth Theatre, 600 Hamilton St, Ecke Georgia St, ℘ 604/299-9000, 🖳 www.city. vancouver.bc.ca/theatres. Gastspielhaus für auswärtige Theater-, Opern- und Tanzensembles, manchmal sogar Veranstaltungsort für große Rockkonzerte.

The Centre in Vancouver for the Performing Arts, 777 Homer St, gegenüber der Zentralbibliothek, ℘ 604/602-0616, 🖳 www.centreinvancouver.com. Bietet ein ähnliches Programm.

Orpheum Theatre, 884 Granville St, Ecke Smithe St, ℘ 604/665-3050, 🖳 www.city.vancouver.bc. ca/theatres. Das renovierte Haus ist das älteste Theater Vancouvers und gleichzeitig Sitz des Symphonieorchesters.

Chan Centre for the Performing Arts, 6265 Crescent Rd, Nähe University of British Columbia, ℘ 604/822-2697, 🖳 www.chancentre.com. Die Chan Shun Concert Hall mit 1400 Sitzplätzen ist Hauptveranstaltungsort des etwas außerhalb gelegenen, aus drei Hallen bestehenden Komplexes der Universität UBC. Sie bietet die beste Akustik der Stadt und dient als Bühne für Musik, Schauspiel und andere Darbietungen. Die UBC besitzt auch noch die kleinere *Recital Hall*, Gate 4, 6361 Memorial Rd.

Klassische Musik: *Early Music Vancouver*, ℘ 604/732-1610, 🖳 www.earlymusic.bc.ca. Klassische Musik möglichst mit Originalinstrumenten. Konzerte in der ganzen Stadt und beim *Early Music Festival* an der UBC im Juli und August.

Festival Concert Society, ℘ 604/736-3737, So vormittags häufig preiswerte Konzerte (Jazz, Folk oder klassische Musik) im Queen Elizabeth Playhouse.

Music-in-the-Morning Concert Society, 1270 Chestnut, Vanier Park, ℘ 604/873-4612, 🖳 www. musicinthemorning.org. Begann vor über 10 Jahren bescheiden in einem privaten Wohnzimmer und organisiert heute innovative und renommierte Konzerte mit alter und neuer Musik, Darbietungen von einheimischen wie auswärtigen Musikern.

University of British Columbia School of Music, *Recital Hall*, Gate 4, 6361 Memorial Rd,

℘ 604/822-5574, 🖳 www.music.ubc.ca. Die Uni veranstaltet im Januar/Februar und von Sept–Nov ca. acht große und viele kleinere Konzerte, die häufig kostenlos sind.

Vancouver Bach Choir, ℘ 604/921-8012, 🖳 www.vancouverbachchoir.com. Bester Laienchor der Stadt, drei große Konzerte im Jahr im Orpheum Theatre.

Vancouver Chamber Choir, ℘ 604/738-6822, 🖳 www.vancouverchamberchoir.com. Einer der beiden professionellen, international bekannten Chöre der Stadt. Vorführungen im Orpheum und manchmal So Nachmittag im *Hotel Vancouver*.

Vancouver New Music Society, ℘ 604/663-0861, 🖳 www.newmusic.org. Mehrere jährliche Konzerte mit erstklassiger Musik aus dem 20. Jh., meist im East Cultural Centre (siehe „Theater" unten).

Vancouver Opera, ℘ 604/638-0222, 🖳 www. vanopera.bc.ca, jährlich 4 Opern im Queen Elizabeth Theatre, die Produktionen sind zurzeit sehr angesehen.

Vancouver Recital Society, ℘ 604/736-0363, 🖳 www.vanrecital.com. Bietet zwei der besten und beliebtesten Veranstaltungsreihen in der Stadt: das *Chamber Music Festival* im Sommer (in der St George's School) und Sept bis April die großen Konzerte im Vancouver Playhouse. Neu entdeckte Künstler ebenso wie einige große internationale Namen pro Jahr.

Vancouver Symphony Orchestra, ℘ 604/876-3434, 🖳 www.vancouversymphony.ca. Präsentiert die meisten Konzerte im Orpheum oder in der Chan Shun Hall, Crescent Rd, vom NW Marine Drive um die Ecke, manchmal auch kostenlose Konzerte im Sommer an Stränden und Parks, Höhepunkt ist ein Konzert auf dem Gipfel des Whistler Mountain.

Theater: *Arts Club Theatre*, ℘ 604/687-1644, 🖳 www.artsclub.com. Führende Einrichtung in Vancouvers Theaterszene, Aufführungen an drei Veranstaltungsorten: auf der Hauptbühne, 1585 Johnston St auf Granville Island, Mainstream-Theater, Komödien und Musicals; in der Bar daneben kleine Revues und Cabarets; auf einer dritten Bühne, 1181 Seymour St, Ecke Davie St, werden hauptsächlich Avant-Garde-Stücke und Werke kanadischer Bühnenautoren aufgeführt –

ein Sprungbrett für so berühmte Persönlichkeiten wie Micheal J. Fox. Kultstatus aufgrund seiner *theatre sports:* Schauspielerteams wetteifern mit ihren Improvisationskünsten um Applaus. Achtung – Zuschauerbeteiligung wird gerne gesehen.

Firehall Arts Centre, 280 E Cordova St, Ecke Gore St, ℡ 604/689-0926, 💻 www.firehall.org. Beliebteste Anlaufstelle für Einheimische und Avantgarde-Liebhaber, Pantomime, Musik, Videos und visuelle Künste.

Theatre Under the Stars (TUTS), Malkin Bowl, Stanley Park, ℡ 604/687-0174 oder 257-0366, 💻 www.tuts.bc.ca, witzige und leichte Sommerproduktionen, die jedoch manchmal unter dem feuchten Klima in Kanadas regnerischster Stadt leiden.

Vancouver East Cultural Centre, 1895 Venables St, Ecke Victoria St, ℡ 604/251-1363, 💻 www.vecc.bc.ca. Bekannte Bühne in einer alten Kirche, bunt gemischte Theater-, Tanz-, Pantomime- und Musikgruppen.

Vancouver Playhouse Theatre Company, Hamilton St, Ecke Dunsmuir St, ℡ 604/665-3050, eines der größten Ensembles in Westkanada. Während der Saison von Oktober bis Mai in der Regel 6 hervorragende Shows mit einigen der besten Darsteller und Bühnenbildner aus der Region.

Waterfront Theatre, 1411 Cartwright St, Granville Island, ℡ 604/685-6217, beherbergt drei feste Ensembles, außerdem Workshops und Lesungen.

Tanz: **Anna Wyman Dance Theatre**, ℡ 604/685-5699, 💻 www.annawyman.com. Trotz des großen Repertoires Konzentration auf modernen Tanz. Neben Standardshows gelegentlich kostenlose Vorführungen im Freien auf Granville Island und am Robson Square in der Nähe der Art Gallery.

Ballet British Columbia, ℡ 604/732-5003, 💻 www.ballet.bc. Bestes Tanzensemble der Provinz, tritt neben großen Ensembles von auswärts im Queen Elizabeth Theatre auf.

EDAM, ℡ 604/876-9559, 💻 www.edamdance.org. Experimenteller Tanz und experimentelle Musik, zeigt eine moderne Mischung aus Tanz, Film, Musik und Kunst.

Karen Jamieson Dance Company, ℡ 604/893-8807, preisgekröntes Ensemble, der Choreograph

greift oft auf kanadische Komponisten und Künstler zurück und integriert Themen der Kultur der Urbevölkerung.

Scotiabank Dance Centre, 677 Davie St, ℡ 604/689-0926. Neues Tanzzentrum in einem ehemaligen Bankgebäude, das Studio- und Proberräume für ca. 30 Ensembles bietet und im Rahmen von Workshops, Unterricht, Ausstellungen und ähnliche Veranstaltungen auch der Öffentlichkeit zugänglich ist. Zum Komplex gehört auch das *Vancouver Dance Centre*, ℡ 604/606-6400, 💻 www.thedancecentre.ca, das kompetent über die Tanzszene Vancouvers und das große, im Juli stattfindende Dancing on the Edge Festival informiert.

KINO – Die westliche Hauptstadt der kanadischen Filmindustrie erfreut sich zunehmender Beliebtheit bei den großen Hollywood-Studios, die auf der Suche nach billigeren Schauplätzen und Produktionsmöglichkeiten sind. Daher kann die große Anzahl an **Lichtspielhäusern** wenig überraschen. Die Kinos im Zentrum an der *„Theatre Row"* – zwei Blocks in der Granville St, zwischen Robson und Nelson St – sowie andere große Komplexe zeigen Eigenproduktionen und Premieren aus Hollywood. Auch die Fans esoterischer Filme kommen in Vancouver auf ihre Kosten.

Capitol 6, 820 Granville Mall, ℡ 604/669-6000. Der Komplex zählt zu den größten Premierenkinos der Stadt, liegt mitten im Zentrum und zeigt die neuesten Produktionen. Der Hauptsaal mit 1000 Sitzplätzen ist nicht die schlechteste Wahl für einen brandneuen Hollywood-Streifen. Die Leinwände in den oberen Kinos sind wesentlich kleiner.

Cinemark Tinseltown, 88 Pender St, Ecke Abbott St, ℡ 604/806-0799. Multiplex-Kino im *International Village,* nur zwei Blocks südlich des Zentrums von Gastown. Es ist das modernste und technisch beeindruckendste Premierenkino im Zentrum mit großen Leinwänden, Tiefgarage zum Parken und bequemem Sitzen.

Denman Cinema, 1737 Comox St, Ecke Denman St, ℡ 604/683-2201. Gute Wahl im West End, wenn man nach dem Stanley Park eine Pause braucht oder einen Kinofilm mit dem Besuch der Cafés und Bars in der Denman St verbinden möchte. Gezeigt werden nicht die allerneuesten Streifen, dafür sind aber die Preise günstig.

Fifth Avenue Cinemas, 2110 Burrard St, Ecke W 5th Ave, ℡ 604/734-7469, Multiplex-Kino mit 5 Sälen in Süd-Vancouver unter der Leitung des Gründers des Vancouver Film Festivals. Eine der besseren Adressen für neue Arthouse- und künstlerisch anspruchsvolle Filme.

Hollywood, 3123 W Broadway, zwischen Tutch St und Barclay St, ℡ 604/738-3211, 🖳 www.hollywoodtheatre.ca. Verlässlich gutes Programmkino in Kitsilano mit günstigen Preisen. Nicht die allerneuesten Filme, dafür in der Regel Doppelvorstellungen zum Preis von einer.

Pacific Cinémathèque, 1131 Howe St, nahe Helmcken St, ℡ 604/688-3456, 🖳 www.cinematheque.bc.ca. Die gemeinnützige Filmgesellschaft, die hinter diesem Kino steckt, hat sich der Förderung des Verständnisses von Kino und zeitgenössischer visueller Kunst verschrieben. Das beste Off-Kino der Stadt zeigt eine gute Auswahl künstlerisch anspruchsvoller und experimenteller Filme, auch aus dem Ausland.

Raja Cinema, 639 Commercial Drive, Ecke Georgia St, ℡ 604/253-0402. Erste Adresse für alle Bollywood-Fans.

Ridge Theatre, 3131 Arbutus St, Ecke W 15th Ave, ℡ 604/738-6311, 🖳 www.ridgetheatre.com. Kino aus den 50er Jahren, etwas abseits im Süden von Kitsilano gelegen, aber ein gute Adresse für ältere Klassiker und andere anspruchsvolle Filme.

The Blinding Light!, 36 Powell St, ℡ 604/684-8288, 🖳 www.blindinglight.com. Klasse Off-Kino in Gastown mit 100 Plätzen für Hardcore-Filmfreaks, die sich darauf verlassen können, dass sie hier alle möglichen abgefahrenen, schrägen und experimentellen Streifen zu sehen bekommen. Das Kino fungiert als Veranstaltungsort des Vancouver Underground Film Festival und präsentiert Themenabende mit Mottos wie „Bring-your-own-movie".

FESTIVALS – Die Kombination aus warmen Sommern, Veranstaltungsorten im Freien und einer kulturbegeisterten Bevölkerung macht Vancouver zu einer wichtigen Festival-Stadt. Informationen über Veranstaltungen und Shows erteilt Tourism Vancouver, ℡ 604/683-2000, 🖳 www.

tourismvancouver.com. Die kostenlos im Touristinfo Centre erhältliche Broschüre The Vancouver Book enthält allgemeine Informationen und jährlich aktualisierte Veranstaltungshinweise zu Festivals. Ähnliche Quellen sind die Internet-Seiten 🖳 www.foundlocally.com/vancouver und 🖳 www.bcpassport.com/festivals.

Das von der **Coastal Jazz and Blues Society**, ℡ 604/872-5200, 🖳 www.coastaljazz.ca, organisierte jährliche **Du Maurier International Jazz Festival**, Ende Juni / Anfang Juli, zählt zu den größeren Festivals. In der Vergangenheit traten hier schon Koryphäen wie Wynton Marsalis, Youssou N'Dour, Ornette Coleman, Carla Bley und John Zorn auf. Etwa 800 Musiker aus aller Welt versammeln sich jährlich, um Workshops und Konzerte mit und ohne Eintritt anzubieten.

Vancouver International Folk Music Festival, ℡ 604/602-9798 oder 1-800/985-8363, 🖳 www.thefestival.bc.ca. Zahlreiche internationale Aufführungen über mehrere Tage in der dritten Juliwoche, hauptsächlich im Jericho Park und im Centennial Theatre.

Im Juli spielt ganz Vancouver verrückt – da findet das **Sea Festival**, ℡ 604/684-3378, statt: Spaß am Meer, Umzüge und wunderschöne Feuerwerke um die English Bay.

Weit draußen in Whistler (s.S. 361) findet Mitte Juli das **Country & Bluegrass Festival** statt. Insbesondere im Sommer wird die Stadt von Theaterfestivals regelrecht überflutet. Hauptereignis ist das **Fringe Festival**, ℡ 604/257-0350, 🖳 www.vancouverfringe.com. Ganz in der Tradition des Edinburgher Vorbilds. Zurzeit umfasst es 550 Darbietungen, die von etwa 90 verschiedenen Theatergruppen auf 10 unterschiedlichen Bühnen aufgeführt werden.

Außerdem gibt es jedes Jahr im Vanier Park das **Bard on the Beach Shakespeare Festival**, ℡ 604/739-0559, 🖳 www.bardonthebeach.org, Juni bis August, sowie ein **International Comedy Festival**, Granville Island, ℡ 604/683-0883, 🖳 www.comedyfest.com, Anfang August. Zahlreiche Programmkinos in der Stadt stellen jedes Jahr von Ende September bis Mitte Oktober mit vereinten Kräften das **Vancouver International Film Festival**, ℡ 604/685-0260, 🖳 www.viff.org, auf die Beine. Im Rahmen dessen werden über 150 Filme gezeigt.

Vancouver ist eine tolerante, sehr schwulen- und lesbenfreundliche Stadt; nicht ganz so demonstrativ profiliert wie San Francisco, doch geprägt von entspannter West-Coast-Lockerheit. Kulturelles wie politisches Engagement ist Vancouvers großer, dynamischer und selbstbewusster homosexuellen Gemeinde ebenso eigen wie eine vielfältige und lebendige Szene was Nachtleben und Unterhaltung anbelangt. Entsprechend zahlreich ist die Auswahl an Clubs, Drag-Shows und innovativen Bars und Discos. Im **Davie Village**, das sich von der Burrard St über die Davie St bis zur Denman St erstreckt, findet sich die größte Konzentration an alteingesessenen Clubs, Kneipen und Geschäften für Schwule, doch daneben gibt es noch viele andere Veranstaltungsorte in der ganzen Stadt. Die Lesben szene konzentriert sich traditionell am **Commercial Drive**, kurz „The Drive". Die meisten Clubs haben lange geöffnet (meistens bis 4 Uhr), eine relativ neue Freiheit nach der Lockerung der Alkoholausschankgesetze.

Detaillierte Informationen über Veranstaltungen für Schwule und Lesben liefert das regelmäßig erscheinende, kostenlose Magazin *X-tra*, ✆ 604/684-XTRA, 🖥 www.xtra.ca, erhältlich in Clubs, Buchhandlungen und überall dort, wo es auch die kostenlose Wochenzeitung *Georgia Straight* gibt. Ebenfalls nützlich sind die monatlich erscheinende Zeitschrift *Outlooks*, 🖥 www.outlooks.ca, und die *Gay & Lesbian Centre Help Line*, ✆ 604/684-6869. *Little Sister's Book and Art Emporium*, 1238 Davie St, ✆ 604/669-1753, verkauft alles Mögliche vom Dildo bis zur Grußkarte und hat auch ein großes Schwarzes Brett. Hier gibt es außerdem Tickets für diverse Veranstaltungen, ebenso wie bei *GayMart*, 1148 Davie St, ✆ 604/681-3262.

BARS, KNEIPEN UND RESTAURANTS –
Café Luxy, 1235 Davie St, ✆ 604/669-5899. Im Davie Village und im West End herrscht keine Knappheit an schwulenfreundlichen Kneipen und Restaurants, doch das *Luxy* ist schon etwas Besonderes, nicht zuletzt wegen der frischen, hausgemachten Pasta und den Jazz-Groove-Abenden (derzeit Di), an denen DJs auflegen.

Dufferin, 900 Seymour St, Ecke Smithe St, ✆ 604/683-4251, 🖥 www.dufferinhotel.com. Eine der Top-Tanzadressen für schwule Männer in Vancouver, aber auch Veranstalter zahlreicher Drag-Nights – die Show *Buff at the Duff* (Mo–Do) ist eine Institution; außerdem Stripper, Go-Go-Boys (Fr und So) und Karaoke.

Fountainhead Pub, 1025 Davie St, ✆ 604/687-2222, 🖥 www.thefountainheadpub.com. Beliebte und angenehm lebendige Kneipe mitten im Davie Village mit gutem Essen, selbst gebrautem Bier und großer, beheizter Terrasse zum Beobachten des Treibens auf der Straße. Pool-Billard, Darts und mehrere TV-Bildschirme. Nettes, etwas gesetzteres Publikum.

Global Beat, 1249 Howe St, ✆ 604/689-2444, das von Schwulen geführte Restaurant/Lounge mit Billard-Tischen ist eine gute Adresse für eine preiswerte Mahlzeit (gute, italienisch beeinflusste Küche) oder einen Drink, um in einer Atmosphäre ohne aufdringliche Anmache den Abend einzuläuten, besonders wenn man später noch in den benachbarten Club *Odyssey* (s.u.) möchte.

Oasis, 1240 Thurlow St, ✆ 604/685-1724, 🖥 www.theoasispub.com. Vancouvers einzige schwule Piano-Bar ist ein gemütlicher Ort für Menschen, die sich bei Musikbegleitung unterhalten möchten. Große Auswahl an Martinis, außerdem Tapas, tägliche Specials und Dachterrasse. ⏱ tgl. ab 21 Uhr bis spät.

Pump Jack Pub, 1167 Davie St, ✆ 604/685-3417, 🖥 www.pumpjackpub.com. Der große Laden ist Vancouvers bekanntester Ledertreff. Hier verkehren Mitglieder von *Western Canada Leather Pride* und den *BC Bears*, einer Schwulenvereinigung für Liebhaber ausgeprägter Körperbehaarung. Wer früh genug kommt, kann einen Fensterplatz ergattern und starke Männer flanieren sehen. Pool-Billard, Uniform-Abende, am Wochenende meistens Warteschlange.

Sugar Daddy's, 1262 Davie St, ✆ 604/632-1646. Beliebter Schwulentreffpunkt im West End mit Videospielen, Großbildschirm-TV, guten Burgern, Bier und Margheritas. ⏱ tgl. zum Mittag- und Abendessen.

CLUBS – *Club 23*, 23 West Cordova St,
✆ 604/662.3277. Cooler und dunkler Club auf zwei Ebenen und perfekte Kulisse für diverse

Themenabende, z.B. Nacktpartys der Nudisten-vereinigung *Pacific Canadian Association of Nudists,* die Party „Lesbians on the loose" und die Fetischnacht „Sin City".

Heritage House Hotel, 455 Abbott St, ✆ 604/685-7777, eine Reihe von schwul-lesbischen Abenden in drei Bars: *Charlie's Bar and Grill* ist Sa für Frauen reserviert, *Chuck's Pub* bietet Fr „Guys in Disguise" und Sa „Men only". Die *Lotus Sound Lounge* im Untergeschoss veranstaltet Fr einen Tanzclub nur für Frauen und fungiert Mi–Sa als Lesbentreff *Lick Bar*. Es finden auch gemischte Veranstaltungen und gelegentlich Fetisch- oder andere Themenabende statt. Aktuelle Infos zu Programm und Anfangszeiten bitte telefonisch erfragen.

Lava Lounge, 1180 Granville St, ✆ 604/605-6136. Schwulen- und Lesbenclub mit unterschiedlichen Themenabenden, z.B. „Sexy Friday" mit Go-Go-Boys oder „Soirée la Femme", ein Abend nur für Frauen jeden 3. So im Monat.

Octane, 1188 Davie St, ✆ 604/688-0677. Angesagter Club/Bar mit DJs und jungem, energiegeladenem Publikum. Das beste Event ist die Spätveranstaltung sonntags; Sa gibt es derzeit Live-Jazz zu hören.

Numbers, 1042 Davie St, Ecke Burrard St, ✆ 604/685-4077. Mehrstöckiger Veranstaltungsort, seit mehr als 20 Jahren im Geschäft. Oben Schwulendisco mit kitschig verspiegelter Tanzfläche, Filmen und Billardtischen, unten gemischt, aber sehr wenige Frauen, zahlreiche Themenabende. Das Publikum ist tendenziell etwas reifer.

Odyssey, 1251 Howe St, nahe Davie St, ✆ 604/689-5256, 🖳 www.theodysseynightclub.com. Junges schwules und bisexuelles Publikum, an den meisten Abenden House/Techno und Themenveranstaltungen. Fr und Sa in der Regel Warteschlangen, da der Club derzeit als der angesagteste und wildeste der Stadt gilt.

Sublime, 816 Granville St, ✉ sublimenightclub@hotmail.com. Gute Adresse zum Tanzen in den frühen Morgenstunden, wenn das Wochenende noch nicht vorbei sein soll. ⏰ Fr und Sa 1–6 Uhr.

VERANSTALTUNGEN UND FESTE – Pride, ✆ 604/687-0955 oder 737-7433, 🖳 www.vanpride.bc.ca, wichtigster Termin im schwulen Kalender der Stadt. Das dreitägige Festival steigt in der Regel

am ersten August-Wochenende. In den Clubs finden Sonderveranstaltungen statt, der traditionelle Umzug entlang der Denman St und Beach Ave wird von Jahr zu Jahr größer und bunter. Mit dem Umzug ist auch die Zahl der Stände und Bühnen gewachsen, die vom Sunset Beach bis zur Davie St reichen. Informationen über spezielle **Club Events** finden sich ungefähr eine Woche vor Beginn der Veranstaltung in den kostenlosen Magazinen *Georgia Straight* und *Xtra West.*

Queer Film and Video Festival, 🖳 www.outonscreen.com, nimmt im Anschluss an *Pride* die Filmtheater der Stadt in Beschlag. Eine weitere bedeutende Veranstaltung ist die **Gay Ski Week,** 🖳 www.outontheslopes.com, die seit 1991 alljährlich Tausende auf die Skipisten lockt. Seit kurzem gibt es analog ein großes Sommerfest mit Reiten, Radfahren, Rafting und anderen Outdoor-Aktivitäten.

Sonstiges

AKTE X-TOUREN – X-Tour.com, ✆ 604/609-2770, 🖳 www.x-tour.com. Veranstaltet drei verschiedene Touren zu Drehorten der TV-Serie *Akte X,* die in Vancouver gedreht wurde: *Agent Scully Apartment X-Tour* (zu Fuß, $29), *Quik X-Tour* ($145) und *North Star X-Tour* ($188). Die beiden Letztgenannten werden mit Limousine und Führer durchgeführt und dauern ca. 3 1/2 Std. Der Preis wird günstiger, wenn mehr als zwei Personen teilnehmen (maximal sechs).

AUTOVERMIETUNGEN – Budget, Flughafen, 501 West Georgia St, Burrard St, ✆ 604/668-7000 oder 1-800/268-8900 innerhalb Kanadas, ✆ 1-800/527-0700 in den USA, 🖳 www.bc.budget.com.
Hertz, 1128 Seymour St, ✆ 604/688-2411 oder 1-800/263-0600, 🖳 www.hertz.com.
Lo-Cost, 1835 Marine Drive, ✆ 604/986-1266, 🖳 www.locost.com.
National, am Flughafen und 1130 West Georgia St, Ecke Thurlow St, ✆ 1-800/227-7368, 🖳 www.nationalcar.com.
Rent-a-Wreck, 1349 Hornby St, ✆ 604/688-0001, 🖳 www.rentawreckvancouver.com.

BÜCHER UND LANDKARTEN – Chapters, 788 Robson St, ✆ 604/682-4066, 🖳 www.chapters.ca.

Geological Survey of Canada, 101-605 Robson St, nahe Richards St, ✆ 604/666-0529, vorzügliche Quelle für Landkarten der Vermessungsämter, einschließlich aller 1:50 000-Karten von BC und Yukon, ◷ Mo–Fr 8.30–16.30 Uhr.
International Travel Maps, 552 Seymour St, ✆ 604/687-3320, ⌨ www.itmb.com.

FAHRRADVERLEIH – **Bayshore Bicycles & Rollerblade Rentals**, 745 Denman St, ✆ 604/688-2453, ⌨ www.bayshorebike.ca.
Bikes 'n' Blades, 718 Denman St, ✆ 604/602-9899. Kleiner Verleih für Fahrräder und Rollerblades.
Harbour Air, Harbour Air Terminal am Ufer, einen Block westlich vom Canada Place und dem Ende der Burrard St, ✆ 604/688-1277, verleiht auch Rollerblades und Motorräder.
Spokes, 1798 Georgia St, Ecke Denman St, ✆ 604/688-5141, ⌨ www.vancouverbikerentals. com. Großer, stark frequentierter Laden von 1938 (ab $3,75 pro Std., große Auswahl an Fahrrädern, auch Kinderräder und Tandems mit Kinderanhängern). Man muss den Ausweis abgeben sowie eine Kaution in bar oder per Kreditkarte hinterlegen. Die in BC obligatorischen Helme und Schlösser sind in der Leihgebühr enthalten.

FUNDBÜRO – Wer etwas in den öffentlichen Verkehrsmitteln von *TransLink* verloren hat, kann sich an das Büro im Bahnhof SkyTrain Stadium wenden, ✆ 604/682-7887 bzw. 985-7777 für Gegenstände, die in den Bussen von *West Van* abhanden gekommen sind. ◷ Mo–Fr 8.30–17 Uhr. Ansonsten:
Polizei, ✆ 604/665-2232.
Flughafen, ✆ 604/276-6104.

GELDWECHSEL – **American Express**, Park Place Building, 666 Burrard St, Eingang Hornby St und Dunsmuir St, ✆ 604/669-2813 oder 1-800/772-4473, ◷ Mo–Fr 8.30–17.30, Sa 10–16 Uhr.
Custom House Currency, Unit 60-200 Granville St, ✆ 604/608-1763, ⌨ www.customhouse.com.
International Securities Exchange, 1169 Robson St, nahe Thurlow St, ✆ 604/683-9666.
QuickEx, 300-609 W Hastings, ✆ 604/683-6789, ⌨ www.quickex.ca.
Travelex-Thomas Cook, Suite 130, 999 Canada Place, ✆ 604/641-1229.

Vancouver Bullion & Currency Exchange, 402 Hornby St, ✆ 604/685-1008, ⌨ www.vbc.ca.

GEPÄCKAUFBEWAHRUNG – Am Busbahnhof, $2 für 24 Std.

INFORMATIONEN – *Vancouver Visitor Centre* (meist als „**Touristinfo Centre**" bezeichnet), am Ende der Burrard St im Waterfront Centre, 200 Burrard St, Ecke Canada Place Way, ✆ 604/683-2000 oder 1-800/663-6000 oder 1-800/435-5622, ⌨ www.tourismvancouver.com. ◷ Mitte Mai–Sept tgl. 8–18, sonst Mo–Sa 8.30–17 Uhr. Das ausgezeichnete Büro bietet Informationen über die Stadt und große Teile des Südostens von British Columbia, dient zudem als **Wechselstube**, bietet Tickets für *BC TransLink* und diesbezügliche Informationen sowie Karten für Sport- und Unterhaltungsveranstaltungen durch einen eigenen TicketMaster-Schalter. Oft gibt es Preisnachlässe für Veranstaltungen, die noch am selben Tag stattfinden. Außerdem umfasst es eine große **Unterkunftsvermittlungen** mit unzähligen Fotoalben, in denen Bilder von Hotelzimmern und B&Bs gesammelt sind: Reservierung kostenlos. Im Juli und August öffnen an verschiedenen Orten kleinere Informationskioske, normalerweise im Stanley Park und in der Nähe der Vancouver Art Gallery, Georgia St, Ecke Granville St, ◷ tgl. 9.30–17.30, Do, Fr bis 21 Uhr.
North Vancouver Chamber of Commerce, 102–124 West 1st St, ✆ 604/987-4488, ⌨ www. nvchamber.bc.ca. Informationen zu Übernachtungsmöglichkeiten im Norden der Stadt.

KONSULATE – *Generalkonsulat der Bundesrepublik Deutschland*, Suite 704, World Trade Centre, 999 Canada Place, ✆ 604/684-8377, ✆ 684-8334, ✉ gkvanc@telus.net.
Österreichisches Generalkonsulat, 1525 Coal Harbour Key, ✆ 604/687-3338, ✆ 681-3578, ✉ consul.van@telus.net, ◷ Mo–Fr 15.30–18.30 Uhr.
Generalkonsulat der Schweiz, World Trade Centre, 790-999 Canada Place, ✆ 604/684-2231, ✆ 684-2806, ✉ vertretung@van.rep.admin.ch, ◷ Mo–Fr 9–13 Uhr.
Generalkonsulat der USA, 1095 West Pender St, ✆ 604/685-4311.

MEDIZINISCHE HILFE – *Bentall Centre Rexall Drugstore,* Suite 400, Bental 4, 1055 Dunsmuir St, Ecke Burrard St, ✆ 604/684-8204, 🖳 www. rexall.ca, ohne Anmeldung.
College of Physicians, ✆ 604/733-7758, gibt Auskunft über drei Ärzte in der Nähe.
Dentacare, im Untergeschoss des Bentall Centre, Dunsmuir St., Ecke Burrard St, ✆ 604/ 669-6700, zahnärztlicher Notdienst ohne Voranmeldung, ⏲ Mo–Fr 8–17 Uhr.
Shopper's Drug Mart, 1125 Davie St, Ecke Thurlow St, ✆ 604/669-2424, 24 Std. geöffnete Apotheke.
St Paul's Hospital, am nächsten zum Zentrum gelegen, 1081 Burrard St, nahe Davie St, ✆ 604/ 682-2344.
Ultima Vancouver Airport Medical Clinic, Vancouver International Airport, Domestic Terminal, ✆ 604/207-6900, 🖳 www.ultimamedical.ca.
Vancouver General, Stadtkrankenhaus, 855 W 12th, nahe Oak, südlich des Broadway, ✆ 604/ 875-4111.
Vancouver Mediclinics, Bentall Centre, ✆ 604/ 683-8138, 🖳 www.medicentre.ca. ⏲ Mo–Fr 8– 16.30 Uhr.

NOTRUF – ✆ 911.

OPTIKER – *Opticana Eyewear,* 455 Granville St, ✆ 604/685-1031, 🖳 www.opticana.ca.

PARKEN – Die besten Parkhäuser im Zentrum: The Bay, Einfahrt Richards St, nahe Dunsmuir St; am Robson Square, Smithe St., Ecke Howe St; und im Pacific Centre, Howe St., Ecke Dunsmuir St; allesamt teuer und meist überfüllt. Besserer Tipp: Der kostenlose Parkplatz Park'n'Ride, New Westminster, abgehend vom Hwy 1.

POLIZEI – ✆ 604/717-3321, 24 Std., aber nicht für Notfälle.
RCMP, ✆ 604/264-3111.
Vancouver City Police, ✆ 604/665-3535.

POST – *Hauptpostamt,* 349 W Georgia St., Ecke Homer St, ✆ 604/662-5722, ⏲ Mo–Fr 8–17.30 Uhr. Informationen über Postämter ✆ 1-800/267-1177.

TAXIS – *Black Top,* ✆ 604/731-1111 oder 681-2181.

Vancouver Taxi, ✆ 604/225-5111 oder 874-5111.
Yellow Cab, ✆ 604/681-3311 oder 681-1111.

WASCHSALON – *Davie Laundromat,* 1061 Davie St, ✆ 604/682-2717.
Scotty's One Hour Cleaners, 834 Thurlow, nahe Robson St, ✆ 604/685-7732.

WETTERBERICHT – Auskunft ✆ 604/664-9010

Nahverkehrsmittel

Vancouvers **öffentliche Verkehrsmittel** bilden ein effizientes, integriertes Netzwerk aus Bussen, Stadtbahn (SkyTrain), SeaBus und Fähren. Unterhalten wird dieser Verkehrsverbund von *TransLink,* früher – und z.T. heute noch – als BC Transit bekannt, ✆ 604/953-3333, 🖳 www. translink.bc.ca, ⏲ tgl. 6.30–23.30 Uhr.
Fahrkarten gelten für Bus, SkyTrain und SeaBus. In der Regel kosten sie $2 für Fahrten innerhalb der großen zentralen Zone 1 und $3 bzw. $4 für längere Fahrten durch zwei bzw. drei Zonen. Es ist eher unwahrscheinlich, dass man Zone 1 verlässt, außer bei einer Fahrt vom Zentrum zum Flughafen, die durch die Zonen 1 und 2 führt. Die regulären Fahrpreise gelten in der **Hauptverkehrszeit** (Mo–Fr ab der ersten Fahrt morgens bis 18.30 Uhr). In **Nebenzeiten** (nach 18.30 Uhr sowie Sa, So und feiertags) gilt für alle drei Zonen ein Pauschalpreis von $2.
Man kann Fahrkarten einzeln oder als Zehnerkarte ($18 für Zone 1) an Bahnhofsschaltern bzw -automaten, in den Läden 7-Eleven, Safeway, London Drugs oder in anderen Geschäften und an Zeitungsständen mit einem blauen TransLink-Aufkleber (sogenannte „FareDealer"-Verkaufsstellen) erstehen. Die Fahrkarten gelten nach dem Kauf 90 Min., wobei es gestattet ist, umzusteigen. Sie müssen während der Fahrt mitgeführt werden. Die einfachste und billigste Option ab drei Fahrten pro Tag ist die Tageskarte für $8, die den ganzen Tag über für alle drei Zonen gültig ist. Die Monatskarte für Zone 1 kostet $63 (Wochenkarten sind nicht erhältlich). Wenn man sie am Ladentisch oder anderswo (nicht an Automaten) erwirbt, haben sie die Form einer *Scratch and Drive*-Karte – vor der Abfahrt werden Tag und Monat freigerubbelt.

STADTBUSSE – Der nützliche *Transit Route Map & Guide* ist für $1,95 im *Touristinfo Centre* und in den „FareDealer"-Geschäften erhältlich. Kostenlose Busfahrpläne liegen im *Touristinfo Centre*, in den 7-Eleven-Läden und in der Zentralbibliothek aus.

Fahrkarten sind beim Fahrer erhältlich, diese haben allerdings kein Wechselgeld. Man muss den Betrag passend bereithalten und in die Box neben dem Fahrer stecken. Umsteigefahrkarten sind auf Anfrage erhältlich. Tageskarten und Umsteigekarten müssen lediglich vorgezeigt werden. Die normalen Busse fahren bis Mitternacht, danach stehen auf den Hauptstrecken bis etwa 4 Uhr die unregelmäßig verkehrenden „Night-Owl"-Verbindungen zur Verfügung. Die blauen **West Van-Busse**, ℡ 604/985-7777, die Zielorte in North und West Vancouver sowie den Terminal der BC-Fähren an der Horseshoe Bay ansteuern, verkehren ebenso in der Innenstadt. Die *TransLink*-Fahrkarten gelten auch für diese Busse.

Wichtige **Buslinien**:

Nr. 1	Schleife Gastown – English Bay
Nr. 3, 8	Gastown – Zentrum (Robson St, Ecke Granville St) – Marine Drive, Ecke Main St
Nr. 4 UBC, 10 UBC	Granville St – University of BC – Museum of Anthropology
Nr. 17, 20	Zentrum – Marine Drive (umsteigen in die Nr. 100 Richtung Flughafen in der Granville St, Ecke 70th St)
Nr. 19	Pender St (Zentrum) – Stanley Park (Stanley Park Loop)
Nr. 23, 35, 123, 135	Zentrum (Pender und Burrard St) – Stanley Park
Nr. 50	Gastown – False Creek – Broadway
Nr. 51	SeaBus Terminal – Zentrum – Granville Island
Nr. 236	Lonsdale Quay Terminal (North Vancouver) – Capilano Suspension Bridge – Grouse Mountain

Einige **landschaftlich schöne Strecken** lohnen sich schon alleine wegen der Fahrt:

Nr. 52	„Around the Park"-Tour, in 30 Min. durch Stanley Park, April bis Okt nur Sa und So; ab Stanley Park Loop, Anschluss an Nr. 23, 35 oder 135, oder von Denman St, Anschluss an Nr. 1, 3 oder 8
Nr. 210	Pender St – Phibbs Exchange, hier umsteigen in die Nr. 211 (Bergstrecke) oder Nr. 212 (Meerblick) nach Deep Cove
Nr. 250	Georgia St (Zentrum) – North Vancouver – West Vancouver – Horseshoe Bay
Nr. 351	Howe St – White Rock – Crescent Beach, einfache Fahrt 1 Std.

SEABUS – Der *SeaBus* pendelt zwischen dem Zentrum und dem Lonsdale Quay in North Vancouver. Schon die Fahrt an sich ist ein großartiges Erlebnis. Geboten wird eine wunderschöne Aussicht auf die Berge das Burrard Inlet, den Hafen und die Skyline des Zentrums. Die Boote legen von der **Waterfront Station** im Zentrum in den alten Bahnhofsgebäuden der Canadian Pacific am unteren Ende der Granville St ab. Fahrkarten kosten genauso viel wie Bustickets und sind an Automaten und im kleinen Zeitungsladen erhältlich, in Richtung Schiffsanlegestelle unmittelbar auf der linken Seite. Zwei Katamarane mit je 400 Sitzplätzen überqueren das Wasser innerhalb von 13 Min. im Viertel- bis Halbstundentakt zwischen 6.30 und 0.30 Uhr. Ankunft in North Vancouver am Lonsdale Quay. Unmittelbar links davon befindet sich der Busbahnhof, von wo aus man den Grouse Mountain sowie andere Zielorte in North Vancouver anfahren kann. Fahrräder können mit an Bord genommen werden.

SKYTRAIN – Der *SkyTrain*, Vancouvers Stadtbahn, hat modellhaften Charakter: Er ist fahrerlos, voll computerisiert und wird magnetisch angetrieben: Er fährt auf einem teils oberirdischen, teils unterirdischen Schienensystem auf 28 km zwischen der Waterfront Station im Zentrum (im

CPR-Gebäude zusammen mit dem SeaBus Terminal) und dem südöstlichen Vorort New Westminster. Für Besucher sind lediglich die ersten drei bis vier Stationen interessant: Waterfront, Burrard, Granville und Stadium. Allerdings lohnt sich die 39-minütige Fahrt vorbei an 20 Stationen, die mit deutscher Pünktlichkeit angefahren werden und makellos sauber sind.

FÄHREN – Auch einige kleine Fähren – im Grunde bessere Badewannen – verkehren auf einigen Strecken. Sie werden von zwei Konkurrenten betrieben: *Aquabus*, ☎ 604/689-5858, 🖳 www.aquabus.bc.ca, und *False Creek Ferries*, ☎ 604/684-7781, 🖳 www.granvilleislandferries.bc.ca. Diese Fähren verkehren sehr häufig, bieten nützliche Verbindungen und machen Spaß, Betrieb tgl. 7–22.30, im Winter bis 20.30 Uhr. Die Schiffe von Aquabus pendeln vom Ende der Hornby St zu den Fish Docks am Seawalk zum Vanier Park zu den Museen ($2), nach Granville Island ($2) und zum Yaletown-Dock am östlichen Ende der Davie St ($3). Die False Creek Ferries fahren ebenfalls nach Granville Island, $2, und zum Vanier Park ($3 von Granville Island, $2 vom Aquatic Centre), wo sie direkt unterhalb des Maritime Museum anlegen – eine gute Möglichkeit, um zum Park und seinen Museen zu gelangen. Beide Gesellschaften verkaufen **Fahrkarten** an Bord und bieten „Mini-Kreuzfahrten" auf dem False Creek an: Verbindungen von Granville Island zu Science World und der Plaza of Nations. Ablegestellen der Aquabus-Boote am Arts Club Theatre auf Granville Island, am Fuße der Hornby St im Zentrum oder – zusammen mit denen der False Creek Ferries – unterhalb des Aquatic Centre am Fuße der Thurlow St und nördlichen Ende der Burrard Bridge, auf Granville Island oder unterhalb des Riffs und des kleinen Hafens in der Nähe des Maritime Museum im Vanier Park.

Transport

BUSSE – Vancouvers wichtigster **Busbahnhof** liegt in einer etwas zwielichtigen Gegend neben der VIA Rail Pacific Central Station, 1150 Station St. *Pacific Coach Lines*, ☎ 604/662-7575 oder 1-800/661-1725, 🖳 www.pacificcoach.com, fährt nach VICTORIA auf VANCOUVER ISLAND; *Malaspina Coach Lines*, ☎ 604/885-2217 oder 1-877/227-8287, 🖳 www.roughlife.com, bietet Verbindungen zur SUNSHINE COAST; *Greyhound*, ☎ 604/482-8747 oder 1-800/661-8747, 🖳 www.greyhound.ca, steuert Ziele in BC, ALBERTA, YUKON und anderen Langstreckenzielen an, einschließlich SEATTLE und andere Städte in den USA. Die Fahrkartenschalter aller Gesellschaften befinden sich im Gebäude gleich rechts. Es gibt eine **Gepäckaufbewahrung** und eine hilfreiche **Hotelvermittlung** mit kostenlosen Telefonverbindungen zu echten Billigangeboten, allerdings empfiehlt es sich, die Lage zunächst sorgfältig zu prüfen. Einige ziehen den Taxipreis vom Flughafen von der Rechnung für die erste Nacht ab. Die Strecke vom Busbahnhof ins Zentrum ist kaum zu Fuß zu bewältigen. Hält man sich vom Bahnhof aus links ist nach dem Durchqueren eines kleinen Parks die Science World–Main St SkyTrain Station erreicht. Von hier aus sind es mit dem „Waterfront"-Zug nur einige Haltestellen bis ins Zentrum. Fahrkarten für $2 sind in den Automaten auf den Bahnsteigen erhältlich. Taxis vom Bahnhof ins Zentrum kosten $6–8.

Busse von Vancouver nach:
BANFF, 4x tgl., 14 Std.;
BELLINGHAM, 8–10x tgl., 1 3/4 Std.;
CACHE CREEK, 2x tgl., 5 3/4 Std.;
CALGARY, 4x tgl. 16 Std.; via Kamloops, 6x tgl., 13 Std.; via Penticton, Nelson und Cranbrook, 2x tgl. 24 Std.; via Princeton und Kelowna, 2x tgl. 18 Std.;
CHILLIWACK, nach Harrison Hot Springs, 10x tgl., 1 3/4 Std.;
EDMONTON via Jasper, 3x tgl., 16 1/2 Std.;
KAMLOOPS, 8x tgl. 5 Std.;
KELOWNA, 6x tgl., 5 1/2 Std.;
NANAIMO, 8x tgl. 5 Std.;
PEMBERTON, 3x tgl. 3 1/4 Std.;
PENTICTON, 3x tgl. 5 1/2 Std.;
POWELL RIVER, 2x tgl.; 5 1/4 Std.;
PRINCE GEORGE via Cache Creek und Williams Lake, 2x tgl., 13 Std.;
SALMON ARM, 6x tgl., 7 Std.;
SEATTLE, USA, 8–10x tgl., 3 1/4 Std.;
SEA-TAC AIRPORT, USA, 8–10x tgl., 4 1/4 Std.;
SQUAMISH, 6x tgl., 1 1/4 Std.;
VERNON, 6x tgl., 6 Std.;

VICTORIA, 8x tgl. 5 Std.;
WHISTLER, 6x tgl., 2 1/2 Std.

EISENBAHN – Das recht magere Eisenbahnnetz von *VIA Rail*, ℡ 1-888/VIA-RAIL, 🖥 www.viarail. ca, beginnt in der Pacific Central Station. 3x wöchentlich geht es nach JASPER, wo Anschluss nach PRINCE GEORGE und PRINCE RUPERT besteht, und weiter nach EDMONTON und Richtung Osten. Eine weitere Verbindung betreibt *VIA-Amtrak*, ℡ 253/931-8917 oder 1-800/872-7245, 🖥 www.amtrak.com, zwischen Vancouver und SEATTLE (Abfahrt in beiden Städten tgl. 18 Uhr, Ankunft in Vancouver 21.30 Uhr, in Seattle 21.55 Uhr).

Ein weiterer Bahnhof in der 1311 W 1st St in North Vancouver gehört der regionalen Eisenbahn *BC Rail*, ℡ 604/984-5246 oder 1-800/339-8752 innerhalb von BC, ℡ 1-800/663-8238 aus den restlichen Teilen Nordamerikas, 🖥 www. bcrail.com. Von dort verkehrte einst ein Passagierzug nach Whistler, Lillooet und Prince George über 100 Mile House, Williams Lake und Quesnel. Diese Linie wurde jedoch auf unbestimmte Zeit eingestellt, genau wie die beliebten Ausflugsfahrten mit der Dampflok *Royal Hudson* nach Squamish.

FÄHREN – *BC Ferries*, innerhalb von BC ℡ 1-888/ 223-3779, aus anderen Regionen Kanadas ℡ 250/ 386-3431, 🖥 www.bcferries.com, bietet Verbindungen nach VANCOUVER ISLAND, zu den GULF ISLANDS, zur SUNSHINE COAST, nach PRINCE RUPERT, zur INSIDE PASSAGE, nach BELLA COOLA und zu den QUEEN CHARLOTTE ISLANDS (HAIDA GWAII).
Fähren von Vancouver nach:
NANAIMO vom Horseshoe Bay Terminal 8x tgl., 1 1/2 Std.; vom Tsawwassen Terminal 8x tgl., 2 Std.
VICTORIA (Swartz Bay Terminal) vom Tsawwassen Terminal im Sommer stdl. 7–21 Uhr, sonst mindestens 8x tgl., 7–21 Uhr, 1 1/2 Std.

FLÜGE – **Vancouver International Airport**, ℡ 604/207-7077, 🖥 www.yvr.ca, liegt 13 km südlich des Zentrums auf Sea Island. Passagiere von internationalen Flügen kommen in der riesigen Haupthalle, von Inlandflüge in der kleineren

angrenzenden alten Haupthalle an. Im internationalen Bereich gibt es hinter dem Zoll und der Immigration vor dem öffentlichen Bereich eine **Touristeninformation**, ℡ 604/688-5515, ⏲ tgl. 7–24 Uhr. Links davor befinden sich Schalter für Direktbusse vom Flughafen nach Victoria (Pacific Coach Lines) und Whistler. Es bestehen auch Busverbindungen zum Bellingham Airport (Seattle) und Sea-Tac Airport in den Vereinigten Staaten (Abfahrt vor der Ankunftshalle, s.u.). Außerdem gibt es zahlreiche **Wechselstuben** und weitere Einrichtungen sowie kostenlose Telefonverbindungen zu mehreren exklusiven Hotels. Passagiere von Inlandflügen können ebenfalls an einem Informationsstand (⏲ tgl. 7–24 Uhr) direkt vor dem Ausgang der Halle Erkundigungen einholen.
Passagiere, die vom Vancouver International Airport abfliegen, müssen eine **Flughafensteuer** zahlen: $5 für Flüge innerhalb von BC, $10 für Flüge innerhalb von Nordamerika, einschließlich Mexiko und Hawaii, und $15 für alle anderen Ziele. Die Steuer wird erhoben, sobald man die Gates passiert und ist sofort vor Ort bar oder mit Kreditkarte zu begleichen. Hier lässt sich Zeit sparen, indem man die Steuer an den Automaten entrichtet, die an verschiedenen Punkten der Check-in-Bereiche für nationale, internationale und USA-Flüge bereitstehen.
Ins Zentrum von Vancouver kommt man am besten mit dem privaten **Airporter Bus**, ℡ 604/946-8866 oder 1-800/668-3141, 🖥 www.yvrairporter. com. Er verkehrt alle 15 Min. von 6.45–1.10 Uhr, einfache Fahrt $12, hin und zurück $18. Abfahrtsstelle unmittelbar rechts vor dem Haupteingang der internationalen Ankunftshalle. Der Bus hält auch vor dem nationalen Terminal. **Fahrkarten** gibt es beim Fahrer oder an der Bushaltestelle vor der internationalen Ankunftshalle. Kundiges Personal und eine Broschüre mit einer guten Karte informieren über die Haltestellen auf den drei Linien. Zum Busbahnhof von der Linie Nr. 3 umsteigen. Alle notwendigen Informationen sind beim Fahrer erhältlich.
Ein **Taxi** in die Stadt kostet etwa $25–30, eine Limousine $42. Die **öffentlichen Verkehrsmittel** sind billiger, aber langsamer, und es gibt keine direkte Verbindung in die City – vom nationalen Terminal fährt man mit dem *BC Metro Transit Bus*

Nr. 100 (etwa alle 30 Min.) bis zur 70th St, Ecke Granville St, dann umsteigen in die Nr. 20 oder Nr. 21 bis Granville St im Zentrum. Fahrkarten kosten während der Hauptverkehrszeit $3, in der Neben-zeit (Mo–Fr nach 18.30 Uhr, Sa und So ganztägig) $2. Exakten Betrag bereithalten, um Fahrkarten im Bus zu kaufen (mehr Informationen über Rush Hour und Umsteigemöglichkeiten s.S. 285f).

Weiterreise von Vancouver

Vancouver ist der Knotenpunkt für Verkehrsverbindungen in Westkanada. Bei der Entscheidung über Ziel und Art der Weiterreise bestehen vielfältige Möglichkeiten. Es folgt eine Beschreibung der wichtigsten Optionen mit Seitenverweisen auf weiterführende Informationen.

Alaska und der Yukon: Whitehorse im Yukon (s.S. 458) kann direkt von Vancouver aus angeflogen werden. Allerdings gibt es keine direkten Flugverbindungen zwischen der Stadt und Alaska, diese führen stets über Seattle in den USA. Seattle, Sea-Tac Airport, erreicht man entweder per Flugzeug oder innerhalb von ca. 3 Std. mit dem Bus vom Vancouver Airport, von verschiedenen Hotels im Zentrum oder auch von anderen Orten aus (Busse s.S. 287).

Die Autofahrt nach Alaska führt durch das südliche British Columbia bis Dawson Creek, ab dort über den Alaska Hwy (s.S. 452) durch den Yukon bis Fairbanks. Dafür sind mindestens drei Tage einzuplanen. Als Alternative bietet sich die Strecke über Prince George an, dann Richtung Westen nach Prince Rupert, anschließend nach Norden über den abenteuerlicheren Cassiar Highway (s.S. 446) und schließlich im Yukon auf den Alaska Highway. Als öffentliches Verkehrsmittel empfiehlt sich der Greyhound-Bus nach Prince George, 1 Tag, danach in einen anderen Greyhound nach Dawson Creek und Whitehorse umsteigen, 2 Tage. Busse verbinden Whitehorse mit weiteren Zielen in Yukon und Alaska.

BC, Calgary und die Rockies:
Der Seeweg von Vancouver nach Alaska führt über Bellingham (in den USA), Prince Rupert oder Port Hardy auf Vancouver Island (s.S. 353). Zwei große Straßen führen von Vancouver in Richtung Osten nach Alberta und in die kanadischen Rockies: der Trans-Canada Highway und Hwy 3. Auf beiden fahren Greyhound-Busse regelmäßig in die für ihre warmen Seen und Sommerferienorte bekannte Gegend der Okanagan (s.S. 386) sowie zur wunderschönen Berg- und Seenenklave der Kootenays (s.S. 401). Dreimal wöchentlich durchqueren VIA-Züge die Region über Kamloops nach Jasper (in Richtung Rockies) und Edmonton. Busse bieten außerdem Verbindungen zur Cariboo-Region, dem weniger aufregenden Teil der Provinz (s.S. 368), an. Es lassen sich viele interessante Strecken zusammenstellen: Dafür können Auto-, Bus- und Bahnfahrten im Landesinneren von BC mit den BC Ferries-Verbindungen von Port Hardy auf Vancouver Island nach Bella Coola oder Prince Rupert kombiniert werden.

Die Autofahrt nach Calgary über den Trans-Canada Highway dauert 10–12 Std., bis Banff inmitten der kanadischen Rockies etwa 90 Min. weniger. Auf der gleichen Strecke verkehren Greyhound Expressbusse. Mehrere Charter- und Billigflieger verbinden in 1 Std. Vancouver und Calgary (die Billiganbieter fliegen allerdings oft sehr früh oder sehr spät ab).

Vancouver Island: Zahlreiche Fähren pendeln zwischen Vancouver und drei Inselorten: Swartz Bay (Richtung Victoria), Nanaimo und Comox. Die meisten Schiffe legen von den Tsawwassen und Horseshoe Bay ab, die Terminals befinden sich 30 Min. mit dem Auto südlich bzw. westlich des Zentrums. Für Fußgänger gibt es kombinierte Bus- und Fährtickets von Vancouver nach Victoria oder Nanaimo. Autofahrer sollten die Überfahrten in den Sommermonaten frühzeitig reservieren. Dort angekommen bestehen Anschlüsse an die öffentlichen Verkehrsmitteln zum Pacific Rim National Park, dem interessantesten Ziel der Insel, sowie nach Port Hardy an der nördlichen Spitze der Insel, von wo aus Fähren nach Prince Rupert und Bella Coola übersetzen.

Fernbusse vom Flughafen: *Pacific Coach Lines,* ☎ 604/662-8074 oder 1-800/661-1725, 🖳 www. pacificcoach.com. Bequeme Direktbusse vom Flughafen nach VICTORIA ganzjährig 1–3x tgl., Mitte Mai–Juni, und Sept–Okt 2–4x tgl., Ende Juni–Anfang Sept 7x tgl., einfache Fahrt $36, hin und zurück $71. Nähere Informationen am Busstand in der internationalen Halle, Abfahrt von der Bushaltestelle des Hotel-Shuttles vor dem internationalen Terminal.

Perimeter, ☎ 604/266-5386 oder 905-0041, 🖳 www.perimeterbus.com. Verbindungen nach WHISTLER.

Quick Shuttle, ☎ 604/940-4428 oder 1-800/665-2122, 🖳 www.quickcoach.com. BELLINGHAM AIRPORT, DOWNTOWN SEATTLE und SEA-TAC AIRPORT.

Malaspina Coach Lines, ☎ 604/885-2217 oder 1-877/227-8287, 🖳 www.roughlife.com. SUNSHINE COAST, POWELL RIVER, WHISTLER, PEMBERTON und NANAIMO auf VANCOUVER ISLAND.

Fluggesellschaften:

Air Canada, ☎ 604/688-5515 oder 1-888/247-2262 bzw. 1-800/661-3936, 🖳 www.aircanada.ca.

American Airlines, ☎ 604/222-2532 oder 1-800/433-7300, 🖳 www.aa.com.

Baxter Aviation, ☎ 604/688-5136, 🖳 www. baxterair.com. Fliegt mit dem Wasserflugzeug den Inner Harbour in Victoria an.

British Airways, ☎ 604/270-8131 oder 1-800/247-9297, 🖳 www.ba.com.

Continental, ☎ 1-800/525-0280, 🖳 www. continental.com.

Delta, ☎ 1-800/241-4141, 🖳 www.delta.com.

Harbour Air Seaplanes, Verbindungen zum Victoria Inner Harbour, ☎ 604/274-1277 oder 1-800/665-0212, 🖳 www.harbour-air.com.

Helijet Airways, Hubschrauberflüge nach Victoria, ☎ 604/273-1414 oder 1-800/665-4354, 🖳 www.helijet.com.

KLM, ☎ 604/303-3666, 🖳 www.klm.com.

United, ☎ 1-800/241-6522, 🖳 www.united.com.

West Coast Air, ☎ 604/688-9115 bzw. 606-6888 oder 1-800/347-2222, 🖳 www.westcoastair.com. Wasserflugzeuge nach Victoria und auf die Gulf Islands.

Whistler Air, direkte Flüge nach Whistler vom Vancouver Harbour Air Terminal am *Pan Pacific Hotel,* ☎ 604/932-6615 oder 1-888/806-2299.

Flüge nach:
CALGARY, 20x tgl., 1 1/4 Std.;
CASTLEGAR, 1–2x tgl. 1 1/2 Std.;
CRANBROOK, 1–2x tgl., 2 1/2 Std.;
EDMONTON, 14x tgl., 1 1/2 Std.;
KAMLOOPS, 4–5x tgl., 1 Std.;
KELOWNA, 7–9x tgl., 1 Std.;
MONTRÉAL, 8x tgl., 5 1/2 Std.;
OTTAWA, 10x tgl., 4 3/4 Std.;
PENTICTON, 3–5x tgl., 1 Std.;
PRINCE GEORGE, 5–8x tgl., 1 1/4 Std.;
TORONTO, 15x tgl., 5 Std.;
VICTORIA, 14x tgl., 25 Min.;
WINNIPEG, 8x tgl., 2 3/4 Std.

Vancouver Island

Dank ihrer Nähe zu Vancouver gehört Vancouver Island zu den Hauptattraktionen Westkanadas. Allerdings kann sich die hier gebotene Landschaft kaum mit den Naturschönheiten des Festlands von BC messen. Die mit einer Nord-Süd-Ausdehnung von 500 km größte Insel vor der nordamerikanischen Westküste zählt nur etwa 500 000 Einwohner. Die meisten davon leben in und um die Provinzhauptstadt **Victoria**, deren kleinstädtischer Flair ganz im Widerspruch zu ihrer Rolle als zweitwichtigster Metropole von British Columbia steht. Mit ihrem britischen Charme lockt die Stadt jährlich zwei Millionen Besucher an. Außerdem stellt Victoria einen günstigen Ausgangspunkt für die Erforschung der Insel dar und verfügt selbst über ein erstklassiges Museum. Ansonsten bietet die Stadt – genau wie die anderen größeren Ortschaften auf der Insel – kaum Anlass für einen längeren Aufenthalt.

Anziehungspunkte auf Vancouver Island sind die Natur und zunehmend auch die **Walbeobachtung,** der man von Victoria, **Tofino, Ucluelet** und anderen Orten der Insel aus nachgehen kann. Das Bild der Insel bestimmt ein Mosaik verschiedener Landschaftsformen. Die schneebedeckten Berge bilden eine zentrale Trennlinie zwischen der zerklüfteten, spärlich bevölkerten Wildnis an der Westküste und dem geschützten Tiefland im östlichen Teil. Hügel kennzeichnen die Nord- und Südspitze der Insel, und die meisten Gebiete sind von üppigem Wald bedeckt – der Nährboden für eine florierende Holzindustrie. Abgesehen von drei kleineren Straßen in Ost-West-Richtung sowie einigen Wald- und Schotterwegen werden sämtliche urbanen Ansiedlungen durch einen einzigen Highway verbunden, der sich fast über die gesamte Länge der Ostküste erstreckt.

Hinter den größeren Städten **Duncan** und **Nanaimo** taucht man in die deutlich verlasseneren nördlichen zwei Drittel der Insel ein. Die Strände von **Parksville** und **Qualicum** locken Einheimische und Touristen gleichermaßen an. Zu den beliebtesten Zielen zählen die atemberaubenden Uferlandschaften des **Pacific Rim National Park** an der Westküste sowie der **Strathcona Provincial Park** im bergigen Inneren der Insel. Beide Parks bieten die übliche Palette an Freizeitaktivitäten. Wanderern sei die schöne **West Coast Trail** durch den Nationalpark empfohlen – ein langer und harter Weg, der sich immer größerer Beliebtheit erfreut. Der **Juan de Fuca Trail**, ein neuerer, weniger spektakulärer (und weniger überlaufener) Pfad, führt in den südlichen Teil des Parks. Alternative Möglichkeiten zur Entdeckung der Region bieten Shuttle-Busse und Linienbusse, die einmal täglich von Victoria verschiedene Ziele im Park ansteuern, sowie die schöne Anfahrt per Schiff von Port Alberni. Auch andere interessante Ausflüge auf kleineren von Arbeitern genutzten Booten von den Siedlungen Tahsis und Gold River in Richtung Norden werden immer populärer.

Für viele Reisende ist die Insel jedoch lediglich eine notwendige Zwischenstation auf der langen Strecke in Richtung Norden. Tausende steuern im Jahr **Port Hardy** an der Nordspitze (Busverbindung nach Victoria) an, um von dort mit der Fähre über die so genannte **Inside-Passage** zu schippern – eine atemberaubender Fahrt entlang der Küste Britsh Cloumbias bis nach Prince Rupert. Mehr noch entscheiden sich für die neuere, landschaftlich ebenfalls ansprechende **Discovery Coast Passage**, eine Fahrt mit der Fähre von Port Hardy nach Bella Coola südlich von Prince Rupert. Auf diesen Routen sind mehr Rucksacktouristen anzutreffen als irgendwo sonst in der Region – viele davon auf dem Weg in den fernen Norden. Von Prince Rupert setzen sie ihre Reise mit der Fähre nach Skagway und Alaska fort.

Transport nach Vancouver Island

Es gibt drei Möglichkeiten, nach Victoria auf Vancouver Island zu kommen: mit **Bus und Fähre**, **Auto und Fähre** oder mit dem **Flugzeug**. Die meisten entscheiden sich für die erste Option und kaufen ein Kombiticket vom Busbahnhof in Vancouver zum Busbahnhof in Victoria. Die mit Abstand schnellste Variante sind die im Hafen von Vancouver startenden Wasserflugzeuge. Der Flug dauert gerade einmal 25 Min. (Bus und Fähre benötigen zusammen 3 1/2 Std.) und führt direkt zum Inner Harbour von Victoria. Allerdings ist der Spaß auch dreimal so teuer.

MIT BUS UND FÄHRE VON VANCOUVER – Wer ohne eigenes Fahrzeug nach Victoria möchte, kauft sich am besten am Busbahnhof von Vancouver, 1150 Station St, ein Ticket von *Pacific Coach Lines*, ✆ 604/662-8074 oder 1-800/661-1725, 🖥 www.pacificcoach.com. Die Fahrkarte kostet $29 (hin und zurück $56) und gilt für die Fahrt zum zentralen Busbahnhof von Victoria, 700 Douglas St, inklusive Fähre und Transport vom und zum Fähranleger auf beiden Seiten. Im Sommer fahren die Busse stündlich, im Winter alle zwei Stunden, Fahrtzeit ca. 3 1/2 Std. Eine Reservierung ist nicht notwendig, überzählige Passagiere steigen einfach in den nächsten Bus. Das Ticket ist gut aufzubewahren, denn beim Einsteigen in den Bus nach der Überfahrt wird erneut kontrolliert. Man kann um die $15 sparen, wenn man auf beiden Seiten die öffentlichen Verkehrsmittel benutzt und das Fährticket separat kauft; allerdings lohnt sich die Mühe angesichts des Zeitaufwandes und der Umstände kaum.

Ein ähnliches Kombiticket gibt es zum gleichen Preis für die Verbindung von Vancouver nach Nanaimo auf Vancouver Island über den BC Ferries Terminal in Horseshoe Bay. Er liegt etwa 15 Min. nördlich von West Vancouver und ist mit Bus Nr. 250 oder 257 von der Georgia St zu erreichen. Es besteht auch die Möglichkeit, direkt **vom Vancouver Airport** mit Bus und Fähre nach Victoria zu fahren (7x tgl., einfache Fahrt $36, hin und zurück $71, ca. 3 1/2 Std.). Informationen gibt es am Schalter von *Pacific Coach Lines* in der internationalen Ankunftshalle.

MIT AUTO UND FÄHRE VON TSAWWASSEN, HORSESHOE BAY AND POWELL RIVER –

BC Ferries, ✆ 1-888/223-3779 innerhalb von BC, sonst 250/386-3431, 🖳 www.bcferries.com. Unterhält Fähren auf vier Strecken vom Festland British Columbias über die Georgia Strait nach Vancouver Island. Reservierungen (in BC unter ✆ 1-888/724-5223, sonst ✆ 604/444-2890) sind im Sommer ein Muss, um lange Wartezeiten zu vermeiden. Die meistbefahrene Strecke zwischen Victoria und Vancouver ist **Tsawwassen–Swartz Bay**, auf der auch die Busse von *Pacific Coach Lines* verkehren.

Die Fähre pendelt zwischen 7 und 22 Uhr im Sommer 16x tgl. und im Winter mindestens 8x tgl. Autos kosten in der Hochsaison (Ende Juni–Anfang Sept) von Fr 12 Uhr bis So $34,75 und an Wochentagen $32,75, in der Nebensaison (Mitte März–Mitte Juni und Anfang Sept–Okt) $31,50 bzw. 29,75. Ein Fahrrad kostet das ganze Jahr über $2,50. Hinzu kommen noch die Fahrkarten pro Person ($10 pro Tag in der Hoch- und $9,50 in der Nebensaison.

Der *Mid-Island Express* **Tsawwassen–Nanaimo** (Duke Point Terminal) fährt 8x tgl. in 2 Std. Weitere Fähren befahren die Strecke **Horseshoe Bay–Nanaimo** (Departure Bay Terminal) in gut 1 1/2 Std. Horseshoe Bay liegt etwa 15 Min. Autofahrt von West Vancouver entfernt. Der Fahrpreis entspricht dem zwischen Tsawwassen und Swartz Bay. Schließlich gibt es noch die Fähre **Powell River–Comox**; Powell River liegt ca. 160 km nordwestlich von Vancouver an der Sunshine Coast.

MIT DEM FLUGZEUG AUS VANCOUVER –

Der Flug vom Vancouver Airport nach Victoria ist eine teure Angelegenheit. Offene Rückflugtickets kosten ab Vancouver ca. $150, (mit Einschränkungen verbundene) Ausflugstickets etwa $100. Empfehlenswerter sind die interessanten Flüge per Hubschrauber oder Wasserflugzeug vom Hafen in Vancouver zum Hafen in Victoria: **Harbour Air**, ✆ 250/384-2215 oder 1-800/665-0212, 🖳 www.harbour-air.com, und **West Coast Air**, ✆ 250/388-4521 oder 1-800/347-2222, 🖳 www.westcoastair.com. Fliegt in 35 Min. von der Tradewinds Marina westlich des Canada Place nach Victoria ;einfacher Flug $99. Hub-

schrauber der **Helijet Airways**, ✆ 604/273-1414, 🖳 www.helijet.com. fliegen entweder vom „Helipad" östlich des Canada Place oder vom Vancouver Airport ab; einfacher Flug $140, bei frühzeitiger Buchung günstiger.

MIT DER FÄHRE AUS DEN USA – Zwischen Anacortes und Sidney:

Washington State Ferries, 2499 Ocean Ave, Sidney, in Victoria ✆ 250/381-1551, in Sidney ✆ 250/656-1531, in Seattle ✆ 206/464-6400, in Washington State ✆ 1-888/808-7977, 🖳 www.wsdot.wa.gov/ferries. Die Fähren verkehren zwischen Anacortes, 90 Min. nördlich von Seattle, und Sidney, 30 Min. nördlich von Victoria, im Sommer 2x tgl., im Winter 1x tgl. in 3 1/2 Std. Eine Fahrt im Sommer führt über Orcas Island und Friday Harbor auf den San Juan Islands. Fußgänger zahlen für die komplette Tour US$13,10 (im Winter etwas weniger), Autos mit Fahrer US$44,25. Reservierungen für Fahrzeuge sind von Orcas und Friday Harbour notwendig und können mindestens einen Tag im Voraus telefonisch unter ✆ 360/378-4777 in Friday Harbour gemacht werden.

Zwischen Port Angeles und Victoria: *Black Ball Transport*, 430 Belleville St, Victoria, in BC ✆ 250/386-2202 oder 1/800-972-6509, in Washington State ✆ 360/457-4491 oder 1-800/833-6388, 🖳 www.cohoferry.com. Unterhält eine Fährverbindung über die Juan de Fuca Strait von Port Angeles direkt zum Inner Harbour von Victoria 1–4x tgl. in gut 1 1/2 Std. für US$8,50 pro Passagier, plus US$32,50 für ein Auto. Reservierungen sind nicht möglich. Autofahrer sollten die Wartezeiten im Sommer telefonisch erfragen.

Für Fußgänger und Tagesausflügler empfiehlt sich eine schnellere Verbindung von Port Angeles zu Victorias Inner Harbour: *Victoria Express*, in Kanada ✆ 250/361-9144, in den USA ✆ 360/452-8088 oder ✆ 1-800/633-1589, 🖳 www.victoriaexpress.com. Zeiten und Preise: Ende Juni–Aug 3x tgl., Ende Mai–Ende Juni und Sept–Mitte Okt 2x tgl., 55 Min., einfache Fahrt US$12,50, hin und zurück $25, Fahrrad $3 hin und zurück.

Zwischen Seattle und Victoria: *Victoria Clipper*, 250 Bellevue St, Victoria, in Victoria ✆ 250/382-8100, in Seattle ✆ 206/448-5000, außerhalb von Seattle und Victoria ✆ 1-800/888-2535,

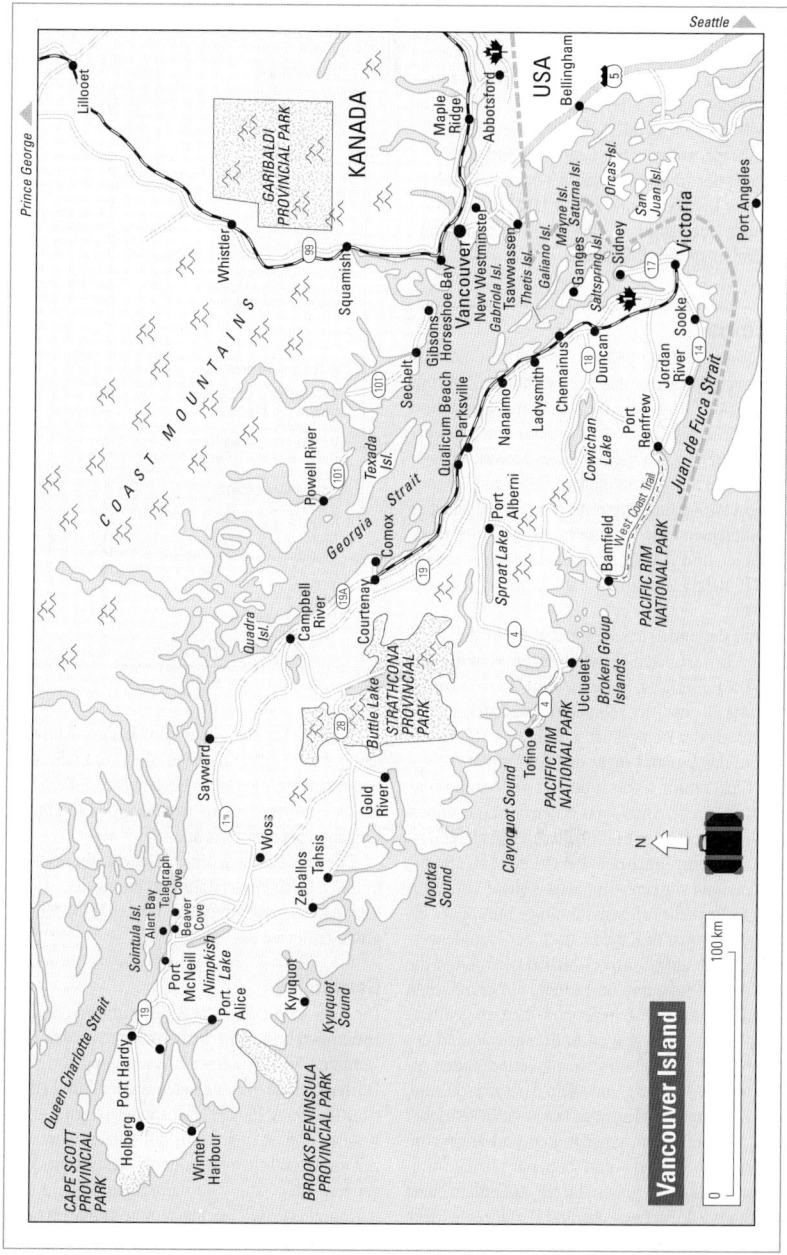

Vancouver Island

Seattle

KANADA
USA

Lillooet
Prince George

GARIBALDI
PROVINCIAL
PARK

Maple
Ridge
Abbotsford
Bellingham

Whistler
Squamish

COAST MOUNTAINS

Vancouver
New Westminster
Tsawwassen
Gabriola Isl.
Galiano Isl.
Mayne Isl.
Saturna Isl.
San
Juan Isl.
Orcas Isl.
Port Angeles
Victoria
Sidney
Ganges
Saltspring Isl.
Thetis Isl.

Gibsons
Horseshoe Bay
Sechelt

Powell River
Texada
Isl.

Georgia Strait

Qualicum Beach
Parksville
Nanaimo
Ladysmith
Chemainus
Duncan
Cowichan
Lake
Port
Renfrew
Jordan
River
Sooke
Juan de Fuca Strait

Comox
Courtenay
Port
Alberni
Sproat Lake
Bamfield
West Coast Trail
PACIFIC RIM
NATIONAL PARK

Campbell
River
Quadra
Isl.

Buttle Lake
STRATHCONA
PROVINCIAL
PARK

Sayward
Woss
Gold
River
Tofino
Ucluelet
PACIFIC RIM
NATIONAL PARK
Broken Group
Islands
Clayoquot Sound

Nootka
Sound
Tahsis
Zeballos
Kyuquot
Kyuquot
Sound

Port
McNeill
Alert Bay
Telegraph
Beaver Cove
Sointula Isl.
Nimpkish
Lake
Port
Alice

Queen Charlotte Strait
Port Hardy
Holberg
Winter
Harbour
CAPE SCOTT
PROVINCIAL
PARK
BROOKS PENINSULA
PROVINCIAL PARK

N

100 km
0

Vancouver Island   293

🖳 www.victoriaclipper.com. Der nur 300 Passagiere fassende Katamaran schippert zwischen Pier 69 im Zentrum von Seattle und Victorias Inner Harbour hin und her. Zeiten und Preise: Mitte Mai–Mitte Sept 4x tgl., Anfang Mai und Ende Sept 2x tgl., sonst 1x tgl., Fahrtzeit 3 Std. bzw. 2 Std. in der Turbojet-Variante, einfache Fahrt im Sommer US$68, hin und zurück US$113 für die normale Überfahrt bzw. US$77/129 für den Turbojet (Nebensaison US$62/103).

Übernachtung:	
Abigail's Hotel	G
Cherry Bank Hotel	H
Crystal Court Motel	L
Heathergate House	I
James Bay Inn	M
Ocean Island Backpacker's Inn	C
Prior House	E
Rosewood Inn	N
Ryan's	J
Selkirk Guest House	B
Shamrock Suites on the Park	K
Strathcona Hotel	F
Turtle Refuge Hostel	A
Victoria Youth Hostel	D

Essen und Trinken:	
Barb's Fish and Chips	16
Blethering Place	6
Da Tandoor	13
Demitasse Coffee Bar	7
Dutch Bakery & Coffee Shop	12
Earl's	3
Herald Street Café	1
Il Terrazzo	9
Milestone's	15
Murchie's	11
Pagliacci's	14
Re-Bar	10
Sally's	4
Süze	8
Swans Brewpub	5
Taj Mahal	2

Victoria

Victoria ist die Hauptstadt von British Columbia und nach Vancouver das zweitwichtigste Zentrum der Region. Die größte Stadt auf Vancouver Island ist ein beliebtes Ziel für Ausflüge von Vancouver, die sich sogar innerhalb eines Tages bewerkstelligen lassen, erst recht wenn man im Hafen von Vancouver ein Wasserflugzeug nimmt. Es ist jedoch eher zu empfehlen, eine Übernachtung in Victoria einzuplanen und sich für eine Besichtigung zwei Tage Zeit zu nehmen, denn die hat Victoria mindestens verdient.

Auf der anderen Seite muss Victoria aber auch hohen Erwartungen gerecht werden. Vom führenden US-Reisemagazin *Condé Nast Traveler* wurde Victoria zu einer der zehn besten städtischen Touristenziele der Welt gekürt, wobei seine Atmosphäre und das Umland sogar den Spitzenplatz belegten. Nicht umsonst wurde der Ort nach einer Königin und Ära benannt – das Hafenviertel vermittelt einen freundlichen und idyllisch englischen Eindruck: Kipling beschrieb den Ort einst als „Brighton Pavillon vor einer Himalaja-Kulisse". In Victoria gibt es mehr britisch-stämmige Einwohner als irgendwo sonst in Kanada, doch der Fremdenverkehr ist klar auf US-Amerikaner zugeschnitten, die an allen Ecken mit imitiertem viktorianischen Allerlei und kitschigem Empire-Ramsch gefüttert werden. Trotz des großen Andrangs während der Saison und der teilweise wenig verlockenden Attraktionen, die einzig und allein dazu gedacht sind, den Besuchern Geld aus der Tasche zu ziehen, lohnt sich ein Besuch im entspannten und angenehm kultivierten Victoria – und sei es nur um das inspirierende Museum zu besichtigen. Außerdem bietet die Stadt jede Menge Pubs und Restaurants (auch die eine oder andere Diskothek) und dient als Ausgangspunkt für eine Reihe von Outdoor-Aktivitäten und weitere Attraktionen, allen voran die **Walbeobachtung**. Eine Vielzahl von Veranstaltern bietet Bootsfahrten in die walreichen Gewässer der Umgebung von Victoria an.

Das angenehme Klima ist feucht, aber extrem mild: Victorias Wetterstation ist die einzige in ganz Kanada, die bisher in einem Winter keine Minusgrade gemessen hat.

Geschichte

Die Gegend von Victoria wurde einst von **Salish-Indianern** bewohnt – insbesondere von den Lekwammen –, die in einer Ansammlung von zehn Dörfern lebten. Sie züchteten die für ihre Ernährung und ihren Handel lebensnotwendigen Camas-Knollen und fischten Lachs mit Netzen, einer derzeit fortschrittlichen Methode. Captain George Vancouver, der die nordamerikanische Küste kartografierte (offensichtlich ohne großartig Notiz von den Eingeborenen zu nehmen), beschrieb die-

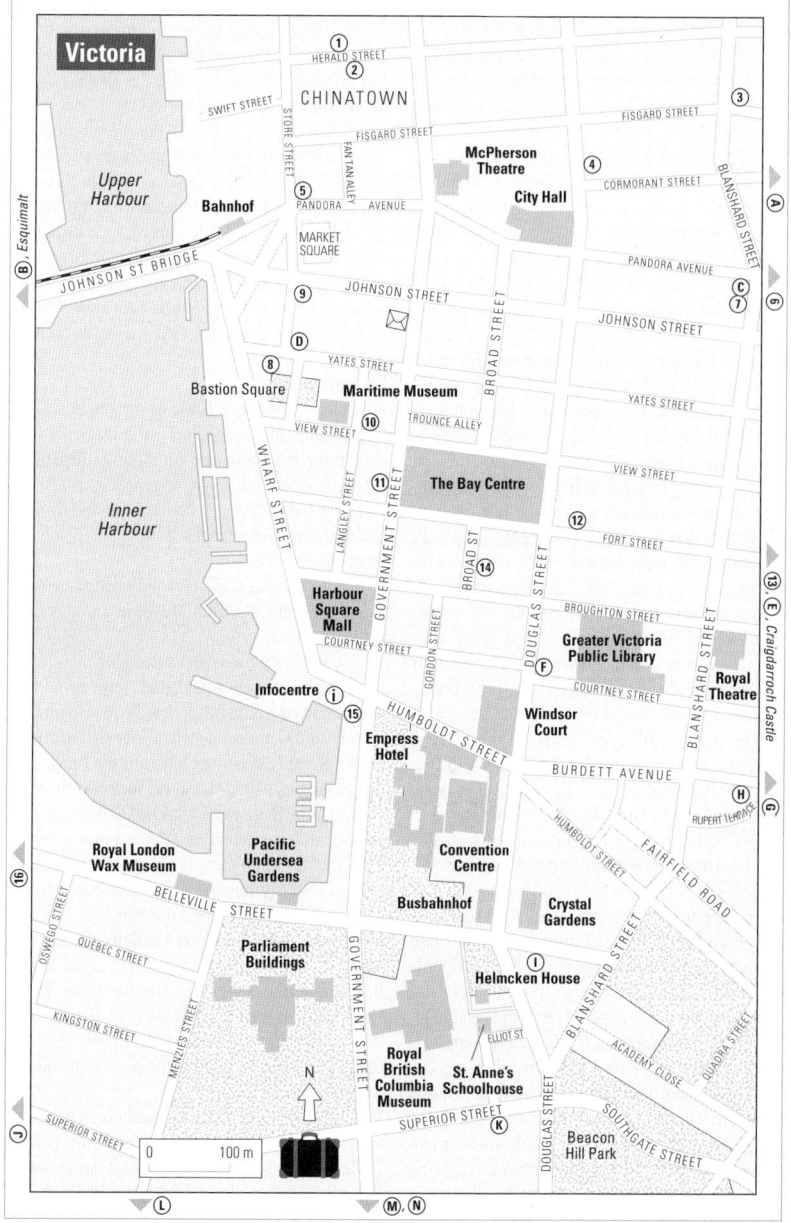

Victoria

HERALD STREET

CHINATOWN

SWIFT STREET

FISGARD STREET

FISGARD STREET

Upper
Harbour

Bahnhof

McPherson
Theatre

CORMORANT STREET

City Hall

STORE STREET

FAN TAN ALLEY

Pandora   AVENUE

MARKET
SQUARE

PANDORA AVENUE

JOHNSON ST BRIDGE

JOHNSON STREET

JOHNSON STREET

Inner
Harbour

YATES STREET

Bastion Square

Maritime Museum

TROUNCE ALLEY

YATES STREET

VIEW STREET

VIEW STREET

WHARF STREET

The Bay Centre

FORT STREET

LANGLEY STREET

GOVERNMENT STREET

BROAD ST

BROAD STREET

DOUGLAS STREET

BROUGHTON STREET

Harbour
Square
Mall

GORDON STREET

Greater Victoria
Public Library

Royal
Theatre

COURTNEY STREET

COURTNEY STREET

Infocentre

HUMBOLDT STREET

Windsor
Court

BLANSHARD STREET

Empress
Hotel

BURDETT AVENUE

Royal London
Wax Museum

Pacific
Undersea
Gardens

Convention
Centre

HUMBOLDT STREET

FAIRFIELD ROAD

RUPERT TERRACE

BELLEVILLE   STREET

Busbahnhof

Crystal
Gardens

OSWEGO STREET

QUÉBEC STREET

Parliament
Buildings

GOVERNMENT STREET

Helmcken House

BLANSHARD STREET

KINGSTON STREET

MENZIES STREET

Royal
British
Columbia
Museum

ELLIOT ST

St. Anne's
Schoolhouse

ACADEMY CLOSE

QUADRA STREET

N

SUPERIOR STREET

SUPERIOR STREET

Beacon
Hill Park

DOUGLAS STREET

SOUTHGATE STREET

0   100 m

Esquimalt

DER SÜDEN BRITISH COLUMBIAS

Craigdarroch Castle

sen Teil von Vancouver Island einst als wahres Paradies: Klares Wetter, schöne Landschaften und die Fruchtbarkeit der Natur bedurften seiner Meinung nach lediglich noch menschlicher Bebauung und Industrie, und das schönste nur vorstellbare Land würde entstehen.

Ein Schritt in diese Richtung wurde im Jahre 1842 unternommen, als die frühesten **weißen Besucher** nach Victoria gelangten, allen voran James Douglas, ein Abgesandter der Hudson's Bay Company, der im heutigen Clover Point eine neue Niederlassung der Company gründete. Ein Blick auf den natürlichen Hafen und seine Umgebung genügte: Dies, so meinte er, sei das „perfekte Eden". Dieses Gefühl wurde durch die Freundlichkeit der einheimischen Bevölkerung noch verstärkt, die ihn dabei unterstützte, Fort Camouson – benannt nach einem bedeutenden indianischen Wahrzeichen – zu errichten. Später änderte man den Namen zu Ehren der britischen Königin in Fort Victoria um.

Einheimische aus allen Teilen der Insel wurden von den neuen Handelsmöglichkeiten angelockt und ließen sich in der Nähe des Forts nieder. Zu ihnen gesellten sich bald britische Pioniere, die von der *Puget Sound Agricultural Company,* ins Land geholt wurden, um es zu besiedeln. Kurzerhand gründete das Unternehmen mehrere Farmen als Basis für Immigranten. Mit der Zeit entwickelte sich der Hafen zum geschäftigsten an der Westküste nördlich von San Francisco und zum Hauptstützpunkt für die britische Pazifikflotte – eine Funktion, die er heute für große Teile der kanadischen Marine hat.

Der erste Boom setzte im Anschluss an den Goldfund auf dem Festland in den 50er Jahren des 19. Jhs. ein. Victoria wurde zum wichtigen Zwischenstopp und der Versorgungsstation für Goldsucher auf ihrem Weg ins Hinterland. Militär- und Verwaltungspersonal sorgte für Recht und Ordnung und brachte gleichzeitig Sitten und Moral aus dem viktorianischen England mit. Daneben breitete sich eine Barackenstadt mit Geschäften, Bars und Bordellen aus. Eine der Bars wurde von „Gassy" Jack Leighton geführt, der schon bald zu den Gründern Vancouvers gezählt werden sollte.

Nachdem der Traum vom Goldrausch ausgeträumt war, diente Victoria weiterhin als militärisches, wirtschaftliches und politisches Zentrum, und 1866, noch Jahre vor der Gründung Vancouvers, ernannte man den Ort zur Hauptstadt der neu entstandenen Region British Columbia. Die britischen Werte wurden von der *Canadian Pacific Railway* im Jahre 1908 mit dem Bau des *Empress Hotels* in Stein verewigt. Errichtet wurde es an der Stelle des geplanten CPR-Bahnhofs, der nie verwirklicht wurde. Als Kanadas westliche Endstation der Bahn entschied man sich für Vancouver statt für Victoria, das somit jegliche industrielle Entwickungschance verlor. Heute lebt die Stadt – und das gar nicht mal schlecht – beinahe ausschließlich von ihren vier Millionen Touristen im Jahr, Verwaltungstätigkeiten und Ruheständlern. Victoria zählt etwa 350 000 Einwohner, fast doppelt so viele wie vor 30 Jahren.

Sehenswertes

Fast alles Sehenswerte sowie die besten Geschäfte und Restaurants von Victoria sind im Gebiet um den **Inner Harbour** und im dahinter liegenden Altstadtviertel Old Town angesiedelt. An Sommerabenden treffen sich hier Straßenmusikanten und Spaziergänger, um den Sonnenuntergang am Meer zu genießen.

Zu den faszinierenden Attraktionen zählen das **Royal British Columbia Museum** und das **Empress Hotel**.

Die meisten anderen bekannten Sehenswürdigkeiten sind wenig einladend, und einige davon verlangen horrende Eintrittspreise, die in keinem Verhältnis zum Gebotenen stehen. Wer sich dennoch für das Royal London Wax Museum, die Pacific Undersea Gardens, die Miniature World, das English Village, Anne Hathaway's Thatched Cottage oder einen anderen zweifelhaften Anziehungspunkt interessiert, erhält im *Infocentre* nähere Informationen.

Ansonsten empfehlen sich das bescheidene **Maritime Museum** sowie die berühmten, etwas abseits gelegenen **Butchart Gardens**, die mit den öffentlichen Verkehrsmitteln oder regelmäßigen Busrundfahrten bequem zu erreichen sind. Bei einem längeren Aufenthalt sollte man sich Zeit für die Besichtigung des **Beacon Hill Park** nehmen, der sich ein paar Minuten Fußweg vom Zentrum in Richtung Süden befindet.

Die besten Strände der Gegend liegen gut 5 km außerhalb der Stadt am Hwy 14 und Hwy 1. Zum Faulenzen am Meer eignet sich auch das kieselige Ufer am südlichen Rand des Beacon Hill Park. Die beste Gelegenheit zum Schwimmen vor Ort bietet der **Willows Beach** an der Esplanade in Oak Bay, 2 km östlich von Victoria, Anfahrt mit Bus Nr. 1 zur Beach und Dalhousie Road. Andere schöne Sandabschnitte finden sich an der Dallas Road sowie am Island View Beach.

Royal British Columbia Museum

Das Royal British Columbia Museum, 675 Belleville St,⌨ www.rbcm.gov.bc.ca, liegt nur einen kurzen Uferspaziergang vom *Infocentre* entfernt. Es wurde 1886 gegründet und zählt zu den besten Museen Kanadas. Aus Besucherumfragen und bei Vergleichen in Reisemagazinen geht es regelmäßig als eines der Top-10-Museen in Nordamerika hervor. Sämtliche Aspekte der Provinz werden behandelt. Besonders bemerkenswert darunter ist die Abteilung der **Urvölker**. Die naturgeschichtliche Abteilung mit den nachgebildeten natürlichen Lebensräumen zeichnet sich durch ihre kreative Gestaltung aus. Ein einziger Besuch reicht kaum aus, um alles zu sehen.

In der Eingangshalle werden die Museumsgäste von einem riesigen ausgestopften Mammut begrüßt – ein erster Hinweis darauf, wie viel Überlegung und Geld in das Museum geflossen sind, ein Großteil davon in den beliebten **Open Ocean**: Dieser lädt zu einer Unterwasserreise durch Tunnel, dunkle Räume, Aufzüge und nachgebaute U-Boote ein. In 30-minütigen Abständen wird den Besuchern in Zehnergruppen Einlass gewährt. Sie erhalten ein Ticket mit Zeitangabe und müssen warten, bis sie an der Reihe sind. Die Botschaft „Wir sitzen alle im gleichen kosmischen Boot" erscheint etwas schwer, dafür bietet das Museum aber den allerneuesten Stand der Technik. Schilder warnen Besucher mit Platzangst vor dem Betreten des dunklen, begrenzten Bereichs.

Im Erdgeschoss befinden sich **Dioramen** – detailgenaue Imitationen von ausgewählten natürlichen Lebensräumen in British Columbia. Die Nachbildungen von Küstengebieten, ufernahen Regenwäldern und Landschaften am Fraser Delta machen allesamt einen sehr realistischen Eindruck, bis hin zum tropfenden Wasser und der kühlen, feuchten Atmosphäre. Begleitet wird die Ausstellung von audiovisuellen Vorführungen und zahlreichen Informationen (der Biberfilm ist besonders sehenswert), die sich in erster Linie auf den 2560 km langen Küstenstreifen der Provinz

konzentrieren – ein Gesicht von British Columbia, das normalerweise von Wäldern und Bergen in den Hintergrund gedrängt wird.

Im ersten Stock ist ein schönes kleines Museum mit Antiquitäten und Andenken aus der Pionierzeit untergebracht. Auffällig ist die ungewöhnliche Anordnung der Exponate von der Gegenwart zurück in die Vergangenheit. Sämtliche gesellschaftshistorischen Aspekte der vergangenen zwei Jahrhunderte werden detailliert dargestellt. Bemerkenswert ist ein nachgebauter Stadtteil aus dem frühen 20. Jh. mit Kino und Stummfilmen sowie Exponaten zum Thema Abholzung, Landwirtschaft, zum Bergbau, Goldrausch, Fischen und aus dem Haushalt. Sämtliche Artefakte und Begleitinformationen zeugen von Geschick und Können.

Auf dem zweiten Zwischengeschoss befindet sich eine ausgezeichnete Sammlung zur **Kunst, Kultur und Geschichte der Urbevölkerung** (s.S. 73ff). Dämmriges Licht, gedämpfte Holzwände und braune Teppiche sorgen für eine feierliche Atmosphäre – im Einklang mit dem tragischen Hintergrund vieler Ausstellungsstücke. Die Sammlung teilt sich in zwei Epochen auf: eine vor und eine nach Ankunft der Europäer. Eindrucksvolles Verbindungsglied zwischen beiden ist die indianische Schnitzerei eines weißen Mannes – eine gelungene Verbildlichung des wunderlichen Eindrucks, den die Neuankömmlinge damals vermittelten. Generell zeichnet sich die gesamte Sammlung durch eine sehr behutsame Herangehensweise aus, die auch die Zeit der Pockenepidemie, die innerhalb von zwölf Monaten eine 8000 Jahre alte Kultur auslöschte, thematisiert. Zum Schluss befasst sich die Abteilung über **Land und Reservate** mit heute noch strittigen Fragen. Gezeigt werden schockierende, von Arroganz und Falschheit geprägte Dokumente.

Ein Muss sind der Kurzfilm *In the Land of the War Canoes* (1914), das **Bighouse** (der Nachbau einer Versammlungshalle) mit seinen Gesängen sowie die audiovisuelle Darbietung über Mythen und die Naturreligion der Indianer. Im **National Geographic Theatre** im Museum werden auf einer riesigen IMAX-Leinwand verschiedene Filme gezeigt. Außerhalb des Museums kann man zudem die Totempfähle im **Thunderbird Park** besichtigen. ☉ Museum tgl. 9–17 Uhr, National Geographic IMAX Theatre tgl. 9–20 Uhr, Museum $9,75, IMAX Theatre $9,75, Doppelvorstellung $15, Kombiticket $20,75.

In den Gewässern um Victoria leben nicht ganz so viele Wale wie vor Tofino an der Westküste von Vancouver Island, trotzdem stehen die Chancen gut, einen Wal zu sichten. Im Meer vor dem südlichen Teil von Vancouver Island leben drei Pods (feste Gruppen) von Orcas (Killerwale), insgesamt etwa 100 Tiere. Am häufigsten gesichtet werden jedoch Mink-, Grau- und Buckelwale. Nur wenige Gesellschaften garantieren eine Begegnung mit Walen, die meisten sichern sich ab: Sollten keine Wale zu sehen sein, kann man immer noch die Schweinswale, Robben oder Seelöwen bestaunen.

Die meisten Veranstalter bieten identische Ausflüge zu gleichen Preisen an, normalerweise $60–$90 für eine dreistündige Tour. In der Regel ist ein Naturkundler oder zumindest ein kundiges Besatzungsmitglied mit an Bord. Entscheiden muss man sich lediglich zwischen einem ruhigen, bequemen Festrumpfboot (überdacht oder nicht), meist die teuerste Variante (ca. $90), einem Katamaran ($75–90) oder einem blitzschnellen, aufblasbaren „Zodiac-Boot" mit Alu-Rumpf ($60–90), das ungleich aufregender ist – dafür unter Umständen sehr wackelig und ohne Toiletten an Bord. Manche Gesellschaften verfügen über Hydrofone, mit denen man die Geräusche der Wale unter Wasser hören kann. Die beiden nachfolgend genannten Veranstalter sind bereits viele Jahre im Geschäft. Informationen zu weiteren Anbietern erteilt das *Infocentre*.

Seacoast Expeditions, gegenüber dem Inner Harbour, Boardwalk Level, Ocean Pointe Resort, 45 Songhees Rd, ✆ 250/383-4383 oder 1-800/386-1525, ⌨ www.seacoastexpeditions. com. In 10 Min. zu Fuß über die Johnson Street Bridge bzw. innerhalb von drei Minuten mit der Hafenfähre zu erreichen. Außerdem existiert ein Abholservice per Shuttle-Bus von den Hotels im Zentrum. Seacoast Expeditions existiert seit mehr als 10 Jahren und bietet 3-stündigen Touren in Zodiac-Booten an: Apr–Okt 1x tgl., Mai–Juni und Sept 4x tgl., Juli–Aug 5x tgl., $79. Von Mai bis August wird eine Sichtung garantiert. Die Interessenten bekommen einen Pager, der Bescheid gibt, wann man sich für die Tour einfinden soll – und zwar nur dann, wenn tatsächlich Wale gesichtet wurden.

Five Star Charters, 706 Douglas St, ✆ 250/388-7223 oder 1-800-634-9617, ⌨ www. 5starwhales.com. Das Unternehmen ist seit 1985 im Geschäft und verzeichnete nach eigenen Angaben in der Vergangenheit von allen Tourenveranstaltern den höchsten Prozentsatz an Walsichtungen (dank der Beobachtungsboote und eines guten Kontaktnetzes). Die Touren finden in einem offenen Boot für 12 Passagiere oder in einem der 40 Personen fassenden „Supercat"-Boote statt: Mitte April–Ende Sept 3x tgl., 3 Std., $79; Okt–Mitte April 2x tgl., 2Std., $60.

Helmcken House und Umgebung

Das Helmcken House steht merkwürdig isoliert abseits der Belleville St, direkt neben dem Museum. Es wurde im Jahre 1852 erbaut und ist somit das älteste Haus in BC, das noch an seinem Originalstandort zu sehen ist. In diesem historischen Gebäude werden Räume, Möbel und Stickereien der Familie Helmcken zur Schau gestellt. Dr. John Helmcken war Arzt in Fort Victoria und eine lokalpolitische Größe. Sein Heim dient heute als Denkmal zur Erinnerung an die strengen viktorianischen Wertvorstellungen, allerdings sind Gebäude dieser Art im Nordwesten keine Seltenheit. Oben beherbergt es Speicherschätze und Furcht erregende medizinische Geräte. Vor der Besichtigung sollte man sich einen kostenlosen Tonbandführer schnappen und den (von Schauspielern gesprochenen) „Stimmen aus der Vergangenheit" lauschen, die dem Gebäude ein wenig Leben einhauchen. ☉ Mai–Okt tgl. 10–17, sonst Mo und Do–So 11–16 Uhr, $5.

Unmittelbar hinter dem Haus befindet sich ein weiterer weißer Holzbau, das **St Anne's Pioneer Schoolhouse**, das ursprünglich von einem Bischoff Demers für vier Schwestern des St Ann-Ordens erworben wurde. Diese hatten sich 1858 entschlossen, ihre Heimat Québec zu verlassen, um in Victoria zu unterrichten. Das zwischen 1843 und 1858 erbaute Schulhaus gilt als das älteste noch genutzte Gebäude Victorias.

Die Parliament Buildings

Die viktorianischen Parliament Buildings, 501 Belleville St, , ✆ 250/387-3046 oder in BC 1-800-663-7867, präsentieren sich eine Straße westlich des Museums imposant im Stil eines großen britischen Rathauses. Der Komplex wird bei Dunkelheit von rund 2000 winzigen Glühbirnen wunderschön illuminiert – zum Unmut der Einheimischen, die sich über die hohen Kosten beklagen. Vor dem mit Kuppelbauten verzierten Gebäude bilden Meer und Garten ein schönes Ensemble, und auf dem Rasen sind eine Statue von **Königin Victoria** sowie ein riesiger Mammutbaum, ein Geschenk des US-Bundesstaates Kalifornien, zu bewundern. Geplant wurde das Bauwerk von dem 25-jährigen Francis Rattenbury, der auch das nahe gelegene *Empress Hotel* entwarf. Fertig gestellt hat man das $923 000 teure Gebäude im Jahre 1897, rechtzeitig zum Thronjubiläum von Königin Victoria. Auch die Figuren aus Victorias grauer bürokratischer Vergangenheit werden gebührend gewürdigt: Den Haupteingang überwachen Statuen von Sir James Douglas, der den Standort der Stadt auswählte, und Sir Matthew Baillie Begbie (auch bekannt als *„Hanging Judge"*), der während der Zeit des Goldfiebers für Recht und Ordnung sorgte. Sir George Vancouver überblickt das Ganze von der Spitze der Kuppel aus. Kostenlose Führungen beginnen rechts von der Haupttreppe. Die Fremdenführer unterhalten die Besucher mit unzähligen Anekdoten. Sehenswert ist der Dolch, der Captain Cook zum Verhängnis wurde, sowie die mit Szenen aus der kanadischen Geschichte bemalte goldene Kuppel. ☉ tgl. 9–17, Sept–Mai bis 16 Uhr, Eintritt frei. Führungen Okt–April alle 20–30 Min., sonst nur nach Reservierung Mo–Fr stdl. 9–15 Uhr, dazu eine öffentliche Führung um 16 Uhr.

Parks und Gärten

Beacon Hill Park ist der schönste Park in der Nähe des Stadtzentrums. Er liegt südlich vom Inner Harbour und ist über die Straße hinter dem Museum schnell zu Fuß erreichbar. Victoria wird manchmal als „Stadt der Gärten" bezeichnet, und

zur entsprechenden Jahreszeit verrät der Park auch warum. Die größte Grünfläche von Victoria mit zahlreichen Wegen, Teichen, mächtigen Bäumen und ruhigen Ecken bietet zudem weitreichende Blicke über die Juan de Fuca Strait bis zu den fernen Olympic Mountains im US-Bundesstaat Washington (insbesondere auf der südlichen Seite).

Diese schöne Meerenge ist auch der Grund für die Missstimmung zwischen Victoria und den USA. Die Stadt hat nämlich ein (buchstäblich) dunkles Geheimnis: Sie leitet unbehandelte Abwässer in die Meerenge und behauptet, die Abfälle würden sich dank der starken Meeresströmung rasch verteilen. Der Bundesstaat Washington ist davon keineswegs überzeugt, und die Angelegenheit führte bereits zu zahlreichen Auseinandersetzungen und auch zu die Wirtschaft belastenden Boykotten durch US-Firmen. In jedem Fall beeinträchtigt dieser Streitpunkt das ansonsten tadellose Image von Victoria.

Die Grünanlagen im Park präsentieren sich abwechselnd gepflegt und dann wieder wunderbar wild und haben nichts mehr mit ihrem früheren Erscheinungsbild gemein, als der Hügel von den einheimischen Salish als *Meeacan* („Bauch") bezeichnet wurde, weil er aussah wie der dicke Bauch eines auf dem Rücken liegenden Mannes. Hierhin zog sich einst die berühmte Künstlerin aus Victoria Emily Carr zurück. Darüber hinaus beherbergt der Park den angeblich höchsten Totempfahl der Welt, den Kilometerstein „0" des Trans-Canada Highway sowie ein überaus britisches Cricket-Feld. Einige der Bäume sind so alt und massiv, wie man sie gewöhnlich nur an der noch nicht abgeholzten Westküste der Insel findet. Im Frühling erblüht ein Meer von gelben Narzissen und blauen Camas-Gewächsen. Letztere erinnern an die Urbevölkerung von Victoria, die die Pflanze wegen ihrer essbaren Zwiebel züchteten. Daneben werden jährlich noch 30 000 weitere Blumen in den Gärten angepflanzt.

Die hoch gelobten **Crystal Gardens** hinter dem Busbahnhof in der 713 Douglas St, 🖳 www. bcpcc.com/crystal, wurden nach dem Vorbild des Londoner Crystal Palace angelegt und galten bei ihrer Eröffnung 1925 als Standort des „größten Salzwasserpools im britischen Imperium". Inzwischen hat sich das Gewächshaus mit seiner Flora und Fauna zu einem beliebten Anlaufpunkt für Touristen entwickelt. Die Wirkung der schönen Architektur wird jedoch durch Souvenir- und andere Läden in der Arkade beeinträchtigt. Der einstige Treffpunkt der Tee trinkenden Elite ist noch immer Veranstaltungsort, z.B. für den *Jive and Ballroom Dance Club* und den *People Meeting People Dance*. Tagsüber vermitteln der **Tearoom** und die tropischen Gärten einen einladenden Eindruck. Angesichts der eingepferchten Vögel, Schmetterlinge und Affen kann einem allerdings schnell der Appetit vergehen. ◷ Mitte Juni–Mitte Sept tgl. 9–20, Mitte März–Mitte Juni und Mitte Sept–Okt 9–18, Nov–Mitte März 10–16.30 Uhr, $9.

Wer sich näher für Gartenbau interessiert, kann einen Abstecher zu den berühmten **Butchart Gardens** in Brentwood Bay, 800 Benvenuto Ave, 🖥 www.butchartgardens.com, unternehmen, die 22 km nördlich von Victoria am Hwy 17 Richtung Swartz Bay-Fährterminal liegen. Angelegt wurden die Gärten im Jahre 1904 von Jenny Butchart, der Frau eines Bergwerkbesitzers und Pioniers von Portland Cement in Kanada und den USA. Ursprünglich wollte sie einen Steinbruch ihres Mannes landschaftsgärtnerisch gestalten. Heute umfasst das Gebiet eine Fläche von ca. 20 ha mit Rosen, japanischen und italienischen Gärten und zahlreichen dekorativen Details. Die Butchart Gardens mit ihren über eine Million Pflanzen und 700 unterschiedlichen Spezies begrüßen jährlich rund eine halbe Million Besucher. Dabei wundert sich mancher über das Missverhältnis zwischen dem Raum, den die eigentlichen Gärten einnehmen, und dem riesigen Gelände, das Parkplatz, Souvenirladen und Restaurant vorbehalten ist. Berühmt sind die Gärten wegen des beeindruckenden **Feuerwerks**, das hier in der Regel jeden Samstagabend im Juli und August veranstaltet wird. Neben dem Restaurant gibt es noch diverse Geschäfte und ein umfangreiches musikalisches Unterhaltungsprogramm. Von Mitte Juni bis Ende September werden die Gärten während der abendlichen Öffnungszeiten künstlich beleuchtet.

◷ Mitte Juni–Aug tgl. 9–22.30 Uhr, in den ersten beiden Wochen im Sept und Dez tgl. 9–21 Uhr, Rest des Jahres tgl. 9 Uhr–Sonnenuntergang, Eintritt $10,50 Anfang Januar, dann schrittweise teurer bis zum Höchstpreis von $20 (Mitte Juni–Sept). Anfahrt vom Zentrum mit Bus Nr. 75 Richtung „Central Saanich". Außerdem verkehren im Sommer regelmäßig Shuttle-Busse, ✆ 250/388-5248,

Mai–Okt tgl. morgens im Stunden-, nachmittags im Halbstundentakt, vom Hauptbusbahnhof, Tickets $4,50, nicht am Hauptfahrkartenschalter, sondern am separaten Gray Lines-Stand erhältlich.

Empress Hotel

Ein Hauptanziehungspunkt in Victoria ist das Empress Hotel. Das imposante Gebäude trägt in bedeutendem Maße zur touristischen Attraktivität der Stadt bei. Eine Übernachtung würde (fast) jedes Budget sprengen, aber einen Spaziergang durch die prächtigen Lobbys und Speisesäle aus der Kolonialzeit sollte man sich auf keinen Fall entgehen lassen. In einigen Lounges ist ein „lässig-eleganter" Kleidungsstil vorgeschrieben (keine Jeans, Turnschuhe, kurzen Hosen oder Rucksäcke), ansonsten kann man sich aber völlig frei bewegen. Zum Teetrinken – deswegen sind die meisten hier – eignet sich die *Tea Lounge* am rechten südlichen Seiteneingang des Hotels. Serviert werden Scones, Kuchen, Torten und natürlich ein sechsgänges Menü zur Teezeit. Allerdings muss man sich an die Kleidervorschrift halten und auf erhebliche Unkosten gefasst machen. In anderen Lounges, z.B. dem *Bengal* (s.u.), kann man nur Tee und Scones bestellen.

Nicht zu übersehen ist die **Crystal Lounge** mit ihrer wunderschönen Glaskuppel im Tiffany-Stil. Die fast ebenso aufwendige Lounge am Eingang ist *der* Schauplatz der nachmittäglichen Teezeit – ein unter Umständen sehr amüsantes Erlebnis. Unten gibt es eine Bar mit bezahlbaren Preisen, das Restaurant **Kipling's** und die hübsche **Bengal Lounge** mit einem Tigerfell über dem Kamin. Currys und verschiedene Beilagen werden hier für $15 angeboten. Wer sich etwas gönnen möchte, begibt sich zum Abendessen in den edwardianischen **Empress Dining Room**.

Die Altstadt

Der älteste Teil der Stadt, die Old Town, konzentriert sich rings um den **Bastion Square**, dem Standort des Fort Victoria, nur einen kurzen Spaziergang vom Market Square entfernt. Durch diesen schönen, neu belebten Teil der Altstadt verlaufen die Haupteinkaufsstraßen. Die früheren Saloons, Bordelle und Lagerhallen haben sich inzwischen in Büros, Cafés und Galerien verwandelt. Das bescheidene **Maritime Museum** am 28 Bastion Square, 🖥 www.mmbc.bc.ca, bestícht in erster Linie durch seine Unterbringung in einem wunderschönen schokolade- und vanillefarbenen Gebäude, dem früheren Sitz des Provinzgerichts. Gezeigt werden alte Karten, Uniformen, Schiffsglocken, Fotografien aus der damaligen Zeit, zahlreiche Schiffsmodelle sowie eine Ausstellung über die BC Ferries im ersten Stock. In der obersten Etage befindet sich der restaurierte frühere zentrale Gerichtssaal der Region. Interessant ist der offene Aufzug, der 1901 von Richter Davie in Auftrag gegeben wurde – angeblich war er zu dick, um die Treppenstufen zu bezwingen. ☉ tgl. 9.30–16.30 Uhr, $5.

Zwei Straßen nördlich des Platzes liegt der hübsche **Market Square**, das alte Herzstück von Victoria. Heute säumen 65 Spezialitätengeschäfte und Cafés den zentralen Innenhof, der von der Store, Pandora und Johnson St begrenzt wird. Diese Gegend boomte nach dem Goldrausch im Jahre 1858 und stellte Tausenden von Abenteurern und Immigranten Häuser, Saloons, Opiumhöhlen, Geschäfte und Ähnliches zur Verfügung. Auf der Seite der Pandora Ave lag jenseits der Senke die älteste **Chinatown** an der Westküste Nordamerikas, die sich heute etwas weiter nördlich entlang der Fisgard St erstreckt. Hier stellten 23 Fabriken unter anderem 90 000 Pfund Opium im Jahr her – damals ein legales Gewerbe und bis zum 20. Jh. eine der größten Industriezweige von BC. In den **Einkaufsstraßen** lohnt sich *E.A. Morris*, ein wunderbarer Zigarren- und Tabakladen neben *Murchie's Coffeeshop*, 1110 Government St, und *Roger's Chocolates*, 913 Government St, dessen viktorianische Süßigkeiten regelmäßig an den Buckingham Palace geliefert werden.

Weitere Attraktionen

Abseits des Inner Harbour hat Victoria vereinzelte kleinere Sehenswürdigkeiten zu bieten, die nur eine kurze Besichtigung rechtfertigen. Das interessanteste alte Gebäude ist **Craigdarroch Castle**, 1050 Joan Crescent, 🖥 www.craigdarrochcastle.com. Es thront auf einem Hügel in Rockland, einem vornehmen Stadtteil im Osten. Errichtet wurde es von Robert Dunsmuir, einem zweifelhaften Politiker, Streikbrecher, Geldhai und Kohlenmagnat mit zweifelhaftem Ruf, der sich zu gotischen Nachahmungen gezwungen sah, um seine Ehefrau aus Schottland wegzulocken. Das Beste war gerade gut genug: feinster Marmor, Granit- und Sandstein bis

hin zu raffiniert handgefertigten Deckenpanelen in der Haupthalle und im Treppenhaus. Der hinterhältige Dunsmuir selbst konnte sich nie an seinem Schloss erfreuen – er starb 1889, zwei Jahre nach Baubeginn und ein Jahr vor der Fertigstellung. In den 39 Räumen findet sich das übliche Sammelsurium an viktorianischem Mobiliar, insbesondere eindrucksvolle Tischlerarbeiten, Bunt- und Bleiglas. ☉ Mitte Juni–Anfang Sept tgl. 9–19, sonst 10–16.30 Uhr, $10. Anfahrt von Downtown mit Bus Nr. 11-University oder Nr. 14-University bis Joan Crescent, von dort noch zwei Minuten zu Fuß. Wer den ganzen Weg vom Inner Harbour zu Fuß gehen möchte, sollte dafür etwa 45 Minuten veranschlagen.

Nicht weit Craigdarroch Castle befindet sich im 1890 erbauten Spencer Mansion die **Art Gallery of Greater Victoria**, 1040 Moss St, nahe Fort St, 🖥 www.aggv.bc.ca. Von Interesse ist die Galerie vor allem für Liebhaber moderner kanadischer Malerei, sie beherbergt aber auch die beste japanische Kunstsammlung des Landes und den einzigen vollständigen Shinto-Schrein außerhalb Japans. Eine kleine Dauerausstellung präsentiert Werke von Emiliy Carr (s.S. 246/247), und ca. alle sechs Wochen geben Wechselausstellungen zusätzlichen Anreiz für einen Besuch. ☉ Mo–Sa 10–17, Do bis 21, So 13–17 Uhr, $5. Anfahrt vom Zentrum mit Bus Nr. 10-Haultain, Nr. 11-Uplands/Beacon Hill oder Nr. 14-University.

Im zwei Straßen vom Inner Harbour entfernten **Emily Carr House**, 207 Government St, können Besucher einen Blick in 10 Zimmer des Elternhauses der berühmtesten Künstlerin British Columbias werfen, wo sie während eines Schneesturms 1871 in einem alten, noch zu besichtigenden Holzbett das Licht der Welt erblickte. Das Haus wurde 1864 erbaut und auf das Sorgfältigste in seinem ehemaligen Zustand wiederhergestellt. Für Verehrer der Künstlerin mag eine Besichtigung interessant sein, doch bei den Gemälden an den Wänden handelt es sich leider nur um Kopien. ☉ tgl. 10–17 Uhr, $5,35.

Mit einem kleinen Harbour Ferry-Boot vom Inner Harbour gelangt man in 10 Min. zum schön hergerichteten italienisch-viktorianischen **Point Ellice House and Gardens**, 2616 Pleasant St, ✆ 250/387-4697, deren Attraktivität im Vergleich zu Craigdarroch Castle allerdings etwas unter der eher schäbigen Umgebung leidet. An Sommernachmittagen entfalten die wieder hergestellten Gartenanlagen ihre ganze Pracht. Die Innenräume haben ihr viktorianisches Flair bewahrt, was wohl auf die begrenzten Mittel der Familie O'Reilly zurückzuführen ist, die von 1861 bis 1974 hier lebte. Aufgrund ihres gesellschaftlichen Abgleitens über mehrere Generationen vom Adel in relative Armut konnten viele Einrichtungsgegenstände nie ersetzt werden. Tee wird im Sommer auf der Wiese serviert: Eine Reservierung im Voraus ist empfehlenswert, $16,95. Führungen Mitte Mai–Mitte Sept tgl. 12–17 Uhr, $5,35. Alternativ zur Fähre Anfahrt vom Zentrum mit Bus Nr. 14-University.

Seinerzeit zählte das ca. 9 km vom Zentrum entfernt in der Admiral's Road gelegene **Craigflower Manor & Farmhouse**, ☎ 250/387-4697, zu den ersten Gehöften Victorias und kennzeichnete den Übergang der Stadt vom Handelsposten zur etablierten Gemeinde. Erbaut wurde es 1856 mit viel Holz im pseudo-georgianischen Stil. Sein Besitzer war Kenneth McKenzie, ein Verwalter der Hudson's Bay Company, der andere schottische Siedler anwarb und somit zur Entstehung einer bäuerlichen Gemeinde am Portage Inlet beitrug. Das Haus sollte ihn an Schottland erinnern und entwickelte sich rasch zum gesellschaftlichen Zentrum des neuen Dorfes. Am stärksten frequentiert wurde es von Offizieren, die den McKenzie-Töchtern, den einzigen weißen Frauen auf der Insel, den Hof machten. Wie beim Point Ellice House ist auch hier eine Reservierung für den Nachmittagstee anzuraten. ◷ Mai–Okt tgl. 10–17 Uhr, $5. Anfahrt vom Zentrum mit dem Craigflower-Bus Nr. 14.

Übernachtung

In den Sommermonaten füllt sich Victoria rasch, und die meisten günstigen Unterkünfte sind schnell ausgebucht. Hotels der oberen Preisklasse konzentrieren sich in der Gegend um den Inner Harbour. Hostels und andere preiswerte Alternativen verteilen sich über die ganze Stadt, ein Großteil der billigen Hotels und Motels konzentriert sich jedoch auf das Gebiet um die Gorge Rd und Douglas St nordwestlich des Zentrums. Reservierungen sind in allen Kategorien notwendig.

Hilfreich ist die **Zimmervermittlung** im *Infocentre*, ☎ 1-800/663-3883, die allerdings vorzugsweise eines der zahlreichen, aber nicht gerade billigen B&Bs der Stadt empfiehlt.

HOTELS UND MOTELS – *Abigail's Hotel*, 960 McClure St, Ecke Quadra St, einen Block östlich von Blanshard St, ☎ 250/388-5363 oder 1-800-561-6565, ⌨ www.abigailshotel.com. Klassisches kleines Hotel in schönem Gebäude mit Holzfeuer, Federbetten, Whirlpools und gutem Frühstück. Vom Zentrum bequem zu Fuß erreichbar. ❽

Cherry Bank Hotel, 825 Burdett Ave, ☎ 250/385-5380 oder 1-800/998-6688, ⌨ www.bctravel.com/cherrybankhotel.html. Zu Recht beliebtes und angenehm ausgefallenes, preiswertes Hotel mit 26 Zimmern, Reservierung notwendig. Sehenswert: die sich drehende Meerjungfrau auf dem Dach. Ausgezeichnete Zimmer mit Frühstück. Angesichts der Preise erste Wahl. ❸

Crystal Court Motel, 701 Belleville St, ☎ 250/384-0551, ⌨ www.crystalcourtmotel.supersites.ca. Großes, zweckdienliches Motel mit angemessenen Preisen, gute Lage nur einen Block vom Inner Harbour entfernt, allerdings an einer befahrenen Straße. ❹

James Bay Inn, 270 Government St, Ecke Toronto St, ☎ 250/384-7151 oder 1-800/836-2649, ⌨ www.jamesbayinn.bc.ca. Das 45-Zimmer-Hotel ist neben dem *Cherry Bank* die beste preiswerte Unterkunft in Victoria, auch wenn die Preise in den letzten zwei Jahren angezogen haben. Edwardianisches Gebäude, frühere Wohnstätte der Malerin Emily Carr. Einfache Zimmer zu verschiedenen Preisen, Restaurant und Pub im Untergeschoss. Zwei Blocks südlich der Parliament Buildings gelegen. ❻

Rosewood Inn, 595 Michigan St, Nähe Government St, ☎ 250/384-6644 oder 1-866/986-2222, ⌨ www.rosewoodvictoria.com. Komfortables und elegantes kleines Hotel zwei Blocks südlich vom Royal BC Museum. ❻–❼

Shamrock Suites on the Park, 675 Superior St, Ecke Douglas St, ☎ 250/385-8768 oder 1-800/294-5544, ✆ 250/385-1837. Einen Block vom Royal BC Museum entfernt, nahe dem Beacon Hill Park. Nach der Renovierung 2002 nur noch 16 Zimmer, vom einfachen Motelzimmer bis zur geräumigen Suite mit Küche, einige Zimmer mit Blick auf den Park. Von Juli–Sept kleines Frühstück inkl. ❺

Strathcona, 919 Douglas St, ☎ 250/383-7137 oder 1-800/663-7476, 🖥 www.strathconahotel.com. Großes, modernes Hotel, Zimmer mit Bad und TV. Der englische Pub mit Restaurant im Untergeschoss ist mit seiner dröhnenden Live- und DJ-Musik nicht jedermanns Geschmack. ➌

B&Bs – Victorias Auswahl an B&Bs ist riesig, allerdings zu überraschend hohen Preisen. Oft holen die Eigentümer abgelegener Unterkünfte ihre Gäste aus dem Zentrum ab.

Heathergate House, 122 Simcoe St, ☎ 250/383-0068 oder 1-888/683-0068, 🖥 www.heathergatebb.com. Kleines B&B mit drei Zimmern (alle mit eigenem Bad) und einem separaten 2-Bett-Cottage, zu Fuß vom Inner Harbour und den Sehenswürdigkeiten zu erreichen. Eigenes Stockwerk für Gäste mit Wohn- und Fernsehzimmer. ➎

Prior House, 620 St Charles St, ☎ 250/592-8847 oder 1-877/924-3300, 🖥 www.priorhouse.com. Sehr vornehmes B&B mit 5 Zimmern, einstiges Zuhause von Victorias Gouverneursleutnant – besonders empfehlenswert die Suite mit Bad und Kronleuchter. Etwa 2,5 km östlich vom Zentrum im vornehmen Viertel Rockland gelegen, für Fußgänger ungeeignet. ➐

Ryan's, 224 Superior St, ☎ 250/ 389-0012 oder 1-877/389-0012, 🖥 www.ryansbb.com. Sehr hübsches historisches Gebäude von 1892 südlich vom Royal BC Museum, 5 Min. Fußweg vom Zentrum, alle 7 Zimmer schön eingerichtet und mit Bad. ➐

Selkirk Guest House, 934 Selkirk Ave, ☎ 250/389-1213 oder 1-800/974-6638, 🖥 www.selkirkguesthouse.com. Schönes altes, 1909 erbautes Haus am Wasser nordwestlich des Inner Harbour. Gute Lage für Fahrradtouren und Wanderungen (das Haus liegt am Galloping Goose Trail), außerdem Boots- und Kanuverleih. Dorm-Bett $20, dazu 4 gute DZ für $75–90, Frühstück $5 extra. Anfahrt mit Bus Nr. 14 von der Douglas St (hält zwei Blocks entfernt) oder über die Johnson Bridge und am Wasser entlang über Bay St und Banfield Park, dann von der Craigflower Rd rechts in die Arcadia St bis Selkirk Ave. ➍

HOSTELS UND STUDENTENUNTERKÜNFTE –
Ocean Island Backpacker's Inn, 791 Pandora Ave, Ecke Blanshard St, ☎ 250/385-1788 oder 1-888/888-4180, 🖥 www.oceanisland.com. Gute Lage in der nordöstlichen Ecke des Zentrums. Das restaurierte historische Gebäude von 1893 bietet eine große Vielfalt an Zimmern (Dorms, EZ und DZ mit und ohne Bad) zu verschiedenen Preisen, je nach Jahreszeit, Wochentag (Fr und Sa teurer) und HI-Mitgliedschaft. Die folgenden Preise gelten für Nicht-Mitglieder Fr und Sa (Mitglieder können $1–3 abziehen): Dorm-Bett von $17,75–23, DZ $40–$55, auch Wochen- und Monatstarife. Außerdem Internet-Zugang, Musikzimmer mit Instrumenten, Morgenkaffee gratis, Waschküche, kostenlose Fahrradgarage, Bettzeug, Handtücher und begrenzte Parkplätze für $4 pro Tag, keine Sperrstunde.

Turtle Refuge Hostel (auch *Backpackers' Lodge*), 1608 Quadra St, Ecke Pandora, ☎ 250/386-4471, ✉ turtlerefuge@hotmail.com. Zentrales Hostel mit 25 Dormbetten, zwei Doppel- und zwei Familienzimmern; Gemeinschaftsküche, Waschmaschine, Parkplatz, Gepäckaufbewahrung und kostenlosem Kaffee am Morgen; keine Sperrstunde. Dormbetten $13 (Nov–April $12), DZ $40 ($30) plus $10 für jede weitere Person.

Victoria Youth Hostel (HI), 516 Yates, Ecke Wharf, ☎ 250/385-4511 oder 1-888/883-0099, 🖥 www.hihostels.ca. Großes, modernes, freundliches und gut geführtes Hostel, einige Blocks nördlich vom Inner Harbour. Die Mehrbettzimmer sind unter Umständen laut, an der Rezeption wird aber Ohropax verkauft. Nützliche Informationen über die Stadt an den Schwarzen Brettern. Mitglieder $16–20, sonst $17–24. DZ kosten für Mitglieder $38, sonst $48. ⏱ Büro Mo–Do 7.30–24, Fr–So 7–2 Uhr.

CAMPINGPLÄTZE – Victorias Campingplätze quellen im Sommer buchstäblich über, wobei es mehr Platz für Caravans gibt. Viele davon sind abgelegen, sodass man genauso gut einen der landschaftlich schöneren Plätze der Provinzparks ansteuern kann. Die meisten befinden sich am Trans-Canada Hwy Richtung Norden oder am Hwy 14 östlich von Victoria.

Fort Victoria RV and Park Campground, 340 Island Hwy 1A, ☎ 250/479-8112, 🖥 www.fortvicrv.com. Zentralster Platz, 6 km nördlich von Victoria am Trans-Canada Hwy gelegen. Anfahrt mit Bus

Nr. 14 vom Zentrum Richtung Craigflower. Haltestelle direkt vor dem Eingang. Großer Platz mit 300 Stellplätzen, in erster Linie für Caravans, aber auch ein paar Zeltstellplätze. Kostenlose warme Duschen, $29 für 2 Personen.

Goldstream Provincial Park, 2930 Trans-Canada Highway, ✆ 604/689-9025 oder 1-800-689-9025, 🖳 www.discovercamping.ca. Obwohl nur 20 km nördlich der Stadt am Hwy 1, liegt dieser Platz inmitten alter Zedern- und Douglasienwälder und ist damit die beste Campinggelegenheit von Victoria. WCs und kostenlose warme Duschen, zahlreiche Möglichkeiten zum Wandern, Schwimmen und Angeln. Anfahrt mit Bus Nr. 50 von der Douglas St im Zentrum. Stellplatz $22.

Thetis Lake, 1938 West Park Lane am Trans-Canada Highway, 10 km nördlich des Zentrums, ✆ 250/478-3845, ✉ thetislake@shaw.ca. Macht den Plätzen im Goldstream Provincial Park angesichts der angenehmen Umgebung Konkurrenz. Familienfreundlich, 147 Stellplätze, Waschküche und Duschen mit Münzeinwurf. $16 für 2 Personen.

Essen

Obwohl Victoria kulinarisch gesehen im Schatten von Vancouver steht, weist die Stadt dennoch viele **Restaurants** auf. Einige sind sehr gut und vielfältiger – aber auch teurer – als die in den meisten anderen Städten von BC. Die **Pubs** wirken – von wenigen Ausnahmen abgesehen – wie künstliche Nachbildungen ihrer britischen Vorbilder. Das Gleiche gilt für **Cafés**, in denen sich am Nachmittag Victorias Teerituale abspielen. Gute Snacks und Konditoreien gibt es Hülle und Fülle. Andererseits werden zu schier unerschwinglichen Preisen einmalige Köstlichkeiten und schöne Abwechslungen von der gewöhnlichen kanadischen Speisekarte geboten.

CAFÉS, TEE UND SNACKS – Barb's Fish and Chips,
310 Lawrence St, Fisherman's Wharf, an der Kingston St, ✆ 250/384-6515. Sehr beliebte schwimmende Bude, serviert hausgemachte Pommes, Fisch direkt vom Boot und Austern-Burger, obendrein Suppen mit Meeresfrüchten. Die badewannengroßen Fähren vom Inner Harbour setzen die Gäste in der Nähe ab.

Blethering Place, 2250 Oak Bay Ave, ✆ 250/598-1413 oder 1-888/598-1413. Der neben dem *Empress Hotel* bekannteste Ort für den Nachmittagstee. Serviert *scones*, Kuchen und leckere Sandwiches. Geschmückt mit Hunderten von Bacchus-Krügen und königlichen Erinnerungsstücken – vielleicht einen Tick übertrieben.

Demitasse Coffee Bar, 320 Blanshard St, nahe Pandora Ave, beliebtes, elegant-lässiges Café mit vorzüglichem Kaffee, ausgezeichneten Salaten, Bagels, Snacks zur Mittagszeit und offenem Kamin.

Dutch Bakery & Coffee Shop, 718 Fort St. Diese Institution in Victoria serviert Feingebäck und Schokolade zum Mitnehmen – oder zum dort Essen im beliebten, wenn auch einfachen hinteren Coffeeshop.

Empress Hotel, 721 Government St, ✆ 250/348-8111. Tee wird in der Lobby serviert. Touristen und Einheimische präsentieren sich gleichermaßen gern inmitten der prächtigen Ausstattung und großen Pflanzenkübel von ihrer besten Seite. Mit schmutzigen Jeans, Anoraks oder Sportbekleidung wird man nicht eingelassen.

Murchie's, 1110 Government St, bester Ort für einfachen Tee, Kaffee und Kuchen inmitten von Victorias Einkaufsstraßen.

Re-Bar, 50 Bastion Square, Ecke Langley St, großartiger Laden, serviert Tee, Kaffee (holzkohlegefiltertes Wasser) und Biokost zur Mittagszeit (normalerweise aus organischem Anbau). Besonders empfehlenswert ist die große Auswahl an frisch gepressten Säften in außergewöhnlichen Kombinationen: „Smoothies", „Power-Tonics" und gesunde Queckensäfte („Astro Turf" ist eine Mischung aus Karotten, roter Beete, Knoblauch und Quecke).

Sally's, 714 Cormorant St, nahe Douglas St, flippiges kleines Café, trotz der Lage am nördlichen Rand des Zentrums bei Einheimischen und vor allem Berufstätigen sehr beliebt. Lohnt einen Besuch im Vorübergehen, ist aber keinen Extra-Ausflug wert.

RESTAURANTS – Da Tandoor,
1010 Fort St, ✆ 250/384-6333, wie das *Taj Mahal* spezialisiert auf Tandoori, insgesamt das beste von etwa einem halben Dutzend indischen Restaurants in Victoria, die gutes Essen in etwas überzogenem Ambiente servieren.

Earl's, 1703 Blanshard St, Ecke Fisgard St, ℡ 250/386-4323. In vielen kanadischen Städten findet sich ein *Earl's*. Trotz des Kettencharakters gutes Essen – kein Fast Food, lebendige, angenehme Atmosphäre und freundliche Bedienung.

Herald Street Café, 546 Herald St, ℡ 250/381-1441, ausgezeichneter, stilvoller Tipp für italienisches Essen mit einer Brise Nordwesten. Teuer, aber trotzdem lohnenswert mit entspannter Atmosphäre und jeder Menge Kunst an den Wänden. Den Fußweg vom Inner Harbour wird man auf keinen Fall bereuen.

Il Terrazzo, 555 Johnson St, Waddington Alley, ℡ 250/361-0028, elegant lässiges Ambiente mit viel rotem Sandstein, Pflanzen und einer Sommerterrasse. Gute nordamerikanische Variante italienischer Rezepte. Zusammen mit *Pagliacci's* (s.u.) das beste italienische Restaurant der Stadt.

Milestone's, 812 Wharf St, ℡ 250/381-2244, beliebtes Restaurant der mittleren Preisklasse für Burger, Pasta, Steaks u.ä., direkt am Inner Harbour unterhalb des *Infocentres*, dementsprechend viel Trubel und schöne Aussicht.

Pagliacci's, 1011 Broad St, zwischen Fort und Broughton, ℡ 250/386-1662, bestes Restaurant in Victoria für Liebhaber von furioser Atmosphäre, Live-Musik, gutem italienischen Essen und hervorragenden Desserts. Kaum sind die Pforten geöffnet, bildet sich eine Warteschlange.

Süze, 515 Yates St, ℡ 250/383-2829. Hervorragende Adresse für einen Drink am Abend. Toller breiter Tresen in gemütlicher und zwangloser Atmosphäre mit exotischer Note. Gemischte Speisekarte von asiatischer Küche bis Steak, Pasta, Hühnchen und Seafood, serviert im niedrigen Zwischengeschoss oder im gemütlichen Speisesaal (durch die Samtvorhänge zur Rechten).

Taj Mahal, 679 Herald St, ℡ 250/383-4662, in einem Mini-Taj-Mahal etwas weiter weg vom Zentrum. Gute indische Küche mit Hühnchen, Lamm und Tandoori-Spezialitäten.

Unterhaltung und Kultur

Das Nachtleben von Victoria verläuft eher ruhig. Für exklusive Geschmäcker ist allerdings überraschend gut gesorgt, denn es gibt etliche Kneipen und Veranstaltungsorte für Live-Musik und Discos, um die Touristen bei Laune zu halten. Jazz ist besonders beliebt, Informationen hierzu erteilt die **Victoria Jazz Society**, 250-727 Johnson St, ℡ 250/388-4423, 🖥 www.vicjazz.bc.ca.

Veranstaltungshinweise erscheinen in den großen Tageszeitungen, im *Time-Colonist* sowie in einer Reihe von kostenlosen Blättern, die in Geschäften, Cafés und Hotels ausliegen, darunter auch das ausgezeichnete, donnerstags erscheinende Magazin *Monday*, 🖥 www.mondaymag.com. Tickets für die meisten Veranstaltungen gibt es im bekannten **McPherson Playhouse**, 3 Centennial Square, Pandora St und Government St, ℡ 250/386-6121 oder 1-888-717-6121, 🖥 www.rmts.bc.ca.

KNEIPEN UND BARS – **Bartholomew's Bar and Rockefeller Grill**, im *Executive House Hotel*, 777 Douglas St. Lebendiger Pub, in dem regelmäßig einheimische Bands auftreten.

Big Bad John's, 919 Douglas St, neben dem *Strathcona Hotel*. Die Bar mit der meisten Atmosphäre in Victoria, blanke Tische, eine dichte Rauchwolke und echte alte Banknoten an den Wänden. Manchmal Live-Bands und Sänger, Tendenz zu Country-Music.

D'Arcy McGee's, 1127 Wharf St. „Irish Pub" in erstklassiger Lage am Rand des Bastion Square, erwartungsgemäßes Essen und Bier, an manchen Tagen schöne irische Live-Musik.

Spinnakers BrewPub, 308 Catherine St, nahe Esquimalt Rd, 38 Biersorten, darunter viele selbstgebraute. Restaurant, Live-Musik, gelegentliche Brauereitouren und schöner Blick auf den Hafen. Gemischtes und entspanntes Publikum. Anfahrt mit Bus Nr. 23 zur Esquimalt Rd.

Steamers, 570 Yates St, beliebter Auftrittsort für leidenschaftliche lokale Bands fast aller Musikrichtungen von Reggae bis Folk.

Swans Brewpub, 506 Pandora Ave, Ecke Store St, hübsche, sehr beliebte Hotel-Café-Brauerei, untergebracht in einer Lagerhalle von 1913, bei jungen Berufstätigen aus Victoria beliebt. Viele ausländische und 6 einheimische Biere vom Fass. Club *Neptune Soundbar* im Untergeschoss (s.u.).

CLUBS UND LIVE-MUSIK – **Esquimalt Inn**, 856 Esquimalt Rd, alt eingesessener Veranstaltungsort mit Country-Bands und gelegentlichen Jamsessions. Anfahrt mit Bus Nr. 23.

In den Sommermonaten wird Victoria von Straßenmusikanten förmlich überrannt, und auf den großen Plätzen der Stadt – James Bay, Market Square und Beacon Hill Park – ist kostenlose Unterhaltung angesagt. Zu den Highlights zählen:

TerrifVic Jazz Party, April. 4-tägiges Fest mit internationalen Top-Bands.

Jazz Fest, Juni. Über 100 unbekanntere Bands beweisen ihre Talent auf dem Market Square.

Canada Day, 1. Juli. Die Feiern zum Nationalfeiertag konzentrieren sich um den Inner Harbour und umfassen Feuerwerke, Essensstände, Konzerte und andere kulturelle Veranstaltungen.

Folk Fest, letzte Juliwoche. Multikulturelles Kunstspektakel.

First People's Festival, Anfang August. Feier der Kulturen der Ureinwohner Kanadas.

Canadian International Dragon Boat Festival, Mitte Aug. Über 100 internationale Teams beteiligen sich an Drachenbootrennen im Inner Harbour.

Classic Boat Festival, 30. Aug–1. Sept. Ausstellung Dutzender antiker Holzboote.

Royal Victoria Marathon, Anfang Okt. Marathon und Halbmarathon durch die Straßen der Stadt und Umgebung am kanadischen Thanksgiving-Wochenende.

Fringe Festival, Sept. Avantgarde-Darbietungen jeglicher Couleur.

Great Canadian Beer Festival, 2. Novemberwoche. Einige der besten Kleinbrauereien der Provinz stellen im *Victoria Conference Centre*, 720 Douglas St, ihre Biere vor.

Merrython Fun Run, Mitte Dez. 10-km-Lauf durch das Zentrum Victorias.

Evolution, 502 Discovery St, einer der interessanteren Clubs in Victoria: viel Techno, Rave und alternative Musik.

Hermann's Jazz Club, 753 View St, spärlich beleuchteter Club mit 50er Jahre-Atmosphäre, spezialisiert auf Dixieland, gelegentlich auch Ausflüge in die Welt des Fusion und Blues.

Legends, 919 Douglas St, größter, bester und lautester Konzertclub im grellen Neonlicht-Keller des *Strathcona Hotel*. Jeden Abend unterschiedliche Live-Bands, ab und zu auch große Namen.

Neptune Soundbar, 1605 Store St, Ecke Pandora Ave, Kellerdisco des *Swans Brewpub*, meist Warteschlange, Publikum in den Dreißigern. Klassiker aus den 60ern und 70ern neben neuen Songs aus den Charts, mitunter auch Hip-Hop und andere moderne Richtungen.

AUSRÜSTER – **Sports Rent**, 1950 Government St, Ecke Discovery St, ✆ 250/385-7368, 🖵 www.sportsrentbc.com. Riesenauswahl an Leihausrüstung, darunter Fahrräder, Rollerblades, komplette Ausrüstung zum Campen, Wandern, Klettern und Tauchen.

AUTOVERMIETUNGEN – **Avis**, 62B-1001 Douglas St, ✆ 250/386-7726 oder 1-800/879-2847, und Victoria Airport, ✆ 250/656-6033.
Budget, 757 Douglas St, ✆ 250/953-5300 oder 1-800/268-8900.
National, 767 Douglas St, ✆ 250/386-1213 oder 1-800/227-7368.

FAHRRAD- UND BOOTSVERLEIH – **Cycle Victoria Rentals**, 950 Wharf St, ✆ 250/885-2453 oder 1-877/869-0039, 🖵 www.cyclevictorialrentals.com.
Harbour Rentals, 811 Wharf St, ✆ 250/ 995-1661 oder 1-877/733-6722. Verschiedene Fahrräder ab $6 pro Std. bzw. $19 pro Tag, fünf verschiedene Motorrollermodelle ab $12 pro Std. bzw. $45 pro Tag, Kajaks, Ruderboote, Motorboote und Motorräder.

FUNDBÜROS – **BC Transit**, ✆ 250/995-5637.

GELD – **American Express**, 1203 Douglas St, ✆ 250/385-8731, ⏲ Mo–Fr 8.30–17, Sa 10–16 Uhr.

INFORMATIONEN – **Infocentre**, 812 Wharf St, vor dem *Empress Hotel* am Hafen, ✆ 953-2033, 🖵 www.tourismvictoria.com. Reservierung von Walbeobachtungs- und sonstigen Touren und eine Fülle von allgemeinen Informationen. ⏲ Mai–Sept tgl. 8.30–18.30, Okt–April tgl. 9–17 Uhr.

MEDIZINISCHE HILFE – Die meisten Hotels haben einen Arzt oder Zahnarzt in Rufbereitschaft. Außerdem helfen bei gesundheitlichen Problemen oder Zahnschmerzen:
Cresta Dental Centre, in der *Tillicum Street Mall*, 3170 Tillicum Rd, Ecke Burnside St, ℘ 250/384-7711.
Tillicum Mall Medical Clinic, gleiche Adresse, ℘ 250/381-8112, ärztliche Hilfe ohne vorherige Anmeldung.
Victoria General Hospital, 35 Helmcken Rd, ℘ 250/727-4212.

POST – **Hauptpost**, 714 Yates St, Ecke Douglas St, ℘ 250/953-1352 oder 1-800/267-1177. ☉ Mo–Fr 8.30–17 Uhr.

TAXIS – *Blue Bird Cabs*, ℘ 250/382-4235.
Empress Cabs, ℘ 250/381-2222.
Victoria Taxi, ℘ 250/383-7111.

WETTER – ℘ 250/656-3978

Nahverkehrsmittel

Das vergnüglichste Verkehrmittel innerhalb der Stadt sind die kleinen Harbour-**Fähren**, die sich alleine wegen der Fahrt lohnen. Anlegestellen sind Fisherman's Wharf, Ocean Pointe Resort und West Bay Marina. Zu empfehlen ist eine abendliche „Mini-Kreuzfahrt" durch den Hafen für $10. Tickets hierfür sind auf den Fähren im Inner Harbour oder über das *Infocentre* erhältlich. Wer sich nur im Stadtzentrum aufhält, wird kaum die **Stadtbusse** benutzen, von denen die meisten an der Douglas St, Ecke Yates St, halten. Eine Fahrt in der großen zentralen Zone kostet $1,75, Tageskarten $5,50 – Tickets werden im *Infocentre*, in den 7-Eleven-Läden und an anderen Stellen verkauft. Man kann auch im Bus bezahlen, sofern man den Betrag passend bereithält. Informationen über Stadtbusse Tag und Nacht unter ℘ 250/382-6161 (vom Band), Fundsachen 250/995-5637, ▯ www.bctransit.com.

Transport

BUSSE – Der **Busbahnhof** befindet sich im Zentrum, 700 Douglas St, Ecke Belleville St, nahe dem Royal British Columbia Museum. Verbindungen nach:
BAMFIELD 1–3x tgl. in 6–8 Std.;
CAMPBELL RIVER 5x tgl. in 5 Std., $40;
CHEMAINUS $12,50;
COURTNEY $35;
DUNCAN $10;
NANAIMO 7x tgl. in 2 1/2 Std., $17,50;
PORT ALBERNI $30;
PORT HARDY 1x tgl. in 10 Std., $84,10;
PORT RENFREW 2x tgl. in 2 Std.;
TOFINO $47,50;
UCLUELET $47,50;
VANCOUVER 8–10x tgl. in 5 Std., 3x tgl. direkt zum Airport.
Pacific Coast Lines, ℘ 250/385-4411, ▯ www.pacificcoach.com. Die Busse aus VANCOUVER oder vom VANCOUVER AIRPORT halten am Busbahnhof.
Laidlaw Coach Lines, ab Busbahnhof, ℘ 250/385-4411, 388-5248, oder 1-800/318-0818, ▯ www.grayline.ca/victoria. Verkehrt auf der Insel und zu weiteren Zielen.
Greyhound, ℘ 250/388-5248 oder 1-800/663-8390, ▯ www.greyhound.com, verkehrt vom Busbahnhof.

EISENBAHN – Victorias **Bahnhof** liegt am nördlichen Ende der Wharf St. *Via Rail*, ℘ 1-888/842-7245, ▯ www.viarail.ca, verkehrt 1x tgl. (im Sommer häufiger) von und nach NANAIMO (2 1/2 Std., einfache Fahrt $23,50) und weiter nach COURTENAY. Fahrgästen steht in der Regel nur ein Waggon zur Verfügung, der schnell ausgebucht ist, zudem hält der Zug an jeder Milchkanne.

FÄHREN – Ausführliche Informationen zu Fährverbindungen von und nach Vancouver Island s. S. 291ff.

FLÜGE – **Victoria International Airport**, ℘ 250/953-7500, ▯ www.victoriaairport.com, liegt 26 km nördlich des Zentrums am Hwy 17 in der Nähe des Anlegers der Fähre nach Sidney. Der Hwy 17 verläuft in südlicher Richtung und führt ab Stadtrand als Douglas St mitten ins Zentrum.
Shuttle-Busse von *Akal Airporter*, ℘ 250/386-2525 oder 1-877/386-2525, ▯ www.

akalairporter.travel.bc.ca., fahren halbstündlich zwischen 4.30 und 1 Uhr in 45 Min. für $13 die wichtigsten Hotels im Zentrum an. Ein Abholservice für Fahrten zum Flughafen wird ebenfalls angeboten.

Die Southern Gulf Islands

Zerstreut zwischen Vancouver Island und dem Festland liegen Hunderte von kleinen Inseln, die meisten davon kaum mehr als ein Felsen und nur einige groß genug für Siedlungen und einen Pier. Zwei große Inselgruppen desselben Archipels sind von Victoria aus erreichbar: die Southern Gulf Islands und die San Juan Islands. Letztere gehören zu den Vereinigten Staaten.

Bei einem Flug mit dem Wasserflugzeug von Vancouver (s.S. 292) oder während der Fährfahrt von Tsawwassen bietet sich ein schöner Blick auf die Southern Gulf Islands. Die Boote schlängeln sich durch die gefährlich engen Buchten und Kanäle. An der Küste gibt es hervorragende Möglichkeiten zum Segeln, und eine Armada von kleinen Booten tuckert meist zwischen den Inseln hin und her. Auch Wanderer, Camper und Fischer können sich nicht über mangelnde Möglichkeiten beklagen – in den angrenzenden Gewässern wurde das Schicksal einiger der größten Lachse der Welt besiegelt. Das Klima ist mild, wenn auch nicht gerade mediterran, wie in einigen Werbebroschüren behauptet, und die Vegetation sehr üppig. Zudem präsentiert sich eine Vielfalt an Meerestieren: Seelöwen, Orkas, Robben, Weißkopfseeadler, Reiher und Kormorane. All dies macht die Gulf Islands zur traumhaften Idylle für Künstler, Schriftsteller, Ruheständler und gesellschaftliche Aussteiger aus dem US-Bundesstaat Washington und aus BC. Einzelheiten über deren Aktivitäten erfährt man im lokalen Blatt *Gulf Islander,* das auf der Insel und den Fähren verteilt wird.

Reiseplanung

Auf den Inseln stehen fast keine öffentlichen Verkehrsmittel zur Verfügung, dementsprechend willkürlich sind auch die Preise der wenigen Taxis. Ein **Fahrrad** mit auf die Fähre zu nehmen kostet nur $2 und ist eine hervorragende Möglichkeit zur Erkundung der Inseln. Die meisten sind klein (wenn auch hügelig) und haben nur wenige Straßen.

Um eine Unterkunft für den Sommer sollte man sich frühzeitig kümmern. Campingplätze gibt es viele, die meisten davon liegen in den Provinzparks. In der Hauptsaison empfiehlt es sich, vor der Mittagszeit anzukommen, um sich einen Stellplatz zu sichern. In einigen Parks kann man reservieren. Einzelheiten über B&Bs enthält der *BC Accommodations*-Führer, weitere Tipps auf der Website von *BC Tourism* (s.S. 236), im *Infocentre* von Victoria und bei speziellen B&B-Agenturen wie dem *Canadian Gulf Islands B&B Reservation Service,* ✆ 1-888/539-2930, ⌨ www.gulfislandsreservations.com.

Transport zu den Inseln

BC Ferries, ✆ 250/386-3431 oder 1-888/223-3779, ⌨ www.bcferries.com, fährt fünf der Southern Gulf Islands – Saltspring, Pender, Saturna, Mayne und Galiano – an. Die Fähren legen im Sommer mindestens 2x tgl. in SWARTZ BAY, 33 km nördlich von Victoria am Hwy 17, ab. Einige andere North Gulf Islands, darunter Gabriola, können von Chemainus und Nanaimo erreicht werden, s.S. 318 und s.S. 320. Im Sommer können die Boote schnell voll belegt sein. Auf der Website und im Fahrplan *Southern Gulf Islands,* der auf den Schiffen und in den *Infocentres* auf dem Festland erhältlich ist, sind alle Schiffsverbindungen zwischen den Inseln verzeichnet.

Preise bei BC Ferries

Bei Fahrten mit *BC Ferries* von Vancouver Island und vom Festland zu den Gulf Islands kommt eine Vielzahl verschiedener **Tarife** zur Anwendung. Die Fahrpreise sind im Allgemeinen **außerhalb der Saison günstiger**, d.h. etwa von Anfang September bis Ende Juni. Auf ein oder zwei Strecken gelten zudem Mitte der Woche günstigere Tarife. In den folgenden Abschnitten sind die Preise für Fußgänger und Autos für die Hochsaison und Nebensaison angegeben und durch Schrägstrich voneinander getrennt. Es ist zu beachten, dass für große Fahrzeuge höhere Tarife gelten.

Salt Spring Island

Salt Spring, 9500 Einwohner, manchmal auch „Saltspring" geschrieben, ist die größte der Inseln und zählt auch die meisten Einwohner und Besucher. In den Sommermonaten verdreifacht sich ihre Bevölkerungszahl. Ohne eigenes Transportmittel kann man sich auf der Insel allerdings nur schwer fortbewegen. Die einheimische Bevölkerung ist eine kosmopolitische Mischung: Kolonialisiert wurde die Insel nicht von weißen Siedlern, sondern von schwarzen Pionieren. Diese befanden sich auf der Flucht vor Repressionen in den USA.

Am lohnendsten ist ein Besuch dieser und der anderen Inseln, wenn man sich auf den entspannten Lebensrhythmus der Inseln einlässt: ein Tässchen Kaffee mit Blick aufs Wasser, Stöbern in den Galerien, Radfahren auf kleinen Nebenstraßen, die eine oder andere leichte Wanderung und Ähnliches. Einladende Strände gibt es an der geschützteren Ostküste, insbesondere **Beddis Beach** an der Straße von Fulford nach Ganges, oder an der Vesuvius Bay im Nordwesten und im **Drummond Park**, nahe Fulford im Süden der Insel. Beddis liegt auf dem Weg zu einem der besten Parks auf den Gulf Islands, dem hübschen **Ruckle Provincial Park** im Südosten der Insel mit Wäldern, Feldern und einer reizvollen maritimen Landschaft rund 10 km östlich von Fulford Harbour. Dort gibt es 15 km Wanderwege, die größtenteils am Beaver Point beginnen, der felsigen Landspitze am Ende der Zufahrtsstraße. Der beste Weg führt von hier nach Norden an der Küste entlang durch kleine Buchten und über felsige Landzungen bis nach Yeo Point. Der Park verfügt außerdem über einen ausgezeichneten Campingplatz am Ende der Zufahrtsstraße.

In zentraler Lage an der Westküste erstreckt sich der **Mount Maxwell Provincial Park**, dessen namensstiftender Berg aus 588 m Höhe ein grandioses Panorama eröffnet. Anfahrt zum Park über die Cranberry Rd, die etwa auf halbem Weg von Ganges nach Fulford in westlicher Richtung abzweigt.

Von April bis Oktober findet im Centennial Park von Ganges der **Saturday Market** statt, auf dem Obst, Gemüse und Kunsthandwerk angeboten werden. ◷ Sa 8.30–15.30 Uhr, 🖳 www.saltspringmarket.com.

Ein Höhepunkt des Inseljahres ist der alljährlich Ende Juni–Mitte Sept in der Mahon Hall von Ganges stattfindende **Artcraft Market**, ein sommerlicher Kunsthandwerksmarkt, bei dem viele kreative Künstler der Insel ihre Produkte verkaufen. Ein weiterer Schauplatz kultureller Aktivitäten in Ganges ist das Zentrum **ArtSpring**, 100 Jackson St, 🖳 www.artspring.ca, wo jedes Jahr im Juli und August ein Sommerfestival mit vielfältigen Darbietungen stattfindet.

Übernachtung

Das *Infocentre* von Ganges erteilt detaillierte Auskunft über die zahlreichen Unterkunftsmöglichkeiten. Viele Besucher lassen sich vom Prospekt des offiziellen HI-Hostels anlocken. Ansonsten gibt es noch ca. 100, oft recht teure B&Bs (Eigentümer bieten Abholservice von der Fähre an) und die so genannten „Resorts" – in der Regel ein paar Häuser und Zimmer zum Mieten mit Möglichkeit zum Campen. An jedem Fährterminal gibt es außerdem ein paar Motels der mittleren Preisklasse.

Beachcomber Motel, 770 Vesuvius Bay Rd an der Vesuvius Bay, ✆ 250/537-5415 oder 1-866/537-5415, 📠 537-1753, 12 Zimmer. ➍

Harbour House Hotel, 121 Upper Ganges Rd, Ganges, ✆ 250/537-5571 oder 1-888/799-5571, ✉ harbourhouse@saltspring.com. ➍

Salt Spring Island Hostel, 640 Cusheon Lake Rd, ✆ 250/537-4149, hübsches Hostel in idyllischer Umgebung im östlichen Teil der Insel, 5 km südlich von Ganges und nur 2 km vom Beddis Beach entfernt. Mehrbettzimmer in einer Zedernholz-Lodge ($17), drei Tipis, zwei große Familienbaumhäuser (müssen vorab reserviert werden und kosten ca. $65) und Familienzimmer ($40–70). Insgesamt 35 Betten. Campen ist nicht möglich, aber es gibt einen Fahrrad- und Motorrollerverleih. Anfahrt von Victoria mit dem Pat Bay Hwy-Bus Nr. 70, $2,50, zum Fährterminal Swartz Bay, von da weiter mit der Fähre nach Fulford Harbour ($6,25 hin und zurück) und dort einen der einheimischen Autofahrer fragen – die meisten bieten gerne Mitfahrgelegenheiten an. ◷ Mitte März–Okt, Check-in 5–20 Uhr. ➊–➌

Seabreeze Inn, 101 Bittancourt Rd, ✆ 250/537-4145 oder 1-800/434-4112, 🖳 www.seabreezeinns.com. 28 Zimmer in parkähnlicher Umgebung oberhalb des Hafens von Ganges. ➎

Der schönste **Campingplatz** liegt im Ruckle Provincial Park am Beaver Point und bietet in Uferlage 78 Stellplätze; Sommer $14, Winter $9, Parken tagsüber $3. Anfahrt über die Beaver Point Road vom Fährterminal am Fulford Harbour, 10 km. Reservierung nicht möglich.

Essen und Trinken

In Ganges gibt es zahlreiche Cafés und Coffeeshops. Gehaltvollere Mahlzeiten bieten u.a.:
House Piccolo, 108 Hereford Ave, ✆ 250/537-1844. Serviert exzellente europäische und skandinavische Speisen und wurde vom Magazin *Wine Spectator* ausgezeichnet. Nur Abendessen.
Moby's Marine Pub, 124 Upper Ganges Rd, ✆ 250/537-5559, sehr beliebte Kneipe. Essen, Trinken und gelegentlich Live-Musik.
Treehouse Café-Restaurant, 106 Purvis Lane, ✆ 250/537-5379. Hübsches Lokal für Frühstück, Mittag- und Abendessen, auch Tische im Freien. An den meisten Abenden dezente (oft akustische) Live-Musik.
Vesuvius Inn, 805 Vesuvius Bay Rd, neben der Fähre an der Vesuvius Bay, ✆ 250/537-2312, Eines der bekannteren Restaurants auf der Insel, mit abendlicher Live-Musik und einer ausgezeichneten Terrassenbar mit Blick über den Hafen. Serviert werden teure Fischgerichte und die übliche Auswahl an Pasta, Hühnchen und Salaten.

Sonstiges

AUTOS, FAHRRÄDER, MOTORROLLER UND KAJAKS – *Saltspring Island Marina*, 1-800/334-6629, 🖳 www.mobyspub.com. Einer von mehreren Verleihern in der Umgebung von *Moby's Marine Pub* in Ganges.
Salt Spring Kayaking & Cycling, 2923 Fulford-Ganges Rd, Fulford Harbour, ✆ 250/653-4222, 🖳 www.saltspring.com/sskayak. Fahrräder ab $5 pro Std., $25 pro Tag und $35 für zwei Tage, Kajaks $12 pro Std. (Doppelsitzer $20), $45 pro Tag ($80). Für $15 werden Fahrräder oder Kajaks zur Unterkunft auf der Insel gebracht.

INFORMATIONEN – Kleines *Infocentre*, 121 Lower Ganges Rd in Ganges, nahe Long Harbour

an der Ostküste, ✆ 250/537-5252, 🖳 www.saltspringtoday.com. ☉ tgl. 10–16 Uhr.

TAXIS – *Silver Shadow Taxi*, ✆ 250/537-3030.

Transport

Harbour Air (s.S. 292) unterhält eine Verbindung per Wasserflugzeug zwischen VANCOUVER und der Insel, die zudem drei Fährhäfen besitzt:
Fulford Harbour, im Süden, zu erreichen von SWARTZ BAY in Victoria, 10x tgl., im Sommer häufiger, in 35 Min. Passagiere $6,25/6 hin und zurück, Autos $20/17,25.
Vesuvius Bay, im Nordwesten, zu erreichen von CROFTON, nahe Duncan auf Vancouver Island, 13–14x tgl. in 20 Min. zum gleichen Preis.

Wassertaxis

Gulf Islands Water Taxi, ✆ 250/537-2510, 🖳 www.saltspring.com/watertaxi, ist als Ergänzung zu den Fähren von *BC Ferries* seit 1978 fester Bestandteil des Insellebens. Die Boote befördern Touristen, Schulkinder, Fischer und andere Passagiere auf zwei festen Routen, die am Visitors' Dock unterhalb der *Oystercatcher Bar* in Ganges beginnen.
Die **erste Route** führt von Salt Spring (Ganges Harbour) über Galiano (Sturdies Bay) nach Mayne Island (Miners Bay). Abfahrt in Salt Spring derzeit Sept–Juni 6.45 und 15.45 Uhr, $20 hin und zurück zwischen zwei beliebigen Anlegestellen, $15 einfache Fahrt, Fahrrad gratis.
Die gleichen Preise und Abfahrtszeiten gelten auch für die **zweite Route** von Salt Spring (Ganges Harbour) über Saturna (Lyall Harbour) und Horton Bay nach Pender (Port Washington).
Eine **dritte Route** mit der Bezeichnung „Island Hopping" ist im Sommer in Betrieb (Mi und Sa 9 und 15 Uhr ab Ganges) und führt nach Galiano und Mayne. Eine **Reservierung** empfiehlt sich für alle Verbindungen, die jeweils aufeinander abgestimmt sind, sodass von Salt Spring aus auch kurze Tagesausflüge oder Sightseeing-Touren zu den anderen Inseln machbar sind.

Long Harbour, in der Mitte der Ostküste, bietet Verbindungen zum Festland, vor allem nach TSAWWASSEN, meistens über andere Inseln. Long Harbour ist auch der Hauptknotenpunkt für Verbindungen zwischen der Inseln. In der Vergangenheit konnte man mit dem *Saltspring Island Bus* von den Fährterminals nach **Ganges** gelangen, dem Hauptort der Insel an der Ostküste, 5 km von Long Harbour entfernt. Allerdings sollte man sich diesbezüglich im *Infocentre* vor Ort oder in Victoria die aktuellsten Informationen besorgen.

Galiano Island

Viel versprechend vielseitig präsentiert sich Galiano Island, das von Nord nach Süd nur 27 km und von Ost nach West nur 5 km misst. Die Insel hat 1040 Einwohner und bietet zahlreiche Übernachtungsmöglichkeiten.

Die ruhigen Gewässer und kleinen Buchten vor der Westküste laden zum Kanufahren ein. Wanderer können die Ostküste fast in ihrer gesamten Länge ablaufen oder den **Mount Sutil** (323 m) oder den **Mount Galiano** (342 m) mit Blick auf die Berge des Festlands erklimmen. Um den Ausgangspunkt für den Wanderweg auf den Mount Galiano zu erreichen, fährt man vom Fähranleger Sturdies Bay die Burrill St nach Süden und über die Bluff Rd durch den bewaldeten Bluffs Park; an einer Gabelung zweigt der Active Pass Drive links ab und führt schließlich zum Parkplatz am Wanderweg (von der Fähre insgesamt 5 km). Der beste Strand befindet sich in der **Coon Bay** an der nördlichen Spitze der Insel, doch auch andernorts locken herrliche Strände und Landschaften am Meer, allen voran der **Montague Harbour Provincial Marine Park**, 10 km vom Anleger Sturdies Bay entfernt auf der Westseite der Insel. Dort gibt es Strandabschnitte mit Muscheln und Kieselsteinen, ein Café, einen Laden und einen 3 km langen Wanderweg am Wasser entlang zur Gray Peninsula.

Übernachtung und Essen

Bellhouse Inn, 29 Farmhouse Rd, ✆ 1-800/970-7464, 🖳 www.bellhouseinn.com. Altes, romantisches Farmhaus am Meer mit 3 Zimmern, reizvolle Umgebung mit Sandstrand, Frühstück inkl. ➏

Bodega Resort, 120 Monastee Rd, hinter Porlier Pass Drive und Cook Drive, ✆ 250/539-2677, 🖳 www.cedarplace.com/bodega, weniger spektakuläre, aber dennoch gute Übernachtungsmöglichkeit im ruhigeren nördlichen Inselteil, sieben Blockhütten mit Küchen und Holzöfen stehen in einem Wald und auf der Wiese mit Meerblick. ➌

Galiano Inn, 134 Madronna Drive, ✆ 250/539-3388, 🖳 www.galianoinn.com. Sehr angenehme Unterkunft mit 10 Zimmern direkt am Anleger Sturdies Bay. Üppiges Frühstück inkl. ➐

Hummingbird Inn, 47 Sturdies Bay Rd, ca. 2 km hinter Sturdies Bay, ✆ 250/539-5472. Die bekannteste Kneipe der Insel liegt günstig in der Nähe der Fähre. Das Essen ist durchaus empfehlenswert.

La Bérengerie, Montague Rd, Ecke Clanton Rd, ca. 2 km von Montague Harbour, ✆ 250/539-5392. Vornehmes Restaurant mit gutem Essen und drei B&B-Zimmern im Obergeschoss. ➌

Woodstone Country Inn, Georgeson Bay Rd, ✆ 250/539-2022 oder 1-888/339-2022, ✉ woodstone@gulfisland.com. Gemütliche, elegante Herberge mit 12 Zimmern in ruhiger Umgebung, 4 km von der Fähre nahe dem Montague Harbour Provincial Marine Park, Frühstück und Nachmittagstee inkl. ➎

Campingplatz im Montague Harbour Provincial Marine Park, 10 km vom Fährterminal entfernt im Westen der Insel, im Sommer $17, im Winter $9; 15 Zeltstellplätze ohne Fahrzeug zum Reservieren und 25 Stellplätze mit Fahrzeug, davon 8 zum Reservieren. Im Sommer ist eine Reservierung unerlässlich (Einzelheiten s.S. 237, Kasten).

Sonstiges

FAHRRÄDER – **Galiano Bicycle Rental**, 36 Burrill Rd, Sturdies Bay, ✆ 250/539-9906, $23 für 4 Std., $28 pro Tag.

INFORMATIONEN – **Infocentre**, 2590 Sturdies Bay Rd, Sturdies Bay, ✆ 250/539-2233 oder 1-866/539-2233, in der Nebensaison 250/539-2507, 🖳 www.galianoisland.com.

KAJAKS – **Galiano Island Kayaking**, im Jachthafen von Montague Harbour, ✆ 250/539-2442,

🖥 www.seakayak.ca. Kajakverleih und geführte Touren.

TAXIS – *Go Galiano Island Shuttle,* ☎ 250/539-0202.

Transport

Fähren vom Festland (Fußgänger $10, Autos $36,50) haben **Sturdies Bay** im Südosten zum Ziel, Fähren von SWARTZ BAY auf Vancouver Island (Fußgänger $6,50/$6,25, Autos $22,25/$19,50) legen in **Montague Harbour** an der Westküste an. Alternativ ist die Insel auch mit *Gulf Islands Water Taxi* erreichbar, außerdem bestehen Verbindungen mit *BC Ferries* (1–4x tgl.) von Salt Spring über Pender und Mayne zur Insel.

North und South Pender

Die verschlafenen, durch eine Brücke miteinander verbundenen Inseln North und South Pender sind zusammen gerade einmal 24 km² groß und zählen ca. 2000 Einwohner, von denen viele Kunst und Kunsthandwerk zum Verkauf anbieten. Ansonsten lässt es sich an den vielen kleinen Stränden der Inseln – das Meer ist an ungefähr zwanzig Stellen für die Öffentlichkeit zugänglich – prima schwimmen, wandern oder faulenzen. Zwei der besten sind **Hamilton Beach**, nahe Browning Beach an der Ostküste von North Pender, und **Mortimer Spit**, unmittelbar südlich der Brücke zwischen den Inseln gelegen und gleichzeitig Ausgangspunkt für die Wanderwege zum Mount Norman und zum Beaumont Provincial Marine Park.

Übernachtung

Als Unterkünfte stehen eine Hand voll B&Bs zur Auswahl sowie ein kleiner bewaldeter **Campingplatz** im Prior Centennial Provincial Park, 6 km südlich des Fährterminals an der Otter Bay, ⏱ März–Sept, $14.
Die einzigen hotelähnlichen Zimmer bieten: *Arcadia by the Sea,* 1325 MacKinnon Rod, North Pender, 500 m vom Fährterminal, ☎ 250/629-3221 oder 1-877/470-8439, 🖥 www.arcadiabythesea.com. Drei komplett eingerichte-

te Cottages für Selbstverpfleger mit Tennisplatz, Pool und privater Sonnenterrasse. ⏱ Mitte April–Okt. ❺
Inn on Pender Island, 4709 Canal Rd, North Pender, ☎ 250/629-3353 oder 1-800/550-0172, 🖥 www.innonpender.com. 12 Zimmer, schön gelegen in einem ca. 3 ha großen Waldgebiet nahe dem Prior Park. ❹
Poets Cove at Bedwell Harbour, 9801 Spalding Rd, South Pender, ☎ 250/629-3212 oder 1-888/512-7638, 🖥 www.poetscove.com. Frisch renoviertes Luxusresort einer Auswahl an Zimmern und Cabins, dazu Pool, Jachthafen, Bistro-Pub, Restaurant, Laden, Tennisplätze, Blick auf den Hafen, Kanus, Boote und Fahrradverleih. ❼

Informationen

Infocentre, 2332 Otter Bay Rd, ☎ 250/629-6541. Kiosk am Fährterminal in Otter Bay an der Westküste von North Pender, unweit des Jachthafens. Hier kann man **Fahrräder** ausleihen und Karten für die Erkundung des hügeligen Hinterlands bekommen. ⏱ Mitte Mai–Anfang Sept tgl. 9–18 Uhr

Transport

Fähren von SWARTZ BAY bis zu 7x tgl., 40 Min. direkt oder 2 Std. über Galiano und/oder Mayne. Fußgänger $6,50/$6,25, Autos $22,25/$19,50; von TSAWWASSEN Fußgänger $10/$9,75 einfache Fahrt, Autos $36,50/$31,50.

Mayne Island

Auf der Überfahrt von Tsawwassen nach Swartz Bay sichtet man zunächst die Insel Mayne auf der linken Seite (Galiano liegt zur Rechten). Von allen Inseln, die von Fähren angefahren werden, ist Mayne am schwersten zu erreichen. Außerdem bietet die Insel die wenigsten Übernachtungsmöglichkeiten. Um eine Unterkunft sollte man sich schon vor der Ankunft kümmern. Trotzdem lohnt sich eine Erkundung der Insel per Fahrrad auf den ruhigen Straßen, die sich über die 21 km² große Insel schlängeln. Der geschützte Sandstrand von **Bennett Bay** lädt mit seinem warmen Wasser zum Baden ein. Zu erreichen ist er vom Hauptort der Insel, Miner's Bay, 5 Min. vom Fährterminal in Village Bay an der Westküste in östlicher Richtung bis zum Ende der Fernhill Road, danach links in die Wilks Road einbiegen. Wer lieber zu Fuß geht, kann einen 45-minütigen Anstieg auf den Mount Parke im gleichnamigen Regionalpark ins Auge fassen. Der Ausgangspunkt für die Wanderung befindet sich unweit des Fernhill Centre in der Montrose Rd.

Der beste Strand auf Saturna befindet sich im **Winter Cove Marine Park** (kein Campingplatz). Außerdem bieten sich gute Wandermöglichkeiten, eine interessante Flora und Fauna und eine schöne Aussicht bis hin zum Festland und dem Mount Warburton Pike.

Übernachtung und Essen

Blue Vista Cottages, Arbutus Drive, 6 km vom Fährterminal entfernt, ℘ 250/539-2463 oder 1-877/535-2424, 🖳 www.bluevistaresort.com. Acht komplett eingerichtete Cabins mit Blick über die Bennett Bay, Sandstrand, parkähnliche Umgebung, Fahrrad-, Kanu und Kajakverleih, Abholservice von der Fähre. ❸

Oceanwood Country Inn, 630 Dinner Bay Rd, 2 km südlich vom Fähranleger, ℘ 250/539-5074, 🖳 www.oceanwood.com. 12 schöne Zimmer direkt am Meer. Sauna, Jacuzzi vor Meereskulisse und herrlich ruhige Lage inmitten von Gärten. Serviert das beste Essen der Gegend. ☉ März–Nov. ❼

Tinkerer's B&B, 417 Sunset Place, Miner's Bay, ℘ 250/539-2280. 2 km vom Fährterminal entfernt über Georgina Point Rd. Ausgefallen: Geboten werden Fahrradverleih, Hängematten sowie „Präsentationen von Heilpflanzen- und Blumengärten". ☉ April–Okt. ❹

Informationen

Infocentre, in Village Bay, 🖳 www.mayneisland chamber.ca. Ein Dorf gibt es hier trotz des irreführenden Namens nicht, aber Informationen über die wenigen B&Bs (derzeit 7). ☉ nur im Sommer tgl. 8–16 Uhr.

Die einfache Fahrt mit der **Fähre** von TSAWWASSEN (über Galiano/Montague Harbour) kostet während der Hochsaison für Fußgänger $10, Autos $36,50.

Saturna Island

Die südlich von Mayne Island gelegene Insel Saturna wird täglich von Fähren aus Swartz Bay auf Vancouver Island (2–3x tgl., Passagiere $6,25 hin und zurück, Autos $21,50) und von Tsawwassen (allerdings nur über Mayne) angefahren. Auf der Insel gibt es einige gute **Strände**, die besten sind am Russell Reef und im **Winter Cove Marine Park** (kein Campingplatz) an der Nordwestspitze. Außerdem bieten sich gute Wandermöglichkeiten, eine interessante Flora und Fauna und eine schöne Aussicht hinüber zum Festland vom Mount Warburton Pike (497 m) und von der Brown Bridge im Südwesten der Insel.

Übernachtung und Essen

Lyall Harbour B&B, 121 East Point Rd, Saturna Point, ℘ 250/539-5577 oder 1-877/473-9343. Am Ufer 500 m von der Fähre entfernt, 3 Zimmer. Beherbergt außerdem einen Laden und das bescheidene Infocentre. ❺

East Point Resort, East Point Road, ℘ 250/539-2975, weitere relativ große Unterkunft in parkähnlicher Umgebung und in der Nähe zum Sandstrand. 6 Cabins mit 1 oder 2 Schlafzimmern, komplett ausgestattet. Mindestaufenthalt im Juli und August 1 Woche. Keine Kreditkarten. ❺

Saturna Lodge, 130 Payne Rd, ℘ 250/539-2254, 🖳 www.saturna-island.bc.ca. Modern, am Wasser gelegen, 7 Gästezimmer, Frühstück inkl., und eines der wenigen Restaurants. ☉ Mai–Okt. ❻

Informationen

Infocentre, im *Lyall Harbour B&B*, 🖳 www.saturnatourism.com., mit Boots- und Fahrradverleih. ☉ Mai–Sept tgl. 8–18 Uhr.

Von Victoria nach Port Renfrew

Highway 14 führt von Victoria Richtung Westen nach Port Renfrew. Die Strände und Provinzparks entlang der Straße locken im Sommer zahlreiche Touristen an.

Auf dem Weg in Richtung Westen sollte man in **Sooke**, der letzten größeren Ansiedlung, unbedingt seine Vorräte aufstocken.

West Coast Trail Bus

Eine wertvolle Ergänzung zu Laidlaws relativ begrenztem Busnetz auf Vancouver Island ist der *West Coast Trail Bus* bzw. *West Coast Trail Express*, ☎ 250/477-8700 oder 1-888/999-2288, 🖳 www.trailbus.com. Für alle Verbindungen ist eine **Reservierung** so gut wie unerlässlich.

Von Mai–Sept verkehrt an unterschiedlichen Tagen (Einzelheiten bitte telefonisch erfragen) ein Shuttle-Service von Victoria nach **Gordon River** ($35), **Port Renfrew** ($35), **Pachena Bay** ($55) und **Bamfield** ($55). Auf diese Weise besteht Anschluss an verschiedene Ausgangspunkte des West Coast Trail und an Orte im Pacific Rim National Park, die ansonsten ohne eigenes Fahrzeug kaum zu erreichen wären. Außerdem bedienen die Busse im **Pendelverkehr** die meisten der genannten Orte sowie andere Ziele wie **Nanaimo** (Anschluss nach Pachena Bay und Bamfield; $55) und **Port Alberni** (nach Pachena Bay und Bamfield; $35). Die Busse fahren folgende **Haltestellen** an: Victoria (700 Douglas St), Nanaimo (Fähranleger Departure Bay), Port Alberni (Seven-Eleven-Laden in der 3rd St), Pachena Bay (Parkplatz am Ausgangspunkt des Wanderwegs), Bamfield (Trails Motel), Gordon River (Büro am Ausgangspunkt des Wanderwegs), Port Renfrew (Parkinson Rd).

Eine weitere Verbindung besteht zwischen Victoria und Port Renfrew ($35) **über den Hwy 14** mit Stopps in Sooke, French Beach ($25), Jordan River ($30), China Beach ($30), Sombrio Beach ($30) und Parkinson Creek ($30).

Der Ort ist vor allem für seine ausgezeichneten Kunstgalerien, einige gute Restaurants und seinen **All Sooke Day** Mitte Juli bekannt, an dem Holzfäller von der ganzen Insel in verschiedenen Wettbewerben ihre Fähigkeiten unter Beweis stellen. Außerdem lässt sich hier eine Radtour auf dem „Galloping Goose Trail" unternehmen.

Wissenswertes über die von der Holzwirtschaft geprägte Geschichte der Gegend zeigt das **Sooke Region Museum**, 2070 Phillips St, Ecke Sooke St, jenseits der Sooke River Bridge, ⊙ 9–17, Juli–Aug bis 18 Uhr, Spende. Hier befindet sich auch das *Infocentre*, ☎ 250/642-6351, 🖳 www.sookemuseum.bc.ca, ⊙ tgl. 10–18 Uhr.

Die meist menschenleeren Strände hinter Sooke sind hauptsächlich mit grauem Kiesel und Treibholz bedeckt, haben aber durchaus ihren Reiz. Der erste wichtige Halt ist der 20 km hinter Sooke gelegene **French Beach Provincial Park**. Hier erläutert eine Infotafel den naturgeschichtlichen Hintergrund des Küstenstreifens, der dichten Douglasien- und Sitkawälder sowie Wege und weitere Attraktionen entlang der Straße Richtung Westen. Gute Wandermöglichkeiten bieten sich am wilden, windigen Strand und gute Campingmöglichkeiten auf 69 Stellplätzen unmittelbar am Wasser. Sommer $14, Winter $10, Parken tagsüber $3. Herrliche Unterkunft am Wasser bietet 3 km weiter *Point No Point*, 1505 West Coast Rd, ☎ 250/646-2020, 🖳 www.pointnopointresort.com, mit 25 Cabins. ❻

Auf den nächsten 9 km führen beschilderte Sandwege von der Straße zu den Stränden, u.a. nach **Jordan River**, eine Holzfällergemeinde mit einem Laden und Hamburger-Stand (*Shakies*), die für ihre hohen Wellen bekannt ist, wovon man sich bei einer Tasse Kaffee im Café *Breakers* am Wasser überzeugen kann. Unmittelbar danach trifft man auf den besten Strand an dieser Küste im **China Beach Provincial Park** (kein Camping). Er ist von der Straße zu Fuß durch den Regenwald innerhalb von 15 Min. erreichbar. Der West Coast Trail Bus (s. Kasten) hält auf Wunsch an allen Parks und Stränden.

Port Renfrew

Von China Beach führt eine teils schottrige Straße weiter, vorbei an den Stränden Mystic und Sombrio, nach **Port Renfrew**. Diese Holzfällersiedlung ist der westliche Ausgangspunkt des West Coast Trail (s.S. 343). Ein zweiter Weg, der **Juan de Fuca Marine Trail,** beginnt ebenfalls bei Port Renfrew und zieht sich von hier etwa 50 km nach Osten in Richtung Victoria. Buchungen für den zweiten Weg gestalten sich einfacher als für den West Coast Trail, dafür ist die Landschaft aber auch weniger spektakulär. Außerdem ist der Juan de Fuca Trail leichter zu bewältigen und eignet sich somit für unerfahrenere, sicherheitsliebende Wanderer. Entlang der Strecke ermöglichen Parkplätze und Wege in den Park auch kleinere Spaziergänge oder Tageswanderungen. Hinter China Beach beginnt der **Juan de Fuca Provincial Park,** der zum Schutz der Strände und eines Streifens Küstenregenwalds eingerichtet wurde und über einen Wanderweg erkundet werden kann; Campingplatz $14, in freier Natur $5, Parken tagsüber $5.

Südlich des Ortes liegt am Ende eines 6 km langen Waldweges am Ausgangspunkt des Juan de Fuca Marine Trail der **Botanical Beach,** in dessen Tidebecken im Sandsteinfelsen sich bei Ebbe viele Meeresbewohner tummeln.

Wer mit dem Auto unterwegs ist und keine doppelten Wege fahren möchte, kann über die Schotterstraßen der Holzfäller auf der Nordseite des San Juan River zum Shawnigan Lake oder ins Cowichan Valley weiterkommen. Hierfür lohnt sich der Kauf einer detaillierten Landkarte der *Sooke Combined Fire Organization* (beim *Infocentre* von Victoria erhältlich). Zu beachten sind die Warnungen vor Holzfäller-Trucks.

Übernachtung und Essen

SOOKE – Im Ort gibt es viele Unterkünfte, vor allem komfortable B&Bs.
Nicht wenige Besucher kommen eigens wegen der vorzüglichen Küche im *Sooke Harbour House,* 1528 Whiffen Spit, ☎ 250/642-3421, 🖳 www.sookeharbourhouse.com. Das Restaurant zählt zu den besten der Westküste und ist entsprechend teuer, gibt sich aber überraschend zwanglos. Zudem stehen hier 28 erstklassige Zimmer zur Verfügung, die Preise sind allerdings nahezu unerschwinglich. ❽

Mom's, 2036 Shields Rd, in der Ortsmitte, serviert wesentlich preiswertere Speisen in gemütlicher Atmosphäre.

PORT RENFREW – *Arbutus Beach Lodge,*
5 Queesto Drive, ☎ 250/647-5458, ✉ arbutus@sookenet.com. Fünf Zimmer am Strand. ❸–❹
Gallaugher's West Coast Fish Camp, 5222 Heritage Drive, nahe Beach Rd, ☎ 250/647-5565, ✉ gallaughers@shaw.ca. Vier Cottages am San Juan River, ◔ Mai–Okt. ❹
Trailhead Resort, Parkinson Road, ☎ 250/647-5468, 🖳 www.trailhead-resort.com. Unterkunft mit 6 Zimmern. ❹
West Coast Trail Motel, Parkinson Road, ☎ 250/647-5565, 🖳 www.westcoasttrailmotel.com. ❸

Transport

Wanderer werden im Sommer von *West Coast Trail Express*-Bussen über die schöne 107 km lange Strecke zum West Coast Trail oder Juan de Fuca Trail gebracht. Die Busse von Victoria fahren nur bis Sooke, 38 km, mit Bus Nr. 50 bis Western Exchange, dann umsteigen in Nr. 61.

Von Victoria nach Nanaimo

Wer Victoria mit hochgesteckten Erwartungen verlässt, erlebt auf dem Hwy 1, dem westlichen Ausläufer des Trans-Canada Hwy, zunächst eine Enttäuschung. Nach einer längeren Strecke durch Vororte mit unansehnlichen Reklametafeln eröffnet sich dann unvermittelt der Blick auf eine üppige Waldlandschaft. Leider wird diese Schönheit durch zahlreiche triste Motels und sonstigen Highway-Ramsch getrübt.

Goldstream Provincial Park

Der **Thetis Lake Regional Park,** 11 km von Victoria entfernt auf der rechten Seite, ist ein reizvolles Gebiet mit Waldwegen und Sandstränden an zwei von hohen Felsen umgebenen Seen. Der beliebte Strand am Prior Lake in der Nähe des Parkplatzes lädt zum Schwimmen ein. Noch schöner präsentiert sich der Goldstream Provincial Park, 5 km hinter Langford und 20 km vom Zentrum Victorias entfernt, mit seinem Urwald aus Douglasien und roten Zedern. Gute Übernachtungsmöglichkeiten und ein *Infocentre* finden sich auf dem großen, gut ausgestatteten Campingplatz des Provinzparks

(Sommer $22, Winter $9, Parken tagsüber $3). Außerdem führt ein Netz von markierten Wegen, die sich für kurze wie längere Spaziergänge eignen, zu Aussichtspunkten und Wasserfällen. Gute Ausblicke auf den Ozean bieten die Pfade in Richtung **Mount Finlayson** (bis zum Gipfel eine harte dreistündige Wanderung) sowie der Highway weiter oben am Saanich Inlet, einer Bucht mit wunderschönem Panoramablick auf die bewaldeten Gebirgskämme über dem Wasser. Zu empfehlen sind die Aussichtspunkte **Malahat Summit**, 31 km, und **Gulf Islands**, 33 km von Victoria entfernt. Übernachten kann man im kleinen *Malahat Oceanview Motel,* ✆ 250/478-9213, ✉ oceanview@coastnet. com, ❸, 35 km nördlich von Victoria, das den besten Blick auf das Meer und die Insel bietet.

Eine landschaftlich schöne Nebenstraße erreicht nach 7 km den **Shawnigan Lake**, der von Provinzparks umrahmt wird. Im West Shawnigan Park an der Nordwestseite des Sees gibt es sichere Strände und Schwimmgelegenheiten. Wer mit dem Fahrrad unterwegs ist bzw. holprige Straßen nicht scheut, sollte sich die Holzfällerstraße zwischen dem nördlichen Ende des Sees und Port Renfrew an der Westküste nicht entgehen lassen. Informationen über Zufahrtsbeschränkungen sind im *Infocentre* von Victoria erhältlich.

Duncan

Duncan, 60 km nördlich von Victoria, beginnt alles andere als viel versprechend mit einem besonders unharmonischen Abschnitt des Highways, der die ansonsten so idyllische Landschaft beeinträchtigt. Das Zentrum – Cowichan Native Village – lohnt jedoch einen Abstecher, ganz im Gegensatz zu Glass Castle, einer chaotischen Ansammlung von Glasflaschen an der Straße in Richtung Süden, oder dem albernen „Größten Hockeyschläger der Welt", der als Triumphbogen das Zentrum schmückt.

Den ersten stichhaltigen Grund, Victoria hinter sich zu lassen, liefert Duncans **Quw'utsun Cultural Centre**, 200 Cowichan Way, ⌨ www. quwutsun.ca, links vom Highway in den auffälligen Holzgebäuden neben dem Malaspina College. Duncan ist seit langer Zeit die selbst ernannte „Stadt der Totempfähle" – ein Titel, der sich auf die eher bescheidene Ansammlung von Pfählen entlang der Hauptstraße bezieht. Diese sind Eigentum der hie-

sigen Cowichan-Stämme, historisch gesehen British Columbias größter Gruppe. Die hier ansässigen etwa 3000 Mitglieder haben sich Traditionen bis heute bewahrt, und ihrer Energie ist es – neben den finanziellen Zuschüssen der staatlichen Behörden – zu verdanken, dass das Projekt realisiert wurde. Ein Großteil der kommerziellen Anstrengungen liegt auf einheimischem Kunsthandwerk, insbesondere auf den hier weit verbreiteten Cowichan-Pullovern. Zur Information der Besucher dienen ein 20-minütiger Film und eine Führung durch das Zentrum (im Preis enthalten), und in der Regel stehen auch historische Ausstellungen und Vorführungen von Tänzen, Strickarbeiten, Schnitzereien, Webkunst und indianische Kochkurse auf dem Programm. ☉ Mai–Anfang Sept Mo–Fr 9–18, Sa und So 9–21, sonst tgl. bis 17/18 Uhr, $11.

Vancouver Island zählt zu den am stärksten abgeholzten Gebieten in Kanada, und das **BC Forest Discovery Centre**, 1 km nördlich von Duncan am Hwy 1, dient eher der Ausstellung von Artefakten der Waldarbeiter. Da die Museumskuratoren von der Holzindustrie gestellt werden, hinterlässt das Ganze einen sehr beschönigenden Eindruck. Nichtsdestotrotz gibt das Center einen umfassenden Überblick über das Ökosystem des Waldes. Am Eingang werden Besucher von einer kleinen schwarzen Dampflokomotive und einem gewaltigen gelben Gerät zum Bäume fällen begrüßt. ☉ Anfang Mai–Sept tgl. 10–18 Uhr, $8. Auf einer ca. 40 ha großen Fläche neben dem hübschen See informieren schön angeordnete Exponate alles Wissenswerte über Bäume und ihre Nutzung. Der Dampfzug durch den Park, der bis 17.30 Uhr in Betrieb ist, wirkt etwas effekthascherisch, bietet aber eine gute Möglichkeit sich umzusehen. Besondere Aufmerksamkeit verdienen die Walddioramen, Ausstellungsstücke sowie die archivierten Materialien im **Log Museum**. Außerdem gibt es die übliche Palette an Hufschmieden, Sägewerken, einem Bauernhof und einem alten Holzfällercamp sowie ein Erholungspark.

Das Discovery Centre ist Teil des **Cowichan and Chemainus Valleys Ecomuseum**, das sich der Bewahrung der Tradition der Holzfäller der Gegend widmet – ein vage umrissenes Konzept, das einen großen Teil der umliegenden Gegend einbezieht und zudem wie eine PR-Kampagne der Sägewerke wirkt. Einzelheiten zu Touren und Karten sind im *Infocentre* von Duncan erhältlich.

Einen längeren Aufenthalt in Duncan wird trotz der großen Anzahl an Motels und Campingplätzen kaum jemand in Erwägung ziehen. Das kulinarische Angebot kann sich allerdings sehen lassen:

Arbutus Café, 195 Kenneth St, Ecke Jubilee St, ✆ 746-5443, hervorragendes Restaurant, bei Einheimischen sehr beliebt wegen seiner kombinierten Einflüsse aus Italien und vom Pacific Rim.

Pioneer House Restaurant, 4675 Trans-Canada Hwy, ca. 3 km südlich der Stadt, ✆ 250/746-5848 oder 1-877/553-5848. Vermittelt eine rustikale Blockhütten-Atmosphäre, verstärkt durch die *Saloon Bar,* die ein Gebäude aus alten Zeiten aus Montana zum Vorbild hat.

Das Verschwinden des Urwalds

Auf Vancouver Island fanden einige der bittersten und bedeutsamsten Auseinandersetzungen zwischen Umweltschützern und der Forstwirtschaft statt. Das feuchte Klima der Insel begünstigt einen dichten **gemäßigten Regenwald** – Teil des Gürtels, der sich von Alaska bis nach Nordkalifornien erstreckt. Dieses ertragreichste Ökosystem der Erde, der pazifische Urwald, umfasst auf gleicher Fläche mehr Biomasse als sein bekannteres tropisches Pendant. Und obwohl er lediglich ein kleines Gebiet bedeckt, wurde er zum Großteil abgeholzt, was nur wenig Empörung in den Medien hervorgerufen hat. Umweltschützer vermuten, dass British Columbias Anteil am pazifischen Regenwald bereits um zwei Drittel reduziert wurde. Ihren Schätzungen zufolge werden innerhalb der nächsten 10–15 Jahre sämtliche größeren Flächen abgeholzt sein. Die mächtige Holzindustrie behauptet, dass zwei Drittel der Bäume überleben, doch sogar die kanadische Regierung räumt ein, dass derzeit nur ein geringer Prozentsatz des Regenwaldes von BC geschützt ist.

Es ist offensichtlich, dass die Regierung das Ausmaß der Naturzerstörung mehr oder weniger geheim halten will. Im Jahre 1990 veranlasste sie eine Untersuchung der öffentlichen Meinung zu dem Thema in Großbritannien. Dorthin gehen die Hälfte aller **Sperrholzexporte** von British Columbia, drei Viertel seiner Holzlieferungen nach Europa sowie ein Drittel der kanadischen Zellstoffproduktion. Die Bevölkerung erwies sich als höchst unkritisch. Es enthüllte sich ein romantisches, vereinfachtes Bild von der kanadischen Forstwirtschaft – reduziert auf den Holzfäller im karierten Hemd, der einen Baum fällt. Der Bericht endete mit dem Hinweis, dass es nicht erstrebenswert sei, die Aufmerksamkeit der Medien auf Fragen zur kanadischen Forstwirtschaft zu lenken. Es ist nur schwer vorstellbar, dass sich seither etwas geändert hat.

In British Columbia dagegen ist keine derart apathische Haltung zu beobachten. Das strittige Thema Abholzung bringt sogar Nachbarn gegeneinander auf: Etwa 250 000 Bewohner der Provinz sind direkt oder indirekt von dieser Industrie abhängig, die von riesigen multinationalen Gesellschaften beherrscht wird. Andere Jobs sind rar und allein die Gefahr möglicher Arbeitsplatzverluste durch kontrollierende Auflagen reicht normalerweise aus, um jegliche Einwände zunichte zu machen. Die Automatisierung verschlimmert noch die Lage: Hinsichtlich der Holzmenge bietet die Forstwirtschaft in BC nur halb so viele Jobs wie die in den restlichen Teilen Kanadas. Dementsprechend müssen in BC doppelt so viele Bäume gefällt werden, damit die gleiche Anzahl an Jobs zur Verfügung gestellt werden kann.

Noch immer stammen 90% des Holzes aus dem Regenwald und nicht aus Forsten. Die Abholzung von Altbeständen wird von der mächtigen McMillan-Gesellschaft ungeniert als eine „Art Ernte" beschrieben, und unabhängige Kontrollen legen die Vermutung nahe, dass das Unternehmen weder seine Einschlagquoten noch Rekultivierungsauflagen einhält. Die Regierung hat versprochen, sich um eine Verbesserung der forstwirtschaftlichen Praktiken zu kümmern. Allerdings ist bisher nur ein winziger Teil der Provinz geschützt.

Quamichan Inn, 1478 Maple Bay Rd, ✆ 250/746-7028, unmittelbar östlich der Stadt gelegen, ähnliche Speisekarte wie das *Arbutus* und ebenso große Stammkundschaft.

Vigneti Zenatta Winery, 5039 Marshall Rd, Glenora. Eines der Weingüter der Gegend, besteht seit 40 Jahren und verfügt auch über ein reizendes (aber teures) Restaurant. Weitere Informationen über Touren unter ✆ 250/748-2338.

Informationen

Infocentre, 381A Trans-Canada Hwy, nahe dem Busbahnhof und gegenüber dem Supermarkt an der Hauptstraße, ✆ 250/746-4636, ▭ www.duncancc.bc.ca. ◷ Mitte April–Mitte Okt Mo–Fr 8.30–17 Uhr, im Juli & Aug länger.

Transport

Von Duncan bestehen bis zu 6x tgl. Verbindungen von und nach VICTORIA, 1 1/4 Std.

Cowichan Valley

Wenn man nördlich von Duncan vom Hwy 1 nach Westen in die Hügellandschaft abbiegt, führt der Hwy 18 geradewegs ins Cowichan Valley und endet schließlich am 32 km langen Lake Cowichan, dem größten Süßwassersee der Insel. Als schönere Alternative empfiehlt sich eine Wanderung über den 18 km langen **Cowichan Valley Footpath**, der dem Lauf des Flusses von **Glenora** – einem kleinen Dorf südwestlich von Duncan am Ende der Robertson Rd – bis nach **Lake Cowichan Village** am Ostufer des Sees folgt. Man kann die Strecke innerhalb eines Tages zurücklegen, unterwegs campen oder an den Skutz Falls umkehren, zur Riverbottom Rd hinaufsteigen, um dann nach Duncan zurückzukehren (halbtägige Wanderung).

Eine stellenweise holprige Straße führt um den **Lake Cowichan** (75 km, ca. 2 Std.) und bietet Gelegenheit zu zahlreichen Aktivitäten, insbesondere zum Fischen – das Gebiet wird als „Fly-Fishing Capital of the World" angepriesen. Im Sommer ist das Wasser warm genug zum Schwimmen (der indianische Name für die Gegend, *Kaatza*, bedeutet „von der Sonne erwärmtes Land"). Oberhalb des Sees bieten sich weitere Wandermöglichkeiten.

In **Youbou** am Nordufer empfiehlt sich ein Besuch des Sägewerks *Heritage Mill*, Touren Mai–Sept. Diese Gegend wartet dank des milden Mikroklimas des Sees mit einem der ertragreichsten Wälder Kanadas auf. Auf der Straße zum See von Duncan passiert man den **Valley Demonstration Forest**, ebenfalls Teil des PR-Feldzugs der Industrie. Anhand von Schildern und Abbildungen wird hier die Pflege der Forsten erläutert.

Übernachtung

In sämtlichen Siedlungen um den See gibt es Hotels, Motels und ähnliche Unterkünfte. Gute, preiswerte **Campingplätze**, die trotz minimaler Ausstattung im Sommer gut besucht sind, säumen das Ufer des Cowichan Lake. Der größte und beste befindet sich am Südufer im **Gordon Bay Provincial Park**, 14 km von Lake Cowichan Village entfernt an der South Shore Rd. Der Platz mit seinem schönen Sandstrand ist bei Familien sehr beliebt, die Atmosphäre ist aber dennoch ruhig. Sommer $22, Winter $9 Parken tagsüber $3.

Lakeview Park, 885 Lakeview Rd, ✆ 250/749-6681, ▭ www.town.lakecowichan.bc.ca. Kommunal verwalteter Campingplatz 3 km westlich des Orts, $17, ◷ Mai–Sept.

Informationen

Infocentre, 125 South Shore Rd, Lake Cowichan Village, ✆ 250/749-3244, ▭ www.cowichanlakecc.ca. Informationen über Touren, Wege und Ausrüster, ◷ Mo–Sa 9–16, So 13–16 Uhr.

Chemainus

Chemainus wird auf Reklametafeln kilometerweit als „Little Town That Did" angekündigt. Die Errungenschaft der Stadt ist die Schaffung ihrer eigenen Touristenattraktion. Als das veraltete Sägewerk – es zählte einst zu den größten der Welt und beschäftigte 400 Menschen – im Jahr 1982 geschlossen wurde, drohte dem Ort über Nacht sein Ende. Im Jahre 1983 beauftragten die örtlichen Honoratioren einen Künstler mit der Anfertigung des großflächigen **Wandbildes** *Steam Donkey at Work*, das die

Heimatgeschichte der Gegend dokumentiert. Der Erfolg war so riesig, dass bald 35 weitere Wandbilder folgten. Die schönen Kunstwerke locken jedes Jahr etwa 350 000 Besucher an, die Geld für die örtlichen Betriebe spenden. Für Autofahrer lohnt sich der kurze, gut beschilderte Abstecher vom Hwy 1. Außerdem bietet sich ein Besuch im **Chemainus Valley Museum**, 9799 Waterwheel Crescent, an. Dieses Heimatmuseum beherbergt Ausstellungen über Holzfäller, Sägewerke und das Leben der Pioniere. ☉ März–Mai und Nov–Dez Mi–So 10–15 Uhr, Juni–Okt tgl. 10–18 Uhr, Eintritt in Form einer Spende.

Es entbehrt nicht einer gewissen Ironie, dass inzwischen ein neues, modernes Sägewerk mit 150 Arbeitsplätzen seine Tore geöffnet hat. Der willkommene Zustrom einheimischer, von den Wandgemälden angelockter Maler und Kunsthandwerker hat darunter aber nicht gelitten und sorgt weiter für eine angenehm lebendige Atmosphäre im Ort.

Übernachtung

Wer eine Weile im schön am Wasser gelegenen Chemainus bleiben möchte, sollte im Voraus reservieren. Aufgrund der zunehmenden Popularität sind das Hotel und die wenigen B&Bs im Sommer sehr gefragt.

Bird Song & Castlebury Cottage, 9909 Maple St, ✆ 250/246-9910, ✉ birdsong@island.net. Das beste B&B im Ort, mit ebenso hübscher wie ausgefallener Einrichtung. ❺

Fuller Lake Chemainus Motel, 9300 Trans-Canada Hwy, ✆ 250/246-3282 oder 1-888/246-3255, 🖥 www.chemainus-fullerlakemotel.com. ❸

Bald Eagle Campground, 8705 Chemainus Rd, ✆ 250/246-9457 oder 1-800/246-9457, etwa 5 km südlich des Orts am Fluss, ruhige Atmosphäre. $16–22.

Chemainus Gardens RV Park, 3042 River Rd, ✆ 250/246-3569, 1 km östlich des Hwy 1, umgeben von 15 ha ursprünglichem Wald, separater Bereich zum Zelten, Waschküche und Duschen, $18–25.

Country Maples RV Resort, 9010 Trans-Canada Hwy, ✆ 250/246-2078, 🖥 www.holidaytrailsresorts.com. Campingplatz auf 25 ha bewaldetem Parkgelände, 16 km nördlich von Duncan oberhalb des Chemainus River, mit Duschen, Waschküche und Pool, April–Okt, $26–33.

Essen

Im Ort entstehen alle möglichen kleinen Cafés, Geschäfte und *Tearooms*.

Waterford, 9875 Maple St, ✆ 250/246-1046, Restaurant 5 Min. nördlich des Ortszentrums.

Willow Street Café, 9749 Willow St, gute und preiswerte Snacks im modernen Ortsteil.

Informationen

Infocentre, 9796 Willow St, ✆ 250/246-3944, 🖥 www.chemainus.bc.ca. ☉ Juni–Aug tgl. 9–17, sonst Mo–Fr 10–16 Uhr.

Transport

Busse verirren sich auf ihrem Weg nach NANAIMO ebenfalls hierher. **Chemainus Tours**, ✆ 250/381-5109 in Victoria oder 250/246-5055 in Chemainus, veranstaltet Tagesausflüge von Victoria für $53.

Mit dem **Zug** landen Besucher direkt vor einem Wandgemälde. **Fähren** bieten 10x tgl. etwa halbstündige Überfahrten von Chemainus zu den kleinen Inseln KUPER und THETIS an, beide $5 für Fußgänger, $12,75 für Autos.

Ladysmith

Ladysmith verdankt seine Bekanntheit lediglich einem geografischen Zufall: Es liegt auf dem 49. Breitengrad, der auf dem Festland Kanada von den USA trennt. Erst nach zähen Verhandlungen im Vorfeld der Unterzeichnung des Oregon Treaty fiel Vancouver Island 1846 an Kanada – trotz des ansonsten akzeptierten Grenzverlaufs, der einen Großteil der Insel eigentlich den USA zuordnet. Ladysmith hieß ursprünglich Oyster Bay, wurde aber von Robert Dunsmuir (s.S. 320) während des Burenkriegs in Ladysmith umbenannt. Viele Straßen tragen die Namen von Generälen aus jener Zeit. Die Siedlung bietet nicht viel mehr als die üblichen Motels und Tankstellen. Allerdings haben ihr die angestrengten Verschönerungen an älteren Gebäude, die damals als Schlafstadt für die Bergarbeiter von Nanaimo gebaut worden waren, den *Western Canada Award of Excellence* eingebracht. Die landschaftliche Attraktivität von Ladysmith hält sich aufgrund des riesigen Sägewerks und der meist am Ufer gelagerten Holzstapel in Grenzen. Der **Transfer Beach Park** am Hafen gilt übrigens als die wärmste Stelle des Pazifiks nördlich von San Francisco.

Das **Black Nugget Museum**, 12 Gatacre St, ist in einem restaurierten Hotel von 1881 untergebracht und beherbergt Andenken an den Kohlenbergbau und die Pioniere. ⏱ Juli–Aug Mo und Di 9–15, Mi–Fr 9–16.30, Sa und So 10–16.30 Uhr, $2.

Übernachtung und Essen

Holiday House Motel, 540 Esplanade St, ✆ 250/245-2231, ✉ hhmotel@island.net. 14 Zimmer mit Uferblick. ❷

Seaview Marine Resort, 1111 Chemainus Rd, ✆ 250/245-3768 oder 1-800/891-8832, 💻 www.chemainus.com. Am Highway, 6 km südlich der Stadt und 8 km nördlich von Chemainus. 5 komplett eingerichtete Cottages für Selbstverpfleger mit 1 oder 2 Schlafzimmern am Meer. ❸

Das beste **Essen** gibt es im ältesten English Pub von BC, dem ***Crow and Gate***, Yellow Point Rd, an der Hauptstraße 19 km nördlich der Stadt.

Informationen

Infocentre, 26 Gatacre St, ✆ 250/245-2112, 💻 www.ladysmithcofc.com. Hier sind Wanderkarten vom *Heritage Centre* des Ortes erhältlich. ⏱ Juli–Aug Mo und Di 9–16, Mi–Fr 9–17, Sa und So 10–17, sonst Mo–Fr 9–16 Uhr.

Nanaimo

Nanaimo zählt etwa 75 000 Einwohner und ist somit die zweitgrößte Stadt auf Vancouver Island. Sie liegt 113 km von Victoria entfernt und ist die Endstation für Fähren von Horseshoe Bay und Tsawwassen auf dem Festland an der Scheidelinie zwischen der bewohnten Südostspitze der Insel und der wilderen, spärlicher bevölkerten Landschaft im Norden und Westen. Das aufregendste an der Stadt ist ihre Umgebung. Insbesondere rings um den Hafen, der von Jachten und Fischerbooten nur so wimmelt, eröffnen sich Blicke auf die hohen Berge des Festlands. Anziehungspunkte sind der Petroglyph Park und der immer beliebter werdende Bungee-Jumping-Platz. Man kann Nanaimo auf dem 21 km langen Nanaimo Parkway auch umgehen.

Die Kohlevorkommen brachten erste weiße Siedler in die Region, darunter auch den mächtigen Millionär aus Victoria, **Robert Dunsmuir**. Man überließ ihm für den Bau der Eisenbahn zwischen Victoria und Nanaimo £750 000 und fast die Hälfte der Insel – so reich wurde Pioniersgeist von der britischen Regierung belohnt. Ursprünglich wohnten hier fünf Salish-Gruppen. Sie nannten den Ort Sney-ne-mous – „Treffpunkt" –, wovon sich der heutige Name ableitet. Sie waren es auch, die den Vertretern der Hudson's Bay Company 1852 nichtsahnend den „schwarzen Fels" vor Ort zeigten. Die alten Bergwerke sind inzwischen geschlossen, und die Stadt lebt heute von der Forstwirtschaft, der Hochseefischerei, dem Tourismus, sechs Trockendocks und einem boomenden Hafen.

Wie jede Stadt in BC, die etwas auf sich hält, stellt auch Nanaimo schöne Festivals auf die Beine. Eines der beliebtesten ist das alljährliche **Bathtub Race** oder auch *Silly Boat Race*, bei dem motorisierte Badewannen über die 55 km lange Meerenge bis nach Vancouver um die Wette fahren (und zum Großteil sinken). Wer Vancouver als erster erreicht, darf sich über die silberne *Plunger Trophy* von der Loyal Nanaimo Bathtub Society freuen. All das gehört zu dem am dritten Wochenende im Juli stattfindenden, viertägigen **Marine Festival**. Ein noch größeres Highlight ist das **Nanaimo Festival** von Ende Mai bis Anfang Juni, ein lebendiges Fest der Kulturen in und um das Malaspina College, 900 Fifth St. Zudem ist der **Nanaimo-Riegel**, ein klebriges Schokoladenkonfekt, das nach unterschiedlichen Rezepten hergestellt und überall verkauft wird, über die Stadtgrenze hinaus bekannt.

Die Stadt und ihre Parks

Im Zentrum von Nanaimo sind lediglich zwei Ziele von Interesse. Das **Nanaimo District Museum**, hinter dem zentralen Bereich des Hafens, 100 Cameron St, an der Harbour Park Mall, beherbergt eine historische Sammlung zu den Themen Pioniere, Holzfäller, Bergbau, Indianer und Naturgeschichte. Zu den Highlights zählen das rekonstruierte Kohlenbergwerk sowie Exponate über die kosmopolitische Bevölkerung der Stadt –

eine Mischung aus Polen, Chinesen, Ureinwohnern und Briten –, die sich heute selbst als die „freundlichsten Bewohner" der Insel bezeichnet. ☉ Mai–Anfang Sept tgl. 10–17, Okt–April Di–Sa 10–17 Uhr, Jan geschlossen, $2.

Die zwei Blocks nördlich gelegene **Bastion**, Bastion St, Ecke Front St, eine hölzerne Befestigungsanlage, wurde 1853 von der Hudson's Bay Company als Lager und Schutz vor Angriffen der Indianer errichtet. Allerdings kam sie nie zum Einsatz. Sie stellt das älteste und vielleicht einzige Bauwerk dieser Art im Westen dar. Heute beherbergt die Bastion ein kleines Museum mit Erinnerungsstücken an die Hudson's Bay Company. Als zweifelhafte Touristenattraktion wird hier im Sommer um 12 Uhr eine Kanone abgefeuert. ☉ nur im Sommer Mi–So 10–16 Uhr, $1.

Wenig sehenswert sind Nanaimos Außenbezirke und im Zentrum die Hauptstraße mit ihren Kaufhallen und Reklametafeln. Allerdings werden Verschönerungsversuche unternommen, nicht zuletzt in den ca. 25 Gärten und kleinen Parkanlagen am Ufer. Der 3 km lange **Harbourfront Walkway** eignet sich für einen Spaziergang entlang der Küste. Ebenso populär ist die zentral gelegene **Swylana Lagoon**, eine künstliche Lagune im Maffeo Sutton Park im Hafen, die sich zu einem beliebten Schwimm-, Erholungs- und Picknickbereich entwickelt hat. Nördlich vom Stadtzentrum, hinter der Hammond Bay Rd, laden zahlreiche Pfade im grünen **Piper's Lagoon Park** zum Spaziergang ein. Schöne **Strände** gibt es in der **Departure Bay**, nördlich vom Zentrum hinter der Stewart Ave. Zahlreiche Läden im Ort verleihen Tauchausrüstung, Fahrräder und Boote.

Der wildeste Park – der **Westwood Lake Park** – liegt westlich der Stadt und eignet sich zum Schwimmen sowie für ausgedehnte Wanderungen. Der **Petroglyph Provincial Park**, 3 km südlich des Zentrums am Hwy 1, präsentiert indianische Schnitzereien, die in BC gefunden wurden (insbesondere entlang der Wasserstraßen an der Küste) und großteils über tausend Jahre alt sind. Vermutlich dokumentieren sie wichtige Rituale und Ereignisse. Zahlreiche realistische und mythologische Figuren wurden hier in den Sandstein geritzt, doch deren Wirkung wird durch neuere Graffiti-Schmierereien, Verkehrslärm und die ersten Auswirkungen der wild ausufernden Stadt stark beeinträchtigt.

Nanaimo besitzt zudem den ersten genehmigten Bungee-Jumping-Platz in Nordamerika. Die Abfahrt zum **Bungy Zone Adrenalin Centre** 13 km südlich der Stadt, 35 Nanaimo River Rd, ✆ 250/753-5867 oder und 1-888/668-7874, 🖳 www.bungyzone.com, ist vom Hwy 1 ausgeschildert. ☉ tgl. 11.30–18 bzw. 20 Uhr, Sprung $95. Aufgrund des großen Zuspruchs wurde das Standardangebot – ein 42 m tiefer Sprung von der Brücke – inzwischen um weitere, etwas weniger beängstigende Varianten erweitert: Beim „Flying Fox" – einer Seilrutsche durch den Canyon – werden bis zu 100 km/h erreicht. Beim „Rap Jumping" seilt man sich von der Brücke senkrecht ab und beim „Ultimate Swing" schwingt man mit bis zu 140 km/h in großem Bogen von der Brücke. Für **Campingmöglichkeiten** ist gesorgt (Duschen, Waschküche und Zelten zum Mieten). Man kann telefonisch den kostenlosen Shuttle von Victoria und Nanaimo hierher bestellen.

Übernachtung

Am Stadtrand und in der Umgebung der Fähranleger konzentrieren sich zahlreiche Motels.
HOTELS UND MOTELS – Buccaneer Inn, 1577 Stewart Ave, ✆ 250/753-1246 oder 1-877/282-6337, 🖳 www.thebuccaneerinn.com. Drei Blocks südlich des Fähranlegers Departure Bay. ❸–❻
Howard Johnson Harbourside Hotel, 1 Terminal Ave, ✆ 250/753-2241 oder 1-800/663-7322, 🖳 www.hojonanaimo.com. Relativ zentral gelegen und vom Busbahnhof bequem zu erreichen. ❹
Fairwinds Schooner Cove Resort Hotel and Marina, 3521 Dolphin Drive, ✆ 250/468-7691 oder 1-800/663-7060, 🖳 www.fairwinds.bc.ca. Komfortables Hotel 26 km nördlich der Stadt nahe der Nanoose Bay. ❺

HOSTELS – Cambie International Hostel, 63 Victoria Crescent, ✆ 250/754-5323, 50 Dorm-Betten ($22,50) in kleinen Schlafsälen und einige DZ. Zum Hostel gehören außerdem ein sehr billiges Café, eine Bäckerei und eine Bar. ❶
Nicol Street Hostel, 65 Nicol St, 7 Blocks südlich vom Busbahnhof und 1 Block südlich vom Harbour Park Shopping Centre hinter dem Hwy 1, ✆ 250/753-1188, 🖳 www.nanaimohostel.com. Privates Mini-Hostel in zentraler Lage, etwas äl-

ter und billiger als das *Cambie International Hostel*. Dorm-Betten ab $19. Ein paar Stellplätze ($9) für Camperauf der Wiese mit Blick auf den Ozean, Fahrradverleih, Wäscheservice, Küche und Internet-Zugang. ❶

CAMPING – *Brannan Lake Campsites*, 4228 Biggs Rd, ✆ 250/756-0404, 🖳 www. brannenlakecampsite.com. 6 km nördlich vom Fährterminal Departure Bay am Hwy 19 (Exit 19 zur Jinglepot Rd). Abgeschiedener ländlicher Campingplatz am Wasser auf einem ca. 60 ha großen Farmgelände, Stellplatz $18.
***Newcastle Island Provincial Park*,** die bei weitem beste Option für Camper mit den einzigen Plätzen (insgesamt 18, also früh da sein), die von der Stadt aus zu Fuß zu erreichen sind. Sommer $14, Winter $9.

Essen

Seinen Hunger stillen kann man mit einem der obligatorischen Nanaimo-Riegel oder anderen billigen Leckerbissen auf dem **Public Market**, Stewart Ave, nahe dem Fährterminal, ◷ tgl. 9–21 Uhr. Der große Overwaitea-Supermarkt liegt an Hwy 19, 2 km nördlich der Stadt. Zum Essengehen empfehlen sich:
***Bluenose Chowder House*,** 1340 Stewart Ave, ✆ 250/754-6611, serviert die besten Fischgerichte der Stadt, schöne Sonnenterrasse, Mo geschlossen.
***Gina's*,** 47 Skinner St, am nördlichen Ende der Front St links, ✆ 250/753-5411, mexikanisches Lokal am Rand eines Kliffs. Es ist mit seinem hellrosa Anstrich und dem leuchtend blauen Dach nicht zu übersehen.
***Globe Bar & Grille*,** 25 Front St, ✆ 250/754-4910. Eines von mehreren netten Restaurants in der Front Street, die meisten davon mit Terrasse und Blick aufs Meer. Auf der Speisekarte stehen sättigende Snacks, Steaks und Fischgerichte.
***Javawocky*,** 90 Front St, ✆ 250/753-1688, gutes kleines Café an der Plaza.

Informationen

Infocentre, im *Beban House,* 2290 Bowen Rd, ✆ 250/756-0106 oder 1-800/663-7337, 🖳 www.

tourism.nanaimo.com. Liegt nordöstlich des Zentrums in der Nähe des Highways im Beban Park und bietet jede Menge Prospekte und Hilfe bei der Suche nach Unterkünften. Außerdem informieren die Mitarbeiter über Bootsfahrten und Touren zu den Sägewerken, Konservenfabriken, Naturreservaten und Fischereiforschungszentren in der Gegend. ◷ Mai–Sept tgl. 8–20, Okt–April Mo–Fr 9–17 Uhr. Eine kleinere Filiale im Zentrum, 82 Commercial St, ✆ 250/754-8531, allerdings ohne geregelte Öffnungszeiten.

Transport

BUSSE – Der **Busbahnhof** von Nanaimo, Comox Rd, Ecke Terminal Ave, ✆ 250/753-4371, liegt ein Stück vom Hafen entfernt. Von hier verkehren Laidlaw-Busse nach VICTORIA 6–7x tgl. in 2 1/2 Std., PORT HARDY 1–2x tgl. in 7 Std. und PORT ALBERNI 3–4x tgl. in 1 1/2 Std. mit Anschluss nach TOFINO (4 1/2 Std.) und UCLUELET (3 1/4 Std.).

EISENBAHN – Der **Bahnhof** liegt etwas westlich des Zentrums nahe der Kreuzung Selby St und Fitzwilliam St. Der Weg ins Zentrum führt links in die Fitzwilliam St und dann die Bastion St entlang.
Nanaimo liegt an der Strecke zwischen VICTORIA und COURTENAY und wird am Tag von zwei Zügen angefahren: Der Richtung Norden hält um 11 Uhr, der nach Süden um 15 Uhr.

FÄHREN – *BC Ferries*, ✆ 250/386-3431 oder 1-888/223-3779, 🖳 www.bcferries.bc.ca, verkehrt vom Anleger **Departure Bay**, ✆ 250/ 753-1261, 2 km nördlich des Zentrums, nach HORSESHOE BAY auf dem Festland; im Sommer stündlich von 7–21 Uhr, außerhalb der Saison alle 2 Std. in 1 1/2 Std., Fußgänger $10, Autos $34,75, in der Nebensaison und während der Woche billiger. Von Departure Bay ins Stadtzentrum fahren der Shuttle-Bus *Seaporter*, ✆ 250/ 753-2118, $14,98, und der Hammond Bay Bus Nr. 2 (zum nördlichen Ende der Stewart Ave). An dem neuen und günstiger gelegenen Terminal **Duke Point**, ✆ 250/722-0181, unmittelbar südlich der Stadt, werden die Fähren aus TSAWWASSEN abgefertigt.

FLÜGE – Der Flughafen Nanaimo-Collishaw liegt 15 km südlich des Zentrums am Hwy 19 und wird durch regelmäßig verkehrende Pendelbusse mit dem Stadtzentrum verbunden. Die aus Vancouver kommenden Wasserflugzeuge von *Harbour Air* und *Baxter Aviation* (s.S. 292) landen zentral im Hafen auf Höhe der Front St.

Newcastle Island und Gabriola Island

Kaum einen Steinwurf von Nanaimo entfernt liegt vor der Küste **Newcastle Island** und dahinter die größere Gabriola Island, beide überraschenderweise mit Palmen bestanden. Sie gedeihen im vermutlich mildesten Klima Kanadas. Fähren verkehren stündlich von 10–21 Uhr, Fußgänger $5 hin und zurück, Autos $12,75, vom Maffeo Sutton Park (dem Kai hinter der Civic Arena) zum **Newcastle Island Provincial Park**. Er besitzt schöne Sandabschnitte, eine zahme Tierwelt, interessante Pflanzen und die Möglichkeit zum Wandern (insgesamt 18 km Wanderwege) und Picknicken, Autos sind verboten. Man braucht einige Stunden, um den 7,5 km langen Weg um die Insel zurückzulegen.

Auf **Gabriola Island** leben rund 2000 Einwohner, viele davon Künstler und Schriftsteller. Der Autor Malcolm Lowry – bekannt durch sein Werk *Unter dem Vulkan* – verewigte die Insel in seiner Erzählung *Oktoberfähre nach Gabriola*. Auf Gabriola laden mehrere Strände – insbesondere die Gabriolas Sands' Twin Beaches am nordwestlichen Ende der Insel und der Drumbeg Provincial Park – zum Baden ein. Daneben eignet sich die Insel zum Tauchen, Vögel beobachten, Strandgut sammeln und Spaziergehen. Von Interesse sind außerdem die **Malaspina Galleries**, eine Reihe schön geformter Höhlen und Felsvorsprünge in der Nähe von Gabriola Sands.

Auf beiden Inseln gibt es zahlreiche B&Bs und Campingplätze, über die auch das *Infocentre* von Nanaimo Auskunft erteilt. Auf Newcastle Island sind Snacks erhältlich, insbesondere im restaurierten Pavilion von 1931. Camper sollten Vorräte mitbringen.

Infocentre, 575 North Rd, Gabriola Island, ☎ 250/247-9332, 🖳 www.gabriolaisland.org.

🕓 Juli–Aug tgl. 9–18, Mitte Mai–Juni und Sept–Mitte Okt nur Sa und So 9–17 Uhr.

Fähren, ☎ 250/391-2300, 🖳 www.scenicferries.com, nach Newcastle Island ab Maffeo Sutton Park (Kai hinter der Civic Arena) in Nanaimo von 10–19 Uhr jede Std., 10 Min., Fußgänger $5 einfache Fahrt. Nach Gabriola Island ab Nanaimo Harbour ca. 15x tgl., 20 Min., Fußgänger $5,50/$5,25, Autos $14/$12,50.

Von Nanaimo nach Port Alberni

Nördlich von Nanaimo wird der Hwy 1 vom Hwy 19 abgelöst, den Reklametafeln, Motels, Jachthäfen und mit Schindeln gedeckte Häuser säumen. Die Küste befindet sich fast gänzlich in Privatbesitz, so dass man sich nicht zwischen den Häusern, Holzhütten und Stegen zu den verlockenden Stränden unterhalb des Highways hindurchschlängeln kann. Meer und Strand rücken erst ein Stück weiter nördlich in greifbare Nähe: in Parksville, 37 km von Nanaimo entfernt, und am benachbarten Qualicum Beach.

In Parksville trennen sich die Wege: Während der Hwy 19 an der Ostküste bis nach Port Hardy verläuft, führt die Hauptverbindung der Insel, der Hwy 4, in Richtung Westen nach Port Alberni und weiter durch die atemberaubenden Mackenzie Mountains bis zum Pacific Rim National Park (s.S. 328).

Laidlaw fährt bis zu 3x tgl. von Nanaimo nach Port Alberni, von wo aus Busse nach Ucluelet und Tofino im Nationalpark verkehren.

Parksville

Die Anfahrt vom Süden nach Parksville gestaltet sich vielversprechend, denn sie führt durch wunderschöne bewaldete Dünen. Wege zweigen nach Osten in Richtung der versteckten Strände und Campingplätze ab. Vier Kilometer weiter im **Rathtrevor Beach Provincial Park** erstreckt sich der beste der Strände über eine Länge von 2 km. Bei Ebbe zieht sich das Wasser hier etwa einen Kilometer zurück und legt dabei ausgedehnte Sandflächen frei. Im Sommer ist hier die Hölle los. Wer einen Platz zum Campen im Park (im Sommer $22, im Winter $9, Parken tagsüber $5) erobern möchte, muss sich schon früh morgens in die Warteschlange stellen oder den Reservierungsservice des Provinzparks nutzen (s. S. 237, Kasten). Der öffentliche Sandstrand ist 2 km lang und angemessen ausgestattet mit Grill- und Picknickplätzen sowie Wanderwegen.

Wenig attraktiv ist die Gegend hinter der Brücke, die nach Parksville führt, acht Blocks, die von Motels und Tankstellen gesäumt sind. Die Promenade am **Parksville Beach** blieb jedoch von den schlimmsten Auswüchsen verschont.

Das alljährlich im Juli stattfindende **Sandfest** lockt mit seinem *World Sandcastle Competition* 30 000 Besucher an. Die schöne Aussicht vom Strand reicht bis hinüber zum Festland. Das Meerwasser ist hier mit bis zu 21 °C im Sommer das wärmste an der ganzen kanadischen Küste. Trotz des Trubels ist der Strand ebenso tadellos gepflegt wie die übrigen Stadtteile – eine Ordnung, die vielleicht aus Parksvilles Beliebtheit als Altersruhesitz herzuleiten ist. Einige der ehrwürdigen Pensionäre sind bei den im August stattfindenden *World Croquet Championships* in Aktion zu sehen.

Übernachtung

Die besten Übernachtungsmöglichkeiten bieten sich auf den Campingplätzen. Die vielen billigen Einheits-Motels in der Stadt und die Resorts an den Stränden sind im Sommer weitgehend ausgebucht. Südlich vom Rathtrevor Beach Provincial Park gibt es ein paar Cottages mit Meerblick. **Beach Acres Resort**, 1015 E Island Hwy, ✆ 250/248-3424 oder 1-800/663-7309, 🖳 www. beachacresresort.com. Sehr exklusiv, in einem ca. 23 ha großen Waldgebiet gelegen, mit Swimming Pool, Sandstrand und Cabins im Wald oder am Meer. ➐

Gray Crest Seaside Resort, 1115 E Island Hwy, ✆ 250/248-6513 oder 1-800/663-2636, 🖳 www. graycrest.com. Nicht sehr große und relativ preiswerte Unterkunft, in der Nebensaison erheblich billiger. ➏

Sea Edge Motel, 209 W Island Hwy, ✆ 250/248-8377 oder 1-800/667-3382, 🖳 www.seaedge.com. Preisgünstiges Motel mit eigenem Strand. ➎

Skylite, 459 E Island Hwy, ✆ 250/248-4271 oder 1-800/667-1886, 🖳 www.parksvillemotel.com. Eines der billigsten Motels im Ort. ➌

Tigh-Na-Mara Resort Hotel, 1095 E Island Hwy, ✆ 250/248-2072 oder 1-800/663-7373, 🖳 www. tigh-na-mara.com. Cottages aus Holz und Apartments am Meer, umgeben von Wald, mit überdachtem Pool und Apartments für Selbstverpfleger. ➏

Informationen

Chamber of Commerce, 1275 E Island Hwy, ✆ 250/248-3613, 🖳 www.chamber.parksville. bc.ca. Besonders lohnenswert sind Informationen über Wanderwege und Naherholungsgebiete sowie Tipps zum Angeln – natürlich eine weitere Attraktion in der Region. ☉ Juni–Anfang Sept tgl. 8–20, sonst Mo–Fr 9–17 Uhr.

Qualicum Beach

Qualicum Beach hat laut seiner *Chamber of Commerce* für kanadische Künstler von heute etwa die gleiche Bedeutung wie Stratford-on-Avon in der Shakespeare-Zeit. Diese Bohéme-Enklave von Künstlern der Westküste wird nach der kalifornischen Künstlerstadt auch „Carmel des Nordens" genannt. Beide Einschätzungen sind überzogen, aber verglichen mit Parksville hat die Gegend tatsächlich mehr Grün und Charme zu bieten und ist viel weniger kommerzialisiert – der Besucheransturm im Sommer ist allerdings entsprechend groß.

Die Häuser von Qualicum, zumindest die in Wassernähe, liegen weit verstreut auseinander. Entsprechend wild und malerisch präsentiert sich die Uferlandschaft entlang der Straße. Dem tut auch das auffällig weiße Gebäude am Strand keinen Abbruch. Hier ist das *Infocentre*, 2711 W Highland Hwy, ✆ 250/752-9532, 🖳 www.qualicum.bc.ca, untergebracht. ☉ tgl. 9–18 Uhr, im Sommer länger.

Übernachtung

In schöner Lage stehen ein paar Hotels, darunter **Sand Pebbles Inn**, ✆ 752-6974 oder 1-877/556-2326, 🖳 www.spebbles.com, ➍, und das kleine **Captain's Inn**, ✆ 752-6743, 🖳 www.captains-inn. com. ➌

Am nördlichen Ende, wo die Straße ins Hinterland abbiegt, stößt man auf einige **Motels**. Daneben gibt es noch viele andere Unterkünfte, Informationen dazu erteilt das *Infocentre*.
Weiter Richtung Norden säumen vereinzelt **Campingplätze** die Straße.

Highway 4 nach Port Alberni

Den kurzen Abstecher von der Küstenstraße von Victoria über Hwy 4 nach Port Alberni sollte man sich keinesfalls entgehen lassen: Hier wird der erste richtige Vorgeschmack auf die Schönheiten der Insel geboten.

Der erste lohnenswerte Halt ist der **Englishman River Falls Provincial Park**, 3 km westlich von Parksville (Ausfahrt Errington Rd) und weitere 8 km südlich vom Highway. Der nach einem hier ertrunkenen Einwanderer benannte Park umgibt den Englishman River. Ein 30-minütiger Weg führt an den beiden Wasserfällen des Flusses sowie an zahlreichen Becken vorbei, die sich zum Baden und Angeln eignen.

Zurück auf dem Highway erreicht man nach weiteren 8 km die **Little Qualicum Hatchery**, in der Forellen, Chum- und Chinook-Lachse gezüchtet werden. Direkt dahinter eröffnet sich der **Little Qualicum Falls Provincial Park** auf der nördlichen Seite des Hwy 4, 19 km westlich von Parksville, der schönste kleine Park der Insel. Ein wunderbarer Waldweg windet sich hinab am Fluss entlang, der durch eine Schlucht mehrere hundert Meter tief hinabstürzt und schäumende Wasserfälle bildet. In einem halbstündigen Spaziergang erreicht man die wichtigsten Wasserfälle. Für längere Wanderungen eignet sich der fünfstündige **Wesley Ridge Trail**.

Auf halbem Wege nach Port Alberni passiert die Straße den **Cameron Lake** und danach einen prächtigen Urwaldgürtel. Vom westlichen Ende des Sees aus lohnt sich der zehnminütige Spaziergang durch den **McMillan Provincial Park** (kein Campingplatz) bis zum bekannten **Cathedral Grove** mit seinen riesigen Douglasien. Sie werden bis zu 70 m hoch, 2 m dick und 1000 Jahre alt. Der Park ist ein Geschenk des mächtigen McMillan-Holzkonzerns, der die jahrelange gewissenlose Abholzung ähnlicher Bäume anderswo zu verantworten hat. Den Hain durchwandert man innerhalb weniger Minuten. Im Osten beginnt am Picknickplatz am Cameron Lake der Hauptwanderweg durch dieses Gebiet.

Die gut erhaltene Strecke wurde 1908 von Eisenbahnmitarbeitern markiert und führt hinauf zum Gipfel des **Mount Arrowsmith** (1817 m) – für diesen 20 km langen Weg durch die alpine Wiesenlandschaft sind 6–9 Std. einzuplanen. Der Berg zählt auch zu den beliebten Skigebieten.

Übernachtung

Der beliebte, ganzjährig geöffnete Campingplatz im **Englishman River Falls Provincial Park** (im Sommer $17, im Winter $9, Parken tagsüber $3) links von der Zufahrtsstraße vor dem Fluss, verbirgt sich zwischen Zedern, Hornsträuchern (offizielle Pflanze von BC) und üppigen Farnen.
Im **Little Qualicum Falls Provincial Park** gibt es einen geschützten Campinglatz am Fluss (im Sommer $17, im Winter $9, Parken tagsüber $3) sowie einen Badeplatz am südlichen Flussufer. Übernachtungsmöglichkeiten am **Mount Arrowsmith** bieten von April bis Okt im *Cameron Lake Resort*, 1313 Chalet Rd, ℘ 250/752-6707, 🖳 www.cameronlakeresort.com, mit Cottage und Campingplatz ($19–25) in einer Parklandschaft am See. ❹

Port Alberni

Port Alberni, das selbsternannte „Tor zum Pazifik" oder auch – wie die Hälfte von ganz Vancouver Island – „Lachshauptstadt der Welt", wird in starkem Maße von der Holzwirtschaft geprägt. Zudem erfreut sich die ausgedehnte Stadt trotz ihres relativ unansehnlichen Erscheinungsbildes zunehmender Beliebtheit als Ausgangspunkt für die Erkundung der zentralen Inselregion und der Westküste. Ihr Fischereihafen liegt am Ende des fjordähnlichen Alberni Inlet, Vancouver Islands längster Bucht. Zwar werden verschiedene Touren durch Sägewerke und Zellstofffabriken angeboten, aber für Touristen ist Port Alberni in erster Linie als Zwischenstation auf dem Weg zum Pacific Rim National Park interessant. Wer schon immer mal einen Lachs fangen wollte, hat hier die besten Chancen – den Besuchern stehen viele Boote und Helfer zur Seite.

Aller Wahrscheinlichkeit nach wird man Port Alberni gern hinter sich lassen, vorzugsweise auf der *MV Lady Rose,* einem kleinen 50 Jahre alten schottischen Frachtschiff, das zwischen Port Alberni, Kildonan, Bamfield, Ucluelet und den Broken Group Islands pendelt. Die in erster Linie für Frachtgut und Post gedachte Linie nimmt zusätzlich 100 Passagiere an Bord. Diese haben meist Kanutouren oder den West Coast Trail in Bamfield zum Ziel. Eine Fahrt lohnt sich schon allein wegen der außergewöhnlichen Landschaft – riesige Kliffs und bewaldete Berge – und der guten Möglichkeit je nach Jahreszeit Seelöwen, Wale oder Adler zu sehen. Passagiere waren für die Schiffsgesellschaft zunächst nur eine Art Nebenverdienst. Inzwischen aber ist der Andrang so groß, dass man die „Flotte" um ein Schiff erweitert hat – die 200 Passagiere fassende *MV Frances Barkley.* Reservierungen für die Überfahrt sind unerlässlich. Nicht vergessen sollte man Pullover, Jacke und vernünftige Schuhe: Es handelt sich hier in erster Linie immer noch um Frachtschiffe.

Die Schiffe legen ganzjährig Di, Do und Sa um 8 Uhr vom Argyle Pier, 5425 Argyle St, am Alberni Harbour Quay in Port Alberni ab, fahren über Kildonan (einfache Fahrt $12/hin und zurück $24) und kommen um 12.30 Uhr in Bamfield an ($23/$45); Rückfahrt um 13.30 Uhr, Ankunft in Port Alberni um 17.30 Uhr. Von Oktober bis Mai hält das Schiff auf Wunsch zudem an den Broken Group Islands ($20/$40). Von Juni bis Mitte September werden zusätzliche Fahrten zu den **Broken Group Islands** angeboten; Mo, Mi und Fr, Abfahrt in Port Alberni um 8 Uhr. Um 11 Uhr legt das Schiff in Sechart an ($23/$45). Dort befindet sich die *Sechart Whaling Station Lodge,* ℡ 250/723-8313, 🖳 www.ladyrosemarine.com, die einzige Unterkunft auf der Inselgruppe. Eine Übernachtung kostet hier $100 p.P., $155 für zwei Personen, einschließlich Mahlzeiten; bei einem Aufenthalt von zwei Tagen oder länger wird ein geringer Preisnachlass gewährt. Das Schiff fährt weiter nach **Ucluelet,** wo es um 12.30 Uhr anlegt. Die Rückfahrt von Ucluelet erfolgt um 14 Uhr, wieder über Sechart (15.30 Uhr), bevor das Schiff schließlich um 19 Uhr in Port Alberni festmacht.

Vom 6. Juli bis 31. August gibt es sonntags eine zusätzliche Fahrt von Port Alberni um 8 Uhr nach Bamfield (13.30 Uhr) und zurück mit Zwischenstopp auf der Hinfahrt in Sechart um 11 Uhr.

Anlaufstelle für **Informationen** und **Reservierungen** ist *Lady Rose Marine Services,* 5425 Argyle St, Port Alberni, ℡ 250/723-8313, April–Sept auch 1-800/663-7192, 🖳 www.ladyrosemarine.com. Wer möchte, kann sich dort zudem ein Kanu oder Kajak mieten ($35 pro Tag, Zweier-Kajak $50 pro Tag inkl. Schwimmwesten, Paddel, Pumpen und Spritzschürzen) und sämtliche Ausrüstung auf die Broken Group Islands transportieren lassen. Von Tofino und Ucluelet werden außerdem unregelmäßige Verbindungen in kleineren Boote zu den oben genannten Zielen angeboten.

Die einzige historische Sehenswürdigkeit, das **Alberni Valley Museum,** 4255 Wallace St, Ecke 10th Ave, ℡ 250/723-2181, beherbergt eine überdurchschnittliche Sammlung über die Holzfäller und Urbevölkerung, ein Wasserrad sowie eine kleine Dampflok. ☉ im Sommer Di–Sa 10–17, Do bis 20 Uhr, Spende.

Zum Baden in warmem Wasser bevorzugen Einheimische den **Sproat Lake Provincial Park,** 8 km nördlich der Stadt am Hwy 4. Im Sommer herrscht großer Trubel am schönen Strand, dem Picknickplatz und auf zwei empfehlenswerten Campingplätzen (☉ April–Okt, $15) – einer am See, der andere nördlich vom Highway etwa 1 km entfernt. Weniger interessant sind Führungen zu den größten Feuerlöschflugzeugen der Welt sowie die prähistorischen Felszeichnungen am östlichen Ende des Parks.

Sproat Lake markiert den Beginn einer atemberaubenden Landschaft, die sich über 100 km am Hwy 4 westlich der Stadt ausdehnt. Lediglich die stark abgeholzten Gebiete beeinträchtigen die Schönheit der Mackenzie Range und das majestätische Zusammenspiel von Bäumen und Wasser.

Die Fahrt will allerdings gut vorbereitet sein – zwei Stunden lang trifft man weder auf ein Geschäft noch auf eine Tankstelle.

Das **Forestry Visitor Centre** am Hafenkai, ☎ 250/720-2108, erläutert die Bedeutung der hiesigen Holzwirtschaft; ⏱ im Sommer tgl. 9.30–17.30 Uhr, sonst Fr–So 11–16 Uhr. Vom nahen alten Bahnhof, Kingsway St, Ecke Argyle St, beginnen im Sommer halbstündige Fahrten mit einer kleinen Dampflok am Wasser entlang zum **McLean Mill National Historic Site**, 5633 Smith Rd, 🖳 www.alberniheritage.com. Ziel ist ein altes, dampfbetriebenes Sägewerk, das auch per Fahrrad oder zu Fuß über den 20 km langen, am *Infocentre* beginnenden Log Trail erreichbar ist. Die historische Stätte ist ganzjährig tgl. geöffnet, Spende. ⏱ Sägewerk und Dampfeisenbahn Mitte Juni–Anfang Sept Mi und Do 10–17 Uhr, Fabrik $6,50, Zug $22 hin und zurück inkl. Eintritt zum Sägewerk.

Übernachtung

Da die *MV Lady Rose* um 8 Uhr abfährt, wird man wahrscheinlich die Nacht in Port Alberni verbringen müssen. Im *Infocentre* gibt es eine Liste der ständig wechselnden B&Bs.

Best Western Barclay, 4277 Stamp Ave, ☎ 250/724-7171 oder 1-800/563-6590, 🖳 www.bestwesternbarclay.com. Mit Pool im Freien. ❻

Bluebird, 3755 3rd Ave, ☎ 250/723-1153, www.bluebirdmotel.net. Eines der üblichen Motels, aber das nächste am Anleger. Angesichts von nur 15 Zimmern ist eine Reservierung anzuraten. ❸

Coast Hospitality Inn, 3835 Redford St, ☎ 250/723-8111 oder 1-800/663-1144, 🖳 www.coasthotels.com. Gutes zentral gelegenes Hotel, nicht gerade billig, aber wahrscheinlich die beste Wahl unter den besseren Hotels der Stadt. ❻

Edelweiss B&B, 2610-12 Ave, ☎ 250/723-5940, nicht gerade zentral gelegen, aber sehr freundlicher Empfang, bestes B&B. ❸

Somass Motel & RV, 5297 River Rd, ☎ 250/724-3236 oder 1-800/927-2217, 🖳 www.somass-motel.ca. Ebenfalls eine zuverlässige Unterkunft. ❸

Die besten Möglichkeiten zum **Campen** finden sich am Sproat Lake. Ansonsten gibt es noch den **China Creek Marina and Campground**, 2011 Bamfield Rd, ☎ 250/723-2657, weiter abgelegen, 15 km südlich der Stadt am Alberni Inlet, 250 Plätze in bewaldeter Umgebung, mit Sandstrand, ⏱ Mai–Sept, $16–25.

Essen

Blue Door Café, 5415 Argyle St, altmodisches Lokal, in dem sich auch die Einheimischen bei Kaffee, gutem Frühstück und Snacks wohl fühlen.

Canal, 5093 Johnson St, ☎ 250/724-6555, bietet schmackhafte griechische Gerichte.

Clockworks, Harbour Quay, ☎ 250/723-8862, serviert gute Fischgerichte direkt am Ufer.

Paradise Café, 4505 Gertrude St, ☎ 250/724-5050, billiges Mittagessen, ansonsten auch in den zahlreichen Deli-Bäckereien zu bekommen.

Swale Rock Café, 5328 Argyle St, ☎ 250/723-0777, empfehlenswertes Mittagessen.

Informationen

Infocentre, gut zu erkennen an der Ortseinfahrt, 2533 Redford St, RR2, Site 215 Comp 10, ☎ 250/724-6535, 🖳 www.avcoc.com. Am Hwy 4 östlich der Stadt – nach dem großen, gelben Wandbild Ausschau halten. Erteilt Informationen über Angel- und Wandermöglichkeiten, Sommer-Events und Touren durch die beiden Zellstofffabriken der Gegend. ⏱ Juli–Aug Mo–Fr 8–18, Sa und So 9–17, sonst Mo–Fri 9–17, Sa und So 10–14/16 Uhr.

Transport

Laidlaw (s. S. 322) fährt 3–4x tgl. von und nach NANAIMO in 1 1/2 Std. Endstation ist am Victoria Quay, 5065 Southgate. Aussteigen sollte man schon eine Haltestelle eher am 7-Eleven-Laden, denn von da ist es näher zum Stadtzentrum. Laidlaw bietet auch Weiterfahrten nach UCLUELET und TOFINO an.

Western Bus Lines, ☎ 250/723-3341, und der **Pacheenaht First Nation Bus Service**, ☎ 250/647-5521, fahren jeweils Mo und Fr nach BAMFIELD, $17.

Weitere Unternehmen aus Victoria fahren nach Bamfield, dem Ausgangspunkt des West Coast Trail.

Pacific Rim National Park

Wale

Der Pacific Rim National Park ist der Hauptgrund für einen Besuch auf Vancouver Island. Die atemberaubende Mischung aus Bergen, küstennahen Regenwäldern, wilden Stränden und Küstenlandschaften erstreckt sich in Abständen über eine Länge von 130 km zwischen den Städten Tofino im Norden und Port Renfrew im Süden. Er unterteilt sich in drei verschiedene Bereiche: Long Beach, am beliebtesten, die Broken Group Islands – Hunderte von kleinen Inseln, die nur über das Wasser zu erreichen sind – und den West Coast Trail, einen langen und harten, aber zunehmend populären Wanderpfad.

Das gesamte Gebiet hat sich zu einem Anziehungspunkt für Surfer und Walbeobachter entwickelt. Dutzende von Gesellschaften bieten Touren zur Walbeobachtung an.

Schöne Strecken lassen sich zusammenstellen, indem man Fahrten auf der *MV Lady Rose* (s.S. 326, Kasten) von Port Alberni nach Bamfield oder Ucluelet mit Shuttle-Bus- oder Laidlaw-Busverbindungen von Victoria, Port Alberni und Nanaimo kombiniert.

Das am nördlichen Ende von Long Beach gelegene Tofino war einst in erster Linie ein Fischerdorf. Heute wandelt sich das Ortsbild im Zuge des wachsenden Touristenstroms. Mit seinem natürlichen Charme, seiner schönen Umgebung und seinen zahlreichen Unterkunftsmöglichkeiten stellt Tofino noch immer den besten Ausgangspunkt für eine Erkundungstour dar. Ucluelet im Süden ist zwar weniger attraktiv, bezüglich Touren und Unterkünften jedoch ebenso gut auf die jährlich etwa 800 000 Besucher des Parks vorbereitet. Bamfield, eine kleine, malerische Gemeinde mit einer begrenzten Anzahl an Unterkünften, liegt noch weiter südlich und ist in erster Linie als nördliches Ende des West Coast Trail sowie als Zentrum für Fischerei, Meeresforschung und Walbeobachtung bekannt. Wer nicht fliegen möchte, erreicht den Park über Hwy 4 von Port Alberni. Somit fällt zunächst Long Beach ins Auge (Hwy 4 führt auf dem Weg nach Tofino hier entlang). In Long Beach findet sich auch das wichtigste *Infocentre* des Parks sowie unweit davon das lehrreiche Wickaninnish Centre. Der Eintritt für den Park – $8 pro Auto und Tag – wird am Parkeingang kassiert.

Der Pacific Rim National Park zählt zu den weltweit besten Gebieten für die Walbeobachtung. Zu verdanken hat er dies seiner Lage an einer der Hauptwanderstrecken der Wale, den futterreichen Gewässern und den vielen geschützten Buchten. Touristen kommen von überall her, um das Spektakel mitzuerleben. Ein Bootstrip von Tofino, Ucluelet oder Bamfield lässt sich leicht arrangieren. Die meisten Gesellschaften verlangen etwa $60–80 pro Person je nach Dauer (normalerweise 2–3 Std.). Bestimmungen schreiben einen Abstand von 100 m zu den Tieren vor. Obwohl es hier niemand eingestehen will, stören die immer zahlreicher werdenden Bootstouren die Wanderungen.

Die 8000 km lange Reise (die längste bekannte Wanderung eines Säugers überhaupt) führt die Wale von den Lagunen in Baja, Mexiko, wo sie kalben und die Jungtiere aufziehen, zu den sommerlichen Futtergründen in der Bering-See und Chukchi-See vor Sibirien. Die Wanderung in Richtung Norden dauert von Februar bis Mai und erreicht im März und April ihren Höhepunkt. Einige Tiere unterbrechen ihre Reise, um im Sommer vor der kanadischen Küste nach Futter zu suchen (insbesondere am Maquinna Marine Park, 20 Min. mit dem Boot von Tofino). Der Rückstrom beginnt im August und passiert Tofino und Ucluelet Ende September oder Anfang Oktober. Die Paarung findet im Dezember in Mexiko statt, woraufhin die Männchen unmittelbar gen Norden ziehen, gefolgt von den Weibchen und Jungen im Februar. Wale kann man auch vom Land aus entdecken, genauer gesagt ihre Schwanzflossen beim Tauchen oder wenn sie an der Oberfläche kurz „trompeten", bevor sie wieder im Wasser verschwinden. An einigen Stellen von Long Beach wurden Fernrohre aufgestellt – die bekanntesten Aussichtspunkte sind Schooner Cove, Radar Hill, Quistis Point und Combers Beach nahe Sea Lion Rocks.

Den Wetteraspekt sollte man keinesfalls unberücksichtigt lassen. Dem Park wird zu Recht ein feuchtes, kaltes und windiges Klima nachgesagt – und das an guten Tagen. Die jährliche Niederschlagsmenge beträgt durchschnittlich 300 cm, an manchen Stellen sogar 700 cm, und ist somit gut zehnmal größer als in Victoria. Zum Schwimmen und Sonnenbaden lädt der Park demnach nicht ein (Surfen ist o.k.). Dafür bieten sich hervorragende Möglichkeiten, tosende Pazifikwellen zu bewundern, das Landesinnere zu durchwandern oder Strandgut zu sammeln. Ein besonderes Erlebnis ist ein Besuch des Parks in der Schlechtwetterperiode – Sturmbeobachtung entwickelt sich hier zu einer immer beliebteren Freizeitbeschäftigung.

Tofino

In Tofino, dem beliebtesten Anlaufpunkt für Parkbesucher, sind die nachteiligen Auswirkungen des wachsenden Touristenansturms zu spüren. Die Einheimischen wissen jedoch sehr wohl um die Kostbarkeit ihrer paradiesischen Landschaft und bemühen sich, die Bautätigkeit auf ein Minimum zu beschränken. Der herrlich auf einer schmalen Halbinsel gelegene Ort ist auf drei Seiten von bewaldeten Inseln und Wasser umgeben – daher die wundervollen Ausblicke und üppige „Aquakultur". Tofino bietet vielfältige Möglichkeiten zum Essengehen, Übernachten sowie eine Auswahl an Touren mit dem Boot oder Wasserflugzeug. Letztere empfehlen sich auch zur **Walbeobachtung**, zum Surfen (das beste Surfrevier Kanadas liegt ganz in der Nähe) und zum Angeln sowie als Transportmittel zu den nahe gelegenen Inseln und heißen Quellen. Das außerhalb der Saison eher verschlafene Tofino verwandelt sich im Sommer in einen kommerziellen Rummelplatz – die Gästeschar besteht hauptsächlich aus Hippies, Surfern und Familien –, obwohl der Ort nicht viel mehr zu bieten hat als ein paar Straßen, schöne Aussichten und eine erholsame Atmosphäre. Interessant ist das kleine **Whale Centre**, 411 Campbell St, ☎ 250/725-2131. Hier kann man Walbeobachtungstouren buchen und Exponate und Artefakte zur einheimischen Seefahrer- und Handelstradition, zu den Walen und zur Kultur der Ureinwohner sehen. ⏰ März–Okt tgl. 9–20 Uhr, Eintritt frei.

Ebenfalls lohnend ist ein Besuch der **Eagle Aerie Gallery**, 350 Campbell St, Ecke Second St, ☎ 725-3235, ▢ www.royhenryvickers.com. Die Galerie befindet sich im Besitz des bekannten Tsimshian-Künstlers Roy Henry Vickers. Untergebracht ist sie in einem traditionellen Gebäude im Langhaus-Stil mit hübschem Zedernholzinventar. Zwei Blocks östlich liefert das **Rainforest Interpretive Centre**, 451 Main St, Ecke Fourth St, Hintergrundinformationen über die Ökosysteme des gemäßigten Regenwalds an der Pazifikküste; Eintritt frei.

Zwei schöne **Strände** sind vom Südosten der Stadt zu Fuß erreichbar: Mackenzie Beach und Chesterman's Beach; Zufahrt zu letzterem über die Lynn Rd bzw. an der Ortsausfahrt direkt hinter dem Dolphin Motel rechts. Erstgenannter zählt zu den wärmeren Badestellen in der Gegend, am anderen bieten sich eine Reihe von Unterkunftsmöglichkeiten außerhalb des Orts (s.S. 333). Vor Chesterman liegt die bei Ebbe einladende Frank Island (leider Privatbesitz). Der ruhigste Strand in diesem Gebiet ist der winzige Sandstreifen Templar: Wegbeschreibung im *Infocentre* erfragen.

Übernachtung

Sollte man unklugerweise im Hochsommer ohne Reservierung in Tofino auftauchen, kann man mit Hilfe des *Infocentres* dennoch in einem der immer zahlreicher werdenden Hotels, Motels oder B&Bs unterkommen. Die Unterkünfte konzentrieren sich auf Tofino selbst und auf die Gegend einige Kilometer östlich davon auf dem Weg nach Long Beach am Lynn Rd, die über den Chesterman Beach blickt. Mit dem Wassertaxi erreicht man Hot Springs Cove (s.S. 333) nördlich von Tofino, wo die begehrte, aber teure *Hot Springs Lodge*, ☎ 250/724-8570, Unterkunft in Units bietet; frühzeitig buchen. ❻

Als Alternative dazu gibt es in Ortsnähe zahlreiche Campingplätze (besonders schön der im Parkabschnitt Long Beach) und private Hostels, die ebenso plötzlich entstehen wie sie wieder verschwinden. Einige dieser Unterkünfte gelten als zweifelhaft. Das *Infocentre,* ▢ www. tofinobc.org, hat eine komplette Liste mit allen B&Bs.

HOTELS UND MOTELS – *Cable Cove Inn*,
201 Main St, ☎ 250/725-4236 oder 1-800/663-
6449, 🖵 www.cablecoveinn.com. Sehr stilvoll,
6 elegante Zimmer am westlichen Ortsrand, ausgestattet mit Jacuzzis und Kaminen. ❼
Dolphin Motel, 1190 Pacific Rim Hwy, 3 km südlich der Stadt, 5 Min. Fußweg zum Chesterman
Beach, ☎ 250/725-3377, 🖵 www.dolphinmotel.
ca. Zimmer mit Kaffeemaschine und Kühlschrank
oder Units für Selbstverpfleger. ❸
Duffin Cove and Resort, 215 Campbell St,
☎ 250/725-3448 oder 1-888/629-2903, 🖵 www.
duffin-cove-resort.com. Unmittelbar südlich des
Cable Cove Inn am Westrand der Stadt gelegen.
13 schöne Cabins und Suiten (für 1–8 Personen)
mit Küche und Balkon mit Blick auf den Clayoquot Sound. ❻
Maquinna Lodge, 120 1st St, Ecke Main St,
☎ 250/725-3261 oder 1-800/665-3199, ✆ 725-
3433, zentrale Lage, 32 renovierte Zimmer, einige
mit Blick auf den Hafen von Tofino und Meares
Island. Der Pub im Untergeschoss ist Fr und Sa
abends ein beliebter Treff für Biertrinker und
Tänzer. ❺
Middle Beach Lodge, 400 Mackenzie Beach,
☎ 250/725-2900, 🖵 www.middlebeach.com.
Schöne, abgeschiedene Lage südlich des
Orts und westlich vom Chesterman Beach
mit großem Steinkamin, tiefen alten Stühlen
und Wellenrauschen am winzigen Templar
Beach. ❺
Ocean Village Beach Resort, 555 Hellesen Drive,
☎ 250/725-3755, 🖵 www.oceanvillageresort.
com. Schöne Anlage nördlich von Long Beach,
2 km außerhalb von Tofino an der Hauptstraße
gelegen. Meerblick, Küchenzeilen und überdachter Pool. ❻
Schooner Motel, 311 Campbell St, ☎ 250/725-
3478, 🖵 www.schoonermotel.net. Zentrale Lage
mit Blick auf den Tofino Inlet und Meares Island,
einige Zimmer mit Küche. ❻
Tofino Motel, 542 Campbell St, ☎ 250/725-2055,
🖵 www.tofinomotel.com. Kleines Motel am östlichen Ortsrand, Zimmer mit Balkon und Aussicht
auf das Meer und die benachbarten Inseln. ❸
Tofino Swell Lodge, Olsen Rd, ☎ 250/725-3274,
am östlichen Ortsrand nahe Crab Dock gelegen.
Hervorragende Lodge am Ufer mit Blick auf
Meares Island, mit Küche, einfache Units. ❹

Wickaninnish Inn, Osprey Lane am Chesterman
Beach, ☎ 250/725-3100 oder 1-800/333-4604,
🖵 www.wickinn.com. $8,5 Millionen teure Her-
berge (Zimmer ab $380, in der Nebensaison billi-
ger) mit 45 Zimmern, Lage auf den Felsen am
westlichen Ende des Chesterman Beach. Geräumige Zimmer mit Blick auf den Ozean, Kamin und
großem Bad. Neben den üblichen Attraktionen
vor Ort, Möglichkeit zur Sturmbeobachtung im
Winter. ❽

B&Bs – *Brimar*, 1375 Thornberg Crescent,
☎ 250/725-3410 oder 1-800/714-9373, 🖵 www.
brimarbb.com Am südlichen Ende des Chesterman Beach hinter der Lynn Rd gelegen, 3 Zimmer mit schönem Blick auf den Pazifik, großes
Frühstück. ❻
Crab Dock Guest House, 310 Olsen Rd, ☎ 250/
725-2911, 🖵 www.crabdock.com. Etwas östlich
des Orts am Crab Dock, 3 neue Zimmer mit Bad.
Großes Frühstück. Gästeküche und Wohnzimmer
stehen zur Verfügung. ❹
Gull Cottage, 1254 Lynn Rd, ☎ 250/725-3177,
🖵 www.gullcottagetofino.com. Viktorianisches
Gebäude am westlichen Ende der Lynn Rd, einige Min. zu Fuß zum Strand, 3 Zimmer mit Bad
und Jacuzzi im Wald. ❺
Paddler's Inn, 320 Main St, ☎ 250/725-4222, zentrale Lage direkt am Ufer, nur Nichtraucher.
Empfehlenswert. ❹
Penny's Place, 565 Campbell St, ☎ 250/725-
3457, Auswahl an Zimmern am östlichen Ortsrand, z.T. mit Bad, großes Frühstück, nur Nichtraucher. ❸
The Tide's Inn B&B, 160 Arnet Rd, ☎ 250/725-
3765, 🖵 www.tidesinntofino.com. Etwas südlich
am Wasser mit Blick auf den Clayoquot Sound
gelegen, vom Zentrum bequem zu Fuß zu erreichen (1st St entlang, dann rechts abbiegen). ❻
Tofino by the Beach, 1277 Lynn Rd, ☎ 725-2441,
🖵 www.tofinobythebeach.com. Außerhalb des
Zentrums am nördlichen Ende des Chesterman
Beach gelegen, Zimmer mit Bad. Europäisches
Frühstück. ❻
Village Gallery B&B, 321 Main St, ☎ 250/725-
4229, ✆ 725-3473, ruhiges Schlaf- und Wohnzimmer oben, Unterbringung in einem historischen
Haus im Zentrum mit schönem Blick auf den
Ozean und großem Frühstück. ❺

West Beach Manor, 1314 Lynn Rd, ☎ 250/725-2779, Suiten für Selbstverpfleger nahe dem Chesterman Beach, mit Küche und separaten Schlafzimmern, Platz für bis zu 4 Personen. In der Hauptsaison zwei Nächte Mindestaufenthalt. ❻

Wilp Gybuu (Wolf House), 311 Leighton Way, ☎ 250/725-2330, 🖵 www.tofinobedandbreakfast.com. 3 Zimmer etwas südlich, vom Zentrum zu Fuß erreichbar, nahe dem *The Tide's Inn*. Meerblick, gutes Frühstück, eigenes Bad. ❺

HOSTELS – *Hummingbird International Hostel*, in Ahousaht auf Flores Island, ☎ 250/670-6979, 🖵 www.hummingbird-hostel.com. Neben Kolibris („hummingbirds") lassen sich mitunter auch Wale, Weißkopfseeadler und Seeotter erspähen, außerdem locken lange Wanderwege und Bäder in natürlichen Schwefelquellen. Dorm-Bett ab $20, DZ ab $70, plus 35-minütige Überfahrt mit Fähre, Wassertaxi oder Boot, ab $14 einfache Fahrt, Abfahrt vom Anleger in der First St 10.30 und 16 Uhr, zurück 8.30 Uhr und 13 Uhr. ❸

Whalers on the Point Guesthouse (HI), 81 West St, ☎ 250/725-3443, 🖵 www.tofinohostel.com. Das HI-Hostel ist das beste der Stadt und liegt mit herrlichem Blick auf den Ozean unweit des westlichen Endes der Main St. Dorm-Bett in der Hochsaison (Mai–Sept) $25 p.P. inkl. Steuer, sonst $2 weniger. DZ in der Hochsaison $76–86, sonst $46–51. Mitte Juni–Mitte Sept $2 extra bei einer einzigen Übernachtung. Ausgestattet mit Küche, Spielraum, Sauna, Fahrradverleih. Schließfächer für Surfbretter und Taucheranzüge. Shuttle-Verbindung zum Long Beach. Reservierung unumgänglich. Check-in 8–14 und 16–22 Uhr. ❸

WindRider Retreat for Women, 231 Main St, ☎ 250/725-3240 oder 1-877/725-3240, 🖵 www.windrider.org. Gemeinnützige Einrichtung nur für Frauen in zentraler Lage. 2–3-Bett-Dorm $25, DZ $60, mit zwei Einzelbetten $65. ❸

CAMPINGPLÄTZE – *Bella Pacifica Campground*, Pacific Rim Hwy, ☎ 250/725-3400, 🖵 www.bellapacifica.com. Warme Duschen, WC und Waschküche, 2 km südlich des Orts, Stellplätze in der Wildnis und am Meer, private Naturpfade

zum Templar Beach und Zugang zum Mackenzie Beach. Reservierung empfehlenswert. März–Okt. $2ß–40.

Crystal Cove Beach Resort, Mackenzie Beach, ☎ 250/725-4213, 🖵 www.crystalcove.cc. Mit Stellplätzen, Toiletten mit Spülung, Waschküche und Duschen, auch mehrere Cabins, 3 km südlich von Tofino, schön abgeschieden. 1 km vom Mackenzie Beach auch schöne Blockhütten, ❻, mit 1–2 Schlafzimmern, Küche und Meerblick. Reservierung empfohlen. $30–50.

Mackenzie Beach Resort, 1101 Pacific Rim Hwy, ☎ 250/725-3439, 🖵 www.mackenziebeach.com. Lage an einem schönen Sandstrand 2 km südlich von Tofino und 10 Min. Fußweg vom Long Beach, überdachter Pool, Jacuzzi, warme Duschen und Kajakverleih. Einige Stellplätze am Strand. $35–45.

Essen

Alley Way Café, 305 Campbell St, Ecke 1st St, hinter der Bank. Freundliches, bei Einheimischen beliebtes Lokal.

Common Loaf Bake Shop, hinter der Bank, 180 1st St, Kaffee und Snacks sind unübertroffen, abends hausgemachte Pizza.

Café Pamplona, in den Tofino Botanical Gardens, 1084 Pacific Hwy, bietet sich kurz vor dem Ort für eine Stärkung bei Kaffe und Snacks an.

The Pointe Restaurant, im *Wickaninnish Inn* (s.S. 330), ☎ 250/725-3100. Fantastisch gelegenes und exquisites Restaurant etwas außerhalb. Ein komplettes 9-Gänge-Menü inkl. Wein schlägt hier allerdings mit über $150 zu Buche.

RainCoast Café, 101-120 Fourth St, ☎ 250/725-2215. Intimes und elegantes Restaurant mit ausgezeichneter pazifischer Küche. Nur Abendessen.

Schooner, 331 Campbell St, ☎ 250/725-3444. Preisgekröntes, romantisches Nobelrestaurant in reizvoller Gartenumgebung mit wundervollem Blick auf das Tofino Inlet. Die auf Fisch- und Seafood-Gerichte spezialisierte Küche serviert Frühstück, Mittagessen und Abendessen.

Sea Shanty, 300 Main St, ☎ 250/725-2902, Restaurant mit Terrasse und herrlichem Blick auf den Hafen und mitunter hinreißende Sonnenuntergänge.

Nach einer Erkundung von Tofinos überschaubaren Straßen steuern die meisten Touristen entweder Long Beach im Süden oder – per Boot bzw. Flugzeug – das Land und Meer von **Clayoquot Sound** um Tofino an. Letzteres erregte in den letzten Jahren eine Menge Aufsehen. Hier fanden bittere Auseinandersetzungen zwischen Umweltschützern und indianischen Demonstranten einerseits und der Holzindustrie andererseits statt. Das Gebiet erstreckt sich über eine Länge von 65 km vom Kennedy Lake südlich von Tofino bis zur Hesquiat Peninsula 40 km nördlich und umfasst drei größere Inseln – Meares, Vargas und Flores – sowie viele kleinere Inseln und Buchten. Clayoquot Sound ist die größte noch erhaltene Fläche von gemäßigtem **Regenwald** in Nordamerika. Unerklärlicherweise erlaubte die Regierung von BC den Holzfällern 1993, zwei Drittel dieses unersetzbaren Urwaldes zu fällen. Dies führte zum größten Ausbruch zivilen Ungehorsams in der kanadischen Geschichte und zu 800 Festnahmen: Unzählige Gegner hatten sich in einem Friedenscamp in der Gegend versammelt und jeden Tag erneut versucht, die Holzfäller-Trucks zu stoppen. Als Folge des Aufstands definierte man neue Schutzgebiete und erkannte die moralischen und festgeschriebenen Gebietsrechte der Nuu-chah-nulth-Stämme mit Einschränkungen an. Die Lage in der Region bleibt jedoch angespannt, und man kann mit ziemlicher Sicherheit davon ausgehen, dass sich das Ganze – sobald es um forstwirtschaftliche Interessen geht – wiederholen wird.

Boote und Flugzeuge steuern hier hauptsächlich fünf Ziele an. Das nächstgelegene ist **Meares Island** östlich von Tofino, mit dem Boot innerhalb von 15 Min. erreichbar. Die hübsche Insel mit ihrem üppigen gemäßigten Regenwald zählte zu den Opfern der Holzfäller – und das trotz ihrer Ernennung zum Nuu-chah-nulth-Stammespark im Jahre 1985. Im Moment können sich ihre uralten Zedern und Hemlock-Tannen in Sicherheit wiegen. Zu bestaunen sind die riesigen Bäume entlang des 3 km langen Meares Island Big Cedar Trail. Viele davon sind über 1000 Jahre alt und bis zu 6 m breit.

Vargas Island, das zweitnächste Ziel, liegt nur 5 km nördlich von Tofino entfernt und lockt Besucher mit ihrer Schönheit, Stränden sowie Möglichkeiten zum Kajakfahren und Schwimmen an. **Flores Island**, 20 km nordwestlich gelegen, ist per Boot oder Flugzeug zu erreichen

---

Surfside Steak and Pizza, 121 First St, Ecke Main St, ✆ 250/725-2882. Nomen est omen: anständige Steaks und Pizza in zentraler Lage.

Aktivitäten

GOLF – 9-Loch-Golfplatz nahe dem Flughafen, ✆ 250/725-3332.

ANGELN – Viele Veranstalter von Waltouren (s.u.) bieten Charterausflüge zum Angeln an, Spezialist dafür ist aber *Bruce's Smiley Seas Charters*, 210 Campbell St, ✆ 250/725-2557, ein alteingesessener Anbieter, der auch gerne Anfänger an Bord begrüßt, ☉ Mai–Sept.

KAJAK – Informationen über Kajaktouren (keine Erfahrung vorausgesetzt) erhält man bei *Tofino*

Sea Kayaking, 320 Main St, ✆ 725-4222 oder 1-800/863-4664, www.tofino-kayaking.com. Angeboten werden Tagesausflüge oder längere Touren mit Übernachtungsmöglichkeiten in Lodges oder auf wilden Campingplätzen.

SURFEN – Tofino entwickelt sich dank der enormen Pazifikwellen immer mehr zu Kanadas Surferparadies, Treibholz in den Wellen ist allerdings eine Gefahrenquelle. *Live to Surf*, 1180 Pacific Rim Hwy, östlich von Tofino, ✆ 725-4464, 🖥 www.livetosurf.com, bietet Informationen, Unterricht ab $45 für 2 Std. und verleiht Boards ab $25 und andere Ausrüstung.

WALBEOBACHTUNG – Obwohl Ucluelet im Süden sich gern als „Walbeobachtungs-Hauptstadt der Welt" bezeichnet, sind die Wale – die Haupt-

und wird wie Vargas Island zum Teil durch ihren partiellen Status als Provinzpark geschützt. Von der Ureinwohnergemeinde der Ahousaht aus führt der 16 km lange Ahousaht Wild Side Heritage Trail ($20 Benutzungsgebühr, sofern man nicht im Hummingbird Hostel auf der Insel übernachtet, s.S. 332) durch eine idyllische Landschaft mit Stränden und Wäldern zum Mount-Flores-Aussichtspunkt (886 m). Hier kann man die Kultur und Angehörigen der Indianerstämme aus der Nähe kennen lernen. Angeboten werden von Einheimischen begleitete Touren: Nähere Einzelheiten zu den Bedingungen des Trails sind im *Infocentre* von Tofino oder unter ☎ 250/725-3309 erhältlich.

Der vielleicht beste, auf alle Fälle aber einer der beliebtesten Ausflüge von Tofino ist die 37 km lange Strecke – per Boot oder Flugzeug – zu den heißen Quellen von **Hot Springs Cove**. Die Fahrt dauert eine Stunde mit dem Wassertaxi, ☎ 250/726-8631 (ab $65) bzw. 15 Minuten mit einem Wasserflugzeug von *Tofino Air*, ☎ 250/725-4454, 🖥 www.tofinoair.ca (ab $85). Am kostengünstigsten lässt sich die Insel aber im Rahmen eines Tagesausflugs mit einem der vielen in Tofino beheimateten Anbieter besichtigen, wobei unterwegs sogar noch Wale beobachtet werden können (ab $85). Nach 30-minütiger Wanderung vom Landungssteg gelangt man zu den Quellen, die mit 43 °C aus der Erde sprudeln und dann als Bach über kleine Wasserfälle und vier Pools zum Meer hinabfließen, wobei sich das Wasser zunehmend abkühlt. Im Sommer ist der Trubel groß. Ein teures Hotel in der Nähe des Landungsstegs, die *Hot Springs Lodge,* verlockt Touristen mit frühmorgendlichen und spätabendlichen Tauchgängen zu einer Übernachtung.

Schließlich führt eine 40 km lange Tour in Richtung Norden zur **Hesquiat Peninsula**, wo man am Refuge Cove, dem Standort eines indianischen Hesquiat-Dorfes, landet. Einheimische bieten Führungen und Unterkünfte an. Aktuelle Informationen sind im *Infocentre* von Tofino erhältlich, ebenso wie nähere Einzelheiten zu den Touren. Sonstige Anlaufstellen sind *Seaside Adventures*, 300 Main St, ☎ 250/725-2292 oder 1-888/332-4252, *Chinook Charters*, 450 Campbell St, ☎ 250/725-3431 oder 1-800/665-3646, oder Gesellschaften, die Touren zur Walbeobachtung und meistens auch Bootstouren zu den oben genannten Zielorten anbieten.

attraktion der Gegend – auch von Tofino aus zu entdecken. Genauso wie in Victoria gibt es zahlreiche Betreiber, deren Preise und Exkursionen meist vergleichbar sind. Entscheiden muss man sich lediglich zwischen den verschiedenen Bootsarten – den aufregenderen und feuchteren Zodiac-Booten (aufblasbar) und den ruhigeren Festrumpfbooten mit Dach oder ohne. Weitere Tipps zum Thema Walbeobachtung (s.S. 298, Kasten).

Im Frühling oder Herbst stehen die Chancen gut, auf dem Weg zu den Meares Islands, zur Hot Springs Cove oder zu einem anderen Zielort Wale zu erspähen. Einige Gesellschaften versuchen, Walbeobachtungen und andere Exkursionen zu verbinden. Eine 2- bis 3-stündige Tour im Zodiac-Boot kostet ca. $65, im Festrumpfboot $85. Zu den empfehlenswerten Betreibern zählen:

Chinook Charters, 450 Campbell St, ☎ 250/725-3431 oder 1-800/665-3646, bietet 2 1/2-stündige Touren in Zodiacs und Festrumpfbooten.
Cypre Prince Tours, 430 Campbell St, ☎ 250/725-2202 oder 1-800/787-2202, 🖥 www.tofinooutdoors.com.
Jamie's Whaling Station, 606 Campbell St, ☎ 250/725-3919 oder 1-800/667-9913, 🖥 www.jamies.com. Ältester Anbieter in Tofino, Touren mit Zodiac-Booten oder der 20 m langen *Lady Selkirk* mit geheiztem Innenraum. Wer keine Wale zu Gesicht bekommt, erhält einen Gutschein für eine weitere Tour.

WANDERUNGEN – mit Führung und Naturspaziergänge im Wald und entlang der Küste werden von mehreren Gesellschaften angeboten (Informationen im *Infocentre* erfragen).

Informationen

Infocentre, 121 Third St, Ecke Campbell St, ℡ 250/725-3414, 🖥 www.tofinobc.org. Umfassende Informationen über Boots- und Flugzeugtouren ☉ April–Sept tgl. 9–20/21, Okt–März Mo–Fr 9–16 Uhr.

Transport

BUSSE – Der **Busbahnhof** befindet sich in der 1st St, nahe der Neil St. Tofino ist bequem mit dem Laidlaw-Bus, ℡ 250/385-4411 oder 1-800/318-0818, von PORT ALBERNI, 2x tgl., 3 Std., und NANAIMO, 1x tgl., 4 1/2 Std zu erreichen. Von VICTORIA gibt es eine frühmorgendliche Verbindung mit Zwischenstopp in Nanaimo (6 1/2 Std.). Außerdem verkehrt täglich der Minibus-Shuttle **Tofino Bus**, 564 Campbell St, ℡ 250/725-2871 oder 1-866/986-3466, 🖥 www.tofinobus.com, von VICTORIA oder NANAIMO , wo die Busse Anschluss an die Fähre aus Horseshoe Bay haben. Der kleinere Shuttledienst **Pacific Rim 5-Star**, ℡ 250/954-8702 oder 1-800/697-1114, 🖥 www.prshuttle.ca, fährt täglich von Tofino und Ucluelet nach NANAIMO oder COMOX ($85) und VICTORIA ($170).

FLÜGE – Viele kleine **Fluggesellschaften** haben Tofino in ihr Streckennetz aufgenommen. Sehr empfehlenswert ist die hervorragende *North Vancouver Air*, ℡ 604/278-1608 oder 1-800/228-6608 🖥 www.northvanair.com, die Tofino 1–2x tgl. aus Vancouver ($175 einfacher Flug, $75 Stand-by, 2 Std.) und Victoria ($200 einfacher Flug, 45 Min.) anfliegt. *Baxter Aviation*, ℡ 250/754-1066, 604/683-6525 in Vancouver oder 1-800/661-5599, 🖥 www.baxterair.com, bietet ebenfalls Anschlussflüge nach Tofino und Ucluelet vom Hafen in Vancouver, von Victoria, Seattle und zahlreichen anderen Orten.

Long Beach

Der am besten zu erreichende Teil des Parks Long Beach macht seinem Namen alle Ehre: Als lang gezogener Streifen wilder, windiger Sand- und Felsabschnitte erstreckt er sich über 30 km von Tofino nach Ucluelet. Die 19 km lange Strecke von der Schooner Cove im Westen bis zur Half Moon Bay im Osten kann durchgehend gewandert werden. Die schneebedeckten Gipfel der Mackenzie Range ragen mehr als 1200 m empor und bilden eine schöne Kulisse. Hinter dem Strand gedeiht üppiger Regenwald. Die ursprüngliche Meereslandschaft mit ihrem weißen Sand ist fast einmalig in der Welt: übersät von Treibholz, durchbrochen von Felsspitzen, kleinen Inselchen und Felsbecken mit einem reichen Meeresleben. Long Beach ist ein eigener Strand, der aber zu beiden Seiten in andere Strände übergeht. Empfehlenswert ist ein Besuch im *Pacific Rim National Park Information Centre*, ℡ 762-4212, 🖥 www.parkscanada.gc.ca, von Port Alberni kommend 3 km nach der Abzweigung Richtung Tofino gelegen, ☉ Mitte März–Mitte Juni 10.30–18, Mitte Juni–Aug 8–20, Sept–Mitte Okt 10–18 Uhr. Besucher dürfen nicht vergessen die Gebühr von $10 pro Fahrzeug für den Park zu bezahlen.

Außer einer schönen Landschaft bietet Long Beach auch eine bemerkenswerte Flora und Fauna: Das Küstengebiet von BC präsentiert vermutlich ein vielfältigeres Meeresleben als jede andere Gegend mit gemäßigtem Klima in der Welt. Neben den kleineren in Tidebecken beheimateten Seesternen, Anemonen, Schnecken, Schwämmen usw. gibt es große Säuger, wie z.B. Wale und Seelöwen sowie unzählige Zugvögel (insbesondere im Okt und Nov), in erster Linie Spießenten, Stockenten, Ringelgänse und Kanada-Gänse. Bei schönem Wetter lockt das Gebiet viele Strandgutsammler, Muschelsucher, Angler, Kanuten, Surfer und Taucher an, allerdings ist das Wasser ohne Tauchanzug in der Regel zu kalt. Außerdem können reißende Strömungen und Treibholzstücke Schwimmer in Gefahr bringen. Im Juli und August wird Long Beach von Rettungsschwimmern überwacht. Muscheln dürfen übrigens nicht gesammelt werden, das verstößt gegen die Parkvorschriften.

Strände

Als Teile eines Nationalparks wurden Long Beach sowie die benachbarten Abschnitte auf sehr behutsame Art erschlossen, um sie Besuchern zugänglich zu machen. Den besten Eindruck gewinnt man entlang der Strände und bewaldeten Küstenabschnitte mit ihren versteckten Buchten oder auf einem der neun angelegten Wanderwege (siehe Kasten). Während der Fahrt in Richtung Westen auf

Im Pacific Rim National Park

Hwy 4, der parallel zu den Stränden verläuft, passiert man zunächst den schönen 5 km langen **Florencia Beach** (1,5 km vom Hwy entfernt, Zugang über die Wege (1), (2), (3) und (5), siehe Kasten), auch bekannt als Wreck Beach, der früher von Hippies bewohnt wurde. Mit schönen Felsbecken und relativ geringem Besucherandrang lockt er viele Einheimischen an.

Ein Stück weiter führt vom Hwy 4 eine Straße zum *Wickaninnish Centre,* Long Beach Rd, ✆ 250/726-4701, auf einer Landspitze am südlichen Ende des Long Beach – nicht zu verwechseln mit dem fast gleichnamigen Hotel und Restaurant näher bei Tofino (im Centre ist verwirrenderweise auch ein Restaurant untergebracht). ○ Mitte März–Mitte Okt tgl. 10.30–18 Uhr.

Wanderungen am Long Beach

Wenn man ein wenig auf Wetter und Gezeiten achtet, kann man praktisch das gesamte Gebiet von Long Beach zu Fuß erkunden. Verschiedene Wege führen vom Hwy 4 Richtung Tofino zum Strand hinunter. Daneben laden neun ausgewiesene Wege zum Spazierengehen ein – die meisten davon sind kurz und unbeschwerlich. Obwohl alle Pfade ausgeschildert sind, erweist sich der im *Infocentre* erhältliche *Hiker's Guide* als sehr hilfreich. Von Osten nach Westen bieten sich verschiedene Möglichkeiten: Der Ausgangspunkt von ineinander übergehenden Wegen **(1)** und **(2)**, dem **Willowbrae Trail** (2,8 km Rundweg), liegt von der Abzweigung des Hwy 4 nach Port Alberni 2 km Richtung Ucluelet. Ein ebener von Bäumen gesäumter Weg führt zum Strand – auf den Spuren der Pioniere, die diese Strecke vor dem Bau der Straßen zwischen Tofino und Ucluelet benutzten. Unmittelbar vor dem Meer teilt sich der Weg und fällt über Stufen und Rampen steil hinab – entweder zur kleinen Half Moon Bay oder zur benachbarten größeren Florencia Bay im Norden.

Alle anderen Wege erreicht man über den Hwy 4 Richtung Tofino. Der ausgeschilderte, gemächliche, 3 km lange Rundweg **Gold Mine Trail (3)** führt am Lost Shoe Creek, einem früheren Goldsuchergebiet (nach Trümmern Ausschau halten), entlang zum Florencia Beach. Die Strecken **(4), (5)** und **(6)** erreicht man nach Abbiegen vom Hwy nach links Richtung Wickaninnish Centre: Der 1,5 km lange Rundweg **South Beach Trail (4)** beginnt hinter dem Centre und führt oberhalb der bewaldeten Küste und Buchten zur Landspitze. Von hier aus kann man den Strand überblicken und zum South Beach hinabsteigen, der für seine gewaltigen

Wellen und laute Brandung bekannt ist. Der 5 km lange **Wickaninnish Trail (5)** folgt eine Weile dem South Beach Trail, bevor er auf dem Gipfel des ersten Hügels nach links abbiegt. Diese Strecke wurde früher ebenfalls von Pionieren genutzt und führt durch Regenwald, bevor er schließlich an einem Parkplatz oberhalb von Florencia Beach im Osten endet. Der 800 m lange **Shorepine Bog Trail (6)**, links von der Zufahrtsstraße zum Zentrum (Uferpromenade), ist mit dem Rollstuhl befahrbar und windet sich durch eine faszinierende Pflanzenwelt. Manche der nur 1 m hohen Bäume sind Hunderte von Jahren alt.

Weiter westlich beschreibt der **Rain Forest Trail (7)** zwei kleine Schleifen (je 1 km Rundweg), eine auf jeder Seite des Hwy 4, die jeweils über einen Holzsteg durch den gemäßigten Urwald führen. Tafeln entlang beider Wege erläutern den Lebenszyklus des Waldes und seiner „Bewohner". Ein Stück weiter, am Parkplatz von Combers Beach, beginnt der gemütliche **Spruce Fringe Trail (8)**, eine 1,5 km lange Schleife, in deren Verlauf die einwirkenden Naturgewalten vor Augen geführt werden. Vorbei an einem mit Holz übersäten und von zerzausten Sitkafichten gesäumten Strandabschnitt führt der Weg in einen robusteren Wald, der vor Wind und Salzwasser geschützter liegt, bevor er auf eine von Gletschern geformte Terrasse ansteigt, die vor einigen tausend Jahren noch die Küstenlinie markierte. Der letzte Weg, der **Schooner Beach Trail** (1 km einfacher Weg), führt links von der Straße durch schönen Regenwald zu einem fantastischen Strand an der Schooner Cove. Ein Muss ist außerdem der Aussichtspunkt auf dem **Radar Hill**, der sich kurz vor Tofino erhebt.

Wickaninnish war ein bekannter Indianer-häuptling im 19. Jh. und Vermittler zwischen Europäern und eingeborenen Pelzhändlern. Sein Name ließ keinen Zweifel an seiner herausragenden Stellung – übersetzt bedeutet er „niemanden im Kanu vor sich haben". Das Centre dient als Ausgangspunkt für verschiedene Pfade, bietet Fernrohre für die Walbeobachtung und zeigt eine Reihe von Filmen, Exponaten und Ausstellungen zum Park und Ozean.

Etwa 8 km nach der Abzweigung der Long Beach Road erreicht man den Campingplatz *Green Point* sowie einen weiteren Zugang zum Long Beach. Nach weiteren 4 km führt eine Straße nach rechts zu Tofinos kleinem Flughafen. Hier verschmälert sich die Halbinsel und die **Grice Bay**, eine kleine seichte Bucht mit vielen wilden Vögeln im Winter, reicht bis nahe der nördlichen Straßenseite. Hinter der Abfahrt zum Flughafen führt ein Weg Richtung Schooner Cove (s. Kasten) und 3,5 km danach führt eine 1,5 km lange Abzweigung zu Kap'yong bzw. zum **Radar Hill** (96 m), einer Radarstation aus Kriegszeiten mit Panoramablick. Nach weiteren 4,5 km (einige km außerhalb des Parks), bereits unweit von Tofino, erreicht man den **Cox Bay Beach**, **Chesterman Beach** und **Mackenzie Beach**, die allesamt von Hwy 4 zugänglich sind. Cox und Chesterman sind für ihre Wellen bekannt und Mackenzie für sein relativ warmes Wasser.

Übernachtung

Im Park gibt es den **Campingplatz *Green Point***, reizvoll auf einem Felsvorsprung mit Blick auf den Strand gelegen, mit 94 Stellplätzen (mit Auto) für $20 und 20 einfachen Stellplätzen (ohne Fahrzeug) für $14 pro Nacht. Waschräume sind vorhanden, jedoch keine Duschen. Im Juli und August ist meist kein Platz mehr zu bekommen, und Reservierungen werden nur für die teureren Stellplätze (bis zu 3 Monate im Voraus) angenommen. In der Regel wird dann nach Wartelisten vorgegangen – man erhält eine Nummer und Auskunft darüber, wann man sich wieder einfinden soll. Die nächstgelegenen Campingmöglichkeiten und anderen Unterkünfte findet man in Tofino und Ucluelet.

Informationen

Pacific Rim National Park Information Centre, am Hwy 4, 3 km nördlich der Abzweigung nach Tofino bzw. Ucluelet, ☎ 250/726-4212, 🖥 www.parkscanada.gc.ca. Bietet umfassendes Material zum Park und im Sommer Wanderungen mit Führung sowie lehrreiche Veranstaltungen. ⊙ Mitte März–Mitte Juni 10.30–18, Mitte Juni–Aug 8–20, Sept–Mitte Okt 10–18 Uhr.

Park Administration Office, bietet ganzjährig Informationen unter ☎ 250/726-7721.

Wickaninnish Centre, Long Beach Road, ☎ 250/726-4701. Informationen über Long Beach, Aussichtsterrasse mit Fernrohren und eine interessante Ausstellung. ⊙ Mitte März–Anfang Okt tgl. 10.30–18 Uhr.

Ucluelet

Ucluelet, 8 km südlich der Abzweigung vom Hwy 4 nach Port Alberni gelegen, bedeutet wörtlich „Volk der geschützten Bucht" – abgeleitet vom indianischen Begriff *ucluth* („von der Bucht wehender Wind"). Benannt wurde der 1733-Seelen-Ort von den Nuu-chah-nulth, die vor Ankunft der weißen Siedler über Jahrhunderte hier lebten. Die Neuankömmlinge beuteten die ertragreichen Fischgründe unmittelbar vor der Küste aus.

Noch heute ist Ucluelet der drittgrößte Fischereihafen von BC. Die Attraktivität der Stadt wird durch ihren industriellen Charakter (in der Hauptsache Holz- und Konservenfabriken) etwas beeinträchtigt. Trotzdem ist Ucluelet ein beliebter Anlaufpunkt für Angler, Walbeobachter, Wassersportler und Touristen auf dem Weg nach Long Beach und in den Norden. Für Wanderer empfehlen sich die Wege am **Terrace Beach** vor dem Leuchtturm östlich der Stadt (hinter der Peninsula Rd).

Ein längerer und zusammenhängender Wanderweg, der **Wild Pacific Trail**, wurde 1999 eröffnet, war damals aber lediglich 2,7 km lang. Die Route soll in insgesamt sieben Phasen erweitert werden und nimmt somit jährlich an Länge zu. Mittlerweile sind die Abschnitte der Phasen 3 und 4 abgeschlossen und führen entlang der zerklüfteten Steilküste nordwestlich des Orts. Nach seiner Fertigstellung wird der Weg 14 km lang sein und auch die Halfmoon Bay bei Florencia Bay und den

Long Beach im Nationalpark erschließen. Der momentan als Rundwanderweg ausgelegte Trail beginnt am Ende der Coast Guard Rd und führt zunächst am nahe gelegenen Leuchtturm von Amphitrite Point (tolle Ausblicke auf den Pazifik und ein perfekter Beobachtungspunkt bei Sturm) und anschließend am He-Tin-Kis-Park vorbei, wo ein Holzsteg den Abschluss dieses ersten Abschnitts bildet. Ein weiteres fertiges Teilstück des Trails verläuft vom Big Beach Park bis zum Radweg gleich außerhalb von Ucluelet.

Übernachtung

Die meisten Unterkünfte liegen entlang der Peninsula Road, der wichtigsten Zufahrts- und Durchfahrtsstraße vom Hwy 4. Ein Auto oder Fahrrad erweist sich als nützlich, da das kleine Zentrum nicht allzu viel zu bieten hat.

HOTELS – *Canadian Princess Resort*, 1943 Peninsula Rd, ✆ 250/726-7771 oder 1-800/663-7090, 🖳 www.canadianprincess.com. Ausgefallenstes Hotel der Gegend, westlich des Zentrums gelegen, Zimmer in einem Hotel mit Meerblick, außerdem Schiffskabinen mit bis zu 6 Kojen an Bord eines im Hafen festgemachten, 175 m langen Küstendampfers aus dem Jahr 1932. Möglichkeit zum Reservieren von Walbeobachtungs- und Angeltouren auf großen bequemen Kabinenkreuzern. Restaurant und Bar nicht nur für Hotelgäste. Sehr beliebt, ☉ März–Sept. ❺–❽
Island West Fishing Resort, 160 Hemlock St, ✆ 250/726-4624, 🖳 www.islandwetresort.com. Mit Blick auf den Boots- und Jachthafen. Organisiert auch Chartertouren. Essen und Getränke in hauseigenem Lokal. ❹
Little Beach Resort, 1187 Peninsula Rd, ✆ 250/726-4202, ✉ littlebeachresort@telus.net. Ruhige Suiten mit Kochgelegenheit für Selbstversorger, nur einige Schritte vom Little Beach entfernt, schöner Südblick. ❸–❻
Pacific Rim Motel, 1755 Peninsula Rd, nahe Bay St, ✆ 250/726-7728, ✉ dcorlazz@island.net. Preiswerte Unterkunft zwischen Hafen und Zentrum. ❹
Peninsula Motor Inn, 1648 Peninsula Rd, ✆ 250/726-7751 oder 1-888/368-5593, etwas östlich des *Pacific Rim Motel* auf der anderen Straßenseite gelegen. ❹

B&Bs – *Ocean's Edge B&B*, 855 Barkley Crescent, ✆ 250/726-7099, 🖳 www.oceansedge.bc.ca, am Leuchtturm inmitten alter Waldbestände gelegen, 3 Zimmer mit Bad, schöner Aussicht und eigenem Eingang. ❺
Spring Cove B&B, 963 Peninsula Rd, ✆ 250/726-2955, 🖳 www.springbeach.com. Ruhige Unterkunft am Leuchtturm, direkt am Meer gelegen, 3 Zimmer mit Gemeinschaftsbad zu unterschiedlichen Preisen. ❹–❼

CAMPINGPLATZ – Das Hotel *Island West Fishing Resort* (s.o.) bietet auch Platz für Caravans.
Public Campsite, 260 Seaplane Base Rd, von der Peninsula Rd die erste rechts nach dem *Canadian Princess*, ✆ 250/726-4355, 🖳 www.islandwestresort.com. Mit Blick auf den Hafen, westlich des Zentrums, Waschräume und Duschen. ☉ April–Okt, $18–30.

Essen

Blueberries Café, 1627 Peninsula Rd, ✆ 250/726-7707, Kaffee und Snacks in zentraler Lage, außerdem Frühstück, Mittag- und Abendessen, Schanklizenz, Terrasse mit Meerblick.
Smiley's, 1992 Peninsula Rd, ✆ 250/726-4213, ein Stück westlich vom *Canada Princess* gelegen, serviert frische Fischgerichte (die besten der Gegend), bei Einheimischen beliebt, Essen auch zum Mitnehmen, außerdem Bowling-Bahn und Billiardtische.
Peninsula Restaurant, am *Peninsula Motor Inn* (s.o.), ✆ 250/726-7751. Serviert preiswerte chinesische und kanadische Speisen.
Das Restaurant mit Kneipe im Hotel *Canadian Princess* (s.o.), ist ebenfalls beliebt.

Sonstiges

INFORMATIONEN – *Infocentre*, Hwy 4 Hauptkreuzung, ✆ 250/726-7289, 🖳 www.ucluletinfo.com. Umfassende Informationen über Unterkünfte und das große Angebot an Touren (u.a. Walbeobachtung, Angeln). ☉ Mitte Mai–Anfang Sept tgl. 10–18 Uhr

TOUREN – Viele Gesellschaften bieten Walbeobachtungs-, Angel- und Sightseeingtouren in der

Zerklüftete Küste bei Ucluelet

Region an. Die älteste davon ist **Subtidal Adventures**, 1950 Peninsula Rd, Ecke Norah Rd, ℘ 250/726-7336, die Ausflüge mit Zodiac-Booten und einem 10 m langen früheren Rettungsboot der Küstenwache unternimmt. Angeboten werden außerdem Naturtouren zu den Broken Group Islands mit Zwischenstopp am Strand.

Transport

Es gibt **Bus-** und **Schiffsverbindungen** von Port Alberni und Tofino. Ein Regionalbus legt die Strecke normalerweise 2x tgl. auf dem Weg von und nach TOFINO und/oder PORT ALBERNI zurück. Ein *Laidlaw*-Bus fährt täglich von Port Alberni nach NANAIMO und VICTORIA.
Die Boote von Port Alberni legen hier gewöhnlich an drei Tagen in der Woche an (s. S. 326).

Broken Group Islands

Touristen können diese ca. hundert kleinen über den Barkley Sound zwischen Ucluelet und Bamfield verteilten Inseln nur per Wasserflugzeug, Charterboot oder im Rahmen von Bootstouren von Port Alberni oder Ucluelet erreichen. Die Boote legen in Sechart an, wo man in der ehemaligen Walfangstation übernachten kann.

Die schönen, wilden Inseln sind bekannt für ihre großartige Tierwelt (insbesondere Robben, Seelöwen und Wale), die besten Kanustrecken in ganz Nordamerika und ausgezeichnete Möglichkeiten zum Tauchen. Es ist zu beachten, dass aufgrund der großen Zahl von Touristen und der Zustände, in denen einige die Campingplätze hinterlassen, die Einführung eines Quotensystem in Betracht gezogen wird. Aktuelle Auskünfte zu diesem Thema gibt es im Informationszentrum des Parks.

Übernachtung

Die **Sechart Whaling Station Lodge**, Reservierungen unter ℘ 250/723-8313 oder 1-800/663-7192, ist ein schöner Ausgangspunkt für Erkundungstouren und die einzige Übernachtungsmöglichkeit der Inselgruppe, sofern man nicht wild campen möchte. Anfahrt mit der *MV Lady Rose*, die ganz in der Nähe anlegt (Fahrplan für die Inseln auf S. 326). ➎

Es gibt 7 einfache **Campingplätze**, Wasser ist auf diesen allerdings Mangelware. Informationen über die Campingmöglichkeiten und Trinkwasserstellen enthält die Park-Broschüre.

Sonstiges

KANUS – und die entsprechende Ausrüstung können in der *Lady Rose*-Geschäftsstelle in Port Alberni oder bei **Sea Kayaking**, 320 Main St, Tofino, ℘ 250/725-4222, gemietet und mit an Bord der *Lady Rose* genommen werden. Man wird während der Fahrt ins Wasser gelassen (aktuelle Vereinbarungen erfragen). Allerdings sind die Gewässer nicht ungefährlich.
Hilfreich ist die vor Ort oder vom CHS in Sidney, ℘ 250/363-6358, erhältliche Seekarte *Canadian Hydrographic Service Chart: Broken Group 3670*.

Nuu-chah-nulth Waljagd

Alle Völker der Nordwestküste sind für ihre Kanus aus Zedernholz bekannt, aber nur die Nuu-chah-nulth – deren Name übersetzt etwa „ganz entlang der Berge" bedeutet – benutzten diese Kunstwerke zur Waljagd. Letztere wurde von komplizierten Ritualen begleitet. Vor dem Aufbruch zu einer Walexpedition mussten die Walfänger geschult und gereinigt sein – durch Fasten, sexuelle Abstinenz und Baden. Die Walfänger errichteten zudem Schreine im Wald – aus Darstellungen von Walen, umgeben von menschlichen Schädeln und Leichen und geschnitzten Bildern von verstorbenen Walfängern. Man glaubte, dass die Toten den Neulingen bei ihrer Aufgabe helfen und die gestrandeten Wale in die Nähe des Dorfes bringen würden. Während der Jagd lagen die Frauen regungslos in ihren Betten, was den Wal besänftigen sollte. Bis zum Angriff bewegten die Männer das Kanu völlig lautlos, dann paddelten sie wie wild zurück, um den gefährlichen Todesqualen des Tieres zu entgehen. Dieses tauchte ab, nur um sich kurz danach endgültig in treibenden Seelöwenhäuten zu verfangen. Sobald der Wal erschöpft genug war, tötete man ihn und transportierte ihn zum Dorf. Sein Fleisch wurde verspeist und sein Speck zu wertvollem Öl verarbeitet.

TAUCHEN – Taucher können zwischen 50 Schiffswracks wählen, die die Inseln mit ihren Riffs, rauen Gewässern und dichten Nebelschwaden zum Kentern brachten.

Bamfield

Die malerische Ortschaft Bamfield mit ihren 256 Einwohnern erstreckt sich entlang einer hölzernen Uferpromenade direkt über dem Ozean. Man erreicht sie entweder über eine unbefestigte Straße von Port Alberni nach 102 km Richtung Norden, per Boot – *MV Lady Rose* – oder über den Schotterweg von Lake Cowichan nach 113 km Richtung Osten. Die Shuttle-Busse fahren über die Port Alberni-Strecke, Einzelheiten s.S. 342/343 unter „West Coast Trail".

Bekannt ist der Ort als nördlicher Ausgangspunkt des West Coast Trails, der 5 km entfernt bei Pachena Bay beginnt. Im Sommer steigt die Bevölkerungszahl mit Ankunft der Taucher, Kanuten, Kajaker und Angler sprunghaft auf über 2000 an. Letztere werden von den günstigen Bedingungen zum Lachsfischen in den Gewässern des Alberni Inlet und Barkley Sound angelockt. Besuchern werden im weniger ansehnlichen Teil von Bamfield abseits der Promenade Touren, Charterboote zum Fischen, Geschäfte und Galerien angeboten, allerdings gibt es nur eine begrenzte Anzahl von Unterkünften.

Bamfields Geschichte begann, wie die vieler kanadischer Gemeinden, als Pelzhandelsposten und Fischerdorf. Später wurde der Ort vom *Pacific Cable Board* als östlicher Endpunkt des transpazifischen Kabels bestimmt, einem der großen kommunikationstechnischen Meilensteine Ende des 19. Jahrhunderts. Die Kabelstation in Bamfield nahm 1902 ihren Betrieb auf, nachdem ein 6000 km langes Kabel von hier nach Fanning Island, einem winzigen Atoll mitten im Pazifik, verlegt worden war, das über weitere Kabel mit Fidschi, Neuseeland und Australien verbunden wurde.

Trotz des Touristenandrangs hat sich der Ort seinen Charme bewahrt. Die Uferpromenade bietet direkten Zugang zu einer Seite des Bamfield Inlet (die andere ist das offene Meer), und die Bucht unterhalb der Promenade vermittelt mit ihren vielen Booten einen sehr lebendigen Eindruck. Wege führen von der Promenade hinunter zu einer Reihe von schönen kleinen Stränden. Bamfield eignet sich für Aktivitäten – Vogelbeobachtung, Wanderungen, Strandspaziergänge – genauso wie zur Erholung.

Nach kurzem Fußweg erreicht man **Brady's Beach** und etwas dahinter das Cape Beale Lighthouse und die Stände Keeha und Tapaltos. Zu empfehlen ist der 10 km lange Rundweg vom Ross Bible Camp am Campingplatz der Ohiaht First Nation am Pachena Beach zum **Pachena Leuchtturm**, auf diese Weise streift man den West Coast Trail und kehrt am gleichen Tag nach Bamfield zurück. Erst danach fängt der Trail richtig an.

In Bamfield gibt es nur eine begrenzte Anzahl von meist teuren Unterkünften. Reservierungen sind in jedem Fall zu empfehlen.

HOTELS UND MOTELS – *Bamfield Inn*, Customs House Lane, ✆ 250/728-3354, Lodge von 1923 mit Blick auf den Hafen, den Barkley Sound und die Inseln. Die Zimmer im Anbau sind etwas billiger. ◷ Feb–Okt. ➏

Bamfield Trails Motel, Frigate Rd, ✆ 250/728-3231 oder 728-3215, größte Unterkunft des Ortes mit Blick auf den Bamfield Inlet. ➎

Imperial Eagle Lodge, 168 Wild Duck Rd, ✆ 250/728-3430, 🖥 www.imperialeaglelodge.com. Fünf relativ preiswerte Zimmer inkl. Frühstück in schöner Gartenanlage mit Blick auf den Hafen, Möglichkeiten zum Wandern, Fischen usw. ➎

McKay Bay Lodge, ✆ 250/728-3323, bescheidene Lodge, ebenfalls mit Blick auf den Hafen, geeignet für Familien und Angler. ◷ Mai–Okt. ➍

Mills Landing Cottages, 295 Boardwalk, ✆ 250/728-2300, 🖥 www.woodsend.travel.bc. Zentral und am Wasser gelegene Cottages für 1–2 Personen. ➐

Seabeam Fishing Resort and Campground, Tower Rd, am Ortsrand von Bamfield am Grappler Inlet, ✆ 250/728-3286, 🖥 www.seabeamcanada. ca, Campingplatz und kleines hostelähnliches Hotel mit 8 Zimmern, telefonische Wegbeschreibung oder Abholung mit dem Taxi. Ruhige Lage, Resort mit kleiner Küche, Gemeinschaftsraum, offenem Kamin und 16 Betten in 1-, 2- oder 3-Bettzimmern, $20 p.P. Zelt- und Caravanstellplätze $18–20, Wohnwagen zum Übernachten ab $40. ☉ Mai–Sept. ❶

Woods End Landing Cottages, 168 Wild Duck Rd, ✆ 250/728-3383, 6 erstklassige, abgeschiedene Holz-Cottages für Selbstverpfleger für bis zu 4 Personen auf einem ca. 1 ha großen Grundstück direkt am Wasser. Es gibt die Möglichkeit zur Vogelbeobachtung, zum Tauchen und Kajakfahren. ❼

B&Bs – Derzeit gibt es vier B&Bs, von denen die beiden folgenden wegen ihrer günstigen und hübschen Lage besonders zu empfehlen sind: **Marie's**, 468 Pachena Rd, ✆ 250/728-3091 oder 728-2000. Nur wenige Gehminuten vom Zentrum entfernt, keine Kreditkarten. ❹

West Coast Magic, 286 Brady's Beach Trail, ✆ 250/728-3132, 🖳 www.westcoastmagic.com. 15 Gehminuten außerhalb in einem Stück Regenwald auf einem Felsvorsprung mit Blick auf den Ozean und Brady's Beach. ❺

CAMPING – *Centennial Park Campsite,* ✆ 250/728-3006.

Praktische Informationen zum West Coast Trail

Eine Wanderung entlang des West Coast Trail will im Voraus geplant sein. Parks Canada hat zum Schutz der Umwelt ein Quotensystem und ein Verfahren zur Reservierung, Registrierung und Orientierung eingeführt. Die Besucherzahl ist während der Öffnungszeit des Pfads (Mitte April/Mai–Ende Sept) auf ca. 8000 im Jahr beschränkt. Pro Tag wird insgesamt 60 Personen der Zugang gewährt: 26 von Port Renfrew (Ausgangspunkt 5 km nördlich des Orts, *Trailhead Infocentre* ✆ 250/647-5434, ☉ während der Saison tgl. 9–18 Uhr), 26 von Bamfield, Pachena Bay (Ausgangspunkt 5 km südlich von Bamfield, *Infocentre* ✆ 250/728-3234, ☉ während der Saison tgl. 9–18 Uhr) und 8 von Nitinat Village. Von Notfällen abgesehen sind die genannten Ausgangspunkte die einzigen Stellen, an denen der Trail begonnen oder verlassen werden darf.

In der Nebensaison von Mitte Mai–Mitte Juni sowie in der 2. Septemberhälfte findet diese Quotenregelung keine Anwendung, weil sich herausgestellt hat, dass die Zahl der Wanderer dann ohnehin unter der Höchstgrenze liegt. Dennoch ist es sinnvoll, auch außerhalb der Saison eine Reservierung für den *West Coast Trail (WCT) Overnight Use Permit* (der erforderliche Erlaubnisschein für die Übernachtung und quasi die Eintrittskarte zum Trail) vorzunehmen.

Reservierung und Kosten

Reservierungen können ab April für die Anreise im Juni desselben Jahres, ab 1. Mai für Juli, ab 1. Juni für August und ab 1. Juli für September vorgenommen werden. Schon am Ersten des Monats fangen die Telefone an zu klingeln – man sollte also keine Zeit verlieren; Reservierungstelefon ✆ 250/387-1642 oder 1-800/435-5622 (Mo–Fr 7–21 Uhr). Anzugeben sind Ausgangspunkt, Anfangsdatum, zwei alternative Anreisetermine, Kreditkartendaten und Anzahl der Teilnehmer. Im Juli und August ist der Andrang am größten.

Eine Reservierung kostet $25 (Zahlung per *Visa* oder *MasterCard).* Der Betrag wird nicht zurückerstattet, allerdings kann man das Anfangsdatum verlegen, wenn Plätze an einem anderen Tag frei werden. Am Anfang des Wegs werden weitere $90 pro Person als Nutzungsgebühr verlangt, und anschließend noch mal jeweils $14 für die Fähren bei Gordon River und über die Nitinat-Meerenge (zu zahlen in den *WCT Centres* bei der Orientierungssitzung, s.u.). Der Gesamtpreis beträgt $143, der *WCT Overnight Permit* gilt als Quittung für die genannten Überfahrten. Wanderer, die ohne Reservierung ihr Glück vor Ort versuchen, müssen die Buchungsgebühr nicht bezahlen, also insgesamt $118.

Am ersten Tag der Wanderung hat man sich persönlich zwischen 9 und 12.30 Uhr im *Park Centre* von Bamfield bzw. Port Renfrew anzumelden. Wer schon einen Tag früher kommen möchte, sollte in Bamfield unbedingt eine Unterkunft reservieren. Wer zu spät kommt, verliert seinen Platz an den Nächsten auf der Warteliste.

Ohiaht First Nation Campsite, Pachena Beach, ℡ 250/728-1287, ✉ pachena@island.net. Reservierung unerlässlich, aktuelle Preise telefonisch erfragen.
Seabeam Fishing Resort, s.o. unter „Hotels".

Informationen

Infocentre, Centennial Park, ℡ 250/728-3006, ⌨ www.bamfieldcommunity.com und ⌨ www. bamfieldchamber.com. ⏱ tgl. nur Juli–Aug 9–19/20 Uhr.

West Coast Trail

Eine klassische nordamerikanische Route – der West Coast Trail – beginnt 5 km südlich von Bamfield und führt über 77 km an schönen Küstenlandschaften vorbei bis nach Port Renfrew. Der Trail ist eine echte Herausforderung und setzt Erfahrung, passende Ausstattung und ein erhebliches Maß an Fitness voraus. Trotzdem erfreut er sich immer größerer Beliebtheit (Quoten werden eingesetzt, um die Besucherzahl zu beschränken). Die meisten Wanderer legen die erste Etappe als Tagesausflug von Bamfield zurück.

Von den 52 in Pachena Bay und Gordon River zur Verfügung stehenden Plätzen pro Tag werden 10 (5 pro Anfangspunkt) ohne Reservierung vergeben. Um auf diese Weise einen Platz zu ergattern, muss man aber schon sehr viel Glück haben. Im *Centre* von Port Renfrew bzw. Bamfield erhält man eine Wartelistennummer und erfährt, wann man wiederkommen soll – in der Regel 2–10 Tage später. Schließlich müssen alle Inselbesucher an einer 90-minütigen **Orientierungssitzung** im *Infocentre* am Ausgangspunkt des Trails teilnehmen, wo ihnen mit dem Permit Hinweise zu den Bedingungen, Sicherheitstipps usw. mit auf den Weg gegeben werden. Die Sitzungen in Gordon River finden um 9.30, 12, 13.30 und 15.30 Uhr statt, die in Pachena Bay um 9.30, 13.30 und 15.30 Uhr. Eine Reservierung ist nicht erforderlich.

Informationen und Karten

Weitere Informationen über die Route, ihren Zustand und die notwendige Planung erhält man in der Geschäftsstelle von Parks Canada bei Port Renfrew am Ausgangspunkt des Trails, ℡ 250/647-5434, oder in den *Infocentres* von Tofino, Ucluelet, Long Beach und Port Alberni. Aktuelle Informationen finden Interessierte außerdem im Internet unter ⌨ www. parkscanada.gc.ca. Jedes Jahr erscheinen mehr Bücher und Streckenführer zum West Coast Trail, die in den meisten Buchhandlungen von BC entweder direkt vor Ort oder über Bestellung zu erwerben sind (s.S. 283/284). Be-

sonders empfehlenswert sind *The West Coast Trail* von Tim Leaden (Douglas and McIntyre, $12,95), *Blisters and Bliss: A Trekker's Guide to the West Coast Trail* von Foster, Aiteken und Dewey (B&B Publishing Victoria, $10,95) sowie die Gebietskarte *West Coast Trail, Port Renfrew–Bamfield* (1:50 000) mit nützlichen Hinweisen zur Wanderung. Erhältlich ist letztere direkt vor Ort oder beim Umweltministerium, 553 Superior St, Victoria, ℡ 250/387-1441.

Transport

Zu den Anfangspunkten der Route gelangen Besucher mit kleinen Shuttle-Busgesellschaften, meistens von Victoria über Nanaimo nach Bamfield. Nicht alle davon haben gute Überlebenschancen (zum aktuellen Stand s.S. 314, Kasten, oder im *Infocentre* in Victoria nachfragen). Bamfield ist am bequemsten und schönsten per Boot, z.B. mit der *MV Lady Rose*, von Port Alberni aus zu erreichen (s.S. 326). Alternativ verkehrt *West Coast Trail Express*, 3954 Bow Rd, Victoria, ℡ 250/477-8700, mit Shuttlebussen von Mai–Anfang Okt 1x tgl. zwischen Victoria und Pachena Bay/Bamfield (über Duncan und Nanaimo), zwischen Port Renfrew und Victoria sowie zwischen Bamfield und Port Renfrew (Preise und weitere Informationen s.S. 314). Außerdem besteht eine tägliche Verbindung nach Port Renfrew. *Western Bus Lines*, 4521 10th Ave, Port Alberni, ℡ 250/723-3341, verkehrt Mo und Fr auf der 100 km langen Schotterstraße von Port Alberni nach Bamfield.

Die gesamte Strecke nimmt 5–8 Tage in Anspruch, sodass man ausreichend Verpflegung mitnehmen und unterwegs campen muss. Regen, heimtückische Stellen, dichter feuchter Wald und nahezu völlige Einsamkeit erschweren die Bedingungen noch.

Ursprünglich hat der Weg keinerlei touristischen Hintergrund. Vor langer Zeit galt das Küstengebiet unter Seefahrern als „Grab des Pazifiks", und als die SS Valencia 1906 mit der gesamten Besatzung unterging, ließ sich die Regierung zum Bau des Wegs überreden, um gestrandeten Seeleuten einen sicheren Landgang zu ermöglichen (eine Durchquerung des Regenwaldes im Landesinneren war unmöglich). Der Weg verlief entlang einer Telegrafenstrecke, die Victoria mit abgelegenen Städten und Leuchttürmen verband. Bis zu den 60er Jahren kümmerten sich Streckenarbeiter und Leuchtturmwächter um den Trail. Danach war er eine Zeit lang unbegehbar, bevor frühe Rucksacktouristen den alten Weg wieder aufleben ließen. Heute meistern Tausende im Jahr diese Strecke, und die Zahl steigt, soweit die Quoten dies erlauben. Der Weg passiert das Land der Pacheenaht First Nation nahe Port Renfrew, das Gebiet der Ditidaht First Nation und endet schließlich in Bamfield, dem traditionellen Territorium der Ohiaht First Nation. Aufseher von diesen Stämmen und Parks Canada überwachen zusammen die Verwaltung des Wegs sowie den Schutz der alten Indianerdörfer und Fischereizonen.

Das **Wetter** spielt bei der Planung eine wichtige Rolle. Der Weg ist eigentlich nur zwischen Juni und September benutzbar (Juli ist der trockenste Monat). Während dieses Zeitraums streifen auch Aufseher durch die Gegend und Einheimische bieten Fährfahrten (gegen eine Gebühr) über die wilden Flüsse entlang der Strecke an. Allerdings ist zu jeder Zeit mit schlechtem Wetter und schlechten Wegbedingungen zu rechnen. Etwas Bargeld braucht man für die Fähren und zum Campen auf Indianerland.

Der Norden von Vancouver Island

Man kann darüber streiten, wo der Norden von Vancouver Island tatsächlich beginnt. In jedem Fall verwandelt sich die Landschaft längs des Hwy 19 nach Qualicum Beach plötzlich in eine viel unberührtere Wildnis. Die Gegend nördlich von Qualicum Beach bietet wenig Spektakuläres, dafür Ruhe und schöne Ausblicke auf das Festland. An der Strecke liegt der kleine Ort Buckley Bay, der im Grunde nur aus einem Fähranleger für Überfahrten nach **Denman Island** und **Hornby Island** besteht; 16x tgl., 10 Min., Fußgänger $5/$4,75 hin und zurück, Autos $12,25/$10,50.

Die Orte am Hwy 19 sind größtenteils nicht von Interesse, sodass man ohne viel zu verpassen per Bus, Auto oder Anhalter durch ganz Vancouver Island bis nach Port Hardy fahren kann, um von dort die Fähre durch die **Inside Passage** nach Prince Rupert zu nehmen. Ein alternativer Weg führt über den Highway bis nach **Courtenay** mit Fährverbindungen zum Festland. Allerdings lohnt sich ein Abstecher in das wilde Landesinnere: Ein Großteil davon ist im **Strathcona Provincial Park** gelegen.

Denman Island und Hornby Island

Die Inseln Denman und Hornby werden auch als „unentdeckte Gulf Islands" bezeichnet. Einige Prominente haben auf diesen Außenposten in letzter Zeit Grundstücke erworben und gesellen sich zu den ortsansässigen Künstlern, Kunsthandwerkern und Alternativen. Die Anlegestelle auf Denman liegt an der Westküste, nur wenige Gehminuten von Denman Village entfernt. Um nach Hornby Island zu gelangen, muss Denman Island auf der Denman Road durchquert werden (11 km) bis zu einem weiteren Fähranleger bei Gravelly Bay, von wo eine 15-minütige Überfahrt nach Shingle Spit Dock auf Hornby führt; Fußgänger $5/$4,75 hin und zurück, Autos $12,25/$10,50. Das Leben von Hornby spielt sich jedoch in erster Linie in der 10 km entfernten **Tribune Bay** auf der anderen Seite der Insel ab. Nach öffentlichen Verkehrsmitteln sucht man auf beiden Inseln vergeblich. Zu erkunden sind sie nur mit eigenem Auto, Fahrrad oder per Anhalter.

Anziehungspunkte auf der weniger rückständigen Insel Denman sind die Strände im **Sandy Is-**

land Provincial Marine Park, einer Insel vor der Nordwestspitze (Anfahrt vom Ort über die Northwest Road), und der 800 m lange Rundwanderweg im **Boyle Point Park** an der Südspitze, der unmittelbar hinter dem Fähranleger Gravelly Bay beginnt und zum Leuchtturm Chrome Island führt. Wer nach 4 km links von der Denman Road abbiegt, gelangt zum **Fillongley Provincial Park** mit einem Campingplatz, Waldwanderwegen und einem hübschen Küstenstreifen.

Ein Muss auf der verschlafenen Insel Hornby ist der **Helliwell Bay Provincial Park** an deren Südspitze (Anfahrt von Tribune Bay über Helliwell Road) mit seinen Wanderwegen. Der beste davon ist 6 km lang (1–1 1/2 Std.) und führt als Rundweg zu den Helliwell Bluffs. Zu sehen sind Seeadler, Reiher, Wildblumen und ein reiches Meeresleben. Schöne Strände gibt es in der Whaling Station Bay und im Tribune Bay Provincial Park (Nacktbadestrand in der Little Tribune Bay unmittelbar südlich des Parks), mit einem Campingplatz an der Tribune Bay.

Übernachtung

Unterkünfte sind auf beiden Inseln rar gesät, und im Sommer muss man unbedingt reservieren. B&Bs kommen und gehen, Informationen im Internet unter 🖵 www.denmanisland.com und www.hornbyisland.com.

DENMAN – *Sea Canary Bed & Breakfast*, 3305 Kirk Rd, ☎ 250/335-2949, 3 Gästezimmer in der Nähe des Fährterminals, von der Northwest Rd links in die Kirk Rd und dann erneut links. ❺
Hawthorn House Bed and Breakfast, 3375 Kirk Rd, ☎ 250/335-0905, Unterbringung in einem alten restaurierten Gebäude von 1904 mit ebenfalls 3 Zimmern. ❹
Campingplatz im Provinzpark, Fillongley Provincial Park, 10 Stellplätze umgeben von ursprünglichem Wald und Kiesstrand, 4 km von der Fähre entfernt am Lambert Channel an der Ostküste, im Sommer $17, im Winter $9.

HORNBY – *Ford's Cove Marina*, Ford's Cove, ☎ 250/335-2169, 12 km von der Fähre an der Government Wharf, 6 komplett eingerichtete Cottages, Stellplätze für Zelte und Caravans, Ver-

mietung der Cottages in der Regel nur wochenweise, Zelte $18–24.
Hornby Island Resort, Shingle Spit Rd, ☎ 250/335-0136, 4 Cabins am Ufer, 9 Zeltstellplätze à $19, Tennisplatz, Bootsverleih, Pub, gutes Restaurant am Wasser und Sandstrand. ❸
Sea Breeze Lodge, Big Tree 3–2, Fowler Rd, ☎ 250/335-2321, 🖵 www.seabreezelodge.com. 15 Cottages am Ufer mit Meerblick. ❺
Days Gone By at Bradsdadsland Campsite, 1980 Shingle Spit Rd, ☎ 250/335-0757. Entfernung vom Fährterminal 3,3 km, Zelte $23–26, ⏱ Mai–Okt.
Tribune Bay Campsite, Shields Rd, ☎ 250/335-2359, 🖵 www.tribunebay.com. Bewaldeter Platz in der Nähe eines Sandstrands, mit warmen Duschen, Restaurant und Fahrradverleih. ⏱ April–Okt, $18–25.

Essen

Die Möglichkeiten auf Denman Island konzentrieren sich um den Fährterminal, die beste darunter ist das *Denman Island Store and Café*. Am Fähranleger von Hornby bietet das touristisch angehauchte Restaurant, Pub und Deli *The Thatch* eine schöne Aussicht.
An der Tribune Bay auf der anderen Seite sind im *Co-op*, ☎ 250/335-1121, Lebensmittel und andere Waren erhältlich. Außerdem gibt es hier das Café *Jan's*.

Sonstiges

FAHRRÄDER – Der *Off-Road Bike Shop* beim *Co-op* auf Hornby Island verleiht im Sommer Fahrräder.

INFORMATIONEN – Denman Island, 🖵 www.denmanisland.com. Wissenswertes über die Insel, einschließlich Übernachtungsmöglichkeiten. Entsprechendes für Hornby Island unter ☎ 250/335-0506 oder 🖵 www.hornbyisland.com.

Transport

Nach Denman Island gelangt man mit der Fähre von Buckley Bay.
Hornby erreicht man von dem 11 km entfernten Terminal auf der anderen Seite von Denman Is-

land. Die Überfahrt dauert 10–15 Min., $4,50 für
Fußgänger hin und zurück, $11,50 für Autos.

Courtenay

Zurück auf dem Hwy 19 erreicht man nach Buckley Bay ein kurzes Stück wilden, steinigen Strand
und danach das Comox Valley, offenes weites Land,
das allerdings nicht ganz so faszinierend ist wie die
Broschüren versprechen. Von den drei Siedlungen
hier – Comox, Cumberland und Courtenay – ist lediglich die letzte von begrenztem Interesse, und
das auch nur wegen ihres winzigen, aber recht hübschen Ortskerns und als Anlegestelle der Fähren.

Das **Comox Valley** umfasst das Hochland am
östlichen Rand des Strathcona Provincial Park (s.S.
349) sowie die Skigebiete des Forbidden Plateau
und Mount Washington, 25 km nordwestlich von
Comox. Das Gebiet eignet sich im Sommer für
Wanderer und Mountainbiker. Die Lifte des Forbidden Plateau sind zur warmen Jahreszeit an Wochenenden in Betrieb. Eine schöne Tageswanderung
auf dem Mount Washington führt etwa 5 Std. lang
über markierte Wege vom Skigebiet über die Paradise Meadows zum Moat Lake oder Circlet Lake.
Einzelheiten über anspruchsvollere Strecken (Batt-
leship Lake, Lady Lake) sind im *Infocentre* erhältlich. Die Anfangspunkte sind von Cortenay über eine Nebenstraße zu erreichen.

Übernachtung

Wer hier übernachten muss, findet an der Zufahrtsstraße aus dem Süden zahlreiche **Motels**,
nicht weit von der schwarzen Dampflokomotive
und des *Infocentres*.
Die besten **Campingmöglichkeiten** bieten sich
auf einem ausgedehnten Sandstreifen 20 km
nördlich von Courtenay im Miracle Beach Provincial Park, $22 im Sommer, $9 im Winter, Parken tagsüber $5.

Informationen

Infocentre, 2040 Cliffe Ave, ☎ 250/334-3234 oder
1-888/357-4471, 🖳 www.comoxvalleychamber.
com. ◷ tgl. 9–17 Uhr, im Sommer länger.

Transport

Fähren verbinden 4x tgl. Courtenay mit POWELL
RIVER in 1 1/4 Std. Der Fähranleger ist mit dem
Auto in etwa 20 Min. über Nebenstraßen zu er-
reichen – Trampen ist zwecklos, Fußgänger soll-
ten sich ein Taxi oder den Bus Nr. 11 von der 4th
Ave, Ecke Cliffe Ave.
Von Courtenay aus bestehen 4x tgl. **Busverbin-
dungen** nach NANAIMO und VICTORIA.
Außerdem ist der Ort Endstation der 1x tgl. ver-
kehrenden **Züge** aus VICTORIA.

Campbell River

Von den ca. 100 kanadischen Städten, die sich
„Lachshauptstadt der Welt" nennen, hat Campbell
River, 46 km nördlich von Courtenay gelegen, den
Titel wohl am ehesten verdient. Fische – insbesondere die großen Chinook-Lachse – prägen den
Charakter des Ortes. Riesige Schwärme dieser
monströsen Lebewesen werden in den 3 km langen
Kanal zwischen Stadt und Festland gezwängt, sodass das Fangen kaum mehr als eine Formalität ist.
Der Ort entstand einst als Bleibe für Fischer. Zentraler Ausgangspunkt war ein Hotel, das 1904 errichtet wurde – nachdem sich herumgesprochen
hatte, dass die einheimischen Cape Mudge-India-
ner hier kolossale Fische aus dem Meer holten. Etwa 60% aller Touristen kommen zum Angeln. Andere werden von den guten Möglichkeiten zum
Tauchen angelockt.

Ansonsten dient der Ort als wichtigster Ausgangspunkt zum Strathcona Provincial Park oder
als Übernachtungsmöglichkeit vor der frühmorgendlichen Abfahrt der *MV Uchuck III* von Gold
River (s.S. 390).

Wer sich für lebende Lachse interessiert, sollte
der **Quinsam Salmon Hatchery**, 5 km westlich
der Stadt an der Straße nach Gold River, einen Besuch abstatten. ◷ tgl. 8–16 Uhr.

Übernachtung und Essen

Campbell River Lodge and Fishing Resort,
1760 N Island Hwy, ☎ 250/287-7446 oder 1-800/
663-7212, 🖳 www.campbellriverinns.com. Mit
zahlreichen Schnitzereien geschmückte Unterkunft. ❹

Pier House B&B, 670 Island Hwy, ✆ 250/287-2943, ✉ pierhse@island.net, zentrale Lage am Angelpier, 3 Zimmer in einem historischen, mit Antiquitäten eingerichteten Haus aus den 20er Jahren. ➍

Super 8 Motel, 340 S Island Hwy, ✆ 250/286-6622 oder 1-800/800-8000, 🖳 www.super8.com. An der Hauptstraße südlich der Stadt. ➍

Parkside Campground, 6301 Gold River Hwy, ✆ 250/830-1428, 5 km westlich der Stadt, $16–22, ◷ Mai–Okt.

Preiswerte Angebote zum **Essen** gibt es in Hülle und Fülle, insbesondere Fast Food. In den exklusiveren Restaurants werden die für den Ort nahe liegenden Leckerbissen serviert.

Sonstiges

ANGELN – Zahllose Einrichtungen bieten Ausrüstung zur Miete und Angelausflüge. Eine komplette Ausrüstung kostet ca. $25 pro Tag, eine Führung am Morgen ab ca. $60. Viele Angler bevorzugen jedoch den knapp 200 m langen Discovery Pier, Kanadas ersten Salzwasser-Angelpier ($2 zzgl. Lizenz).

INFORMATIONEN – *Infocentre*, 1235 Shopper's Row, ✆ 250/287-4636, 🖳 www.campbellriverchamber.ca. Bietet ausführliches Material und erteilt Auskünfte zu B&Bs. ◷ tgl. 9–18 Uhr.

Transport

BUSSE – Busbahnhof in der Cedar St, Ecke 13th St, nahe der Royal Bank, ✆ 250/287-7151. *Laidlaw* verkehrt 4x tgl. nach VICTORIA, jedoch nur 1–2x tgl. Richtung Norden nach PORT HARDY und in andere Orten entlang der Strecke.

FÄHREN – nach QUADRA ISLAND vom gut ausgeschilderten Fähranleger in Campbell River ca. stdl., 15 Min., Fußgänger hin und zurück $4,50, Autos $11,25.

FLÜGE – Verschiedene Fluglinien bedienen Campbell River, Einzelheiten unter Vancouver „Transport".

Quadra Island

Quadra Island mit ihren schönen Stränden und ihrem Museum liegt 15 Min. von Campbell River entfernt und bietet eine schöne Erholungspause vom Angeln – obwohl die bekannte Fischerlodge hier schon so berühmte Hobbyfischer wie John Wayne, Kevin Costner und Julie Andrews beherbergt hat.

Ein interessanter Anlaufpunkt ist das **Kwagiulth Museum and Cultural Centre**, ✆ 250/285-3733, in Cape Mudge Village südlich des Anlegers und nahe der Südspitze der Insel (Anfahrt über Cape Mudge Rd). Der einzige andere Ort, Heriot Bay, ist der Hauptort der Insel und liegt an der Ostküste. Das Centre zeigt eine der bekanntesten Sammlungen indianischer Zeremoniengegenstände im Land. Wie anderswo in Kanada wurden die Masken, Kostüme und rituellen Gegenstände im Jahre 1922 von der Regierung konfisziert, um die Zeremonien der Einheimischen zu unterbinden. Erst 1980 gab man sie wieder zurück, unter der Voraussetzung, dass sie in einem Museum ausgestellt würden. Das Museum umfasst etwa 300 Exponate. Interessant sind auch die vorgeschichtlichen Felszeichnungen in dem kleinen Park auf der gegenüberliegenden Straßenseite.

Auf der Insel kann man auch an den Stränden faulenzen, wandern (am Mortle Lake über einen 5 km langen Rundwanderweg und von Granite Bay 8 km rund um den Newton Lake) oder den Chinese Mountain an seiner zerklüfteten Nordflanke besteigen (3 km Rundwanderweg) und die prächtige Aussicht genießen. Möglichkeiten zum Schwimmen bieten sich in einer warmen, geschützten Bucht an einem Felsstrand im **Rebecca Spit Provincial Park** (1,5 km) nahe Drew Harbour, 8 km östliche vom Fährterminal. Noch wärmer ist das Wasser am sandigeren Strand des abgelegenen **Village Bay Park**.

Übernachtung

Zur Auswahl stehen 7 Unterkünfte, darunter:
Heriot Bay Inn & Marina, Heriot Bay Rd, ✆ 250/285-3322, 🖳 www.heriotbayinn.com. Cottages und Stellplätze für Zelte und Caravans ($10–16). ➍–➏

Tsa-Kwa-Luten Lodge, 1 Lighthouse Rd, ✆ 250/285-2042 oder 1-800/665-7745, 🖳 www.capemudgeresort.bc.ca. Hervorragende, im Stil eines indianischen Langhauses gehaltene und entprechend eingerichtete Lodge auf einem hohen Felsvorsprung mit Blick auf die Discovery Passage. Zum Komplex gehören ein Restaurant, Cottage- und Lodge-Zimmer, Sauna, Jacuzzi und Wäscheservice. Außerdem werden zahlreiche Touren und Outdoor-Aktivitäten angeboten. ❺ Der einzige offizielle **Campingplatz** der Insel befindet sich neben dem *Heriot Bay Inn*.

Aktivitäten

Island Cycle, 651 Taku Rd, Heriot Bay, ✆ 250/285-3627, ⌨ www.kayak-adventures.com. Wanderkarten, Informationen und Leihfahrräder gehören zum Angebot des größten Veranstalters für Touren, Wanderungen, Kajakfahrten und andere Aktivitäten auf der Insel.

Transport

Fährverbindungen von Quadra Island nach COR-TES ISLAND 5x tgl., 45 Min.; CAMPBELL RIVER auf Vancouver Island ca. stdl., 15 Min., Fußgänger hin und zurück $4,50, Autos $11,25.

Cortes Island

Von Quadra Island ist es nicht allzu weit nach Cortes Island, ⌨ www.cortesisland.com, einer von zerklüfteter Küste geprägten Insel am Tor zum Desolation Sound, die zals eines der besten Segel- und Kajakreviere Nordamerikas gilt. Das Leben geht hier einen sehr gemächlichen Gang, auch im Hauptort der Insel, dem 15 km vom Fähranleger in Whaletown entfernten **Manson's Landing**.

Bekannt ist die Gegend außerdem für ihre Venusmuscheln und Austern, die in die ganze Welt exportiert werden, sowie für eines der führenden ganzheitlichen Zentren in Kanada, das *Hollyhock Retreat Centre,* Highland Rd, ✆ 1-800/933-6339, ⌨ www.hollyhock.bc.ca, wo man sich für alle möglichen Kurse zur Erfrischung von Körper und Geist anmelden kann. Übernachtet wird wahlweise im Zelt, Schlafsaal oder Privat-Cottage.

Ein lohnendes Ziel auf der Insel ist der 25 km südlich vom Fähranleger gelegene **Smelt Bay Provincial Park**, der neben einem Campingplatz (Sommer $14, Winter $9) reichlich Gelegenheit

zum Schwimmen, Angeln, Kanufahren und Wandern bietet. Interessant sind auch der nahe **Manson's Landing Provincial Park** mit seinen schönen Stränden und der von Manson's Landing ausgeschilderte **Hague Lake Provincial Park** mit mehreren von der Straße erreichbaren Rundwanderwegen wie dem Sutil Point Loop Trail. Per Boot gelangt man zudem zu einer Reihe von Meeresparks (Von Donop und Mansons Landing), vielen kleinen Buchten, Lagunen und Stränden.

Übernachtung und Essen

Blue Heron B&B, ✆ 250/935-6584. ❸
Gorge Harbour Marina Resort, Hunt Rd, 5 km vom Fähranleger, ✆ 250/935-6433. Unterkunft mit Boots- und Motorrollerverleih. Zum Komplex gehört das **Restaurant** *Old Floathouse.* ❻
Cortes Café, preiswertes Café mit hübscher Terrasse in Manson's Landing.

Transport

Die Insel ist von QUADRA ISLAND Mo–Sa 6x tgl., So 5x tgl. in 45 Min. per Fähre zu erreichen; Fußgänger hin und zurück $6/$5,75, Autos $15/$13,25. *Cortes Connection,* ✆ 250/935-6911, bietet Mo–Sa **Taxifahrten** auf der Insel und Verbindungen zum Busbahnhof in Campbell River.

Strathcona Provincial Park

Der im Jahre 1911 angelegte Strathcona Provincial Park ist das größte Schutzgebiet auf Vancouver Island, der älteste Park von British Columbia und außerdem eine der wenigen Gegenden der Insel, die mit der grandiosen Berglandschaft dem Festland mithalten kann. Der Park umfasst den höchsten Punkt der Insel: Golden Hinde (2220 m). Außerdem tummeln sich hier seltene einheimische Tiere (insbesondere Roosevelt-Hirsche, Murmeltiere und Schwarzwild). Nur zwei Gebiete bieten Besucherservice an: das von Courtenay erreichbare **Forbidden Plateau** im östlichen Parkabschnitt und die bekanntere Gegend um den **Buttle Lake**, die von Campbell River über den Hwy 28 zu erreichen ist. Der Rest des Parks ist unberührte Wildnis, aber für trainierte Wanderer und Backpacker problemlos zugänglich. Die blaue *BC Parks*-Broschüre, die unter anderem im *Infocentre* von Campbell River ausliegt, enthält eine gute Karte und viele Informationen (z.B. den beruhigenden Hinweis, dass es im Park keine Grizzlybären gibt).

Zu den mit 440 m höchsten kanadischen Wasserfällen, den **Delta Falls**, gelangt man erst nach einer zweitägigen Wanderung und Kanufahrt.

Landschaftlich schön ist die Anfahrt über den Hwy 28. Viele kurze Wege und Naturwanderungen sind an den Raststellen ausgeschildert (viele davon nicht mehr als 20 Min.). Der für seine Schlucht und seinen Wasserfall bekannte **Elk Falls Provincial Park** ist der erste Halt 10 Min. nach Campbell River. Hier gibt es auch einen großen Provinzpark-Campingplatz (Sommer $14, Winter $9, Zelten im Hinterland $5). An der Zufahrtsstraße und am Seeufer gibt es einige gute **kürzere Wanderwege**, darunter den nur 500 m langen *Lupin Falls Trail* zu einem beeindruckenden Wasserfall, den 2 km langen *Karst Creek Trail* der als Rundwanderung durch eine bizarre Kalksteinszenerie mit Senklöchern und versiegenden Bächen führt, den am südlichen Ende des Sees beginnenden *Bedwell Lake Trail*, einen steilen, 10 km langen Wanderweg zum Bedwell Lake mit 600 m Anstieg über Hochlandwiesen (4 Std. hin und zurück), und schließlich den *Upper Myra Falls Trail* (6 km hin und zurück), der fast am Ende der Straße beginnt und nach einer Kletterpartie einen Aussichtspunkt oberhalb des Myra-Wasserfalls erreicht.

Übernachtung

Wer nicht wild campen möchte, kann in der einzigen anderen Unterkunft des Parks, der **Strathcona Park Lodge**, ☎ 250/286-3122, 🖥 www.strathcona.bc.ca, ❹–❼, kurz vor der Zufahrt zum Buttle Lake, übernachten. Die Lodge ist eine Mischung aus Hotel und Freizeitzentrum. Hier werden Kanus, Fahrräder und sonstige Geräte verliehen. Außerdem kann man an organisierten Touren und Aktivitäten teilnehmen.

Wandern in Strathcona

Im Strathcona Provincial Park bieten sich hervorragende Möglichkeiten zum Wandern in atemberaubender Landschaft aus schroffen Bergen – darunter der Golden Hinde (2220 m), der höchste Punkt der Insel –, Seen, Flüssen, Wasserfällen und unglaublich vielfältiger Baumflora.

Sieben markierte Wege führen von verschiedenen Punkten am Buttle Lake in das Gebiet, hinzu kommen sechs kürzere Naturwanderwege, die meisten davon kürzer als 2 km. Zwei besonders lohnende von diesen sind der Lady Falls Trail und der Lupin Falls Trail, die von herrlicher Aussicht auf Wasserfälle und Berge begleitet werden. Sämtliche längeren Wege können innerhalb eines Tages zurückgelegt werden, für den beliebtesten, den **Elk River Trail** (10 km) vom Drum Lake am Hwy 28, empfiehlt es sich allerdings, eine Übernachtung einzuplanen. Bei Rucksacktouristen ist die Strecke aufgrund der sanften Steigung beliebt. Sie endet am Landslide Lake, wo man in idyllischer Umgebung zelten kann.

Der ebenfalls geschätzte **Flower Ridge Trail**, eine steile, 14 km lange Rundwanderung mit 1250 m Höhenunterschied, beginnt am südlichen Ende des Buttle Lake und kann um weitere 10 km verlängert werden. Einen ähnlich anstrengenden Aufstieg erfordert der 10 km lange, ebenfalls als Rundwanderung angelegte **Crest Mountain Trail**, der vom Hwy 28 am westlichen Parkrand in die Berge führt.

Die beliebteste Route im Gebiet des Forbidden Plateau (benannt nach einer uralten Legende, derzufolge böse Geister Frauen und Kinder verschlangen, die ihren Boden betraten) ist der **Forbidden Plateau Skyride** zum Gipfel des Wood Mountain, wo ein 2 km langer Weg zu einem Aussichtspunkt über den Boston Canyon führt.

Wildes Campen ist im gesamten Park gestattet, und hat man es erst einmal über die Baumgrenze geschafft, wird man mit herrlichen Plätzen belohnt. Für die Erkundung des Parks empfehlen sich die topografischen Karten 92F/11 Forbidden Plateau und 92F/12 Buttle Lake im Maßstab 1:50,000, erhältlich von MAPS BC, Ministry of Environment and Parks, Parliament Buildings, Victoria, erwerben.

Am Buttle Lake gibt es 2 einfache **Camping-plätze**: einen neben dem *Park Centre* am See und einen am Ralph River an der Südspitze, zu erreichen über die Straße am östlichen Seeufer. Beide sind unweit von Badestellen gelegen und kosten im Sommer $14, im Winter $9. Zelten im Hinterland kostet $5.

Informationen

Um den See verteilt gibt es 15 Informationspunkte mit Hinweisen zu Wanderwegen und Erläuterungen zur Tier- und Pflanzenwelt

Gold River und Tahsis

Die ruhige Holzfällergemeinde Gold River, 89 km westlich von Campbell River, wurde im Jahre 1965 in einem Niemandsland in der Nähe einer Zellstofffabrik 12 km vom Muchalat Inlet gegründet. Nachdem das Werk 1998 stillgelegt wurde, gibt es heute in Gold River nur noch ein Hotel und ein paar Geschäfte, allerdings ist die Anfahrt über den Hwy 28 wunderschön. Außerdem kann man den faszinierenden Küstenabschnitt per **Boot** auskundschaften – der Hauptgrund für die wachsenden Besuchermassen. Das ganze Jahr über transportiert die *MV Uchuck III* – ein umgewandeltes US-amerikanisches Minensuchboot aus dem Zweiten Weltkrieg – Post, Frachtgut und Passagiere über verschiedene Strecken zu Holzfällercamps und Siedlungen an der umliegenden Küste. Wie bei der von Port Alberni startenden *MV Lady Rose* hat sich auch hier eine frühere Nebenbeschäftigung zu einem Gewinn bringenden Unternehmen entwickelt – mit Hochglanzbroschüren und Extra-Touren im Sommer. Die Fahrt ist sehr lohnenswert, man muss nur früh genug buchen. Informationen und Reservierungen bei *Nootka Sound Service Ltd,* ☎ 250/283-2325, 🖳 www.mvuchuck.com.

Auf **drei Hauptstrecken** eröffnet sich ein schöner Blick auf Wildnis und Fauna in den Buchten, auf den Inseln und den bewaldeten Bergen der Region (Wale, Bären, weißköpfige Seeadler usw.). Das Dock befindet sich am Ende des Hwy 28 etwa 15 km südwestlich von Gold River. Der **Tahsis Day Trip**, Abfahrt ganzjährig Di 9 Uhr, $45, führt nach Tahsis, Ankunft 13 Uhr, und nach einstündigem Aufenthalt wieder zurück nach Gold River

(18 Uhr). Der kürzere **Nootka Sound Day Trip**, Abfahrt Juli–Mitte Sept Mi 10 Uhr (Rückfahrt 16.30 Uhr), umfasst längere Aufenthalte in Resolution Sound und Kyuquot (indianischer Begriff für „freundliche Bucht"). Letzteres Ziel ist mit einer Landungsgebühr von $9 verbunden. Der Erlös wird von der Mowachaht Band für die Wiederherstellung der ursprünglichen Umgebung verwendet. Während des 90-minütigen Stopps führen Einheimische die Besucher durch ihr ureigenes Heimatgebiet. Der vorherige Halt – Friendly Cove – ist von ebenso großer historischer Bedeutung: An dieser Stelle ging Captain Cook im Jahre 1778 zum ersten Mal an der Westküste an Land, woraufhin sich der wichtige Handel mit Seeotterpelzen entwickelte. Die Weißen tauften die Gegend und ihre Bewohner „Nootka", obwohl die Einheimischen heute behaupten, *nootka* sei ein Warnruf für Captain Cook und seine Crew gewesen: Man wollte sie der Bedeutung des Begriffes nach zum „Umdrehen" bewegen, um ein Auflaufen auf die Felsen vor der Küste zu verhindern. Mit der entsprechenden Ausstattung findet man hier Übernachtungsmöglichkeiten in Cabins und auf einem Campingplatz, Vereinbarungen sind jedoch telefonisch zu bestätigen, ☎ 250/283-2054.

Der dritte Ausflug – das **Kyuquot Adventure**, einfach $195, doppelt $310 – ist eine zweitägige Tour, Abfahrt ganzjährig Do, April–Okt 7 Uhr, Nov–März 6 Uhr. Sie führt an der Küste entlang viel weiter nach Norden, zurück nach Gold River Fr zwischen 16 und 17 Uhr. An Bord gibt es Unterkunft und Frühstück und das Abendessen für Donnerstag kann man sich ebenfalls an Bord oder an Land in Kyuquot besorgen.

Für diese Touren muss eine Kaution von 25% hinterlegt werden, die bis zwei Wochen vor Abfahrt rückerstattet wird. Nicht zu vergessen ist warme und wasserdichte Kleidung. Ein Coffeeshop auf dem Schiff serviert Getränke und Snacks. Kajaks können an den meisten Stellen während der Fahrt nach vorheriger Vereinbarung ins Wasser gelassen werden.

Zu den weiteren Attraktionen der Gegend zählt **Quatsino Cave**, die tiefste senkrechte Höhle in ganz Nordamerika, die zum Teil für die Öffentlichkeit zugänglich ist. Nähere Einzelheiten hierzu sind im *Infocentre* erhältlich. Einen weiteren Anziehungspunkt stellt **Big Drop** dar, ein bei Kajakern in der ganzen Welt bekannter Gold River-Wildwasserabschnitt.

Erwähnenswert sind außerdem die beiden holprigen, aber landschaftlich schönen Straßen nördlich von Gold River. Die eine führt zu einer weiteren Holzfällergemeinde 70 km nordwestlich von Gold River, **Tahsis**. Der hübsche Küstenabschnitt bietet zahlreiche Gelegenheiten zum Angeln, Bootfahren und Wandern.

Übernachtung

GOLD RIVER – *Ridgeview Motor Inn*, 395 Donner Court, ☎ 250/283-2277 oder 1-800/989-3393, 🖳 www.ridgeview-inn.com. Die einzige größere Unterkunft thront über dem Ort und verwöhnt mit Panoramablick. ❹

Shadowlands, 580 Dogwood Drive, ☎ 250/283-2513, ✉ gravesite@telus.net. Einziges B&B vor Ort, 3 Zimmer. ❸

Peppercom Trail Motel and Campground, Mill Rd, ☎ 250/283-2443, 🖳 www.peppercorn.bc.ca. Campingplatz mit 75 Stellplätzen für $18–25, außerdem 10 Zimmer. ❸

TAHSIS – besitzt 2 B&Bs mit jeweils einem Gästezimmer:

Fern's Place B&B, 379 N Maquinna, ☎ 934-7851, ✉ eastcott@cancon.net. ❸

Mariner Guest House, 876 S Maquinna, ☎ 250/934-5527, ✉ bajoree@telus.net. Cabin mit Küche und Blick auf den Tahsis Inlet. ☉ Mai–Okt. ❸

Tahsis Motel, Head Bay Rd, ☎ 250/934-6318, 🖳 www.tahsismotel.com. Einfaches 12-Zimmer-Motel mit Restaurant und Pub, für das im Sommer eine Reservierung notwendig ist. ❸

Informationen

Gold River – *Infocentre*, Hwy 28, Ecke Scout Lake Rd, ☎ 250/283-2418 oder 283-7500, 🖳 www.village.goldriver.bc.ca. ☉ Mitte Mai–Mitte Sept tgl. 9–16/17 Uhr.

Thasis – *Infocentre*, am Stand in der Rugged Mountain Rd, ☎ 250/934-6667, ☉ Ende Juni–Anfang Sept Mo–Sa 10–16.30 Uhr.

Village Office, ☎ 250/934-6622, ☉ Mo–Fr 9–12 und 13–17 Uhr.

Von Campbell River nach Port McNeill

Der große Highway nördlich von Campbell River führt hinter **Sayward** – der einzigen nennenswerten Gemeinde auf der Strecke – durch zunehmend zerklüftetes und verlassenes Gebiet ins Landesinnere. In der Nähe von Sayward entdeckt man das skurrile **Valley of a Thousand Faces**: 1400 berühmte auf Zedernklötze gemalte Gesichter – das interessante Werk eines holländischen Künstlers, ☉ Mai–Aug tgl. 10–16 Uhr, Spende.

Mit dem Auto gelangt man von hier Richtung Süden zum **Schoen Lake Provincial Park**. Dieser ist 12 km vom Hyw 19 entfernt an einer holprigen Straße südlich vom Dorf Woss gelegen. Hier gibt es einige Waldwege sowie einen kleinen, gepflegten Campingplatz mit zehn Stellplätzen ($10). Eine Übernachtungsmöglichkeit in Sayward bietet *Fisherboy Park*, 1546 Sayward Rd, 400 m vom Hwy 19, ☎ 250/250/282-3204, 🖳 www.fisherboypark.com, ❸.

Erster als solcher zu bezeichnender Ort am Hwy 19 ist das 180 km nördlich von Campbell River gelegene **Port McNeill**, das aber nicht mehr als ein Motel und ein Holzfäller-Centre zu bieten hat. Einzelheiten zum Ort erfährt man im *Infocentre*, 351 Shelley Crescent, ☎ 250/956-3131, 🖳 www.portmcneill.net. ☉ Juli–Aug 9–17 Uhr, sonst wechselnde Öffnungszeiten.

Telegraph Cove

Im Gegensatz zu Port McNeill präsentiert sich das 8 km südlich gelegene Telegraph Cove als sympathischer kleiner Ort. Zu erreichen ist das zu den schönsten der so genannten „Boardwalk Villages" von BC zählende Dorf über eine holprige Nebenstraße. Aufgrund seiner wachsenden Beliebtheit und der Tatsache, dass es sich inzwischen mehr oder weniger in Besitz eines einzigen Unternehmens befindet, herrscht in dem Ort eine etwas künstliche und kommerzialisierte Atmosphäre. Sämtliche Gebäude ruhen auf Holzpfählen über dem Wasser, was einen so großen Reiz auf Besucher ausübt, dass der Andrang bisweilen kaum noch zu verkraften ist.

Errichtet wurde der Ort einst als Endstation der Telegrafenleitung von Victoria. Sein ursprünglicher Charakter wird heute durch Pläne zur Uferbebauung gefährdet. Einiges davon wurde bereits umgesetzt, bisher allerdings ohne das Bild des Dorfes nachteilig zu beeinflussen. Zudem ist Telegraph Cove inzwischen eine der besten Stellen auf der Insel zur **Walbeobachtung**.

Hauptattraktion hier sind die Orkas, die in den hiesigen Gewässern kalben. Etwa 19 ihrer Familien leben im oder besuchen regelmäßig das Naturreservat Robson Bight, 20 km südlich in der Johnstone Strait. Hier besteht eine Wahrscheinlichkeit von 90%, die Wale zu sichten. Die besten Touren zur Walbeobachtung bietet *Stubbs Island Charters,* am Ende des Stegs durch das alte Dorf, ☎ 250/928-3185, 928-3117 oder 1-800/665-3066, 🖳 www.stubbs-island.com, mit tgl. bis zu fünf 3–5-stündigen Touren (Juni–Okt, ab $65). Die Touren sind so beliebt, dass eine rechtzeitige Reservierung unbedingt ratsam ist.

Im Sommer lässt sich aufkommender Hunger in einem Café, einem Pub und im Restaurant (s.u.) stillen. Die einzige andere Verpflegungsmöglichkeit bietet sich in einem modernen Gebäude mit Geschäft, Eisverkauf und Kaffeebar.

Übernachtung

Hidden Cove Lodge, Lewis Point, ☎ 250/956-3916, 🖳 www.hiddencovelodge.com. 8 ausgezeichnete, schnell ausgebuchte Lodge-Einheiten, abgeschiedene Lage in der Bucht an der Johnstone Strait 7 km von Telegraph Cove entfernt. ❺–❼

Telegraph Cove Resorts, ☎ 250/928-3131 oder 1-800/200-4665, 🖳 www.telegraphcoveresort.com. Zu Fuß vom Ort schnell zu erreichen. 17 Zimmer und 121 Stellplätze für Caravans/Zelte mit Duschen, Waschküche, Restaurant, Bootsverleih und Vermittlung für Führungen, Charter und Touren zur Walbeobachtung. Reservierung im Sommer erforderlich. ◷ März–Okt. Camping $19–24. ❻

Alder Bay Campsite, ☎ 250/956-4117, 🖳 www.alderbayresort.com. 6 km abseits des Hwy 19 auf dem Weg nach Telegraph Cove von Port McNeill gelegen, Zeltstellplätze auf Rasen mit Blick auf das Meer, Reservierung empfehlenswert, ◷ Mai–Sept, $17–26.

Alert Bay

Das Fischerdorf Alert Bay auf Cormorant Island wird täglich von zahlreichen Fähren vom nur 8 km entfernten Port McNeill angefahren, Fußgänger hin und zurück $5,50, Autos $13,75. Während der Walwanderung stehen die Chancen gut, auf der 50-minütigen Überquerung einen Blick auf die Tiere zu erhaschen.

50% der Inselbewohner sind 'Namgis, und ein Besuch auf der Insel ermöglicht es, ihre Geschichte und die Menschen, die diese Geschichte am Leben halten, kennen zu lernen. Unterkünfte sollte man für die Hochsaison unbedingt im Voraus reservieren. Nach dem Verlassen der Fähre reihen sich rechter Hand die Totempfähle einer Begräbnisstätte der 'Namgis aneinander, allerdings darf man diese nur aus gebührender Entfernung betrachten.

Von der Fährenlegestelle links erreicht man das hervorragende **U'Mista Cultural Centre**, Front St, ☎ 250/974-5403, ein an alte Vorbilder angelehntes modernes Gebäude mit einer Sammlung von Potlatch-Utensilien. Zu sehen sind hier außerdem preisgekrönte Filme. Kinder aus dem Ort führen zudem einheimische Lieder und Tänze vor. ◷ Mitte Mai–Anfang Sept 9–17 Uhr, Okt–Mitte Mai Mo–Fr 9–17 Uhr, Eintritt $5,35.

Auch in der Bibliothek mit kleinem **Museum**, 199 Fir St, werden Artefakte aus der Gegend gezeigt. An fast allen Sommernachmittagen geöffnet.

Jahrelang befand sich die Gemeinde im Besitz des weltweit höchsten geschnitzten **Totempfahls** (den Einheimischen zufolge sind die Konkurrenten reine Pfähle ohne Schnitzereien). Sehr zum Ärger der Inselbewohner wurde 1994 in Victoria ein Pfahl errichtet, der im *Guinnessbuch der Rekorde* als 2,10 m höher verzeichnet ist. Bemerkenswert sind außerdem die Tier- und Pflanzenwelt sowie das Sumpflandhabitat der **Gator Gardens** hinter der Bucht. Zu erreichen sind diese über mehrere Wege und Stege.

Übernachtung

Ocean View Cabins, 390 Popular St, ☎ 250/974-5457, 1 km vom Fähranleger entfernt, mit Blick auf die Mitchell Bay. ❸

Orca Inn, 291 Fir St, ☎ 250/974-5322 oder 1-877/974-5322, 10 Min. zu Fuß vom Fähranleger entfernt, mit Steak- und Seafood-Restaurant sowie einem Café mit Blick auf die Broughton Strait und das Meer. ❷

Alert Bay Camping and Trailer Park, Alder Rd, ✆ 250/974-5213, 💻 www.alertbay.com. 23 Stellplätze, $10–15.

Informationen

Infocentre, 116 Fir St, ✆ 250/974-5024, 💻 www.alertbay.bc.ca. Beim Verlassen der Fähre zur Rechten, gegenüber dem nicht zu verfehlenden, violetten Gebäude. ⏱ Ende Juni–Aug tgl. 9–18, sonst Mo–Fr 9–17 Uhr.

Sointula

Zu einem reizvollen Abstecher lädt das Fischerdorf Sointula auf Malcolm Island ein, das mit der Fähre von Port McNeill auf dem Weg nach Alert Bay zu erreichen ist.

Gegründet wurde der Ort 1901 von Matti Kurrika, in einer Person Guru, Philosoph und Dramatiker, zusammen mit finnischen Pionieren, die hier eine religiös-kultische Modellgemeinde einrichten wollten. Das Experiment scheiterte schon 1905, aber 100 Finnen blieben. Ihre Nachkommen leben bis heute hier, und auf den Straßen wird noch immer Finnisch gesprochen. Man kann an den nahe gelegenen Stränden spazieren gehen, das Landesinnere über eine Holzfällerstraße erkunden oder einen Blick in das **Sointula Finnish Museum** links des Fährlegers, First St, ✆ 250/973-6353 oder 973-6764, werfen; ⏱ nach telefonischer Anmeldung.

Übernachtung

Im Ort gibt es drei **B&Bs**.

430-2nd St Bed & Brekky, 430-2nd St, ✆ 250/973-6345, ✉ frhoward@island.net. Mit finnischer Sauna. ❹

Ocean Bliss, First St, Ecke Rupert St, ✆ 250/973-6121, 💻 www.oceanbliss.com. ❷

Sea 4 Miles, 145 Kaleva Rd, 2 km vom Fährleger, ✆ 250/973-6486. ❹

Transport

Sointula ist mit der Fähre von Port McNeill nach Alert Bay, 25 Min., Fußgänger hin und zurück $6/$5,75, Autos $15/$13,25, und direkt von Alert Bay, 35 Min., einfacher Weg Fußgänger $3,50, Autos $5,50, zu erreichen.

Port Hardy

Port Hardy, insgesamt 485 km von Victoria und 230 km von Campbell River entfernt, ist geprägt von der Blütezeit des Kupferbergbaus, der Fischerei und der Holzindustrie. Unter Reisenden ist der Ort vor allem als Abfahrtspunkt der berühmten Inside Passage nach Prince Rupert (und von dort weiter nach Alaska) und der kürzlich eingeführten Discovery Coast Passage (s. S. 354/355, Kasten) bekannt. Zum Überbrücken der Wartezeit auf die nächste Fähre (Abfahrt in Bear Cove, 10 km außerhalb der Stadt) empfiehlt sich die Besichtigung des bescheidenen und nur zeitweise geöffneten **Stadtmuseums**, 7110 Market St (Spende), und der **Quatse River Salmon Hatchery**, Hardy Bay Rd, hinter Hwy 19, schräg gegenüber dem *Pioneer Inn,* ⏱ Mo–Fr 8/9–16.30 Uhr.

Im *Infocentre* erfährt man Einzelheiten über das kleine kostenlose **Museum** von Port Hardy und die eindrucksvolle Wildnis des für sein schlechtes Wetter und seine besonders bissigen Insekten bekannten **Cape Scott Provincial Park**. Das Innere des Parks ist nur zu Fuß erreichbar. Empfehlenswert ist der 45-minütige Spaziergang von dem kleinen Campingplatz und Trailhead (San Josef River) zu einem der Sandstrände. Immer größerer Beliebtheit erfreut sich der anspruchsvolle, historische **Cape Scott Trail**, Teil eines von dänischen Pionieren errichteten Wegenetzes, der über ca. 28 dem Wald abgewonnene km zum Kap führt.

Übernachtung

Viele Reisende kommen mit Caravans nach Port Hardy, Zimmer sind im Sommer jedoch trotzdem absolute Mangelware, und eine Reservierung ist notwendig. Nach Anlegen der Fähre von Prince Rupert gegen 22.30 Uhr gehen Dutzende auf Zimmersuche. Neben den folgenden Unterkünften stehen auch etwa fünf B&Bs zur Verfügung (Einzelheiten im *Infocentre* erfragen).

HOTELS & MOTELS – ***Airport Inn***, 4030 Byng Rd, ✆ 250/949-9424 oder 1-888-218-2224, 💻 www.

airportinn-porthardy.com. Bietet Zimmer außerhalb der Stadt. **❺**

Glen Lyon Inn, 6435 Hardy Bay Rd, am Jachthafen, ☏ 949-7115, ▭ www.glenlyoninn.com. **❹**

North Shore Inn, 7370 Market St, ☏ 250/949-8500 oder 1-877-949-8516, zentral am Ende des Hwy 19 gelegen, sämtliche Zimmer mit Meerblick, etwas exklusiver als das *Airport Inn*. Schöne Aussicht auf den Hafen, aber manchmal laute Live-Musik. **❹**

Die Inside Passage

Die schöne Inside Passage an Bord der *Queen of the North (BC Ferries)* zwischen Port Hardy und Prince Rupert auf dem Festland von BC ist eine preiswerte Möglichkeit, einmal Kreuzfahrt-Atmosphäre zu schnuppern. Zu sehen gibt es entlang der 274 Seemeilen langen Strecke Berge, Inseln, Wasserfälle, Gletscher, Seelöwen, Wale, Adler und wunderschöne Küstenlandschaften. Dank der Anschlussverbindungen mit *Greyhound*-Bussen und der *VIA Rail* von Prince Rupert lässt sich die Fahrt gut als Teilstrecke verschiedener Routen durch British Columbia integrieren. Einige Reisende kommen aus dem US-Bundesstaat Washington, andere möchten von Prince Rupert per Boot über Skagway nach Alaska und zum Yukon weiterfahren (Näheres zu den Alaska Marine Ferries auf S. 437). Für viele ist die Inside Passage einfach eine Schifffahrt, bei der sie am ersten Tag nach Norden und am zweiten wieder zurück nach Süden nach Port Hardy fahren. In jedem Fall trifft man auf dieser Strecke zahlreiche Traveller und kann sich ein wenig von der Einsamkeit der unendlichen Wäldern in BCs Landesinnerem erholen.

Fahrplan: Das Schiff befördert 750 Passagiere und 160 Autos und verkehrt alle zwei Tage, Abfahrt um 7.30 Uhr an ungeraden Tagen im August und an geraden Tagen im Juni, Juli, September und in der ersten Oktoberhälfte. Die Fahrt dauert ca. 15 Std., Ankunft in Prince Rupert gegen 10.30 Uhr, manchmal mit Zwischenstopp in Bella Bella. Vom 15. Oktober bis zum 25. Mai finden Fahrten in beide Richtungen weniger häufig und hauptsächlich nachts statt (Abfahrt von Port Hardy am späten Nachmittag), womit das Sightseeing ins Wasser fällt. An Bord gibt es u.a. Cafeterias, Restaurants und ein Geschäft. Weitere interessante Informationen über diese Route enthält der billige *BC Ferries Guide to the Inside Passage*.

Der Preis für die einfache Fahrt liegt zwischen Mitte Juni und Mitte September (Hochsaison) bei $106 einfach für Fußgänger (Mai und Okt $85/75, Nov–April $56), $218 für Autos (Mai und Okt $154, Nov–April $114).

Reservierungen für Autos und Kabinen sind im Sommer unerlässlich: telefonisch in BC gebührenfrei unter ☏ 1-888/223-3779, sonst ☏ 250/386-3431, online unter ▭ www.bcferries.com oder per Post an *BC Ferry Corporation,* 1112 Fort St, Victoria, BC V8V 4V2. Anzugeben sind Name und Adresse, Anzahl der Personen, Länge, Höhe und Marke des Wagens, Wahl zwischen Tagesabteil und Kabine sowie das bevorzugte Abfahrtsdatum mit Alternativen. Es wird die volle Bezahlung im Voraus verlangt. Tageskabinen können reserviert werden und kosten zwischen $24 für zwei Kojen mit Waschbecken und $45 auf dem Promenadendeck mit zwei Kojen, Waschbecken und Toilette. Wer hin und zurück fährt, kann die Kabine auch über Nacht mieten und sich somit die aufwendige Zimmersuche in Port Hardy ersparen. Allerdings muss man die Kabine auch am nächsten Tag behalten. Kabinen für die Nacht mit zwei Kojen kosten zwischen $51 mit Waschbecken und $120 mit Dusche, Waschbecken und Toilette.

Traveller haben berichtet, dass sich sich *BC Ferries* nicht gerade erfreut darüber zeigt, wenn Touristen ihre Schlafsäcke im Lounge-Bereich ausbreiten.

Parken: Wer auf sein Fahrzeug verzichtet, kann es auf einem der bewachten Parkplätze in Port Hardy abstellen. Autos können auch am Fährterminal geparkt werden, allerdings wurden hier in den vergangenen Jahren immer wieder Fahrzeuge mutwillig beschädigt. *BC Ferries* und das *Infocentre* von Port Hardy

Pioneer Inn, 4965 Byng Rd, ☎ 250/949-7271 oder 1-800/663-8744, ✉ pioneer@island.net. 5 Min. südlich der Stadt gelegen, parkähnliche Umgebung in der Nähe des Flusses, Zimmer und Caravan-Stellplätze ($17). ❺

Quarterdeck Inn, 6555 Hardy Bay Rd, ☎ 250/902-0455 oder 1-877/902-0459, 🖥 www.quarterdeck-resort.net. Komfortabelstes Hotel der Stadt mit 40 Zimmern. ❺

raten entsprechend davon ab. Reservierungen von Unterkünften an den jeweiligen Endstationen sind vor Antritt der Fahrt dringend anzuraten; Port Hardy und Prince Rupert sind an den Ankunftstagen des Schiffes sehr überlaufen.

Discovery Coast Passage

Der große Erfolg der Inside Passage hat *BC Ferries* auf Idee gebracht, die Discovery Coast Passage, eine rein touristische Schiffsexkursion einzuführen. Die Route bietet die gleichen landschaftlichen Schönheiten wie die Inside Passage, allerdings über eine kürzere, verwinkeltere Strecke zwischen Port Hardy und Bella Coola. Von dort führt der steile, unbequeme Hwy 20 durch die Coast Mountains nach Williams Lake (s.S. 369). Zwischenstopps des Schiffs – der *Queen of Chilliwack* – sind Namu, McLoughlin Bay, Shearwater, Klemtu und Ocean Falls (in Namu hält das Boot nur auf Wunsch, im Voraus arrangieren). Sollte sich diese Tour im Sinne von *BC Ferries* entwickeln werden an diesen Orten bald Touristeneinrichtungen wie Pilze aus dem Boden schießen.

An Land gehen kann man überall, die einzigen Übernachtungsmöglichkeiten bestehen allerdings bisher nur auf den Campingplätzen von McLoughlin Bay und in einem Angelresort mit Hotelzimmern, Cabins und B&Bs in Shearwater. Bella Coola ist besser ausgestattet, was sich mit zunehmendem Bekanntheitsgrad der Strecke noch verstärken wird. *BC Ferries* bietet Pauschaltouren inklusive Fähre, Unterkunft und Angelausrüstung an.

Fahrplan: Die Schiffe verkehren von Ende Mai–Ende Sept alle paar Tage, aktuelle Abfahrtszeit Di und Do 9.30 Uhr und Sa, So und Mo 21.30 Uhr. Allerdings gibt es einen Haken: Während die frühmorgendlichen Fahrten eine wunderschöne Landschaft bieten, kommen einige erst um 19.30 Uhr in McLoughlin Bay und

um 6.30 Uhr in Bella Coola an, so dass der beste Teil der Strecke – entlang der Bucht nach Bella Coola – in der Dunkelheit verschwindet. Bei der Abfahrt um 9.30 Uhr ist die Fahrt schneller (nur ein Zwischenstopp in Ocean Falls), und Bella Coola wird noch am gleichen Tag erreicht, Ankunft um 23 Uhr, somit wird das Problem umgangen. Als Alternative kann man die Abfahrt um 21.30 Uhr wählen, dann wacht man um 7.30 Uhr in McLoughlin Bay auf und hat noch die Strecke Richtung Bella Coola bei Tageslicht vor sich, Ankunft 7.30 Uhr am nächsten Morgen (Fahrpläne beachten). Wenn man die Fahrt von Bella Coola nach Süden antritt, fällt das Problem weg. Allerdings sind die Abfahrts- und Ankunftszeiten ähnlich versetzt. Aktuelle Verbindungen: Abfahrten Mo, Mi und Fr 7.30 Uhr oder 8 Uhr, Ankunft in Port Hardy 21.30 Uhr (Abfahrt Mo), 7.45 Uhr (Abfahrt Mi) und 9 Uhr (Abfahrt Fr) mit Übernacht- und Tagesfahrten sowie verschiedenen Stopps je nach Reisetag.

Anders als bei der Inside Passage stehen **keine Kabinen** zur Verfügung: Schlafen kann man in Liegesitzen, und Schlafsäcke scheinen bisher noch keinen Unmut hervorzurufen. Außerdem gibt es Zelte an Deck. **Reservierungen** werden von *BC Ferries* entgegengenommen (Näheres unter Inside Passage oben).

Die **Preise** für eine einfache Fahrt betragen für Fußgänger $110 nach Bella Coola, $55 nach Namu und $70 zu allen anderen Zielorten. Fahrten zwischen McLoughlin Bay, Ocean Falls, Klemtu und Namu kosten $22 und von allen diesen Orten nach Bella Coola $40. Fährpreise für Autos belaufen sich auf $220 von Port Hardy nach Bella Coola, auf $140 zu allen anderen Zielorten (einfach $45 bzw. $80). Das Mitnehmen von Kanus oder Kajaks kostet $40,75 von Port Hardy nach Bella Coola und $30,75 zu Orten dazwischen.

DER SÜDEN BRITISH COLUMBIAS

Thunderbird Inn, 7050 Rupert St und Granville St, ☏ 250/949-7767 oder 1-877-682-0222, 🖳 www.thunderbirdinn.com. Ebenfalls zentral gelegen. ❸

CAMPING – *Quatse River Campground*, 5050 Hardy Rd, ☏ 250/949-2395, ✉ quatse@island. net. 62 schattige Stellplätze schräg gegenüber dem *Pioneer Inn*, 5 km vom Fährhafen entfernt. $14–18.
Sunny Sanctuary Campground, 8080 Goodspeed Rd, ☏ 250/949-8111, ✉ sunnycam@capescott. net. 80 Stellplätze am Wasser, 1 km nördlich der Abzweigung zur Fähre auf dem Hwy 19, $15–20.
Wildwoods, ☏ 250/949-6753, schöner Campingplatz, 3 km Fußweg von der Fähre (ausgeschildert), allerdings nicht der komfortabelste Platz zum Zelten. ◷ Mai–Okt, $5–15.

Essen

Das Essen hier ist nicht weiter erwähnenswert, aber es gibt viele preiswerte Angebote, sodass man sich für weit weniger als $10 durchaus satt essen kann. An Granville und Market St sammeln sich die Restaurants; beliebt sind die Pub-Restaurants im *Glen Lyon* und im *Quarterdeck* (s.o.). *Snuggles* neben dem *Pioneer Inn* bietet gemütliche englische Pub-Atmosphäre mit Live-Musik und Theater an Freitagabenden, außerdem werden Steaks, Salate und über offenem Feuer gegrillter Lachs serviert. Das Café im *Pioneer* serviert üppiges Frühstück und Snacks.

Sonstiges

INFORMATIONEN – *Infocentre*, 7250 Market St, Bear Cove, ☏ 250/949-7622, ✉ chamber@ capescott.bc.ca. ◷ ganzjährig Mo–Fr 9–17, Anfang Juni–Ende Sept 8–20 Uhr. Die Busse halten gegenüber.

TAXIS – ☏ 250/949-8000.

Nahverkehrsmittel

North Island Transportation bietet eine Shuttle-Verbindung zwischen der Fähre und dem Flughafen, den großen Hotels und dem Busbahnhof,

7210 Market St. Der Shuttle fährt 90 Min. vor jeder Fährfahrt ab, ☏ 250/949-6300 für Informationen und Abholservice vom Hotel oder Campingplatz.

Transport

Es empfiehlt sich, die Ankunft hier zeitlich auf die Inside-Passage-Fähren (s. S. 354/355, Kasten) abzustimmen. Diese legen im Sommer alle zwei Tage und in der Nebensaison 1–2x wöchentlich ab. Die Busverbindungen erweisen sich als keine große Hilfe, das der Fahrplan von Laidlaw in der Regel auf die aus Prince Rupert kommende Fähre abgestimmt ist.

BUSSE – *Laidlaw*, ☏ 250/949-7532 (Port Hardy), ☏ 250/385-4411 oder 388-5248 (Victoria), 1x tgl. von VICTORIA, zurzeit um 11.45 Uhr und evtl. mit Umsteigen in Nanaimo, Ankunft am Fährterminal von Port Hardy derzeit 21.50 Uhr. Im Sommer gibt es eine zusätzliche Busverbindung von Victoria, Abfahrt am Morgen vor der Fährfahrt.

FÄHREN – Der Fährterminal von Port Hardy ist zwar von der Stadt aus zu sehen, liegt aber 10 km entfernt an der Bear Cove. Abfahrt vom Fährterminal im Sommer normalerweise um 7.30 Uhr.

FLÜGE – Der Flughafen liegt 12 km südlich der Stadt. *Pacific Coastal Airlines*, ☏ 250/273-8666, 🖳 www.pacific-coastal.com, fliegt von Vancouver International Airport nach Port Hardy, einfache Strecke ab $148.

Sunshine Coast, Whistler und die Cariboo-Region

Neben Victoria und den Gulf Islands bieten sich von Vancouver noch zwei weitere lohnende Exkursionen an, die sich durchaus auch länger ausdehnen lassen. Die erste und weniger reizvolle führt an die 150 km lange **Sunshine Coast**, den einzigen zugänglichen Küstenabschnitt auf dem Festland British Columbias und ein mögliches Sprungbrett nach Vancouver Island, denn es fahren Fähren von Powell River, dem größten Ort an der Küste, nach Comox. Von dort lässt sich der Norden von Vancouver Island erkunden, oder man fährt weiter nach Westen und genießt die wunderschöne Landschaft im Pacific Rim National Park. Bei knapp bemessener Zeit unternehmen die meisten Besucher jedoch nur einen Kurztrip bis Powell River und kehren dort wieder um – eine Alternativroute zurück nach Vancouver existiert ebenso wenig wie eine weiter führende Straße jenseits von Lund, wo der Hwy 101 nördlich von Powell River endet.

Spannender ist die zweite Option landeinwärts zum **Garibaldi Provincial Park**, der die mit Abstand schönste Landschaft und die besten Wandermöglichkeiten in der näheren Umgebung von Vancouver bietet und zudem mit dem Weltklasse-Skiort **Whistler** lockt. Letzterer lohnt das ganze Jahr über einen Besuch, wobei im Winter natürlich am meisten los ist, aber auch der Sommer zu zahlreichen Aktivitäten einlädt. Auf dem Weg nach Whistler liegt **Squamish**, das zwar keine besonderen landschaftlichen Reizen besitzt, sich aber zu einem Dorado für Windsurfer und Kletterer in Nordamerika entwickelt hat. Zur richtigen Zeit im Jahr lassen sich hier auch hervorragend Adler beobachten.

Die Straßen jenseits von Whistler erschließen die **Cariboo**-Region, eine riesige, aber ebenfalls nur mäßig aufregende Landschaft aus Seen, Weideland und endlosen Wäldern.

Sunshine Coast

Hoch gelobt wird die von mildem Wetter verwöhnte Küste nordwestlich von Vancouver mit ihren Sandstränden, felsigen Landzungen und malerischen Lagunen. Der Besucherandrang ist groß, allerdings wird die Gegend ihrem Ruf bei weitem nicht gerecht – sie ist mit den grandiosen Landschaften im Landesinneren von BC kaum zu vergleichen. Selbst als Vorgeschmack auf die herrliche Bergwelt der Provinz lässt dieser Landstrich viele Wünsche offen. Am meisten bietet die Gegend noch im Sommer für Taucher, Freizeitkapitäne und Angler, die hier so gute Bedingungen vorfinden wie sonst irgendwo in Westkanada. Wer lediglich einen Tagesausflug unternimmt, wird wahrscheinlich die diversen **Überfahrten mit der Fähre** als Höhepunkte im Gedächtnis behalten. Die erste verbindet **Horseshoe Bay**, die Westspitze von West Vancouver, mit Langdale und Gibsons Landing, wo

der Highway 101 die 79 km lange Küstenstrecke nach Earl's Cove aufnimmt. Die Fähre verkehrt ganzjährig und benötigt für die Fahrt durch den fjordähnlichen Howe Sound 30–40 Min. Die zweite, landschaftlich sehr reizvolle und etwas längere Überfahrt führt nach Saltery Bay, von wo es noch 35 km bis Powell River sind, bevor die Straße weitere 23 km nördlich bei der Ortschaft Lund abrupt endet.

Der **Highway 101** führt fast die gesamte Strecke von Gibsons Landing die Küste entlang. Der oft einfach nur als Gibsons bezeichnete Ort liegt 5 km vom Fähranleger Langdale entfernt, wo die Fähren aus Horseshoe Bay anlegen. Von Vancouver erreicht man den Anleger im äußersten Westen über den Marine Drive mit Bus Nr. 250 oder Express-Bus Nr. 257, z.B. von der West Georgia St in Downtown. Da dieser Küstenabschnitt kaum die Erkundung mit dem eigenen Auto lohnt und die beiden Überfahrten mit der Fähre eigentlich den Höhepunkt der Reise ausmachen, kann man sich den Preis für einen Mietwagen auch sparen und stattdessen mit dem **Bus** einen durchaus machbaren Tagesausflug nach **Powell River** unternehmen. *Malaspina Coachlines,* ✆ 604/485-5030 oder 1-888-227-8287, fährt 2x tgl. nach Powell River (derzeit 8.30 und 18.30 Uhr, 5 Std., Rückfahrt 8.30 und 14.30 Uhr, einfache Strecke $37,50). Die Busfahrkarte beinhaltet auch die Überfahrten mit der Fähre.

In **Gibsons**, dem Fährterminal auf der anderen Seite des Howe Sound, gibt es einen schönen Jachthafen. Der Ort selbst liegt verstreut auf einem bewaldeten Hügel, seine reizvollsten Ecken sind der betriebsame Hafen, wo sich eine Pause besser verbringen lässt als in Upper Gibsons, das etwas weiter am Highway liegt und im Grunde nur aus einer einzigen wuseligen Geschäftsstraße besteht. Wer Wartezeit zu überbrücken hat, kann sich die beiden bescheidenen Museen des Ortes anschauen: das **Sunshine Coast Maritime Museum**, Molly's Lane, ◷ Juni–Aug Di–Sa 10.30–16 Uhr, und das **Elphinstone Pioneer Museum**, 716 Winn Rd, ◷ Mai–Sept Do–Sa 10.30–16.30 Uhr, beide Eintritt frei. Beide widmen sich in ihren Ausstellungen den Seefahrern und Pionieren.

Weiter westlich liegt am Hwy 101 Pender Harbour, das sich aus mehreren Gemeinden zusammensetzt, die wichtigste davon ist **Madeira Park**. Gelegentlich verirren sich Wale in diese Gegend und enden leider oft in Aquarien. Hauptattraktionen sind Angeln und Bootfahren.

Earl's Cove ist der zweite Fährterminal entlang der Strecke und ansonsten kaum erwähnenswert. Die Überfahrt von hier dauert länger (45 Min.) und bietet ebenfalls einen schönen Blick auf die steile Küste und einen beeindruckenden Wasserfall, der von einem Plateau tief ins Meer hinabstürzt.

Von **Jervis Bay**, dem gegenüberliegenden Pier, sind es nur noch wenige Kilometer bis zum schönsten Provinzpark der Region, dem **Saltery Bay Provincial Park**. Im bewaldeten Gebiet zwischen Küste und Straße gibt es wunderschön gelegene Campingplätze ($12), die durch kurze Wege mit zwei Badestränden verbunden sind.

Ihre Attraktivität verdankt die Stadt **Powell River** der Lage am Meer. Allerdings schmälern auch hier, wie vielerorts in BC, die unkontrollierte Zersiedlung der Landschaft und ein Sägewerk die Idylle.

Der Hwy 101 endet – ausgehend von Mexico City und damit einer der längsten Highways Nordamerikas – im 28 km nördlich von Powell River gelegenen Küstenort **Lund**.

Im **Desolation Sound Marine Provincial Park** ca. 10 km nördlich von Lund bieten sich hervorragende Möglichkeiten für Freizeitkapitäne, Taucher, Angler, Kanuten und Kajaker. Es gibt keine Straßenzufahrt zum Park, allerdings organisieren eine Reihe von Ausrüstern in Powell River Touren und verleihen die nötige Ausstattung.

Übernachtung

GIBSONS – Motels stehen in Hülle und Fülle zur Verfügung. Der nächste empfehlenswerte Campingplatz befindet sich im **Roberts Creek Provincial Park**, 8 km nordwestlich vom Terminal am Hwy 101, $12.

SECHELT – Nur etwa 4 km nördlich bietet der **Porpoise Bay Provincial Park** einen Campingplatz, Sandstrand sowie gute Möglichkeiten zum Schwimmen und Wandern, $17,50, Reservierungen möglich.

JERVIS BAY – Der schön gelegene Campingplatz im **Saltery Bay Provincial Park** verbirgt sich hinter Bäumen und ist durch kleine Wege mit Badesträanden verbunden, $12.

POWELL RIVER – Mehrere Campingplätze bieten Meerblick, insbesondere der große Platz am, wunderschön gelegene *Oceanside Resort Motel*, ✆ 604/485-2435 oder 1-888/889-2435, 🖳 www.oceansidepark.com. 7 km von Powell River entfernt direkt am Ufer. Hier stehen auch 11 Cabins zur Verfügung, Stellplatz $16 für zwei Personen. ❸

Der zentralste Campingplatz *Willingdon Beach Municipal Campground*, 6910 Duncan St, am Ufer hinter der Marine Ave, ✆ 604/485-2242, hat 81 Stellplätze, $15–20.

LUND – Im bescheidenen **Okeover Provincial Park** unmittelbar nördlich von Lund kann man auf einem Campingplatz ohne Versorgungseinrichtungen nächtigen, $14.

Sonstiges

AUSRÜSTUNG – *Westview Live Bait Ltd*, 4527 Marine Ave, Lund, vermietet **Kanus**. *Coulter's Diving*, 4557 Willingdon Ave, Lund, ist der Anlaufpunkt für Taucher.

FAHRRÄDER – *Spokes*, 4710 Marine Drive, Lund, vermietet Fahrräder.

INFORMATIONEN – Gibsons: *Infocentre*, 1177 Stewart Rd, ✆ 604/886-2325, 🖳 www.gibsonschamber.com, informiert über die Wanderwege, Strände und Möglichkeiten zum Schwimmen in Gibsons, ⊙ tgl. 9–18 Uhr.
Powell River: *Infocentre*, am Ende des Fähranlegers, 4690 Marine Ave, ✆ 604/485-4701 oder 1-877/817-8669, 🖳 www.discoverpowellriver.com. Hat Wanderkarten und bietet Informationen über Bootsfahrten auf dem Powell Lake sowie Touren in den Desolation Sound.

Transport

BUSSE – *Malaspina Coachlines*, ✆ 485-5030, fährt 2x tgl. von VANCOUVER nach Powell River, 5 Std., und 1x tgl. bis Sechelt, 2 Std.

FÄHREN – **Von Horseshoe Bay**: Ganzjährig regelmäßige Überfahrten, Fußgänger $8,25, Autos $28,75, Fahrräder $2,50, außerhalb der Hochsai-

son (Ende Juni–Anfang Sept) etwas billiger.
Es ist zu beachten, dass das Ticket wahlweise
für die Überfahrten Horseshoe Bay–Langdale
oder Earl's Cove–Saltery Bay verwendet werden
kann. Nach SNUG COVE 15x tgl. hin und zurück,
20 Min.; nach LANGDALE 8x tgl. hin und zurück,
40 Min. Im Sommer außerdem stdl. Verbindung
nach NANAIMO auf Vancouver Island, in
der Nebensaison alle 2 Std., Fußgänger $10,
Autos $34,75 (Nebensaison und für Autos
ganzjährig an Wochentagen weniger). Weitere
Informationen erteilt *BC Ferries*, ✆ 604/669-1211,
250/386-3431 oder 1-888-223-3779, 🖳 www.
bcferries.com.

Von Earl's Cove: Nach SALTERY BAY 8–9x tgl. hin
und zurück, 50 Min.

Von Powell River: Fähranleger 2 km östlich des
Orts in Westview. Der Fahrplan der Busse ist
teilweise auf die Abfahrtszeiten der Fähren abgestimmt. Man kann auch die Strecke vom Zentrum oder Busbahnhof zu Fuß oder per Taxi,
✆ 604/483-3666, zurücklegen. Verbindung nach
COURTENAY auf Vancouver Island, 4x tgl.,
1 1/4 Std.; TEXADA ISLAND 10x tgl. hin und zurück, 35 Min.

Sea to Sky Highway

Der Hwy 99 zwischen North Vancouver und Whistler, auch Sea to Sky Highway genannt, wird zwar
von Wochenendausflüglern aus Vancouver gelobt,
die gerne von der großartigen Landschaft vor ihrer
Haustür schwärmen, doch wird er seinem guten
Ruf nicht ganz gerecht. Viel versprechend präsentiert sich die erste Strecke entlang der Küste, wo die
Straße einer steilen Felswand zu kleben scheint
und sich spektakuläre Ausblicke auf die Berge zu
beiden Seiten der Howe Sound eröffnen – weit
schöner als an der Sunshine Coast. Allerdings wird
das Landschaftsbild u.a. durch zahlreiche Campingplätze und Motels beeinträchtigt, bevor
schließlich die Berge der Coast Range hinter Squamish beginnen.

Mit dem Auto empfiehlt es sich, dem Highway
lediglich bis zum Garibaldi Provincial Park zu folgen. Auf der Duffy Lake Road zwischen Pemberton
und Lillooet geht es nur sehr langsam voran. Vor
allem im Winter ist dieser Abschnitt oft unpassierbar, bietet aber wundervolle Ausblicke auf Seen

und Gletscher. Öffentliche Verkehrsmittel siehe
Whistler.

Britannia Beach

Die Straße und Bahnlinie laufen 53 km hinter Vancouver im winzigen Britannia Beach zusammen.
Im **BC Museum of Mining**, ✆ 604/688-8735,
🖳 www.bcmuseumofmining.org, dreht sich alles
um den größten Kupferproduzenten im Britischen
Empire der 30er Jahre – 56 Millionen Tonnen Erz
wurden hier gefördert, bis die Mine 1974 stillgelegt
wurde. Untergebracht ist das Museum in einem gewaltigen, etwas vernachlässigten Gebäude am
Hang. Es beherbergt viele Exponate zum Anfassen,
ehemalige Arbeitsgeräte, einen 235 Tonnen schweren Monster-Truck und alte Fotografien. Alle
30 Min. werden Führungen in einer kleinen
Elektrobahn durch ca. 350 m Stollen angeboten.
Falls einem der Komplex irgendwie bekannt vorkommt – er diente als Drehort für die TV-Serie *Akte X* und zahlreiche weitere Kino- und TV-Produk-
tionen. ☉ Anfang Mai–Anfang Sept tgl. 9–
16.30 Uhr, $12,95.

Hinter Britannia Beach erstrecken sich mehrere
Schutzgebiete an der Küste. Das interessanteste da-
von – den von der Straße ausgeschilderten **Shan-
non Falls Provincial Park** mit seinem 335 m ho-
hen **Wasserfall** – erreicht man 7 km nach Britannia
Beach. Der Wassersturz ist sechsmal höher als die
Niagarafälle und dementsprechend schon von der
Straße aus zu sehen. Allerdings ist der Aussichts-
punkt unten am Wasserfall auch innerhalb von
5 Min. zu Fuß zu erreichen. Die Attraktivität dieser
Sehenswürdigkeit leidet etwas unter der Nähe zur
Straße, einem Campingplatz und einem Diner.

Squamish

Die schönste Küstenstrecke mit Ausblicken aufs
Meer endet 11 km hinter Britannia Beach in Squamish, dessen Häuser sich zwischen Lagerhallen,
Holzstapeln und alten Gerätschaften verteilen. In
ganz Kanada gibt es kein besseres Revier für Bergsteiger, Surfer und Mountainbiker.

Bekannt ist die Stadt für ihren riesigen Granit-
fels **The Stawamus Chief**, von dem sie buchstäblich überschattet wird. Er taucht im Osten direkt
hinter den Shannon Falls auf und gilt nach Gibral-

tar als zweitgrößter freistehender Fels der Welt. Squamish zählt heute zu den besten Anlaufstellen für **Felskletterer** in Kanada. Außerdem wurde die Gegend kürzlich zum Provinzpark ernannt. Im Jahr kommen etwa 200 000 Kletterer hierher, um sich auf den über 400 Routen auf dem Monolithen (625 m) zu vergnügen: Die University Wall hinauf zur Dance Platform gilt als Kanadas härtester Aufstieg.

Der Berg ist den Squamish heilig. Ihr historischer Stammesname – der übersetzt „Ort, wo der Wind weht" bedeutet – verrät schon etwas über die zweite große Attraktion vor Ort: **Windsurfen**, denn hier weht ein beständig starker Wind, der sich für alle Schwierigkeitsgrade eignet. Aufgrund des kalten Wassers benötigt man allerdings einen Neoprenanzug, der in der Stadt ausgeliehen werden kann. Den größten Zuspruch findet der 3 km entfernte künstliche See hinter dem Deich Squamish Spit zwischen Howe Sound und dem Squamish River, ein Park unter der Verwaltung der *Squamish Windsurfing Society*, ✆ 604/926-WIND oder 892-2235. Die Society verlangt eine geringe Gebühr für Rettungsboote, Versicherung und Waschräume.

Zu erwähnen bleiben noch die hervorragenden Möglichkeiten zum **Mountainbiken** auf insgesamt 63 Wegen in der Gegend (teilweise beschwerliche einspurige Routen, teilweise befestigte Holzfäller-straßen) – sowie die wachsende Beliebtheit des **Bouldering** (langsames Kraxeln über große Felsbrocken ohne Seil).

Übernachtung

August Jack Motor Inn, gegenüber dem Infocentre, ✆ 604/892-3504, zentralste Unterkunft neben dem Hostel. ❸
Garibaldi Budget Inn, 38012 3rd Ave, ✆ 604/892-5204 oder 1-888/313-9299, ✉ motorinn@shaw.ca. Preiswerte Unterkunft mit 30 Zimmern. ❷
Howe Sound Inn & Brewing Company, 37801 Cleveland Ave, ✆ 604/892-2603, 🖥 www.howesound.com. Bestes Hotel, zentral gelegen, geräumige Zimmer, Pub, Restaurants, Kletterwand und Sauna. ❺
Squamish Hostel, Mamquam Blind Channel (Hwy 99), rechter Hand auf dem Weg von Vancouver, ✆ 604/892-9240 oder 1-800/449-8614, 🖥 www.squamishhostes.com. Brandneues, gro-

ßes, sauberes und freundliches Hostel der Superlative mit Küche, Gemeinschaftsraum mit Kamin, Terrasse. Mehr als 60 Betten und Privatzimmer, Dorm-Bett $17,50 (drei Nächte $50), Zimmer $39. ❶

Sonstiges

AUSRÜSTUNG – *Vertical Reality Sports Centre*, 38154 2nd Ave, ✆ 604/892-8248, verleiht Kletterschuhe für $10 pro Tag und Mountainbikes für $15–40 pro Tag.

FAHRRÄDER – *Corsa Cycles*, Hunter Place, ✆ 604/892-3331, 🖥 www.corsacycles.com, verleiht Mountainbikes ab ca. $20 für einen halben Tag.
Tantalus, 40446 Government Rd, nahe der Greyhound-Haltestelle, ✆ 604/898-2588. Gleiche Preise.

FELS- UND EISKLETTERN – *Slipstream Rock & Ice*, ✆ 604/898-4891 oder 1-800/616-1325, 🖥 www.slipstreamadventures.com. Führungen und Kurse zum Fels- und Eisklettern. Die meisten Touren dauern zwei Tage, kosten ab $160 und sind sehr informativ.
Als Lektüre empfehlen sich mehrere **Kletterführer**, die in den Buchhandlungen von Vancouver und in den Ausrüsterläden von Squamish erhältlich sind. Gut ist u.a. Kevin McLanes *Climbers Guide to Squamish*, Elaho, $34,95.

FESTIVALS – Im August erinnert die **World Lumberjack Competition** in Squamish an die Holzfällertradition.
Im Juli ist beim zehntägigen **Adventure Festival**, ✆ 1-888/684-8828, die Hölle los. Den Beginn markiert ein Wagenrennen: Mülltonnen auf Rädern werden von Mountainbikes gezogen. Zu den übrigen Wettkämpfen zählen ein Mountainbike-Rennen mit über 800 Fahrern, Straßenhockey, Kletterkurse und Wildwasserwettbewerbe.

INFORMATIONEN – *Infocentre*, Cleveland Ave, ✆ 604/892-9244, 🖥 www.squamishchamber.bc.ca, ⏱ Mai–Sept tgl. 9–17, Okt–April Mo–Fr 9–17, Sa, So 10–14 Uhr.

Haltestelle der **Greyhound**-Busse in der Cleveland Avenue (ab Hwy 99), wo auch die meisten Einrichtungen im Ort zu finden sind. Verbindungen 6x tgl. von und nach VANCOUVER, 4x tgl. von und nach PEMBERTON. Außerdem 7x tgl. Busse nach WHISTLER, 1 1/4 Std.

Brackendale Eagles Provincial Park

Der Squamish River und insbesondere der kleine Weiler Brackendale, 10 km nördlich am Hwy 99, gelten als Welthauptstadt der Weißkopfseeadler. Im Winter jagen hier etwa 2000 Adler wandernde Lachse. Am ehesten sind sie am Eagle Run unmittelbar südlich des Zentrums von Brackendale sowie am Fluss im 550 ha großen Brackendale Eagles Provincial Park zu sehen.

Eine Tour zur Adlerbeobachtung vom Floß aus kostet $89 pro Person, inklusive Mittagssnack. Eine Rafting-Tour mit Übernachtung kostet $139 pro Person und $198 pro Paar. Eine Floßfahrt mit Cabin-Übernachtung schlägt mit $124 p.P. zu Buche, sofern sich zwei Personen eine Hütte teilen.

Informationsquelle und guter Aussichtspunkt in einem ist die *Brackendale Art Gallery*, Government Rd, nördlich der Depot Rd, ✆ 604/898-3333, 🖳 www.brackendaleartgallery.com.

Unterkunft und Rafting-Touren bietet das *Sunwolf Outdoor Centre*, ✆ 604/898-1537, 🖳 www.sunwolf.net. Es ist vom Hwy 99 ausgeschildert: 2 km nach Brackendale an der Alice Lake-Kreuzung links in die Squamish Valley Road einbiegen, nach weiteren 4 km erscheint das Centre auf der rechten Seite. Es bietet 10 tolle Cabins für 3 Personen am Ufer des Cheakamus River, z.T. mit Küche ($10 extra). ❻

Garibaldi Provincial Park

Etwa 5 km nördlich von Squamish taucht die Straße in das klassische, von Flüssen, Bergen und Wäldern durchzogene Landesinnere von BC ein. Die Fahrt von hier nach Whistler ist ein wahres Vergnügen – gestört wird das idyllische Bild allein durch die zahlreichen Strommasten.

Der Garibaldi Provincial Park gehört zu den Hauptattraktionen der Gegend und umfasst ein riesiges, unberührtes Gebiet aus atemberaubenden Seen, Flüssen, Wäldern, Gletschern und Gipfeln der Coast Mountains. Der höchste Punkt des Parks – **Wedge Mountain** – ragt 2891 m empor. Vom Highway zwischen Squamish und Whistler führen vier Straßen zum Park, allerdings gelangt man ohne ein eigenes Fahrzeug nicht zum Beginn der Wanderwege am anderen Ende. Die nächsten Übernachtungsmöglichkeiten – abgesehen von Campingplätzen – finden sich in Whistler.

Fünf Gebiete im Park lassen sich auf Wanderwegen erkunden, das schönste und beliebteste ist die **Black Tusk / Garibaldi Lake**-Region. Weitere Wege breiten sich fächerförmig vom Garibaldi Lake aus und führen unter anderem zum riesigen Basaltfels **Black Tusk**, 2316 m – eine der seltenen Gelegenheiten, einen Hochgebirgsgipfel ohne Kletterausrüstung zu erklimmen. Die übrigen Wandergebiete sind (von Norden nach Süden): **Diamond Head**, **Cheakamus Lake**, **Singing Pass** und **Wedgemount Lake**. Abgesehen von diesen kleinen und begrenzten Gebieten präsentiert sich der Park als uneingeschränkte Wildnis. Wandermöglichkeiten gibt es auch außerhalb des Parks Richtung Whistler. Die Wege beginnen meist am Ende der Skilifte, die auch im Sommer in Betrieb sind. Weitere **Informationen**, darunter auch gute Tipps für Wanderer, gibt es im Internet unter 🖳 www.garibaldi-park.com oder in der von *BC Parks* herausgegebenen Broschüre, die in den *Infocentres* von Vancouver und anderen Städten erhältlich ist oder online unter 🖳 www.bcparks.ca abgerufen werden kann.

Whistler

Whistler, 56 km hinter Squamish, gilt als bestes kanadisches ganzjähriges Urlaubsziel. Im Winter zählt die Ortschaft sogar zu den fünf Top-Skigebieten der Welt. Whistler wird einer der Hauptaustragungsorte der Olympischen Winterspiele 2010 sein. Neben Skifahren und Snowboarden sind auch alle anderen Wintersportarten möglich. Im Sommer lädt die Gegend mit ihren Liften zum Wandern im Hochgebirge und zu anderen Aktivitäten ein (ganz zu schweigen von den besten Möglichkeiten in

Nordamerika zum Sommerskifahren). Niemand sollte sich der Illusion hingeben, hier einen ungestörten Urlaub in freier Natur verbringen zu können, denn Whistler ist ein äußerst beliebtes Ausflugsziel, an dem jeden Winter über zwei Millionen Skilift-Tickets verkauft werden, so viele wie in keinem anderen Wintersportort Nordamerikas. Es handelt sich aber auch um eines der größten Skigebiete auf dem Kontinent, sodass sich die Besucher auf den über 200 Loipen und zwölf alpinen Becken gut verteilen.

Das Skigebiet liegt an den Hängen der zwei benachbarten Berge – **Whistler** (2182 m) und **Blackcomb** (2284 m) –, die beide ein ausgedehntes Liftsystem und zahlreiche Pisten besitzen. Betreiber der Liftsysteme ist *Intrawest*, ✆ 604/932-3434 oder 1-800/766-0449, 🖳 www.whistler-blackcomb.com, dessen ausgezeichnete Website so gut wie alles Wissenswerte rund um das Skigebiet liefert. Beide Berge sind von insgesamt fünf Punkten aus zugänglich, u.a. per Skilift von **Whistler Village**, dem eigens erbauten und größtenteils zur Fußgängerzone erklärten Ort im Herzen des Gebiets. Hier finden sich auch die meisten Hotels, Geschäfte, Restaurants und Gelegenheiten zum Après-Ski. Eingerahmt wird dieser Kernbereich von zwei weiteren „Dorf"-Komplexen: dem ca. 1 km nordöstlich gelegenen **Upper Village Blackcomb** und dem kürzlich fertig gestellten Village North rund 700 m nördlich.

Etwa 6 km südlich von Whistler Village erreicht man **Whistler Creekside** (ebenfalls mit Gondel und Liftstation), eine bisher preiswertere Alternative. Allerdings sind hier umfangreiche Baumaßnahmen in Höhe von $50 Millionen im Gange, so dass die Unterkünfte und Serviceleistungen die des berühmteren Nachbarn bald weit übersteigen.

Informationen

Informationen rund um Whistler und die Blackcomb Mountains (Skifahren, Snowboarden, Skipässe, Liftfahrpläne, Sommeraktivitäten) erhalten Interessierte unter ✆ 1-800/766-0449 oder ✆ 604/932-3434 bzw. auf der offiziellen Website der Region, 🖳 www.whistler-blackcomb.com.

Whistler Village und Umgebung

Das zentrale **Whistler Village** ist eine relativ neue und charakterlose Ansammlung aus pastellfarbenen Hotels, Restaurants und Ausrüstungsgeschäften, die von einem lautstarken Publikum in neonfarbenem Outfit frequentiert werden. Der Name geht, wie z.T. behauptet wird, auf den schrillen Ruf des kleinen rundlichen Murmeltiers zurück, der einem Pfeifton *(whistle)* nicht unähnlich ist. Andere behaupten, die Bezeichnung leite sich vom Geräusch des Windes ab, der durch den Singing Pass oben in den Bergen pfeift. Wie dem auch sei – seit der Eröffnung des Resorts im Jahre 1980 wurden bereits Unmengen von Geldern investiert, und die Investitionen haben sich gelohnt. Service, Lifte und Erscheinungsbild des Resorts und seiner Ausläufer sind makellos. Über zwei Millionen Touristen begrüßt Whistler im Jahr. Die Herausforderung besteht nun darin, die Entwicklung einzudämmen, um eine Zerstörung der Landschaft – des Hauptanziehungspunktes der Gegend – zu verhindern.

Wintersportenthusiasten lassen sich gerne über die Vorzüge des **Whistler Mountain** und seines „Rivalen", des Blackcomb Mountain, aus. Beide sind per Lift von Whistler Village zu erreichen. Beide Berge bieten erstklassige Gelegenheiten zum Skifahren und Snowboarden, was alljährlich beim *Snowboard FIS World Cup* im Dezember und beim *World Ski and Snowboard Festival* im April, Nordamerikas größtem Sportereignis, am Whistler unter Beweis gestellt wird. Jeder Berg hat seinen ganz eigenen Charakter. Zurzeit sollen die sowieso schon eindrucksvollen Einrichtungen am Whistler Mountain mit Hilfe beträchtlicher Finanzspritzen auf den modernsten Stand gebracht werden. Traditionell wird Whistler als der Berg für Ortstreue betrachtet, wo man sich tagelang im Schnee tummeln kann, ohne dieselbe Strecke zweimal zurückzulegen. Es gibt über einhundert ausgewiesene Pisten und sieben große Senken. Zum Liftsystem gehören zwei schnelle Gondeln, sechs schnelle Vierer-, zwei Dreier- und ein Doppel-Sessellift sowie fünf Schlepplifte. Snowboarder können sich in einer Half-Pipe sowie in einem Park vergnügen. Der Höhenunterschied beträgt 1530 m, und die längste Piste erstreckt sich über 11 km.

Blackcomb Mountain, der „*Mile-High Mountain*", ist die Skiregion der Superlative: das modernste Resort in Kanada, das beste Sommerskige-

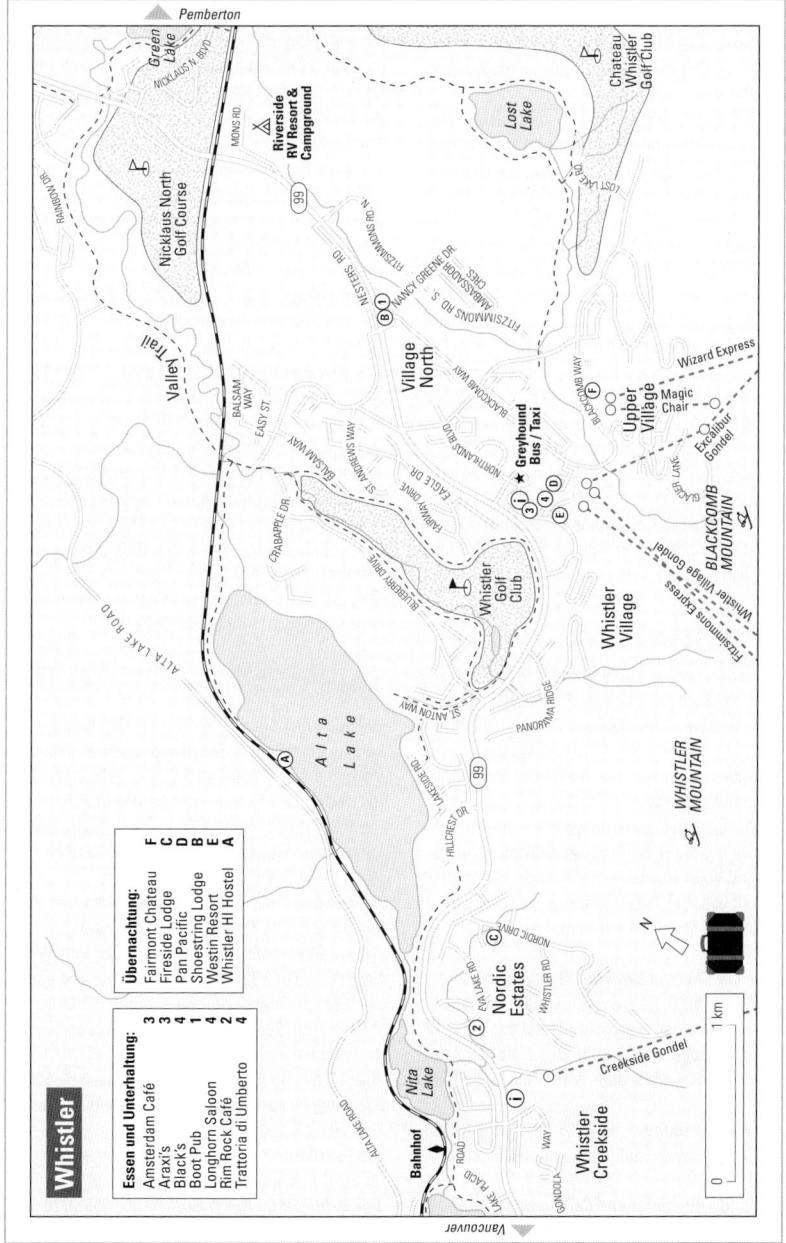

Whistler

Essen und Unterhaltung:

Amsterdam Café	3
Araxi's	3
Black's	4
Boot Pub	1
Longhorn Saloon	1
Rim Rock Café	2
Trattoria di Umberto	4

Übernachtung:

Fairmont Chateau	F
Fireside Lodge	C
Pan Pacific	D
Shoestring Lodge	B
Westin Resort	E
Whistler HI Hostel	A

Pemberton

Green Lake

NICKLAUS N. BLVD

RAINBOW DR.

Nicklaus North Golf Course

Valley Trail

MONS RD.

Riverside RV Resort & Campground

Lost Lake

LOST LAKE RD.

Chateau Whistler Golf Club

99

N'STERS RD.

FITZSIMMONS RD. N.

AMBASSADOR CRS.

NANCY GREENE DR.

FITZSIMMONS RD. S.

Village North

B 1

BALSAM WAY

EASY ST.

CRABAPPLE DR.

BLUEBERRY DRIVE

ST. ANDREWS WAY

BALSAM WAY

FAIRWAY DRIVE

EAGLE DR.

NORTHLANDS BLVD

BLACKCOMB WAY

BLACKCOMB WAY

Wizard Express

F

Upper Village

Magic Chair

Greyhound Bus / Taxi

★

3

4 D

E C

Excalibur Gondel

GLACIER LANE

BLACKCOMB MOUNTAIN

Whistler Golf Club

Whistler Village

Whistler Village Gondel

Fitzsimmons Express

WHISTLER MOUNTAIN

ALTA LAKE ROAD

A

Alta Lake

PANORAMA RIDGE

ST. ANTON WAY

LACSURE RD.

99

HILLCREST DR.

EVA LAKE RD.

WHISTLER RD.

NORDIC DRIVE

C

Nordic Estates

2

ALTA LAKE RD.

LAKE PLACID ROAD

GONDOLA WAY

Nita Lake

Bahnhof

i

Creekside Gondel

Whistler Creekside

N

0   1 km

Vancouver

DER SÜDEN BRITISH COLUMBIAS

biet von Nordamerika (am Horstman Glacier), die längste durchgängige Abfahrt auf dem Kontinent sowie die längste *und* zweitlängste Steilpiste mit Lift (1609 m bzw. 1530 m).

Blackcomb ist mit 13,5 km² unwesentlich kleiner als Whistler, besitzt aber eine ähnliche Struktur: 15% eignen sich für Anfänger, 55% für Fortgeschrittene und 30% für Spitzenskiläufer. Das Liftsystem umfasst eine schnelle Gondel, sechs schnelle Vierer- und drei Dreier-Sessellifte sowie sieben Schlepplifte. Es gibt über hundert gekennzeichnete Wege, zwei Gletscher und fünf Senken, daneben zwei Half-Pipes und einen Park für Snowboarder. Auch ohne Ski kann man die Lifte im Winter und Sommer zum Erklimmen des Berges nutzen, um anschließend zu wandern, den Ausblick vom Gipfel zu genießen oder in einem der Restaurants, z.B. dem *Rendezvous* oder *Glacier Creek*, zu speisen. Die besten Möglichkeiten zum Langlauf bieten sich auf den gepflegten 22 km langen Loipen um den Lost Lake und am Golfplatz Chateau Whistler, von Whistler Village allesamt leicht erreichbar.

Übernachtung

Buchungen von Unterkünften für Individualreisende Im Sommer übernimmt **Whistler Central Reservations**, ✆ 604/664-5625 oder 1-800/944-7853, 🖥 www.tourismwhistler.com oder 🖥 www.mywhistler.com. Im Winter sollten die Reservierungen weit im Voraus erfolgen. Die Nachfrage ist so groß, dass viele Hotels Stornierungen nur bis zu 30 Tagen im Voraus akzeptieren und unter Umständen auf einen Mindestaufenthalt von drei Tagen bestehen. Die Preise sind im Sommer vergleichbar hoch.

Fairmont Chateau Whistler, Blackcomb Way, ✆ 604/938-8000, 🖥 www.fairmont.com. Stilvolles, $75 Millionen teures Top-Hotel des Orts. ❽
Fireside Lodge, 2117 Nordic Drive, Nordic Estates, ✆ 604/932-4545, gute Wahl 3 km südlich des Orts. ❷
Pan Pacific Lodge, ✆ 604/905-2999 oder 1-888/905-9995, 🖥 www.panpacific.com. Weiteres Top-Hotel. ❽
Riverside RV Resort and Campground, 8018 Mons Rd, 1,8 km nördlich von Whistler Village,

✆ 1-877/905-5533 oder 1-877/905-5533, 🖥 www.whistlercamping.com. Bester Campingplatz der Gegend, 14 Blockhütten für 5 Personen, ❻–❼, und 107 Stellplätze für Wohnmobile und Zelte, im Winter $25 für zwei Personen, im Sommer $30.
Shoestring Lodge, Nancy Greene Drive, ✆ 604/932-3338, beliebte Alternative zum Hostel mit angrenzendem, oft chaotischen Pub, Zimmern mit Bad (so weit wie möglich von der Bar entfernt verlangen) und Dorms. 10 Min. Fußweg von Whistler Village. ❷
Westin Resort & Spa, ✆ 604/905-5000 oder 1-888/634-5577, 🖥 www.westinwhistler.com. Luxuriöse Suiten, umfassender Service für Skifahrer. ❽
Whistler Hostel, 5678 Alta Lake Rd, ✆ 604/932-5492, www.hihostels.ca. Eines der schönsten und beliebtesten Hostels in BC, 7 km von Whistler Village entfernt am Ufer des Alta Lake. 32 Betten, für Mitglieder $19,50, sonst $23,50, ausgeschilderter 50-minütiger Fußweg von Whistler Creek, mit dem Auto 10 Min. ins Zentrum. Lokale Busse, ✆ 604/932-4020, von der Gondeltalstation im Village zum Hostel, 4x tgl., 15 Min., $1,50. Reservierung das ganze Jahr über empfehlenswert. Check-in 16–22 Uhr.

Essen

Wer sich nicht gerade aktiv im Freien betätigt, kann in einem der Cafés ausspannen. In Whistler Village und der Umgebung gibt es zahlreiche Cafés und ca. 100 Restaurants, keines davon mit formeller Adresse und z.T. von nur erschreckend kurzer Lebensdauer. Reservierungen sind im Winter und Sommer empfehlenswert.
Amsterdam Café, ✆ 604/932-8334, einfache, aber verlässlich gute Kleinigkeiten zum Essen.
Araxi's Restaurant and Antipasto Bar, Village Square, ✆ 604/932-4540, sehr beliebte und eine der wenigen etablierten Gaststätten mit teuren Westküsten-Gerichten und fantasievollen Nudelgerichten.
Black's Dining Room, Mountain Square, ✆ 604/932-6408, Pizza und Pasta in einer gemütlichen Bar; *Black's Pub* im Obergeschoss.
Citta's Bistro, ✆ 604/932-4177, modernes Bistro im amerikanischen Stil.
Garibaldi Lift Co Bar & Grill, ✆ 604/905-2220. Auf der Terrasse des Restaurants an der Seilbahn-

station in Whistler wimmelt es stets von Menschen, die gerade von der Piste kommen, später gesellen sich noch etliche weitere Gäste zum Abendessen hinzu.

Rim Rock Café & Oyster Bar, 2117 Whistler Rd, ✆ 604/932-5565, serviert ausgezeichnete Fischgerichte.

Trattoria di Umberto, in der *Mountainside Lodge*, ✆ 604/932-5858, neben dem *Pan Pacific Hotel*, italienisches Essen in gemütlicher Atmosphäre.

Unterhaltung

Après-Ski und Nachtleben kommen in Whistler weder im Sommer noch im Winter zu kurz, denn eine große Schar von Saisonarbeitern, darunter auffällig viele lautstarke Australier und Neuseeländer, haben die Aufgabe, die Gäste ständig bei Laune zu halten. Wer es lieber etwas ruhiger mag, hält sich an eine der gepflegten Hotelbars im *Fairmont Chateau Whistler*.

KNEIPEN UND BARS – *Dubh Linn Gate*, 4320 Sundial Crescent, ✆ 604/905-4047. Irish Pub.

Longhorn Saloon and Grill, in der *Carleton Lodge*, Whistler Village, an der Seilbahnstation, ✆ 604/932-5999, eignet sich bestens zum Après-Ski.

Merlin's, in der *Blackcomb Lodge*, ✆ 604/938-7700, Pendant zum *Longhorn Saloon* am Blackcomb Mountain.

Buffalo Bill's Bar & Grill, in der *Timberline Lodge*, gegenüber der Seilbahnstation, ✆ 604/932-6613, Bar/Club für Leute in den 30ern. Geboten werden Comedy-Nights, Hypnoseshows, Videoleinwände, eine riesige Tanzfläche und Live-Musik.

CLUBS – *Boot Pub*, abseits des Zentrums in der *Shoestring Lodge*, Nancy Greene Way. Von Einheimischen favorisierte Kneipe mit billigem Bier und gelegentlicher Live-Musik.

Brewhouse Pub & Restaurant, nahe Blackcomb Way, Village North. Gute Kneipe zum Leutebeobachten bei einem gemütlichen Drink.

Maxx Fish, ✆ 604/932-1904, etwas wagemutigere Hip-Hop- und House-Klänge vom DJ.

Moe Joe's, ✆ 604/935-1152, bei Einheimischen beliebter Club mit DJs und Live-Musik.

Tommy Africa's, ✆ 604/932-6090, auch als *Tommy's* bekannt, lockt ebenso die Snowboarder-Szene an.

Sonstiges

INFORMATIONEN – *Tourism Whistler*, ✆ 604/932-3298, hat vor allem die zahlungskräftigere Klientel im Auge und betreibt auch das *Whistler Activity and Information Centre* im grün gedeckten Conference Centre nahe dem Village Square, ✆ 604/932-2394 oder 1-800-WHISTLER, 🖳 www.tourismwhistler.com. ◷ tgl. 9–17 Uhr.

Chamber of Commerce, 2097 Lake Placid Rd, in Whistler Creek, ✆ 604/932-5528, 🖳 www.whistlerchamberofcommerce.com. Freundlich und sachlich hilfreicher. Allgemeine Informationen, Tickets für Veranstaltungen und Last-Minute-Übernachtungen. ◷ tgl. 9–17 Uhr, im Sommer länger.

Informationskioske gibt es Mai–Anfang Sept an verschiedenen Stellen, z.B. an der Hauptbushaltestelle und auf dem Village Gate Blvd am Ortseingang von Whistler Village. Täglich von 9 bis 17 Uhr

Informationen vom Band über Whistler-Blackcomb unter ✆ 1-800/766-0449, ✆ 604/664-5614 von Vancouver oder ✆ 604/932-3434 von Whistler, 🖳 www.whistler-blackcomb.com.

Nahverkehrsmittel

REGIONALBUSSE – Wer im Ort selbst oder in unmittelbarer Nähe übernachtet, kommt ohne öffentliche Verkehrsmittel aus. Andernfalls verkehren die Regionalbusse von *WAVE*, ✆ 604/932-4040, zwischen Whistler Village, Village North, Upper Village, Whistler Creek und anderen Zielorten ($1,50, Fünftagepass $5). Die Busse sind mit Gepäckträgern für Skier und Fahrräder ausgerüstet.

TAXIS – *Airport Limousine Service*, ✆ 1-800-278-8742 oder 604/273-1331.

Sea to Sky Taxi, ✆ 604/932-3333.

Whistler Taxi, ✆ 604/938-3333.

Die **Ski- und Snowboardsaison** am Whistler und Blackcomb beginnt, entsprechende Witterungsbedingungen vorausgesetzt, Ende November. Die Schneemenge variiert von Jahr zu Jahr, der Jahresdurchschnitt liegt jedoch bei enormen 10 m. Blackcomb schließt Ende April, Whistler sogar erst Anfang Juni. Unmittelbar danach öffnet Blackcomb wieder und bietet bis Ende Juli Gelegenheit zum Gletscherskifahren und Snowboarden; Liftpass zum Skifahren im Sommer $42 pro Tag für Erwachsene). Die Lifte sind täglich von 8.30–15 Uhr und nach Januar bis 16 Uhr geöffnet.

Liftkarten gelten sowohl für Whistler als auch für Blackcomb Mountain. Selbst die erfahrendsten Skiläufer brauchen Tage, um das gesamte Gebiet abzufahren. Tickets erhält man entweder an der Liftstation in Whistler Village – allerdings ist die Warteschlange hier unter Umständen sehr lang – über das Internet unter www.whistler.net. Hotels besorgen bei rechtzeitiger Reservierung Tickets für ihre Gäste. Während der Hochsaison – über Weihnachten und Neujahr und von Mitte Februar–Mitte März – ziehen die **Preise** an. Auf die Liftkarten wird eine Steuer von 7% erhoben. Tickets für Erwachsene kosten saisonabhängig $65–69. Um Geld zu sparen, kann man den Liftpass vor Ende September kaufen oder – falls man vorhat, regelmäßig am Whistler Ski zu laufen – eine **Express Card** erwerben. Diese kostet für Erwachsene $79, für Jugendliche $67, für Senioren $39 und bleibt die ganze Saison über gültig. Man scannt sie jedes Mal vor dem Skilaufen, und der Betrag wird automatisch von der Kreditkarte abgebucht. Der erste Skitag ist auf diese Art kostenlos, danach bezahlt man je nach Saison einen ermäßigten Preis von $35–53. Einzelheiten unter ☏ 1-800/766-0449.

Fortgeschrittene und sehr gute Skifahrer können tgl. um 10.30 und 13 Uhr an den **kostenlosen Bergtouren** teilnehmen. Die Whistler All-Mountain-Tour startet am *Guest Satisfaction Centre* am oberen Ende der Whistler Village-Gondel. Treffpunkt für die Blackcomb All-Mountain-Tour ist das *Mountain Tour Centre* an der Spitze des Solar Coaster Express oder die *Glacier Creek Lodge.* Zur Erkundung des Blackcomb-Gletschers empfiehlt sich die Tour von der *Glacier Creek Lodge,* sofern das Wetter mitspielt.

Informationen über **Schneebedingungen** sind telefonisch unter ☏ 604/932-4211 in Whistler oder 604/687-7507 von Vancouver zu erfragen.

Im Sommer eignet sich die Gegend zum **Wandern und Mountainbiken**. Wanderer können mit den Skiliften die Berge hinauffahren und von einem der Hochgebirgswege die wunderbare Aussicht genießen. Sie sind in Betrieb von Juli–Anfang Sept tgl. 10–20 Uhr, Anfang Sept–Ende Sept tgl. 10–17 Uhr, Ende Sept–Mitte Okt Sa, So 10–17 Uhr, Erwachsene $23, Jugendliche und Senioren $19. Mountainbiker können ihre Fahrräder gegen eine Extra-Gebühr von $4 mit nach oben nehmen und von dort wieder nach unten radeln. Helme sind Pflicht und das Rad wird einer Sicherheitsprüfung unterzogen.

Als hilfreich erweist sich eine Übersicht über Rad- und Wanderwege aus dem *Infocentre* bzw. die 1:50 000-Karte der *Whistler and Garibaldi Region.* Zu den beliebtesten kürzeren Wegen zählen **Rainbow Falls** und **Singing Pass** (6 Std.). Empfehlenswert sind außerdem der 4 km lange Weg zum Cheakamus Lake oder eine der Hochgebirgsstrecken, die von der Upper Gondola-Station (1837 m) am Whistler Mountain oder dem Seventh Heaven-Lift am Blackcomb zu erreichen sind.

Der einstündige **Glacier Trail**, ein 2,5 km langer Rundweg mit 85 m Höhenunterschied, ist einer von 8 an der Seilbahnstation am Whistler Mountain beginnenden Wanderwege und

Transport

Für die Anfahrt nach Whistler gibt es mehrere Alternativen. Wer mit dem eigenen Auto aus Vancouver kommt, sollte gut zwei Stunden für die 125 km lange Strecke über den Highway einplanen. Die Straße wurde erst 1965 gebaut, davor war die Region kaum besucht.

eröffnet Blicke auf Schnee und Eis in der Glacier Bowl. Der etwas anspruchsvollere **Little Whistler Trail**, ein 3,8 km langer Rundweg mit 265 m Höhenunterschied führt in 1 1/2–2 Std. zum Gipfel Little Whistler Peak (2115 m), von wo aus sich Ausblicke auf Black Tusk im Garibaldi Provincial Park eröffnen. Auf keinen Fall verpassen sollte man die letzte Gondelabfahrt (Zeiten variieren je nach Saison).

Mit Schneeschuhen und fachkundiger Begleitung kann man im Sommer einige der sichereren Schneefelder überqueren. **Schneeschuhtouren** für Anfänger veranstalten **Outdoor Adventures**, ✆ 604/932-0647, ⌨ www.adventureswhistler.com, oder **Whistler Cross Country Ski & Hike**, ✆ 604/932-7711 oder 1-888/771-2382, ⌨ www.whistlerhikingcentre.com, ab $39 für 1 1/2 Std.

Wer unter Höhenangst leidet (was unnötig ist, da die Wege gut ausgebaut und allesamt weniger als 4 km lang sind – Ausnahme: der 19 km lange Musical Bumps Trail), kann auf den zahlreichen Wegen um das Dorf (einige davon gepflastert) Rad fahren, wandern und inlineskaten. Der ausgedehnte **Valley Trail** beginnt auf der Westseite des Hwy 99 am Whistler Golf Club und führt durch Parks, Golfplätze und ruhige Wohngebiete. Seine 30 km an Wanderwegen rund um den **Lost Lake** (Zugang am nördlichen Ende des *Day Skier Car Park* am Blackcomb Mountain) winden sich durch Zedernwälder und an Seen und Bächen entlang. Der Lost Lake liegt nur rund 1 km vom Hauptausgangspunkt der Wanderwege entfernt.

Mehrere Unternehmen bieten geführte Wanderungen und Radtouren an. Fahrräder, Blades und sonstige Ausrüstungen kann man bei verschiedenen Läden im Ort leihen. **Canadian All Terrain Adventures**, ✆ 1-877/938-1616, ⌨ www.cdn-snowmobile.com, vermietet Geländewagen für geführte Touren durch Matsch und Schlamm.

Wer **reiten** möchte, wendet sich an **Edgewater Outdoor Centre**, ✆ 604/932-3389, **The Adventure Ranch**, ✆ 604/932-5078, oder **Cougar Mountain**, ✆ 604/932-4086.

Von Mai–Sept veranstaltet *Whistler River Adventures*, ✆ 604/932-3532, ⌨ www.whistlerriver.com, **Jetboot-Touren** (von $75 für 1 Std. bis) auf dem Green River bis zum Wasserfall Nairn Falls, wobei gute Chancen bestehen, Elche oder Bären zu Gesicht zu bekommen; ab $75 für 1 Std. bis $135 für 6 Std. Angeboten werden außerdem **Rafting-Touren** ab $65 für 2 Std. bis $140 für ganztägige Exkursionen. Das Revier für Anfänge ist der Green River, Experten dürfen sich an den reißenden Fluten des Elaho River oder Squamish River versuchen, wo sie von Stromschnellen des Schwierigkeitsgrads IV erwartet werden.

Es gibt mehrere öffentliche **Tennisplätze**, und das *Information Centre* gibt Auskunft über Hotels, die auch Nicht-Gäste auf ihre Tennisplätze lassen und Schläger verleihen (ab $10 pro Stunde). **Squash** spielen und **Schwimmen** kann man im *Meadow Park Sports Centre*, ✆ 604/938-7275.

Für **Golfer** stehen vier schöne Plätze zur Verfügung – einen davon entwarf der Weltklassegolfer Jack Nicklaus. Obwohl er vor kurzem ausgebaut wurde, ist der Platz des **Whistler Golf Clubs**, ✆ 1-800/376-1777 oder 604/932-4544, mit $70–$150 nach wie vor der billigste, während die anderen, darunter auch **Nicklau North**, ✆ 604/938-9898, zwischen $125 in der Nebensaison und $205 im Juli/August kosten.

Erholen kann man sich von allen sportlichen Betätigungen bei **Massagen**, Schlammbädern und Behandlungen zur Linderung sämtlicher Schmerzen: **Whistler Body Wrap**, ✆ 604/932-4710, neben *The Keg*, 210 St Andrew's House. Den Luxus eines Wellness-Bereichs der absoluten Spitzenklasse bietet das Hotel *Fairmont Chateau Whistler*, ✆ 604/938-2086.

BUSSE – *Perimeter*, ✆ 604/266-5386 oder 1-877-317-7788, ⌨ www.perimeterbus.com. Bietet einen Shuttle vom Flughafen Vancouver und von verschiedenen Hotels in VANCOUVER nach Whistler. Reservierungen sind notwendig: Vorauszahlungen erfolgen per Kreditkarte, allerdings kann man bis 12 Uhr am Vortag der Anreise zurücktreten. Busse Mai–Nov 7x tgl., 3x als

Expressbus ohne Zwischenstopp an den Hotels von Vancouver. Richtung Süden 8x täglich, 3x als Express. Dez–Apr 11x täglich, 5x als Express; 2 1/2–3 Std., einfache Fahrt $58 plus Steuer. Es ist zu beachten, dass die Fahrpläne im Winter nur bei entsprechenden Straßenverhältnissen auf dem Sea to Sky Highway eingehalten werden können.

Maverick/Greyhound, ✆ 604/932-5031 in Whistler, ✆ 604/662-8051 in Vancouver, auch ✆ 1-800/661-TRIP, 🖳 www.greyhound.ca. 6x tgl. vom Busbahnhof in VANCOUVER nach Whisler Village, 2 1/2 Std., einfache Fahrt $21,50, mit Halt in Britannia Beach, Whistler Creek und anderen Orten.

Greyhound-Skiexpress Dez–April ab Vancouver 6.30 Uhr ohne Zwischenhalt, Ankuft in Whistler 8.30 Uhr.

FLÜGE – Helijet, ✆ 604/273-1414, 🖳 www.helijet. com. Helikopter ab Flughafen Vancouver oder Coal Harbour in Downtown Vancouver 2x tgl., 45 Min./30 Min., einfache Strecke $147.

Nach Norden Richtung Lillooet

Hinter Whistler verengt sich der Hwy 99 auf zwei Spuren und erreicht den hauptsächlich wegen seiner Kartoffeln bekannten Ort **Pemberton**, wo im Sog des wachsenden Besucherstroms in die Skiregion Ferienwohnungen wie Pilze aus dem Boden schießen. Auf die Skipisten in der Umgebung gelangt man nur per Hubschrauber zu Fuß. Jenseits davon eröffnet sich wildes Land, das jegliche Zivilisation in Vergessenheit geraten lässt. Zwischen den Wäldern lugen zerklüftete Berg- und Geröllhänge hervor, und am Ende einer Reihe herrlicher Seen erreicht man schließlich den **Seton Lake** mit einem Wasserkraftwerk, dessen Strom sogar bis nach Arizona geliefert wird – daher auch die Strommasten südlich von Whistler.

Nahe dem Holzfällerstädtchen **Lillooet**, das 1858 als Ausgangspunkt der Cariboo Wagon Road zu den Goldfeldern weiter nördlich (s. u.) gegründet wurde, stößt die Eisenbahn auf den Fraser River, und die Landschaft beginnt sich zu wandeln: Nackte Felsen und Hügel kündigen das aus Westernfilmen bekannte Weideland an. Im Juli und August sind die steinigen Ufer und Sandbänke des trägen, schlammigen Flusses von orange- und blaufarbenen Planen übersät. Sie gehören Einheimischen, die hierher kommen, um Lachse, die flussaufwärts zum Laichen wandern, zu fangen und zu trocknen. An kaum einer anderen Stelle ist diese Tradition noch zu beobachten. Der Name des Orts, der bis in die 60er Jahre des 19. Jahrhunderts Cayoosh Flat hieß, ist übrigens eine Verballhornung von Leel-wat, eines Indianervolks, das damals nördlich von hier ansässig war.

Von Lillooet über den Hwy 99 in Richtung Osten trifft man nach 50 km auf den Hwy 97, der Richtung Süden nach Cache Creek (s.S. 376) und Richtung Norden zu den Cariboo-Goldfelder führt.

Übernachtung und Essen

Im Ortszentrum gibt es eine Hand voll Hotels und Motels. Die besten sind:

4 Pines Motel, 108 8th Ave, Ecke Russel St, ✆ 604/256-4247 oder 1-800/753-2576, 🖳 www.4pinesmotel. com. Motelzimmer mit Küchenzeile. ❺

Mile 0 Motel, 616 Main St, ✆ 604/256-7511 oder 1-888/766-4530, 🖳 www.mileomotel.com. Mit Blick auf den Fluss und die Berge, in einigen Zimmern Küchenzeilen für Selbstversorger. ❷

Der nächstgelegene Campingplatz (vom Zentrum zu Fuß erreichbar) ist **Cayoosh Creek**, Hwy 99, am Flussufer, ✆ 604/256-4180 oder 1-877/748-2628, 🖳 www.cayooshcampground.com. ⊙ Mitte April–Mitte Okt, $13.

Lillooet Inn Restaurant, 687 Main St, ✆ 604/256-0028, serviert gutes Essen.

Informationen

Das **Infocentre und Museum** ist in der alten Kirche untergebracht, 790 Main St, ✆ 604/256-4308, ✉ lillmuseum@lillonet.ca. Gezeigt werden heimatkundliche Exponate zur Vergangenheit und Gegenwart, ⊙ Mitte Mai–Juni Mo–Sa 11–16, Juli / Aug tgl. 9–17, Sept Di–Sa 12–15, Okt Mi–Sa 12.30–14.30 Uhr.

Cariboo Country

Das so genannte Cariboo Country umfasst das weite, hügelige Farmland und die riesigen Wälder, die sich nördlich von Lillooet auf der Hochebene von

British Columbia, dem Interior Plateau, zwischen den Coast Mountains im Westen und den Cariboo Mountains im Osten erstrecken. Landschaftlich gesehen ist die Gegend eher eintönig, und abgesehen von den Möglichkeiten zum Angeln und Bootsfahren auf unzähligen Seen kann einzig das Erbe der Goldsucher ein gewisses Interesse wecken. Nach anfänglich begrenzter Nutzung durch die Pelzhändler wurde die Region nach der Entdeckung von Gold im unteren Fraser Valley im Jahr 1858 gänzlich erschlossen. Der Bau der **Cariboo Wagon Road**, einer Postkutschenroute von Lillooet Richtung Norden, sorgte für eine Verbreitung des Goldfiebers den Fraser River hinauf. Der Rausch gipfelte in den großen Entdeckungen in Williams Creek 1861 und Barkerville ein Jahr später.

Entlang der Strecke der alten Wagon Road schlängelt sich heute der einsame Hwy 97 („Cariboo Highway") durch Kiefernwälder, vorbei an vereinzelten Ranches und kleinen, sumpfigen Seen. Eine Zeit lang erscheint die Landschaft unberührt und idyllisch, auf Dauer ermüdet sie jedoch.

Übernachtungsmöglichkeiten gibt es in den zahlreichen Lodges, Ranches und Motels am Highway. Näheres über die Region erfährt man im *Tourist Office* von Vancouver oder in den *Infocentres* unterwegs.

Clinton und Williams Lake

Die zentrale Region des Cariboo Country markiert das überschaubare, von grünen Weiden und bewaldeten Hügeln umgebene Dorf Clinton, das ursprünglich „47 Mile House" hieß, aber später nach einem britischen Herzog umbenannt wurde.

Die drei kleinen Ansiedlungen nach Clinton 70, 100 und 150 Mile House erinnern an alte Rasthäuser. Ihre Erbauer wurden für das Markieren der Cariboo Wagon Road pro Meile bezahlt: Da wundert es kaum, dass 100 Mile House weit weniger als 100 Meilen vom Beginn der Straße entfernt liegt.

Williams Lake, 14 km nördlich von 150 Mile House und 238 km südlich von Prince George, ist ein farbloser, betriebsamer Verkehrsknotenpunkt im Windschatten eines riesigen Felsens am gleichnamigen See. Südlich des Orts gibt es zahlreiche Motels, B&Bs, Bootsanleger und Badestellen. Allerdings bietet Williams Lake keinerlei Anlass für einen Aufenthalt, es sei denn man kommt zum berühmten **Rodeo** am ersten Wochenende im Juli.

CLINTON – Nomad, ℡ 459-2214 oder 1-888/776-6623, ✉ nomad@wkpowrerlink.com. Motel in der Stadt. ❷

Clinton Pines Campground, 1204 Cariboo Ave, ℡ 250/ 459-0030, ✉ clintonpines@goldcountry.bc.ca. Neuer Campingplatz, ☉ Mai–Sept, $14–24.

Cariboo Lodge, Cariboo Hwy, ℡ 250/459-7992 oder 1-877/459-7992, 🖳 www.bcadventure.com/cariboolodge. Stattliche Holzkonstruktion und größte Unterkunft der Umgebung. ❹

100 MILE HOUSE – Imperial, 250/℡ 395-2471, kleine und preiswerte Unterkunft in zentraler Lage. ❷

Red Coach Inn, 170 Hwy 97 N, ℡ 250/395-2266 oder 1-800/663-8422, ✉ redcoachinn@btinternet.net. Größtes Motel im Ort. ❹

100 Mile House: *Infocentre*, 422 Cariboo Hwy 97 S, ℡ 250/395-5353 oder 1-877/511-5353, ✉ visitors@100 milehouse.com. Informationen über Gelegenheiten zum Angeln und Reiten sowie andere Aktivitäten. ☉ Mai–Sept tgl. 9–18, Okt–April Mo–Fr 9–16 Uhr.

Williams Lake: *Infocentre,* 1148 Broadway S, ℡ 250/392-5025, 🖳 www.bcadventure.com/wlcc. ☉ Mai–Sept tgl. 9–17, Okt–April Mo–Fr 9–16 Uhr.

Bella Coola

Der Highway 20 biegt von Williams Lake nach Westen ab. Als teilweise befestigte Straße führt er über 456 km nach Bella Coola. Aufgrund der relativ neuen Fährverbindung von Port Hardy auf Vancouver Island (s.S. 353) gewinnt der von Wildnis umgebene Ort auch wegen seiner vorzüglichen Lage für den Tourismus immer mehr an Bedeutung.

Der Großteil der Route führt durch die unendlichen Wälder und das weite Farmland des Cariboo Plateaus, wobei aber in regelmäßigen Abständen Tankstellen, Campingplätze und das eine oder andere Hotel an der Strecke liegen. Auf den letzten, sehr lohnenswerten 100 km schließlich passiert sie

DER SÜDEN BRITISH COLUMBIAS

die hohen, eindrucksvollen Gipfel der Coast Mountains sowie den **Tweedsmuir Provincial Park**, der mit einer Million Hektar der größte seiner Art in ganz BC ist. Gleich dahinter steigt die Straße zum berüchtigten „Hill" an, einen kurvenreichen, steilen Abschnitt, den selbst wiederholte bauliche Verbesserungen in den vergangenen Jahren kaum entschärfen konnten. Bis 1953 gab es hier überhaupt keine Straßenverbindung, und der Staat sah sich nicht veranlasst die 60 km lange Lücke zu schließen. Daraufhin nahmen die Bewohner von Bella Coola den Bau selbst in die Hand und stellten innerhalb von drei Jahren die so genannte Freedom Road fertig. Zu den Hauptattraktionen des Parks zählen die **Hunlen Falls**, ein 260 m hoher Wasserfall, der aber nur mühsam zu erreichen ist, da man die Straße beim Atnarko River (auf halber Strecke durch den Park) verlassen muss, um 13 km auf einer unbefestigten Straße zum Turner Lake zu gelangen. Von dort sind es noch weitere 16 km Fußmarsch mit einem Höhenunterschied von 2000 m. Da es sich um ein Netz von Wanderwegen handelt, das kaum ausgebaut ist, gibt es nur wenige Tageswanderungen oder einfache Wanderwege, die vom Highway aus zu erreichen sind. Eine Ausnahme ist ein 8 km langer Rundwanderweg, der an mehreren hübschen Seen vorbeiführt und seinen Ausgangspunkt 16 km westlich der Campingplätze am Atnarko River hat.

Bella Coola selbst gehörte ehemals zum Gebiet der Bella-Coola oder Nuxalk, eines Indianervolks, das dank des Überflusses an Lachsen in den heimischen Flüssen keine Not zu leiden hatte. Am 22. Juli 1793 bekamen die Ureinwohner Besuch von Alexander Mackenzie, der mit seiner Ankunft als erster Mensch die Durchquerung des nordamerikanischen Kontinents erfolgreich abschloss. Weiße Besucher gaben der Siedlung den Namen „Friendly Village", weil sie von den Bewohnern besonders herzlich empfangen worden waren. Im Jahre 1869 errichtete die Hudson's Bay Company hier einen Pelzhandelsposten, von dem lediglich das Haus eines Betriebsangehörigen erhalten geblieben ist, während die permanente Besiedlung erst 1894 einsetzte.

Beachtung verdient neben der wunderschönen Natur das kleine **Bella Coola Museum** im alten Schulhaus, das auch schon dem Landvermesser als Behausung diente; ⏰ Juni–Sept Mo–Sa 10–17 Uhr,

$2. Zu den ersten Pionieren in der Gegend zählten norwegische Siedler, die sich möglicherweise von der fjordähnlichen Landschaft angezogen fühlten. Ungefähr die Hälfte der heutigen weißen Bevölkerung stammt von jenen 120 Norwegern ab, die hier 1894 aus Minnesota ankamen und von einem Pfarrer angeführt wurden, der fest entschlossen war, eine utopische Gesellschaft zu gründen. Dementsprechend zeugen Sprache, Tradition und Gebäude von skandinavischem Einfluss. Dieser ist im 18 km östlich von Bella Coola gelegenen **Hagensborg** (mit Übernachtungsmöglichkeit) besonders deutlich zu spüren. Ungefähr 10 km von der Ortschaft entfernt – etwa auf halbem Weg nach Bella Coola – fallen die **Thorsen Creek Petroglyphs** ins Auge, eine Ansammlung von ca. 100 Felszeichnungen: Informationsmaterial ist im *Infocentre* erhältlich.

Übernachtung

Aufgrund der neuen Fährverbindung ist eine wachsende Zahl von Hotels und Restaurants zu erwarten.

Bella Coola Motel, Burke St, Ecke Clayton St, 📞 250/799-5323, ✉ motel@bellacoolavalley.com. Motel in zentraler Lage. ❸

Bella Coola Valley Inn, 📞 250/799-5316 oder 1-888/799-5316, 🖥 www.bellacoolavalleyinn. com. Zentral und am nächsten zum Fährterminal gelegen. ❸

Bay Motor Hotel, Hwy 20, Hagensborg, 📞 250/982-2212 oder 1-888/982-2212, ✉ bellacoolan@aol.com. 14 km östlich von Bella Coola und 1 km vom Flughafen entfernt. ❸

Brockton Place, 16 km östlich von Bella Coola am Hwy 20, 📞 250/982-2298, ✉ leskoroluk@hotmail.com. ❸

Tweedsmuir Lodge, im Tweedsmuir Park, 📞 250/982-2402, 🖥 www.tweedsmiurlodge.ca. Einzige Übernachtungsmöglichkeit im Tweedsmuir Park, 60 km östlich von Bella Coola am Atnarko River. 17 Lodge-Zimmer und Cabins, zwei mit Küchenzeile. An der Nordseite des Flusses gibt es noch zwei einfache Campingplätze. ⏰ Mai–Okt, $14. ❺

Bella Coola selbst hat keinen Campingplatz, der nächst liegt in Hagensborg: **Gnome's Home Campground & RV Park**, 📞 250/982-2504, 🖥 www.gnomeshome.ca, $15–18.

Informationen

Infocentre, am Mackenzie Hwy in Ortsnähe, ℡ 250/799-5638, ⊙ Mo–Fr 9.30–16.30 Uhr.

Transport

Es verkehren keine Busse nach Bella Coola, das am Ende des Hwy 20 liegt. Wer den gleichen Weg nicht noch einmal zurücklegen möchte, muss entweder fliegen oder per **Schiff** die *Discovery Coast Passage* Richtung PORT HARDY nehmen. Abfahrten Juni–Anfang Sept 3x wöchentl. Mi 7.30, Mo und Fr 8 Uhr, Ankunft in Port Hardy bei Abfahrt am Mo um 21 Uhr am selben Abend, an den anderen Tagen 7.45 bzw. 9 Uhr am folgenden Morgen, je nach Anzahl der Zwischenstopps; Fahrpreis $126,25 pro Person, $212,50 pro Auto. *Bella Coola Air*, ℡ 250/982-2957, und *Pacific Coastal Air*, ℡ 250/982-2225, fliegen tgl. vom Flughafen in Hagensborg nach VANCOUVER und nach PORT HARDY an der Nordspitze von Vancouver Island.

Nördlich von Williams Lake

Am Hwy 97 nördlich von Williams Lake rückt der **Fraser River** erneut ins Blickfeld. Nach der Durchquerung einer beeindruckenden Schlucht geht es weiter durch eine Landschaft von faszinierenden Hügeln und Flussauen. Die Gegend der intensivsten Abholzung in British Columbia wird von einer steigenden Zahl an Feuerungsanlagen zur Verbrennung von überschüssigem Holz angekündigt.

Quesnel, die Heimat der „größten Holz verarbeitenden Anlage der Welt", könnte direkt aus dem Albtraum eines Umweltschützers stammen: baumlose Hänge, riesige Berge von Sägemehl und unglaublich große Sägewerke – umgeben von Holzstapeln so weit das Auge reicht.

Listen von Unterkünften (es gibt mehrere Hotels) und Touren durch die Sägewerke erhält man im *Infocentre* im Le Bourdais Park, 703 Carson Ave, ℡ 250/992-8716 oder 1-800/992-4922, 💻 www.northcariboo.com. ⊙ Mai–Okt tgl. 8–18, Okt–April Di–Sa 9–16 Uhr.

Informationen über die Weiterreise von Quesnel Richtung Norden nach Prince George und weiter im Kapitel „Der Norden" (s.S. 423).

Barkerville

Die meisten Besucher, die sich für diese Strecke entscheiden, unternehmen von Quesnel einen Abstecher in den 90 km weiter östlich gelegenen **Barkerville Provincial Historic Park** inmitten der Cariboo Mountains. An diesem einnehmenden Ort wurden einst die größten Goldfunde im Cariboo gemacht, ⊙ Juni–Sept tgl. 8–20 Uhr, Eintritt $8, Kombiticket für Eintritt, Theater und Postkutschenfahrt $23,50.

Im Jahre 1862 erhob ein Mann aus Cornwall namens Billy Baker voreilig Anspruch auf die Stelle. Nachdem er einen Meter tief gegraben hatte, wollte er schon wieder seine Sachen packen und gen Norden ziehen. Seine Kameraden ermunterten ihn jedoch weiterzumachen, und bald kam Gold im Wert von $600 000 zum Vorschein. Innerhalb weniger Monate entwickelte sich Barkerville – wie die Siedlung später genannt wurde – zum größten Ort der Region. Der Boom dauerte zehn Jahre, bis die Goldquelle versiegte. Inzwischen hat man 125 Häuser restauriert und kostümiertes Personal eingestellt. Das Hauptverwaltungsgebäude beherbergt Exponate zum Bergbau und Goldrausch sowie Anschauungsmaterial, das die beachtliche Bedeutung der Provinz unterstreicht.

Übernachtung

In **Barkerville** gibt es 2 Unterkünfte:
Kelly House B&B, im Zentrum, ℡ 250/994-3328, ✉ bville@goldcity.net. ❹
St George Hotel, ℡ 250/994-0008 oder 1-888-246-7690, 💻 www.stgeorgehotel.bc.ca. Restauriertes historisches Gebäude aus den 90er Jahren des 19. Jhs. ❻
In **Wells**, 8 km westlich des Parks:
Hubs Motel, ℡ 250/994-3313. ❷
Wells Hotel, 2341 Pooley St, ℡ 250/994-3427 oder 1-800/860-2299, 💻 www.wellshotel.com. Restauriertes historisches Country-Inn von 1933 mit Café, Frühstück inkl. ❹
White Cap Motor Inn, ℡ 250/994-3489 oder 1-800/377-2028, 💻 www.whitecapinn.bc.ca. Hat auch Stellplätze für Caravans und Zelte, $15. ❸
Die drei benachbarten **Campingplätze** *Government Hill, Forest Rose* und *Lowhee* im Barkerville Provincial Park bieten nahe dem historischen

Ortsteil weitere Stellplätze. ☉ Juni–Sept, $9,50–12, Reservierung möglich.

Informationen

Infocentre in Wells, 4120 Pooley St, ✆ 250/994-3237 oder 1-877/451-WELLS, 🖵 www.wellsbc.com. Mit kleinem Museum, ☉ Mitte Mai–Sept tgl. 9–18/19 Uhr.

Das Landesinnere

Das faszinierende Landesinnere British Columbias ist entweder von Vancouver oder von den Rocky Mountains aus zu erreichen. Die Hauptstrecke von Osten nach Westen, der Trans-Canada Highway, bietet eine schnelle, aber wenig attraktive Verbindung – die Landschaft westlich von Revelstoke ist kaum mit dem schönen Anblick weiter nördlich bzw. südlich zu vergleichen. Ähnliches gilt für die andere wichtige Route durch die Provinz, dem Hwy 3, der auf kanadischer Seite entlang der US-amerikanischen Grenze verläuft.

Die schönste Strecke verläuft durch die atemberaubende Kootenay-Region im Südosten der Provinz, vorbei an Bergen, Seen und mehreren Städten mit einem beachtlichen Unterhaltungsangebot. Auf dem Weg sollte man sich das Okanagan Valley nicht entgehen lassen. Diese kalifornisch anmutende Enklave mit Obstplantagen, Weinbergen, warmen Seen und Ferienorten lockt mit ihren Stränden und milden Sommern Touristen aus ganz Kanada und dem Westen der USA an. Von hier erreicht man in Richtung Norden das unspektakuläre, aber inmitten einer außergewöhnlich schönen Landschaft gelegene Kamloops, Verkehrszentrum der Region und geeigneter Ausgangspunkt für den prächtigen Wells Gray Provincial Park oder den Yukon. Eine alternative Route führt Richtung Süden über die schöneren Abschnitte des Hwy 3 westlich von Osoyoos durch eine kleine Wüste und die faszinierenden Cascades und Coast Mountains.

Von Vancouver nach Kamloops

Vancouver und Kamloops werden durch zwei Routen miteinander verbunden. Wer es eilig hat, nimmt den **Coquihalla Highway** (Hwy 5). Die Landschaft ist anfangs wenig aufregend, wird jedoch mit dem Erklimmen des Coquihalla Pass (1244 m) erheblich interessanter: Wälder, Berge und wilde Flüsse bestimmen zunehmend das Bild. Beeinträchtigt wird dieser schöne Anblick durch alte Bergwerke, abgeholzte Hänge und frische Narben, die der Straßenbau hinterlassen hat. Bevor man sich auf die 182 km lange Strecke zwischen **Hope** und Kamloops wagt, sollte man für ausreichend Benzin sorgen: Es gibt nur eine Ausfahrt zur unspektakulären Stadt Merritt und keine einzige Tankstelle. Bei der Überquerung des windigen, verschneiten und einsamen Passes ist eine Maut zu entrichten.

Die ältere, langsamere und landschaftlich schönere Route führt von Vancouver über den **Trans-Canada Highway**. Als weitere Alternative bietet sich eine Fahrt mit der VIA Rail an. Straße und Bahnlinie schlängeln sich zunächst am Thompson River und später am unteren Fraser River entlang. Das erste Stück kann auch auf dem weniger befahrenen, aber landschaftlich auch nicht gerade faszinierenden Hwy 7 zurückgelegt werden, der von Vancouver am Nordufer des Fraser River entlangführt und auf dem Weg nach Hope die **Harrison Hot Springs** passiert.

Hwy 7 bis Hope

Die 150 km lange, zunächst trostlose Strecke über den Hwy 7 von Vancouver nach Hope ändert sich nach 30 km erheblich. Hinter der kleinen Stadt **Mission** öffnet sich die Landschaft. Sehenswert ist am Highway unmittelbar vor Mission **Xá:ytem**, ✆ 820-9725, der älteste, seit 9000 Jahren permanent besiedelte Ort von BC. Archäologische Ausgrabungen haben zahlreiche steinerne Artefakte zum Vorschein gebracht, darunter Pfeilspitzen, Steinmesser und Hacken. Einige davon sind aus schwarzem Vulkangestein aus Oregon gefertigt – ein Hinweis auf frühe Handelsrouten. Ein Stó:lo-Langhaus dient als Informationszentrum, wo man Näheres über die Ausgrabungen erfährt. Von besonderem Interesse ist der als *Hatzic Rock* bekannte große

Fels, eine heilige Stätte der Einheimischen. Diese vermuten darin drei *si:yams* (angesehene Anführer), die den Wünschen des Schöpfers getrotzt haben und daraufhin in Stein verwandelt wurden. ⊙ Ende Juni–Sept tgl. 10–16 Uhr, ansonsten nach Vereinbarung.

Hinter Mission schlängelt sich der Highway durch hübsches Farmland bis **Harrison Hot Springs**, 129 km hinter Vancouver am Südufer des Harrison Lake. Einheimische haben die heilende Wirkung der Quellen bereits vor Jahrhunderten entdeckt, bei Weißen bekannt wurden sie mit der Ankunft der Goldsucher im Jahre 1858. Bald danach entwickelte sich die Stadt zum ersten Ferienort von BC. Bis heute lebt Harrison Hot Springs in erster Linie vom Tourismus – unschwer zu erkennen an den vielen modernen Apartmenthäusern und Motels am See. Trotzdem erhält sich der Ort dank der schönen Aussicht auf die Berge seinen idyllischen Charakter. Der See ist mit einer Ausdehnung von 60 km einer der längsten in der Provinz. Sein Wasser ist sauber, aber sehr kalt. Die einzige Gelegenheit zum Baden bietet die künstliche Lagune am Seeufer.

Das exklusive, aber nicht unbedingt schöne *Harrison Hot Springs Resort* verleiht Boote, Surfbretter und Jetskis. Am Wochenende nach Labour Day lohnt sich eine Besichtigung der tollen Sandskulpturen am Strand, die im Rahmen des Wettbewerbs World Championship Sand Sculpture kreiert werden.

Zu den Quellen gelangt man hinter dem *Harrison Hot Springs Resort* nach einem kurzen Spaziergang am Ufer entlang. Das Wasser tritt mit brühend heißen 73 °C aus der Erde, wird abgekühlt und in den **Harrison Hot Springs Public Pool** in der Stadt, Hotsprings Rd, Ecke Esplanade, umgeleitet. ⊙ Mo–Do 9–21, Fr 9–22, Sa 8–22, So 8–21 Uhr, $9.

Übernachtung

Bungalow, 511 Lillooet Ave, ☎/✆ 604/796-3536, billigstes Motel der Gegend mit Cabins für Selbstverpfleger am See. ❷

Harrison Heritage House and Kottage, 312 Lillooet Ave, ☎ 604/796-9552 oder 1-800/331-8099, 🖥 www.bbharrison.com. Schönes, aber teures B&B in einem der wenigen historischen Gebäude des Ortes. ❹

Harrison Hot Springs Resort & Spa, ☎ 604/796-2244 oder 1-800/663-2266, 🖥 www.harrisonresort.com. Lieblingsunterkunft von Clark Gable in den 50er Jahren, drinnen und draußen Pools mit Wasser aus der heißen Quelle. Neben den Zimmern 10 preiswertere Cabins, die weit im Voraus zu reservieren sind. ❻

Spa, 140 Esplanade, ☎ 604/796-2828 oder 1-800/592-8828, ebenfalls am See gelegen, mit Massageangeboten. ❷

Die beste von mehreren **Campingmöglichkeiten** der Gegend befindet sich im *Sasquatch Provincial Park*, Reservierung möglich (s.S. 237), $14, Parken tagsüber $5.

Essen

Die meisten Restaurants konzentrieren sich entlang der Esplanade am See.

Black Forest Steak and Schnitzel House, 180 Esplanade, ☎ 604/796-9343, deutsche Küche.

La Côte d'Azur, 310 Hot Springs Rd, ausgezeichnetes, aber auch entsprechend teures französisches Restaurant.

Informationen

Infocentre, Hot Springs Rd, ☎ 604/796-3425, 🖥 www.harrison.ca. In einem alten Holzfällerhaus.

Hope

Angeblich stammt der Name Hope von Pionieren – frei nach Dante: „Lasst jede Hoffnung fahren…". International bekannt wurde die hübsche, von Bergen eingerahmte Stadt 158 km östlich von Vancouver als spektakuläre Kulisse für Sylvester Stallones ersten Rambo-Film. Trotz der hier zusammentreffenden Straßen – Trans-Canada Highway, Hwy 3 und Coquihalla Hwy – hat sich Hope sein ursprüngliches Erscheinungsbild bewahrt. In der Vergangenheit waren es Flüsse und nicht Straßen, welche die Voraussetzung für das Wachstum einer Siedlung boten, und hier münden zwei große Nebenflüsse, der Skagit und Coquihalla in den Fraser (Simon Fraser höchstpersönlich kam hier 1808 entlang). Die indianischen Siedler mussten weichen, als die Hudson's Bay Company 1848 einen

Handelsposten errichtete. Mit dem 1858 einsetzenden Goldrausch verschärfte sich die Situation. Der Zusammenbruch, der dem Goldrausch in benachbarten Orten auf dem Fuße folgte, konnte in Hope vermieden werden – in erster Linie wegen seiner Anbindung an die Canadian Pacific Rail. Heute gilt die Stadt dank ihres schönen Standorts selbst als Sehenswürdigkeit.

Das geschäftige Zentrum von Hope bildet der Hwy 1, vor Ort als Water Avenue bekannt. In 919 Water Ave ist das **Heimatmuseum** mit den üblichen Exponaten untergebracht, ⊙ Mai–Sept tgl. 9–17 Uhr, Eintritt in Form einer Spende.

Mit das Beste, was die Stadt zu bieten hat, ist der schöne Blick auf den Fraser, der sich durch die Berge hindurchschlängelt. Außerdem lohnt sich ein Besuch des **Memorial Park** im Zentrum, wo der einheimische Bildhauer Pete Ryan vom Verfall gezeichnete Bäume mit seiner Kettensäge zu neuem Leben erweckt hat; bei der letzten Zählung waren es um die 30. Ganz in der Nähe trifft man auf die **Christ Church National Historic Site** von 1861, eine der ältesten Kirchen von BC, die noch immer an ihrem ursprünglichen Platz steht. Eine neuere Attraktion ist der „H"-Baum, 5th St, Ecke Hudson's Bay St. Zwei Bäume wurden als junge Pflanzen geschickt miteinander verflochten, so dass sie in Form eines „H" wie Hope zusammenwuchsen.

An den zahlreichen umliegenden Seen und Flüssen erholen sich Besucher beim Wandern, Angeln, Kanufahren und sogar beim Goldwaschen. Einzelheiten sind im *Infocentre* erhältlich. Eine beliebte Wanderung führt über den 3 km langen **Rotary Trail** zum Zusammenfluss des Fraser und Coquihalla River. Eine andere anspruchsvollere, 5 km lange Strecke führt über Schotterwege zum Gipfel des **Thacker Mountain**. Auf einer weiteren beliebten Tour können von Mai–Okt die fünf kolossalen, dunklen **Othello-Quinette Tunnels** der Kettle Valley Railway besichtigt werden. Die Eisenbahnstrecke von Vancouver nach Nelson wurde 1916 fertig gestellt, aber 1959 nach unzähligen Lawinen, Erdrutschen und Steinschlägen wieder stillgelegt. Zu erreichen sind die Tunnel sind über einen kurzen Weg vom Parkplatz des **Coquihalla Canyon Provincial Park**, 6 km nordöstlich der Stadt am Coquihalla Hwy. Die Gegend, die als Drehort für *Rambo* diente, eröffnet faszinierende Ausblicke über die Felsen und ausgedehnten Sandbänke der Coqui-

halla Gorge. In den Bergen bietet der 3 km nordöstlich von Hope am Hwy 3 gelegene **Kawkawa Lake Provincial Park** ausreichend Gelegenheit zum Wandern, Erholen und Schwimmen.

Übernachtung

MOTELS – Billige Einheitsmotels reihen sich am Hwy 3 östlich der Stadt aneinander.
***Best Continental Motel**, 860 Fraser Ave, ☎ 604/869-9726, ✉ bcmhope@hotmail.com Zentrale Lage in der Stadt, einen Block hinter dem Highway, unweit des Busbahnhofs. ❸
***Best Western Heritage Inn**, 570 Old Hope-Princeton Way, ☎ 604/869-7166 oder 1-800/528-1234, ebenfalls eine hervorragende Wahl, hübsches Gebäude aus grauem Holz inmitten von Blumen. ❸
***Windsor Motel**, 778 3rd Ave, ☎ 604/869-9944 oder 1-888/588-9944, 🖥 www.bcwindsormotel. com. Mit Blick auf den Park. ❷

CAMPING – Es gibt zahlreiche, meist jedoch abgelegene Campingplätze. Der städtische Platz ist der ***Coquihalla Campground**, abseits des Hwy 3, ☎ 604/869-7119 oder 1-888/869-7118, ✉ hopecamp@uniserve.com. Anfahrt über 7th Ave. ⊙ April–Okt, $18–25.
***Hope Valley Campground**, Flood Hope Rd, ☎ 604/869-9857 oder 1-866/869-6660, erste Wahl, 5 km westlich der Stadt, ⊙ März–Okt, $20.

Essen

Die Möglichkeiten in der kleinen Stadt sind begrenzt.
***Hope Deli** oder **Sharon's Lunchbox and Deli**, Wallace St, und das billige Café an der Greyhound-Station servieren gute Snacks.
Für anspruchsvollere Gäste empfiehlt sich das ***Home Restaurant**, 665 Old Hope-Princeton Way, ☎ 869-5558.

Informationen

***Infocentre**, 919 Water Ave, ☎ 604/869-2021, 🖥 www.hopechamber.bc.ca, befindet sich im Gebäude neben den kunstvoll gestapelten alten Gerätschaften. ⊙ im Sommer tgl. 8–20, ansonsten 9–17 Uhr.

Vom Greyhound-Busbahnhof, Water Ave, bestehen Verbindungen Richtung Westen nach Vancouver, Richtung Norden nach Kamloops und Richtung Osten nach Penticton und ins Okanagan-Valley.

Fraser Canyon

Von Hope führt der Trans-Canada Highway entlang des Fraser River Valley Richtung Norden – durch die hohen Kämme der Cascade und Coast Mountains hindurch, bis er eine der großartigsten Wasserstraßen von BC erreicht. Obwohl er heute dem Straßen und Schienenverkehr als wichtiger Korridor dient, galt der Fraser Canyon lange Zeit als unpassierbar: Um ihn zu bezwingen, musste der Trans-Canada Highway durch Tunnel und an steilen Flussufern und Felsvorsprüngen entlang gebaut werden, die Hunderte von Metern über dem sprudelnden Wasser emporragen.

Yale

Im rund 25 km nördlich von Hope gelegenen Yale öffnet sich der Canyon und bildet einen Ring aus steilen Felswänden. Aufgrund seiner Lage an der schiffbaren Grenze des Flusses war der Ort für die kanadischen Ureinwohner von großer Bedeutung. Er diente als Anlegestelle für die Kanus der Stó:lo („People of the River"). Stammesangehörige legten den weiten Weg von Vancouver Island bis hierher zurück, um in den lachsreichen Gewässern oberhalb der heutigen Stadt zu fischen. In den 40er Jahren des 19. Jhs. entstand an dieser Stelle ein Posten der Hudson's Bay Company – The Falls – der anschließend zu Ehren von James Murray Yale, dem Leiter des HBC-Postens in Fort Langley, umbenannt wurde. Später galt er als einer der einflussreichsten weißen Vorposten auf dem Festland von BC. Innerhalb eines Jahrzehnts entwickelte sich die Ansiedlung zur größten Stadt Nordamerikas westlich von Chicago und nördlich von San Francisco: Während des Goldrauschs 1858, als Yale den Beginn der berüchtigten Cariboo Wagon Road markierte, erhöhte sich die Bevölkerungszahl schlagartig auf 20 000 – ein Zuwachs, der sich erst mit Ende des Booms und Fertigstellung der Canadian Pacific Railway legte.

Simon Fraser

Der Fraser River ist nach Simon Fraser (1776–1862) benannt, einem der bekanntesten Entdeckungsreisenden Nordamerikas. Als Mitarbeiter der North West Company gründete er die ersten weißen Siedlungen Kanadas: Fort McCleod (1805), Fort St James (1806), Fort Fraser (1806) und Fort George (1807). Nachdem er die Route seines Mitstreiters Alexander Mackenzie über den Kontinent ausfindig gemacht hatte, begann er im Jahre 1808 mit der Suche nach einer Verbindung in Richtung Pazifik, um im Namen der Briten gegen die Ansprüche der US-Amerikaner zu sichern. Er befuhr die gesamte Länge des Fraser River (1300 km) in der fälschlichen Annahme, er folge dem Columbia River. „We had to pass where no man should venture", schrieb er und legte einen Großteil der Strecke zu Fuß in Begleitung von Einheimischen zurück – mit Hilfe von Leitern, Seilen und improvisierten Plattformen überwand er heimtückische, nicht per Boot befahrbare Stromschnellen. Allein die Durchquerung des Canyons dauerte ca. 35 Tage. Als er die Flussmündung erreichte – wo er den Standort des heutigen Vancouver erblicken sollte – erkannte er seinen Irrtum. Obwohl er einen der großartigsten Flüsse des Kontinents zum ersten Mal erfolgreich gemeistert hatte, verbuchte er das Abenteuer als kommerzielle Pleite. Zunächst verspürte kaum jemand den Drang, Frasers Beispiel zu folgen – bis im Jahre 1858 in der Nähe von Yale Gold entdeckt wurde. Mit einem Mal strömten Goldsucher in die Region und durchkämmten sämtliche Nebenflüsse des unteren Fraser River, bis neue Funde sie weiter nach Norden in die Cariboo-Region lockten.

Heute ist Yale eine kleine Holzfällersiedlung mit rund 200 Seelen. Umfassende Berichte über das goldene Zeitalter liefert das **Historic Yale Museum**, Hwy 1 (im Ort Douglas St genannt), ☉ Juni–Sept tgl. 9–18 Uhr, Spende. Das Denkmal vor dem Haus ist den unzähligen chinesischen Arbeitern gewidmet, die beim Bau der Canadian Pacific Railway mitgeholfen haben (ein seltenes Exemplar seiner Art). Zudem lohnt eine Besichtigung des **Lady Franklin Rock**, des riesigen Felsens im Fluss, der die Schiffsdurchfahrt hinter Yale blockierte. Alle Waren auf dem Weg nach Norden zu den Goldfeldern mussten an dieser Stelle auf Güterzüge Richtung Cariboo Wagon Road umgeladen werden. Benannt wurde der Fels nach Lady Franklin, der Frau von Sir John Franklin. Letzterer erforschte die Arktis und verschwand auf einer Reise dorthin im Juli 1845 spurlos. Viele Expeditionen machten sich auf, um ihn zu finden, allerdings vergeblich. Lady Franklin kam auf ihrer eigenen Suche angeblich bis Yale, wo sie von dem großen Fels aufgehalten wurde. Die Einheimischen zeigen Interessierten den Weg. Für eine einstündige Wanderung eignet sich der **Spirit Cave Trail** mit einer schönen Aussicht auf die Berge, zu erreichen nach 1 km über Hwy 1 in südlicher Richtung.

DER SÜDEN BRITISH COLUMBIAS

Übernachtung

Colonial Inn, Hwy 1, ☎ 604/863-2277, Herberge etwa 11 km nördlich von Yale mit Cabins und Stellplätzen, $12. ❷

Fort Yale Motel, ☎ 604/863-2216, die beste Wahl, am Eingang zum Canyon gelegen. ❷

Emory Creek Provincial Park, Hwy 1, Campinggelegenheit 10 km entfernt Richtung Hope, großer ruhiger, bewaldeter Platz mit Fußwegen am Fluss, ◷ April–Okt, $14.

Hell's Gate

Etwa 10 km nördlich von Yale liegt am Hwy 1 Hell's Gate. In einer fast 180 m tiefen Schlucht wird hier die gewaltige Dünung des Fraser River in einen Kanal von 38 m Breite gepresst. Das durch die Felsen krachende, schäumende Wasser erreicht eine Tiefe von 60 m und fließt mit unglaublicher Geschwindigkeit.

Im **Alexander Bridge Provincial Park**, 2 km nördlich von Yale am Hwy 1, führt der alte Abschnitt des Highways zur Alexander Bridge hinab, wo sich ein schöner Panoramablick eröffnet. Nach weiteren 8 km Richtung Fluss trifft man auf Ferienanlagen und die „**Airtram**" (Drahtseilbahn), 🖥 www.hellsgateairtram.com, ◷ April und Ende Sept–Okt tgl. 10–16 Uhr, Mai–Mitte Juni und Sept 9–17 Uhr, Mitte Juni–Aug 9–18 Uhr, Nov–März geschlossen, $10.

Eine nahe gelegene Ausstellung gewährt einen Einblick in die verschiedenen Vorkehrungen, die getroffen wurden, um den Lachsen während des Baus der Straße und Eisenbahn das Wandern zu ermöglichen. Der Fluss zählt zu den Hauptwanderrouten der pazifischen Lachse. Im Sommer strömen sie durch den Fluss auf ihrem Weg zu ihren Laichgebieten in den Nebenflüssen und Seen weiter flussaufwärts (s.S. 384) und im Winter zurück. Das größte Hindernis entstand im Jahre 1913, als sich beim Bau der Canadian Pacific Railway ein Erdrutsch ereignete. Erst 1945 waren die Lachsleitern zur Umgehung der Fälle fertig gestellt. Die ursprüngliche Zahl der Lachse wurde jedoch nie wieder ganz erreicht.

Boston Bar

Boston Bar, 42 km nördlich von Yale, ist Ausgangspunkt für **Wildwasserfahrten** auf dem Fraser River nach Yale. Von Mai bis August bieten verschiedene Unternehmen Ausflüge an. Einzelheiten sind bei *Frontier River Adventure*, ☎ 604/867-9244, zu erfragen.

Der Ortsname stammt von Bewohnern benachbarter Dörfer, die angesichts der unzähligen Goldsucher – die alle aus Boston zu kommen schienen – nur so staunten. „*Bar*" (Barren) war eine Bezeichnung für Orte, an denen die Bergmänner ihre Zelte aufschlugen.

Übernachtung

Blue Lake Resort, Blue Lake Rd, ☎ 604/867-9246 oder 1-877/867-9246, ✉ bluelake@universe.com. 15 km nördlich von Boston Bar vom Hwy in die Blue Lake Rd abbiegen und 1 km folgen. Zur Auswahl stehen Zimmer und ein Campingplatz mit 75 Stellplätzen für Wohnmobile und Zelte ($15). ❷ Auf dem einzigen anderen Campingplatz vor Ort, dem *Canyon Alpine RV Park & Campground*, ☎ 604/867-9734 oder 1-800/644-7275, $18–22, 5 km nördlich von Boston Bar, gibt es auch ein Restaurant.

Cache Creek

Das verschlafene Cache Creek liegt 337 km von Vancouver entfernt bzw. 84 km westlich von Kamloops und hat sich als schwarzes Loch für Tramper einen unrühmlichen Namen gemacht: Unter Umständen sitzt man hier tagelang fest. Einheimischen zufolge verschärfte sich die Situation, als im Jahre 1985 ein gemeingefährlicher Kindesmörder namens Charles Olsen in der Nähe verhaftet wurde. Spätestens seit dieser Zeit hüten sich verständlicherweise Einheimische, Fremde mitzunehmen.

Um den Namen der Stadt ranken sich eine Reihe von Legenden. Die romantischste davon handelt von Goldsuchern, die ihr Gold hier vergruben, aber nie zurückkehrten, um es zu holen. Wahrscheinlich leitet sich der Name eher von der Gewohnheit der Trapper ab, Verstecke mit Vorräten entlang der Wege anzulegen.

Cache Creek ist als „Arizona von Kanada" bekannt: Im Sommer ist es so heiß, dass sich eine gewisse Schläfrigkeit über die staubigen Straßen legt. Die ausgedörrten, windgepeitschten Berge entstanden durch das Eindringen von Magma in die feste Erdkruste, wodurch sich auch die umgebenden Gesteine verhärteten. Nun locken sie Kletterer und Sammler von Halbedelsteinen (z.B. Jade) an.

Ansonsten gibt es hier nur wenig zu tun: Man kann an verschiedenen Stellen beim Schleifen der Halbedelsteine zusehen oder besichtigt die **Hat Creek Ranch**, 10 Min. nördlich von Cache Creek an der Kreuzung von Hwy 97 und 99 (frühere Cariboo Wagon Road), ℘ 604/457-9722, ⏱ Mitte Mai–Sept tgl. 9–18 Uhr, 🖳 www.hatcreekranch.com. $7. Letztere umfasst mehrere originale Gebäude – darunter der letzte noch erhaltene Holzschuppen – sowie die Nachbildung eines Shuswap-Dorfes.

Kamloops

Nahezu jede Reise durch das südliche British Columbia führt früher oder später nach Kamloops, dessen Name sich von der Bezeichnung der Shuswap für „Zusammentreffen der Flüsse" ableitet. Seit undenklichen Zeiten dient die wild wachsende, 355 km nordöstlich von Vancouver und 110 km westlich von Salmon Arm gelegene Stadt als Verkehrszentrum. Heute treffen sich hier der Trans-Canada und Yellowhead (South) Highway, die beiden größten transkontinentalen Verbindungen durch die Region, sowie die Canadian Pacific und Canadian National Railways. Gegen das mit 77 000 Einwohnern zu den größeren Städten im Binnenland des südlichen BC zählende Kamloops ist im Grunde nichts einzuwenden – es sei denn der Wind bläst aus Richtung der Sägewerke im Norden und bringt einen schweren, fauligen Geruch mit sich.

Wer mit öffentlichen Verkehrsmitteln unterwegs ist, braucht in Kamloops nicht anzuhalten. Für Camper und Autofahrer hingegen eignet sich die Stadt zur Aufstockung der Vorräte – insbesondere für Reisende, die auf dem Hwy 5 Richtung Norden oder auf dem Coquihalla Hwy Richtung Süden unterwegs sind. Auf diesen beiden Strecken wird man jeglichen Service vermissen.

Im Zentrum gibt es eine moderne Kunstgalerie, die 1000 Arbeiten umfassende **Art Gallery**, 465 Victoria St, Ecke 5th, 🖳 www.kag.bc.ca. Sie ist die größte im Hinterland von BC, wobei die Konkurrenz aber nicht allzu groß ist. Die Galerie zeigt Werke kanadischer Künstler, insbesondere aus dem Westen und British Columbia. ⏱ Mai–Sept Mo, Fr und Sa 10–17, Di–Do 10–21, So 12–16 Uhr, Okt–April Mo–Mi, Fr und Sa 10–17, Do 10–21, So 10–16 Uhr, $3.

Das **Kamloops Museum**, 207 Seymour St, zählt zu den interessanteren Zielen. Gezeigt werden historische Fotos, die üblichen Gegenstände aus früheren Zeiten sowie eine gelungene Abteilung über die Shuswap-Indianer. Die Ausstellung mit ausgestopften Tieren, die in keinem Museum von BC fehlen darf, erläutert ohne erkennbare Ironie in einem kleinen Bereich den Lebenszyklus der Zecke. ⏱ Di–Sa 9.30–16.30 Uhr, Spende.

Tiefere Einblicke in die Geschichte und Traditionen der Ureinwohner der Gegend bietet das **Secwepemec Museum & Heritage Park** direkt über der Brücke, Hwy 5, ☎ 250/828-9801.☉ im Sommer tgl. 9–17 Uhr, im Winter Mo–Fr 8.30–16.30 Uhr, $6.

Lohnenswert ist der Besuch des am dritten Wochenende im August stattfindenden **Kamloops Pow Wow**, $7 pro Tag.

Die Umgebung von Kamloops wird von kahlen, braunen Hügeln bestimmt. Wenn man den Einheimischen Glauben schenken darf, stellen diese den nördlichsten Punkt der Mojave-Wüste dar. In jedem Fall vermittelt die Gegend den fast surrealen Eindruck einer Wüstenlandschaft: Nackter Fels und Lehmvorsprünge thronen über dem trüben Wasser des Thompson River, und nichts als ausgeblichene Sträucher bedecken die kargen Hügel. Die meisten landschaftlichen Attraktionen liegen nur eine kurze Autofahrt von der Stadt entfernt.

Eine gute Möglichkeit zur Erkundung des Flusses und der umliegenden Landschaft ist ein Ausflug an Bord des restaurierten Heckraddampfer *Wanda Sue*, ☎ 250/374-7447, 🖥 www.wandasue.com. Die zweistündigen Touren beginnen an der Old Yacht Club Public Wharf in der River St, Abfahrt Mitte–Ende Juni Mo–Fr 18.30, Sa 13.30, So 13.30, 15.30 und 18.30, Juli–Anfang Sept Mo–Fr zusätzlich auch 13.30 Uhr, $12,50.

Über die forellenreichen, rund 200 Seen im Umland erteilt das *Infocentre* erschöpfend Auskunft. Das nächstgelegene und an heißen Sommertagen beliebteste Ausflugsziel ist der 402 ha große **Paul Lake Provincial Park** nordöstlich der Stadt, der auch Gelegenheiten zum Schwimmen und Campen bietet, $14. Anfahrt über den Hwy 5 nach Norden, nach 5 km in die Paul Lake Road abbiegen und 17 km Richtung Osten fahren.

Übernachtung

Die vielen Übernachtungsmöglichkeiten, hauptsächlich Motels, sind meist auf motorisierte Gäste ausgerichtet. Ein Großteil davon steht am östlichen Stadtrand am Hwy 1 oder in der Columbia Street West. Einige andere konzentrieren sich um den Busbahnhof und eignen sich für Spätankommende, die sich den Weg in die Stadt sparen wollen.

Casa Marquis Motor Inn, 530 Columbia St, ☎ 250/372-7761 oder 1-800/533-9233, 🖥 www.

casamarquis.kamloops.com. Zentrale Lage, angemessene Preise. ❷

Executive Inn, 540 Victoria St, ☎ 250/372-2281 oder 1-800/663-2837, 🖥 www.kamloops.com/executive. Zentrale Lage und Spitzenkomfort für müde Reisende. ❹

Kamloops Old Courthouse Hostel, 7 W Seymour St, ☎ 250/828-7991 oder 1-866/782-9526, 🖥 www.hihostels.ca. HI-Hostel im Zentrum in einem restaurierten Gerichtsgebäude, unmittelbar westlich der 1st Ave und südlich des Riverside Park. 75 Dorm-Betten (Mitglieder $16, sonst $20) und einige Zimmer. ❶

Sandman, 550 Columbia St, ☎ 250/374-1218 oder 1-800/726-3626, 🖥 www.sandmanhotels.ca. Zuverlässige Motelkette in zentraler Lage, renoviert. ❷

Thriftlodge, 2459 Trans-Canada, ☎ 250/374-2488 oder 1-800/661-7769, 🖥 www.thriftlodge.kamloops.com. Das wohl billigste Motel der Gegend, aber etwa abgelegen im letzten Gebäude am Hwy 1 Richtung Osten. ❷

Silver Sage Tent and Trailer Park, 771 Athabasca St East, ☎ 250/828-2077, nächstgelegener Campingplatz, $20–25.

Paul Lake Provincial Park (s.o.), landschaftlich schön gelegen, aber nur mit dem Auto erreichbar.

Essen

Chapters Viewpoint, im *Panorama Inn*, 610 Columbia St, ☎ 250/374-3224. Seit Jahren eines der besten Restaurants der Stadt. Gute Steaks, Salate und Fischgerichte vor herrlicher Panoramakulisse mit Tischen im Freien.

The Grind, 476 Victoria St. Der beste Kaffee der Stadt verdankt sein Aroma den täglich frisch gerösteten Bohnen.

Ric's Grill, 227 Victoria St, ☎ 250/372-7771. Empfehlenswertes Nichtraucherrestaurant, das vorrangig Steaks serviert, aber auch gute Fisch- und Hühnchengerichte zubereitet. So Mittag geschlossen.

Swiss Pastries & Café, 359 Victoria St, beliebtes, von Schweizern geführtes Café, das große Portionen billiger Snacks serviert. Gutes Müsli, Cappuccino, süße Brötchen und ausgezeichnetes Brot.

***Infocentre**, 1290 W Trans-Canada Hwy, gut 6 km westlich, nahe der Abdereen Mall, ✆ 250/374-3377 oder 1-800/662-1994, ⌨ www.adventurekamloops.com. Umfassende Informationen über Unterkünfte und Freizeitangebote in der Stadt und Provinz. Erhältlich sind hier zudem diverse nützliche Wander- und Naturführer, die von einheimischen Autoren verfasst wurden. ◷ Mitte Mai–Mitte Okt Mo–Fr 8–18, Sa, So 9–18 Uhr, Mitte Okt–Mitte Mai Mo–Fr 9–17 Uhr.

BUSSE – Vom ***Greyhound-Busbahnhof**, Notre Dame Ave, nahe Hwy 1, ✆ 250/374-1212, gegenüber dem *Infocentre,* fahren Busse alle Orte der Provinz an. Der „Crosstown"-Bus Nr. 3 fährt in Richtung Stadt.

EISENBAHN – *VIA Rail Office,* 95 3rd Ave, hinter Landsdowne St, ✆ 250/372-5858 oder 1-800/561-8630, ⌨ www.viarail.ca. Nur an Tagen mit Bahnverkehr geöffnet.
3x wöchentlich verkehren Züge von und nach EDMONTON (über Jasper).
3x wöchentlich fährt ein Zug von VANCOUVER (Di, Fr, So 17.30 Uhr) über Kamloops North (Mo, Mi, Sa 2.32 Uhr, zurück: Mo, Do, Sa 22.55 Uhr) und weiter nach JASPER (12.25 Uhr, zurück: 15.30 Uhr) und EDMONTON (18.30 Uhr, zurück 8.55 Uhr) bis WINNIPEG (Di, Do, So 11.10 Uhr, zurück Mi, Fr und So 16.55 Uhr). Die Züge halten auch in HOPE (5 Std.), BOSTON BAR (3 3/4 Std.) und CLEARWATER (2 1/2 Std.).

FLÜGE – Kamloops besitzt einen bedeutenden regionalen **Flughafen**, 6 km nordwestlich des Zentrums an der Tranquille Rd. BC Transit Bus Nr. 1 (Tranquille) und der Airport Shuttle ($10) fahren in die Stadt.

Highway 5 Richtung Norden

In Richtung Norden führt der Hwy 5 (vor Ort als Yellowhead South Hwy bekannt) von Kamloops den breiten North Thompson River entlang durch ein hügeliges Weideland. Landschaftlich gesehen gilt diese Strecke als eine der schönsten im Norden Amerikas. Sie folgt über 338 km dem Lauf des Flusses, der sich von seinem Ursprung nahe Valemount durch die Monashee Mountains schlängelt – und trifft bei Tête Jaune Cache auf den großen Yellowhead Hwy (Hwy 16). Auf der letzte Hälfte verläuft er östlich des riesigen Wells Gray Provincial Park, einem der schönsten Naturschutzgebiete in British Columbia.

Clearwater

Die weit verstreuten Farmen der 125 km nördlich von Kamloops gelegenen Gemeinde sind vom Hwy 5 zunächst kaum auszumachen. Wer weder Übernachtungsmöglichkeiten sucht noch mit dem Zug hier ankommt, braucht dem Ort keinerlei Beachtung zu schenken. Alle Einrichtungen – abgesehen von einem Geschäft – befindet sich an oder nahe der Kreuzung des Highways und der Zufahrtsstraße zum Dorf, so die Bushaltestelle und das ausgezeichnete *Infocentre.*

Valemount und Blue River

Clearwater eignet sich in dieser Gegend am besten zum Übernachten, allerdings gibt es auch Unterkünfte in Valemount, 225 km nördlich von Clearwater am Hwy 5. Die kleine Ortschaft Blue River, 100 km nördlich von Clearwater, bietet weit weniger Möglichkeiten. Von der Kreuzung mit dem Yellowhead Hwy nördlich von Valemount sind es noch 270 km bis Prince George (s.S. 427) und 77 km Richtung Osten bis zur Grenze nach Alberta.

Am Hwy 5 eignet sich Clearwater vor bzw. nach einem Ausflug in den Wells Gray Park am besten zum übernachten. Im Park selbst bietet sich auf vier einfachen Plätzen Gelegenheit zum Campen (s.S. 382).

CLEARWATER – *Clearwater Lodge,* ✆ 250/674-3080 oder 1-888/383-2388, ⌨ www.clearwater-lodge.bcresorts.com. Große, feudale Lodge mit 64 Zimmern nahe der Abzweigung vom Hwy 5 zum Park. ❹
***Clearwater RV Park & Cabins**, 373 Clearwater Valley Rd, ✆ 250/674-3909, am Parkrand, Yellowhead Hwy, Kreuzung Wells Gray Park Rd, Cabins

DER SÜDEN BRITISH COLUMBIAS

und Chalets sowie Stellplätze für Zelte und Caravans, ⊙ März–Okt, $18–25. Außerdem 3 Restaurants, unzählige Einrichtungen, Verleih von Ausrüstung und organisierte Touren. ❷

Jasper Way Inn Motel, 57 E Old North Thompson Hwy, ✆ 250/674-3345, ✉ jwaymotl@wellsgray. net. 1 km hinter dem Hwy Richtung Westen und vom *Infocentre* gut ausgeschildert, beste Wahl mit reizvoller Aussicht auf den Dutch Lake, einige Zimmer mit Kochgelegenheit. ❸

Wells Gray Inn, an der Hauptstraße nahe dem *Jasper Way Inn Motel*, ✆ 250/674-2214 oder 1-800/567-4088, komfortablere DZ, dafür lässt die Aussicht zu wünschen übrig. Einzige Option vor Ort zum Essengehen. ❶

Birch Island Campground, Hwy 5, ✆ 250/674-3991, 674-4054 oder 1-877/674-3991, mit Bäumen bestandene 28 ha große Fläche 8 km nördlich von Clearwater, Zeltstellplätze $15–21 und B&B-Zimmer mit Blick auf den Thompson River. ❷

Dutch Lake Resort and RV Park, ✆ 250/674-3351 oder 1-888/884-4424, ⌨ www.dutchlake.com. Schönster Campingplatz der Gegend, vom *Infocentre* zu Fuß erreichbar, Stellplätze $19–27 und Cabins, ⊙ Mitte April–Mitte Okt. ❸

BLUE RIVER – **Blue River Motel**, Spruce St, ✆ 250/673-8387, ✉ tab@mercuryspeed.com. 2 Blocks hinter dem Hwy gelegen, billigste Unterkunft. ❷

Glacier Mountain Lodge, 869 Shell Rd, ✆ 250/673-2393 oder 1-877/452-2686, ✉ glacier@ mercuryspeed.com. ❹

Blue River Campground and RV Park, Myrtle Lake Rd und Cedar St, ✆ 250/673-8203, ⌨ www. bluerivercampground.ca. Bietet Angel-, Kanu- und Reittouren, Duschen und Kanuverleih. ⊙ Mai–Mitte Okt, $14–18.

Eleanor Lake Campsite & Trailer Park, Herb Bilton Way, ✆ 250/673-8316 oder 1-800/661-9170, ⌨ www.wiegle.com. Campinggelegenheit mit kostenlosen Duschen, Aufbewahrungsraum und Kanuverleih, ⊙ Mai–Mitte Okt, $12–21.

VALEMOUNT – Die meisten der ca. 10 Motels haben wenig Atmosphäre und konzentrieren sich um die 5th Ave, einen Block abseits des Highways.

Canadian Lodge, 5th Ave, Ecke Hwy 5, ✆ 250/566-8222, mit Jacuzzi und Küchenzeile. ❺

Canoe Mountain Lodge, ✆ 250/566-9171 oder 1-888/214-6611, ⌨ www.canoemountainlodge. com. ❺

Chalet Continental, 1450 5th Ave, ✆ 250/566-9787 oder 1-877/566-7799, ⌨ www.chaletcon.com. Mit überdachtem Pool. ❹

Yellowhead, ✆ 250/566-4411, ⌨ www. yellowheadmotel.com. Billigstes Motel in Valemount. ⊙ Mai–Okt. ❸

Irvins Park and Campground, 360 Loseth Rd, ✆ 250/566-4781, 1 km nördlich von Valemount. Moderner, vorwiegend auf Wohnmobile ausgerichteter Platz mit Angeboten zum Reiten und Geländewagen-Touren. ⊙ April–Okt, $23–32.

Wilderness Creek Camping, ✆ 250/566-4098, Campingplatz 500 m nördlich von Valemount, Stellplatz $14.

Informationen

Clearwater: *Infocentre*, ✆ 250/674-2646, ⌨ www.ntvalley.com/clearwaterchamber. Ausgezeichnete Informationsquelle, sehr nützliche Angaben zum Wells Gray Provincial Park. Wer einen Aufenthalt plant, wandern oder Kanu fahren möchte, findet hier hilfreiche Verzeichnisse der Unterkünfte, Wege und Paddelrouten. ⊙ tgl. Juni–Aug 8–20, Sept–Mai 9–17 Uhr.

Valemount: *Infocentre*, 99 Gorse St, Hwy 5, ✆ 250/566-9893 oder 566-4846, ⌨ www.valemount.org, ⊙ Mitte Mai–Mitte Sept tgl. 9–17 Uhr.

Transport

Greyhound-Busse von Kamloops nach Prince George verkehren 3x tgl. in beide Richtungen über Clearwater.

VIA-Züge verbinden 3x wöchentlich Kamloops mit Jasper via Clearwater.

Wells Gray Provincial Park

Der Wells Gray Provincial Park ist weitgehend mit den östlichen Nationalparks in den Rocky Mountains vergleichbar. Seine Wildnis ist vielleicht noch etwas ungezähmter, so dass viele Gipfel bisher weder erklommen noch benannt wurden. Der Park bietet eine reiche Tierwelt: Auf verwilderten Wegen begegnet man Schwarzbären, Grizzlybären, Schneeziegen sowie kleineren Säugetieren, z.B. Timber-Wölfen, Kojoten, Wieseln, Mardern, Minken, Wolverines und Bibern. Eine oberflächliche Besichtigung des Parks mit einem eigenen Fahrzeug ist einfach und durchaus lohnenswert. Die 63 km lange Zufahrtsstraße biegt vom Hwy 5 bei Clearwater in Richtung Park ab und endet am Clearwater Lake. Einen anderen Zugang für Fahrzeuge gibt es nicht. An der Straße beginnen Wanderwege, hier liegen auch Campingplätze, Aussichtspunkte und Wasserfälle, so dass die wichtigsten landschaftlichen Sehenswürdigkeiten per Auto innerhalb eines Tages zu erreichen sind.

Entlang der Zufahrtsstraße

Wer für das Innere des Parks nicht gerüstet ist, kommt bereits auf der Zufahrtsstraße von Clearwater in den Genuss zahlreicher Wasserfälle, Fußwege und Aussichtspunkte. Auf den ersten 30 km bis zur Parkgrenze ist die Straße befestigt, die restlichen 33 km zum Clearwater Lake bestehen aus Schotterwegen. Die meisten Sehenswürdigkeiten sind gut ausgeschildert.

Etwa 8 km hinter Clearwater führt ein kurzer Fußweg vom Parkplatz am *Spahats Campground* zu den **Spahats Falls** (61 m), dem ersten von mehreren mächtigen Wasserfällen entlang der Strecke. Von zwei Beobachtungsplattformen kann man beobachten, wie das Wasser durch Schichten von rosarotem Vulkangestein hinabstürzt. Erstere bieten außerdem einen schönen Blick auf das darunter liegende Clearwater Valley.

Einige hundert Meter die Straße hinauf biegt eine 15 km lange Schotterstraße zur **Wells Gray Recreation Area** ab. Ein Weg verläuft vom Ende der Strecke durch alpine Wiesen, und vier kürzere Tagestouren führen in ein bekanntes Bärenrevier. Hier befindet sich auch ein Jugendgefängnis, der wohl schönste – wenn auch gottverlassene – Ort in Nordamerika, um eine Strafe abzusitzen. Etwa 15 km weiter zweigt eine zweiter Weg von der Hauptzufahrtsstraße Richtung Osten ab und führt nach 19 km zum Beginn der **Battle Mountain-Route**. Daneben gibt es auch einige kürzere Wege, z.B. den 5 km langen **Mount Philip Trail**.

Der über eine holprige Straße links hinter dem Parkeingang zu erreichende **Green Mountain Out-**look bietet von der Straße aus ein prächtiges Panorama. Hier wird das ganze Ausmaß der kanadischen Wildnis deutlich: mächtige Leere, Urwald und Berge so weit das Auge reicht. Verschiedene Landschaftsformen werden auf Tafeln erläutert, und in der unmittelbaren Umgebung kann man mit etwas Glück Amerikanische Elche sichten.

Die **Dawson Falls**, ein gewaltiger, 91 m breiter und 18 m hoher Wasserfall, liegt nur 5 Min. Fußweg von der Straße entfernt (ausgeschildert als „Viewpoint"). Nun führt die Straße über eine ansehnliche Eisenbrücke zum Beginn des **Murtle River Trail**, 14 km einfach, von dem aus weitere spektakuläre Wasserfälle zu bewundern sind.

Unmittelbar dahinter erreicht man über eine kleine Sackgasse den unbestrittenen Höhepunkt des Parks: Schilder weisen den Weg zu den **Helmcken Falls**, die Massen von Besuchern anlocken. Besonders Hochzeitspaare lassen sich gerne vor dieser wunderbaren Naturkulisse ablichten: Im Hintergrund thront ein leuchtender Wasserbogen, der in eine schwarze, von Flechten und zersplitterten Bäumen gesäumte Senke eintaucht. Eingerahmt wird das Ensemble von dichtem Sprühnebel. Mit 137 m ist der Wasserfall mehr als doppelt so hoch wie die Niagarafälle oder – dem unpassenden Vergleich des *Info Boards* zufolge – genauso hoch wie die Hochhäuser von Vancouver.

Weiter im Norden nähert sich die Parkzufahrtsstraße erneut dem jadegrünen Clearwater River. Sie passiert hübsche Picknickplätze und kurze Wege zum Flussufer hinab, wo hervorragende Möglichkeiten für Wildwasserfahrten bieten.

Vor dem Ende der Straße empfiehlt sich ein Besuch der **Ray Farm**. Hier wohnte ab 1912 der erste Siedler des Gebiets – John Bunyon Ray – mit seiner Familie. Die Farm gewährt einen ernüchternden Einblick in das harte Leben der Pioniere in dieser unerbittlichen Umgebung. Die ruinierten, malerischen Holzhütten liegen verteilt auf einer reizvollen, üppigen Lichtung. Die Parkstraße endet am **Clearwater Lake**, der mit zahlreichen Stegen, einem Provinzcampingplatz und einer Reihe von kürzeren Wegen, die vom Trailhead gut ausgeschildert sind, aufwartet.

Ambitionierte Wanderer können gut und gerne über eine Woche mit der Erforschung des Parks zubringen. Die meisten Wege ziehen sich durch das südliche Drittel des Parks und laden zu tagelangen

Wanderungen mit Campen in der Wildnis ein. Der längste Weg verbindet den Clearwater Lake mit dem **Kostal Lake Trail** (26 km) und beginnt an der Hauptstraße des Gray Wells Parks gegenüber vom Campingplatz am Clearwater Lake. Auf abgelegenen Pfaden erschweren erhebliche Steigungen, Schlamm, dichtes Unterholz, umgestürzte Bäume sowie scharfkantiges Lavagestein und lockeres Geröll das Vorwärtskommen.

Übernachtung

Nur mit Glück ist hier im Sommer eine freie Unterkunft zu finden, sodass bei Aufenthalten im Juni, Juli oder August mehrere Monate im Voraus gebucht werden sollte.
Helmcken Falls Lodge, ✆ 250/674-3657, 🖳 www.helmckenfalls.com. Direkt am Parkeingang, 35 km vom Hwy 5, ähnliche Ausstattung wie die Ranch zu etwas höheren Preisen, auch Zeltstellplätze ($14–26,50). ⏲ Jan–März und Mai–Okt. ❺
Wells Gray Ranch, Wells Gray Park Rd, ✆ 250/674-2792 oder 1-866/GO-RIDING, 🖳 www.wellsgrayranch.com. Blockhütten unmittelbar vor dem Parkeingang, 26 km vom Hwy 5 entfernt, auch Zeltstellplätze ($14–26,50). ⏲ Mitte Mai–Mitte Okt. ❺
Blue Grouse Country Inn, 30 km nördlich von Clearwater und 24 km abseits des Hwy 5, ✆ 250/674-0200 oder 1-866-8747, 🖳 www.bluegrousecountryinn.com. Drei komfortable Zimmer etwas weiter außerhalb. ❺
Sämtliche **Campingplätze** füllen sich im Sommer rasch, können aber im Voraus reserviert werden (s.S. 237). An den Ufern der großen Seen verstreut liegen *Backpackers*-Campingplätze ohne Service, keine Buchung im Voraus erforderlich, $5. *Clearwater Lake Tours* unterhält ein Wassertaxi, mit dem man zu sämtlichen Plätzen am Clearwater Lake gelangt und von dort nach Vereinbarung auch wieder abgeholt wird.
Clearwater Lake, an der Zufahrtsstraße, 31 km vom Eingang entfernt, ⏲ Mai–Sept, $14.
Dawson Falls, an der Zufahrtsstraße, 5 km vom Parkeingang entfernt, ⏲ Mai–Sept, $12.
Falls Creek, an der Zufahrtsstraße, 30 km vom Eingang entfernt, ⏲ Mai–Sept, $12.

Spahats Campground, Clearwater Valley Rd, kleiner, bewaldeter Platz, 10 km von Hwy 5 entfernt, am Clearwater Lake, ⏲ Mai–Sept, $12.

Aktivitäten

KANUFAHREN – Der Park lockt Kanuten mit dem Clearwater Lake am Ende der Zufahrtsstraße und dem Azure Lake. Beide Seen ermöglichen mit einer kurzen Transportstrecke über Land einen über 100 km langen Traumtrip für Paddler. *Clearwater Lake Tours*, am südlichen Ende des Clearwater Lake, ✆ 674-2121 oder in der Nebensaison bzw. am Abend ✆ 250/674-3052, 71 km vom Hwy 5 in Clearwater, verleiht Kanus für kurze und lange Strecken.

SKILANGLAUF – Außerdem bieten sich Möglichkeiten zum Skilanglauf – die Anzahl der gepflegten Loipen ist allerdings begrenzt. Näheres ist im *Infocentre* zu erfahren.

TOUREN – Einige kleinere Anbieter veranstalten kürzere Bootsfahrten um den Clearwater Lake sowie längere Touren inklusive Reiten, Camping, Trekking, Angeln, Bootfahrten und sogar einem Flug mit dem Wasserflugzeug um den Park. Einzelheiten im *Infocentre* von Clearwater.

WANDERN – Mit insgesamt etwa 250 km langen gepflegten Wegen und zahlreichen Nebenstrecken eignet sich der Park hervorragend zum Wandern. Kurze Spaziergänge und Tagestouren von der Zufahrtsstraße werden oben beschrieben.
Ohne Karte, Kompass, ausreichend Verpflegung und Insektenschutz sind die Wanderungen durch das Innere des Parks nicht zu bewältigen. Im *Infocentre* von Clearwater ist eine kostenlose *BC Parks*-Broschüre mit Karte erhältlich. Für eine gründliche Erkundung des Parks sind detailliertere Karten und Führer unverzichtbar.

WILDWASSERFAHREN – Ebenso beliebt und empfehlenswert sind Wildwasserfahrten auf dem Clearwater River. Das *Infocentre* sowie die beiden aufgeführten Unterkünfte bieten halbtägige bis einwöchige Touren an.

Die 63 km lange Zufahrt zum Wells Gray Park ist nur mit einem eigenen Fahrzeug oder per Anhalter zu bewältigen (Trampen ist jedoch nur im Hochsommer ratsam). Schon von der Zufahrtsstraße aus gewinnt man einen Eindruck vom Park, dessen Highlights sich innerhalb eines Tages erkunden lassen. Andernfalls gelangt man über wenig befahrene Schotterstraßen von Blue River, 112 km nördlich von Clearwater, und von 100 Mile House, am Hwy 97 westlich des Parks, zu weiteren Parkabschnitten.

Salmon Arm und Shuswap Lake

Viele Wege durch das südliche BC führen nach **Salmon Arm**, ca. 108 km östlich von Kamloops, dem größten von mehreren farblosen Ferienorten entlang der insgesamt tausend Kilometer langen schiffbaren Wasserwege des Shuswap Lake. Allerdings bieten sich in den 32 Provinzparks der Region und kleinen Dörfern am See – **Chase**, **Sorrento**, **Eagle Bay** usw. – gute Möglichkeiten zum Fischen, Schwimmen, Wasserski oder für einen Hausboot-Urlaub.

Was an Sehenswürdigkeiten zu bestaunen ist, konzentriert sich im **R.J. Haney Heritage Park**, 2 km östlich von Salmon Arm am Hwy 97B. Dort befinden sich das Salmon Arm Museum, ein nicht besonders aufregendes Pioniermuseum, und Haney House, eine rund 100 Jahre alte Farm und damit eines von mehreren „historischen" Gebäuden im Park (daneben sind u.a. noch eine Feuerwehrhalle, eine Schmiede und eine Tankstelle zu besichtigen). ⊙ Juni–Sept tgl. 10–17 Uhr, $5.

Je nach Jahreszeit sind hier auch viele Lachse auf ihrem Weg zu den Laichplätzen sowie Vögel zu beobachten – die Bucht bei Salmon Arm ist eine der weltweit letzten noch existierenden Brutgebiete des Western Grebe. Wie so oft in Kanada, ist auch Salmon Arm mit seinen Ausläufern in Wirklichkeit viel kleiner als die stolzen Kennzeichnungen auf den Karten vermuten lassen. Viele Ansiedlungen wirken uneinheitlich und vermitteln einen etwas schäbigen, planlosen Eindruck, sorgen jedoch auf dieser monotonen Strecke des Trans-Canada für

Abwechslung. Wer Salmon Arm besser kennen lernen möchte, muss die Hauptstrecke verlassen und das Dorf etwas weiter südlich ansteuern.

Als alternative Art der Unterkunft bieten sich die Hausboote in **Sicamous** an, einem angenehmen, aber überlaufenen Ort direkt am Wasser, zu erreichen von Salmon Arm über den Trans-Canada Hwy in östlicher Richtung.

Der Name des Sees und der umliegenden Gegend leitet sich von den Shuswap-Indianern ab, den nördlichsten Mitgliedern der großen Salishan-Familie und dem größten einzelnen Stamm in British Columbia. Der Ortsname erinnert an eine Zeit, als man Lachse im See noch mit Speeren aufspießen konnte, und die unzähligen Fische zu Dünger verarbeitete.

Der Shuswap Lake ist heute ein wichtiges Schutzgebiet für die junge Brut, bevor die Lachse ihre lange Reise durch den Thompson und Fraser River Richtung Meer antreten. Dank der großen Anzahl solcher Seen, der idealen Wassertemperatur, frei fließender, gut mit Sauerstoff versorgter und schlammfreier Nebenflüsse sowie zahlreicher Sand- und Kiesbetten für die Eiablage gilt das Fraser River-System als größtes Lachshabitat auf dem Kontinent. Dementsprechend sind in der Gegend um Salmon Arm im Oktober riesige Schwärme von **wandernden Lachsen** zu beobachten. Bis zu zwei Millionen Fische bewältigen die Strecke vom Pazifik bis zu ihrem Ursprungsort im Adams River, einem der wichtigsten Laichplätze in der Provinz. Während der Laichzeit schwärmen auch Touristen in großen Scharen in das Gebiet – in der Hauptwoche allein 250 000. Das Schauspiel findet alljahrlich statt, am spektakulärsten jedoch in einem Vierjahreszyklus (das nächste „große" Jahr ist 2006).

Der kurze Flussabschnitt steht als Teil des **Roderick Haig-Brown Provincial Park** unter Schutz. Anfahrt von Salmon Arm über den Trans-Canada Hwy 46 km Richtung Westen bis Squilax und von da 5 km über eine Seitenstraße Richtung Norden. Der Park ist ausgeschildert. Angler finden hilfreiche Hinweise in der *Fishing in Shuswap*-Broschüre im *Infocentre* von Salmon Arm. Bei der Gelegenheit sollte man sich auch gleich einen Angelschein besorgen.

Zum Laichen bestimmt!

Dem Lachs entkommt in British Columbia so schnell niemand. Dieses – neben Bergen und Wäldern – vorherrschende Symbol der Region findet sich auf Speisekarten, in Flüssen sowie auf den Fotos zufrieden grinsender Fischer wieder. Die Flüsse und Seen im Westen Kanadas werden von fünf verschiedenen Arten bevölkert: **Pink**, **Coho**, **Chum**, **Chinook** und insbesondere **Sockeye**.

Obwohl ihr Leben im Süßwasser beginnt und endet, verbringen die Lachse insgesamt etwa vier Jahre im offenen Meer. Zwischen Juni und November legen ausgewachsene Fische enorme Strecken von ca. 30 km am Tag vom Pazifik bis zu ihren Heimatflüssen in BC zum **Laichen** zurück. Einige Chinook-Lachse schwimmen über 1400 km den Fraser River hinauf bis über Prince George hinaus – eine 50-tägige Reise flussaufwärts. Das Weibchen legt über 4000 Eier, allerdings besteht nur für ca. 6% eine Überlebenschance. Es wird vermutet, dass von den vier Milliarden Sockeye-Eiern, die pro Jahr im Adams River nahe Salmon Arm gelegt werden, eine Milliarde zu etwa 2 cm langen Fischen heranreifen, von denen ca. 75% Raubtieren zum Opfer fallen, bevor sie das Stadium eines Smolts (einjährigen Jungfisches) erreichen. Vom Rest gelangen lediglich 5% bis in den Ozean. Tatsächlich bringt jedes Paar von Laichern etwa zehn reife Fische hervor: Acht werden von überwiegend kommerziellen Fischern gefangen und nur zwei kehren zurück, um sich zu vermehren.

Die Fakten zeigen das prekäre Verhältnis zwischen dem Überleben der Lachse und der lukrativen **Fischereiindustrie** von BC. Der gefangene, verpackte und exportierte Lachs macht zwei Drittel der Fischereierträge von BC in Höhe von $1 Milliarde pro Jahr aus – das ist der größte Anteil im Vergleich zu allen anderen kanadischen Provinzen und die drittwichtigsten Geldquelle nach dem Holz und der Energieproduktion. Die kommerzielle Fischerei in British Columbia erlitt ihren ersten Rückschlag bereits 1913, als große Erdrutsche am Hell's Gate im Fraser Canyon viele Wanderrouten blockierten.

Zwar wurden gewissenhaft Fischleitern so konstruiert, dass sie die kritischen Stellen umgehen, aber weiterhin belasten Bergbau, Holzwirtschaft, Siedlungen, Landwirtschaft sowie Industrie- und Hausmüll die Lebensräume der Lachse. Auf dem Festland und auf Vancouver Island wurden entlang der Flüsse künstliche **Laichplätze** geschaffen, um den Prozentsatz an erfolgreich reifenden Eiern und Brut zu erhöhen. In der Zwischenzeit bleibt die Überfischung eine Hauptsorge – insbesondere angesichts der japanischen und koreanischen **Treibnetze**, die sich während der letzten Jahrzehnte an vielen Nicht-Zielarten vergriffen haben, einschließlich des BC- und Yukon-Lachses. Unter dem starken Druck der USA und Kanadas stimmten beide Staaten einem vorläufigen Stopp der Fischerei mit Treibnetzen ab Juni 1992 zu. Seitdem wurden von der Seite Kandas und BCs viele Maßnahmen ergriffen, z.B. die Schließung des Fraser und Thompson River für die Lachsfischerei im Jahre 1999. Greenpeace geht jedoch davon aus, dass bereits 764 Lachsstämme in BC und dem Yukon ausgestorben bzw. vom Aussterben bedroht sind.

Übernachtung und Essen

SALMON ARM – *Best Western Villager West Motor Inn*, 61 10th St SW, ✆ 250/832-9793 oder 1-877/778-6777, etwas exklusiveres Motel, ebenfalls in der Nähe des Highways. ➍

Village Motel, 620 Trans-Canada Hwy, ✆ 250/832-3955, eines der empfehlenswertesten Motels in Salmon Arm. ➋

Squilax General Store and Caboose Hostel, hinter Trans-Canada, Chase, ✆ 250/675-2977. Das Hauptgebäude des HI-Hostels direkt am Ufer ist eine ehemaliger Gemischtwarenladen, während die 24 Dorm-Betten (Mitglieder $16, sonst $20) in alten Eisenbahnwaggons untergebracht sind. Wer mit dem Greyhound-Bus anreist, kann den Fahrer bitten, am Hostel zu halten. ➊

Salmon Arm KOA, ✆ 250/832-6489 oder 1-800/562-9389, erste Wahl unter den Campingplätzen, 3 km östlich der Stadt, in bewaldeter Umgebung, mit beheiztem Pool, ◷ Mai–Okt, $30.

Salmon River Motel and RV Park, 910 40th St SW, ✆ 250/832-3065, 1 km westlich des Zentrums, ebenfalls empfehlenswert, Camping $20–25. ➋

Hideaway PuB&Bistro, unweit des Greyhound-Busbahnhofs, 995 Lakeshore Drive, ✆ 250/832-9447, bietet Speis und Trank.

SICAMOUS – Obwohl es hier viele Motels und Campingplätze gibt, ist der Ort in erster Linie für seine luxuriösen **Hausboote** bekannt. Einige wenige kann man für eine Nacht buchen, die meisten anderen wochenweise und das zum Großteil über Agenturen im Jachthafen und im Ort. Die Preise mögen zunächst schockieren, doch auf den Booten finden bis zu 22 Personen Platz.

Bluewater Houseboats, ✆ 250/836-2255 oder 1-800/663-4024, ▣ www.shuswap.bc.ca/bluewater. Eine der größeren Agenturen mit 40 Booten. ◷ April–Okt, $1595–5995 pro Woche.

Sicamous Creek Marina & Admiral Houseboats, ✆ 250/836-4611 oder 1-866/704-4611, ▣ www.admiralhouseboats.com. ◷ April–Okt, $1750–3055 pro Woche.

Twin Anchors Houseboat Association, ✆ 250/836-2450 oder 1-800/663-4026, ▣ www.twinanchors.com. ◷ April–Okt, $4700–7300 pro Woche.

Super 8 Motel, 1120 Riverside Ave, ✆ 250/836-4988. Im Haus gibt es den Moose Mulligan's Marine Pub, wo man etwas essen und trinken kann. ➍

Sonstiges

BOOTSTOUREN – Die Bootsausflüge auf dem See bieten eine gute Möglichkeit, die Landschaft zu genießen: Informationen über die täglichen Bootsfahrten im Sommer erhält man in Sicamous vom *Shuswap Ferry Lake Service*, ✆ 250/836-2200.

INFORMATIONEN – *Infocentre*, 751 Marine Park Drive, **Salmon Arm**, ✆ 250/832-2230 oder 1-877/725-6667, ◷ Mo–Sa 8.30–17.30 Uhr.

Infocentre, 110 Finlayson St, **Sicamous**, nahe Government Dock, ✆ 250/836-3313, ▣ www.sicamouschamber.bc.ca. ◷ Mo–Fr 10–17 Uhr, im Juni auch Sa 10–15, im Juli tgl. 9–18 Uhr.

Tourism Shuswap, ✆ 250/832-5200 oder 1-800/661-4800, ▣ www.shuswap.bc.ca. Informationen über die ganze Region.

Transport

Greyhound-Busse verbinden Salmon Arm mit VANCOUVER 7x tgl., mit CALGARY, KELOWNA, VERNON und PENTICTON 4x tgl. Der Busbahnhofbefindet sich am Hwy 1, West Village Mall.

Highway 97 östlich von Kamloops

Der Hwy 97 führt durch eine paradiesische Landschaft und ist somit – verglichen mit der monotonen Straße nach Salmon Arm – die weit bessere Route ins Okanagan Valley. Die grünen Wiesen, weidenden Tiere und sanften bewaldeten Hügel lockten einst die Pionieren an. Die Weiler entlang der Strecke bieten idyllische Übernachtungsmöglichkeiten, und viele Nebenstraßen führen zu kleinen Seen mit einem bescheidenen Freizeitangebot.

Der Highway biegt 26 km östlich von Kamloops vom Trans-Canada Hwy ab und führt zunächst nach **Monte Lake**, das zwei gute Übernachtungsmöglichkeiten bietet: den hervorragenden *Heritage Campsite & RV Park*, ✆ 250/375-2434, ◷ April–Nov, $14–17, und den ebenso gepflegten öffentlichen Campingplatz im Monte Lake Provincial Park.

Das idyllische **Westwold**, 5 km dahinter, besteht aus verstreut liegenden Ranchen mit niedlichen, alten Holzhäusern und weiten Wiesen. Nach weiteren 13 km erreicht man **Falkland**, eine schlichte Ortschaft, deren zentrales *Highland Motel*, 2968 Adelphi St, ✆ 250/379-2249, ❷, sich schön in die ländliche Atmosphäre des Dorfes einfügt. Außerdem gibt es einige gut ausgeschilderte, ruhige Campingplätze, $12–15.

Landstraßen führen von hier Richtung Norden und Osten zum **Bolean Lake**, 10 km, in 1437 m Höhe, mit einer Lodge mit Campingplatz: *Bolean Lake Lodge*, Bolean Lake Rd, ✆ 250/558-9008, Zelte $15, Zimmer ❶, ◷ Mai–Okt, zum **Pillar Lake**, 13 km, mit dem *Pillar Lake Resort*, ✆ 250/379-2623, Cabins ❶ und Stellplätze zum Campen ab $12, ◷ Mai–Okt, und zum **Pinaus Lake**, 10 km, mit dem *Pinaus Lake Camp*, ✆ 250/542-0624, mit Cabins ❷ und Stellplätzen zu $15, ◷ April–Okt.

Nahe der Kreuzung mit der westlichen Okanagan Lake Rd, 12 km von Vernont entfernt, lohnt ein Besuch der **Historic O'Keefe Ranch**. Diese besteht aus Pionierhäuser und einem Museum. Letzteres befasst sich mit dem Leben im Grenzland im 19. Jh. sowie mit der Rolle der Ureinwohner während der beiden Weltkriege. Etwa 25% aller wehrtauglichen Männer meldeten sich unverzüglich zum Dienst – eine Pflichterfüllung, die das Dilemma zu Hause kaum zu mindern vermochte. Dem Fazit des Museums zufolge gehören sie zu der „unglücklichen Gruppe, die das Alte verloren haben, ohne das Neue je zu erreichen". ◷ tgl. Mai, Juni und Sept–Mitte Okt 9–17, Juli / Aug 9–19 Uhr, $6.

In einer vollständig rekonstruierten Straße aus der damaligen Zeit kann man einen originalgetreu nachgebauten Gemischtwarenladen besuchen, wo Verkäufer in traditioneller Kleidung Kleinigkeiten anbieten – eine etwas kitschige Täuschung, die die erfolgreiche Nachbildung eines vergangenen Zeitalters jedoch nicht beeinträchtigt. Am stärksten spürbar wird die Vergangenheit in der Kirche und auf dem Friedhof, wo das hübsche Gebäude und eine ergreifende Gruppe von Gräbern – drei Generationen der Familie O'Keefes, die das Land seit 1867 besiedelten – die Isolation und Unannehmlichkeiten des Lebens der Pioniere einfangen.

Das Okanagan Valley

Die mit Weinbergen und Obstplantagen bedeckten Hügel und warmen Seen des Okanagan Valley im mittleren Süden British Columbias stehen im deutlichen Gegensatz zum schönen zerklüfteten Bergland im Inneren der Region. Das Gebiet gilt als Kanadas wichtigstes Obstanbaugebiet und beliebtes Ziel für Sommerurlauber. Wer die Menschenmassen am Strand scheut, kann die Städte trotz ihres guten Rufs im Sommer getrost links liegen lassen. In den drei großen Zentren entlang des 100 km langen Okanagan Lake – Vernon, Kelowna und Penticton – lebt der Löwenanteil der Bevölkerung des Binnenlands von BC.

Die Legende vom Okanagan Lake

Bei der Fahrt durch das Okanagan Valley ist eine Begegnung mit **Ogopogo**, dem bekannten Seemonster des Okanagan Lake, unvermeidlich. Sein drachenähnliches Gesicht grinst den Besuchern von Postkarten, Plakaten und Autoaufklebern an. Der Name stammt von einem Varieteesong aus den 20er Jahren des 20. Jhs., (übersetzt: „seine Mutter war ein Ohrwurm, sein Vater ein Wal, ein bisschen Kopf und kaum Schwanz, und Ogopogo war sein Name"), der Mythos ist aber um einiges älter. Die Salish-Indianer glaubten an die Existenz dieses Wesens und nannten es **N'ha-a-itk**, was soviel bedeutet wie „See-Dämon" oder „Teufel des Sees". Der Legende zufolge warnten die Salish-Indianer die frühen weißen Siedler vor dem Seemonster. Man vermutete in ihm einen vom Teufel besessenen Mann, der von den Göttern für die Ermordung eines Stammesbruders bestraft worden war. Zur Besänftigung opferten die Salish-Indianer bei jeder Überquerung nahe **Rattlesnake Island** – in deren Umgebung das Ungeheuer angeblich lauerte – Tiere. Auch die damaligen weißen Siedler fürchteten die Kreatur und brachten Opfer dar bzw. stationierten Wachleute am Ufer für den Fall eines Angriffs. Ob Dämon oder nicht – Urlauber hätten heute ihren Spaß an einer Sichtung des Loch Ness-Monsters von BC, das angeblich bereits mehrmals erspäht wurde.

Die Orte bieten allesamt eine Reihe von Unterkünften und zweifelhafte Attraktionen für Sommerurlauber. Wie überall in BC entspannt sich die Lage merklich, sobald man den Städten den Rücken kehrt und sich den wunderschönen Bergen und ruhigeren Ufern der Seen zuwendet.

Dank kalifornisch anmutender Üppigkeit während des ganzen Jahres („Land der Strände, Pfirsiche, des Sonnenscheins und des Weins") kann man die Vorzüge der Region auch in der ruhigeren Nebensaison genießen: Dann stehen Obstbäume in voller Blüte, die Ortschaften direkt am See wirken friedlicher, einheimische Weinkellereien laden zu kostenlosen Weinproben ein. Außerdem sind in der Nebensaison Unterkünfte um bis zu 50% reduziert. Kelowna ist die größte und beste Anlaufstelle. Regionalbusse verkehren jedoch in alle Städte und Greyhounds pendeln über Hwy 97 zwischen Osoyoos und Kamloops oder Salmon Arm.

Vernon

Die Strände von Vernon, einer Kleinstadt mit 35 000 Einwohnern am nördlichen Ende des Okanagan Lake an der Kreuzung von Hwy 6 und Hwy 97, sind etwas ruhiger als anderswo in der Region. Auch hier dreht sich alles um das Obst und diverse Freizeitaktivitäten. Entlang des Highway, der durch die Stadt führt, reihen sich Motels, Fastfood-Läden und grelle Neonschilder. Unterkünfte sind in Vernon leichter zu finden als in Kelowna (s. S. 388).

Das Zentrum von Vernon, das sich um die 32nd Ave (Hwy 97) konzentriert, hinterlässt einen freundlicheren Eindruck als die Außenbezirke. Die Straßen werden von Bäumen und ca. 500 historischen Gebäuden gesäumt. Die Einwohner der Stadt, eine aufgeschlossene kosmopolitische Mischung, haben britische, deutsche, chinesische und Salish-indianische Vorfahren. Daneben gibt es eine auffällig große Zahl an Zeugen Jehovas.

Am Uhrturm in der 3009 32nd Ave dokumentiert das **Greater Vernon Museum and Archive** die lokale Geschichte, ◷ Mo–Sa 10–17 Uhr, Mo im Winter geschlossen, Eintritt in Form einer Spende. Am südlichen Ende der Stadt bietet der reizvolle **Polson Park** Erholung vom Trubel im Zentrum. Die schönsten Strände befinden sich 8 km südlich von Vernon im **Kalamalka Provincial Park** mit dem atemberaubenden, blaugrünen Kalamalka

Lake. Der beste Strand am See ist der von Bäumen gesäumte Kal Beach mit praktischer Parkmöglichkeit gleich hinter den Eisenbahnschienen. An seinem östlichen Ende befindet sich eine große Bar mit Terrasse. Über die Okanagan Landing Rd erreicht man Richtung Westen einen weiteren schönen Strand, den **Kin Beach**.

Die **Silver Star Recreation Area** ist ein weiteres Erholungsgebiet (kein Camping), Anfahrt über die steile, 22 km lange 48th Ave Richtung Nordosten, die vom Hwy 97 abgeht. Im Sommer zuckelt ein Skilift (◷ Ende Juni–Mitte Okt tgl. 10–17 Uhr, $7,50) zum Gipfel des **Silver Star Mountain** (1915 m), der mit einer guten Aussicht und Spaziergängen über alpine Wiesen lockt. Der beliebteste Weg der Wanderer und Mountainbiker führt vom Gipfel bis ins Tal hinab. Für die Weiterreise von Vernon Richtung Süden empfiehlt sich die kleine, landschaftlich ansprechende Okanagan Lake Road am Westufer des Okanagan Lake. Die Idylle wird allerdings durch den kommerziellen Charakter der Städte weiter südlich beeinträchtigt. Zwischen Wäldern und kleinen Buchten präsentiert sich von der Straße aus sehr reizvoll der See. Aufgrund der meist steilen Küste wird der Zugang zum Wasser jedoch erschwert. Wildes Campen ist zwischen den Bäumen möglich.

Übernachtung

Best Western Vernon Lodge, 3914-32nd St (Hwy 97), Ecke 39th St, ✆ 250/545-3385 oder 1-800/663-4422, 🖥 www.rpbhotels.com. Angenehmste Unterkunft, wenn Geld keine Rolle spielt, 127 klimatisierte Zimmer. ❺

Lodged Inn, 3201 Pleasant Valley Rd, ✆ 250/549-3742 oder 1-888/737-9427, 🖥 www.lodgedinn.com. Hervorragendes Hostel mit Dorm-Betten und Privatzimmern in einem wunderschönen alten Haus von 1894. Vom Busbahnhof vier Blocks Richtung die 32nd Ave entlang, dann nach rechts und die vierte Straße (Pleasant Valley Rd) nach links. 32 Betten (Mitglieder $16, sonst $20). ❶

Polson Park Motel, 24th Ave, ✆ 250/549-2231 oder 1-800/480-2231, 🖥 www.polsonparkmotel.com. Gegenüber dem gleichnamigen Park, eine der preiswertesten Unterkünfte. ❷

Sandman Inn, 4201 32nd St, ✆ 250/542-4325 oder 1-800/726-3626, 🖥 www.sandmanhotels.ca. Solides, wenn auch etwas eintöniges Motel. ❸

Schell Motel, 2810 35th St, ✆ 250/545-1351 oder 1-888/772-4355, verwöhnt Gäste mit einem Pool und einer Sauna. ❷

Die **Campingplätze** sind während der Hochsaison überlaufen. Unter Umständen muss man eine ganzes Stück am Seeufer zurücklegen, bevor man Glück hat.

Dutch's Tent and Trailer Court, 15408 Kalamalka Rd, ✆ 250/545-1023, 3 km südlich von Vermont nahe Kalamalka Beach, ☉ ganzjährig, $19–25.

Ellison Provincial Park, 16 km südwestlich am Okanagan Lake in ländlicher Umgebung, ☉ März–Nov, $17, Reservierungen möglich, s.S. 237.

s.S. 237.

Essen und Trinken

Bean to Cup, 39th Ave und 3903 27th St, 🖥 www.beantocup.com. Bietet Suppen, guten Kaffee und Sandwiches.

Intermezzo, 3206 34th Ave, ✆ 250/542-3853. Bei Einheimischen sehr beliebt, gute Pasta. ☉ 17-22 Uhr.

The Italian Kitchen, 3006 30th Ave, ✆ 250/558-7899, serviert gutes italienisches Essen.

KT's, 3127 30th Ave, mit Salzwasser-Aquarien neben den Tischen, serviert Pizza, Pasta, Sandwiches und Burger.

Sir Winston's, 2705 32nd St, beste Wahl unter den Pubs im Zentrum.

Sonstiges

AKTIVITÄTEN – **Monashee Adventure Tours**, im Hostel, ✆ 1-888/762-9253, verleiht Mountainbikes und organisiert Touren durch das Okanagan Valley.

Paraglide Canada, ✆ 250/308-0387, 🖥 www.paraglidecanada.com. Bietet Tandemflüge vom Gipfel an, ab $100 pro Person.

INFORMATIONEN – In Vernon gibt es ein **Infocentre**, südlich des Zentrums, 701 Hwy 97 North, ✆ 250/542-1415, für Reservierungen ✆ 1-800/665-0795, 🖥 www.vernontourism.com. ☉ Juni–Aug tgl. 8–18, Sept–Mai Mo–Fr 9–17 Uhr. Eine während der Saison geöffnete Zweigstelle liegt südlich der Stadt am Highway.

Transport

Vom Greyhound-Busbahnhof, 30th St, Ecke 31st Ave, ✆ 250/545-0527, bestehen Verbindungen nach CALGARY und VANCOUVER.

Kelowna

Wer auf Sonnenbräune, viel Betrieb und ein aufregendes Nachtleben steht, ist in Kelowna (im Salish-Dialekt „Grizzlybär") genau richtig. Im Sommer 1988 wurde hier derart über die Stränge geschlagen, dass sich die alljährliche **Kelowna Regatta** zu einem für kanadische Verhältnisse untypischen Tumult ausweitete, der schließlich von Polizisten mit Schlagstöcken und Tränengas niedergeschlagen werden musste. Auf die Veranstaltung in ihrer ursprünglichen Form wurde daraufhin verzichtet (inzwischen ist sie eine Veranstaltung für die ganze Familien), aber die Strände und das Zentrum haben nichts von ihrer Lebendigkeit eingebüßt.

Im Vergleich zu anderen Städten im Hinterland breitet sich Kelowna (rund 96 000 Einwohner) immer stärker aus. Nichts ahnende Touristen erleben auf den Zufahrtsstraßen zur Stadt eine herbe Enttäuschung: Besonders unansehnlich ist die erschreckende Ansammlung von Motels, Tankstellen und Fastfood-Läden entlang des Hwy 97 am nördlichen Ortseingang.

Im Gegensatz dazu bieten das Seeufer und die Strände trotz umfassender Erschließung einen erfreulichen Anblick, und während der Nebensaison kann man sich im hübschen Zentrum von Kelowna eine Pause von den Bergen und Wäldern gönnen. Der Bekanntheitsgrad der Stadt wächst mit der Einwohnerzahl: Seit 1990 haben sich 37 000 Menschen – zum Großteil Rentner – in Kelowna niedergelassen und den Stadtplanern einiges Kopfzerbrechen bereitet.

Sehenswertes

Zu den wichtigsten Anziehungspunkten zählen der öffentliche Strand hinter dem **City Park**, einer schönen, kleinen Grünfläche nahe dem Zentrum, sowie die Abschnitte der Lakeshore Road südlich der Pontonbrücke, die ein jüngeres, trendiges Publikum anlocken: Windsurfer kommen am **Rotary Beach** auf ihre Kosten, und im unmittelbar nördlich davon gelegenen **Boyce Gyro Park** stellen einheimische Teenager ihre Fähigkeiten zur Schau. Hinter der Brücke erreicht man nach 2 bzw. 14 km am Westufer des Sees entlang **Bear Creek** und den **Fintry Provincial Park** mit großartigen, aber auch sehr belebten Stränden und Campingplätzen.

Ihren Wohlstand verdankt die Stadt in erster Linie Pater Pandosy, einem französischen Priester, der hier im Jahre 1859 eine Missionsstation gründete und zwei Jahre später einige Apfelbäume pflanzte. Ein Großteil des kanadischen **Obstes** kommt heute aus der Gegend, darunter praktisch alle Aprikosen, die Hälfte der Pfirsiche und Pflaumen und ein Drittel der Äpfel. Im *Infocentre* erhält man Hinweise auf die zahlreichen Saft-, Obst-, Essens- und Waldtouren. Wer sich den hedonistischeren Früchten von Pater Pandosy widmen möchte, sollte den **Weingütern** vor Ort einen Besuch abstatten. Im Anschluss an eine Besichtigung werden kostenlose Proben angeboten. Die Auswahl ist groß: Das Mikroklima und die Bodenbeschaffenheit des Tals ermöglichen den Anbau unterschiedlicher Trauben für Weiß- und Rotweine an den angrenzenden Hängen. Früher lag der Schwerpunkt auf fruchtigen deutschen Weiß- und Dessertweinen, heute widmet man sich zunehmend auch roten und trockeneren Sorten.

Die schön gelegene **Summerhill Estate Winery**, 4870 Chute Lake Rd, ✆ 250/764-8000 oder 1-800/667-3538, schenkt Champagner aus biologischem Anbau aus. Sie befindet sich in der Nähe einiger heißer Quellen. Führungen in der Regel tgl. 11–14 Uhr zur vollen Stunde, aktuelle Zeiten aber besser telefonisch erfragen.

Empfehlenswert ist auch **Calona Wines**, 1125 Richter Ave, ✆ 250/762-9144, Kanadas zweitgrößte Weinkellerei und die älteste von Okanagan (Gründungsjahr 1932), nur sechs Blocks abseits des Hwy 97, ☉ Mai–Sept tgl. 11–17 Uhr, Touren alle 2 Std., Okt–April Tour um 14 Uhr. Das *Infocentre* liefert ausführliche Informationen über kleinere, abgelegenere Anwesen.

Hintergrundinformationen liefert das **Wine Museum**, 1304 Ellis St, dessen Hauptaufgabe darin besteht, die einheimischen Weine anzupreisen. Zu den wenigen Ausstellungsstücken zählt ein 3000 Jahre altes Trinkhorn aus dem Iran. ☉ Mo–Sa 10–17, So 12–17 Uhr.

Eine Möglichkeit, den Massen von Kelowna zu entkommen, ist die Besteigung des **Knox Mountain** nur 5 Min. Autofahrt (bzw. 30 Min. Fußweg) vom Zentrum entfernt. Von hier eröffnet sich ein Blick auf den See und die Stadt, der insbesondere bei Sonnenuntergang sehr schön ist. Vom hölzernen Beobachtungsturm blickt man in alle Richtungen. Caravans haben nach Einbruch der Dunkelheit keinen Zugang mehr in das Gebiet (eine Schranke wird heruntergelassen), allerdings kann man mit Schlafsack (Zelt nicht ratsam) hier oben durchaus eine ungestörte Nacht verbringen.

Übernachtung

In der Stadt und ihrer Umgebung gibt es unglaublich viele Motels und Campingplätze. Im Hochsommer gestaltet sich die Suche nach einer Unterkunft trotzdem schwierig, es sei denn man entscheidet sich schon früh morgens für eines der üblichen Standardmotels am Hwy 97 Richtung Norden, eine abgelegene, von Neonlichtern und Verkehr beherrschte Gegend mit günstigen Zimmern.

HOTELS – *Grand Okanagan Lakeside Resort*, 1310 Water St, ✆ 250/763-4500 oder 1-800/465-4651, ▭ www.grandokanagan.com. Wenn Geld keine Rolle spielt ... **❼**

Royal Anne, 348 Bernard Ave, ✆ 250/763-2277 oder 1-888/811-3626, ▭ www.royalannehotel.com. Ebenfalls etwas teuer. **❺**

Sandman Hotel, 2130 Harvey Ave, ✆ 250/860-6409 oder 1-800/726-3626, ▭ www.sandmanhotels.ca. Empfehlenswertes Kettenhotel der Mittelklasse. **❸**

Willow Inn, 235 Queensway, ✆ 250/762-2122 oder 1-800/268-1055, Hotel mit kleinen Mängeln in zentraler Lage, für den Sommer weit im Voraus reservieren. Nicht vom benachbarten Striplokal abschrecken lassen. **❸**

HOSTELS – *Kelowna International Hostel*, 2343 Pandosy St, ✆ 250/763-6024, ▭ www.kelowna-hostel.bc.ca. Inoffizielles Hostel südlich des Zentrums, nahe Guisachan Rd und Krankenhaus. Im Sommer sehr begehrt, Bett $13–15. **❶**

Okanagan University College, 3180 College Way, ✆ 250/762-5445, vermietet Mai–Ende Aug Zimmer auf dem Campus. **❷**

SameSun International Motel-Hostel, 245 Harvey St, wenig östlich der Abbott St, ☏ 250/763-9814 oder 1-877/562-2783, 💻 www.samesun.com. 2001 erbautes, HI-assoziiertes Hostel in zentraler Lage gegenüber dem Strand, 30 Zimmer und 100 Dorm-Betten ($15), ebenfalls im Sommer sehr begehrt. Anfahrt vom Busbahnhof mit Bus Nr. 10 Richtung Queensway. ❶

CAMPING – Die Campingplätze sind relativ teuer und während der Hochsaison bestehen einige auf einem Aufenthalt von mindestens drei Tagen. Außerdem muss man sich vor Stechmücken hüten.

Bear Creek Provincial Park, Westside Rd, 9 km westlich der Stadt an der Westseite des Sees gelegen, hat immer freie Plätze, gut ausgestattet mit Duschen usw., $22, Reservierung möglich, ☉ Mär–Nov,.

Fintry Provincial Park, 34 km nördlich der Stadt, neuer Platz mit vergleichbarer Ausstattung auf einer ehemaligen Plantage; $22, Reservierung möglich. ☉ April–Okt.

Hiawatha RV Park, 3787 Lakeshore Rd, in Stadtnähe, ☏ 250/861-4837 oder 1-888/784-7275, 💻 www.hiawatharvpark.com. Bereich zum Zelten, Waschküche, beheizter Pool und kostenlose Duschen; $34–44, ☉ März–Okt.

Willow Creek Family Campground, 3316 Lakeshore Rd, ☏ 250/762-6302, ✉ willowcreekcampground@shaw.ca. An einem Sandstrand in Stadtnähe, mit kostenlosen Duschen und einer Wiese für Zelte; $22–35. ☉ ganzjährig.

Essen und Trinken

Die Restaurants, die meisten davon im Zentrum, bieten eine große Vielfalt und liegen nicht weit voneinander entfernt: Zu Fuß lässt sich für jeden Geschmack und jedes Budget problemlos etwas finden.

De Montreuil, 368 Bernard Ave, gleich östlich der Water St, ☏ 250/860-5508, gilt als bestes Restaurant von Okanagan, serviert 3-Gänge-Menüs aus einheimischen Zutaten – Beef aus Alberta und pazifischen Lachs.

Earl's Hollywood on Top, 211 Bernard Ave, Ecke Abbott St, ☏ 250/763-3121. Serviert gute *Ribs*,

Fischgerichte und Steaks, nicht weit vom Ufer und der Kreuzung Queensway entfernt. Früh kommen, denn die Plätze oben auf der Terrasse sind knapp.

Fresco, 1560 Water St, ☏ 250/868-2285. Recht teure, aber sehr gute West Coast-Küche. ☉ nur abends, Mo geschlossen, Okt–Mitte Mai So und Mo geschlossen.

Joey Tomato's Kitchen, Hwy 97, Ecke Hwy 33, ☏ 250/860-8999, preiswerte Nudelgerichte in einem angenehmen Lokal in der Shopping Mall.

Kelly O'Brian's, Bernard St, gegenüber dem Kino, mit Irish-Pub-Atmosphäre, Touristen und junges Publikum, passables Essen.

The Lunch Box, 509 Bernard Ave, Ecke Ellis St. Leichtes Mittagessen, Snacks, gute Salate, Suppen und hervorragende Sandwiches zu angemessenen Preisen. Bei gutem Wetter kann man auch draußen sitzen.

Williams Inn, 526 Laurence Ave, ☏ 250/763-5136, ebenfalls exzellente Speisen, Menüs mit Salat und Suppe, ☉ 17–18.30 Uhr; Sa und So mittags geschlossen.

Unterhaltung

Flashbacks, Diskothek in der 1268 Ellis St, ☉ nur Fr und Sa.

O'Flaherty's, im *Royal Anne Hotel*, 348 Bernard Ave. Wer in Partylaune ist oder einfach nur ein Bier trinken und sich ein wenig Live-Musik anhören möchte, ist in diesem unprätentiösen Pub genau richtig.

Sonstiges

FAHRRADVERLEIH – **Sports Rent**, 3000 Pandosy Street.

FESTIVALS – Jeweils im Mai und Ende September eines jeden Jahres veranstalten die Weingüter ein gemeinsames Weinfest, ☏ 250/861-6654, 💻 www.owfs.com, das Kenner und Laien gleichermaßen zu Weinproben mit lokalen Speisen, zum Traubenstampfen und Picknicken in den Weinbergen anlockt.

INFORMATIONEN – **Infocentre**, 544 Harvey Ave, ☏ 250/861-1515 oder 1-800/663-4345, 💻 www.

kelownachamber.org. Fünf Blocks vom See entfernt, ☉ Juni–Aug tgl. 8–20, Sept–Mai Mo–Fr 8–17, Sa und So 10–17 Uhr.

Transport

Der **Busbahnhof**, 2366 Leckie Rd, Ecke Harvey Ave (Hwy 97), ✆ 250/860-3835, liegt 5 km vom Zentrum entfernt am östlichen Stadtrand in der Orchard Park Mall. Busse Nr. 3, 7 und 19 fahren ins Zentrum.

2x tgl. Busse nach CALGARY, BANFF, CACHE CREEK und KAMLOOPS. Außerdem CASTLEGAR 2x tgl., 4 3/4 Std.; CRANBROOK 2x tgl., 11 Std., NELSON 2x tgl., 5 1/2 Std.; PENTICTON 6x tgl., 1 1/4 Std.; VANCOUVER 6x tgl., 5 1/2 Std.

FLÜGE – Kelowna hat einen größeren regionalen **Flughafen**, der 12 km nördlich der Stadt am Hwy 97 liegt. Es fahren regelmäßig Shuttles und Stadtbusse ins Zentrum.

Penticton

Penticon geht auf einen Satz aus der Sprache der Salish zurück: *pen tak in* – „ein Platz, an dem man ewig bleiben möchte". Allerdings hat die südlichste der großen Städte im Okanagan Valley diesen Namen heutzutage nicht annähernd verdient. Die durchschnittliche Sonnenscheindauer beträgt hier täglich ca. 10 Stunden – länger als in Honolulu! Kein Wunder, dass der Tourismus als zweitwichtigster Wirtschaftszweig nach dem Obstanbau gilt (die Stadt heißt auch „*Peach City*"). Diese Tatsache sowie die Nähe zu Vancouver und den Vereinigten Staaten treiben die Preise in die Höhe und locken Horden von Touristen an. Abseits der Strände halten Festivals die Besucher praktisch das ganze Jahr über bei Laune: Besonders erwähnenswert sind das **Wine Festival** im Mai und das **Peach Festival** im August.

Das Zentrum beschränkt sich auf eine kleine Fläche und ist schnell zu erkunden. In den über die Stadt verteilten Fachgeschäften werden Ausrüstungen für alle erdenklichen Aktivitäten verliehen. Die meisten Möglichkeiten werden am nur zwei Blocks vom Zentrum entfernten Okanagan Lake geboten. Der bei Sonnenanbetern beliebte, 1 km breite Sandstrand **Okanagan Beach** ist vom Zentrum am schnellsten zu erreichen. Am trendigen **Skaha**

Beach, 4 km südlich der Stadt am Skaha Lake, geht es etwas ruhiger zu. Beide Strände schließen um Mitternacht, Übernachten am See ist verboten.

Zu den bescheideneren Sehenswürdigkeiten zählt das **Museum**, 785 Main St, mit den üblichen Exponaten, ☉ Mo–Fr 10–17 Uhr, Eintritt in Form einer Spende. Außerdem werden Besichtigungen des am Ufer festgemachten **Raddampfers** *SS Sicamous*, Lakeshore Drive, im Süden der Stadt, angeboten, ☉ Mai–Sept tgl. 9–19/21, Okt–April tgl. 9–17 Uhr, $4. Bemerkenswert sind auch die hübschen Rosengärten neben dem Boot. In der **Art Gallery of South Okanagan**, 199 Front St, nahe Main St, werden erstklassige Ausstellungen gezeigt, ☉ Di–Fr 10–17, Sa, So 13–17 Uhr, $2.

Noch verlockender ist die **Tin Whistle Brewery**, 954 W Eckhardt Ave (das ganze Jahr über Touren und Proben), die drei Sorten Ales nach englischem Vorbild und im Sommer ein ungewöhnliches Pfirsich- und Sahnebier braut. Für Weinliebhaber empfiehlt sich ein Besuch der **Hillside Estate Winery**, 1350 Naramata Rd, ✆ 250/493-4424, des **Lake Breeze Vineyard**, Sammet Rd, ✆ 250/496-5659, oder des **Casobello Wines Vineyard**, Skaha Lake Rd, 2 km südlich der Stadt, die allesamt Touren und Proben anbieten. Ansonsten sorgen in Penticton – wie in vielen anderen kanadischen Städten – Wasserrutschen für Abwechslung.

Übernachtung

Obwohl es in Penticton eine Menge Unterkünfte gibt, kostet die Zimmersuche im Sommer einige Mühe. In der Hochsaison wendet man sich am besten sofort an das *Infocentre*. Von dort sind viele Motels zu Fuß erreichbar. Zahlreiche billige Herbergen säumen die ungepflegte südliche Zufahrt zur Stadt am Hwy 97.

HOTELS UND MOTELS – *Executive Inn*, 333 Martin St, ✆ 250/492-3600 oder 1-800/665-2221, 🖳 www.penticton-inn.com. Großes Hotel. ❺

Penticton Lakeside Resort & Casino, 21 Lakeshore Drive W, ✆ 250/493-8221 oder 1-800/663-9400, 🖳 www.rpbhotels.com. Luxuriöse Herberge in zentraler Lage. ❻

Plaza Motel, 1485 Main St, ✆ 250/492-8631, preiswerte Unterkunft auf halbem Wege zwischen den beiden Seen der Stadt. ❸

Sandman Hotel, 939 Burnaby Ave, ✆ 250/493-7151 oder 1-800/726-3626, 🖳 www.sandmanhotels. ca. Gegenüber dem Convention Centre, Mittelklasse-Hotel. ❸

Tiki Shores Condominium Beach Resort, 914 Lakeshore Drive, ✆ 250/492-8769, 🖳 www.tikshores.com. Empfehlenswerte zentrale Unterkunft am See. ❹

Valley Star Motel, 3455 Skaha Lake Rd, ✆ 250/ 492-7205 oder 1-888/309-0033, einige Blocks vom Skaha Lake entfernt. ❸

Waterfront Inn, 3688 Parkview St, ✆ 250/492-8228 oder 1-800/563-6006, 🖳 www.waterfrontinn. net. ⏱ Mai–Mitte Okt. ❸

HOSTEL – **Hi-Penticton**, 464 Ellis St, ✆ 250/492-3992 oder 1-866/782-9736, 🖳 www.hihostels.ca. Geräumiges, zentral gelegenes Hostel in einer ehemaligen Arbeiterunterkunft, einen Block südlich des Busbahnhofs auf der linken Seite, Privatzimmer und 47 Dorm-Betten (Mitglieder $17, sonst $21,50). ❶

CAMPINGPLÄTZE – Die meisten Campingplätze der Gegend sind den ganzen Sommer über ausgebucht. Die besten und somit auch meist besuchten liegen am See. Mehrere zweitklassige Optionen befinden sich nahe dem Highway an den südlichen Zufahrtswegen. Zu empfehlen sind: **Camp-Along Tent and Trailer Park**, hinter Hwy 97, ✆ 250/497-5584 oder 1-800/968-5267, 🖳 www. campalong.com. 6 km südlich der Stadt auf einer Aprikosenplantage, Blick auf den Skaha Lake, $20–32.

South Beach Gardens, 3815 Skaha Lake Rd, ✆ 250/492-0628, ⏱ April–Sept, $25–35.

Wright's Beach Camp, Hwy 97, ✆ 250/492-7120, südlich der Stadt am Lake Skaha, ⏱ Mai–Sept, $20–30.

Essen und Trinken

Barking Parrot Lounge, im *Penticton Lakeside Resort*, sehr beliebt, empfiehlt sich für einen Drink in netter Atmosphäre.

Elite, 340 Main St, beste Wahl im Zentrum für Burger, Suppen und Salate.

Green Beanz Café, 218 Martin St, serviert Pfannkuchen und Kaffee aus biologischem Anbau.

Salty's Beach House, 988 Lakeshore Drive, ✆ 250/493-5001, sehr beliebtes und etwas exzentrisches Restaurant mit Südsee-Ambiente, Palmen und Fischernetzen. Die Küche kombiniert Einflüsse aus der Karibik, Thailand, Indonesien und Malaysia.

Theo's, 687 Main St, ✆ 250/492-4019, freundliches, gut besuchtes und sehr angesehenes griechisches Restaurant. Serviert große Portionen.

Sonstiges

BÜCHER UND LANDKARTEN – **The Bookshop**, 238-242 Main St.

FAHRRADVERLEIH – **The Bike Barn**, 300 Westminster Ave West.

INFORMATIONEN – **Infocentre**, 888 Westminster Ave W, ✆ 250/493-4055 oder 1-800/663-5052, 🖳 www.penticton.org. Großes Einrichtung im nördlichen Teil der Stadt, ⏱ Mai, Juni und Sept Mo–Fr 9–17, Sa, So 10–16, Juli / Aug tgl. 8–20, Okt–April Mo–Fr 9–17, Sa, So 11–16 Uhr. Daneben befindet sich ein **BC Wine Information Centre**, das die Flaschen zu den gleichen Preisen verkauft wie die Weinkellereien.

Im Sommer steht außerdem ein kleineres Informationsbüro am Hwy 97 südlich der Stadt zur Verfügung. Beide *Infocentres* sind auf Erholungsangebote spezialisiert.

Transport

Mit dem Greyhound kommt man am **Busbahnhof** hinter der Main St, zwischen Robinson und Ellis St, ✆ 250/493-4101, an. Penticton ist ein Hauptverkehrsknotenpunkt: Es bestehen 6–7x tgl. Busverbindungen nach VANCOUVER, 2x tgl. nach KAMLOOPS und NELSON sowie Orte im Osten.

Highway 3: die Städte an der Grenze

Am Hwy 3 zwischen Hope und Alberta reihen sich einige wenig sehenswerte Grenzstädte aneinander. Salmo und Castlegar, auf die der Charme der Kootenay-Region abfärbt, laden zu einer Unterbrechung der Reise ein. Interessanter wird es in der Gegend von Osoyoos und Keremeos, wo die Straße nach dem Anstieg von Hope durch die faszinierende Bergwelt der Coastal Ranges in eine ausgedörrte Wüstenlandschaft eintaucht. Unterwegs trifft man auf den Manning Provincial Park.

Ohne kanadischen bzw. US-amerikanischen Pass gestaltet sich der Grenzübergang an den abgelegenen Zollhäuschen übrigens genauso schwierig wie an den Hauptstrecken.

Manning Provincial Park

Der Manning Provincial Park etwa 60 km südlich von Princeton, einer der wenigen Parks in den Coast und Cascade Mountains, bietet die typische Mischung aus Bergen, Seen und Wäldern. Bei der Durchquerung des Parks auf dem Hwy 3 sollte man zumindest einen der kürzeren Pfade wandern, die abseits der Straße beginnen. Besonders empfehlenswert ist der von Blumen gesäumte Rhododendron Flats Trail, 3 km östlich der westlichen Parkzufahrt. Als beliebteste Strecke durch den Park gilt die 15 km lange Nebenstraße zum **Cascade Lookout**, einem Aussichtspunkt über den von Bergen eingrahmten Similkameen Valley. Eine 6 km lange Schotterstraße führt von dort zum **Blackwall Peak**, dem Ausgangspunkt des im Sommer durch ein Meer prachtvoller Wildblumen führenden **Heather Trail** (10 km). Andere Tageswanderungen beginnen an der südlichen Seite des Highways. Ein Großteil davon ist über eine holprige Straße Richtung Lightning Lake, unmittelbar westlich des Park Visitor Centre, zu erreichen.

Übernachtung

Manning Park Resort, Hwy 3, ✆ ✆ 604840-8822 oder 1-800/330-3321, 🖥 www.manningparkresort. com, auf halbem Wege zwischen Princeton und Hope, 64 km. Die 73 Cabins und Chalets sind schnell ausgebucht. ❹

Sunshine Valley B&B, 71660 Branch Bend, 3 km westlich des Parks, ✆ 604/869-2143, ✉ sunshinevlybnb@uniserve.com, einzige Alternative mit 3 Zimmern. ❸

Außerdem gibt es 4 **Provinzcampingplätze** nahe dem Hwy 3, $12–17, Reservierungen möglich (s. S. 237). Besonders zu empfehlen sind **Hamp-**

ton und ***Mule Deer***, 4 bzw. 8 km östlich des Visitor Centre. Der Platz am ***Lightning Lake*** bietet kostenlose Duschen.

Informationen

Das ***Park Visitor Centre***, 1 km östlich vom Resort, bietet Broschüren über die Wege sowie historische und naturkundliche Ausstellungen, ☉ Mai–Sept tgl. 9–20 Uhr.

Von Princeton nach Keremeos

Eingerahmt werden die größtenteils trostlosen, verstreut liegenden Häuser von **Princeton** von niedrigen, eintönigen Hügeln. Nahe der großen unansehnlichen Sägemühle im östlichen Ortsteil gibt es zahlreiche Motels, besser fährt man jedoch bis Keremeos weiter.

Nach weiteren 20 km erreicht man **Hedley**, ein altes Goldgräberdorf vor einer großartigen landschaftlichen Kulisse. Es besteht heute lediglich aus einer Straße und mehreren Motels. Am Highway hinter Hedley und 22 km östlich von Princeton liegt der **Bromley Rock Provincial Park**, ein reizvoller Picknickplatz mit Blick auf das schäumende Wasser des Similkameen River. Auf dem Weg nach Keremeos folgt der Hwy 3 dem historischen **Dewdney Trail**, einem 468 km langen Maultierpfad, der Hope in den 60er Jahren des 19. Jhs. mit den Kootenay-Goldfeldern verband. Ein Großteil dieses malerischen Streckenabschnitts verläuft durch das immer schmaler werdende Similkameen Valley, das von Nadelhölzern und schneebedeckten Berggipfeln umrahmt wird. Ein lohnenswerter Abstecher führt über eine 21 km lange Schotterstraße nach Süden (unmittelbar westlich von Keremeos ausgeschildert) zum **Cathedral Provincial Park**. Diese spektakuläre Hochland-Enklave bietet einen einfachen Campingplatz und markierte Wegen über eine Gesamtlänge von 32 km.

Übernachtung und Essen

PRINCETON – Sollte sich eine Übernachtung nicht umgehen lassen, empfiehlt sich eine der 15 schönen Blockhütten des ***Riverside Motel***, 307 Thomas Ave, ✆ 250/295-6232, 3 Blocks nördlich des Zentrums. ❶

Global Netrider, Bridge St, bietet in entspanntern Atmosphäre neben Kaffe und Sandwiches auch Zugang ins Internet.

Billie's, nahe dem Busbahnhof im Westen, ist ein sympathisches und preiswertes Speiselokal.

Apple Tree Restaurant, Vermilion Ave, nicht weit davon, ist ebenfalls gut.

HEDLEY – *Colonial Inn Bed & Breakfast*, ✆ 250/292-8131, 🖥 www.colonialinnbb.ca. Altes Haus, das 1930 von der Kelowna Exploration Gold Mining Company erbaut wurde, um Investoren zu bewirten. Nur 5 Zimmer und 16 Stellplätze für Caravans ($20), daher lieber im Voraus reservieren. ❺

Gold House B&B, 644 Colonial Rd, 200 m vom Hwy entfernt, ✆ 250/292-8418 oder 1-866/676-4653, 🖥 www.thegoldhouse.com. Historisches Gebäude, in dem 1904 das Goldprüfungskontor untergebracht war. ❹

River Haven RV Park & Motel, Hwy 3 am Fluss, ✆ 250/292-8221. Preiswerter Campingplatz mit Stellplätzen für Wohnmobile ($15–20), aber ohne Zeltmöglichkeit. ❸

Stemwinder Provincial Park, Kleiner, von Kiefern bestandener Campingplatz westlich der Ortschaft mit 27 Stellplätzen für $14. ☉ April–Okt

Gold Dust Pub, am Highway östlich des Orts, gut für eine Mahlzeit oder einen Drink.

Informationen

PRINCETON – *Infocentre*, 195 Bridge St, Princeton, ✆ 250/295-3103, 🖥 www.town.princeton.bc.ca. In einem alten Eisenbahnwagen der Canadian Pacific nahe dem Busbahnhof.

HEDLEY – *Infocentre*, 712 Daly St, ✆ 250/292-8422, ✉ hedleymuseum@img.net. Teil eines kleinen, aber interessanten **Museums** mit Archivfotos und Exponaten aus Goldgräberzeiten. Das *Infocentre* erteilt Informationen zu einem selbst geführten Rundgang durch den Ort mit seinen historischen Gebäuden. ☉ Mitte Mai–Aug tgl. 9–17, sonst Do–Mo 9–16/17 Uhr, Spende erbeten.

Transport

Der **Busbahnhof** von Princeton befindet sich in der Vermilion Ave am westlichen Ortsrand.

Keremeos

Der Highway 3 windet sich weiter bis ins hübsche kleine Keremeos, dessen indianischer Name vermutlich soviel bedeutet wie „wo sich die drei Winde treffen" – ein Hinweis auf die steifen Brisen, die von den Hügeln herabwehen. Bedingt durch das lokale milde Klima besitzt die Region die längste Vegetationsperiode im ganzen Land, die sich zudem als sehr reizvolle ländliche Idylle präsentiert. Nicht von ungefähr gilt die Gegend als der Obstgarten Kanadas. Mit seiner reizvollen Umgebung macht Keremeos Nelson Konkurrenz: Der Ort liegt auf dem ausgetrockneten Grund eines ehemaligen Sees und ist von Hügeln und Bergen umrahmt. Bewässerte üppige Obstplantagen umgeben die Stadt, und im Frühjahr breitet sich ein wahres Blütenmeer über das Tal aus. An praktisch jeder Ecke verkaufen Stände Obst und Gemüse der Saison: Kirschen, Aprikosen, Pfirsiche, Birnen, Äpfel, Pflaumen und Trauben wachsen in Hülle und Fülle. Zudem verlocken die Bioweinproben der **St Laszlo Vineyards**, Hwy 3, ✆ 250/499-2856, 1 km östlich der Stadt.

Keremeos, das kaum mehr als zwei Straßen umfasst, ist von neonfarbenem Ramsch nahezu verschont geblieben. Einige wenige Geschäftsfassaden sind schon etwas älter, und es gibt auch manch historisches Gebäude, darunter das wunderbare Lokal *Pasta Trading Post*, Main St (s.u.). Die einzige Sehenswürdigkeit ist ein kleines **Heimatmuseum**. Etwa 1 km östlich außerhalb gelangt man zur Anlage der **Grist Mill and Gardens**, Upper Bench Rd, einer Mühle von 1877, die bis heute in Betrieb ist und von Weizenfeldern und Gärten umrahmt ist; ☉ Mai–Okt tgl. 9.30–17 Uhr, $5,50. An den Wänden des dazugehörigen originalgetreu restaurierten Gemischtwarenladens kleben noch immer Tapeten von 1894, und *Tea Room* kann man Suppen, Sandwiches und Backwaren aus dem hauseigenen Mehl probieren.

Übernachtung

Pasta Trading Post, 629 7th Ave, ✆ 250/499-2933, bietet neben vorzüglichen Speisen – Produkte aus regionalem biologischen Anbau und hausgemachte Nudelsoßen – im Obergeschoss komfortable Zimmer; Frühstück und Nutzung eines Jacuzzi inkl. ❸

The Elk, ✆ 250/499-2043 oder 1-888/499-7773, 🖳 www.keremeos.com/elk. Hübsches Haus mit schön gestaltetem Garten. ❷

Similkameen, ✆ 250/499-5984, 1 km westlich des Zentrums auf einem offenen, von Wiesen und Obstplantagen umgebenen Gelände, nicht ganz so reizvoll, aber billiger. Motelzimmer und im Sommer einige Zeltstellplätze für $10–15, ❸

Osoyoos

Hinter Keremeos steigt die Straße auf einer Länge von 46 km an, um schließlich den Blick auf das Tal mit der Ortschaft Osoyoos (was soviel bedeutet wie „zusammengekommen") und einen großen, von kahlen ockarfabenen Hügeln umgebenen See freizugeben. Talwärts taucht man in eine der skurrilsten Landschaften Kanadas ein: eine wahrhaftige **Wüsten** mit kargen, von Sträuchern bedeckten Hügeln, Sand, Eidechsen, Kakteen, Schlangen (es gibt hier 23 wirbellose Arten, die sonst nirgendwo auf der Welt vorkommen) und Kanadas niedrigster durchschnittlicher Niederschlagsmenge (ca. 250 mm pro Jahr). Die Temperaturen liegen regelmäßig um 10 °C höher als im ein paar Stunden entfernt gelegenen Nelson, so dass sogar exotische Früchte wie Bananen und Granatäpfel reifen und Osoyoos sich selbst zur „Spanischen Hauptstadt von Kanada" ernannt hat. Angeblich wurde der Stil der Häuser verändert, um dem Ort passend zum Klima eine iberische Atmosphäre zu verleihen. Vor Ort findet sich jedoch kaum ein Anzeichen dieser Wandlung.

Weiterfahrt von Osoyoos

Mit eigenem Fahrzeug hat man die Wahl zwischen dem Hwy 3 Richtung Osten und Hwy 97 Richtung Norden durch das Okanagan Valley zum Trans-Canada Highway. Greyhound-Busse fahren alle nach Norden, so dass Busreisende zunächst die Entscheidung bis Penticton aufschieben können, wohin sie dann weiterfahren wollen.

Außerdem zeichnet sich die Stadt durch ihre Lage am **Lake Osoyoos** (mit 24 °C Kanadas wärmster Süßwassersee) im Okanagan Valley aus. Der als unansehnliche Verkehrsader durch die Stadt führende Hwy 97 gilt als Hauptstrecke in die Okanagan-Region. Im Sommer sorgen die vom warmen Wasser angelockten Urlauber und Karawanen amerikanischer Wohnmobile für reges Treiben in Osoyoos.

Ein Besuch im **Desert Centre**, Hwy 97, etwas nördlich der Stadt, ✆ 1-877/899-0897, bietet Gelegenheit, etwas mehr über die sonderbare Landschaft der Region zu erfahren. Jede halbe Stunde finden 90-minütige Führungen statt, eine davon auf einem 1,5 km langen Holzsteg durch ein kleines Wüstengebiet mit einem ungewöhnlichen Ökosystem. Zu bestaunen sind hier ca. 100 seltene Pflanzen, darunter winzige Kakteen und Beifußgewächse, sowie 300 Tiere, alles von Klapperschlangen bis hin zu Taschenmaulwürfen, die heute vom Aussterben bedroht sind. Da das Land durch künstliche Bewässerung äußerst fruchtbar wird, sind nur 9% der Wüste in ihrem ursprünglichen Zustand erhalten geblieben. Ganze 60% sind bereits völlig verschwunden. ⏱ Mitte April–Mitte Okt 10–16.30 Uhr, $6.

Übernachtung

Die relative Einsamkeit (außer im Sommer) und außergewöhnliche Landschaft von Osoyoos mag zu einem Badeurlaub verlocken, allerdings ist es in der Hochsaison nicht gerade einfach, ein Zimmer in einem der ca. 20 Hotels oder Motels zu ergattern. Die meisten **Motels** verteilen sich am Südostufer des Sees nahe der Bushaltestelle. Einfacher ist es einen Platz auf einem der Campingplätze zu finden.

Avalon, 9106 Main St, ✆ 250/495-6334 oder 1-800/264-5999, 🖳 www.avaloninn.ca. Preiswertes Hotel. ❸

Best Western Sunrise Inn, 5506 Main St, ✆ 250/495-4000 oder 1-877/878-2200, 🖳 www.bestwesternosoyoos.com. Am anderen Ende der Preisskala, mit Pool und Restaurant im Haus. ❻

Cabana Beach, 2231 Lakeshore Drive, ✆ 250/495-7705, 🖳 www.cabanabeach.com, einer von einem halben Dutzend Campingplätzen der Gegend, $20–32. ⏱ Mai–Sept.

Inkameep Campground and RV Park, 45th St, ✆ 250/495-7279, 1 km vom Hwy 3 East, organisiert Wanderungen und Nachttouren durch die Wüste; $19–31.

Essen

Neben den zahlreichen Fastfood-Restaurants bieten sich zum Essen an:

Beans Desert Bistro, 8323 Main St, ✆ 250/495-7742, serviert guten Kaffee und leckere Speisen, außerdem Internet-Zugang.

Finny's, 8311 78th St, große Auswahl an Salaten, Steaks und Burgern.

Informationen

Infocentre, Hwy 3, Ecke Hwy 97, ✆ 250/495-7142 oder 1-888/676-9667, 🖳 www.osoyooschamber.bc.ca.

Transport

Die Greyhound-Busse halten 6015 Lakeshore Drive am südöstlichen Seeufer.

Von Osoyoos nach Castlegar
Midway

In Midway, ca. 65 km östlich von Osoyoos am Hwy 3, ist die Wüstenatmosphäre noch zu spüren: Eigentümliche breite, von trockenen Sträuchern und braunem Gras bedeckte Bergrücken durchziehen die Ebene. Die wenigen verstreut liegenden Häuser des Weilers vermitteln den Eindruck einer vom Wind zerzausten, unheimlichen Geisterstadt – eine stimmungsvolle Kulisse für die überwucherten Bahngleise und das kleine **Eisenbahnmuseum** neben einer winzigen eingerosteten Dampflok. Das **Kettle River Museum** im über 100 Jahre alten, 3 km außerhalb der Stadt gelegenen CPR-Bahnhof erzählt die Geschichte des Orts, ◷ Mitte Mai–Mitte Sept tgl. 10–16 Uhr, $2.

Greenwood

Östlich von Midway wandelt sich die Umgebung entlang dem Hwy 3 allmählich von einer überwiegend flachen, trockenen Landschaft mit ausgebleichtem Gras und Beifuß zu einer sanften Hügellandschaft. In Greenwood tauchen wieder Kiefern auf und kündigen ein mitgenommenes Dorf an, das unter der Schließung seiner Bergwerke sehr gelitten hat und heute nicht mehr vorweist als ein paar alte Gebäude und einige verlassene Stollen.

Langsam kehrt jedoch in Form von Antiquitäten- und anderen Geschäften wieder etwas Leben in den Ort zurück, und es werden Anstrengungen unternommen, einige historische Gebäude wieder aufzupolieren. Gelegenheit zu einem gemütlichen Drink bietet das stimmungsvolle *Windsor Hotel*, nach eigenen Angaben der älteste Saloon British Columbias.

Grand Forks

Das größte Ereignis in der kleinen, eintönigen Ansiedlung Grand Forks ist die Ankunft der Greyhound-Busse. Das bescheidene **Boundary Museum** an der Ampel ist ein typisches kleines Heimatmuseum, und die Besichtigung dauert kaum länger als eine Ampelphase, ◷ Sept–Juni Mo–Fr 9–16.30, Juli / Aug Mo–Fr 9–16.30, Sa, So 10–16 Uhr, $2. Die Geschichte der Duchoborzen (s.S. 398, Kasten) wird im kleinen **Mountainview Doukhobor Museum** in der Hardy Mountain Rd dokumentiert, ◷ Juni–Aug tgl. 9–18 Uhr, $2.

Rund 25 km nördlich der Stadt erstreckt sich am 19 km langen **Christina Lake** ein relativ unberührtes Erholungsgebiet. Der See zählt angeblich zu den wärmsten Gewässern in BC und bietet gute Möglichkeiten zum Schwimmen, Bootfahren und Campen. Um das südliche Seeufer sind rund ein Dutzend Motels und Campingplätze angesiedelt, ebenso viele findet man in Grand Forks und näherer Umgebung.

Trail

Trail ist die Heimat der weltweit größten Blei- und Zinkschmelze. Die Schornsteine dieser riesigen Industrieanlage werfen düstere Schatten über die wenigen Häuser des Ortes. Für einen Aufenthalt gibt es keinen Anlass, und man kann geradewegs das 11 km weiter gelegene und weit malerischere Rossland ansteuern.

Rossland

Auch hier verlässt man sich auf Trails Schmelzhütte als Arbeitgeber und blickt auf eine Bergbautradition zurück: Gegen 1900 wurde in den umliegenden Hügeln Gold im Wert von ca. $125 Millionen gefunden (heute entspricht dies etwa dem Wert von $2 Milliarden). Eine Tour durch die riesige **Le Roi Gold Mine** mit ihren 100 km langen Stollen ermöglicht einen Einblick in das Erbe der Goldgräber.

Das angrenzende **Rossland Historical Museum** unterhält die Besucher mit faszinierenden technischen und geologischen Details, ☉ Mitte Mai–Mitte Sept tgl. 9–17 Uhr, Minentouren Mai, Juni und Sept alle anderthalb Stunden, im Juli/Aug alle 30 Min., Museum und Mine $8, nur Museum $4.

Der nordwestlich von Rossland gelegene **Nancy Greene Provincial Park** bietet hervorragende Bedingungen zum Wandern, Skifahren und Mountainbiking. Vor allem Letzteres ist hier angesichts eines mehr als 100 km umfassenden Wegenetzes sehr beliebt.

Übernachtung

MIDWAY – *Mile Zero Motel*, 622 Palmerston St, ✆ 250/449-2231. ❷
Riverfront Park Campground, 5th Ave, vier Blocks südlich des Hwy 3, mit fließend Wasser, Duschen und Toiletten; $10.

GREENWOOD – *Evening Star*, 798 N Government St, ✆ 250/445-6733, an der östlichen Ortszufahrt, ist das billigste der drei hiesigen Motels. ❷
Außerdem gibt es eine Reihe von kleinen Provinzcampingplätzen: *Jewel Lake*, 1 km östlich von Greenwood vom Hwy 3 abbiegen und dann weitere 12 km, ☉ Juni–Sept, $14, und *Boundary Creek*, 2 km westlich des Orts abseits des Hwy 3, ☉ April–Okt, $14.

ROSSLAND – *Mountain Shadow Hostel*, 2125 Columbia Ave, ✆ 250/362-7160, eher mittelmäßig, Dorm-Bett $17–20.
Ram's Head Inn, Hwy 3B, ✆ 250/362-9577 oder 1-877/267-4323, 🖳 www.ramshead.bc.ca. 3 km westlich von Rossland, noble Herberge mit Jacuzzis und Fahrradverleih. ❸
Uplander Hotel, 1919 Columbia Ave, ✆ 250/362-7275, 🖳 www.uplanderhotel.com. Großer Hotelkomplex mit 67 Zimmern, betriebsamer Bar, Snack-Lounge und teurem Restaurant. ❸
Es gibt einen **Campingplatz** mit 10 Stellplätzen im **Nancy Greene Provincial Park**, keine Duschen, ☉ Mai–Sept, $10.

Essen und Trinken

In Rossland gibt es einige nette Lokale zum Essen und Trinken:
Mountain Gypsy Café, 2167 Washington St, ✆ 250/362-3342. Ausgezeichnete kleine Speisen, leckeres Abendessen und selbst gebrautes Bier, entspannte Atmosphäre, sehr beliebt, abends ist eine Reservierung zu empfehlen.
Powder Keg, im *Uplander Hotel*, 1919 Columbia Ave, einer der gesellschaftlichen Mittelpunkte des Orts und eine gute Adresse für einen Drink.
Sunshine Café, Columbia Ave, bei den Einheimischen besonders beliebt. ☉ tgl. bis 15 Uhr für Frühstück und Mittagessen.

Sonstiges

Fahrradverleih – *The Sacred Ride*, 2133 Columbia Ave, ✆ 250/362-5688. Erteilt auch Informationen.

INFORMATIONEN – Greenwood: *Infocentre*, 214 S Copper St, ✆ 250/445-6355, 🖳 www.greenwoodmuseum.com. ☉ Mai–Okt tgl. 10–16/17 Uhr.
Grand Forks: *Infocentre*, neben dem Museum, ✆ 250/442-2833, 🖳 www.grandforkschamber.com. ☉ Sept–Mai Mo–Fr 8.30–16.30, Juni–Aug Mo–Fr 8.30–16.30, Sa, So 9–17 Uhr.
Rossland: *Infocentre*, ✆ 250/362-7722 oder 1-888/448-7444, 🖳 www.rossland.com. Im Museum an der Hauptkreuzung des Orts (Hwy 3b und Hwy 22). Neben wissenswerten Informationen zum Nancy Greene Provincial Park wird auch eine interessante Tour durch die Minen angeboten. ☉ Mitte Mai–Okt tgl. 9–17 Uhr.

SKIFAHREN – *Red Mountain Ski Area*, ✆ 250/362-7669, 🖳 www.ski-red.com. Hier trainiert auch die kanadische Nationalmannschaft.

Castlegar

Etwa 27 km nördlich von Trail am Hwy 22 erreicht man das ausgedehnte Castlegar. Mit seinen vielen Straßen und Flüssen (Kootenay und Columbia treffen sich hier) hat der Ort mehr den Charakter eines Verkehrszentrums als den einer idyllischen Gemeinde. In früheren Zeiten war die Stadt für ihre zugewanderten Duchoborzen bekannt (siehe Kasten).

Ein Großteil des Gemeindeerbes ist im **Doukhobor Village Museum** untergebracht, gleich rechts der Hauptstraße hinter der Brücke über den Kootenay River. Ein Nachkomme der Duchoborzen führt Besucher durch das Museum und erläutert die ausgestellten landwirtschaftlichen Gerätschaften, handgefertigten Werkzeuge, großartigen Archivfotografien und traditionellen russischen Kleider, ☉ Mai–Sept tgl. 9/10–17/18 Uhr, $4.

Mehr über die Kultur der Duchoborzen erfährt man im interessanten **Zuckerburg Island Heritage Park**, nahe der 7th Ave. Benannt wurde dieser nach einem einheimischen Duchoborzen-Lehrer, der an dieser Stelle eine russisch-orthodoxe Kapelle aus Holz sowie weitere Gebäude und Gedenkstätten errichtete, nachdem er 1931 in den Ort gekommen war Gekauft und restauriert wurde das Gotteshaus von der Stadt im Jahre 1981. Es ist zu erreichen über eine 90 m lange Hängebrücke.

Die Duchoborzen

Duchoborzen nannten sich die Angehörigen einer Sekte aus dem Süden Russlands, die 1899 als Flüchtlinge ihre Heimat verließen, nachdem sie wegen ihrer religiösen und politischen Ansichten verfolgt worden waren. Die so genannten „Geistesringer" (der Name ist die Schöpfung eines russisch-orthodoxen Erzbischofs, der behauptete, die Duchoborzen stünden in Konflikt mit dem Heiligen Geist) waren radikale Pazifisten, lehnten eine weltliche Regierung ab und ignorierten Liturgie und Rituale der institutionalisierten Kirche. Stattdessen vertraten sie den Glauben, Gott lebe in jedem Individuum und nicht etwa in einem Gebäude oder einer Institution.

Bei ihrer Flucht aus Russland wurden die Duchoborzen von den Quäkern unterstützt, deren pazifistische und andere Ideale gut mit denen der Duchoborzen harmonierten. Ein berühmter Mitstreiter war der Schriftsteller Leo Tolstoj, dessen Glaubensvorstellungen ebenfalls auf einer Linie mit denen der Sekte lagen. Im Laufe der ersten Flüchtlingswelle verließen etwa 7500 Duchoborzen ihre Heimat und brachten ihren pazifistisch-agrarischen Lebensstil nach Westkanada, vor allem nach Saskatchewan. Anfangs zeigten sich die Behörden ihren Glaubensvorstellungen gegenüber aufgeschlossen und machten Zugeständnisse in den Bereichen Religion, Bildung und Wohnraumbeschaffung. Als sich 1905 jedoch einige Mitglieder der Sekte weigerten, einen Treueeid zu leisten, mussten sie Saskatchewan verlassen und zogen unter ihrem Anführer Peter Veregin in den Süden British Columbias.

In den 20er Jahren gab es in der Provinz bereits 90 Duchoborzen-Siedlungen, jede davon mit ca. 60 Einwohnern. Im Jahre 1908 erreichten die Duchoborzen Castlegar und errichteten in der Gegend mindestens 24 Dörfer. Alle erhielten russische Namen, die soviel wie „das Schöne", „das Gesegnete" oder „Trost" bedeuteten. Die fleißigen Farmer arbeiteten nach dem Motto „harte Arbeit und ein friedliches Leben", und ihre Obstplantagen, Farmen, Sägewerke und Konservenfabriken erwiesen sich als höchst einträglich. Ihr Lebensstil verlor jedoch nach dem Tod Veregins, der 1924 bei einem Bombenattentat auf seinen Eisenbahnwagen ums Leben kam, immer mehr an Bedeutung. Allerdings haben ihre Industrie und landwirtschaftlichen Projekte in der Gegend um Castlegar deutliche Spuren hinterlassen. Viele Einheimische – die Region zählt ca. 15 000 Duchoborzen und insgesamt 30 000 Menschen, die von Duchoborzen abstammen – leben noch immer nach dem alten Glauben und sprechen die russische Sprache. Heute gibt es außerdem eine weitere radikale Sekte – die für ihre heftigen Aktionen gegen den Materialismus und sonstige moralische Verwerflichkeiten berüchtigten *Freedomites* oder *Sons of Freedom*.

Übernachtung

Best Western Fireside Motor Inn, 1810 8th Ave, ✆ 250/365-2128 oder 1-800/499-6399, 💻 www. bestwestern.com. Modernes und hübsches Motel an der Kreuzung von Hwy 3 und Hwy 22. ❸

Cozy Pines, 2100 Crestview Crescent, ✆ 250/365-5613, 💻 www.cozypines.com. Am westlichen Stadtrand am Hwy 3, bestes Motel der Gegend, klein und mit schöner Aussicht. ❷

Castlegar RV Park and Campground,
1725 Mannix Rd, ✆ 250/365-2337, 💻 www. castelgarrvpark.com. 3 km westlich der Stadt am Hwy 3 in ländlicher Umgebung, abgetrennter Bereich zum Zelten, kostenlose warme Duschen, Waschküche und Restaurant, ⏰ April–Okt, $16–23.

Pass Creek Regional Park, ✆ 250/365-3386, Campingplatz 2 km westlich von Hwy 3A an der Kootenay River Bridge mit schönem Sandstrand. ⏰ Mai–Sept, $12.

Syringa Provincial Park, 19 km nördlich von Hwy 3 bei Castlegar an der Ostseite des Lower Arrow Lake, ⏰ Mitte Mai–Mitte Sept, $17, Reservierung möglich, s.S. 237.

Essen

Café Friends, 1102 3rd St, serviert einfache hausgemachte, preiswerte Gerichte.
Gabes, 1432 Columbia Ave, ✆ 250/365-6028, bietet kleine Mahlzeiten.

Informationen

Infocentre, 1995 6th Ave, ✆ 250/365-6313, 💻 www.castlegar.com. Aus Grand Forks kommend von der Hauptstraße abbiegen. ⏰ Juli–Aug tgl. 8–19, sonst Mo–Fr 9–17 Uhr.

Transport

Die meisten Besucher kommen per Bus oder Auto nach Castlegar, es gibt hier jedoch einen größeren regionalen **Flughafen** für die Kootenays. Die Landebahn verläuft parallel zum Hwy 3A.

Salmo

Trotz des enormen Verkehrsaufkommens auf dem Hwy 3 und Hwy 6 hat sich der 43 km östlich von Castlegar gelegene Ort Salmo seinen Pioniercharakter bewahrt. Unterstrichen wird die Idylle von den Blumen, die im Sommer die gepflegten Holzhäuschen schmücken. Im **Museum** in der 4th St, Ecke Railway Ave, werden die Wechselfälle des Pionierlebens dokumentiert und gelegentlich Wanderausstellungen gezeigt, ⏰ Mai–Sept Mo–Fr 13–17 Uhr, $2. Im Winter bieten sich 2 km östlich der Stadt im Skigebiet von Salmo Möglichkeiten zum **Skifahren**.

In der Regel legen Busse hier an der Haltestelle bei der Petro-Canada-Tankstelle im Norden der Stadt einen langen Zwischenstopp ein. Auf diesem klassischen Abschnitt des landschaftlich schönen Hwy 3 klettert die Straße von Salmo über den **Kootenay Pass** (1774 m) hinauf zu den Obstanbaugebieten bei Creston: Es eröffnet sich eine hübsche Sicht auf Bäche und Flüsse, die von allen Seiten durch den Wald hinabfließen. Der Pass zählt zu den höchsten des Landes und wird bei schlechtem Wetter häufig geschlossen, zudem befindet sich 13 km hinter Salmo die letzte Tankstelle bis Creston. Radfahrer müssen sich auf eine 50 km lange Plackerei bergaufwärts einstellen, die jedoch reich belohnt wird: Oben erstreckt sich ein hübscher See mit einem abseits gelegenen Picknickplatz und Ausblicken auf ferne Berggipfel.

Übernachtung

Reno, 123 Railway Ave, 250/357-9937, ✉ renohotel@telus.net. Zentrales Motel 1 Block östlich der Bushaltestelle. ❷

Salcrest, 110 Motel Ave, ✆ 250/357-9557, ebenfalls zentrales, aber etwas teureres Motel an der Kreuzung Hwy 3 und Hwy 6. ❷

Selkirk Motel and RV Sites, 307 2nd Relief Rd, ✆ 250/357-2346 oder 1-888/368-6336, nächstgelegener Campingplatz, 4 km westlich der Stadt, Motelzimmer ❶ und Stellplätze zum Campen, ⏰ Mai–Okt, $12–16.

Essen und Unterhaltung

Charlie's Pizza and Spaghetti House, 4th St, nostalgisches Diner.

Salmo Foods, gegenüber der Bar, bester Supermarkt, um Essensvorräte aufzustocken.
Silver Dollar Pub, 4th St, beliebteste Bar der Stadt mit Billardtischen und Jukebox, stimmungsvoller Innenraum aus Holz.

Informationen

Chamber of Commerce, 1995 6th Ave, ✆ 250/365-6313, ☉ Mo–Fr 9–17, Juli–Aug tgl. 9–17 Uhr.

Creston

Sofern man keine Vögel beobachten will, kann man getrost am wohlhabenden kleinen Creston vorbeifahren, auch wenn der 83 km östlich von Salmo und nahe des breiten, von Bergen flankierten Überschwemmungsgebiets des Kootenay River gelegene Ort sich rühmt, das „schönste Wandgemälde Kanadas" zu besitzen. Neben diesem Original im McDowell's-Kaufhaus sind nach jüngsten Zählungen über zehn weitere Bilder in der Stadt entstanden.

Durchreisende können einen Blick auf das nachgebaute Kuntenai- (Ktunaxa) Kanu werfen. Es steht im **Stone House Museum**, 219 Devon St, ✆ 250/428-9262, ☉ Mai–Sept tgl. 10–15.30 Uhr, den Rest des Jahres nach Vereinbarung. Ähnliche Kanus mit abwärts geschwungenen Enden sind ansonsten nur im Osten Russlands zu finden – ein Hinweis auf die Wanderbewegungen vor Jahrtausenden über die Beringstraße nach Nordamerika.

Wer nicht selbst ans Steuer muss, erliegt möglicherweise den Verlockungen der **Columbia Brewery**, 1220 Erickson St, ✆ 250/428-9344. Die verschiedenen Biere der Marke Kokanee werden in den meisten Gaststätten und Restaurants der Region angeboten. Touren im Sommer in der Regel um 9.30, 11.30, 13 und 14 Uhr, aktuelle Termine aber besser telefonisch erfragen.

Interessant ist in jedem Fall die 7000 ha große **Creston Valley Wildlife Management Area**, ✆ 250/428-3259, 10 km nordwestlich der Stadt hinter dem Hwy 3. Von hier überblickt man einen weiten Abschnitt der Täler und Tiefebenen – die Heimat des gewundenen Kootenay River. Im Laufe der Jahre ist der Fluss wiederholte Male über die Ufer getreten und hat den üppigen Obstplantagen und fruchtbaren Feldern um Creston Nährstoffe zugeführt. Ein Großteil der Schwemmlandebene

und ihrer Feuchtgebiete – das so genannte „Tal der Schwäne" – wurde im ursprünglichen Zustand belassen und stellt einen Zufluchtsort für Vögel und Wassertiere dar. Hier findet sich die größte Population nistender Fischadler. Insgesamt wurden 250 Vogelarten innerhalb der Creston Management Area gezählt (ganz zu schweigen von Ottern, Amerikanischen Elchen und anderen Tieren). Vögel sind von verschiedenen Stellen aus zu erspähen, einschließlich seltener Arten wie Renntaucher und Flussseeschwalbe. Einzelheiten erfährt man im *Wildlife Centre* des Schutzgebiets, das neben Ferngläsern, Aussichtspunkten, einer Bibliothek und einem Theater auch vielfältige Wanderungen und geführte Kanutouren (ab $5) durch die Wälder, Wiesen und Sümpfe der Gegend anbietet. ☉ Mai–Aug tgl. 8–18, April und Okt Mi–So 9–16 Uhr, $3.

Übernachtung und Essen

Bei ca. 20 Motels und Campingplätzen vor Ort sollte sich die Suche nicht allzu schwierig gestalten.
Creston Hotel & Suites, 1418 Canyon St, ✆ 250/428-2225, 🖥 www.crestonhotel.com, zentralste und preiswerteste Unterkunft. ❷
Die Motels am Stadtrand bieten bessere, aber etwas teurere Alternativen.
Little Joe's Campground, 4020 Hwy 3E, ✆ 250/428-2954, in der Nebensaison 428-5372, ✉ faye@kootenay.com. Hübsches, von Bäumen bestandenes Gelände an einem Flüsschen 5 km östlich der Stadt. ☉ April–Okt, Stellplatz $14–16.

Übernachtung und Essen

Kaffee, Snacks und Proviant für ein Picknick bieten die **Creston Valley Bakery**, 113 10th Ave, und **Annette's Delicatessen**, 1127 Canyon St. Abendessen inklusive guter vegetarischer Gerichte serviert das **Cafe Morego**, 129 10th Ave, ✆ 250/428-7252, So geschlossen.

Informationen

Infocentre, 711 Canyon St, ✆ 250/428-4342, in einer Blockhütte untergebracht, hilft bei der Unterkunftssuche. ☉ Mo 9–17, Di–Sa 9–18 Uhr.

Die Kootenay-Region

Die Kootenay-Region zählt zu den attraktivsten und am wenigsten überlaufenen Gegenden von British Columbia. Im Grunde besteht das Gebiet aus zwei Tälern, die sich in Nord-Süd-Richtung erstrecken – Kootenay und Columbia, die zum Großteil vom **Kootenay Lake** sowie vom **Upper und Lower Arrow Lake** geprägt werden – sowie die drei dazwischenliegenden Gebirgsketten – Purcells, Selkirks und Monashees. Mit ihren einst reichen Vorkommen an Mineralien standen letztere im Zentrum des Interesses des frühen Bergbaus. Die wichtigste Stadt **Nelson** liegt etwas abseits des zentralen, zerklüfteten Gebiets der Kootenays und ist sehr sehenswert.

Die über das Seeufer verteilten Weiler, insbesondere **Kaslo** und **Nakusp**, dienen als Ausgangspunkte für Ausflüge in die unberührten Berge. Es bieten sich hervorragende Möglichkeiten zum Kanufahren und Fischen und zudem lohnt eine Erkundung des verwitterten Erbes des Bergbaus in den nahe gelegenen Geisterstädten **Sandon** und **New Denver**. Die vielen hier ansässigen Künstler, Maler, Schriftsteller, Heiler und Esoteriker, verleihen der Region einen intellektuellen und alternativen Touch.

Ohne eigenes Fahrzeug gestaltet sich der Transport durch die Region schwierig: Öffentliche Verkehrsmittel gibt es fast gar keine – ein echtes Manko angesichts der landschaftlich schönen Straßen in der Provinz. Auch mit dem Auto kann man den Kootenays kaum gerecht werden, ohne von Zeit zu Zeit den gleichen Weg zweimal zurückzulegen. Zu erreichen ist die Region entweder über den Trans-Canada Hwy im Norden oder den Hwy 3 im Süden. Sämtliche Strecken durch die Kootenays sind jedoch reizvoller als diese Hauptrouten: Zu den landschaftlich schönsten – und sogar zu den reizvollsten Strecken der gesamten Provinz – zählen der Hwy 31A von Kaslo nach New Denver, der Hwy 6 südlich von New Denver im Slocan Valley und der Hwy 6 von New Denver nach Vernon.

Sofern Zeit keine Rolle spielt, sollte man die Gegend über Creston ansteuern und über Vernon, dem geeigneten Übergang zum Okanagan Valley, wieder verlassen.

Von Creston nach Kootenay Bay

Hwy 3A beginnt unmittelbar nördlich von Creston und nimmt einen gemächlichen, kurvigen Verlauf am Ostufer des **Kootenay Lake** entlang hinauf zur Autofähre von Kootenay Bay. Abgesehen von den ausgedehnten Seen und Bergen präsentiert sich am Highway 79 km lang gähnende Leere. Die Dörfer an der Strecke haben nicht mehr zu bieten als einige vereinzelte, zwischen Bäumen versteckte Häuser.

Boswell

Die einzige bemerkenswerte Sehenswürdigkeit ist das bizarre **Glass House** auf halbem Wege den See hinauf, 7 km südlich von Boswell. Das Haus besteht aus Einbalsamierungsflaschen und wurde 1952 von David Brown angeblich aus einer seltsamen Laune heraus errichtet. Der pensionierte Leichenbestatter war weit gereist, hatte Kollegen besucht und am Ende 600 000 Flaschen gesammelt (das macht 250 Tonnen) – genug für den Bau eines Eigenheims am Seeufer. Die Familie lebte noch lange hier, bis neugierige Touristen schließlich die Oberhand gewannen, ⊙ Mai, Juni, Sept und Okt tgl. 9–17, Juli / Aug 8–20 Uhr, $6.

Gray Creek

An einmaliger Adresse im wenige Kilometer entfernten Gray Creek empfiehlt sich ein Besuch des herausragenden **Gray Creek Store**, 1979 Chainsaw Ave. Mit Recht beansprucht das Geschäft den Status des „interessantesten Ladens, den man je gesehen hat". Der Laden macht im Grunde den gesamten Ort aus: Hier lassen echte Holzfäller ihre Kettensägen reparieren und kaufen sich neue Karohemden.

Von Gray Creek führt die Gray Creek Forest-Zufahrtsstraße (⊙ Juli–Okt) über eine abenteuerliche, landschaftlich schöne Strecke 85 km bis Kimberley (s. S. 417).

Crawford Bay

Von Kootenay Bay setzen Fähren nach Balfour am westlichen Seeufer über. In Crawford Bay, 3,5 km von der Fährstation entfernt, befindet sich die **Kootenay Forge**, eine Schmiede aus alten Zeiten, wo man im Sommer Schmiede, aber auch zahlreichen anderen Handwerkern – von traditionellen Besenmachern bis hin zu Webern – bei ihrer Arbeit zusehen kann. Ebenfalls bekannt ist der **Yasodhara Ashram**, 527 Walkes Landing Rd, ☏ 227-9224 oder 1-800/661-8711, ▢ www.yasodhara.org, ein vor über 30 Jahren errichteter spiritueller Rückzugsort, der Interessierten 13 Zimmer ✉ inkl. Mahlzeiten bietet. Das Ostufer des Sees besitzt insgesamt die etwas hübscheren Unterkünfte.

Sehr schön ist die **Fährfahrt** von 9 km bzw. 40 Minuten. Die Abfahrt der Boote erfolgt von Juni bis September alle 50 Minuten, sonst alle zwei Stunden. Reservierungen sind nicht möglich, so dass sich Autofahrer im Sommer auf lange Wartezeiten einstellen müssen.

Übernachtung

BOSWELL – *Heidelburg Inn*, 12866 Hwy 3A, ☏ 250/223-8263, ✉ heidelburg@kootenay.com. 4 Zimmer und Seeblick zwischen den Golfplätzen Kokanee Spring und Creston. ⊙ April–Okt. ❷

***Kootenay Lake Lodge Resort*,** 12622 Hwy 3A, ☏ 250/223-8181, ▢ www.kootenaylakelodge. com. Rustikale Holz-Lodge mit 7 Zimmern, Privatstrand und holzgefeuerten Zedernbädern. ❺

***Mountain Shores Resort and Marina*,** ☏ 250/223-8258, 12 Motelzimmer, Cottages und ein Campingplatz ($19–25) mit Aufbewahrungsraum, warmen Duschen und beheiztem Pool im Freien. ⊙ April–Sept. ❸

***Kootenay Kampsites*,** ☏ 250/223-8488 oder 223-8559, 39 km nördlich von Creston und 2 km südlich vom Glass House in ländlicher Umgebung, Stellplätze inmitten von Bäumen, Waschküche und warme Duschen, ⊙ Mai–Okt, $16–20.

GRAY CREEK – *Lockhart Beach*, 13 km südlich von Gray Creek und 20 km südlich von Kootenay Bay, am Seeufer, kleiner Campingplatz im Provinzpark mit Stellplätzen für Caravans und Zelte, ⊙ Mai–Sept, $14.

***Tipi Camp*,** Pilot Peninsula, ☏ 250/227-9555 oder 1-866/800-2267, ▢ www.tipicamp.bc.ca. Etwas exotischere Variante, Übernachtung im Tipi, eigenes Bettzeug mitbringen, 20-minütige Anfahrt mit dem Wassertaxi von Gray Creek, eine Übernachtung mit Wassertaxi und 3 Mahlzeiten $80, außerdem Tagesausflüge inklusive Transport, Mittag- und Abendessen, ⊙ Juni–Sept.

CRAWFORD BAY – *Wedgewood Manor Country Inn*, ☏ 250/227-9233 oder 1-800/862-0022, ✉ wedgewood@netidea.com. Unterbringung in einem historischen Gebäude von 1910, ca. 20 ha großes Anwesen mit Garten, exklusiv und sehr schön, Reservierung weit im Voraus zu empfehlen, ⊙ April–Mitte Okt. ❹

***Kokanee, Chalets, Motel, Campground & RV Park*,** Hwy 3A, ☏ 250/227-9292 oder 1-800/448-9292, ▢ www.kokaneechalets.com. Bewaldetes Gelände, Stellplätze für Zelte und Caravans, $20–29. Auch Motel-und Chaletzimmer, ca. 7 Min. Fußweg vom Strand. ⊙ Mitte April–Mitte Okt. ❸ Außerdem gibt es drei gute Campingplätze am gegenüberliegenden Ufer in Balfour.

Informationen

***Infocentre*,** Crawford Bay, direkt an der Straße, ☏ 250/227-9267, kann den Weg zu hübschen, etwas abgeschiedener in den umgebenden Wäldern gelegenen Unterkünften weisen. ⊙ Juni–Sept tgl. 9–17 Uhr.

Balfour und Ainsworth Hot Springs

Balfour ist eine eher unansehnliche, verstreute Ansammlung von Motels, Tankstellen und Cafés und trotz der grünen Umgebung nicht das attraktive Fischerdorf als das es angepriesen wird. Als Ausgangspunkt für die Fähre über den Kootenay Lake bietet Balfour einige Übernachtungsmöglichkeiten. Gut 15 km nördlich von Balfour am Hwy 31 erreicht man Ainsworth Hot Springs, einen gewöhnlichen Ort mit ca. 100 Einwohnern. Das geschmackvolle Resort (s.u.) ist ideal für einen Besuch der **Mineralquellen**, ⊙ tgl. 10–21.30 Uhr, Tageskarte $12, Einzelkarte $7,50. Trotz der Exklusivität und schönen Aussicht der Chalets und der heilenden Wirkung des Wassers wird Nakusp Hot Springs (s.S. 408) unter Einheimischen höher gehandelt.

Höhlenfans interessieren sich unter Umständen für eine begleitete Tour durch den **Cody Caves Provincial Park**, 3 km nördlich der Stadt. Zu erreichen ist dieser über eine 12 km lange, gut beschilderte Schotterstraße, die von Hwy 3 abzweigt. Vom Ende der Straße sind es noch einmal 20 Min. Fußweg zu den Höhlen, deren gut 1 km langes System von Gängen nur im Rahmen einer Führung besichtigt werden kann. Informationen erteilt die *Hiadventure Corporation*, ℡ 250/353-7425, $12. Etwas weiter nördlich erreicht der zunehmend reizvolle Hwy 31 das *Woodbury Resort*. Gegenüber zeigt das in einem malerischen Pioniergebäude untergebrachte **Woodbury Mining Museum**, ℡ 250/354-4470, eine Ausstellung über die Geschichte des Bergbaus. Das Museum ist auch Ausgangspunkt für eine 30-minütige Tour durch die alten unterirdischen Blei-, Zink- und Silberstollen. ☉ Juli–Sept tgl. 9–18 Uhr, $4.

Übernachtung

Ainsworth Hot Springs Resort, ℡ 250/229-4212 oder 1-800/668-1171, 🖥 www.hotnaturally.com. Geschmackvolle Unterkunft in der Nähe der heißen Quellen. ➎

Balfour Beach Inn and Motel, ℡ 250/229-4235, 🖥 www.kokaneechalets.com. Mit beheiztem Pool im Haus, nahe dem kleinen Kiesstrand unmittelbar nördlich des Fähranlegers. ➋

Mermaid Lodge and Motel, ℡/📠 250/229-4969 oder 1-888/229-4963, 🖥 www. themermaidlodge-motel.com. Preiswertes und relativ kleines Motel mit 8 Zimmern in Nachbarschaft der Quellen. ➋

Woodbury Resort & Marina, ℡ 250/353-7177, 🖥 www.woodburyresort.com. Großer Komplex am Seeufer mit Motel, Cottages, Campingplatz ($18–25), Restaurant, Pub, Geschäft, beheiztem Pool, Bootsverleih und Wassersportmöglichkeiten, schöner Aussicht und einem kleinen Strand. Camper werden sich hier auch länger wohl fühlen. ➋

Campingplätze für Caravans reihen sich auf einer Länge von 2 km entlang der Straße von Balfour nach Süden Richtung Nelson. Die ruhigsten liegen am weitesten vom Fähranleger entfernt. Eine bessere Wahl ist der Campingplatz von **Kokanee Creek** etwa 10 km hinter Balfour mit Sandstrand, Reservierung möglich, ☉ Mai–Sept, $17,50.

Kaslo und Umgebung

Kaslo liegt 70 km nördlich von Nelson und 25 km nördlich von Ainsworth Hot Springs und muss zu den attraktivsten und freundlichsten Städtchen in British Columbia gezählt werden. Die wenigen Straßen des am Rand des Kootenay Lake kauernden und von hohen Bergen überragten Orts säumen malerische Holzhäuser und blumengeschmückte Gärten. Ursprünglich gab es hier im Jahre 1889 lediglich ein Sägewerk. Daraus entwickelte sich mit dem Silberfund von 1893 eine boomende Stadt mit 27 Bars, von denen heute nur noch zwei übrig sind. Dank neuer wirtschaftlicher Standbeine und vielen Schiffsverbindungen über den See blieb Kaslo von jenen schicksalhaften Wendungen verschont, die viele vergleichbare Städte ereilte. Bis heute präsentiert sich der Ort weltoffen und kultiviert, und die ca. 1000 Einwohner geben sich große Mühe, dass dies so bleibt. arbeiten hart daran, dass das so bleibt. Mit großem Engagement werden ein Kulturzentrum, Kunstgalerien, Flohmärkte und sogar eine Konzertverein betrieben.

Wahre architektonische Perlen sind das **Rathaus**, ein grün-weißes Holzgebäude aus dem Jahre 1898, sowie die gegenüberliegende anglikanische Kirche St Andrews von 1893.

Kaslos Hauptattraktion ist jedoch der älteste noch erhaltene **Raddampfer** Nordamerikas, die *SS Moyie*, 324 Front St, ℡ 250/353-7323, der von 1898 bis zur relativ jungen Fertigstellung guter Straßenverbindungen Passagiere, Erz und Vorräte entlang der Bergbaurouten transportierte. Ähnliche Dampfer stellten den frühen Wohlstand der Kootenay-Region sicher: Mit ihrem geringen Tiefgang und ihrer leichten Bauweise konnten sie sich in seichteste Gewässer wagen und ihre Fracht ganz in Ufernähe abladen. Man sprach davon, dass sie in der Lage seien, „auf Tau zu gleiten".

Kanada besitzt zwar nur sechs der noch übrig gebliebenen 24 Raddampfer Nordamerikas, mit der *Moyie* verfügt das Land allerdings über das älteste Exemplar, das 1898 zum ersten Mal zu Wasser gelassen und erst 1957 stillgelegt wurde. Im Innenraum des Schiffes ist eine Ausstellung mit Gegenständen und Fotografien aus der Blütezeit des Dampfers zu sehen. ☉ Mai–Mitte Sept tgl. 9–17, $5.

Sehenswert sind außerdem die kleine Hütte neben dem Schiff – das „kleinste Postamt der Welt" (seit 1970 geschlossen) – und das ambitionierte **Kunstzentrum**, die Langham Cultural Society, A Avenue, gegenüber dem Postamt, ℡ 250/353-2661, mit einer Bühne und Kunstgalerie. Das Gebäude diente einst als Hotel bzw. Bordell für die Bergarbeiter.

Kaslo ist der ideale Ausgangspunkt für die Erkundung zweier großer Parks der Region – Kokanee Glacier Provincial Park und Purcell Wilderness Conservancy – sowie der reizvollen Gemeinden entlang des Sees. Im Kunstzentrum kann man sich den Weg in die 35 km nördlich gelegene 150-Seelen-Gemeinde **Argenta** beschreiben lassen, eine kleine Flüchtlingssiedlung von Quäkern, die 1952 vom wachsenden Militarismus vertrieben aus Kalifornien hierher kamen, um ein neues Leben zu beginnen.

Dort beginnt auch der schwierige 60 km lange **Earl Grey Pass Trail** Richtung Osten über die Purcell Mountains nach Invermere (s.S. 421). Die Gegend ist wunderschön, bietet aber – abgesehen von vereinzelten B&Bs – keinerlei Infrastruktur. In diesem Gebiet stehen die Chancen gut, Fischadler zu erspähen: Die ca. 100 brütenden Paare in der Kootenay-Region stellen die größte Konzentration dieser Art in Nordamerika dar.

Übernachtung

Earl Grey Pass, in Argenta, ✆ 250/366-4472, Bed & Breakfast. ❶

Kaslo Motel, 330 D Ave, ✆ 250/353-2431 oder 1-877/353-2431, 🖳 www.kaslomotel.com. Beste und einzige zentrale Unterkunft. ❶

Kootenay Lake Backpackers' Hostel, 232 B Ave, ✆ 250/353-7427, ✉ klhostel@pop.kin.bc.ca. Mit Küche, Sauna, Internet-Zugang sowie Fahrrad-, Kanu- und Kajakverleih. 4 Privatzimmer, Dorm-Bett $15. ❶

Lakewood Inn, Kohle Rd, ✆ 250/353-2395, 🖳 www.lakewoodinn.com. Schönes Hotel mit Campingplatz, 6 km nördlich von Kaslo am Seeufer in hübscher Umgebung, Stellplätze für Caravans und Zelte $15–25, Blockhütten am See mit komplett eingerichteten Küchen und Campingplatz mit Privatstrand und Bootsverleih, ☉ April–Mitte Nov. ❹

Morningside, 670 Arena Ave, hinter Hwy 31, West Kootenay Power Office, ✆ 250/353-7681, B&B, keine Kreditkarten. ❷

On the Cliff B&B, 5814 Morgan Dr, Mirror Lake, ✆ 250/353-7647, ✉ oncliff@uniserve.com. 3 Zimmer 5 km südlich von Kaslo. ❸

Wing Creek Cabins, 9114 Hwy 31, 7 km nördlich der Stadt, ✆ 250/353-2475, 🖳 www. wingcreekcabins.com. 7 Cabins. ❹

Mirror Lake Campground, ✆ 250/353-7102, 2 km südlich der Stadt an der Hauptstraße nach Ainsworth in wunderschöner Lage, bietet 100 Stellplätze und umfangreiche Einrichtungen, ☉ Mitte April–Mitte Okt, $16.

Municipal Campsite, am Ende der Front St, ein ebener Platz am Seeufer hinter der *SS Moyie* rechts, $13–15.

Kootenay Lake Provincial Park, Hwy 31, am Seeufer 25 km nördlich des Ortes gibt es die beiden kleinen Campingplätze *Lost Ledge* ($14) und *Davis Creek* ($10) mit je 14 Stellplätzen und Zugang zu Sandstränden, ☉ April–Okt.

Sunny Bluffs Cabins & Camp, 434 N Marine Drive, ✆ 250/353-2277, Cabins und Campingstellplätze ($12–14) mit Blick auf den Kaslo Bay Park. ❷

Essen

Fisherman's Tale, 551 Rainbow Drive, hübsches Restaurant mit Terrasse und schönem Blick auf den Jachthafen.

Mariner Inn and Hotel, preiswertere Variante mit ziemlich unattraktiver Bierhalle.

Meteor Pizza & Café, 4th St, Ecke Front St, serviert hausgemachte Pizza und Pfannkuchen. Die schöne Terrasse lädt zum Verweilen ein.

Rosewood Café, Ende Front St (Nr. 213), ✆ 250/ 353-7673, serviert hervorragende Salate und Steaks.

Silver Spoon Bakery, 310 Front St. Gute Adresse für Kaffee und Snacks.

Treehouse Restaurant, Front St, geselliger Treffpunkt mit ausgezeichneten Speisen.

Sonstiges

INFORMATIONEN – *Infocentre & Chamber of Commerce*, 324 Front St, ✆ 250/353-2525, 🖳 www.kin.bc.ca, ☉ Anfang Mai–Anfang Okt tgl. 9–17 Uhr.

Discovery Canada, ✆ 1-888/300-4453, 🖳 www. discoverycanada.ca. Informiert gegenüber dem *Infocentre* über Abenteuertouren durch die Wildnis zu Fuß, per Mountainbike oder Kajak.

JAZZFESTIVAL – Das *Kaslo Jazz Fest*, ☎ 250/ 353-7538, findet alljährlich im August statt und präsentiert z.T. große Namen, einige davon auf einer schwimmenden Bühne im Kootenay Lake.

Transport

Die Anreise nach Kaslo ohne eigenes Fahrzeug gestaltet sich schwierig. In den letzten Jahren verkehrten gelegentlich Shuttle-Busse nach Nelson, auf die man sich aber nicht jedes Jahr verlassen kann. Erst einmal in Kaslo angekommen, erweist sich die weitere Orientierung als problemlos.

Kokanee Glacier Provincial Park

Kaslo ist einer von vielen Ausgangspunkten für den Besuch des fantastischen Kokanee Glacier Provincial Park, der sich nach Südwesten über die Slocan Range der Selkirk Mountains erstreckt. Die Zufahrtsstraße, die vom Hwy 31A, 6 km nordwestlich der Stadt, ausgeschildert ist, bietet die besten Ausblicke und Zugänge zu Wanderwegen. Die 24 km lange Schotterstraße den Keen Creek entlang verwandelt sich bei schlechtem Wetter in eine zerfurchte Schlammpiste und ist eigentlich nur für Geländewagen geeignet. Wer sich diese Fahrt dennoch zutraut, erreicht nach einer Weile Joker Millsite, das Herz des Parks inmitten eines von Gletschern umringten Hochlandes. Einer der elf schönen Wanderwege ist der gemütliche Spazierweg vom Parkplatz zum **Helen Deane Lake** und **Kaslo Lake**, 8 km hin und zurück. Übernachten kann man auf einem unerschlossenen Campingplatz, $5, sowie in drei schlichten Cabins, Sommer $15, Winter $35. Die größte, die *Slocan Chief Cabin*, steht neben einer Park Ranger-Station hinter dem Helen Deane Lake, 5 km Wanderung von Joker Millsite entfernt. Ein weiterer 5 km langer Wanderweg mit einem Höhenunterschied von 450 m führt vom Parkplatz zu den **Joker Lakes**, zwei wunderschönen Seen, die von hohen Bergen eingerahmt in einem Gletschertal liegen.

Besser befahrbar ist die Zufahrt zum Park von Kaslo auf dem Hwy 3A 40 km Richtung Süden und 16 km über die Straße am Kokanee Creek entlang bis zum Parkplatz am **Lake Gibson**, um den ein 2,5 km langer Wanderweg führt. Trotz der größeren Entfernung von Kaslo erreicht man den Park auf diese Weise in der Regel schneller. Ein weiterer Wanderweg führt vom See 4 km bergauf zum reizenden **Kokanee Lake** und von dort ohne großen Höhenunterschied 3 km weiter zum Kaslo Lake und weitere 2 km zu Campingplätzen und zur Slocan Chief Hut (s.o). Der Gesamtanstieg für die Wanderung beträgt ungefähr 600 m. Weitere Alternativen für die Anfahrt zum Park: über den Hwy 31, 6,4 km nördlich von Ainsworth, 13 km den Woodbury Creek entlang in den Park, oder vom Hwy 6, ca. 14 km nördlich von Slocan, 13 km den Enterprise Creek entlang sowie von Hwy 6, 14 km südlich von Slocan, 16 km am Lemon Creek entlang.

Informationen über den Park sind unter ☎ 250/825-4421 oder in der blauen *BC Parks*-Broschüre der örtlichen *Infocentres* erhältlich.

Highway 31A

Hinter Kaslo haben Reisende erneut die Wahl: Entweder holpern sie Richtung Norden über eine größtenteils aus Schotter bestehende Straße, die schließlich in Revelstoke auf den Trans-Canada Hwy trifft – eine fantastisch wilde, 150 km lange Fahrt inklusive einer kostenlosen Fähre bei **Galena Bay**, 50 km südlich von Revelstoke, – oder sie bleiben in der Kootenay-Region und nehmen den landschaftlich herrlichen **Hwy 31A** westwärts durch die Selkirk Mountains ins **Slocan Valley**. Diese Strecke führt von Kaslo bergauf und folgt dem Lauf des Kaslo River, einem reißenden Strom, der Äste und umgefallene Bäume mit sich trägt und sich seinen Weg vorbei an hohen Bergen und dunklen Felsen bahnt. Der metallische Glanz des Gesteins zeugt von Mineralienvorkommen, denen viele Siedlungen in der Region ihre Entstehung verdanken.

In der Nähe ihres höchsten Punkts führt die Straße an einer Reihe wunderschöner Seen vorbei: am dunkelgrünen **Fish Lake** mit einem herrlichen Picknickplatz am einen Ende, am ebenso hübschen **Bear Lake** und am **Beaver Pond**.

Sandon

Sandon, das zu den fünf Geisterstädten der Gegend zählt, liegt 13 km südlich vom Hwy 31A an einer ausgeschilderten Schotterstraße, die durch eine herrliche Landschaft bergaufwärts führt.

Wanderungen von Sandon

Ein Abstecher nach Sandon wird zu einer runden Sache, wenn er mit zwei lohnenswerten Wanderungen verbunden wird. Ein Muss ist die Route zum **Idaho Peak** (2280 m) über einen der am leichtesten zugänglichen und interessantesten Wanderwege der Gegend. Eine 12 km lange Schotterstraße verläuft durch alpine Wiesen zu einem Parkplatz; vorab sollte der Straßenzustand erfragt werden, da die Strecke in der Regel nur im Sommer von normalen Fahrzeugen zu befahren ist. Von dort führt ein steiler, 3 km langer Rundwanderweg zum Gipfel des Mount Idaho und wieder zurück. Unterwegs sowie am Aussichtspunkt Forest Service hat man die schönsten Aussichten.

Als Alternative bietet sich der 14 km lange **KNS Historic Trail** nach New Denver an, der dem Verlauf der Erzbahn von 1895 vorbei an alten Bergwerkstollen von Kaslo über New Denver nach Slocan folgt. Schließlich erblickt man Richtung Westen den New Denver Glacier über dem Slocan Valley. Eine Broschüre über den Weg erleutert die Wildwest-Bergbaugeschichte der früher als „Silvery Slocan" bekannten Region: Zurück geht diese auf eine Zeit, als der Bezirk den größten Anteil an kanadischem Silber hervorbrachte. Zufolge einer lokalen Zeitung von 1891 waren hier nur Leute erwünscht, die bereit waren, sich an der Förderung von Silber und Blei zu beteiligen. Die enorme Galena-Silberader, die den Boom auslöste, wurde im Jahre 1891 zufällig von zwei illustren Goldsuchern – Eli Carpenter und Jack Seaton – entdeckt, als diese sich auf dem Rückweg vom Slocan Lake nach Ainsworth verirrten. Zurück in der Bar begannen sie um die Entdeckung zu streiten, und jeder eilte mit einem eigenen Trupp zur Fundstelle zurück, um seinen Anspruch geltend zu machen. Seaton siegte, wurde ein steinreicher Silberbaron und reiste von da an nur noch in seinem eigenen Salonwagen mit dem Zug durch Kanada. Carpenter musste wieder seiner früheren Beschäftigung als Seiltänzer nachgehen, was ihn schließlich das Leben kostete.

Heute ist Sandon leider mehr Geist als Stadt, und kaum etwas deutet auf die frühere Blütezeit des Ortes – die Ära des Silberbergbaus – hin. Damals gab es 24 Hotels, 23 Saloons, ein Opernhaus, einen lebendigen Rotlichtbezirk und 5000 Einwohner (sogar elektrisches Licht hatte die Stadt schon lange vor Victoria oder Vancouver). Seinen gegenwärtig leicht verwahrlosten Zustand verdankt Sandon in erster Linie einer Überschwemmung, die die einstige auf Stegen erbaute Siedlung im Jahre 1955 hinwegfegte und nur ein Viertel entlang des Carpenter Creek verschonte. Das im alten Rathaus von 1900 untergebrachte *Infocentre* hält eine Broschüre ($1) über Wandertouren bereit, ☉ Mai–Okt tgl. 10–18 Uhr.

Im neuen **Museum** in Sandons einzigem Backsteingebäude, dem alten Gemischtwarenladen, werden Fotos, Haushaltsgeräte und kommerzielle Artefakte aus der goldenen Zeit gezeigt. ☉ Mai–Okt Mi–So 9.30–17.30 Uhr, $2.

New Denver

Hinter der Abzweigung nach Sandon fällt der Hwy 31A in das Slocan Valley ab, durch das sich ein kleiner Nebenfluss zwischen den großen Flüssen Kootenay und Columbia den Weg bahnt, und trifft in New Denver (538 Einwohner), das früher wegen seines Reichtums an Bodenschätzen Eldorado hieß, auf den Hwy 6. Die Anfänge dieser Stadt gehen ebenfalls auf den Silberboom zurück. New Denver eignet sich für einen Zwischenstopp, allerdings ist der Ort nicht so faszinierend wie Kaslo. New Denver liegt wie Kaslo am See und besitzt einen wahren Pioniercharakter, der Ort ist lediglich etwas ruhiger als die Nachbarsiedlung. Die abgeblätterten, pastellfarbenen Bretter der verschalten Häuser und die von Bäumen gesäumten Straßen sind von Neonreklamen, Fastfood-Läden und sonstigen Anzeichen des Tourismus verschont geblieben. Das in dem alten Holzgebäude der Bank of Montréal untergebrachte **Silvery Slocan Museum**, 6th Ave, Ecke Bellevue, bietet Hintergrundinformationen und enthält Ausstellungsstücke zum Bergbau in der Gegend. ☉ Juli / Aug 9.30–16.30 Uhr, $2.

Das bewegende, vom Highway gut ausgeschilderte **Nikkei Internment Memorial Centre**, 306 Josephine St, widmet sich als einziges Museum in Kanada der Geschichte der 22 000 Nikkei (Kanadier japanischer Abstammung), die nach dem Angriff auf Pearl Harbour im Jahre 1942 zwangsweise von der Küste in abgelegene Internierungslager im Binnenland umgesiedelt wurden. Heute werden die Holzhütten mit Außentoiletten, die sich die Nikkei selbst bauen mussten, von schönen japanischen Gärten umrahmt. Obwohl die meisten Nikkei kanadische Staatsbürger waren, wurden sie als „feindliche Fremde" abgestempelt, und man nahm ihnen alles weg – ihren Besitz, ihre Heimat und ihre Geschäfte. Erst 1988 entschuldigte sich der ehemalige Premierminister Brian Mulroney bei den Japan-Kanadiern und sprach ihnen eine finanzielle Entschädigung zu. Im Kulturzentrum dokumentiert die Ausstellung die tragische Geschichte anhand von Fotografien, Gemälden und Ausstellungsstücken. ☉ Mai–Sept tgl. 9.30–17, sonst nach Vereinbarung, $5.

Übernachtung

Glacier View Cabins, 426 8th Ave, ✆ 250/358-7277, 🖥 www.glaciercabins.com. 5 einzelne Hütten im Ort am Hwy 6. ❸

Sweet Dreams Guest House, 720 Eldorado Ave, 🖥 www.newdenverbc.com. Restauriertes historisches Gebäude am Slocan Lake mit Blick auf den See. ❸

Valhalla Inn, 509 Slocan Ave, ✆ 250/358-2228, 🖥 www.inn-valhalla.com. Motel im Stil einer Strandhütte mit Kneipe und Restaurant. ❸

New Denver Municipal Campground, am südlichen Ortsausgang, ✆ 250/358-2316, trotz der Lage am Wasser von begrenztem Reiz . ☉ Mai–Sept, $13–16.

Rosebery Provincial Park, Hwy 6, Campingplatz 4 km nördlich des Orts am Ufer des Wilson Creek auf einem spärlich bewaldeten Gelände mit Blick auf den See und die Berge. ☉ April–Okt, $14. Weitere Unterkünfte und einen Campingplatz gibt es in **Silverton**, einem weiteren früheren Bergbaudorf nur 4,5 km südlich von New Denver am Hwy 6.

Essen

Apple Tree Sandwich Shop, 210 6th Ave, entspannte Atmosphäre.
Panini, 306 6th Ave. Bistro.

Informationen

Infocentre, 202-6th Ave, ✆ 250/358-2719 oder 358-2228, 🖥 www.slocanlake.com, ☉ Ende Juni–Aug tgl. 9–17/18 Uhr.
Valhalla Wilderness Society, 307 6th Ave, ✆ 250/358-2333. Lokale Bürgerinitiative, die sich mit großem Einsatz für die Einrichtung des Valhalla Provincial Park (s.u.) stark gemacht hat und sich auch um andere Schutzgebiete in der Provinz kümmert.

Slocan

Von New Denver Richtung Süden verläuft der Hwy 6 weitere 100 km durch das Slocan Valley mit seiner unbeschreiblichen Kulisse aus Bergen und Seen. Der **Slocan Lake Viewpoint** auf einem niedrigen Felsen, 6 km hinter New Denver, bietet die erste gute Aussicht. Der ca. 50 ha umfassende **Valhalla Provincial Park**, ✆ 250/825-3500, schützt eine wunderschöne, nahezu unerschlossene Wildnis am Ostufer des Slocan Lake. Große Teile des Parks liegen außer Reichweite, es sei denn man ist per Boot unterwegs. Zwei Wege führen vom früheren Bergbaudorf Slocan am südlichen Ende des Sees, in das Gebiet. Als kleine Wanderung durch die Natur bieten sich die Strecke vom Westufer des Slocan Lake um den See (8 km) und der Weg entlang der alten Eisenbahntrasse an.

Noch mehr frische Luft und schöne Picknickplätze finden sich an den nahe gelegenen Stränden **Mulvey Basin** und **Cove Creek**. Die besten längeren Wanderungen im Park sind die Route zu den Gwillim Lakes (11,6 km, Höhenunterschied 702 m) und zum Mulvey Basin (9,7 km, Höhenunterschied 765 m), beide erfordern jedoch eine Anfahrt von mehr als 20 km über Waldwege; detaillierte Beschreibungen der Anfahrt bieten die Besucherzentren in New Denver und anderen Orten der Umgebung. Tipp: Vom Hwy 6 zweigen weitere Schotterstraßen ab zu den besser zugänglichen Hochlagen des **Kokanee Glacier Provincial Parks** im Osten (s.S. 405).

Übernachtung

Auf dem Weg Richtung Süden bieten sich einige Unterkunftsmöglichkeiten an, die Mehrzahl davon in ländlicher Umgebung mit Blick auf Berge und See.

Lemon Creek Lodge, Kennedy Rd, ☏ 250/355-2403, Zimmer, Cabins und Campingplatz ($12–19) 7 km südlich von Slocan. Serviert auch hervorragendes Essen. ❸

Slocan Motel, 801 Harold St, hinter Hwy 6, ☏ 250/355-2344, in Slocan. ❷

Silverton Municipal Campground, wenig südlich von New Denver, sehr schlicht, ⊙ Mai–Okt, kostenlos.

Valhalla Lodge and Tipi Retreat, ☏ 250/365-3226, einladendere Unterkunft im Valhalla Provincial Park, Tipis oder ufernahe Cabins, Hot-Tub und Sauna, ⊙ Mai–Sept. ❹

Daneben eignen sich die Provinzplätze am Mulvey Basin und Cove Creek zum Campen, ⊙ Mai–Okt, $9,50.

Informationen

Infocentre, 1020 Griffin Rd, ☏ 250/355-2277 oder 355-2666, ✉ slocan@telus.net. Informiert insbesondere über den Valhalla Park, ⊙ Juli–Aug tgl. 9–17/18 Uhr.

Transport

Wie auch andernorts in den Kootenays gestaltet sich die Fortbewegung ohne eigenes Fahrzeug schwierig, doch in den letzten Jahren verkehrten vermehrt **Minibusse** zwischen NELSON und Slocan. Informationen hierzu unter ☏ 250/352-8201.

Highway 6: Von New Denver nach Vernon

Nakusp und Umgebung

Von New Denver führt der Highway 6 zunächst nach Norden und passiert nach 30 km den hübschen, von Bergen und Wald umgebenen **Summit Lake**. Übernachten kann man auf dem neuen Campingplatz im **Summit Lake Provincial Park**, ⊙ Mitte Mai–Mitte Sept, $15. Eine holprige Straße (Benutzung auf eigene Gefahr!) führt von hier Richtung Süden in die Berge und ein kleines Winterskigebiet.

Etwa 16 km hinter Summit Lake und 47 km nördlich von New Denver erreicht man einen weiteren Ort am See, Nakusp. Neben Kaslo und Nelson besitzt auch Nakusp ausreichend Flair, um Besucher anzulocken. Doch auch die landschaftliche Kulisse mit dem ausgedehnten **Upper Arrow Lake**, einem Teil des Columbia River-Systems, und den prächtigen schneebedeckten Gipfeln der Selkirk Mountains im Osten machen den Kootenays alle Ehre.

Den Hauptanziehungspunkt bilden die nahe gelegenen heißen Quellen. Daneben lohnt sich auch ein etwa einstündiger Spaziergang durch die Stadt bzw. eine Bootstour vom öffentlichen **Strand** aus. Die einzige wirkliche Sehenswürdigkeit der Stadt ist das **Nakusp Museum** im Dorfgemeinschaftshaus, 6th Ave, Ecke 1st St, mit einer Holzfällerausstellung und viktorianischem Allerlei, ⊙ Mai–Sept Di–Do 12.30–16.30, Mo und Fr–So 11–17 Uhr, $1.

Heiße Quellen bei Nakusp

Mit eigenem Fahrzeug lassen sich einige abgelegene und unerschlossene heiße Quellen besuchen. Zu den **St Leon Hot Springs** fährt man von Naskup aus dem Hwy 23 zunächst 24 km nach Norden, biegt hinter der zweiten Brücke auf eine Holzfällerstraße ab und folgt dieser 10 km bis zum Ausgangspunkt des steil bergab zum Fluss führenden Weges zu den Quellen, die man nach ca. 100 m erreicht. Wer auf dem Hwy 23 bleibt, gelangt nach weiteren 10 km zu den zauberhaften **Halcyon Hot Springs**, die erstmals im Jahre 1888 kommerziell genutzt wurden: Ihr Wasser wurde in Flaschen abgefüllt und nach England verschickt. Heute stehen hier vier unterschiedlich temperierte Pools zur Verfügung – allesamt mit Blick auf den Upper Arrow Lake und die dahinter liegenden Berggipfel. Campen kann man für $20. ⊙ tgl. 8/9–21/22 Uhr, $9.

Das **Halcyon Springs Resort,** ☏ 250/265-3554 oder 1-888/689-4699, 🖳 www.halcyon-hotsprings.com, zählt zu den besten Ferienanlagen der Region, aber die 11 Ferienhäuser und Hütten sind teuer. Es gibt aber auch Stellplätze für Wohnmobile und Zelte ($15–28). ❼

Für einen einmaligen Abstecher zu den heißen Quellen empfiehlt sich **Nakusp Hot Springs**, 250/265-4528, ein gut ausgeschilderter Komplex 13 km nordöstlich der Stadt. Nicht selten finden hier an den beiden Pools im Freien spät abends ausgelassene Partys statt.

Anders als bei vielen vergleichbaren Betrieben werden die Pools jede Nacht gereinigt und durch wechselnde Ausstattungen bereichert, allerdings herrscht hier im Sommer großer Trubel.. ☉ tgl. Juni–Sept 9.30–22, Okt–Mai 11–21.30 Uhr, $6, Tageskarte $9. In der Nähe gibt es einen Campingplatz (s. u.).

Von Nakusp kann man entweder über Hwy 6 weiterfahren oder die Abzweigung über **Hwy 23** Richtung Norden nach Revelstoke (100 km) nehmen (s. S. 224) – eine einsame, spektakuläre Strecke mit einer kostenlosen Fähre auf halbem Wege in **Galena Bay**, Abfahrt stündlich in jede Richtung.

Übernachtung

Am westlichen, vom Hwy 6 erschlossenen Seeufer gibt es zahlreiche Ferienanlagen, Cabins und Campingplätze.

Cedar Chalets, ✆ 250/265-4505, nahe den Quellen, die Ferienhäuser in Nachbarschaft des Campingplatzes müssen im Sommer im Voraus reserviert werden. ❷

Kuskanax / Tenderfoot Lodge, 515 Broadway, ✆ 250/265-3618 oder 1-800/663-0100. Zentral in Nakusp gelegen, mit empfehlenswertem kanadischem Restaurant. ❷

Selkirk Inn, 210 6th Ave West, Nakusp, ✆ 250/265-3666 oder 1-800/661-8007, 🖳 www.selkirkin-nakusp.com. Unterkunft in zentraler Lage. ❷

Mc Donald Creek Provincial Park, Hwy 6, Campingplatz 10 km südlich von Nakusp, mit Seestränden, ☉ April–Okt, $14.

Nakusp Hot Springs, 1701 Canyon Rd, ✆ 250/265-4528 oder 1-800/909-8819, reizvoller Campingplatz, ☉ Mitte Mai–Mitte Okt, $10–15.

Summit Lake Provincial Park, 13 km südöstlich am Hwy 6 in erhöhter Lage zwischen Slocan Lake und Upper Arrow Lake, Stellplatz $17.

Essen

Broadway Deli Bistro, 408 Broadway, serviert Frühstück und Snacks.

The Hut Drive Inn, Broadway, preiswerte Speisen zum Mitnehmen, die auch bei den Einheimischen sehr beliebt sind.

What's Brewing, Broadway, Kaffee, Muffins und mehr.

Informationen

Infocentre, 92 6th Ave NW, an der Hauptstraße, ✆ 250/265-4234 oder 1-800/909-8819, 🖳 www.nakusphotsprings.com. In einem nachgeahmten Raddampfer untergebracht, informiert über Möglichkeiten zum Angeln, Bootfahren und Wandern, über die Fahrpläne der Fähren von Galena Bay und Fauquier sowie über Hausboote auf dem See, die angemietet werden können. ☉ im Sommer tgl. 9–17 Uhr, im Winter 10–16 Uhr.

Transport

BUSSE – Arrow Lakes Bus Lines, ✆ 250/358-7109, gelegentliche Verbindungen von und nach VERNON.

Nakusp Transit, ✆ 250/265-3674, verkehrt 2x wöchentl. von und nach NELSON, aktuellen Fahrplan bitte telefonisch erfragen.

Von Fauquier nach Vernon

Der Highway 6 windet sich von Nakusp reizvolle 57 km nach Süden zur Fähre in Fauquier. Dieses Dorf besitzt u. a. eine Tankstelle, ein Geschäft und das einzige Motel (mit Restaurant) weit und breit: *Arrow Lake Motel*, 101 Oak St, ✆ 269-7622, am Seeufer in der Nähe der Fähre, ❷.

Für Camper empfehlen sich die 20 Stellplätze ($15) auf dem **Campingplatz** *Tukaluk*, ✆ 250/269-7616, der am Hwy 6 an der östlichen Ortszufahrt liegt.

Die kostenlose Fahrt mit der Fähre über den Lower Arrow Lake nach Needles dauert ca. 5 Min., Abfahrt halbstündlich zwischen 5.15 und 21.45 Uhr, danach Shuttle-Service.

Das Dorf **Needles** besteht aus kaum mehr als dem Fähranleger. Abgesehen von dem inoffiziellen Campingplatz, *Whatshan Lake,* 3 km abseits des Highway direkt hinter Needles, präsentiert der Hwy 6 auf seinem Weg durch die Monatshee Mountains nur fantastische Leere. Über einige Strecken ist die Sicht durch Bäume versperrt. Hinter dem Monashee Pass (1198 m) geht es stetig bergab durch das **Coldstream Valley** bis ins Okanagan Valley. Die Berge sind fast das ganze Jahr über von Schnee bedeckt. Felsen erheben sich über den Wiesen, die den Wald zunehmend zurückdrängen, und wunderschöne, von Blumen bedeckte Täler öffnen sich zum Highway hin. Das erste Lebenszeichen nach über 100 km ist der 55 km östlich von Vernon gelegene Campingplatz *Gold Panner,* ✆ 250/547-2025, eine gute Übernachtungsmöglichkeit und ein guter Ausgangspunkt für die Erkundung des unberührten **Monashee Provincial Park** im Norden, ⊙ April–Okt, $14–16.

Zum Park führt eine holprige Straße vom 10 km weiter westlich gelegenen Cherryville, einem Ort, der trotz deutlicher Präsenz auf der Karte lediglich aus drei Häusern, einer Autowerkstatt und Frank's Gemischtwarenladen besteht.

Das 22 km entfernte Lumby hat kaum mehr zu bieten. Allerdings kann man hier im *Twin Creeks Motel,* ✆ 250/547-9221, ❷, übernachten – die Unterkünfte im Okanagan Valley sind meist ausgebucht. Außerdem gibt es einen schlichten, vom hiesigen Lions Club betriebenen Campingplatz am Flussufer, 2215 Shield Ave, ✆ 250/547-2005 oder in der Nebensaison 547-6346, ⊙ Mai–Okt, $15, und ein *Infocentre* am Highway, 1882 Vernon St, ✆ 250/547-2300, 🖥 www.monasheetourism.com, ⊙ Juli–Aug. Hinter Lumby gleitet die Straße vorbei an idyllischen Obstplantagen, saftig-grünen Wiesen, bewaldeten sanften Hügeln und schönen Holzscheunen, deren Form an umgekippte Langboote erinnert. Vernon (s.S. 387) liegt nur eine kurze Autofahrt entfernt.

Nelson

Eine der schönsten Städte British Columbias, Nelson, erreicht man von Slocan über den Highway Richtung Süden und von Balfour über den Hwy 3A Richtung Westen. Anders als die meisten Orte in BC empfiehlt sich die elegante Stadt auch für einen längeren Aufenthalte, vor allem wenn sie man sie als Ausgangspunkt für Touren durch die Kootenay-Region nutzen möchte. In den 60er Jahren des letzten Jhs. strömten überdurchschnittlich viele Babyboomer, Rastafaris und Aussteiger nach Nelson. Sie bilden heute die Basis dieser freundlichen, kultivierten und lebendigen Gemeinde mit einem starken Zusammengehörigkeitsgefühl, einer ansprechenden Kulturszene, zahlreichen alternativen Cafés, Secondhand-Läden und einem bunten Nachtleben. Abgesehen von Vancouver ist Nelson in der Provinz wohl unerreicht. Prozentual gesehen gibt es hier mehr Künstler und Kunsthandwerker als in irgendeiner anderen kanadischen Stadt – nicht mitgezählt sind die dabei die zahllosen Aussteiger, die angezogen vom Flair Nelsons in den vielen kleinen Dörfern und auf den abgeschiedenen Anwesen der Umgebung leben. Der ausgeprägte Stolz der Bürger auf ihre Stadt erhielt weiteren Auftrieb, als Nelson zum Schauplatz für Steve Martins Film *Roxanne,* eine Parodie auf *Cyrano de Bergerac,* auserkoren wurde. Die Produzenten wählten die Stadt wegen ihrer schönen Lage am See und ihrer über 350 Gebäude aus der Zeit um 1900 – Qualitäten, die Nelson bereits Titel wie „Königin der Kootenays" und „Historische Hauptstadt Westkanadas" eingebracht haben.

Sehenswertes

Nelson umfasst ein von Bäumen beschattetes Straßenraster aus knapp 25 Blocks, das sich über die Hänge hinab zum Westufer des Kootenay Lake erstreckt. Die meisten Gebäude präsentieren sich farbenfroh und makellos gepflegt. Sogar die Geschäftshäuser an den parallel in Ost-West-Richtung verlaufenden Hauptstraßen Baker Street und Vernon Street erinnern eher an die prächtige Architektur von Seattle und San Francisco als an den viktorianisch angehauchten Einheitsstil, der sonst in weiten Teilen vorherrscht.

Zu Fuß kann man sich am besten ein Bild von den Häusern machen, von denen kanadische Pensionäre träumen. 26 Gebäude sind Bestandteil des geführten Rundgangs, interessante Informationen dazu liefern die Broschüren *Heritage Walking Tour* und *Heritage Motoring Tour,* die im *Infocentre* erhältlich sind. Die einzigen Enttäuschungen sind die Marmeladenfabrik und das Elektrizitätswerk. Zu den schöneren Bauten zählen das **Gerichtsgebäu-**

de in der Ward Street sowie das **Rathaus**, Ward St, Ecke Vernon St, beide von F.M. Rattenbury, dem Architekten, der auch die Pläne für das *Empress Hotel* und die Parliament Buildings in Victoria zeichnete. Ebenfalls sehenswert sind der alte Bahnhof und das *Heritage Inn,* auch heute noch eine empfehlenswerte Unterkunft. Im Sommer vermittelt das *Infocentre* kostenlose Rundgänge mit kostümierten Fremdenführern.

Wer sich für derlei Spaziergänge nicht erwärmen kann, wird vielleicht das sommerliche Kunstspektakel **Artwalk** interessant finden, ein gemeinsames Projekt von Künstlern, Kunsthandwerkern und lokalen Geschäften, an dem rund 100 Einrichtungen teilnehmen. In den meisten davon gibt es in regelmäßigen Abständen neue Ausstellungseröffnungen, die nicht selten zu spontanen Partys werden. Weitere Informationen unter ☎ 250/352-2402 oder im *Infocentre*.

Wer sich gar nicht zu Fuß bewegen möchte, kann die restaurierte Straßenbahn **Streetcar 23** (Ticket $2) nehmen, die täglich von Mai–Sept vom Ausgangspunkt 200 m nördlich des *Infocentre* in der Hall Street aus Seeufer entlangrattert.

Zum Großteil verdankt die Gegend ihre Entwicklung der Entdeckung von Kupfer- und Silbererz gegen Ende des 19. Jhs. am nahe gelegenen Toad Mountain. Mit den Minen ging es schnell wieder bergab, aber Nelsons weitere Spezialisierung auf Gold und Holz sowie die Straßen, Bahnlinien und Wasserwege verhinderten den Niedergang des Ortes.

Heute spielt der Bergbau wieder eine Rolle, und alte Ansprüche werden erneuert. Im interessanten **Museum of Mines**, ☎ 250/352-5242, neben dem *Infocentre,* lässt sich der Kurator, ein alter Goldsucher, gerne in epischer Länge über die aufregende Suche nach Silber, Kupfer und Gold in der Gegenwart und Vergangenheit aus. ☉ tgl. 9/10–16/17 Uhr, Eintritt frei.

Das weniger lohnende **Nelson Museum**, 420 Anderson St, liegt östlich des Zentrums und ist in 20 Min. zu Fuß zu erreichen; von Downtown über die Front St und deren Verlängerung Anderson St bis Ecke Nelson Ave laufen. Gezeigt wird eine eher planlose Ausstellung – anscheinend das Werk enthusiastischer Amateure. Beachtung verdienen hier allerdings die Chronik der alten Silver King Mine von 1886, die den Grundstein für die legte,

sowie die faszinierenden Details über die Duchoborzen, eine religiöse russische Sekte, deren Mitglieder noch immer unter sich in Gemeinden in der Kootenay-Region leben (s. S. 398). ☉ im Sommer tgl. 13–18, im Winter Mo–Sa 13–16.30 Uhr, $2,50.

Ein schöner Spaziergang führt zum **Lakeside Park** in der Nähe der Nelson Bridge mit schönen Sandstränden, Picknickplätzen, Bootsverleihen und Uferpromenaden. Zwischen Mai und Mitte Oktober empfiehlt sich an Samstagen ein Bummel über den **Tree of Life Market**, ein Farmer- und Kunsthandwerksmarkt unweit des alten Bahnhofs in Cottonwood Falls Park. Verkauft werden hier Obst und Gemüse aus biologischem Anbau, vorzügliches Brot und einheimisches Kunsthandwerk. ☉ 9.30–15 Uhr.

Übernachtung

Nelson bietet eine erkleckliche Zahl an Unterkünften, allerdings relativ wenige davon im Zentrum. Die meisten Motels befinden sich am Hwy 31A am Nordende der Stadt und jenseits der kleinen Forth Road-Brücke am nördlichen Seeufer.

HOTELS UND MOTELS – *Heritage Inn,*

422 Vernon St, ☎ 250/352-5331 oder 1-877/568-0888, 🖥 www.heritageinn.org. Bestes Hotel der mittleren Preisklasse, zentral gelegen in einem stilvollen, vierstöckigen Gebäude von 1898. Gemütliche, traditionell eingerichtete Zimmer, z.T. mit Aussicht, inkl. Frühstück im angegliederten Restaurant. ❸

North Shore Inn, 687 Hwy 3A, ☎ 250/352-6606 oder 1-800/593-6636, 🖥 www.nshoreinn.com. Inklusive Frühstück mit Kaffee und Muffins. ❸

Prestige Lakeside Resort, 701 Lakeshore Dr, nahe dem Greyhound-Busbahnhof, ☎ 250/352-7222 oder 1-877/737-8443, 🖥 www.prestigeinn.com. Das luxuriöseste Hotel der Stadt zeugt von der fortschreitenden Bauwut am Seeufer. Spa, Fitnessraum, Jachthafen, Geschäfte und alle üblichen Annehmlichkeiten eines gehobenen Ferienhotels. ❻

Viking Lakeview Motel, 1301 Front St, in der Stadt, diesseits der Brücke, ☎ 250/352-3595 oder 1-800/663-0102, 🖥 www.vikinglakeviewmotel. com. ❸

Villa Motel, 655 Hwy 3A, jenseits der Brücke, ℘ 250/352-5515 oder 1-888/352-5515, 💻 www.thevillamotel.com. Mit beheiztem Indoor-Pool. ❷

B&Bs – Ungefähr ein Dutzend B&Bs stehen zur Auswahl, am zentralsten davon liegen:
Baker Street B&B, 816 Baker St, ℘ 250/354-1852 oder 1-866/354-1852, 📧 marstone@telus.net. Historisches Gebäde von 1910 mit 2 Zimmern. ❹
Emory House, 811 Vernon St, ℘ 250/352-7007. B&B mit 4 Zimmern. ❸
Inn the Garden, 408 Victoria St, einen Block südlich der Baker St, ℘ 250/352-3226 oder 1-800/596-2337, 💻 www.innthegarden.com. Angesehene Herberge mit 7 Zimmern in einem restaurierten viktorianischen Gebäude. ❸

HOSTELS – *Dancing Bear Inn*, 171 Baker St, zwischen Kootenay St und Hwy 3A, ℘ 250/352-7573, 💻 www.dancingbearinn.com. Das hübsch renovierte HI-Hostel mit 43 Betten wurde von Hostelling International zum besten Hostel 2000 gewählt. Dorm-Betten (maximal 6 pro Zimmer) kosten $17 für Mitglieder, sonst $20. Außerdem gibt es Familienzimmer, einige DZ (ab $40) und ein EZ. Check-in 16–22 Uhr. ❶
Flying Squirrel Hostel, 198 Baker St, Ecke Falls St, ℘ 250/352-7285, 💻 www.flyingsquirrelhostel.com. Eins von zwei inoffiziellen Hostels im Zentrum von Nelson. Echte Herbergsatmosphäre mit Dorm-Betten für $17. ❶
New Grand Hotel and Hostel, 616 Vernon St, ℘ 250/352-7211 oder 1-888/722-2258, 💻 www.newgrandhotel.ca. Das andere inoffizielle Hostel im Zentrum bietet Dorm-Betten für $18 und 34 Hotelzimmer. ❸

CAMPING – *City Tourist Park*, High St, Ecke Willow, ℘ 250/352-9031. Liegt der Stadt am nächsten, ist aber klein und etwas beengt und lässt trotz einiger Bäume keine rechte Campingatmosphäre aufkommen. Vom Zentrum 800 m die Front St Richtung Osten über die Hall St und Cedar St, hinter der Cherry St auf der rechten Seite. ◷ Mitte Mai–Anfang Okt, $15–22.
Kokanee Creek Provincial Park, 20 km nordöstlich der Stadt am Hwy 3A. Schöner, bewaldeter Campingplatz mit 168 Stellplätzen, Besucher-

zentrum, Zugang zu Sandstränden und Naturwanderwegen; $22.
Shannon's RV Park, 1940 Hwy 3A, ℘ 250/825-9648, 7 km von der Stadt entfernt am nördlichen Seeufer, ◷ Mitte Mai–Sept, $16–24.
Sollten diese Plätze ausgebucht sein, kann man es weiter östlich in Balfour oder bei den drei oder mehr Plätzen in der Nähe des Fähranlegers versuchen.

Die Auswahl an empfehlenswerten Speiselokalen in Nelson ist groß.
All Seasons Café, 620 Herridge Lane, in einem restaurierten historischen Haus in *The Alley,* ℘ 250/352-0101. Eines der besten Restaurants in den Kootenays. Schöner Speisebereich auf der Terrasse, vorzügliche West-Coast-Küche (hier „Left-Coast" genannt) und Weinkarte. Gewinner des begehrten *Award of Excellence* des Weinmagazins *Wine Spectator.* ◷ tgl. ab 17 Uhr.
General Store Restaurant, im *Heritage Inn*, 422 Vernon St, ℘ 250/352-5331. Gutes Frühstück.
Main Street Diner, 616 Baker St, ℘ 250/354-4848. Gutes Mittag- oder Abendessen zu mittleren Preisen. Zentrale Lage, So geschlossen.
Max & Irma's Kitchen, 515 Kootenay St, ℘ 250/352-2332. Leckere Holzofenpizza mit dünner Kruste.
Oso Negro, 522 Victoria St, einen Block hinter der Baker St. Preiswertes und stets gut gefülltes Café, sehr gute Adresse für Kaffee (Bohnen aus eigener Röstung) und Snacks, gut zum Leute beobachten.
Outer Clove, 353 Stanley St, ℘ 250/354-1667. Von der Einrichtung bis zum Dessert ist Knoblauch das alles beherrschende Element des originellen Lokals. So geschlossen.
Packrat Annie's Bookshop, 411 Kootenay St. Ähnlich dem *Oso Negro* (s.o.).
The Rice Bowl, 301 Baker St, ℘ 250/354-4129, bei Einheimischen beliebtes Restaurant an der Hauptstraße mit hohen Fenstern. Für die guten und preiswerten Fischgerichte, Sushi und veganischen Speisen werden überwiegend Lebensmittel aus organischem Anbau verwendet. Lebendiges Ambiente, schließt allerdings in der Regel bereits gegen 20 Uhr.

Stanley's on Baker, 401 Baker St, ☎ 250/354-4458. Alteingesessenes Café mit charmanter Bedienung, in dem auch ein gutes Frühstück gereicht wird.

Wer sein Essen lieber im **Supermarkt** ersteht, wird im oder nahe dem Einkaufszentrum neben dem Busbahnhof fündig.

Kootenay Co-Op, 295 Baker St. Großer Naturkostladen mit Produkten aus biologischem Anbau und Treffpunkt der Alternativszene der Stadt. Der hiesige Biobäcker backt erstklassiges Brot.

Rising Sun Artisan Bakery, 281 Herridge Lane, macht dem oben genannten Biobäcker ernsthaft Konkurrenz.

Unterhaltung

Civic Pub, 705 Vernon St, wird von einer jüngeren Klientel zum Tanzen bevorzugt.

The Library, im *Heritage Inn*. Elegante Bar, die sich für einen Drink in ruhiger Umgebung empfiehlt.

Mike's Place Pub, 422 Vernon St, im *Heritage Inn*. Dreistöckige, meistens volle Kneipe, in der die Einheimischen sich an der gesamten Produktpalette der 1893 gegründeten Nelson Brewing Company erfreuen. Aushängeschild und beliebtestes Gebräu ist das Old Brewery Ale (OBA). Mi–Sa wird ab 22 Uhr auch getanzt.

Royal Blues Pub, 330 Baker St, die beste Adresse für Live-Musik von guten Bands aus Nelson und Umgebung.

Sonstiges

AUTOVERMIETUNG – *Rent-a-Wreck*, ☎ 250/352-5122.

Thrifty, ☎ 250/352-2811.

Whitewater Motors, ☎ 250/352-7202, lokales Unternehmen.

BÜCHER – *Oliver's Books*, 398 Baker St, bietet ein hervorragendes Sortiment an Karten, Reiseführern und allgemeiner Lektüre mit Tendenz zu New Age-Themen, die hier großen Anklang finden.

Pack Rat Annie's, 411 Kootenay St, Bücher und CDs aus zweiter Hand und ein ausgezeichnetes kleines Café-Restaurant.

GALERIEN – Die folgenden Galerien sind besonders empfehlenswert:

Craft Connnection, 441 Baker St, ☎ 250/352-3006, Kooperative von ca. 20 einheimischen Kunsthandwerkern.

Figments, 458 Ward St, ☎ 250/354-4418. Textilien, Metallarbeiten und andere kunsthandwerkliche Richtungen.

Hummingbird Gallery, 515B Vernon St, ☎ 250/352-2083. Hier sind die schönen Künste zu Hause, insbesondere Ölgemälde und Aquarelle.

HANFPRODUKTE – *Hempland*, 557 Ward St, interessant ist ein Besuch im ersten Hanfladen der Provinz, wo sogar Snowboards und Kettensägenöl aus Hanf hergestellt werden.

INFORMATIONEN – *Infocentre*, 225 Hall St, am nordöstlichen Rand des Zentrums, ☎ 250/352-3433 oder 1-877/663-5706, 🖳 www.discovernelson.com, ☉ Juni–Aug tgl. 8–20, Sept–Mai Mo–Fr 8.30–17 Uhr.

MOUNTAINBIKING – Die wilde Landschaft vor der Haustür und die vielen alten Bergbau- und Forstwirtschaftswege haben Nelson zu einem bedeutenden Zentrum für Mountainbiker gemacht.

Gerick Cycle and Sports, 702 Baker St, ☎ 250/354-4622. Fahrradverleih, der auch Wanderkarten und Informationen zu den vielen Mountainbike-Routen liefert, die von Radsportbegeisterten in der Umgebung geschaffen wurden.

The Sacred Ride, 213 Baker St, eine weitere gute Informationsquelle für Mountainbiker.

Transport

Greyhound-Busbahnhof, 1112 Lakeside Dr, am Seeufer bei der Chahko-Mika Mall. Ins Zentrum gelangt man über den Lakeside Dr Richtung Westen, dann links in die Hall St, wo sich auch das *Infocentre* befindet (auf der linken Seite hinter der Front St).

Nelson liegt an der Route der *Greyhound-Busse*, ☎ 250/352-3939, die Richtung Westen nach PENTICTON fahren – mit Anschlussmöglichkeit nach VANCOUVER, ins OKANAGAN VALLEY und nach KAMLOOPS – und Richtung Osten nach CRAN-

BROOK – mit Anschlussmöglichkeit nach CALGARY über BANFF oder FORT MACLEOD. Eher selten fährt ein Minibus nach KASLO, Einzelheiten unter ✆ 250/353-2429, und NAKUSP, ✆ 250/265-3674. Über alle Verbindungen informiert das *Infocentre*.

Highway 95 nach Norden

Der Hwy 95 führt östlich von Creston und der Kootenay-Region durch eine spektakuläre Landschaft in Richtung Norden und folgt der breiten Talsohle des **Columbia River**, die im Osten von den Rocky Mountains und im Westen von den fast ebenso atemberaubenden **Purcell Mountains** gesäumt wird. Die Wildnis ist zum Großteil nur schwer zugänglich, und man muss sich mit der Aussicht vom Highway zufrieden geben. Es geht rasch voran – außer an den Stellen, wo die Straße den schroffen Felsvorsprüngen und den Windungen des Flusses folgen muss. Hwy 93 und Hwy 95 treffen hinter **Cranbrook** aufeinander: Hier hat man die Wahl zwischen dem Hwy 3 Richtung Osten nach Crowsnest Pass und Alberta und der Strecke Richtung Norden nach Radium Hot Springs und zum Kootenay National Park (s.S. 226). Alle diese Routen werden von Greyhound-Bussen befahren. Die häufigsten Verbindungen bestehen nach Cranbrook.

Yahk und Moyie

Gut 40 km östlich von Creston (s.S. 400) halten die Busse an der kleinen Shell-Tankstelle im umrührten Yahk, einer kleinen Ansiedlung von Häusern zwischen Bäumen. Der Hwy 95 zweigt vom Hwy 3 ab und führt Richtung Süden zur US-amerikanischen Grenze (11 km). Zwischen Yahk und Moyie wird eine Zeitzonengrenze überschritten, so dass die Uhren um eine Stunde vorgestellt werden müssen.

Weiter nördlich erreicht man am Hwy 3/95 auf die kleine Gemeinde Moyie, bestehend aus einer Kneipe, einem Gemischtwarenladen, einer Kirche von 1904 und einigen Wohnhäusern. Sie liegt am Rande des hübschen **Moyie Lake** – für das Auge eine schöne Abwechslung nach den schier endlosen bewaldeten Hängen.

YAHK – *Cozy Quilt Motel*, 8849 Hwy 3, nahe Kreuzung mit Hwy 95, ✆ 250/424-5558 oder 1-877/717-5558, 🖥 www.cozyquilt.com. ❷
Yahk Motel & Campground, 8769 Hwy 3 und 95, ✆ 250/424-5554, ✉ yahkmotel@telus.net. Billigere Alternative mit Motelzimmern und Zeltstellplätzen ($10–12). ❷
Weitere Campingmöglichkeiten bieten sich östlich des Orts im *Yahk Provincial Park*, ⏲ Mai–Mitte Sept, $14. Der private *Riverside Campground*, ✆ 250/424-5454, liegt südlich von Yahk am Moyie River und ist mit Lebensmittelladen und anderen einfachen Einrichtungen ausgestattet. ⏲ April–Mitte Okt, $12.

MOYIE – Offizielle Übernachtungsmöglichkeiten gibt es nicht, doch vor Ort werden einige B&B-Zimmer angeboten. Campen kann man auf dem ausgezeichneten Campingplatz im *Moyie Lake Provincial Park*, Anfahrt über die Munro Lake Rd westlich von Hwy 3/95, 1 km bis zum nördlichsten Punkt des Moyie Lake, mit kurzen Wanderwegen und Sandstrand zum Baden, ⏲ Mai–Sept, $22, Reservierung möglich (s.S. 237).

Cranbrook

Trotz der Lage an einem Verkehrsknotenpunkt 30 km nördlich von Moyie Lake und 106 km östlich von Creston zählt die ehemalige Holzfällerstadt Cranbrook zu einer der monotonsten der Provinz. Die Trostlosigkeit des regionalen Versorgungszentrums wird durch die spektakuläre Aussicht auf die umliegende Bergwelt kaum aufgewogen. Eine Reihe von Motels und Rangiergleisen beherrscht das Bild des arg mitgenommenen Zentrums, das trotz unermüdlicher Anstrengungen und der in lokalen Broschüren angepriesenen „Heritage Walks" herzlich wenig zu bieten hat. Der Lebensnerv Cranbrooks sind seine Motels und macht den Ort zu einer typischen Zwischenstation für Touristen, um zu übernachten, etwas zu essen und dann so schnell wie möglich weiterzufahren.

Sehenswert ist allein das **Canadian Museum of Rail Travel**, 🖥 www.trainsdeluxe.com, das früher in erster Linie restaurierte Wagen eines alten transkanadischen Luxuszuges („The Millionaires'

Train") zeigte, in den letzten Jahren aber erheblich erweitert wurde. So umfasst die Ausstellung jetzt weitere historische Bahnfahrzeuge und eine Modelleisenbahn. Die größeren Exponate stehen im Freien auf den 300 m entfernten ehemaligen Rangiergleisen der CPR an der Van Horne St. ⊙ Ostern–Mitte Okt tgl. 8–18, sonst Di–Sa 12–17 Uhr, verschiedene Führungen von $5,25 bis $11,95.

Die vom *Infocentre* angepriesenen historischen Gebäude lohnen kaum, besonders wenn man die wesentlich authentischeren und ansprechenderen Straßen der Städte und Dörfer in den Kootenays schon gesehen hat. Im Jahre 1999 wurde das *Infocentre* von Tierschützern niedergebrannt, als hier eine Ausstellung von ausgestopften Tieren zu sehen war. Beeindrucken ließ man sich davon wenig. An der gleichen Stelle wurde ein neues **Wildlife Museum** mit und ausgestopftem Wild eröffnet; ⊙ tgl. 9–17 Uhr.

Die Wahrscheinlichkeit ist groß, dass man in Cranbrook übernachten muss, das sich entlang der Straßen in Richtung Norden und Süden kaum Unterkünfte finden.

Heritage Estate Motel, 362 Van Horne St SW, ✆ 250/426-3862 oder 1-800/670-1001, ✉ heritage @cyberlink.bc.ca. Preiswerte und recht intime Unterkunft am südlichen Ortsrand abseits der schäbigeren Ecken. ❷

Heritage Inn, 803 Cranbrook St, an der Hauptstraße, ✆ 250/489-4301 oder 1-800/663-2708, 🖥 www.heritageinn.net. Bestes Motel der Gegend, groß und modern. ❹

Singing Pines, 5180 Kennedy Rd, hinter dem Hwy 95A, ✆ 250/426-5959 oder 1-800/863-4969, ✉ singingpinesbb@shaw.ca. Schönes B&B 3 km nördlich des Orts, ruhige Umgebung mit Blick auf die Berge. ❹

Jimsmith Provincial Park, ansprechende Campinggelegenheit 4 km südwestlich, ohne Duschen, ⊙ Mai–Okt, $14.

Mount Baker RV Park, 14th Ave, Ecke 1st St, Baker Park, ✆ 1-877/501-2288, nächstgelegener, aber wenig reizvoller Campingplatz. ⊙ April–Okt, $18–24.

Die Hauptstraße bietet einige preiswerte Gelegenheiten zum Essengehen. Relativ einladend ist das *Apollo*, 1012 Cranbrook St N, ✆ 250/426-3721, mit italienischen Speisen, Fisch, Steaks und Salaten.

Infocentre, 2279 Cranbrook St, ✆ 250/426-5914, 489-5261 oder 1-800/222-6174, 🖥 www.cranbrookchamber.com. ⊙ tgl. 9–17 Uhr.

Der **Greyhound-Busbahnhof**, 1229 Cranbrook St, ✆ 250/426-3331, verbirgt sich hinter *McDonald's*, gegenüber der Mohawk-Tankstelle. Es bestehen Busverbindungen Richtung Osten nach FERNIE, SPARWOOD und SÜDALBERTA 2x tgl., Richtung Westen nach NELSON, CASTLEGAR und VANCOUVER 3x tgl., Richtung Norden nach KIMBERLEY, RADIUM, BANFF und CALGARY 1x tgl., und Richtung Süden nach SPOKANE in den USA 1x tgl.

Östlich von Cranbrook
Elko

Zwischen Fort Steele (s.S. 419) und Cranbrook trennt sich der Hwy 93 vom Hwy 95 und folgt dem Hwy 3 bis **Elko** (65 km östlich von Cranbrook), bevor er nach Süden in Richtung US-amerikanische Grenze (91 km) abzweigt. Im unberührten Weiler Elko mit seinen wenigen Häusern empfiehlt sich eine Rast im gemütlichen, idyllisch abgeschiedenen Lokal *Wendy's Place*.

Fernie

Der Hwy 3 eröffnet atemberaubende Blicke auf die Rockies und den reißenden und eisklaren Elk River, bevor er 32 km nördlich von Elko das schöne Örtchen Fernie erreicht. Die von Bäumen gesäumten Straßen, wenigen Motels und kleinen Holzhäuser werden von einem Ring scharfkantiger Berge umgeben. Auf der anderen Seite hat aber die zunehmende Beliebtheit des Skiortes zu zahlreichen Neubauten am Highway geführt, die längst nicht immer schön anzusehen sind. Das *Infocentre* hält Informationen zu einem historischen Rundgang durch das Zentrum bereit, wobei sich die sehenswertesten Gebäude im Zentrum um die 6th St und 4th Ave konzentrieren. Sie entstanden beim Wiederaufbau nach einem verheerenden Großfeuer, das die kleine Stadt 1908 in Schutt und Asche legte.

Der **Mount Fernie Provincial Park** lädt 2 km westlich der Stadt abseits des Hwy 3 an der Park Rd zum Wandern und Picknicken ein. Der dortige Campingplatz verfügt über 40 Stellplätze (Reservierung möglich, s.S. 237), ☉ Mitte Mai–Mitte Sept, $14. Die längste Skisaison in den Rocky Mountains von BC bietet das 5 km westlich von Fernie und 2 km vom Highway gelegene **Fernie Alpine Resort**, ✆ 250/423-4655, 🖳 www.skifernie.com, wo zusehends neue Unterkünfte entstehen. ☉ Nov–Mai.

Sparwood

In Sparwood, 29 km hinter Fernie, verlässt der Hwy 3 das Elk Valley. Am Straßenrand tauchen immer mehr Relikte des Kohlebergbaus auf. In der Nähe der Stadt verbirgt sich Kanadas größte **Kohlenmine** (Tagebau), die täglich bis zu 18 000 Tonnen Kohle fördert. Minentouren beginnen im Juli / Aug Mo–Fr 13.30 Uhr am örtlichen *Infocentre* – zu erkennen an der Statue eines Bergmanns und an dem „Monster Truck", bei dem es sich anscheinend um den größten der Welt handelt. Die Stadt an sich zeigt sich überraschend gepflegt und bietet auch eine gute Übernachtungsmöglichkeit.

Übernachtung

ELKO – *West Crow Motel and RV Park*, an der Zufahrt ins Elk Valley, ✆ 250/529-7349, mit einem gesonderten Bereich zum Campen, ☉ ganzjährig, Zelte und Wohnmobile $12–15. ❷
Im *Kikomun Creek Provincial Park* am Ostufer des künstlich angelegten Lake Koocanusa, 3 km westlich des Orts vom Hwy 93 ausgeschildert. Ausgezeichneter Campingplatz, Reservierungen möglich (s.S. 237), ☉ Mai–Okt, $22.

FERNIE – *Cedar Lodge*, 1101-7th Ave, ✆ 250/423-4622, 🖳 www.cedarlodge.bc.ca. ❸
Raging Elk International Hostel, 892 6th Ave, ✆ 250/423-6811, 🖳 www.ragingelk.com. Einfaches, aber gutes HI-Hostel mit 90 Betten in einem umgebauten Motel, einen Block südlich des Hwy 3, zwischen 8th und 9th St. ❶
SameSun Budget Lodge, Hwy 3, ✆ 250/423-4492 oder 1-877/562-2783, 🖳 www.samesun.com. Ausgezeichnete Unterkunft mit Dorm-Betten (Mitglieder $18, sonst $22) und vielen Privatzimmern. ❷

SPARWOOD – *Black Nugget Motor Inn*, Hwy 3, Red Cedar Drive, ✆ 250/425-2236 oder 1-800/663-2706. ❸
Mountain Shadows Campground, am Hwy 3 in Höhe der südlichen Ortseinfahrt, ✆ 250/425-7815, 60 Stellplätze, ☉ Mitte Mai–Mitte Okt, $15.

Informationen

FERNIE – *Infocentre*, 102 Commerce Rd, am Hwy 3, ✆ 250/423-6868, 🖳 www.ferniechamber.com. Neben einem rekonstruierten hölzernen Ölbohrturm 2 km nördlich der Stadt, ☉ tgl. 9–17 Uhr.

SPARWOOD – *Infocentre*, am Hwy 3, Ecke Aspen Drive, ✆ 250/425-2423 oder 1-877/485-8185, 🖳 www.sparwoodchamber.bc.ca. ☉ tgl. 9–18 Uhr.

Elkford

Die restlichen Abschnitte des Hwy 3 in British Columbia werden vornehmlich vom Bergbau dominiert. Die Straße erklimmt die Continental Divide, 19 km östlich von Sparwood am **Crowsnest Pass** (s.S. 126–128). Landschaftlich weitaus interessanter ist die Fahrt nördlich von Sparwood über den Hwy 43, am Elk River entlang 35 km flussaufwärts bis Elkford. Die Ortschaft wird im Osten von einer Felswand und im Westen von sanfteren Hügeln eingerahmt und gilt als „British Columbias Hauptstadt der Wildnis" – was hohe Erwartungen weckt, aber gar nicht so weit hergeholt ist, wenn man sich auf die beiden rauen Schotterstraßen in Richtung Norden wagt.

Die östlichere Route folgt dem Elk River weitere 80 km bis zum **Elk Lakes Provincial Park** nahe der kontinentalen Wasserscheide und führt in eine der ursprünglichsten mit dem Auto zugänglichen Gegenden der Provinz. Am Ausgangspunkt des Wanderwegs am Ende der Straße gibt es einen einfachen Campingplatz. Etwas besser zu befahren ist

Dickhornschafe

die westliche, 55 km lange Route, die tief in die einzigartige Landschaft unterhalb des 2792 m hohen **Mount Armstrong** vordringt. In beiden Gegenden stehen die Chancen gut, Tiere zu erspähen, z.B. Pumas, Rehe, Elche oder Dickhornschafe. Im *Infocentre* von Elkford erhält man die Wegbeschreibung zu den nahe gelegenen **Josephine Falls**, einige Minuten Fußweg vom Parkplatz an der Fording Mine Rd entfernt.

Übernachtung

Sowohl zum Verweilen als auch für die Weiterfahrt in Richtung Norden erweist sich ein Zelt als nützlich. Im Elk Lakes National Park gibt es mehrere Wildniszeltplätze, ⏰ Juni–Sept, $5.
Die einzigen sonstigen Übernachtungsmöglichkeiten sind:
Elkford Motor Inn, 808 Michel Rd, ✆ 250/865-2211 oder 1-800/203-7723, ✉ elkfordmi@elkvalley.net. Neben dem Einkaufszentrum. ❷
Hi Rock Inn, 2 Chauncey St, ✆ 250/865-2226 oder 1-866/865-2226, 🖥 www.hirockinn.com. Teurere Variante. ❸
Städtischer Campingplatz, ✆ 250/865-2650, ⏰ Mai–Okt, $12.

Informationen

Infocentre, 4A Front St, an der Kreuzung von Hwy 43 und Michel Rd, ✆ 1-877/355-9453, 🖥 www.tourismelkford.ca. Vor einer Exkursion in die Wildnis sollte man sich hier zunächst die entsprechenden Landkarten und Informationen über die betreffenden Gebiete besorgen. ⏰ Mo–Fr 8–17 Uhr.

Kimberley

Einige Kilometer nördlich von Cranbrook liegt in 1117 m Höhe am Hwy 95A Kimberley, die höchstgelegene Stadt Kanadas. In vielerlei Hinsicht ist sie auch eine der albernsten: Als die bevorstehende Schließung des örtlichen Blei- und Zinkbergwerks in den 70er Jahren des 20. Jhs. drohte, den Ort wirtschaftlich ins Abseits geraten zu lassen, verwandelte man ihn kurzerhand in ein bayerisches Dorf, um auf diese Art Touristen anzulocken.

Das Ergebnis ist ein bestechendes Meisterwerk an Kitsch: Gebäude wurde mit dünnen authentisch bemalten Sperrholzfassaden versehen, aus den Geschäften mit illustren Namen – z.B. „*The Yodelling Woodcarver*" (der jodelnde Holzschnitzer) – ertönt bayerische Blasmusik, und sogar die Feuerhydranten stellen winzige Nachbildungen von Happy Hans, Kimberleys Maskottchen in Lederhosen, dar. Diese Taktik mag absurd klingen, lässt aber keinen Zweifel an der Energie und dem Enthusiasmus, die in das Projekt geflossen sind. Außerdem hat der anschließende Erfolg bei Touristen und europäischen Immigranten – darunter auch Deutsche – für einen kräftigen wirtschaftlichen Aufschwung gesorgt. Neubürger eröffneten eine Reihe authentischer Cafés und Restaurants und offerieren familienfreundliche Freizeitaktivitäten im Sommer wie Winter.

Ein Großteil des deutschen Flairs konzentriert sich am **Bavarian Platzl**, Spokane St, im kleinen Zentrum, dessen nachgebaute Häuser kaum mit den echten Holzbauten und der alpineren Umgebung in den Außenbezirken vergleichbar sind. Für etwas Kleingeld fängt die große, falsche Kuckucksuhr – **Canada's Biggest Cuckoo Clock** – an zu rufen. Besucher können der Versuchung meist nicht widerstehen: Sie lassen den lautstarken *Happy Hans* – der statt eines Kuckucks erscheint – fast ununterbrochen auftreten. Wenn er ausfällt, engagiert die Stadt einen Akkordeonspieler, der morgens, mittags und abends für ein musikalisches Intermezzo sorgt.

Neben der Uhr und einem kleinen **Museum** im Obergeschoss der Bibliothek in der gleichen Straße gilt die **Sullivan Mine** als wichtigste Sehenswürdigkeit des Ortes. In vorbayerischen Zeiten bot das Bergwerk, eine der weltweit größten Blei- und Zinkminen, den meisten Arbeitsplätze. Die Geschichte der 2001 stillgelegten Mine wird in einem Informationszentrum dokumentiert, von wo aus Touren zum ursprünglichen Gelände angeboten werden. Aufgrund hoher Forderungen der Versicherung kann die Mine selbst der Öffentlichkeit nicht zugänglich gemacht werden.

Interessant ist außerdem die Erkundung der lokalen Geschichte mit der **Bavarian City Mining Railway**: Über 7 km rattert der historische Zug durch das Tal und vermittelt einen Eindruck von vergangenen Bergbauaktivitäten und zukünftigen Entwicklungen. Abfahrt vom Bahnhof im Zentrum, einen Block vom Platz entfernt, Jerry Sorenson Way, Abfahrt Juni–Sept tgl. 12–18.30 Uhr, $7. Am Bahnhof gibt es zudem ein Mini-Bergbaucamp aus den 20er Jahren mit einem Schulhaus zu bestaunen.

Übernachtung

North Star Motel, ☎ 250/427-5633 oder 1-800/663-5508, kleinere Unterkunft am Nordrand der Stadt, Küchenbenutzung für ein paar Dollars extra. ❷

Same Sun Budget Lodge, 275 Spokane St, ☎ 250/427-7191 oder 1-877/562-2783, 🖥 www.samesun.com. Hotel am „Platzl" mit dem dazugehörigen *Ozone Pub*, der kleine Gerichte und an dem meisten Abenden Live-Musik bietet. Hostel-Bett $20. ❷

Travel Quality Inn of the Rockies, 300 Wallinger Ave, ☎ 250/427-2266 oder 1-800/661-7559, 🖥 www.qualityinnkootenays.com. Zentral gelegen. ❸

Happy Hans Riverside Resort, St Mary's River Rd, ☎ 250/427-2929, 🖥 www.happyhans.com. Campingplatz mit moderner Ausstattung. Anfahrt von der Stadt 7 km nach Süden, dann 3 km Richtung Westen. ⏰ Mai–Okt, $12–24.

Essen

Im Zentrum gibt es zahlreiche Cafés und preiswerte, größtenteils teutonisch angehauchte Restaurants.

Chef Bernard, 170 Spokane St, ☎ 250/427-4820, kitschiges, aber ausgezeichnetes Café und Restaurant gegenüber der Uhr, beliebte Fondue-Abende, irische Fidelmusik. Im Obergeschoss gibt es auch Gästezimmer (❷).

Old Bauernhaus, 280 Norton Ave, ☎ 250/427-5133. Rund 15 zu Fuß oder eine kurze Autofahrt außerhalb über die Dewdney Rd Richtung Skigebiet. Die bayerische Küche ist gut, doch die eigentliche Attraktion ist das Gebäude, ein 350 Jahre alter Holzständerbau, der vollständig zerlegt und von seinem Originalstandort in Südbayern hierher verfrachtet wurde. ⏰ nur Abendessen, Di geschlossen.

Our Place, 290 Spokane St, an der zentralen Kreuzung, unweit der Post, preiswertes Frühstück und Mittagessen.

Sonstiges

FESTIVALS – Die größte Attraktion ist das **July-fest** mit einem einwöchigen Biergelage und dem unvermeidlichen internationalen Akkordeonwettbewerb.

DER SÜDEN BRITISH COLUMBIAS

INFORMATIONEN – *Infocentre*, 115 Gerry Soren-
sen Way, ✆ 250/427-3666, ✉ kimbchamber@
cyberlink.bc.ca. Bietet ausführliche Informationen über die Sommerveranstaltungen in Kimberley. ⏱ Juni–Sept tgl. 9–19, Okt–Mai 9–17 Uhr.

Fort Steele Heritage Town

Wenn man auf einen Abstecher nach Kimberley
verzichtet und stattdessen nach Cranbrook auf dem
Hwy 93/95 bleibt, erreicht man Fort Steele Heritage Town, ✆ 250/417-6000, 🖥 www.fortsteele.
bc.ca, ein eindrucksvoll rekonstruiertes Dorf aus
dem Jahre 1900 mit etwa 55 Gebäuden in einer
reizvollen von Bergen umgebenen Landschaft.
Dem Vergleich mit dem ähnlich rekonstruierten
Barkerville (125 Gebäude) kann es nicht ganz
standhalten, allerdings liegt letzteres viel weiter abseits der Zivilisation im tiefen Cariboo-Land (s.S.
371). ⏱ Mai–Anfang Juni und Mitte Sept–Anfang
Okt tgl. 9.30–17.30, Anfang Juni–Mitte Sept 9.30–
20 Uhr, $9.

Fort Steele entstand in den 60er Jahren des
19. Jhs. als Versorgungsposten an einer Furt auf
dem Goldsucher-Trail Richtung Wildhorse Creek,
6 km weiter östlich. Ende der 90er Jahre des 19. Jhs.
wuchs die Bevölkerung auf 4000 an – dank der
Entdeckung von Silber, Blei und Zink sowie der
fälschlichen Annahme, die Eisenbahn würde einmal durch diese Gegend gebaut werden. Bereits im
Jahre 1910, nachdem sich der Bergbauboom gelegt
hatte und sich die Canadian Pacific Railway ihren
Weg durch Cranbrook bahnte, war die Anzahl der
Einwohner wieder auf 150 gesunken.

Obwohl der Ort nie vollständig aufgegeben worden war, gab es einiges zu tun, als man 1961 mit
der Restaurierung begann. Traditionell gekleidete
Freiwillige tummeln sich nun in verschiedenen Gebäuden der Stadt – darunter Nachbildungen und
Originale (um 1860) aus Steeles Besitz oder anderen Gegenden, die hier wieder aufgebaut wurden.
Dazu zählen ein Varietee aus vergangenen Zeiten,
eine Schmiede, eine Bäckerei, eine Druckerei, ein
Gemischtwarenladen und vieles mehr. Seit neues-
tem kann man zuschauen, wie Pferde beschlagen,
Brote gebacken, Decken gewebt werden und mehr.
Gespenstisch präsentiert sich die restaurierte Frei-
maurerloge, wo Besucher in ausgewählte „Geheimnisse" der Freimaurer eingeweiht werden. Außer-

dem kann man Fahrten mit dem Dampfzug oder einem von gewaltigen einheimischen Clydesdale-
Pferden gezogenen Wagen genießen. Das gesamte
Projekt steht unter der Schirmherrschaft der Pro-
vinzregierung – daher hält sich der Kommerz, den
andere Orte dieser Art kennzeichnet, in Grenzen. An
Sommerabenden lädt das Dorf meist gegen
20 Uhr zu einer Varieteevorstellung im alten Stil ein.

Übernachtung

Abgesehen von ein paar Ranches und B&Bs gibt
es in der unmittelbaren Umgebung nur wenige
Übernachtungsmöglichkeiten. Zu diesen zählen:
Norbury Lake Provincial Park, Campinggelegenheit unmittelbar östlich von Fort Steele, Stellplätze für Zelte und Caravans, ⏱ Mitte Mai–Mitte
Sept, $14.

Fort Steele Original Campground, Kelly Rd,
✆ 250/426-5117, Campingplatz 2 km südlich des
Ortes mit der üblichen Ausstattung, ⏱ Juni–
Sept, $16–21.

Fort Steele Resort and RV Park, ✆ 250/489-4268,
🖥 www.fortsteele.com. Campingplatz gegenüber
dem Dorf mit ähnlicher Ausstattung, $20–37.

Von Fort Steele nach
Fairmont Hot Springs
Wasa und Skookumchuck

Während der weiteren Fahrt auf dem Hwy 93/95
wird die Landschaft des Columbia Valley zunehmend interessanter, die Rocky Mountains treten
stärker in den Vordergrund, und die Wälder machen zunehmend idyllischen Flussauen Platz. Erster Halt ist Wasa, 30 km nördlich von Kimberley,
dessen See als **Wasa Lake Provincial Park** geschützt ist und im Sommer warm genug ist zum
Baden. Am Wasser gibt es auch einen großen Campingplatz, ⏱ Mai–Sept, $17, Reservierung möglich
(s.S. 327). Das auf den meisten Karten als Stadt
eingezeichnete Skookumchuck („starkes Wasser")
besteht aus nicht viel mehr als einer Zellstofffabrik,
deren Schornsteine düster rauchen.

Nach ein paar Kilometern windet sich die Straße um die **Dutch Creek Hoodoos**, fantastische,
vom Wasser des Flusses ausgewaschene Felsen.
Laut Ktunaxa-Legende entstanden sie, als einst ein
riesiger verwundeter Fisch das Tal hinaufschwamm

und an dieser Stelle verendete: Als sein Fleisch verweste, zerfielen seine Knochen und türmten sich zu den Felsen auf.

Canal Flats

Ganz in der Nähe liegt der nicht sonderlich malerische **Columbia Lake**. Allerdings bietet sich hier in einem schönen, mit unzähligen Flaschen vollgestopften Restaurant aus Holz, dem *Mountain Village*, eine gute Gelegenheit eine Mahlzeit zu essen. Es liegt kurz vor einem enormen Bauholzlager, das Canal Flats am oberen Ende des Sees überschattet.

Whiteswan Lake und Top of the World Provincial Park

Unmittelbar südlich des Sägewerks von Canal Flats und 28 km nördlich von Skookumchuck zweigt die Whiteswan Lake Road zum **Whiteswan Lake Provincial Park** ab, einem kleinen, wunderschönen Stück Land am Ende einer 20 km langen Holzfällerstraße. Im Park gibt es fünf Campingplätze, ⊙ Mai–Sept, $14, und nur wenige Wege, dafür aber Gelegenheiten zum Bootfahren und Forellenfischen. Drei der Campingplätze liegen am Whiteswan Lake, die anderen zwei am Alces Lake. Außerdem sollte man einen Blick auf die unerschlossenen **Lussier Hot Springs** am Parkeingang (17,5 km von der Hauptstraße entfernt) werfen, die über einen steil bergab führenden Wanderweg zu erreichen sind.

Die gleiche Zufahrtsstraße – hinter dem Park Lussier River Road genannt – erreicht 30 km hinter Alces Lake den **Top of the World Provincial Park**, eine wildere, faszinierende Hochgebirgsregion, wo man ganz auf sich alleine gestellt ist. Die fünf Campingplätze, ⊙ Juni–Sept, $5, sind vom Parkplatz am Ende der Straße über einen leichten, 6 km langen Fußweg (200 m Höhenunterschied) zu erreichen. Zudem bietet die *Fish Lake Cabin*, ⊙ Juni–Sept, $15, Wasser, Feuerholz und Platz für 20 Personen.

Die Wandermöglichkeiten im Park sind gut: Ein empfehlenswerter Ausflug führt vom Parkplatz am Lussier River entlang zum **Fish Lake**, 7 km, 2 Std., wo man im Sommer auf einem Campingplatz ohne Ausstattung bzw. in einer Cabin nächtigen kann. Man nimmt an, dass der über der Region thronende **Mount Morro** (3002 m) für die Ktunaxa große spirituelle Bedeutung hatte. Sie kamen hierher, um Chert (eine Art Feuerstein) für die Herstellung von Waffen und Werkzeugen abzubauen.

Fairmont Hot Springs

Fairmont Hot Springs in der Flussebene des Columbia River präsentiert sich als unansehnliches, exklusives Resort, das von der Attraktion der heißen Quellen profitiert. Im Jahre 1922 wurden die Pools von den Ktunaxa (Kootenay) requiriert, um sie als Touristenattraktion zu nutzen. Die Kalziumquellen wurden von den Weißen besonders geschätzt, da sie im Gegensatz zu vielen anderen heißen Bädern in BC keinen Schwefelgeruch verströmen, ⊙ tgl. 8–22 Uhr, $7.

Inzwischen haben die Einheimischen Eigeninitiative bewiesen. Sie eröffneten einige preiswertere Pools oberhalb des Resorts, die sich bei Touristen großer Beliebtheit erfreuen.

William Adolph Baillie-Grohman

In der Umgebung von Canal Flats stößt man auf die Geschichte des faszinierenden William Adolph Baillie-Grohmann, dessen Leben mit wunderbar seltsamen Katastrophen gespickt war. In den 80er Jahren des 19. Jhs. plante er den Bau eines Kanals zwischen dem Columbia und Kootenay River und plante, mit der Ableitung des Wassers des Kootenay in den Columbia River Überschwemmungen zu verhindern. Dieser Plan wurde jedoch von den Anwohnern des Columbia River, insbesondere von den Verantwortlichen der Canadian Pacific Railway, vereitelt. Dennoch war der Kanal 1889 fertig gestellt, das Wasser aber derart turbulent und gefährlich, dass es nur zwei Booten 1894 und 1902 gelang, ihn ganz zu befahren. Das zweite Boot zerstörte dabei praktisch sämtliche Schleusen auf der Strecke. Nichtsdestotrotz erhielt Baillie-Grohmann für die Fertigstellung des Kanals von der Provinz Ländereien in einer Größenordnung von 120 km². Reste des unglückseligen Projekts sind 3 km nördlich von Canal Flats im **Canal Flats Provincial Park** zu bewundern. ⊙ April–Okt nur tagsüber.

Übernachtung

Wer nicht gerade $169–209 für ein Zimmer im schicken *Resort* ausgeben möchte, kann mit dem großen **Campingplatz**, ✆ 250/345-6311 oder 1-800/663-4979, 🖥 www.fairmonthotsprings.com. 1 Min. von den Pools entfernt, Vorlieb nehmen. Nur Caravans, keine Zelte, $25–41.

Alternative ist das *Spruce Grove Resort*, 2 km südlich von Fairmont, ✆ 250/345-6561, 🖥 www. sprucegroveresort.com, mit Zimmern und einem hübschen Campingplatz am Flussufer mit Pool im Freien, ☉ Mai–Okt, Zelte $20. ➍

Invermere

Windermere, 15 km nördlich von Fairmont Hot Springs, hat nicht mehr zu bieten als einen Supermarkt, eine Tankstelle und einen Campingplatz direkt hinter dem Highway. Die größere Ortschaft Invermere liegt ca. 1 km entfernt am Westufer des Windermere Lake. Man geht davon aus, dass die Besiedlung der Region durch Weiße hier begann. Der Entdecker David Thompson durchquerte das Gebiet 1807, als er den Columbia River hinauffuhr. Mit seiner indianischen Frau, mehreren Kindern und acht Gefährten errichtete er Kootenay House, den ersten Handelsposten der Gegend. Gekennzeichnet wird diese Stelle an der Westside Road durch eine Steinpyramide.

Invermere ist ein angenehmes Sommerziel mit der üblichen verlockenden Auswahl an Wassersportattraktionen und lädt eher zu einer Übernachtung ein als Radium und andere Ortschaften an diesem Abschnitt des Highways. Allerdings treffen sich hier in den Sommermonaten Scharen von Anglern, Freizeitkapitänen und Sonnenanbetern, und die Unterkünfte könnten knapp werden.

Als Abwechslung zum Faulenzen am Strand empfiehlt sich ein Besuch im **Windermere Valley Museum**, 622 3rd St, ✆ 250/342-9769, unter anderem mit Ausstellungsstücken zum Bergbau und über die Eisenbahn. Untergebracht ist es in einem historischen Gebäude auf der Spitze des Hügels rechts vor dem Eingang zur Stadt. ☉ Juni–Sept Di–So 9.30–16 Uhr.

Von Invermere klettert die kleine Toby Creek Road die Berge hinauf nach Westen und erreicht das immer beliebtere Skigebiet **Panorama** (18 km) mit dem **Panorama Mountain Village**, zentrale Reservierung ✆ 1-800/663-2929, 🖥 www. panoramaresort.com, das eine Reihe von Unterkünften bietet.

In den wärmeren Monaten sind es vor allem die Wandermöglichkeiten, die Besucher anlocken. Die lohnendsten davon führen in die **Purcell Wilderness Conservancy**, einen Provinzpark in den Purcell Mountains, die ansonsten nur schwer zugänglich sind (die Straße endet allerdings 9 km vor dem Park). Mit Zelt und solider Wanderausrüstung kann man den 61 km langen Weg bis nach Argenta am nördlichen Ende des Kootenay Lake durchaus bewältigen (s. S. 404). Die schöne Route folgt überwiegend dem Verlauf der Täler, nur bei der Überquerung der Purcell-Wasserscheide am **Earl Grey Pass** (2256 m) wird den Wanderern einiges abverlangt.

Radium Hot Springs (s. S. 232) liegt nur wenig nördlich von Invermere.

Übernachtung

In Invermere gibt es einige B&Bs und mehrere Motels.

Best Western Invermere Inn, 1310 7th Ave, ✆ 250/342-9246 oder 1-800/661-8911, 🖥 www. invermereinn.com. Bestes Haus am Platze in zentraler Lage. ➍

Lee-Jay, 1015 13th St, ✆ 250/342-9227, 🖥 www. leejaymotel.com. Preiswerteste Wahl unter den Motels. ➌

Panorama Resort, im Skiort Panorama, ✆ 250/342-6941 oder 1-800/663-2929. Großes Hotel mit 250 Zimmern in mehr als 1000 m Höhe, wo man auch im Sommer beim Tennis, Reiten, Wildwasser-Rafting und Angeln aktiv werden kann. ➋–➏

Wandering Rogue Hostel, 1010 12th St, ✆ 250/342-3445. Privates Hostel, das überwiegend Dorm-Betten ($20) anbietet. ➊

Coldstream Lakeside Campground, ✆ 250/342-6793, privater Campingplatz am See mit Sandstrand, ☉ Mai–Sept, $25 pro Fahrzeug.

Dry Gulch Provincial Park, Campinggelegenheit im Provinzpark, 7 km nördlich, Stellplätze für Caravans und Zelte, ☉ Mai–Mitte Sept, $12.

Blue Dog Café, 7th Ave, ☎ 250/342-3814, gute vegetarische Speisen und Vollwertkost.
Myrtle's on Main, 1321 7th Ave, ☎ 250/342-0281, beliebtes Lokal.
Strand's Old House, 818 12th St, ☎ 250/342-6344, hoch geschätzte einheimische Küche.

Infocentre, nahe der Kreuzung von Hwy 93 und Hwy 95, ☎ 250/342-6316, ▯ www.columbiavalleychamber.com. ⊙ Ende Juli–Anfang Sept tgl. 8–20 Uhr.

Wer von Invermere weiter zum **Kootenay National Park** und in die Rockies fährt, findet eine Beschreibung des Parks ab S. 226. Informationen zum **Waterton Lakes National Park**, der von Invermere Richtung Süden über den Crowsnest Pass zu erreichen ist, ab S. 128.

Der Norden

Grandiose Eis- und Berglandschaften bietet der **Kluane National Park**

Der Zauber der **Aurora Borealis**

Die **Haida Gwaii (Queen Charlotte Islands)** mit der weltgrößten Gruppe originaler Totempfähle

Die Hinterlassenschaften der Pioniere und Goldsucher in **Dawson City**

Große Teile Kanadas verströmen auch heute noch eine Atmosphäre vom „Ende der Welt", doch erst wer die Reise das Festland hinauf nach Norden in das Yukon Territory wagt, kann sicher sein, den Hauptstrom des nordamerikanischen Way of Life hinter sich gelassen zu haben. Allgemein weckt der Norden die Vorstellung eines riesigen Ödlandes: unter ewigem Eis vergraben, mit dem Fluch grimmig-düsterer Winter behaftet und – wenn überhaupt – von einigen abgehärteten und abenteuerlustigen Sonderlingen bewohnt. In Wirklichkeit bietet die Region jedoch, zumindest in den Sommermonaten, beinahe grenzenlose Möglichkeiten für Aktivitäten und eine Vielfalt an Flora und Fauna. Im Grunde handelt es sich um ein Land für sich, dessen Gemeinden ihren besonderen Charakter oftmals der gemischten Bevölkerung von weißen Siedlern und Ureinwohnern verdanken. Unter den indigenen Gruppen der Jäger des Nordens herrscht eine ebenso große Vielfalt wie im Süden, wobei allerdings zwei Gruppen dominieren: das Volk der Dene, die von jeher die nordischen Wälder entlang des Mackenzie River von der Grenze zu Alberta bis zum Flussdelta an der Beaufortsee bewohnen, und die arktischen Inuit (wörtlich „das Volk"), früher als Eskimo („Rohfleischesser") bezeichnet, ein von den Dene geprägter Begriff, der von frühen europäischen Siedlern aufgegriffen wurde, inzwischen aber zumindest in Kanada verpönt ist.

Der Norden ist nicht nur ein Landstrich, sondern eine Lebenseinstellung. Die Menschen „nördlich des 60." – des 60. Breitengrades – beanspruchen die Bezeichnung „Northerners" für sich und fühlen sich eher den Bewohnern Alaskas verbunden, werden ihrerseits aber von den Bewohnern nördlich des Polarkreises, also des 66. Breitengrades, als „Southerners" verspottet. Gemeinsam machen sich beide Gruppen lustig über die Bewohner der nördlichsten Ecken Albertas und des so genannten „Nordwestens", die sie für weniger hart gesotten halten, weil sie schließlich selbst die entlegensten Winkel ihrer Region noch mit dem Auto erreichen können. Für Außenstehende beginnt jedoch das, was die Landschaft und den Geist des Nordens ausmacht, bereits ein gutes Stück südlich des 60. Breitengrades. Entsprechend behandelt dieses Kapitel nicht nur Yukon, Teile der westlichen Arktis und die Northwest Territories, sondern auch den Norden von British Columbia.

Der Norden von British Columbia

Die beiden einzigen das Yukon Territory erschließenden Fernstraßen führen durch den Norden British Columbias. Der **Alaska Highway** verbindet Dawson Creek und Fairbanks (Alaska) miteinander, der abenteuerliche **Cassiar Highway** beginnt ein Stück östlich von Prince Rupert und führt nach Watson Lake an der Grenze zum Yukon. Der durch die Coast Mountains verlaufende Cassiar Highway ist landschaftlich möglicherweise etwas reizvoller, der Alaska Highway ist auf jeden Fall stärker befahren. Hier verkehren täglich Greyhound-Busse, wovon auch die zahlreichen Motels und Campingplätze an der Strecke zeugen. Er beginnt in den ausgedehnten Weizenfeldern am Peace River und windet sich anschließend durch die Fichtenwälder und zerklüfteten Bergrücken der nördlichen Rocky Mountains. Die wunderbare Landschaft entlang beider Highways steht in krassem Gegensatz zu den hastig erbauten und heruntergekommenen Siedlungen, die in der Umgebung von Holzfabriken, Öl- und Erdgasanlagen und Bergwerken entstanden. Inzwischen öffnen dort allerdings immer mehr Motels und Restaurants ihre Pforten, weil die Region zunehmend von Sommerurlaubern entdeckt wird, die das Abenteuer einer Fahrt über die abgelegenen Highways durch die Wildnis suchen. Gleichfalls sehr beliebt sind **Seereisen** entlang der Küste des nördlichen British Columbia, die zu den atemberaubendsten Reisen in ganz Kanada zählen. Prince Rupert, das über eine Fährverbindung nach Vancouver Island verfügt, ist Ausgangspunkt für Schiffsausflüge auf die bezaubernden **Haida Gwaii** bzw. **Queen Charlotte Islands**, Heimat des Volkes der Haida und bedeutende Zwischenstation für Schiffe auf dem Weg über die Inside Passage nach Alaska.

Informationen

Tourism British Columbia, ☎ 1-800/663-6000, 🖳 www.hellobc.com
Northern BC, ☎ 1-800/663-8843, 🖳 www.nbctourism.bc.ca
Tourism Yukon, ☎ 867/667-5340, 🖳 www.touryukon.com/vg
NWT Arctic Tourism, ☎ 1-800/661-0788, 🖳 www.nwttravel.nt.ca

Bei bestimmten Provinzpark-Campingplätzen in British Columbia lassen sich im Voraus Stellplätze für Zelte und Wohnmobile buchen. **Reservierungen** können bei *Discover Camping*, ☎ 1-800/689-9025, im Großraum Vancouver ☎ 689-9025, vorgenommen werden, ⏰ März–Mitte Sep Mo–Fr 7–19, Sa und So 9–17 Uhr. Reservierungen (mit Bestätigung) über Internet sind unter ⌨ www.discovercamping.ca möglich. Eine Reservierung kann maximal drei Monate im Voraus, aber nicht später als 48 Stunden vor dem Ankunftstag vorgenommen werden. Bei der Buchung wird eine **Gebühr** von $6,42 pro Nacht fällig, maximal $19,26 für drei oder mehr Nächte (Preise inklusive Steuern). Vorauszahlungen sind nur per Kreditkarte (Visa oder MasterCard) möglich, bei Zahlungen für zusätzliche Übernachtungen auf dem Campingplatz wird nur Bargeld akzeptiert. Die maximal zulässige **Aufenthaltsdauer** in einem Provinzpark in BC beträgt 14 Tage pro Park. Antworten auf sämtliche Fragen zu den Provinzparks in BC gibt es im Internet unter ⌨ www.elp.gov.bc.ca/bcparks.

Yukon

Cassiar und Alaska Highway treffen bei **Watson Lake** zusammen, einer wettergegerbten Ortschaft in Höhe des 60. Breitengrades. Sie bildet das Tor zum Yukon Territory (YT), dem vielleicht erfrischendsten und abwechslungsreichsten Reiseziel in diesem Teil der Erde. Die 483 450 km² große Region, benannt nach dem Yukon River („großer Fluss"), umfasst die höchsten Berge Kanadas, großflächige Wälder und Tundren und die Stadt **Dawson City**, ein faszinierendes Relikt aus dem 19. Jh., als es das Zentrum des Goldrausches am Klondike war. Dawson war auch die Hauptstadt des Yukon Territory, bis es diesen Status an das weiter südlich gelegene **Whitehorse** abtreten musste, eine prosperierende Stadt, die gleichermaßen vom Tourismus wie von Jobs für die Regierung und dem ständig zunehmenden Abbau der enormen Bodenschätze im Yukon Territory profitiert.

Die Region lässt sich mit dem Fahrzeug leichter erschließen als gemeinhin angenommen wird. Neben dem Alaska Highway, der den Süden Yukons durchquert, verbindet der nach Norden führende **Klondike Highway** die Städte Whitehorse und Dawson City. Nördlich von Dawson überquert der **Dempster Highway** als einzige Straße Kanadas den Polarkreis und bietet damit einen einzigartigen direkten Zugang in die nördliche Tundra und zu mehreren abgelegenen Gemeinden in den Northwest Territories. Eine weitere Hauptstrecke im Yukon ist die relativ kurze Straße, die Whitehorse mit der Hafenstadt Skagway in Alaska verbindet. Durch diesen Landstrich führt auch der **Chilkoot Trail**, heute ein beliebter Langstreckenwanderweg, früher ein tückischer Fußweg, der 1898 von tausenden Goldsuchern benutzt wurde, die sich die Schiffspassage nicht leisten konnten.

Eine besonders schöne Reiseroute ist eine Fahrt mit der Fähre an der Küste entlang, kombiniert mit einer Wanderung über den Chilkoot Trail. Der Trail beginnt in Skagway, das mit der Fähre von Prince Rupert aus zu erreichen ist, und folgt der alten Goldrauschstrecke über den Chilkoot Pass und Whitehorse bis nach Dawson City. Von Dawson aus besteht die Möglichkeit, entweder über den Dempster Highway noch weiter nach Norden zu fahren, oder dem ebenso majestätischen **Top of the World Highway** nach Westen ins Innere Alaskas zu folgen. Die meisten von Skagway oder aus dem Norden British Columbias über das Festland kommenden Reisenden bevorzugen allerdings den direkten Weg nach Alaska über den Alaska Highway, um den Ausblick auf die außergewöhnlich schöne und größtenteils unzugängliche Bergwelt des **Kluane National Park** zu genießen, in dem sich die höchsten Berge Kanadas und die ausgedehntesten Gletscher des Landes befinden.

Northwest Territories

Im Gegensatz zum Yukon, dem am leichtesten zugänglichen Teil des hohen Nordens, lassen sich die Northwest Territories (NWT) nur unter extremen Schwierigkeiten erschließen. Das einst unvorstellbar riesige Gebiet, das ein Drittel der Landmasse Kanadas ausmachte, wurde 1999 in zwei Hälften geteilt, wobei der östliche Teil den neuen Namen **Nunavut** erhielt und zu einer separaten politischen Einheit unter Selbstverwaltung der dort lebenden Inuit erklärt wurde. So umfassen die Northwest Territories heute „nur" noch rund 1,4 Mill. km² und rund 33 000 Einwohner, von denen fast die Hälfte in oder um **Yellowknife** lebt, der seltsam gekünstelt und irgendwie fehl am Platz wirkenden ehemaligen Hauptstadt der Territorien. Wer nicht gerade über den abenteuerlichen und lohnenden **Dempster Highway** von Dawson City durch die Tundra nach **Inuvik** fährt, kommt bei einer Reise in die Northwest Territories kaum um einen Besuch Yellowknifes herum, denn die Stadt ist der Knotenpunkt des (recht teuren) Flugnetzes, das die weit auseinander liegenden Gemeinden der Region miteinander verbindet. Ansonsten wollen die meisten Touristen hier fischen, Kanu fahren, jagen, wilde Tiere beobachten, die Kultur der einheimischen Inuit studieren oder sich einfach an der wunderbaren Landschaft berauschen.

Das Nordlicht (Aurora Borealis)

Die gemeinhin als Nordlicht bezeichnete Aurora Borealis zeigt sich in weiten Gebieten Nordkanadas. Es handelt sich um ein wunderschönes Lichtspiel in der oberen Atmosphäre, bei dem sich tanzende Farbbögen oder schimmernde „Vorhänge" am Nachthimmel zeigen. Es erscheint teils als gleich bleibender Leuchtton, meistens grün oder dunkelrot, teils aber auch als fantastischer, das gesamte Farbspektrum abdeckender Schleier. Bei der Fortbewegung drehen und winden sich die Lichter in Mustern, den so genannten „Strahlenbändern". Zum Finale erscheint manchmal eine Corona, von deren zentralem Punkt die Strahlen wild flackernd in alle Richtungen auszubrechen scheinen.

Lange Zeit glaubte man, die nach der römischen Göttin der Morgenröte benannte Aurora sei entweder auf das Sonnenlicht zurückzuführen, das vom arktischen Schnee und Eis reflektiert wird, oder auf brechende Lichtstrahlen nach Art eines Regenbogens. Einige Inuit-Völker hielten die Lichterscheinungen für die Geister ihrer Tiere oder Vorfahren, andere hielten sie für Mächte des Bösen. Die Abenteurer aus den frühen Tagen des Goldrausches gaben sich der Hoffnung hin, es handele sich um Dämpfe, die von Erzadern abgegeben würden. An dem Phänomen wird noch immer geforscht, doch nach dem jetzigen Stand der Wissenschaft handelt es sich bei der Aurora um Strahlung, die von Atomen in der oberen Atmosphäre als Licht abgegeben wird, wenn sie von heranrasenden Elektronen und Protonen getroffen werden. Das magnetische Feld der Erde spielt mit Sicherheit ebenfalls eine Rolle bei der Entstehung des Nordlichts, doch sein Ursprung ist wohl eher in der Sonne zu suchen: Immer zwei Tage nach intensiver Sonnenaktivität – die Zeitspanne, die der aus Plasma bestehende Sonnenwind nach einer Eruption für seine Reise zur Erde benötigt – ist das Polarlicht am deutlichsten zu erkennen und über die größte Fläche verbreitet. Der Sonnenwind besteht aus schnellen, elektrisch geladenen Ionen. Wenn diese mit hoher Geschwindigkeit auf die Erdatmosphäre treffen, reagieren sie auf das magnetische Feld der Erde und bewegen sich auf die Pole zu. Auf ihrem Weg dorthin prallen sie in der oberen Atmosphäre auf Gasatome und -moleküle, die sich dadurch vorübergehend elektrisch aufladen und ionisieren. Anschließend geben die Moleküle die elektrische Energie wieder ab, in der Regel als Licht. Die verschiedenen Farben gehen auf die an dem Prozess beteiligten Gase zurück: Sauerstoff erzeugt ein grünes (oder in größeren Höhen ein orangefarbenes) Licht, Stickstoff produziert gelegentlich ein violettes Leuchten.

Das Nordlicht ist sogar noch relativ weit im Süden zu sehen – etwa von Prince George in British Columbia oder vom Norden Albertas aus (dort durchschnittlich etwa 160 Nächte pro Jahr) – und natürlich von großen Teilen der Northwest Territories, Nunavuts und des nördlichen Manitoba. Am spektakulärsten präsentiert sich die Aurora Borealis von Dezember bis März, wenn die Nacht am längsten und der Himmel am dunkelsten ist. Grundsätzlich können Polarlichter aber das ganze Jahr über auftreten. Es empfiehlt sich, nach Sonnenuntergang nach einem schwachen Glimmen am Horizont Ausschau zu halten. Mit fortschreitender Dunkelheit entfaltet sich dann später in der Nacht mit etwas Glück das volle Lichtspektakel.

Die Tourismusbehörde der Northwest Territories veröffentlicht den sehr interessanten *Northwest Territories Explorers' Guide*. Dieser liefert einen Überblick über Flugverbindungen, Übernachtungsmöglichkeiten, organisierte Touren zu Preisen zwischen $50 und $5000 (und mehr) sowie über die zahllosen Ausrüster, die das für eine Reise in diese unwirtliche Gegend unerlässliche Zubehör und Knowhow anbieten.

Prince George

780 km nördlich von Vancouver und 380 km nordwestlich von Jasper liegt Prince George, einst als kleines Nest dem Wald abgetrotzt und heute mit 78 000 Einwohnern die sechstgrößte Stadt British Columbias sowie das Dienstleistungs- und Verkehrszentrum eines großen Einzugsbereichs. Forstwirtschaft und Holz verarbeitende Industrie mit Zellulosefabriken, Trockenöfen, Sägewerken, Sperrholzfabriken und angegliederten Chemieanlagen bilden das Herz der heimischen Wirtschaft. Wer schon immer sämtliche Details über die Holzwirtschaft erfahren wollte, ist hier am Ziel seiner Wünsche.

Die Stadt breitet sich mit ihrem verwirrenden, großräumig angelegten Straßennetz und vereinzelten Häusern zwischen dem Highway 97 und einer weitläufigen Innenstadt am Zusammenfluss von Fraser und Nechako River aus. Simon Fraser errichtete hier 1805 einen Handelsposten der North West Company und nannte ihn zu Ehren des regierenden britischen Königs **Fort George**. Das neue Handelszentrum sorgte schon bald für tief greifende Veränderungen im Leben des hier ansässigen Indianervolkes der **Carrier Sekani**, die ihre halbnomadische Existenz mit Wanderungen von Winter- in Sommerdörfer aufgaben, um sich fest in der Umgebung des Forts niederzulassen. Es tat sich nicht viel bis 1914, als es aufgrund der Ankunft der **Grand Trunk Railway** (später Canadian National) zahlreiche Pioniere und Holzfäller in die Gegend verschlug.

Erst 1951 wurde eine Straße gebaut, die Prince George mit Dawson Creek und dem Norden verband, und 1958 erfolgte der Anschluss an die Pacific Great Eastern Railway. Diese beiden Entwicklungen zeigen, dass die Erschließung des hohen Nordens durch Verkehrswege erst ein paar Jahrzehnte zurückliegt.

Was die Sehenswürdigkeiten angeht, sollte man sich daran halten, was Prince George am besten kann, also im Rahmen einer der überaus beliebten Gratis-Touren einige der großen Sägewerke und forstwirtschaftlichen Betriebe besichtigen. Die Busse der Holz verarbeitenden Unternehmen nehmen ihre Fahrgäste in der Regel vor den Besucherzentren von Tourism Prince George auf und fahren eine oder mehrere Fabriken an. Die größte ist derzeit **Northwood Pulp and Timber** mit Sägemühlen, einer der größten Zellulosefabriken des Kontinents und Baumschulen mit Tausenden junger Bäume. Auf dem Gelände der Riesenfabrik stapeln sich, so weit das Auge reicht, Baumstämme, Bretter und Berge von Sägemehl, die das Ausmaß der hiesigen Forstwirtschaft erahnen lassen.

Informationen über die Route von Prince George Richtung Norden und anschließend ostwärts nach Dawson Creek und zum Alaska Highway s.S. 252.

Übernachtung

Esther's Inn, 1151 Commercial Drive (10th Ave), ☎ 250/562-4131 oder 1-800/663-6844, 🖥 www.esthersinn.com, einen Block vom Highway entfernt, Preis inkl. Swimming Pool und Whirlpool. ❸

Ramada Hotel Downtown Prince George, 444 George St, ☎ 250/563-0055 oder 1-800/830-8833, 🖥 www.ramadaprincegeorge.com. Näher an der Innenstadt, komfortables Hotel mit 200 Zimmern. ❺

Spruceland Inn, 1391 Central St, an der Kreuzung von Hwy 97 und 15th Ave, ☎ 250/563-0102 oder 1-800/663-3295, großes Motel, das beste im Ort. ❸

Alle Campingplätze liegen ein gutes Stück außerhalb, am empfehlenswertesten ist:

Blue Spruce RV & Campground, Kimball Road, am Hwy 16, ca. 5 km westlich der Stadt, ☎ 250/964-7272 oder 964-4060, ✉ bluesprucervpark@shaw.ca. Beheizter Swimming Pool, ⏱ Apr–Mitte Okt, Stellplatz $16,50–22,50.

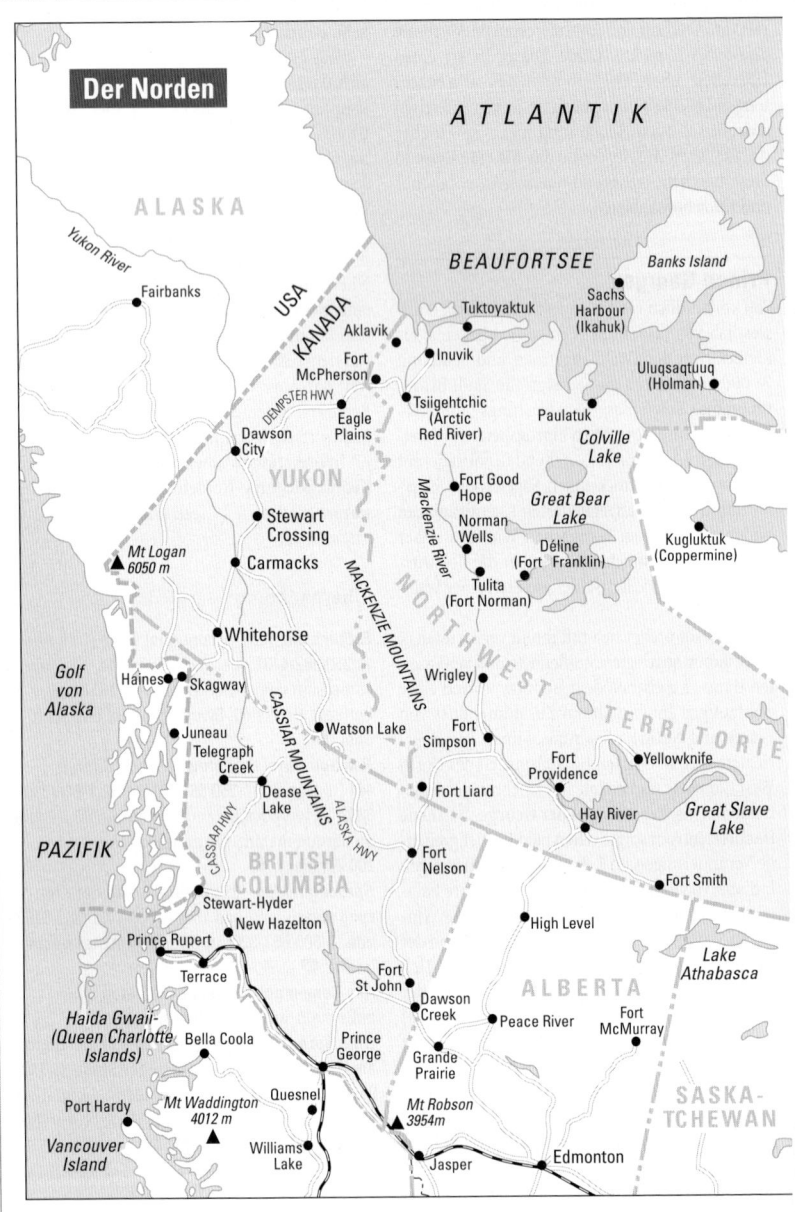

Der Norden

ATLANTIK

ALASKA

BEAUFORTSEE

Banks Island

Yukon River

Fairbanks

USA

KANADA

Sachs
Harbour
(Ikahuk)

Tuktoyaktuk

Aklavik

Inuvik

Uluqsaqtuuq
(Holman)

Fort
McPherson

DEMPSTER HWY

Eagle
Plains

Tsiigehtchic
(Arctic
Red River)

Paulatuk

*Colville
Lake*

Dawson
City

YUKON

Fort Good
Hope

Mackenzie River

*Great Bear
Lake*

Kugluktuk
(Coppermine)

Stewart
Crossing

Norman
Wells

Déline
(Fort Franklin)

▲ Mt Logan
6050 m

Carmacks

Tulita
(Fort Norman)

Whitehorse

*Golf
von
Alaska*

Haines

Skagway

MACKENZIE MOUNTAINS

Wrigley

NORTHWEST

TERRITORIE

Juneau

Telegraph
Creek

CASSIAR MOUNTAINS

Watson Lake

Fort
Simpson

Fort
Providence

Yellowknife

Dease
Lake

ALASKA HWY

Fort Liard

Hay River

*Great Slave
Lake*

PAZIFIK

CASSIARHWY

BRITISH
COLUMBIA

Fort
Nelson

Fort Smith

Stewart-Hyder

New Hazelton

High Level

*Lake
Athabasca*

Prince Rupert

Terrace

Fort
St John

Dawson
Creek

ALBERTA

*Haida Gwaii
(Queen Charlotte
Islands)*

Bella Coola

Prince
George

Peace River

Fort
McMurray

Port Hardy

▲ Mt Waddington
4012 m

Quesnel

Grande
Prairie

Williams
Lake

▲ Mt Robson
3954m

Jasper

Edmonton

SASKA-
TCHEWAN

*Vancouver
Island*

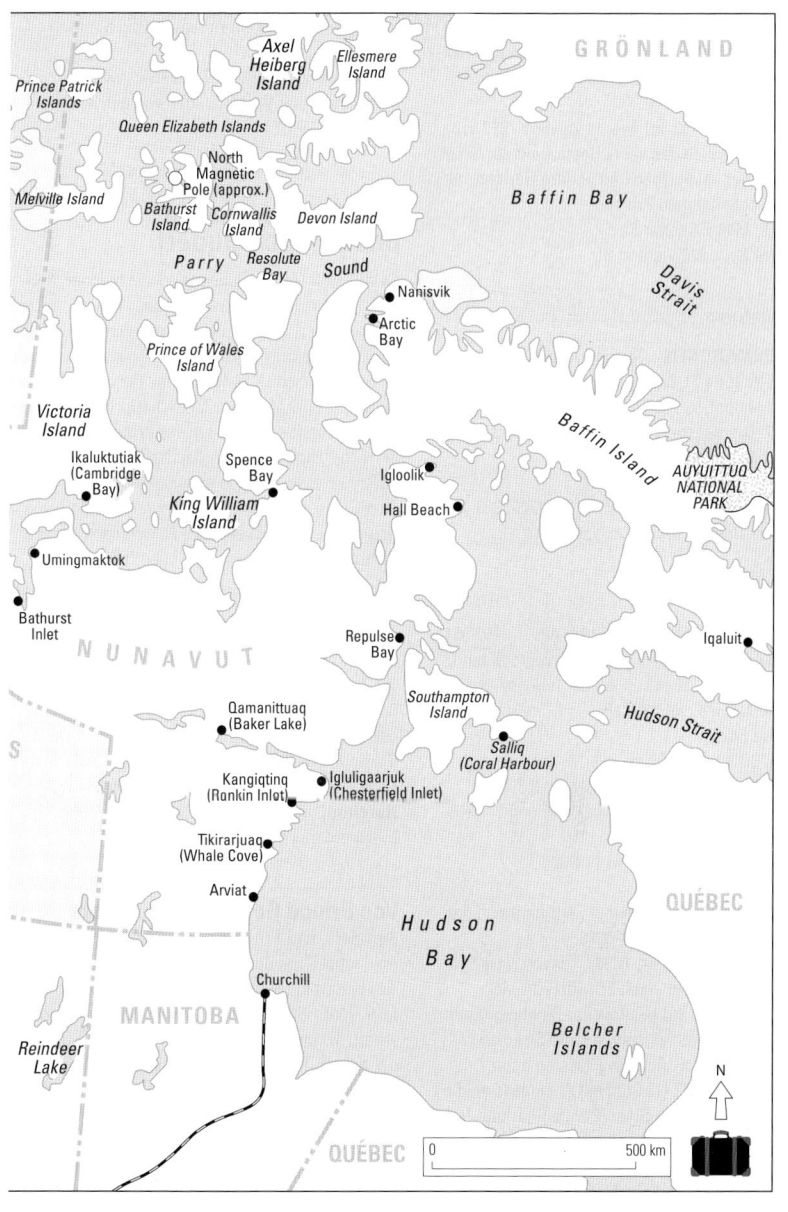

Essen

An kulinarischen Genüssen sollte man nicht allzu viel erwarten. Es empfehlen sich die guten Restaurantketten.

Da Moreno, 1493 3rd Ave, ✆ 250/564-7922, ist wahrscheinlich das beste Restaurant der Stadt und bietet italienische und andere Gerichte zu durchschnittlichen Preisen.

Earl's, 1440 E Central St.

White Spot, 820 Victoria St.

Sonstiges

INFORMATIONEN – *Tourism Prince George*, 1198 Victoria St, Ecke 15th Ave, gegenüber dem Busbahnhof, ✆ 250/562-3700 oder 1-800/668-7646, 🖳 www.tourismpg.bc.ca, ⏰ Mo–Sa 9–16, Sa und So 9–16/18 Uhr.

TAXIS – *Emerald Taxi Ltd.*, ✆ 250/563-3333. *Prince George Taxi*, ✆ 250/564-4444.

Transport

BUSSE – *Greyhound*, 1566 12th Ave, ✆ 250/564-5454 oder 1-800/661-8747, 🖳 www.greyhound.ca. Ein gutes Stück südlich der Innenstadt, aber in der Nähe einiger Hotels und Motels.
Busse nach:
DAWSON CREEK 2x tgl. in 6 1/2 Std.,
EDMONTON via JASPER 2x tgl. in 9 3/4 Std.,
VANCOUVER via WILLIAMS LAKE und CACHE CREEK 2x tgl. in 13 Std.,
PRINCE RUPERT 2x tgl. in 11 Std.

EISENBAHN – Der Bahnhof liegt zentral in der 1300 1st Ave, ✆ 250/564-5223.
VIA Rail, ✆ 1-800/561-8630, 🖳 www.viarail.ca, fährt 3x wöchentl. nach EDMONTON via JASPER (8 1/4 Std.) und weiter Richtung Osten (eine landschaftlich sehr schöne Strecke) sowie 3x wöchentl. Richtung Westen nach PRINCE RUPERT (13 Std.) mit Anschluss an die Fähren nach Haida Gwaii/Prince Charlotte Islands und durch die Inside Passage.
Außerdem fährt von Mitte Juni bis Oktober 1x tgl., im übrigen Jahr 3x wöchentl. ein Zug nach VANCOUVER (13 1/2 Std.).

FLÜGE – Der Flughafen liegt 18 km östlich der Innenstadt: Es verkehren regelmäßig Shuttlebusse.
Canada Jazz, ✆ 1-888/247-2262, 🖳 www.flyjazz.ca, bietet Verbindungen von und nach PRINCE GEORGE.

Von Prince George nach Prince Rupert

Es gibt zwei Möglichkeiten, die 735 km lange Strecke von Prince George Richtung Westen nach Prince Rupert zurückzulegen: mit dem Fahrzeug über den Highway 16 oder mit der parallel verlaufenden Eisenbahn VIA Rail. Keine der beiden Strecken ist für BC-Maßstäbe landschaftlich besonders schön, bis man etwa 150 km vor Prince Rupert die herrliche Fluss- und Berglandschaft des **Skeena Valley** erreicht. Für die meisten Touristen ist die Strecke nur ein Abschnitt auf einer weit längeren Reise. Viele nehmen eine der Fähren nach Norden Richtung Alaska oder nach Süden bis Port Hardy auf Vancouver Island, andere haben den Cassiar Highway zum Ziel, eine raue Straße durch die Wildnis, die vom Skeena Valley aus nach Norden führt und bei Watson Lake kurz hinter der Yukon-Grenze auf den Alaska Highway trifft. Viele steuern Prince Rupert auch an, um von dort aus mit der Fähre oder mit dem Flugzeug auf die Haida Gwaii / Queen Charlotte Islands zu gelangen. Für einen Zwischenstopp empfiehlt sich am ehesten die Umgebung von **Hazelton**, wo es eine kleine Ansammlung von Indianerdörfern zu besichtigen gibt.

Von Prince George bis Smithers

Nachdem man Prince George verlassen hat, wird man schnell mit der gnadenlosen Eintönigkeit der sich endlos hinziehenden Wälder des Interior Plateau konfrontiert, einer monotonen Baumlandschaft, die nur hin und wieder von einem See und der grauen Silhouette kleiner Berge am Horizont unterbrochen wird. Vor **Vanderhoof**, 98 km westlich von Prince George, wird der Wald von etwas sanfterem Weideland abgelöst, das allerdings nicht über den eher abschreckenden Eindruck der Stadt selbst hinwegtäuschen kann. Der Ort mit seinen unvermittelt auftauchenden Tankstellen und Motels ist bekannt für die im Juli stattfindende Flug-schau und die eleganteren aerodynamischen Bewe-gungen Tausender Kanadagänse des nahe gelegenen Vogelschutzgebiets **Nechako Bird Sanctuary**. Vor der Weiterreise empfiehlt sich ein Tässchen Kaffee im *OK Café*, das in einem der schönen alten Block-häuser am westlichen Ende der Stadt untergebracht ist. Wer hier hängen bleibt oder lieber in einer Klein-stadt als in Prince George übernachten möchte, fin-det in Vanderhoof einige preiswerte Übernachtungs-möglichkeiten, darunter das *Grand Trunk Inn*, 2351 Church Ave, ✆ 250/567-3188 oder 1-877/ 1567-3188, ❷, das größte Hotel der Stadt, das etwas teurere *Siesta Inn*, in der Innenstadt am Hwy 16, ✆ 250/567-2365 oder 1-800/914-3388, ✉ siesta @hwy16.com, ❸, und den *Riverside Park Camp-ground*, 3100 Burrard Ave, ✆ 250/567-4710, mit Blick auf das Vogelschutzgebiet, ◷ Mai–Sep, Stell-platz $15. Auskünfte über die Gegend erteilt das *In-focentre*, 2353 Burrard Ave, ✆ 567-2124 oder 1-800/ 752-4094, ✉ chamber@hwy16.com, ◷ ganzjährig.

Weiter auf der Reise nach Westen wird es auf dem Abschnitt bis **Fort Fraser**, einer etwas attrak-tiveren Stadt 50 km hinter Vanderhoof, ein bisschen grüner. Camper können den *Beaumont Provincial Park Campsite*, 3,5 km westlich von Fort Fraser, an-steuern, ein grünes Gelände, das sanft zum Fraser Lake abfällt, ✆ 250/565-6340, Stellplatz $14.

Jenseits von Burn's Lake wird die Landschaft noch ein Stück reizvoller, so als würde sie sich auf die Berge weiter westlich vorbereiten. Die Städte und Dörfer entlang der Strecke sind allerdings kaum mehr als Abfüllstationen für Magen und Tank. 10 km vor Smithers liegt das unverdorbene Dörfchen **Telkwa**. Wer hier einen Zwischenstopp einlegt, sollte sich ein wenig Zeit nehmen für einen Bummel entlang der Straße am Fluss mit ihren al-ten Häusern. Hier steht auch das hübsche braun-weiß vertäfelte **Pioneer Museum**. Übernachten kann man im *Douglas Motel,* am Ufer des Bulkley River, 10 km östlich von Smithers, ✆ 250/846-5679, 🖳 www.monday.com/douglasmotel, ❹.

Smithers

Smithers, die größte Stadt nach dem 370 km öst-lich gelegenen Prince George, breitet sich an einer großen Kreuzung am Highway 16 aus. In der Stadt gibt es zahlreiche Übernachtungsmöglichkeiten.

Einkaufen kann man bei *Super-Valu*, einem großen Supermarkt direkt an der Kreuzung.

Übernachtung

Florence Motel, am westlichen Ende der Stadt, ✆ 250/847-2678, für den etwas schmaleren Geldbeutel. ❷

Hudson Bay Lodge, etwas östlich der Stadt, ✆ 250/847-4581 oder 1-800/663-5040, 🖳 www. hblodge.com, von den zahlreichen Übernach-tungsmöglichkeiten in Smithers am ehesten zu empfehlen. ❹

Sandman Inn Smithers, einen Block von der Main St am Hwy 16, ✆ 250/847-2637 oder 1-800/726-3626, 🖳 www.sandmanhotels.ca, gehört zu einer durchweg vertrauenswürdigen Hotelkette. ❸

Informationen

Infocentre, 1411 Court St, ✆ 250/847-5072 oder 1-800/542-6673, 🖳 www.tourismsmithers.com, ◷ Mitte Mai–Aug tgl. 9–17, sonst Mo–Fr 9–17 Uhr.

Skeena Valley

Unmittelbar hinter Smithers schneidet der **Skeena River** („Fluss der Nebel") ein schönes Tal durch die Coast Mountains. Vor der Ankunft der Eisenbahn im Jahre 1912 war der Fluss eine bedeutende Han-delsroute und wurde von Indianern mit Kanus und von Weißen mit Raddampfern befahren. Ein paar Stunden führen Straße und Eisenbahn durch das nebelverhangene Mündungsgebiet, während sich die schneebedeckten Gipfel im Hintergrund im Wasser spiegeln. Auf dem Fluss selbst sieht man nicht selten Biber und Seeotter oder einen Weiß-kopfseeadler, der sich auf einem der unglaublich vielen angestauten Baumstämme niederlässt. Vom Hauptstrom des majestätischen Flusses erstrecken sich dunkle Täler in alle Richtungen und lassen da-hinter eine weitläufige, unberührte Wildnis erah-nen. Durch die Bäume zeigt sich ab und zu ein Wasserfall, der wie ein dünner Faden aus den Ber-gen hinabfällt.

Kurz nachdem der Hwy 16 auf den Fluss trifft, der in der Nähe der Zwillingsorte **Hazelton** und **New Hazelton** von Norden herabbraust, führen

´Ksan Village

einige kleinere Straßen zu vier nahe gelegenen **Indianerdörfern**, wo noch einiges von der traditionellen Kultur der in dieser Gegend heimischen Gitxsan erhalten ist und auch neuere Beispiele von Totemschnitzereien und Kunsthandwerk zu besichtigen sind. Die eindrucksvollsten Totems und Langhäuser befinden sich in den Dörfern 'Ksan und Kispiox, die nur wenige Kilometer vom Hwy 16 entfernt über die Nebenstraße High Level Road (Hwy 62) von New Hazelton aus zu erreichen sind. Unmittelbar nördlich von 'Ksan führt eine Straße Richtung Westen nach Gitwangak und Gitanyow (ehemals Kitwancool). Diese Orte sind auch zu erreichen, indem man dem Hwy 16 noch einige Kilometer weiter nach Westen folgt und dann auf dem Hwy 37 (Cassiar Highway) nach Norden abbiegt.

Die Gitxsan („Menschen des Flusses und der Nebel") sind das am weitesten östlich beheimatete Volk der Westküstenindianer; sie lebten traditionell eher vom Fischen und Jagen als von der Landwirtschaft. Viele Traditionen dieser vollendeten Künstler und Schnitzer gingen nach Ankunft der Weißen, besonders der Missionare, mehr und mehr verloren. In den 50er Jahren des 20. Jhs. trafen die Stammesältesten schließlich die Entscheidung, von ihrer sterbenden Kultur zu retten, was noch zu retten war. So wurde z.B. in **'Ksan** eine ganze Siedlung aus dem Jahre 1870 wiederaufgebaut. Trotz deutlicher Anzeichen von Kommerzialisierung ist dieses Dorf das interessanteste in der Umgebung. Indianerfrauen veranstalten Führungen durch Langhäuser, kommentieren die ausgestellten Schnitzereien, Kleidungsstücke, Gebäude und Masken und liefern Erläuterungen zur regionalen Geschichte, Führungen Mitte April–Sep tgl. 9–17 Uhr, $10, Museum im Sommer gleiche Öffnungszeiten, aber zusätzlich Okt–Mitte April tgl. 9.30–16.30 Uhr, Eintritt $2, ☎ 250/842-5544 oder 1-877/842-5518, 🖳 www.ksan.org.

Das 13 km nördlich von Hazelton gelegene Dorf **Kispiox**, die angestammte Heimat der Gitxsan-Clans *Frog*, *Wolf* und *Fireweed*, erhielt seinen Namen vom kanadischen Ministerium für indianische Angelegenheiten. Er bedeutet „Ort der lauten Redner", weshalb es nicht überrascht, dass die Einheimischen den traditionellen Namen Anspayaxw („versteckter Ort") bevorzugen. Hauptsehenswürdigkeiten des Ortes sind die 15 Totempfähle am Flussufer.

Das weiter westlich, nur 500 m nördlich der Kreuzung von Hwy 16 und Hwy 37 gelegene **Gitwangak** („Ort der Kaninchen") war das traditionelle Heimatdorf der Clans *Eagle*, *Wolf* und *Frog*. Auch hier stehen einige beeindruckende Totempfähle, genau wie in dem 21 km nördlich am Hwy 37 gelegenen **Gitanyow** („Menschen aus einem kleinen Dorf"), unter dessen 18 Pfählen sich auch der 140 Jahre alte Totem „Hole in the Ice" bzw. „Hole in the Sky" befindet. Bisweilen kann man beobachten, wie in einer der beiden Schnitzwerkstätten des Dorfes Totempfähle restauriert werden.

Das preisgünstigste Motel in **New Hazelton** ist das **Bulkley Valley Motel**, 4444 Hwy 16, ☎ 250/842-6817. ❷
In **Kispiox** befinden sich die **Sportsman's Kispiox Lodge**, ☎ 250/842-6455 oder 1-800/KISPIOX, 🖳 www.kispiox.com/lodge, ❹, und das **Kispiox River Resort and Campground**, ☎ 250/842-6182, ✉ kispiox@mohaveaz.com, ☉ Juni–Okt, mit Stellplätzen für $14–22 und acht Hütten, ❷.

Informationen

Erteilt in New Hazelton das **Infocentre** an der Kreuzung von Hwy 16 und Hwy 37, ganzjährig ☎ 250/842-6071 oder 842-6571, ✉ nhazel@uniserve.com, ☉ Mitte Mai–Mitte Sep tgl. 9–17 Uhr.

Prince Rupert und Umgebung

Eine erfrischende Meeresbrise und der Geruch nach Fisch hängen über der interessanten Hafenstadt Prince Rupert, die sich nach der Fahrt über den Highway 16 als höchst willkommene Abwechslung präsentiert. Die hübsche, an ein schottisches Fischerdorf erinnernde Siedlung mit Blick auf eine Inselgruppe im Pazifik ist von Bergen umgeben, die an der schönen, fjordähnlichen Küste jäh zum Meer hin abfallen. Die Fähren aus Alaska, Queen Charlotte und Port Hardy spucken jeden Tag große Ladungen Autos, Rucksacktouristen und Wohnmobile aus, die ihr Teil zum lebhaften Treiben am Hafen beitragen und den Geldbeutel einer Stadt füllen, die offensichtlich nicht Not leidet. Abgesehen von Aktivitäten in der freien Natur kann man in Prince Rupert nicht viel unternehmen, doch wer hier auf ein Schiff warten muss, findet eine recht liebenswerte Stadt vor und trifft wahrscheinlich auf mehr Durchreisende als irgendwo sonst im Norden British Columbias.

Obwohl man es ihm nicht ansieht, ist der **Hafen** von Prince Rupert einer der größten Tiefwasserhäfen der Welt. Hier werden riesige Warenmengen umgeschlagen, darunter vor allem Getreide, Kohle und Fisch. In der Vergangenheit konzentrierte sich in dieser Region der Handel zwischen den Ureinwohnern des Nordens und Südens. Nicht zuletzt deshalb errichtete die Hudson's Bay Company einen Handelsposten in Fort Simpson, 30 km nördlich des heutigen Prince Rupert. Aus dem gleichen Grund wurde der alte Posten auch als Endstation für Kanadas zweite transkontinentale **Eisenbahn** gewählt. Die Arbeiten begannen 1906, doch später stellte man fest, dass etwas weiter südlich ein besserer Hafen lag. Ein nationaler Wettbewerb zur Namensfindung für die neue Endstation der Eisenbahn wurde ausgeschrieben. Der Vorschlag „Prince Rupert" zu Ehren eines aristokratischen Gründungsmitglieds der Company gewann, wurde mit $250 prämiert und schließlich der provisorischen Ansammlung von Zelten aufgepfropft, aus die Siedlung im Jahre 1909 bestand. Ein Jahr später wurde der erste Bauplatz der neuen Stadt für ca. $500 verkauft – weitere zwölf Monate später war er bereits $17 000 wert. Der Vorsitzende der *Grand Trunk Railway,* Charles M. Hays, hatte den Ehrgeiz, aus Prince Rupert einen Hafen zu machen, der es mit dem südlichen Rivalen Vancouver aufnehmen konnte. 1912 machte er sich auf die Reise nach Großbritannien, um Finanzmittel für sein Vorhaben zu mobilisieren, buchte jedoch unglücklicherweise eine Reise auf der *Titanic.* Er selbst überlebte die Katastrophe nicht, doch seine Eisenbahn wurde zwei Jahre später fertig gestellt – zu spät, um Vancouver den Rang abzulaufen. 1919 war die *Grand Trunk* bankrott, doch ihre Restrukturierung als *Canadian National* im Jahr 1923 und der hervorragende Hafen legten den Grundstein dafür, dass Prince Rupert auch heute noch eine blühende Stadt ist. Weitere Informationen über die Eisenbahn und ihre Geschichte liefert das **Kwinitsa Station Railway Museum** im alten Bahnhof von 1911 direkt gegenüber dem neuen VIA Rail-Bahnhof in

der Nähe des Hafens, ⊙ Anfang Juni–Anfang Sep tgl. 9–18 Uhr, Spende willkommen.

Das ausgezeichnete **Museum of Northern British Columbia** befindet sich in der 1st Ave, Ecke McBride St, am nördlichen Ende der engen Innenstadt. Es ist in der beeindruckenden Nachbildung eines Indianer-Langhauses aus Zedernholz untergebracht. Seine Stärke liegt in der Präsentation der Kultur und Geschichte der einheimischen Tsimshian. Das Archiv des Museums ist außerdem stolz auf eine Reihe wunderbarer Stummfilme zu verschiedenen Themen, von der Kunst des Fischens bis zum Bau der Eisenbahn. Das Museum eignet sich gut für einen Besuch an einem verregneten Nachmittag, von denen das sturmgepeitschte Prince Rupert („Stadt der Regenbögen") mehr als genug hat. Außerdem gibt es hier einen gut ausgestatteten Buch- und Souvenirladen und draußen eine Schnitzwerksatt, in der man den Einheimischen manchmal beim Schnitzen von Totems zuschauen kann, ⊙ Juni–Aug Mo–Sa 9–20, So 9–17, Sep–Mai Mo–Sa 9–17 Uhr, Eintritt $5.

Wachsender Beliebtheit erfreuen sich die zwei- bis zehntägigen Touren in den **Khuzeymateen Provincial Park**, ein abgelegenes Küstental 45 km nördlich von Prince Rupert. Der Park wurde 1994 zum Schutz der größten in British Columbia bekannten Küstenpopulation von Grizzlybären gegründet. Es ist der erste Park seiner Art überhaupt, doch sein Vorbild wird sicherlich Schule machen, besonders in BC, wo die Zerstörung der schwindenden Lebensräume der Grizzlys – durch Abholzung, Bergbau, Jagd und vor allem das Abschlachten der Tiere für die Verwendung der Körperteile in dubiosen asiatischen Heilmitteln – zu einem der am heißesten diskutierten Umweltthemen geworden ist. Auskünfte erteilt *BC Parks,* ✆ 250/847-7320.

Ein Stückchen außerhalb der Stadt, jenseits des Museums, führte früher eine Seilbahn auf den **Mount Hays**, von dem man einen herrlichen Blick über den Hafen genießen und mit etwas Glück Weißkopfseeadler beobachten kann. Die Seilbahn war die beliebteste Attraktion der Stadt, weshalb man sich fragt, warum sie schließen musste. Ob eine Wiedereröffnung geplant ist, kann man sicherlich im Infocentre erfragen. Den steilen Weg, der heute die einzige Möglichkeit bietet, auf den Gipfel zu gelangen, erreicht man über die unmittelbar nach dem Ortsausgang vom Hwy 16 abzweigende Wantage Road. Bis zum Gipfel sind es drei Stunden Fußmarsch, doch bereits nach einem kurzen Aufstieg bietet sich eine recht schöne Aussicht. Das Infocentre hält auch Informationen über weniger anstrengende Wanderungen bereit.

Übernachtung

Übernachtungsmöglichkeiten gibt es viele in Prince Rupert. Etwas eng kann es allerdings im Juli und August an den Tagen werden, wenn die Fähren einlaufen. In dieser Zeit empfiehlt es sich, im Voraus zu buchen. Wer in der Stadt selbst nichts findet, kann über den Hwy 16 in die Dörfer jenseits des Skeena Valley ausweichen.

HOTELS UND MOTELS – Aleeda, 900 3rd Ave, ℘ 250/627-1367, das empfehlenswerteste unter den zahlreichen Mittelklassehotels. ❸
Crest Hotel, 222 1st Ave, ℘ 250/624-6771 oder 1-800/663-8150, 🖳 www.cresthotel.bc.ca, großes Hotel der oberen Preisklasse. ❻
Howard Johnson Highliner Plaza Hotel, 815 1st Ave W, ℘ 250/624-9060 oder 1-800/668-3115, 🖳 www.hojoprincerupert.com, Mini-Wolkenkratzer. ❹
Inn on the Harbour, 720 1st Ave, ℘ 250/624-9107 oder 1-800/663-8155, alles in allem wahrscheinlich die beste Wahl in zentraler Lage, besonders wenn ein Zimmer mit Blick aufs Meer frei ist. ❸
Pacific Inn, 909 3rd Ave W, ℘ 250/627-1711 oder 1-888/663-1999, ✉ pacific@citytel.net. Großes Motel mit gutem Preis-Leistungs-Verhältnis. ❸
Parkside Resort, 101 11th Ave, ℘ 250/624-9131 oder 1-888/575-2288, 🖳 www.parksideresortmotel.com. Gepflegtes Hotel etwa 1 km außerhalb der Stadt; hat manchmal noch Zimmer frei, wenn alle Hotels in der Innenstadt belegt sind, zudem einige Zeltplätze, was weitgehend unbekannt ist, Stellplatz $10–18. ❷
Pioneer Hostel, 167 3rd Ave, ℘ 624-2334, in unmittelbarer Nähe von Museum und Infocentre. Die einzige vernünftige Option für den schmalen Geldbeutel (Dorm-Bett $16, DZ $43) in der Stadt bietet einfache, an eine Jugendherberge erinnernde Zimmer mit Gemeinschaftsbad und ist meist gut belegt. ❷

Totem Lodge Motel, 1335 Park Ave, ℘ 250/624-6761 oder 1-800/550-0178, das am nächsten an den Fährterminals gelegene Motel. Die Park Ave ist die Verlängerung der 2nd Ave, die von der Innenstadt nach Süden Richtung Hafen verläuft. ❸

CAMPING – Park Avenue Campground, 1750 Park Ave, ℘ 250/624-5861, der einzige große Zeltplatz in der Stadt ist nicht sehr attraktiv und liegt 1 km von der Innenstadt (Richtung Westen) und den Fährterminals entfernt, ☉ ganzjährig, Stellplatz $12–24.
Prudhomme Lake, 16 km östlich der Stadt am Hwy 16, ℘ 250/798-2277, Campingplatz auf dem Lande mit Stellplätzen im Wald an einem See. ☉ Apr–Nov, $14.

Essen

Es dürfte nicht sonderlich überraschen, dass frischer Fisch in Prince Rupert beim Essengehen die erste Wahl ist. Eine kleine Auswahl an Lokalen:
Breakers, 117 George Hills Way, ℘ 250/624-5990, sehr beliebter und preiswerter Pub mit ordentlicher Küche.
Coast Prince Rupert, 118 2nd Ave, zwischen 6th und 7th St. Die Bar im gleichnamigen Hochhaushotel serviert ordentliches kanadisches Essen und ist bereits zum Frühstück geöffnet, was in Prince Rupert längst keine Selbstverständlichkeit ist.
Cow Bay Café, 205 Cow Bay, ℘ 250/627-1212, ist dem Smile's im Wettbewerb um die beste Küche der Stadt (Seafood und andere Speisen) dicht auf den Fersen; Mo geschlossen.
Cowpuccinos, George Hills Way, gegenüber von Smile's Seafood Café, gutes Café und Treffpunkt der Alternativszene von Prince Rupert.
Green Apple, 301 McBride St, ℘ 250/627-1666, unmittelbar vor dem Abzweig des Hwy 16 in Richtung Stadt. Die Imbissbude, in Prince Rupert inzwischen eine feste Institution, serviert preisgünstige Fischgerichte, darunter auch Fish 'n' Chips.
Smile's Seafood Café, 113 George Hills Way, ℘ 250/624-3072, bei den Einheimischen sehr beliebtes Lokal, das sich schon seit 1934 am Hafen befindet.

Touren

Museum of Northern British Columbia, 1st Ave, Ecke McBride St, veranstaltet Touren und Bootsausflüge in die Umgebung. Viele davon sind preiswert und bieten eine gute Gelegenheit zum Erforschen der Inseln vor der Küste und zum Beobachten wilder Tiere. Eine weitere Tour hat archäologisch interessante Stätten zum Ziel. ⊙ tgl. Mitte Juni–Anfang Sep.

Rupert Water Taxi, Dock am unteren Ende der McBride St. Preiswerte Möglichkeit für eine kleine Hafenrundfahrt (ab $3,50) mit unterschiedlichen Zielorten. Wechselnder Fahrplan je nach Schulzeiten, Informationen im Infocentre.

Seashore Charters, ✆ 250/624-5645, guter Anbieter, u.a. zweistündige Hafenrundfahrten ab ca. $50. Bietet einen Abholservice von der Fähre.

Sonstiges

AUTOVERMIETUNGEN – *National*, 2nd Ave West, in der Rupert Mall, ✆ 250/624-5318.

INFORMATIONEN – *Infocentre*, Suite 100, Cow Bay Rd, ✆ 250/624-5637 oder 1-800/667-1994, ▭ www.tourismprincerupert.com. Liegt nicht im Zentrum, sondern ein wenig nördlich im kleinen Stadtteil Cow Bay, einem älteren Viertel am Wasser. Das Personal hilft bei der Suche nach einer Unterkunft.

Nahverkehrsmittel

Stadtbusse kommen alle 2–3 Std. am Fährterminal vorbei, um ankommende Passagiere in die Stadt zu befördern.
Ansonsten kann man sich durch ***Seashore Charters***, ✆ 250/624-5645, abholen lassen. Oder man läuft ca. 15 Min. zur Pillsbury St, Ecke Kootenay St, wo Mo–Sa 7.30–17.30 Uhr etwa alle 30 Min. der Stadtbus Nr. 52 hält.
Wer von der Stadt zum Fährhafen möchte, nimmt sich am besten in der Innenstadt ein **Taxi**.

Transport

BUSSE – *Greyhound*, 822 3rd Ave, Ecke 8th St, ✆ 250/624-5090, ▭ www.greyhound.ca, im

Stadtzentrum, ⊙ tgl. 8.30–20.30 Uhr. Verbindungen nach PRINCE GEORGE 2x tgl. morgens und abends, 12 Std., $85 einfache Fahrt.

EISENBAHN – *VIA Rail*, 1st Ave, Ecke 2nd St, ✆ 250/627-7589, 627-7304 oder 1-800/561-8630, ▭ www.viarail.ca, ⊙ jeweils 2 Std. vor und nach Abfahrt bzw. Ankunft von Zügen. 3x wöchentlich fährt ein Zug nach PRINCE GEORGE (13 Std.) mit Anschluss nach EDMONTON über JASPER (Abfahrt derzeit Mi, Fr, Sa um 8 Uhr, Ankunft in Prince George um 20.10 Uhr). Da es aber keine Züge gibt, die nach Jasper oder Edmonton durchfahren, ist eine Übernachtung in Prince George notwendig.

FÄHREN – *BC Ferries*, Fairview Dock, 2 km südwestlich der Stadt am Endpunkt des Hwy 16, ✆ 250/386-3431 oder innerhalb von BC ✆ 1-888/223-3779, ▭ www.bcferries.com: Terminal für Fähren nach PORT HARDY und zu den QUEEN CHARLOTTE ISLANDS.
Nach Queen Charlotte Islands: Zeitplan für die Fähre *Queen of Prince Rupert* nach SKIDEGATE auf den Queen Charlotte Islands: Juni–Mitte Sep Mo 21 Uhr (Ankunft 6 Uhr), Mi 13 Uhr (Ankunft 19.30 Uhr), Do–So 11 Uhr (Ankunft 17.30 Uhr), in den übrigen Monaten So und Mo 23 Uhr und Do 13.30 Uhr. Die Überfahrt dauert je nach Wetterlage zwischen 6 1/2 und 8 Std. und kostet $23,50 (in der Nebensaison Ende Sep–Anfang Juni $19,75) einfache Fahrt für Passagiere plus $96,50 / $73,25 für Autos und $6 für Fahrräder, 2-Bett-Kabine ganzjährig $45.
Fähren von Skidegate nach Prince Rupert legen in der Hochsaison Mo und Di um 11 Uhr ab (Ankunft 18 Uhr), Mi–Sa um 23 Uhr (Ankunft 7.30 Uhr), im Sommer Fr und Sa manchmal auch früher, um Anschluss an die Fähre durch die Inside Passage nach Port Hardy auf Vancouver Island zu gewährleisten. Im Winter gibt es drei Verbindungen wöchentlich (Mo und Di 11 Uhr, Do 23 Uhr). Reservierungen und Fahrpläne hält das Infocentre in Prince Rupert bereit.
Nach Port Hardy: Fähren nach PORT HARDY (15 Std.) legen im Sommer jeden zweiten Tag um 7.30 Uhr ab (Juni, Juli, Sep und manchmal erste Oktoberhälfte an ungeraden Tagen, d.h. am 1., 3., 5. usw., August und zweite Maihälfte an geraden Tagen), im Winter alle zwei Wochen (derzeit Fr).

Preise (einfache Fahrt): Mitte Juni–Mitte Sep pro Person $102,50, Auto $241,50, Fahrrad $6,50, Mitte Mai–Mitte Juni und Mitte–Ende Sep $82/$193/ $5,20, Okt–Anfang Nov und Mitte Dez–Anfang Jan $72,50/$170,50/$6,50, Anfang Nov–Mitte Dez $54,25/$128/$6,50. Wer mit dem Auto übersetzen möchte, muss mindestens zwei Monate im Voraus buchen (weitere Informationen unter Port Hardy, s. S. 354).

Nach Alaska: *Alaska Marine Highway*, Fairview Dock, 2 km südwestlich der Stadt am Endpunkt des Hwy 16, ✆ 250/627-1744 oder 1-800/642-0066. Fähren nach Skagway in Alaska (über oder einige der Zwischenstationen Ketchikan, Wrangell, Petersburg, Sitka, Hyder, Stewart, Juneau, Haines, Hollis und weitere kleinere Häfen) fahren im Juli und Aug fast jeden Tag, im Juni, Frühjahr und Herbst 4x wöchentl., im Winter 2x wöchentl. Klarheit über das wegen der vielfältigen Kombinationen von Routen und Häfen sehr komplizierte Fahrplan- und Preissystem verschafft die ausgezeichnete Website 🖥 www.dot.state. ak.us/amhs oder ein Anruf bei der zentralen Reservierungsstelle in Juneau, ✆ 1-800/642-0066, bzw. beim zuständigen Büro in Anchorage, ✆ 907/272-7116.

2- oder 4-Bett-Kabinen können reserviert werden, eine 2-Bett-Kabine auf der Strecke zwischen Prince Rupert und BELLINGHAM kostet ca. US$150 bzw. knapp über US$100 von und nach HAINES oder SKAGWAY. Die Schiffe halten unterwegs oft an, so dass man jeweils für kurze Zeit von Bord gehen kann. Längere Landaufenthalte sollten allerdings bereits bei der Buchung berücksichtigt werden. Bei allen Schiffsreisen nach Alaska müssen Passagiere mindestens eine Stunde (mit Fahrzeug drei Stunden) vor der Abfahrt am Terminal sein, um die US-amerikanischen Zoll- und Einwanderungskontrollen zu passieren: Es ist zu beachten, dass die Mitnahme frischer Lebensmittel an Bord trotz der langen Reisedauer von zwei Tagen verschiedenen Einschränkungen unterliegt.

FLÜGE – Der Flughafen von Prince Rupert liegt auf Digby Island gegenüber dem Hafen und bietet Bootsverbindungen zu den Fährterminals von BC Ferries und Alaska Marine Ferries. Shuttlebusse verbinden den Flughafen mit der Innenstadt. Ein Check-in bei der jeweiligen Fluggesellschaft ist mindestens 2 Std. vor Abflug nötig, wenn man mit der Shuttle-Fähre zum Flughafen fahren will.

Air Canada Jazz, ✆ 1-888/247-2262, und *Hawkair*, ✆ 1-866-429-5247, fliegen VANCOUVER an. Die Shuttlebusse der erstgenannten Gesellschaft pendeln zwischen Flughafen und Infocentre, die der letztgenannten zwischen Flughafen und Highliner Inn.

Die folgenden regionalen Fluglinien bieten Flüge nach SANDSPIT auf den Haida Gwaii/Queen Charlotte Islands an:

Harbour Air, ✆ 250/627-1341 oder 1-800/689-4234.
Inland Air, ✆ 250/627-1351 oder 1-888/624-2577.

Haida Gwaii – Queen Charlotte Islands

Die sich bogenförmig etwa 150 km vor der Küste von Prince Rupert ausbreitenden Haida Gwaii, bis vor kurzem besser unter dem Namen Queen Charlotte Islands bekannt, bilden einen dreieckigen Archipel aus zwei großen Inseln (Graham Island und Moresby Island) und ungefähr 200 kleineren. Die Region steht in verlockendem Kontrast zu der viel befahrenen Seeroute vor der Küste British Columbias. Die Inseln haben unter Reisenden und Umweltschützern eine Art Kultstatus erlangt, einerseits wegen ihrer Landschaft mit einer einzigartigen Tier- und Pflanzenwelt und der schon fast legendären Abschottung gegenüber der allgemeinen Entwicklung, andererseits wegen ihrer herausragenden Stellung im Kampf zwischen der Holzindustrie und Umweltaktivisten. An vorderster Front dieser Auseinandersetzung stehen die Haida, die sich vor über 10 000 Jahren auf den Inseln niederließen (s. Kasten) und weithin Anerkennung genießen als eine der fortschrittlichsten indigenen Gruppen der Region. Immer mehr Touristen kommen wegen der Kultur dieses Indianervolkes auf die Inseln, insbesondere um eines ihrer vielen verlassenen Dörfer zu besuchen. Viele Menschen interessieren sich aber auch für die enorme Vielfalt der hiesigen Flora und Fauna, deren natürlicher Reichtum der Inselgruppe den Beinamen „Kanadas Galapagos" einbrachte.

Die Haida

Die Haida genießen den Ruf, die am höchsten entwickelte Kultur und künstlerische Tradition unter den Ureinwohnern British Columbias zu besitzen. Ihr Siedlungsgebiet erstreckte sich einst von den Haida Gwaii (Queen Charlotte Islands) bis Südalaska und beherbergte große Bestände an roten Zedern, dem Rohmaterial für ihre riesigen **Einbaum-Kanus**, raffinierten Schnitzereien und hoch entwickelte Architektur. Die Handelsverbindungen der Haida gründeten sich auf den guten Ruf ihrer Produkte – bei anderen indigenen Völkern British Columbias galt beispielsweise der Besitz eines Haida-Kanus als Statussymbol.

Die Haida waren allerdings nicht nur als Händler und Künstler bekannt, sondern auch als gefährliche **Krieger** gefürchtet. Es war nichts Ungewöhnliches, dass sie in rivalisierende Dörfer einfielen und mit schwer beladenen Kanus voller Waren und Sklaven zurückkehrten, die abgetrennten Skalps von denjenigen im Gepäck, die es gewagt hatten, sich ihnen zu widersetzen. Ihre Kampfkraft auf dem offenen Meer brachte ihnen den Beinamen „Wikinger Nordamerikas" ein. Die Erfolge in kriegerischen Auseinandersetzungen verdankten sie teilweise ihren Rüstungen aus dünnen Holzleisten, die auch schützende Gesichtsvisiere und Helme mit Furcht erregenden Schnitzereien beinhalteten.

Gesellschaftlich waren die Haida in zwei Hauptgruppen unterteilt, die **Eagles** (Adler) und die **Ravens** (Raben), die sich ihrerseits wieder in Untergruppen gliederten, die sich aus den Verwandtschaftsverhältnissen ergaben und nach ihrem jeweiligen Heimatdorf benannt waren. Da eine Heirat innerhalb einer Hauptgruppe *(moiety)* als Inzest galt, wählten Eagles ihre Partner stets aus den Reihen der Ravens und umgekehrt. Die Abstammung folgte dabei der weiblichen Linie, so dass es einem Häuptling nicht möglich war, seinen Besitz an seine Söhne weiterzuvererben, da diese einer anderen *moiety* angehörten. Stattdessen erbten die Söhne seiner Schwester seinen Besitz. Das konnte im Umkehrschluss auch bedeuten, dass ein junger Mann sein Heimatdorf verlassen musste, um Anspruch auf das Erbe seines Onkels mütterlicherseits zu haben.

Die **Dörfer** der Haida boten einen beeindruckenden Anblick: Ihre großen Häuser aus Zedernholz wurden von 15 m hohen Totempfählen dominiert, in die das Erkennungstier der Gruppe oder andere mythische Kreaturen geschnitzt waren. Der Eingang zu einem Haus bestand bei einigen aus dem weit aufgerissenen Mund einer großen Schnitzfigur. Die Schnitzereien an den Stützbalken im Innern stellten die **Wappentiere** der Clans dar, und die meisten Haushaltsgegenstände waren ebenso dekorativ.

Ähnlich ausgefeilt waren die zahlreichen Zeremonien der Haida, von denen die bedeutendste der **Mortuary Potlatch** war, eine Gedenkfeier zu Ehren eines verstorbenen Häuptlings und der Einsetzung seines Erben. Die

---

Von Prince Rupert aus sind die Inseln auf dem Luft- und Wasserweg erreichbar. Die Fähren (s.S. 436) legen in dem Örtchen Skidegate unweit von Queen Charlotte City auf Graham Island an, der nördlichen der beiden Hauptinseln. Die meisten der etwa 6000 Bewohner des Archipels leben auf **Graham Island**, vorwiegend in den Siedlungen Queen Charlotte City im Süden und Masset im Norden. **Moresby Island**, die südliche Inselgruppe jenseits des Skidegate Channel, ist eine praktisch menschenleere, ursprüngliche Wildnis, wenn man einmal von der kleinen Gemeinde Sandspit (s.S. 444) absieht.

Wer kein Auto, Fahrrad oder Kanu mit auf die Inseln nimmt, sollte sich darüber im Klaren sein, dass eine Reise auf die Haida Gwaii zu einer langwierigen, teuren und möglicherweise auch enttäuschenden Angelegenheit werden kann, denn Mietwagen sind auf den Inseln sehr teuer. Für einen Besuch der **Haida-Dörfer**, die sich praktisch alle in unzugänglichen Gegenden auf Moresby befinden, benötigt man auf jeden Fall ein Boot oder muss – noch wahrscheinlicher – an einer kostspieligen Tour mit dem Wasserflugzeug teilnehmen.

Überreste des Verstorbenen wurden dabei in der Nähe des Dorfeingangs auf der Spitze eines massiven Totempfahls ausgestellt, dem die an dem Begräbnis teilnehmenden Häuptlinge die letzte Ehre erwiesen. Dabei trugen sie Roben aus fein gewebter und gemusterter Bergziegenwolle und enorme Kopfbedeckungen, die mit langen Barthaaren von Seelöwen und Hermelinpelzen geschmückt waren. In einem Hohlraum ganz oben auf der Kopfbedeckung lagen Adlerfedern, die auf die Trauergäste herabschwebten, während die Häuptlinge ihre tranceartigen Tänze vollführten.

Nach der Ankunft der **Europäer** wurde das Volk der Haida von Pocken und anderen Epidemien heimgesucht. 1787 lebten etwa 8000 Haida auf den Inseln des Archipels. 1835 waren es noch ca. 6000, 1915 nur noch 588. Als Folge sahen sich die Haida gezwungen, ihre traditionellen Dörfer zu verlassen. Heute konzentrieren sie sich größtenteils in den beiden Orten **Old Masset** (650 Einwohner) und **Skidegate** (ca. 550 Haida). In den übrigen ehemaligen Dörfern waren die Häuser und Totems dem Verfall preisgegeben. Lediglich in **Sgan Gwaii**, einem abgelegenen Dorf an der Südspitze der Queen Charlotte Islands, wurde der Versuch unternommen, eine Haida-Siedlung in ihrer ursprünglichen Form zu erhalten. Der Ort wurde zum Weltkulturerbe der UNESCO erklärt.

Heute gibt es noch etwa 2000 Haida, von denen viele hohes Ansehen in der nordamerikanischen Kunstszene genießen. Bill Reid, Freda Diesing und Robert Davidson zählen zu den bekanntesten Künstlern, doch eine ganze Reihe weiterer Haida-Kunsthandwerker produziert massenweise Schnitzarbeiten und Schmuck für Touristen. Die Haida haben außerdem starken Einfluss auf das gesellschaftliche, politische und kulturelle Leben der Inseln. Dank ihres Engagements entstanden Einrichtungen wie der Gwaii Haanas National Park (s. S. 444), die Haida Heritage Site auf South Moresby und der Duu Guusd Tribal Park (s. S. 443), ein unlängst eingerichtetes Schutzgebiet für alte Haida-Dörfer an der Nordwestküste von Graham Island.

Fauna und Flora

Die Haida Gwaii sind eine von nur zwei Regionen in Westkanada, die von der letzten Eiszeit und der damit einhergehenden Veränderung des Evolutionsprozesses verschont blieben. Als Folge dieser Gegebenheiten konnten auf den Inseln viele so genannte **endemische Arten** überleben. Zu den einzigartigen Spezies der Inseln zählen ein schönes gelbes **Gänseblümchen**, die größten **Schwarzbären** der Welt sowie Unterarten von Baummarder, Hirschmaus, Haarspecht, Sägekauz und Diademhäher. Außerdem gibt es auf den Inseln mehr **Adler** als irgendwo sonst in der Region sowie die weltweit größte Population von **Peale's Wanderfalken** und den scheuen **Schwarzfuß-Albatrossen**, deren Flügelspannweite selbst die der größten Adler übertrifft. **Fische** gibt es hier ebenfalls in Hülle und Fülle und darüber hinaus gute Bedingungen zum Beobachten von Walen, Ottern, Seelöwen und anderen **Meeressäugetieren**.

Graham Island

Die meisten Kurzbesucher konzentrieren sich auf Graham Island, denn im Osten dieser Insel befindet sich zwischen Queen Charlotte City im Süden und dem 108 km nördlich gelegenen Masset ein Großteil der Straßen und Unterkünfte auf den Queen Charlotte Islands. Die genannten Orte sowie die Siedlungen Skidegate, Tl'ell und Port Clements liegen an der Hauptstraße, dem Highway 16, auf der windgeschützten Ostseite der Insel. Der gebirgige und zerklüftete Westen der Insel bildet den Küstenabschnitt mit der gewaltigsten Energieentfaltung in ganz Nordamerika. Das Zusammenwirken von seismischer Aktivität, Wind und Gezeiten manifestiert sich unter anderem in tückischen Strömungen und einem Tidenhub von acht Metern. Die Ostküste besteht aus schönen, halbmondförmigen Stränden mit angeschwemmtem Treibholz und lockt mit mehreren Provinzparks, in denen ein milderes Klima herrscht. Sie wird von der warmen Meeresströmung aus Japan geprägt, die auch die üppige Vegetation der Inseln, die Regenwälder aus 1000 Jahre alten Fichten und Zedern, begünstigt. Leider bringt sie auch an allen Küsten der Insel heftige und schier endlose Regenfälle und Stürme mit sich, so dass man auf gar keinen Fall einen Regenmantel vergessen sollte.

Queen Charlotte City und Umgebung

Die mit 924 Einwohnern zweitgrößte Siedlung der Insel, Queen Charlotte City, ist beim besten Willen nicht als Stadt zu bezeichnen. Die rund 5 km westlich des Fähranlegers Skidegate gelegene Ortschaft ist vielmehr ein malerisches Fischerdorf, das als Verwaltungszentrum für eine abgelegene Region fungiert. Das Dorf erhielt seinen Namen von dem Schiff des Kapitäns George Dixon, eines britischen Forschers, der 1787 auf den Haida Gwaii festmachte, 13 Jahre nach dem wahrscheinlich ersten Kontakt mit Europäern in Gestalt des Spaniers Juan Pérez. Heute verdienen die meisten Bewohner des Ortes ihren kargen Lebensunterhalt als Angestellte der Forstwirtschaftsunternehmen, deren Aktivitäten bereits zur völligen Abholzung eines Großteils der hügeligen Umgebung des Hafens geführt haben. Das Unternehmen kontrolliert außerdem den Zugang zu zahlreichen Holzfällerstraßen im Hinterland, die insgesamt ein Netz von 2000 km Länge bilden.

Ein guter Blick auf den Ort bietet sich vom **Sleeping Beauty Mountain** aus, der über einen etwas unwegsamen Aufstieg von der Crown Forest Road in der Nähe der Honna Road aus zu erreichen ist. Die **Müllkippe** südlich des Dorfes ist die größte Attraktion für Schwarzbären und Adler (Weißkopfseeadler und Steinadler), die sich hier gern nach Sonnenuntergang ein Stelldichein geben.

3 km westlich des Dorfzentrums sind an der Honna Forest Service Road manchmal im Rahmen des **Skidegate Band Salmon Project** Lachse und andere Tiere zu beobachten (Kontakt: *Band Council*, ℘ 250/559-4496). Noch etwas weiter abseits liegt an der Westküste der **Rennell Sound**, ein Meeresarm mit Kiesstränden. Dorthin folgt man zunächst von der Stadt aus der Hauptforstwirtschaftsstraße 22 km Richtung Norden und biegt dann nach links in eine steile Schotterstraße ein (weitere 14 km). Allerdings ist es ratsam, sich vor Antritt der Fahrt im Infocentre nach den aktuellen Gegebenheiten zu erkundigen. Durch das Erholungsgebiet **Rennell Sound Recreation Site** verlaufen Wanderwege durch uralten Regenwald zu abgelegenen Sandstränden. Zudem stehen insgesamt zehn kostenlose Stellplätze für Zelte am Strand zur Verfügung.

Wer **Fahrten über die Holzfällerstraßen** (Logging Roads) plant, erfragt die aktuellen Gegebenheiten am besten telefonisch bei den Forstwirtschaftsunternehmen, ℘ 250/557-6810 oder 559-4224. Die Firmen unterhalten einen Großteil der Holzfällerstraßen auf Graham Island und veranstalten regelmäßig Touren zu forstwirtschaftlichen Themen (Abfahrt derzeit am Port Clements Museum, aktuelle Informationen dazu auch im Infocentre).

Übernachtung

Abgesehen von Campingplätzen gibt es nur in Sandspit (auf Moresby Island) sowie in Queen Charlotte City, Tl'ell, Masset und Port Clements (alle auf Graham Island) Unterkünfte. Sie sollten reserviert werden, denn sie sind rar und besonders im Sommer schnell ausgebucht.

The Bunkhouse, 924 3rd Ave, ℘ 250/559-8383 oder 1-888/559-8383, ✉ smc@haidagwaii.net. Das zentral gelegene Hostel ist die billigste Unterkunft der Stadt. 12 Dorm-Betten ($10) und ebenso viele Zeltstellplätze ($5 p.P.). ❶

Dorothy & Mike's Guest House, 3125 2nd Ave, ℘ 250/559-8439, ✉ dormike@qcislands.net. Familiäre Atmosphäre in Nichtraucherhaus mit komplett ausgestatteter Gästeküche. ❸

Gracie's Place, 3113 3rd Ave, ℘ 250/559-4262 oder 1-888/244-4262, 🖥 www.graciesplace.com. Außergewöhnliches, charaktervolles Hotel (und ebensolche Besitzerin): 5 Zimmer mit Meerblick, antiken Möbeln und rustikalem Dekor. ❸

Haydn Turner Park, kostenloser Campingplatz ohne Anschlüsse im Gemeindepark am Westende der Stadt.

Kagan Bay Forest Service Campground, Honna Forest Service Road, 5 km westlich der Stadt, mit einer Hand voll reizender und kostenloser Stellplätze am Strand.

Premier Creek Lodging, 3101 3rd Ave, ℘ 250/559-8451 oder 1-888/322-3388, 🖥 www.qcislands.net/premier. Das hervorragend restaurierte Gebäude von 1910 mit 12 Zimmern und Blick auf Hafen und Bearskin Bay zählt zu den besten Hotels auf der Insel. ❹

Sea Raven Motel & Restaurant, 3301 3rd Ave, ℘ 250/559-4423 oder 1-800/665-9606, 🖥 www.

searaven.com. Etwas näher am Fähranleger, mit Blick auf die Bearskin Bay. ➌

Essen

Hanging by a Thread, 3207 Wharf St, in der Nähe des Infocentre. Nettes Lokal, das sein Gemüse von Biofarmen auf der Insel bezieht.
Margaret's Café, 3223 Wharf St, im Osten des Ortes.
Sea Raven Restaurant, 3301 3rd Ave, ✆ 250/559-8583, von den Einheimischen favorisiertes Lokal im Sea Raven Motel.

Sonstiges

AUTOVERMIETUNGEN – Ein Auto zu mieten ist auf den Haida Gwaii im Allgemeinen recht teuer. Im Sommer sollte man unbedingt rechtzeitig eines reservieren.
Budget, ✆ 250/637-5688 oder 1-800/557-3228.
Rustic Rentals, in der Autowerkstatt *Charlotte Island Tire*, ✆ 250/559-4641, bietet etwas günstigere Preise als die großen Firmen.

INFORMATIONEN – *Infocentre*, 3220 Wharf St, ✆ 250/559-8316, 🖥 www.qcinfo.com. Das Besucherzentrum mit unglaublich kompetentem Personal hält eine gute Auswahl an detaillierten Broschüren und Karten bereit. Praktisch unverzichtbar ist der *Guide to the Queen Charlotte Islands*. Das Infocentre informiert außerdem über organisierte Touren. Allein in Queen Charlotte City werben mindestens 40 Veranstalter mit Angel-, Segel-, Kanu- und anderen Ausflügen um Kunden. Hier können auch Touren durch den Gwaii Haanas-Nationalpark (s.S. 444) gebucht werden. ◷ tgl. Mitte Mai–Anfang Sep 10–19, Anfang Mai und Ende Sep 10–14 Uhr, Okt–April geschlossen.
Ministry of Forests, 3rd Ave, ✆ 250/559-8447. In dem auffälligen blauen Gebäude gibt es Informationen über einfache Zeltplätze, die gratis sind und vom Forest Service auf Graham Island und Moresby Island unterhalten werden.
Canadian Parks Service, westlich des Ortes am Hwy 33, ✆ 250/559-8818. Informationen über Besuche des *Gwaii Haanas National Park Reserve* und der *Haida Heritage Site* (s.S. 439) auf Moresby Island, ◷ Mo–Fr 8–12 und 13–16.30 Uhr.

Transport

FÄHREN – Im Sommer 1x tgl. Shuttle-Service in beide Richtungen von SANDSPIT auf der Südinsel nach Queen Charlotte City, MASSET und zu anderen Orten auf der Strecke.

FLÜGE – *South Moresby Air Charters*, ✆ 250/559-4222 oder 1-888/551-4222, 🖥 www.smair.com. Bietet Rundflüge über die Inseln und steuert die abgelegensten Gegenden an.

Skidegate

Allzu viel gibt es in dem 550-Seelen-Nest nicht zu sehen, abgesehen vom Anlegen der Fähren aus Prince Rupert, 2 km südlich in Skidegate Landing und den leicht zugänglichen Beispielen der Haida-Kultur im **Haida Gwaii Museum**, ✆ 250/559-4643. Das Museum befindet sich in der Nähe des Second Beach in Qay'llnagaay, ca. 500 m östlich des Fähranlegers. Es beherbergt u.a. die weltweit größte Sammlung der wertvollen Argillit-Schnitzereien der Haida (ähnliche Schnitzkunst ist im UBC Museum of Anthropology in Vancouver zu besichtigen). Argillit ist ein schwarzes, schieferähnliches Gestein, das es nur auf den Haida Gwaii gibt, und auch dort nur an einem einzigen Ort, der streng geheim gehalten wird. Von einer Plattform aus kann man zu bestimmten Zeiten (April, Mai, Sep, Anfang Okt) Grauwale auf ihren Wanderungen beobachten. ◷ Mai–Sep Mo–Fr 9–17, Sa 13–17, Juni–Aug zusätzlich So 13–17, Okt–April Mo und Mi–Fr 10–12 und 13–17, Sa 13–17 Uhr, Eintritt $5.

Das Büro im Langhaus neben dem Museum ist die Zentrale der **Haida Gwaii Watchmen**. In den 70er Jahren schlossen sich mehrere Haida zu Wachgruppen zusammen, um ihre historischen Stätten vor Vandalismus und Plünderungen zu schützen. Es lohnt sich, im Büro nachzufragen, ob das berühmte Kanu *Loo Taas* („Wellenfresser") zu besichtigen ist, das hier normalerweise an Wochentagen ausgestellt ist. Wenn es nicht gerade für den stattlichen Preis von etwa $1500 ausgeliehen ist, ergibt sich mit sehr viel Glück die Möglichkeit einer sechsstündigen Tour mit dem Riesenkanu. Es wurde für die Expo '86 in Vancouver gebaut und war damals das erste Kanu seit 1909, das von den Haida geschnitzt wurde. Im Langhaus-Büro sind auch Permits für einen Besuch einiger der mindestens

500 verlassenen Haida-Dörfer und einiger interessanter Stätten auf den südlichen Inseln erhältlich. Genehmigungen erteilt auch die **Skidegate Mission** (Band Council Office, ☎ 250/559-8225) in der Nähe des eigentlichen Skidegate, ein 2,5 km vom Fährterminal entferntes Haida-Reservat. Die Mission beherbergt eine Schnitzwerkstatt in einem Langhaus, wo manchmal Kunsthandwerker bei der Arbeit zu sehen sind. Im Juli/August veranstaltet die Mission in der Regel einmal pro Woche ein öffentliches **Seafood-Fest** für ca. $25 p.P. Aktuelle Informationen hierzu erteilt das Infocentre in Queen Charlotte City.

Transport

Zwischen Skidegate und dem Terminal Alliford Bay bei SANDSPIT auf Moresby Island besteht das ganze Jahr über eine regelmäßige **Fährverbindung** mit der *MV Kuvuna* (12x tgl., 7.30–22.30 Uhr, 20 Min., $5 p.P., Auto $12,50, Fahrrad gratis). Zu den Verbindungen nach Prince Rupert s.S. 436.

Tl'ell und Port Clements

Wer einen Moment nicht aufpasst, kann die von der Viehwirtschaft geprägte Gemeinde **Tl'ell** (138 Einwohner) 36 km nördlich von Skidegate leicht übersehen. Der Ort wurde erstmals 1904 von Neuankömmlingen besiedelt und ist Standort der Richardson Ranch, der ältesten Rinderzucht der Insel. Es empfiehlt sich, hier einen Zwischenstopp einzulegen und zum Meer hinunterzugehen, wo man stundenlang auf den vom Wind verformten Dünen spazieren gehen kann. Der Ort erfreut sich besonderer Beliebtheit bei Künstlern und Alternativen, die sich gern in dem kleinen Café oder der Galerie die Zeit vertreiben. Im Ort kann man Fahrräder und Kajaks leihen.

21 km nordwestlich von Tl'ell macht die Straße einen Knick ins Landesinnere nach **Port Clements** (577 Einwohner) und bildet in diesem Abschnitt die Südgrenze des **Naikoon Provincial Park**, einer Enklave in der nordöstlichen Ecke von Graham Island, die zum Schutz der schönen Strände, Dünen und Zwergbäume eingerichtet wurde. Unmittelbar südlich der Tl'ell River Bridge, 500 m nördlich der Park Headquarters, ☎ 250/557-4390, liegt der *Misty Meadows Campground*, ⏱ Mai–Okt, Stellplatz

$9,50. (Zelten ist übrigens im ganzen Park erlaubt.) Etwa 8 km weiter gibt es einen Picknickplatz und Wanderwege an der Südspitze des **Mayer Lake**, ein lohnenswertes Ziel für einen kleinen Abstecher.

Port Clements erlangte Berühmtheit als Standort eines auf der Welt einzigartigen Baumes, der **Golden Spruce**. Die 300 Jahre alte, ausgeblichene Sitka-Fichte, ein „Albinobaum", war den Haida heilig und stellte alle Experten der Forstwirtschaft vor ein Rätsel, weil infolge einer seltenen genetischen Mutation die Nadeln des Baumes im Sonnenlicht ausblichen, er aber nur normale grünblättrige Schößlinge produzierte. 1997 fand der Baum ein trauriges Ende, als er von einem geistig verwirrten Waldarbeiter gefällt wurde. Genetiker und Botaniker versuchen seitdem, eine Reproduktion des Baumes zu entwickeln.

An der Hauptstraße in die Stadt gibt es ein kleines **Museum**, 45 Bayview Drive, mit einer Ausstellung zur Forstwirtschaft und zum Leben der ersten weißen Siedler, ⏱ Juni–Sep Di–So 14–17 Uhr (im Winter je nach Verfügbarkeit ehrenamtlicher Helfer), Spenden willkommen.

Ungefähr 20 km nördlich der Stadt weisen Hinweisschilder an der Straße nach Masset zum **Pure Lake Provincial Park**, wo das Wasser des Pure Lake im Sommer sogar warm genug zum Baden ist.

Übernachtung und Essen

Bellis Lodge, ☎ 250/557-4434, Jugendherberge in Tl'ell, die allerdings nur zeitweilig geöffnet ist; daher ist es ratsam, vorher anzurufen. ❶
Cacilia's B&B, unmittelbar nördlich der Richardson Ranch an der Hauptstraße, ☎ 250/557-4664, angenehm rustikales, renoviertes Holzhaus hinter den Dünen der Hecate Strait, 2 km vom Naikoon Provincial Park entfernt; keine Kreditkarten. ❸
Golden Spruce, 2 Grouse St, Port Clements, ☎ 250/557-4325 oder 1-877/801-4653, 🖥 www.qcislands.net/golden. Das einzige offizielle Motel in Port Clements hat 12 Zimmer. Es lohnt sich aber, sich im Ort nach B&Bs zu erkundigen. ❷
Tl'ell River House, etwas abseits des Hwy 16, ☎ 250/557-4211 oder 1-800/667-8906, mit Blick auf den Tl'ell River und die Hecate Strait, Zimmer mit Kochnische, Lounge mit Alkoholausschank und Restaurant. ❹

Yakoun River Inn, Bayview Drive, gutes Restaurant in Port Clements.

Infocentre, kleiner Kiosk am Ortsausgang von Port Clements, informiert über Sehenswertes in der Umgebung. ☉ Juli–Anfang Sep tgl. 9–18 Uhr.

Masset und Umgebung

Masset liegt 40 km nördlich von Port Clements und ist der größte Ort auf den Queen Charlotte Islands. Die großflächige, nicht sehr attraktive Stadt (ein ehemaliger Militärstützpunkt) zählt 1500 Einwohner, von denen die meisten ihr Brot mit dem Fischfang oder in der hier angesiedelten Krabbenkonservenfabrik verdienen.

Viele Besucher kommen hierher, um in dem Schutzgebiet **Delkatla Wildlife Sanctuary** Vögel zu beobachten. Es handelt sich um einen Salzwassersumpf nördlich der Stadt, in dem 113 Vogelarten leben. Touren mit Führungen bietet *Delkatla Bay Birding Tours*, ✆ 250/626-5015.

Eine weitere Attraktion der Gegend ist das 2 km westlich von Masset gelegene Haida-Dorf **Old Massett**, das Verwaltungszentrum des *Council of the Haida First Nation*, in dem heute noch um die 600 Ureinwohner leben und arbeiten. Besucher sollten sich bei der Besichtigung von Totempfählen, Kunstwerkstätten und Gemeindehäusern respektvoll verhalten. Viele Einheimische stellen kunsthandwerkliche Gegenstände für Touristen her und organisieren Touren in die Wildnis, doch einige widmen sich auch der Restaurierung und der weiteren Bearbeitung der Totempfähle, von denen noch einige in der Gegend zu finden sind. Im Ort kann man mehrere Kanu- und Schnitzwerkstätten besichtigen, ein kleines Museum vermittelt etwas Hintergrundwissen.

An der Nordwestküste von Graham Island liegt der **Duu Guusd Tribal Park** (Besichtigung genehmigungspflichtig), ein von den Haida gegründeter Park zum Schutz der Dörfer in der Gegend. Der Park, in dem noch zwei Dörfer bewohnt sind, beherbergt außerdem das Haida Gwaii Rediscovery Centre, das Kinder in Kursen über die Kultur und Geschichte der Haida unterrichtet.

Von Masset Richtung Osten erreicht die Tow Hill Road nach 26 km Tow Hill, das Tor zum **Nai-**koon Provincial Park. Naikoon bedeutet „Punkt" und bezieht sich auf Rose Spit, die 12 km lange Landzunge an der äußersten Nordostspitze von Graham Island. Heute befindet sich hier ein Schutzgebiet und Wildreservat mit Stränden, Dünen, Sumpf und verkümmerten Bäumen. Es ist aber auch eine heilige Stätte der Haida, denn hier wurde der Raven-Clan der Legende nach erstmals von einem einzelgängerischen Raben aus einer riesigen Muschelschale gelockt.

Drei Wanderwege beginnen am Hiellen River am Fuße des Tow Hill: Der einfachste ist der nur 1 km lange **Blow Hole Trail**, der zu den spektakulären Felsformationen und Basaltklippen am Meer hinabführt. Von dort aus schlängelt sich ein weiterer Weg auf den 109 m hohen Gipfel des **Tow Hill**, von dem sich herrliche Ausblicke auf einsame Sandstrände bieten, die sich in dunstiger Ferne dahinziehen. Der dritte Wanderweg, **Cape Fife Trail**, führt über 10 km zur Ostküste der Insel.

Neben den unten aufgeführten Hotels gibt es in Masset und Umgebung noch eine Hand voll B&Bs. Wer Hunger hat, findet ein paar Pizzerien und Imbissbuden, zu empfehlen ist das *Café Gallery* in der Collision Ave. Einige Bars in der Collision Ave und der Main St bieten gelegentlich Live-Musik.

Agate Beach, 26 km nordöstlich von Masset an der Nebenstrecke nach Tow Hill, Campingplatz im Naikoon Provincial Park mit Wanderwegen und Sandstränden in der Nähe, ☉ Mai–Sep, Stellplatz $14.

Alaska View Lodge, Tow Hill Rd, ✆ 250/626-3333, 🖳 www.alaskaviewlodge.com, 10,5 km vom Flugplatz Masset, auf halber Strecke zwischen Masset und Tow Hill. ❸

Harbourview Lodging, 1608 Delkatla Rd, ✆ 250/626-5109 oder 1-800/661-3314, ✉ lholland@island.net, Hotel mit Blick auf den Hafen. ❸

Naden Lodge, 1496 Delkatla St, Ecke Harrison, ✆ 250/626-3322 oder 1-800/771-8933, 🖳 www.nadenlodge.bc.ca. ❻

Village of Masset RV Site and Campground, der einzige Campingplatz in der Nähe von Masset liegt an der Tow Hill Road, 2 km nördlich der Stadt am Rande des Wildschutzgebiets, Stellplatz $9–17, keine Reservierung möglich.

DER NORDEN

Sonstiges

AUTOVERMIETUNGEN – *Budget*, ✆ 250/637-5688 oder 1-800/557-3228.
Tilden, 1504 Old Beach Rd, ✆ 250/626-3318.

INFORMATIONEN – *Info Booth*, 1455 Old Beach Rd, ✆ 250/626-3982, 🖥 www.massetbc.com. Informiert detailliert über wilde Tiere und Vogelbeobachtungen, ◷ Juli / Aug tgl. 9–17 Uhr.
Masset Village Office, Main St, ✆ 250/626-3995 oder 1-888/352-9292, liefert ebenfalls nützliches Hintergrundwissen.
Old Massett Council, Eagle Road, Old Massett, ✆ 250/626-3337, bietet allgemeine Informationen und Einzelheiten zur Besichtigung von Schnitzwerkstätten im Dorf. Das Büro erteilt außerdem Genehmigungen für einen Besuch des Duu Guusd Tribal Park, ◷ Mo–Fr 9–17 Uhr.

TAXIS – *Jerry's Taxi Service*, Old Massett, ✆ 250/626-5017.
Vern's Taxi, ✆ 250/626-3535.

Transport

Harbour Air, ✆ 250/627-1341 oder 1-800/665-0212, fliegt Masset mit kleinen Maschinen von PRINCE RUPERT aus an (tgl. 14.30, Mo–Fr auch 8.30 Uhr, $260) und veranstaltet Rundflüge über die Inseln.

Moresby Island

Moresby Island ist von Menschen so gut wie unberührt, wenn man einmal von den verlassenen Haida-Dörfern (von denen eines den weltweit größten Bestand an Totempfählen beherbergt), den Forstwirtschaftsstraßen und der kleinen, von der Holzindustrie geprägten Gemeinde **Sandspit** (202 Einwohner) absieht. Das Dorf liegt 15 km von **Alliford Bay**, dem Ableger der Fähren nach Skidegate auf Graham Island, entfernt.

Die meisten Bewohner von Sandspit und Graham Island arbeiten in den Wäldern von Moresby. Das **Problem der Abholzung** spaltet die Gemeinde schon seit Jahren in zwei Lager: Haida und Umweltschützer auf der einen Seite, Holzfäller auf der anderen. In dem Streit geht es um die Regenwälder

der Inseln und um die traditionellen Stätten der Haida, die selbst politisch aktiv sind und die Medien clever zu nutzen wissen, indem sie beispielsweise Vertreter nach Brasilien entsandten, um den Ureinwohner im Amazonasgebiet bei deren Projekten zum Schutz der Regenwälder zu beraten. Bei einigen Gelegenheiten haben es die Haida sogar geschafft, die Holzwirtschaft mit physischem Widerstand vorübergehend zum Stillstand zu bringen. Einmal sperrten sie den Zugang zu **Hot Spring Island**, dessen Thermalbäder ein beliebtes Touristenziel sind. Auf der anderen Seite schaffen die Wälder Arbeitsplätze und beherbergen einige der wertvollsten Baumbestände der Welt: Ein einziger guter Sitka-Stamm hat einen Wert von bis zu $60 000! Derzeit gibt es einen Kompromiss, nach dem ein Großteil von Moresby Island seit 1987 als Nationalpark und Schutzgebiet ausgewiesen ist. Die hartnäckige Holzwirtschaftslobby lässt allerdings nicht locker und möchte diesen Status aufheben. Wer beabsichtigt, die Holzfällerstraßen auf Moresby zu befahren (andere Straßen gibt es hier kaum), sollte beachten, dass diese in der Regel an Wochenenden und an Wochentagen erst nach 18 Uhr für die Öffentlichkeit geöffnet sind. In den übrigen Zeiten empfiehlt es sich, an einem der Infocentres Informationen einzuholen.

Gwaii Haanas National Park Reserve

Wer weiß, worauf er sich einlässt, kann den Norden von Moresby Island per Kanu, Mountainbike oder zu Fuß mit dem Rucksack erkunden. Dabei ist allerdings zu beachten, dass das Meer für Kanufahrer hier extrem tückisch ist und in jedem Fall ausreichend Vorräte mitgeführt werden sollten. Wer dagegen das Schutzgebiet Gwaii Haanas National Park Reserve besuchen möchte, muss sich entweder einer organisierten Tour anschließen oder besondere Verhaltensmaßregeln beachten (s.u.). Der Nationalpark umfasst einen 90 km langen Archipel aus 138 Inseln, ca. 500 archäologische Stätten der Haida, fünf verlassene Haida-Dörfer und ca. 1500 km Küste im Süden der Queen Charlotte Islands. 1990 schlossen die Haida mit der Bundesregierung in Ottawa ein Abkommen, welches eine gemeinsame Kontrolle über diese Region vorsieht und die alten Haida-Dörfer unter Schutz stellt. Zahlreiche Gebietsansprüche sind allerdings nach wie vor ungeklärt. Wer den Park besuchen möchte, benötigt

Geld, Zeit und Energie. Da es keine Straßen gibt, ist das Gebiet nur per Boot oder Charter-Flugzeug zu erreichen.

Die Ausflüge zu den unterschiedlichen **Haida-Stätten** und deren Totems, zu verlassenen Dörfern usw. sind hier in der Reihenfolge ihrer Entfernung (und somit Zeit und Kosten) von Sandspit aus aufgelistet. Die kürzeste Tour führt nach **Hlkenul** (Cumshewa) und **K'una** (Skedans) kurz vor der Grenze zum Nationalpark. Beide Orte sind in einem Tagesausflug per Boot von Moresby Camp aus zu erreichen, das am Cumshewa Inlet 46 km südlich von Sandspit liegt und über eine Holzfällerstraße zu erreichen ist. Etwas weiter, bereits innerhalb der Parkgrenzen, liegen **T'aanuu, Hlk'waah** (einer der Hauptschauplätze im Kampf um den Schutz der Region in den 80er Jahren) und **Gandla K'in** (Hot Spring Island), das wegen seiner heißen Quellen eines der beliebtesten Ausflugsziele ist. Die schönste Stätte von allen liegt leider am weitesten entfernt: **Sgan Gwaii** (Ninstints) liegt in der Nähe der Südspitze des Archipels und wurde um 1880 von den Haida auf der Flucht vor einer Pockenepidemie verlassen. Heute steht dort eines der beeindruckendsten verlassenen Haida-Dörfer. Die Langhäuser und die zahlreichen Totempfähle des Dorfes wurden 1981 zum UNESCO-Weltkulturerbe erklärt.

Wer den Nationalpark auf eigene Faust erkunden möchte, muss im Voraus einen Platz buchen oder sich auf eine Stand-by-Liste setzen lassen. Telefonische **Reservierungen** können innerhalb Kanadas und der USA unter ℡ 1-800/HELLOBC oder außerhalb Nordamerikas unter ℡ 250/387-1642 vorgenommen werden. Die Reservierungsgebühr beträgt $15 pro Person (maximal vier Personen pro Reservierung). Wer keine Reservierung vorgenommen hat, findet täglich sechs Stand-by-Plätze vor, die nach dem Prinzip „Wer zuerst kommt, mahlt zuerst" bei der Einführungsveranstaltung um 8 Uhr im Queen Charlotte Infocentre vergeben werden. Bei einem Besuch des Parks fallen weitere Gebühren an: Ein Tagesausflug kostet $10 p.P. plus $10 pro Übernachtung; zwischen 6 und 14 Übernachtungen kosten $60, mehr als 14 Übernachtungen $80.

Eine ca. 90-minütige **Einführungsveranstaltung** (Orientation Session) ist Pflicht für alle Besucher des Gwaii Haanas National Park und der Haida-Stätten K'una (Skedans) oder T'aanu. Dabei werden Themen wie allgemeine Sicherheit, umweltgerechtes Zelten, Natur- und Kulturschutz und das „Haida Gwaii Watchmen Programme" behandelt. Die Veranstaltungen finden im Queen Charlotte Infocentre und im Sandspit Visitor Centre bzw. in der Vorsaison von September bis Mai nach Absprache im *Gwaii Haanas Office*, ℡ 250/559-8818, an der Airport Road gegenüber dem Sandspit Inn statt. Von Mitte Mai bis Ende Juni finden zweimal täglich Veranstaltungen statt: eine im QCC Infocentre um 8 Uhr und eine im Sandspit Visitor Centre um 15 Uhr; von Ende Juni bis Mitte September findet Mo–Fr um 8 und tgl. um 19.30 Uhr in QCC sowie um 15 Uhr in Sandspit eine Orientierung statt. Wer sich einer Tour anschließt, bei der die Einführung nicht im Paket angeboten wird, muss eine Teilnahme am Kurs nachweisen.

Übernachtung

Abgesehen von einigen unregelmäßig geöffneten B&Bs gibt es auf der Südinsel nur ein Hotel, das *Moresby Island Guest House*, 385 Alliford Bay Rd, 1 km südlich des Flugplatzes, ℡ 250/637-5300, 🖥 www.moresbyisland-bnb.com. Mit Blick auf die Shingle Bay im Pazifik, Abholung vom Flugplatz inkl. ❸

Viele Besucher übernachten an den Stränden in der Umgebung von Sandspit. So gibt es z.B. in der Gray Bay 21 km südöstlich des Ortes ein paar einfache und friedliche **Zeltplätze** in der Nähe der Kies- und Sandstrände. Informationen erteilt das Büro des forstwirtschaftlichen Betriebs *TimberWest*, Beach Road, Sandspit, ℡ 250/637-5436.

Im **Gwaii Haanas National Park** kann man mit Ausnahme einiger gesperrter Kulturstätten, auf die in der Einführungsveranstaltung hingewiesen wird, überall übernachten. Die Campinggebühren sind im Pauschalpreis für den Parkbesuch enthalten. Hotels, Jugendherbergen oder andere Übernachtungsmöglichkeiten gibt es in den gesperrten Bereichen nicht, doch findet sich 10 km von der UNESCO-Stätte Nan Sdins entfernt eine Unterkunft:

Gwaii Haanas Guest and Kayaks, ℡ 250/559-8638, 🖥 www.gwaiihaanas.com. Drei Zimmer auf einem Familienanwesen, das nur per Boot oder mit dem Wasserflugzeug erreichbar ist.

Lage in einem archaischen Regenwald mit Blick auf den Pazifik, Essen aus biologischem Anbau, Seekajakverleih, Möglichkeiten zum Wandern, zur Vogelbeobachtung und anderer Aktivitäten in freier Natur. ❸

Sonstiges

AUTOVERMIETUNGEN – *Budget*, ✆ 250/637-5688 oder 1-800/557-3228, hat ein Büro am Flugplatz von Sandspit und zwei Niederlassungen im Ort (Beach St und Blaine St).
Thrifty, am Flugplatz, ✆ 250/637-2299.

INFORMATIONEN – *Infocentre*, im Flugplatz-Terminal, ✆ 250/637-5436, erteilt Informationen zu zahlreichen Touren in den Nationalpark und zu den dünn gesäten Einrichtungen in der südlichen Hälfte des Archipels. ☉ Juni–Sep tgl. 9–18 Uhr.

TAXIS – *Bruce's Taxi*, ✆ 250/637-5655.

Touren

Ein Besuch des Gwaii Haanas National Park Reserve ist am einfachsten im Rahmen einer organisierten Tour zu bewältigen. Das Infocentre in Queen Charlotte City hält diesbezüglich Informationen bereit. Man kann sich aber auch direkt an einen der folgenden Veranstalter wenden:
South Moresby Air Charters, ✆ 250/559-4221 oder 1-888/551-4222;
GwaiiEco Tours, ✆ 250/559-8333 oder 1-877/559-8333, ⌨ www.gwaiiecotours.com.
Die Preise liegen bei mindestens $135 für einen Tagesausflug.

Transport

Air Canada Jazz, ✆ 1-888/247-2262, ⌨ www.flyjazz.ca, fliegt die Inseln täglich von VANCOUVER aus an, günstigere Preise bieten allerdings in der Regel die Fluggesellschaften mit Niederlassungen in Prince Rupert:
Harbour Air, ✆ 250/627-1341 oder 1-800/665-0212, fliegt von PRINCE RUPERT nach Sandspit (derzeit Di, Do und Sa um 10.30 Uhr, $330 hin und zurück).

Cassiar Highway

Der 733 km lange Cassiar Highway (Hwy 37) führt vom Skeena Valley östlich von Prince Rupert bis nach Watson Lake knapp jenseits der Grenze zum Yukon und zählt zu den wildesten und landschaftlich schönsten Strecken, die British Columbia zu bieten hat. Die Fernstraße ist zwar nicht so berühmt wie der Alaska Highway, wird aber zunehmend von denjenigen befahren, die etwas von dem Abenteuer spüren möchten, das in den 50er und 60er Jahren von dieser Region ausging. Der Cassiar Highway präsentiert sich auch heute noch um einiges wilder als sein besser bekannter Nachbar.

Tankstellen und Reparaturwerkstätten, ganz zu schweigen von Restaurants und Unterkünften, sind auf dieser Strecke, die in einigen Abschnitten noch immer unbefestigt ist, extrem dünn gesät. Es wäre fahrlässig, die Reise ohne zwei Ersatzreifen und Reservekanister für Kraftstoff anzutreten. Das Fahrzeug sollte in einwandfreiem Zustand sein und bei jeder sich bietenden Gelegenheit an der Strecke voll getankt werden. Der Cassiar Highway bietet eine kürzere Verbindung von Prince George in den Yukon als der Alaska Highway. Die *North by Northwest Tourist Association* von British Columbia gibt vollständige Listen mit sämtlichen Einrichtungen an der Strecke heraus – unentbehrliche Reisebegleiter, die in den Infocentres in Prince Rupert und Terrace erhältlich sind.

Wer bereit ist, es mit großen Entfernungen aufzunehmen, schreckt wahrscheinlich auch nicht vor einer Erkundung der beiden wichtigsten Nebenstraßen des Cassiar Highway zurück, die nach Stewart und Telegraph Creek führen, und zieht vielleicht auch einen Abstecher über die unbefestigten Straßen und Wege in Betracht, die auf halber Strecke links und rechts in zwei Wildnisparks abzweigen, den Mount Edziza Provincial Park und den Spatsizi Plateau Wilderness Park. Wer sich nicht mit einer Reise über die gesamte Länge des Highway anfreunden mag, der wird für eine Fahrt nach Stewart mit einer außergewöhnlich schönen Küsten- und Berglandschaft belohnt sowie der Möglichkeit, in Hyder kurz nach Alaska hineinzuschnuppern und sich der berühmt-berüchtigten Alkohol-Initiation an der Grenze zu unterziehen.

Im Sommer wird Stewart in den Fahrplan bestimmter **Fähren** der *Alaska Marine Highway Fer-*

ries aufgenommen (s.S. 437), aber nicht sehr häufig angefahren. Mit sorgfältiger Planung lässt sich eine schöne Rundreise verwirklichen, die zunächst über Land nach Stewart führt und anschließend mit der Fähre nach Ketchikan und von dort aus entweder nach Skagway oder Prince Rupert.

Stewart und Hyder

Der Cassiar Highway beginnt in der Nähe von **Kitwanga**, einem von mehreren Indianerdörfern etwas abseits des Highway 16. Kitwanga war einst ein wichtiger Knotenpunkt auf dem alten „Grease Trail", der nach dem für Kerzenlicht verwendeten Fischöl benannt ist, das auf diesem Pfad einst im Handel zwischen den Küstenindianern und den Stämmen im Landesinnern transportiert wurde. Einen ersten Vorgeschmack auf das mit dieser Route verbundene Abenteuer liefert ein Streckenabschnitt 47 km hinter Cranberry Junction, wo die Straße plötzlich gleichzeitig als Flugfeld fungiert (die Flugzeuge haben übrigens Vorfahrt). Weitere 27 km nördlich folgt ein weiteres Teilstück, das in Notfällen zur Landebahn umfunktioniert wird.

Kurz nach Verlassen des Highway 16 steigt die Straße an und führt durch die faszinierende Szenerie der **Coast Ranges**, eine äußerst abwechslungsreiche Berg-, Seen- und Waldlandschaft, die ihren absoluten Höhepunkt 156 km nordwestlich von Kitwanga erreicht, in der Umgebung von Meziadin Junction nahe der Kreuzung mit dem Hwy 37A. In der Nähe befindet sich auch die erste offizielle Unterkunft, der mit 62 Stellplätzen ausgestattete *Meziadin Lake Provincial Park Campsite* ($14).

Etwa 67 km westlich von Meziadin Junction liegt **Stewart**, der nördlichste eisfreie Hafen Kanadas. Eine Reihe gewaltiger Gletscher wird hier von der spektakulären Erscheinung des nicht zu übersehenden **Bear Glacier** angeführt, einer gigantischen, stahlblauen Eismasse, die sich praktisch bis an die Straße erstreckt und seltsamerweise im Dunkeln leuchtet.

Die 37 km westlich des Gletschers gelegene Ortschaft Stewart selbst (2200 Einwohner) ist ein Bergbauzentrum, dessen Minen schon bessere Tage gesehen haben. Der Ort liegt am Ende des Portland Canal, der den viertlängsten Fjord der Welt und die natürliche Grenze zwischen British Columbia und Alaska bildet. Die Fahrt mit der Fähre von Prince

Rupert in das herrlich gelegene, von Berggipfeln umgebene Stewart durch eine der wildesten Landschaften der Westküste ist wahrhaft sensationell. Beherrscht wird dieses felsige Amphitheater vom **Mount Rainey**. Seine Klippen zählen zu den weltweit höchsten vertikalen Erhebungen aus dem Meer.

Geschichte

Betrachtet man die Geschichte Stewarts und die seines Nachbarortes Hyder, hätte sich die Stadt durchaus zu einem bedeutenden regionalen Zentrum entwickeln können, wäre da nicht die isolierte Lage und die herbe Enttäuschung, mit der praktisch jedes Unterfangen endete, das in der Stadt jemals begonnen wurde. In ferner Vergangenheit lag hier ein bedeutender Handelsflecken, Schnittpunkt zwischen den Gebieten der Küstenindianer Nisga'a und Gitxsan im Süden sowie den Regionen der im Landesinneren beheimateten Stämme der Tahltan im Norden und der Tsesaut und Tlingit im Osten.

Captain George Vancouver kam 1793 auf der Suche nach der Nordwest-Passage hier an, nachdem er sich eine Ewigkeit lang durch den Portland Canal ins Landesinnere vorgearbeitet hatte. Er war „verärgert darüber, so viel Zeit sinnlos vergeudet zu haben", und sprach damit vielen, die nach ihm folgten, aus der Seele. Fast exakt ein Jahrhundert später ließen sich die ersten **Siedler** in diesem Landstrich nieder. 1896 baute Captain Gilliard vom US Army Corps vier Lagerhäuser in Hyder, die ersten Steingebäude Alaskas. Stewart selbst erhielt seinen Namen von zwei seiner frühesten Siedler, Robert und John Stewart.

Eine Zeitlang sah es so aus, als sollte der Ort die Endstation der transkanadischen Eisenbahn werden, eine Hoffnung, die 10 000 Glücksritter und Pioniere in die Gegend lockte. Die transkanadische Eisenbahn kam jedoch nie, und selbst die regionale Bahnlinie von Stewart wurde nach ein paar Kilometern aufgegeben. Als der Ort zur Geisterstadt zu verkommen drohte, wurde plötzlich **Gold** entdeckt. Bis zu ihrer Schließung im Jahre 1948 war die Premier Gold and Silver Mine die größte Goldmine Nordamerikas. Danach nahm eine **Kupfermine** ihren Betrieb auf, deren 18 km langer Förderstollen wahrscheinlich der längste Tunnel der Welt ist, der jemals von einem einzigen Ende aus gebohrt wurde. Die Mine, in der 1965 bei einem Grubenunglück 27 Kumpel ums Leben kamen, machte 1984 dicht. Seither wurden den Bewohnern immer wieder neue Bergbauvorhaben in Aussicht gestellt, von denen allerdings bis dato keines verwirklicht wurde. Daher muss heute die umliegende Landschaft als wichtigste Einkommensquelle dienen. Touristen und Scouts auf der Suche nach Locations für zweitklassige Filme wurden von den Klippen, Bergen und Gletschern der Region angelockt. *Iceman – Der Mann, der aus dem Eis kam* (USA 1984) und *The Thing – Das Ding aus einer anderen Welt* (USA 1982) sind z.B. zwei Sciencefiction-Filme, denen die Gegend um Stewart als Kulisse dient.

Stewart

Abgesehen von der Landschaft ist die Hauptsehenswürdigkeit der Stadt das **Stewart Historical Museum**, Columbia St, Ecke 6th Ave. Die Exponate des schönen kleinen Provinzmuseums im ehemaligen Feuerwehrgebäude bestehen im Wesentlichen aus ausgestopften Tieren oder behandeln die Themen Forstwirtschaft und Bergbau. ⊙ Ende Juni/Anfang Juli–Aug/Anfang Sep Mi–So 11–18 Uhr, Eintritt $5.

Das Büro des *Rainey Creek Campground*, am Stadtrand in der 8th Ave, ✆ 250/636-2537 oder 1-888-366-5999, erteilt Auskünfte zu Wanderwegen durch die Natur und zu Gletschertouren. Die Stellplätze für Zelte (nicht für Wohnmobile) liegen am Rainey Creek, einem angenehmen kleinen Bach, ⊙ Mai–Sep, Stellplatz $16–20. Am Campingplatz beginnt einer der leichteren Wanderwege, der **Rainey Creek Nature Walk**. Er führt nördlich der Stadt ca. 2,5 km am Fluss entlang und endet an der zurück ins Zentrum führenden Railway St.

Hyder

Die meisten Leute kommen aus einem simplen Grund in Stewarts seltsamen Zwillingsort Hyder (70 Einwohner), nämlich um in einer der beiden Bars zu trinken. Das heruntergekommene „Dorf" kann man kaum als solches bezeichnen. Es liegt nur 3 km von Stewart entfernt jenseits der Grenze in Alaska, ist aber ohne jegliche Kontrollen oder Einreiseformalitäten zu erreichen, da Grenzgänger am Ende der Straße von Hyder sowieso nichts weiter erwartet als 800 km Wildnis. In Hyder wird mit kanadischen Dollar bezahlt, die Polizisten sind kanadische „Mounties", Telefonsystem und -vorwahl (250) sind ebenfalls kanadisch.

Im **Glacier Inn** ist es Tradition, einen Dollar an die Wand zu heften für den Fall, dass man irgendwann mal pleite wiederkommt und einen Drink braucht. Anschließend kippt man sich einen harten Schnaps „auf ex" hinter die Binde und erhält schließlich eine Karte mit der Aufschrift „I've Been Hyderized". Das Ergebnis sind Tausende an die Wand gepinnter Dollarscheine und somit die „teuerste Tapete der Welt". Das hört sich alles ein wenig nach Touristenfalle an, doch zumindest außerhalb der Saison verströmt der Ort eine äußerst liebenswerte Atmosphäre und trägt daher nicht zu Unrecht das Etikett „Freundlichste Geisterstadt Alaskas".

Die beiden Bars in Hyder sind nicht selten 23 Stunden am Tag geöffnet, und es gibt sogar zwei Motels für diejenigen, die nicht mehr stehen, geschweige denn fahren können.

Lohnend ist ein Abstecher zum 5 km hinter Hyder (in Alaska) gelegenen **Fish Creek**, wo man mit etwas Glück von der eigens errichteten Aussichtsplattform über den künstlichen Laichkanal **Schwarzbären** und **Grizzlies** beim Fangen der größten Hundslachse der Welt beobachten kann. In der näheren Umgebung der Stadt gibt es außerdem eine Hand voll reizvoller Wanderwege und die 37 km lange, noch befahrbare Salmon Glacier bzw. **Granduc Road** zu den Minen, die eine fantastische Aussicht auf den Salmon Glacier bietet.

Übernachtung

STEWART – *King Edward Hotel,* 5th St, Ecke Columbia Ave, ✆ 250/636-2244 oder 1-800/663-3126, 🖥 www.kingedwardhotel.com. ❹

King Edward Motel, schräg gegenüber (gleiche Telefonnummer wie oben). Einfache Einrichtungen für Selbstversorger, aber $10 teurer. ❹

Ripley Creek Inn, nahe der Mündung des Ripley Creek in der 306 5th Ave, ✆ 250/636-2344 oder 636-2701, 🖥 www.ripleycreekinn.homestead. com. Elf Zimmer in der Haupt-Lodge und weitere Zimmer in angrenzenden Gebäuden, einschließlich eines ehemaligen Bordells Baujahr 1928. ❹

HYDER – Wer in Hyder versackt, kann auf zwei Motels zurückgreifen, die beide billiger sind als die Hotels in Stewart und keine Übernachtungssteuer verlangen, weil man sich ja in den USA

befindet: **Sealaska Inn**, Premier Ave, ✆ 250/
636-9003, ❸, und das bessere **Grand View Inn**,
✆ 250/636-9174, ❸.

Essen und Unterhaltung

STEWART – **Bitter Creek Café**, Teil des Ripley
Creek Inn, einen Block westlich vom King Edward Hotel. Von Touristen bevorzugtes, gepflegtes Lokal mit ausgewählten Speisen und Außenterrasse für warme Tage. Bäckerei mit Delika-
tessengeschäft nebenan.
Fong's Garden, 5th St, Ecke Conway St, chinesisches Restaurant, ◷ bis spät abends.
King Edward Hotel, das bevorzugte Lokal der
Einheimischen ist Kneipe, Restaurant und Café
in einem.

HYDER – Wer eine gute Grundlage für den
Schnaps benötigt, findet im **Sealaska Inn Restaurant**, ✆ 250/636-2486, ein ordentliches Angebot. Hier befindet sich auch eine der beiden berühmten Bars von Hyder.

Informationen

STEWART – **Infocentre**, 222 5th Ave, Höhe Victoria St, ✆ 250/636-9224 oder 1-888/366-5999,
🖳 www.stewartandhyder.homestead.com.
◷ Mitte Mai–Mitte Sep tgl. 9–20 Uhr.
British Columbia Forest Service, 8th St, Ecke
Brightwell St, ✆ 250/636-2663, bietet wie das Infocentre Informationen über die Wanderwege
entlang der alten Bergbaustraßen.

HYDER – Das kleine **Infocentre** liegt am Ortseingang zur Rechten, ◷ Juni–Anfang Sep tgl.
außer Mi 9–13 Uhr.

Um Iskut und Dease Lake

Mehrere Hundert Kilometer hinter der Abzweigung
nach Stewart gibt es kaum Anzeichen für eine Zivilisation. Nur gelegentlich durchbricht in den Cassiar und Skeena Mountains eine Tankstelle, ein
Rastplatz, ein Campingplatz, der Anfang eines
Wanderweges oder ein Flecken niedergebrannten
oder abgeholzten Waldes die Einsamkeit. Ab und

zu zeigen sich noch Spuren der langen Dominion-
Telegrafenleitung (sie verband einst die Goldfelder
von Dawson City über die unglaubliche Entfernung
von 3060 km mit Vancouver) und der geplanten Eisenbahntrasse von Prince George – ein Vorhaben,
das erst 1977 aufgegeben wurde. In Bell II, 95 km
nördlich von Meziadin Junction, findet sich in einem von Bergen gesäumten Flusstal die Unterkunft
Bell II Lodge mit Tankstelle (siehe „Übernachtung").

Nächste Station 130 km weiter nördlich ist
Iskut, ein Indianerdorf, in dem Touren in die nahe
gelegenen Wildnisparks angeboten werden. Die
Parks werden auch mit dem Wasserflugzeug von
Dease Lake aus angeflogen.

Von **Dease Lake**, 65 km nördlich von Iskut,
sind es immer noch 246 km bis zur Kreuzung mit
dem Alaska Highway weiter nördlich. Jenseits von
Dease Lake wird die Straße besonders wild und
schön. Die 240 km bis zur Yukon-Grenze bilden
den landschaftlich spektakulärsten Abschnitt einer
ohnehin schon atemberaubenden Reise.

Ein Großteil dieser Gegend wurde während des
Cassiar Gold Rush 1872–80 von goldhungrigen
Pionieren überschwemmt. Damals erhielt die Region auch ihren Namen, der möglicherweise auf die
Verballhornung des Begriffs *kaskamet* (getrockne-
tes Biberfleisch, das die einheimischen Kaska
aßen) durch einen weißen Goldsucher zurückzuführen ist. 1877 zog Alfred Freedman einen der
größten reinen Goldklumpen, die jemals gefunden
wurden, aus einem Bach in der Nähe des heutigen
Cassiar: ein über zwei Kilo schwerer Brocken!
Heutzutage präsentiert sich der Tagebau in der
133 km von der Kreuzung mit dem Alaska Highway im Norden entfernten Siedlung weniger romantisch, konzentriert er sich doch auf eine nur
5 km vom Dorf entfernte **Asbestmine**. Hier wurde
einst die weltweit größte Menge hochprozentigen
Asbests abgebaut, wovon heute noch giftige Reste
von grünem Chrysotilasbest (Faserserpentin) zeugen, die kilometerweit in der Umgebung verstreut
liegen. Die Mine wurde 1992 geschlossen, woraufhin der Ort sich auf einen Schlag in eine Geisterstadt verwandelte. Nach dem Verkauf der Ausrüstung und der Räumung der Produktionsstätten
bleibt die Gegend bis zum Abschluss der Sanie-
rungsarbeiten Sperrgebiet.

Übernachtung

BELL II – *Bell II Lodge,* ℡ 250/881-8530 oder
1-877-617-2288, 🖥 www.bell2lodge.com, mit
22 Chalet-Zimmern. Der Komplex beherbergt
außerdem eine Lounge, ein Café, eine Sauna
und einen Whirlpool. ❺

UM ISKUT – *Bike, Hike & Paddle Touring Co,*
6 km südlich von Iskut am Eddontenajon Lake,
℡ 250/234-3456, 🖥 www.bikehikepaddle.com.
Vier Gästezimmer bei einem Veranstalter,
der Pauschalpakete mit Outdoor-Aktivitäten
und Unterkunft ab $150 anbietet (nur Juli
–Okt).
Red Goat Lodge, 3 km südlich des Ortes, ℡ 250/
234-3261 oder 1-888/733-4628, ✉ redgoatlodge@
aol.com. Unterkunft mit dazugehörigem Campingplatz (26 Stellplätze für Zelte à $13). ⏲ Ende
Mai–Mitte Sep. ❹
Todagin Guest Ranch, 30 km südlich von Iskut,
nur über Funk erreichbar. Drei Hütten und zahlreiche Aktivitäten in freier Natur.

UM DEASE LAKE – *Arctic Divide Inn & Motel,*
direkt am Highway, ℡ 250/771-3119,
✉ arcticdivide@stikine.net. Eines von zwei
Motels im Ort. Mit acht Zimmern. ❸
Moose Meadows Resort, ca. 84 km nördlich von
Dease Lake, nur über Funk erreichbar. Hütten
und Stellplätze für Zelte ($10) und Wohnmobile,
außerdem Krämerladen und Kanuverleih,
⏲ Mai–Mitte Okt. ❶
Northway Motor Inn, Boulder Ave,
℡ 250/771-5341 oder 1-866/888-2588,
✉ northwaymotorinn@stikine.net. Unterkunft
mit 46 Zimmern. ❸
Boya Lake Provincial Park Campsite, reizender
Campingplatz am See mit 45 Stellplätzen ($14),
150 km nördlich von Dease Lake und 16 km vom
Good Hope Lake entfernt.

Informationen

Informationen erteilen das *Iskut Band Office,*
℡ 250/234-3331, oder die Geschäfte und Auto-
werkstätten in Iskut.

Telegraph Creek

Einen Vorgeschmack auf eine womöglich noch
schönere Landschaft als die des Cassiar bietet die
113 km lange, potenziell tückische Nebenstraße
von Dease Lake nach Telegraph Creek. Die Fahrt
dauert unter guten Bedingungen zwei Stunden und
führt in ein entzückendes Städtchen am Fluss, dessen Erscheinungsbild und Atmosphäre sich seit
dem Beginn des 20. Jhs. nur unwesentlich verändert haben dürften. Damals war der Ort eine
bedeutende Telegrafenstation und wichtiger Handelsposten für die Goldgräbersiedlungen weiter
nördlich.

Die Straße windet sich vom Cassiar aus in unglaublichen Steigungen und Kurven an Canyons,
alten Lavabetten und mehreren **Indianerdörfern**
vorbei. In den zumeist am Tahltan River liegenden
Dörfern wird Lachs nach traditioneller Art geräu-
chert und an Touristen auf der Durchreise verkauft.
Mit etwas Glück zeigt sich sogar ein Tahltan-Bä-
renhund, eine Art, die leider fast ausgestorben ist.
Dieser nur etwa 30 cm große und fünf bis sieben
Kilogramm leichte Winzling war in der Lage, einen
ausgewachsenen Bären durch Bellen und Herum-
springen in Schach zu halten, bis der Jäger kam,
um ihn zu erlegen.

Telegraph Creek ist ein Paradebeispiel für die
Lebensweise der modernen weißen Siedler in der
abgelegenen Wildnis des Nordens. Der Ort beherbergt eine freundliche Mixtur aus Aussteigern, Jägern, Trappern und Viehzüchtern, daneben aber
auch eine sich abkapselnde Gruppe religiöser Fun-
damentalisten, die dem dekadenten westlichen Lebensstil zugunsten der Reinheit der Wildnis den
Rücken kehrten. Derartige Gruppen sind in den
entlegenen Winkeln British Columbias auf dem
Vormarsch und stellen ein bislang undokumentier-
tes Phänomen dar. Hier und da kommt es zu Spannungen zwischen den Strenggläubigen und den
eher lockeren Aussteigern, die sich zuerst in der
Wildnis niederließen. Erst kürzlich wurde bei Telegraph Creek Gold entdeckt, was natürlich die Bergbauunternehmen auf den Plan rief. Das Leben
könnte sich hier also schon bald für alle Beteiligten
entscheidend ändern.

Weitere Streckenabschnitte des Cassiar Highway nach Watson Lake und zur Kreuzung mit dem
Alaska Highway s.S. 457.

Ein wesentlicher Teil des Dorflebens konzentriert sich um das *General Delivery* – eine Kombination aus Café (das *Riversong)*, Gemischtwarenladen und Tankstelle. Gleich nebenan steht ein kleines Motel, die *Stikine River Song Lodge*, ✆ 250/235-3196, 💻 www.stikineriversong.com, das Zimmer mit Kochnischen vermietet, ❸. Niemand – vielleicht mit Ausnahme der Bibelbrigade – wird etwas dagegen haben, wenn man hier sein Zelt aufschlägt. Dennoch empfiehlt es sich natürlich, vorher zu fragen. Im Café gibt es Informationen über Rafting-Touren und Ausflüge in die Umgebung.

John Hart Highway

Dawson Creek ist das Tor zum Alaska Highway. Auch wenn die Stadt im Allgemeinen nicht sehr einladend wirkt, ist eine Übernachtung hier kaum zu vermeiden, egal ob man aus Edmonton im Osten oder aus Prince George über den landschaftlich reizvolleren John Hart Highway (Hwy 97) kommt. Dieser nach einem früheren Premierminister British Columbias benannte, unscheinbare Highway ist in Wirklichkeit eine der wichtigsten Verkehrsadern des Nordens. Der 1952 fertig gestellte Highway verbindet das Straßennetz der Pazifikküste mit dem Landesinneren im Norden und verkürzte beispielsweise die Reise von Seattle nach Alaska um ganze 800 km, während vorher für diese Strecke ein riesiger Schlenker in östlicher Richtung über Calgary notwendig war. Über den Highway verlässt man das Hochland im Inneren British Columbias und gelangt in das so genannte **Peace River Land**, eine hügelige Region, die vom Erscheinungsbild und der Atmosphäre her eher der Prärienlandschaft Albertas zuzuordnen ist.

Von Prince George nach Dawson Creek

Außerhalb von Prince George windet sich die Straße durch eine sanfte, von Mischwald bedeckte Hügellandschaft an kleinen Seen vorbei und bietet Ausblicke auf die Rocky Mountains, deren zerklüftete Silhouette immer wieder für Abwechslung

sorgt, während man ansonsten durch einen endlos erscheinenden Tunnel aus Bäumen fährt. Nach ca. 70 km liegen der **Bear Lake** und der **Crooked River Provincial Park** etwas abseits der Straße. Der schmale Weg westlich der Parkeinfahrt führt zu einem idyllischen kleinen See, dessen gegenüberliegendes Ufer von einem schönen, sichelförmigen Sandstrand gesäumt wird.

Sowohl **Mackenzie Junction**, 152 km hinter Prince George, als auch **Mackenzie** selbst, 29 km abseits des Highways, sind zusammengeschusterte, unattraktive Ortschaften, die man leichten Herzens hinter sich lässt und schon vergessen hat, wenn die Straße zum 933 m hohen **Pine Pass** ansteigt, einer der tiefer gelegenen, aber deshalb kaum weniger spektakulären Pässe über die Rocky Mountains. Kurz vor dem Pass empfiehlt sich der **Bijoux Falls Provincial Park** für ein Picknick an den gleichnamigen Wasserfällen.

Jenseits des Passes fällt die Straße steil ab und führt durch **Chetwynd** und das immer flacher werdende Land nach Dawson Creek.

Übernachtung

Pine Valley Park Lodge, landschaftlich wunderschön gelegener Campingplatz an einem See mit Blick auf die extrem verschachtelten und verschobenen Felsformationen direkt unterhalb des Pine Pass, ◷ Mai–Okt, Stellplatz $11. Weitere Übernachtungsmöglichkeiten gibt es im **Crooked River Provincial Park** (Zeltplatz, $14) und in **Chetwynd** (drei Motels und ein Campingplatz).

Transport

Greyhound-Busse legen die insgesamt 409 km lange Strecke 2x tgl. zurück.

Dawson Creek

Es ist ratsam, spät in Dawson Creek (10 754 Einwohner) anzukommen und früh wieder abzureisen, denn die Stadt hat nicht besonders viel zu bieten. Immerhin gibt es ein kleines **Museum** neben dem Blickfang der Stadt, einem auffälligen roten Getreidespeicher. Die meisten Besucher halten in Dawson Creek nur zum Essen und Schlafen an und machen schnell noch das obligatorische Foto vom weißen Pfahl **Mile Zero**, der den Beginn des Alaska Highway markiert.

Übernachtung und Essen

Es gibt mehrere **Motels** in Dawson Creek, von denen sich die meisten am Alaska Highway im Nordwesten der Stadt befinden.

Ramada Limited Dawson Creek, 1748 Alaska Ave, ℡ 250/782-8595 oder 1-800/663-2749, 🖥 www.www.ramada.ca. Eines der schöneren Häuser mit Blick auf die Landschaft statt auf die Straße. ❸

Mile 0 RV Park und Campground, ℡ 250/782-2590, ✉ mile0campground@aol.com. Etwa 1 km westlich der Stadt an der Kreuzung von Hwy 97 North und Hwy 97 South, gegenüber der 20th St auf dem Alaska Highway; noch der attraktivste unter den wenig berauschenden **Campingplätzen** und Caravanparks von Dawson Creek. ☉ Mai–Mitte Sep, Stellplatz $12–17.

Wer seinem Gaumen etwas Gutes tun möchte, findet im ***Alaska Café*** in der 10th St ein ausgezeichnetes Lokal in einem attraktiven alten Holzgebäude, das so gar nicht in das sonstige Erscheinungsbild der Stadt passen will. Hier gibt es in netter Atmosphäre gutes Essen, das allerdings nicht ganz billig ist. Die Bar ist übrigens auch nicht schlecht.

Informationen

Infocentre, im Museum, 900 Alaska Ave, ℡ 250/782-9595 oder 1-866/645-3022, 🖥 www.tourismdawsoncreek.com. ☉ tgl. 9–18 Uhr, im Sommer länger.

Transport

Busse fahren nach EDMONTON (2x tgl., 9 Std.), PRINCE GEORGE (2x tgl., 6 1/2 Std.) und WHITEHORSE (Mitte Mai–Mitte Okt tgl. außer So, den Rest des Jahres 3x wöchentl., 20 Std.).

Alaska Highway: Von Dawson Creek nach Whitehorse

Der beste Abschnitt des Alaska Highway – einer Strecke von ca. 1500 km, von der nur 320 km tatsächlich durch Alaska verlaufen – zieht sich durch den Norden British Columbias von Dawson Creek nach Whitehorse, der Hauptstadt des Yukon Territory. Man sollte sich nicht von der Zahl der Ortschaften blenden lassen, die auf der Landkarte schmuckvoll den Highway zieren, denn in Wirklichkeit haben nur zwei Städte entlang der Straße diesen Namen verdient, nämlich **Fort St John** und **Fort Nelson**. In den übrigen Siedlungen gibt es meist nicht viel mehr als eine Tankstelle, einen Laden und vielleicht noch ein Motel. Watson Lake an der Grenze zum Yukon an der Kreuzung des Alaska Highway mit dem Cassiar Highway ist noch die größte dieser kleinen Ansiedlungen. Auf der gesamten Strecke kommt man nicht daran vorbei, seine Unterkunft während der Monate Juli und August im Voraus zu reservieren.

Eine Fahrt über den Alaska Highway ist heute nicht mehr das Abenteuer vergangener Zeiten – das bieten heutzutage nur noch der Cassiar Highway und der Dempster Highway. Essen, Benzin und Unterkünfte gibt es inzwischen in Abständen von 40–80 km, doch das Fahrzeug sollte auf jeden Fall gut in Schuss sein. Es empfiehlt sich, die ganze Zeit über mit Licht zu fahren und bei sämtlichen Überholvorgängen, an denen schwere Lastwagen beteiligt sind, besondere Aufmerksamkeit walten zu lassen. Es muss wohl nicht betont werden, dass die Wildnis – die sich zu beiden Seiten des Highway bis zu 800 km weit erstrecken kann – am Straßenrand beginnt. Jegliche Erkundung der Gegend abseits der Straße ist daher nur sehr erfahrenen Kennern der Verhältnisse zu empfehlen. Es gibt eine Vielzahl von Streckenführern und Broschüren, die die gesamte Strecke bis Fairbanks abdecken, doch außer *The Milepost*, wegen der zahllosen Einzelheiten und unerschöpflichen Streckendetails auch als „Bibel des Alaska Highway" bezeichnet, braucht man wirklich nichts zu kaufen.

Transport

Von der Station 1201 Alaska Ave in Dawson Creek fährt morgens ein Greyhound-Bus mit dem Ziel

Whitehorse ab. Er verkehrt derzeit von Mitte Mai–Mitte Oktober tgl. außer So, sonst nur Di, Do und Sa. Die 20-stündige Fahrt endet um 5 Uhr morgens und beinhaltet lediglich ein paar halbstündige Essenspausen. Den schönsten Teil der Strecke passiert der Bus bei Tageslicht.

Von Dawson Creek nach Prophet River

Eine 2500 km lange Reise erfordert eine besondere Einstellung zur Entfernung. Da die Sehenswürdigkeiten auf dem Alaska Highway weit auseinander liegen, bestehen Abwechslung und Vergnügen eher in der sich langsam verändernden Landschaft, der Begegnung mit einem einzelgängerischen Elch oder dem Auftauchen einer kaum besuchten Bar auf der Strecke. Folgerichtig dauert es etwa 40 Minuten, bis die von sanften Hügeln geprägten Prärien um Dawson Creek plötzlich in das breite und flache Tal des Peace River abfallen, einem Canyon, dessen Hänge von Bächen und kleinen Schluchten übersät sind.

Gleich nach der Überquerung des Flusses folgt **Fort St John**, das den Straßenbautrupps des östlichen Abschnitts während des Highway-Baus als Hauptquartier diente. Vorher war der Ort ein Handelsposten für die hier beheimateten Sikanni- und Beaver-Indianer gewesen und hatte sich gegenüber dem früheren Ort kaum verändert, der irgendwann im Schlamm des Peace River versunken war (im Laufe der Zeit gab es insgesamt sechs verschiedene Fort St Johns in der Gegend). 1955 erfuhr das trostlose Nest einen Aufschwung, als in der Nähe das größte Ölfeld der Provinz entdeckt wurde. Heute ist Fort St John eine zweckmäßige Ansiedlung, in der alles Notwendige erhältlich ist – allerdings wird kaum jemand nach nur 75 km Strecke schon wieder einen längeren Stopp einlegen wollen. Falls doch, gibt es ein kleines **Museum** in der 93rd, Ecke 100th St, und eine Hand voll Unterkünfte, darunter das preisgünstige *Cedar Lodge Motor Inn*, 9824 99th Ave, ✆ 250/785-8107 oder 1-800/661-2210, ✉ cedarlodge@mail.pris.bc.ca, ❷, und das große *Ramada*, 10103 98 Ave, ✆ 787-0779 oder 1-888/346-7711, 🖥 www.ramada.ca, ❹. Im Ort findet sich auch ein **Infocentre**, 9323 96th Ave, ✆ 250/785-3033 oder 785-6037, 🖥 www.fortstjohnchamber.com.

Der nächste Flecken auf dem Highway ist bei KM 161 von Dawson Creek das winzige **Wonowon**

(84 Einwohner), ein Militärposten aus dem Zweiten Weltkrieg und eigentlich typisch für die schmucklosen Ansiedlungen, die sich über die gesamte Strecke hinziehen. **Pink Mountain** (19 Einwohner) bei KM 226 unterscheidet sich nicht wesentlich. *Mae's Kitchen*, ✆ 250/772-3215, ist das einzige echte Restaurant hier, die übrigen Lokale kommen und gehen oder sind nur zeitweise geöffnet.

Im weiteren Verlauf bietet der Highway grandiose Bilder absoluter Wildnis in allen Richtungen. Die Wälder sind dicht wie immer, doch die Bäume sehen hier schon wesentlich karger aus als weiter südlich und nähern sich langsam der Grenze kommerzieller Verwertbarkeit. Nicht zu übersehen sind die auf Wiederaufforstung hinweisenden Schilder „New Forest Planted", die angesichts halb abgestorbener Bäume wie Hohn wirken.

Auf den verbleibenden 236 km Richtung Norden bis Fort Nelson gibt es zwei Provinzparks mit Campingplätzen, den *Buckinghorse River Provincial Park Campground* ca. 60 km nördlich von Pink Mountain (Stellplatz $14) und die **Prophet River Provincial Recreation Area**, 69 km weiter nördlich mit Blick auf den Fluss (Stellplatz $9). Dies ist nicht nur eine gute Gegend zum Beobachten von Vögeln, sondern auch von Bären – Vorsicht ist also geboten (s. S. 152/153, Kasten).

Fort Nelson und Umgebung

382 km nördlich von Fort St John liegt Fort Nelson (4188 Einwohner), eine der wichtigsten Zwischenstationen am Alaska Highway. Früher wurden Reisende hier mit einem riesigen Plakat begrüßt, auf dem stand: „Gefängnis ist noch harmlos – Nein zu Alkohol am Steuer". Das ernüchternde Poster deutete bereits an, zu welch extremen Mitteln manche Einheimische greifen, um das harte Los der langen Winter im ewigen Halbdunkel etwas erträglicher zu machen. Alles in der Stadt, außer einem kleinen **Museum** zur Geschichte des Highway-Baus, erinnert an ein abgelegenes Versorgungslager. Fort Nelson, der jüngste einer langen Kette von Handelsposten, zog die Menschen nicht zuletzt wegen seiner attraktiven Lage im Schutz der Rocky Mountains und in der Nähe vier großer Flüsse an. Finstere, wettergegerbte Gebäude säumen die im Gittermuster angeordneten Straßen.

Der Alaska Highway verläuft von „Mile Zero" in Dawson Creek in nordwestlicher Richtung durch Yukon bis Mile 1520 in Fairbanks (Alaska). Er wurde zunächst aus strategischen Gründen gebaut, wird aber heute ganzjährig und bei jedem Wetter täglich von Linienbussen und mehreren Tausend Touristen befahren, die das Abenteuer vergangener Zeiten wiederaufleben lassen möchten, als die Straße noch als „Schrottplatz des amerikanischen Autos" galt. Die Straße verlangt zwar heutzutage keine besonderen fahrerischen Qualitäten mehr, doch insgesamt hat die Vorstellung von einer Reise durch die scheinbar unendliche Wildnis in einem der letzten extremen Grenzgebiete des Kontinents nichts von ihrem Reiz verloren und lockt heute sogar 360 000 Menschen jährlich auf den Alaska Highway.

Noch bis 1940 existierte keine direkte Landverbindung in den Yukon oder nach Alaska, abgesehen von den Trails, die allerdings nur von erfahrenen Trappern begangen werden konnten. Als die Japaner im Zweiten Weltkrieg auf den Aleüten-Inseln einmarschierten, bedrohten sie damit die traditionellen Seerouten nach Norden und schienen bereit zu einem Einmarsch auf das Festland von Alaska. Diese Gefahr war das Signal zum Bau einer Straße nach Norden als Gemeinschaftsprojekt zwischen den USA und Kanada. Der Vorschlag einer in Hazelton (British Columbia) be-

ginnenden Küstenstraße wurde verworfen, weil sie zu anfällig für feindliche Angriffe gewesen wäre (das Projekt wurde dann später als Cassiar Highway verwirklicht). Der Bau einer Strecke durch das Binnenland von BC entlang der Rocky Mountains und über Whitehorse hätte fünf Jahre in Anspruch genommen. Also blieb nur die so genannte **Prärie-Route** übrig, die den Vorteil hatte, dass sie einer Kette von Luftstützpunkten durch Kanada bis nach Alaska folgte, der so genannten **Northwest Staging Route**. Im Verlauf des Krieges wurden entlang dieser Strecke ca. 8000 Flugzeuge von Montana im Norden der USA nach Edmonton und schließlich nach Fairbanks überführt, wo sie von sowjetischen Piloten übernommen und an die sibirische Front geflogen wurden.

Der **9. März 1942** markiert den Beginn des Baus des Alaska Highway und gleichzeitig des Leidensweges für die 20 000, hauptsächlich aus den USA stammenden Soldaten, die dazu verdonnert wurden, unter extremen Witterungsverhältnissen eine Straße durch Berge, Schlamm, mückenverseuchte Sümpfe, eiskalte Flüsse und endlose Wälder aus dem Boden zu stampfen. Es klingt unglaublich, aber bereits im September 1942 trafen die beiden Trupps aus dem östlichen und westlichen Abschnitt bei Contact Creek in British Columbia zusammen und stellten schon im Oktober ge-

Der Ort scheint sich seit dem Ende der 50er Jahre, als es hier noch keinen Strom, kein Telefon, kein fließendes Wasser und keinen Arzt gab, nur um eine kleine Sprosse auf der Zivilisationsleiter nach oben entwickelt zu haben. Das Leben ist eindeutig zu hart und konzentriert sich auf nichts anderes als das nackte Überleben und die Ausbeutung der riesigen Erdgasvorkommen; schließlich befinden sich hier die zweitgrößte Gasverarbeitungsanlage der Welt und riesige Vorratstanks. Die Ureinwohner und weißen Trapper leben wie seit Jahrhunderten: Sie jagen Biber, Wölfe, Vielfraße, Füchse, Luchse, Nerze und die allgegenwärtigen Elche, die noch immer eine bedeutende Nahrungsquelle für viele Ureinwohner darstellen.

Kurioserweise steht in Fort Nelson die größte Essstäbchenfabrik der Welt, die **Canadian Chopstick Manufacturing Company**. Sie befindet sich südlich der Stadt abseits des Highway in der Industrial Park Chopstick Road, Auskünfte zu Führungen unter ✆ 250/774-4448. Dass die Fabrik ausgerechnet hier steht, liegt nicht etwa an der gigantischen Nachfrage nach chinesischem Essen in Fort Nelson – bei der letzten Zählung gab es nur drei chinesische Restaurants in der Stadt –, sondern in dem qualitativ hochwertigen Espenholz der Region, das als bester Rohstoff für die Herstellung des ultimativen Essstäbchens gilt. Die Fabrik produziert unfassbare 7,5 Millionen Paare Essstäbchen am Tag, das sind knapp zwei Milliarden Paar jährlich.

meinsam die letzte Etappe nach Fairbanks fertig. Die **Bauzeit** dieses Meisterwerks der Ingenieurskunst hatte damit weniger als ein Jahr gedauert und 140 Millionen Dollar verschlungen. Der erste komplette Lkw-Konvoi nach Fairbanks erreichte eine Durchschnittsgeschwindigkeit von 25 km/h in einem der härtesten Winter seit Menschengedenken.

Bereits 1943 war der Highway praktisch komplett erneuerungsbedürftig, und sieben weitere Jahre vergingen mit Arbeiten wie Verbreiterung der Fahrbahn, Erhöhung von Brücken, Entschärfen von Steigungen und Umgehung sumpfiger Gebiete. Auch heute noch werden einige der teilweise erheblichen Umwege beseitigt, so dass es inzwischen bis zum alten **Meilenstein 1520** in Fairbanks in Wirklichkeit nur noch 1488 Meilen (2394 km) sind. Zur Rechtfertigung der zahlreichen Schlenker wurden ebenso viele Gründe angeführt, wie die Strecke Kurven hat: Japanische Flugzeuge sollten die Straße nicht als Landebahn benutzen können, die Bulldozer konnten damals nicht in andere Gebiete vordringen oder man war einfach den Spuren eines brunftigen Elchs gefolgt. Der wahrscheinlichste Grund ist aber wohl der, dass den Landvermessern damals kaum mehr Instrumente zur Verfügung standen als ein grob in Richtung des nächsten Horizonts weisender Finger. 1946 übernahm Kanada die Aufsicht über die Straße, die allerdings noch bis 1948 für den zivilen Verkehr gesperrt war.

Innerhalb der ersten Monate nach der Eröffnung waren bereits so viele Fahrzeuge liegen geblieben, dass die Strecke für ein weiteres Jahr gesperrt werden musste.

Über all den Lobpreisungen für den „Alcan" sollten einige Schönfärbereien jedoch nicht übersehen werden. Viele der härtesten Bauabschnitte wurden beispielsweise afroamerikanischen GIs überlassen, doch nur wenigen Farbigen wurde Anerkennung für ihre Leistungen beim Bau des Highway zuteil, denn Gesichter schwarzer Amerikaner sucht man auf den Archivfotos der Eröffnungszeremonien zwischen den weißen Funktionären vergeblich. Eine weitere oft übersehene Tatsache sind die Auswirkungen für zahlreiche Ureinwohner an der Strecke, die in Massen an den von den Arbeitern eingeschleppten Seuchen starben.

Für weitere negative Schlagzeilen sorgte die mit dem Bau der Straße einhergehende Errichtung der **Canol-Pipeline** der *Canadian Oil* und die damit verbundenen riesigen Mengen von Sondermüll und Baubafällen. Das Wild entlang der Strecke hatte schwer unter den schießwütigen GIs zu leiden, die bei der Arbeit gern auch mal „nur so zum Spaß" drauflosballerten.

Die drohende Auslöschung mehrerer Arten war einer der Gründe für die Einrichtung des Kluane Game Sanctuary, dem Vorläufer des Kluane National Park im Yukon.

Übernachtung

Die drei Motels der Stadt gleichen sich wie ein Ei dem anderen und verlangen ca. $80 für ein Doppelzimmer, das wesentlich weniger wert ist – stolze Preise, wie sie im gesamten Norden üblich sind.

Bluebell Inn, am südlichen Ortseingang in der 3907 50th Ave S, ✆ 250/774-6961 oder 1-800/663-5267, ✉ bluebell@pris.bc.ca. Macht einen besseren Eindruck als die anderen. ❹

Westend Campground, ✆ 250/774-2340, Campingplatz neben dem Museum am Highway mit Rasenflächen, kostenpflichtigen Duschen, Wäscheservice und Laden. ⊙ April–Nov, Stellplatz $17–23.

Informationen

Infocentre, 5500 50th Ave, ✆ 774-2956, 💻 www.northernrockies.org. ⊙ Mitte Mai–Aug tgl. Mo–Sa 8/9–19/20 Uhr. Während der übrigen Zeiten können Auskünfte unter ✆ 774-2541 eingeholt werden.

Von Fort Nelson nach Liard Hot Springs

Auf diesem Teilstück präsentiert sich der Alaska Highway von seiner Schokoladenseite, denn hinter Fort Nelson verändert sich die Landschaft merklich. Der Highway macht einen Bogen nach Westen und führt über die kleineren Hügel der Peace-River-Region in die nördlichen Rocky Mountains oberhalb der Täler und Hochebene des Liard River. Nach einiger Zeit, wenn die Straße den Quellfluss erreicht hat, befindet man sich inmitten einer der grandiosesten Landschaften British Columbias. Das Gebiet beiderseits der Straße gehört zu den unberührtesten der Erde – über acht Millionen Hektar Nichts. Nach Expertenmeinung wird diese Region, was die Artenvielfalt an Säugetieren und die Ursprünglichkeit der Ökosysteme angeht, nur noch von einigen Teilen Afrikas übertroffen. Motels und andere Einrichtungen des Dienstleistungssektors werden knapper, doch wenn eine dieser meist heruntergekommen wirkenden Anlagen auftaucht, wird ein Aufenthalt angesichts der einmaligen Atmosphäre nicht selten zu einem unvergesslichen Erlebnis.

Der erste lohnenswerte Zwischenstopp ist der **Tetsa River Provincial Park** ca. 77 km westlich von Fort Nelson, 1 km abseits des Highway und über eine Schotterstraße zu erreichen. Hier gibt es einen netten, abgeschiedenen Campingplatz mit interessanten Wanderwegen durch die Wälder und am Fluss entlang. G Mai–Okt, Stellplatz $14.

Nächste Station ist der **Stone Mountain Provincial Park**, 139 km westlich von Fort Nelson, ebenfalls mit einem Campingplatz, ☉ Mai–Okt, Stellplatz $14. Ein kurzer Wanderweg führt nach etwa zehn Minuten zu zwei „Hoodoos" (Steinsäulen), die der Legende nach die Köpfe von zwei Teufeln darstellen. Ein anderer Wanderweg, der 6 km lange Flower Springs Lake Trail endet an einem reizenden Bergsee.

Im weiteren Verlauf der Strecke gibt es noch einige weitere Unterkünfte und Service-Einrichtungen: Bei KM 165 von Fort Nelson stößt man auf die *Rocky Mountain Lodge,* ✆ 250/232-5000, ❷, mit sehr schönem Blick auf die Berge und einem Campingplatz in der Nähe, Stellplatz $10.

Bei KM 195 von Fort Nelson steht bei **Toad River** das wohl beste Motel auf diesem einsamen Streckenabschnitt, die *Toad River Lodge,* ✆ 250/232-5401, ❷. Die Zimmer und Hütten bieten zu allen Seiten hin unübertreffliche Ausblicke auf die dicht bewaldeten und stark zerklüfteten Berge. Außerdem gibt es hier einen Lebensmittelladen, eine Tankstelle und Stellplätze für Zelte ($15) und Wohnmobile.

Ca. 3 km weiter nördlich befindet sich der *Poplars Campground & Café,* ✆ 250/232-5465, ❷, mit vier Holzhütten und Stellplätzen mit allen Anschlüssen für Zelte und Wohnmobile, ☉ Mai–Ende Sep, Stellplatz $13.

Eine weitere Unterkunft, mit vier Zimmern und Möglichkeiten zum Reiten und Wandern, erreicht man, wenn man 9 km nördlich von Toad River rechts vom Highway abzweigt: *Stone Mountain Safaris Lodge,* ✆ 250/232-5469, ✉ stonemountainsafaris@direcway.com, ❺.

Der **Muncho Lake**, die nächste größere Abwechslung in der Natur, liegt 260 km hinter Fort Nelson inmitten eines großen Provinzparks, dessen kahle Berggruppen bereits einen Vorgeschmack auf die öde Tundra des hohen Nordens liefern. Am Südufer des Sees gibt es ein kleines Motel mit Campingplatz, doch es lohnt sich, bis zum beliebten *Muncho Lake Provincial Park Campground* am Ostufer, ☉ Mai–Okt, $14, im Okt gratis, oder der empfehlenswerten *Northern Rockies Lodge-Highland Glen Lodge and Campground,* ✆ 250/776-3481 oder 1-800/663-5269, 🖳 www.northern-rockies-lodge.com, ❸, weiterzufahren. Letztere verfügt über Holzhütten und Stellplätze für Zelte ($20–27). Als Alternative bietet sich 1 km hinter der Lodge das *J & H Wilderness Motel & RV Park,* ✆ 250/776-3453, ❷, ein Komplex mit Laden, Café und Tankstelle. Und schließlich gibt es noch einen kleinen Platz 2 km nördlich des Ortes Muncho Lake, den *McDonald Provincial Campground,* Stellplatz $12.

Etwa 70 km nach dem See erreicht man die ausgezeichnete *Lower Liard River Lodge,* ✆ 250/776-7341, ❸, einen äußerst gemütlichen und freundlichen Anlaufpunkt zum Essen und Übernachten. ☉ April–Okt, Stellplätze für Wohnmobile und Zelte $10. (*Liard* ist das französische Wort für die in dieser Gegend weit verbreitete Pappel.) Nicht weit von hier befinden sich die nicht zu übersehenden **Liard Hot Springs**, eine der beliebtesten Stationen auf dem gesamten Alaska Highway. Die zwei Thermalbecken (Alpha und Beta) zählen zu den besten und heißesten in British Columbia. Die Arbeiter suchten diese heißen Quellen zu Zeiten des Highway-Baus besonders gern auf; den Frauen im Trupp wurde allerdings lediglich ein Bad pro Woche gestattet. Der Weg zu den Quellen führt über einen kurzen Holzsteg durch den dampfenden

Sumpf. Ansonsten ist dieser Flecken absolut natur-belassen, wenn man einmal von der Umkleidekabi-ne aus Holz und den großen Besucherströmen in der Hochsaison absieht. In dieser Zeit empfiehlt es sich, früh bei den Quellen zu sein, um dem An-sturm zu entgehen. Da das Sumpfgebiet nie zufriert, zieht es Elche und Grizzlys an, die hier bevorzugt trinken und weiden. Das milde Mikro-Habitat in der näheren Umgebung der Quellen bietet ungefähr 250 Pflanzenarten einen Lebensraum, darunter 14 Orchideenarten, Lobelien, Straußfarnen und an-deren seltenen nördlichen Waldpflanzen.

Der nahe gelegene *Liard River Hotsprings Pro-vincial Campground* zählt zu den beliebtesten Cam-pingplätzen der Region und ist daher im Juli und August schnell ausgebucht. Reservierungen kön-nen über die zentrale Reservierungsstelle für Pro-vinzpark-Campingplätze vorgenommen werden (s. S. 425, Kasten), Stellplatz Mai–Aug $17, Sep–April $10.

Watson Lake und Umgebung

Hinter Liard Hot Springs folgt der Alaska Highway dem Liard River und führt weitere 135 km durch eine nicht weiter erwähnenswerte Landschaft, bis sie schließlich Watson Lake erreicht. Der Ort befin-det sich knapp jenseits der Grenze zum Yukon Ter-ritory, die allerdings vor Erreichen der Siedlung insgesamt sieben Mal von der Straße hin und zu-rück überquert wird. Der mit dem Bau des High-way und als Luftwaffenstützpunkt entstandene Ort ist weder besonders attraktiv noch besonders groß. Die auf dem Campbell Highway im Norden und dem Cassiar Highway im Süden durchreisenden Touristen haben zahlreiche Läden, Motels, Tank-stellen und Werkstätten entstehen lassen. Früher lebte in dieser Gegend das Volk der Kaska, deren traditioneller Lebensstil sich in den 70er Jahren des 19. Jhs. mit dem Cassiar-Goldrausch zwangsweise abrupt änderte. Ein weiterer Goldrausch am Klon-dike River ist für den heutigen Namen des Ortes verantwortlich: Frank Watson, ein Goldsucher aus England, gab seinen Versuch auf, die entfernten Goldfelder des Nordens zu erreichen, und ließ sich stattdessen hier nieder.

Am Highway in Watson Lake befindet sich ne-ben der Chevron-Tankstelle das **Alaska Highway Interpretive Centre**. Selbst wenn man nur auf der Durchreise ist, lohnt ein kurzer Besuch dieser Ein-richtung, die nicht nur Informationen über das Yukon Territory bereithält, sondern auch archivier-te Fotos und audio-visuelle Exponate über den Bau des Highway, ☺ Mai–Sep tgl. 8–20 Uhr. In der Nä-he steht der berühmte **Schilderwald**. Das ulkige Phänomen begann 1942, als der heimwehkranke US-Soldat Carl K. Lindley hier ein Schild aufstellte, das mit Meilenangabe den Weg in die Richtung sei-ner Heimatstadt Danville in Illinois wies. Seitdem stellen hier Durchreisende aus aller Welt ein Schild nach dem anderen auf; bei der letzten Zählung wa-ren es bereits ca. 50 000. Eine weitere Sehenswür-digkeit ist das **Northern Lights Centre**, 🖳 www.yukon.net/northernlights, ein Planetarium und Wissenschaftszentrum zur Erforschung von Legen-den, Überlieferungen und wissenschaftlichen Er-kenntnissen, die hinter Phänomenen wie der Auro-ra Borealis stecken (s. S. 426, Kasten). ☺ Juni–Aug tgl. 14–22 Uhr, Eintritt $6–12.

Westlich von Watson Lake führt die Straße zu-nächst durch eine schöne Berglandschaft und Stunde um Stunde vorbei an scheinbar identischen Landschaften mit schneebedeckten Gipfeln und dichten Wäldern. **Teslin**, 263 km westlich von Wat-son Lake, das 1903 als Handelsposten gegründet wurde, ist einer der Orte mit den meisten Urein-wohnern der Region, von denen viele auch heute noch von der Jagd und vom Fischfang leben. Das **George Johnston Museum** befindet sich zur Rech-ten am Ortseingang und beherbergt eine gute Sammlung von Artefakten der heimischen Tlingit-Indianer sowie Fotos von Johnston, einem Tlingit, der sein Volk und dessen Kultur zwischen 1910 und 1940 anhand zahlreicher Fotos dokumentier-te, ☺ Mitte Mai–Sep tgl. 9–19 Uhr, Eintritt $3.

Übernachtung

WATSON LAKE – Es sind immer noch 441 km von Watson Lake bis Whitehorse, so dass die meis-ten Reisenden nach der langen Fahrt über den Alaska Hwy (oder den Cassiar Hwy) die weise Entscheidung treffen, in Watson Lake zu über-nachten, um neue Kräfte zu sammeln.
Belvedere Hotel, ✆ 867/536-7712, das beste unter den schickeren Hotels der Stadt, deren Preise durchweg bei ca. $95 liegen; mit Speise-saal. ❺

Cedar Lodge Motel, ✆ 867/536-7406, 🖥 www.
cedarlodge.yk.net. ❸

Gateway Motor Inn, ✆ 867/536-7744, zusammen
mit der Cedar Lodge das preiswerteste Hotel der
Stadt, einige Zimmer mit Kochnische, ⏱ 24 Std.
❸

Watson Lake Hotel, ✆ 867/536-7781, mit Speisesaal, einige Zimmer mit Kochnische. ❺

In der Umgebung des Ortes gibt es entlang des
Highway zahllose kleine Campingplätze, die vom
Bundesstaat Yukon betrieben werden. Der am
nächsten gelegene ist ein rustikaler **Zeltplatz**,
4 km westlich des Schilderwaldes, ⏱ Mai–Okt,
Stellplatz $8.

TESLIN – *Dawson Peaks Northern Resort,* ca.
10 km vor Teslin, ✆ 867/390-2310. In dieser empfehlenswerten Unterkunft gibt es nicht nur Hütten und einen Campingplatz, sondern auch einen
Angelausrüstungs- und Bootsverleih und vor allem eines der besseren Restaurants am Alaska
Highway. ❸

Whitehorse und Umgebung

Mit seinen knapp 23 000 Einwohnern ist Whitehorse die liebenswerte Hauptstadt des insgesamt
nur 31 000 Bewohner zählenden Yukon Territory.
Die Stadt ist das Bergbau- und Forstwirtschafts-
zentrum der Region und im Sommer eine geschäftige und gastfreundliche Zwischenstation für Tausende von Touristen. Heute bilden Straßen die
wirtschaftlichen Lebensadern von Whitehorse,
doch ihre Existenz verdankt die Stadt dem **Yukon
River**, einem 3200 km langen Strom, der im Küstengebirge von British Columbia entspringt und
durch das Kernland des Yukon und Alaskas in die
Beringsee fließt. Das Überschwemmungsgebiet des
Flusses und sein eigenartiger Steilabbruch oberhalb der heutigen Stadt dienten den Dene-India-
nern lange als Rastplatz, doch mit der Ankunft tausender Goldsucher entwickelte sich der Flecken im
Frühjahr 1898 schnell zu einer ausgewachsenen
Stadt. Nach erfolgreicher Überquerung des schwierigen Chilkoot-Passes (s.S. 460/461, Kasten) mussten die Männer auf dem Weg zum Oberlauf des
Yukon mit ihren Vorräten zunächst an den Ufern
des Lindeman Lake oder Bennett Lake warten, bevor sie die gefährliche Flussreise durch den **Mile's**

Canyon und die White-Horse-Stromschnellen südöstlich der heutigen Stadt antreten konnten. Nachdem die ersten Boote im Wildwasser zu Feuerholz
zerschmettert worden waren, erließ die Northwest
Mounted Police die Vorschrift, dass die Stromschnellen nur von erfahrenen Bootsleuten durchquert werden durften. Einer dieser Lotsen war der
Schriftsteller Jack London, der allein im Sommer
1898 $3000 verdiente, als über 7000 Boote die
Fahrt von den beiden Seen aus antraten. Irgendwann entschlossen sich die Goldsucher, zur Vermeidung der Stromschnellen eine 8 km lange Umgehung aus Holz zu bauen, und es dauerte nicht
lange, bis am nördlichen Ende des Canyons und
der Umgehung eine zunächst provisorische Zeltstadt entstand, in der die Glücksritter sich vor der
anstrengenden Flussreise zu den Goldfeldern von
Dawson City noch einmal kurz erholten.

Die Verlängerung der *White Pass & Yukon Railway* nach Whitehorse, das nun den Namen der
Stromschnellen trug, stellte die behelfsmäßige Ansiedlung auf festere Füße – fast zeitgleich mit dem
Abebben des Goldrausches. Anfang des 20. Jhs.
schrumpfte die Bevölkerung der Stadt dramatisch
von 10 000 auf etwa 400 zusammen. Vierzig Jahre
lang schlummerte Whitehorse vor sich hin und
konnte sich gerade so über Wasser halten, vor allem
dank des Kupferabbaus und der Schaufelraddampfer, die Frachten und gelegentlich ein paar Touristen über den Yukon schipperten. Der zweite Boom
der Stadt kam mit dem Bau des Alaska Highway,
der die Einwohnerzahl praktisch über Nacht von
800 auf 40 000 anschwellen ließ und die Position
der Stadt auf Dauer festigte.

Sehenswürdigkeiten

Der Großraum Whitehorse erstreckt sich über
mehrere Kilometer entlang des Alaska Highway,
während der Kern der alten Innenstadt sich um die
Main St konzentriert und etwa 40 Blocks zwischen
2nd und 4th Ave einnimmt. Wenngleich nur noch
eine Hand voll Gebäude aus der Pionierzeit erhalten sind, hat sich Whitehorse die strenge Recht-
schaffenheit und die beeindruckende Energie einer
Stadt im Grenzland bewahrt. Nachts erinnert das
Geheul der Grauwölfe und Kojoten daran, dass unmittelbar jenseits der Stadtgrenze die Wildnis beginnt. Dessen ungeachtet sorgt der Zustrom von
Touristen für eine Menge Leben in den Bars und

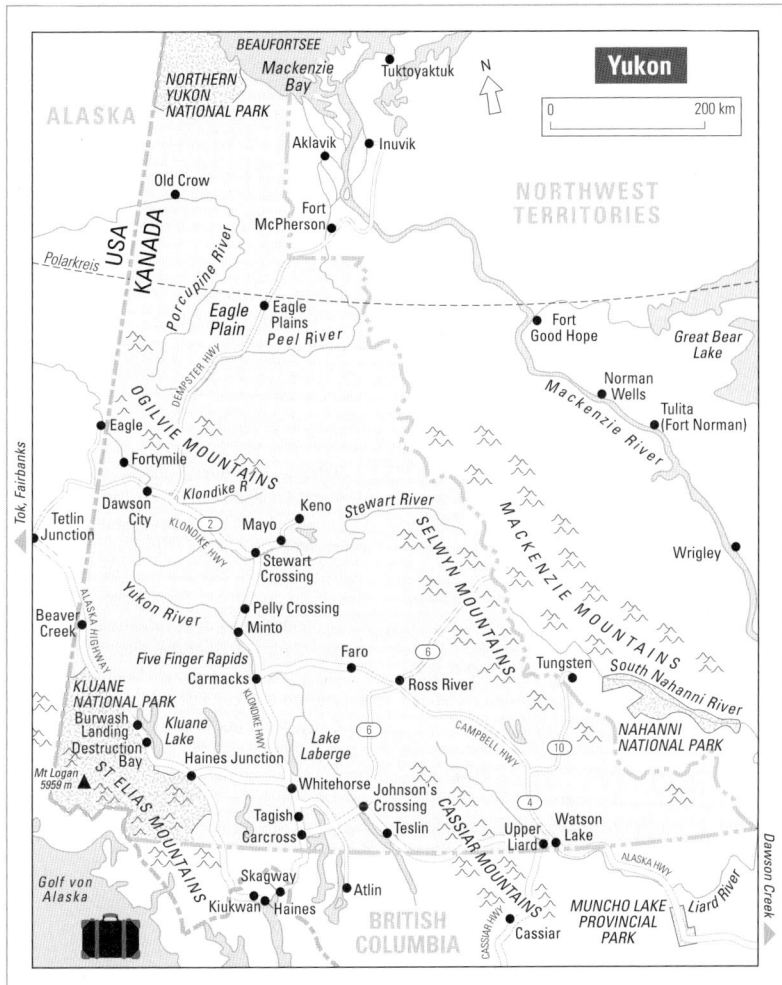

Cafés, und die Straßen von Whitehorse sind ansprechender und belebter als die vieler anderer Städte des Nordens.

Hauptattraktion ist der **Schaufelraddampfer** *SS Klondike,* einer von nur zwei noch existierenden im Yukon, der heute in der Main Street am westlichen Ende der 2nd Ave etwas traurig an Land liegt, auch wenn das Schiff wunderschön restau-

riert wieder im Glanz seiner Blütezeit in den 30er Jahren erstrahlt. Über 250 heckradbetriebene Dampfschiffe durchpflügten einst den Fluss, benötigten 36 Stunden für die 700 km lange Reise nach Dawson City und fünf Tage für den Rückweg gegen den Strom. Die *SS Klondike* wurde 1929 gebaut, sank 1936 und wurde 1937 auf der Grundlage der Original-Überreste neu erbaut.

DER NORDEN

Kein Bild lässt das Drama des Goldrausches von 1898 lebendiger werden als das der Karawanen von Goldsuchern, die sich über den Chilkoot Trail quälten, einen 53 km langen Fußweg durch die Coast Mountains. Er führte von dem nördlich von Skagway in Alaska gelegenen **Dyea** zum **Bennett Lake**, südlich von Whitehorse an der Grenze zwischen dem Yukon und British Columbia. Vor dem Goldrausch war Dyea ein kleines Dorf der **Küstenindianer** Chilkat Tlingit, die den Chilkoot Trail einmal im Jahr nutzten, um Fischöl, Muschelschalen und getrockneten Fisch mit Stämmen der Dene-Indianer gegen Felle, warme Kleidung und Kupfer zu tauschen. Die Chilkat bewachten den Zugang zum 1122 m hohen **Chilkoot Pass** argwöhnisch, bildete er doch das Eingangstor zum Trail, einem von nur drei gletscherfreien Routen durch das Küstengebirge westlich von Juneau. Schließlich mussten sie sich jedoch dem enormen Ansturm der Goldsucher beugen, die sich unter Mithilfe der Besatzung eines US-Kanonenboots Zugang zum Pass verschafft hatten. Die Glücksritter benutzten den Pass als Verbindung zwischen den Fährhäfen an der Pazifikküste und dem Yukon River, über den sie zu den Goldfeldern bei Dawson City gelangten.

Den größten Teil des Jahres 1897 stritten sich die USA und Kanada um den Pass und die Grenze, bis die Canadian Northwest Mounted Police schließlich eine Hütte auf dem Gipfel errichtete und „eine Tonne Verpflegung" als Voraussetzung für die **Überquerung des Passes** einführte: Wegen chronischen Nahrungsmangels auf den Goldfeldern wurde jeder Neuankömmling in Yukon dazu verpflichtet, eine Tonne Proviant mitzuführen. Auch wenn diese Zwangsmaßnahme langfristig wahrscheinlich viele Menschenleben rettete – für die Träger bedeutete sie eine beinahe unmenschliche Belastung. Da sich die Witterungsbedingungen und die 50-Grad-Steigungen selbst für Pferde oder Maulesel als zu schwer erwiesen, mussten die Männer ihre „eine Tonne Verpflegung" manchmal in mehr als 50 Überquerungen auf dem Rücken über den Pass schleppen. Viele kamen durch Lawinen um oder verloren ihr gesamtes Hab und Gut während ei-

nes Winters, in dem die Temperaturen auf bis zu minus 51 °C sanken und insgesamt 25 m Schneefall zahlreiche Goldschürfer zur Aufgabe zwang. Nichtsdestotrotz war der Reiz des Goldes groß genug, um insgesamt etwa 22 000 Goldsucher über den Pass zu locken.

Vorbereitung

Heutzutage legen die meisten Menschen, die von den Fähren aus Prince Rupert und dem Alaska Panhandle kommen, die fantastische Reise durch die Berge per Auto oder mit dem Gray-Line-Bus auf dem Hwy 2 von Skagway nach Whitehorse zurück. Die Strecke verläuft parallel zur wiederhergestellten **Eisenbahnlinie** der *White Pass & Yukon Railway (WP&YR)* ☏ 907/983- 2217 oder 1-800/343-7373,🖳 www. whitepass railroad.com. Die ursprünglich als Alternative zum Chilkoot Trail gebaute Bahn verkehrt von Mitte Mai bis Mitte September einmal täglich zwischen Skagway und White Pass, wo Anschluss an den Bus nach Whitehorse besteht ($95). Immer mehr Menschen wandern allerdings mit Absicht über den alten Trail, der vom Canadian Parks Service als **Langstreckenwanderweg** geführt und instand gehalten wird. Sein Reiz liegt nicht nur in der Landschaft, sondern auch in den zivilisatorischen Überbleibseln aus den Zeiten des Goldrausches, darunter alte Hütten, verrottete Stiefel, Becher und zerbrochene Flaschen, die immer noch da liegen, wo die Goldsucher sie einst zurückließen.

Der Trail ist gut ausgeschildert, wird regelmäßig überwacht und kann normalerweise von Juni bis September begangen werden, wobei im Juni noch mit Schnee auf der Strecke gerechnet werden muss. Die meisten Wanderer nehmen sich drei bis vier Tage Zeit für die Strecke, die einen Wanderer mit durchschnittlicher Fitness vor keine allzu großen Probleme stellen dürfte. Dennoch lauern **Gefahren** in Form von Bären, Lawinen, plötzlichen Wetterumschwüngen und Erschöpfung. Der Trail beinhaltet beispielsweise ein 12 km langes Stück, für das man zwölf Stunden einplanen sollte. Fast alle Wanderer marschieren in Süd-Nord-Richtung. Es gibt zwar drei Hütten zum Aufwärmen entlang des Trails, doch die sind nicht zum Übernachten vorgesehen. Dafür stehen neun ausgewiesene **Campingplätze** in bestimmten Abständen zur Verfügung. Wildes Campen ist nicht erlaubt.

Reservierungen und Genehmigungen

Ein **Informationspaket** ist im Voraus für $5 telefonisch beim Reservierungs-Service erhältlich, ☎ 867/667-3910 oder 1-800/661-0486 von 8.30 Uhr bis 16 Uhr Pacific Standard Time, oder persönlich bei der entsprechenden Behörde im Zentrum von Whitehorse. Das Büro befindet sich im großen, auffälligen Elijah Smith Building, 300 Main St, 2nd Floor, Suite 205, zugänglich über die Treppe am Ende des großen Foyers, ⏰ Mo–Fr 8–12 und 13–16.30 Uhr. Eine Buchung über das Internet ist nicht möglich.

Während der Wandersaison ist die Zahl der Personen, die den Chilkoot Pass nach Kanada hinein überqueren dürfen, auf 50 pro Tag begrenzt, wobei 42 Plätze im Voraus telefonisch über den Reservierungs-Service für je $11 gebucht werden können. Die restlichen acht Plätze werden ab 13 Uhr jeweils für den nächsten Tag an diejenigen vergeben, die sich zuerst zur **Registrierung** im Trail Center von Skagway einfinden: Broadway, Ecke 1st Avenue, ⏰ Ende Mai–Anfang Sep tgl. 8–16 Uhr. Am meisten Andrang herrscht im Juli und in den ersten beiden Augustwochen. Außerhalb dieser Zeit ist eine Reservierung wahrscheinlich nicht erforderlich. Unabhängig davon, wie man sich einen Platz für den Trail sichert, muss sich jeder Wanderer zuvor im Skagway Trail Center für $50 eine **Genehmigung (Permit)** ausstellen lassen, sich für die Zollabfertigung registrieren und sich die Wettervorhersage zu Gemüte führen. Im Trail Center muss man sich mit dem Reisepass ausweisen. Manchmal wird die Zollkontrolle auf kanadischer Seite bereits in der Ranger Station am Chilkoot Pass vorgenommen, wahrscheinlicher ist aber eine Abfertigung nach Abschluss der Wanderung entweder an der Grenzstation Fraser oder in Whitehorse. Wer im Voraus reserviert hat, ist bereits im Besitz der **Wanderkarte** des Canadian Parks Service. Die Karte ist wohl die beste für den Chilkoot Trail und wird für $2

im Trail Center oder im Büro des Canadian Parks Service auf der *SS Klondike* in Whitehorse angeboten.

Transport und Ausrüstung

Ein **Shuttlebus** (US$10) von *Dyea Dave,* ☎ 907/983-2731, verkehrt zwischen Skagway und Dyea, dem ca. neun Meilen nordwestlich von Skagway gelegenen Ausgangspunkt des Chilkoot Trail. Der Trail endet in Bennett, wo *Tutshi Charters,* ☎ 867/867/821-4905, den Transport über den Lake Bennett nach Carcross übernimmt (C$65). Dort besteht Anschluss an den Gray-Line-Bus nach Whitehorse. Alternativ dazu führt ein 13 km langer Fußmarsch zum Highway bei Log Cabin (vom Trail aus führt eine Abkürzung, die Bennett umgeht, zum Highway). Dort wartet bereits der Shuttlebus von *Dyea 0Dave,* von dem man sich auch am Endpunkt des Chilkoot Trails abholen lassen kann (telefonisch bestätigen); Absetzung und Abholung kosten zusammen $25. Für die Rückfahrt von Bennett nach Skagway bietet sich die WP&YR-Eisenbahn als Alternative an: Im Juni, Juli und August betreibt die **Bahn** den *Chilkoot Trail Hikers Service,* der täglich um 13 Uhr Alaska-Zeit für $25 (einfache Fahrt) nach Fraser und für $65 nach Skagway fährt. Dabei handelt es sich um einen Triebwagen oder einen Waggon der *Lake Bennett Excursion,* der speziell für die nach der anstrengenden Tour etwas müffelnden Wanderer reserviert ist. Wer seinen Fahrschein nicht im Voraus gekauft hat, muss $15 Zuschlag für den Kauf des Tickets im Zug berappen. Außerdem ist zu beachten, dass der Zug aus Gründen der Zollabfertigung nicht in Log Cabin hält.

Folgende **Ausrüstung** ist für den Chilkoot Trail dringend zu empfehlen: wetterfeste Regenkleidung, Streichhölzer, Wasseraufbereitungsmittel, Sonnenschutzmittel, Sonnenbrille, Taschenlampe und ein 10 m langes Seil, um Lebensmittel, Zahnpasta und andere geruchsintensive Gegenstände beim Zelten zum Schutz vor Bären an den *bear poles* hochzuziehen. Zu Beginn der Saison kann noch viel Schnee liegen, so dass Gamaschen *(gaiters),* die man in Skagway ausleihen kann, in Betracht zu ziehen sind.

Mehrere Bootstouren führen durch den Miles Canyon, 9 km südlich von Whitehorse, der auch über den Alaska Highway zu erreichen ist oder über die South Access Road, die hinter der *SS Klondike* an den Fluss heranführt. Die Regionalbusse von *Whitehorse Transit* fahren stündlich (nur Mo–Sa) für $1,25 von der Stadt über die South Access Road zum Fluss.

Durch den Bau eines Staudamms wurden die Stromschnellen inzwischen gezähmt und haben sich zum **Schwatka Lake** aufgestaut. Die 2-stündigen Bootstouren mit Kommentar auf der *MV Schwatka* liefern im Vergleich mit den Aussichtspunkten an der Straße einen wesentlich besseren Eindruck von der potenziellen Wildheit des Flusses und den kahlen Steilwänden der Schlucht. Anleger oberhalb des Staudamms ca. 3 km die Canyon Road hinauf, Abfahrten Mai–Sep tgl. 14 Uhr, Mitte Juni–Mitte Aug zusätzlich 19 Uhr, $25 bzw. $31 mit Transfer vom Westmark Whitehorse Hotel, ✆ 867/668-4716, ⌨ www.yukonrivercruises.com.

A Taste of '98 Yukon River Tours, ✆ 867/633-4767, veranstaltet ähnliche Sightseeing-Rundfahrten (3 Std.) sowie ausgedehnte Touren von 4–21 Tagen mit voller Ausrüstung, u.a. nach Dawson City. Informationen zu den zahlreichen vor Ort angebotenen Touren per Boot und Flugzeug erteilt das *Yukon Visitor Reception Centre* in Whitehorse (s.S. 466).

Wer lieber zu Fuß gehen möchte, kann vom Parkplatz am Haupt-Canyon aus über einen 11 km langen **Wanderweg** bis nach Canyon City laufen, dem Ausgangspunkt der damals von den Goldsuchern am südlichen Ende der ehemaligen Stromschnellen errichteten Tragepassage, von der heute allerdings kaum noch etwas zu sehen ist. Ein anderer Wanderweg führt von der Brücke neben der *SS Klondike* ganz um den Schwatka Lake herum. Informationen hierzu und Broschüren zu weiteren Wanderwegen sind im *Yukon Visitor Reception Centre* erhältlich.

Der größte aller Yukon-Dampfer ackerte bis 1955 auf dem Fluss und beförderte je 300 Tonnen Fracht auf durchschnittlich 15 Hin- und Rückfahrten pro Jahr. Durch den Bau neuer Brücken auf der verbesserten Straße nach Dawson geriet der Flussverkehr zunehmend ins Hintertreffen, doch das Ende der *SS Klondike* kam sehr plötzlich, als ein unerfahrener Bootsführer sie auf Grund setzte. Das seit 1960 in Whitehorse an Land liegende Schiff kann nur im Rahmen einer 25-minütigen Führung besichtigt werden, die während der Öffnungszeiten alle halbe Stunde stattfindet. Im Kino nebenan läuft vor und nach jeder Führung ein 20-minütiger Dokumentarfilm über die Geschichte der Flussdampfer, ☉ Mai–Sep tgl. 9–18 Uhr, letzte Führung um 17.30 Uhr, Eintritt $5.

Eine weitere Sehenswürdigkeit ist das **Mac Bride Museum**, das in einem mit Soden bedeckten Holzhaus in der 1st Avenue, Ecke Wood Street, untergebracht ist. Unter den Exponaten befinden sich der übliche Zoo aus ausgestopften Tieren, ein alter Motor der WP&YR-Eisenbahn und Erinnerungsstücke an die Zeit der Pioniere und Goldsucher. Bemerkenswert sind außerdem mehrere hundert hervorragende Archiv-Fotos und ein Ausstellungsbereich über die asiatischen Völker, die einst über die Beringstraße auf den amerikanischen Kontinent gelangten. ☉ Mai–Mitte Aug Mo–Fr 10–21, Sa und So 10–19 Uhr (Öffnungszeiten im Winter telefonisch erfragen), Eintritt $5, ✆ 867/667-2709, ⌨ www.macbridemuseum.com.

Zu den Sehenswürdigkeiten in der Innenstadt zählt auch das **Old Log Church Museum** in der 3rd Avenue, Ecke Elliot Street, ein bescheidenes Museum mit folgenden Themenschwerpunkten: Leben der heimischen Ureinwohner vor dem Kontakt mit den Weißen, Walfang, Missionierung, Kinderspielzeug und -musik, Goldrausch und frühe Expeditionen, ☉ Mitte Mai–Anfang Sep tgl. 10–18 Uhr, Eintritt $2,50.

Die kostenlosen Führungen (im Sommer Mo–Sa 11 und 16 Uhr) durch die im Industriegebiet angesiedelte Brauerei **Yukon Brewing Co**, 96-102A Copper Rd, locken mit Freibier.

Leichter widerstehen kann man den großartig angepriesenen und recht teuren **Bühnenshows** der Frantic Follies im Westmark Whitehorse Hotel, einer an die Saloons des Goldrausches erinnernde Vaudeville-Revue mit Banjo-Musik, Cancan-Girls, humorvollen Darbietungen und Zauberkunststücken, die schon fast dreißig Jahre lang in Whitehorse läuft, ◑ Mai–Sep, Eintritt $20, ✆ 867/668-2042, 🖳 www.franticfollies.com.

Es gibt noch zwei weitere lohnende Attraktionen außerhalb der Innenstadt auf dem Felsvorsprung oberhalb der Stadt am Alaska Highway in der Nähe des Flughafens. Eine davon ist das ausgezeichnete **Yukon Transportation Museum**, eines der besten Museen weit und breit. Es behandelt Themen aus der gesamten Palette des regionalen Transportwesens: Hundeschlitten, die Anfangstage der Fliegerei, den Bau des Alaska Highway und der Canol-Pipeline, die Eisenbahn *White Pass & Yukon Railway* und den Goldrausch am Klondike. Zu sehen sind alte Militär-Jeeps, Fahrräder, Bulldozer, eine Postkutsche und die an der Decke aufgehängte *Queen of the Yukon*, das erste kommerzielle Flugzeug der Region, aber auch Wandgemälde, Erinnerungsstücke und hervorragende historische Filmaufnahmen. ◑ Mitte Mai–Mitte Sep tgl. 10–18 Uhr, Eintritt $6, Kombi-Ticket mit Beringia Interpretive Centre $9, 🖳 www.yukontransportmuseum.homestead.com.

Direkt nebenan befindet sich das dynamische **Yukon Beringia Interpretive Centre**. Beringia war ein riesiger Subkontinent, der vor etwa 24 000 Jahren existierte, als Yukon und Alaska noch durch eine Landbrücke über die Beringsee mit der russischen Arktis verbunden waren. Anhand von interaktiven Ausstellungsstücken, Filmvorführungen und weiteren Exponaten wird die Geschichte der Ureinwohner jener Zeit erforscht, die über diese Landbrücke auf den Kontinent gekommen waren und im Laufe der Zeit selbst die entferntesten Winkel des heutigen Nord-, Mittel- und Südamerika besiedelten. Die Flora, Fauna und Geologie der damaligen Zeit wird durch paläontologische und archäologische Ausstellungsstücke präsentiert, darunter die knöchernen Überreste eines 12 000 Jahre alten Mammuts. ◑ Mitte Mai–Mitte Sep tgl. 8.30–19 Uhr, Eintritt $6, Kombi-Ticket mit Transportation Museum $9, 🖳 www.beringia.com.

Wer dagegen etwas völlig Anderes, nämlich totale Entspannung sucht, sollte sich auf den Weg machen zu den erstklassigen **Takhini Hot Springs**, 31 km nördlich von Whitehorse, etwas abseits des Klondike Highway Richtung Dawson City. Die Wassertemperatur in dem großen Becken beträgt 36 °C, es bleibt kein schwefeliger Geruch zu-

rück und das Bassin wird täglich geleert. Es gibt hier auch einen Zeltplatz ($7), und wer für das Vergnügen eines heißen Bades nicht bezahlen möchte, findet einen öffentlichen Pool vor, den die Einheimischen dort errichtet haben, wo das heiße Wasser in den unterhalb gelegenen Bach strömt. ◑ Juni–Anfang Sep 8–22 Uhr, in den übrigen Monaten in der Regel nur Fr–So, genaue Zeiten telefonisch erfragen, Eintritt $4, ✆ 867/633-2706, 🖳 www.takhinihotsprings.yk.ca.

Übernachtung

Whitehorse bietet erstaunlich viele Übernachtungsmöglichkeiten, wobei man für den Hochsommer allerdings weit im Voraus buchen sollte. Wer ohne Reservierung anreist, kann sich im Visitor Centre informieren oder die sechs Hotels in der Main Street zwischen 1st und 5th Ave abklappern. Das Besucherzentrum hat auch eine Liste mit B&Bs, die allerdings mit einiger Regelmäßigkeit dichtmachen bzw. neu eröffnen. Außerdem ist zu beachten, dass die Preise der B&Bs zwischen Hoch- und Nebensaison erheblich auseinander klaffen. Informationen gibt es auch im Internet unter 🖳 www.yukonbandb.com.

HOTELS UND MOTELS – *98 Hotel*, 10 Wood St, ✆ 867/667-2641 oder 667-2656. Billig und etwas düster, gelegentlich gibt es Live-Musik bis nach Mitternacht. Da sind die Hostels eine bessere Wahl. ❷

Airline Inn, 16 Burns Rd, ✆ 867/668-4400, 🖷 867/668-2641, direkt gegenüber vom Flugplatz und damit praktisch für Gäste, die spät ankommen oder früh abfliegen. ❸

Capital Hotel, 103 Main St, ✆ 867/667-2565, 🖷 867/668-4651, lebendiges, historisches und geräuschvolles Hotel mit passablen Zimmern, einheimischem Bier vom Fass und fast jeden Abend Live-Musik. ❷

Edgewater Hotel, 101 Main St, ✆ 867/667-2572 oder 1-877/484-3334, 🖳 www.edgewaterhotel.yk.ca. Gutes Mittelklassehotel im Innenstadtbereich mit erheblich schwankenden Zimmerpreisen je nach Saison. ❸

High Country Inn, 4051 4th Ave, ✆ 867/667-4471, 🖳 www.highcountryinn.yk.ca. Am westlichen Ende der Stadt, 10 Min. zu Fuß vom Zentrum. Angenehmes und lockeres Hotel mit guter Auswahl an ausgezeichneten Zimmern. Gutes Preis-Leistungs-Verhältnis, spezielle Wochentarife und beliebte Bar im Innenhof. ➍

Roadhouse Inn, 2163 2nd Ave, ✆ 867/667-2594, ✉ 668-7291, ähnlicher Standard, aber ein klein wenig besser als das 98 Hotel und nahe beim Busbahnhof. 30 Hotelzimmer ab $45 und Dorms (mit Küchenbenutzung und Wäscheservice) ab $26,40/$21,40 p.P. mit/ohne Bettwäsche. ➋

Stratford Motel, 401 Jarvis St, drei Blocks vom Zentrum entfernt, ✆ 867/667-4243 oder 1-800/661-0539, ✉ 867/668-7432, makellos saubere, renovierte Zimmer (einige davon mit Kochnische) und freundliches Personal, spezielle Wochenpreise. ➍

Town & Mountain Hotel, 401 Main St, ✆ 867/668-7644, ⌨ www.yukon.com/tm.htm, ein weiteres gutes und renoviertes Hotel der mittleren Preisklasse. ➍

Westmark Klondike Inn, 2288 2nd Ave, ✆ 867/668-4747, oder 1-800/544-0970, ⌨ www.westmarkhotels.com, eines von zwei komfortablen Hotels der im Norden Kanadas verbreiteten Westmark-Kette. ➏

Westmark Whitehorse Hotel, 201 Wood St, ✆ 867/393-9700 oder 1-800/544-0970, ⌨ www.westmarkhotels.com. Wer Whitehorse stilecht erleben möchte, findet hier das eleganteste und teuerste Hotel der Stadt. 2001 wurden die 181 Zimmer einer 3 Millionen Dollar teuren Renovierung unterzogen. Recht hohe Preise, die aber außerhalb der Saison oft beträchtlich nachgeben. ➏

B&Bs – Birch Street, 1501 Birch St, ✆ 867/633-5625, an einer Buslinie in die Innenstadt, aber ruhig gelegen mit Blick auf das Tal des Yukon River und Wanderwegen in der Nähe. Einige Zimmer mit eigenem Bad, umfangreiches Frühstück inklusive. ➌

Casey's, 608 Wood St, zwischen 6th und 7th Ave, ✆ 867/668-7481, ⌨ www.caseybandb.com. Innenstadtlage, gutes Frühstück und abends Snacks, Möglichkeiten zum Kochen und Wäschewaschen. ➏

Hawkins House, 303 Hawkins St, ✆ 867/668-7638, ⌨ www.hawkinshouse.yk.ca, altes und luxuriöses viktorianisches Haus im Zentrum, Zimmer mit eigenem Bad und der Möglichkeit zum Wäschewaschen. Vier Nichtraucherzimmer mit Bad inkl. Frühstück. ➎

Historical Guest House B&B, 505 Wood St, Ecke 5th Ave, ✆ 867/668-3907, ⌨ www.yukongold.com. Das doppelstöckige Holzhaus zwei Blocks östlich der Main St wurde 1907 für die Familie von Sam McGee gebaut, über die Robert Service (s.S. 477) ein Gedicht schrieb. Inzwischen kamen zwei DZ mit Bad in einem neuen Anbau mit modernen Einrichtungen hinzu. Preis inkl. Frühstück. ➍

Midnight Sun Bed & Breakfast, 6188 6th Ave, Ecke Cook St, ✆ 867/667-2255, ⌨ www.midnightsunbandbyukon.com. Das neue, große Haus am nördlichen Rand der Innenstadt bietet vier komfortable Zimmer mit Bad, eine geräumige Gäste-Lounge und kostenlosen Internet-Zugang. Umfangreiches Frühstück im Preis enthalten. ➍

HOSTELS – Beez Kneez Backpackers Hostel, 408 Hoge St, ✆ 867/456-2333, ⌨ www.bzkneez.com. Gemütliche Herberge am westlichen Ende der Downtown (in der Nähe der Kreuzung von 4th Ave und Robert Service Way) mit Küche, Wäscheservice, Internet-Zugang und kostenlosem Fahrradverleih. Wahlweise Dorm-Betten ab $20 p.P. oder Privatzimmer. ➊

Hide on Jeckell Hostel, 410 Jeckell St, nahe der Kreuzung mit der 4th Ave, ✆ 867/633-4933, ⌨ www.hide-on-jeckell.com. Einen Block weiter westlich als sein Konkurrent und geringfügig besser im Großen und Ganzen identischen Einrichtungen und Preisen. Vier Schlafsäle und zwei private DZ. ➊

Ein zusätzliches, nur im Sommer geöffnetes Hostel soll gegenüber dem Visitor Reception Centre eröffnet werden (unter derselben Leitung wie das ausgezeichnete Dawson City River Hostel). Aktuelle Informationen hierzu unter ✆ 867/993-6823 oder auf der Website ⌨ www.yukonhostels.com.

CAMPING – Robert Service Campsite, ✆ 867/668-3721, ca. 2 km bzw. 20 Min. Fußweg entlang der South Access Road, an der am Fluss vertäuten *SS Klondike* vorbei. Lage am Ufer des Yukon River, speziell für Zelte und Rucksacktouristen.

DER NORDEN

Kann im Sommer sehr voll werden, als Alternative bieten sich die Wälder oberhalb des Sees jenseits des Campingplatzes oder auf dem Steilhang oberhalb der Stadt in der Nähe des Flughafens an. ☉ Mitte Mai–Mitte Sep, Stellplatz $14 plus $2 für Feuerholz.

Trail of 98 RV Park, 117 Jasper Rd, ✆ 867/668-3768 oder 1-800/377-2142. Der dem Zentrum am nächsten gelegene von insgesamt acht Caravan-Plätzen in der Umgebung von Whitehorse, von denen die meisten am Alaska Hwy liegen und eher zweckmäßig als schön sind. Nördlich von Two Mile Hill von der Industrial Rd abbiegen, der Verbindungsstraße zwischen dem Norden der Stadt und dem Alaska Hwy. Stellplatz $15.

Wolf Creek Campsite, am Alaska Hwy, 16 km südlich der Stadt. Der nächstgelegene staatliche Campingplatz hat 11 Zeltstellplätze ($12), 40 Caravanplätze und so gut wie keine Einrichtungen, abgesehen von Feuerholz und Wasser.

Essen und Unterhaltung

The Cellar, im Edgewater Hotel, 101 Main St, ✆ 867/667-2572. Eines der besseren Restaurants der Stadt für den entsprechend prallen Geldbeutel. Handfeste Speisen wie Rippchen, Steak, Lachs, Wandersaibling *(Arctic char)* und Hummer. Das *Gallery Restaurant & Lounge* im selben Hotel bietet eine ähnliche Karte, ist aber weniger förmlich.

Chocolate Claim, 305 Strickland St, gutes, freundliches Café; toller Kakao.

Cranberry Bistro, neben dem Yukon Theatre, 302 Wood St, ✆ 867/456-4898. Recht raffinierte Küche in einem hübschen kleinen Restaurant mit gesunden Speisen verschiedener Nationalitäten und einigen guten vegetarischen Gerichten.

Giorgio's Cucina, neben dem Two-0-Two Motor Inn, 206 Jarvis St, Ecke 2nd Ave, ✆ 867/668-4050, 🖳 www.giorgioscucinca.com. Italienisches Restaurant für gehobene Ansprüche (aber auch normale Pizza) in altrömischer Atmosphäre.

Klondike Rib and Salmon BBQ, 2nd St, Ecke Steele St, ✆ 867/667-7554. Praktisch nebenan vom Talisman Café und ebenso zwanglos. Gute Fish 'n' Chips und Fleischspezialitäten des Nordens wie Karibu, Bison und Moschusochse.

No Pop Sandwich Shop, 312 Steele St, Ecke 4th Ave, ✆ 867/668-3227, nicht so gemütlich wie das Chocolate Claim, aber dennoch beliebt; gute Küche.

Talisman Café, 2112 2nd Ave, das beste unter mehreren freundlichen und lockeren preiswerten Lokalen in der Stadt, große Auswahl an Menüs und ein nettes Plätzchen für eine gemütliche Tasse Kaffee. ☉ Mo–Sa 6–23 Uhr.

Yukon Brewing Company, im Hotel High Country Inn, 4051 4th Ave, ✆ 867/667-4471, beliebte und lebendige Kneipe mit Küche, einheimische Biersorten der Chilkoot Brewing Company und im Sommer Grill auf der Außenterrasse.

Touren

Kanoe People, Strickland St, Ecke 1st Ave, ✆ 867/668-4899, 🖳 www.kanoe.yk.net. Vermietet am Fluss jenseits der Straßenbahngleise Kanus, Paddel, Schwimmwesten und Fahrräder und liefert die volle Ausrüstung für eine Vielfalt organisierter oder selbst geführter Touren von zwei Stunden bis zu 20 Tagen Dauer, darunter auch eine Paddeltour nach Dawson (die trotz der 700 km viele Touristen in Angriff nehmen). Im Angebot außerdem Tagesausflüge mit Fremdenführer (ab $60) und 2-wöchige Expeditionen über den Yukon River. Fahrradverleih ab $15/halber Tag, $25/Tag und $125/Woche. Kanus und Kajaks ab $25/Tag und $150/Woche.

Up North Adventures, 103 Strickland St, ✆ 867/667-7035, 🖳 www.upnorth.yk.ca. Nur 75 m vom obigen Anbieter entfernt auf der anderen Seite der Gleise. Ähnliche Preise für Fahrräder und Kanus, außerdem Verleih vielfältiger Ausrüstung zum Angeln, Campen und für andere Unternehmungen in der Natur. Daneben werden ganzjährig verschiedene Touren und Aktivitäten angeboten.

Whitehorse Heritage Buildings Walking Tours, Donnenworth House, 3126 3rd Ave, ✆ 867/667-4704. Wer nicht gern allein spazieren geht, findet hier Anschluss an Gruppenspaziergänge durch die Innenstadt. Im Hochsommer 4x tgl. um 9, 11, 13 und 15 Uhr, $2.

Yukon Conservation Society, 302 Hawkins St, ✆ 867/668-5678, im Juli / Aug tgl. organisierte Sommerspaziergänge von 2–6 Std. zum Nulltarif mit Schwerpunkten Regional- und Naturgeschichte sowie Geologie, Flora und Fauna der Yukon-Region.

Sonstiges

AUSRÜSTER – *Coast Mountain Sports*, 208A Main St, ✆ 867/667-4074, das größte von zahlreichen Spezialgeschäften für Outdoor-Ausrüstung in Whitehorse.

AUTOVERMIETUNGEN – Die Autovermieter haben Schalter oder gebührenfreie Telefone am Flughafen und teilweise auch Büros in der Innenstadt. Es ist zu beachten, dass bei einigen Anbietern Ausschlüsse oder besondere Bedingungen für das Befahren von Schotterpisten gelten, z.B. für den Dempster Highway (s.S. 483) Richtung Norden.
Budget, 4178 4th Ave, ✆ 867/667-6200 oder 1-800/268-8900, 🖳 www.budgetyukon.com.
National-Norcan, 213 Range Rd, ✆ 867/668-2137 oder 1-800/661-0445 bzw. 1-800/227-7368, 🖳 www.norcan.yk.ca.

BÜCHER UND LANDKARTEN – *Mac's Fireweed*, 203 Main St, ✆ 867/668-2434, 🖳 www.yukonbooks.com. Äußerst umfangreiches Angebot an Büchern, Reiseführern, Land- und Seekarten und Broschüren über den Yukon, die man sonst kaum irgendwo findet. ☉ Sommer tgl. 9–21 Uhr (oder länger), Winter 8–21 Uhr.

FAHRRÄDER – *Riverdale Cycle*, 310 Wood St, ✆ 867/668-7505, 🖳 www.riverdalecycles.com. Fahrradverleih, aber auch Verkauf von neuen Rädern, Ersatzteilen und Zubehör. Siehe auch „Touren".
INFORMATIONEN – *Yukon First Nations Tourism Association*, im alten Bahnhof der White Pass Railway, 1109 1st Ave, ✆ 867/667-7698, 🖳 www.yfnta.org. Informationen über die Ureinwohner Yukons und ihre Kultur, z.B. der lesenswerte *Yukons First Nations Guide*. ☉ Mo–Fr 8–17 Uhr.
Yukon Visitor Reception Centre, 2nd Ave, Ecke Hanson St, ✆ 867/667-3084, 🖳 www.touryukon.com oder 🖳 www.visitwhitehorse.com. Große Touristeninformation in der Innenstadt mit sehr hilfsbereitem Personal. Selbstfahrer können sich hier einen Pass für drei Tage kostenloses Parken

abholen. Nicht zu verwechseln mit dem immer noch in einigen Publikationen erscheinenden Reception Centre am Alaska Highway, das inzwischen *Beringia Centre* heißt. ☉ Mitte Mai–Sep tgl. 8–20, sonst Mo–Fr 9–12 und 13–16.30 Uhr.

Transport

Whitehorse ist das Hauptverkehrszentrum des Yukon Territory und Knotenpunkt der wichtigsten Verbindungen nach Alaska und in die Northwest Territories. Öffentliche Verkehrsmittel fahren überraschend abgelegene Ziele an, wobei es jedoch angesichts der Größe und Abgeschiedenheit dieser Region zwingend erforderlich ist, umfassende Informationen über die vorhandenen Bus- und Flugverbindungen einzuholen. Da sich die Fahrpläne jederzeit ändern können, empfiehlt es sich, die neuesten Einzelheiten bei der Touristeninformation zu erfragen oder die Bus- und Fluggesellschaften direkt anzurufen.

BUSSE – Die nördlichste Greyhound-Station Kanadas liegt am östlichen Rand der Innenstadt, 10 Min. zu Fuß von der Main Street. Aus dem Bahnhofsgebäude kommend geht es nach links ins Stadtzentrum. Das ist besonders nützlich zu wissen, wenn man morgens gegen 5 Uhr am Busbahnhof aus dem Greyhound stolpert.

Entfernungen von Whitehorse

Anchorage: 1165 km
Beaver Creek: 457 km
Burwash Landing: 285 km
Carcross: 74 km
Dawson City: 1472 km
Edmonton: 2054 km
Fairbanks: 980 km
Fort Nelson: 988 km
Haines: 415 km
Haines Junction: 158 km
Inuvik: 1226 km
Prince George: 1880 km
Seattle: 2832 km
Tok: 639 km
Vancouver: 2702 km
Watson Lake: 455 km

Die von Whitehorse aus erreichbaren Reiseziele sind, sofern nicht anders angegeben, alphabetisch aufgeführt. Es ist zu beachten, dass viele der längeren Busrouten (z.B. von Whitehorse nach Inuvik) auch von regionalen Fluggesellschaften bedient werden, die aber ausnahmslos sehr hohe Preise verlangen.

Alaska Highway: *Alaska Direct Bus Lines,* ☎ 867/668-4833 oder 1-800/770-6652. Abfahrt von Whitehorse Richtung Westen Di, Do und Sa um 8 Uhr über HAINES JUNCTION (Ankunft 11 Uhr, US$40), BEAVER CREEK (15 Uhr, US$70) und dazwischen liegende Ziele wie BURWASH LANDING (US$45).
Einzelheiten zu den Greyhound-Bussen nach Teslin, Watson Lake und über den Alaska Highway Richtung Osten siehe unten („Vancouver").

Anchorage (Alaska): *Alaska Direct Bus Lines,* ☎ 867/668-4833 oder 1-800/770-6652. Abfahrt nach TOK Di, Do und Sa, Weiterfahrt nach ANCHORAGE Mi, Fr und So (Ticket ab Whitehorse US$165).

Atlin (über Tagish und Carcross): *Atlin Express,* ☎ 250/651-7617 oder 867/668-4444. Abfahrt Mo, Mi und Fr 12.15 Uhr vom Greyhound-Busbahnhof, Ankunft 15.30 Uhr am Atlin Inn (einfache Fahrt $28, hin und zurück $42). Wer nach Whitehorse zurück möchte, muss in Atlin übernachten.

Dawson City (über Carmucks): *Dawson City Taxi and Courier,* ☎ 867/393-3334 oder 867/993-6688. Abfahrt tgl. außer Sa um 14 Uhr gegenüber dem Yukon Inn an der Yukon Plaza, 4th Ave, Ankunft in CARMUCKS um 16 Uhr ($31,19), in DAWSON CITY um 21.15 Uhr (einfache Fahrt $95,29, hin und zurück $171,52).

Fairbanks (Alaska), ab Dawson City: *Parks Highway Express,* ☎ 1-888/600-6001, 🖵 www. alaskashuttle.com. Abfahrt So, Mi und Fr um 8 Uhr am Visitor Reception Centre von Dawson, Ankunft 18.15 Uhr (US$155).

Fairbanks, ab Tok: *Alaska Direct Bus Lines,* ☎ 867/668-4833 oder 1-800/770-6652. Abfahrt in Tok So, Mi und Fr 14.30 Uhr, Ankunft 19.30 Uhr am Days Inn, 321 East 5th Ave, und am Hostel (ab Whitehorse US$140).

Haines Junction: *Alaska Bus Direct Service,* ☎ 867-668-4833, hält auf dem Weg nach TOK (s.u.) in Haines Junction, Abfahrt Di, Do und Sa

um 8 Uhr ab 509 Main St, Ankunft 11 Uhr (US$40 einfache Fahrt).

Bernie's Deliveries, ☎ 867/668-4833. Fährt je nach Verfügbarkeit für $35 einfache Fahrt, $70 hin und zurück. Keine Rückfahrt am gleichen Tag, also Übernachtung erforderlich. Verfügbarkeit und Abfahrtszeiten telefonisch erfragen.

Inuvik: *MGM Services,* ☎ 867/777-4295, 777-1013 oder 777-6444. Je nach Verfügbarkeit Verbindungen von Whitehorse über DAWSON ab dem Yukon Inn am Yukon Plaza in der 4th Ave. Abfahrt um 6 Uhr, Ankunft in Dawson zwischen 22 und 24 Uhr, in Inuvik 12 bis 14 Stunden später (ab Whitehorse $225 einfache Fahrt, $375 hin und zurück, ab Dawson $165). Verfügbarkeit und Abfahrtszeiten telefonisch erfragen.

Inuvik (ab Dawson City): *Dawson City Taxi and Courier,* ☎ 867/393-3334 oder 867/993-6688. Abfahrt Mo und Fr um 7 Uhr hinter dem Visitor Reception Centre (Rückfahrt aus Inuvik Mi und So). Die Fahrkarten müssen zwei Tage im Voraus gebucht werden, Fahrzeit inkl. Pausen zum Mittagessen, Sightseeing und Fotografieren 12–14 Stunden ($261 einfache Fahrt, $523 hin und zurück).

Mayo: *Mayo Taxi,* ☎ 867/996-2240. Fährt je nach Bedarf nach Mayo, wobei man sich aber mindestens einen Tag vorher anmelden muss, damit der Anschluss an den *Dawson City Taxi and Courier* (s.o.) nach Dawson gewährleistet ist (2 Pers. $65, hin und zurück $130; 3 (und mehr) Pers. $80, hin und zurück $160).

Skagway (Alaska): *Yukon Alaska Tourist Tour,* ☎ 867/633-5710 oder 1-866/626-7383 in Whitehorse, ☎ 907/983-2115 in Skagway, 🖵 www. yukonalaskatouristtours.com. Fährt Mitte Mai–Anfang Sep tgl. um 8 Uhr vom alten Bahnhof der White Pass Railway ab und ist die beste Möglichkeit, Skagway und Fahrtziele auf dem Weg dorthin zu erreichen. Zwischenstopps in CARCROSS CORNER (US$5), CARCROSS (Ankunft 9.15 Uhr am Matthew Watson Trading Post, ☎ 867/821-3501, US$20), LOG CABIN (10.30 Uhr, US$25), FRASER (10.45 Uhr, US$25), Ankunft in Skagway um 12.22 Uhr am Sgt Preston's Trading Post (US$30). Rückfahrt von Skagway um 16.20 Uhr Yukon-Zeit, Ankunft in Whitehorse um 19.20 Uhr.

Alaska Direct Bus Lines, ✆ 867/668-4833 oder 1-800/770-6652. Abfahrt 1x wöchentl. Mo um 12 Uhr (Yukon-Zeit) in der 509 Main St, Ankunft in Skagway 14 Uhr (Alaska-Zeit); US$50.
Tok (Alaska): *Alaska Direct Bus Lines*, ✆ 867/668-4833 oder 1-800/770-6652. Abfahrt Di, Do und Sa um 8 Uhr in der 509 Main St, Ankunft in Tok 17.30 Uhr (US$90). Anschluss nach Anchorage und Fairbanks am folgenden Tag (s.o.).

Fluggesellschaften im Yukon

Der Yukon wird von mehreren Airlines mit festen Flugplänen angeflogen, während einige andere nur Touren und Charterflüge anbieten. Das Chartern eines Kleinflugzeugs kommt übrigens manchmal billiger, als man meint – zumindest wenn man sich die Transportkosten über Land in der Region vor Augen hält. Das gilt ganz besonders, wenn man in einer Gruppe unterwegs ist.

Linienfluggesellschaften

Air Canada, Ankunft und Abflug ✆ 867/668-4466, Reservierung und Flugpläne ✆ 1-888/247-2262, 🖳 www.aircanada.ca. Verkehrt 3x wöchentl. zwischen VANCOUVER und WHITEHORSE.
Air North, ✆ 867/668-2228, 🖳 www.flyairnorth.com, fliegt **von Whitehorse** nach VANCOUVER, DAWSON CITY und OLD CROW (So–Fr), CALGARY (3x wöchentl.), EDMONTON und INUVIK (3x wöchentl.), JUNEAU (2x wöchentl.), FAIRBANKS (1x wöchentl.). Außerdem **von Dawson City** nach INUVIK und FAIRBANKS (3x wöchentl.), WHITEHORSE und OLD CROW (So–Fr), sowie **von Inuvik** nach OLD CROW (1x wöchentl.). Alle genannten Routen werden in beide Richtungen bedient.

Charterfluggesellschaften:

Alkan Air, ✆ 867/668-2107, 🖳 www.alkanair.com;
Alpine Aviation, ✆ 867/668-7725;
Atlin Air Charters, ✆ 250/651-0025 oder 651-7828;
Tutchone Air, ✆ 867/667-2488, 🖳 www.tutchoneair.com.

Vancouver (über Alaska Hwy, Watson Lake und Dawson Creek): *Greyhound*, ✆ 867/667-2223 oder 1-800/661-8747, 🖳 www.greyhound.ca. Mo–Sa um 13.30 Uhr Abfahrt vom Greyhound-Busbahnhof in Whitehorse nach WATSON LAKE (5–6 Std., $62,76) und DAWSON CREEK mit Anschluss nach EDMONTON (Gesamtreisezeit ab Whitehorse 28 Std., $267,34) und VANCOUVER (29 Std., $347,43).

FLÜGE – Der Flughafen von Whitehorse liegt auf der Anhöhe oberhalb der Stadt, ca. 5 km westlich des Zentrums. Ein **Taxi**, ✆ 867/667-4111 oder 393-6543, in die Innenstadt kostet etwa $10. Tagsüber fahren stündlich **Busse** von *Whitehorse Transit Hillcrest* ($1,25) ins Zentrum. Wer von der Stadt zum Flughafen möchte, nimmt den Bus an der Qwanlin Mall, am nördlichen Ende der 3rd Ave.

Kluane Country

Kluane Country liegt in der südwestlichen Ecke des Yukon Territory an einem landschaftlich atemberaubenden, 491 km langen Abschnitt des Alaska Highway zwischen Whitehorse und Beaver Creek an der Grenze zu Alaska. Das Wort *Kluane* entstammt der Indianersprache der Southern Tutchone und bedeutet „Ort vieler Fische", in Anspielung auf den Fischreichtum der Gewässer dieser Region, und besonders des Kluane Lake, dem am höchsten gelegenen und größten See Yukons. Heutzutage weckt der Name allerdings eher Assoziationen mit der beinahe undurchdringlichen Wildnis des Kluane National Park, des größten Gebirgsnaturparks Kanadas. Zum Gebiet gehören die höchsten Berge des Landes, die ausgedehntesten Eisfelder der Welt außerhalb der Polregionen und die größte Vielfalt an Pflanzen- und Tierarten im hohen Norden. Zentrum des Nationalparks ist Haines Junction an der Kreuzung von Alaska Highway und Haines Road.

Zwar gibt es am Alaska Highway in regelmäßigen Abständen Motels und Campingplätze, doch die einzigen nennenswerten Ansiedlungen an diesem Abschnitt der Straße sind Destruction Bay und Burwash Landing am Kluane Lake. Der Alaskon Express und die Busse von *Alaska Direct* (s.S. 467) befahren diesen nördlichen Abschnitt des Alaska Highway, der auch bei Trampern sehr beliebt ist.

Haines Junction

Das völlig schmucklose, moderne Haines Junction liegt 160 km von Whitehorse entfernt in einer schönen Berglandschaft. Der 796 Einwohner zählende Ort entstand 1942 als Stützpunkt für das Pionierkorps der US-Armee beim Bau der Haines Road, einer Straße, die von hier zum 174 km südöstlich gelegenen Hafen von Haines in der Nähe von Skagway in Alaska führt (wer Zeit für einen Abstecher hat, wird mit einer der landschaftlich spektakulärsten Straßen der Region belohnt). Heute ist Haines Junction das größte Dienstleistungszentrum zwischen Whitehorse und Tok in Alaska. Davon zeugen zahlreiche Geschäfte, eine Hand voll Unterkünften (das Visitor Centre hält Informationen zu B&Bs bereit) und viele Tourveranstalter und Ausrüstungsverleihe, denn es gibt zahllose Gelegenheiten für Naturaktivitäten im Kluane National Park, z.B. Rafting, Kanufahren, Fischen, Radfahren, Reiten und Überfliegen von Gletschern.

Übernachtung und Essen

Alcan Motor Inn, an der Kreuzung von Haines Road und Alaska Highway, ✆ 867/634-2371, ✉ alcan@yknet.yk.ca. Das neueste Motel am Ort, Zimmer mit Kochnische, Waschmaschine, Café und ein paar Zeltplätze mit Anschlüssen hinter dem Haus. ☉ 24 Std. ❸
Cozy Corner Motel & Restaurant, am Alaska Highway, Ecke Bates Road, ✆ 867/634-2511. ❸
Kluane Park Inn, ✆ 867/634-2261, ☉ 24 Std. ❷
Kluane RV Kampground, im Ort, ✆ 867/634-2709, ▢ www.kluanerv.com. Großer, zentral gelegener Platz mit baumbestanden Wohnmobil- und Zeltplätzen, Waschmaschinen und Lebensmittelladen. ☉ Mai–Sep, Stellplatz $14.
Pine Lake Campground, einfacher Campingplatz, 7 km östlich des Ortes etwas abseits des Alaska Highway, ☉ Ma–Okt, Stellplatz $12.
Raven Hotel & Gourmet Dining, ✆ 867/634-2500, ✉ kluanerv@yknet.yk.ca. Nichtraucherhotel in zentraler Lage mit gutem Restaurant, Frühstück inklusive. Feinschmecker werden an dem noblen Dinner Gefallen finden, das zu den besten im

Yukon zählt, mit ca. $80 pro Nase aber nicht ganz billig ausfällt. ❺
Village Bakery & Deli, in der Logan St, gegenüber vom Visitor Reception Centre, sehr beliebt und das beste Standardlokal im Ort. ☉ tgl. 7.30–21 Uhr.

Informationen

Visitor Reception Centre, im Kluane National Park Reserve Building, Logan St, ein kurzes Stück nördlich des Alaska Highway, ✆ 867/634-2345 oder 634-7207, ▢ www.parkscanada.gc.ca. Gemeinsam von *Parks Canada* und *Tourism Yukon* betriebenes Besucherzentrum. Haines Junction ist das östliche Hauptquartier des Nationalparks, dessen riesiges Gebiet sich westlich des Alaska Highway erstreckt. ☉ Mitte Mai–Mitte Sep tgl. 8–20 Uhr, Öffnungszeiten im Winter telefonisch erfragen.
Haines Junction hat eine **Informations-Hotline** unter ✆ 867/634-2519, und eine eigene **Website**, ▢ www.kluane.com.

Kluane National Park

Der 1972 aus dem ehemaligen Wildschutzgebiet Kluane Game Sanctuary geschaffene, rund 22 000 km² große Kluane National Park umfasst einige der großartigsten, aber auch unzugänglichsten Landstriche Yukons. Da keine Straße in den Park führt, müssen sich Besucher in der Regel mit Wanderungen am östlichen Rand des Nationalparks vom Alaska Highway aus begnügen. Zusammen mit dem benachbarten Wrangell – St Elias National Park in Alaska schützt der Nationalpark die **St Elias Mountains**. Bei den Berggipfeln, die man vom Highway aus im Süden erkennt, handelt es sich allerdings nur um die Ausläufer der Kluane Range. Dahinter erheben sich – von der Straße aus größtenteils nicht zu sehen – die monumentalen **Icefield Ranges** mit dem Mount St Elias (5488 m) und dem **Mount Logan** (mit 5959 m Kanadas höchste Erhebung) sowie in weiter Ferne in Alaska der Mount McKinley (6193 m), der höchste Berg Nordamerikas. Damit befindet sich hier nach den Anden das zweithöchste Küstengebirge der Welt. Unterhalb dieser Gipfel wird die Hälfte des Nationalparks von einer riesigen Fläche kilometertiefer

Gletscher und Eisfelder bedeckt, darunter das größte Eisfeld außerhalb der Polregionen. Hier schafft es nur ein ständiger Bewohner, den harschen Bedingungen zu trotzen: der sagenumwobene Eiswurm. Außer im Rahmen einer voll ausgerüsteten Expedition kann man sich einen Abstecher in diesen Teil des Nationalparks abschminken, doch schon ab $100 werden **Rundflüge** mit dem Flugzeug oder Hubschrauber über das Gebiet angeboten (Informationen hierzu und zu anderen Touren erteilen die Visitor Reception Centres in Whitehorse und Haines Junction).

In den trockeneren und wärmeren Bergketten am Rande der Eisfelder bildet ein grüner Gürtel aus Wiesen, Sümpfen, Wäldern und Mooren das Refugium für eine enorme Vielfalt an wilden **Tieren**, darunter Grizzlys, Elche, Bergziegen und etwa 4000 weiße Dallschafe, zu deren Schutz der Nationalpark ursprünglich eingerichtet wurde. Jene Randgebiete bilden auch den Lebensraum für das größte Spektrum von Vogelarten im hohen Norden (insgesamt etwa 150), einschließlich relativ leicht zu erblickender Raubvögel wie Wanderfalken, Weißkopfseeadler und Steinadler, und natürlich kleinere Vögel wie Küstenseeschwalben, Berghüttensänger und Sperbereulen. Einige wenige Trails bieten die Möglichkeit zum Beobachten einiger dieser Tiere.

Der einzige **Campingplatz** im Park befindet sich am Kathleen Lake an der Haines Road, 16 km südöstlich von Haines Junction, Stellplatz $12. Am Alaska Highway gibt es mehrere Hotels und Campingplätze.

Wanderungen im Park

Das Netz an Wanderwegen im Nationalpark steckt zwar noch in den Kinderschuhen, doch erfahrene Wanderer werden sich an den insgesamt ca. 200 km langen markierten und knapp 400 km langen unmarkierten, aber kartografierten Trails durch die Wildnis erfreuen. Die meisten Wege folgen alten Bergbaustraßen oder Flussbetten und erfordern Übernachtungen in der rauen Natur. Einige leichtere Strecken beginnen an sieben verschiedenen Punkten, die allesamt an den Highways ausgeschildert und in den Broschüren skizziert sind, die das Besucherzentrum in Haines Junction bereithält. Das engagierte Personal bietet im Sommer auch Tageswanderungen mit Führer an.

Drei Trails haben ihren Ausgangspunkt an der Haines Road südlich von Haines Junction. Der dem Ort am nächsten gelegene und zugleich beliebteste ist der 15 km lange Rundwanderweg **Auriol Trail** (Ausgangs- und Endpunkt 7 km südlich von Haines Junction). 30 km weiter südlich lädt der **Rock Glacier Trail** (1,2 km hin und zurück) zu einem 20-minütigen Abstecher zum Rock Glacier ein. Der dritte Weg ist der **St Elias Trail**, der zum gleichnamigen See führt (7,6 km hin und zurück) und 60 km südlich von Haines Junction von der Haines Road abgeht.

Nördlich von Haines Junction schlagen die meisten Ausflügler einen der zwei Wanderwege ein, die am Sheep-Mountain-Informationskiosk am Kluane Lake beginnen: der **Sheep Mountain Ridge** (11,5 km) mit guten Aussichten zum Beobachten der hier heimischen Dallschafe und der längere **Slim's River West Trail** (knapp 57 km hin und zurück), ein relativ leichter Zugang zu den Ausläufern der Eisfelder im Innern des Nationalparks.

Kluane Lake

Die Kluane-Region hält zwar ihre großartigsten Berge vor den Blicken der Besucher verborgen, entschädigt dafür allerdings den aus dem faszinierenden Kluane Lake ("See mit vielen Fischen"), der sich auf einer Länge von rund 60 km am Alaska Highway erstreckt. Rund 75 km nordwestlich von Haines Junction und unmittelbar nach einigen herrlichen Ausblicken auf die St Elias Mountains erblickt man den riesigen See, der mit einer Gesamtfläche von ca. 400 km^2 der größte im Yukon ist. Das Gewässer ist auf allen Seiten von schneebedeckten Bergen umgeben, deren bedrohlich wirkende Gletscher das eisblaue Wasser des Sees speisen.

Der See gehört zwar nicht zum Nationalpark, doch befindet sich an seiner Südspitze auf der anderen Seite des Highway ein Informationskiosk zum Park, der **Sheep Mountain Information Kiosk**, kein Telefon, ◷ Mitte Mai–Anfang Sep tgl. 9–17 Uhr.

In den größten Orten am See, Destruction Bay und Burwash Landing, kann man Boote und Angelausrüstung leihen. Einige Unterkünfte ergänzen die weit auseinander liegenden Lodges und Campingplätze am Alaska Highway. Das kleinere **Destruction Bay** (44 Einwohner) erhielt seinen

Namen, nachdem hier 1942 ein ehemaliges Straßenbaulager durch einen Sturm zerstört wurde.

15 km weiter in **Burwash Landing** steht Our Lady of the Holy Rosary, eine Missionskirche des Oblaten-Ordens aus dem Jahr 1944 mit Museum.

Übernachtung

KLUANE – *Kluane Bed & Breakfast*, kein Telefon, etwa 5 km vor dem Sheep Mountain Information Kiosk, sechs Hütten am Seeufer. ❸

DESTRUCTION BAY – *Talbot Arm Motel*, ✆ 867/841-4461, mit Restaurant, Café, Laden und Chevron-Tankstelle. ❸
Congdon Creek Campground, 12 km südlich von Destruction Bay am Alaska Highway liegt der beste Campingplatz der Gegend, wo auch einige Wanderwege beginnen. Der reizende Platz wird von der Yukon-Tourismusbehörde betrieben, Stellplatz $12.

BURWASH LANDING – *Burwash Landing Resort*, ✆ 867/841-4441, Unterkunft mit Restaurant, Laden, Gletscherflügen, Angeltouren, Ausflügen zum Goldwaschen und großem Campingplatz ohne Anschlüsse, ⏲ Mai–Okt, gratis. ❸
Cottonwood Park Campground, 5 km weiter südlich, kein Telefon. Privater Platz mit mindestens ebenso großem Angebot. ⏲ Mitte Mai–Mitte Okt, Stellplatz $12.

JENSEITS VON BURWASH – Vor Beaver Creek gibt es nur noch zwei größere Unterkünfte:
Pine Valley Bakery & Lodge, 85 km östlich von Burwash, ✆ 867/862-7407, ❸;
White River Lodge Motor Inn & RV Park, 36 km weiter, ✆ 867/862-7408, 🖵 www.netship.yk.ca, mit Café und Tankstelle. ❸
10 km westlich der Pine Valley Bakery & Lodge befinden sich am Lake Creek staatliche **Campingplätze** ($12) der Yukon-Tourismusbehörde und 11 km weiter zusätzliche Zeltplätze am Pickhandle Lake ($12).

Beaver Creek und die Grenze zu Alaska

Beaver Creek (145 Einwohner) ist die westlichste Gemeinde Kanadas und die letzte Zwischenstation vor Alaska. Nach einer gemeinschaftlichen Initiative seiner Bewohner wurde der Grenzposten jedoch einige Kilometer nach außerhalb verlegt, weil ständig die Blinklichter und Sirenen losgingen, wenn ein Tourist anzuhalten vergaß. Die Grenze ist 24 Stunden geöffnet, doch ist Folgendes zu beachten: Wenn den US-Zollbeamten das Gesicht eines Reisenden nicht passt, können sie auf Vorlage von mindestens $400 Bargeld bestehen und lassen sich auch durch noch so viele Kreditkarten nicht davon abbringen.

Wer nicht weiter ins Innere Alaskas vordringt und stattdessen das kanadische Dawson City ansteuert, hat eine großartige Strecke vor sich: Unmittelbar vor Tok zweigt der Taylor Highway (Hwy 5) in nordöstlicher Richtung vom Alaska Highway ab, macht einen Schlenker zurück zur Yukon-Grenze und führt dabei zunächst durch eine eher durchschnittliche Landschaft, bis er bei Little Gold Creek die kanadische Grenze erreicht (⏲ tgl. 9–21 Uhr). Von da an bietet die 105 km lange Strecke über den Top of the World Highway nach Dawson sensationelle Ausblicke (s. S. 483).

Übernachtung

1202 Motor Inn, ✆ 867/862-7600. Nicht gerade die attraktivste Unterkunft. ❸
Ida's Motel and Restaurant, ✆ 862-3227. Exzentrisches und auffälliges Gebäude am Highway, ⏲ im Sommer 6–2, im Winter 8–22 Uhr. ❹
Westmark Inn, auf der anderen Seite des Highways, ✆ 867/862-7501 oder 1-800/544-0970, 🖵 www.westmarkhotels.com, ⏲ Mai–Sep. Das teure *Westmark* hat auch einen großen Campingplatz mit Anschlüssen, auf dem es allerdings lieber Wohnmobile als Zelte sieht, Stellplatz $20. ❺

Snag Junction Campground, 10 km südlich von Beaver Creek. Guter, aber kleiner Platz der Yukon-Tourismusbehörde, ⏲ Mai–Okt, Stellplatz $12.

DER NORDEN

Yukon Visitor Information Centre, ☏ 867/862-7321, liefert detaillierte Informationen über den Grenzübertritt und das, was einen auf der anderen Seite erwartet. ☉ Mitte Mai–Anfang Sep tgl. 8–20 Uhr.

Dawson City und Umgebung

Nur wenige Episoden der kanadischen Geschichte haben die Fantasie so beflügelt wie der Goldrausch am Klondike, und nur wenige Orte halten die Erinnerung daran so lebendig wie Dawson City (1953 Einwohner), die lärmende Hauptstadt des damaligen Ansturms. 1898 war die ehemalige Elchweide ein paar Monate lang eine der reichsten und berühmtesten Städte der Welt, als sich ungefähr 100 000 Menschen durch eine kaum enden wollende Wildnis kämpften, um ihr Glück in den größten Goldfeldern aller Zeiten zu suchen.

Heute kommen die meisten Besucher über den Klondike Highway aus Richtung Whitehorse, einer herrlichen Straße, die durch extreme Wildnis führt. Mit dem Hintergrundwissen über den Goldrausch im Kopf steigen fast automatisch die Erwartungen, je weiter man sich dem Ende der Straße nähert. Die Umgebung von Dawson ist allerdings zunächst nicht bemerkenswert. 536 km von Whitehorse entfernt windet sich die Fernstraße durch nicht besonders hohe, aber steil aufragende Berge, auf denen Fichten, Espen und Zwergtannen wachsen. Dann verläuft sie plötzlich parallel zu einem eisklaren Fluss – dem **Klondike River**. Langsam erscheinen die ersten kleinen ausgehobenen Stellen auf den Hügeln Richtung Süden, und plötzlich verwandelt sich der gesamte Talboden in eine verwüstete, mit riesigen Felsblöcken und verlassenen Anlagen übersäte Mondlandschaft. Die Abraumhalden setzen sich noch mehrere Kilometer fort, bis der Klondike schließlich in den wesentlich breiteren **Yukon River** mündet und mit einem Mal die zuvor von den Bergen verdeckte Stadt Dawson City ins Blickfeld gerät.

Die Zahl der Touristen und Rucksackreisenden, die Dawson City besuchen, nimmt ständig zu. Einige werden von den Holzbürgersteigen, den durchfurchten, unasphaltierten Straßen und Dutzende von Holzhäusern mit falschen Fassaden angelockt, andere wollen mit dem Kanu den Yukon befahren oder über den Dempster oder Top of the World Highway nach Alaska und in die Northwest Territories. Nach Jahrzehnten des Verfalls hat sich *Parks Canada* jetzt an die Restaurierung der Stadt gemacht, die inzwischen verdientermaßen zur nationalhistorischen Stätte erklärt wurde. Dieser Prozess bringt natürlich mehr Kommerzialisierung, steigende Einwohnerzahlen und neue Hotels mit sich und bedeutet gleichzeitig, dass die Stadt immer mehr von ihrem einstigen Charme verliert. Auf der anderen Seite wird eine Stadt wie Dawson, wo der Permafrost alles zusammenschnürt, wo es im August schneit und die Temperaturen im ewig düsteren Winter bis auf minus 60 °C sinken, wohl kaum Gefahr laufen, ihren Charakter eines wettergegerbten Außenpostens der Zivilisation zu verlieren. Einige Verwegene waschen hier übrigens im kleinen Rahmen immer noch Gold, und es gibt in Dawson City ein oder zwei eher ungehobelte Bars, in denen die abgehärteten Einheimischen alles andere als scharf darauf sind, ihr Bier mit Busladungen voller Touristen zu teilen – ganz zu schweigen von ihrem Gold.

In Dawson City lassen sich durchaus mehrere Tage verbringen, einer zum Erkunden der Stadt und der andere zum Befahren der alten Seitenarme des Klondike River im Osten. Wer Zeit und Muße hat und über ausreichende Englischkenntnisse verfügt, sollte sich zuvor mit einem praktisch überall im Handel erhältlichen Bestseller auf eines der farbigsten Kapitel in der Geschichte Kanadas einstimmen: *Klondike – The Last Great Gold Rush 1896–1899* von Pierre Berton ist eine ausgezeichnet geschriebene Einführung in die damalige Zeit und diese Gegend.

Dawson City

Ein Spaziergang durch Dawson City sollte seinen Ausgangspunkt in der parallel zum Yukon River verlaufenden **Front Street** haben, der westlichen Begrenzung eines die Innenstadt bildenden Straßengitters. An der Ecke King St liegt das beeindruckende Visitor Reception Centre (s. „Informationen"). Sehr interessant sind die zahlreichen historischen Gebäude – insgesamt gibt es in der Stadt 35 **National Historic Sites**, von denen man sieben

Chilko Lake

Dawson City 473

Der Goldrausch am Klondike

Ein Goldrausch in Nordamerika war im 19. Jh. im Grunde nichts Neues, doch keiner löste ein derartiges Delirium aus wie derjenige am Klondike 1898. Schätzungen zufolge verließen mehr als eine Million Menschen ihre Heimat, um zu den Goldfeldern am Yukon aufzubrechen. Es war die größte Massenwanderung, die in jenem Jahrhundert innerhalb eines einzigen Jahres stattfand. Etwa 100 000 Hoffnungsfrohe kamen am Yukon an, 20 000 wuschen Gold in den Flüssen, 4000 wurden fündig, und einige Dutzend machten ein riesiges Vermögen, das sie stets genauso schnell wieder verloren.

Die **Entdeckung von Gold** am Klondike, einem Nebenfluss des Yukon River, 1896 war der Höhepunkt einer 20 Jahre dauernden Phase der Suche im Yukon und in Alaska. Erstmals entdeckte 1842 ein Pelzhändler der Hudson's Bay Company das Edelmetall, über den ersten größeren Goldfund aber berichtete 1863 ein englischer Missionar. Da die Jagd nach Gold jedoch weder dem Handel mit Fellen noch dem mit der Religion zuträglich war, ging man beiden Berichten nicht weiter auf den Grund. Der erste nennenswerte Abbau von Gold begann 1883, und langsam entstanden kleine Lager auf einer Länge von fast 3200 km entlang der Flüsse – **Camps** mit Namen wie Forty Mile, Sixty Mile und Circle City. Sie alle waren bereits lange vor dem sensationellen Treffer am Klondike eingerichtet, boten allerdings nur ein paar Hundert Männern Quartier, allesamt abgehärtete Typen und goldrauschgestählt auf früheren Fundstätten in Kalifornien und British Columbia.

Die Geschichte des Goldfundes, der den Ansturm letztlich auslöste, bleibt unwiederbringlich hinter einem Schleier aus Mythen und Legenden verborgen. Der erste Goldsucher in der Umgebung des Klondike River war **Robert Henderson**, ein bärbeißiger Geselle aus Nova Scotia und die Verkörperung des einsamen Pioniers schlechthin. Als er Anfang 1896 seine Pfanne durch einen Bach in den Bergen oberhalb des heutigen Dawson City zog, fand er Gold im Wert von acht Cents. Das galt zu jener Zeit als hervorragende Ausbeute und wurde von Henderson als Anzeichen gewertet, dass der Bach ein lohnenswertes Ziel zum Schürfen sei. In der Folge holte er mit seinen vier Mitstreitern Gold im Wert von $750 aus dem Bach, bevor sie sich flussabwärts auf die Reise machten, um neue Verpflegung zu besorgen. Anschließend brach Henderson wieder auf, um eine Route über den Klondike zu seinem Bach zu finden, und traf an der Mündung des Klondike auf **George Washington Carmack** und dessen beide Schwäger, die Indianer **Skookum Jim** und **Tagish Charley**. Henderson zeigte sich Carmack gegenüber zuversichtlich, was die Goldsuche in der Gegend betraf, sagte dann jedoch – mit einem Seitenblick auf die beiden Indianer – den Satz, der ihn wahrscheinlich ein Vermögen kostete: „Du kannst mitkommen, George, aber ich will nicht, dass die verdammten 'Siwashes' [Ureinwohner] in meinem Bach Gold waschen." Henderson verschwand in den Bergen und ließ einen von seiner Bemerkung angestachelten Carmack zurück, der sich daraufhin eine Reihe anderer Bäche vornahm – die richtigen, wie sich herausstellen sollte. Am Abend des 16. August fand Skookum Jim in seiner Pfanne am Bonanza Creek Gold im Wert von $4, so viel wie noch niemand zuvor. Am darauffolgenden Tag steckte Carmack seinen ersten Claim ab und machte sich eilends auf, seinen Fund registrieren zu lassen, während Henderson sich auf der nahezu unergiebigen gegenüberliegenden Seite der Berge abmühte.

Ende August war praktisch bereits der gesamte **Bonanza Creek** von etwa Hundert altgedienten Schürfern abgesteckt, die aus Norden und Süden von den Camps am Yukon herbeigeströmt waren. Im Winter 1896 waren so gut wie alle wirklich großen Funde gemacht, bevor der Fluss zufror und die Gegend durch Schnee und Eis beinahe komplett von der Außenwelt abgeschnitten wurde. Die zweite Welle setzte im folgenden Frühjahr ein, als etwa Tausend Goldgräber von der Westküste durch vage Gerüchte eines großen Fundes im Norden angelockt wurden. Der richtige Ansturm, der den Klondike weltberühmt machen sollte, setzte allerdings erst ein, nachdem 1897 die *Excelsior* in San Francisco und die *Portland* in Seattle angelegt hatten. Kein Anblick hätte einen stichhaltigeren Beweis für die Schätze im Norden liefern können als die zum Greifen nahen Reichtümer, die von den völlig erschöpften Yukon-Schürfern über die Laufplanken geschleppt wurden – in Taschen, Kisten und Säcken, aus denen das Gold sprichwörtlich herausquoll. Die Presse erwartete die *Portland* bereits, die mit zwei Tonnen Gold an Bord andockte, die von einigen wenigen Schürfern komplett mit der Hand aus den Bächen am Klondike geholt worden waren. Jetzt war der Goldrausch voll in Fahrt gekommen.

Angepeitscht von den Medien und den Ausrüstern in Seattle und San Francisco, machten sich Tausende Glücksritter auf eine Reise, die mehrere Hundert von ihnen nicht überleben sollten. Die am häufigsten gewählte **Route** – die „Arme-Leute-Route" – begann mit einer Bootsfahrt von irgendeinem Hafen an der Westküste nach Skagway, von dort ging es zu Fuß über den gefürchteten Chilkoot Pass und von Whitehorse weiter mit dem Boot über den Yukon River die letzten 500 Meilen bis Dawson City. Die einfachste und teuerste Route führte mit dem Boot von der Mündung des Yukon im Westen Alaskas flussaufwärts. Die gefährlichsten und irreführendsten Strecken waren die All Canadian Route von Edmonton und die Trails über Land durch die Wildnis des Nordens.

Der größte einzelne Zulauf ereignete sich nach dem **Eisbruch auf dem Yukon** im Mai 1898, also 21 Monate nach dem ersten Claim. Eine riesige Armada aus zusammengeschusterten Booten machte sich auf den Weg über den Fluss. Bei der Ankunft in Dawson City stapelten sich die Boote bereits in Sechserreihen entlang eines 3 km langen Abschnitts am Flussufer. Für die meisten sollte es eine ergebnislose Reise werden, denn jeder Zentimeter der interessanten Flüsse und Bäche war längst abgesteckt. Beim Lesen der meisten Berichte über den Ansturm wird jedoch klar, dass es vielen ebenso sehr um das Ritual an sich ging wie um die Suche nach Reichtum. Der aus der Gegend stammende Schriftsteller Pierre Berton beobachtete: „Viele von ihnen verbrachten nur ein paar Tage in Dawson und besuchten nicht einmal die Bäche, die sie den ganzen Winter hypnotisch angezogen hatten. Sie wollten wieder nach Hause, ihr Abenteuer war vorüber. (...) Es schien, als hätten sie – ohne es sich richtig klar zu machen – die Aufgabe erfüllt, zu deren Erledigung sie ausgezogen waren. Als hätten sie letztlich eingesehen, dass es im Grunde gar nicht das Gold war, nach dem sie suchten."

Was das Gold selbst angeht, sind es eher die kleinen Details, die eine Vorstellung vom **Ausmaß des Goldrausches** am Klondike vermitteln. Da wäre zum Beispiel die Frau des Goldgräbers, die am Bach bei ihrer Hütte entlangschlenderte und Goldklumpen aus dem Wasser fischte, während sie darauf wartete, dass ihr Mann von der Arbeit nach Hause kam. Oder die Mittellosen, die während der Weltwirtschaftskrise Gold im Wert von $40 am Tag unter den Holzpromenaden von Dawson City fanden. Oder das Gold im Wert von $1000, das während der Renovierung des Orpheum Theatre in den 40er Jahren an einem einzigen Morgen unter dem Holzfußboden gefunden wurde, wohin es ein halbes Jahrhundert zuvor aus den Taschen der Schürfer gerieselt war. Oder der Goldstaub im Wert von $200, der 1897 Abend für Abend von den Biertischen in den Saloons von Dawson City gewischt wurde.

1899 war der Rausch vorüber, nicht etwa weil es kein Gold mehr gab, sondern weil es kein leicht zugängliches Gold mehr gab. Der Goldrausch hatte die Entwicklung Alaskas beschleunigt, die Städte Tacoma, Portland, Victoria und San Francisco hatten von ihm profitiert, Edmonton war praktisch aus dem Nichts entstanden, und die Bevölkerung Vancouvers hatte sich innerhalb eines Jahres verdoppelt. Der Goldrausch bildete den Anfang mehrerer Entdeckungen von Bodenschätzen im Yukon und im hohen Norden – einer Region, deren enorme und **ungenutzte Ressourcen** zunehmend ins Blickfeld multinationaler Konzerne rücken, die ebenso raubgierig und fest entschlossen sind wie ihre schürfenden Vorgänger.

betreten kann, was normalerweise im Rahmen einer Führung geschieht ($5 pro Gebäude, $10 für drei, $15 für vier oder $25 für alle sieben); die Gebäude können aber auch ohne weiteres in Eigenregie besichtigt werden. Gleiches gilt für die Holzhütten zweier Chronisten des Goldrausches, des Dichters Robert Service und des berühmteren Jack London. Im örtlichen Museum lässt sich eine interessante Stunde verbringen, und als weitere Attraktion lockt ein Spielkasino. Alles in allem ist es aber die allgemeine Atmosphäre in den Straßen von Dawson City, von der die Besucher am meisten in den Bann gezogen werden.

Der auch als Tr'ondëk Hwëch'in Cultural Centre bezeichnete Komplex beleuchtet anhand von Exponaten, Führungen, Videos und Live-Aufführungen die traditionelle und gegenwärtige Kultur der in dieser Region heimischen Tr'ondëk-Hwëch'in-Indianer. ☉ Juni–Aug tgl. 10–20 Uhr, im Winter nach Vereinbarung, Eintritt $5, ✆ 867/993-6768 oder 867/633-6519, 🖥 www.trondek.com.

Historische Gebäude und Schiffe

Angetrieben von einer schier grenzenlosen Gier, entwickelte sich Dawson City zwischen 1898 und 1900 zu einer Metropole von 30 000 Einwohnern und damit zur größten Stadt im kanadischen Westen. In punkto Sittenverfall, Dekadenz und aufwändigem Lebensstil stand sie Städten wie Seattle und San Francisco in nichts nach. Es gab in Dawson City Opernhäuser, Theater, Kinos (zu einer Zeit, als das Kino erst drei Jahre alt war), Dampfheizung, drei Krankenhäuser, Restaurants mit französischen Köchen sowie Saloons, Bordelle und Tanzlokale, die ein phänomenales Geschäft machten. Ein gewisser Charlie Kimball verdiente mit seinem Club $300 000 im Monat, und gab sie innerhalb von wenigen Tagen wieder aus. Die Bardamen verlangten von den Schürfern $5 für eine Minute Tanz, zahlbar in Gold (für langsame Tänze galten höhere Preise). Bei der Reinigung der mit Sägemehl bestreuten Fußböden der Bars kam jede Nacht nach der Schließung Goldstaub im Wert von $50 zusammen.

Das Gesetz von Angebot und Nachfrage machte aus Dawson City eine teure Stadt, in der ein Laden mit zwei Metern Straßenfront so viel Miete im Monat einbrachte wie ein Apartment mit vier Schlafzimmern in New York in zwei Jahren.

Nur einige wenige der noch erhaltenen historischen Gebäude im Stadtzentrum datieren aus den frühen Tagen des Goldrausches. Dutzende fielen Feuern zum Opfer oder dem Permafrost, der seine Spuren an einigen der schönsten alten Häuser hinterlassen hat, die heute nicht viel mehr sind als eine kunterbunte Mischung windschiefer Ruinen aus verrottendem Holz, Unkraut und verrostetem Wellblech. Viele davon wurden aber glücklicherweise absichtlich in ihrem heruntergekommenen Zustand belassen. Andernorts sind dagegen übereifrige Restaurationsprojekte in vollem Gange, die teilweise mit den Gewinnen des Spielkasinos der Stadt finanziert werden. Da der Permafrost die Errichtung von Steinhäusern mit tiefem Fundament verhindert, sind alle Häuser komplett aus Holz gebaut, wodurch sich die Restaurierungsarbeiten natürlich doppelt schwierig gestalten. Das betrifft vor allem das **Palace Grand Theatre** in der 3rd Ave, Ecke King St, aus dem Jahre 1899. Das Theater wurde ursprünglich aus den Rümpfen zweier stillgelegter Schaufelraddampfer erbaut und 1960 nur dank der Intervention der *Klondike Visitors Association* vor dem Abriss bewahrt. Im Sommer finden ein Mal tagsüber und ein Mal abends (außer Di) Führungen statt ($5). Das Theater ist auch Veranstaltungsort der Show der *Gaslight Follies*. Ihr leicht angekitschtes Cabaret-Medley aus Cancan, Strumpfbändern und Goldrauschkolorit zählt allerdings zu den besten Shows dieser Art in der Region. Show Mitte Mai–Mitte Sep tgl. ab 20 Uhr, Eintritt $15 Parkett, $17 Loge, ✆ 867/993-5575, 🖥 www.dawsoncity.org.

In der King St, Ecke 3rd Ave, gegenüber dem Madame Tremblay's Store, ist auch heute noch das **Postamt** von 1901 in Betrieb, ☉ tgl. Juni–Aug 12–18 Uhr. Im **Harrington's Store** an der 3rd Ave, Ecke Princess St, zeigt die Ausstellung „Dawson as They Saw It" eine von *Parks Canada* zusammengestellte Fotosammlung, die das Dawson City zur Zeit des Goldrausches zum Thema hat, ☉ Juni–Aug tgl. 9–17 Uhr, Eintritt frei. In der Nähe der Kreuzung steht die Schmiede **Billy Bigg's Blacksmith Shop**.

Zu den erwähnenswerten historischen Gebäuden zählt auch die 1902 mit dem Geld der Goldschürfer erbaute **anglikanische Kirche** mit cremefarbenen und braunen Schindeln. In der 4th Ave, Ecke Queen St, steht **Diamond Tooth Gertie's Gambling House**, das von einem berüchtigten

Einwohner der Stadt gegründet wurde und heute noch als Spielkasino dient. Es wurde 1971 nach der Restaurierung als erstes legales Kasino Kanadas neu eröffnet und ist nebenbei auch noch das nördlichste der Welt (Näheres s.S. 480, „Unterhaltung und Kultur").

Lohnenswert ist auch eine Führung durch das **Firefighters Museum** in der City Hall, wo alte Löschfahrzeuge, Wasserpumpen und Feuerwehrausrüstung zu besichtigen sind. In einer Stadt, die fast vollständig aus Holz besteht, ist eine gut funktionierende Feuerwehr überlebenswichtig. 1898/99 brannte Dawson City innerhalb eines Jahres zweimal beinahe völlig ab.

Inzwischen kann man auch wieder eine der auffälligsten Holzkonstruktionen der Stadt besichtigen, den kleinen Raddampfer **SS Keno**. Das frisch restaurierte Schiff liegt unweit des Visitor Centre am Fluss vertäut. Es wurde 1922 gebaut und durchpflügte einst unablässig den Stewart River, um Erz aus den Minen in der Gegend von Mayo abzutransportieren. Am Yukon River wurde die Fracht auf größere Schiffe umgeladen, die sie nach Whitehorse und weiter zur Eisenbahn transportierten.

Dass nicht allen Schiffen das Glück der *Keno* beschieden war, wird nach einem kleinen Spaziergang aus der Stadt zum **Schiffsfriedhof** eindrucksvoll belegt. Durch den Ausbau anderer Verkehrswege, insbesondere des Klondike Highway, wurde ein Großteil der Flussboote überflüssig. Einige wurden weiter flussabwärts stillgelegt, wo ihre moosüberwachsenen Rümpfe zu besichtigen sind, wenn man ein wenig Aufwand nicht scheut. Mit der unentgeltlichen George-Black-Fähre geht es von der Front St aus über den Fluss, anschließend zu Fuß über den Campingplatz und weitere zehn Minuten am Ufer entlang bis zu den Schiffswracks. George Black war übrigens einer der ersten, die mit dem Auto von Whitehorse nach Dawson fuhren. 1912 legte er die Strecke in der damaligen Rekordzeit von 33 Stunden zurück.

Dawson City Museum

In der 595 5th Ave, Ecke Church St, liefert das Dawson City Museum & Historical Society einen geschichtlichen Abriss über den Goldrausch, der mit den ersten Funden beginnt. Die ganze Aussagekraft der Exponate entfaltet sich allerdings erst, wenn man über etwas Hintergrundwissen über jene Periode verfügt. Faszinierende alte Tagebücher und Zeitungsausschnitte dokumentieren auf lebendige Weise Einzelheiten des Pionierlebens und Ereignisse wie den schlimmen Winter 1897/98, als die Temperaturen angeblich auf minus 86 °C sanken, oder die Hitzewelle im darauffolgenden Sommer, als die Sonne ohne Unterlass 23 Stunden am Tag gnadenlos brannte und die Temperaturen bis knapp 40 °C ansteigen ließ. In dem Museum werden auch einige der insgesamt mehrere Hundert **Filme** gezeigt, die vor ein paar Jahren unter dem Holzfußboden eines Hauses in Dawson entdeckt wurden. Das Highlight – und eine der größten Attraktionen in Dawson überhaupt – ist der preisgekrönte, melancholische Schwarz-Weiß-Film *City of Gold,* eine hinreißende Dokumentation aus den 50er Jahren, die dazu beitrug, dass die kanadische Regierung schließlich Maßnahmen ergriff, den Verfall von Dawson City aufzuhalten. Im Rahmen einer interessanten **Führung** sind die holzvertäfelten Räume des Obergeschosses zugänglich, in denen einst die Ratsversammlung tagte. Eine andere Führung beinhaltet das Museumsgebäude (im Sommer tgl. 11, 13 und 17 Uhr) und das ehemalige Gebäude der Territorialverwaltung (1901). Besichtigt werden dabei die alten, gelegentlich noch genutzten Gerichtssäle, die Bibliothek mit Archiv, die aktuelle Ausstellung mit ca. 6000 der insgesamt 30 000 Objekte des Museums und die Außenanlagen Victory Gardens (1910). Die Lokomotiven vor dem Museum verkehrten mit Unterbrechungen von 1906 bis 1914 zwischen Dawson und den Goldfeldern. ☉ Mitte Mai oder Juni–Sep tgl. 10–18 Uhr, Eintritt $5.

Die Hütten von Robert Service, Pierre Berton und Jack London

Die Behausungen der beiden großen Schriftsteller, die einst in Dawson lebten, liegen nur 100 m auseinander an der 8th Ave, etwa zehn Gehminuten von der Front St entfernt. *Parks Canada* bietet Führungen an, die auch eine dritte Hütte beinhalten, die des lokalen Schriftstellers Pierre Berton, doch die Hütten lassen sich auch auf eigene Faust besichtigen.

Die meisten Kanadier bringen dem Dichter **Robert Service** (1874–1958) – trotz seiner teilweise abscheulichen Verse – große Wertschätzung entgegen und finden, er habe seinen Platz im Pantheon der kanadischen Literatur verdient. In Gedichten wie *The Shooting of Dan McGrew* und *The Cremation of Sam McGee* (s.S. 506) ruft er durch eine Kombination seiner Erzählkunst mit komödiantischen Elementen den Mythos des Nordens wach. Der 1874 in Preston (England) geborene Dichter schrieb die meisten seiner Goldrauschverse, bevor er überhaupt einen Fuß in den Yukon gesetzt hatte. 1904 wurde der Bankangestellte nach Whitehorse versetzt und 1908 schließlich nach Dawson City. Als er in den Ruhestand ging, hatte ihm seine Dichtkunst bereits ein Vermögen eingebracht. Service zählt zu den erfolgreichsten Schriftstellern seiner Zeit, seine Werke verkauften sich sogar besser als die von Kipling. Seinen Lebensabend verbrachte er in Frankreich, wo er 1958 starb. Seine Hütte erscheint heute wahrscheinlich gemütlicher und besser ausgestattet als sie es damals war, vermittelt aber dennoch einen Eindruck davon, wie die meisten Menschen gelebt haben müssen, nachdem sich Dawson City als Stadt etabliert hatte. ☉ Juni–Sep tgl. 9–12 und 13–17 Uhr, Eintritt frei. Im Juli und August versammeln sich hier Freunde der Poesie, um dem Dichter zu huldigen und an einem Umzug teilzunehmen, der auch eine kurze Lesung von ein oder zwei Service-Gedichten beinhaltet. Früher rezitierte der als „Barde des Yukon" verkleidete, irischstämmige Schauspieler Tom Byrne die Gedichte vor der Hütte, doch seine Vorstellungen finden mittlerweile so viele Anhänger, dass er jetzt im Sommer in einem kleinen Theater in der Front St zwischen Queen St und Princess St aus den Werken des Dichters vorliest (15 und 20.30 Uhr, Eintritt $8).

Gegenüber der Service-Hütte steht das belanglos aussehende **Berton House Writers' Retreat**. Das Haus wurde 1901 gebaut und 1920 von Goldminenaufseher Frank Berton für $500 gekauft. Hier lebte er mit seiner Familie, darunter auch Bertons Sohn, der spätere Schriftsteller Pierre, bis sie Dawson 1932 verließen. In den 90er Jahren wurde das Haus mit Hilfe einer $50 000-Spende von Pierre Berton vom *Yukon Arts Council* zurückgekauft. Nach einer Restaurierung dient es seit 1996 als privater Rückzugsort für kanadische Schriftsteller.

Jack Londons Hütte, zwei Blocks südlich in der 8th Avenue, Ecke Grant St, ist weniger überzeugend restauriert worden. Zu sehen ist nur eine kärgliche, unvollständige Bretterbude mit nackten Wänden, denn die Balken der Originalhütte wurden zur Hälfte entnommen, um daraus eine Hütte auf dem Jack London Square im kalifornischen Oakland zu bauen. London wusste weit besser als Service über die echten Härten des Lebens im Norden Bescheid, hatte er doch 1897 als Bootslotse im Mile's Canyon bei Whitehorse sein Geld verdient, bevor er sich noch weiter nach Norden begab und ungefähr ein Jahr in Einsamkeit am Henderson's Creek oberhalb des Klondike River verbrachte. Er kehrte ohne einen Penny in seine Heimat Kalifornien zurück, hatte aber genügend Stoff für Geschichten im Gepäck, den er später unter anderem in seinen Büchern *Der Ruf der Wildnis, Wolfsblut* und *An der weißen Grenze* verarbeitete. Neben der Hütte steht ein kleines, aber feines Museum mit Bildern und Erinnerungsstücken, die von einem liebenswürdigen und bewanderten Kurator verwaltet werden. ☉ Hütte und Museum Mitte Mai oder Juni–Mitte Sep tgl. 10–18 Uhr, Spenden willkommen. Im Sommer finden hier Lesungen von Londons Werken statt (12 und 14.30 Uhr).

Übernachtung

In Dawson machen immer mehr Unterkünfte auf. Die zunehmende Konkurrenz sorgt zwar dafür, dass die Preise konstant bleiben, aber sie sind immer noch hoch. Im Juli und August ist es kaum zu vermeiden, die Unterkunft im Voraus zu buchen. Die beiden Hostels sind besonders stark frequentiert – ähnlich wie die B&Bs, in denen man aber in der Regel ein Zimmer bekommt, wenn man ein paar Tage vorher anruft. Das halbe Dutzend Mittelklassehotels, die meisten davon altmodische Holzhäuser mit falscher Fassade, verlangen gesalzene Preise. Wer ohne Reservierung anreist, findet im Visitor Centre eine ständig aktualisierte Liste mit Übernachtungsmöglichkeiten. Das Personal gibt sich alle Mühe, bei der Zimmersuche zu helfen. Die Hotels schicken häufig billige Last-Minute-Angebote heraus, um ihre leeren Betten zu füllen, und außerhalb der Hochsommersaison geben die Preise in allen Unterkünften beträchtlich nach. Es ist jedoch zu beachten, dass viele von September bis Mitte Mai schließen.

HOTELS UND B&Bs – *Bombay Peggy's*, 2nd St, Ecke Princess St, ☎ 867/993-6969, 🖳 www.

bombaypeggys.com. Eine der schönsten Unterkünfte der Stadt mit zehn sehr komfortablen Zimmern in einem zentral gelegenen, historischen Haus von ehemals zweifelhaftem Ruf. ⊙ ganzjährig. ❻

Bonanza House B&B, 7th Ave, Ecke Grant St, in der Nähe des Museums, ☎ 867/993-6789, ✉ bonanzahouse@hotmail.com. 2- oder 3-Zimmer-Suite mit Gemeinschaftsräumen und TV. ❸

Dawson City B&B, 451 Craig St, ☎ 867/993-5649, ⌨ www.dawsonbb.com. In der Nähe des Zusammenflusses von Yukon und Klondike, Abholservice vom Flughafen und sogar Autovermietung. ❹

Downtown Hotel, 2nd St, Ecke Queen St, ☎ 867/993-5346 bzw. in BC und YK ☎ 1-800/764-0514, ⌨ www.downtown.yk.net. Eines der vornehmeren Hotels mit Holzfront; kürzlich renovierte Zimmer. ⊙ ganzjährig. ❺

Eldorado, 3rd St, Ecke Princess St, ☎ 867/993-5451 oder 1-800/661-0518, ⌨ www.eldoradohotel.ca. Ganz ähnlich wie das Downtown Hotel, mit 52 Zimmern (einige davon mit Miniküche) in zentraler Lage. ⊙ ganzjährig 24 Std. ❻

Fifth Ave B&B, 5th Ave, in der Nähe des Museums, ☎ 867/993-5941 oder 1-866/631-5237, ⌨ www.5thavebandb.com. Geräumiges Haus, zu erkennen an der auffälligen hellblauen Fassade, mit Gemeinschaftsküche und auf Wunsch mit eigenem Bad. Klimatisierte Zimmer und All-you-can-eat-Frühstück. ❻

Klondike Kate's Cabins & Rooms, 3rd St, Ecke King St, ☎ 867/993-6257, ⌨ www.klondikekates.com. Die hübschen und beliebten Hütten sind renoviert, sauber und warm; daneben gibt es noch relativ preiswerte und nette Zimmer. ⊙ Mai–Sep. ❺

Triple J Hotel, 5th St, Ecke Queen St, ☎ 867/993-5323 oder 1-800/764-3555, ⌨ www.triplejhotel.com. Hotel im Nostalgiestil neben Diamond Tooth Gertie's, knapp 50 Zimmer oder Hütten mit Kochnischen; Münzwaschmaschinen und Shuttle-Service zum Flugplatz, ⊙ Mai–Okt. ❻

Westmark Inn Dawson, 5th St, Ecke Harper St, ☎ 867/993-5542 oder 1-800/544-0970, ⌨ www.westmarkhotels.com. Das schickste Hotel in Dawson gehört zu einer Kette der gehobenen Klasse im kanadischen Norden. Es lohnt sich, nach Sonderangeboten zu fragen. ❻

Whitehorse Motel, Front St, ☎ 867/993-5576, ⌨ www.whitehousecabins.com. Sechs Hütten mit Kochnischen am nördlichen Ende der Straße jenseits der George-Black-Fähre am Flussufer, ⊙ ganzjährig. ❸

White Ram Manor B&B, 7th St, Ecke Harper St, ☎ 867/993-5772, ⌨ www.bbcanada.com/whiterammanor. Auffälliges rosafarbenes Haus mit Jacuzzi und Außenterrasse. Auf Anfrage Abholservice vom Busbahnhof. ❹

HOSTELS – *Dawson City Bunkhouse*, in der Nähe der Ecke Front St und Princess St, ☎ 867/993-6164, ⌨ www.bunkhouse.ca. Gute, wenngleich laute Unterkunft im Stil einer Jugendherberge, oft nur als „The Bunkhouse" bezeichnet. Man hat die Wahl zwischen Zimmern mit Gemeinschaftsbad oder mit eigenem Bad. ❹

Dawson City River Hostel (HI), ☎ 867/993-6823, ⌨ www.yukonhostels.com. Gegenüber der Innenstadt auf der anderen Seite des Flusses, nach Verlassen der kostenlosen Fähre die erste Straße links. HI-Herberge mit Etagenbetten in gepflegten Holzhütten mit gutem Blick auf Dawson und den Fluss. Schlafsaalzimmer mit 2–6 Betten ($15 für HI-Mitglieder, sonst $19), eher unattraktive Stellplätze für Zelte ($12 p.P., $8,50 p.P. bei Mehrpersonenzelten), Familienzimmer und private DZ (ab $39), Schwitzbad sowie Kanu- und Fahrradverleih, aber kein Strom. Es wird nur Bargeld akzeptiert. ⊙ Mai–Mitte Sep. ❶

CAMPING – *Gold Rush Campground*, 5th St, Ecke York St, ☎ 867/993-5247, schmuckloser, aber stark frequentierter Platz mit Anschlüssen für Wohnmobile, ⊙ Mai–Sep, Stellplatz $20.

Klondike River Campground, staatlicher Platz ($12) am Klondike Hwy, 15 km östlich der Stadt. Etwas ruhiger als der Yukon River Campground, aber nicht ganz so angenehm.

Yukon River Campground, der Hauptzeltplatz in Dawson befindet sich unter staatlicher Leitung und liegt am Westufer des Yukon, nach dem Verlassen der kostenlosen George-Black-Fähre von der Front St nach 500 m auf der rechten Seite, ungefähr Höhe Albert St. Stellplatz $12. Auf dem Campingplatz gibt es keine Duschen. Die am zentralsten gelegenen sind die engen Duschkabinen beim Waschsalon hinter dem Chief Isaac

Hale Building neben dem Visitor Centre. Duschen gibt es auch im städtischen Schwimmbad beim Museum.

Am selben Flussufer liegt nicht weit entfernt die inoffizielle **West Dawson Tent City**, ein chaotischer Platz, auf dem jeder sein Zelt aufbaut, wo gerade Platz ist.

Essen

Es gibt zahlreiche Cafés in der Stadt, darunter auch einige gute Snack-Bars in der Front St, während ansonsten die meisten Restaurants den größeren Hotels der Stadt angegliedert sind, von denen die nachfolgend aufgelisteten zu den besseren zählen.

Bonanza Dining Room, im Eldorado, 3rd St, Ecke Princess St.

Jack London Grill, im Downtown Hotel, 2nd St, Ecke Queen St, ✆ 867/993-5346.

Klondike Kate's, 3rd St, Ecke King St, ✆ 993-6527, ausgezeichnetes Restaurant, das freundlichste und entspannteste Lokal der Stadt für Frühstück und Abendessen ohne Kinkerlitzchen; Terrasse für warme Tage. ⊙ Mai–Sep tgl. 7–23 Uhr.

River West Cappuccino Bistro, Front St, mit seinen Snacks aus organisch-biologischem Anbau zählt das Café zu den beliebtesten in Dawson.

TJ's, im Triple J Hotel, 5th St, Ecke Queen St.

Grubstake, 1054 2nd Ave, ✆ 867/993-6706, günstiges und gutes Fastfood-Lokal mit Internet-Café.

Zum Einkaufen von Lebensmitteln empfehlen sich die folgenden Adressen:

Dawson General Store, Front St, Ecke Queen St,

Farmer's Market, 2nd St, Höhe Princess St,

Madame Zoom's, 2nd St, Ecke King St, gutes Eis und *frozen yogurt*.

Unterhaltung und Kultur

BARS – Das Nachtleben konzentriert sich im Wesentlichen auf die Hotelbars.

Bombay Peggy's, 2nd St, Ecke Princess St, Hotel-Lounge mit äußerst angenehmer Atmosphäre.

The Sourdough Saloon, im Downtown Hotel, 2nd St, Ecke Queen St, ebenfalls recht passabel und

bei Einheimischen wie Touristen gleichermaßen beliebt. Markenzeichen ist ein Cocktail, bei dem ein echter eingelegter Menschenzeh eine Rolle spielt.

Westminster, 2nd Ave, auch *Snake Pit* genannt. Wer einmal eine Bar mit dem echten Flair des Nordens erleben möchte, ist hier richtig, denn hier wimmelt es von grantigen und kantigen Typen, und fast jeden Abend gibt es Live-Musik.

THEATER UND KASINO – *Diamond Tooth Gertie's*, 4th St, Ecke Queen St, Kanadas einziges legales Spielkasino. Spieler müssen über 19 Jahre alt sein. Sämtliche Einnahmen fließen (wie auch diejenigen mehrerer anderer Sehenswürdigkeiten) Restaurierungsprojekten in Dawson zu, ⊙ Mitte Mai–Mitte Sep tgl. 19–2 Uhr, Eintritt $6.

Palace Grand Theatre, touristisch orientierte Melodramen und Vaudeville-Revuen in historischen Kostümen, ⊙ Juni–Sep tgl. 20 Uhr, Eintritt $16–18.

Sonstiges

AUTOVERMIETUNGEN – *Budget*, 451 Craig St, ✆ 867/993-5644, 🖵 www.budgetyukon.com. Vermietet auch Geländefahrzeuge für Fahrten über den Dempster Highway (s.S. 483).

BIBLIOTHEK – *Public Library*, 5th St, Ecke Queen St, ⊙ Di, Mi und Fr 12–19, Do 12–20, Sa 11–17 Uhr.

BÜCHER – *Maximilian's*, Front St, Ecke Queen St, ✆ 867/993-5486, Bücher und Reiseführer.

GELD – *CIBC Bank*, Queen St, zwischen Front St und 2nd St, ✆ 867/993-5447, Geldwechsel und Geldautomat.

GEPÄCKAUFBEWAHRUNG – im *Visitor Reception Centre*, Front St, Ecke King St, Gebühr $1.

INFORMATIONEN – *Tourism Yukon-Parks Canada Visitor Reception Centre*, Front St, Ecke King St, ✆ 867/993-5566 oder 993-7200,🖵 www.dawsoncity.com. Die beeindruckende Touristeninformation verfügt über riesige Mengen an Infomaterial und zeigt den ganzen Tag über interessante Filme aus dem Archiv sowie jüngere Produktionen. Wer zu einer Stadtbesichtigung aufbrechen möchte, kann hier gegen $1 Entgelt sein Gepäck beaufsichtigen lassen. Das Personal liefert Informationen zu zahlreichen Touren und veranstaltet von Juni–Mitte Sep mehrmals tgl. geführte Spaziergänge ($5) zum Schaufelraddampfer *SS Keno* am Ufer und zu den historischen Gebäuden der Stadt. Außerdem gibt es hier einen Tresen von *Parks Canada*, ℡ 1-888/773-8888, 🖳 www.parkscanada.gc.ca. ⏰ Mitte Mai–Mitte Sep tgl. 8–20 Uhr.

Western Arctic-NWT Information Centre, gegenüber vom Visitor Reception Centre, ℡ 867/993-6167 oder 1-800/661-0750. Ein unentbehrlicher Anlaufpunkt für diejenigen, die über den Dempster Hwy noch weiter nach Norden zu fahren beabsichtigen (weitere Informationen über diese Institution und den Highway s.S. 483). ⏰ Mitte Mai–Mitte Sep 9–19 Uhr.

INTERNET – *Klondike Infotech*, gegenüber dem Spirituosengeschäft in der 3rd Ave, ℡ 867/993-5539.

LANDKARTEN – *Mining Recorder's Office*, neben der Post.

POST – 5th St zwischen Harper St und Princess St, ℡ 867/993-5342, ⏰ Mo–Fr 8.30–17.30 Uhr.

REISEBÜROS – *Gold City Tours,* Front St gegenüber der *SS Keno,* ℡ 867/993-5175 oder 993-6424, 🖳 www.goldcitytours.com. Das ausgezeichnete Reisebüro verkauft Tickets aller Fluggesellschaften, für die Fähren nach Alaska und BC und vermittelt Sightseeing-Touren zu den Goldfeldern sowie die beliebten Ausflüge mit Geländefahrzeugen.

Touren

Bonanza Aviation, ℡ 867/993-5209, organisiert Rundflüge.
Gold City Tours, Front St, ℡ 867/993-5175, 🖳 www.goldencitytours.com. Veranstaltet verschiedene Touren zu den Goldfeldern (ca. $40 für eine Tour von 3 1/2 Std.). Man kann sich dabei

einfach nur die Bagger und Bäche anschauen oder gegen eine Gebühr selbst Gold waschen. Unentgeltlich kann derzeit nur in drei kleinen Teilstücken von Claim 6 geschürft werden, aktuelle Informationen hierzu hält das Visitor Centre bereit. Auf Claim 33 bekommt man gegen eine Gebühr von $5 die Garantie, auch tatsächlich Gold zu finden (weil es dort deponiert wurde). *Gold City Tours* veranstaltet auch regelmäßig tagsüber und abends Ausflüge auf den Midnight Dome (s.S. 483).

River of Culture, am Anleger hinter dem Ticketbüro Little Birch Cabin in der Nähe der *SS Keno,* ℡ 867/993-5482. Das von indianischen Ureinwohnern geleitete Unternehmen bietet relativ kurze und preiswerte Flussfahrten mit dem Schaufelraddampfer *Yukon Lou* über den Yukon (2 Std., $47 inkl. Lachs-Barbecue).

Siston Air, ℡ 867/993-5599, bietet Rundflüge.
Trans North Helicopters, ℡ 867/993-5494, 🖳 www.tntaheli.com. Veranstaltet Hubschrauberrundflüge über die Goldfelder, das Tal des Klondike River und den Midnight Dome.

Yukon Queen River Cruise, Front St, ℡ 867/668-3225, 📠 867/667-4494, eine Alternative zur Erkundung der Umgebung von Dawson ist eine Kreuzfahrt mit der von Gray Line betriebenen *Yukon Queen*, einem 110 Passagiere aufnehmenden Katamaran, der im Sommer täglich zu einer 170 km langen Rundfahrt über den Yukon River nach Eagle in Alaska ablegt (ca. $210). Tickets gibt es Stand-by, für die Hin- und Rückfahrt oder die einfache Fahrt.

Nahverkehrsmittel

FÄHREN – *George Black Ferry*, ℡ 867/993-5441, kostenlose Fähre von der Front St über den Yukon, ⏰ Mitte Mai–Mitte Sep tgl. 24 Std., sonst 7–23 Uhr, je nach Witterung und Eisbildung auf dem Fluss.

TAXIS – *Dawson City Courier & Taxi*, ℡ 867/993-6687.

Transport

BUSSE – Busse und Shuttles nach INUVIK, WHITEHORSE und ALASKA halten normalerweise hinter dem Visitor Centre. Sämtliche Einzelheiten dazu und zu weiteren Transportverbindungen von und nach Dawson s.S. 467.

s.S. 467.

FLÜGE – Der Flughafen von Dawson liegt 19 km südöstlich der Stadt am Klondike Highway. Angeflogen wird er von den Charterfluggesellschaften *Alkan Air* (nach INUVIK in den Northwest Territories, OLD CROW, MAYO und WHITEHORSE) und *Air North* (nach FAIRBANKS, WHITEHORSE, WATSON LAKE und JUNEAU).

Die Umgebung von Dawson City

Wer schon einmal in Dawson ist, sollte auch die beiden Bäche besuchen, an denen alles begann und wo das meiste Gold ausgegraben wurde. **Bonanza Creek** und **Eldorado Creek** liegen gut 20 km südöstlich der Stadt und sind über unbefestigte Straßen zu erreichen. Heutzutage ist in der Gegend keine größere Mine mehr in Betrieb, doch die meisten Claims befinden sich noch in Privatbesitz und sind für Amateurschürfer definitiv tabu. Man kann aber noch einige der kolossalen Bagger besichtigen, die den individuellen Goldsuchern folgten, nachdem das relativ einfach zu erreichende Gold herausgewaschen worden war. Ein beliebtes Ausflugsziel in der Umgebung ist der **Midnight Dome**, ein auffäl-

liger Berg nördlich der Stadt. Zahlreiche Wohnmobile, Fahrradfahrer und Anhalter machen sich auf den Weg über den **Top of the World Highway** nach Alaska, wo er bei Tetlin Junction auf den Alaska Highway trifft.

Bonanza Creek und Eldorado Creek

Wer sich zum Flüsschen Bonanza Creek aufmacht, folgt zunächst 4 km dem Klondike Highway – der Verlängerung der Front St – bis zur Kreuzung mit der Bonanza Creek Road. Danach windet sich die Straße 12 km lang durch eine apokalyptisch anmutende Landschaft aus Felsblöcken und Flusssedimenten, bis sie einen einfachen Steinhaufen erreicht. Es handelt sich um die Markierung des **Discovery Claim**, also den Platz, wo George Carmack seinen Claim absteckte, nachdem er hier einen Goldklumpen von der Größe seines Daumens gefunden hatte – so will es jedenfalls die Legende. Von hier aus gesehen brachte jeder einzelne Claim (Abschnitte von je 150 m Länge) damals einen Ertrag von 3000 kg Gold im Wert von etwa 25 Mill. Dollar hervor, wenn man die Preise von 1900 zugrunde legt. Die genauen Erträge sind schwer zu bestimmen, da die Schürfer stets versuchten, einen Teil ihrer Funde den Behörden gegenüber zu unterschlagen, doch den meisten Schätzungen zufolge wurde von 1897 bis 1904 Gold im Wert von rund 600 Mill. Dollar aus den Bächen gewaschen. Wegen ihres enormen Wertes wurden die Claims oftmals in kleinere Abschnitte unterteilt und weiterverkauft. Ein Goldgräber holte in nur acht Stunden über 100 kg Gold im Wert von fast einer Million Dollar aus seinem Teilstück.

Am Discovery Claim gabelt sich die Straße erneut. Eine Strecke führt nach Osten hoch zum **Eldorado Creek**, der möglicherweise sogar noch mehr Reichtum abwarf als die Bonanza. Die andere Strecke folgt der Upper Bonanza Road zum Gipfel des **King Solomon's Dome**, der Ausblicke auf tiefer gelegene und nicht minder ausgeschlachtete Flüsschen wie Hunker Creek und Dominion Creek bietet, bevor die Straße in einer Schleife über die Hunker Road wieder auf den Klondike Highway zurückführt.

Da das leicht erreichbare Gold mit der Zeit immer knapper wurde, legten die Schürfer ihre Claims zusammen oder verkauften sie an große Bergbauunternehmen, die große Bagger einsetzten,

DER NORDEN

um die aus Steinen, Schotter und Sedimenten bestehenden Flussbetten umzugraben. An den Bächen stehen heute noch zahlreiche Exemplare dieser industriellen Dinosaurier. Der größte und berühmteste ist der **Dredge no. 4** (Baujahr 1912) am Claim 17 BD („Below Discovery", also unterhalb der Fundstelle) etwas abseits der Bonanza Creek Road. Dieses außergewöhnliche Industrierelikt schaufelte und wusch von 1913 bis 1966 bis zu 25 kg Gold am Tag aus den Sedimenten. Die Bergbauunternehmen von heute können sich glücklich schätzen, wenn sie ein Viertel davon in einer Woche zu Tage fördern.

Midnight Dome und Top of the World Highway

Der **Midnight Dome** ist ein auffälliger, hinter Dawson City aufragender Berg, der teilweise von Krüppelkiefern bewachsen ist und von Erdrutschen bereits halb weggefressen wurde. Der Name rührt daher, dass man um Mitternacht am 21. Juni von seinem Gipfel aus beobachten kann, wie die Sonne am Horizont untergeht, um unmittelbar darauf wieder aufzugehen – schließlich liegt Dawson nur 300 km südlich des Polarkreises. Die Midnight Dome Road zweigt direkt hinter dem Ortsrand vom Klondike Highway ab und windet sich die 8 km zum Gipfel (884 m) hinauf. Ohne Auto ist der Aufstieg extrem steil (das Visitor Centre erteilt Auskunft über den ausgetretenen und teilweise ausgeschilderten Wanderweg). Er lohnt auf jeden Fall die Strapazen wegen der beeindruckenden Ausblicke auf Dawson, die Goldfelder, die breiten Mäander des Yukon River und die sich in allen Richtungen erhebenden Bergketten. Während der Sonnenwende findet ein Rennen zum Gipfel statt, und zahlreiche feuchtfröhliche und bunte Festivitäten werden in Dawson City veranstaltet.

Ebenfalls großartige Ausblicke bietet der **Top of the World Highway** (Hwy 9), eine gute, nur im Sommer befahrbare Schotterstraße, die jenseits des Flusses beginnt und von der Front St aus mit der George-Black-Fähre zu erreichen ist. Bereits nach 5 km entfaltet sich ein großartiges Panorama, und nach 14 km bieten sich vom einem **Aussichtspunkt** weit schweifende Ansichten über das Tal des Yukon und die Ogilvie Mountains am Polarkreis.

Hinter der Bergkette verläuft die Straße jenseits der Baumgrenze und schlängelt sich scheinbar endlos über die kahlen Hügel, bis sie schließlich am Horizont verschwindet. 108 km hinter Dawson trifft der Highway auf den **Grenzübergang nach Alaska**, der nur zwischen Mai und Sep von 9–21 Uhr passiert werden kann. Im Gegensatz zum Dempster Highway verkehrt kein Bus auf dieser Strecke, doch im Sommer ist das Trampen nicht weiter schwierig, denn die Straße ist viel befahren, weil sie eine schnelle Verbindung nach Tok zum Alaska Highway darstellt und von dort aus weiter nach Fairbanks und Anchorage oder in die andere Richtung nach Whitehorse führt. Im Durchschnitt sind auf der Schotterpiste kaum mehr als 50 km/h zu schaffen. Informationen über etwaige Hindernisse und Tankmöglichkeiten erteilt das Visitor Reception Centre in Dawson.

Dempster Highway

Der Bau des Dempster Highway wurde 1959 zur Erschließung der Ölfelder im hohen Norden aufgenommen und erst über 20 Jahre später beendet, nachdem sämtliche zugängliche Ölvorkommen bereits erschöpft waren. Der 741 km lange Highway zwischen Dawson City und Inuvik in den Northwest Territories ist die einzige Straße in Kanada, die den Polarkreis überschreitet. Die Fahrt stellt eine großartige Reise durch ein atemberaubendes Spektrum ständig wechselnder Landschaften dar. Die Versuchung, 445 km nördlich von Dawson City den Weg in die Arktis zu nehmen, ist groß, denn es lockt einer der faszinierendsten Abschnitte des Highways. Doch der Dempster ist eine Schotterstraße, und die Fahrt Richtung Norden nach Inuvik dauert mit dem Auto bei guten Bedingungen zwischen 12 und 15 Stunden. Die Route wird zwar immer häufiger befahren (das bedeutet bei den Einheimischen vier Autos pro Stunde), es handelt sich allerdings um eine Reise, die mit äußerster Sorgfalt geplant sein will. Das hässliche Inuvik ist eine herbe Enttäuschung, doch andererseits geht es bei dieser Reise eher um die Fahrt an sich als um das Ziel.

In weiten Abschnitten folgt der Dempster Highway der Strecke der von den Mounties in der ersten Hälfte des 20. Jhs. unterhaltenen Schlittenhundepatrouillen. Ihren Namen hat die Fernstraße von einem gewissen Corporal W.J.D. Dempster, der im März 1922 ausgesandt wurde, um eine zwischen

Fort McPherson und Dawson City vermisste Patrouille zu suchen. Er fand ihre gefrorenen Körper nur 40 km von dem Punkt entfernt, von dem sie aufgebrochen waren, und beerdigte die Männer am Ufer des Peel River. Heute erinnert ein Denkmal in Fort McPherson an sie.

Es ist zu beachten, dass sich alle nachfolgenden Entfernungsangaben (falls nicht anders angegeben) auf KM 0 des Highways beziehen, der sich 40 km östlich von Dawson City an der Kreuzung mit dem North Klondike Hwy befindet; das ist praktisch die einzige Möglichkeit, sich bei der Suche nach den Zielen entlang der Strecke zu orientieren. Wer mit dem Fahrrad oder mit dem Motorrad unterwegs ist (beides zunehmend beliebte Alternativen auf dieser Strecke), sollte auf Camping in der Wildnis vorbereitet sein und sich an das *Western Arctic-NWT Information Centre* in Dawson City wenden (s.S. 481). Das dortige Personal liefert praktische Informationen von unschätzbarem Wert und hat darüber hinaus immer noch ein paar Anekdötchen auf Lager. Wer kein eigenes Fahrzeug hat, findet hier möglicherweise eine Mitfahrgelegenheit oder nutzt den *Dempster Highway Bus Service* des Unternehmens *Dawson City Courier and Taxi* (s.S. 481).

Die erste **Tankstelle** befindet sich am Anfang des Highways neben der Klondike River Lodge, die nächste folgt erst 365 km weiter nördlich am ganzjährig geöffneten Eagle Plains Hotel im gleichnamigen Ort. Es folgt Fort McPherson, 193 km hinter Eagle Plains, und ab dort gibt es keine weitere Tankmöglichkeit bis Inuvik. Es empfiehlt sich daher, für Notfälle einen Reservekanister mitzuführen, den man bei Reisebeginn an der Klondike River Lodge ausleihen kann. Außerdem ist es wichtig, zwei Ersatzreifen dabeizuhaben und die Fahrt nur in einem technisch einwandfreien Fahrzeug anzutreten, denn die einzige **Werkstatt** an der Strecke befindet sich in Eagle Plains. Selbstfahrer sollten sich unter ✆ 1-800/661-0752 erkundigen, ob die beiden **Fähren** auf der Route in Betrieb sind. Die erste überquert den Peel River bei KM 539 (in der Regel bei Bedarf verfügbar tgl. 9–1 Uhr von Frühling bis Spätherbst, danach Eisbrücke), die zweite den Tsiigehtchic (ehemals Arctic Red River) bei KM 609 (es gilt das Gleiche wie oben). Genauso wichtig ist es, genügend **Trinkwasser** mitzuführen, denn der einzige Versorgungspunkt – mit Ausnahme der Flüsse und Bäche – befindet sich in Eagle Plains.

Zum Polarkreis

Nach dem Anblick von Millionen Drehkiefern in diesem Teil der Welt ist es für manchen ein Grund zum Feiern, wenn er Kanadas angeblich nördlichsten Kiefernwald (KM 8) hinter sich lässt. Danach passiert man gelegentlich eine Trapper-Hütte. Die Jagd nach Nerzen, Vielfraßen und Luchsen ist nach wie vor ein profitables Geschäft und verhilft den rund 700 Vollzeit-Trappern im Yukon zu einem jährlichen Einkommen von 1,5 Millionen Dollar.

Ungefähr 72 km nördlich von Dawson befindet sich bei **Tombstone Mountain** einer von drei rudimentären, von der Yukon-Tourismusbehörde betriebenen Campingplätzen ohne weitere Einrichtungen (31 Stellplätze für Caravans und Zelte; $12). Im Juli und August hat hier normalerweise ein Informationskiosk in einem Wohnwagen geöffnet, der Tipps zu guten Wanderwegen in der Umgebung bereithält. Am **Hart River** (KM 80) lassen sich mit etwas Glück einige Exemplare der 1200 Tiere starken Hart River Woodland Karibuherde blicken. Im Gegensatz zu den wandernden Herden im baumlosen Norden finden diese Karibus genügend Futter in einem begrenzten Gebiet, so dass sie keine langen Wanderungen unternehmen müssen.

An den von Weiden gesäumten Flüsschen wie dem **Blackstone River** (KM 93) zeigen sich häufig Steinadler, Schneehühner und Tundravögel wie Spornammern, Amerikanische Goldregenpfeifer, Sturmmöwen und Falkenraubmöwen.

Am **Moose Lake** (KM 105) lassen sich Elche beim Grasen beobachten. Sie befinden sich stets in Begleitung zahlreicher Wasservögel, darunter Löffelenten, Nordamerikanische Pfeifenten und Küstenseeschwalben, die bei ihrer Migration von der Arktis in die Antarktis die längste Strecke aller Zugvögel zurückzulegen haben.

Der **Chapman Lake** (KM 120) markiert den Beginn der Ogilvie Mountains. Diese Region war niemals vergletschert und bewahrte sich daher zahlreiche endemische Arten, besonders unter den Pflanzen und Insekten. Außerdem ist die Gegend ein bedeutendes Herbstquartier der Porcupine-

Karibuherden. Bis zu 40 000 Karibus überqueren Mitte Oktober den Highway und brauchen dazu vier Tage. Sie haben selbstverständlich „Vorfahrt".

Die Straße überquert die Ogilvie Mountains bei KM 139 am **North Fork Pass**, der mit 1289 m die höchste Erhebung der gesamten Strecke darstellt.

Die Heimat seltener Schmetterlinge ist die **Butterfly Ridge** (KM 155), durch die sich auch einige der auffälligen Karibu-Trails ziehen. Dallschafe, Fahlstirnschwalben und Weißkopfseeadler sind in dieser Region kein ungewöhnlicher Anblick.

Danach führt der Highway abwärts in die Ebene **Eagle Plains** mit ihrer beeindruckenden subarktischen Tundra, die im Sommer und Herbst in einem wunderschönen Potpourri aus verschiedenen Farben erstrahlt, während das permanente Tageslicht eine wild wuchernde Vegetation begünstigt.

Bei Engineer Creek (KM 194) befindet sich ein weiterer staatlicher Campingplatz mit 15 Stellplätzen für Caravans und Zelte ($12). Die einzige Unterkunft mit festem Dach über dem Kopf auf der Yukon-Seite des Dempster ist das *Eagle Plains Hotel* bei KM 369, ✆ 867/993-2453, ✉ eagleplains @yknet.yk.ca, ❺, mit 32 Zimmern, Lounge, Restaurant und Campingmöglichkeit ($12); ◷ ganzjährig. Dort gibt es auch eine Tankstelle mit Autowerkstatt und Reifenservice.

Der **Polarkreis** (KM 405) ist am Dempster Highway mit einem verwitterten Steinhaufen am Straßenrand markiert, wo sich im Sommer gelegentlich einer der größten Exzentriker des Nordens ein Stelldichein gibt: Harry Waldron ist der selbst ernannte „Wächter des Polarkreises". Der auf die siebzig zugehende Harry saß hier früher ständig im Smoking mit einem Glas Champagner in seinem Schaukelstuhl und erfreute alle Vorbeikommenden mit Versen des Dichters Robert Service, Fakten über die Arktis und seinen untadeligen Ansichten über die Umwelt. Der ehemalige Straßenbauer nahm diese bizarre Gewohnheit aus eigenem Antrieb auf, erwies sich dann aber bei den Durchreisenden als so beliebt, dass die Regierung des Yukon Territory ihn schließlich fürs Sitzen bezahlte, damit Harry und seine Nummer dem Dempster erhalten blieben.

Über die Grenze in die Northwest Territories

Hinter dem Polarkreis klettert der Highway in die Richardson Mountains in Richtung der Grenze zu den Northwest Territories (KM 465) hinauf, bevor er die landschaftlich weniger reizvollen Ebenen des Peel Plateaus und des Mackenzie River hinter sich lässt und schließlich in Inuvik endet. Zu beachten ist die **Zeitverschiebung** an der Grenze vom Yukon zu den Northwest Territories: Die NWT-Zeit ist der Yukon-Zeit eine Stunde voraus. Übernachtungsmöglichkeiten gibt es in dem winzigen Gwich'in-Dene-Dorf **Fort McPherson** (KM 574), 115 km südlich von Inuvik kurz nach der Überquerung des Peel River. Fort McPherson hat auch ein kleines Visitor Centre, das in einem Holzhaus in der Nähe des Denkmals für die „Lost Patrol" untergebracht ist.

Bei KM 609 bzw. 80 km südlich von Inuvik liegt die winzige Ansiedlung **Tsiigehtchic**, die ehemals Arctic Red River hieß. Der Ort wurde 1868 als Mission gegründet (eine Missionskirche von 1931 mit rotem Dach steht heute noch) und wurde kurze Zeit später zu einem Außenposten der Hudson's Bay Company. Seit 1996 trägt der Ort wieder seinen ursprünglichen Namen, der in der Dene-Sprache „Mündung des roten Flusses" bedeutet.

Übernachtung

Rock River, KM 447, vom Bundesstaat Yukon betriebener Campingplatz mit 17 Wohnmobil- und 3 Zeltstellplätzen ($12).
Bell River Bedrooms, Fort McPherson, ✆ 867/ 952-2465, ✉ 952-2212, bietet Duschen, Waschmaschinen, Kabel-Fernsehen und ein Frühstücksbuffet. ❹
Tetlichi B&B, Fort McPherson, ✆ 867/952-2356, hat lediglich ein Doppelzimmer, Benutzung von Küche und Waschmaschine inklusive. ❹
Nutuiluie Territorial Campground, bei KM 547 bzw. 10 km südlich von Fort McPherson, von der Tourismusbehörde der Northwest Territories betriebener Campingplatz mit kleinem Infocentre, 23 Stellplätzen, Unterstand, Toiletten und Wasser. Stellplatz $10, ◷ Juni–Sep.
Vadzaih Van Tshik, bei KM 692, Campingplatz mit 11 Stellplätzen ($12) auf dem relativ kurzen Teil-

stück von Tsiigehtchic nach Inuvik. Wasser, Unterstand und Toiletten.
Es wird dringend geraten, sich vorher telefonisch zu erkundigen, ob die beiden Unterkünfte in Fort McPherson noch verfügbar sind.

Die westliche Arktis

Das Zentrum der westlichen Arktis ist die von der Regierung auf dem Reißbrett entworfene Stadt Inuvik. Die Region reicht über das gewaltige Delta des Mackenzie River, des zweitlängsten Flusses Nordamerikas, und die Beaufortsee hinweg bis zur Grenze mit Nunavut und schließt Banks Island, die westlichste arktische Insel Kanadas sowie einen Teil von Victoria Island ein. Das Delta selbst gilt als einer der größten Lebensräume für Vögel auf dem Kontinent. Schwäne, Kraniche und große Raubvögel zählen zu den vielen Hundert Arten, die entweder hier nisten oder auf ihren Wanderungen im Frühjahr und Herbst in der Region Station machen. Hier bekommt man auch Herden von Beluga-Walen und anderen großen Meeressäugertieren zu Gesicht. Die auf Banks Island heimischen Inuit-Fremdenführer kennen Stellen, wo man mit großer Wahrscheinlichkeit Moschusochsen, Polarfüchse und Eisbären beobachten kann.

Neben Inuvik und den beiden Dörfern Fort McPherson und Tsiigehtchic auf dem relativ kurzen Abschnitt des Dempster Highway durch die Northwest Territories gibt es nur noch vier weitere Siedlungen in der Region, die so genannten **Fly-in-Communities**, die über keine Straßenanbindung verfügen und in der Regel von Inuvik aus angeflogen werden. Zwei davon, **Aklavik** und **Tuktoyaktuk**, liegen – zumindest für nordkanadische Verhältnisse – ganz in der Nähe und bieten eine Möglichkeit, mit relativ wenig Aufwand einen Einblick in die Kultur der Ureinwohner des Nordens zu bekommen. **Sachs Harbour** (auf Banks Island) und **Paulatuk** liegen schon etwas weiter entfernt und eignen sich als Ausgangsbasis für aufwändigere Expeditionen in das Delta und die arktische Tundra. Inuvik zählt neben Yellowknife am Great Slave Lake und Fort Smith an der Grenze zu Alberta zu den Zentren des zugänglichen Teils des extremen Nordens und damit zu den wichtigsten Ausgangspunk-

ten für die Planung und Durchführung von Entdeckungsreisen in abgelegene Regionen. Zwei große und mehrere kleine Tourveranstalter bieten eine ganze Reihe von Abenteuertouren mit dem Boot oder Flugzeug zu den vier oben genannten Zielen an, von Tagesausflügen zu akzeptablen Preisen bis zur komplett ausgerüsteten Expedition. Wer schon so weit in den Norden vorgedrungen ist, sollte sich einen Flug zu einer der Fly-in-Communities gönnen, um einen Hauch vom Leben in der Arktis zu spüren und die großartige Landschaft des Mackenzie-Mündungsgebiets aus der Vogelperspektive zu genießen.

Inuvik

Inuvik – „Ort der Menschen" – ist der nördlichste über eine öffentliche Fernstraße erreichbare Ort in Nordamerika. Weiter nach Norden geht es nur noch über die ins Eis geschnittenen Straßen, wenn im Winter die Gewässer zugefroren sind. Kanadas erste geplante Stadt nördlich des Polarkreises sieht heute ziemlich mitgenommen aus. Sie wurde 1954 aus der Retorte als Verwaltungszentrum angelegt und ersetzte Aklavik, eine weiter westlich gelegene Ansiedlung, der man damals fälschlicherweise prophezeit hatte, sie würde schon bald von den sprudelnden Wassern und dem Schlamm des Mackenzie River verschluckt. Das 1961 fertig gestellte Inuvik ist ein merkwürdiger Schmelztiegel mit rund 3000 Einwohnern. Dene, Métis und Inuvialuit leben hier neben Trappern, Piloten, Wissenschaftlern und Geschäftsleuten, die in den 70er Jahren durch den Öl-Boom im Mackenzie-Delta angelockt wurden. Aufgrund sinkender Ölpreise und steigender Förderkosten wurden die riesigen Bohrtürme jedoch schon bald ihrem Schicksal überlassen. Heute sieht es so aus, als sollte das Öl in der Region bis weit in dieses Jahrhundert hinein ungefördert bleiben. Die regionale Wirtschaft Inuviks lebt derzeit in erster Linie von staatlichen Jobs, Dienstleistungen und der Rolle der Stadt als Versorgungs- und Kommunikationszentrum für große Teile der westlichen Arktis.

Ein Spaziergang durch Inuvik öffnet dem Besucher die Augen für die Unwägbarkeiten des Lebens im hohen Norden: Die Gebäude stehen auf Stelzen, damit der Permafrost (die Durchschnittstemperatur liegt hier bei klirrenden -9,7 °C) durch die Hauswärme nicht schmilzt (denn das hätte katastrophale Auswirkungen auf die Fundamente – sofern man davon überhaupt sprechen kann). Merkwürdige Rohre leiten wegen des permanent gefrorenen Bodens oberirdisch Wasser, Strom und Abwasser weiter. Auffällig sind die allerorts sichtbaren Zeichen von Alkoholismus, von dem Inuvik – wie zahlreiche Siedlungen im Norden – besonders stark betroffen ist. Von der Außenwelt wird das Problem allerdings weitgehend ignoriert, vielleicht weil die Ureinwohner der Region scheinbar überproportional davon betroffen sind. Die Selbstmordrate liegt hier übrigens viermal so hoch wie bei der indigenen Bevölkerung im nationalen Durchschnitt.

Erfreulicher ist es da schon zu hören, dass der Einfluss der Inuvialuit im politischen und wirtschaftlichen Leben der Region zugenommen hat. 1984 gab die kanadische Regierung mit dem Western Claims Settlement Act, einem Gesetz zur Regelung von Landansprüchen, mehrere Gebiete in der Gegend an die Ureinwohner zurück, die damit die Kontrolle über bestimmte Landstriche zurückgewannen, die sie zuvor an Handelsgesellschaften, Kirchen, Ölgesellschaften und die Bundesregierung verloren hatten.

Ein starkes Symbol für den Einfluss der Kirche in der Gegend um Inuvik ist das am häufigsten fotografierte Gebäude der Stadt, die **Iglu-Kirche Our Lady of Victory**, die auch als Sinnbild der Verschmelzung völlig verschiedener Kulturen betrachtet werden kann. Das Gotteshaus steht in der in Ost-West-Richtung durch Inuvik verlaufenden Hauptstraße Mackenzie Road. Wer die Kirche verschlossen vorfindet, kann im Pfarrhaus nachfragen, ob es möglich ist, einen Blick in das Innere und auf die Gemälde der einheimischen Inuvialuit-Künstlerin Mona Thrasher zu werfen.

Ein gutes Stück weiter westlich an der Mackenzie Road lohnt ein Blick auf die **Ingamo Hall**, ein dreistöckiges Gebäude, das komplett aus tausend weißen Fichtenstämmen erbaut wurde, die über den Mackenzie River hierher transportiert wurden. Die wenigen Bäume, die es in der Gegend gibt, werden nicht groß genug, um daraus Nutzholz für den Bau von Häusern zu gewinnen.

Übernachtung

In der Regel stehen in Inuvik immer ein bis zwei B&Bs zur Verfügung, die jedoch mit alarmierender Regelmäßigkeit wieder schließen. Aktuelle Informationen hierzu erteilt das Visitor Centre.

HOTELS – In der Stadt gibt es drei in Gemeinschaftsbesitz befindliche Hotels mit beinahe identischen Preisen (gemeinsame Internet-Adresse ⌨ www.inuvikhotels.com):

Eskimo Inn, 133 Mackenzie Rd, ✆ 867/777-2801, großes Hotel mitten im Zentrum. ❺

Finto Motor Inn, 288 Mackenzie Rd, ✆ 867/777-2647 oder 1-800/661-0843, direkt neben dem Western Arctic Visitor Centre, mit gutem Restaurant. ❻

Mackenzie Hotel, 185 Mackenzie Rd, ✆ 867/777-2861, ✉ mac@permafrost.com, in zentraler Lage. ❻

Zwei konkurrierende Hotels sind:

Arctic Chalet, 25 Carn St, ✆ 867/777-3535 oder 777-4443, ✉ judi@arcticchalet.com. Eine Reihe von Hütten mit Miniküche 3 km außerhalb an der Zufahrtsstraße. ❺

Frosty's Arctic Pub & Suite Hotel, 88 Tununuk Place, ✆ 867/777-5194, ✉ frostys@permafrost.com. Südlich der Mackenzie Rd gegenüber dem Chief Koe Park und dem städtischen Baseballplatz. ❺

CAMPING – *Chuk Park Campground* (oder Juk Park), 6 km außerhalb der Stadt auf dem Weg zum Flughafen, ✆ 867/777-3613. Recht ruhiger Platz (ab $15), ⏰ Juni–Okt.

Happy Valley Campground, Franklin Rd, Höhe Mackenzie Rd. Der Inuvik am nächsten gelegene Campingplatz befindet sich am nordwestlichen Stadtrand mit Blick auf das Flussdelta und die Twin Lakes.

Essen und Unterhaltung

Essengehen beschränkt sich in Inuvik im Wesentlichen auf die **Speisesäle der Hotels**, in denen sich zu entsprechenden Preisen Saibling, Karibu oder Moschusochse schmausen lässt.

Back Room, 108 Mackenzie Rd, ist bekannt für seinen ausgestopften Eisbären. Serviert werden die üblichen Gerichte wie Steak, Fisch, Pommes Frites oder chinesische Küche zu einigermaßen erschwinglichen Preisen.

Cabin Lounge, ungezwungene und gemütliche Bar im Finto Motor Inn.

Green Briar Dining Room, im Mackenzie Hotel, ✆ 867/777-2414, folgt in der Rangliste der besten Lokale gleich hinter dem Peppermill. Im Café kann man gut frühstücken.

Mad Trapper Pub, 124 Mackenzie Rd, fast gegenüber vom Eskimo Inn. Treffpunkt der Einheimischen, mit Hausbands, die Country und Rock 'n' Roll im Repertoire haben. ☉ Mo–Fr 10–2 Uhr.

The Peppermill, im Finto Motor Inn, 288 Mackenzie Rd, wohl das beste Restaurant in Inuvik.

Zoo, im Mackenzie Hotel, die beste und betriebsamste Kneipe in Inuvik kümmert sich um eine interessante Mischung aus Einheimischen, Rucksacktouristen und sonstigen Auswärtigen.

Touren

Die meisten Menschen kommen nach Inuvik, um an einer Tour teilzunehmen, was sich trotz der Abgeschiedenheit der Northwest Territories und der isolierten Lage ihrer Siedlungen als bemerkenswert einfach erweist, das Budget aber mitunter erheblich belastet. Die Veranstalter, von denen nachfolgend einige größere aufgeführt sind, haben eine breite Palette an kulturellen, naturgeschichtlichen und anderen Touren im Angebot. Eine vollständige Liste findet sich im *Explorers' Guide to Canada's Northwest Territories* bzw. auf der ausgezeichneten Website 🖳 www.nwttravel.nt.ca. Telefonische Auskünfte unter ✆ 1-800/661-0788.

Invuviks Tourveranstalter bieten alle eine ähnliche Auswahl an erschwinglichen Tagesausflügen mit dem Boot oder Flugzeug bis hin zu ausgedehnteren Touren und Expeditionen. **Tagestouren** führen in die Tundra, nach Herschel Island oder zu einem traditionellen Camp im Busch, **Bootsausflüge** auf dem Mackenzie River zum Beobachten von Beluga-Walen und Trips mit dem Boot oder **Flugzeug** nach Aklavik. Die längeren Touren gehen z.B. nach Sachs Harbour auf der Bank's Island zum Beobachten wilder

Tiere, vor allem Moschusochsen (jeweils drei bis fünf Tage); außerdem Walbeobachtungstouren und eine neuntägige Flussreise über den Mackenzie River nach Yellowknife.

Arctic Nature Tours, ✆ 867/777-3300 oder 1-866/ TOUR-TUK, 🖳 www.arcticnaturetours.com, veranstaltet seit über 40 Jahren ähnliche Reisen in der Region, allerdings – wie der Name vermuten lässt – mit Betonung auf dem Beobachten wilder Tiere, z.B. auf den Spuren der Dallschafe in den Richardson Mountains, arktische „Safaris", Fototouren in die mondartige Landschaft der Barrenlands, Bootsfahrten und Flüge zum Beobachten der Porcupine-Karibuherde sowie Vogel- und Wildtierbesuche auf Herschel Island.

Der oben genannte und weitere Veranstalter bieten organisierte und individuelle Flüge in die Fly-in-Communities an, z.B.:

Midnight Express, ✆ 867/777-4829,
Western Arctic Adventures & Equipment, ✆ 867/777-2594.

Sonstiges

AUTOVERMIETUNGEN – Wer mit dem Flugzeug angereist ist und mit einem Auto oder Truck wieder zurück nach Dawson fahren möchte, findet folgende Anlaufstellen:

Delta Auto Rentals, 25 Carn St, ✆ 867/777-3535 oder 777-4443.

Norcan, 60 Franklin Rd, ✆ 867/777-30442346 oder 1-877/298-1338, ✉ norcan@permafrost.com.

BIBLIOTHEK – **Inuvik Centennial Library**, Mackenzie Road westlich der Iglu-Kirche, ✆ 867/ 777-2749, 🖳 www.inuvik.net/icl. Jede Menge Hintergrundwissen zur Region und Internet-Zugang, ☉ Mo und Fr 14–17, Di–Do 10–21 Uhr.

BÜCHER UND LANDKARTEN – **Boreal Bookstore**, 181 Mackenzie Rd, praktisch gegenüber der Kirche, ✆ 867/777-3748.

INFORMATIONEN – **Infocentre**, 2 Firth St, ✆ 867/777-4321, 🖳 www.town.inuvik.nt.ca. Liefert Informationen über die Stadt.

Parks Canada, ✆ 867/777-8800, 🖳 www. parkscanada.gc.ca. Einzelheiten zu den Parks und Schutzgebieten der Region.

Western Arctic Visitor Centre, ✆ 867/777-4727, 🖳 www.nwttravel.nt.ca, in der Nähe des Ortseingangs am östlichen Ende der Mackenzie Road, Ecke Loucheux (10 Min. Fußweg vom Zentrum), ☉ Juli und Aug tgl. 9–20, Mitte Mai/Juni bis Anfang Sep 10–18 Uhr.

MEDIZINISCHE HILFE – *Hospital*, ✆ 867/777-2955, in der Inuvik Access Rd am Stadtrand unweit des Infocentre.

POLIZEI — ✆ 867/777-2935.

POST – 187 Mackenzie Rd, ✆ 867/777-2749.

TAXIS – *United*, 175 Mackenzie Rd, ✆ 867/777-5050, ☉ 24 Std.

Transport

SELBSTFAHRER – Der Dempster Highway ist ganzjährig befahrbar, mit Ausnahme kurzer Zeiträume während des Zufrierens der Flüsse im November und dem Eisaufbruch im April.

BUSSE – Tickets bei der *Arctic Tour Company*, 181 Mackenzie Rd, ✆ 867/979-2749 oder gebührenfrei im Norden British Columbias und im Yukon ✆ 1-800/661-0721. Im Sommer besteht eine Busverbindung nach DAWSON CITY (s. S. 472).

FLÜGE – Inuviks **Mike Zubko Airport**, ✆ 867/777-2467, liegt 12 km südlich der Stadt und wird aus WHITEHORSE, DAWSON CITY, OLD CROW, FAIRBANKS und anderen südlich gelegenen Städten angeflogen (s.S. 468).
First Air, ✆ 1-800/267-1247, 🖳 www.firstair.com, bietet zahlreiche Verbindungen in den Norden Kanadas, darunter auch vier Flüge wöchentlich von EDMONTON. Kleinere regionale Fluggesellschaften nutzen den Flughafen darüber hinaus für Flüge in die so genannten „Fly-in-Communities" in der Umgebung von Inuvik.
Wie für die übrigen Regionen der Northwest Territories und Kanadas gilt auch für Inuvik, dass man möglicherweise am billigsten hinkommt, wenn man sich vor der Abreise nach Kanada einen **Air-Canada-Pass** besorgt (s.S. 36). Wer sich

bei den Fluggesellschaften über Anschlussflüge in die Fly-in-Communities oder zu sonstigen Zielen erkundigt, sollte im Hinterkopf behalten, dass die lokalen Tourveranstalter oft Paketpreise mit den Fluggesellschaften aushandeln und daher bisweilen bessere Angebote für Nur-Flüge machen können als die Airlines selbst (Informationen zu Tourveranstaltern s.s. 488). Ein **Taxi** vom Flughafen in die Stadt kostet um $25–30.

Fly-in-Communities

Die vier so genannten Fly-in-Communities in der Region um Inuvik sind nur mit dem Flugzeug zu erreichen – außer im Winter, wenn unglaubliche Schneestraßen durch das gefrorene Mackenzie-Delta gepflügt werden. Die vier Siedlungen bieten einen relativ einfachen Zugang zu faszinierenden arktischen Landschaften, fremden Kulturen und wilden Tieren. Angeflogen werden sie allesamt von den in Inuvik beheimateten Fluglinien *Aklak Air*, ✆ 867/777-3777, 🖳 www.inuvialuit.com/aklak, und *BeauDel Air*, ✆ 867/777-2333, ✉ beaudel@permafrost.com.

In allen vier Orten gibt es einfache Lebensmittelgeschäfte, deren Preise es allerdings ratsam erscheinen lassen, zumindest einen Teil der Verpflegung selbst mitzuführen. Nicht alle Orte haben Hotels, aber Zelten ist wahrscheinlich in der Nähe aller vier Siedlungen möglich, wenn man zuvor im Büro des Dorfvorstehers um Erlaubnis bittet. Am besten lassen sich die Fly-in-Communities im Rahmen einer organisierten Tour von Inuvik (s.S. 488) aus erkunden. Wer lieber allein unterwegs ist, sollte sich zuvor bei den Tourveranstaltern nach ermäßigten Preisen für Nur-Flüge erkundigen.

Aklavik

Die 800 Einwohner zählende Siedlung Aklavik („Ort des Ödland-Grizzlybären") liegt 50 km westlich von Inuvik am Westrand des Mackenzie-Delta. 1918 wurde hier mit Blick auf den Handel mit Bisamrattenfellen ein Außenposten der Hudson's Bay Company errichtet, doch zuvor war die Region bereits seit Generationen Heimat mehrerer Inuvialuit-Familien, die damals mit den Gwich'in in Alaska und Yukon nicht nur Handel trieben, sondern auch häufig aneinander gerieten. Heute leben beide Volksgruppen gemeinsam in einer Stadt, in der

Moderne und Traditionen miteinander verschmelzen und deren Bewohner stolz darauf sind, ihre sinkende Stadt nicht verlassen zu haben, als die Regierung sie in den 50er Jahren nach Inuvik umsiedeln wollte.

Viele Aklaviker haben eine Version der Geschichte des mysteriösen „Mad Trapper of Rat River" auf Lager, einem übergeschnappten Herumtreiber (manche behaupten, er wäre ein ehemaliger Gangster aus Chicago gewesen), der angeblich Trapper umbrachte, um ihnen das Zahngold zu rauben. Vielleicht hätte man ihm ein paar Fragen stellen sollen, als er eines Tages in Fort McPherson auftauchte und aus seinem bemerkenswert umfangreichen Bargeldbestand eine ungewöhnlich große Anzahl an Waffen und Munition kaufte. Dann baute er sich eine Hütte im Delta, die eher einer Festung glich, und erschoss den Polizeibeamten, der ausgesandt worden war, um nach dem Rechten zu sehen. Eine siebenköpfige Gruppe von Männern, die ihn mit Gewehren und Dynamit zur Strecke bringen wollte, sah sich nach fünfzehnstündiger Belagerung zum Rückzug gezwungen. Nach seiner Flucht, bei der er einen Mountie erschoss, machte der durchgeknallte Trapper 1931 für kurze Zeit Schlagzeilen in aller Welt, als er es schaffte, sich inmitten eines bitterkalten Winters 40 Tage lang seinen Verfolgern und seiner Verhaftung zu entziehen. Bis heute weiß niemand, wer er war, woher er kam oder warum er sich auf seinen Meuchelfeldzug begab. Schließlich wurde er am Eagle River erschossen, nachdem er von siebzehn Männern und einem mit Bomben bewaffneten Leichtflugzeug in die Enge getrieben worden war. Er liegt auf ungeweihtem Boden in der Stadt begraben.

Den Posten der Hudson's Bay Company gibt es immer noch, genau wie eine ehemalige Missionskirche, die inzwischen ein kleines **Museum** beherbergt. Dagegen gibt es kein Restaurant und nur einen Laden.

Die einzige Unterkunft ist *Bessie's*, ✆ 867/978-2461, ❹, ein B&B mit sieben Zimmern und zwei Gemeinschaftsbädern. Dort kann man seine eigenen Mahlzeiten zubereiten oder gegen Aufpreis Halb- bzw. Vollpension verlangen.

Aklak Air bietet tgl. außer So Flüge von Inuvik an. Eine Tagestour mit einem faszinierenden zwanzigminütigen Flug und einer Stunde Aufenthalt in der Stadt kostet bei einem der Tourveranstalter in

Inuvik um $140. Für ein paar Dollar mehr kann man nach dem Flug noch einen Bootsausflug machen, eine Ausgabe, die sich durchaus lohnen dürfte.

Tuktoyaktuk

Das rund 1000 Einwohner zählende Dorf Tuktoyaktuk, kurz Tuk, liegt 137 km nördlich von Inuvik auf einer Landzunge an der Küste der Beaufortsee und dient Ölarbeitern und Touristen als Basislager. Die einheimischen Karngmalit (oder Mackenzie-Inuit), die seit Jahrhunderten in kleinen Familienverbänden als Walfänger an dieser faszinierenden, aber lebensfeindlichen Küste angesiedelt sind, betrachten beide Gruppen als Fremde, denen sie vorwerfen, ihre traditionelle Lebensweise untergraben zu haben. Der Name der Siedlung bedeutet „Sieht nach Karibu aus", denn hier wurden einst *tuktu* (Karibus) gejagt. Die Hälfte der hier ansässigen Inuit-Familien fiel Anfang des 20. Jhs. einer von den Fremden eingeschleppten Grippe-Epidemie zum Opfer.

Die unausbleibliche Hudson's Bay Company traf 1937 in Tuk ein. Viele Einheimische leben immer noch von der Jagd, dem Fischfang und Fallenstellen, doch inzwischen wird der größte Teil des Einkommens durch Jobs bei der Regierung, im Tourismus und in der Ölindustrie erzielt. Die meisten Touristen kommen wegen der Herden von **Beluga- und Grönlandwalen** hierher. Viele interessieren sich auch für die weltweit größte Konzentration von **Pingos**, 1400 an Vulkane erinnernde Hügel, die von Frosthebungen in der ansonsten flachen Deltalandschaft aufgeworfen wurden. Hier befindet sich auch der größte Pingo der Welt, Ibyuk, ein 30 m hoher Hügel mit 1,5 km Umfang, der vom Dorf aus zu sehen ist.

Übernachtung und Essen

Die einzigen Hotels in Tuk sollten unbedingt im Voraus gebucht werden. Beide haben 18 Zimmer und öffnen ihre Speisesäle auch für Nicht-Gäste.

Pingo Park Lodge, ✆ 867/977-2155. ❻

Hotel Tuk Inn, an der Hauptstraße in der Nähe des Strandes, ✆ 867/977-2381. ❻

Wer **zelten** möchte, sollte zuvor um Erlaubnis fragen und wird dann wahrscheinlich an den Strand verwiesen.

Im **Northern Supermarket** kann man Lebensmittel einkaufen.

INFORMATIONEN – *Community Office,*
☎ 867/977-2286.

TOUREN – Die großen Tourveranstalter aus Inuvik haben Tuk im Programm, doch man kann vor Ort auch noch weiter in die arktische Landschaft eintauchen: *Ookpik Tours & Adventures,* ☎ 867/777-3300, ✉ arctic@permafrost.com. Bietet ganzjährig Ausflüge mit den Schwerpunkten Natur, Fischen, Camping, Wandern oder Wildtierbeobachtung.

Ein Flug nach Tuk ist von INUVIK aus die beliebteste Exkursion. Die Flüge finden täglich statt; Touren kosten ab ca. $140, ein Preis, den es sich schon allein für den Flug in geringer Höhe über die faszinierende Landschaft zu zahlen lohnt.

Paulatuk

Das 400 km östlich von Inuvik am Fuß einer Landzunge zwischen der Beaufortsee und einem Binnenmeer gelegene Paulatuk (110 Einwohner) ist eine der kleinsten Siedlungen in den Northwest Territories. Die Geschichte des Dorfes begann 1935, als römisch-katholische Missionare hier einen Treffpunkt für die halbnomadischen Karngmalit einrichteten, die sich allerdings gegen die negativen Einflüsse der Missionare und von den Händlern eingeführten Alkohol zur Wehr setzten und einige ihrer alten Traditionen beibehielten. Ihre wirtschaftliche Grundlage bildet nach wie vor das Jagen, Fischen und Fallenstellen.

Einen Nebenerwerb bietet die Herstellung von Kunsthandwerk für die Touristen, die in erster Linie nach Paulatuk kommen, um Großwild zu beobachten oder zu jagen. Für die erstgenannte Aktivität eignen sich vor allem die Klippen des Vogelschutzgebiets **Cape Parry Bird Sanctuary** und der **Tuktut National Park** auf der Parry-Halbinsel westlich des Dorfes, wo sich Bluenose-Karibuherden auf ihren Wanderungen ein Stelldichein geben. Lokale Tourveranstalter haben beide Schutzgebie-

te im Programm. Im Frühjahr werden auch Expeditionen zum Beobachten von Eisbären am Amundsen Gulf angeboten.

Der Name Paulatuk bedeutet „Ort der Kohle" und geht auf die Kohleflöze nordöstlich des Ortes zurück, wo die **Smoking Hills** vor sich hinrauchen, nachdem man dort vor Jahren Kohlevorkommen anzündete, die bis heute vor sich hinschwelen.

Die einzige Unterkunft ist das neue *Parks Canada Visitor Centre Hotel,* ☎ 867/580-3051 oder 580-3054, ❹, mit zehn Zimmern, einem kleinen Laden und Gemeinschaftsküche. Weitere Informationen über die Siedlung erteilt das *General Delivery Office* unter ☎ 867/580-3531. *Aklak Air* bietet zwei Flüge wöchentl. von Inuvik an.

Ikahuk (Sachs Harbour)

Die einzige Siedlung auf Bank's Island ist 520 km nordöstlich von Inuvik das knapp 200 Einwohner zählende Ikahuk („Ort wo man das Wasser überquert"), auch unter dem Namen Sachs Harbour bekannt. Der Ort wurde erst Ende der 20er Jahre des 20. Jhs. zu einer ständigen Ansiedlung von damals lediglich drei Inuvialuit-Familien. Heute lebt hier eine Hand voll Inuit-Familien als Selbstversorger, die vor allem vom Verkauf von Jagdausrüstung leben und von der Jagd auf Moschusochsen, die ihnen Nahrung und vor allem die wertvolle Unterwolle (Quiviut) liefern, aus denen warme Kleidung gesponnen und gewoben und anschließend zum Verkauf angeboten wird. Bank's Island ist seit Generationen als eine der besten Trapper-Regionen des Nordens bekannt, wobei vor allem der Überfluss an Polarfüchsen seit langem Inuit und weiße Jäger anzieht. Auch heute noch gibt es hier einen enormen Reichtum an wilden Tieren, darunter auch die weltweit größte Ansammlung von Moschusochsen.

Die Unterkunft *Kuptana's Guest House,* ☎ 867/690-4151, ❼, hat fünf Doppelzimmer mit Gemeinschaftseinrichtungen anzubieten. Zelten am Strand sollte problemlos möglich sein, wenn man vorher um Erlaubnis fragt.

Es ist zu beachten, dass es kein einziges Restaurant im Dorf gibt, lediglich einen kleinen Lebensmittelladen.

Aklak Air bietet zwei Flüge (one-way ab $350) in der Woche von Inuvik an. Wer ein bisschen draufflegt, kann sich einer All-inclusive-Tour von *Arctic*

Nature Tours anschließen. Weitere Informationen über die Siedlung erteilt das *Community Office* unter ☎ 867/690-4351.

Sahtu-Region

Die Sahtu-Region umfasst das Gebiet südlich des Deltas am Mackenzie River entlang bis nach Fort Norman sowie das Stück Land zwischen dem Fluss und dem östlich gelegenen **Great Bear Lake** (Großer Bärensee), dem achtgrößten See der Welt. Es gibt keinen Straßenzugang in dieses Gebiet, so dass man entweder einfliegen oder mit dem Kanu über den Mackenzie paddeln muss, was kein übermäßig schwieriges Unterfangen ist. Als Alternative bieten Tourveranstalter Reisen mit dem Boot oder Flugzeug zum Fischen und Jagen in abgelegene Landstriche an, in denen einige der schönsten Angel-Lodges und Seen Nordamerikas zu finden sind. Der Great Bear Lake ist nur einer von ihnen und hält die Weltrekorde für die meisten Klassen des Wandersaiblings und sogar für ausnahmslos alle Klassen des Seesaiblings (der größte aller hier gefangenen Saibling wurde 1991 aus dem Wasser gezogen und wog stattliche 30 kg).

1994 wurde eine Straße nach **Wrigley** gebaut, 225 km nordwestlich von Fort Simpson. Plänen zufolge soll sie irgendwann bis Inuvik weitergeführt werden, was allerdings noch einige Zeit in Anspruch nehmen dürfte. Im Moment haben die meisten Tourveranstalter ihren Standort in der nominellen Hauptstadt der Region, **Norman Wells**, oder im Nachbarort **Tulita** (ehemals Fort Norman). Beide Siedlungen liegen am Mackenzie River im Schatten der Bergkette Franklin Mountains, die den Fluss und den Großen Bärensee voneinander trennt.

In der Region gibt es nur noch drei weitere einsame Siedlungen: **Fort Good Hope** am Mackenzie nördlich von Norman Wells, **Déline** (ehemals Fort Franklin) am Great Bear Lake, eine sich selbst versorgende Dene-Gemeinde aus Jägern und Trappern, und das aus nicht viel mehr als ein paar Holzhütten im Wald bestehende **Colville Lake**, nördlich des Great Bear Lake.

Norman Wells

Das klapprige und baufällig wirkende Norman Wells (550 Einwohner) verdankte sein einstiges wirtschaftliches Wohlergehen dem Öl. Den hier heimischen Dene war die Region schon seit langem als *Le Gohlini* („wo das Öl ist") bekannt. Als erster Fremder entdeckte der Forscher Alexander Mackenzie bereits 1789 das schwarze Gold, das als gelbliche Flüssigkeit aus den Felsen sickerte. Wiederentdeckt wurde es erst 1919, als die Dene einige Geologen zum selben Ort führten. Die Förderung begann 1932 und erlebte während des Zweiten Weltkriegs einen starken Aufschwung, als die US-amerikanische Regierung den Bau der **Canol Pipeline** zur Versorgung des Alaska Highway finanziell unterstützte. Heute erinnert nur noch wenig daran, dass von Norman Wells aus einmal ca. 30 000 Barrel pro Tag durch eine Pipeline bis nach Zama (Alberta) gepumpt wurden. Zur betriebsamsten Zeit wurden hier aus 160 Bohrlöchern 10 Mill. Barrel pro Jahr an die Oberfläche befördert. Eine wirtschaftliche Katastrophe erlebte die Region 1996, als die Schließung der Bohrlöcher und der Raffinerie angekündigt wurde. Der einzige Hoffnungsschimmer besteht darin, dass die Anlagen und Bohrlöcher wahrscheinlich erhalten bleiben, um irgendwann vielleicht einmal ihren Dienst wieder aufzunehmen.

Die Öl- und Canol-Story wird im **Norman Wells Historical Centre**, ☎ 867/587-2415, anhand von Fotos, bescheidenen Exponaten und einem Sammelsurium an Erinnerungsstücken nachgezeichnet, ⏰ Juli–Aug tgl. 10–22 Uhr (aktuelle Öffnungszeiten bitte erfragen). Nebenan leistet die ökumenische **Kirche** doppelten Dienst an den Gläubigen: Die Katholiken sitzen auf der einen, die Protestanten auf der anderen Seite.

Inzwischen erfreut sich die alte Canol-Route zunehmender Beliebtheit als **Langstreckenwanderweg**. Die stramme drei- bis vierwöchige Wanderung durch die Wildnis führt über 372 km von Norman Wells bis zur Canol Road oberhalb von Ross River im Yukon. Die Logistik ist problematisch, doch wer nach einer echten Herausforderung sucht, kann es hier mit einem der schwierigsten Wanderwege der Welt aufnehmen. Östlich von Norman Wells erheben sich einige der kahleren und spektakuläreren Bergketten der Northwest Territories. Sich ohne organisierte Tour in diese Bergwelt vorzuwagen, kann höchstens sehr sportlichen Wanderern mit viel Wildnis-Erfahrung geraten werden.

Übernachtung

Log Home B&B, 5 km außerhalb der Stadt, ☎ 587-2784. Relativ billig, aber nicht durchgehend geöffnet; bietet Wochen- und Monatstarife und einen über 160 km reichenden Ausblick von der Terrasse. ❹
Mackenzie Valley Hotel, ☎ 867/587-2511, ✉ jhan68@hotmail.com. ❺
Rayuka Inn, ☎ 867/587-2354, ✉ rayukainn@nt.sympatico.ca. ❺
Yamouri Inn, ☎ 867/587-2744 oder 1-800/661-0841. ❻

Sonstiges

Im Ort gibt es eine Bank, eine Post, einen Supermarkt und viele baufällige Häuser.

INFORMATIONEN – *Visitor Centre*, Forestry Road, Ecke Mackenzie Drive, ☎ 867/587-2054.

TOUREN – Einzelheiten zu den zahlreichen Veranstaltern von Angeltouren sind vor Ort erhältlich oder stehen im *Explorers' Guide* (s.S. 427), der vor der Abreise von der nationalen kanadischen Tourismusbehörde angefordert werden kann.
Mountain River Outfitters, ☎ 867/587-2698, 🖥 www.mountainriver.nt.ca. Veranstaltet Touren über den Mackenzie und Tagesausflüge nach Fort Good Hope und zum Polarkreis; außerdem Verleih von Kanus und sonstiger Outdoor-Ausrüstung sowie Informationen für Wanderer auf dem Canol Trail. ⊙ Mitte Juni–Mitte Sep.

Transport

Der Flugplatz liegt 20 Min. Fußweg außerhalb des Ortes.
Canadian North, in Norman Wells ☎ 867/587-2361 oder 1-800/661-1505, 🖥 www.canadiannorth.com. Fliegt täglich von INUVIK, YELLOWKNIFE und EDMONTON nach Norman Wells.

North-Wright Air, ☎ 867/587-2288 oder 1-800/661-0702, 🖥 www.north-wrightairways.com, fliegt innerhalb der Region von Norman Wells aus alle größeren Orte an und bietet darüber hinaus Verbindungen nach YELLOWKNIFE und INUVIK sowie Sightseeing-Rundflüge.

Tulita

Rund 60 km südlich von Norman Wells liegt der 300-Seelen-Ort Tulita, der früher Fort Norman hieß. Seine lange Geschichte verdankt der Flecken seiner strategischen Lage am Zusammenfluss von Mackenzie River und Great Bear River (Tulita bedeutet in der Dene-Sprache „wo sich die beiden Flüsse treffen"). Der Ort war schon lange eine Dene-Siedlung gewesen, bevor er 1810 zu einem Handelsposten wurde. Heute lebt hier eine multikulturelle Gemeinde, die ihren Lebensunterhalt mit Fallenstellen und Fischen verdient. Hinter vielen Häusern stehen Tipis zum Trocknen und Räuchern von Fisch.

Die einzigen „Sehenswürdigkeiten" sind die **Kirche** (Mitte 19. Jh.) am Flussufer und der ehemalige **Posten der Hudson's Bay Company**. Die meisten Besucher besorgen sich hier Verpflegung und Ausrüstung für Kanu- und Bootsreisen flussabwärts nach Norman Wells oder zum Great Bear Lake, der 128 km östlich liegt und über den Great Bear River mit dem Mackenzie verbunden ist. Es handelt sich um eine beliebte und relativ unkomplizierte Kanustrecke mit nur einer einzigen, relativ einfachen Tragepassage.

Die einzige Übernachtungsmöglichkeit sind die vier Zimmer der *Fort Norman Lodge*, ☎ 588-3320, für die eine Reservierung zwingend erforderlich ist. Mahlzeiten werden auf Wunsch zubereitet.

Nahanni-Ram-Region

Die Region Nahanni-Ram (Deh Cho) umfasst die südwestliche Ecke der Northwest Territories und hat ihr Zentrum in **Fort Simpson**, das über zwei lange Schotterstraßen zu erreichen ist: von Westen her über den Liard Highway von Fort Nelson (BC) am Alaska Highway durch das Liard Valley führt, und von Osten her über den Mackenzie Highway, der von Hay River und Fort Providence kommend durch das Mackenzie Valley verläuft. Beide Straßen führen durch eine Wildnis aus borealem Wald und Muskeg-Sümpfen, die keine besonders herausragenden Merkmale aufweist. Das absolute Juwel der Region ist der **Nahanni National Park**, der allerdings nicht leicht zu erreichen ist und über keine Straßenanbindung verfügt.

Fort Simpson

Sämtliche Tourveranstalter, Ausrüster und Einrichtungen im Zusammenhang mit dem Nahanni National Park haben ihren Sitz 150 km weiter östlich im geschäftigen Fort Simpson. Die 1000 Einwohner zählende Stadt am Zusammenfluss von Liard und Mackenzie, zwei der beeindruckendsten Flüsse Nordamerikas, ist das ideale Sprungbrett für einen Besuch des Nationalparks. Die Gegend wird seit 9000 Jahren von den Slavey-Indianern und deren Vorfahren bewohnt und ist damit die am längsten durchgehend besiedelte Region in den Northwest Territories.

Die North West Company errichtete hier 1804 einen Pelzhandelsposten, das nach der Flussgabelung benannte Fort of the Forks. 1821 wurde der Ort in Fort Simpson umbenannt, erlangte jedoch in der Folge neben seinem Potenzial als Pelzhandelszentrum mindestens ebenso große Bedeutung als Basislager für die auf dem Mackenzie verkehrenden Versorgungsboote. 1858 bzw. 1894 trafen die unausbleiblichen Missionare ein, deren Ankunft so oft den Niedergang indigener Gemeinschaften zur Folge hatte. In jüngerer Vergangenheit entwickelte sich der Ort zu einer bedeutenden Basis für die Erdölsuche stromauf- und -abwärts des Mackenzie, zu einem wichtigen regionalen Verwaltungsstandort und einem betriebsamen Sommerzentrum für Touristen, die sich in Fort Simpson Campingausrüstung leihen oder von hier aus Touren und Charterflüge in abgelegene Wildnisgebiete unternehmen.

Die meisten Büros und Geschäfte befinden sich in der **100th Street**, dem durch die Stadt führenden Highway. Vor dem Bau der Fernstraße konzentrierte sich das Geschäftsleben am fast parallel verlaufenden Mackenzie Drive am Seeufer, an dessen südlichem Ende sich die ehemalige **Posten der Hudson's Bay Company** befindet. Daneben liegt das als **Flat** oder Papal Grounds bekannte Areal, dessen Konstruktionen und Tipis anlässlich des Papstbesuchs vom 20. September 1987 errichtet wurden. Dieser Flecken war besiedelt, bis er 1963 von einer katastrophalen Überschwemmung heimgesucht wurde. Unmittelbar nordwestlich der Innenstadt erstreckt sich eine Landepiste für Leicht- und Wasserflugzeuge. Die meisten Tourveranstalter und Ausrüster sind nördlich der Landepiste am oberen Ende des Mackenzie Drive angesiedelt.

Übernachtung und Essen

Wer in Fort Simpson übernachten möchte, sollte unbedingt im Voraus buchen.

Bannockland Inn, 100th St, ✆ 867/695-3337, ✉ bannockl@cancom.net. Kleines Hotel mit 7 Zimmern. ❺

Maroda Motel, 100th St, einige Blocks südlich des Nahanni Inn, ✆ 867/695-2602, die Hälfte der Zimmer hat voll ausgestattete Kochnischen. ❻

Nahanni Inn, 100th St, Ecke 101st Ave, ✆ 867/695-2201, ✉ nahanmar@cancom.net. 29 Zimmer, mit Café und Speisesaal. ❻

Der **Campingplatz** befindet sich unmittelbar südwestlich der Papal Grounds; viel Platz, Duschen und Feuerholz, Stellplatz für Zelte $15, mit Stromanschluss $20.

Das Restaurant *Sub-Arctic* befindet sich gegenüber dem Visitor Centre.

Informationen

Visitor Centre, ✆ 867/695-3182, in der Nebensaison ✆ 867/695-2253, 🖳 www.fortsimpson.com. Am südlichen Ortseingang nahe der Kreuzung von 100th St mit Antoine Drive und 93rd Ave (die zu den Papal Grounds führt), ◔ Mai–Sep tgl. 9–18, Juli–Aug 9–21 Uhr.

Zusätzlich öffnen jeden Sommer zwei *Infocentres* in Fort Liard, ✆ 867/770-4141 und Wrigley, ✆ 867/581-3321.

Touren

Was Touren und Ausflüge in den Nahanni National Park oder die sonstige Umgebung angeht, gibt es bezüglich Art, Dauer und Kosten nach oben praktisch keine Grenze. Veranstalter, die weiter unten nicht aufgeführt sind, bieten in der Regel voll ausgerüstete Expeditionen an, deren Kosten leicht mehrere Tausend Dollar betragen können. Detaillierte Informationen dazu gibt es in Fort Simpson oder im *Explorers' Guide* (s.S. 427), der vor der Abreise von der nationalen kanadischen Tourismusbehörde angefordert werden kann.

Deh Cho Air, in Fort Liard, ✆ 867/770-4103, bietet Tagesausflüge zu den spektakulären Wasserfällen Virginia Falls, einer der größten Attraktionen für Kurztrips in den Nahanni-Park (meistens nur 2 oder 3 Std. Aufenthalt); außerdem Kanuverleih, Planung von Angeltouren mit dem Flugzeug und Organisation zahlreicher Charterflüge, auch Bring- und Abholservice per Flugzeug für Kanutouren oder Wanderungen in entlegene Gebiete. *North Nahanni River Tours*, ✆ 867/695-2116 oder 1-888/880-6665, 🖥 www.nnnlodge.com, offeriert Flusstouren als Tagesausflug oder mit Übernachtung, darunter auch Fahrten in den traditionellen Holzkanus der Ureinwohner. *Nahanni Mountain Lodge*, ✆ 867/695-2505, 🕾 867/695-2925, veranstaltet Tages- und Halbtagesausflüge in den Nahanni National Park.

Transport

BUSSE – *Frontier Coachlines*, ✆ 867/874-2566, verkehren derzeit 1x wöchentl. nach HAY RIVER, FORT SIMPSON und YELLOWKNIFE.

FLÜGE – Der Flughafen liegt 12 km südlich der Stadt.
Buffalo Airways, ✆ 867/873-3333 oder 1-877/269-8299, 🖥 www.buffaloairways.com, Flüge von und nach YELLOWKNIFE.
Verbindungen mit anderen kanadischen Städten und den Zentren des Nordens bieten:
Air Tindi, ✆ 867/669-8260, 🖥 www.airtindi.com, und
First Air, ✆ 613/839-3340 oder 1-800/267-1247, 🖥 www.firstair.ca.

Nahanni National Park

Mit seinen Schluchten, die tiefer sind als der Grand Canyon, und Wasserfällen doppelt so hoch wie die Niagarafälle, zählt der riesige Nahanni National Park zu den herausragendsten Nationalparks Nordamerikas und zu den rauesten Wildnisgebieten der Erde. Er liegt in der Nähe der Grenze zum Yukon im Herzen der Mackenzie Mountains im Einzugsgebiet des berühmt-berüchtigten **South Nahanni River**, einem 322 km langen Fluss, dessen Wildwasser, unberührte Berge und 1200 m tiefe Canyons die berühmtesten Forscher und die nach dem ultimativen Kick suchenden Kanuten aus aller Herren Länder anlocken (der Fluss zählt zu den besten Wildwasserrevieren der Welt).

Wer sich dagegen nicht zu den beiden zuvor genannten Kategorien rechnet oder es sich nicht leisten kann, viel Geld für eine organisierte Bootsfahrt oder einen Sightseeing-Flug hinzublättern – beide sind jeden Dollar wert, selbst wenn man nur kurze Zeit draußen in der Wildnis verbringt –, dem bleiben die besten Gebiete des Nationalparks leider verborgen. Nicht einmal Rucksackwanderer haben hier eine Chance, denn der Park ist straßenfrei und absolut wild. Weiterhin ist zu beachten, dass wegen der Beliebtheit der Region ein **Reservierungs- und Gebührensystem** für Fahrten auf dem Fluss eingeführt wurde: Eine Tageskarte kostet $10. Die Besucherzahl ist beschränkt. Es ist daher anzuraten, sich anhand aktueller Informationen zu entscheiden, ob man in Eigenregie oder im Rahmen einer organisierten Tour loszieht. Alle Einzelheiten erfährt man im *Nahanni National Park Reserve Office*, ✆ 867/695-2310 oder 695-3151, oder im Visitor Centre von Fort Simpson.

Veranstalter und Ausrüster in Fort Simpson bieten **Touren** und Zubehör jeglicher Couleur an, von Tagesausflügen zu den großen Sehenswürdigkeiten im Park bis zur Ausrüstung für Kanuten und Wanderer, die sich auf ausgedehnte Expeditionen begeben und auf nichts weiter angewiesen sind als ein Flugzeug, das sie an einem bestimmten Punkt absetzt und dort Monate später wieder abholt. Doch selbst unabhängigen Forschern sei der Rat gestattet, dass sich erheblich viel Zeit, Geld und Umstände sparen lassen, wenn man sich auf eine drei- oder vierwöchige Tour mit einem der offiziellen Ausrüster in Fort Simpson begibt.

DER NORDEN

South Slave

Die Region South Slave erstreckt sich von Alberta Richtung Norden bis zum Südufer des Great Slave Lake (Großer Sklavensee). Sie umfasst mehrere Flüsse, darunter große Abschnitte des Mackenzie, die Wasserscheide des Great Slave Lake und einige der am leichtesten zugänglichen Städte in den nördlichen Territorien. **Hay River**, etwas abseits des aus Alberta kommenden Mackenzie Highway, ist das Zentrum der Region und Zwischenstation oder Ausgangspunkt für Fahrten zum **Great Slave Lake** (dem drittgrößten See Nordamerikas), nach **Fort Smith** oder zum nördlichen Teil des größtenteils in Alberta liegenden **Wood Buffalo National Park** (s. S. 100). Landschaftlich gesehen zählt die Big-River-Region mit ihren scheinbar endlosen borealen Wäldern jedoch nicht zu den lohnenswertesten Zielen im Norden, wenn man einmal vom Nationalpark absieht oder einer Fahrt in Richtung Osten nach **Fort Resolution**, einem der südlichsten Orte lebendiger Dene-Kultur. Wer diese Gegend dennoch erforschen möchte, kann sie sich relativ einfach mit öffentlichen Verkehrsmitteln erschließen.

Hay River

Hay River ist mit seinen 3100 Einwohnern eine für den Norden typische, funktionelle Stadt. Da sie in erster Linie aus pragmatischen Gesichtspunkten angelegt wurde, strotzt sie nicht gerade vor Sehenswürdigkeiten. Das heutige Hay River ist schon seit ewigen Zeiten ein strategisch bedeutender Ort und wird bereits seit Jahrtausenden von dem Indianervolk der Slavey Dene bewohnt, die durch die besondere geografische Lage angelockt wurde, denn hier mündet der Hay River in den Great Slave Lake. Erste weiße Siedler trafen hier bereits 1854 ein, während der unvermeidliche Handelsposten der Hudson's Bay Company bis 1868 auf sich warten ließ.

Erst in jüngerer Vergangenheit sorgten die Fertigstellung des Mackenzie Highway, die Öl- und Erdgasförderung in der Region sowie der Bau einer Eisenbahnstrecke zum Abtransport des Zinkerzes aus den Minen der Umgebung dafür, dass sich die Stadt zu einem bedeutenden Verkehrsknotenpunkt entwickelte. Heute ist Hay River auch einer der wichtigsten **Häfen** im Norden, denn von hier aus werden Frachten in riesigen Lastkähnen nach Nor-

den über den Mackenzie River geschippert, der somit eine wichtige Lebensader für Siedlungen wie Inuvik und Tuktoyaktuk in der fernen Arktis bildet. Wer ein paar Stunden Aufenthalt in der Stadt hat, kann diese mit einem Spaziergang zum Frachthafen verbringen. Dort sieht man Schlepper, Lastkähne, kolossale Schwimmbagger, eine große Fischereiflotte und jede Menge Versorgungsgüter, die auf ihre Verladung warten.

Die Stadt besteht aus zwei Teilen: Die **New Town** erstreckt sich am Westufer des Hay River und beherbergt die meisten Motels, Restaurants und die wichtigsten Büros und Geschäfte. Nördlich davon liegt die etwas verfallene Insel **Vale Island**, die über eine Brücke zu erreichen ist. Die Hauptverkehrsader der Insel, der **Mackenzie Drive**, führt zum Hafen, zum Flugplatz und zu den Überresten der **Old Town**, die bei einer Überschwemmung im Jahre 1963 schwere Schäden davontrug. Außerdem befinden sich hier der Campingplatz und mehrere ganz passable und beliebte **Strände**, Letztere etwa 7 km vom Zentrum der New Town entfernt. Der beste Sandstrand ist in der Nähe des Campingplatzes im Nordosten der Insel am Ende der 106th Ave zu finden.

Übernachtung

Es gibt jede Menge Unterkünfte in Hay River, von denen viele preislich günstiger sind als normalerweise im Norden üblich.

Cedar Rest Motel, am Hwy 2 südlich des Zentrums der New Town, ☎ 867/874-3732. Das annehmbarste Hotel, wenngleich etwas heruntergekommen. 10 Zimmer mit Kochnischen. ❸

Hay River Campground, in der Nähe des Strandes auf Vale Island, ⏱ Mitte Mai–Mitte Sep, Stellplatz $15.

Migrator Hotel, 5 Min. nördlich der Innenstadt rechter Hand zwischen der New Town und der Brücke nach Vale Island, ☎ 867/874-6792. ❹

Paradise Gardens Campground, ☎ 867/874-4422, privater Platz südlich der New Town am Hwy 2, Stellplatz $10.

Ptarmigan Inn, 10 J. Gagnier St, ☎ 867/874-6781 oder 1-800/661-0842, 🖵 www.ptarmiganinn.com. Wer sich nach einer anstrengenden Reise ein wenig Komfort gönnen möchte, ist hier richtig. Im Hotel befindet sich auch das äußerst beliebte Restaurant *The Keys*. ❺

Visitor Centre, südlich des Zentrums der New Town an der Kreuzung von Hwy 2 und McBryan Drive, ✆ 867/874-3180, ☉ Mitte Mai–Mitte Sep tgl. 9–21 Uhr.

Der **Busbahnhof** liegt auf Vale Island, unmittelbar jenseits der Brücke auf der rechten Seite. Hay River wird tgl. außer Sa von Bussen angefahren, Informationen erteilt **Greyhound** in Hay River unter ✆ 867/874-6966 oder 1-800/661-8747, 🖥 www.greyhound.ca.
3x wöchentl. besteht Anschluss an die Busse von **Frontier Coachlines**, 16 102nd St, ✆ 867/874-2566, nach FORT PROVIDENCE (5 Std.), YELLOWKNIFE (12 Std.) und FORT SMITH (7 Std.).

North Slave

Die Region North Slave umfasst den ausgedehnten, von Seen durchsetzten, aber ansonsten weitgehend aus Ödland bestehenden Landstrich zwischen dem Great Slave Lake und dem Great Bear Lake. Sie ist eine bevorzugte Spielwiese für Kanuten, Naturforscher und Jäger auf den Spuren der hier beheimateten, 400 000 Kopf starken Karibuherde. Im Herzen der Region liegt **Yellowknife**, die größte Stadt Nordkanadas und bis 1999 Hauptstadt der Northwest Territories. Trotz seiner unpassend und surreal anmutenden Existenz inmitten völliger Wildnis lohnt sich eine Extra-Tour nach Yellowknife nicht wirklich. Viele Touristen landen hier aber auf der Durchreise, denn die Stadt ist der wichtigste Verkehrsknotenpunkt für den gesamten kanadischen Norden.

Yellowknife

In Yellowknife – benannt nach den Kupfermessern der Slavey-Indianer – kann absolut nichts darüber hinwegtäuschen, dass es die Stadt hier eigentlich gar nicht geben dürfte. Die Büro- und Regierungshochhäuser des Innenstadt wurden für die Verwaltung der Northwest Territories gebaut und sorgen für die Beschäftigung eines Großteils der rund 18 500 Einwohner der Stadt – in einer Region, die mit ihren begrenzten Ressourcen (trotz neuer Diamantenfunde weiter nördlich) eigentlich eine viel kleinere Stadt unterhalten sollte. Sogar die Hudson's Bay Company machte ihren Handelsposten hier bereits 1823 aus wirtschaftlichen Gründen dicht. Trotz einiger geringer Funde von Goldsuchern auf dem Weg zum Klondike 1898 blieb der Flecken ein rückständiges Nest, bis man hier in den 30er Jahren des 20. Jhs. mit dem industriellen Abbau von Gold und Uran begann.

Der Bergbau förderte das Wachstum der **Old Town** auf einer Insel und einer felsigen Halbinsel am Great Slave Lake und 1947 schließlich die Entstehung der **New Town** auf einer sandigen Ebene südlich davon. 1967 wurde eine Straßenverbindung zur Außenwelt fertig gestellt (nach Edmonton sind es mit dem Auto 1524 km), und Yellowknife löste Ottawa als Regierungssitz für die Verwaltung der Northwest Territories ab. Eine aufgeblähte Bürokratie und die eine oder andere Goldmine sorgten dafür, dass Yellowknife eine Blüte erlebte, wenn diese Metapher bei einer derart unansehnlichen Stadt überhaupt angebracht ist. Die meisten Besucher kommen nur auf der Durchreise vorbei, denn Yellowknife ist Knotenpunkt im Streckennetz zahlreicher Fluggesellschaften für die Northwest Territories und Teile von Nunavut.

Ortsfremde Besucher werden sorgsam über die Hauptstraße **Franklin Ave** (50th Ave) gelotst, die von der New Town hinunter zu den lang gezogenen Hügeln der Old Town führt. Zu den anheimelnden Holzgebäuden dieses alten Viertels zählt auch das **Wildcat Café** in der 3904 Wiley Rd, ein kleines, 1937 eröffnetes Café, in dem immer etwas los ist, ☉ tgl. Juni–Sep.

Ansonsten mutet die Altstadt an wie ein Provisorium. Windschiefe Gebäude säumen die als Folge des Permafrosts von Schlaglöchern und Buckeln gebeutelten Straßen, darunter die treffend benannte **Ragged Ass Road** und die **Willow Road**. Das sind praktisch die einzigen Überbleibsel vergangener Zeiten – es sei denn, man wagt sich in die Außenbezirke der Stadt vor, wo Baracken und von Armut geprägte Szenerien einen herben Kontrast zu den illustren Wolkenkratzern im Stadtzentrum bilden. Eine ironische Note erhält dadurch auch einer der Werbeslogans der Stadt, der zur Unterstreichung des zweifellos faszinierenden Nebeneinanders von Alt und Neu geprägt wurde: „Wo Gestern und Morgen sich die Hand geben".

Drei Blocks westlich des Zentrums der Neustadt liegt am Frame Lake die bedeutendste Sehenswürdigkeit von Yellowknife, das **Prince of Wales Northern Heritage Centre**, ✆ 867/873-7551. Es zeichnet ein etwas verklärtes Bild der Geschichte des Nordens und der Kultur der Ureinwohner, das spätestens nach einer Fahrt durch die Altstadt ins Wanken gerät. Das Museum beherbergt eine umfangreiche Sammlung von Artefakten und Inuit-Schnitzereien aus dem Norden und anschauliche Dioramen zu den in der Umgebung heimischen Wildtieren und ihrem Lebensraum. In den Geschäften der Stadt wird viel Kunsthandwerk der Ureinwohner angeboten, das zwar immer noch teuer ist, aber auf jeden Fall billiger als in den südkanadischen Städten. Die meisten Stücke sind schöne Beispiele einer lebendigen Kultur, auch wenn sich diese in der Stadt selbst nicht von ihrer gesündesten Seite präsentiert. Die South Gallery des Museums beschäftigt sich mit den Ureinwohnern, die North Gallery mit dem Leben im Norden nach der Ankunft der Europäer. Die Aviation Gallery ist den Flugzeugen und ihren Piloten gewidmet, die über viele Jahre im Norden eine lebenswichtige Rolle spielten (und es immer noch tun). Das Zentrum beherbergt auch die Northwest Territories Archives mit Sammlungen von Karten, Büchern, Fotos und Dokumenten. ◷ Juni–Anfang Sep tgl. 10.30–17.30, sonst Di–Fr 10.30–17, Sa und So 12–17 Uhr, Eintritt frei.

Unmittelbar nordwestlich des Zentrums liegt ebenfalls am Frame Lake die für $25 Millionen erbaute **Northwest Territories Legislative Assembly**, ✆ 867/669-2200, die 1993 als Sitz der 24-köpfigen gesetzgebenden Versammlung der Northwest Territories eröffnet wurde. Es handelt sich um ein architektonisch beeindruckendes Gebäude, das zu großen Teilen zur Besichtigung für die Öffentlichkeit freigegeben ist. ◷ Juni–Aug Führungen Mo–Fr 10.30, 13.30 und 15.30 Uhr, So 13.30 Uhr, sonst Mo–Fr 10.30 Uhr, Eintritt frei.

Ansonsten hat Yellowknife und Umgebung nicht sonderlich viel zu bieten, abgesehen von den Wanderwegen, die um den Frame Lake führen und vom Campingplatz am Long Lake (s. „Übernachtung") abgehen. Eine Fahrt aus der Stadt führt zum **Ingraham Trail**, einem 81 km langen Highway, der

den Beginn einer Fernverbindung zu den Bodenschätzen der Northwest Territories („Road to Resources") bilden sollte, dessen Bau aber in den 60er Jahren eingestellt wurde. In der Umgebung von Yellowknife gibt es zahlreiche Bootsanlegestellen, Picknick- und Campingplätze, kurze Wanderwege, z.B. zu den **Cameron River Falls** (48 km von Yellowknife), und Badestrände an den Seen, wo einige abgehärtete Stadtbewohner sich tatsächlich ins Wasser wagen.

Übernachtung

HOTELS – Es gibt jede Menge Hotelzimmer in der Stadt, doch die Preise sind gesalzen.
Discovery Inn, 4701 Franklin Ave, ✆ 867/873-4151, ✉ discovery2@arcticdata.nt.ca, relativ einfach ausgestattetes Hotel. ❻
Igloo Inn, 4115 Franklin Ave, zwischen Old Town und Zentrum, ✆ 867/873-8511 oder 873-5547, ✉ iglooin@internorth.com. Das billigste Hotel der Stadt (Kochnische gegen geringen Aufpreis). ❹
Northern Lites Motel, ✆ 867/873-6023, ebenfalls relativ preiswertes Hotel in zentraler Lage. ❹
Regency Explorer, 49th Ave, Ecke 48th St, ✆ 867/873-3531 oder 1-800/661-0892, 🖵 explorerhotel.nt.ca, feines Hotelhochhaus mit einem großen Angebot an Einrichtungen. ❻
Yellowknife Inn, 50th St, Ecke 49th St, ✆ 867/873-2601 oder 1-800/661-0580, 🖵 www.yellowknifeinn.com, todschickes Hotel im Stadtzentrum. ❻

B&Bs – Als den Geldbeutel schonende Alternative bietet sich ein Dutzend B&Bs in Yellowknife an.
Back Bay Boat B&B, Ingraham Drive, ✆ 867/873-4080, ✉ backbay@canada.com. Unterkunft mit drei Zimmern am Ufer der Back Bay in der Altstadt. ❸
Blue Raven B&B, 37b Otto Drive, ✆ 867/873-6328, ✉ tmacfoto@internorth.com. ❹
Captina Ron's B&B, 8 Lessard Drive, ✆ 867/873-3746, in der Nähe des Wildcat Café in der Altstadt am Seeufer. ❸

CAMPING – *Fred Henne Territorial Park*,
✆ 867/920-2472, am Long Lake am Hwy 3 nördlich des Flughafens. Der einzige Campingplatz in

Yellowknife verfügt über Anschlüsse, Stellplatz $13. Von hier aus führen Wanderwege am Frame Lake entlang in die Stadt (1 Std.). Vom Campingplatz Richtung Norden verläuft der Prospectors' Trail, der einen guten Eindruck von der wilden Landschaft vermittelt, die Yellowknife zu allen Seiten umgibt.

Essen und Unterhaltung

Die meisten Hotels haben gute Restaurants, und in den Lounges spielt sich ein großer Teil des Nachtlebens ab. Herauszuheben ist hier der vornehme Nightclub im *Regency Explorer.*
***Black Knight Pub**,* 4910 49th St, beliebter Ort für einen gepflegten Drink mit großartiger Auswahl an Malt Whiskys.
***Gold Range Hotel**,* 5010 50th St. Die wilde und laute Bar voller interessanter wie zwielichtiger Typen zählt zu den besten im gesamten Norden und rühmt sich, die zweitgrößte Menge Bier pro Kunde aller Kneipen in ganz Kanada zu verkaufen.
***Office**,* 4915 50th St, ✆ 867/873-3750, ein Restaurant der besseren Sorte, serviert gute nördliche Spezialitäten, z.B. Wandersaibling.
***Prince of Wales Northern Heritage Centre**,* am Frame Lake, besitzt ein ausgezeichnetes Café-Restaurant mit Gerichten des Nordens und konventionellerer italienischer Küche.
***Wildcat Café**,* 3904 Wiley Rd, in diesem interessanten Lokal in der Altstadt treffen Ortsansässige und neugierige Touristen aufeinander.

Feste

März: Eines der interessantesten Feste in Yellowknife ist der *Caribou Carnival* mit Hundeschlittenrennen, Bingo auf dem Eis, Iglubauwettbewerb, Mehlverpacken und dem besten Wettstreit von allen, der Wahl des „hässlichsten Truck".
Juni: *Raven Mad Daze,* feuchtfröhliches Mittsommerfest am 21. Juni mit 24 Stunden Tageslichtgarantie.
Juli: *Folk on the Rocks,* am 3. Wochenende treffen sich Folksänger aus ganz Kanada und den USA mit Inuit- und Dene-Volkssängern und -tänzern zu einem faszinierenden Festival der Welt-

musik, an dem auch der berühmte „Kehlengesang" der Inuit zu hören ist.

Touren

Yellowknife ist neben Inuvik und Fort Smith das wichtigste Zentrum im hohen Norden für Ausrüster und Tourveranstalter. Im Programm befinden sich Ausflüge zum Fischen, Beobachten von wilden Tieren, Sightseeing in der Arktis, Kanu- und Kajaktouren, Bootsausflüge und andere Exkursionen, von Tagesausflügen bis zu voll ausgerüsteten Mini-Expeditionen von drei Wochen Dauer in die Wildnis.
Eine umfassende Auflistung liefert die Broschüre *Explorers' Guide ,* die vor der Abreise über die kanadische Tourismusbehörde bezogen werden kann.
Wer sich spontan in ein Abenteuer stürzen möchte, kann sich an das Visitors Centre in Yellowknife wenden.

Sonstiges

AUSRÜSTER – *Narwhal Northern Adventures,* 101, 5103 51st Ave, ✆ 867/873-6443, ✉ narwal @ssimicro.com. Verleiht Campingausrüstung, Kanus, Schneemobile, Angelzeug und sonstige Outdoor-Ausrüstung, Kanutouren und Kanuverleih seit über 25 Jahren.

AUTOVERMIETUNGEN – *Budget,* 20 Old Airport Rd, ✆ 867/920-2776. Einer von mehreren Autovermietern am Flughafen bzw. in der Nähe.
***National**,* 5118 50th St, ✆ 867/873-3424, im Stadtzentrum.

FAHRRÄDER – Im *Visitors Centre,* 4807 49th St, pro Std. $5, halber Tag $12, ganzer Tag $20. ☉ Juni–Aug.

INFORMATIONEN – *Northern Frontier Regional Visitors Centre,* 4807 49th St, ✆ 867/873-4262, 🖥 www.northernfrontier.com. Am Ufer des Frame Lake unmittelbar nördlich des Northern Heritage Centre, ☉ Juni–Aug tgl. 8.30–18 Uhr, sonst Mo–Fr 9–17, Sa und So 12–16/17 Uhr.
***Northwest Territories Arctic Tourism**,* Box 610, Yellowknife NT X1A 2N5, ✆ 867/873-7200 oder

1-800/661-0788, ✆ 867/873-4059, Informationen und nützliche Broschüren zur Region.

MEDIZINISCHE HILFE – *Stanton Regional Hospital*, in der Range Lake Road (einer Nebenstraße der Old Airport Road), ✆ 867/920-4111.

POLIZEI – ✆ 867/669-1111.

POST – 4902 50th St.

TAXIS – *City Cab*, ✆ 867/873-4444.
Diamond, ✆ 867/873-6666.

Transport

BUSSE – *Frontier Coachlines*, ✆ 867/874-2556, verkehren 3x wöchentl. nach HAY RIVER und FORT SMITH (ca. $90).

FLÜGE – Der Flughafen von Yellowknife liegt 5 km westlich der Stadt am Hwy 3.
Ein Taxi in die Innenstadt kostet ca. $14.
Canadian North und *NWT Air* fliegen Yellowknife regelmäßig von allen größeren kanadischen Städten aus an. Zahlreiche kleinere Fluggesellschaften bieten Verbindungen zu den meisten Orten in den Northwest Territories.
Flüge nach:
CAMBRIDGE BAY 1x wöchentl., 1 1/2 Std.,
EDMONTON 3x tgl., 1 1/2 Std.,
FORT SMITH 1x tgl., 1 1/2 Std.,
INUVIK 1x tgl., 2 1/2 Std.,
NORMAN WELLS 1x tgl., 1 1/4 Std.,
FORT RESOLUTE 2x wöchentl., 3 1/4 Std.

Anhang

Literaturliste

Reiseberichte

Wanderings of an Artist among the Indians of North America, Paul Kane. Kane, einer der bekannteren Landschaftsmaler Kanadas, unternahm in den 40er Jahren des 19. Jahrhunderts eine zweieinhalb Jahre lange Reise von Toronto an die Pazifikküste und wieder zurück. In diesem Buch hat er seine Erlebnisse in kurzweiligen, lebendigen Schilderungen festgehalten.

Roughing It in the Bush: or Forest Life in Canada, Susanna Moodie (McClelland & Stewart). Bereits 1852 entstandene, fesselnde Geschichte über den zum Scheitern verurteilten Versuch eines englischen Paares, sich im Südosten Ontarios ein neues Leben aufzubauen.

Wäscha-kwonnesin: Ihre Mokassins hinterließen keine Spuren (Lamuv); **Im Land der Nordwinde** (Lamuv); **Sajo und ihre Biber** (dtv), Grey Owl. Im Original erstmals in den 30er Jahren veröffentlichte Bände, die in romantischer Weise das Leben in der kanadischen Wildnis zu einer Zeit beschreiben, als die Erschließung und der Raubbau das Land für immer verändern sollten. Besonders eindrucksvoll sind Grey Owls fortschrittliche ökologische Ansichten und seine Liebe zu den Tieren und zur Wildnis.

Nununga: Ten Years of Eskimo Life, Duncan Pryde. Protokoll eines jungen Mannes aus Glasgow, der im Alter von 18 Jahren seine Heimat verlässt, um zehn Jahre mit den Inuit zu leben.

Writing Home: a PEN Anthology, Constance Rooke. Führende zeitgenössische kanadische Autoren ergründen den Begriff Heimat. Obgleich mehr ein Einblick in die Befindlichkeiten der Autoren als in die kanadische Kultur geboten wird, ist das Buch ein kurzweiliger Begleiter auf Reisen quer durchs Land.

Natur und Aktivitäten

Reiseführer Natur, Kanada, Peter Mertz (blv). Detaillierte Beschreibung der Naturräume Kanadas an Hand von National- und Provinzparks, vorweg eine Einführung in die Geologie und Vegetationszonen des Landes. Reich bebildert und mit Gebietskarten versehen, dazu eine deutsch-englisch-lateinische Übersicht der Tier- und Pflanzennamen.

Kluane National Park Hiking Guide, Darryl Bray (Travel Vision, vergr.). Zweckdienlicher Wanderführer für einen Park, dessen Wegenetz noch im Aufbau begriffen ist.

Kanada, Rocky Mountains Radtouren, Andreas Bugdoll (Stein). Tipps und Anregungen zu Radtouren in den Rocky Mountains, abgerundet durch einen allgemeinen Teil und viele praktische Hinweise.

A Guide to the Queen Charlotte Islands, Neil G. Carey (Group West, vergr.). Vorzüglicher Führer für die Inseln, deren Erkundung nicht leicht ist und die von einschlägiger Traveller-Literatur bislang vernachlässigt geblieben sind.

The Canadian Rockies Access Guide, John Dodd und Gail Helgason. Beschreibung von 115 Tageswanderrouten unter Angabe von Schwierigkeitsgrad und benötigter Dauer, dazu skizzierte Karten, Naturbeschreibungen und zahlreiche Fotos.

The Outdoor Traveller's Guide to Canada, David Dunbar (vergr.). Für unterwegs etwas zu umfangreich, ansonsten ein reich illustrierter Band über Aktivitäten, Natur und Geologie der 37 schönsten National- und Provinzparks des Landes.

Backcountry Biking in the Canadian Rockies, Doug Eastcott. Unentbehrlicher Begleiter für alle, die mit dem Mountainbike in den Rockies unterwegs sind. Mehr als 200 Routen mit Geländeskizzen und Höhenprofilen.

Banff's Best Day Hikes, Heather Elton. Gute Auswahl an Wanderrouten in Banff und Umgebung, dazu ansprechende Karten und reizvolle Fotos.

A Handbook of the Canadian Rockies, Ben Gadd (Corax). Liebevoll gestaltetes und sehr detailliertes Handbuch über die Rocky Mountains mit Wanderrouten, Beschreibungen der Natur und Geologie sowie vielen weiteren Informationen.

The Lost Moose Catalogue (Lost Moose Publishing). Höchst unterhaltsamer, reich bebilderter und im Stil eines Magazins gehaltener Wegweiser durch den Yukon und den hohen Norden.

The British Columbia Bicycling Guide, Teri Lydiard (vergr.). Dünner, aber sehr ausführlicher und mit guten Karten versehener Führer für lohnende Fahrradtouren.

Kanada: Banff & Yoho, Brian Patton und Bart Robinson (Stein). Absolut unabdingbares Outdoor-Handbuch für alle ambitionierten und erfahrenen Wanderer.

The Chilkoot Trail: a Hiker's Historical Guide, Archie Shutterfield (vergr.). Sich auf das Wesentliche beschränkender Wegbegleiter, für dessen Ergänzung sich Pierre Bertons Klondike empfiehlt.
The West Coast Trail, Sierra Club of West Canada (Douglas & McIntyre). Darf guten Gewissens als der wahrscheinlich beste der diversen Wanderführer für diese lange und anstrengende, aber beliebte Wanderroute auf Vancouver Island empfohlen werden.

Kultur und Gesellschaft
Jäger des Nordens. Menschen in der kanadischen Arktis, Hugh Brody (P. Hammer Vlg.). Bietet Einblicke in die Lebensweisen und -bedingungen der Menschen im hohen Norden.
The Great Adventure: How the Mounties conquered the West, David Cruise und Alison Griffiths. Schilderungen der ersten größeren Expedition der Mounties gen Westen und ihrer Entwicklung zur legendären Truppe.
April Raintree, Beatrice Culleton (Pemmican). Bestürzende Darstellung des Schicksals der Métis-Kinder, die im Manitoba der 50er Jahre ihren Eltern weggenommen wurden.
The Eskimos and Aleuts, Don Dumond. Ausführliche Betrachtung der Frühgeschichte, Geschichte und Kultur der Völker im Norden, angereichert mit guten Karten, Zeichnungen und Fotografien.
Kulturen der nordamerikanischen Indianer, Christian F. Feest (Könemann). Ansprechend und reich bebildertes Werk, das keinen Aspekt indianischer Kunst in Nordamerika unberücksichtigt lässt.
The Solitude Trilogy, Glenn Gould. Drei außergewöhnliche Tondokumente auf CD, die Gould für die CBC über das Leben in den extremen Breiten Kanadas aufnahm und die einen faszinierenden Einblick in die harten Lebensbedingungen geben.
The Glenn Gould Reader, Glenn Gould (Hrsg. Tim Page). Sammlung von Essays, Artikeln und Briefen, aus denen Goulds Stimme und Geist manchmal plaudernd, manchmal selbstgefällig sprechen und seinen Weg vom jungen Erwachsenen bis zum Ende seines kurzen Lebens beleuchten.
Arktische Träume, Barry Lopez (btb). Ungewöhnliches, preisgekröntes Buch, das in einem fesselnden Porträt über den hohen Norden Naturwissenschaften mit Poesie und Philosophie verbindet.

Native Peoples and Cultures of Canada, Alan D. McMillan. 1995 erschienener, umfassender geschichtlicher Überblick über die indianische Urbevölkerung Kanadas von der Frühzeit bis zu aktuellen Themen wie Selbstverwaltung und Landansprüche. Gut geschrieben, allerdings mehr Nachschlagewerk als Urlaubsschmöker.
A Concise History of Canadian Painting, Dennis Reid. Präsentiert in einem Überblick, der bis in die frühen 80er Jahre reicht, die führenden Künstler Kanadas; jede Menge biografische Angaben sowie viele Abbildungen (überwiegend schwarzweiß) wichtiger Werke.
The True North – Canadian Landscape Painting 1896–1939. Interessantes und sehr schön illustriertes Buch über die Darstellung kanadischer Landschaften in den Werken verschiedener Maler.

Biografien
Grey Owl and I, Anahareo (P. Davies, vergr.). Grey Owls irokesische Frau erzählt von ihrem gemeinsamen Leben, dem Kampf zur Rettung der Biber vor dem Aussterben und ihrer großen Überraschung, als sie herausfand, dass ihr Ehemann tatsächlich Engländer war. Gute Einblicke in die Veränderungen indianischen Lebens im Kanada des 20. Jahrhunderts.
Robert Service: Vagabond of Verse, James MacKay. Nicht die erste, aber mit Sicherheit die gehaltvollste Biografie aus dem Jahr 1995, die sich mit dem Leben und Werk dieses prominenten kanadischen Dichters auseinander setzt.
Glenn Gould: The Ecstasy and Tragedy of Genius, Peter F. Ostwald. Von einem Psychiater geschriebene Biografie (100% frei jeder Freud'schen Deutungen) über den berühmtesten Musiker Kanadas. Der exzentrische Pianist wird hier als egozentrischer Misanthrop geschildert, ein Wesenszug, den ihm viele seiner Anhänger jedoch nachsahen.

Geschichte
Crucible of War: The Seven Years' War and the Fate of the British Empire in British North America, 1754–1766, Fred Anderson. Hervorragend recherchierte Darstellung dieser für die Entwicklung Nordamerikas entscheidenden Epoche. Mit 800 Seiten für manche vielleicht etwas zu detailliert geraten, in jedem Fall aber faszinierend zu lesen.

Der eisige Schlaf, Das Schicksal der Franklin-Expedition, Owen Beattie und John Geiger (Piper). Bebilderte Beschreibung der 1845–48 unternommenen, zum Scheitern verurteilten Expedition zur Nordwestpassage, sowie der späteren Entdeckung von im Eis des Nordens eingeschlossenen Artefakten und Körpern.

Geschichte Kanadas, Udo Sautter (Beck). Die Geschichte Kanadas von den Anfängen bis in die jüngere Vergangenheit auf rund 130 Seiten wiedergeben.

Klondike: the Last Great Goldrush 1896–1899, Pierre Berton. Höchst lesenswerte Schilderung von Personen und Begebenheiten während des Goldrauschs am Yukon von einem der besten Schriftsteller Kanadas. Weitere Titel von ihm sind u.a. *The Last Spike: the Great Railway 1881–1885*, worin er die Geschichte und den Bau der transkontinentalen Eisenbahn beleuchtet, *Flames across the Border*, eine ausführliche Chronik des US-amerikanischen Angriffs auf Kanada 1813–1814, sowie *Vimy*, eine Betrachtung des Ersten Weltkriegs aus kanadischer Sicht und seiner Bedeutung als Wendepunkt in der kanadischen Geschichte.

The Canadian Prairies: a History, Gerald Friesen. 1984 erschienene, ausführliche Entwicklungsgeschichte Zentralkanadas, dabei überraschend unterhaltsam und besonders interessant im Hinblick auf die Kultur der Métis und Prärieindianer.

The Fur Trade in Canada: An Introduction to Canadian Economic History, Harold Innis. Dramatisch, mitreißend und passioniert sind Begriffe, die normalerweise nicht mit Büchern über Wirtschaftsgeschichte in Verbindung gebracht werden, in diesem Fall jedoch voll zutreffen. Innis' Analyse bietet einen erstklassigen Einblick in die Handelsgeschicke Kanadas vor Ankunft der Europäer.

The Penguin History of Canada, Kenneth McNaught. Erstmals 1970 erschienene und 1988 aktualisierte, umfassende Betrachtung der wirtschaftlichen, sozialen und politischen Geschichte des Landes.

Belletristik

Margaret Atwood ist Kanadas wohl berühmteste Romanautorin. Ihre Werke sind nicht immer die leichteste Lektüre, aber ihre Charakterstudien, insbesondere die ihrer weiblichen Figuren, sind stets spannend und intelligent. In *Der lange Traum* (Fischer) spielt der entlegene Norden Québecs eine zentrale Rolle im komplexen Selbstfindungsprozess. Erneuerung durch die Erforschung der Vergangenheit ist auch das Thema in *Katzenauge* (Fischer) und *Lady Orakel* (Fischer), während in der Kurzgeschichtensammlung *Tips für die Wildnis* (Fischer) Frauen die gescheiterten Beziehungen in ihrem Leben noch einmal Revue passieren lassen. *Alias Grace* (Berlin Vlg.) ist ein düsterer und einfühlsamer Roman, in dessen Zentrum die wahre Geschichte einer der berüchtigtsten Verbrecherinnen im Kanada des 19. Jahrhunderts steht. *Der blinde Mörder* (Berlin Vlg.), ist ein kanadisches „Dynastienepos" und wurde 2000 in Großbritannien mit dem Booker Prize ausgezeichnet. Ihr jüngstes, albtraumhaft-futuristisches Werk trägt den Titel *Oryx und Crake* (Berlin Vlg.).

Lynn Coady hat mit *Saints of Big Harbour* einen kraftvollen Roman geschrieben, der die Abgründe einer Familie im ländlichen Nova Scotia schildert. Nicht unbedingt heiterer Lesestoff, aber glänzend porträtierte Charaktere.

Robertson Davies war über viele Jahre eine der bedeutendsten Figuren der kanadischen Literaturszene, bevor er 1995 im Alter von 82 Jahren starb. Unter seinem umfangreichen Werk finden sich große, dunkle und komplexe Gespinste über Familien und gesellschaftliche Strukturen, in denen das ländlich angehauchte Kanada seiner Jugend noch einmal auflebt. Als Einstieg empfiehlt sich *Was du erbst von deinen Vätern* (Zsolnay), Teil der „Cornish Trilogy", zu der noch *Rebellische Engel* (Zsolnay) und *The Lyre of Orpheus* gehören. Ähnlich fesselnd ist *Der Fünfte im Spiel* (Zsolnay), der erste Teil der „Deptford Trilogy".

William Gibson, der Cyber-Guru, hat mit *Virtuelles Licht* (Heyne) und *Idoru* (Heyne) in jüngster Vergangenheit zwei seiner besten Werke veröffentlicht. Die Auswirkungen der Technologie auf den Menschen und das Verschwimmen der Grenzen zwischen Künstlichkeit und Realität zählen zu seinen zentralen Themen.

Hammond Innes, *Campbells Königreich* (List). Melodrama über die Liebe und das Ölgeschäft in den kanadischen Rockies.

Margaret Laurence, in Manitoba geborene Autorin, die stellvertretend für den neu gefundenen Elan der Literatur in den 60er Jahren steht, ihre besten Werke jedoch in England verfasst hat. Die

Mehrzahl ihrer Bücher spielt im fiktiven, verschlafenen Prärieort Manawaka und erforscht die mit den einengenden Konventionen der Kleinstadt einhergehende Einsamkeit und Frustration von Frauen. Werke u.a. *Der steinerne Engel* (Droemer/Knaur) und *A Jest of God*.

Stephen Leacock, *Sunshine Sketches of a Little Town*. Humorvolle Geschichte über das Leben in einer Kleinstadt in Toronto und bestes Buch aus einer Reihe, die auf die sommerlichen Aufenthalte des Autors in Orillia zurückgehen.

Jack London, *Der Ruf der Wildnis* und *Wolfsblut* (beide Diogenes und dtv). London verbrachte während des Goldrauschs am Klondike über ein Jahr auf den Goldfeldern im Yukon. Viele seiner Erlebnisse wurden in seinen lebendigen, mitunter etwas überladenen, Geschichten über die Wildnis im Norden aufgenommen. Die beiden genannten Werke dürfen in dieser Hinsicht als seine gelungensten gelten.

Malcolm Lowry, *Hör uns, O Herr, der Du im Himmel wohnst* (Rowohlt, vergr.). Fast sein halbes Schriftstellerleben (1939–54) verbrachte Lowry in Blockhütten und Strandhäusern, die er sich in der Umgebung von Vancouver baute. *Hör uns, O Herr* ist eine alles andere als leicht verdauliche Novelle, die u.a. einen unruhigen Aufenthalt an der ursprünglichen Pazifikküste Kanadas schildert.

Alistair MacLeod, *Land der Bäume* (Fischer). Kraftvoll geschriebene Geschichte über eine Gälisch sprechende Familie aus Cape Breton in Nova Scotia. Einer der besten kanadischen Romane der 90er Jahre.

Anne Michaels, *Fluchtstücke* (Rowohlt). Lesenswerter Erstlingsroman der mit Preisen ausgezeichneten Dichterin über Überlebende des Naziregimes, die nach Kanada auswandern und trotz sich vertiefender neuer Beziehungen nie von ihrer Vergangenheit losgelassen werden.

W. O. Mitchell, *Who Has Seen the Wind*. Kanadas Pendant zu *Huckleberry Finn* ist eine volkstümliche, mit herrlichen Figuren angereicherte Geschichte über einen Jungen, der in einer Kleinstadt in Saskatchewan aufwächst.

L. M. Montgomery, *Anne auf Green Gables* (Loewe). 1908 verfasster Kinderklassiker über die Sorgen einer Heranwachsenden und eine glückliche Kindheit in ländlicher Idylle.

Brian Moore, *Schwarzrock* (Diogenes). Moore emigrierte 1948 von Irland nach Kanada und blieb lange genug, um vor seinem neuerlichen Umzug nach Kalifornien die kanadische Staatsbürgerschaft zu erhalten. Die Geschichte eines Missionars, der in indianisches Gebiet reist, kreist um Moores zentrale Themen Katholizismus, Unterdrückung und Versöhnung.

Alice Munro zählt zu den angesehensten zeitgenössischen Autoren von Kurzgeschichten. Ihr bevorzugter Stoff ist das ins Wanken geratene Leben junger Frauen im halb ländlichen, protestantischen Südwesten Ontarios. Zu ihren jüngsten Werken gehört *Offene Geheimnisse* (bvt), Geschichten, die einen Bogen von den frühen Siedlern bis in die Gegenwart spannen und in zwei Kleinstädten in Ontario spielen. Andere Werke in deutscher Übersetzung sind *Kleine Aussichten* (dtv), *Der Mond über der Eisbahn* (bvt), *Das Bettlermädchen* (bvt), *Glaubst du, es war Liebe* (bvt), *Was glaubst du, wer du bist?* (aus *Kanada erzählt*, Fischer), *Jupitermonde* (bvt) und *Himmel und Hölle* (Fischer).

New Oxford Book of Canadian Short Stories in English (Hrsg. Margaret Atwood und Robert Weaver). Die Kurzgeschichtensammlung umfasst auch Namen jenseits bekannterer Autoren wie Alice Munro und Margaret Atwood, deren Beiträge sich zum Teil recht kritisch mit dem Land auseinander setzen.

E. Annie Proulx, *Schiffsmeldungen* (Fischer). Der 1994 mit dem Pulitzer-Preis ausgezeichnete Roman ist die verschachtelte Geschichte eines Außenseiters, der in Newfoundland Liebe und Glück findet. Herrlich erzählt, wunderbare Beschreibungen des Meeres, des Wetters und der Umgebung.

Nino Ricci, *Where Has She Gone?*. Geschildert werden die mitunter tragischen Versuche einer italienisch-kanadischen Familie auf der Suche nach ihrer Identität. Dritter Band einer Trilogie, deren erster Teil, *Der Biss der Schlange* (Klett-Cotta) auch auf Deutsch vorliegt.

Mordecai Richler, der gleich drei Minderheiten angehört – er ist Frankokanadier, Arbeiter und Jude –, erforscht in allen seinen Romanen mit viel Humor und Gefühl dieses Geflecht. In *The Apprenticeship of Duddy Kravitz*, seinem bekanntesten Roman, in dessen Zentrum die Kulturgrenzen überschreitende Liebesgeschichte seines hin und her gerissenen Titelhelden Kravitz steht, lässt Richler seine frühen Erfahrungen im jüdischen Arbeiterviertel Montréals einfließen. Richlers direkter und ironischer Stil ist nicht immer jedermanns Geschmack, lesenswert sind außer dem genannten Roman aber noch *Solomon Gursky war hier* (Fischer) oder sein später verfasster Roman *Wie Barney es sieht* (Hanser), ein überaus vergnügliches Porträt einer verkrachten Künstlerexistenz.

Carol Shields ist Pulitzer-Preisträgerin und wird für die von ihr im Alltäglichen entdeckten Besonderheiten gerühmt. In ihren Büchern *Sie und Er, Er und Sie* (Goldmann), *Alles über Larry* (Piper) und *Das Tagebuch der Daisy Goodwill* (Piper) beschreibt sie in mitunter sehr schönen und sinnlichen Momenten das Leben in den bürgerlichen Vorstädten Nordamerikas.

Elizabeth Smart, *An der Grand Central Station setzte ich mich hin und weinte* (Ullstein). Ein Kultbuch, das mit viel Gefühl über die Liebesbeziehung der Autorin zu dem englischen Dichter George Baker Zeugnis ablegt.

Susan Swan, *Böse Mädchen* (Piper). Am Schauplatz einer Mädchenschule im Toronto der 60er Jahre setzt sich die Romanheldin Mouse mit dem Bild weiblicher Schönheit auseinander, während ihre beste Freundin um geschlechtliche Identität ringt. Schräge Lektüre, die die Autorin selbst als „sexuellen Schauerroman" kategorisiert.

Audrey Thomas, *The Wild Blue Yonder*. Sammlung origineller Geschichten über die Beziehungen zwischen Männern und Frauen von einer namhaften Kurzgeschichtenautorin.

Jane Urquhart, *Übermalungen* (Berlin Vlg.). Schmerzvoller Roman über das Leben eines narzisstischen Malers, der seine Muse benutzt und verlässt und letztlich erkennt, dass der Tribut an die Kunst seine Menschlichkeit zerstört.

John Wyndham, *The Chrysalids*. Science Fiction-Klassiker, in dessen Mittelpunkt eine Gruppe von telepathisch begabten Kindern und deren Abenteuer im Labrador nach dem Holocaust stehen.

Lyrik

Elizabeth Bishop, *Die Farben des Kartographen* (Residenz Vlg.). Bishop ist zwar gebürtige US-Amerikanerin, hat aber einen Großteil ihrer Jugend in Nova Scotia verbracht. Die Quelle vieler ihrer frühen Gedichte ist ihre Kindheit in Kanada und ihre Begeisterung für die raue Natur des Landes.

Leonard Cohen, *Blumen für Hitler. Gedichte und Lieder 1956–1970* (Rowohlt, vergr.). Bevor sich Cohen als romantischer Balladensänger mit sonorer Stimme einen Namen machte, genoss er auch als Dichter hohes Ansehen. Bemerkenswert ist auch *Schöne Verlierer* (Rowohlt, vergr.), einer der kühnsten kanadischen Experimentalromane der 60er Jahre.

New Oxford Book of Canadian Verse (Hrsg. Margaret Atwood). Die kanadische Dichtkunst zeichnet sich zunehmend durch eine eigene Sprache aus, bislang ist aber lediglich die Herausgeberin dieser Sammlung weit über die Landesgrenzen hinaus bekannt. Atwoods eigene pointierte Betrachtungen über Nationalität und Geschlecht zählen zu den besten Beiträgen in diesem Band.

Robert Service, *The Best of Robert Service*. Services viktorianische Balladen über das Pionierleben und den Goldrausch entbehren nicht eines gewissen Charmes und spiegeln das Wesen der damaligen Zeit wider. Am eindrucksvollsten in *Songs of a Sourdough* von 1907.

Index

ANHANG

ANHANG

ANHANG

ANHANG

ANHANG

ANHANG

ANHANG

Wissenswertes im Kasten

Stefan Loose
Travel Handbuch
USA   Der Osten
ISBN 3-7701-6153-X
24,95 €

USA
Der Osten

Samantha Cook, Tim Perry und Greg Ward
Aktuelle Reisetipps auf 552 Seiten!

Die orangen
Stefan Loose Travel Handbücher
für die spannendsten Fernreiseziele

Ägypten
Muriel Brunswig und
Martin Schemel, 476 Seiten

Australien
Anne Dehne, 832 Seiten

Australien – Der Osten
Anne Dehne, 608 Seiten

Bali – Lombok
Stefan Loose u.a., 304 Seiten

China
Jeremy Atiyah u.a., 1296 Seiten

China – Der Osten
Jeremy Atiyah u.a., 664 Seiten

Florida
Jeffrey Kennedy u.a., 448 Seiten

Guatemala
Frank Herrmann, 440 Seiten

Indien
David Abram u.a., 1312 Seiten

Indien – Der Nordwesten
David Abram u.a., 704 Seiten

Indien – Der Süden
David Abram u.a., 736 Seiten

Indonesien
Stefan Loose u.a., 800 Seiten

Jamaika
Peter Lukowski, 276 Seiten

Japan
Chris Rowthorn u.a., 760 Seiten

Java – Bali – Lombok
Stefan Loose u.a., 524 Seiten

Kalifornien
Jeff Dickey u.a., 736 Seiten

Kambodscha
Beverley Palmer, 328 Seiten

Kanada – Der Osten
Tim Jepson u.a., 540 Seiten

Kanada – Der Westen
Tim Jepson u.a., 520 Seiten

Kenya
Richard Trillo, 684 Seiten

Kenya – Nationalparks/Strände
Richard Trillo, 376 Seiten

Kuba
Fiona McAuslan, Matthew
Norman, 544 Seiten

Laos
J. Düker, A. Monreal, 400 Seiten

Malaysia – Singapore – Brunei
Stefan Loose u.a., 704 Seiten

Marokko
Mark Ellingham u.a., 632 Seiten

Mexiko
John Fisher u.a., 752 Seiten

Myanmar (Birma)
A.& M. Markand u.a., ca. 512 Seiten

Namibia
Livia und Peter Pack, 512 Seiten

Nepal
David Reed, 560 Seiten

Neuseeland
Laura Harper u.a., 832 Seiten

New York
Martin Dunford u.a., 488 Seiten

Peru Westbolivien
Frank Herrmann, ca. 600 Seiten

Südafrika
Barbara McCrea u.a., 800 Seiten

Südostasien – Die Mekong-Region
Hrsg. Jan Düker, 800 Seiten

Thailand – Der Süden
Richard Doring u.a., 760 Seiten

Thailand
Richard Doring u.a., 848 Seiten

Trinidad – Tobago – Grenada
Christine De Vreese, 332 Seiten

USA (gesamt)
Samantha Cook u.a., 824 Seiten

USA – Der Osten
Samantha Cook u.a., 552 Seiten

USA – Der Westen
Samantha Cook u.a., 456 Seiten

Vietnam
Jan Dodd u. Mark Lewis, 600 Seiten

Zimbabwe – Botswana
Friedrich Köthe u.a., 512 Seiten

**Stefan Loose Travel Handbücher –
mit vielen aktuellen Reisetipps!**

ANHANG